中国哲学社会科学学科年鉴
CHINESE ACADEMIC ALMANAC

ALMANAC OF
CHINESE
LINGUISTICS

张伯江 主编

中国语言学年鉴
2022

中国社会科学出版社

图书在版编目（CIP）数据

中国语言学年鉴.2022/张伯江主编.—北京：中国社会科学出版社，2022.10
ISBN 978-7-5227-0929-1

Ⅰ.①中… Ⅱ.①张… Ⅲ.①语言学—中国—2022—年鉴 Ⅳ.①H004.2-54

中国版本图书馆CIP数据核字（2022）第194080号

出 版 人	赵剑英
责任编辑	王鸣迪
责任校对	韩海超
责任印制	张雪娇

出　　版	中国社会科学出版社
社　　址	北京鼓楼西大街甲158号
邮　　编	100720
网　　址	http://www.csspw.cn
发 行 部	010-84083685
门 市 部	010-84029450
经　　销	新华书店及其他书店

印刷装订	北京君升印刷有限公司
版　　次	2022年10月第1版
印　　次	2022年10月第1次印刷

开　　本	787×1092　1/16
印　　张	57.25
插　　页	2
字　　数	1202千字
定　　价	480.00元

凡购买中国社会科学出版社图书，如有质量问题请与本社营销中心联系调换
电话：010-84083683
版权所有　侵权必究

主　　编：张伯江

副 主 编：陈文学　李爱军　白晓丽

执行主编：张　洁

协 调 人：张　骅

作　　者（按姓氏笔画顺序）：

于方圆	马华阳	王长林	王志平	王春辉	王　静
毛履鸣	方　迪	方　梅	邓　婕	石　慧	任　荷
刘探宙	江蓝生	孙宇炜	李爱军	杨永龙	杨萌萌
连佳鹏	吴　赟	肖晓晖	沈　明	沈家煊	完　权
张永伟	张　帆	张丽娟	张伯江	张　定	张　洁
张振达	张竞婷	陈丹丹	陈伟蓉	陈树雯	郎晶晶
赵日新	赵长才	赵绿原	胡钦谙	胡建华	胡敕瑞
项开喜	姜　南	祖生利	祝克懿	秦祖宣	夏俐萍
徐　敏	徐睿渊	高云晖	黄立鹤	黄　阳	黄德宽
彭鹭鹭	董洪杰	蒋绍愚	程　悦	储丹丹	储泽祥
谢留文	解　竹	端木三	熊子瑜	谭学纯	魏培泉

目　录

序言　为中国特色哲学社会科学事业立传 ················· 高培勇（1）

第一篇　学科综述

导　言 ··（3）
现代汉语句法语义研究 ··（6）
汉语历史语法研究 ··（31）
现代汉语词汇学和辞书学研究 ·································（47）
汉语历史词汇研究 ··（65）
汉语语音学研究 ···（80）
汉语音韵学研究 ···（106）
古文字学研究 ··（120）
汉语方言学研究 ···（133）
修辞学研究 ··（154）
篇章语用研究 ··（183）
心理语言学研究 ···（196）
计算语言学和自然语言处理研究及应用 ······················（219）
语料库研究与应用 ··（237）
社会语言学研究 ···（248）
语言文字工作 ··（274）

第二篇　文章选登

国务院办公厅关于全面加强新时代语言文字工作的意见 ·····（289）
中国语言文字概况 ··（295）

中国语言学的体系建设和时代使命
　　——写在习近平《在哲学社会科学工作座谈会上的讲话》发表五周年之际 …… (298)
中国共产党与百年语言文字事业 ………………………………………………… (303)
动主名谓句
　　——为朱德熙先生百年诞辰而作 ……………………………………………… (322)
从引述到负面立场表达 …………………………………………………………… (346)
话题的互动性
　　——以口语对话语料为例 ……………………………………………………… (362)
语文辞书释义提示词的使用 ……………………………………………………… (381)
汉语动名定中复合词的词长搭配：一项基于语料库的量化研究 ……………… (405)
再说山西方言的"支微入鱼" ……………………………………………………… (425)
基于方言比较的几个调查记音问题 ……………………………………………… (441)
清华简《五纪》篇"四厷"说 ……………………………………………………… (453)
《说文》校订二则 ………………………………………………………………… (462)
《广韵》庄组特殊反切现象试释 ………………………………………………… (476)
上古汉语动作动词中的作格动词 ………………………………………………… (490)
"关"和"关于"
　　——网络和构式 ………………………………………………………………… (512)
"白椎"源流考
　　——一个音译词在汉文佛典中的流变考察 …………………………………… (533)
语篇韵律与互动言语行为 ………………………………………………………… (547)
作为经验科学的形式语言学：思想与方法 ……………………………………… (571)
基于贴真体验与建模的多模态口译
教学语料库构建及应用 …………………………………………………………… (591)
比较修辞学再界定的三个维度
　　——本质、事实及事件 ………………………………………………………… (604)
义位/自设义位：释义话语风格特征之广义修辞阐释 …………………………… (627)
历史大变局下的国际中文教育
　　——语言与国家治理的视角 …………………………………………………… (640)

第三篇　学术活动

1. 中国音韵学第二届学术研讨会 …………………………………………………（663）
2. 第十届国际古汉语语法研讨会 …………………………………………………（663）
3. 理工科院校语言学学科与专业建设高端圆桌论坛 ……………………………（664）
4. 首届语言数据科学与应用论坛 …………………………………………………（664）
5. 中国语言学会第二十届学术年会 ………………………………………………（665）
6. 全国汉语方言学会第二十一届年会 ……………………………………………（666）
7. 第七届韵律语法研究国际研讨会 ………………………………………………（667）
8. 中国语言资源保护工程建设推进会 ……………………………………………（668）
9. 第十三届全国汉语词汇学学术研讨会 …………………………………………（669）
10. 第四届汉语方言中青年高端论坛 ………………………………………………（669）
11. 修辞、话语与传播交叉研究线上论坛 …………………………………………（670）
12. 第22届汉语词汇语义学国际研讨会 …………………………………………（670）
13. 古文字与出土文献青年学者西湖论坛 …………………………………………（670）
14. 中国训诂学研究会成立40周年纪念暨2021年学术年会 ……………………（670）
15. 语言认知科学国际学术研讨会 …………………………………………………（671）
16. 第六届中国生态语言学战略发展研讨会 ………………………………………（672）
17. 第三届"'一带一路'背景下的汉语国际教育"国际学术研讨会 …………（672）
18. 中国心理学会语言心理学专业委员会第四届学术年会 ………………………（673）
19. 语音学与大脑神经机制高级研讨会 ……………………………………………（673）
20. 纪念王德春先生逝世十周年暨当代语言学新视野国际研讨会 ………………（674）
21. 第五届语言类型学国际学术研讨会 ……………………………………………（675）
22. 第三届社会语言学高端论坛 ……………………………………………………（675）
23. 第十四届中国语音学学术会议（PCC 2021） …………………………………（675）
24. 第十一届现代汉语语法国际研讨会 ……………………………………………（676）
25. 声调语调问题研讨会 ……………………………………………………………（677）
26. 首届简牍学与出土文献语言文字研究学术研讨会 ……………………………（677）
27. 第三届"一带一路"语言与方言学术研讨会 …………………………………（678）
28. 中国音韵学第21届学术研讨会暨汉语音韵学第16届国际学术研讨会 ……（679）
29. 后疫情时代国际汉语教育学术创新高端论坛 …………………………………（679）
30. "句子"在线专题研讨会 ………………………………………………………（680）

— 3 —

31. 中国民族语言学会第十四次全国学术研讨会 …………………………………………（681）
32. 第十届汉语方言语法学术研讨会 …………………………………………………（682）
33. 中国辞书学会学术委员会议暨辞书编辑出版专业委员会第十一届学术研讨会 ………（682）
34. 第六届全国生态语言学研讨会 ……………………………………………………（683）
35. 第六届语言测试与评价国际研讨会 ………………………………………………（683）
36. 第十六届全国人机语音通讯学术会议 ……………………………………………（684）
37. 中国社会科学论坛（2021年·语言学）——汉语方言学暨纪念李荣先生百年诞辰
    国际学术研讨会 ……………………………………………………………………（685）
38. 第十二届中古汉语国际学术研讨会 ………………………………………………（686）
39. 第三届跨文化汉字研讨会 …………………………………………………………（686）
40. 第七届中国语言产业论坛 …………………………………………………………（687）
41. 首届汉语音义学研究国际学术研讨会暨第四届佛经音义研究国际学术研讨会 ………（688）
42. 中国辞书学会双语词典专业委员会第十四届年会暨学术研讨会 ………………（689）
43. 第十一届汉语语法化问题国际学术讨论会 ………………………………………（690）
44. 第54届汉藏语言暨语言学会议 ……………………………………………………（691）
45. 第17届功能语言学学术研讨会 ……………………………………………………（691）
46. 第三届汉语词汇史青年学者论坛 …………………………………………………（692）
47. 第九届全国认知神经语言学大会 …………………………………………………（693）
48. 第三届体认语言学研讨会 …………………………………………………………（694）
49. 中国民族语言学会语言类型学专业委员会第四届学术年会 ……………………（694）
50. 第六届中国教育语言学高端论坛 …………………………………………………（695）
51. 第五届汉语学习词典学学术研讨会 ………………………………………………（696）
52. 中国修辞学会2021年学术年会暨第十一届国家和机构形象修辞学研讨会 ……（696）
53. "社会主义法治话语、法治修辞与法治思维"暨第十二届全国法律修辞学
    学术会议 ……………………………………………………………………………（697）
54. 中国语文现代化学会神经语言学研究分会第二届年会 …………………………（697）
55. 第八届现代汉语句法语义前沿研讨会 ……………………………………………（698）
56. 中国辞书学会第十三届年会暨学术研讨会 ………………………………………（699）
57. 第二届语言学跨学科研究高端论坛 ………………………………………………（700）
58. 第七届中国语言政策与语言规划学术研讨会 ……………………………………（701）
59. 当代汉语语料库建设研讨会 ………………………………………………………（703）
60. 第十二届望道修辞学论坛 …………………………………………………………（704）

61. 亚洲辞书学会国际跨文化词典学高端论坛 (705)
62. 第九届中国第二语言习得研究国际研讨会 (705)
63. 第十四届汉文佛典语言学国际学术研讨会 (706)
64. 2021国际中文教育智库论坛 (707)
65. 适用语言学与评价研究国际会议 (707)
66. 第五届华文教育国际学术研讨会 (708)
67. 第二十五届国际粤方言研讨会 (709)
68. 严复翻译思想研讨会暨话语修辞与翻译传播高峰论坛 (709)
69. 第五届生物语言学国际研讨会 (709)
70. 面向融媒时代，聚焦《现汉》编研——融媒时代的《现代汉语词典》研讨会 (710)
71. 2021"中国语言服务40人论坛"年度论坛 (712)

第四篇　学术论著介绍

安陆市地名志 (715)
安阳方言语法研究 (715)
霸金集萃：山西翼城大河口西周墓地出土青铜器 (715)
白汉双语儿童汉语韵律焦点发展研究 (715)
抱冰庐选集 (715)
北京古今地名源流考 (716)
贝宁汉语教学研究 (716)
变化的头脑——语言如何延缓衰老 (716)
潮州府城话语音特征调查手册 (716)
陈望道手稿集 (716)
陈望道文存全编（12卷本） (716)
成都平原语音历史层次研究 (717)
成人二语习得中的僵化现象 (717)
楚简句法研究 (717)
传抄古文综合研究 (717)
传承中华基因——甲骨文发现一百二十年来甲骨学论文精选及提要 (717)
词汇语义学 (718)

词义流变与常用词更替研究 (718)

词义球结构的理论与实践 (718)

词语的纯粹 (718)

从文化苦旅到凤凰涅槃——日本汉字问题与语言政策研究 (718)

从语言看中西方的范畴观 (719)

丹江方言语法研究 (719)

当代汉语日源外来语研究 (719)

当代诗歌语言问题探赜 (719)

当代西方修辞学之管窥（30周年纪念版） (720)

当代修辞学的阐释与建构："望道修辞学论坛"论文集萃 (720)

地名里的广东：文化景观的区域分析 (720)

滇北苗语研究 (720)

东汉三国佛教文献副词研究 (721)

东南亚华人社区华语生活状况研究 (721)

多模态理论与外语教学中的多元能力培养 (721)

多源造词研究 (721)

俄罗斯术语学经典论文选译 (721)

尔雅今注（增订本） (722)

尔雅新注 (722)

二语学习动机的回溯与跟踪研究 (722)

鄂渝川西南官话话语标记研究 (722)

法律语言研究——语篇语义视角 (723)

泛域认知过程与现代汉语宾语的多重论元实现 (723)

分布形态理论研究 (723)

风格修辞学 (723)

福州方言大词典 (723)

改革开放40年汉语的变化和发展 (724)

甘肃方言词汇 (724)

葛本仪文集 (724)

公平视角下欧盟多语化语言政策研究 (724)

功能语法导论（第三版） (724)

功能主义语言学理论探索与应用 (725)

构式语法视角下的英汉浮现词缀研究	(725)
古白话词汇研究论稿（增订本）	(725)
古汉语重叠构词法研究（第二版）	(725)
古文字与上古音论稿	(725)
关于翻译的新思考	(725)
官话方言呼语韵律特征	(726)
广东东部闽方言语音地图集	(726)
广义修辞学视角下的夸张研究	(726)
广韵校释	(726)
哈尼语窝尼话研究	(726)
海南三亚崖城军话源流研究	(727)
汉淮传奇——噩国青铜器精粹	(727)
《汉书》音义研究	(727)
汉文典（修订本）	(727)
汉印文字研究	(727)
汉英认知辞格当代隐喻学一体化研究	(728)
汉英主题结构的认知话语研究——基于情境植入的标记度考察	(728)
汉语常用词演变研究概论	(728)
汉语词汇化语法化例释	(728)
汉语词汇史	(728)
汉语方言和汉语词典研究	(729)
汉语方言论集（增订本）	(729)
汉语方言音韵论集	(729)
汉语方言语法调查问卷	(729)
汉语构式的理据性承继探究	(729)
汉语广义遭受结构研究	(730)
汉语交互主观性标记及相关句类认知研究	(730)
汉语句子的信息结构和语调模式	(730)
汉语可能类助动词语义演变研究	(730)
汉语口语评价表达研究	(730)
汉语口语语篇库：建构与标注	(731)
汉语历史语法	(731)

汉语量化研究 （731）
汉语论元实现的可变性 （731）
汉语描写词汇学 （731）
汉语日常词语审美类型研究 （732）
汉语上古音手册 （732）
汉语史论集（增补本） （732）
汉语术语学引论 （732）
汉语缩略规范研究 （733）
汉语特殊型语言障碍儿童关系从句习得研究 （733）
汉语新媒体语篇的互文性研究 （733）
汉语修辞教学设计与策划 （733）
汉语虚词史研究 （733）
汉语言学新视界2021 （734）
汉语音韵学概论（第二版） （734）
汉语语篇分析 （734）
汉语语篇话头结构理论的实证性研究 （734）
汉语语法长编 （734）
汉语语法的共时与历时研究 （735）
汉语语法化词库 （735）
汉语语法问题探究 （735）
汉语运动事件词化类型演变新探 （735）
汉语韵律语法研究的音节-语义视野 （735）
汉语蕴涵义与推导义的习得 （736）
汉语字词关系研究（一） （736）
汉语字词关系研究（二） （736）
汉语作为第二语言作文自动评测模型构建研究 （736）
汉藏语比较研究 （736）
汉藏语研究方法讲稿 （737）
汉藏语音韵对应研究——以杨福绵汉藏音韵研究成果为例 （737）
汉字构形学导论 （737）
汉字里的动物世界 （737）
何谓语文学：现代人文科学的方法和实践 （737）

书名	页码
河南藏甲骨集成·开封博物馆卷	(738)
河南方言研究	(738)
河西汉简考论——以肩水金关汉简为中心	(738)
河西走廊方言与地域文化研究	(738)
衡水桃城区方言研究	(738)
胡风西来：西域史语译文集	(738)
湖南洞绥片赣方言语音调查研究	(739)
华严字母新探：明清宗教、语言与政治	(739)
话语分析：社会科学研究的文本分析方法	(739)
辉县方言语法研究	(739)
回鹘文献梵语借词研究	(739)
基于口语语料库的中国英语学习者话语标记语多层次对比研究	(740)
基于排比句朗读的言语呼吸韵律研究	(740)
基于新型历时复合语料库的翻译汉语特征研究	(740)
基于语料库的汉语成人与儿童物体指称行为研究	(740)
基于语料库的汉语儿童语言发展评价与监测研究	(740)
吉林大学藏甲骨集	(741)
吉林大学考古与艺术博物馆馆藏文物丛书·玺印卷	(741)
家庭语言规划视角语言传承研究	(741)
江西玉山紫湖闽南话研究	(742)
近八十年来关中方音微观演变研究	(742)
近代汉语及语文辞书研究	(742)
近代官话音韵演变研究	(742)
经典训诂	(742)
境外汉语历史语法研究文选（第二版）	(743)
跨文化互动：跨文化交际的多学科研究	(743)
拉丁语的故事：一种世界语言的历史	(743)
老年人口语非流利现象研究	(743)
老子今研	(743)
类篇考索	(744)
类型学视野下的蒙古语－汉语摹拟词对比研究	(744)
黎语白沙话语法标注文本	(744)

里耶秦简研究论文选集 (744)

历代方志方言文献集成 (744)

琉球官话课本三种校注与研究 (745)

陇川阿昌语参考语法 (745)

娄烦方言语音调查研究 (745)

鲁迅小说修辞论 (745)

《论语》英译研究的功能语篇分析途径 (746)

论语研读（修订本） (746)

论语言政策规划 (746)

罗马尼亚国家语言能力研究 (746)

蛮话音韵研究 (746)

满－通古斯诸语狩猎词研究 (746)

描写形态句法——田野语言学指南（中译本） (747)

妙语连珠：汉语成语＋修辞 (747)

名词化动态整合研究 (747)

名词性领属结构的类型学研究——基于语义地图的跨语言视角 (747)

明代南京官话军屯移民语言接触演变研究 (747)

明清汉语词汇的南北差异研究 (748)

明清音韵训诂研究 (748)

纳西东巴文形声字研究 (748)

宁夏南部方言语音研究 (748)

佩金集萃：山西绛县横水西周墓地出土青铜器 (748)

偏旁知识与偏旁问题 (749)

浦东方言 (749)

普通话了$_1$了$_2$的语法异质性 (749)

普通话言语韵律与呼吸节律的交互关系研究 (749)

普通语言学教程 (749)

Python 语言数据分析 (750)

七寺本《玄应音义》文字研究 (750)

《歧路灯》词语汇释（增订本） (750)

千字文探源 (750)

乾堂藏古玺印封泥辑存 (750)

书名	页码
乔姆斯基的普遍语法教程（第三版）	(751)
切韵汇校	(751)
秦封泥集释	(751)
秦汉简帛文献断代用字谱	(751)
清代琉球官话课本新探——对于"得""替""给"多功能性的考察	(752)
清华大学藏战国竹简（拾壹）	(752)
全球华语语法·马来西亚卷	(752)
全球华语语法·香港卷	(752)
却顾所来径——汉语史青年学者访谈录	(753)
人类命运的回响——中国共产党外语教育100年	(753)
认知修辞学：象似性的修辞性研究	(753)
认知语言学（重排校订版）	(753)
认知语言学：理论创新与发展趋势	(754)
认知语言学新动向：基于使用的词义和构式义研究	(754)
日本古文献中的汉字词汇研究（日文版）	(754)
R在语言科学研究中的应用	(754)
三江侗语	(754)
山东省文物考古研究院藏文物精粹·铜器卷	(755)
山西晋方言语音地图集	(755)
山西临汾十七县市方言研究	(755)
山右吉金——隰县瓦窑坡东周墓地出土青铜器精粹	(755)
上古出土文献韵部亲疏关系	(755)
上古汉语交通词汇研究	(756)
上古汉语指示代词演变研究	(756)
上古牙喉音特殊谐声关系研究	(756)
上海博物馆藏战国竹书楚辞笺注	(756)
绍兴碑刻文献研究	(756)
社会-认知视角下BELF交际中的元语用话语研究	(757)
社会与话语：社会语境如何影响文本与言谈	(757)
社会语言学概论	(757)
社会语言学视角下的言语交际	(757)
社会语言学通览	(758)

社会语言学引论（第七版） (758)

生成语法理论演进研究 (758)

19世纪闽南话的语音与词汇：传教士文献研究 (758)

《史记》词汇研究 (758)

世界语言生活动态（2017 – 2019） (759)

事件语法导论 (759)

视觉修辞学 (759)

"是"的意义和用法研究 (759)

守古与维新——中西语文学史述论 (759)

术语翻译方法论 (760)

数词的句法语义界面研究 (760)

数字化时代的山东外语生活 (760)

双语语料库研制与应用新论 (760)

说服：公共关系中的文化与修辞 (760)

说"了" (761)

说文部首源流——字体演变与形义图释 (761)

说文解字 (761)

丝绸之路语言新探 (761)

四川盐亭等六县市方言音系调查研究 (762)

《宋会要辑稿·食货》赋税词语研究 (762)

宋刻宋拓《历代钟鼎彝器款识法帖》辑存 (762)

宋金对峙时期汉语词汇的南北差异研究 (762)

宋元南北官话方言词汇比较研究 (762)

宋至民国契约文书词汇研究 (762)

隋唐五代墓志死亡表述语辑汇 (763)

穗港澳三地普通话语音习得研究 (763)

唐山曹妃甸方言研究 (763)

皖北中原官话语法研究 (763)

王筠"古今字"研究 (763)

网络流行体研究：语言的狂欢与孤独 (763)

为山覆篑——古文字、古文献与先秦史论集 (764)

温州地名研究 (764)

温州话辞典	(764)
文学翻译中的修辞认知研究	(764)
文字蒙求	(764)
文字学概要（修订本）	(764)
问学杂著	(765)
问与答：形式与功能的不对称	(765)
吴语绍兴方言的语音变异与变化	(765)
吴语绍兴（柯桥）方言参考语法	(765)
武汉方言研究	(765)
西夏文词典：世俗文献部分	(765)
西洋传教士汉语方言学著作书目考述（增订本）	(766)
系统功能语言学理论与实践	(766)
系统功能语言学十讲	(766)
系统功能语言学视域下的旅游翻译研究	(766)
先秦玺印陶文货币石玉文字彙纂	(767)
鲜活的语言：语言人类学导论（第二版）	(767)
显性否定	(767)
现代汉语并立复合构式研究	(767)
现代汉语常用词表（第2版）	(767)
现代汉语常用同素同义单双音节动词研究	(768)
现代汉语附加问句的浮现与发展	(768)
现代汉语例解词典	(768)
现代汉语认知语法与教学语法研究	(768)
现代汉语通论精编（第二版）	(769)
现代汉语"V上"的认知语义研究	(769)
现代汉语隐语研究	(769)
现代汉语有标复句层次关系信息化研究	(769)
现代汉语语法修辞教程（第四版）	(770)
现代汉语语篇关联成分研究	(770)
现代汉语中的分配量化	(770)
现代晋语的研究	(770)
现代粤语词典	(770)

香港客家话研究 ……………………………………………………………………（770）

襄垣方言研究 ……………………………………………………………………（771）

新出古陶文文字编 ………………………………………………………………（771）

新出秦汉简帛丛考 ………………………………………………………………（771）

新中国国家语言能力研究 ………………………………………………………（771）

形声字声符示源功能研究 ………………………………………………………（771）

型式与意义：语料库驱动的英汉高频名词对比研究 …………………………（771）

修辞学名家吴士文的故事 ………………………………………………………（772）

悬泉汉简（贰） …………………………………………………………………（772）

学龄前儿童语用发展的取效行为研究 …………………………………………（772）

学习词典特征研究——融媒体时代汉语学习词典语用信息的编纂创新 ……（772）

训诂释义研究 ……………………………………………………………………（772）

亚里士多德《修辞术》笺注 ……………………………………………………（773）

杨树达日记（一九四八－一九五四） …………………………………………（773）

瑶语方言历史比较研究 …………………………………………………………（773）

"一带一路"视域下斯拉夫国家语言文化及发展战略研究 ……………………（773）

以汉语教学为背景的语篇衔接成分研究 ………………………………………（773）

彝语凉山话语法标注文本 ………………………………………………………（773）

义乌方言研究 ……………………………………………………………………（774）

言语行为的会话分析研究 ………………………………………………………（774）

因果关系事件语义学：事件融合视角 …………………………………………（774）

殷墟甲骨文辞类编 ………………………………………………………………（774）

殷墟甲骨文五种外记事刻辞研究 ………………………………………………（774）

银龄集 ……………………………………………………………………………（775）

隐喻翻译转化研究 ………………………………………………………………（775）

隐喻能力实证研究 ………………………………………………………………（775）

英汉程度副词与动词的搭配研究（英文版） …………………………………（775）

英山方言研究 ……………………………………………………………………（776）

英语常见修辞格语用概论 ………………………………………………………（776）

英语母语者汉语连接词运用特征研究 …………………………………………（776）

英语修辞鉴赏与写作（第三版） ………………………………………………（776）

婴幼儿音位范畴习得的神经网络建模研究 ……………………………………（776）

影视剧语言文字的规范化研究	(777)
有标假设复句研究	(777)
幼儿语言的成长：常用词汇语义系统建构	(777)
语法化与语法研究（十）	(777)
语法、语义与语用的习得：基于论元结构与量化逻辑的研究	(777)
语海一得：兼及语言是什么	(778)
语类关系与文化映射	(778)
语体语法"体原子"研究	(778)
语言变化原理：社会因素	(778)
语言的进化生物学探索	(779)
语言符号学研究论集	(779)
语言规范理论探索	(779)
语言规划与社会变迁	(779)
语言类型学（修订本）	(780)
语言类型学视域下的领属范畴研究	(780)
语言迁移和概念性迁移：理论与实证	(780)
语言迁移研究	(780)
语言论：语言的本质、发展与起源	(780)
语言认知论：从经典认知到涉身认知	(781)
社会语言学新发展研究	(781)
语言学入门	(781)
语言学习与语言教学的原则（第六版）	(781)
语言政策与二语习得研究	(781)
语义学（第四版）	(781)
语言政策与政治经济：全球化背景下的英语	(782)
语言治理的理论与实践	(782)
语音讲义	(782)
语音史考论	(782)
语音学田野调查方法与实践——黔东苗语《新寨》个案研究	(782)
语用学十讲	(783)
岳麓秦简《为狱等状四种》释文注释（修订本）	(783)
《岳麓书院藏秦简（肆）》疏证	(783)

云南旅游景观地名语言文化研究 (783)

韵律格局——语音和语义、语法、语用的结合 (783)

藏语噶尔话语法标注文本 (784)

早期天师道文献词汇描写研究 (784)

漳州闽南语熟语 (784)

漳州闽南语谚语 (784)

政治修辞：西方宣传话语的哲学批判 (785)

中国方志中语言资料集成（全42册） (785)

中国英语学习者隐喻性词义习得研究 (785)

中缅中老边境四城语言生态调查与评估 (785)

中西学术名篇精读·郑张尚芳卷 (786)

《朱子语类》身体动作类词群研究 (786)

自然口语语篇呼吸与韵律特征的接口研究
　　——以韩国、日本、美国、泰国的汉语学习者为例 (786)

自然语言处理：基于预训练模型的方法 (786)

字书字料库的理论、实践与应用 (786)

《左传》《国语》文献关系考辨研究：以虚词比较为中心 (787)

第五篇　学者介绍

已故学者介绍（2015－2021） (791)

　　李小凡 (791)

　　邵荣芬 (791)

　　王　锳 (792)

　　白维国 (792)

　　周有光 (792)

　　刘焕辉 (793)

　　桂诗春 (793)

　　张永言 (794)

　　王克仲 (794)

　　孙锡信 (794)

　　张　斌 (795)

郑张尚芳 ……………………………………………………………（795）
曹先擢 ………………………………………………………………（796）
单耀海 ………………………………………………………………（796）
杨耐思 ………………………………………………………………（797）
王理嘉 ………………………………………………………………（797）
王海棻 ………………………………………………………………（798）
温端政 ………………………………………………………………（798）
麦梅翘 ………………………………………………………………（798）
陈治文 ………………………………………………………………（799）
陆尊梧 ………………………………………………………………（799）
林书武 ………………………………………………………………（800）
黄布凡 ………………………………………………………………（800）
陈章太 ………………………………………………………………（800）

第六篇　学术期刊

出土文献 ……………………………………………………………（805）
辞书研究 ……………………………………………………………（805）
当代修辞学 …………………………………………………………（806）
当代语言学 …………………………………………………………（806）
方言 …………………………………………………………………（807）
古汉语研究 …………………………………………………………（807）
国际汉语教学与研究 ………………………………………………（808）
汉语学报 ……………………………………………………………（808）
汉语学习 ……………………………………………………………（809）
汉字文化 ……………………………………………………………（809）
民族语文 ……………………………………………………………（810）
世界汉语教学 ………………………………………………………（810）
外国语 ………………………………………………………………（811）
外语教学与研究 ……………………………………………………（811）
现代外语 ……………………………………………………………（812）
语文建设 ……………………………………………………………（812）

— 17 —

语文研究 ……………………………………………………………………………… (813)

语言科学 ……………………………………………………………………………… (813)

语言教学与研究 ……………………………………………………………………… (814)

语言文字应用 ………………………………………………………………………… (814)

语言学论丛 …………………………………………………………………………… (815)

语言研究 ……………………………………………………………………………… (815)

语言战略研究 ………………………………………………………………………… (816)

中国语文 ……………………………………………………………………………… (817)

中文信息学报 ………………………………………………………………………… (817)

第七篇　学术集刊

北斗语言学刊 ………………………………………………………………………… (821)

北京大学中国古文献研究中心集刊 ………………………………………………… (821)

出土文献与古文字研究 ……………………………………………………………… (821)

出土文献研究 ………………………………………………………………………… (821)

出土文献综合研究集刊 ……………………………………………………………… (822)

东方语言学 …………………………………………………………………………… (822)

对外汉语研究 ………………………………………………………………………… (822)

非洲语言文化研究 …………………………………………………………………… (823)

古文字研究 …………………………………………………………………………… (823)

汉语国际教育学报 …………………………………………………………………… (823)

汉语史学报 …………………………………………………………………………… (824)

汉语史研究集刊 ……………………………………………………………………… (824)

汉语史与汉藏语研究 ………………………………………………………………… (824)

汉语语言学 …………………………………………………………………………… (825)

汉藏语学报 …………………………………………………………………………… (825)

互动语言学与汉语研究 ……………………………………………………………… (825)

甲骨文与殷商史 ……………………………………………………………………… (826)

简帛 …………………………………………………………………………………… (826)

简帛研究 ……………………………………………………………………………… (826)

跨文化研究论丛 ……………………………………………………………………… (827)

目录	
跨语言文化研究	(827)
历史语言学研究	(828)
励耘语言学刊	(828)
民俗典籍文字研究	(828)
南方语言学	(829)
南开语言学刊	(829)
青铜器与金文	(829)
清华语言学	(830)
上古汉语研究	(830)
文献语言学	(830)
语法化与语法研究	(831)
语法研究和探索	(831)
语料库语言学	(831)
语文辞书论集	(831)
语言产业研究	(832)
语言规划学研究	(832)
语言类型学集刊	(832)
语言学研究	(833)
语言研究集刊	(833)
语言与文化论丛	(833)
语言与文化论坛	(834)
语言政策与规划研究	(834)
韵律语法研究	(835)
中国方言学报	(835)
中国简帛学刊	(835)
中国民族语言学报	(835)
中国社会语言学	(835)
中国文字学报	(835)
中国文字研究	(836)
中国训诂学报	(836)
中国语言学报	(837)
中国语言文学研究	(837)

中国语音学报 …………………………………………………………………………… (837)

第八篇　学术团体

全国汉语方言学会 ……………………………………………………………………… (841)
世界汉语教学学会 ……………………………………………………………………… (841)
中国辞书学会 …………………………………………………………………………… (841)
中国古文字学会 ………………………………………………………………………… (841)
中国民族语言学会 ……………………………………………………………………… (841)
中国语文现代化学会 …………………………………………………………………… (841)
中国文字学会 …………………………………………………………………………… (841)
中国训诂学研究会 ……………………………………………………………………… (841)
中国语文报刊协会 ……………………………………………………………………… (842)
中国语言学会 …………………………………………………………………………… (842)
北京国际汉字研究会 …………………………………………………………………… (842)
安徽省语言学会 ………………………………………………………………………… (842)
北京市语言学会 ………………………………………………………………………… (842)
重庆市语言学会 ………………………………………………………………………… (842)
福建省语言学会 ………………………………………………………………………… (842)
广东省中国语言学会 …………………………………………………………………… (842)
广西语言学会 …………………………………………………………………………… (843)
河北省语言学会 ………………………………………………………………………… (843)
河南省语言学会 ………………………………………………………………………… (843)
黑龙江省语言学会 ……………………………………………………………………… (843)
湖北省语言学会 ………………………………………………………………………… (843)
湖南省语言学会 ………………………………………………………………………… (843)
吉林省语言学会 ………………………………………………………………………… (843)
江苏省语言学会 ………………………………………………………………………… (843)
江西省语言学会 ………………………………………………………………………… (843)
辽宁省语言学会 ………………………………………………………………………… (844)
内蒙古语言学会 ………………………………………………………………………… (844)
宁夏语言学会 …………………………………………………………………………… (844)

青海省语言学会 …… (844)
山东省语言学会 …… (844)
山西省语言学会 …… (844)
陕西省语言学会 …… (844)
上海市语文学会 …… (844)
四川省语言学会 …… (845)
天津市语言学会 …… (845)
云南省语言学会 …… (845)
浙江省语言学会 …… (845)
香港中国语文学会 …… (845)
澳门语言学会 …… (845)
台湾语言学学会 …… (845)
国际中国语言学学会 …… (845)

第九篇　语言文字工作机构

国家语言文字工作委员会 …… (849)
国家语委咨询委员会 …… (849)
国家语委科研规划领导小组 …… (850)
国家语委语言文字规范（标准）审定委员会 …… (851)
教育部语言文字应用管理司 …… (852)
教育部语言文字信息管理司 …… (852)

第十篇　学术研究机构

教育部语言文字应用研究所 …… (855)
中国社会科学院民族学与人类学研究所民族语言学研究室 …… (855)
中国社会科学院语言研究所 …… (855)
北京大学中国语言学研究中心 …… (856)
北京师范大学民俗典籍文字研究中心 …… (856)
北京师范大学汉字汉语研究与社会应用实验室 …… (856)

北京外国语大学外国语言研究所 ·· (857)

北京语言大学语言科学院 ··· (857)

中国人民大学吴玉章中国语言文字研究所 ·· (857)

安徽大学汉字发展与应用研究中心 ·· (857)

安徽师范大学语言资源保护与研究中心 ·· (857)

福建师范大学语言研究所 ··· (858)

复旦大学现代语言学研究院 ·· (858)

华中科技大学中国语言研究所 ·· (858)

南京大学方言与文化研究所 ·· (858)

南开大学语言学研究所 ·· (858)

南开大学文学院语音学实验室 ·· (858)

山西大学语言科学研究所 ·· (859)

山西省社会科学院语言研究所 ·· (859)

陕西师范大学语言资源开发研究中心 ·· (859)

上海师范大学语言研究所 ·· (859)

江苏师范大学语言研究所 ·· (859)

上海交通大学海外汉字文化研究中心 ·· (860)

复旦大学出土文献研究与保护中心 ·· (860)

吉林大学古籍研究所 ·· (860)

武汉大学古籍研究所 ·· (860)

西南大学汉语文献研究所 ·· (860)

浙江大学汉语史研究中心 ·· (861)

浙江师范大学中国方言研究院 ·· (861)

山东大学语言科学实验中心 ·· (861)

天津大学语言科学研究中心 ·· (861)

同济大学语言规划与全球治理研究中心 ·· (862)

武汉大学中国语情与社会发展研究中心 ·· (862)

郑州大学汉字文明研究中心 ·· (862)

河南省"一带一路"语言服务研究中心 ·· (862)

第十一篇　大事记

·· (865)

序 言

为中国特色哲学社会科学事业立传

——写在《中国哲学社会科学学科年鉴》系列出版之际

（一）

2016年5月17日，习近平总书记《在哲学社会科学工作座谈会上的讲话》中正式作出了加快构建中国特色哲学社会科学的重大战略部署。自此，中国特色哲学社会科学学科体系、学术体系、话语体系的构建进入攻坚期。

2022年4月25日，习近平总书记在中国人民大学考察时强调指出，"加快构建中国特色哲学社会科学，归根结底是建构中国自主的知识体系"。这为我们加快构建中国特色哲学社会科学进一步指明了方向。

2022年4月，中共中央办公厅正式印发《国家哲学社会科学"十四五"规划》。作为第一部国家层面的哲学社会科学发展规划，其中的一项重要内容，就是以加快中国特色哲学社会科学为主题，将"中国哲学社会科学学科年鉴编纂"定位为"哲学社会科学学科基础建设"，从而赋予了哲学社会科学学科年鉴编纂工作新的内涵、新的要求。

从加快构建中国特色哲学社会科学到归根结底是建构中国自主的知识体系，再到制定第一部国家层面的哲学社会科学发展规划，至少向我们清晰揭示了这样一个基本事实：中国特色社会主义事业离不开中国特色哲学社会科学的支撑，必须加快构建中国特色哲学社会科学、建构中国自主的知识体系。加快构建中国特色哲学社会科学、建构中国自主的知识体系是一个长期的历史任务，必须持之以恒，实打实地把一件件事情办好。

作为其间的一项十分重要且异常关键的基础建设，就是编纂好哲学社会科学学科年鉴，将中国特色哲学社会科学事业的发展动态、变化历程记录下来，呈现出来。以接续奋斗的精神，年复一年，一茬接着一茬干，一棒接着一棒跑。就此而论，编纂哲学社会科学学科年鉴，其最基本、最核心、最重要的意义，就在于为中国特色哲学社会科学事业立传。

呈现在读者面前的这一《中国哲学社会科学学科年鉴》系列，就是在这样的背景之下，由中国社会科学院集全院之力、组织精锐力量编纂而成的。

（二）

作为年鉴的一个重要类型，学科年鉴是以全面、系统、准确地记述上一年度特定学科或学科分支发展变化为主要内容的资料性工具书。编纂学科年鉴，是哲学社会科学发展到一定阶段的产物。

追溯起来，我国最早的哲学社会科学年鉴——《中国文艺年鉴》，诞生于上个世纪30年代。党的十一届三中全会之后，伴随着改革开放的进程，我国哲学社会科学年鉴不断发展壮大。40多年来，哲学社会科学年鉴在展示研究成果、积累学术资料、加强学科建设、开展学术评价、凝聚学术共同体等方面，发挥着不可替代的作用，为繁荣发展中国特色哲学社会科学作出了重要贡献。

1. 为学科和学者立传的重要载体

学科年鉴汇集某一学科领域的专业学科信息，是服务于学术研究的资料性工具书。不论是学科建设、学术研究，还是学术评价、对外交流等，都离不开学科知识的积累、学术方向的辨析、学术共同体的凝聚。

要回答学术往何处去的问题，首先要了解学术从哪里来，以及学科领域的现状，这就离不开学科年鉴提供的信息。学科年鉴记录与反映年度内哲学社会科学某个学科领域的研究进展、学术成果、重大事件等，既为学科和学者立传，也为学术共同体的研究提供知识基础和方向指引，为学术创新、学派形成、学科巩固创造条件、奠定基础。学科年鉴编纂的历史越悠久，学术积淀就越厚重，其学术价值就越突出。

通过编纂学科年鉴，将中国哲学社会科学界推进学科体系、学术体系、话语体系建设以及建构中国自主知识体系的历史进程准确、生动地记录下来，并且，立此存照，是一件非常有意义的事情。可以说，学科年鉴如同学术研究的白皮书，承载着记录、反映学术研究进程的历史任务。

2. 掌握学术评价权的有力抓手

为学界提供一个学科领域的专业信息、权威信息，这是学科年鉴的基本功能。一个学科领域年度的信息十分庞杂，浩如烟海，不可能全部收入学科年鉴。学科年鉴所收录的，只能是重要的、有价值的学术信息。这就要经历一个提炼和总结的过程。学科年鉴的栏目，如重要文献（特载）、学科述评、学术成果、学术动态、统计资料与数据、人物、大事记等，所收录的信息和资料都是进行筛选和加工的基础上形成的。

进一步说，什么样的学术信息是重要的、有价值的，是由学科年鉴的编纂机构来决定。

这就赋予了学科年鉴学术评价的功能，所谓"入鉴即评价"，指的就是这个逻辑。特别是学科综述，要对年度研究进展、重要成果、学术观点等作出评析，是学科年鉴学术评价功能的集中体现。

学科年鉴蕴含的学术评价权，既是一种权力，更是一种责任。只有将学科、学术的评价权用好，把有代表性的优秀成果和学术观点评选出来，分析各学科发展面临的形势和任务、成绩和短板、重点和难点，才能更好引导中国特色哲学社会科学的健康发展。

3. 提升学术影响力的交流平台

学科年鉴按照学科领域编纂，既是该领域所有学者共同的精神家园，也是该学科领域最权威的交流平台。目前公认的世界上首部学术年鉴，是由吕西安·费弗尔和马克·布洛赫在1929年初创办的《经济社会史年鉴》。由一群有着共同学术信仰和学术观点的历史学家主持编纂的这部年鉴，把年鉴作为宣传新理念和新方法的学术阵地，在年鉴中刊发多篇重要的理论成果，催发了史学研究范式的演化，形成了法国"年鉴学派"，对整个西方现代史学的创新发展产生了深远影响。

随着学科年鉴的发展和演化，其功能也在不断深化。除了记载学术共同体的研究进展，还提供了学术研究的基本参考、学术成果发表的重要渠道，充当了链接学术网络的重要载体。特别是学科年鉴刊载的综述性、评论性和展望性的文章，除了为同一范式下的学者提供知识积累或索引外，还能够对学科发展趋势动向作出总结，乃至为学科未来发展指明方向。

4. 中国学术走向世界的重要舞台

在世界范围内，学科年鉴都是作为权威学术出版物而被广泛接受的。高质量的学科年鉴，不仅能够成为国内学界重要的学术资源、引领学术方向的标识，而且也会产生十分显著的国际影响。

中国每年产出的哲学社会科学研究成果数量极其庞大，如何向国际学术界系统介绍中国哲学社会科学研究成果，做到既全面准确，又重点突出？这几乎是不可能完成的任务。学科年鉴的出现，则使不可能变成了可能。高质量的学科年鉴，汇总一个学科全年最重要、最有代表性的研究成果、资料和信息，既是展示中国哲学社会科学研究成果与现状的最佳舞台，也为中外学术交流搭建了最好平台。

事实上，国内编纂的学科年鉴一直受到国外学术机构的重视，也是各类学术图书馆收藏的重点。如果能够站在通观学术界全貌之高度，编纂好哲学社会科学各学科年鉴，以学科年鉴为载体向世界讲好中国学术故事，当然有助于让世界知道"学术中的中国"、"理论中的中国"、"哲学社会科学中的中国"，也就能够相应提升中国哲学社会科学的国际影响力和话语权。

（三）

作为中国哲学社会科学研究的"国家队"，早在上世纪70年代末，中国社会科学院就启动了学科年鉴编纂工作。诸如《世界经济年鉴》《中国历史学年鉴》《中国哲学年鉴》《中国文学年鉴》等读者广为传阅的学科年鉴，迄今已有40多年的历史。

2013年，以国家哲学社会科学创新工程为依托，中国社会科学院实施了"中国社会科学年鉴工程"，学科年鉴编纂工作由此驶入快车道。至2021下半年，全院组织编纂的学科年鉴达到26部。

进入2022年以来，在加快构建中国特色哲学社会科学、贯彻落实《国家哲学社会科学"十四五"规划》的背景下，立足于更高站位、更广视野、更大格局，中国社会科学院进一步加大了学科年鉴编纂的工作力度，学科年鉴编纂工作迈上了一个大台阶，呈现出一幅全新的学科年鉴事业发展格局。

1. 哲学社会科学学科年鉴群

截至2023年5月，中国社会科学院组织编纂的哲学社会科学学科年鉴系列已有36部之多，覆盖了15个一级学科、13个二三级学科以及4个有重要影响力的学术领域，形成了国内规模最大、覆盖学科最多、也是唯一成体系的哲学社会科学学科年鉴群。

其中，《中国语言学年鉴》《中国金融学年鉴》《当代中国史研究年鉴》等10部，系2022年新启动编纂。目前还有将近10部学科年鉴在编纂或酝酿之中。到"十四五"末期，中国社会科学院组织编纂的学科年鉴总规模，有望超越50部。

2. 学科年鉴的高质量编纂

从总体上看，在坚持正确的政治方向、学术导向和价值取向方面，各部学科年鉴都有明显提高，体现了立场坚定、内容客观、思想厚重的导向作用。围绕学科建设、话语权建设等设置栏目，各部学科年鉴都较好地反映了本学科领域的发展建设情况，发挥了学术存史、服务科研的独特作用。文字质量较好，文风端正，装帧精美，体现了学科年鉴的严肃性和权威性。

与此同时，为提高年鉴编纂质量，围绕学科年鉴编纂的规范性，印发了《中国哲学社会科学学科年鉴编纂出版规定》，专门举办了年鉴编纂人员培训班。

3. 学科年鉴品牌

经过多年努力，无论在学术界还是年鉴出版界，中国社会科学院组织编纂的哲学社会科学学科年鉴系列得到了广泛认可，学术年鉴品牌已经形成。不仅成功主办了学术年鉴主编论坛和多场年鉴出版发布会，许多年鉴也在各类评奖中获得重要奖项。在数字化方面，学科年鉴数据库已经建成并投入使用，目前试用单位二百多家，学科年鉴编纂平台在继续推进中。

4. 学科年鉴工作机制

中国社会科学院科研局负责学科年鉴管理，制定发展规划，提供经费资助；院属研究单位负责年鉴编纂；中国社会科学出版社负责出版。通过调整创新工程科研评价考核指标体系，赋予年鉴编纂及优秀学科综述相应的分值，调动院属单位参与年鉴编纂的积极性。

学科年鉴是哲学社会科学界的学术公共产品。作为哲学社会科学研究的"国家队"，编纂、提供学科年鉴这一学术公共产品，无疑是中国社会科学院的职责所在、使命所系。中国社会科学院具备编纂好学科年鉴的有利条件：一是学科较为齐全；二是研究力量较为雄厚；三是具有"国家队"的权威性；四是与学界联系广泛，主管120家全国学会，便于组织全国学界力量共同参与年鉴编纂。

（四）

当然，在肯定成绩的同时，还要看到，当前哲学社会科学学科年鉴编纂工作仍有较大的提升空间，我们还有很长的路要走。

1. 逐步扩大学科年鉴编纂规模

经过40多年的发展，特别是"中国社会科学年鉴工程"实施10年来的努力，哲学社会科学系列学科年鉴已经形成了一定的规模，覆盖了90%的一级学科和部分重点的二三级学科。但是，也不容忽视，目前还存在一些学科年鉴空白之地。如法学、政治学、国际政治、区域国别研究等重要的一级学科，目前还没有学科年鉴。

中国自主知识体系的基础是学科体系，完整的学科年鉴体系有助于完善的学科体系和知识体系的形成。尽快启动相关领域的学科年鉴编纂，抓紧填补相关领域的学科年鉴空白，使哲学社会科学年鉴覆盖所有一级学科以及重要的二三级学科，显然是当下哲学社会科学界应当着力推进的一项重要工作。

2. 持续提高学科年鉴编纂质量

在扩张规模、填补空白的同时，还应当以加快构建中国特色哲学社会科学、建构中国自主的知识体系为目标，下大力气提高学科年鉴编纂质量，实现高质量发展。

一是统一学科年鉴的体例规范。学科年鉴必须是成体系的，而不是凌乱的；是规范的，而不是随意的。大型丛书的编纂靠的是组织严密，条例清楚，文字谨严。学科年鉴的体例要更加侧重于存史内容的发掘，对关乎学术成果、学术人物、重要数据、学术机构评价的内容，要通过体例加以强调和规范。哲学社会科学所有学科年鉴，应当做到"四个基本统一"：名称基本统一，体例基本统一，篇幅基本统一，出版时间、发布时间基本统一。

二是增强学科年鉴的权威性。年鉴的权威性，说到底取决于内容的权威性。学科年鉴是在对大量原始信息、文献进行筛选、整理、分析、加工的基础上，以高密度的方式将各类学术信息、情报传递给读者的权威工具书。权威的内容需要权威的机构来编纂，来撰写，来审定。学科综述是学科年鉴的灵魂，也是年鉴学术评价功能的集中体现，必须由权威学者来撰写学科综述。

三是要提高学科年鉴的时效性。学科年鉴虽然有存史功能，但更多学者希望将其作为学术工具书，从中获取对当下研究有价值的资料。这就需要增强年鉴的时效性，前一年的年鉴内容，第二年上半年要完成编纂，下半年完成出版。除了加快编纂和出版进度，年鉴的时效性还体现在编写的频度上。一级学科的年鉴，原则上都应当一年一鉴。

3. 不断扩大学科年鉴影响力

学科年鉴的价值在于应用，应用的前提是具有影响力。要通过各种途径，让学界了解学科年鉴，接受学科年鉴，使用学科年鉴，使学科年鉴真正成为学术研究的好帮手。

一是加强对学科年鉴的宣传。"酒香也怕巷子深"。每部学科年鉴出版之后，要及时举行发布会，正式向学界介绍和推出，提高学科年鉴的知名度。编纂单位也要加大对学科年鉴的宣传，结合学会年会、学术会议、年度优秀成果评选等活动，既加强对学科年鉴的宣传，又发挥学科年鉴的学术评价作用。

二要在使用中提高学科年鉴的影响力。要让学界使用学科年鉴，必须让学科年鉴贴近学界的需求，真正做到有用、能用、管用。因此，不能关起门来编学科年鉴，而是要根据学界的需求来编纂，为他们了解学术动态、掌握学科前沿、开展学术研究提供便利。要确保学科年鉴内容的原创性、独特性，提供其他渠道提供不了的学术信息。实现这个目标，就需要在学科年鉴内容创新上下功夫，不仅是筛选和转载，更多的内容需要用心策划、加工和提炼。实际上，编纂学科年鉴不仅是整理、汇编资料，更是一项学术研究工作。

三是提高学科年鉴使用的便捷性。当今网络时代，要让学科年鉴走进千万学者中间，必须重视学科年鉴的网络传播，提高学科年鉴阅读与获取的便捷性。出版社要重视学科年鉴数据库产品的开发。同时，要注重同知识资源平台的合作，利用一切途径扩大学科年鉴的传播力、影响力。在做好国内出版的同时，还要做好学科年鉴的海外发行，向国际学术界推广我国的学科年鉴。

4. 注重完善学科年鉴编纂工作机制

实现学科年鉴的高质量发展，是一项系统工程，需要哲学社会科学界的集思广益，共同努力，形成推动学科年鉴工作高质量发展的工作机制。哲学社会科学学科年鉴编纂，中国社会科学院当然要当主力军，但并不能包打天下，应当充分调动哲学社会科学界的力量，开展协调创新，与广大同仁一道，共同编纂好学科年鉴。

学科年鉴管理部门和编纂单位不仅要逐渐加大对学科年鉴的经费投入，而且要创新学科年鉴出版形式，探索纸本与网络相结合的新型出版模式，适当压缩纸本内容，增加网络传播内容。这样做，一方面可提高经费使用效益，另一方面，也有利于提升学科年鉴的传播力，进一步调动相关单位、科研人员参与学科年鉴编纂的积极性。

随着学科年鉴规模的扩大和质量的提升，可适时启动优秀学科年鉴的评奖活动，加强对优秀年鉴和优秀年鉴编辑人员的激励，形成学科年鉴工作良性发展的机制。要加强年鉴工作机制和编辑队伍建设，有条件的要成立专门的学科年鉴编辑部，或者由相对固定人员负责学科年鉴编纂，确保学科年鉴工作的连续性和编纂质量。

出版社要做好学科年鉴出版的服务工作，协调好学科年鉴编纂中的技术问题，提高学科年鉴质量和工作效率。除此之外，还要下大力气做好学科年鉴的市场推广和数字产品发行。

说到这里，可将本文的结论做如下归结：学科年鉴在加快构建中国特色哲学社会科学、建构中国自主知识体系中的地位和作用既十分重要，又异常关键，我们必须高度重视学科年鉴的编纂出版工作，奋力谱写哲学社会科学学科年鉴编纂工作新篇章。

第一篇

学科综述

导　言

完　权

2021年是中国共产党建党一百周年，也是第十四个五年规划的开局之年。语言学界同人胸怀国之大者，心系语言研究，本年度中国语言学事业的发展特色鲜明、异彩纷呈。

一、承前启后，继往开来

回顾党的语言文字事业百年历程、总结党引领语言文字事业的丰功伟业，是2021年语言学研究的一大主题。国家语委编制出版《党的语言文字事业百年光辉历程》画册，系统梳理了百年来党引领语言文字事业的光辉历程。《中国语文》《方言》等期刊登载特稿，总结百年来我国语言文字工作的辉煌成就与宝贵经验，客观展现出中国共产党的领导是我国语言学事业不断前进的根本保证。《中国社会科学报》在"建党百年、学术百家"专栏中回顾了陈望道、吕叔湘、王力、丁声树等四位语言学大师与党偕行的一生。在这股大潮的带动下，语音学、辞书学、修辞学、社会语言学等诸多语言学分支学科趁势温故知新，总结历史经验，展开学科思想史的研究。概括党领导语言文字事业的历史经验，阐释党的语言文字观和语言文字事业观，提炼学科发展的脉络和理论体系，这些工作意义重大，必将持续推动中国语言学迈上"第二个百年奋斗目标"的新征程。

新征程的第一步，是科学制定中国语言文字事业发展"十四五"规划。全国社科办语言学学科调研组在梳理语言学学科主要研究力量布局、人才培养和队伍建设等基本状况的基础上，全面总结"十三五"时期取得的重要进展、主要成绩、代表性人物和成果，科学研判"十四五"时期的学术前沿和发展趋势，明确指出了需要进一步深化和拓展的重点研究领域、方向和重点课题。最终成果体现在《中国特色哲学社会科学发展报告："十三五"回顾与"十四五"展望》（中国社会科学出版社，2021年）和《语言学新视野》（商务印书馆，2021年）中。在具体的学科中，以方言学、修辞学、社会语言学、自然语言处理等为代表，也都在积极地研究探讨新时代背景下学科体系的建设和发展，表现出敏锐的科学眼光和清醒的时代意识。

二、纵深推进，融合拓展

2021年也是习近平总书记关于加快构建中国特色哲学社会科学工作暨"5·17讲话"发表五周年。五年来，"构建中国特色的哲学社会科学"深入人心，激励广大语言学工作者共同努力，学科发展呈现出纵深推进和融合发展的良好态势。

基础学科的研究不断地向纵深推进，基于汉语自身特点的语言学理论建构取得重大进展，"把论文写在祖国的大地上"。摆脱"印欧语眼光"的束缚，探索建构反映汉语自身特点的理论，成为语言学基础理论的前沿。以沈家煊为代表的一批学者，深入探讨语言差异背后的深层原因，探寻造成汉语与印欧语本质区别的思维、认知与哲学基础，构建符合汉语特点的"大语法观"，充分展现出世界眼光和中国立场。方言研究坚持传统，继续立足于本体，调查与研究并重，发掘新材料，研究新问题，拓展研究视野，语言学的多种理论与方法在汉语方言研究中得到充分运用，奉献了一批扎实厚重的成果。在历史语言学领域，无论是历史语法学、历史词汇学等建立在西方语言学体系基础之上的学科，还是文字学、音韵学、训诂学等重视传统的学科，都明显地扩展了文献材料运用的广度，基于新发现的材料，特别是新的出土文献和语言接触材料，进一步加深了研究的深度和广度，新成果精彩纷呈。

应用学科的发展持续融合拓展的势头。语音学作为横跨基础和应用的学科，在学科融合发展方面一直都走在前头，在韵律和社会互动、语音感知和二语教学、言语病理语音研究与自动诊断、方言学与实验语音学的结合等方面，都拿出了代表性的成果。在心理语言学研究中，以2021年正式启动的中国脑计划为背景，正电子断层扫描、功能磁共振成像、脑电图和脑磁图等技术得到广泛应用，语言的理解、产生与发展以及儿童语言获得领域的学者做了大量研究，成绩斐然。随着大数据和人工智能技术的深入发展，计算语言学、自然语言处理和语料库语言学也涌现出丰硕的成果，并在自然语言生成、机器翻译、二语教学、辞书数字化和融媒体辞书等领域得到广泛的应用。此外，修辞学和社会语言学研究也都在学科融合中表现出学科领域不断拓展的强大生命力。

三、相会云上，走向海外

学术交流是学术发展的动力。在过去的一年里，中国语言学人保持着开放的心态，克服困难，努力推动着学术的交流和发展。

新冠疫情反复无常，并不妨碍语言学者相会云上。传统的线下会议固然受到一些影响，但是借助各种线上会议平台，组织和参加会议、论坛和学术报告却更加方便快捷，听众没有了地域和门槛的限制，新成果、新理念、新思想得到了更为及时广泛的传播。

除了网上传播，中国语言学者也愈发有信心走向海外。在参加国际会议、发表国际期刊文章方面，语音学和心理语言学相对比较突出，一批成果出现在相关学科的顶会顶刊上。在技术创新和成果推广方面，则是计算语言学、自然语言处理研究和语料库语言学更具有天然的学科优势。

和以往的语言学国际交流相比，新的特点是，不只是研究成果走向海外，而且中国语言学者的研究视野也扩展到了海外。在基础学科中，语音学、语法学都有学者把非洲语言纳入研究视野。社会语言学中的"语言生活"本是来自我国学者对汉语运用社会现象的观察和思考，现在这个概念已经进一步推广到了全世界，成功推出了《世界语言生活状况报告（2021）》。

我们期待中国语言学者能够为世界语言学的发展贡献出越来越多的智慧结晶。

现代汉语句法语义研究

刘探宙　张　帆

2021 年对于中华民族来说，是必将载入史册的重要年份。在中国共产党建党 100 周年之际，我们党完成了消除绝对贫困的艰巨任务，如期兑现了全面建成小康社会、实现第一个百年奋斗目标的庄严承诺。这意味着我国在实现中华民族伟大复兴的历史进程中又迈上了一个台阶，"文化自信"已成为人们的历史自觉。2021 年对于哲学社会科学来讲，正逢习近平总书记关于加快构建中国特色哲学社会科学工作暨"5·17 讲话"发表五周年，经过五年的蓬勃发展，"构建中国特色的哲学社会科学"已经成为哲学社会科学工作者共同努力的方向。2021 年对于语言学和句法语义学科来说，更是一个让人振奋的年份，因为 2020 年底刚刚召开了新中国成立以来的第四次全国语言文字会议，新时代语言文字事业的新征程新任务从 2021 年正式开启；而同一时段又适逢著名语言学家朱德熙先生的百年诞辰，面对这位在现代汉语句法语义研究领域做出杰出引领贡献的先辈，已经具备文化自信觉悟的句法语义学者，直视汉语本身的特色，反思过去、正视现实、面向未来，一边纪念，一边在新的一年中做了大量研究。因此 2021 年句法语义学科的研究成果，特别值得认真梳理。下面我们按照成果的研究取向分别加以综述。

总的来讲，除了结构语法、功能-认知取向和形式取向的研究成果，注重多方对话的研究从新世纪初开始就一直持续进行，而最值得关注的是，基于汉语自身特点、力图建立符合汉语特点语法体系的研究成果，在这一年中如雨后春笋般地多了起来。构建中国特色、中国风格、中国气派的学科体系、学术体系、话语体系，已经蔚然成风。

一、基于汉语自身特点的理论建构及相关研究

中国现代句法语义学术体系从开始建立就受到"西学"的影响。半个多世纪以来，借鉴西方语言学理论挖掘汉语特点一直是句法语义研究的主要路径，这就是所谓的"印欧语的眼光"。印欧语眼光在特定的历史时期和发展的特定阶段是有好处的，不仅能开阔汉语句法语义研究者的视野，还能促进国内与国际学术观念的交流。不过亦步亦趋的风气和模式肯定会限制我们正视汉语事实、揭示汉语本质。20 世纪，吕叔湘先生在《语法研究中的破与

立》一文中发出语法研究要"大破特破"的号召,要敢于动"原来不敢触动的一些条条框框"。朱德熙先生也发出了"摆脱印欧语的束缚,用朴素的眼光看汉语"的呼吁。前贤们始终期待一个真正符合汉语自身特点的语法体系,因此一直奋战在摆脱印欧语眼光的束缚,更好地"认识自己"、更好地"表述自己"的征途上。21世纪以来,以沈家煊为代表的汉语研究者通过对世界语言的广泛观察和对汉语事实的深入思考,从语言最基本的词类范畴——名词与动词的关系入手,发现汉语各级语法单位之间存在一系列范畴包含关系,这恰恰吻合了中国传统哲学中的范畴包含关系;又从语言最基本的句法关系"主谓关系"入手,发现汉语句子结构的本质是并置的指称语,这又与中国传统修辞学中的"对言成句""互文见义"深度共鸣。这是百余年来第一次基于中国文化传统特征和世界语言变异眼光,对汉语本质做出的系统性揭示,是新时代中国语言学体系建设的重要成果。中国语言学者扎根自身文化传统,满怀信心,以自己的学术创新,不断推进以汉语自身特点为基础,构建面向世界语言普通语言学理论的学术探索,体现了在世界语言学学术命运共同体中的责任与担当。

2021年基于汉语自身特点的语言学理论建构取得重大进展。沈家煊的《动主名谓句——为朱德熙先生百年诞辰而作》(《中国语文》第1期)从形式和语义入手,分类描写了三部文学作品中的上百个"动主名谓句",即主语为动词、谓语为名词的句子,深刻反思了汉语中"名词做谓语"相关的理论问题,强调汉语句子谓语的指称语本质,揭示了汉语中"并置为本""递系为本"的造句本质。张伯江的《复杂句式的扁平化——纪念朱德熙先生百年诞辰》(《中国语文》第1期)以句法易位为主要论证手段,生动展现复杂句式怎样由松散的零句整合而成,用事实说明汉语句法以扁平性为常态,而立体的递归性层次结构,只是一定语用条件下的自然推导的结果。沈家煊的《名词"时体态"标记:理论挑战和应对方略——兼论汉语"了"的定性》(《当代语言学》第4期)在引介西方关于名词"时体态"标记研究的基础上,结合汉语事实,深入探讨了汉语名词为本、对言为本的语法特质,强调汉语主语和谓语都是指称语的对等项,二者确立了一种根植于对话互动的对称互文结构,这为研究名词性成分如何传递句子命题的时体态信息提供了重要参照,引导我们重新认识汉语"了"的性质。王伟的《说"了"》(学林出版社,1月)也是在这一思路和观念的指导下,对"了"所做的探讨,该书区分了新言态的出现和新事态的实现。

在探索与建构理论的过程中,沈家煊先生不断反思语言差异背后深层次的原因,将语言研究上升到思维与哲学高度,将并置对言语法理论逐步推向深入,推向本质。沈家煊的《从语言看中西方的范畴观》(商务印书馆,12月)是对这一思考过程的直观反映,该书以"中西方的范畴观"为纲,收录了沈家煊自2010年以来发表的七篇相关文章及一个附篇。该书的主要宗旨是深入探讨语言差异背后的深层原因,探寻造成汉语与印欧语本质区别的思维、认知与哲学基础,充分展现出沈家煊的世界眼光和中国立场。

沈家煊多年来致力于构建符合汉语特点的"大语法观",不仅语法和修辞要"参合"、语法要包含声韵,文学、语言和哲学也要打通。张伯江的《论〈女神〉的诗体创新——为〈女神〉出版 100 周年而作》(《文学评论》第 6 期)就为"大语法观"提供了最好的范本。该文着眼于郭沫若的传世诗作《女神》,点明其最重要的历史价值在于它最充分地体现了汉语言文学的内在精神,这些精神综合运用了多种艺术手段,包括传承诗骚传统、口语风格、互文见义手法,还充分利用了汉语句法象似性特征和韵律驾驭结构的特点,最大限度发挥句式的表现力,同时又借鉴西方诗歌精神,在汉语中探索视韵、三句组等创新性表达方式。

上面这些根植于汉语事实、真正反映汉语特点的句法理论为句法语义研究者研究实际问题提供了重要参照。刘探宙的《动作直示结构式"这么一V"的互文性——从与"这一V"的对比说起》(《语言教学与研究》第 3 期)从句法、语义、韵律等方面入手,细致区分了"这么一V"和"这一V"两个结构式的使用条件,着重强调"这么一V"是说话人"演""说"结合、互文互释的独特表达方式,这种表达式是汉语戏剧化语言特点的具体表现。完权的《话题的互动性——以口语对话语料为例》(《语言教学与研究》第 5 期)从交际互动的角度考察话题的性质,认为主谓单句是迷你语篇,单句的话题本质上也是语篇话题,是由会话人协商共建而成的互动性话题,语用意义上的语篇话题和语法意义上的句子话题之间存在包含关系。王冬梅的《表比较的"是"字句和"有"字句》(《世界汉语教学》第 2 期)探讨了表肯定的"是"字句和表叙述的"有"字句比较义的来源,指出两类比较句之间的一系列对立,都是汉语肯定和叙述的重大分野所驱动的。王寅的《基于体认语言学的结构对称性研究》(《汉语学习》第 6 期)基于汉语书写整齐、极易在语言各层面上形成"对称"的特点,指出对称在汉语中不是修辞现象,可视为汉语中除词序和虚词之外的第三大语法手段,通过这种手段统一解释汉语特殊句式可使语法理论更为简洁。许立群的《对话融合为流水句的过渡阶段——信息确认》(《世界汉语教学》第 1 期)探讨了汉语中"对话融合为流水句"现象,重点关注"信息确认"过程,通过不同的信息确认方式,对话可以融合为"多边型"或"单边型"流水句,最终指出融合的实质是独白化。

二、结构语法的研究成果

结构语法研究这里指的是基于结构主义分布观进行描写解释的方法,研究者往往综合运用句法、语义、语用等各种手段进行分析。由于功能性虚词总涉及语用解释,研究者往往会综合借鉴、融汇功能-认知学派的一些分析方法和分析思路,常见的概念有主观性、交互主观性、移情、语义叙实性、语用预期等。只要没有明确标明理论旗帜,我们就把这样综合进行研究的成果都归到传统的结构语法研究成果中,这是近十几年来在学界被广为接受的综合研究范式。下面分别按照专题进行综述。

（一）关于虚词的分布描写研究

词汇研究是多年来结构语法关注最多的课题，尤其是副词和其他功能性虚词。张谊生的《现代汉语摹状副词"可劲"与"死劲"的异同——兼论习语化"可劲儿造"的特征与功用》（《汉语学报》第 1 期）从表义侧重与特色、语义重心与倾向、演化趋势与特点三方面对比了近义词"可劲"与"死劲"。他的《当代汉语新兴助词"哒""滴"的功用、特色与成因》（《语文研究》第 1 期）分析了当代汉语新兴助词"哒、滴"的句法分布、附加方式、格式、用法、风格差异和情态特色，并讨论了其兴起的原因。王珏的《由语气结构确定语气词的上位范畴》（《语言科学》第 3 期）通过考察语气词所在的语气结构类型以及与语气词共现的语调和疑问标记，推断语气词的上位语气，提出确信语气词的上位范畴是疑问语气，疑问语气词的上位范畴是祈使语气，肯定语气词的上位范畴是陈述语气，惊讶语气词的上位范畴是感叹语气。他的《语气副词和语气词的三个区别和层次》（《汉语学习》第 5 期）从语音、句法、语义三个层面讨论了语气副词和语气词的区别，提出语气副词在谓语内，而语气词所在的语气结构属于标句层，句法层次高于语气副词。杨德峰和范麋京的《用于单句中的"哪怕"考察》（《语言科学》第 3 期）发现，连词"哪怕"所在的分句既可以独用，也可链接其他成分充当各类句法成分，进而讨论了"哪怕"连接谓词性成分、体词性成分和数量成分充当句法成分的类型。玄玥的《偏小量程度副词的功能分化与"小"的兴起》（《世界汉语教学》第 3 期）区分了低量程度副词和减量程度副词两种副词功能，认为口语中"小"已经副词化，功能与"有点"互补，在偏小量程度副词系统中起着重要作用。钱坤和赵春利的《介词"按照"的分布验证和语义提取》（《汉语学习》第 2 期）基于"叙述"和"肯定"的分野，依次考察介词"按照"的宾语的语义类型和"按照"介宾短语所在主谓句的语义类型，依据"按照"的句法分布明确其语法意义。

关于情态词也有几篇集中的探讨。范晓蕾的《"会"和"能"的能力义辨析》（《语言教学与研究》第 5 期）指出，"会"表示懂得执行某类动作的技巧方式，并且通常有潜力实现该动作，用于恒常能力；"能"只表示有潜力实现某个动作，用于特定能力，文章还讨论了汉语能力情态的分类标准。李小军的《"至于"的两种情态功能》（《汉语学习》第 5 期）描写了"至于"的两种情态功能，表认识情态时主要见于否定形式"不至于+（S）VP"中，表道义必要时主要见于疑问形式"至于+（S）VP+吗"中。

（二）融入现代功能-认知理念的词汇个体研究

融入现代功能-认知学派的某些概念和分析思路，是现代虚词研究的一大特点。其中"主观性""主观量""交互主观性"是运用较多的概念。李秉震和郑氏明俊的《试论"竟然"和"居然"的语法意义》（《汉语学习》第 3 期）提出"竟然""居然"的出乎意料义来自反预期语境，"竟然"仍然含有时间上的终竟义，"居然"则多与说话人主观移情有关，仍保留着平静、从容的意义，因此两个词只能有条件地互换。殷思源和袁毓林的《"偏"和"偏偏"的语义分工探究》（《汉语学习》第 3 期）发现各自的高频共现组合中，"偏"常表示主观违逆，具有主观性，"偏偏"多对应客观违愿，具有交互主观性，进而提出两者的语义分工是形式和意义相互选择的结果。张耕和陈振宇的《论排除义范围副词主观量表达的语用迁移——以"光、净"和四川方言的"只有"为例》（《当代语言学》第 1 期）考察了一组可以表示主观大量的排除义范围副词，在此基础上讨论了常规表示主观小量的排除义范围副词，以及主观大量意义是如何在特定语用条件下实现的。刘春卉的《让步义"总"字句的非典型陈述句特征及其交互主观性》（《中国语文》第 6 期）通过分析带有让步意义的"总"字句的句法和语音特征，指出这类句子是兼具疑问和感叹色彩的非典型陈述句，具有交互主观性特征。袁梦溪的《选择连词"还是"的使用限制及其语义特征》（《语言教学与研究》第 2 期）认为"还是"具有"主观不确定性"的语义特征，该文考察了"还是"使用的语境，证实其所在的句子表达言者认知上的不确定，因而排斥表达言者确定性的陈述句。

"叙实性""预期"和语用推理是近些年来关心语义解释的研究者最常用的概念，语用推理是推动语义发展的重要机制。鞠晨和袁毓林的《感叹副词对愿望句反事实意义的推动作用》（《世界汉语教学》第 4 期）发现"真、多、多么"等感叹副词可以削弱句子的信息，在特定条件下能够使一般愿望句变为反事实或低事实愿望句，这种反事实意义是听话人运用语用推理的结果。陈振宇和王梦颖的《预期的认知模型及有关类型——兼论与"竟然""偏偏"有关的一系列现象》（《语言教学与研究》第 5 期）为预期建立了认知模型和分类标准，着重强调可以从形成预期的条件入手，将预期分为类指预期和个体预期两类，并通过实例讨论了这两类预期的语义差异以及判别格式。饶宏泉和杨方的《"因果达及"与"认识突变"：醒悟义语气副词的功能实现》（《汉语学习》第 3 期）从认知心理角度提取出醒悟的两个核心要素"因果达及"与"认识突变"，在此基础上系统探讨醒悟义语气副词的功能实现，厘清醒悟与反预期、合预期的关系。陆方喆的《副词"倒是"的意义与演变：从主观性到交互主观性》（《汉语学报》第 1 期）指出副词"倒是"是言者表达反预期的一种手段，具有主观性，并讨论了短语"倒+是"词汇化为副词的关键句法环境和过程。殷思源的《反预期标记"硬""硬是"语法化的共时推演和对比探究》（《语言教学与研究》第 2 期）考察发现，"硬"和"硬是"由评注性副词语法化为反预期标记的路径和环境不同，因此不同阶段的语义特征也存在差异。

（三）实词的语法研究

2021 年度实词的语法研究主要包括名词、动词和量词。虚词研究融汇了现代语言学的理念，实词研究也是如此，尤其是动词的研究。宗守云的《积极反叙实动词与消极反叙实动词——以"当"为例》(《世界汉语教学》第 3 期)指出,反叙实动词"当"有两种用法,作为消极反叙实动词意为"先前误认",作为积极反叙实动词意为"权且容认",消极和积极反叙实动词的区分是成体系的。帅志嵩的《从"方式"到"结果"的语义演变及其理论思考——以"送、摔、丢、走、跑"为例》(《中国语文》第 6 期)整体描写了以动态性为特征的方式义动词逐步演变出结果意义的过程,且不同动词语义演变的程度存在差异,指出"跑"等动词的非宾格特性是语义演变所致。周莉的《词汇化"别想"的评价用法及其来源》(《语文研究》第 4 期)描写了情态动词"别想"在评论语体中的评价作用,认为"别想"由动词短语到情态动词的语法化过程是由语用推理得出的语用义驱动的,并讨论了"别想"和近义成分"毫无可能"的差异。

关于名词,陈稀和王红旗的《论"疫情"的新义》(《汉语学习》第 5 期)指出,"疫情"的意义本是"疫病的发生和发展情况",而今已产生了"流行性传染病"的新义,新义的搭配范围几乎与"瘟疫""疫病"重合。王新和崔希亮的《"房"和"屋"组词不对称研究》(《语文研究》第 3 期)分析了"房"和"屋"在组词方面的不对称现象,指出二者组词时保留了不同的本义语义特征和词源义特征,所指空间范围也存在差异。

跟数词量词及其搭配有关的形容词研究有如下几篇:陈满华的《汉语量词的分野与分类词系统——兼论应用亚里士多德、康德的相关理论之得失》(《当代语言学》第 2 期)主张设立"计量分类词",包括计量词和分类词两类,进而修补汉语分类词的语义参数,提出鉴别计量词与分类词的标准,逐一甄别传统的汉语量词,尝试性地建立了汉语分类词系统。孙竞的《容器量词的功能游移与事件分析》(《世界汉语教学》第 2 期)发现以"包"为代表的容器量词,可以不带数词与名词结合,表现与个体量词趋同,也可以同容器量词"屋子"一样获得重音,强调数量,功能具有游移性,并从事件类型的角度解释了这种现象的成因。刘艳丽的《"序数 + 大 + NP"中的"大"》(《语言研究》第 4 期)指出在"序数 + 大 + NP"中,"大"可表达 NP 不同类别的属性,因此这个结构可用于物理空间域、数量域、层级域及社会评价域,"大"对"序数 + NP"起到主观突显作用。余志凯和程邦雄的《"一大/一小 + 量词 + NP"结构的组配分析》(《语言研究》第 2 期)首先梳理了哪些量词可与"一大"或"一小"组配,进而分析了制约量词进入"一大/一小 + 量词 + NP"结构的因素。

还有一些关于词义的研究成果,如朱彦的《基于多层级原型结构的义位分析——方向和限制》(《世界汉语教学》第 2 期)提出义位归并受到两种因素制约,要在同一义系的范围内进行,义系内的弱显著义需并入强显著义。

(四)融入现代功能 - 认知理念的句法结构研究

下面这些语法结构研究,其实都超越了单一的传统语法描写的范式,在各种方法的综合使用中传递出现代功能-认知理念。邓川林的《动词重叠的使用模式与表义机制研究》（《汉语学习》第3期）指出，动词重叠表示短时动作、惯常状态、祈命语气等用法中均蕴含"小量重复"的概念语义，语用推理和使用频率对其语义引申过程有影响。陈禹的《句末"不就X了"构式的形义表现与反意外功能——兼论反意外与意外、解—反预期以及反问之关联》（《世界汉语教学》第1期）指出句末"不就X了"构式不仅排斥反预期，更是对反预期乃至由反预期带来的感叹、疑问、否定等意外特征的逆反，因而可定性为反意外标记。他的《反意外：表轻转"只不过"的语用本质与演化动力》（《汉语学报》第2期）讨论了语用上的两类转折关系：说话人情绪平抑，传达反意外信息的转折关系为"轻转"；情绪上扬，传达意外信息的转折为"重转"。张耕的《从动态存在句看及物动词施事的隐现》（《汉语学习》第4期）从动态存在句入手，讨论及物动词施事的隐现问题，提出及物动词施事的删略是断言句式群的系统特征，其深层原因在于汉语话题-说明关系的根本性。吴德新的《情态副词"说不定"的语义功能及其浮现机制》以典型推测情态副词"说不定"为研究目标，讨论了话语预期和主观化对情态语义功能浮现机制的作用。

句法结构的研究成果，涉及比较句、受事主语句和被动句。宗守云和代宗艳的《异类比较句及其高程度性和非现实性》（《汉语学习》第1期）分析了结果有两个意义的"异类比较句"，指出异类比较句用比较的形式表达高程度意义，具有非现实性特征。王天佑的《从"一边VP$_1$，一边VP$_2$"到"边V$_1$边V$_2$"四字格——压缩与降级》（《汉语学习》第6期）从经济性原则、结构、语义、韵律等因素入手，分析了"边V$_1$边V$_2$"四字格的压缩过程，指出结构的压缩伴随着章法向句法、词法成分的降级过程。徐式婧的《汉语条件句关联标记的发展与句法结构发展间的互动关系》（《语言教学与研究》第1期）认为条件句从句标记的发展推动了条件句句法结构向"主从构式"演变，句法结构的演变又促使了条件句主句标记由连词范畴向副词范畴转移，条件句主、从标记的发展和条件句的句法结构之间存在互动。陈玥的《受事主语句"V得"句的语义功能及成立条件》（《汉语学习》第1期）关注受事主语"V得"句与带"被"字的"V得"句的异同，指出前者是静态的性状描写句，后者则是动态的事件句。刘君的《论承赐型"被"字句——兼论被动标记"被""获"表积极义的功能分野》（《汉语学报》第3期）结合当代汉语语料，将承赐型"被"字句梳理为"授予""评为""列入"三大类，考察了它们的演变、构成及句法语用界面等问题。

（五）其他综合研究

2021年度还有一些汉语语法研究的综合性书籍。《现代汉语认知语法与教学语法研究》（商务印书馆，3月）是日本著名汉语学者古川裕教授用中文撰写的有关汉语研究的论文集，从二语教学和外国学习者的角度观察和分析汉语，挖掘出母语者习焉不察的问题，得出了不少具有创新性和普遍性的结论。石毓智的《汉语语法长编》(江西教育出版社,5月)是《汉语语法》(商务印书馆,2010年)的完整版,研究风格侧重于语言现象本身的规律和系统性,以探讨汉语语法系统本身为主要目的,通过具体现象探讨语法系统、成分与结构、标记与词类、功能与范畴、原理与方法等问题。王灿龙的语法论文选集《汉语语法问题探究》(商务印书馆,4月),内容涉及句法、语义、语用和认知等多个领域,阶段性汇总作者的代表性成果。刘顺的《汉语语法的共时与历时研究》(上海三联书店,3月)分为共时和历时两个部分,广泛关注语法学研究的学科对象和语料对象、语法和词汇的关系、语体在语法研究中的作用、名词的性质、词汇化和语法化等问题。李福印和沈煜的《事件语法导论》(北京大学出版社,7月)提出,事件语法关注事件在语言表征和语言认知中的作用,理论目标在于利用相邻学科对事件研究的成果,解决语言学中的问题,并介绍了事件语法研究当前取得的进展。

三、功能-认知取向的研究成果

在汉语句法语义学科中,广义的功能-认知取向的研究一向成果丰硕、深入人心。我们按视角不同分别综述他们各自的成果。

(一) 功能语法研究成果

功能语法关注言说双方的互动和交际对语法结构的影响。前面提到的刘探宙的《动作直示结构式"这么一V"的互文性》就明确指出说话人为了引起听话人注意,采取"演""说"一体、无缝衔接的叙述方式,这是"这么一V"结构形成的篇章功能基础。唐正大的《本体-现象二分、信息领地与貌似句的解读游移》(《语言教学与研究》第6期)论证了"貌似"的三种意义背后存在统一的语义和认识基础,言者意图既可聚焦于"现象相似"也可聚焦于"本体不同",文章还分析了言者意图是如何被决定的。关注言说双方关系对句法结构的影响的论文,还有前面谈到的几篇文章,如鞠晨和袁毓林的《感叹副词对愿望句反事实意义的推动作用》等。

指示和指称研究是功能语法研究的一大经久不衰的热门话题。徐赳赳和祝亚雄的《直指的概念、功能和应用》(《当代语言学》第1期)介绍了国外学者对三种基本直指(人称直指、时间直指、地点直指)的研究,运用汉语语料揭示直指的本质特征,说明直指在语言运用中的复杂性和与语境的高度关联性。上面刘文也指出,汉语还存在一种动作直指。王红旗的《"有定""无定"与指称的功能概念的关系》(《语文研究》第4期)提出指称的分类有形式和功能两类标准,形式标准区分"有定""无定",功能标准则区分"有指""无指""定指""不定指"等概念,分类标准不一,得出的类别可能存在交叠,并讨论了指称性概念名称在叙实句和非叙实句中的使用情况。

在具体成分的指称研究中,"们"的指称也一直被广泛关注。唐晓东和金立鑫的《汉语名词空间限定的句法表征》(《汉语学习》第5期)认为在汉语中,不仅限定词和复数标记("们")可以在空间上限定名词、赋予名词指称性,高述谓性的句法成分也可以在空间上限定名词,文章讨论了四种具体的限定手段。张新华的《"N们"的指称特征及其语义机制》(《语言教学与研究》第5期)认为"N们"的语义包括内外两层,内层指复数,是稳定的,外层关联所处语境的时空域,决定"N们"的指称特征及量值,有浮动性,故可表定指、泛指、准类指等。"们"的研究也有形式语义学派的关注,李旭平的《汉语"们"的语义:最大化算子》(《当代语言学》第1期)认为"们"不是真正意义上的复数标记,而是一个最大化算子,作用是从名词表示的集合中挑选出最大复数个体。

信息结构是功能语法持续关注的一个领域,近年来由于讨论较多,就形成功能语法背景下一个相对独立的领域。刘彬和袁毓林的《从概念极性与信息结构看"怀疑"的义项分布及意义识解》(《外国语》第5期)指出,表示"不相信"的"怀疑$_1$"一般后接定指的、具有高可及性的旧信息,表示"有点儿相信或猜测"的"怀疑$_2$"则后接听话人未知的、可能性的新信息,听话人往往采用"疑实信虚"的原则来识解"怀疑"的两种意义。王咸慧的《语气词"嘛"背景信息共识化功能初探》(《中国语文》第6期)指出,小句末尾的"嘛"具有标识事件线索、设置情景、降低权重三种功能,是将信息背景化的一种手段,具有为听话人提供背景性新信息并强行作为双方共识的"背景信息共识化"功能。这两篇同时也属于上面谈到的以言说视角进行研究的成果。高增霞和朱斌的《因果连动式初探》(《中国语文》第4期)指出顺承性是因果连动式的关键语义特征,顺次发生的动作行为或事件形成并置结构,该类结构的信息结构显示,连动式前项有次话题倾向、后项是常规焦点。姚双云和徐杰的《信息量调控:标题语言创新的内在机制》(《汉语学报》第3期)指出,标题语言的创新是通过调控标题信息量实现的,操控非常态信息扩充标题信息量和操控常态信息抑制标题信息量有不同的手段。秦鹏的《汉语信息焦点和对比焦点区分的语调证据》(《当代语言学》第1期)发现信息焦点和对比焦点选择的语调凸显策略不同,发音人通过增强焦点成分音长和音强凸显信息焦点,通过抑制非焦点成分的音高、音长和音强凸显对比焦点。陈莹和井茁的《汉语"位格–动词–主语"构式的非常规语序及信息结构》(《现代外语》第3期)利用句子分类实验,发现非常规语序是汉语母语者将"位格–动词–主语"构式归为一类的理据,由此分析了该类构式中非常规语序与非常规信息状态的对应性。温锁林的《"有+NP+VP"与"有+VP的+NP"结构的功能差异及语用解释》(《语文研究》第3期)讨论两种"有"字结构中VP的信息属性与句法形式差异,指出差异背后的语用动机。黄婧的《镜像事件句的信息特征与句式选择》(《汉语学习》第2期)指出"十个人吃了一锅饭/一锅饭吃了十个人"这类镜像事件句共享同一事件框架,表达同样概念意义而传递不同的信息，文章着重讨论了隐性 VP 在决定这类句式认知视角和信息结构中起到的作用。徐宏颖和彭宣维的《"对（于）"所引成分的信息价值系统》（《现代外语》第 6 期）明确"对（于）"引入的信息绝大多数是语境中可恢复的已知信息，即便是新信息也只能是非焦点。

（二）认知视角

认知语法关注人类认识世界的方式。作为认知的重要机制，隐喻、转喻和语言密切交织在一起。郭继懋和陈爱锋的《从谓词转喻看"飞上海"等非常规动宾短语》（《中国语文》第 3 期）提出"踢前锋"等非常规动宾短语中的动词发生了转喻，动词是喻体，转喻事件中处置宾语的某个侧面，故结构整体表示"处置、对待某事物"的意义。崔希亮的《汉语庄雅语体的转喻构词》（《语言教学与研究》第 6 期）讨论了"转喻构词"的定义和机制，认为这种构词是汉语庄雅语体最常用的构词手段之一，文章还讨论了敬称、美称、委婉表达、雅称、谦称等表达形式。范瑜和刘宇红的《浮现隐喻理论视阈下习语句法图式与概念图式的交互》（《外语教学与研究》第 4 期）用浮现隐喻理论框架研究习语，认为习语丰富的特征是在句法图式与概念图式的互动中浮现出来的，不能完全理解为高度固化的隐喻映射实例，也不能完全分析为句法构式语。杨海明和王艺文的《汉语感知动词"看透"的隐喻类型》（《汉语学报》第 2 期）讨论了"看透"类词的凭借隐喻、间接隐喻和直接隐喻现象，论证了隐喻在降低认知成本方面的作用。赵青青的《通感隐喻视角的现代汉语 ABB 式状态形容词》（《世界汉语教学》第 2 期）采用定量与定性相结合的方法，发现 ABB 式状态形容词普遍涉及不同感觉或感觉次域的联通，文章从通感隐喻的视角解释了该类词的描述性和主观性。张克定的《抽象空间方位关系构式的结构特征与认知理据》（《现代外语》第 3 期）认为在抽象空间，方位关系构式涉及的具体实体和抽象实体分别充当图形和背景，构成一种隐喻性的图形－背景关系，构式本质上是隐喻性的。刘云飞、屈琼、陈琪和李悦华的《准宕语句式：认知参照点关系和转喻的视角》（《外国语》第 2 期）基于参照点关系和转喻的分析模式，解释主要类别准定语句式的认知机制。潘攀和周榕的《汉语学前儿童隐喻产出的跨域映射特点及发展趋势》（《现代外语》第 5 期）发现汉语儿童在学前阶段具有跨域映射的隐喻产出能力，该能力发端于 4 岁初，关键期在 5 岁中期，充分展示了隐喻思维在人类早期概念掌握中的重要作用。

象似性、主观性和原型性则是认知的重要概念，以此为基点衍生出很多经典理论，至今仍是重要的论证工具。主观性常常为虚词研究所用，上文第一部分已经介绍过。用于语法结构式的研究成果有：应学凤的《松紧象似原则与动宾饰名复合词》（《世界汉语教学》第 1 期）提出不同类型的动宾饰名复合词松紧不同，处在短语紧缩为短语词、句法词、词法词过程中的不同阶段，整个词汇化过程受到松紧象似原则制约。尹常乐和袁毓林的《现代汉语"一个 XP"结构的主观性》(《语言教学与研究》第 1 期)从"一个冲锋(就把阵地给拿了下来)"这类结构的语义入手,研究说话人使用这类结构时的认识、视角与情感特征。黄梦迪的《由原型句式、原型语气结构及其中性语境句研究"吗"的功能》(《外国语》第 5 期)论证了中性语境下采用"强升调 + 吗"的是非问句,是"吗"语气句原形范畴的核心成员,通过和中性语境下其他语气结构对比,确定"吗"表示"低确信 + 低委婉"口气。

时间性和空间性是基本的认知要素,因而和认知语言学研究密切相关。陈忠的《汉英时间方向概念化路径的差异对比——从认知定势到文化的哲学理念》(《当代语言学》第 2 期)对比了各类情境下汉英时间方向的异同,发现汉语优先将时序上的早晚为参照,而英语优先以观察者为参照,这种认知定势跟主客体的哲学价值取向密切相关。欧亚美和刘正光的《英汉时间性与语法标记的关联模式》(《外语教学与研究》第 1 期)提出英语的过去时句子必需带时间标记,而汉语的将来时句子必需带标记,同时英语句子以带时间标记的句子为起点,时间性减弱标记减少;而汉语则从零标记开始,时间性增强标记变多。王佳敏和王文斌的《汉英时间词空间化特质及其语言蕴含共性》(《语言科学》第 2 期)通过定量方法,总结了汉英时间词空间化的主要类型及其所占比重,发现汉语时间词的空间化程度高于英语遵循着不同的规律。

以认知机制建立模型,以认知模型分析语言问题是认知语言学的重要研究路径。许小艳、桑仲刚和庞加光的《提取和激活模型下的汉语名词谓语句研究》(《现代外语》第 4 期)认为汉语名词谓语句源自认知主体对两个名词短语的依次提取与归组操作,现代汉语双主语句和重动句也是动态提取构句方式操作的结果。马辰庭和王义娜的《基线/阐释视角下类指"一量名"结构的语义构建》(《现代外语》第 2 期)在认知语法基线/阐释模型框架下探讨汉语独立类指、同位和兼指"一量名"结构的语义构建机制。陈禹的《重动句的基线/阐释模型》(《现代外语》第 2 期)通过基线/阐释模型作为理论框架,统一解释了重动句生成中动宾结构居前以及动词重复的原因,分析了顺序关系、配对关系与累进关系在该类句式生成中的作用。

认知语言学的研究领域广泛,除了以上主要议题之外还有其他一些代表性成果。唐淑华的《论话语视点的"视点"》(《外语教学与研究》第 2 期)认为视点选择受到观念视点的影响,观念视点涵盖价值观、信仰体系以及对具体对象的态度,句中观念视点对知觉视点、叙述视点和时空视点有制约作用。张宝的《工具要素及其句法隐现问题——基于制作义动词相关句式》(《语言研究》第 2 期)首先界定了"工具要素"的认知属性,进而从制作义动词相关句式入手讨论工具要素的句法隐现问题。张博和黄玉花的《汉语连动式的事件结构认知研究》(《汉语学习》第 6 期)将汉语连动式分为两种基本事件类型,顺序复合型是对可分离序列事件的顺序化加工,整体复合型对事件不同侧面进行整体加工,两种事件类型构成连续统。张宝的《微观语义角色在句式描写中的应用——以徒手制作义动词为例》（《汉语学习》第 6 期）基于认知图景理论，以徒手制作义动词为例展示了微观语义角色在句式描写中的应用及其优势。

（三） 构式视角

自构式语法理论与研究方法引入汉语研究以来，短短 20 年间，构式语法已经成为功能语法研究乃至汉语研究中最具生命力的领域之一。

2021 年度构式研究涉及的结构式有："事到如今"、"给 X 来（一）个 Y"、"NA 的 NP + V 得 AP"、"多的是"、"NA 的 NP + V 得 AP"、"给 + VP"、"无/有 A 无/有 B"、"不是在 X 就是在去 X 的路上"和尝试构式等。陈昌来和朱皋的《"事到如今"类原因小句的类型、意义、功能与构式化》（《语文研究》第 2 期）在给"事到如今"类原因小句分类的基础上，以使用频率最高的"事到如今"为例说明该类原因小句的功能、意义及其构式化的过程。谢晓明和邓勇的《显性施加义给予构式"给 X 来（一）个 Y"探析》（《语言研究》第 4 期）通过分析"给 X 来（一）个 Y"构式中"给"、"来"和"（一）个"与构式义的关联，论证了核心构件的语义泛化在构式形成和发展中的重要作用。李强的《习语构式"多的是"的动态语义浮现》（《语言教学与研究》第 4 期）以"多的是"意义浮现的过程和结构定型的路径为基础，探讨了构式意义动态浮现的一般机制。马伟忠的《汉语"NA 的 NP + V 得 AP"构式研究》（《世界汉语教学》第 1 期）发现"NA 的 NP"可能隐涵多种事件意义，是一种扩展的"参照体－目标构式"，探讨了类推揉合机制在构式编码过程中的作用。汤敬安和石毓智的《现代汉语的尝试构式》（《外国语》第 3 期）论证了句尾的"看"自身并不表达尝试义，整个构式的尝试义是由谓语附带的短时量的成分承担的，如动词重叠式、动量词、趋向补语等。胡靓和石毓智的《构式"给 + VP"的语法功能》（《语言科学》第 4 期）通过调查口语例证，提出"给 VP"的核心功能是标记动作行为矢量方向的改变，"给"充当多种句型的共同标记，与汉语受事名词大量前置的发展趋势有关。李艳华的《强调义并立复合构式的语义整合及其主观性》（《汉语学报》第 4 期）研究"无 A 无 B""有 A 有 B"等强调义并立复合构式语义整合的主要手段。李延波的《"为了 X 而 X"构式的生成机制与能产性——兼论图式构式的创新式能产模型》（《语言教学与研究》第 4 期）探讨了"为了 X 而 X"构式义浮现和高度能产的原因。

新兴构式往往能展现出用法对语法的即时作用，吸引到很多年轻学者的关注。郝佳和胡晓研的《流行语祈使句构式分析》（《汉语学习》第 2 期）发现，流行语祈使句构式在语境中形成，吸收了语境的语用功能。张雪和胡清国的《新兴评价构式"不是在 X 就是在去 X 的路上"》（《语言研究》第 4 期）讨论了"不是在 X 就是在去 X 的路上"的构式义、隐含义、话语功能和生成过程。

在词义和构式义研究方面，刘丹青的《语言单位的义项非独立观》（《世界汉语教学》第 2 期）关注词和构式义项之间的影响和制约关系，指出听话人可能通过接受相对独立的基本义，再实时转化出派生义项。

构式语法研究不仅关注构式本身，也关心构式的进一步演变。涉及的构式有："V（X 无指）个 VP"、"一 X 就 Y"、"NP 的 VP"和"动词 + 非核心论元宾语"等。彭睿的《构式变体和形式异变——"V（X 无指）个 VP"构式的产生》（《当代语言学》第 2 期）将"V 个 VP"、"V 他（无指）个 VP"和"V 你（无指）个 VP"作为"V（X 无指）个 VP"构式的三种变体统一讨论，描写了说话人以"V 个 VP"为基础进行调整，得出另外两种形式的过程。石锓和王秀云的《"一 X 就 Y"的构式化与构式裂变》（《语言科学》第 6 期）提出双事件"一 X 就 Y"构式（"一进门，他就看见了陈天寿"）由"一 X 而 Y"演变而来，是由连谓结构向复杂单句演变、由单句向复句演变。方绪军和刘华的《基于构式家族观念的"NP 的 VP"及相关结构》（《汉语学习》第 2 期）认为"NP 的 VP"和"NP$_1$ 的 NP$_2$"是同层级的姊妹构式，承继了同一上位构式的结构方式和指称性，并区分了"NP 的 VP"的几种主要下位构式。莫莉的《"动词 + 非核心论元宾语"构式的构式压制和惯性压制》（《语言科学》第 4 期）认为动宾结构的原型构式是"动词 + 核心论元宾语"，"及物动词 + 非核心论元宾语"和"不及物动词 + 非核心论元宾语"都是构式压制的结果。

（四）互动视角

互动视角是功能语法近些年兴起的研究潮流，倡导从动态的交际互动来认识语言，有其固定的研究范式。方梅和谢心阳的《汉语对话中问句的解读——以反问句和陈述式问句为例》（《汉语学报》第 1 期）指出疑问式可以行使多种互动行为，陈述结构也可用作提问，对话中在形式和功能上发生不对称十分常见。朱庆祥的《基于互动语篇的反问句答语新认识》（《世界汉语教学》第 4 期）指出在互动语篇中，使用非顺应性的答语回答才是无标记反问句。谢心阳的《问与答：形式和功能的不对称》（社会科学文献出版社，7 月）从回应角度探究问的本质，分析了问与答在形式上的不对称现象。方迪的《汉语口语评价表达研究》（社会科学文献出版社，4 月）在深入分析四个不同层面评价表达典型的基础上，讨论了评价表达在对话语境中浮现及规约化的几个影响因素。

从互动的视角看，语言单位在会话序列中的位置对其用法和意义有重要影响。张文贤的《从会话序列看"怎么"问句的解读》（《语言教学与研究》第 1 期）发现，"怎么"问方式属于询问行为，偏爱答案性回应，"怎么"问原因则是询问由互动交际需求产生的复合行为，偏爱非答案性回应。田婷的《讲述行为与"对"的序列结束功能》（《语言教学与研究》第 6 期）考察了非应答"对"的序列分布，展示了它的序列结束功能。贾泽林的《副词"还"量级义的浮现》（《汉语学习》第 2 期）发现表示"延续"义的"还"字句处于回应语位置时，字面内容与会话含义构成量级关系。朱怀和范桂娟的《句首助词"但"的语用功能及历时演变》(《语文研究》第2期)认为句首助词"但"的三类语用功能经历了从轻转连接到开启新话轮，再到开启新情节的演化过程。姜其文的《"说好X的"构式的违实性与反预期性》(《汉语学习》第3期)发现"说好X的"处于话轮起始位置时仅有引述功能，处于话轮接续位置时，主要表达传信功能，有违实性和反预期倾向。

立场表达也是互动视角研究常见的主题。徐晶凝和许怡的《"啊"字是非问与纯语调是非问》(《汉语学习》第4期)发现，"啊"字是非问和纯语调是非问在疑问程度和立场联盟上存在显著差异。汤玲的《价值否定立场表达的事件信息类型及礼貌等级——以"有什么V.头"为例》(《世界汉语教学》第3期)通过"有什么V.头"的话语功能，指出不同事件信息类型的价值否定立场表达，兼具"传信、疑问、求证"等额外功能。

篇章语法研究的材料和互动语言学有一定差异，但基本精神都符合功能语法的导向。曹秀玲和魏雪的《从感官动词到推断元话语标记》(《语文研究》第2期)从语篇模式上考察元话语标记"看"和"听"的结构形式和功能。李晋霞的《从"话题–述题"看叙事语篇流水句的"断"与"连"》(《语言科学》第2期)分类讨论了叙事语篇中，"话题–述题"的不同推进方式对流水句断、连的影响，指出小句间停顿有完结性停顿和非完结性停顿两种，两种情况又各有几类。李榕、陈晓和金贤姬的《基于平行语料的汉外话题省略现象分析》(《外语教学与研究》第6期)通过对比长篇小说《骆驼祥子》的汉语原文与其英语、日语和韩语平行译本中的话题省略现象，发现汉语语篇的话题省略频率高于英语，但低于日语和韩语，并总结了四种语言中话题省略的类型。陈振艳和施春宏的《语篇衔接构式"这样一来"的功能浮现路径与机制》(《汉语学报》第3期)探讨了"这样一来"事件小句语篇化的过程。刘云和储小静的《基于篇章语法的说明语篇前景复句考察》(《汉语学报》第2期)主要考察事物说明文与事理说明文前景部分复句小句的谓语概念类型、主语生命度和指称特征以及宾语的类型。吕为光的《"这天"的篇章功能及前项和后项语义关系研究》(《语言教学与研究》第3期)指出时间标记"这天"具有改变情节发展的篇章功能，是叙述主体为组织篇章使用的一个情节引导式话语标记。另外还有将语义演变结合篇章语用因素进行研究的成果，如洪波和韦志刚的《准标补词"他"的演变研究》(《中国语文》第6期)描写了"他+N"同位结构在后接谓语且N为通指名词的情况下的篇章语用策略。

（五）词汇化与语法化研究

词汇化和语法化研究相对而言更关注语言形式在大时间跨度上的历时使用情况，是广义功能取向语法研究的一个重要领域。词汇化研究的代表性成果主要有如下几项：刘红妮的《"就算"的词汇化及其再演变研究》(《汉语学习》第4期)认为"就算"先由短语词汇化为连词，此后一方面构式化为"就算X，也/但Y"等，一方面继续词汇化，产生新连词

"就算是"。雷冬平的《"不外（乎）"的演化及其功能研究》（《语言研究》第2期）描写了"不外（乎）"经历的词汇化、语法化和再语法化过程，并分析了其作为副词限定事物、事件数量及性质，作为语气副词强调主观情态等功能。付开平和匡鹏飞的《论"搁不住"的词汇化与语法化》（《语言研究》第4期）探讨了"搁不住"的词汇化与语法化历程及其动因。宋晖和蔡晓睿的《"X与否"的形式、语气表现及语用功能》（《语文研究》第3期）区分了两类"X与否"结构，其中一类发生了词汇化。

语法化的成果相对较多，择要如下：吴福祥的《也谈语法化的机制和动因》（《语文研究》第2期）主张语法的内部机制有隐喻、转喻、重新分析和类推，外部机制为语法复制；内部动因包括效率性动因、创新性动因和互动性动因，外部动因为接触性动因。陈昌来的《汉语"X来"式双音词词汇化及语法化研究》（商务印书馆，9月）针对汉语中一批以"来"为后语素的"X来"式双音词，探讨了它们发生词汇化和语法化的历程、动因和机制。陈满华的《"为什么""干吗""干什么"的异同及相关构式——兼议汉语的"WXDY"构式》（《汉语学习》第3期）论证了"为什么"的语法化程度高于"干吗"和"干什么"，并讨论了与这三个词相关联的一组构式。陈全静和陈昌来的《从指称化到名词化："永远"的功能扩展及表达功效》（《汉语学报》第4期）以分布为依据，认为"永远"已经从时间副词分化出名词用法，文章还分析了副词到名词这一逆向语法化过程中的动因和机制。黄瓒辉的《从集合到分配——"都"的语义演变探析》（《当代语言学》第1期）指出，聚集义动词"都"的用例罕见，难以为总括副词"都"提供语法化环境，由此提出"都"的总括副词用法是由其作为名词性成分（大都市）时语义中的聚集义要素直接引申而来的。吴春生和丁治民的《"将"选择连词、假设连词的来源及判定》（《语文研究》第1期）认为，选择连词"将₃"来源于语气副词"将₂"和时间副词"将₁"，假设连词"将₄"仅来源于时间副词"将₁"。张亮的《接触与类推："有+VP"结构在普通话中的接受》（《汉语学习》第2期）指出古汉语中"有"经历了由存在动词向表确认与肯定的副词演变的过程。黄博雅和乌云赛娜的《"这么一V"与"这么V来"的语法化程度及教学思考》（《汉语学习》第3期）证明"这么V来"的语法化程度高于"这么一V"。

（六）类型学视角

语言类型学关注跨语言的普遍共性与蕴含共性，2021年度相关的研究成果范围包括对以下问题的讨论：名词、动词和量词等词类类型，时体范畴的类型，以及语序类型。

词类类型方面的成果有：沈家煊的《名词为本的语言》（《高等日语教育》第1期）指出印欧语的语法以主谓结构为主干，主谓结构以谓语的动词为中心是"动词中心"类型的语言，而20多年的语言类型学研究已经发现，汤加语、他加禄语和汉语等语言是另一种类型，不是"动词中心"而是"名词为本"，该文说明了如何从词类演化的角度来看待这类语言以及印欧语。郭锐和李知恩的《量词的功能扩张》(《中国语文》第6期) 在考察99种语言或汉语方言的基础上，得出14种量词功能，并绘制了语义图，分析量词功能的扩张路径，提出计量功能是量词的原始功能，并明确了量词功能的两个扩张方向。孙晓雪的《量词与复数表达的关联》(《当代语言学》第2期) 考察了中国境内140种语言（含汉语方言）的量词与复数表达的类型学特征，发现量词发达型语言复数表达手段以集合量词/不定量词、词缀为主，量词不发达型语言则以后缀、重叠为主。

时体范畴方面的成果有：陈前瑞的《持续体与未完整体的类型学思考》(《外语教学与研究》第3期) 提出，汉语的"着"和盖丘亚语的 -yka: 不是单纯的持续体标记，可以分化为结果体、进行体和未完整体三种用法，完成体和进行体是由结果体发展出来的。杜丹和吴春相的《存现动词与时体标记的类型特征》(《外国语》第1期) 发现，许多语言中的进行体/持续体标记以及相关语法语素大多源于存现动词，文章分析了这一演变路径的成因。

语序类型方面：金立鑫和柳俊的《普通话修饰语语序及其移位潜能等级——兼论普通话混合语序和混合结构的类型特征》(《语文研究》第2期) 从修饰语成分移位问题入手，考察修饰性成分的句法分布，确定其述谓性等级和"移位潜能"。石村广的《汉语"复合动趋式+宾语"的语序问题》(《语言教学与研究》第4期) 探讨现代汉语"复合动趋式"与宾语构成的三种语序——前宾式、中宾式和后宾式，主张中宾式（"拿出一封信来"）是原型格式，和汉藏语"自动-使动"语态系统有类型学意义上的一致性。

四、形式导向的研究成果

形式语言学作为现代语言学最重要的理论流派之一，21世纪以来对汉语的影响也很大，关注的问题涉及语言的方方面面。2021年现代汉语句法语义研究者继续积极吸收形式语言学前沿理论考察汉语现象，取得了丰硕的研究成果。

形式句法是形式语言学理论的核心领域，汉语的句法结构则是形式导向句法语义研究关注的核心问题。2021年形式句法关于分析手段的理论思考成果有：陈哲和李亚非的《题元分配一致性假设：质疑与反思》(《外语教学与研究》第1期) 通过来自四种语言的材料，指出题元分配一致性假设对于当代句法理论是不必要且冗余的，它无法解释许多跨语言的现象，因此将语言中的词分解成更小句法成分时应持更加审慎的态度。庾小美和马志刚的《汉语关系结构的句法位置及其主宾提取的非对称性——兼论普遍性控制规则（GCR）的失效性及其扩展版的解释力》(《外国语》第2期) 以汉语关系从句的句法位置如何限制和影响其主宾语的提取问题为例，质疑普遍性控制规则的失效，并提出了拓展版的普遍性控制规则。更多的理论思考来自句法和构词的关系。汉语一些不规则的成分如何看待，一直是形式派语法学者关注的重要问题。徐杰和刘彬的《不规则语法现象的词汇化处理方案及其意义》

(《中国语文》第 5 期）主张沿着"大词库、小语法"的技术路线，将不规则语法现象进行整体打包和词汇化处理，统一归入"扩充的词库"中，从而简化核心语法运算系统。司富珍的《句法复杂词的结构层级》（《语言科学》第 1 期）首次提出"句法复杂词"的概念并给予形式定义，认为句法复杂词的内部构成要素既包括有语音形式的要素，也包括没有语音形式的词内空语类，并从形态、音系与句法接口层面对它们的内部结构层级进行了讨论，指出复杂词内部的结构投射原理与短语和句子的投射原理相似，本质上由句法结构原则控制和决定。杨炎华的《句法何以构词》（《当代语言学》第 2 期）从理论和事实两个方面重新论证了句法构词的可行性，认为作为初始运算项，词根与功能语素一样也具有句法特征，词根的句法特征不是完整的，而是惰性或缺略的。

形式句法最关心的核心问题就是汉语句式的解读。杨舟和熊仲儒的《名物化的句法分层与"NP 的 VP"结构》（《现代外语》第 4 期）分析了不同层级的名物化对"NP 的 VP"中动词的影响，认为"NP 的 VP"结构中有词汇层、题元层和形态层的名物化，鲜有话语层的名物化。邓盾的《现代汉语同指语结构的句法构造与生成》（《当代语言学》第 4 期）探讨以"北京这座城市"为代表的同指语结构的句法构造，提出一个由句法负责结构搭建、语义－语用负责语序核查的生成方案，强调了同指语结构与主谓结构的平行性。杨萌萌和胡建华的《双宾结构的微观句法》（《语言研究》第 1 期）区分由词汇句法投射而来的双宾结构和依赖构式而形成的双宾结构。田良斌、孙文统和庄会彬的《"吃食堂"类结构的外框架模型诠释》（《现代外语》第 1 期）分析了初级结构"在食堂吃"经历动词移位和介词融合生成"吃食堂"的过程。吴胜伟的《指宾状语句的焦点结构》（《语言研究》第 3 期）关注"圆圆地画了一个圈"这类状语指向宾语的特殊用法，提出指宾状语原位在中心语修饰语位置，且具有不可解释的强势焦点特征，因此提升至焦点结构的指示语位置进行特征核查。

还有一些句式解读的关键点研究者认为涉及轻动词。田启林的《加标理论视角下的论元增容结构研究》（《现代外语》第 5 期）发现论元增容结构中的轻动词短语内有一个引入非核心论元的非语段中心语，受其影响，受事不能进行话题化、关系化或省略操作。汪昌松的《句法－形态接口视域下的汉语存现句研究》（《现代外语》第 3 期）提出，存现句的主要动词为表存在、隐现的轻动词，而非句中的显性动词，这种轻动词以存现对象为补足语，以处所短语为标示语。

在句式解读中不乏对英汉两种语言进行对比研究的成果，如杨大然的《英汉致使结构的对比分析：基于分布式形态学视角》（《外语教学与研究》第 2 期）认为，汉英致使性完结类事件的句法表征在句法功能语素"致使"的特征强度不同，这使得同样的句法表征有不同的形态－句法表现。王秀卿和王广成的《英汉动结结构中的直接宾语限制》（《现代外语》第 3 期）使用第一语段句法框架，讨论英汉动结式为什么限制直接宾语，认为结果补语指向主语时没有可以生成宾语的位置,并分析了汉语中"听懂、学会"等动结结构可带宾语的原因。陆烁、段旭峰和李翔羽的《汉语领属话题句中显著性与局部性规则及其心理现实基础——来自眼动技术的证据》(《当代语言学》第 1 期)通过实验手段,证明汉语领属话题句的可接受度受到话题和中心语之间两个因素的影响:领属关系的明确性和距离的远近,前者影响句子的接受度和加工效率、强度,后者则会影响被试的阅读加工模式。

"非宾格假设"是形式句法的重要理论之一,深刻影响了形式句法研究对于汉语现象的认识。下面几篇文献都涉及非宾格问题。罗天华的《汉语是作格语言吗?——作格格局是什么和不是什么》(《当代语言学》第 1 期)指出,类型学意义上的"作格"是一种编码动词和核心论元之间关系的方式,具有特殊的形式特征,和形式句法关注的"非宾格"问题没有直接关联,论证了汉语没有类型学意义上的作格性。韩景泉的《汉语处所倒装结构的句法推导》(《现代外语》第 5 期)认为只有非宾格动词在基础句法构造上与汉语处所倒装结构相容,处所倒装结构中的典型非作格和及物动词均已转化成了表存现意义的非宾格动词。与此同时,亦有学者注意到非宾格概念有在汉语中过度使用的倾向。董成如的《也谈汉语中动句的句法语义特征及相关问题》(《当代语言学》第 4 期)在认知语法框架下探讨汉语中动结构的意义,通过自然语料证据证明中动句语义结构上存在施事,反驳中动句是没有施事的非宾格句的观点,提出中动句表示动词的受事(工具或处所)能使施事在与其互动的过程中体验到某种特性。

关于某些词类的句法性质也有一些学者关注。安丰存和赵磊的《名词词组内部成分"一致"的语段中心语驱动研究》(《外语教学与研究》第 3 期)关注限定词、修饰语和名词中心语等核心成分,在限定性、人称、数、性及可数性等范畴上的共变现象,并基于 DP 结构的语段属性,解释了这种"一致"关系的成因。程翠平和李旭平的《英汉介词短语的句法:从轻名词短语到轻介词短语》(《外语教学与研究》第 6 期)提出,由于汉语单音节方位词具有名词性和黏附性,应将其分析为轻名词,轻名词投射出轻名词短语,从而决定方位短语的名词性,并在此基础上讨论了汉英介词短语的差异。邓盾的《动词能做定语吗?》(《语言教学与研究》第 5 期)提出,语义上指称行为动作或事件且直接修饰名性核心的是词根或事件名词,不是动词,故动词不能做定语,强调动词不能做定语这一跨语言规律反映了动词和名词的句法性质差异。隋娜和胡建华的《性质形容词 AA/ABAB 式重叠的句法语义》(《汉语学报》第 3 期)发现,性质形容词 AA/ABAB 重叠式与典型的动作动词重叠式具有平行的表现。

还有一些形式句法学者关注较多的具体词的讨论。安丰存和赵磊的《汉语"自己"的句法分布、分布式构词及照应机制研究》(《语言教学与研究》第 5 期)基于分布式形态学理论,提出复合词根"√自己"在生成过程中既可选择照应性特征,凸显"自"的反身代词性，也可以选择代词性特征，则凸显"己"的代词性，因而"自己"具有照应性和代词性两种用法。与此同时，也有学者注意到了句法构词相关研究中的一些做法存在潜在问题。熊仲儒的《"和"的词类分析》（《汉语学习》第 1 期）提出"和"的性质为连词而非介词，其前项可以是无语音形式的空代词 pro，以此解释"和"类似介词的句法行为。金晶的《并不唯一的"唯一"——"唯一"的语义-句法界面考察》（《世界汉语教学》第 2 期）指出"唯一"若修饰 NP 的内涵，则强调 NP 集合成员数目具有独一性，整个结构有单个性解读，若修饰 NP 的外延，整个结构总括目前语境下符合特征的全体成员，有全括性解读。

汉语的强主观性，使得汉语的形式句法研究不得不关注命题以上的功能层，即 CP 层，制图理论因此在汉语中得以充分发展。相关的研究成果在 2021 年主要有：石定栩的《主观评价词语的句法地位》（《外语教学与研究》第 6 期）指出，"确实、大概"之类的汉语词语出现在句首或主谓之间，表示说话人对句子命题的主观评价，是评价短语的中心语，而评价短语是左缘结构理论中分层 CP 里的一个层次。王娟和徐杰的《疑问语气在选择问句中的句法标示》（《外语教学与研究》第 2 期）认为汉语的选择性关联词"还是"具有其他语言关联词所不具备的疑问特征，为满足选择疑问句中心语 C 不可解释性疑问特征的要求，该疑问特征在拼读后移位至中心语 C 位置，疑问语气由此得以标示。孙成娇的《汉语话题结构的类型新议》（《外国语》第 6 期）探讨了左边缘话题句、右边缘话题句和位于主谓之间的中置话题句的内部分类，以及各类话题的同指成分问题。张天伟和吴菡的《现代汉语省略结构中焦点副词的作用及其句法语义功能》（《外国语》第 6 期）从省略结构中的焦点副词入手，指出焦点副词的语义功能恰好满足了概化锚定原则的条件，可以提高省略句的可接受度，并根据焦点副词的连用顺序确定了焦点副词的句法位置层级。

形式语义也是形式导向句法语义研究的一个重要领域，量化问题是他们最关注的问题之一。李行德的《汉语量化研究》（商务印书馆，4 月）利用管辖与约束理论的主流技术手段，分析了汉语一些量化词的分布和解读。麦涛和戴曼纯的《量化词浮游的成因》（《外语教学与研究》第 5 期）将浮游量化分为浮游全称量化词和浮游存在量化词，提出量化词浮游的基本条件是浮游量化词与关联限定词短语具有分量结构关系。其他形式语义问题的研究成果还有：彭家法和李天一的《"和""或（者）"替代的机制及相关的辖域关系》（《中国语文》第 5 期）对多种结构中"和"与"或（者）"相互替代的现象作出了统一的解释，指出"或（者）"在向下蕴涵语境下作子集解读，"和"相对于共现的其他运算符取宽域，是替换发生的条件。王媛的《基于程序义的结果宾语结构的事件性分析》（《世界汉语教学》第 3 期）从分析"制作动词+结果宾语"结构的事件特征出发，认为结果宾语结构的语义解读需要引入基于程序义的复合事件，"程序-对象"之间的增长关系是这类结构语义中终结性的来源。

韵律语法也是形式导向的句法语义研究关注的一个方向。冯胜利、王永娜的《汉语主语形式的语距功能和言者时空机制——兼谈意体原子的一种类型》(《世界汉语教学》第4期)从四组主语形式对立入手,探讨通过选择不同主语形式调节交际双方距离关系的原理与机制,提出选择心理距离近的主语形式有拉近交际距离的功效。王迟的《普通话VP-NEG问句的韵律句法分析》(《语言教学与研究》第3期)探讨韵律和句法在VP-NEG问句推导过程中的交互作用,基础结构VP-NEG-VP首先经历句法部门的省略操作,构成VP-NEG,而后汉语核心重音规则促使否定词在语音式移位至CP区域。

五、各学派共同关注的一些问题

新世纪以来,语法学界的各个学派,展现出开放交流的趋势,大家常常就一个共同关心的问题展开讨论,或各抒己见,或对话交流。2021年度这样的研究问题主要集中在三个方面:全称量化、功能词和否定研究。

(一)全称量化

全称量化多年来一直是形式和功能认知两派共同关心的焦点问题,研究成果非常丰硕,比较集中的有"都"的关联方向问题。认为"都"向右关联的有:周韧的《向右无量化:"都"的性质再认识》(《中国语文》第3期),该文在分析"都"的语义功能的基础上,认为"都"是分配性谓词的标记词,向右赋予谓词分配性,其本身对名词词组并没有量化或总括作用。张健军的《"都"语义的统一刻画:事态的极量》(《语言教学与研究》第1期)提出"都"对事不对物,一律向右指向谓语,是言者主观上对事件所处态势的极量表述,同时传达特定的互动性语气。两项研究均认为"都"作用于右侧的谓语,对"左向全称量化"的观点提出了反思。而牛长伟的《"都"的关联对象及其等级制约》(《语言研究》第4期)则认为"都"的关联方向可左可右,除此外还有关联复数性成分、关联单个成分等特征。

另有一些学者关注"都"量化相关的其他问题,钟华的《"都"字句中疑问代词的分配索引功能》(《语言教学与研究》第4期)考察疑问代词在"都"前后的使用情况,提出"都"前表任指义的疑问代词直接充当分配索引,"都"后分配项中的疑问代词满足特定条件,可间接起到分配索引的功能。周永和吴义诚的《"都"易位结构的动态解析》(《语言科学》第6期)采用动态句法理论框架区分单"都"易位结构与双"都"易位结构,分析"都"的易位原因和本质属性。鉴于汉语关于"都"的讨论源远流长,重要成果频出,钟华的《全面求异,深入求同——基于副词"都"个案研究的方法论思考》(《语言科学》第4期)反思了"都"的研究历程,积极思考相关方法论问题,发现语法个案研究中求同思维和求异思维在研究不同阶段起到不同的作用,要注重寻找复杂现象背后的统一机制。

在量化研究的其他方面，黄瓒辉的《集合性谓词分配性语义蕴涵的蕴涵型式及制约条件》（《语言科学》第 5 期）提出集合性谓词的分配性有两种解读：个体分配性语义蕴涵和累积指称表达的单数还原，指出在形式语义刻画时，想用一种方式将两种型式都概括进去的处理方法难以两全。董正存的《"见"的全称量化用法及其产生》（《中国语文》第 2 期）指出表示全称量化意义的"见 X"经历了从"见 X 就 Y"构式到"见 X 都 Y"构式再到词汇性修饰成分的演化过程，"见 X"在这个过程中多次发生句法降级，并吸收了"见 X 都 Y"构式的全称量化意义。李文山和唐浩的《三种全称量化成分及全称量化表达共现》（《世界汉语教学》第 1 期）主要关注语素"齐"和"光"的语义功能，指出二者既有全称量化意义又有事件意义，并讨论了两者与"都"共现的情况。

（二）功能词的研究

功能词"的""了""得"在汉语语法中是个经久不衰、历久弥新的关注点，对这三个虚词的研究几乎贯穿整个句法语义学发展历程。邓盾的《说"的₁"——纪念朱德熙先生诞辰一百周年》（《中国语文》第 4 期）提出，"的₁"可与三大类成分组合生成副词，句法完整性对于区分复合词和词组有重要作用。"的"的相关研究中，最受学界关注的是"的"的性质和隐现。应学凤和端木三的《组合式形名结构词长搭配和"的"的隐现》（《语言研究》第 1 期）论证了组合式形名结构"A 的 N"隐藏"的"的能力受词长搭配制约，2+2 式"的"最易隐藏，1+2 式"的"可隐去，2+1 式"的"最难隐去。徐阳春和陶镜玉的《"数+量+（的）+名"结构中"的"字隐现再考察》（《语言教学与研究》第 3 期）区分了计量名词的数量结构和描写名词数量属性的数量结构，前者与名词构成是一个板块，量名之间一般不用"的"，后者和名词则是两个板块，一般要用"的"。吴剑锋的《"数量词+（的）+名词"结构中"的"的隐现》（《汉语学习》第 6 期）指出名词前的数量词若为强描写性的内涵定语需加"的"，若为外延定语则不能加"的"。潘婷婷的《"的"字隐现与主宾语不对称》（《语言教学与研究》第 6 期）考察了主宾语位置对于名词性偏正结构"的"隐现的影响，认为不同句法位置上的"X+（的）+N"结构信息属性不同，描写性、指别性强弱不同，使得"的"在宾语位置更倾向于显现。

形式导向的研究成果主要有两篇：潘海华和陆烁的《再谈"的"的分合及其语义功能》（《外语教学与研究》第 1 期）从语义功能入手，认为"的"应该分为两个，一是谓词性语义成分的标记，可位于句尾，有向语气词功能转化的倾向，二是引入论元的标记。刘莹和程工的《从焦点的类型看"的"字结构的语义》（《中国语文》第 1 期）提出在焦点覆盖全句的宽焦点句中，"的"是加强肯定语气的语气词，在窄焦点句中，"的"用来标记事件的已然性，整句为分裂结构。

"了"的研究 2021 年有了重要突破。前文提到的王伟的《说"了"》（学林出版社，1

月）综述了学界对"了"研究的大体脉络，用综合法将"了$_1$""了$_2$"统一起来，区分为新言态的实现和新事态的实现。而范晓蕾的《普通话"了$_1$""了$_2$"的语法异质性》（北京大学出版社，1月）则还是采取分立观，认为"了$_1$""了$_2$"共时上存在梯度异质性，是"动相补语→助词"的连续统。许钊的《基于事件域认知模型的"了"功能探析》（《汉语学习》第4期）通过事件域认知模型，认为"实现"是"了"的核心意义，"了"作为实现标记在功能上具有灵活性，"了""着""过"是观察事件体貌的不同层面。

"得"的相关研究和句式密切相关。宋文辉的《现代汉语状态、程度补语结构中"得"的意义、性质与功能》（《世界汉语教学》第3期）指出，状态、程度补语结构中的"得"有内部标记功能，表完成，我们认识"得"的句法功能高度依赖语境，往往是在提取补语后才将"得"重新赋值为关系标记，因此"得"是兼有内部标记功能的准关系标记。刘街生和蒋见勋的《"得"后可接使动标记的带"得"动补句》（《语言科学》第2期）讨论了"得"字的功能，分析了哪些带"得"动补句后可能出现使动标记，指出距离象似性会影响使动标记的隐现。在此基础上，郝璐杰和陈昌来的《"有得"句的形成、演化及相关问题》（《语言研究》第2期）描写了"有/无 + 得 NP/VP"重新分析为"有/无得 + NP/VP"，从而产生"有得"句的过程，指出"有得"句与"得"字句在近古汉语中结构相似，是一种特殊的"得"字句。

（三）否定研究

否定是语言中最为常见，也最为重要的语法现象之一。下列代表性成果研究视角各不相同，涵盖形式与功能两大导向，广泛涉及形式、语用、立场、构式、语言接触、转喻等研究领域。陈振宇和李双剑编《显性否定》（上海教育出版社，10月）论文集对汉语的否定词以及使用这些否定词的否定句进行了深入探讨，反映了学界对否定研究的最新思考。

形式倾向的否定研究主要有以下两篇：刘宾和李大勤的《现代汉语"不"和"没"的体限制及生成机制研究》（《现代外语》第5期），认为轻动词"有"是"不"和"没"形成的关键性因素，"有"进行投射，则否定词的语音形式实现为"没"，否则，就实现为"不"，该文还从音系部分的解读机制入手解释"不""没"与"not"的不同表征。王宇婷和李亚非的《汉语等级性否定的句法语义分析》（《语言科学》第2期）指出，汉语中一些由"不"和AP或VP构成的否定式能受程度副词修饰，该文从这类否定结构中形容词的语义特性入手分析等级性的成因，认为等级性否定式中的"不"是否定前缀。

以功能倾向为主的否定研究主要有如下几篇：储泽祥和申小阳的《现代汉语否定词的位置变化及成因分析——以"建议不VP"和"不建议VP"为例》（《外语教学与研究》第3期）发现，汉语里"不"本不能直接否定"建议"，五四运动前后"不建议"用法出现是晚近时期汉英接触诱发的结果，并分析了"不建议"特有的委婉、留有余地等语用功能。

李宇凤的《从"你是说"引述回应看元语解释的否定功能》(《语言教学与研究》第 1 期)从"你是说"的引述回应用法出发,讨论引述回应、元语解释与语用否定的互动关联,证明元语解释是一种普遍且独特的回应否定手段。陈禹的《事态性否定的分化——以"并不 X""又不 X"的构式竞争为例》(《外国语》第 2 期)将"并不 X"与"又不 X"锁定于构式竞争的环境之中,借助事态性学说的理论工具,发现两构式的本质区分是事态性否定的分化,前者否定事态的实然性,后者否定事态的应然性。聂小丽的《"又"字否定句的负面事理立场表达功能》(《语言教学与研究》第 1 期)指出,现代汉语"又"字否定句通过排除一种可能解释来表达说话人的负面事理立场,"又"必须与否定形式共现以标明解释失败,进而比较了反预期标记"并不"与"又不"的区别。

六、涉及句法语义的交叉学科与应用研究

近些年来,现代汉语句法语义研究对其他学术领域也产生了广泛的影响,如文学、社会学、心理学、言语障碍与治疗等学科,衍生出不少交叉学科和应用研究。张小倩、罗颖艺和胡建华的《汉法完结情状语义的实证对比研究》(《外语教学与研究》第 5 期)通过母语者的心理学实验数据对比,证明完结情状在完整体语境中都有未终结解读,并展示了汉语中通过后续句取消完结情状的过程。刘文宇和胡颖的《批评话语研究的语境-指称空间模型》(《现代外语》第 1 期)将语境模型引入指称空间理论,推动了批评话语研究与认知语言学之间的交叉融合。赵蕊华和黄国文的《和谐话语分析框架及其应用》(《外语教学与研究》第 1 期)关注的是语言对自然生态系统的影响,建构了和谐话语分析这一系统生态语言学研究框架,将语言研究、现实问题与意识形态紧密结合,致力于帮助识别生态问题,提升人的生态意识。戴慧琳和何晓炜的《特殊型语言障碍儿童与高功能自闭症儿童对汉语特殊疑问句的理解》(《现代外语》第 1 期)指出,语言学手段可辅助临床辨认特殊型语言障碍(SLI)儿童与高功能自闭症(HFA)儿童,两类儿童对疑问句的理解存在主宾不对称现象,SLI 儿童理解宾语疑问句更难,HFA 儿童理解主语疑问句更难,前者符合"语言加工能力缺陷"的解释,后者符合"(句法)树修剪假说"。

句法语义研究始终是辞书编纂、计算分析和汉语教学的理论基石,同时也促进了法庭论辩等应用领域的研究。江蓝生的《语文辞书释义提示词的使用》(《中国语文》第 4 期)考察和分析了语文辞书释义提示词"指、比喻、形容、借指、泛指"的表达功能和使用场合,厘清了它们的区别及内在联系,结论不仅具有理论价值,对于纠正语文辞书中提示词的误用、混用现象,提高提示词使用的准确性、科学性同样具有重要实用意义。张永伟的《异形词使用倾向值的计算与应用》(《中国语文》第 4 期)定义了异形词使用的倾向值,阐述了倾向值的计算方法、性质和优点,并说明了异形词规范、甄别、预测等应用领域的作用。

施春宏、陈振艳和刘科拉的《二语教学语法的语境观及相关教学策略——基于三一语法的思考》（《语言教学与研究》第5期）基于三一语法的理论体系和教学实践，阐释了教学语法的语境观及相关教学策略问题，指出教学语法语境观的基本依据就是语言习得基本过程和"用中学"的基本理念、当代语言学大语法观和构式语法的基本理念。周利芳的《以汉语教学为背景的语篇衔接成分研究》（商务印书馆，11月）对现代汉语的语篇衔接成分进行了系统研究，以功能语法理论为框架，以对外汉语教学为背景，讨论语篇衔接成分的性质、分类、特点及其教学等问题。崔玉珍的《法庭反事实表达的论辩研究》（《中国语文》第6期）全面分析了反事实表达在法庭论辩中的类型、论证功能、修辞效果和辩论效果，指出反事实表达是一种策略操作。马泽军和郭雅倩的《庭审中公诉人转述话语的语言特征及其建构的语用身份》（《外国语》第3期）就我国庭审中公诉人转述话语的语言特征展开研究，讨论机构身份对转述策略的影响，以及公诉人如何通过不同转述方式和韵律手段建构动态的语用身份，如总结陈述者、信息确认者、话题引导者等等。

七、回顾、反思与理论检讨

建党百年，对于语言文字事业和语言学学科而言，也是一个进行回顾、反思和理论检讨的良机。项开喜的《中国共产党与百年语言文字事业》（《中国语文》第4期）回顾了一百年来语言文字工作者在中国共产党先进思想引领下积极探索现代语言文化建设的功绩，展现了中国共产党领导语言文字事业的历史进程和伟大成就，总结了中国共产党领导的语言文字事业的根本特点和深刻启示。陆俭明和马真的《引领与创新——朱德熙先生的为教与为学》（《语言教学与研究》第3期）深情回顾了朱德熙先生的教学与治学理念，总结了朱先生在语言研究方面的十个引领、创新之处，重申了朱先生向学界发出的那个特别呼吁："摆脱印欧语的束缚，用朴素的眼光看汉语"，认为朱先生是不折不扣探索汉语自身规律的领路人。

现代汉语句法语义研究的各领域都在深入总结反思各自的理论建构，彰显出积极进取的态度与自我革新的精神。陆俭明的《汉语研究的未来走向》（《汉语学报》第1期）从古今汉语研究的目的说起，思考和探讨汉语研究的未来走向，包括学科交叉融合和汉语研究数字化等问题，指出汉语研究要重视语言的信息结构。蒋绍愚的《再谈"从综合到分析"》（《语义研究》第1期）讨论"从综合到分析"的实质，强调"由一个字变为几个字"包含几种不同的情况，例如"死国→为国死"表现的是词的语义关系从无标记到有标记的变化，而"死之→打死他"中的"打"是外加的，两种都不属于"从综合到分析"。在他的《常用词演变研究的一些问题》（《汉语学报》第4期）中，蒋绍愚指出常用词的历史演变过程并不限于"一对一"的模式，不是简单的"概念改变了名称"，因为概念并不都是固定不变的。冯胜利和施春宏的《韵律语法学的构建历程、理论架构与学理意义》（《语言科学》第

1期)从韵律语法学建立和发展的角度,指出韵律语法学的学理原则和特点可作为考察其他学术理论的参照。袁毓林和曹宏的《"语义网-本体知识-知识图谱"和语言研究》(《汉语学报》第1期)介绍了语义网的基本体系结构和功能,介绍了跟语义网相关的本体知识和词汇本体知识等概念,介绍了知识图谱及其在人工智能系统中的运用。束定芳和张立飞的《后"经典"认知语言学:社会转向和实证转向》(《现代外语》第3期)强调后"经典"认知语言学主要体现为社会转向和实证转向,社会转向源自语言的交际本质,要求在搭建语言模型时考虑社会互动因素,实证转向是认知语言学在研究方法上的创新,包含语料库方法、心理实验方法和脑成像方法三个方面。刘海涛的《数据驱动的应用语言学研究》(《现代外语》第4期)指出基于使用的方法是一种数据驱动的研究方法,数据驱动的理念与建立在深度学习基础之上的现代人工智能领域相一致,是一种面向21世纪的语言研究方法。陈哲和李亚非的《语段研究的新问题和新进展》(《现代外语》第4期)首先提出了"经典"语段理论可能存在的问题,然后讨论了最新研究对这些问题的解决方案。张达球和郭鸿杰的《非宾格假设的跨语言类型研究——四十年发展与新动向》(《外语教学与研究》第4期)梳理了不同时期国内外关于非施格动词和非宾格动词的研究,并就存在的问题及信息技术时代新的研究领域和发展动向提出建议。

总的来看,2021年句法语义学科的研究成果显示出这样一些大致的趋势:形式导向的研究依然在它特殊的范式和兴趣点上蓬勃发展,但是越来越多的研究者开始正视汉语主观性强的特点,因此表达命题主观性的功能层,即CP层得到越来越多的关注和越来越细的描述,制图理论无疑是个合适的工具,因而得以蓬勃发展;而功能认知导向的一些概念和分析思路,则越来越多地蔓延到传统语法描写中,整个语法研究主流呈现出多方位、多维度、多手段互相印证的综合分析模式。更重要的是,越来越多的研究者,深深树立起"文化自信",深深意识到构建符合汉语自身特点、包容中华文化传统的语法体系和学术体系是我辈学者的重要使命,新的语法探索道路正被越来越多的学者所接受。

汉语历史语法研究

杨永龙　祖生利　姜　南　陈丹丹　陈伟蓉
赵绿原　于方圆　张竞婷　高云晖

2021年度，汉语历史语法研究在诸多领域都出现了一些新的成果，下面按历史分期从上古汉语、中古汉语、近代汉语三个时段加以综述，同时对研究成果比较集中的语法化研究、语言接触研究两个专题进行专门介绍，共分为五个部分。

一、上古汉语语法研究

上古汉语语法研究总体上呈现出三方面的倾向：（1）热点相对集中。虚词集中在代词研究，句式和结构则以介词结构研究较为突出。（2）注重对出土文献材料的利用和挖掘。出土文献材料所反映的语言事实，对既有观点或提供了进一步的支持，或提出了挑战。（3）注重概念的厘清，追求理论性的解释。一些长期受到关注的概念得到进一步讨论，有更多研究尝试用新的句法理论解释上古汉语语法现象。

（一）上古汉语虚词研究

虚词研究在这一年取得了众多优秀成果。其中，代词研究最为突出，成果涉及上古汉语时期各类代词的来源、功能及后续发展。卢玉亮《上古汉语"若"类指示代词来源试析》（《中国语文》第1期）一文综合运用文献材料证明了上古汉语指示代词"若"来自述宾结构"若兹"的省音合义，"乃""尔"分别来自"若兹"和"如此"的合音合义，"然"来自"尔"的异尾通变。在此基础上较好地解释了"若"类指示代词的功能和分布。蔡一峰《从出土文献看上古汉语对称代词"而"的若干问题》（《中国语文》第4期）根据出土文献材料提出了不同于以往的观点，认为"而"并不同于"尔"，与"乃"同源但并非通用，"而"以做主语、定语为主，在某些具体语境中有强调尊威、拔高发出者身份地位的语用特征。黎路遐《上古汉语指示代词演变研究》（商务印书馆，10月）一书聚焦上古汉语指示代词的语法化，通过个案分析讨论了指示代词语法化为连词、句末语气词、系词等不同情况，在此基础上总结了上古汉语指示代词的特征和语法化特点，归纳了上古汉语指示代词的体系。黄天树《关于商代甲骨卜辞是否有代词"其"的考察》（《语文研究》第3期）一文基于甲骨卜辞用例指出"其"在商代卜辞中已有代词用法。

此外，语气词、介词研究的成果也颇为引人瞩目。李晶晶、杨荣祥《上古汉语语气词"乎"与疑问代词的共现》（《汉语学报》第 4 期）一文讨论了与疑问代词共现的语气词"乎"，指出特指问句后的"乎"增强深究语气，反诘问句后的"乎"则减弱诘问语气。邓飞《甲骨卜辞"在/于 + 时间"的差异》（《殷都学刊》第 2 期）调查描写了甲骨卜辞中"在""于"与时间的搭配差异，"在"基本只与月份搭配，且不用于命辞中，"于"可以与各种时间形式搭配，与月份搭配都见于命辞。户内俊介《殷代汉语时间介词"于"的语法化过程之考察》（《古汉语研究》第 3 期）一文强调甲骨文中"于"引介时间时带有明确的"将来时指向"，认为"于"首先通过语法化从移动动词变成目标点标记，然后扩展成时间介词，并出现指向将来时的语义功能。

其他涉及具体词类的研究主要有：陈树《论今文〈尚书〉助动词"敢"的多义性》（《汉语史学报》第二十五辑）讨论了"敢"在今文《尚书》中不同义项和义项之间的关联。余素勤《战国早期到东汉可能类动力情态的系统变化》（《历史语言学研究》第二辑，总第十六辑）专门探索动力情态表达系统从战国早期到东汉的演变。焦一和、杨荣祥《上古汉语副词"既""已"的时体功能及演化差异》（《历史语言学研究》第一辑，总第十五辑）一文描写并比较了"既""已"的功能差异，并从词汇来源和演化规律两方面探讨了造成这种差异的原因。欧苏婧《上古汉语主观极量级程度副词研究》[《广西大学学报（哲学社会科学版）》第 5 期] 调查了上古汉语主观极量级副词"至（致）""极（綦）""尽""绝""穷""肆"的使用频率和形成过程。

（二）上古汉语句式与结构研究

句式和结构研究主要集中在介词结构及相关问题。王月婷《也谈上古汉语动名之间介词"于/於"的使用》（《语言研究》第 2 期）一文认为，动名之间使用介词"于/於"的结构主要用于标记动词与其后名词之间的低及物关系，与动宾结构体现高及物性相对立。苏婧《从语体语法理论看〈左传〉中的工具类 [X 以 VP] 式》（《汉语史学报》第二十辑）认为工具类"X 以 VP"式有提高言辞可信度的功能，在《左传》中仅分布于点评、论谏和行人辞令等语体中。贾君芳《先秦"自NL"的语序分布与终点的隐现》（《语言研究》第 1 期）一文通过数据统计观察到：动词的位移终点出现时，"自NL"均前置；位移终点隐含时，"自NL"结构的语序相对自由。张玉金、孙志豪《论殷墟甲骨文非处所词语的处所化》（《古汉语研究》第 2 期）则指出动词及动词性短语、鬼神名词在"位移动词 +（介词）"后位置上可能会发生处所化。其他句式和结构研究的成果有张福通《上古汉语"者"字中－定结构的来源》（《语文研究》第 4 期）认为"者"字定中结构与主谓结构的区别是在语用原则的推动下产生的。这类论文还有刘华丽《上古到中古汉语使役句的兴替与和谐》

(《历史语言学研究》第二辑，总第十六辑）。

（三）热点与特色

在这一年，上古汉语研究中长期受到关注的两组热点概念得到了进一步讨论。

其一，是概括汉语语法发展趋势的"从综合到分析"等概念。蒋绍愚《再谈"从综合到分析"》（《语文研究》第1期）一文中指出"从综合到分析"不能简单看作"由一个字变为几个字"，其中，从"城"到"筑城"是词的语义结构的历史变化，是从综合到分析；而从"李牧诛"到"李牧被诛"是从无标记到有标记；从"死之"到"打死他"则既不是从综合到分析，也不是从无标记到有标记。文章还讨论了名词动用的类型、产生等问题与动词综合性的关系。史文磊《"从综合到分析"相关概念辨正——以〈左传〉〈战国策〉"派遣"义"使"的用法差异为例》［《浙江大学学报（人文社会学科版）》第2期］一文通过《左传》《战国策》中派遣义动词"使"的用法进一步区分了词汇型综合和语用型综合、区别性语义和范畴性语义两组概念。

其二，是归纳上古汉语动词特性的"作格动词""非宾格动词"等概念。魏培泉《上古汉语动作动词中的作格动词》（《中国语文》第2期）指出"非宾格动词/非作格动词"这组概念不适合描写上古汉语，而"作格动词"则是一个非常有用的概念。文章以动作动词的使动用法来厘清上古汉语作格动词的性质、范围、成立条件及限制，并在此基础上考察了作格动词从先秦到西汉的变化。

许多研究尝试用不同句法理论解释上古汉语的结构特点。任荷《先秦汉语"难"字句的句法结构及其来源》（《中国语文》第3期）借鉴生成句法理论分析了受事主语"难"字句和施事主语"难"字句的句法结构，指出受事主语"难"字句来源于形容词"难"带附接语的结构，施事主语"难"字句来源于形容词"难"的意动用法。苏婧《先秦汉语无介词的旁格述宾式》（《语言学论丛》第六十三辑）一文分析了先秦汉语中没有对应介词的旁格述宾式的语义特点，认为这类结构不可能来自介词省略，而是在包括抽象轻动词 IN-VOLVE 的底层结构上生成的，轻动词的"涉及"义在不同语境中被译解为不同意义。冯胜利《论上古汉语"句法、韵律、语体"三维语法系统的综合研究》（《历史语言学研究》第一辑，总第十五辑）一文围绕与上古汉语"唯 O 是 V"相关的问题，分别证明形式句法、韵律语法、语体语法的理论在分析研究上古汉语语法时不可或缺的作用，倡导构建"句法、韵律、语体"的三维语法系统。胡建华《〈秦风·无衣〉篇诗句的句法语义及其他》［《华东师范大学学报（哲学社会科学版）》第6期］提出"同袍（泽、裳）""偕行"等是动词和动词通过并联法形成的结构，认为上古汉语是一种以并联法为重要造句手段的动词型语言。

(四) 学术会议

2021年度召开了第10届"国际古汉语语法研讨会（ISACG－10）"（北京语言大学，3月），此次大会也体现出注重出土文献材料、注重理论解释，尤其是尝试用句法理论解释语言现象的古汉语语法研究新趋势。

二、中古汉语语法研究

中古600年（东汉至隋）虽然时间不长，却是汉语史上承上启下的重要时期，其间因频繁改朝换代，波及地域辽阔，加之异族入侵、佛教传入，人员交往密切，语言接触活跃，喷涌而出的语言现象和语言变异也非常丰富，错综复杂，许多未知领域和未解难题，持续地吸引着大家的目光。同时由于汉译佛经、出土文献的强力加盟，原本以为匮乏的中古汉语材料变得立体丰满，具有非常高的历史语言学研究价值，能帮助我们发现和解决很多问题，结出累累硕果。

2021年度中古汉语语法以译经语法研究居多，而且梵汉对勘和平行文本比较已成为基本的研究方法，颇具分量。

虚词方面的研究成果涉及副词、代词等。唐贤清的专著《东汉三国佛教文献副词研究》（商务印书馆，6月）以汉语语法史中占有重要地位的东汉三国佛教文献副词为考察对象，利用现代汉语共同语、方言、民族语言和境外语言的研究材料来解决佛教文献中的副词问题，通过对其源流演变的调查分析，展现佛教文献副词的特点，为进一步研究整个汉语副词发展准备必要条件，并力图建立"普方古民外"的立体研究范式。

曹亚北《汉语近指代词预指用法的历时发展》（《古汉语研究》第3期）探讨了汉语史上近指代词预指用法的发展，特别揭示了中古译经近指代词"是""此"的预指用法所受到的原典语言的影响。李璠希《汉译佛经中疑问词"云何"的功能演变——以〈维摩诘经〉汉译本为中心》[《温州大学学报（社会科学版）》第2期]强调梵汉对勘与同经异译两类资料有益于汉译佛经的解读。文章通过对《维摩诘经》中一组同经异译资料的比勘考察发现：疑问词"云何"在三国吴支谦译经中的主要用法是"作状语询问方式"；在姚秦鸠摩罗什译经中，其用法仍以"作状语询问方式"为主，不过"作主语询问事物"的用法也呈现较高的使用频率；在唐玄奘译经中，"云何"的主流用法是"作主语询问事物"。李博寒《佛经翻译对"时"的语法化之影响》（《汉语史学报》第二十四辑）对比了"时"在中古时期中土文献和汉译佛经中的用法，发现汉译佛经中"VP时"指示未然事件和表条件的用例较中土文献多，并且出现了中土文献未见的"若VP时"表假设条件的用例。当独立依格或独立属格指示未然或假设事件的条件时，译者用"假设连词＋VP时"结构翻译，表假设条件，形成"若VP时"结构。"若VP时"结构的出现，为"时"语法化为假设语气助词创造了条件。在姚秦鸠摩罗什译作中,"若VP时 = 若VP","时"指示时间或条件的功能完全脱落,语法化为假设语气助词,从而完成了"时间词 > 条件助词 > 假设语气助词"的语法化过程。

句式方面的研究成果如赵长才《汉语反复问句从上古到中古的演变及相关问题的讨论》(《历史语言学研究》第一辑,总第十五辑)一文,根据中古时期本土文献和汉译佛经文献所反映出的反复问句的实际情况,对中古时期汉语反复问句提出分类标准并建立了新的分类框架。又如姜南《古汉语"所V"结构的转型发展》(《历史语言学研究》第一辑,总第十五辑)在以往研究的基础上,重新探讨了"所"字结构中"所"的功能及整个结构的性质,认为"所V"的陈述性源自其非定式结构的语法特点,"所"作为指称化标记的性质并未改变,只是由提取宾语的转指标记变为标志动词被动语态的自指标记。

于方圆《从〈道行般若经〉及其同经异译看梵语关系小句的翻译——兼谈不同译者翻译策略的不同》(《历史语言学研究》第一辑,总第十五辑)一文则考察了《道行般若经》及其同经异译本中对梵语关系小句的翻译,注意到梵语中关系代、副词引导的关系小句,译者在翻译时会采取不同方式。以支谶为首的早期译者更多地译为汉语中的"者""所"类关系小句,在翻译时将小句翻译在主句外,且遵从梵语中关系小句相对主句的顺序。鸠摩罗什起,绝大多数都译为条件小句,居于主句之前。

2021年度举办了几场与中古汉语及佛经语言相关的国际学术研讨会,集中呈现了近年来该领域的研究成果。如2021年10月16-19日,中国社会科学院语言研究所历史语言学研究二室与中国人民大学文学院联合主办的第12届"中古汉语国际学术研讨会",2021年10月22-25日在淮北师范大学举办首届"汉语音义学研究国际学术研讨会暨第4届佛经音义研究国际学术研讨会",2021年12月10-12日香港教育大学与香港中文大学联合主办的以"佛教传播与语言变化"为主题的第14届"汉文佛典国际学术研讨会",理论水平提升、研究方法新颖、研究队伍年轻化成为会上亮点。

三、近代汉语语法研究

2021年度在近代汉语语法研究中,虚词和结构式的产生与发展是学者关注的重点,发表了一批较有价值的研究成果。与此同时,研究者继续保持开阔的视野,尤其是结合语义语用学的相关理论、汉语方言的相关材料,更好地拓展了近代汉语语法研究领域。具体来说,涉及的研究领域和问题主要包括以下几个方面。

(一)近代汉语虚词研究

探讨虚词的产生与发展是近代汉语多年来致力研究的目标之一,2021年度所涉及的有副词、助词、连词、代词等。

在副词研究方面，殷树林、李依轩《"再"的词义演变动因》（《语言教学与研究》第2期）认为南宋以后，"再"形成了两条演变路径，一条是经由"重复"义衍生出"延续"义，再由"延续"义衍生出"程度变化"义；另一条路径是由"承接"义衍生出"补充、添加"义。"再"的演变是内外因共同作用的结果，其内部动因是词义之间的认知语义基础，外部动因是汉语数量系统的调整，具体涉及数范畴"2"的调整和动量词的产生、发展。张言军《近代汉语中副词"回来"的形成及其历时发展考察》（《汉语史研究集刊》第三十辑）认为"回来"的时间副词用法在明代开始萌芽，在清代达到顶峰，是在"回来VP"的句法环境中由位移动词"回来"演化而成的。"回来"的时间副词用法并未保留在现代汉语共同语中，一方面是因为"回来"的时间副词用法在理解时对语境的依赖性过高，另一方面是清代出现了另一个表达相同语法意义的时间副词"回头"，在竞争中逐渐占据了上风。

助词研究方面，张赪《后期近代汉语事态助词"来"的功能及演变》（《中国语文》第6期）调查了明清文献中事态助词"来"的使用，证实了"来"可用于将来事件句、惯常事件句、当下事件句或事件模糊的句子，并不限于过去事件句。事态助词"来"与"了$_2$"最明显的区别在于："来"用于问答、疑问为主，有明显的引导对话、继续对话的功能。冯赫《汉语"（太）A生"性状表达式与"生"的形成》（《历史语言学研究》第二辑，总第十六辑）对唐代以后汉语中的性状助词"生"的来源和演变过程进行了细致的考察，认为"（太）A生"常用于感叹句，受感叹主观表达促动，直接来自中古汉语表示比拟的性状表达式"如N许/馨"。重要成果还有苏颖《近代汉语双音节"X地"的历时发展及词汇地位考察》（《历史语言学研究》第二辑，总第十六辑）。

连词研究方面，叶雯雯、李小军《"等""待"连词用法探源》（《历史语言学研究》第一辑，总第十五辑）从历时的角度考察了汉语史上"等"和"待"的连词用法及其产生。具体来说，"等待"义动词分别演变出表必要条件、充分条件、假设条件的用法，"待"的假设条件用法进一步发展出让步条件用法。所处小句信息表达上的背景化是该演变发生的重要条件，"等""待"本身的语义特征和句法关系是演变的动因。

代词研究方面，孙咏芳《汉语史上处所疑问代词的更替演变》（《汉语学报》第3期）对汉语史不同时期使用的处所疑问代词进行了考察，指出：上古汉语中以○系（"安""焉""恶"）为主，"奚""何"次之；中古以"何"系为主；近代汉语时期则是处所疑问代词变动最大的时期，唐宋期间"什么/甚"系强势加入，一度超过"何"系，但很快又从文献中消退；与此同时，"那"系开始兴起，"那里"在近代汉语后期成为处所疑问代词的主导词。刘君敬《第三人称代词"渠伊"的语体性质》（《语言研究》第2期）考察了第三人称代词"渠伊"在近代汉语中的用例，发现绝大多数都用在诗词中，在散文中十分罕见。因此，

"渠伊"并非真实口语的反映,而是为了满足韵律要求而出现的。

此外,董正存《"见"的全称量化用法及其产生》(《中国语文》第 2 期)指出,"见"的全称量化用法至迟在元代已经出现,如"见一日""见日",而现代汉语中常见的"见天""见年"等最晚在清代也已见到。"见"的全称量化义是从充分条件义构式"见 X 就 Y"发展而来,由于前一小句发生句法降级,双小句的内部格局被打破,形成了"见 X 都 Y"的简单句构式,最终词汇化为对 Y 中谓词性成分 VP 起限定作用的修饰性成分,"见"由此获得全称量化义。

(二)近代汉语句式研究

2021 年度一些成果描写了特定句式或特定结构式的发展脉络,另一些成果在此基础上进一步探索了背后的演变机制和动因。

韦志刚、洪波《小句整合视角下条件句"只要 P,就 Q"的演变研究》(《历史语言学研究》第一辑,总第十五辑)基于小句整合的视角,梳理了从条件复句"只要 P,就 Q"到紧缩句"X 就 Y"再到句末助词"就 Y"或"Y 了"的演变过程,并指出这一演变过程的动因是完形认知下的信息结构图形重塑,演变机制是在条件句中说话者将视点落在结果向条件扫描,结果小句长期位于信息结构的背景位置发生凝固和弱化,条件小句成为新信息并得到强化。冷玉芳、石毓智《被动标记在近代汉语里的功能变异》(《语言研究》第 4 期)讨论了近代汉语中被动式的功能变异。认为动补结构的产生和发展,处置式产生,谓语之前受事名词的大量增加,诱发了被动标记的功能变异,使其偏离表被动的功能,只是单纯标志其后名词的施事功能,表示语境中所指话题的不幸遭遇。

张磊《角色指派型构式"NP_1+的+NP_2"的历时演变研究》(《历史语言学研究》第一辑,总第十五辑)认为角色指派型构式"NP_1+的+NP_2"萌芽于明代,经清代发展,到清末民国成熟。这一构式由"是"字句"S+是+NP_1+的+NP_2"省去话题成分 S、略去系词"是"而形成,"的"是名词化标记,其句法功能在于使事件"NP_1+V∅+NP_2"名词化,语义功能是表自指。胡亚《"连 XP 都/也 VP"构式的历时扩展与省略》(《古汉语研究》第 2 期)基于历时构式语法的视角,讨论了"连"字构式在扩展阶段的语义多元化过程和形式变化。语义类别的增加表现为从主体对比类扩展到集合成员类,再分别扩展到整体事件类和典型量级类。形式变化主要表现为"连"可以省略,形成"XP 都/也 VP"构式,与"连 XP 都/也 VP"是同义异形的构式变体关系。

顾绍通《句法性构式"V_1 多少 V_2 多少"的来源及句法创新》(《汉语史研究集刊》第三十辑)从历时的角度考察了"V_1 多少 V_2 多少"的产生,认为这一构式最早出现于明代,到了清代有了较大发展,是从最初表示两个相对自由的并列关系句发展为具有事理逻辑的顺承关系句,最后通过句法成分的省略和句法结构的紧缩,形成了"V_1 多少 V_2 多少"构式。罗文丽、葛佳才《近代汉语"V位移+P处所+NP处所+过"的构成及其形成》(《汉语史研究集刊》第三十一辑)考察了近代汉语中用以表达"(主体)位移到某处所并从某处所经过"这一运动事件的构式"V位移+P处所+NP处所+过",认为该构式是由"V位移+P处所+NP处所"与"P处所+NP处所+过"通过删略相同成分P处所和NP处所糅合而成的,其形成动因为认知上的终端焦点化以及话语经济原则下的概念叠加和构式整合。

(三)侧重语义和语用视角的研究

卢惠惠《近代汉语强断言标记"正是"的语用功能及其演变动因》(《当代修辞学》第5期)考察了强断言标记"正是"在近代汉语讲说体中的语篇分布、功能、形成过程及动因,认为"正是"结合所引导的韵文语句,对先行语句进行总结、评判和描摹,具有语篇组织和人际关系调控等功能,这些功能的产生与变化可以从"正是"的语义虚化和句法位置变化等语法化条件、语篇交际的语用因素、人类认知的心理因素等方面得到解释。断言标记"正是"的形成经历了从判断动词到强调标记再到强断言标记的过程。朱怀、范桂娟《句首助词"但"的语用功能及历时演变》(《语文研究》第2期)指出句首助词"但"是源于语用规约化而产生的语法化程度较高的虚词,其语用功能有三类:连接话轮内部语篇、开启新话轮和开启新情节。"但"从轻转连词发展为句首助词,分为两个阶段:一是从轻转连接到开启新话轮,转折义弱化、消失,谦敬语气义产生,产生时间不晚于唐贞观十七年,演化过程在唐代完成;二是从开启新话轮到开启新情节,言谈双方的话轮开启和转换被用于表演者和观众的互动,自我介绍义产生,谦敬语气义消失,这种演化从唐代开始萌芽,宋代成熟,沿用至元代。

刘文正《话语标记"S看"的产生和发展》(《汉语学报》第2期)指出话语标记"S看"产生于唐代,可分话题标记"第一人称+看"和话题兼提示标记"第二人称+看"。前者宋代演变成评述标记,产生多种变体,元代在此基础上形成嗔怪标记;后者在元代演变为嗔怪标记和征询标记。话语标记"S看"产生于复杂的流水句信息结构,是信息群中基本单位地位变化的结果,主要跟语言使用者对复杂信息结构内信息单位的关注度有关,双音韵律和诗歌节律起辅助作用。话语标记是流水句信息结构的第一个基本信息单位"S[看O]"重新分析为"[S看]O"的结果,嗔怪标记的产生是以特指疑问或正反问的间接言语行为手段替代直接言语行为手段的结果,征询标记"你看"的产生则是将第一人称的陈述变为第二人称的疑问的结果。

杜轶《唐五代完成体标记"得"与"了"的语篇功能差异》(《古汉语研究》第2期)指出,唐五代完成体标记"得"前的谓词性成分一般为及物动词,表事件完成的"V得"多用于表述序列事件中的前一事件,该事件具有叙实性特征;同时期的完成体标记"了",其前谓词性成分可以由及物动词、不及物动词或形容词充任,"V了"用于表述序列事件中的前一事件时，该事件在叙实性方面没有限制。从语篇功能看，唐五代完成体标记"得""了"存在诸多差异，补语标记"得"与表达成义的动词"得"关系更为密切。

（四）与方言材料相结合的研究

李桂兰《近代汉语和汉语方言中的"（一）边"》（《古汉语研究》第2期）考察了近代汉语中关联副词"（一）边"和汉语方言中先义副词"边"的句法表现和形成，认为近代汉语中关联副词"一边"源于表示一侧义的短语，"边"是副词"一边"省略"一"的结果。汉语方言中先义副词"边"则是关联副词"边"在下述情况下经过语用推理并重新分析的结果：当关联副词"边"连接的两个动作具有先-后、主-次逻辑关系时，说话者因强调先发生或主要的动作而不指出第二个动作。张渊、吴福祥《谈语气助词"着呢"的来源及演变》（《古汉语研究》第2期）基于语境模型理论的视角，结合近代汉语的材料，讨论了北京话中常见语气词"着呢"的演化路径。唐代已经出现动态助词"着"和语气助词"呢"连用的情况，元代时语气助词"着呢"完成了语法化，但"着呢"的规约化语境大约在清代才出现。

四、语法化及相关研究

上面按上古汉语、中古汉语、近代汉语分类介绍了汉语语法研究成果，这是断代的角度所进行的分类。在具体的断代语法研究中，自觉地把一些理论、方法、视角（如语法化及词汇化理论、语言接触理论和跨语言研究视角等）运用到汉语历史语法现象的研究之中，这在当前几乎是普遍追求。本小节和下一小节我们换一个角度再侧重介绍一些有关语法化和语言接触相关的研究成果，前面已经涉及的成果不再重复。

2021年度在汉语语法化研究方面出版和发表了不少颇有价值的成果，在研究对象、研究内容和研究视角等方面都取得了可喜的进展。出版了三部专著或论集，发表了一系列相关的论文，在疫情的空档召开了一个国际学术会议。

（一）几部著作与文集

李小军《汉语语法化词库》（中国社会科学出版社，6月）收集整理国内外相关研究，遵循小路径原则构拟汉语语法化的演变路径，共总结、归纳、构拟出汉语语法化路径416条。每条路径由两部分构成，第一部分是来源和目标例句，尽量选择了早期的例证，第二部分是路径分析和说明，探讨语法化路径的句法和语义动因、演变机制，分析已有研究的得失，并尝试从语言类型学角度探讨汉语相关语法化路径的地位。这部书为汉语语法化的研究成果进行了比较全面的总结，为有关问题的进一步研究提供了重要参考。吴卸耀、李文韬编《汉语词汇化语法化例释》（上海大学出版社，7月）也是工具书性质的著作，致力于将二十多年来词汇化和语法化方面的研究成果加以总结和普及化，并与实际教学相结合。该书按音节将所收的词语分为三个部分，即单音节、双音节和三音节。单音节部分又分为介词和量词两部分，双音节根据结构特征分为词组、跨层组合和词缀三部分，三音节有动补结构、其他结构和跨层组合。

吴福祥、杨永龙、龙海平主编《语法化与语法研究（十）》（商务印书馆，8月）是"中国社会科学论坛（2019·语言学）暨第十届汉语语法化问题国际学术讨论会、语法化问题青年论坛"部分会议论文的选集。会议于2019年10月26至27日在湖北宜昌三峡大学举行，由中国社会科学院语言研究所和三峡大学联合主办、三峡大学文学与传媒学院承办、商务印书馆协办。收入该论文集的论文大都在这次会议上宣读过，会后又经过作者的修改。

（二）相关论文，内容广泛

既涉及汉语史上的语法化现象，也涉及现代汉语普通话、方言和少数民族语言的语法化现象；既涉及词汇项的语法化，也涉及构式语法化；既涉及语法化过程和路径的考察，也涉及语法化动因和机制的分析；既涉及语法化问题本身的探讨，也涉及语法化与（区域）类型学、词汇化和语言接触等其他研究视角的结合。

1. 汉语史上的语法化现象研究

这方面的研究上面已经涉及了一些，重要论文还有：洪波、韦志刚《准标补词"他"的演变研究》（《中国语文》第6期）讨论"他"如何从第三人称代词语法化为宾语小句标补词以及演变的动因和机制。该文指出，从晚唐五代佛典材料到宋元诗词和明清小说，可以清晰地看到"他"从旁指代词到第三人称代词再到宾语小句标补词的语法化过程。从晚唐五代起，第三人称代词"他"在与名词构成的同位结构中获得了预指功能。当"他＋N"同位结构后接谓语且N为通指名词时，"他"由预指N重新分析为预指整个小句，获得了引导宾语小句的准标补词功能。作者认为，在"他"的演化过程中，篇章语用策略是重要的语法化机制，而信息结构的完形认知是语法化的基本动因，出现在宾语位置上的同位结构是该语法化发生的关键语境。张文《汉语通用给予动词语法化》（《语言研究》第3期）指出，"V$_{给}$＋乙＋V"结构出现在佛经传入以后且带有OV语言影响特征，这一格式用前置介词对译梵文受益格标记；又因为OV语序的语言存在动后限制，因此汉语对译受益格标记的成分使用了前置介词的形式，这明显是受带格标记和OV语序语言的影响才出现的。文章还以蒙式汉语中有"与"和"根前"共存于一个小句的现象为旁证，论证V$_{给}$的双重标记共存是因语言接触而导致的。此外有余珩《"总是"语义及用法流变考察》（《历史语言学研究》第二辑，总第十六辑）、宋文辉《从作述题的小句到句末语气词："就是了"的形成机制》（《河北师范大学学报》第5期）等。

2. 与现代汉语普通话、方言和少数民族语言相关的语法化现象研究

与普通话相关的。如陈满华《"为什么""干吗""干什么"的异同及相关构式——兼

议汉语的"WXDY"构式》(《汉语学习》第 3 期)通过多角度考察对比现代汉语"为什么""干吗""干什么"的句法、语义及语用特征,指出,在句法方面,三者的语法化程度不同,"为什么"语法化程度最高,已基本获得副词功能,"干吗""干什么"已虚化为疑问代词,其中"干吗"的语法化程度介乎于"为什么"和"干什么"之间。该文还追溯了这三个词的语法化路径,比较了与这三个词相关联的一组构式,并对构式义进行了概括。代宗艳、宗守云《当代汉语"实力"的语法化》(《辞书研究》第 4 期)指出"实力"的语法化经历了从名词"实力$_1$"到描摹性副词"实力$_2$",再从情态描摹功能到程度限定功能两个阶段,逐步发展为准程度副词"实力$_3$"。"实力$_1$"→"实力$_2$"→"实力$_3$"是不断语法化的过程。在这一演变过程中,回溯推理、语言的主观性与主观化、隐喻机制等都起到了重要作用。类似的研究还有:赵晓丽《再谈"别看"的连词化及话语标记功能的来源——基于语法化环境理论的视角》(《汉语学习》第 3 期);黄博雅、乌云赛娜《"这么一 V"与"这么 V 来"的语法化程度及教学思考》(《汉语学习》第 3 期);曹婧一《多义构式"跨越 N 个世纪"的历时成因分析》(《辞书研究》第 3 期)等。

与方言语法化相关的研究如吴越《瑞安方言话题标记"乜"——从疑问代词到话题标记》(《中国语文》第 3 期)。该文讨论南部吴语瑞安方言的兼用话题标记"乜",包括其语义来源、语法化过程及标记话题时的特点。话题标记"乜"源于疑问代词,语法化机制是重新分析,重新分析的桥接语境是"乜"用于属性否定、"命题内嵌"否定和内容否定的情形。作者指出,从疑问代词发展为话题标记,在世界语言范围内都相当罕见,因此具有一定的类型学意义。张磊《山东无棣方言的定语标记"那[·nə]"》(《方言》第 1 期)考察了山东无棣方言定语标记"那"的来源及演化路径,并结合历史语料和现代山东方言材料拟测其扩展方向。作者指出,定语标记"那"来自远指指示词"那",而其扩展方向大致为:领属定语→关系从句定语/情状定语→属性定语。类似的研究还有孙宜春、邵宜《汉语方言位移类处置式中的 V_1V_2 ——兼论复音处置介词的来源》(《语言科学》第 3 期)。

与少数民族语言相关的如梁金桂《广东连山壮语 pan^1 "分"的语法化研究》(《语言研究》第 2 期)探讨连山壮语 pan^1 "分"的语法化路径,并从生命度角度解释 pan^1 作为给予动词、被动标记和使役动词常常混淆的原因。同时指出 pan^1 "分"的语义和功能发展是一种区域共性,其语法化受到粤北客家话和广东粤方言的影响。

3. 与类型学相结合的研究

与类型学相结合主要有两篇文章。一篇是陈前瑞、邱德君《汉语方言将来时表达的区域性探析》(《中国语文》第 5 期)。该文根据语法化程度区分已经分化和尚未完全分化的将来时语法形式,分别简称为可单用和兼用的将来时,发现在汉语方言的六大区域中,可单用将来时的形式与意义的语法化程度由西至东、由北至南逐步降低。北部和西北区域有的将来时接近一般将来时,而其他区域还停留在最近将来时阶段。这种趋势与北方非汉语具有形态化的时制对立。从完成体到将来时的语法化路径广泛分布在各大区域,从进行体到将来时的路径在西北和北部区域有不同程度的分布。远南区域兼用将来时的语法化水平较低。另一篇是陈前瑞、Vittorio Tantucci《持续体与未完整体的类型学思考》(《外语教学与研究》第3期)。该文从类型学的角度探讨持续体和未完整体在个别语言描述和跨语言比较、共时分析和历时演变中的关系。该文第三部分用结果体语法化的思路分析英语进行体构式的多种功能,利用已有文献的材料分析世界语言中结果体兼表进行体的现象,并尝试分析结果体语法化特殊路径的区域性特点。

4. 与词汇化、构式化相关的研究

蒋绍愚《"关"和"关于"》(《历史语言学研究》第二辑,总第十六辑)对多义词"关"进行了深入的分析,归纳出四个义群,并由此出发,探讨了"关于"从构式演变到构式化的整个过程以及其他"X+于"构式的形成。指出"关于"原先处于构式"关 v+[于+N]"中,"关"和"于"不在一个句法层面上,后来该构式发生演变,最终导致构式"[关于] p+N"的形成。该文很好地把构式演变和构式化理论运用到具体的汉语历史语法现象的研究之中,具有示范意义。张定《汉语让步义"XPX"结构的演变》(《历史语言学研究》第二辑,总第十六辑)描述了从上古汉语的让步义结构"X则X矣"到现代汉语中表示容忍性让步的"X是X"结构和兼表容忍性让步和虚拟性让步的"X就X"结构的演变,认为在演变过程中通过功能扩展机制,X成分的范围逐渐扩大,整个结构就有了形态化倾向。历时和共时的证据都表明,让步义的载体是整个结构,而不是其中的虚词。陆方喆《副词"倒是"的意义和演变:从主观性到交互主观性》(《汉语学报》第1期)从共时和历时两个层面分析了"倒是"的主观性和交互主观性及其演变。副词"倒是"是由短语"倒+是"词汇化而来,至迟在明代完成词汇化。其主观性体现为表达言者的反预期,交互主观性则与言者对听者预期的关注有关,背后动因是礼貌原则的推动。雷冬平《"不外(乎)"的演化及其功能研究》(《语言研究》第2期)考察了"不外(乎)"从短语词汇化为动词,再语法化为限定副词,最后成为语气副词的演变过程。其中词汇化这一过程就是在近代汉语中完成的,唐宋时期已能见到。

(三)语法化专题学术会议

2021年10月23-24日,"第十一届汉语语法化问题国际学术讨论会暨第二届汉语历史词汇语法研究国际学术研讨会"在首都师范大学召开。会议由中国社会科学院语言研究所、北京大学、北京语言大学和首都师范大学联合主办,首都师范大学文学院承办,商务印书馆协办。来自海内外的100多位语言学者通过线上与线下的方式出席会议。该会议包括开幕式、大会报告、小组报告和闭幕式四个部分,其中,共有8位海内外学者作了大会报告,99

位学者作了小组报告。会议内容既涉及语法化、词汇化和构式化等个案研究,也涉及对语法化等相关语言学理论的探讨。

五、历史语法视角下的语言接触研究

2021年度语言接触视角的语法演变研究成为一个热点。总体看来,中古译经相关的接触研究更加繁荣,梵汉对勘已经成为相关研究必不可少的研究方法;元代的蒙汉接触研究在所用文献上也有进一步的拓展,清代的满汉接触研究则相对较少。在中古、近代汉语之外,也有学者尝试从语言接触的角度去审视上古汉语中的一些语法现象。在汉语同民族语言的接触研究中,西北和南方地区都得到了广泛的关注。主要成果集中在以下几个方面。

(一)上古、中古汉语中的语言接触问题

汉语史上的语言接触问题近些年来一直是研究热点,2021年度成果较多。以往关注较少的上古汉语语法问题也有学者从接触视角进行探索。如洪波、王雪燕《语言接触视角下的上古汉语形态句法问题——兼论"也""矣"的来源》(《古汉语研究》第1期)一文从语言接触角度入手,为语气词"矣""也"的来源提供了新解。文章认为"也"来自汉语早期的系词"隹(惟)","矣"来自汉语早期的完成体助词"有",周人语言受语序为SOV的"戎狄"语言影响,表完成的动词"有"和系词"惟"出现在句末位置,进而发展为语气词"矣"和"也"。与中古译经相关的接触研究成果较多,梵汉对勘已经成为这类研究的常规方法,前文对此已有介绍,重要论文还有朱冠明《时间名词"现在"的来源及中国化》(《汉语学报》第1期),文章认同时间名词"现在"是汉译佛典借词的观点,同时也指出,从中古至明代中期千余年的中土文献中见不到"现在"的用例,直到明末才又见于文献,并在清代中期完成了它的中国化历程而彻底融入了汉语。"现在"的中国化途径代表了一种不同于以往认识的佛典语言中国化,它在中古产生后,跨越了"与佛典有关的文献"这一使用阶段,也跨越了千年的历史渐变过程。此外还有顾满林《佛典数字koṭi和nayuta汉译演变考》(《语言研究》第3期)。

(二)元明清时期的语言接触问题

元明清时期语言接触问题方面,曹广顺、遇笑容把元代的蒙汉接触研究扩展到《高丽史》一类的文献,其《从〈高丽史〉中的元白话资料看与第二语言习得有关的语言接触》(《历史语言学研究》第一辑,总第十五辑)指出,《高丽史》中目前所见最早的元白话资料可以追溯到1231年,此时尚属元白话的早期阶段,但已经可以见到后置词"上头""根底"、句末"有""那什么"等蒙式汉语成分。通过对《高丽史》中元白话的整理,可以观察元白话从早期到晚期的发展过程。文章对不同时期、不同人所使用的圣旨语言进行了多方面的比较后发现:《高丽史》中五分之四的朱元璋诏令是白话,而非元白话,但这些白话诏

令里会出现个别已经"汉化"的元白话成分，如"为那般上头"；成吉思汗的圣旨还没有出现元白话特殊语法特征，但窝阔台时则已经大体上具备了元白话的特殊语法特征。

张美兰《句子成分的添加与〈元曲选〉句式表达的规约》[《南通大学学报（社会科学版）》第5期]认为《元刊》中某些句式结构的表达与北方少数民族语言尤其是蒙古语对北方汉语接触、渗透和融合的现象有关。而《元曲选》通过添加了相关的虚词或句式成分等，凸显了汉语常规化的表达方式。王继红等《从〈四声联珠〉看清末北京话中满语干扰特征存留情况——兼论清末旗人汉语的传承语性质》（《汉语史研究集刊》第三十辑）发现，《四声联珠》（1886）所记录的清末北京话中出现满语干扰特征的频率与《清文启蒙》《清文指要》等文献相比呈下降趋势，该文提到的满语干扰特征有：V1 着（O）V2、句末助词"来着"、句末表领有、存在义的"有"、"罢咧""罢了"、"这么着""那么着""怎么着"等。相关研究还有麻彩霞《近代汉语中的"蒙语化"与"去蒙语化"——以语气助词"咱"为例》（《励耘语言学刊》第1期）、张越君《越南歌谣中的汉越语研究》（西南大学博士论文，2021）、褚福侠《语言接触视角下的汉字注音史略》（《现代语文》第4期）、杜佳烜和唐千航《满语中动词类汉语借词的词法研究》[《东北师大学报（哲学社会科学版）》第6期]等。

（三）汉语同周边少数民族语言的接触

近年来西北河湟汉语与阿尔泰语言或藏缅语言的相互接触和影响引起了许多学者的关注，成果较多。杨永龙、赵绿原《青海甘沟话的情态表达与相关形式的来源》（《当代语言学》第4期）对青海甘沟话的情态表达方式进行了深入的分析与描写，并联系周边少数民族语言的相关表达，对其句法格式和相关形式的来源进行了考证。该文指出，SOV语序类型的甘沟话几乎没有像普通话的"能""敢""想""会""可以"之类用在VP前的情态动词，而是使用动词的后附形式或小句的后附形式表达情态范畴，如后附形式"成""要""到""闯"等。甘沟话的情态表达在结构上与当地少数民族语言相同，而具体形态表达形式大多数源自汉语本身，但也有个别形式从汉语本身难以找到明确的来源，如表示认识情态之可能性的"闯"，可能与阿尔泰语言或藏语有关。赵绿原《青海民和甘沟话的三分时体系统》（《方言》第4期）指出，青海民和甘沟方言受语言接触影响，动词形态句法层面形成了一个时、体混合的三分标记系统，其中"着哩""哩$_1$"有条件地分布标记未完整体，"了"标记完整体，"哩$_2$"标记将来时。甘沟话三分时体系统与蒙古语族土族语（民和方言）的时体系统有整齐的对应关系，但各个标记形式各有其历时源头，是汉语自有的成分。接触导致标记形式功能的扩展和确立，推动时体系统格局的形成。吴福祥、金小栋《甘青方言若干附置词"伴随-工具-方所"多功能模式的来源》（《中国语文》第3期）认为，甘青方言中有一些虚词兼具伴随、工具和方所三类功能，或者只具备伴随和工具两类功能。

这种多功能模式并非这些方言自身独立演变的结果,而是源自周边阿尔泰语言相通多功能模式的区域扩散,析言之,是复制了阿尔泰语言"伴随-工具(-方所)"这一多功能模式。敏春芳、宋珊《语言接触中的干扰和转用——以东乡语"çiə"和东乡汉语的"些"为例》[《兰州大学学报(社会科学版)》第 4 期]不同意东乡语复数标记"çiə"来源于从格形式"-sə"的观点,认为"çiə"借自汉语的"些";还论证了东乡语概称复数形式"-ətən"借自汉语的"等"。这类研究还有杜冰心《接触语言学视域下的临夏汉语方言否定表达研究》(《吕梁学院学报》第 6 期)、杨陇《文化中介下语言接触对青海汉话发展的影响研究》(《青海民族研究》第 3 期)等。

  南方以及西南、东北地区的汉语与少数民族语言的接触与影响研究也有一些重要成果。如刘玲、林华勇《贵港客方言的修正重行与非修正重行》(《中国语文》第 5 期)详细描写了贵港客方言重行体范畴形式和功能,将贵港客方言与当地粤方言、壮语进行了比较。认为贵港客方言以不同的体标记将重行体二分为修正重行与非修正重行,其表现形式与当地壮语高度平行。重行体范畴可以视为贵港区域语言特征,说明语言接触所导致的影响可以是相互的。此外刘玲还发表了《贵港客方言的方式助词"过"——从语言接触的角度看》(《语言研究集刊》第二十七辑)。周洋《水磨房话的致使结构》(《语言研究集刊》第二十七辑)讨论了云南省迪庆州香格里拉市三坝乡内新发现的汉藏混合语水磨房话的致使结构,指出水磨房话采用汉藏混合特征的形态型和分析型致使结构,形态型致使结构用动词后缀"-着"为致使标记;分析型致使结构一方面保留了汉语型的使成义动结式,并在此基础上衍生出"动结-着"式和"V1Asp 么+V2 着"式,另一方面出现了含言说动词的"V 说/着说"式和"喊了么+V 说/着/着说"式用以表达使令义。致使标记"-着"和"V 说/着说"式源自对当地安南藏语方言致使结构的语法复制,而"喊了么+V 说/着/着说"致使句式是水磨房话创造的致使句式,之后又通过构式拷贝反向扩散入安南藏语。贾秀春《东北地区语言接触类型与演化机制研究》(《佳木斯大学社会科学学报》第 5 期)从东北地区语言接触概况入手,分析了东北地区语言接触的三种类型,即文化交流性接触、治化教育性接触和地缘性接触,指出了这三种接触类型的特点。同时提出东北语言接触演化机制的特点以及由此所导致的语言借用和语言转用。

  此外,也有一些从汉语与少数民族语言接触的角度观察少数民族语言变化的论著,这方面的内容不是本年鉴的主要关注对象,例如李一如《黔东苗语的比较结构》(《民族语文》第 2 期)指出黔东苗语比较标记之一的 pi^{55} 借自西南官话的"比",这导致黔东苗语的语法结构和语序类型发生了改变;与此同时,黔东苗语也借入了"比"作动词时("对比""比较")的用法。与黔东苗语形成对比的是,东南亚以及迁出东南亚的苗族的语言几乎不使用"比"作比较结构标记,而是保持着原有句法结构或借用当地官方语言的比较标记。

(四) 汉语与外语的接触

近现代以来的汉语欧化现象一直受学界关注,从陈望道1921年发表《语体文欧化底我观》算起,汉语欧化研究已经整整持续了100年。为此《北华大学学报(社会科学版)》第3期开辟专栏讨论了汉语欧化,发表3篇相关文章:刁晏斌的《欧化及其研究的新思考:写在汉语欧化研究百年之际》、马永草的《"五四"以前汉语白话欧化考察——以官话译本〈天路历程〉为例》、刘兴忠的《汉语异质文言的欧化特征——以梁启超"新文体"语法现象为例》。石毓智《英语语法影响汉语的一种特殊方式——"进行时"一词的语法功能》(《华文教学与研究》第1期)对来自英语语法概念的"进行时"一词进行了调查分析,概括了四种表达功能。认为当代汉语"进行时"的四种用法是汉语使用者从其基本用法"某一时刻正在发生的动作行为"自然引申出来的,而不是英语进行体的四种用法向汉语的"一对一的映射"的结果。

上述成果,大多都是正面论证某种语言现象的产生源于语言接触的影响,也有反面的论证,即否定以往研究中归因于接触影响的论断,从语言内部的证据证明是源自自身演变的结果。如曹亚北《上古汉语中的"犊"是借词吗?》(*Journal of Chinese Linguistics*,Volume 49,No. 2)利用先秦出土文献材料,对与"犊"相关的谐声、通假、异文进行梳理并参考了古音学对定母字的新研究后,不同意罗杰瑞提出的"犊"是阿尔泰语借词的观点,论证了"犊"是汉语的固有词。林华勇、刘玲《贵港客家话"去"的功能及语言接触问题》(《民族语文》第3期)在对贵港客家话句末助词"去"的功能做了进一步详细描写并和廉江粤语以及潮州、汕头、海口等地的闽语进行对比的基础上,提出了不同于覃东生、覃凤余《广西汉语"去"和壮语方言 pai¹ 的两种特殊用法——区域语言学视角下的考察》(《民族语文》2015年第2期)的观点,后者将广西南宁、石南粤方言"去"的两种用法(表"使成、程度"的事态助词用法)归因于与壮语接触而产生的。

(五) 其他相关成果

除上述有关具体语言接触现象的研究成果以外,还有一些语言接触研究的综述性文章以及相关研究。如杨永龙、张竞婷《语言接触视角下汉语语法演变研究》(*The Palgrave Handbook of Chinese Language Studies*,Palgrave Macmillan,Singapore),该文分古今汉语的语序变化、中古译经中的语法变化和元明清时期的语言变化几个方面对以往的研究和所取得的成就进行了归纳和总结。类似论文还有高玉娟等《改革开放四十年来语言接触研究的进展、主题与趋势》(《语言政策与规划研究》第1期)、贡贵训《接触与演变:湘西乡话研究的独特视角——评瞿建慧教授〈湘西乡话的接触与演变研究〉》(《甘肃高师学报》第3期)等。

现代汉语词汇学和辞书学研究

储泽祥　张　定　解　竹

一、概述

　　词汇学和辞书学是彼此独立又紧密关联的两个学科。词汇学研究词汇的组成、词的形式和意义、词汇的规范和教学等问题，辞书学主要研究现代汉语辞书理论和辞书编纂。词汇学研究成果直接为辞书的微观结构即辞书的词条结构提供实质内容，辞书学对微观结构的研究反过来又推动和促进词汇学研究的不断完善。

　　现代汉语词汇学发展的70多年里，学者们从词的性质和确定方法入手，围绕着词的意义和结构、词汇规范以及词典编撰等问题开展了热烈的讨论，在理论和实践上都取得了丰硕的成果。2021年度在本体和应用两方面涌现了很多有价值的研究。本体研究主要涉及词的意义和结构、熟语、外来词以及海外华语词汇研究五个方面，其中词的意义研究成果最为丰富，学界对词义的形成和演变的讨论尤为关注。在应用层面，国际中文教育领域的词汇研究发展较快，习得研究依然是该领域的重点；词汇规范研究也有较深入的讨论。在研究取向上，研究者们从汉语词汇的特点出发，将词义的形成和演变以及构词特点的分析等与词的用法进行关联，在语义－句法界面的联通上做出了很多有益的尝试。此外，计算机的使用已经深入到词汇研究的多个方面，如义位划分、汉语教学词汇分级以及异形词规范等，研究效率得到了明显的提升。

　　2021年度，现代汉语辞书学研究继往开来，成果颇丰。释义研究全面深入，辞书内容和体例的专项研究有所拓展，不少成果借鉴相关理论方法讨论辞书编纂实践，数字化和融媒体辞书研究保持热度，辞书和辞书编纂思想史研究全面铺开并成为研究重点，《辞海》（第七版）的研究引人瞩目。这些成果为推动现代汉语辞书学学科发展、构建和完善辞书学理论提供了新的借鉴，也为辞书的编纂和修订树立了新的典范。

二、现代汉语词汇学

（一）词的意义研究

　　词的意义研究是现代汉语词汇领域的重点和热点，2021年度的研究成果在这一方向上数量最多,主要体现在词义理论、词义的形成与演变、多义词、近义词四个方面。

1. 词义理论

与20世纪80年代以探讨词义的定义、性质、类型等相关理论问题为主不同,近年来的词义研究以个案分析为主,对基本理论问题讨论较少。邱庆山的《词义球结构的理论与实践》(社会科学文献出版社)一书运用"词义球结构理论"和认知组合性词义观,尝试从理论上对词义学的基本问题"什么是词义"以及"如何表征词义"进行回答。作者在对对象词、属性词以及属性值词的词义结构进行描写和建模的基础上,指出深度全面理解词义要把握对象、属性、属性值三要素构成的隐性认知结构、隐性语义结构和显性句法结构,并强调词义、句法、认知和信息具有内在的一致性,词义是精密的语法。作者提出的"词义球结构理论"吸收了新的语法语义学及认知学理论,对词义的分析深入到词义表征、词义生成、词义属性三个层面,在词义的理论研究上做出了贡献。

2. 词义的形成与演变

词义的形成和演变历来是词汇学研究的热点,2021年度这一方面的研究成果总体上相当丰富,但以词义演变理论为主体的成果相对较少。陈忠敏的《语义演变的类型、模式、机制及方向》(《辞书研究》第5期),首先分析词义演变研究存在的问题,并厘清了几个有关词义演变易混淆的概念,然后就词义演变的类型、模式、演变机制和演变方向与原始语义重建进行了深入的分析和阐释。作者强调词义演变与语言中的文化、环境和习俗密切相关,因此不能只从纯语言学角度进行研究,应重视非语言因素的作用。帅志嵩的《从"方式"到"结果"的语义演变及其理论思考——以"送、摔、丢、走、跑"为例》(《中国语文》第6期)虽然是具体研究,但也有理论色彩。作者从义位概念要素演变的角度入手,以动态性为特征的方式义动词"送、摔、丢、走、跑"为例,对其结果义的产生和内部成员的典型性上的差异进行了分析,指出结果义的产生不是一般的语法化,而是语义增殖的过程。该文从语义演变的多义性出发,深入到义位要素层面,在投射主义和结构主义之外,为处理非宾格动词提供了新的视角。

词义演变的个案研究成果数量较多,这些研究从不同视角对具体词的词义形成和演变过程进行分析,运用多种理论对形成和演变的动因进行解释。

一是从语法化、词汇化视角探讨词义的形成和演变。语法化方面,一些研究对汉语实词虚化的过程做了较为充分的描写。代宗艳、宗守云的《当代汉语"实力"的语法化》(《辞书研究》第4期)一文敏锐地捕捉到了在网络普及化的情况下,语言突破语法限制正在急速发展的典型代表,对"实力"一词在现代汉语发展的最新阶段由实到虚的语法化过程进行了描写。艾朝阳、陈荣素的《论汉语"(大)约"的客体化与边界化》(《外国语》第1期)利用汉语历时和共时语料对"(大)约"进行考察,揭示出"(大)约"经历的由动词到介词的语法化过程，指出其形式上边界化、语义上客体化、结构上次级化和降级化的趋势，以及其句子构建长度的变化。该文可以更好地解决现有研究将"约"看作副词带来的矛盾和问题，为语法化和介词化研究提供了一个简单可行的解释机制。词汇化方面，一些研究考察了汉语中某些从短语到词的词汇化过程。刘红妮的《"就算"的词汇化及其再演变研究》（《汉语学习》第 4 期）考察了现代汉语连词"就算"的形成，并发现从短语词汇化为连词后，该词又发生了构式化和再词汇化。雷冬平的《"不外（乎）"的演化及其功能研究》（《语言研究》第 2 期）分析了"不外（乎）"从短语到动词的词汇化过程，从动词到限定副词的语法化过程，以及从限定副词到语气副词的再语法化过程，并对其词汇化语法化的机制和动因进行了解释。同类研究还有周莉的《词汇化"别想"的评价用法及其来源》（《语文研究》第 4 期）等。

二是从认知语言学视角探讨词义的形成和演变。认知语言学以体验哲学为哲学基础，强调人类从自己的身体经验、身体构造和认知方式出发认知世界。人们对词义的理解与人自身的经验和认知密切相关，因此认知语言学的相关理论在词义演变上具有较强的解释力。应学凤的《松紧象似原则与动宾饰名复合词》（《世界汉语教学》第 1 期）利用认知上的松紧象似性原则，基于语料库的考察，将汉语中动宾饰名复合词的形成概括为从短语紧缩为短语词、句法词、词法词的不同阶段，并指出其中句法词"$V_双 O_双 N$"是短语到词的过渡形式，这个过渡过程中有结构松紧或节律松紧两种松紧象似手段，可能形成不同的两种词法词。作者根据结构松紧和节律松紧的单用或叠用，将动宾饰名复合词分成 8 种，并指出这些词因松紧不同而语义有别，适用于不同的语用场合，为所有类型的动宾饰名复合词的生成提供了统一的解释。刘曼的《阳历记日词"日、号"演变研究》（《辞书研究》第 2 期）从认知语言学的变异理论视角，考察了阳历用于记日的"日、号"的来源以及两词从并用于书面语到现代汉语中语体对立、形成分工的过程，并利用相似原则、经济原则以及民族主义心理对词义演变的动因进行了解释。杨海明、王艺文的《汉语感知动词"看透"的隐喻类型》（《汉语学报》第 2 期）利用认知语言学的隐喻理论，分析了感知动词"看透"凭借隐喻、间接隐喻、直接隐喻三类程度不同的隐喻，并考察了"看 X"家族不同程度的隐喻等级与使用频率的关系。作者强调隐喻的基础是经验，而经验的大众认可度决定了隐喻的类型。同类研究还有 Han Xiao、Zhan Fangqiong 的《汉语否定副词"不甚"的语义变化研究》[A Study on the Semantic Change of the Chinese Negative Adverb Bushen（不甚），L. Meichun, K. Chunyu & S. Qi. eds., *Chinese Lexical Semantics*, Vol. 12278, Springer: 100-107]，Li Qi 的《汉语可转指身体部位复合词的语义类别和认知机制》（Semantic Classification and Cognitive Mechanism of Chinese Body-Part Compounds with Semantic Exocentricity, L. Meichun, K. Chunyu & S. Qi. eds., *Chinese Lexical Semantics*, Vol. 12278, Springer: 859-870），贺天琪等的《动素名词的概念转指及语义演变路径》(《当代修辞学》第 2 期)，廖光蓉、刘嵩的《"裸 X"中"裸"意义重构的体认语言学探讨》(《解放军外国语学院学报》第 2 期)，袁昱菡、匡鹏飞的《"宅"字新义的形成与演变》(《语言文字应用》第 3 期)等。

三是从语用学视角，运用会话含义理论、历史语用学的应邀或受邀推理等相关理论探讨词义演变问题。许红菊的《"动静""好歹"非偏义复词说——兼论反义复词的中性词语义偏移现象》(《语言研究》第 1 期)运用格赖斯的会话含义理论，对通常认为的偏义复词"动静"与"好歹"的词义形成过程进行了分析，作者认为两词均通过概括其正反两极的意义而发生词汇化，分别形成了多种整体概括性意义。作者厘清了词语独立于语境时的指称和在特定语境中的临时所指两类不同的指称，认为两词与通常所说的"偏义复词"在定义和性质上完全不同，为词义演变研究和偏义复词研究提供了新的思路。龙德银的《"老师"称谓泛化机制研究》(《西安外国语大学学报》第 3 期)运用历史语用学的语义演变应邀推理理论，对"老师"称谓泛化的机制和动因进行了探讨，指出这一泛化的过程涉及语用推理和推导义的固化。该文的创新之处是将语用学的应邀推理理论引入词义演变研究，关注交际双方的互动对词义演变的影响。同类研究还有殷思源的《反预期标记"硬""硬是"语法化的共时推演和对比探究》(《语言教学与研究》第 2 期)，李丹弟、杨洋的《历史语用学视角下汉语词汇语义演变研究——以"土豪"→"壕"为例》(《外语学刊》第 6 期)。

3. 多义词

多义词作为一种语言现象，指的是一词多义，即一个词的几个意义之间有联系。[①] 2021 年度的多义词研究集中在义位之间的相互关系和义位的归并上。

在义位之间的相互关系方面，刘丹青的《语言单位的义项非独立观》(《世界汉语教学》第 2 期)分析了义项之间的影响和制约关系，提出"义项非独立观"，即义项即使在具体语境中也并不一定是独立的。该文从多个视角深入分析了基本义/中心义对派生义的影响和制约，对形义关系研究以及语言单位产出、理解的心理机制研究有一定的启发作用。

在多义词义位的归并方面，一些研究通过建立新的模型或引入新的方法，将义位的分析和归并量化，构建义位形成的语义网络。朱彦的《基于多层级原型结构的义位分析——方向和限制》(《世界汉语教学》第 2 期)将单个多义词构成的多义范畴看作一个多层级原型结构，提出一个包括两个制约、三个前提条件的"义系 - 显著性制约"模式，这一模式的核心是义位变体显著度的确定。作者以汉语动词"收"等为例，详细介绍了如何利用语料库，综合熟知性、高频性、中心性三个维度，确定义位变体显著度等级，并据此在义系范围

[①] 多义词的不同意义在语义学中称为"义位"，有的学者则习惯使用词典中的称呼，称为"义项"，我们在此不做区分。

内进行颗粒度不等的义位归并。通过探究义位归并的上限，论证了义位归并受限的相对性。同类研究还有吴淑琼等的《心理动词"想"的多义性：基于语料库的行为特征分析》(《外语与外语教学》第 5 期)。两篇文章都从量化角度讨论义位归并问题，为义位归并提供了基于语料的操作方法，可以应用于辞书编写和汉语教学，有较大的实用价值。

4. 近义词

2021 年度的近义词研究延续以往的研究思路，基于语料库的考察和分析，运用不同方法，探讨近义词的共性和差异，并尝试从不同视角对异同产生的原因进行解释。值得注意的是，2021 年度的近义词研究以近义副词的比较为主，研究者们在关注句法功能的同时，十分重视词义的分析和比较，有的还尝试将词的意义和词的用法进行关联。根据研究重点的不同可以分为两类。

一是侧重基于语料的描写和比较。研究者往往从共时层面的语料出发，多角度描写和比较词义和用法的异同，对于异同产生的原因关注较少。张谊生的《现代汉语摹状副词"可劲"与"死劲"的异同——兼论习语化"可劲儿造"的特征与功用》(《汉语学报》第 1 期)利用现代汉语语料，对"可劲"与"死劲"进行多角度的考察与分析。作者将两词的差异概括为表义的侧重与特色、语义重心和倾向以及演化趋势和特点三个方面，并基于此对《现代汉语词典》中收录的"X 劲"词性标注问题提出建议。吴淑琼的《基于语料库的"确认"类同义副词的行为特征研究——以"的确、确实、实在、着实"为例》(《外语教学》第 5 期)以现代汉语"确认"类副词为例，对现代汉语语料库中筛选出的 4000 条语料进行变量标注，然后运用聚类分析和对应分析对该类副词的语义相似性大小及用法异同进行了探讨。该文的主要贡献在于将基于语料库的量化统计方法引入到近义词的研究中，并以实例对操作过程进行了细致的介绍，可借鉴性较强。

二是侧重分析产生异同的原因。殷思源、袁毓林的《"偏"和"偏偏"的语义分工探究》(《汉语学习》第 3 期)考察了"偏"和"偏偏"高频共现项的类型及语义特征，并从汉语双音化的历史发展事实角度，对这一语义分工产生的原因进行了分析，且进一步探讨了二者的语义分工对句法功能产生的影响。同类研究还有江雨馨的《从时空特征看"往往"与"常常"异同的历史与认知成因》[《云南师范大学学报(对外汉语教学与研究版)》第 6 期]、Xu Zhao 的《"随 X"的词汇语义与语法区别——以"随地"和"随处"为例》(The Lexical Semantics and Grammatical Distinctions of Sui-X: Taking the Example of Suidi and Suichu, L. Meichun, K. Chunyu & S. Qi. eds., *Chinese Lexical Semantics*, Vol. 12278, Springer: 223 - 234)、王浩的《义近双音动词的语义认知与释义效度——以"遏制""扼制"为例》(《辞书研究》第 1 期)等。

(二) 词的结构形式研究

汉语缺乏形态变化，很多词都是通过语素复合而成，因此词的结构研究主要是复合词的结构分析。构词问题依然是2021年度汉语词汇研究的热点，学者们围绕构词法、构词特点以及语素的构词能力等问题进行了深入的讨论，并注意到构词与句法功能的关系，探究词的微观构成对其用法的影响。

1. 构词法

汉语构词法研究曾就理论问题进行过热烈讨论，学者们围绕语素与词的关系、构词法和造词法的区别、词的内部结构描写以及语素的构词能力等理论问题进行了探讨。近年来的构词法研究依然是汉语词汇研究的热点之一，总体来看宏观的理论问题研究较少，针对某一类词构词方法的研究较多。

2021年度对构词法的宏观理论探讨成果不多。杨炎华的《句法何以构词》（《当代语言学》第2期）重新审视了"句法能否构词"问题，以分布式形态学理论"词不是在词库中一次性生成"的思想，从理论和跨语言的事实出发，重新论证了句法构词的可行性，指出作为初始运算项的词根与功能语素一样，也具有句法特征，不过词根带有的是惰性或缺略的句法特征。作者对"句法构词"的探讨紧扣汉语特点，关注词根的特性，拓展了汉语构词法的研究思路。

针对某一类词构词法的研究视野较为开阔，不仅引入了新的理论分析构词方式，建立分析模型，还关注到了其他语言对汉语构词法的影响。崔希亮的《汉语庄雅语体的转喻构词》（《语言教学与研究》第6期）对汉语庄雅语体的常用构词手段之一"转喻构词"进行了深入的探讨，详细分析了敬称、美称、委婉表达、雅称以及谦称的转喻构词情况以及喻体的类型，并对转喻构词形成的原因及认知理据进行了阐释。该文研究视角新颖，从语体视角探讨了汉语构词问题。Ning Yaoyao的《现代汉语准否定前缀"非"和"无"的构词过程分析》（An Analysis of the Word Formation Process for Negative Quasi-prefixes fei and wu in Modern Chinese, L. Meichun, K Chunyu & S. Qi. eds., *Chinese Lexical Semantics*, Vol. 12278, Springer：41－52）利用大规模语料库，通过句法、语义和韵律结构考察，为分析以"非"和"无"为准前缀的词汇单位提供了一个新的模型，对改进中文信息处理中的自动分词和词性标注有较大启发。朱京伟的《日语2+2型四字词对汉语构词法的影响——以19－20世纪之交的清末5报为例》（《外语学习与研究》第2期）分析了19－20世纪之交日语四字词给汉语构词法带来的影响。

2. 构词特点

2021年度针对构词特点的几项研究，或采用类型学的视角揭示汉语中相关的构词特点，或充分利用量化分析手段，考察汉语的词长变化和词长搭配，具有重要的借鉴意义。董秀芳、尹会霞的《从类型学视角看汉语中并列式复合词的特点》[《河北师范大学学报（哲学社会科学版）》第5期]探讨了汉语中十分发达的并列式复合词，分析了其构成成分的词类属性、语义关系、整体词的词性及句法功能，指出该类复合词发达的原因与汉语词汇的双音化趋势以及历时发展中有些词汇语义参项的消失有关。侯瑞芬的《略论汉语三音词到双音词的转换》(《语言文字应用》第 4 期）对新产生的三音词转化为双音词的现象进行了分析，发现三音词转化为双音词的过程中有"去尾"的倾向，但需要满足语义明确性和区别性的要求，语义因素在转化过程中起决定作用，并基于上述研究结论对新产生的三音词的发展趋势做出了预测。值得注意的是，尽管该文通过统计发现三音词是汉语新词的主要类型，但作者强调由于三音词的这一转化现象，双音词仍然在汉语中占据优势。同类研究还有秦祖宣、端木三的《汉语动名定中复合词的词长搭配：一项基于语料库的量化研究》(《世界汉语教学》第 4 期）等。

3. 语素构词能力

语素的构词能力研究是构词研究的重要方面，2021 年度有两篇文章就语素构词能力的变化以及近义语素构词的不对称性进行了探讨，尽管研究重点不同，但都重视语言事实，从定量角度探讨语素的构词能力。

陈练军的《汉语复合构词的能产性变化——以 [X + 衣]$_N$ 构词式为例》(《当代语言学》第 2 期）以构式词法的相关理论为基础，利用自建的历时语料库，对汉语不同时期 [X + 衣]$_N$ 构词式的构词能产性变化进行了定量研究。该文采取多种能产性的计量方法，通过计算不同时期样本语料中例频率、类频率、单频词数、P 值的变化，比较实际成词数和潜在构词力的变化，以此探讨汉语复合构词的能产性变化，关注词法能产性的可预测性和构词过程中的语义因素，研究方法科学严谨，研究视角新颖独特，将汉语语素构词能力的研究推向一个新的高度。王新、崔希亮的《"房"和"屋"组词不对称研究》(《语文研究》第 3 期）分析了"房"和"屋"在组词方面的不对称现象，探讨了不对称的原因。该文对近义语素的构词能力分析细致，注重汉语研究传统，并结合语料库的使用频次统计将构词能力进行量化，为构词能力的研究提供新的思路和方法。

4. 词法与句法的关系

从构词层面探讨词的句法功能是汉语词汇研究另一个重要取向。学者们从汉语复合词内部结构出发对词的句法功能进行解释，试图沟通词的内部要素与词用法之间的关系。

蔡军的《汉语动结复合词的内部结构与句法推导》(《现代外语》第 3 期）对汉语"打破"类动结复合词的内部构造及生成机制进行了分析，详细讨论了其句法特点与复合词构词之间的关系，对汉语相关语言事实的句法语义表现做出了合理的解释，进一步论证了汉语的某些特性与普遍语法之间的兼容性。孟凯的《复合动词的结构类型与无标记转类》(《汉语学报》第 2 期）通过对《现代汉语词典》中 542 个无标记转类的复合动词的分析发现，复合动词的结构类型与无标记转类存在一定的关联倾向，即动宾式转指占绝对优势，且受事转指最多，并对上述关联的影响因素做出多角度分析。此外，该文还深入到指称功能的转变层面，探讨了陈述与指称底层逻辑中"量"的增减关系对动名互转难度的制约。同类研究还有陈禹、刘林旭的《现代汉语主谓名素复现及其统计分析》（《语言文字应用》第2期），安丰存、赵磊的《汉语"自己"的句法分布、分布式构词及照应机制研究》（《语言教学与研究》第4期），陈稀、王红旗的《论"疫情"的新义》（《汉语学习》第5期），王冬芝的《"霸"的新义产生机制及发展特征》（《语言与翻译》第3期）等。

（三）熟语

熟语一般指成语、谚语、惯用语、歇后语等语言单位。研究者们曾就熟语的性质、范围以及是否属于词汇的研究范围进行了讨论，对熟语的不同语言单位也作过理论的探讨和实例的分析。2021年度熟语研究成果明显偏少，成语和惯用语研究各有一篇论文，分别就成语形义变异问题和惯用语表征机制问题进行了探讨。

谭学纯的《成语形义变异的路径依赖、修辞加工与识解——兼谈由此引发的成语规范问题及解决方案》（《语言教学与研究》第6期）通过对成语形义变异的语用实例进行考察和探究，将成语形义变异的路径依赖概括为"义位→自设义位/空义位"，并分析了不同路径依赖的"表达—接受"互动及"成语—目标语"加工和识解难度，对成语形义变异的动因和运作规则进行了解释。该文研究视角新颖，对成语形义变异这一看似不可控的语言现象的规律进行了探讨，并对由此引发的成语规范问题给出了新的方案和思路。张静宇等的《汉语惯用语理解机制研究：来自英文词素的启动效应证据》（《外国语》第5期）从心理语言学视角研究汉语惯用语的理解机制，以汉语惯用语的英文词素作为启动刺激，揭示惯用语的通达机制，对争议较大的惯用语表征问题给出了基于实验的较为可信的结论。

（四）外来词

外来词是语言接触的结果。以往汉语外来词的研究主要围绕三个方面展开：一是对汉语外来词的界定、分类等基本理论问题进行讨论；二是对不同时期、不同来源的外来词的特点进行分析和描写，探讨其在汉语词汇系统中的发展趋势；三是应用方面，对外来词规范问题以及在汉语作为第二语言教学中的相关问题进行探讨。2021年度的外来词研究集中在前两个方面。研究者们在总结以往研究和进行个案描写的基础上，对外来词在汉语词汇系统中的影响都有所关注。

外来词基本理论问题方面，王如利的《现代汉语外来词研究之研究》（《语言科学》第4期）从演变过程、内涵界定、使用范围、创制范式、类型划分、规范问题、词源考证几个方面，梳理了前人对"汉语外来词"这一术语的研究情况，并就此提出该术语的使用建议，总结汉语自身特点与外来词的意译倾向和对音译词的强大改造功能的关系，并从语义、构词和语音上就外来词对汉语产生的影响进行探讨。

具体外来词的研究涉及拉丁语、英语和日语三个来源。李伟群的《利玛窦在汉语外来词上的贡献："子午线""经线""纬线"等词语探源》(《国际汉学》第1期) 关注到意大利传教士利玛窦在介绍科学知识、表达新概念时创造的天文地理方面的术语名词，这些术语一直沿用到现在，如"子午线""经线""纬线""经度""纬度"等。该文深入考证了上述外来词的来源及历史演变过程，探究了拉丁语对汉语词汇系统的影响。杨彬的《顺应论视域下英源外来词"本土化"的多维路径及新构格局》(《语言与翻译》第3期) 运用顺应理论分析了英源外来词在"本土化"过程中的顺应表现，并对其完成"本土化"之后对汉语词汇系统造成的积极和消极的影响进行了探讨。杨文全、杨昊的专著《当代汉语日源外来语研究》(四川大学出版社，7月) 对当代汉语日源外来语及外来成分的借入历史、引介类型和整体面貌进行了全面且系统的分析。该书从汉外语言接触史视角，探讨日源外来语及其相关成分在词汇补位的前提下，如何通过"汉日融合词"等形式深刻地影响到汉语词汇的衍生、构造和发展，从而揭示了汉日两种语言及其词汇语法之间相互影响的路径、机制和规律。

（五）海外华语词汇研究

海外华语研究近年来蓬勃发展，研究者们放眼全球，将越来越多的华语变体纳入研究视野，研究格局也不断提升，重视华语总体发展趋势以及与国家语言战略关系的研究。2021年度该领域的文章以词汇对比为核心，从华语不同变体之间的差异和互动融合关系两个方面开展研究。

华语不同变体差异的研究集中在马来西亚华语与普通话词汇差异方面。刁晏斌的《论华语与普通话词汇的隐性差异——以马来西亚华语为例》(《华文教学与研究》第2期) 以马来西亚华语为例，对华语词汇与普通话词汇的隐性差异进行梳理和举例说明，并对隐性差异的客观性、多样性和相对性三个突出特点进行了探讨。刁晏斌的《再论华语词汇与普通话的隐性差异》(《汉语学习》第1期) 是在上文的基础上对隐性差异的进一步探讨。这两篇文章既重视事实的发掘，也注重理论的思考，为海外华语研究提供了新的视角。

华语变体互动融合的研究，站在大华语视角研究华语词汇之间的互动关系。2021年度这方面的研究主要围绕马来西亚华语和新马华语展开。刁晏斌的《论华语词汇中的外来移植义——以马来西亚华语为例》(《语言文字应用》第1期) 以马来西亚华语中的动词"拿"为例，考察了华语词汇中的外来移植义及相关用法，分析了移植义产生的原因以及对华语词汇系统产生的影响。该文在全球华语融合的大背景下，为华语词汇研究提出了新的研究课题和切入视角。彭剑、杨文全的《新马华语特色量词"粒"的生成衍化与接触融合》(《语言文字应用》第1期) 选取新马华语社区中与普通话用法差异较大的量词"粒"为研究对象，探讨了该量词在新马华语中的特色搭配、生成机制、衍化动因，分析了该词在与其他华语变体的交流互动下的演变情况,并从语用、认知、文化以及言语磨合等方面对演变原因进行了解释。该文拓展了现代汉语研究视角,为华语教学和词典编撰提供了参考。

(六)词汇学的应用研究

1. 词汇规范

词汇规范研究是现代汉语词汇应用研究的重要方面,可以服务于图书出版、教材及辞书编撰等多个领域。研究者们不仅关注词汇规范的理论问题,如规范原则、类型等,也探讨具体一类词的规范问题或词汇规范的某个具体方面。词汇是语言中最活跃的层面,随着社会的发展不断变化,词汇规范标准的制定也应与时俱进。2021年度词汇规范研究可以分为词形规范和读音规范两个方面,其中词形规范研究成果较为丰富,体现了从动态上制定标准的研究特点。

词形规范方面,早期的研究多关注异形词的界定、分类以及整理原则问题,近年来的研究多集中在词典中具体异形词的处理上,且开始运用计算机技术,利用词频统计解决异形词的规范问题。2021年度的异形词研究在理论上继续深入,对整理原则有了进一步思考,且在计算机技术的利用上有一定的进展,关注异形词不同形体使用的最新情况。

有些研究结合实例或语料库考察,深入讨论异形词的确立原则,并对现有的异形词整理规范提出修改建议。李志江的《再谈现代汉语异形词的整理和规范研究》[《鲁东大学学报(哲学社会科学版)》第6期]结合《现代汉语词典》(第6版)收录异形词时执行《第一批异形词整理表》的变通实例,重新审视规范执行中的强制性原则,建议尊重异形词长期并存并用的事实,改为引导性原则,进一步明确异形词的定义和规范对象,并提议根据近二十年的语言使用变化情况重新就异形词问题进行专题研究。王迎春、谭景春的《谈谈异形词整理中的理据性原则》(《语言文字应用》第4期)着重探讨了异形词整理的理据性原则,对异形词整理时涉及的主要理据进行了详细分类,并对每一种理据的权重进行了排序、比较,用于指导推荐词形的确定,为辞书编撰提供了理论和实践上的重要参考。同类研究还有魏钢强的《从"脚趾头"说到异形词》(《中国语言学报》第19期),杨爱姣、王安良的《影响三音名词理据强度的词义的四个义层——兼论"撒手锏"与"杀手锏"的辨析问题》(《语言研究》第2期)等。

有些研究利用计算机技术确定推荐词形,检验规范效果。"通用性"是异形词处理的首要原则,因此不同词形使用情况的考察可以作为推荐词形确定的重要依据。利用计算机技术对大规模语料库中某个词形的词频进行统计,可以更好地反映不同词形的使用情况。张永伟的《异形词使用倾向值的计算与应用》(《中国语文》第4期)详细介绍了基于大规模语料库计算异形词"使用倾向值"的方法以及这一方法的应用价值和优点,并通过实例说明这一方法在评估异形词规范效果、确定推荐词形等方面的作用,为异形词规范的制定和改进提供了量化数据的支持。

此外，在词形的同物异名规范问题上，徐富平、尉万传的《国内西药双名使用形音义考察》（《语言文字应用》第 3 期）充分认识到药品流通中名称的重要性，对西药中的通用名和商品名的职能、使用的汉字、音节数以及色彩义差别进行了详细的统计和分析，在此基础上提出了西药名称规范的建议，为语言学研究成果服务社会提供了研究样本。

读音规范方面，李志江的《〈普通话异读词审音表（修订稿）〉读后》（《辞书研究》第 1 期）在充分肯定《普通话异读词审音表（修订稿）》学术水平的基础上，建议进一步开展该修订稿的解读和常态化研究工作，并就多音字统读问题提出"注重稳定性"的建议，指出统读的字音要对统读前的背景及取舍理由进行说明。

2. 国际中文教育的词汇研究

2021 年度国际中文教育词汇研究成果丰富，研究热点集中在词汇习得方面，体现了词汇研究的跨学科取向，针对学习者词汇量的研究则进入到细分领域，有了更加深入的发展。

（1）词汇习得研究

词汇习得研究近年来发展迅速，是国际中文教育领域关注的焦点之一。研究者们已不满足于验证国外词汇习得理论在汉语中的适用性，开始基于汉语词汇自身特点，运用实证性研究方法，针对不同的影响因素，讨论汉语词汇习得的效果。

一是语言内部因素，如语义、语素、语境、词形等。张幼冬、张承雪的《基于双音复合词语义透明度的语素教学实验研究》（《外语学刊》第 4 期）在充分考虑语素义及语素结合理据的基础上，对以俄语和乌克兰语为背景的初级阶段汉语学习者进行语素教学和整词教学的词汇教学对比实验，结果发现词语的语义透明度不同，教学效果不同。刘凤芹、张晓曼的《汉语二语学习者同形语素意识的发展及影响因素》（《汉语学习》第 5 期）利用动态系统语言观，通过实验发现同形语素意识随着汉语水平的提高而发展，但子系统发展极不均衡。在对实验结果的解释上，作者深入到同形语素的类型和词的内部构成层面，指出语素位置对同形同音语素意识有显著影响，语素语音差异和等级对同形异音语素意识也有显著影响。王玮琦等的《句子语境类型对汉语二语学习者伴随性词汇习得的影响》（《世界汉语教学》第 3 期）通过实验，考察了不同类型的语境中知觉特征和动作情景信息对汉语二语学习者伴随性词汇学习的影响。

二是外部因素，如教学方式、学习模式等。洪炜、昭贞的《读后续听任务在汉语二语词汇学习中的有效性研究》（《汉语学习》第 2 期）将听写任务进行细化，关注到内生动力较弱的读后续听任务在词汇习得中的作用。作者通过一项由 24 名中级汉语水平的韩语母语学习者完成的实验，对比了汉语不同形式听写任务的学习效果，证实了读后续听任务在汉语二语词汇学习中的有效性，并对决定其高效促学效果的机理进行了探讨，为汉语教学提供了参考。

三是学习者因素，如学习者的母语差异、学习水平差异等。张连跃、郑航的《词语混淆中母语影响的综合性探证方法》（《语言教学与研究》第1期）采用混合法研究范式，基于中介语语料库的量化调查和与其他母语学习者词语混淆情况的对比，确定英语母语者的特异性混淆词语，并以所确定的易混淆词为材料进行语言测试。该文利用多种数据相互补充，对量化和质化的考察结果进行三角检测，为二语词汇习得中母语影响的研究提供了一种综合性的方法。这类成果还有周睿的《汉日强程度副词二语习得对比研究》（《汉语学习》第3期），Gao Fei 等的《词还是语素？一语和二语汉语心理复合词表征单元的重复启动研究》（Word or morpheme? Investigating the representation units of L1 and L2 Chinese compound words in mental lexicon using a repetition priming paradigm, *International Journal of Bilingual Education and Bilingualism*, April）等。

四是多重因素。Tang Ming 和 Chan Shui Duen 的《语义透明度、语境长度和母语背景对汉语二语学习者在篇章阅读中词义附带性习得的影响》（Effects of Word Semantic Transparency, Context Length, and L1 Background on CSL Learners' Incidental Learning of Word Meanings in Passage-Level Reading, *Journal of Psycholinguistic research*, Vol. 51, Issue 1）的实验结果表明，语义透明度和语境长度对词义推断准确率的影响显著，而母语背景对推断准确率的影响不显著。语义透明度与语境长度、语义透明度与母语背景之间存在显著的交互作用。

此外，词汇习得研究还关注到了口语产出问题。冯浩、吴江的《汉语母语者和二语学习者双音节名词产出的编码进程及影响因素研究》（《语言教学与研究》第1期）通过图词干扰的图片命名实验以及基于实验结果构建的贝叶斯结构方程模型，考察汉语母语者和二语学习者产出汉语双音节名词时，词条选择和音韵编码的时间进程，以及影响命名速度的汉语水平、工作记忆容量、语速等个体差异因素，并基于实验结论，为汉语二语的口语教学提出建议。

（2）词汇教学

在词汇教学的研究上，张梦帆、曾昭聪的《词源分析法在高级汉语词汇教学中的应用及价值》（《汉语学习》第6期）重视汉语词汇自身特点，利用汉语词源研究成果，通过实例分析，论证了词源分析法在汉语词汇教学中的必要性、适用对象以及价值和意义。

（3）教材中的词汇问题

2021年度几项研究讨论了教材中的词汇问题，集中在预科生词汇需求、汉语教材中易混淆词表研究和汉语词汇分级等方面。

对预科生来说，从通用汉语的学习顺利过渡到某一专业的学习是一个严峻的挑战，其中专业教材生词较多是一个突出问题。2021年度的两篇相关论文都从量化角度，探究经贸类专业的留学生在这一学习转变过程中对教材词汇的需求以及学习上如何衔接的问题。程璐璐等的《面向经贸类本科专业学习的预科生词汇需求分析——基于微观经济学教材的文本研究》(《语言教学与研究》第1期)通过分词和词频统计,发现当前通用汉语教学词汇大纲在专业课教材中的文本覆盖率不足以满足留学生通过阅读充分理解专业文本的需要,从量化的角度解释了来华留学生专业课学习困难的原因之一。该研究从专业需要出发,针对性强,在汉语预科教育教学大纲的编制和教材的编写上都有一定的应用价值。程潇晓的《从词语类型分布谈预科通用汉语和专业汉语的衔接问题——以经贸专业汉语为例》(《语言教学与研究》第5期)也从经贸专业汉语教材入手,着重探讨来华留学生通用汉语和专业汉语的衔接问题。

Chou Chun-Ting 和 Chang Li-ping 的《汉语二语教材中易混淆词初探》(A Preliminary Study of Confusable Words in L2 Chinese Textbooks, L. Meichun, K. Chunyu & S. Qi. eds., *Chinese Lexical Semantics*, Vol. 12278, Springer:796-809)对汉语教材中易混淆词词表的有效性和可靠性进行了研究。通过对中介语语料库的定量分析发现,在所考察教材列出的134组词中,只有50组符合作者确定的易混淆词的标准。作者还根据定量分析结果,提供了基于中介语语料库偏误情况和基于易混淆词确定标准的两个建议词表,为教师教学和教材编写提供参考。

此外,Zhang Yinbing 等的《汉语教学词汇分级的机器学习分类算法》(A Machine Learning Classification Algorithm for Vocabulary Grading in Chinese Language Teaching, *Tehnicki Vjesnik-Technical Gazette*, Vol. 28, Issue 3:845-855)在分析了影响词汇复杂性的词汇属性、构建构词知识库等工作的基础上,创造性地将机器学习分类算法应用于汉语词汇分级问题,为汉语词汇等级大纲的研制和汉语教材的编写提供了新的数据支持。

(七)学术会议

2021年度在词汇学方面共举办会议两场,受疫情影响,会议形式既有线下也有线上。

1. 第十三届全国汉语词汇学学术研讨会于4月24-25日在济南举行,来自全国62所高校和科研单位的120余位专家、学者参加了这次会议。北京师范大学文学院教授刁晏斌、北京大学中文系教授董秀芳、厦门大学中文系教授苏新春、南昌大学退休教授史有为、教育部语言文字应用研究所原所长张世平、武汉大学中国语情与社会发展研究中心主任赵世举分别就外来词、词法模式、字母词、教材词汇比较、成语问题和词义问题做了主题发言。分组报告中,百余位学者围绕词汇的历时演变、外来词、辞书释义、词典编纂、社会方言、词汇化与语法化、词源、词形、词义与语义以及词汇教学等主题做了报告,并开展了热烈的讨论。

2. 第二十二届汉语词汇语义学国际研讨会于5月15-16日在线上举行。会议特邀江苏师范大学语言研究所杨亦鸣教授、华为诺亚方舟实验室刘群教授、香港理工大学黄居仁教授和闽江学院计算机与控制工程学院徐戈教授分享其研究领域的最新进展、发展趋势以及科研经验。会议本着打通语言学和计算语言学、贯通词汇语义的理论、计量与计算应用、体现学科交叉与前沿动态的办会宗旨，组织了传统主题词法、句法、语义研究、语料库构建、基于语料库的语言学研究、自然语言处理、二语习得、方言、语用研究、实词研究、虚词研究、新词与构式研究、隐喻研究、语言计量研究、神经与认知等多场专题报告，为同一领域的研究者提供了交流和互动平台。

三、现代汉语辞书学

（一）释义研究

2021年度释义研究是重中之重，内容主要涉及释义提示词、同类词的释义、与释义相关的理论等问题。

提示词。江蓝生的《语文辞书释义提示词的使用》（《中国语文》第4期）考察和分析了语文辞书释义提示词"指、比喻、形容、借指、泛指"的概念、表达功能和使用场合，厘清了各提示词之间的区分及内在联系，总结出其中的规律，对纠正语文辞书中提示词的误用、混用现象，提高提示词使用的准确性、科学性具有理论和实践上的指导意义。同类研究还有袁世旭等人的《〈现代汉语词典〉释义提示词研究》（《语文研究》第4期）。提示词是释义内容的重要组成部分，上述研究对语文辞书各类提示词的精确使用提出了很多合理的建议，具有很强的实用性和可操作性。

同类词的释义。谭景春的《谈谈〈现代汉语词典〉第7版对"当时、当日、当天"的修订》（《辞书研究》第5期）详细说明了"当时、当日、当天"修订的过程和理由，呈现出词典编修的"幕后工作"。董秀芳的《词典释义中虚词的语义功能与语用条件辨析——以语气副词的释义为例》（《辞书研究》第4期）以一些语气副词的释义为例，指出当前词典释义中存在的问题，认为更好的释义方式是首先讲清虚词的语义功能，如果有需要，再指明其语用条件。储泽祥、刘琪的《吸收研究成果是语文辞书不断提高质量的学术保障——〈词典释义中虚词的语义功能与语用条件辨析——以语气副词的释义为例〉读后》（《辞书研究》第6期）呼应董文，指出语文辞书编纂需要扎实的学术研究基础，《现代汉语词典》虚词释义用语追求体系性，充分吸收最新研究成果是语文辞书不断进步的保障。相关成果还有于屏方、王凤兰的《"X着"在〈现代汉语词典〉中的处理情况研究》（《辞书研究》第1期），李智初的《不同类型词典专科条目的释义差别》（《辞书研究》第4期），张苗苗的《动词目的义的释义模式及相关问题》（《语言教学与研究》第2期）和《致使动词的释义模式及相关问题》（《辞书研究》第1期）等。上述成果有助于相近相关的一组词在释义等方面形成照应，尽可能减少同类词内部释义不一致的问题。

与释义相关的理论。刁晏斌的《华语词汇与普通话的"隐性"差异与相关词典的释义问题》（《辞书研究》第6期）以《全球华语大词典》为例，从有标记形式、无标记形式和配例三个方面，分析其释义中存在的相关不足与缺陷。同类研究还有邓琳的《范畴视阈中的英语交际动词释义现状调查》（《辞书研究》第1期）、李仕春的《基于日常生活经验的语文辞书释义研究》（《鲁东大学学报（哲学社会科学版）》第5期）等。这些研究适当借鉴相关理论成果，有助于提升对释义的理性认识。

（二）专项研究

一些成果对辞书所涉及的各个专项做了较为深入的研究，内容上也有所拓展。

收词。王楠的《中型语文词典中常用词语的收词立目问题》（《辞书研究》第4期）结合《现代汉语常用词表（草案）》等，对"单人/双人""周日/周天/星期天/星期日"和"男朋友/男友/女朋友/女友"几组常用词，在目前几部常见的大中型语文词典中的收词及主副条的确立等问题进行分析研究，并对中型语文词典中常用词语的收词及原则提出建议。此类成果还有洪帅的《转喻式"购买"义动词的分类描写与词典收词》（《辞书研究》第4期）等。这些成果对语文词典词语的取舍和处理原则做了探讨，所提建议比较合理，有很强的可操作性。

词形字形。解竹的《关于"〇"的争论及辞书收录建议》（《辞书研究》第5期）结合不同辞书的处理方式、国家出版标准的相关规定以及语料库的使用情况，对内向型词典和外向型词典如何处理"〇"提出建议。该文在处理争议问题时，能广泛调查各种材料，所提建议具有不同类型的针对性。

配例。陈波先的《〈汉语大词典〉书证讹误的原因探析——以引〈义府〉书证为例》（《语文研究》第3期）指出《汉语大词典》引用书证欠准，原因包括书证非善本、书证不一致、书证引文未查核等。该文对《汉语大词典》配例的修订和完善有一定的借鉴意义。

字母词。杨上的《探析英汉双解学习型词典中的首字母缩略语收录情况》（《辞书研究》第2期）对四部英汉双解学习型词典的缩略语收录情况进行比较，发现这些词典在收录方面的不足，对于相关词典中字母词的完善有一定的借鉴意义。

敬辞。马莲、温昌衍的《〈现代汉语词典〉敬辞标注上的几个问题》概括了《现代汉语词典》敬辞标注上的一些问题。以往对语文辞书中敬辞的专项研究尚不多见，该文的讨论有助于这一专项的完善，并对跟语域相关的其他标注有一定的借鉴意义。

（三）理论和方法的探讨

理论方法等方面，有些侧重理论方法上的创新，有些则是在总结辞书编纂经验的基础上讨论编纂的方法。

刘伟的《现代汉语移用语素和移植语素的意义生成与演化——兼谈辞书编纂的词汇学原则与词典学原则》[《鲁东大学学报（哲学社会科学版）》第3期]指出，语文辞书在词条分合处理上不仅坚持词汇学原则，有时也兼顾词典学原则，单音节移用语素和移植语素的意义演化研究应该剔除意义来源不同且不具有派生关系的类型。这一研究对语文词典的收词和释义都有一定的参考意义。同类研究还有杨玉玲等人的《基于元语言的外向型汉语学习词典编纂理念和实践》（《辞书研究》第6期）等。

邵燕梅的《论汉语隐语辞书编纂的若干问题——以大型隐语辞书〈中国秘密语大辞典〉为例》（《南开语言学刊》第1期）讨论了汉语隐语辞书编纂的若干问题并提出相应的主张。

（四）数字化和融媒体辞书研究

当前，在线词典已成为词典发展的新趋势，数字化和融媒体辞书的研究继续保持热度并日趋深入。

张永伟等人的《面向语料库机助辞书编纂系统的设计与实现》（《辞书研究》第4期）介绍了由中国社会科学院语言研究所和中国多语言多模态语料库暨大数据研究中心研发的"面向语料库机助辞书编纂系统"的研发背景、目标、系统设计与实现，并对系统的技术选型做了介绍，为辞书编纂或相关系统的研制提供了借鉴。章宜华的《融媒体视角下多模态词典文本的设计构想》（《辞书研究》第2期）从纸质辞书的困境与数字化辞书的必然性入手，探讨如何在融媒体框架下设计多模态词典文本，阐释多模态元素的释义功能。同类成果还有解竹的《浅析融媒外向型汉语词典的发展路径》（《传播与版权》第8期），黄锦鸿的《在线英语学习词典拼合词的收录研究》（《辞书研究》第6期），包佳佳、王东海的《App型词典在来华留学生中的应用调研及编纂建议》（《辞书研究》第5期），刘永俊的《辞书融合出版的优化路径研究——兼评〈现代汉语词典〉（第7版）APP》[《北京联合大学学报（人文社会科学版）》第2期]，唐舒航的《融媒体时代数字化词典编纂出版的现状及其问题》[《西华大学学报（哲学社会科学版）》第5期]等。这些成果展现了当前汉语辞书编纂和设计数字化的最新理念和设计方案，对融媒体辞书的现状做了较好的总结。

（五）专项辞书与辞书编纂思想史研究

2021年度专项辞书与辞书编纂思想史的研究热度未减。既有针对某部辞书的深入研究，又有跨越古今的不同类型的专项辞书研究。不少研究总结以往辞书编纂经验，展望学科未来走势。

《辞海》研究。《辞海》（第七版）于2020年9月出版，《辞书研究》2021年第1期和第6期特辟专栏，推出数篇介绍性文章，多方位地展示了《辞海》编纂出版的历程。张敏的《〈辞海〉（第七版）编纂出版工作回顾》（《辞书研究》第6期）详细回顾了编纂过程，展现了该团队为打造传世精品所付出的艰辛努力。相关研究还有黄强的《〈辞海〉（第七版）

编纂出版工作情况》(《辞书研究》第 1 期)、陈尚君的《新版〈辞海〉是当代中国学术的重要坐标》(《辞书研究》第 1 期)、刘琼的《〈辞海〉(第七版)的组织管理工作》(《辞书研究》第 6 期)、熊月之的《努力吸收学界成果,持续提高〈辞海〉中国近代史学科条目质量》(《辞书研究》第 1 期)等。

其他专项辞书的研究。白冰的《〈当代汉语学习词典〉编纂出版实践》(《编辑理论与实践》2021 年 9 月)在对《当代汉语学习词典》的性质、规模、编写原则、词典特色等进行说明的基础上,对选题动因、编纂始末和编辑过程做了介绍,展示了学习型词典自身的特色。

辞书编纂思想史研究与展望。赵连振的《语言规划导向的词典编纂:理论前提与描写框架——兼评恩科莫的〈词典与语言政策〉》(《外语研究》第 5 期)结合学界现有研究,追溯中西语言规划与词典编纂互动的历史,探讨语言规划导向的词典编纂之理论前提,尝试构建语言规划导向的词典编纂之描写框架。同类研究还有袁世旭等人的《汉语辞书理论史研究展望》(《古汉语研究》第 3 期),裴梦苏的《从"以字引词"到"以字统词"——〈康熙字典〉对现代词典编纂模式的影响》(《辞书研究》第 3 期),刘善涛、王晓的《民国时期王云五系列语文辞书的语义标示研究》[《鲁东大学学报(哲学社会科学版)》第 3 期]等。这些回顾性的研究或侧重理论规划,或着眼编纂实践,但都以史为鉴,立足当前,为今后系统构建现代汉语辞书学理论提供了历史的参照。

(六)辞书学活动和事件

受疫情影响,2021 年度辞书学界全国性学术会议多采用线上线下结合的形式举行,几项重要的活动和事件值得一提。

1. 中国辞书学会年会第十三届年会暨学术研讨会于 11 月 20 日召开,线下会场设在商务印书馆,近 400 位专家学者参加了会议。该届年会以"当代辞书生活与中国辞书事业"为主题,内容主要涉及著名品牌辞书升级创新、新时代原创大型辞书的编纂。会议还设置了"社长总编辑论坛",讨论如何提速融媒辞书的研发。

2. 中国辞书学会学术委员会议暨辞书编辑出版专业委员会第十一届学术研讨会于 9 月 29 日在商务印书馆召开。会议主题为"辞书出版规范研讨",40 余位专家学者就辞书规范研制等事项发表了意见。

3. 中国辞书学会双语词典专业委员会第十四届年会暨学术研讨会于 10 月 23 日召开,会议在黑龙江大学、广东外语外贸大学设立两个分会场,围绕"融媒体时代双语词典学的理论方法、编纂实践及出版与使用研究"等议题进行研讨。

4. 第五届汉语学习词典学学术研讨会于 11 月 13 日召开,会议线下地点设在中国人民大学国际文化交流学院,主题为"国际中文教育视阈下的汉语学习词典编纂"。

5. 第二届计算词典学研讨会于12月10日召开,线下会场设在中国社会科学院语言研究所/辞书编纂研究中心,议题涉及分级词表研制、词典修订、融媒体及数字化辞书等方面。

6. 亚洲辞书学会国际跨文化词典学高端论坛于12月10－11日在四川外国语大学召开,会议围绕"跨文化词典学"的主题,就相关问题开展了充分的讨论。

四、展望

2021年度现代汉语词汇学既有对词汇学相关问题的理论思考,也有基于历时共时语料的梳理和分析,并对词汇现象产生的原因作出了解释。本体研究上,研究者们重视对词义变化、词义特征以及词汇内部构成等的描写与分析,并运用不同的语言学理论解释某一词汇现象产生的原因,以此探究现代汉语词汇的系统性。应用研究上,研究主题紧扣实际需求,在词汇规范和国际中文教育方面发表了很多既有学术价值又有应用价值的研究成果。此外,2021年度的词汇学研究在心理学和计算机科学的跨学科研究上也取得了进展,不同学科的融合开阔了汉语词汇研究的视野,体现了词汇学研究在不同领域的价值。未来需要解决的主要问题有:词汇学理论研究相对薄弱,现代汉语词汇学学科体系建设需要引起更多的重视;词汇学的跨语言研究需要进一步加强;对外汉语词汇教学需要根据学习对象的实际构成情况,加强国别化研究。

2021年度辞书学研究相对活跃,释义研究、专项辞书和辞书编纂思想史研究方面引人瞩目,中国辞书学会会刊《辞书研究》提供了重要的学术平台。未来需要解决的主要问题是:如何借鉴语言学尤其是词汇学的成果,结合汉语辞书编纂的实践,构建中国特色的辞书学理论体系,做好顶层设计和示范引领;在线精品辞书资源尚待丰富和完善;辞书研究和编纂领域跨学科高质量专业人才的培养有待加强。

汉语历史词汇研究

赵长才　肖晓晖　杨萌萌

汉语历史词汇研究是汉语史研究的一个重要领域，其分支研究方向相对较多，研究内容相对繁复。鉴于训诂学涉及词语的语义解释，与历史词汇研究关系密切，故部分训诂学研究成果附入本节。本节所介绍的研究方向和内容主要包括：各历史分期的词语考释、词语演变研究、专书和专题词汇研究、词汇学和训诂学理论研究、辞书编修研究、词汇学史及训诂学史研究等。

总体而言，2021年度汉语历史词汇、训诂学研究领域产出了丰硕的成果，各分支方向的研究均取得了稳步发展。主要体现在以下几个方面。

第一，上古汉语、中古汉语、近代汉语各历史分期的词汇（训诂）研究不断精进、深入，呈现出如下特点：（1）利用新材料并使用新方法研究老问题；（2）既注重出土文献与传世文献的紧密结合，也注重书面语文献与同时代口语文献材料的紧密结合；（3）注重微观个案研究与宏观理论思考的结合。

第二，词语历时演变研究在三个维度上推向纵深，明显地扩展了文献材料运用的广度：（1）跨时代的词语演变研究，在运用文献材料时越来越注重缩短年代跨度；（2）重视方言历史文献的运用，强调历史词汇研究的地域性，突出了不同地域的词汇特色；（3）重视语言接触对汉语词汇演变的影响，允分利用接触语的材料和文献。

第三，专书、专题词汇研究在深入发掘专书或专题词汇状况和特色的同时，也注重与其他文献的对照和对比，在比较研究中进一步凸显了专书或专题词汇的特色。

第四，汉语历史词汇研究的理论思考不断加强：一方面，运用特定的语言学理论研究传统的词汇学、训诂学具体问题；另一方面，重视词汇学、训诂学理论的研究和理论建设。

第五，词汇学、训诂学研究成果在辞书编修实践中得到广泛、深入的应用。

第六，对词汇学史（训诂学史）的研究，不仅有细致的材料梳理，而且更加注重结合最新研究成果和具体研究案例进行深入思考。

一、词语考释

词语考释是词汇训诂研究的基础性工作，一直备受研究者重视。不论是传世文献的词语考释，还是出土文献的字词解诂，抑或是出土文献与传世文献的对读与互证，2021 年度相关研究均成绩斐然。

（一）传世文献词语考释

汪维辉《〈孟子〉"市贾不贰"究竟该作何解？——附论"巨屦小屦"》[《河北师范大学学报（哲学社会科学版）》第 1 期] 指出"市贾不贰"和"市无豫贾/市不豫贾"是意思不同的两句话，"贰"和"豫"并非同义词；"市贾不贰"的"贰"解作数词"二"是很通顺的，故该句最合理的解读是赵岐所解的"市场上的价格没有两种"。文章分别从相关语境的文理寻绎、先秦其他典籍的旁证以及基于语法结构的语义分析等角度，说明为何肯定赵岐的这一解释。文章还指出，对该段下文中"巨屦""小屦"的语义分析，可以反映出一个值得关注的问题，即孟子独特的言说风格和话语特色会给阐释带来独有的难度，基于阐释史的历代注疏与原文之间也会有"误读"与错位。

孙玉文《李商隐〈乐游原〉"只是近黄昏"的"只是"》（《语言研究》第 1 期）重点解答两个问题，一是决定诗句理解的"只是"如何释读，二是"只"的读音，因为其读音古今不同。该文认为，"只是近黄昏"的"只是"不能理解为"正是"，只能理解为"只不过""但只是"。"只"跟"衹、祇"记录的是同一个词，原来读平声；这个词跟"止"本是两个不同的词，"止"读上声，跟"只"是同义词。后来"止"占上风，人们将"只"读成"止"，是一种训读现象，于是"只是近黄昏"的"只"读成了上声。

郝士宏《〈诗经·秦风·驷驖〉"歇骄"解》（《战国文字研究》第 3 辑）对"歇骄"的词义进行了讨论。文章罗列各说，详加辨析，认为"歇骄"应看作联绵词，有"猲獢""獙猲""揭矫""拮矫""指挢"（"指"为"揭"之讹）和"担撟"（"担"为"揭"之讹）等不同书写形式，当如王逸所言为"纵心肆志"之意。

郭浩瑜《也谈"寤生"》（《历史语言学研究》总第 16 辑）逐一指出文献中有关《左传·隐公元年》"寤生"的八种解释的不合理之处，认为"寤生"当为"晤生"，是后半夜出生的意思，而这在先秦时期大约是不吉利的，故而姜氏感到厌恶。樊波成《〈荀子〉联绵词柬释》（《汉语史学报》第 25 辑）分析了《荀子》中"綦豁""胥靡""薛越""竭蹶""罣牢"等词，认为这些双声或叠韵的联绵词均是由同义复词演化而来。付建荣《〈齐民要术〉注解考释三则》（《汉语史学报》第 25 辑）考释《齐民要术》中出现的三条注解，得出如下结论："无若"是"无苦"的形讹，"无苦"犹言"无妨"；"人室"是"入室"的形讹；"无在"是指"不须"。该文同时分析了相关词义的理据。文俊威《〈伏魔宝卷〉词语考释》(《汉语史学报》第 24 辑)讨论了《伏魔宝卷》中的"娘生面""警中""答查对号""滕那"等疑难词语的释读。

(二) 出土文献词语考释

李发《甲骨文中两组义近祭名辨析》(《古汉语研究》第 3 期)就甲骨文"祭"与"祀"、"告"与"酋"两组义近祭名进行辨析。"祭"主要用作祭名,为某种祭祀方式的专称;"祀"超过一半的用例为纪年词,近一半的用例是祭名,为祭祀方式的通称。"告""酋"为近义词,均为告祭。"告"指祝告、禀告,重在口头;"酋"则指称册以告,重在书面。"告""酋"往往后接不同的祭祀对象,且语法形式也有差异。方稚松《甲骨文"叔"字含义探析》(《语言科学》第 1 期)通过梳理"叔"字在甲骨文中的各种辞例,指出其各类用法含义中都含有核心义素"建、设、立"之类的意思,而这一含义与其字形义也是相符的,因此,其最初含义中应含有"陈设、设立"之义。

"蔑曆"一词,金文习见,但其释读却众说纷纭,迄无定论。因近年楚简等新见材料中出现了相关新线索,此词的释读重新引起学界的兴趣。王志平《"蔑曆"新解》[陈斯鹏主编《汉语字词关系研究(二)》,中西书局,10 月]将西周金文"蔑曆"释读为动宾结构的"伐劳",认为这一解释还可以妥当处理"蔑某曆""蔑曆于某"等结构。陈斯鹏《金文"蔑曆"及相关问题试解》(《出土文献》第 3 期)赞成将"曆"读为"劳",但主张"蔑"读作"勉","勉劳"为并列式动词。

王志平《"石沱"新释》(《历史语言学研究》总第 16 辑)认为,楚系青铜器所见"石沱"等本字当作"宕沱"或"宕铊"。石为禅母铎部,宕为定母阳部,禅母定母的关系密切,铎部阳部对转,故"石沱"可读为"汤池"。"汤池"古多指城池。楚金文中以"汤池"代指盛汤之器皿,是一种语言学上的转喻行为。蒋文《春秋金文"不啟不差"新解》(《语言科学》第 6 期)认为"啟"所记录之词应当就是传世文献中训"邪"的"违"或"回","不违""不回"的意思是"不邪僻",它和"不差"(不差忒)对举,意义亦相关。汤志彪《毛公鼎"赐女兹斧用岁用政"新解》(《出土文献》第 2 期)据辞例比勘及句子结构分析,认为"斧"字当读作"乘","岁"当读作"会",训作"征伐","赐女兹斧(乘),用岁(会)用政(征)"就是说赏赐你这辆马车,用于征伐。

徐正考、王景东《〈居延汉简〉字词札记三则》(《古汉语研究》第 ? 期)通过居延汉简中记载守御器情况的简文,对三则字词进行校正和考释:改释"斧"为"蚤";"堵黑"指涂漆;"纬"为捆束弩弦于弩身的线绳,与"缃"和"缴"同中有异。

(三) 利用出土文献解决词义训诂问题

随着古文字学及相关学科的发展,日趋丰富的出土文献资料为汉语史尤其是词汇史研究提供了新材料、新视角,极大地拓展了词汇史、训诂学的研究领域,充实了其研究内容。出土文献与传世文献对读，能帮助研究者及时发现并有效解决古书中的一些词义、训诂问题；利用古文字和出土文献的新知，能帮助研究者更好地理解传世文献的原意和词语的变迁。"对读""新证"已经成为历史词汇研究和训诂研究的一个新趋势。

1. 出土文献资料有助于确定传世文献的形成年代

刘钊《出土文献与〈山海经〉新证》(《中国社会科学》第1期）利用出土文献校正了《山海经》中的"毛""瞻诸"等词，又将《山海经》"刉""婴用""不眯"等字词与出土文献对比，认为这些词不见或绝少见于其他传世典籍，仅见或多见于《山海经》和楚简及楚地所出秦简，从而推论《山海经》中《山经》部分产生时代至迟不晚于战国，产生地域很可能是在楚地，作者应为楚人。根据词汇史的观点推定文本产生时代，此前有杨伯峻、张永言、江蓝生等经典研究个案，此文是这方面研究的新尝试。

边田钢《汉语史视角下的〈淮南子〉校释新证——立足于西汉前期字形、词义和字词关系》[《浙江大学学报（人文社会科学版）》第3期]根据对汉代字形、汉代字词关系等方面的新认识，重新审视并讨论了《淮南子》书中的若干校释问题，强调要有汉语史的眼光，要重视文本产生时代的语言特色。

2. 出土文献资料有助于更好地理解传世文献中字词的准确含义

刘钊《关于〈孟子〉一处词语训释和理解的辨正》(《文献语言学》第12辑）对《孟子·尽心下》"将复之"的"复"字含义进行了讨论。注释者一般将此"复"字训释为"再"。文章经综合考证，尤其是充分利用出土文献作为佐证，认为应将其训为"复仇，报复"。

《楚辞·招魂》"稻粢穱麦，挐黄粱些"中"穱"字的含义，自来多有异解。黄锡全《〈楚辞〉新解一则——"稻粢穱麦"之"穱"与金文甲骨之"糕"》(《中国文字学报》第11辑）认为"穱"就是常见于西周金文、与"稻""粱"并举的"糕"，即"黍之不黏者"。

3. 出土文献资料有助于发现并校正传世文献中的字词讹误问题

季旭昇《从清华柒〈越公其事〉的'弃恶周好'谈〈左传〉的'同好弃恶'》(《中国文字》总第6期）根据清华简《越公其事》篇"弃恶周好"一句，从字形、词义等角度论证《左传·成公十三年》"同好弃恶"之"同"当是"周"之误字。

孟蓬生《"匹""正"同形与古籍校读》(《中国语文》第1期）对"匹""正"互用的实例进行了汇集和补充，利用丰富的出土文献材料和古籍例证勾勒出两字互用的历史过程，并在此基础之上解决古籍中一些疑难字词和文句的理解问题。该文得出如下结论：汉字发展史上的"匹""正"互用现象应看作同形，而不是互讹；"匹""正"同形的现象大约始于西汉中期；楷书字形所谓"匹"字异体"疋"本作"疋"，来源于"匹""正"同形现象发生后"正"字的写法;古书中一些训"必"的"正"字为"匹"之同形字,假借为"必";古人名"邮无正"之"正"当视为"匹"之同形字,假借为"恤（卹）"。

胡敕瑞《〈说文〉校订二则》（《古汉语研究》第 4 期）校订了今本《说文》中的两则错误。一则是《言部》"诞"训"词诞"之误,另一则是《金部》"金"训"久薶不生衣"之误。该文在校订中重视结合唐代写卷和出土简帛等新材料,再一次说明新材料对发现并解决旧问题具有特别的价值。

4. 出土文献资料有助于梳理字词的语义源流演变

蒋文《据出土及传世文献说上古汉语中"继承"义的"序/叙"》（《中国语文》第 1 期）指出,春秋金文及战国竹书中一些从"予/余"得声之字所记录的词就是"继承"义的"序/叙",西汉以前的传世文献中有一些"序/叙"也应理解为"继承"。高罕钰《以"辟"为例谈谈先秦出土文献所见词汇的非常用义》（《汉语史学报》第 24 辑）结合出土文献材料,探讨"辟"有"辅助"义的来源及演变过程,认为"辟"字"辅助"义用例主要集中在西周铭文中,书面化程度高、使用范围有限;"辟"字"辅助"义当是其"治理"义的引申,在内外竞争中,因用例少、边缘化,成为"辟"的非常用义。

5. 出土文献资料有助于梳理复杂的字词关系

杨建忠、王月婷《说"敎""学"》（《辞书研究》第 2 期）通过梳理字形源流发现,甲骨文中就有"敎""学"二字,二者区分清楚,当是两个词,但因二者语义相当,又"使……学"用"学"或"敎"字记录,遂致"敎""学""敎"三个字形混用。墙斯《"斿、游、遊、汙、泅"字词关系考》（《汉语史学报》第 25 辑）从游水义"游"切入,结合出土文字资料与传世古书用例,全面考察相关字词之间的关系,廓清了各字与旗旒、游水、游历等义的对应关系,又根据故训、异文等材料,从音理、词义等角度论证"泅"最初是"游"的语音变体。

此外,高中正《清华简"窓情"与今文〈尚书〉"密静"合证》（《出土文献》第 3 期）、刘洪涛和沈晓凡《利用出土文献校正王力〈古代汉语〉文选注释举例》（《出土文献》第 3 期）、陈哲《〈淮南子〉与银雀山汉简合证二则》（《汉语史研究集刊》第 28 辑）等论文或通过出土文献与传世文献的对读,或充分利用出土文献提供的线索和证据,对古代文献中的一些词义训诂问题进行了新的解释。

出土文献作为第一手资料,其在汉语史研究中的语料价值自不待言。不过,出土文献也会出现一些讹误衍脱的文字问题,或者出自于不同传本,若无坚实证据,不可据以轻易否定传世文献。蔡伟《误字、衍文与用字习惯——出土简帛古书与传世古书校勘的几个专题研究》（花木兰文化事业有限公司,2019 年 3 月）曾列举多个出土文献误字之例,并指出:"切不可过分地迷信出土文献,盲目地推崇简帛古书,因为简帛古书同样也存在着很多书写上的错误,应该据传世本或文义来校正。"(第41页)肖晓晖《也谈"亦职有利哉"之"职"的释读与校改》(《历史语言学研究》总第16辑)认为,古书"职"字可释为"常""当"等,"职"与"尚"的谐声字关系密切,在缺乏更多证据的情况下,不宜轻易认定传世文献"职思其居""亦职有利哉"等句中的"职"就是"猷"之误字。

二、词汇演变研究

(一)词语演变、更替研究

常用词演变研究尤其是常用词的历时更替研究是近二十多年来汉语史研究的热点,每年均有大量研究成果发表。这些成果多数聚焦于基础性工作,对具体词语进行个案研究,勾勒词语演变更替的轨迹和途径,探讨词语发展变化的动力和机制,为词汇史提供丰富的材料和翔实的例证。随着研究的深入以及成果的涌现,学者们也意识到应该对相关研究方法和理论以及研究中存在的问题进行总结,以便在今后的研究中规避陷阱、提高研究质量、加强研究的深度和广度。例如真大成《谈当前汉语常用词演变研究的四个问题》(《中国语文》2018年第5期)从语料的真实性和有效性、词义的准确性和成因、词的书写形式、词的溯源等几个方面出发,讨论了常用词演变研究中存在的一些问题,令人警醒。庄卉洁、张美兰《汉语常用动词历时演变研究的现状与展望》(《海外华文教育》2019年第3期)在对汉语常用动词历时演变研究进行综述的基础上总结常用动词历时演变的规律,并就当前汉语常用词研究方法存在的不足问题提出了一些中肯的意见。

2021年度也有对常用词演变研究进行理论思考或总结的重要文献。蒋绍愚《常用词演变研究的一些问题》(《汉语学报》第4期)根据一些常用词演变的具体实例做了理论上的思考:概念并非都是固定不变的;常用词的历史演变不仅仅表现为词汇更替,还有更丰富的内容;常用词的更替并非只有"   对   "的模式,还有更复杂的情况。这篇文章以丰富的例证阐述了常用词演变研究需要注意的问题,对很多具体词例有独到的见解,相关分析有助于澄清一些惯常的不当理解和普遍的偏误认识。汪维辉《常用词历时更替研究的工作程序》(《历史语言学研究》总第15辑)将汉语常用词历时更替研究的工作程序归纳为选词构组、搜集语料、分析论证、结撰成文四个环节,并结合正反面实例论述了各环节应注意的问题。以上两篇文章,对常用词演变研究做了理论上的思考,对开展常用词历时演变、更替研究具有指导意义。此外,曹翔《汉语常用词演变研究概论》(东南大学出版社,11月)是一本面向本科生和研究生的教材,对常用词演变研究的内容和方法、常用词演变的一般规律做了总结和介绍。

对具体词语的演变、历时更替进行个案研究的成果较多。刘曼《词义流变与常用词更替研究》(上海辞书出版社,8月)选择"追赶""驱逐""倚靠""依恃;凭借""喜爱"

"厌恶""欺骗""疲倦"等八个语义场的动词为研究对象,从词义演变的关联性、词语衍生的多样性出发,考察语义场成员的消长增减,对语义场的历时演变进行综合研究。该书所谓"词义流变",是指词义历时变化的所有内容,包括新义的衍生、旧义的消亡,也包括新旧义并存所致词的多义化、义位数目增减、义位地位升降等内容。除了研究词语的历时变化,该书还关注词语的共时分布,每组词专设小节考察该组词在现代方言中的共时地域分布情况。

方一新、孟奕辰《中古译经中的"愚""痴"考探——兼谈基本词更替过程的复杂现象》(《中国语文》第4期)采用梵汉对勘和平行文本比较法,梳理东汉三国两晋南北朝时期125部可靠译经中"愚""痴"的词义和语素义,得到如下发现:首先,中古时期,"愚"仍活跃在"愚昧"语义场中,但已现衰弱之势,而"痴"则有更强的组合搭配能力,呈现超过"愚"的倾向;其次,词义上,"愚"重于"无智",有贬义,而"痴"偏重于"迷惑";再次,旧词"愚"出现了"语素化"倾向,而新词"痴"在逐渐流行过程中出现了"术语化"倾向。该文通过"愚""痴"的演变研究发现,基本词新旧更替的过程比较漫长,旧词并非短期内就退出语言系统,而呈迂回曲折的态势,展示了变化过程的复杂性。

殷晓杰、胡寻儿《汉语"店铺"义词的历时演变及相关问题研究》(《古汉语研究》第1期)梳理了不同历史时期的"店铺"义词项及其使用情况,指出上古用"肆",中古以"肆"为主并出现"店",唐代主要用"店",宋代后"店/铺"共用,明清"肆"基本消亡,由此逐渐形成"南店北铺"的格局;文章还讨论了"店铺"义词的共时分布。

丁喜霞《"西汉文献中'偷'已有'偷窃'义"献疑》(《历史语言学研究》总第16辑)从"偷"在西汉时期文献中的意义、相同句式中"偷"的词性、征引资料的时代等方面,对现有文献所持"偷"在西汉已产生动词"偷窃"义的观点提出质疑与商榷。

岳晓峰《"汉承秦制"的词汇史考察——以"桥""梁"为例》(《语言研究》第3期)梳理了"桥"取代"梁"表示"桥梁"义的过程,并认为"桥""梁"两个词发生替换的直接动因是词汇史上的"汉承秦制"现象。

在词汇演变研究中,不少研究不仅梳理出相关词语的演变、更替过程,还通过历时演变解释其在现代汉语方言中的共时分布情况。

曾昭聪、曾文斌《"抓挠"义动词的共时分布与历时演变》(《语文研究》第4期)通过"抓挠"义动词的历时演变来解释"搔""抓""挠"等在现代汉语方言中的共时分布。文章指出,"搔"出现时间最早,先秦即已产生,是上古时期唯一表示"抓挠"义的动词,唐代以后因常出现于存古性质的固定搭配而发展受限,不仅失去主导词地位,使用范围亦不断萎缩。"抓"至晚东汉即已出现,至宋代才在南方文献中渐有兴起之势,"挠"则为产生于宋代的南方官话词,元代以后二者均在北方官话中扩散开来并迅速发展,而且"抓"还一跃成为主导词。现代汉语方言中"抓"的主导词地位被"挠"取代,当与语义分工的不同、通语基础方言的转变、同义词之间的竞争有关。

张爱云、徐建《汉语"屁股"义词的共时分布与历时演变》(《语言学论丛》第 63 辑)通过历时演变解释现代方言"屁股"义词语"臀""尻""骹(尻)""㞓""屁""腔""沟""屎"等八系的分布:"臀""尻"产生于先秦时代,作为雅言在历代文献中传承,今分别保留于吴、粤、闽语;"㞓"于三国至两晋南北朝时期在北方产生,后成为口语高频词,今保留在晋语及江淮官话、徽语、客、赣等方言;"屁股"元明时期在江淮地区起源,后扩散至江南、西南、中原、华北广大地区;"腔"系明末清初盛行于山东,20 世纪初传播至辽宁;"沟"系、"屎"系在"屁股"广泛传播之前产生,今分别通行于西北、华南地区。

汤传扬《也论"倒酒"概念表达方式的现状与历史》(《汉语史学报》第 24 辑)考察表达"倒酒"概念的动词。在现代汉语方言中,主导动词有"倒""筛""斟"。在汉语史上的情况大致是:"斟"用作"倒"义始于晚唐五代;"筛"是"釃"的同音替代形式,而"釃"在西晋时已见,历史上可能一直存在于南方广大地区,由于六朝以来江南的崛起以及明清南方官话的影响,"釃(筛)"渗透至通语词中;与"酒"搭配的"倒"始见于唐代。汉语史上表"倒(酒)"义的主导动词经历了"倾→倾/斟→斟→斟/筛→倒"的更替。在现代汉语方言中"倾""斟""筛""倒"分别主要分布在闽语区、粤语,吴语、徽语、赣语、湘语,北方方言中,这些动词从南到北的分布正是其从古发展到今的体现。

此外,黄雅洁《常用词"怠""惰""懒"的历时演变》(《汉字汉语研究》第 1 期)、汤传扬《汉语"掀揭"义词的历时演变与共时分布》[《宁波大学学报(人文科学版)》第 1 期]等论文也对词语演变更替的具体个案进行了考察和研究,做了有益的探索。

(二)词语源流探析与词汇化研究

现代汉语中的常用词,似乎因高频使用而不觉其特别之处,但从历时演变的角度看,这类司空见惯的词语往往非常特别,对其来源和内部结构的研究也颇有争议。一些词语因受到某些不确定因素的影响,其词汇化过程可能在常规的演变规律之外以特殊的演变路径进行。比如"睡觉"一词,其源流就扑朔迷离,其结构和词汇化问题也引发了热烈讨论。

汪维辉、戴佳文《再谈"睡觉"的来源和结构》(《汉语学报》第 2 期)在以往研究的基础上重点探讨现代汉语常用词"睡觉"的成词时代、成词途径和内部结构三个问题,主要结论是:"睡觉$_1$"("睡醒"义词组)中古佛经始见,先唐中土文献未见用例;"睡觉$_2$"("睡"义双音词)可能元代开始成词,但明中叶以后才普遍行用,之前学界提到的唐宋用例都是伪例,误读误解的原因是以今例古;"睡觉$_2$"的成词途径是[睡 觉$_动$]$_1$→睡一觉$_量$→(一)觉$_名$→[睡觉$_名$]$_2$,其中的"觉"都读古孝切(今音 jiào);"睡觉$_2$"成词的背景是词汇双音化趋势，直接动因是节律和语用的需要；"睡觉$_2$"的"觉"来自量词，现代汉语的"睡觉"一成词就是动宾结构，没有经历过从并列到动宾的演变。"睡觉$_2$"的成词途径是一个特例，迄今未发现同类例子。洪帅《"睡觉"的成词与结构转变》(《语文研究》第2期)考察"睡觉"一词的成词时代和词汇化问题。关于其成词时代目前主要有四种观点：晚唐五代说、北宋说、元代说和明代说。该文在考察文献和前人学说的基础上，提出"睡觉"成词于13世纪初的南宋(金末)时期。文章在考察"觉"意义发展的四个阶段的基础上，认为"睡觉"在历史上经历了从短语到词的演变，即从动补式结构发展为动宾式合成词，其间伴随着"觉"的语音分化。

李盼盼、刘红妮《副词"就地"的历时演变研究》(《湖南第一师范学院学报》第1期)，副词"就地"由古汉语中的动宾短语"就地"通过词汇化演变而来。"就地"连用最早出现在魏晋南北朝时期，"就地"经常处于连动短语的前项，句子的谓语重心落在后一个动词上，"就地"处于动宾短语向介宾短语演变的过渡阶段。在两宋时期，"就地"逐渐演变为介宾短语，介词"就"和"地"有了组块的倾向。直到元时期，经常作状语修饰谓语的介宾短语"就地"词汇化为副词，真正完成了从短语到双音节副词的演变。副词"就地"成熟于明清时期，沿用至今。张俊阁《汉语语气词"罢了"源流探究》(《语言学论丛》第63辑)探析汉语语气词"罢了"的源流问题，认为它产生于明代，是用于句尾的完结义动词"罢"与完成义助词"了"的组合形式"罢了"词汇化和语法化的结果，并出现了音变形式"罢哩"。受满语dabala、dere等的影响，在清代满汉合璧文献及旗人作家作品中又出现了音变形式"罢咧"，且扩展到非旗人作品中。现代汉语中，语气词"罢了"仍为主要形式，"罢咧"只偶见用例，"罢哩"已难觅踪迹。

吴盼《"冰镇"考源》(《中国语文》第2期)首先对"镇"的本字源头进行考察，认为其本字为"沉(沈)"，表"将物体浸没于水中，使之冷却"义的"沉"为使动词，当读作去声。"瀋"为"沉(沈)"字俗写，因较为生僻，难以在民间广泛流传使用，故民间俗写中直接改用同音字来替代，比如"振"或"镇"。"镇"有"压制""抑制"义，相较于"振"，更易与"冰"建立语义关联，易于激发人们的联想，由此促成"冰镇"的流传通用。陈姗姗《"壳漏"词源辩正》(《中国语文》第2期)讨论较早见于五代禅籍的"壳漏"。"壳漏"表外壳义，且多指人的躯壳。学者一般从复合词的角度探究其得名之由，值得商榷。该文分析指出，"壳漏"应是"壳"的分音词，一般不可拆分解释，且无固定词形。较早在晚唐五代即见有"壳落"，后亦可系联出"壳娄""壳篓""坷娄""克娄""克䉛""壳牢""壳拉""壳栏儿""克拉""窠拉""阔落""廓落""科罗""窠罗"等一组异写形式。另"壳漏"与"壳郎"表义相近，二者为同源关系。张雁《"跑"是怎么有了奔跑义的》(《中国语文》第5期)细致考察了"跑"之奔跑义的来源。文章认为，"跑"

之奔跑义产生于宋代，与兽足刨地义无关，而是从跳跃义演变来的。魏启君、王闰吉《"二反"语义探源》（《语言学论丛》第63辑）考察近代汉语的"二反"。对此学界多倾向于理解为副词，释为"又、再"。经文献查证，该文认为"二反"当来源于数量组合"二番"，意为"再次、第二次"；北方方言口语里尚有"二返脚""二反脚""二番脚"等结构组合，可资参证。

（三）语言接触与词语演变

王云路、乐优《从"触""龌龊"有污秽义谈汉译佛经对中土语言的影响》（《浙江社会科学》第12期）梳理了早期中土文献中"触"的含义和译经中"触"的用法，证明"触"的污秽义来源于佛教观念"触不净物而自污"；方言中"龌龊"一词表污秽义，是用已有的"龌龊"记录音近的"恶触"和"污触"。前者给汉语增加了词义；后者在汉语中增加了一个新词，原有的含义则消失。文章通过具体词例阐明一个重要现象，即中土文献的语言与汉译佛经的用语是互相影响和制约的。佛典翻译者在使用汉语时，并不是简单地照搬，而是加上自己的理解，易于接受的就使用，不易理解的也会放弃；词义或复音词的创造也是根据自己的理解和汉语的构词规律加以类推。

王长林《"白椎"源流考——一个音译词在汉文佛典中的流变考察》（《语言科学》第6期）梳理佛教文献，首先对"犍椎"的来源、演变进行考察，继而对"白椎"的构词理据、语义演变、词语衍生进行全面探讨，并解释二词在演变过程中涉及的字词关系、演变动因、误解误用等相关语言问题。文章指出，"白椎"的来源及演变过程曲折复杂，是音译外来词在汉文佛典中演变的典型个案。王长林《禅宗文献字词续札》（《古汉语研究》第1期）综合利用破假借、考释文、辨字形、征方言等训诂方法，对禅宗文献中"点剎酒""点冻酒"、"尿闼""尿跶"、"撊了""撊丫"三组"字面普通而义别"的疑难俗语词进行考辨，并细致梳理其致异的原因。

冯璐、王平《朝鲜时代汉文词典收汉字词的价值——以〈古今释林〉为例》（《古汉语研究》第2期）介绍了朝鲜时代的代表性汉文词典《古今释林》，指出其中所收汉字词非常丰富，主要包括源于各类汉语文献的汉语词汇和以汉语词为基础衍生的新词汇，既有如"不托""除是"之类的汉语词，也有如"皮卢""白丁"之类的朝鲜语汉字词。这些汉字词对汉语词汇的发展史和传播史研究都具有独特的学术价值。该文择取《古今释林》所录汉字词"不托""除是""骨董""皮卢""白丁"进行考释，借此说明其对汉字词形音义、汉语白话口语词和汉语词汇域外传播等研究都具有重要的补缺价值。

三、专书、专题词汇研究

专书词汇和专题词汇内容庞杂，相关研究成果往往以专著形式呈现。2021年度出版了多部涉及专书词汇、专题词汇研究的专著。

汉语的地域差异是汉语史研究的重要内容。汉语在特定历史时期呈现出南北不同的面貌，其差异的具体情形和成因是研究者较为感兴趣的议题。汪维辉《六世纪汉语词汇的南北差异——以〈周氏冥通记〉与〈齐民要术〉为例》（《中国语文》2007年第2期）曾从词汇史的角度对六世纪汉语词汇的南北差异进行了考察。此后，有关汉语历史词汇南北差异的研究引起学界的关注。2021年度有三本专著致力于探究不同历史时期汉语词汇的南北差异。殷晓杰《明清汉语词汇的南北差异研究》（中国社会科学出版社，4月）以明清汉语为研究对象，立足该期方言背景比较明确的南北白话文献，从南北同义异词、同词异义、方言词语等方面，对明清汉语词汇的南北差异及相关问题进行了较为深入的考察和探索。该书以个案研究为主，例如第二章至第四章主要选取几组词或个别词语进行讨论。张海媚《宋金对峙时期汉语词汇的南北差异研究》（九州出版社，10月）选取《张协状元》《朱子语类》《刘知远诸宫调》《董解元西厢》等语料为研究对象，对宋金对峙时期汉语词汇的南北差异进行考察。张海媚《宋元南北官话方言词汇比较研究》（社会科学文献出版社，11月）以宋元两代带有官话方言色彩的白话语料为主要研究对象，从词形、词义、常用词、特用方言词等角度考察比较中原官话与南、北官话亲疏程度的差异及南北官话方言文献用词的异同。

池昌海《〈史记〉词汇研究》（浙江大学出版社，6月）对《史记》的词汇系统做了全面考察和分析。全书的研究内容主要分为单音词和复音词两大方面，在分别分析其意义属性的基础上归纳出秦汉词汇的系统构成与特点，并进一步思考了汉语词汇学，特别是古汉语词汇学的基本理论问题和研究方法，如词义的引申方式、复合词的认定等。

李宁《上古汉语交通词汇研究》（社会科学文献出版社，10月）全面考察上古汉语交通词汇的基本面貌和发展演变情况。该书以19部典籍文献为语料，运用传统训诂学和现代词义学的研究方法，对上古汉语交通词汇进行共时层面的静态描写，并对其历时层面的词汇与词义演变进行分析和研究。

李武伟《汉语可能类助动词语义演变研究》（四川大学出版社，4月）以时间顺序描写从上古到中古直至近代汉语中可能类助动词的使用情况，在此基础上分析它们的演变，厘清彼此之间的内在联系；同时，把几个时段内可能类助动词的使用情况加以比较对照，分析异同，找出发展规律；考察可能类助动词所在的句法结构及其发展变化，并对可能类助动词的发展过程和原因进行探讨。

张丽、储小旵《宋至民国契约文书词汇研究》（安徽教育出版社，5月）主要从三个方面对宋至民国契约文书词汇进行研究：探讨宋至民国契约文书词汇在汉语词汇学、方言学、辞书学、史学和文献学等领域的学术价值；考订学界在整理和研究宋至民国契约文书时因词汇问题产生的种种讹误，恢复契约文书的原貌；考释一批宋至民国契约文书词语。

此外，2021年度还有几部专书、专题词汇研究的专著值得重视，如黄东丽《〈朱子语类〉身体动作类词群研究》（中国社会科学出版社，1月）、董明《隋唐五代墓志死亡表述语辑汇》（黄山书社，2月）、刘力舸《〈宋会要辑稿·食货〉赋税词语研究》（四川大学出版社，4月）、张愚《日本古文献中的汉字词汇研究（日文版）》（上海交通大学出版社，4月）、王建莉《训诂释义研究》（中国社会科学出版社，5月）、俞理明《早期天师道文献词汇描写研究》（浙江大学出版社，8月）、张生汉《〈歧路灯〉词语汇释（增订本）》（河南大学出版社，9月）等。

四、词汇学、训诂学理论研究

徐时仪《古白话词汇研究论稿（增订本）》（商务印书馆，5月）立足汉语词汇研究的前沿，贯通古今中外，充分运用大量古白话文献的新语料和语言学的相关理论，考察古白话词汇的来源、结构和特点；探索词义古今演变的轨迹；从词语类聚着手来探讨汉语词汇和词义系统，进而论述文白此消彼长中汉语词汇承古启今的发展过程，阐明词汇是一个受社会因素影响的多元异质系统，揭示汉语词汇演变的规律、价值取向及主导趋势。

汪维辉《汉语词汇史》（中西书局，6月）作为教材，结合作者的研究和思考，对汉语词汇史研究的主要内容做了梳理和介绍，例如"意义和词的关系""基本词汇的演变""历代特色词汇描写"等。

王云路《谈谈汉语词汇核心义的类型》［《西南交通大学学报（社会科学版）》第1期］将核心义分为名物的特征义、动作的特征义和状态的特征义三类，并通过对三类核心义词的具体分析总结出核心义的性质：核心义都是作为词的抽象特征，存在于一个词内的多个角度；完全不同的词可以抽象出类似的特征义；同义词或近义词可以抽象出不同的特征义；核心义可有层级。此外，王云路《从"凌晨"谈汉语时间词的同步构词》［《浙江大学学报（人文社会科学版）》第5期］和《从中医"候脉"说起——兼谈核心义与同步构词的作用》（《辞书研究》第6期）分别从"凌晨"等动宾式时间词和"候脉"谈起，强调双音词往往有同步构词的规律，即都按一种构词模式造词；同步构词是考察复音词结构方式的有效分析角度。王云路、胡彦《释峡、岬、（山）臀——兼论核心义与词义的走向》（《汉语史学报》第25辑）从传世本《淮南子·原道》"山峡"入手，梳理了"峡、岬、（山）臀"三组状山类词，发现三者兼有山旁义与两山之间义，既有相同的义位，也有不同的演化路径。

李运富《修辞的同义选择与训诂的同义解读》（《古汉语研究》第4期）探讨修辞的同义选择与训诂的同义解读之间的关系，认为修辞是信息编码行为，从多种可能存在的同义形式中根据表达的需要选择其中一种，而训诂是信息解码行为，从训释的角度选择另一种或几种同义形式来跟实际表达的形式对应。语言中没有绝对的"同义",同义形式都只是"大同小异"。修辞的同义选择是为了追求更好的表达效果,主要关注"小异";训诂的同义选择是为了更准确地理解前人的表达意指,主要关注"大同"。修辞同义与训诂同义本质上相同而操作手段、表现形式和追求目的并不完全相同,但通过"大同小异"的同义形式的选择可以实现修辞表达与训诂解读的有效沟通和完美统一。

万业馨《谈汉字形声化与汉语词汇双音化》(《古汉语研究》第3期)认为,汉字形声化与汉语词汇双音化的讨论虽然分属于汉字学与词汇学,但两者的关系其实密不可分。该文从语言和文字关系的角度出发对形声化和双音化之间的联系展开讨论,指出古代汉语以单音节词为主,形声字通过分流词义缓解了单音节词多个义项与理解和判断之间的矛盾,此后又出现了汉语词汇的双音化,观察单音节词所面临的困境以及形声造字方法对该困境所起的作用是探寻汉语词汇双音化产生原因的重要途径。

胡海滨《汉字形义的组合同化与新词的孳生——以"涄""溥""蔬""竚""眝""溢"为例》(《汉语史学报》第24辑)以"涄""溥""蔬""竚""眝""溢"六字为例,阐明了上古汉字的形、义两方面受书面语语境的影响而发生的同化现象。这种同化现象不同于正常的孳乳分化:新义是在临时语境的影响下产生,偏离了原词的词义内涵,二者之间不再具有引申关系;新的字形亦是由语境同化而来,与原有的词义不能契合。当这两个方面同时发生于同一个体时,便形成了一个崭新的词项,这些新词由于偏离了一般的词汇孳生规律,往往语义模糊、晦涩,大多成为字书中或传统典籍中的生僻字词。文章认为,此类现象多发生于秦汉之际,或与秦统一前后经典的分异以及汉字的隶变有关。

游帅《从转语词角度看〈方言〉中的民族语判定问题——兼谈平行互证法的运用》(《北京社会科学》第4期)举例分析了平行互证法在《方言》同源词的提取、音转关系的判断等方面的作用。论文同时强调古汉语与民族语关系词的对比需注意两点:其一,转语关系的充分考察;其二,意义的必要对应。

游黎《谈语词训诂中的结构分析——以"泛杀""操事"为例》(《汉语史研究集刊》第30辑)指出,结构分析法是分析汉语词汇的构成要素和构成方式并进一步理清其成词理据的方法,也是对汉语词义训释行之有效的方法。该文运用结构分析法对古语词"泛杀""操事"进行了训释,指出了前人对二词意义的误解,并通过训释二词的过程,说明运用结构分析法在词语训诂中的必要性和重要性。

五、辞书编修研究

一些学者将词汇学、训诂学理论研究应用到辞书编修中,一方面指出具体辞书现况中存在的各类问题,另一方面为如何编修提出相应的建议;还有的学者从辞书编修工作中总结、审视相关词汇学理论和训诂学研究方法。

蒋冀骋《〈说文〉注音释义考略》(《古汉语研究》第 4 期) 用形音义综合考察的方法，对《说文》的注音释义做进一步审察。以古文字考其形之正误，以后世反切和现代方言证其读音及其演变，以文献用例和后世解释论证其释语以及后世注解当否。

蔡梦麒、刘碧华《〈刊谬补缺切韵〉释义疏证举例》(《古汉语研究》第 4 期) 以故宫本《刊谬补缺切韵》为考察对象，综合各《切韵》系韵书，以及相关的文献资料，对其中部分词条的释义情况进行疏证分析，力求使韵书释义得到正确的理解，使韵书词语释义允当可信。

董志翘《文献处理与词典编纂及修订》(《辞书研究》第 3 期) 就《汉语大词典》第二版修订的具体情况，以翔实的词例，逐一列举了误读成词而立目、不必立目而立目、误读成词而立义、义项缺漏或当分而未分、义项当合而未合、释义望文而生训等十八类直接涉及历代文献的收集、鉴定、选择、整理、识读、提炼、应用等方面的问题。

刘晓英《〈汉语大字典〉引用〈篇海类编〉释义的疏失》(《古汉语研究》第 4 期) 考校了《汉语大字典》引用的《篇海类编》注音释义条目，发现有 11 条释义方面的疏失。文章逐一指出了书证释义不确、引用出现讹误、失收音义、义项分合不当、字际关系有误等问题。邓福禄《〈汉语大字典·犬部〉俗字和疑难义训杂考》(《长江学术》第 4 期) 在《汉语大字典》之《犬部》范围内，就正俗字的沟通、疑难义训的源流和例证缺失等方面进行了考索。

王志平《〈辞源〉卯集修订中遇到的问题》(《中国辞书学报》第 3 辑) 通过具体例证，从字、词、音、义、文、事的相互契合，引文及书证等方面谈《辞源》修订过程中的问题。刘娇《从〈老子〉专书语词看古汉语大型辞书修订》(《辞书研究》第 1 期) 从《老子》中的语词入手，指出《辞源》《汉语大字典》《汉语大词典》在漏收词条，漏收义项或立项不当，释义不确、去取不当或缺乏依据，不明通假或滥用通假，缺乏照应等方面存在的问题。

六、词汇（训诂）学史研究

古书注疏本身既是对先贤经典、著述的研究成果，也是后来学者探索相关经典以及前辈学者之经典研究的不可或缺的重要材料和研究对象。历史词汇研究的一项研究内容，就是词汇学史，尤其是训诂学史。在这一研究领域，注疏类文献，注疏家、训诂学家的笔记、著述，以及历代注疏家、训诂学家的研究思想和研究方法，均是重点研究内容。

董志翘《颜氏宗杰 班氏功臣——颜师古〈汉书注〉对训诂学的贡献》[《山东师范大学学报（社会科学版）》第 3 期] 对颜师古及其《汉书注》做了充分、详细的介绍，并通过细致的材料，分析了颜师古《汉书注》在辨识字形、注重口语、谙熟语法、注音别义、引证旧籍等方面为我国训诂学研究做出的贡献。该文对颜师古及其《汉书注》有深入细致的把握，提供了丰富的材料。

徐玲英《戴震的训诂学思想对皖派朴学的引领》[《河南师范大学学报（哲学社会科学版)》第5期]介绍了清代朴学尤其是皖派朴学的发展，指出清代朴学特别是皖派朴学的鼎盛得益于戴震的开创与引领。戴震经学研究坚持走"由字通词、由词通道"之路。为求一字之"的"解，戴震不仅本之六书发掘文字形体所寓之义，同时还运用古音知识，因声求义，实行音义互求；并且利用前人训诂成果，汇综群籍，择善而从，形成了鲜明的训诂学思想和特色。

夏含夷《高亨与〈文史哲〉：漫谈训诂学的基本原则》(《文史哲》第3期)选取高亨先生的两篇文章讨论其学术态度和训诂学方法，一是1956年《给〈文史哲〉编委会的信》（发表时以《高亨先生来信》为题），二是1980年发表的《谈〈周易〉"亢龙有悔"》。前者针对《诗经》，后者针对《周易》。

汉语语音学研究

熊子瑜　陈树雯

中国现代语音学研究自刘复先生旅欧学习实验语音学算起，迄今已经走过了百年历史。2021 年是"十四五"开局之年，语音学基础理论研究与应用研究进一步深度融合，面向国家重大需求的跨学科研究不断深入。传统语音学与言语工程、心理学、病理学、脑认知科学和教育学等领域结合，在言语产出与感知、发音生理、言语习得、言语病理、言语加工的认知机制等方面都取得了可喜进展，这些研究成果对人工智能、计算机辅助教学、言语病理研究和康复都具有重要意义。

国内外华人学者的语音学研究成果主要集中在语音特征、语音获得和言语病理研究等方面。在语音特征研究方面，韵律与篇章语境、韵律与情感、重音与焦点等研究得到持续关注，特别是在声调和语调韵律特征等研究领域，华人学者已处于国际前沿水平。学界还密切关注发音生理特征、语音声学特征、语音感知与加工，以及语音演化和历史音变等理论问题。值得一提的是，中国学者致力于记录汉语方言和民族语言的语音多样性，针对汉语方言和民族语言的语音学研究取得了累累硕果（这一方面的研究将在"汉语方言与民族语言的语音研究"小节专门介绍）。在言语认知加工机制的研究方面，声学输入与神经活动的关联，以及不同语音特征的加工机制等问题受到学界关注。在语言获得方面，母语获得关注儿向语语音特征、母语语音感知的发展、语音获得建模以及言语障碍儿童的语音发展等问题；第二语言习得方面关注二语语音的感知与产出特征，以及不同发音训练方式对二语语音习得的影响。在言语病理方面，大量研究关注自闭症、帕金森、听力障碍（人工耳蜗植入）和失乐症人群的言语感知和产出特征、脑神经机制以及语音康复训练等问题。在新型冠状病毒肆虐全球的大背景下，语音学者也关注口罩佩戴对言语产出与感知的影响。此外，语音研究的数据分析方法和工具不断优化升级，线性混合效应模型、广义加性模型和贝叶斯分析等方法日益受到重视。

2021 年中国语音学研究走在国际前沿。国内外华人学者在 *Journal of Phonetics*、*The Journal of the Acoustical Society of America*（*JASA*）、*Journal of the International Phonetic Association*、*Lingua*、*Brain and Language* 以及 *Journal of Speech, Language, and Hearing Research* 等国际知名英文学术刊物上发表论文四十余篇，在《中国语文》《当代语言学》《方言》《中国语音学

报》《民族语文》《外国语》《外语教学与研究》《现代外语》《语言学论丛》《语言科学》《实验语言学》等重要中文学术刊物上发表了论文七十余篇。其中,《中国语音学报》作为中国语音学研究的重要学术阵地,收录语音学各个方向的研究论文32篇,发挥出了重要的学术引领作用。

下面重点介绍2021年度华人学者在国内外期刊、辑刊和重要会议上发表的跟语音研究相关的一些成果,以及国外学者发表的与中国境内语言语音相关的学术成果,同时也将涉及部分国外学者有关语音研究的重要发现。

一、语音学本体研究

(一)汉语方言与民族语言的语音研究

汉语方言和民族语言的语音学研究成果丰硕,涉及声韵调的产出与感知、声调的音变和演化以及方言数据分析新方法,调查的方言和民族语言包括广州话、白语、彝语、藏语、延边朝鲜语、蒙古语、傣语等。胡方的论文《方言语音研究的实验语音学方法》(《东方语言学》第22辑)主张利用实验语音学的方法改变传统语言学抽象的语言观,并提出实验语音学研究要遵循实验科学的一般方法。该文还探讨了实验语音学研究设计中的一般原则与相关实际问题,常用的分析技术手段和研究设备,以及如何在传统方言学描写的基础上全面系统地开展实验语音学研究。

汉语方言和民族语言的声调研究一直是中国学者关注的重点。在声调的感知与产出方面,研究涉及调型分析、声学描述和感知实验。相关发表如:姜鲜女、郑鲜日的《延边朝鲜语韵律短语的基本调型和范域切分研究》(《民族语文》第2期),章婷、朱晓农的《听感范畴与调型范畴的互证——江苏兴化方言三种R调的感知实验研究》(《语文研究》第1期),李永宏、张晶的《藏语日喀则方言单字调的实验研究》(《语言学论丛》第64辑),刘文、吴南开、孙顺的《闽北赤岩话长短调的声学和感知研究》(《语言学论丛》第64辑),董文琪、刘文的《山东桓台方言入声调今读变异的声学与感知研究》(《中国语音学报》第15辑),余俊毅、曾玲、刘新中的《末点音高对广州话低调域调类感知边界的影响》(《中国语音学报》第15辑),刘新中的《汉语方言单字调现有入声调的调型》(《南方语言学》第18辑),李晶晶、刘娟的《济南方言轻声两字组前字变调的实验研究》(《实验语言学》第10卷第2号),刘康迪、陈一帆、梁磊的《通城方言入声的性别变异》(《实验语言学》第10卷第2号),以及张小砚、李爱军、李智强的"Complex patterns of tonal realization in Taifeng Chinese"(泰丰方言声调实现的复杂模式)(*Proceedings of ISCSLP* 2021)。

与声调密切相关的发声态研究同样受到关注,如 Tian Jia(田葭)和 Kuang Jianjing(邝剑菁)的 "The phonetic properties of the non-modal phonation in Shanghainese"(上海话非常态

噪音的语音学特征）（*The Journal of the International Phonetic Association* 第 51 卷第 2 期），以及 Xu Wenwei（许文巍）和 Mok Pik Ki Peggy（莫碧琪）在 *Proceedings of ISCSLP* 2021 发表的论文 "The acoustic correlates and time span of the non-modal phonation in Kunshan Wu Chinese"（吴语昆山话中非常态噪音的声学参数和时域特征）。

除了对声调共时特征的记录，也有不少研究聚焦声调演化，如万美豪、李煊、汪锋的《发声参数与白语声调的对立及演变》（《语言学论丛》第 64 辑），李宏娜、曹梦雪的《由感知维度看西胪方言阴去调与阳去调的演变》（《中国语音学报》第 15 辑）以及王延慧、傅林的《基于听辨实验的武安话阴平与阳平合流研究》（《中国语音学报》第 15 辑）。

对音段的感知与产出特征研究，元音或者韵母方面有哈斯其木格的《蒙古语连续语流中的元音音长变化规律分析》（《语言科学》第 20 期）和《蒙古语和谐元音分组的语音学基础》（《民族语文》第 2 期），王璐、孔江平的《德宏傣语单元音和复元音感知范畴研究》（《民族语文》第 1 期），吴西愉、梁昌维、兰正群的《彝语北部方言松紧元音的感知研究》（《语言学论丛》第 64 辑），芦珺的《藏缅语元音系统的类型学考察》（《南开语言学刊》第 37 卷第 1 期），董一博的《河南新乡方言中的 Z 变音》（《南方语言学》第 18 辑），Huhe Harnud（呼和）、Zhou Xuewen（周学文）的 "On the relation between the similarity of the acoustic distribution patterns of vowels and the language closeness"（元音声学分布模式的相似性与语言亲疏的关系）（*International Journal Anthropology and Ethnology* 第 5 卷第 14 期）。辅音或者声母方面，有吴艳芬、刘新中的《江西余干方言的清鼻音》（《语言科学》第 3 期），曾玲、余俊毅、刘新中的《赣语遂川话鼻化韵和鼻音韵的实验分析》（《南方语言学》第 18 辑），陈晖、张珺的《湘西乡话浊音声母的多角度考察》（《中国语文》第 2 期），袁碧霞、王非凡的《福建闽清、古田方言的〔-k〕尾爆破》（《方言》第 43 期），栗华益的《江西都昌、余干方言的塞音塞擦音声母——兼论汉语塞音塞擦声母的演变过程和类型》（《方言》第 43 期），许可、冉启斌的《新化湘方言擦音声学分析》（《汉字汉语研究》第 4 期）。Li Yinghao（李英浩）、Zhang Jinghua（张京花）的 "An ultrasound and EPG investigation of coronal fricatives in Yanbian Korean"（延边韩语舌冠擦音的超声成像和电子腭位仪研究）（《中国语音学报》第 16 辑），以及 Chen Ying（陈莹）、Chen Yaping（陈雅平）和 Li Yan（李岩）的 "Coda nasal perception in Mandarin by Fuqing Min speakers"（福清闽语母语者对普通话鼻韵尾的感知）（*Proceedings of International Conference on Asian Language Processing* 2021）。

另外，也有学者关注了方言中的焦点音高模式，例如何枫清、王茂林的《翁源新江客家话语句焦点的音高模式》（《南方语言学》第 18 辑）以及武波的《长沙话双音节词的轻重韵律模式》（《南开语言学刊》第 37 卷第 1 期）。

方言及民族语言语音研究方面的专著有胡方的《语音讲义》（上海教育出版社）、刘文的《语音学田野调查方法与实践》（山东大学出版社）和刘文的《瑶语方言历史比较研究》（社会科学文献出版社）。《语音讲义》以汉语方言为主要的研究对象，详细阐述和分析了汉语各大方言的语音面貌，结合语言学界最新的研究成果，纠正了汉语语音研究中的一些错误认识。将汉语普通话、汉语方言、民族语言中的语音现象放在人类语言普遍性、世界语言多样性的背景下去考察，为描写具体语言中的语音现象提供了一个实验语音学的理论框架与研究范式。《语音学田野调查方法与实践》聚焦新寨苗语，通过音位分析与归纳，声学、生理及感知研究的方法与手段，详细阐述了新寨苗语的辅音、元音和声调的声学特性和发音生理运动特征，并探讨了单字调与双字调的区别特征系统以及特殊嗓音发声类型。《瑶语方言历史比较研究》则以八个具有代表性的现代瑶语方言作为研究对象，通过数据库建设和语言自动比较程序平台，进行了语言历史比较的自动化研究。

（二）发音生理特征研究

发音生理方面的实证研究主要通过磁共振、电磁发音仪、超声成像和语音合成等方式研究汉语与英语的发音生理特征。刘新中的《元音分析的框架》（《东方语言学》第22辑）以高本汉－赵元任的汉语元音描写系统为基础，通过磁共振成像技术对汉语方言中的舌尖元音进行分析，对汉语方言中的主要元音进行了观察和归类。Chen Shuwen（陈树雯）和Mok Pik Ki Peggy（莫碧琪）的"Articulatory and acoustic features of Mandarin /ɻ/: A preliminary study"（普通话/ɻ/音的发声生理和声学特征的初步研究，*Proceedings of ISCSLP*2021）利用超声成像技术探究了汉语普通话/ɻ/音在不同音节位置的发音姿态，发现普通话/ɻ/音与英语/ɻ/音一样有多种截然不同的发音姿态，但这些不同发音姿态的声学结果几乎一致。Ying Jia（应佳）等利用EMA分析了英语边音/l/的发音机制，发现边音通道形成时间较稳定，不受音节内位置及相邻元音影响，表明边音通道形成是主动控制的结果，而不是舌体拉伸的被动结果（Ying, J., Shaw, J. A., Carignan, C., Proctor, M., Derrick, D., & Best, C. Evidence for active control of tongue lateralization in Australian English /l/. 澳大利亚英语/l/音舌偏侧化的主动控制证据. *Journal of Phonetics*, 86, 101039）。Xu Anqi（徐安琪）等尝试通过3D发声器官合成来调查元音发音空间，发现舌位高度和后缩（tongue height and retraction）、喉部位置（larynx location）、圆唇程度（lip roundness）是对感知区分影响最大的发音维度（Xu, A., van Niekerk, D., Corasov, B., Krug, P. K., Prom-On, S., Birkholz, P., & Xu, Y. Model-based exploration of linking between vowel articulatory space and acoustic space. 元音发声空间与声学空间关系的模型、探索. *Proceedings of Interspeech*2021）。另外，时秀娟团队关注音段的空气动力学特征，通过语音气流气压信号分析了普通话（《汉语普通话基础元音的鼻化度表现》《南开语言学刊》第37卷第1期）、泉州闽方言（《泉州话塞音的空气动力学研究》《实验语言学》第10卷第1号）、儋州方言（《儋州方言单字组塞音空气动力学研究》《实验语言学》第 10 卷第 1 号）、苏州吴方言（《苏州话单字组塞音空气动力学研究》《实验语言学》第 10 卷第 1 号）和香港粤方言（《香港话单字组塞音空气动力学研究》《实验语言学》第 10 卷第 1 号）的空气动力学特征。

在发音生理建模方面，Fang Qiang（方强）的"Incorperating articulatory velocity information in acoustic-to-articulatory inversion"（引入发音速度约束的发音逆推研究，《中国语音学报》第 15 辑），尝试采用发音器官的运动速度信息来标识发音器官具体发音的重要程度，以此建立了新的代价函数训练逆推模型，性能比传统的逆推方法有一定提升，但与人工给定发音器官信息的系统还有一定的差距。

综述类的文献有陈忠敏的《声调产生的生理解剖机制》（《东方语言学》第 22 辑），该文从六个方面阐述声调产生和感知的解剖生理机制：言语产生的声源-滤波理论，声带振动的空气动力学说，喉结构、喉肌运动与基频，发声态与基频，基频分析和 Praat 参数设定，基频的感知问题。刘文的《嗓音发声类型的生物物理基础及其语言学价值》（《语言学论丛》第 63 辑），从生理、声学和语言学三个视角入手，阐述嗓音发声类型产生的生理机制和声学原理，并尝试厘清语言发声类型研究中的一些基本问题，如语言发声类型的定义及常见类型、发声参数和基频的关系、特殊发声类型在声调感知中的作用等。孔江平和吴西愉的《人类语音起源和演化研究综述》（《中国语音学报》第 15 辑）从发音器官生理演化的角度探讨人类语音起源和演化的相关理论和最新研究进展，介绍了 Lieberman 提出的喉头下降理论、近期研究者对该理论提出的挑战，以及 Lieberman 对这些质疑的回应，并对这些讨论进行了评述。

（三）语音声学特征研究

本小节将从音段和超音段特征两方面来介绍除汉语方言和民族语言语音研究之外的其他语音声学特征研究。在音段方面，不同人群产出的语音声学特征研究受到重视。Li Qian（李倩）的"Age-related variation of plosive voice onset time in Standard Chinese"（普通话塞音嗓音起始时间均年龄变异，《中国语音学报》第 15 辑）基于普通话连续语流中塞音的证据，发现即使是中年发音人，塞音的嗓音起始时间（VOT）也在随着年龄的增长逐渐增加。这一结果挑战了通常认为的成年后语音产出相对稳定的传统共识。此外，通过分析原始 VOT 和 VOT 比率，还发现 VOT 的增加并不完全是由于发音人年龄增长造成语速下降导致的，而更有可能与说话者对衰老导致的生理变化进行的主动调节有关。Geng Puyang（耿浦洋）、Gu Wentao（顾文涛）的"Acoustic and perceptual characteristics of Mandarin speech in gay and heterosexual male speakers"（同性恋与异性恋男性普通话语音的声学和感知特征，*Language and Speech*，3 月）分析了同性恋和异性恋男性的普通话语音差异。发现两组人的产出在基频、低元音的第一共振峰和辅音中的送气及嗓音段长度上都有显著的差异。这些声学参数上的差异跟美国同性恋的口语语音特征是不同的,反映出跨文化社会语音学差异。该研究还进行了感知判别实验,发现虽然男性同性恋者的基频、第一共振峰与"刻板印象"的预期相反,但听者仍可在一定程度上识别说话人的性取向。苏佳佳的《基于语音语料库的韩语塞音 VOT 变异研究》(《外语教学与研究》第 5 期),基于语音语料库 Global Phone 中的朗读语料考察韩语塞音三分(送气塞音、松塞音和紧塞音)的对立,探讨了性别、年龄、后接元音类型以及语速与塞音 VOT 之间的相关性。

辅音对后接元音起始基频的影响持续受到关注。Xu Anqi(徐安琪)、Xu Yi(许毅)的"Consonantal F0 perturbation in American English involves multiple mechanisms"(美国英语中辅音对基频的影响涉及多种机制,*JASA* 第 149 卷第 4 期),重新审视了英语中辅音 F0 的扰动,特别考虑了 F0 轮廓与音段对齐的影响以及 F0 提取方法,确定了三种不同的辅音效应。Ren Xinran(任欣然)、Mok Pik Ki Peggy(莫碧琪)的"Consonantal effects of aspiration on onset F0 in Cantonese"(粤语中辅音送气对接读元音起始基频的影响,*Proceedings of ISCSLP* 2021),考察了粤语辅音 F0 的扰动。通过对 23 名粤语母语者产出的声学分析,发现送气音会提升起始基频,并且这种提升效果会影响至元音开始后的 100 毫秒。在英语中,如果塞音的 VOT 区别变弱,不同塞音导致的 F0 扰动将被强化。与英语不同,粤语在 VOT 不能区分送气塞音和不送气塞音的情况下,不同塞音 F0 扰动的区别不会被强化。所以,粤语中辅音对起始基频的影响虽然在语音特征上和英语相似,但是在音系学上并不能增强对不同塞音的区分。

韵律研究涉及多个方面,包括语篇韵律、情感韵律、语调建模、轻重音和焦点、声调和语调现象等等。中国社会科学院语言研究所李爱军团队做了一系列关于语篇韵律与篇章语境关系的研究。李爱军的《语篇韵律与互动言语行为》(《语言学论丛》第 64 辑)从语篇韵律的编码和解码的角度,阐述了语篇韵律特征与互动言语行为、语境之间的关系。该文介绍了一系列产出和听辨实验,并指出从产出上来看,韵律特征是由上下文语境、句法语义等信息决定的,从感知上看,语境对韵律表示的语气感知是一种调制关系,意图或者互动言语行为由语篇多维度信息共同编解码。Liu Yuning(刘雨凝)等探讨对话中的韵律趋同与文本趋同现象之间的关系,发现在大多数情况下,正性的人际交往中韵律与文本的趋同现象之间的关系是符合一般预期的,即话者的韵律信息参数数值会随话者自身的语义相似度的增加而呈现下降趋势,因为此时他们很容易掌控对话内容,因此不需要过多地强调韵律信息便可表达自己的意图〔Liu, Y., Li, A., Dang, J., & Zhou, D.(2021). Semantic and acoustic-prosodic entrainment of dialogues in service scenarios.(服务类对话场景中语义和声学/韵律趋同现象的研究)*Proceedings of ACM International Conference on Multimodal Interaction*〕。

韵律是情感语音表达和个人魅力表现的一个重要特征。杨洁、孔江平的《汉语语音情感区别特征研究》(《语言学论丛》第 64 辑)对爱、憎、喜、悲、惧、急、怒和中性等八种常见语音情感开展感知测试，利用语篇的基频、振幅、开商等声学参数进行聚类分析，建立了一套情感语音的声学区别性特征。Lin Yi（林苡）、Ding Hongwei（丁红卫）、Zhang Yang（张扬）在 Journal of Speech, Language, and Hearing Research 第 64 期上发表的两篇论文 "Unisensory and multisensory Stroop effects modulate gender differences in verbal and nonverbal emotion perception"（单感觉通道和多感觉通道 Stroop 效应介导语言和非语言情绪感知中的性别差异）和 "Gender differences in identifying facial, prosodic, and semantic emotions show category-and channel-specific effects mediated by encoder's gender"（识别面部、韵律和语义情绪的性别差异具有受编码者性别介导的范畴特异效应和通道特异效应）探讨了通过面部表情、韵律和语义所表达的不同情感的感知以及性别差异。Li Shanpeng（李善鹏）、Gu Wentao（顾文涛）的 "Prosodic profiles of the Mandarin speech conveying ironic compliment"（普通话表达讽刺性赞美的韵律特征，Proceedings of ISCSLP 2021）考察了普通话中反语恭维的声学特征。Anna Gutnyk（安娜）、Oliver Niebuhr、Gu Wentao（顾文涛）的 "Speaker charisma analyzed through the cultural lens"（文化视角分析说话人魅力，Proceedings of ISCSLP 2021）考察了不同文化中说话人的个人魅力如何通过韵律特征表现。

在轻重音和焦点方面，石锋专著《韵律格局——语音和语义、语法、语用的结合》（商务印书馆，2021）分析不同类型焦点表现的韵律分布模式，从中考察语句焦点的语音表现，为语义、语法、语用的分析提供客观的量化依据。秦鹏的《汉语信息焦点和对比焦点区分的语调证据》（《当代语言学》第 1 期），通过对音高、音长和音强三方面的声学表现，探讨汉语信息焦点和对比焦点在语调区分上的可能性。两类焦点的区别主要表现为它们对语调凸显策略选择的不同侧重：信息焦点相对更倚重焦点成分本身的语调要素凸显，对比焦点对非焦点成分在音高、音长和音强上的抑制作用明显大于相应的信息焦点引起的减量。殷治纲的《汉语词汇层面的轻重音研究》（《中国语音学报》第 16 辑），通过感知实验和数据分析的方法，列出了影响轻重音感知的主要声学因素和语言学因素。发现韵律词"左重"趋势只是一种语音学统计规律，不构成音系学规律；声调和词重音有关，有声调音节形成重音，无声调音节形成轻音。

声调方面，石基琳的《探讨普通话二声变调——从音位到语音产出的模式》（《当代语言学》第 3 期）运用数据分析以及建立模型的概念，对二声变调的本质进行研究分析，提出二声变调是一个语流中发音弱化的现象，在语音学中有一定的规则可循，并不属于音系学层次范畴化的运作。再以此为基础建立语音学模型来模拟中文声调在语流中产生的变化。

学者亦进一步探讨了不同音高实现模型——即平行编码和目标趋近（PENTA）模型和 Stem-ML 模型——对音高变化的解释力。Sun Yan（孙彦）、Shih Chilin（石基琳）的 "Boundary-conditioned anticipatory tonal coarticulation in Standard Mandarin"（不同世界条件下的

逆向声调协同发音，Journal of Phonetics 第 84 期）研究了普通话韵律边界对多个轻声序列的音高逆向协同发音影响，指出与平行编码和目标趋近（PENTA）模型相比，汉语普通话的逆向声调协同发音模式更符合 Stem-ML 模型，而且边界引起的逆向声调协同发音的减弱主要是受到主动语音规划的影响。敖敏的《基于 PENTA 模型的蒙古语陈述句语调合成实验》（《中国语音学报》第 15 辑），通过声学实验、合成实验和听辨实验，分别考察 PENTA 语调模型能否准确还原不同焦点环境下蒙古语陈述句的原始语调。结果表明 PENTA 模型不仅可以准确合成蒙古语陈述句中具有交际功能的语调特征，而且还可以通过忽略因个体差异产生的不具备交际功能的语调特征来合成具有较高一致性的语调模式。

此外，还有研究关注在汉语普通话中 F0 如何同时编码声调、焦点和情绪。Liu Xiaoluan（刘晓峦）等考察了汉语中 F0 如何表达焦点和惊讶情绪。通过行为和脑电实验，发现焦点感知的阈值为基线上 3 个半音，惊讶感知的阈值是基线上 5 个半音，基线上 5－12 个半音可以传达焦点和惊讶，不同的韵律信息是通过不同区间的音高区间来表示的［Liu, X., Xu, Y., Zhang, W., & Tian, X.（2021）. Multiple prosodic meanings are conveyed through separate pitch ranges: Evidence from perception of focus and surprise in Mandarin Chinese.（多种韵律含义是通过单独音高范围传达的：来自普通话焦点和惊讶感知的证据）*Cognitive, Affective, & Behavioral Neuroscience*, 21, 1164－1175］。

语调方面，Albert Lee（李炯乐）、Santitham Prom-on、Xu Yi（许毅）的"Pre-low raising in Cantonese and Thai: Effects of speech rate and vowel quantity"（粤语和泰语中的 PLR：语速和元音时长的影响，JASA 第 149 卷第 1 期）探讨了粤语和泰语中语音和音系时长对 PLR（Pre-low raising）的影响，并分别考察了语速和元音时长与 PLR 的实现之间的相互作用。结果表明，粤语和泰语的 PLR 都是发生在大幅 F0 下跌之前，泰语的 PLR 在短元音中更常见。

另外，Yang Lujia（杨璐嘉）、Ding Hongwei（丁红卫）的"Comparing the rhythm of instrumental music and vocal music in Mandarin and English"（普通话和英语中的器乐及声乐的节奏差异，Proceedings of ISCSLP 2021）对跨文化音乐进行了对比，对比了中英器乐（instrumental music）和声乐（vocal music）的差异。两种器乐节奏特征反映了各自语言的节奏特征，中国器乐的节奏对比（rhythmic contrast）比英式器乐小；但是在声乐中，中国声乐的节奏变化（rhythmic variation）比英式声乐的变化更大；另外，儿歌的节奏对比相较民歌显著更小。

（四）语音感知与加工研究

语音感知与加工研究包含测量行为和脑神经活动的实验研究，其中声调感知尤为受到重视，聚焦影响声调感知的因素、声调加工机制，以及声调加工的脑神经基础。Liu Min（刘敏）、Chen Yiya（陈轶亚）、Niels O Schiller 的"Context matters for tone and intonation processing in Mandarin"（语境影响普通话的声调和语调处理，Language and Speech 第 65 卷第 1 期）

探究了听者如何处理声调和语调，以及语境意义（semantic context）的影响。结果显示，声调的听辨较少受语调的影响，但是语调的听辨却受句末字的声调和语境意义的影响。

Li Yuanning（李远宁）等通过研究普通话母语者和英语母语者在听这两种语言时颞上回的神经活动，发现音高相关特征的皮层编码可能依赖于同样的听觉特征加工机制，然而这种机制可以根据给定语言进行调整，其证据为，在电极群体水平上，仅普通话母语者对普通话声调范畴的敏感性增强［Li, Y., Tang, C., Lu, J., Wu, J., & Chang, E.（2021）. Human cortical encoding of pitch in tonal and non-tonal languages.（声调与非声调语言中音高的人类皮层编码）*Nature Communications*，12（1），1–12］。

香港中文大学黄俊文团队完成了一系列关于声调感知的神经机制研究。Feng Gangyi（冯刚毅）等研究了变化语境下的声调范畴感知，指出左颞上回（STG）作为声调表征核心区，需要与额顶（frontoparietal）网络动态联合来共同实现［Feng, G., Gan, Z., Llanos, F., Meng, D., Wang, S., Wong, P., & Chandrasekaran, B.（2021）. A distributed dynamic brain network mediates linguistic tone representation and categorization.（分布式动态脑网络介导语言声调表征和范畴化）*NeuroImage*，224，117410］。Maggu 等考察了绝对音高（absolute pitch）能力和声调语言学习经验对声调感知的影响［Maggu, A., Lau, C., Waye, M., & Wong, P.（2021）. Combination of absolute pitch and tone language experience enhances lexical tone perception.（绝对音高和声调语言经验共同增强声调感知）*Scientific Reports*，11，1485］。

Zhu Jiaqiang（朱加强）、Chen Xiaoxiang（陈晓湘）、Yang Yuxiao（杨雨箫）的"Effects of amateur musical experience on categorical perception of lexical tones by native Chinese adults: An ERP Study"（业余音乐经验对普通话成人声调范畴感知的影响：一项 ERP 研究，*Frontiers in Psychology* 第 12 期）利用脑电实验的失匹配负波范式（mismatch negativity，MMN），对比了业余音乐家和非音乐家的声调感知加工，发现业余音乐家在声调感知上相对非音乐家是有优势的，他们对微小音高变化更敏感。

国内外学者通过对比声调语言和非声调语言的说话人，考察不同声调感知的神经加工机制。如王韫佳、吴倩、刘思维的《母语和非母语者对北京话相似和相异调拱声调的范畴感知——基于 MMN 的研究》（《当代语言学》第 3 期）利用脑电研究探讨母语与非母语者的声调感知，采用非注意的失匹配负波（MMN）实验范式，考察母语者和非母语者（重庆话）对北京话相异调拱（阴平－去声）和相似调拱（阳平－上声）的感知模式。结果表明，前注意阶段的语音加工既包括声学加工，也包括音系加工。另外，在某些条件下，跨音系范畴的偏差刺激没有诱发 MMN，且范畴内的偏差刺激都没有诱发 MMN。这些分歧可能表明，前注意阶段的语音加工主要是声学层面的，音系加工受到了语音声学变异程度的制约。

石锋、王大佐的《试论汉语普通话声调听感原理》（《南开语言学刊》第 1 期）基于汉语普通话二字组真词听辨实验，概括出基于语言学因素的十个汉语普通话声调听感原理：格局原理、位次原理、调阶原理、标记原理、同调原理、对折原理、高降原理、降阶原理、邻接原理、多边原理。

浙江大学丁鼐团队、罗本燕团队深入考察语音包络加工关联的神经追踪机制。Zou Jiajie 等试图厘清神经振荡夹带和诱发响应两种神经活动在此扮演的角色，揭示了语篇语音聆听过程中语音的脑电反应在 θ 频段的相位特性［Zou, J., Xu, C., Luo, C., Jin, P., Gao, J., Li, J., Gao, J., Ding, N., & Luo, B. (2021). θ-band cortical tracking of the speech envelope shows the linear phase property. （语音包络的 θ 波段皮质追踪显示线性相位特征）*eNeuro*, 8 (4), ENEURO.0058 - 21］。另外，Xu Chuan 等报告了意识障碍患者对语音刺激的神经追踪活动［Xu, C., Zou, J., He, F., Wen, X., Li, J., Gao, J., Ding, N., & Luo, B. (2021). Neural tracking of sound rhythms correlates with diagnosis, severity, and prognosis of disorders of consciousness. （语音韵律的神经追踪与意识障碍的诊断、严重程度和预后相关）*Frontiers in neuroscience*, 15, 646543］。

在声调感知之外，人类嗓音的加工也受到关注。明莉莉、胡学平的《人类嗓音加工的神经机制——来自正常视力者和盲人的脑神经证据》（《心理科学进展》第 29 期）结合正常视力者和盲人群体的嗓音加工研究，从嗓音选择性加工和嗓音身份加工两个角度阐述人类嗓音加工的神经机制，并探讨了梭状回脑区在嗓音加工中的作用以及盲人面孔加工脑区的跨模态重组现象。

在音段感知方面，王茂林、陈容如的《汉语"元－辅－元"组合辅音感知研究》（《中国语文》第 5 期）考察汉语"元－辅－元"组合内辅音的感知。将"元－辅"和"辅－元"部分分别截取不同长度的语音片段作为刺激进行感知实验，发现鼻音和不送气塞音仅凭过渡音征便可达到较高的感知正确率，不同的鼻音和擦音感知有较大的差异，送气塞音的感知效果较差。另外，该论文还考察了辅音感知的混淆模式，发现混淆是以过渡音征为依据的。

陈忠敏发表两篇综述文章介绍语音感知的特点和历史音变。《语音感知的特点及其解剖生理机制》（《中国语音学报》第 15 辑），讨论了语音感知的特点以及它们的解剖生理机制，介绍了听觉器官以及听觉器官以上神经系统的解剖生理构造，并提出听觉器官并不是被动地、客观地接受外来输入的语音，而是对传入的语音进行了主观的改造和修饰。《音变产生的原因》（《语言研究集刊》第 27 辑）认为，激发音变的起始原因可分为发音和感知两大部分，其中感知原因还需要考虑音系结构因素和增强区别性因素，该文还对 John Ohala 所提出的听者启动音变模式作了解释和评介。

张清芳、钱宗愉、朱雪冰的《汉语口语词汇产生中的多重音韵激活：单词翻译任务的

ERP 研究》(《心理学报》第 53 卷第 1 期),运用事件相关电位技术,考察了被试在翻译命名任务中是否受到背景图片音系或语义干扰词的影响。该研究结果支持了汉语口语词汇产生遵循独立两阶段模式的观点。

李旭辰、刘彬的《听觉记忆的发音延长效应探究》(《中国语音学报》第 15 辑) 发现普通话母语者在产出有音段重叠的相近英语词以及音段序列相同但声调不同的汉字时,都会出现发音延长效应,而且延长现象发生在重叠音段内,体现了听觉记忆在发音过程中的影响。

二、语音获得与学习

(一) 儿童语音获得与发展研究

母语获得研究继续关注儿向语的特征与功能、母语语音感知和双语儿童的语言发展特征。其中,大量研究关注语言与言语障碍 (如特定型语言障碍、自闭症、听力障碍、言语障碍) 儿童的语言发展,也开始关注民族语言地区的儿童语言习得。病理儿童相关的研究将在"言语病理语音研究"这一小节中详细介绍。总的来说,虽然病理语音研究中一般会把有障碍儿童的语音发展和正常儿童 (实验控制组) 的语音发展进行对比,也会纳入正常儿童语音发展某一方面的一些研究数据和结果,但是总体来说专门针对正常儿童语音各个方面发展的研究相对较少。学龄前单语正常儿童的语音发展事实亟待更加深入的了解与研究,从而为病理儿童的语音发展提供可靠有效的参考。

儿向语的声学特征及其对儿童语言获得的促进作用是儿童语言获得领域的热点。Wang Luchang (王路畅) 等考察儿向语独特的语音声学特点,是有助于音位获得还是只是增强了交际。该研究分析了粤语婴幼儿接触的粤语儿向语中声调的语音声学特征,结果显示,儿向语中个人内的声调变化很多,增加了婴幼儿掌握声调的难度,这样的语音调整可能只是为了促进大人与婴幼儿之间的交际,而不是为了增强调类之间的对立 [Wang, L., Kalashnikova, M., Kager, R., Lai, R., & Wong, P. (2021). Lexical and prosodic pitch modifications in Cantonese infant-directed speech. (粤语儿向语的词汇及韵律音高变化) *Journal of Child Language*, 48 (6), 1235 – 1261]。

在母语语音感知方面,Ma Junzhou (马俊周) 等通过对 47 名 4 – 6 岁儿童进行普通话阴平和阳平连续统以及 /pa/-/pʰa/ 连续统的辨认和区分实验,探讨儿童对音段和超音段范畴感知的发展模式。发现儿童在 4 岁时就可以范畴化感知声调和塞音的送气,但是儿童声调感知的边界宽度要到 6 岁才能到成人的程度。儿童声调跨类别区分 (between-category discrimination) 分数在 5 岁时可以达到成人的水平,/pa/-/pʰa/ 跨类别区分在 6 岁时还没有达到成人水平 [Ma, J., Zhu, J., Yang, Y., & Chen, F. (2021). The Development of categorical perception of segments and suprasegments in Mandarin-speaking preschoolers. (普通话学龄前儿童音段和超音段范畴感知的发展）*Frontiers in Psychology*，12，693366]。张倩溶、温宝莹的《5-6岁汉语母语儿童对普通话元音/i/和/γ/的听感边界实验》（《实验语言学》第1号）指出，母语儿童对普通话/i/、/γ/呈现"类范畴感知"，存在动态的听感边界，边界附近无骤升、骤降，且区分率出现多个峰值。范一鸣、王居尚的《6岁儿童普通话阴平-上声的感知研究》（《实验语言学》第1号）发现，六岁儿童对阴平-上声感知的表现不稳定性比成人更强，对上声感知的动态性更强。Zhang Qianyutong（张钱雨桐）等通过眼动实验来考察3-6岁儿童焦点韵律的习得，并指出5-6岁儿童已经习得了焦点韵律所代表的语用学意义，并可以用焦点韵律找到对比焦点［Zhang, Q., Lv, K., Chen, Z., & Tang, P. Acquisition of prosodic focus marking by three-to six-year-old children learning Mandarin Chinese. （3-6岁普通话儿童对韵律焦点的习得）*Proceedings of Interspeech*2021]。

另外，国内学者开始关注民族语言地区的儿童语言发展，这是儿童语言习得领域一个可喜的发展。刘增慧、梁淑芬的《白语儿童焦点韵律的习得和发展》（《中国语音学报》第15辑）分析了在半自然语境下，儿童产出不同焦点条件下的"主语-动词-宾语"（SVO）句子。结果发现，白语儿童从6岁开始探索使用韵律参数来编码焦点，7岁已经完全展现出和成人完全一致的通过变化时长来编码焦点的能力。

曹梦雪的专著《婴幼儿音位范畴习得的神经网络建模研究》（中国社会科学院优秀博士论文，中国社会科学出版社），创新地使用神经网络建模方法，模拟婴幼儿语言习得过程中音位范畴的习得机制。在Kröger语言处理模型框架的基础上，分别提出了联结可扩展的自组织神经网络模型（I-GSOM）和基于语言模式二重性的网络模型（DI-GSOM）。将人类对语言信息的处理细分为音位、语素和词汇语义三个层级，模拟了婴幼儿音位范畴习得中知觉重组的过程。通过在模型中引入声调处理模块，还探讨了婴幼儿对声调信息的处理及对声调特征知识的存储和表征，在声调语言中实现了对语言模式二重性理论的拓展。

（二）二语语音习得研究

二语语音习得研究依旧是国内外语音研究的热点，在国际语音期刊中所占比例接近一半，考察目标包含音段和超音段特征。二语语音习得研究主要分为两个方面，一是分析语音习得的感知与产出特征，二是探究发音训练对于语音习得的作用。

汉语是声调语言，汉语普通话和粤语声调的习得素来是中国学者关注的重点。学界不仅关注普通话（四个声调）母语者学习粤语的声调（九个声调），也关注粤语母语者学习普通话声调。研究发现两组学习者在学习另一种语言的声调时都会遇到困难，并且韵律系统、音段语境和句子位置都会对声调学习产生影响。Zhu Min（朱敏）、Chen Xiaoxiang（陈晓湘）、Yang Yuxiao（杨雨箫）的"The effects of native prosodic system and segmental context on Cantonese tone perception by Mandarin and Japanese listeners"（母语韵律系统和音段语境对普通话和日语听者粤语声调感知的影响，JASA 第 149 卷第 6 期），探讨了母语韵律系统和音段语境对普通话和日语听音人对粤语声调感知的影响，指出非母语声调感知可以通过听者的母语韵律结构更好地调节。张凌的《香港人学习普通话的声调偏误之声学分析》（《中国语文通讯》第 100 卷第 1 期）探究了以粤语为母语的香港人在说普通话时的偏误。研究指出，不同语境对香港人普通话产出的偏误有重要影响，在句中位置偏误最明显，阳平和上声非常接近。

另一个影响声调感知的因素是学习者的音乐经历。Qin Zhen（秦振）、Zhang Caicai（张偲偲）、William Shi-Yuan Wang（王士元）的"The effect of Mandarin listeners' musical and pitch aptitude on perceptual learning of Cantonese level-tones"（普通话听者的音乐和音高敏感度对粤语平调感知学习的影响，JASA 第 149 卷第 1 期）探讨了乐感和音高敏感度对声调学习的影响，指出普通话母语者对于粤语平调的学习效果与乐感、音高敏感度有关系，乐感较好、音高敏感度较高的学习者在感知粤语平调时具有优势。Chen Si（陈思）、Yang Yike（杨一可）、Ratree Wayland 的"Categorical perception of Mandarin pitch directions by Cantonese-speaking musicians and non-musicians"（粤语母语的音乐家与非音乐家对普通话音高方向的范畴感知，Frontiers in Psychology 第 12 期）考察音乐学习经历对于声调范畴感知的作用，通过对比粤语母语的音乐家和无音乐经历被试的声调感知，发现音乐经历确实对范畴感知有促进作用，音乐家在音高处理上更加高效。

在音段方面，Liu Min（刘敏）、Chen Rongru（陈容如）的"Production of the Mandarin rhotic onset /ɹ/ by Indonesian learners of Mandarin"（印尼语母语的普通话学习者词首卷舌音 /ɹ/ 的产生）[Yang C.（Ed.）The Acquisition of Chinese as a Second Language Pronunciation. Prosody, Phonology and Phonetics. Singapore：Springer] 调查了印尼中级普通话学习者的汉语 /ɹ/ 音，错误率达到 20%。后接 /u/ 元音的 /ɹ/ 音错误率最高，学习者会把音节首 /ɹ/ 音发成爆破音、擦音、塞擦音、颤音等。

母语者对二语口音的感知也受到关注。Zhi Na（智娜）、Li Aijun（李爱军）的"Acoustic salience in the evaluations of intelligibility and foreign accentedness of nonnative vowel production"（声学显著性对评估非母语元音可懂度和外国口音的影响，Lingua 第 256 卷）考察了二语产出中元音的频谱特性及时长特征对英语母语者感知的影响。研究发现，元音的频谱特性与英美母语人士对中国二语者产出的英语元音的评价显著相关，而时长信息与母语感知评价没有显著相关性，英语元音最重要的声学线索是感知中的频谱信息，而不是时长信息。Yang Chunsheng（杨春生）等关注了音段和超音段特征对二语口音感知的影响，分析了音段、声调和节奏特征对于二语口音和可懂度的影响 [Yang, C., Chu, J., Chen, S., & Xu, Y.（2021）. Effects of segments, intonation and rhythm on the perception of L2 accentedness and comprehensibility.（音段、语调和节奏对二语口音和可理解度感知的影响）Yang C.（Ed.）

The Acquisition of Chinese as a Second Language Pronunciation. Prosody, Phonology and Phonetics. Singapore：Springer]。

陈晓湘、张小玲、马俊周的《粤语和长沙方言背景者英语词重音产出研究》[《外国语（上海外国语大学学报）》第3期]，探讨方言对英语词重音产出的影响，对比了粤语、长沙方言背景的学习者的词重音产出。结果显示，产出重读、非重读音节时，粤语方言背景的英语学习者与英语母语者对音高、时长和音强三个参数利用差别较大，长沙方言背景的英语学习者与母语者接近；产出扬抑格、抑扬格时，长沙方言背景的英语学习者对三个参数的利用与英语组差别显著，粤语方言背景的英语学习者和母语者更趋近。表明受试者方言背景会影响他们英语词重音产出，母语韵律迁移明显。

丁红卫团队发表了两篇论文探讨二语语音的基频特征。Gao Yingming（高迎明）等探讨了中国德语学习者的德语元音基频。发现德语学习者的基频范围比起母语者的基频范围更大，基频曲线更陡，但是基频均值和最大值与母语者相当[Gao, Y., Ding, H., Birkholz P., & Lin, Y.（2021）. Comparing fundamental frequency of German vowels produced by German native speakers and Mandarin Chinese learners.（对比中国学习者与德语母语者德语元音的基频）*JASA Express Letters* 1，075203]。Ding Hongwei（丁红卫）、Lin Binghuai（林炳怀）、Wang Liyuan（王丽园）的"F0 patterns of L2 English speech by Mandarin Chinese learners"（中国英语学习者言语的基频特征，*Proceedings of Interspeech*2021）对比了高水平与低水平中国英语学习者的英语基频曲线。指出与英语母语者和高水平英语学习者相比，低水平英语学习者的基频有更多的波动，基频顶点间隔的标准差更小（smaller standard deviation of intervals between F0 peaks）。低水平学习者的基频曲线更类似普通话中基频曲线的变化，可以看到来自母语的负迁移。

二语产出的认知机制方面，Cai Xiao、Yin Yulong、Zhang Qingfang（张清芳）的"Online control of voice intensity in bilinguals' L1 and L2 speech production：Evidence from unexpected and brief noise masking"（双语者母语及二语语音产生中音强的在线控制：来自意外和短暂噪音掩蔽的证据，*Journal of Speech, Language, and Hearing Research*，第64卷第5期）通过随机短噪音掩蔽范式，考察了基于听觉反馈的在线音强控制（online control of voice intensity）。该研究指出，二语产出比一语产出表现出更大幅度的音强提高，二语产出对听觉反馈控制的依赖也更高。

除了研究中国英语学习者的语音习得情况，国内学者也开始关注大湾区学习者普通话语音学习的情况。贝先明的专著《穗港澳三地普通话语音习得研究》（中国社会科学出版社），分析广州、香港、澳门三地30位发音人的普通话语音，对比了穗、港、澳三地普通话语音习得现状、主要偏误、共性特征、个性表现等方面，在此基础上提出了粤方言区普通话语音教学的方法和策略。

另外一部分的二语习得语音研究主要集中在发音训练方面，其中，高变异性（high talker variability）感知训练的作用尤其受到关注。Qin Zhen（秦振）、Gong Minzhi（龚敏智）、Zhang Caicai（张偲偲）的"Neural responses in novice learners' perceptual learning and generalization of lexical tones: The effect of training variability"（新手学习者感知学习和声调泛化的神经反应：高变异性训练的影响，*Brain and Language* 第 223 期）考察了高变异性感知训练对声调学习的效果和神经机制，发现高变异性训练对于学习相对简单的声调对立（如广东话的高平调与低平调）是有帮助的。类似研究还有 Yu Qianxi（余千禧）、Tang Ping（汤平）的"The role of high variability phonetic training on Chinese EFL learners' perception of English vowels in noisy environment"（高变异性语音训练对中国英语学习者在噪音环境下元音感知的作用，*O-COCOSDA*2021）以及 Shen Yanan（沈亚楠）、Tang Ping（汤平）的"The effect of overnight consolidation on English vowel perception by Chinese Learners after high speaker variability phonetic training"（高变异性感知训练对中国英语学习者元音感知的睡眠巩固效应）（*O-COCOSDA*2021）。

杨蓓的《结合形式与意义的声调视听训练》（《语言教学与研究》第 3 期），探讨了不同训练机制对汉语声调学习的作用，对比分析了意义优先聚焦形式训练和全形式训练，发现两种训练模式都显著有效。训练中未出现过的词，只在意义优先聚焦形式训练后，声调产出成绩得以显著提高。同时，声调组合的难易程度不同，在两种不同的训练模式中声调成绩的提高程度也不同。

另外，丁红卫的《智能型计算机辅助外语语音教学的现状与趋势》（《中国外语》第 18 期）介绍了语言学理论研究成果如何应用到语音教学的实践中，结合语言学、语音技术、教育心理学以及神经科学分析计算机辅助外语语音教学的必要性及其重要作用。文章指出，我们需要懂技术的语言学与教育学专家来主导智能化软件的设计，发挥人工智能在教育中的作用。

剑桥大学出版社出版二语语音习得研究合辑 *Second Language Speech Learning: Theoretical and Empirical Progress*，由美国佛罗里达大学语言学系 Ratree Wayland 教授主编，以纪念美国俄勒冈大学语言学系 Susan Guion Anderson 教授。该书收录二语语音习得理论进展、音段习得、超音段特征习得、口音及其声学特征、认知和心理变量五大领域的理论和实证研究。该书第 20 章收录南京理工大学外国语学院陈莹教授和美国俄勒冈大学语言学系 Eric Pederson 教授的文章"The role of orienting attention during perceptual training in learning nonnative tones and consonants"（感知训练中注意定向在非母语声调和辅音学习中的作用），该文探讨感知训练中内生（endogenous）注意力的引导对于学习闽南语的三种塞音送气类型和五种舒声韵调型的作用。在实验中，被试被分为两组，接受不同的感知训练。辅音注意组在训练时被引导去学习听辨辅音，声调注意组在训练时被引导去学习听辨声调。结果显示，听觉实验中引导内生注意力可助力二语语音习得。

二语语音习得理论方面也有重大新进展。经典理论语音学习模型（Speech Learning Model，简称 SLM）时隔二十六年首次进行了更新。在 1995 版本的基础上，James Emil Flege 和 Ocke-Schwen Bohn 结合过去几十年二语语音习得的实证研究，对模型进行了改进，发表在 *Second Language Speech Learning*：*Theoretical and Empirical Progress* 一书中。新模型被称为"修订版言语学习模型"（The revised speech learning model，简称 SLM-r），主要有以下几点更新：1）提出二语语音范畴（phonetic category）是由输入信号的统计分布（statistical input distributions）决定的；2）提出学习者的个人差异（individual differences）会影响学习结果；3）摒弃了初始学习年龄（age of first exposure）对二语语音学习结果的影响；4）摒弃了感知早于产出、感知能力决定产出的假说，认为产出和感知共同发展、没有先后之分。

三、言语病理研究

近年来，言语病理语音研究与自动诊断成为语音学研究的热点。2021 年有不少关于言语病理的研究，涉及病理研究的不同方面，如孤独症、阿尔茨海默氏症、帕金森和雷特综合征。同时，在全球抗击新冠疫情的大背景下，关于新型冠状病毒对语音的影响也受到关注。

由于口语语音与精神健康密切相关，不少研究开始利用病理语音中的声学和语言学特征结合机器学习开展评估诊断。比如第十二届中文口语语言处理国际会议（ISCSLP2021）上，帝国理工学院和奥格斯堡大学的 Björn W. Schuller 教授的大会主旨报告 "Is speech the new blood? On digital diagnostics and donations"（言语是新的血液吗？关于数字诊断和捐赠）介绍了国际上病理语音研究的前沿进展。丁红卫的《语言是洞察心理健康的窗口》（《语言战略研究》第 6 期）介绍了语言数据在预测精神障碍方面的作用。

大量研究关注语言与言语障碍儿童的语言获得，包括特定型语言障碍、自闭症、听力障碍、言语障碍。盛凤、金星的《特定型语言障碍儿童新词习得加工的研究进展》（《听力学及言语疾病杂志》2021 年 3 月网上发表）发现特定型语言障碍（也叫单纯性儿童语言障碍、儿童语言障碍或发展性儿童语言障碍）儿童在听觉加工、语流切分、语音短时储存和快速映射与扩展映射方面的能力都低于正常儿童。陆烁、丘国新、钱思宇、高乐妍的《面向语言障碍筛查的汉语儿童言语交际水平评估系统研发》（《语言战略研究》第 6 期）介绍了中山大学中文系神经语言学教学实验室研发的面向语言障碍筛查的汉语儿童言语交际水平评估系统。Yi Aiwen、Li Bin（李彬）、Li Suping 的 "Perception of the /t/-/k/ contrast by Mandarin-speaking children with speech sound disorders"（普通话言语障碍儿童 /t/-/k/ 的感知，*Clinical*

Linguistics & Phonetics，2021 年 10 月）通过范畴化感知实验范式测试了汉语普通话语音障碍儿童对于普通话/t/ 和 /k/语音对立的感知情况，并和正常听力儿童的感知结果以及正常听力成人的感知结果进行了对比。结果显示正常听力儿童和正常听力成人都表现出了范畴化感知，而语音障碍儿童在辨别实验中辨别率只达到了或稍微超过了机会水平。因此，研究者认为语音障碍儿童不能产出/t/ 和 /k/是受感知影响的。

自闭症病人在理解他人的情绪和态度方面存在困难，语音学家尝试理解自闭症患者对于口语语言的理解与常人的差别。上海交通大学丁红卫团队和湖南大学陈飞团队分别在国际期刊上发表了一系列文章，关注普通话母语自闭症儿童的语言处理与发展。Chen Fei（陈飞）、Candice Chi-Hang Cheung（张志恒）、Peng Gang（彭刚）的"Linguistic tone and non-linguistic pitch imitation in children with autism spectrum disorders: A cross-linguistic investigation"（自闭症儿童声调与非语言音高的模仿：一项跨语言调查，*Journal of Autism and Developmental Disorders*，6 月），探讨自闭症儿童的声调和非语言音高模仿，发现自闭症儿童在模仿声调时产出的变异很大，而模仿非声调的基频却较为一致。另外，普通话母语的自闭症儿童无法利用音系学知识来提高模仿准确度。Chen Fei（陈飞）、Peng Gang（彭刚）的"Categorical perception of pitch contours and voice onset time in Mandarin-speaking adolescents with autism spectrum disorders"（普通话自闭症青少年音高和嗓音起始时间的范畴感知，*Journal of Speech, Language, and Hearing Research*，第 64 卷第 11 期）考察了普通话自闭症儿童音高和 VOT 的范畴感知。Yan Jinting（阎锦婷）等考察了 Auditory-Motor Mapping 训练对于自闭症儿童言语和词汇学习的早期疗效。Auditory-Motor Mapping 指的是训练听者找到声音和发音姿态之间关系的一种训练方法。该研究显示，这种训练可以提升自闭症儿童的言语学习，这种学习效果可以持续到学习结束后的 2 周 [Yan, J., Chen, F., Gao, X., & Peng, G.（2021）. Auditory-motor mapping training facilitates speech and word learning in tone language-speaking children with autism: An early efficacy study.（听觉-运动映射训练促进声调语言自闭症儿童的言语和词汇学习：一项早期疗效研究）*Journal of Speech, Language, and Hearing Research*，64（12），4664 – 4681]。Chen Fei（陈飞）等考察了自闭症儿童处理儿向语时的神经机制 [Chen, F., Zhang, H., Ding, H., Wang, S., Peng, G., & Zhang, Y.（2021）. Neural coding of formant-exaggerated speech and nonspeech in children with and without autism spectrum disorders.（健康儿童与自闭症儿童对共振峰夸张的言语与非言语的神经编码）*Autism Research*，14（7），1357 – 1374]。Zhang Minyue（张敏玥）等（2021 年网络发表，2022 年正式发表）回顾了自闭症患者情绪韵律识别（affective prosody recognition）的相关文献和数据，对比了 23 个前人的研究，发现前人研究中的选项数量以及不同的情绪对于情绪韵律识别都有影响 [Zhang, M., Xu, S., Chen, Y., Lin, Y., Ding, H., & Zhang, Y.（2022）. Recognition of affective prosody in autism spectrum conditions: A systematic review and meta-analysis. （自闭症谱系患者情绪韵律的识别：系统回顾和元分析）*Autism: the International Journal of Research and Practice*, 26 (4), 798-813]。

国内期刊中也发表两篇关注自闭症儿童语言获得的研究。黄蔚雯、任姝童、顾文涛的《汉语自闭症谱系障碍儿童对塞音送气和声调的范畴感知》（《中国语音学报》第15辑）以6-8岁与10-12岁汉语自闭症谱系障碍（ASD：autism spectrum disorders）儿童为研究对象，通过范畴感知实验（辨认实验与区分实验），考察他们对送气/不送气塞音和阴平/阳平调的感知能力。实验发现，ASD儿童对送气/不送气塞音的感知范畴性强于汉语典型发展（TD）儿童；对于声调的感知，6-8岁ASD儿童的范畴性与TD儿童相当，而10-12岁ASD儿童的范畴性特征减弱，但是两组ASD儿童的范畴边界都比TD儿童更接近成人典型值。总之，ASD儿童的低阶信息感知优势可能是导致其语音感知特性有别于TD儿童的主要原因。

听障人群的语音产出和感知亦备受关注。人工耳蜗植入者的听觉信号退化，导致他们比健听者言语感知和产出都要差。Yang Jing（阳晶）、Xu Li的"Vowel production in prelingually deafened Mandarin-speaking children with cochlear implants"（植入人工耳蜗的语前聋童普通话元音产出，*Journal of Speech, Language, and Hearing Research*，第64卷第2期）考察了汉语普通话语前聋人工耳蜗植入儿童的元音产出，同时和年龄相匹配的健听儿童的元音产出进行了对比。结果表明，人工耳蜗植入儿童的元音产出时长更长，元音声学空间更小，可懂度更低。人工耳蜗植入儿童的元音产出有些偏误类型跟正常听力儿童一致，但有些偏误类型是听障儿童特有的类型。Tang Ping（汤平）等考察了人工耳蜗植入的时间长短如何影响声调与轻声的产出，指出只有佩戴人工耳蜗3-6年的儿童可以产出与健听儿童一样的声调和轻声，佩戴人工耳蜗少于3年的听障儿童无法区分不同声调［Tang, P., Yuen, I., Rattanasone, N. X., Gao, L., & Demuth, K. (2021). Longer cochlear implant experience leads to better production of Mandarin tones for early implanted children. （早期人工耳蜗植入儿童的较长人工耳蜗经验导致更好的普通话声调产出）*Ear and Hearing*, 42 (5), 1405-1411］。胡涵、顾文涛、丁馨、朱瑶的《人工耳蜗植入儿童在噪声环境及耳语条件下的汉语声调感知》（《南京师范大学文学院学报》第3期）分析了人工耳蜗植入儿童在噪声环境和耳语条件下对汉语声调的感知。管海涛和顾文涛的《学龄前人工耳蜗植入儿童语音情绪感知研究》（《中国听力语言康复科学杂志》第19卷第4期）考察了4-5岁以普通话为母语的学龄前人工耳蜗植入儿童和健听儿童对语音情绪感知能力的差异。陈彦婷、侯杰、阎锦婷、陈彧的《6岁人工耳蜗聋儿的普通话元音发展：基于元音发音指数的分析》（《实验语言学》第10卷第2号）探讨了人工耳蜗植入儿童的元音发展特征。

不少研究尝试通过训练提升人工耳蜗植入者的感知能力。Kim Seeon、Chou Hsiao-Hsiuan、Luo Xin 的 "Mandarin tone recognition training with cochlear implant simulation: Amplitude envelope enhancement and cue weighting"（人工耳蜗使用者普通话声调识别训练模拟：振幅包络增强和线索权重，JASA 第150卷第2期）基于人工耳蜗使用者利用振幅包络识别普通话声调，探讨了振幅包络增强的声调识别训练是否可以提高人工耳蜗使用者的声调识别和线索权重（cue weighting），指出听觉训练和语音增强相结合会给人工耳蜗使用者带来最大的帮助。Zhang Hao（张昊）、Ding Hongwei（丁红卫）、Zhang Yang（张扬）的 "High-variability phonetic training benefits lexical tone perception: An investigation on Mandarin-speaking pediatric cochlear implant users"（高变异性语音训练利于声调感知：一项对普通话人工耳蜗植入儿童的研究，Journal of Speech, Language, and Hearing Research，第64卷第6期）支持高变异性训练对于提升人工耳蜗使用者的声调感知有显著的作用。

帕金森病人的言语特征也受到关注。范萍、顾文涛和刘卫国的《统一帕金森病评定量表评估无言语障碍帕金森病患者的语音声学特征》（《听力学及言语疾病杂志》8月），探讨统一帕金森病评定量表（Unified Parkimson's Disease Rating Scale，UPDRS）评估出的无言语障碍帕金森病患者的语音声学特征。该研究录制15例UPDRS量表评估出的无言语障碍的帕金森病患者（帕金森病组）和36例年龄匹配的健康成人（对照组）的朗读语音，并比较两组人的基频和元音共振峰特征。结果发现，统一帕金森病评定量表评估出的无言语障碍帕金森病患者的言语已经受损。因为中枢神经系统受损，这些病人言语基频的起伏变化趋于平缓。

另外一组值得关注的人群是先天性失歌症（Congenital Amusia）。这一人群缺乏普通人所常有的音乐能力，比如唱歌和听辨音乐。Liu Fang（刘芳）等探讨了先天性失歌症人群对于声调的感知适应（perceptual adaptation）。他们发现，先天性失歌症人群利用语境进行声调感知的能力弱于正常人［Liu, F., Yin, Y., Chan, A., Yip, V., & Wong, P. (2021). Individuals with congenital amusia do not show context-dependent perception of tonal categories. （先天性失歌症人群缺乏依赖语境的声调范畴感知）Brain and Language, 215, 104908］。Zhu Jiaqiang（朱加强）等（2021年网络出版，2022年正式出版）分析了先天性失歌症的言语感知规律，并指出这一人群在感知词汇、音节和声调的时候不如对照组准确，但是对于高频率词汇、音节和声调则与常人无异［Zhu, J., Chen, X., Chen, F., & Wiener, S. (2022). Individuals with congenital amusia show degraded speech perception but preserved statistical learning for tone languages. （先天性失歌症言语感知能力下降但保留对声调语言的统计学习能力）Journal of Speech, Language, and Hearing Research, 65(1), 53–69］。Cheung Yi Lam、Zhang Caicai（张偲偲）、Zhang Yubin 的 "Emotion processing in congenital amusia: The deficits do not generalize to written emotion words"（先天性失歌症的情绪处理：此缺陷不会扩展至书面情绪词汇，Clinical Linguistics and Phonetics 第 35 卷第 2 期）发现了先天性失歌症在情绪韵律处理方面也较普通人差一些。Zhang Caicai（张偲偲）等（2021）还分析了先天性失歌症与香港粤语声调音变的关系，指出虽然先天性失歌症人群对音高的处理较正常人弱，但是他们的声调仍未发生音变。因此，香港粤语声调音变并非由音高感知能力较弱引起［Zhang, C., Ho, O., Shao, J., Ou, J., & Law, S. Dissociation of tone merger and congenital amusia in Hong Kong Cantonese. （香港粤语声调音变与先天性失歌症无关）PLoS ONE, 16（7）］。

因为新冠病毒疫情，有关口罩使用带来的声学和视觉信息变化研究增加。Lin 等（2021）通过分析佩戴医用口罩造成的语音声学以及空气动力学变化，探讨了医用口罩对于嗓音评价（voice assessment）的影响［Lin, Y., Cheng, L., Wang, Q., & Xu, W. (2021). Effects of Medical Masks on Voice Assessment During the COVID-19 Pandemic. （新冠疫情期间医用口罩对嗓音评价的影响）Journal of Voices, S0892-1997（21）00163-6］。Smiljanic 等考察了口罩引起的信号退化和视觉信息丢失如何影响母语和非母语语音的可懂度和记忆［Smiljanic, R., Keerstock, S., Meemann, K., & Ransom, S. (2021). Face masks and speaking style affect audio-visual word recognition and memory of native and non-native speech. （口罩和说话风格影响视听词汇识别以及母语和非母语言语记忆）The Journal of the Acoustical Society of America, 149（6），4013-4023］。Vahedian-Azimi 等（2021）基于 2019 冠状病毒疾病患者的声学参数，开发一种基于人工智能（AI）的筛查工具［Vahedian-Azimi, A., Keramatfar, A., Asiaee, M., Atashi, S., & Nourbakhsh, M. (2021). Do you have COVID-19? An artificial intelligence-based screening tool for COVID-19 using acoustic parameters. （你得了新冠吗？利用声学参数的人工智能新冠筛查工具）The Journal of the Acoustical Society of America, 150（3），1945-1953］。Shimon 等（2021）基于语音特征和问卷，利用 AI 技术建立了一个新冠病毒的初步诊断系统［Shimon, C., Shafat, G., Dangoor, I., & Ben-Shitrit, A. (2021). Artificial intelligence enabled preliminary diagnosis for COVID-19 from voice cues and questionnaires. （人工智能可以基于嗓音特征和问卷来初步诊断新冠）The Journal of the Acoustical Society of America, 149（2），1120-1124］。Truong 等（2021）的"The impact of face masks on the recall of spoken sentences"（JASA 第 149 卷第 1 期）研究了口罩对听者口语记忆的影响，口罩增加了处理需求，从而减少了记忆中用于语音编码的资源［Truong, T., Beck, S., & Weber, A. (2021). The impact of face masks on the recall of spoken sentences. （口罩对口语句子回忆的影响）The Journal of the Acoustical Society of America, 149（1），142-144］。

四、语音学发展历史、语音学研究方法及书评

（一）语音学发展历史

2021年恰逢建党百年，中国学者也在国内外书籍和期刊上发表了一些学科综述和书评，回顾并总结中国语音学百年成就。Li Aijun（李爱军）、Ge Chunyu（葛淳宇）的"Studies in Chinese Phonetics"（中国语音学研究）［Ye Z.（Ed.）*The Palgrave Handbook of Chinese Language Studies*. Singapore：Palgrave Macmillan］系统地介绍了中国语音研究的百年历史，介绍中国现代语音学开创学者如刘半农、赵元任、罗常培、吴宗济、林焘等，以及各个发展阶段的领军人物和重要成果。陈桦和史宝辉编著的《语音学与音系学新发展研究》（清华大学出版社，11月）邀请国内外专家共同梳理了20和21世纪语音学和音系学发展情况，介绍了语音学、音系学以及语音教学的理论发展、研究方法和重要成果。

（二）语音学研究方法

语料库的建设与标注对语音学研究有着重要的促进作用。李爱军专著《汉语口语语篇库：建构与标注》（中国社会科学出版社）基于语音学和其他语言学研究成果，整合语音和自然语言处理领域的标注规范，建立了汉语口语语篇的多层级标注规范。对实际言语交际产生的口语语篇进行结构和功能的描述和表示，并介绍了语音识别语料库RASC863和口语语篇库Discourse-CASS。Li Aijun（李爱军）、Xiong Ziyu（熊子瑜）的"INTO-CASS：A corpus for the study of intonation and prosody in Chinese dialects and ethnic languages"（汉语方言和民族语言语调韵律研究语音语料库INTO-CASS，*O-COCOSDA* 2021）介绍了中国社会科学院语调韵律库INTO-CASS，包含中国主要方言和民族语言，可用于中国方言和民族语言的语调韵律研究。

受新冠疫情影响，声学数据的采集变得异常困难。为了解决这个问题，Ge Chunyu（葛淳宇）、Xiong Yixuan（熊昳暄）、Mok Pik Ki Peggy（莫碧琪）的"How reliable are phonetic data collected remotely? Comparison of recording devices and environments on acoustic measurements"（远程收集的数据的可靠性如何？对比录音设备与环境对声学参数的影响，*Proceedings of Interspeech* 2021）探讨了使用不同方式远程收集声学数据的可行性。将七种不同线上方式收集到的声学数据（包括手机、平板、笔记本电脑）进行对比，发现线上收集数据的基频和第一共振峰比较可靠，但第二和第三共振峰、频谱特征、发声态声学参数（如 $H1*-H2*$）等差异较大。结果支持线上远程收集的数据对于韵律研究是可行的，但对于音段方面的研究并不是很可靠。

2021年学界几大顶级国际语音学期刊所反映出的一大发展趋势主要在于数据分析方法的迅猛升级。随着线性混合效应模型在语音学研究中的广泛应用，学界普遍意识到采用正确

合适的数据分析方法对于语音学研究的重要性，而线性混合效应模型本身也几乎成为国际顶级期刊发表文章的"标配"。而且自 2018 年语音学领域的顶级期刊 Journal of Phonetics 的特辑"Emerging Data Analysis in Phonetic Sciences"（语音科学中新兴数据分析方法）出版以来，譬如"广义加性模型（GAMM）""贝叶斯分析"等复杂统计模型得到了快速的推广和应用。以 Journal of Phonetics 为例，2021 年刊发了多篇应用 GAMM 模型进行数据分析的文章，例如 Sun Yan（孙彦）、Shih Chilin（石基琳）的"Boundary-conditioned anticipatory tonal coarticulation in Standard Mandarin"（不同边界条件下的逆向声调协同发音，第 84 期）以及 Liu Zirui、Xu Yi（许毅）、Hsieh Feng-fan（谢丰帆）的"Coarticulation as synchronised CV co-onset-Parallel evidence from articulation and acoustics"（同步音节首 CV 协同发音——来自发声和声学的证据，第 90 期）。Márton Sóskuthy 在"Evaluating generalised additive mixed modelling strategies for dynamic speech analysis"（评估用于动态语音数据分析的广义加性混合模型，第 84 期）专文讨论了使用 GAMM 进行分析的若干方法论问题。此外，Stefon Flego、Jon Forrest 的"Leveraging the temporal dynamics of anticipatory vowel-to-vowel coarticulation in linguistic prediction: A statistical modeling approach"（在语言学预测中利用逆向元者协同发音的时间信息：一种统计建模方法，第 88 期）是一篇采用贝叶斯分析法进行数据分析的文章。虽然 Journal of Phonetics 主编 Taehong Cho（曹泰洪）教授撰文声明，该刊并不强制作者在文章中使用复杂的统计模型，但可以看出，未来的语音学界将不再满足于传统的统计方法，语音学界正迈向新的数据分析时代，用更符合数据特点的复杂统计模型替代传统统计方法将会成为主流。

方言数据计算分析方法主要有以下研究成果：熊子瑜的《基于汉语方言字音系统实验研究工具的合肥话与北京话声母系统对比分析》（《中国语音学报》第 15 辑）通过对比分析合肥话与北京话的声母系统数据，展示了"汉语方言字音系统实验研究工具"在处理、分析和对比方言调查字表数据方面所具备的一系列功能：（1）可用来整理方言字音系统数据；（2）可用来分析两个方言点之间字音系统的数据差异；（3）可用来分析方言的古今字音对应关系，得到"今音合流系数、古音分化系数和古音独立性系数"等一系列数据指标，这些数据可用于跨点比较和统计分析；（4）可借助 weka 程序分析各方言的字音推导规则，在此基础上可进一步细致考察方言字音的古音来源及其分举条件的异同。颜为之、工明文、徐凡、但扬杰、罗健的《基于语谱图的江西境内赣方言自动分区研究》（《中文信息学报》第 35 期）探讨了如何有效利用语音本身特征进行方言的自动分区，并以江西境内赣方言为例进行探讨，提出基于 CNN 的自编码降维语谱图的深度学习特征提取模型，对降维后的语音特征分别采用 k 均值算法聚类、高斯混合聚类和层次聚类对方言自动分区。吴波的《汉语方言元音性别变异的计算分析》（《当代语言学》第 2 期）从声学角度对性别的生理差异与社会变异进行了量化分析，探索社会变异的计算方法。该文以南京话、合肥话和南通话为例，发现女性整体上有更强的社会变异性，反映在女性声学空间的面积更大、叠置率更小，女性的前元音更趋前，后元音更趋后，空间边缘性更突出。凌锋的《基于修正标准分规整法的温州话阴声韵动态特征研究》（《语言学论丛》第 63 辑）基于 Z-Score 发展了一种新的跨元音系统比较元音的规整法，并利用这个方法测量温州话阴声韵中元音的动态特征。该研究发现，典型单元音首尾音质距离小于 1Bark，双元音首尾距离则大于 2Bark；温州青年人口音重的一些单元音已经发展成双元音。贝先明的《几种基频归一方法的比较》（《实验语言学》第 10 卷第 2 号），对比了基于基频赫兹数据的 T 值法（T 值法）、基于基频对数数据的 T 值法（LT 值法）、基于基频半音数据的 T 值法（ST 值法）、基于基频赫兹数据的 Z 值法（Z 值法）、基于基频对数数据的 Z 值法（LZ 值法）、基于基频半音数据的 Z 值法（SZ 值法）。研究结果指出，在最终五度值的结果上，基频标度因素（赫兹值还是赫兹对数值）的影响大于归一化系列因素（T 值系列还是 Z 值系列）的影响。

冉启斌、梁煜珠、吴丹丽的《基于词汇声学距离的语言计算分类方法探索》（《辽宁师范大学学报》第 4 期）报告了依据词汇声学距离对语言进行计算分类的一系列实践和基本结论。实验结果显示，使用 200 个以上的对应词语录音，在具有良好音质保障的情况下通过声学距离计算能够很好地进行体现语言共时声学差异的分类，为语言的纯客观分类方法奠定了一定的基础。

（三）书评

Zhu Jiaqiang（朱加强）、Chen Xiaoxiang（陈晓湘）、Chen Fei（陈飞）的"Book review：Speech Perception, Production and Acquisition：Multidisciplinary Approaches in Chinese Languages"（书评：言语感知、产出和获得：跨学科视角下的汉语研究，*Frontiers in Psychology* 第 12 期）介绍及评价了由 Liu Huei-Mei、Tsao Feng-Ming 和 Li Ping（李平）编撰的 *Speech Perception, Production and Acquisition：Multidisciplinary Approaches in Chinese Languages* 一书（《言语感知、产出和获得：跨学科视角下的汉语研究》，Springer Nature 出版社 2020 年），该书收录了近期关于汉语的语音学的一些跨学科研究。

此外，还有两篇与儿童语言获得有关的书评。Zhang Xiaoling（张小玲）、Chen Xiaoxiang（陈晓湘）、Chen Fei（陈飞）的"Book review：Current Perspectives on Child Language Acquisition：How Children Use Their Environment to Learn"（书评：儿童语言获得新观点：儿童如何利用环境学习，*Frontiers in Psychology* 第 12 期）述评了 Caroline F. Rowland、Anna L. Theakston、Ben Ambridge、Katherine E. Twomey 编著的 *Current Perspectives on Child Language Acquisition：How Children Use Their Environment to Learn*（《儿童语言获得新观点：儿童如何利用环境学习》，John Benjamins 出版社 2020 年）。此书涉及儿童在不同阶段与环境的交互及

其对语言获得的影响，以及不同语言和文化背景下语言获得的差异。王蕾的《〈儿童语言：获得与发展〉（第二版）述评》（《北京第二外国语学院学报》第 6 期）介绍了 Matthew Saxton 撰写的 *Child Language: Acquisition and Development*（《儿童语言：获得与发展》，SAGE 出版社 2017 年），该书探讨了儿童掌握母语的本质和机制以及讨论了一些儿童掌握母语的具体方面，包括儿童掌握母语的关键期假说、儿向语是否能促进婴幼儿掌握母语、婴儿在出生后第一年的语音感知、婴幼儿大脑词库的建立。

周晓宇、周立和曹文的《〈语言问题〉勘误与补遗》（《语言学论丛》第 64 辑）通过对赵元任先生 1959"语言问题"系列讲座原始录音的重新查验与转写，发现已出版的《语言问题》一书中，存在几处与原讲不符的记录，还有 11 讲、数十处出现观点遗漏。这些遗漏的内容里不乏重要、有启示、有价值的观点和说法。

五、学术活动

2020 年底到 2021 年初

"第 8 期汉语方言语音记录与分析高级研修班"系列讲座举办。该研修班由暨南大学汉语方言研究中心与 Praat 软件开发者荷兰阿姆斯特丹大学 David Weenink（魏宁克）教授共同举办。本次研修班主要分为两个部分，一是聘请国内外知名专家做相关讲座，二是由 David Weenink 教授主讲利用 Praat 分析汉语语音的系列讲座。

2021 年 1 月 24 至 26 日

"第十二届中文口语语言处理国际会议"（ISCSLP2021）由国际著名学术协会 ISCA 的中文学术小组 SIG-CSLP 主办，为全球针对中文语言处理技术所举办的大型国际研讨会。由于新型冠状病毒疫情原因，ISCSLP2021 在线上举行。日本奈良科学技术学院 Satoshi Nakamura 教授、中国人民大学张清芳教授和帝国理工学院 Björn W. Schuller 教授发表主旨演讲，分别介绍机器言语链（Machine Speech Chain）、汉语语言产生过程的行为实验和脑实验，以及言语在医学诊断中的作用。

2021 年 7 月 9 至 11 日

"语音学与人脑神经机制高级研讨会"在上海交通大学举行，本次研讨会由上海交通大学外国语学院言语 语言 听力中心主办。上海交通大学医学院附属精神卫生中心副院长兼心理与行为科学研究院副院长、主任医师李春波，主任医师范青，上海交通大学外国语学院言语语言听力中心丁红卫教授、李菲副教授，美国明尼苏达大学双城分校张扬教授，美国德克萨斯大学奥斯汀分校刘畅教授，香港理工大学彭刚副教授，华南师范大学秦鹏民教授，南方科技大学陈霏教授，上海外国语大学蒋晓鸣教授，湖南大学陈飞教授，索诺瓦集团中国区创新中心总监管晶晶博士等专家作主旨发言。来自国内外 80 余名学者、高校教师和研究生参加了研讨会。

2021 年 7 月 18 至 20 日

"第十四届中国语音学学术会议"（PCC 2021）在古丝绸之路重镇兰州市如期举行。会议由西北民族大学中国民族信息技术研究院、中国民族语言文字信息技术教育部重点实验室、西北民族大学中国语言文学学部承办，由兰州大学文学院、西北师范大学文学院、兰州城市学院西北方言研究中心/甘肃方言研究所协办。本次会议以"语音，信息与认知"为主题，主要面向全国语音学者交流最新研究成果，涵盖历史比较语音学、生理语音学、声学语音学、心理语音学、病理语音学、司法语音学、言语工程、音系学、口传文化、民族语言与语音以及其他相关领域，吸引了280余位来自全国的专家学者和学生参与。

2021 年 8 月 7 至 8 日

"声调语调问题研讨会"由中国社会科学院语言研究所语音研究室举办。该会议将声调语调问题放在丰富复杂的语言和社会需求这一背景之下，充分利用现代科技，努力解决语音学研究所面对的重大现实问题。会议一共安排了20多个场次的报告发言，大致可分为声调语调基础理论研究、声调语调类型学研究、声调语调分析方法研究、声调语调教学研究、声调语调障碍与康复研究等几个方面，充分体现了"理论应用并举、科研服务社会"的研究导向。来自国内高校和科研院所的三十多位专家学者应邀参加了本次会议，就声调语调及相关问题展开深入交流，另有两百余人在线观看了会议直播。

2021 年 8 月 21 至 24 日

复旦大学开设暑期"言语听觉科学"课程，讲授言语发声、言语听觉的解剖生理知识，语音声学特点以及汉语语音学的特点，在此基础上讲解言语发声障碍、构音障碍、言语听觉障碍的原理以及言语发声、构音、言语听觉障碍的评估、训练。该课程知识面跨越文、理、工及医多个领域，课程内容涉及语音学、声学、解剖学及临床医学等知识，是中文系语言学与应用语言学专业、言语通信工程、听力科学、病理语言学等专业的跨学科基础课程。此课程教员由跨学科专家教授组成，既有中文系语音学专业的教授，也有言语病理学家和临床主任医师。

2021 年 10 月 15 至 18 日

"第十六届全国人机语音通讯学术会议"（NCMMSC2021）在江苏徐州隆重举行。本次会议由中国中文信息学会和中国计算机学会联合主办，中国声学学会语言、听觉和音乐声学分会、中国语言学会语音学分会以及中国电子学会信号处理分会联合协办，江苏师范大学和北京工业大学共同承办。由江苏师范大学、清华大学和海天瑞声公司联合举办的阿尔茨海默综合症（Alzheimer's Disease，AD）识别竞赛，超过40多支队伍参赛。

2021 年 12 月 6 至 9 日

"第一届国际声调与语调会议"（TAI：International Conference on Tone and Intonation）由国际言语通讯协会 ISCA 与国际语音协会 IPA 联合主办，会议于南丹麦大学圆满召开。南京师范大学顾文涛教授担任会议发起人与常任委员会主席。

汉语音韵学研究

赵长才　任　荷　程　悦

2021年度的汉语音韵学研究取得了丰硕成果，各分支方向的研究稳步发展。下面分五大部分进行概述：一、上古音研究；二、中古音研究；三、近代音研究；四、有关研究材料和研究方法的讨论及学术史研究；五、学术著作出版和重要学术会议。

一、上古音研究

（一）上古韵部及《诗经》用韵研究

王兆鹏的《上古韵部小类次序研究——以出土古文字通假例为依据》（《古汉语研究》第1期）和《上古出土文献韵部亲疏关系》（中华书局，7月）注重利用出土文献及古文字通假材料来探究韵部之间的语音关系，对《古文字通假字典》（中华书局2008）中的异文通假材料进行了穷尽式的筛选整理与统计分析，根据通假频次的统计结果判定上古三十韵部之间的亲疏关系，最终确定的韵部对转关系与王力《汉语史稿》《汉语语音史》基本一致，印证了上古韵部分十一小类的正确性，并为明确旁转关系调整了韵部小类的排列次序。

黄易青、胡佳佳《从〈诗经〉四等相押看古韵主元音分布和介音分类》[《北京师范大学学报（社会科学版）》第3期]通过对《诗经》用韵四等七类相押的统计分析，重新审视了上古主元音分布、介音分类及音读等问题，并印证了前贤关于历时音变规律的若干主张。魏鸿钧《〈诗经〉用韵的数理统计分析》[《重庆科技学院学报（社会科学版）》第2期]运用数理统计法重新检视《诗经》用韵，并据此讨论了"脂微""质物月""冬东""真文"的分部依据、中古去声字的上古归部等问题。

（二）上古声母研究

边田钢《上古汉语清鼻音声母音位化构拟新探》（《中国语文》第2期）探讨学界争论较多的上古汉语清鼻音声母问题。该文以《广韵》这个封闭系统的谐声例证为主要材料，并结合通假、异文、古文字等上古文献证据，分析并检验各声母的分布条件，将前人所构拟的多套声母音位化构拟为一套（$^{*}sN->^{*}hN->^{*}\mathring{N}-$），认为各部位清鼻音通过条件音变分化为中古清擦音、次清塞音声母。

郑妞《上古牙喉音特殊谐声关系研究》（北京大学出版社，10月）通过对上古牙喉音特殊谐声字的系统考察与辨证，探究上古声母研究中与特殊谐声字相关的若干理论问题。该书全面收集韵书、音义书所记录的中古音切，并结合经师音注、假借、异文、同源词等文献内证材料，考察了牙喉音与章组、端知组、精庄组、帮非组之间的特殊谐声字在上古时期的语音面貌，发现真正的特殊谐声字数量不多，并且相当一部分特殊谐声字的产生与系统性的历史音变无关。该书认为绝大多数特殊谐声字的读音在上古已形成，当是单辅音声母，复辅音构拟在解释上古汉语的内证材料、以意义区分的异读现象、历史语音的发展演变及音系的声韵配合上存在矛盾。

郑妞《从古代方语差异再论上古晓母和心母相通》（《长江学术》第3期）通过对《经典释文》等音注材料中不同注家注解的整理分析，指出上古晓母与心母的纠葛与s-前缀无关，而是因为晓母字以细音为条件演变为心母，此变化在上古可能已经存在，在汉魏晋时期则存在方言的区分。

（三）上古声调研究

刘鸿雁、马毛朋《论段玉裁的"上入声多转而为去声，平声多转为仄声"——兼论声调源于韵尾假说》（《语言学论丛》第63辑）指出段玉裁关于上古汉语声调的重要论述"上入声多转而为去声，平声多转为仄声"总体上是正确的，汉语声调源于韵尾的假说在解释上、中古异调字问题上存在逻辑困境。张树铮《从语气词看上古汉语的调类和调值》（《吉林大学社会科学学报》第3期）根据上古汉语中陈述句和一般疑问句的句调与语气词的字调之间的对应关系，推断上古平声是升调或高调，上声是降调或低调，且上声和阴声韵没有塞音尾。南小兵《关于清儒对上古声调中"去入关系"的再讨论——从"鼻"字方音说起》（《古籍整理研究学刊》第2期）考察了"鼻"字在现代汉语方言中读入声的区域分布情况，指出其字音可能是上古入声字在现代方言中的遗留，强调了现代方言材料对汉语语音史研究的重要性。

（四）上古方音研究

胡森、王兆鹏《从楚简帛通假字论战国楚音韵部的排序》（《汉语史研究集刊》第31辑）以楚简帛通假字为材料探讨战国楚音系的韵部排序问题。该文对《楚简帛通假汇释》和《简牍帛书通假字字典》所收录的通假用例进行统计、归纳与分析，根据异部通假频次所反映的音转关系确定韵部之间的亲疏，并重新排列了韵部的次序。

贾海生、张懋学《岐周方音在安大简〈关雎〉中的遗存——关于教通芼或覠的解释》（《汉语史学报》第25辑）讨论《诗经·周南·关雎》不同版本中的"教""芼""覠"能否相互通假的问题。该文指出"教"与"效"为一字，"效"在《集韵》中有北角切一音，据此音上溯并推断先秦岐周方音中"效"与"教"属明母字或带鼻冠音，因而能与《毛诗》

《韩诗》中的"芼""现"构成通假关系。

（五）汉藏语同源词、借词研究

王艳春《汉藏语音韵对应研究——以杨福绵汉藏音韵研究成果为例》（社会科学文献出版社，2月）翻译并整理了杨福绵所撰写的汉藏语同源词研究系列论文，从中归纳同源词并汇编为《杨福绵汉藏语同源词谱》，参照斯塔罗斯金、郑张尚芳的上古音体系对杨福绵同源词的声母对应情况和韵母对应情况进行分析，最后对上述同源词的音韵对应关系及其规律做了总结。

曹亚北《上古汉语中的"犊"是借词吗？》(Journal of Chinese Linguistics 第2期) 根据先秦出土文献中的用例确定"犊"的始见时代，在此前提下借助谐声、通假、异文等材料考察"犊"的上古音，并借鉴有关定母字的最新研究成果，指出"犊"与阿尔泰语首辅音为t的词不构成语音对应，因而"犊"并非阿尔泰语借词。

王丹《日语训读与上古汉语字音对应例析》（《语言研究》第3期）提出日语训读中的少数字借自上古汉语，考察它们与上古汉语字音之间的对应关系可以为上古汉语复辅音、*-s与去声的关系、阴声韵是否有塞音韵尾等问题提供佐证，从训读到音读的对音材料也有助于探究从上古到中古的音系演变脉络。

（六）关于具体字的古音构拟、上古时期的语音演变等问题的讨论

马坤《论"黾"及相关诸字之古读及形体演变》（《中国语文》第1期）据古文字材料梳理从"黾"诸字的形体源流，分别考察三类"黾"字的押韵、谐声和通假情况，在此基础上针对"黾"字的形音义对应关系和古音构拟提出了新看法，还顺带讨论了"兴""寻""孕"等相关诸字的形体和古读。李豪《结合古文字和文献用字论"咒""弟""雉"等字的上古声母》（《出土文献》第1期）通过考察"咒""弟""雉"等字的战国文字字形和文献用字情况，重新审视了新派古音学家对这些字的上古音构拟，认为它们的上古声基都是*l-。作者强调要充分利用古文字字形和典籍的通假异文材料来推进上古音研究，并及时关注新的研究成果。

蒋冀骋、席德育《〈说文〉"省声""读若"所反映的语音演变》（《古汉语研究》第1期）通过考察《说文》"省声""读若"等音注材料，论证了一系列从先秦到汉代的重要语音演变：东汉时期章系已从端系分出、喻四已从定母分出、部分长入字已变为去声，等等。

二、中古音研究

（一）中古声母研究

石慧《〈广韵〉庄组特殊反切现象试释》（《中国语文》第5期）探讨《广韵》庄组三等字可用其他声母字做切下字，却不能做其他声母字的切下字这一特殊现象，指出这种现象反映了庄组三等字除 i 介音外还有一个其他介音，并从庄组的上古来源、两类重纽的语音区别、庄组与两类重纽的关系等方面论证了庄组三等字的介音应拟为 – ri –。作者基于对上述现象的分析，归纳出一条反切原则：带有某类介音的字不做不带这类介音的字的切下字，但可用不带这类介音的字做切下字。李广宽、陆燕《从〈碛砂藏〉随函音义看唐宋时期知庄章三组声母的演变路径》（《语言研究》第 1 期）指出《碛砂藏》随函音义所显示的知庄章三组声母的演变路径是庄章先合，再与知合，与唐宋时期的一般情况相符；根据其中的音变细节来反思敦煌俗文学别字异文和史炤《资治通鉴释文》的情况，认为别字异文材料中庄组字与知章组字代用例少是因为缺少对等音节，不能说明知章两组先合并，史炤《资治通鉴释文》知二庄与知三章的分组趋势也不能说明它们分别合并，这很可能是三组声母已合流、满足洪细分组条件之后的表现。

有关中古方言声母的研究，关注的重点是唐宋西北方音。邓强《晚唐五代西北方音云、以、影三母的关系》（《语言研究》第 2 期）据《英藏敦煌社会历史文献释录》中晚唐五代写卷中的别字异文材料考察了云、以、影三个声母之间的关系。该文认为在晚唐五代西北方音里云母和以母的关系较密切，但未完全合并，云影之间、云以之间则只是部分字相混，总的来说三个声母仍各自独立为一类。李华斌《敦煌写卷的疑母字声母脱落现象研究》（《汉语史研究集刊》第 31 辑）指出敦煌材料及其他唐五代时期的音注材料都显示疑母的脱落是从晚唐五代西北方音开始的，敦煌写卷的疑母字尚在变化初期；甘陕晋方言疑母字的今读与唐五代西北方音构成对应关系；疑母字脱落的原因是在高元音 i、u、y 前发生了条件音变。李华斌《泥来不分和唐宋西北方音》（《语言研究集刊》第 28 辑）认为敦煌蒙书注音、梵汉对音、异字别文、佛经音义及西夏文汉字对音等材料都表明唐宋西北方音中泥来不分；今甘陕晋宁的泥来不分，局限于山西的南区和陕西的西府等地，与唐宋西北方音有整齐的对应关系；庐陵、西蜀、京山等地的泥来不分则并非继承自唐宋西北方音；唐宋西北方音的泥来二母应是同一音位的自由变体，其音值尚不能确证。

（二）中古韵母、声调及诗词用韵研究

李存智《〈切韵〉系韵书韵类与 o、a 元音韵系》（《台大中文学报》第 72 期）通过检视 *o、*a 韵系各韵在《切韵》系韵书中的排序，探究其中存在的音韵类型差异及其所透露的语音史信息，据此说明 o、a 元音韵系的历史演变，并结合汉语方言比较的成果重建了上古韵部的 *o、*a 韵系。

声调方面的研究有余忠《"不"字入声读音考》（《语言学论丛》第 63 辑）通过考察字书、韵书和诗词押韵的材料，提出"不"读入声始于北宋初期，来源为"不"的阴声韵增生塞音尾，而非来源于"弗"，原因在于先秦至唐宋文献"不"的用量远超"弗"，且北宋"不"的入声读音为帮母合口一等，与"弗"非母合口三等不同。结合近体诗律考察声调的

研究有程悦《"判花"考》(《文献语言学》第 12 辑),该文根据字书、韵书和诗词押韵材料,提出"判"读平声和读去声时"判花"对应不同的意义,读平声表示赏玩花木,读去声表示签署花押,并认为唐代律诗中的两例不易解释的"判花"应当属于前者,不存在出律问题。

关于诗词用韵的研究有李蕊《从唐代近体诗用韵看〈广韵〉"独用""同用"例》(《汉语史学报》第 25 辑)和《唐代古体诗韵部演变考》(《古汉语研究》第 1 期)。前者系统整理了唐代近体诗用韵情况,并与古体诗用韵进行比较,据之归纳并呈现唐人功令的面貌,进一步论证了《广韵》的"独用""同用"例正是承袭唐人功令而来。后者系统考察了唐代古体诗的用韵情况,对其韵部进行系联和归纳,发现韵部数目由初唐 37 部,经中唐 32 部,减至晚唐 30 部,由此可看出韵部系统在有唐一代的简化趋势。

(三)《切韵》音系性质及相关问题的讨论

《切韵》音系的性质及其音系基础一直是中古音研究的重要课题,2021 年度又有新的进展。孙玉文《〈切韵序〉试读兼及〈切韵〉音系性质问题》(《修辞研究》第 6 辑)通过对陆法言《切韵序》的分层释读,探讨《切韵》的分韵原则、操作办法和编纂理念,论证了《切韵》音系是在魏晋南北朝以后口语基础上形成的尽量求分的读书音系统,其音系基础不是金陵方言或洛下方言,但音值受两地的影响应该较大。侍建国《从〈切韵序〉〈音辞篇〉看陆法言、颜之推的"正音"观》(《语言学论丛》第 63 辑)通过比较《切韵序》和《颜氏家训·音辞篇》对于南北声母、韵部及古今语音差异的论述来审视《切韵》音系的性质,认为它是一个表示音类差异的规范系统,反映了陆法言、颜之推心目中的语音规范理念,无法根据《切韵》归纳出一个现代语言学意义上的"单一音系"。

据《切韵序》所言,《切韵》一书孕育于隋文帝开皇年间的"长安论韵"。关于"论韵"的确切年份,学界众说纷纭。鲁国尧《语学与史学的会通——三十而立,再证"长安论韵开皇六年说"》(《古汉语研究》第 3 期)一文运用考据语史学的方法,重新论证了长安论韵的时间应为开皇六年,并提出"以今例古法""知人论世说""齐一律"等新见。

(四)《切韵》系韵书的整理与研究

对《切韵》系韵书进行整理、点校的著作有徐朝东《切韵汇校》(中华书局,8 月)和蔡梦麒《广韵校释》(中华书局,11 月)。《切韵汇校》以故宫藏王仁昫《刊谬补缺切韵》为底本,将王一、王二本收入并汇校。《广韵校释》以泽存堂本为底本并参校诸本,以前代韵书订正《广韵》的语音系统,并注明了每个小韵的中古拟音(王力系统)和每个字头的现代汉语拼音。

在韵书研究领域,《广韵》的异读问题一直备受关注。赵庸《〈广韵〉俗字所生假性异读札记四则》(《励耘语言学刊》第 1 期)考察了"趍""壿""痳""皷"四字的异读情况,指出此类现象表面上是一个字形有多个读音,实际上是"同形字本自有不同读音",不能构成真正的异读关系。

现存各类唐五代韵书残卷的性质也是学界较为关注的问题。丁治民、李惠超《论四种敦煌韵书残叶之性质》[《苏州大学学报(哲学社会科学版)》第6期]通过对斯五九八〇、伯三七九九、斯六一五六、斯六〇一二这四种残卷的仔细考察与疏证,论证了它们的性质应为"增训加注字"类《切韵》。

此外还有从文字学角度考释韵书疑难字或从文献学角度探讨《切韵》系韵书成书、流布过程的论文,如刘亚丽《裴务齐正字本〈刊谬补缺切韵〉疑难字考释》(《语言研究》第3期)、李子君《岂待开卷看,抚弄亦欣然——〈大宋重修广韵〉与〈钜宋广韵〉考实》(《文献语言学》第12辑)等。

(五)其他中古韵书及音注材料的整理与研究

席德育、蒋冀骋《同形字与〈集韵〉又读考辨》(《语言研究》第2期)选取《集韵》中的20个字(怵、殈、籴、餐、嚼、獝、儶、䳀、疣、摧、瘥、疔、疹、痏、䴸、瘁、塴、魘、廖、摯)进行考辨,认为其异读的形成原因是编撰《集韵》时用读音来区分代表不同词的同形字。

张冰《〈经典释文〉同义异读字之"或音""一音"考》(《语言研究》第1期)针对《经典释文》中涉及"或音""一音"的同义异读字的注音情况做了专门考察,并与中古时期其他韵书及音注材料中的相关记录进行对比,认为陆德明是按照"典籍常用、会理合时"的标准对这些字的多个读音进行判定和取舍的,被认定为"或音""一音"的读音大体有四种来源——方俗音、古音、由异文或异源产生的读音、北方音。储丽敏《从新反切层的角度看敦煌残卷〈周易音义〉性质》(《汉语史学报》第24辑)基于对今本《经典释文》反切结构的认识,对比分析了敦煌残卷本和今传宋本《周易音义》中"可比勘反切首音"的类型和层次,据此推测二者所据祖本十分相近;从历时和共时角度逐一考察了目前可得的音义材料所体现的新反切层,据此认为上述两个版本的《周易音义》在唐代就遭到了不同程度的勘改。

对其他重要的音注材料进行整理或研究的论著还有:张冰《王念孙〈广雅疏证〉与〈博雅音〉校文对〈博雅音〉语音研究的作用》(《中文论坛》第10辑)、郑林啸《〈篆隶万象名义〉中的遇摄特殊音切考》(《语言研究》第1期)、万献初《汉书音义研究》(中华书局,9月)、廖秋华《〈史记索隐〉中的新型反切结构》(《语言研究》第2期)、廖秋华《从胡三省自注反切与征引反切的比较看他的审音标准》(《汉语史学报》第24辑)、黄仁瑄《续一切经音义校注》(中华书局,2月)、辛睿龙《〈广弘明集〉历代佛经音义校读举例》(《语言研究》第3期)、李华斌《敦煌写卷佛经音义疑难字考释六则》(《中国文字研

（六）对音、汉字音材料与中古音研究

利用域外对音、汉字音等材料来探讨汉语音韵问题也是 2021 年度研究热点之一。

梵汉对音材料很早就被视为研究中古音的重要材料。李建强《〈涅槃经〉三个译本 e、ai 字母对音透露出的语言文献问题》（《汉语史学报》第 25 辑）比较了梵文字母 e、ai 在《涅槃经》三个译本中的对音差异，认为所用对音字的异同反映了中古齐韵系字的上古来源及其演变历程。余柯君《四种〈大身咒〉齿音声母的比较研究》（《语文研究》第 2 期）尝试从历时的角度观察并分析梵汉译音系统。该文比较了四种《大身咒》齿音声母字的对音差异，认为其背后的原因主要涉及对音风格差异、基础方音差异和历史语音发展三个方面。向筱路《辽代慈贤译〈白伞盖陀罗尼〉韵母对音研究》（《汉语史学报》第 25 辑）对慈贤译《白伞盖陀罗尼》的韵母对音情况进行观察与分析，认为可从中发现 11 世纪辽代北方汉语的若干语音特征，如"舌尖前元音可能已产生""宕摄入声字出现文白异读""三、四等字有 i 介音""入声韵尾有弱化"等等，继而指出"宕梗两摄阳声韵尾消变"的现象可能是慈贤译经承袭不空译经音系的表现，强调应注意剔除唐以后译音材料中的存古现象。

郑伟《中古汉语几种韵母特点在汉越语中的反映》（《汉语史研究集刊》第 31 辑）通过对越南汉字音材料的考察来探究中古时期的几种韵母特点，认为来自上古鱼、侯两部的虞韵字读 -ua，来自上古歌、佳两部的支韵字读 -ia，麻、佳同韵读 -e/-ue，尤、幽总体相混，幽韵表现并非重纽四等，梗摄二等庚、耕韵字读 -anh，三等庚、清韵和四等青韵读 -anh 或 -inh，觉韵读 -ac，药韵读 -uo'c。该文着重讨论了上述特点的时代性和地域性，强调汉越语资料对中古音研究具有重要参考价值。蔡欣然《汉语、日语传承汉字中古异读的差异性比较》（《中国文字研究》第 33 辑）以中古音为参照，对比汉语和日语在中古异读字读音取舍上的差异，认为据此可以间接证明汉语语音的历史事实。

三、近代音研究

（一）近代声母研究

在近代声母研究中，对中古知庄章声母分合情况的研究占重要地位。张玉来《〈中原音韵〉古知庄章三组声母的分布及其语音分析》（《语文研究》第 3 期）讨论了《中原音韵》音系中古知庄章声母分布的处理方式，认为《中原音韵》音系中古知庄章三组声母所呈现的"知二庄拼洪音、知三章拼细音"的基本格局反映了真实的语音差异，从历时演变上看用两套音值、两套音位的处理方式更为合理。亓文婧、林珈亦《知庄章三组声母在〈青郊杂著〉中的发展》（《汉语史研究集刊》第 30 辑）认为《青郊杂著》古知庄章三组声母以洪细为条件可分为知二庄和知三章两类，音变通过共时系统内一词两读实现。

关于近代音官话声母的研究成果有王振《明清以来四川官话泥来母的读音类型及其历史演变》(《励耘语言学刊》第1期)和刘宇《从〈三国志宗寮〉对音看东北官话尖团音合流的时间》(《方言》第2期)。前者根据明清时期的对音和现代方言,总结了四川官话泥来母相混的条件、方向和类型。后者根据满汉合璧本《三国志宗寮》中人名的满汉对音,考察细音前见晓组声母和精组声母的腭化情况,认为东北官话的尖团合流开始于十七世纪初期(明末),到十七世纪中期尖团音合流已经达到了相当大的规模。

对方言声母的研究有段亚广《北京话和汴洛方言"客"字腭化路径比较》(《方言》第3期),该文研究中原汴洛地区(今河南中东部)部分方言和北京地区周边存在的"客"字读腭化音现象,认为"客"字在两类地区的演变规律不同:《蒙古字韵》和《中原音韵》证明北京周边地区的腭化始于元代,经历了与蟹摄见系开口二等字的合并阶段;河南方言的特点及相关文献则证明,中原汴洛地区的"客"类字腭化大概发生在清中叶以后,是在中古入声消失后由元音的高化引起的,未经历与蟹摄二等字的合并阶段。

(二)近代韵母和声调研究

2021年度对于近代韵部及具体韵母演变的研究有新的收获。王冲《清代江浙地区蒙古族诗人汉文诗歌用韵研究》(《古汉语研究》第2期)使用数理统计等方法考察清代江浙地区蒙古族诗人的诗歌用韵,认为其押韵体现出明显的吴语方音特点。熊燕《从梗曾摄阳声韵字读音看官话方言南北差异和互动》(《中国语文》第3期)分别考察梗合二和曾合一牙喉音字、梗合三四牙喉音字、梗开二和曾开一唇音字以及梗开二牙喉音字在官话方言里的读音差异,根据文献记载确定音变时间,并结合现象的地理分布,推测音变的互动情况。赵葵欣《明清北京官话文献中表给予义的"给[kei]"的读音》(《方言》第3期)根据明清时期北京音文献及满汉、汉朝对音资料,认为[kei]最早出现在十七世纪初(1606年),其演变路径为kip→ki→kei,并从语用角度解释了其产生原因。

对《西儒耳目资》及其他韵书韵母的研究是近代音研究中的一个重要主题。石绍浪《〈西儒耳目资〉与今南京话入声韵比较》(《语言科学》第5期)提出《西儒耳目资》与今南京话入声韵在韵类分合和主要元音音值等方面存在整齐的对应关系,据此认为《西儒耳目资》的入声韵是以明代南京话为基础的。吴建伟、路建彩《〈元声韵学大成〉入声韵及入声字简析》(《中国文字研究》第34辑)探讨万历年间形成的《元声韵学大成》在入声字安排方面的特色——表现为"借入",即入声韵尾-p、-t、-k在配阳声韵尾的同时也配阴声韵。赵彤《〈五方元音〉的反切和驼韵的韵母》(《辞书研究》第5期)认为清代韵书《五方元音》的反切主要凭上字定介音,并利用反切、小韵的分布及中古来源等信息重新考察了驼韵各小韵的韵母,归纳了这些韵母的演变规律。

还有一些论文专门探讨近代官话或方言中的介音。曾晓渝《近代官话见系开口二等-i-介音现象补论》(《古汉语研究》第 3 期)提出中古晚期二等韵独立的条件是介音,元代汉语见系二等的 -i- 介音不是增生,而是中古二等介音 -ɯ- 的延续演变,并提出二等介音 -ɯ- 自中古至近代呈雅俗两种演变方向。段亚广《明清汴洛韵书中唇音字的合口介音》(《历史语言学研究》第 1 辑)通过对明清汴洛地区四部方言韵书中的唇音字的考察分析,发现今普通话的唇音开口字在明清时期的汴洛方言中普遍带有合口介音,尔后合口介音因为丧失了音位区别作用而成为赘余成分,在经济原则作用下消失。

研究近代声调的代表性论文有宋峰《〈音韵清浊鉴〉反映的十八世纪初北京话声调概貌》(《语文研究》第 4 期)和田范芬《从诗词用韵看长株潭小片入声的演变》(《历史语言学研究》第 1 辑)。前者分析了清初王祚祯《音韵清浊鉴》的声调系统,认为与十八世纪初北京话的面貌相似。后者通过对明清时期湘地诗词用韵及其他文献的考察,发现在明代中晚期长株潭的入声与阴去相混,清代中期又与去声分头发展,形成了今天"入声自成一类"的声调格局。

(三) 韵图与等韵学研究

周赛华《〈韵法全图〉音系与彭州方音》(《语言历史论丛》第 16 辑)研究清代杨得春所著《韵法全图》的音系,提出该音系与今彭州方言在入声韵的分类上有明显对应关系,应是当时的彭州方音。张凯《〈二十三母土音表〉及其反映的 200 年前的宁波方音》(《语言学论丛》第 63 辑)整理了清代中后期吴善述《二十三母土音表》的声韵调系统,指出该韵表为构建宁波方音史乃至吴方言史提供了珍贵资料。

有关明清等韵思想的研究有赵清泉、熊桂芬《〈说文长笺〉所反映的赵宦光等韵学思想》(《汉语史研究集刊》第 31 辑)。该文从声、韵、调三方面讨论明末赵宦光《说文长笺》中的等韵学思想,认为其中反映了明末吴语的部分语音特征。

(四) 近代韵书和传教士文献的音系与文献研究

对近代韵书的研究主要关注韵书所反映的音系情况和韵书的文献特点。研究韵书所反映的官话或方言音系的论文如周赛华《〈字学一览〉音系与江淮官话》(《古汉语研究》第 2 期)。该文详细介绍了清代韵书《字学一览》的音系,论证该音系反映了当时的东至方音。周赛华《抄本〈读韵入门〉音系与寿光方音》(《汉语史研究集刊》第 30 辑)分析了清代成书的《读韵入门》的音系特点,论证其音系反映了当时的寿光方音。郑伟《〈韵学骊珠〉与清代吴语的文白之别》(《汉语史学报》第 24 辑)以奉微、疑影喻、精知照、庚青东钟、药觉等音类的合并情况和音值表现为例,考察以清代沈乘麐所编的《韵学骊珠》为代表的南曲韵书,认为其中的南音是正音规范而非当时的吴语实际,现代吴语中与明清南曲韵书相同的语音特征是这种正音规范的反映。李超《两种清代曲韵书所注南北音之辨》(《语言科学》第 2 期)整理了清代两部南曲韵书《音韵辑要》与《韵学骊珠》中的南音和北音特点,并与北京音、南京音、中原官话、江淮官话、吴语的文献材料进行共时和历时的比较，认为《韵学骊珠》《音韵辑要》的南音、北音是当时南北通语或者官话，同时呈现出多层次的复杂面貌。倪博洋《清末四川韵书〈四音辨要〉的音系性质》（《汉语史研究集刊》第 31 辑）研究清末四川骆成骧所编纂的韵书《四音辨要》，认为该韵书所记录的是具有综合性的读书音音系。冯青青、倪志佳的《〈徐氏类音字汇〉咸山摄阳声韵与阴声韵读音混同现象》（《方言》第 1 期）根据清末江苏盐城方言韵书《徐氏类音字汇》考察了盐城方言咸山摄阳声韵与阴声韵混同的音变发展史。

韵书文献研究方面的论文有张民权《王文郁〈新刊韵略〉源流及其历史嬗变》（《励耘语言学刊》第 1 期），该文考察了王文郁《新刊韵略》的源流和演变发展，认为金代《礼部韵略》并非宋代景德《韵略》的翻版，而是独立发展的礼部韵书，《新刊韵略》是其修订本。

通过传教士文献研究方言音系的论文有林梦虹、庄初升《清末民初山东官话文献的罗马字拼音方案》（《汉语史学报》第 24 辑），该文研究传教士所编著的清末民初山东官话文献，通过其中的罗马字注音归纳分析其所反映的多处山东方言的音系。马重奇、马睿颖《近代传教士所撰八种潮汕方言著作音系综合比较研究》（《北斗语言学刊》第 8 辑）考察了《潮州话初级教程》《汉英潮州方言字典》《汕头方言初阶》《汕头方言音义字典》《汕头白话英华对照词典》《汕头话口语语法基础教程》《汕头方言手册》《潮正两音字集》等八种潮汕方言著作，通过比较其声韵调系统，考察其方言音系性质，认为这些著作都不是单一方言音系，而是以汕头或潮州方言为基础，吸收其他方言韵类的综合音系。［美］柯蔚南著、单秀波译《屈奈特及其所记十九世纪晚期的南京话语音》（《北斗语言学刊》第 8 辑，原文发表于 Journal of the American Oriental Society 2008 年第 1 期）重新梳理了奥地利学者屈奈特对十九世纪晚期南京话语音系统的详细记录，拟测了各语音符号代表的具体音值。屈奈特的研究是目前已知最早的对南京语音系统进行全面描写的记录，梳理其转写系统并善加利用对南京方言及江淮方言的历时研究具有重要意义。

（五）方言音韵史研究

原始方言构拟方面的重要论文有秋谷裕幸《原始闽北区方言里的 *ɑi 和 *ɑiŋ》（《语言研究集刊》第 28 辑）和《原始闽北区方言中"剥""布""风"等字的韵母》（《历史语言学研究》第 1 辑）两篇文章。前者论证了原始闽北方言中（除 *au 以外）至少存在两个以 *ɑ 为主要元音的韵母 *ɑi 和 *ɑiŋ，后者指出 *uo 韵和 *uoŋ 韵除了拼 *k 系声母以外，还可拼 *p 系声母。

关于汉语方言声母的讨论有栗华益《江西都昌、余干方言的塞音塞擦音声母——兼论汉语塞音塞擦声母的演变过程和类型》（《方言》第 1 期），该文考察了都昌多宝、余干瑞洪赣语的声母演变类型，并探讨了汉语古次清声母的本质、历时演变过程和古全浊声母的演变类型。王临惠、王忠一、于思《论环渤海方言中古日母的演变》（《中国语文》第 6 期）指出环渤海地区方言日母的演变有沈阳型、北京型和章丘型 3 个基本型和济南型、阜新型 2 个过渡型。其中北京型与古中原地区方言一脉相承，而沈阳型、章丘型则源于北京型的进一步演化；止开三日母字读卷舌音的变化首先在口语中出现，在清代中后期才取代旧的字音进入书面语系统成为正音。

关于汉语方言韵母的讨论也有新的进展。倪志佳《北方方言咸山摄一等韵演变的阶段性》（《中国语文》第 3 期）据现代方言勾勒了古咸山摄一等韵在北方方言中的演变轨迹，认为其演变具有明显的阶段性，是由其内部的端见、舒入和开合的差别所造成的；又结合历史文献考察了部分音变发生的大致时间，指出晋语在咸山摄一等韵的演变上虽有保守之处，但没有超出官话的表现，二者同出一源且共同发展。李建校、曹梦《山西晋语中古模韵的韵母类型及其成因分析》（《语文研究》第 1 期）将山西晋语中古模韵的今读韵母分为 5 种类型，逐一分析了每类韵母的分布及成因。认为声母与 u 韵母拼合不协和导致了山西晋语中古模韵端系齿/龈音声母字今韵母的不同，声学特征的差异导致了泥组、精组、端组字韵母裂化的不平衡，而端系字韵母的不同类型说明对齿/龈音有深入分析和细分的必要。

（六）对音、译音与借词研究

《蒙古字韵》是研究近代音的重要文献之一，研究者对其音系和文献进行了广泛而深入的研究，成果颇丰。近年来重要的研究论著有宋洪民《八思巴字资料与〈蒙古字韵〉》（商务印书馆，2017），研究论文方面仅 2020 年就有宋洪民、吴建伟《汉语语音史上的腭化说及〈蒙古字韵〉中 ė 的性质》（《民俗典籍文字研究》2020 年第 1 期），宋洪民《近代语音史上轻唇化音变的纠葛与〈蒙古字韵〉中的"明、微"声母》（《语言研究》2020 年第 4 期），宋洪民《从回鹘式蒙古文标音看北音中的桓欢韵》（《历史语言学研究》第 14 辑），宋洪民《〈蒙古字韵〉对近代韵图的接受与调整》（《汉语史学报》第 23 辑），耿军《〈蒙古字韵〉韵字校补》（《汉语史与汉藏语研究》第 7 辑）等多篇成果。2021 年度该领域新的成果有宋洪民、吴建伟、高环宇《〈蒙古字韵〉中"麾"小韵系的标音之"误"》（《古汉语研究》第 2 期），该文认为《蒙古字韵》中"麾"小韵声母用 s 而在官音中改用 h 是蒙汉接触导致的。

华夷译语也是近年来研究者们关注较多的材料。聂大昕《〈西番馆译语〉与"西洋馆华夷译语"对音模式的一致关系》[《西南民族大学学报（人文社会科学版）》第 3 期]提出《西番馆译语》和"西洋馆华夷译语"在用字、对音层面存在一致关系，总结了两种译语的核心对音模式。王振《〈西番译语〉（川五）所记尔苏语方言考——兼谈确定译语所记语言和方言的方法》（《语言学论丛》第 63 辑）指出一般认为《西番译语》（川五）所记录的是尔苏语西部方言，但通过比较发现该译语记录东部方言的可能性更大，语言特点和文献记载都支持这一结论。该文认为，考察译语记录何种语言或方言时，应该重视音变路径和语音历史层次的比较。同类文章还有王振《清乾隆年间〈嘉绒译语〉译音汉字的方言属性与音韵特点》（《汉语史学报》第25辑）和《〈多续译语〉藏汉对音与清前期四川方音》（《方言》第2期），以及邓强、邓瑶《清代滇中契约文书的音借字及其反映的方音现象》（《语言研究》第3期）等。

通过其他对音文献、人名研究近代官话和方言的论文有李宁《试论〈唐话纂要〉的音系性质》（《方言》第1期），余福海、罗盛吉《"成"字清初官话音小考——兼论纳兰容若满名Cengde改Singde之灵感》（《汉语史学报》第24辑）等。

讨论借词来源的论文有徐丹《汉语"波罗盖（膝）"的来源——兼谈汉语与非汉语的深层接触》（《民族语文》第3期）。该文认为北方方言"波罗盖（膝）"是源自北方民族的底层词汇，构词模式可能来自通古斯语。

四、有关研究材料和研究方法的讨论及学术史研究

（一）研究材料和研究方法

孙玉文《研究上古音的材料与方法》（《语言学论丛》第64辑）将上古音研究材料分为"与上古音有最佳对应关系的材料"和"直接反映上古音的材料"两大类，逐一分析了各项直接材料在上古音研究方面的具体价值和局限性，并探讨了现代方言和汉藏诸语言材料在研究上古音方面的价值问题。孙玉文《韵脚字系联法运用过程中入韵字的字音选择问题》（《古汉语研究》第1期）阐述了在韵脚字系联法运用过程中应如何正确选用入韵字的字音，强调要注意传世古书非原书之旧的情况和表面上押韵不和谐而实际和谐的情况，要区分韵脚字的语音对应关系与对比关系，要注意字词的不一致现象，对于不别义的异读字音和别义的异读字音都要仔细鉴别并选取。

张富海《利用谐声构拟上古音应该注意的几个问题》（《出土文献》第1期）专门讨论了"如何有效利用谐声材料构拟上古音"的问题。该文提出：要根据古文字字形和文字学研究的新成果对《说文》的谐声分析做甄别，要考虑谐声材料中的异质成分，要充分利用出土古文字中的谐声材料。

毕谦琦《中古时期的音义材料》（《辞书研究》第2期）系统介绍了在中古音研究中可资利用的音义材料——包括《经典释文》及其他儒家经典音义著作、史书和文学作品的音义材料、佛经音义著作——并阐述了这些材料在中古音、上古音、上古汉语形态研究方面的重要价值。

王为民《发现语言生活的"满洲"因素——音韵学研究的"范式"重构》（《语言科

学》第 1 期）提出要回归清代语言生活的本真语境，重新建构基于满汉文献对比的清代汉语音韵学研究范式与体系，强调要利用满文文献和满汉合璧文献等新材料，关注"清代北京内城旗人汉语与外城汉人汉语的融合"等新问题，提倡"将满语文因素纳入清代音韵学研究"的新视野。

（二）学术史研究

音韵学史方面的研究在 2021 年度又有新的进展。刘晓南《试论朱熹古音学的古韵部刍型》（《古汉语研究》第 4 期）通过考察朱熹"叶音"条目的"例推古音"来进行古韵归类，推知朱熹的古韵部刍型十三部，认为这是迄今所见的古音学史上最早的（通过叶音显示的）古音韵类系统。马坤、王苗《论清人"一声之转"的声纽审音标准》（*Journal of Chinese Linguistics* 第 2 期）辑录了戴震《方言疏证》、段玉裁《说文解字注》和王念孙《广雅疏证》的转语材料并分析其声纽接触类型，考察各家的声纽审音标准。周赛华《〈李氏音鉴〉的粗细理论及其相关问题》（《文献语言学》第 13 辑）探讨清代李汝珍《李氏音鉴》的粗细理论，认为字母和韵分粗细的条件是一致的。赵彤《章炳麟对古韵音值的假定》（《文献语言学》第 12 辑）和杨艳惠《〈新方言〉古今音转与〈成均图〉》（《励耘语言学刊》第 1 期）讨论了章太炎在古韵音读研究、方言及古今语音演变研究等方面的成就。

马德强《高本汉的中古音研究平议——基于等韵的视角》（《汉语史学报》第 24 辑）评述了高本汉在中古音研究上的得失，强调以等韵为参照研究《切韵音系》要注意认识并把握二者之间的时间与空间差异。王兆鹏《基于合韵理论的古韵排序及音值构拟相关问题》（《汉语史学报》第 24 辑）对清代古音学家的合韵理论及王力基于合韵理论而进行的古韵排序、拟音工作进行了评述，在肯定其成就的同时，提出应更好地利用通假材料研究古韵次序。

蒋冀骋、曾晓渝、杨军、洪波、周赛华、张富海《音韵学研究现状与展望》（《语言科学》第 5 期）和张玉来、尹瑀《传统汉语音韵学研究之得失衡估》（《吉林大学社会科学学报》第 2 期）评述了汉语音韵学研究的历史与现状，并对未来的发展方向做出展望。

五、学术著作出版和重要学术会议

（一）通论性著作、教材、论文集的出版

2021 年度出版了几部比较重要的通论性著作、教材或论文集，如赵彤《汉语音韵学概论》（第二版；中国人民大学出版社，7 月），郑张尚芳、郑伟、董建交、王弘治《中西学术名篇精读·郑张尚芳卷》（中西书局，5 月）、刘晓南《语音史考论》（上海教育出版社，4 月）等，还出版了美国汉学家白一平《汉语上古音手册》的中译本（龚群虎、陈鹏、翁琳佳译，上海教育出版社，9 月）。

（二）音韵学辞典

2021年度出版了潘悟云、杨剑桥、陈重业、张洪明所编译的《汉文典》（修订本；中华书局，6月）。《汉文典》是瑞典汉学家高本汉撰写的一部多功能的古汉语工具书。该书将七千余个汉字字头按字族、韵部进行编排并在每个字头下罗列其上古音、中古音和现代音，因而也可视为一部音韵学辞典。

（三）音韵学会议

2021年度召开了两场较大规模的音韵学会议。①1月17日，"中国音韵学第二届学术研讨会"在天津召开。会议由中国语文现代化学会音韵学分会和南开大学文学院共同主办。会议就近代音、学术史与方法论、对音与文献、中古－近代音、历史语音、方言民族语等议题开展了分组讨论。②8月21－22日，"中国音韵学第21届学术研讨会暨汉语音韵学第16届国际学术研讨会"在成都召开。会议由西南交通大学主办，西南交通大学人文学院、西南交通大学出版社、巴蜀书社、《西南交通大学学报（社会科学版）》联合承办。会议讨论内容包括音韵学家学术思想研究、音韵学专题研究、音韵学与汉语方言研究、音韵学与少数民族语言研究、音韵学与古籍整理研究、音韵学与古代文学研究、音韵学与地方志文献研究、中国古典文献学研究等议题。

古文字学研究

王志平　连佳鹏

随着新材料的陆续公布以及旧材料的不断消化，古文字学研究日新月异，成果层出不穷。体现在学术研究成果上，古文字研究论著数量庞大，研究人数众多，呈现出一派繁荣昌盛的学术局面。下面，我们从四个方面加以综述。

一、出土文献的著录与整理

新发现始于新材料，材料的整理和公布是古文字学研究取得不断进步的首要前提。2021年，甲骨文、金文、战国文字、简帛文字等都有一些新的出土文献著录或公布，为古文字学领域和其他相关学科的研究提供了新的研究素材。

（一）甲骨文著录与整理

甲骨文是时代最早的古汉字，有关材料的重要性首当其冲。2021年有3项甲骨文著录与整理成果出版：

1. 吴振武等编著《吉林大学藏甲骨集》（全二册）于2021年11月由上海古籍出版社出版。该书收录吉林大学所收藏的全部甲骨（包括伪刻和无字甲骨），共496版，分图版、释文、附录等部分。图版包括彩照、拓片、摹本三种，其中彩照不仅有甲骨的正反面，还有侧面和钻凿面，可为读者提供更多的相关信息。释文部分除尽量准确的释文外，还有对部分卜辞内容的进一步阐释，可加深读者对卜辞的理解。此外还附有每片甲骨的尺寸及重量数据。注明甲骨的重量，为该书首创。附录部分包括多种表格，读者可便利地检索有关这批甲骨的著录、缀合、钻凿形态等多种信息。

2. 李运富总主编、曾广庆本卷主编、张新俊本卷编辑《河南藏甲骨集成·开封博物馆卷》于2021年12月由河南美术出版社出版。该书收录了开封博物馆所藏甲骨69版，其中有字甲骨64版，无字甲骨5版。

3. 刘钊主编、陈剑副主编《传承中华基因——甲骨文发现一百二十年来甲骨学论文精选及提要》由商务印书馆于2021年12月出版。该书录排整理甲骨文发现一百二十年来的甲骨学论文120篇，并撰写提要。论文主要从已发表的单篇论文中精选，少数为学者论著的节选。各篇依发表年份编号、排序。

（二）金文著录与整理

金文是最早识读的古文字，研究历史悠久，近年也不断有新的发现。无论是金文学史还是新出土器物，都有最新的整理成果出版。

1. （宋）薛尚功著，李宗焜纂辑之《宋刻宋拓〈历代钟鼎彝器款识法帖〉辑存》于2021年9月由中华书局出版。该书将存世散存在"中研院"史语所、上海图书馆、中国社科院考古所等三个学术单位及私人收藏的宋刻、宋拓《款识》，全部汇为一编，并收录前辈学者重要相关论文。

2. 山西省考古研究院等单位编《倗金集萃：山西绛县横水西周墓地出土青铜器》《霸金集萃：山西翼城大河口西周墓地出土青铜器》于2021年2月由上海古籍出版社出版。该书著录了110余件、60余件铸有铭文的青铜器，分别归属于不见于传世文献的两个西周封国：倗国和霸国。

3. 狄跟飞、王进、王晓毅主编《山右吉金——隰县瓦窑坡东周墓地出土青铜器精粹》于2021年9月由山西人民出版社出版。该书精选了山西省临汾市隰县出土的一批春秋中期高等级墓葬中的青铜器，进行了图文并茂的介绍和研究。

4. 上海博物馆编《汉淮传奇——噩国青铜器精粹》于2021年10月由上海书画出版社出版。该书首次聚集从西周早期至春秋早期的60件噩国青铜器，并以器物为载体，铭文内容作经纬，完整呈现了噩国青铜器的发展脉络。

5. 朱凤瀚、苏强主编《中国国家博物馆馆藏文物研究丛书·青铜器卷（商）》于2020年12月由上海古籍出版社出版。该书收录馆藏商代青铜器精品159组（165件），这些器物按时代分期先后依类别编排，每一种青铜器都配有整体高清大图，及必要的铭文照片和拓片、细部放大图等，并用文字介绍器名、时代、流传等基本情况，描述和说明其形制特征以及研究现状等。

6. 山东省文物考古研究院编《山东省文物考古研究院藏文物精粹·铜器卷》于2021年12月由文物出版社出版。该书收录山东省文物考古研究院藏铜器，按时代可分商代、西周、春秋、战国、汉代五部分。书中公布了大量精美的文物摄影照片、铭文拓片，并介绍了每件器物的出土地点、年代、形制特征等信息，力求真实地展现铜器之美。

（三）战国秦汉简帛等著录与整理

战国文字和简帛学研究是近些年进展最快的两个古文字学分支，二者材料时有交叉，对于学科之间的互动和融合起到了促进作用。2021年出版的重要简帛材料如下。

1. 北京大学出土文献研究所编《北京大学藏西汉竹书》第壹、肆卷于2021年2月、3月由上海古籍出版社修订重印出版，此次再印，仅修订了部分字释与相关注释，兼及个别简的缀连。

2. 甘肃简牍博物馆、甘肃省文物考古研究所、陕西师范大学人文社会科学高等研究院、清华大学出土文献研究与保护中心等单位主编的《悬泉汉简（贰）》于2021年11月由中西书局出版。《悬泉汉简》共8辑，每辑收录简牍约2300枚。

3. 清华大学出土文献研究与保护中心编《清华大学藏战国竹简（拾壹）》于2021年11月由中西书局出版。该书收录长篇战国竹书《五纪》。该篇凡130简，全篇内容基本完整，总字数近4500字。《五纪》借托后帝之口，以五纪（日、月、星、辰、岁）、五算为中心，确立了天地万物的常规、法度，对于古代天文历数、国家治理研究具有重要意义。

4. 张再兴主编《秦汉简帛文献断代用字谱》于2021年12月由上海辞书出版社出版。该书是在秦汉简帛语料库的基础上，穷尽性地汇集秦汉简帛文献用字资料的新型工具书。全书收录秦汉简帛文献近60种，提供文献用字的完备数据。主要包括：字的多种记词形式、词的多种用字形式、用字的不同文献分布、用字的断代变化、词形用字的出现频率、各种用字形式的本用频率及出处等。

（四）玺印、陶文等金石文字著录与整理

玺印、陶文等金石文字材料分散，搜集不易，为方便学界使用，一些学者急学界之所急，想学界之所想，及时汇总和整理了相关材料出版。

1. 焦新帅编《乾堂藏古玺印封泥辑存》于2021年2月由西泠印社出版社出版。古玺印卷收录了官印、战国私印、秦私印、汉私印、隋唐私印、宋私印、元私印等共205件，以秦汉印为主；古封泥卷收录了战国封泥、西汉封泥102件；另刊载了乾堂所藏的223方战国到东汉时期封泥拓本。

2. 唐淼主编、李春桃副主编《吉林大学考古与艺术博物馆馆藏文物丛书·玺印卷》于2021年11月由上海古籍出版社出版。该书收录吉林大学考古与艺术博物馆馆内所藏战国古玺218方，每印下附录全印实物照片（拍摄时玺印均为入藏时原貌），同时收入印文钤本、高清印面、封泥等多种不同形式的照片，并公布玺印的尺寸、重量等信息，全面展现每方古玺的客观面貌。

3. 徐在国编著《新出古陶文文字编》于2021年7月由安徽大学出版社出版。该书收录新出的古陶文，力求完整地反映新出古陶文的全貌。全书由凡例、正编、合文、附录、音序检字表、笔画检字表等组成。正编部分共分为14卷，字头排列大致按照许慎《说文解字》一书顺序。为避免字形失真，该书收录的字形，尽量采用原拓扫描录入。字迹不清晰的一般不收，但字形特别重要的则同时附摹本收录。原拓与摹本同时出现时，仅出原拓出处。每一字头下所收字形为具有文字学意义之典型字形，各类异形异构字尽量全数收录。每字下大多标明出处、辞例，以便查核。与以往的相关陶文字编比较，《新出古陶文文字编》有不少新字形，不少字的释读是作者的最新观点。

4. 白于蓝主编，段凯、马继编纂《先秦玺印陶文货币石玉文字汇纂》于 2021 年 12 月由福建人民出版社出版。该书是对先秦时代的玺印、陶文、货币和石玉这四种古文字材料及相关研究成果进行全方位整理，按照《说文》体例，进行文字编编撰，将古文字字形汇集于相应字头之下，标明每一字形的具体出处、所在辞例、时代以及国别，汇集了原始材料及研究成果并与古文字字形及其释文关联，是一部依据古文字资料的内在规律编纂的大型古文字工具书。

二、古文字学专著与论文集的新收获

（一）个人专著的新贡献

2021 年，古文字学人都纷纷拿出看家本领，陆续出版了不少新作。学者无论老中青，或者老当益壮，或者青出于蓝，都积极奉献出自己的学术结晶。

1. 老一辈学者的学术贡献如：

（1）裘锡圭著《老子今研》于 2021 年 3 月由中西书局出版。该书辑录他近年来结合出土的《老子》简帛本研究今本《老子》的主要成果，共收录相关论文 8 篇，主要利用马王堆帛书、郭店楚简、北大简等出土的《老子》文本，对传世与出土各本《老子》展开了多角度的研究与考证。

（2）蔡哲茂著《蔡哲茂学术文集》于 2021 年 9 月由花木兰文化事业有限公司出版。全书共十册，分为甲骨文卷、殷商史卷、金文卷、简帛与文献卷、书评、序文与杂著卷。

2. 青年一辈学者的学术贡献如：

（1）方稚松著《殷墟甲骨文五种外记事刻辞研究》于 2021 年 4 月由上海古籍出版社出版。作为《殷墟甲骨文五种记事刻辞研究》的续篇，该书是作者对甲骨文五种记事刻辞外的祭祀类、铭功旌纪类记事刻辞及干支表刻辞等相关研究成果的系统总结。

（2）李春桃著《传抄古文综合研究》于 2021 年 5 月由上海古籍出版社出版。该书对传抄古文的价值、版本、时代、国别、形体特点、考释方法以及存在的问题进行了综合性讨论，以期建立一套古文研究的理论体系。

（3）王讲锋著《为山覆篑——古文字、古文献与先秦史论集》于 2021 年 7 月由巴蜀书社出版。该书汇集了他研究甲骨、金文和简帛资料以及相关文献资料的多篇论文。

（4）何有祖著《新出秦汉简帛丛考》于 2021 年 9 月由科学出版社出版。该书收集了作者十多年来在秦汉简帛文本解读方面的多篇文章，以文字考释、简牍缀合为主。

（5）石继承著《汉印文字研究》于 2021 年 10 月由上海古籍出版社出版。该书在全面搜集并科学整理秦汉印章资料的基础上，结合简牍、帛书、铜器、石刻等篆隶文字数据，对汉印文字中的讹变、混同等变化现象作系统深入研究，为释读秦汉文字中的疑难字总结了字形变化的成例。

（6）张富海著《古文字与上古音论稿》于2021年11月由上海古籍出版社出版。该书收录作者古文字与上古音研究方面的论文共计40篇，包含释读战国竹简、马王堆帛书《周易》、西周金文等古文字；探讨古文字释读中的语音问题；利用古文字材料研究上古音；等等。

（二）专题论文集的新进展

相比之下，2021年出版的一些集体论文集对于相关古文字专题的讨论则显得主题集中，百家争鸣。其中讨论字词关系的如下。

（1）李运富、汪维辉主编《汉语字词关系研究（一）》于2021年10月由中西书局出版。该书收录"首届汉语字词关系学术研讨会"会议文章及同主题的文章共23篇，为系列集刊首辑。论集从异文、用字习惯、用字类聚、文字职能、讹混、同形字、俗字等多个方面对出土文献与传世典籍中的字词关系进行讨论。

（2）陈斯鹏主编《汉语字词关系研究（二）》于2021年10月由中西书局出版，为《汉语字词关系研究》系列集刊第二辑，收录"第二届汉语字词关系学术研讨会"会议论文40篇。论集围绕出土文献及传世典籍中的字词关系及相关语言文字等问题，或作个案研究，或作宏观考察，或对相关资料加以系统梳理及考证。

此外，集中讨论李学勤先生学术成就与学术思想的如下。

清华大学出土文献研究与保护中心编《半部学术史，一位李先生：李学勤先生学术成就与学术思想国际研讨会论文集》于2021年4月由清华大学出版社出版。该书是2019年12月7－8日召开的"李学勤先生学术成就与学术思想国际研讨会"的会议论文集，收入了100多篇会议论文。这些文章从多角度总结了李学勤先生的生平事迹、学术贡献和学术思想，并对相关领域的科研工作有进一步的推动作用。

三、古文字学论文选题多样，内容丰富，见解新颖

同样，从学术论文角度而言，2021年的古文字学研究选题多样，内容丰富，涉及古文字学研究的方方面面。有些研究深入具体材料的字形考释，有些研究则联系古今文字的音义理论，新意纷呈，新见迭出。下面，我们从以下四个专题给予概括。

（一）甲骨文研究

吴丽婉《大维多利亚美术馆藏一片卜甲再考释》（《文献》第1期）对大维多利亚美术馆藏一片卜甲中的两个新见字形和所系联的旧有卜辞进行了释读。方稚松《甲骨文"叚"字含义探析》（《语言科学》第1期）认为甲骨文中的"叚"字各类用法含义中都含有核心

义素建、设、立之类意思。刘源《谈殷墟花东卜辞中禛字反映的禳祓之祭》(《中国史研究》第 2 期) 认为花东卜辞中的 ▨ 字,仍应从整理者的意见释为"禛",▨ 为其简写形式,含义与禳除不祥有关。西周金文中的"禛寿"之禛蕴含有平安、无祸的意思,禛寿即无灾且长寿。杜金鹏《商代"玉"字新探》(《中原文物》第 3 期) 认为商代"玉"字系表玉柄形器组系之形,是会意字。袁伦强《甲骨文"▨"字考释》(《中国文字研究》第三十四辑) 将甲骨文"▨"字分析为从虎从吕,与"▨"相认同,释为加注"虎"声的"吕"字。张昂《释甲骨文中的"铃"字》(《出土文献》第 4 期) 认为甲骨文中旧释为"棪/榆"的 ▨、▨ 实际上是两个不同的字。后者所从之 ▨、▨ 与左半之木形上部树枝处紧密相连,并呈现出一定的倾料。结合金文中"铃"字的相关材料考虑,将 ▨、▨ 释为"铃"之初文。蒋玉斌《谈谈甲骨文摹写中值得注意的一些重要字形信息》(《出土文献》第 1 期) 从五个方面讨论了甲骨文摹写时可多加注意或需要提高的地方,讨论时结合二十多个例子,说明准确辨认及摹写字形带来的新知,并对有关字形作了考释研究。谢明文《谈甲骨文中的两例"舌"字及相关问题》(《甲骨文与殷商史》新十一辑) 将一些卜辞中旧误释为"由"等字的 ▨ 释为"舌",指出其上端作分叉之形,在卜辞中表"灾咎"之义。还对"舌""言"二字早期一形多用的现象作了详细讨论,认为表"灾咎"义的"舌"都是用作"言"字而读作"愆"。吴丽婉《甲骨文"▨"释"直"补说——兼论"直"字用法》(《甲骨文与殷商史》新十一辑) 从字形和辞例两方面对释"直"的说法加以补充论证,并认为"直"字在甲骨文中大多是一个与祭祀相关的动词。袁伦强《甲骨文考释二则 (释"狗"、释"卢""卢豕")》(《甲骨文与殷商史》新十一辑) 将 ▨ 释为"狗";▨、▨ 释为"卢""卢豕"合文,并分析了卜辞中"卢豕"之"卢"的含义。认为"卢"即"卢豕",是一种特殊种类的豕的名称。"卢豕"是一个整体,结构当类似于"豭猪""羒羊"等。张俊成《甲骨文释读二则》(《甲骨文与殷商史》新十一辑) 将甲骨文的 ▨、▨ 字释为"乎"字异写;认为 ▨ 字是在 ▨ 字的基础上增加声符"丂"而成的一个形声字,释为"敆"。叶正渤《亦释"▨ (冄、冉)"》(《甲骨文与殷商史》新十一辑) 认为甲骨文 ▨ 或 ▨,不是所谓的"竹"字,而是"冄、冉"字,其故城在今山东省菏泽市定陶县冉堌镇一带,距殷都朝歌不远。连佳鹏《𠂤组贞人"▨"字应释为"引"补论》(《古籍整理研究学刊》第 5 期) 认为甲骨文师组卜辞中常见的贞人名"▨"字,为 ▨ 的简写,象人持弓之形,应按照于省吾先生的意见释为"引"。作 ▨ 形的"引"字为"▨"只保留弓形的简写。连佳鹏《释甲骨、金文中从"丨丨"之字》(《第七届中国文字发展论坛论文集》) 认为甲骨、金文中有许多字所从之"丨丨"实际上是"川"(▨)改变笔势的结果,并对甲骨、金文中从"丨丨"的字进行了逐一的考释。

(二) 金文研究

孙启灿《文峰塔 M4 曾侯钟铭文补正》(《江汉考古》第 1 期) 对曾侯钟铭文原释文部

分字形如"臧""昀"等做了订正,并对部分字句的释读提出了新的看法。蔡一峰《豆器自名"盇"新考》(《文史》第1期)认为楚豆器自名"盇"与"琦""锜""鎏""钊"在楚地语言背景下音义皆近,所指可以是一词。张俊成《山东沂水纪王崮春秋墓铜盂铭文释读及相关问题》(《考古与文物》第2期)认为"羀"字应为会意字,整体字形为以手持韭,表示古人以韭祭献之意。"羀""齌"当为同字异构。李春桃《启簋、启戟铭文小考》(《汉字汉语研究》第2期)将启簋铭文中所谓的"献"字改释为"敔",读为"吾",同时对启戟自名的"戟"字进行了辨析。王凯《曾公𬎆编钟铭文"慎雁京社"补释》(《文博》第3期)认为曾公𬎆编钟铭文"誓应京社"应为"慎雁京社"。查飞能《伯晨鼎铭"极"字校释与古极国探微》(《文博》第3期)认为伯晨鼎铭中"𩰫"字的声符"亘"与亟音近,可读为"极",极国为西周姬姓古国。任家贤《觚形尊的自名及相关问题补说》(《文史》第2期)讨论了觚形尊的自名用字,认为该字应以"舟"为声符,是觚形尊的专名。李家浩《关于东周器名"和"及其异体的释读——兼释战国文字"酬"和人名、复姓中的"和"》(《文史》第3期)认同将东周时期器名作"和"及其异体"鉌""䀇"所从之"口"释为"㫃"的省写的意见,在铭文中用为"桐"或"銅",指盆一类的器皿。"和"也应释为"桐","酬"在竹简中用为"酮"。谢明文《陈喜壶铭文补释》(《中国国家博物馆馆刊》第9期)对陈喜壶铭文中的一些字词进行了重新的考释。如该文认为"左大族"前面一字,当释作"为",用作人名,是作器者,此壶旧定名为"陈喜壶"是不合适的,实应改名为"为壶"。另外对铭文中的"寺"字、"即"字、"宾"字等进行了讨论。董莲池《释师询簋的"𢆶"》(《中国文字博物馆集刊》2021)认为师询簋的"𢆶"字应是"繇"字的误摹,读为"由","由于"之意。王志平《"石沱"新释》(《历史语言学研究》第16辑)认为楚系青铜器中有一类鼎铭自名为"石(沰/磋/橐/磬/宕)沱(鉈/鮀/㓐/铊)"等,本字当作"宕沱"或"宕铊",可以读为"汤池"。楚金文中以"汤池"代指盛汤之器皿,是一种语言学上的转喻行为。徐在国、滕胜霖《大河口西周墓地M6096器主名补释》(《战国文字研究》第四辑)认为山西翼城大河口西周墓地M6096出土铜盆的器主名"𰓷"应释作"兑",同墓出土铜鼎的器主名"𰓸"应释作"列"。"兑""列"均为舌音月部字,所指实为一人,属于同名异字的现象。

(三)战国文字研究

战国文字尤其是简帛文字仍是研究热点。俞绍宏、宋丽璇《楚简"闋"字补释》(《语言研究》第1期)认为楚文字"列"可能是"闋"的简省体,"闋"有可能是表干犯义的"闌"字的楚系异体。马坤《论"黾"及相关诸字之古读及形体演变》(《中国语文》第1期)依据出土材料梳理"黾"字形体源流,将其分为三类。在此基础上,考察它们在出土简帛中的押韵、谐声、假借现象。程少轩《太乙式神名"太炅"考》[《中山大学学报(社会科学版)》第 1 期]认为唐代式占文献中的巽位神"太炅"之"炅"应是秦汉文字与传世医书中屡见的"热"字异体。黄德宽《释古文字中的"杪"及相关字》(《汉字汉语研究》第 1 期)认为古文字䇡、䇡不应释为"矛",而可能是"杪"字初文。该字在"木"顶端加锋颖符号"∧"表示"标末"之意,因此它应该是个指事字。其与另一个从"禾"上加符号"∧"的字形䇡应该是不同的两个字,后者或释为"秀",表"秀穗"之义有可能是正确的。翁明鹏《秦简牍专造字释例》(《汉字汉语研究》第 1 期)考释了秦简牍中记录倾塌之{倾}、掩盖之{掩}、箭羽之{羽}、四食之{四}的专造字。汤志彪、孙欣《释"襘"》(《语言科学》第 1 期)认为楚简中旧释为"袭"的"䇡"字应释为"襘",在楚简中或读为"回",或读为"毁""危",在甲骨文中读为"危"。翟胜利《齐国"六字刀"铭文及相关问题再论》(《中国国家博物馆馆刊》第 3 期)对战国时期齐国铸行的一种大刀币"六字刀"主要铭文进行了释读,认为"拓邦"说更为合理。刘玉环《释"鳳"兼及物候历之"鳳(风)月"》(《文博》第 2 期)认为《上博简(八)·命》中的"䇡"字和金文"䇡"字皆应释为"风","风月"是物候历中对正月的称谓。赵平安《"鞠"字形体结构的意蕴及其影响》(《汉字汉语研究》第 2 期)认为清华简中的"鞠"字,应分析为从古文邦(从丰从田)、从甸,是甸的增累字。它是汉字发展到较高阶段的珍品,反映了周代的畿服制度。《尚书·武成》中的"邦甸",是误解"鞠"之类写法的产物。"邦甸、侯、卫,骏奔走,执豆笾"是伪古文《尚书》真伪掺杂的典型实例。赵平安《试释战国玺印封泥中的"祈父"》(《文物》第 8 期)同意其他学者的意见,将战国时期齐国的玺印封泥中"䇡䇡"二字释为"坖罨",其中前者李家浩释为"圻"字异体,后者赵平安认为是"纲"的会意字,用网和又(手)的组合来表示"举网必先振其纲"的意思。"圻纲"应读为"祈父","祈父"见于传世文献,即司马一职。张飞《清华十〈四时〉中一种特殊写法的"中"字》(《汉字汉语研究》第 3 期)认为清华简十中的"䇡"字应释为"中",读为"融"。黄德宽《说"彦"及相关诸字》(《中国文字博物馆集刊》2021)认为楚简中的"䇡"字应分析为"从乂、从言,言亦声",是一个会意兼形声字,可能是"彦"的本字。从"彡"的"彦"则是后来才出现的字形,其发展大概是先在"䇡"的左边增加一个")"画,产生出"䇡"这个新形体。当"彦(䇡)"分化出"谚"字后,遂将"䇡"所从的"言"替换成"彡"。谭生力《说"仍"》(《中国文字研究》第三十三辑)根据清华简中的"䇡"属同宁复写的构字方式,后世文字中的"仍",是"䇡"左边所从之"乃"讹变为"亻"的结果。刘传宾《郭店〈老子〉甲简"䇡"字试论》(《中国文字研究》第三十三辑)认为"䇡"字为"胺"字初文,是早期象形写法,而"胺"是后起形声字。黄德宽《清华简〈五纪〉篇"四尣"说》(《出土文献》第 4 期)辨析了"尣"字的构形及其形体演变情况,对释该字为"尣"进行了论证。贾连翔《清华简〈五纪〉的"骸"及相关字的再讨论》(《出土文献》第 4 期）认为"骸"的形声异构字"骽""臂""臂"，其左上所从的"％"或"％"应即甲骨文的"％""％"字，其词义范围锁定在人的腿部，可能是"骸"的初文，也有可能"骸""胫""股"同源，都是由"月"这一指示字分化而来。石小力《清华简〈五纪〉的"壇"与郭店简〈唐虞之道〉的"禅"》（《出土文献》第 4 期）认为"臺"即"壇"字省体，郭店简《唐虞之道》禅让之"禅"可隶作"㣤""遵"，为从"臺（壇）"声之字。赖怡璇《谈谈安大一〈诗经〉从"手"的新见形声字》（《出土文献》第 3 期）对安大一《诗经》中四例从"手"的新见形声字进行了考释，认为"摯""择""挚"分别为"撒""掬""攜"的异体字；"攀"与"升"为义近替换关系。程燕《"扁"字考——兼谈多元结构的会意字》（《出土文献》第 3 期）认为战国文字中的"扁"字是会意结构，从"首"从"册"，表示题于门户之署文。侯瑞华《楚简"刘"字补论》（《出土文献》第 1 期）认为楚文字"彡"可以分析为从"刀""歺"声，是"刘"字的异体。侯乃峰《清华简〈四告〉篇字词笺释》（《出土文献综合研究集刊》第十三辑）对《四告》篇中一些字词文句加以补充考释论证，如"䣛"释为"郄（膝）"之异体，读为"悉"；将"䢔"释为"遏"字之讹写；将"䁹"释为"仆傭"之"傭"等。张飞《说清华八〈治邦之道〉中的"阩"字》（《简帛》第二十三辑）认为《治邦之道》中的"阩"字当释为"涸"，分析为从阜从米，"米"旁为"水"旁之讹，"陕"为"涸"之省写，读为"显"。苏建洲《荆州唐维寺 M126 卜筮祭祷简释文补正》（《简帛》第二十三辑）将"胸"释为"胸"字异体，声符由"凶"替换为"工"。贾连翔《试析战国竹书中的"貌"字》（《语言学论丛》第六十三辑）认为在战国时期的楚文字中，"貌"字常常以"爻"作为声符。基于此，将清华简中的"狄"和上博简的"豸"皆释为"貌"。范常喜《信阳楚简"乐人之器"所记编钟、钟槌名新释》（《文物》第 12 期）将信阳楚简编钟名"延"释为"延"、钟槌名"桲"释为"橘"，读作"柝"。王志平《楚简与传世文献中的"石（邟）"》（《中国文字研究》第 31 辑）认为清华简《金縢》与《史记·秦本纪》中的两处"石"均当读为"邟"，与"跖"为一字异体。王挺斌《秦骃玉版铭文补释》（《出土文献》第 1 期）指出秦骃玉版的疑难字"瘨"见于清华简，在玉版中用为"藏"。铭文"藏周"当读为"藏凋"，指的是孟冬之气具有伏匿凋丧的特点。刘洪涛《晋系文字中的"楸"》（《简帛》第二十二辑）指出古文字中的"矛"有三种不同的来源：戈矛之"矛"、象柔软枝条之形和象人披发之形。晋系文字所谓的"柔"作"柔""柔"，其实并不是"柔"，应分析为从"木""矛"声，是"楸"字的异体。陈剑《说"竈"等字所从"黾"形来源》（《中国文字》夏季号）认为出土文献中"竈"字下部所从的"黾"形，是从"穗"字声符"黾"的异体"黾"形下半截取出来的，在"竈"中作声符；"黾"字亦从同一形得声。"黾"字亦系"黾"形简体，是将"黾"形中部的"目"形省略而来。苏建洲《说战国文字"再""两"的字形结构》（《中国文字》夏季号）认为清华九《治政之道》的"叀"是"再"的专用字,"叀"也见于《上博四·简大王泊旱》,应释为"再",读为"载"。清华简《祷辞》"两"是在二"丙"形之下加上意符"二",跟"两"的字义有关,之后再声化演变为"羊"。苏文勇《安大简〈诗经〉中"㡀"字浅析》(《战国文字研究》第四辑)将安大简"于以奠之,宗室㡀下"与传世文献《诗经》中对应诗句"于以奠之,宗室牖下"进行对比研究,认为"㡀"很可能是"栋"的初文或异体。

（四）综合研究

其他方面如综合利用古文字材料进行的文字考释或对汉代文字进行的考释皆有所创获。孟蓬生《"匹""正"同形与古籍校读》(《中国语文》第1期)指出"匹""正"本是两个不同的字,两者的形音义没有必然联系,但在汉字构形系统发展史上,两字曾经历过一个字形趋近乃至同形互用（前人或称"互讹"）的阶段。然后对"匹""正"两字互用的历史过程进行了粗略的勾勒,并在此基础之上尝试解决古籍中一些疑难字词和文句的理解问题。杨建忠、王月婷《说"教""学"》(《辞书研究》第2期)梳理了古文字中"教""学""敩"三字的混用关系。王森《甲骨文、金文所谓"乎"字当释为"平"字》(《语言科学》第3期)认为甲骨文、金文中的"乎"字,其下部所从"丂"形是"杖"字的初文,应当将其释为"平"字。真正的"乎"字来源于"虖"字,出现时代较晚,与"兮"字有紧密联系。李守奎《汉字阐释与汉字文化普及——以福字为例》(《汉字汉语研究》第2期)以福字为例,指出汉字阐释一方面需要学术化,另一方面需要应用普及。汉字文化普及应当在汉字阐释学术研究的基础上展开。武亚帅《试说古文字"两"》(《中国文字研究》第三十三辑)认为"两"与衡轭之形相去较远,该字的产生经历了一个由借用他字到重复构件另造本字的过程。王志平《"爂"字补释》(《出土文献综合研究集刊》第13辑)从"爂/燮"的初文溯源出发,认为古文字"爂/燮"并象手持火炬之形,应为《说文》"爇,所以然（燃）持火也"之"爇"字初文。出土文献中用为"燮"（和）、"褻"者均应为"爂/爇"字的假借用法。王志平《说"毚"与相关字》(《清华简研究》第4辑)对于古文字"毚"及其相关诸字进行了系统的考释,对于"毚"字的古音歧读进行了综合的分析。邬可晶《"丸"字续释——从清华简所见的一种"遽"字谈起》(《中国文字》夏季号)认为殷墟甲骨文所见的北方神名"？",当从有的学者的意见释为"丸"。西周晚期至春秋时代金文中有一种看似从"勹"的"遽"字,实际上是在"谨"上加注"丸"声。清华简中一般认为加注"勹（匀）"声的"遽",其所从之"勹"乃"丸"之讹变。陈剑《"叝""叞"声符探源并论相关诸字》(《中国文字》冬季号)认为"叝""叞"两字所从声符,可以追溯到殷墟甲骨文的？。其字象"手中揉搓丸圆丸"之形,是"挼（捼、挼）"与"丸"共同的表意初文,分别在"叝"与"叞"两字中作声符,系早期古文字中即已为古老的口语词所造表意字者。苏建洲《说"牵"》(《中国文字》冬季号)认为曾侯乙漆箱所载二十八星宿中的

"牵牛"是目前所见最早的"牵",字形写作"玄",与秦汉简的"牵"字存在字形演变关系。"牵"所从"牛"当是"手"的讹变。{牵}写作"玄"当有更早的来源。

四、古文字学学术信息丰富,学术交流频繁

2021年度,由于受到疫情影响,不少古文字学会议延期或者停办,即使按时举办者,也多采用线上交流方式,云会议、云论坛成为年度特色。即便如此,2021年也成功举办了众多古文字学会议,会议信息丰富,学者之间交流频繁,为古文字学的健康发展打下了良好的基础。兹择要介绍如下:

1. 2021年3月20-21日,"第九届出土文献青年学者国际论坛暨先秦秦汉荆楚地区的空间整合学术工作坊"在线上成功举办。此次论坛与工作坊由武汉大学历史学院简帛研究中心、历史地理研究所以及武汉大学人文社会科学研究院主导组建的"新资料与先秦秦汉荆楚地区的空间整合"青年学者学术团队联合主办,来自海内外二十余所高校和科研机构的三十余位青年学者参与了主持、发表和讨论。研讨会共设置六场报告和一场工作坊,与会青年学者们以发表和讨论的形式进行了广泛而深入的交流和探讨。文字的释读是利用出土文献的基础与关键,论坛中有不少关注古文字的文章发表,或考释出土文献中的诸多疑难字词,或在此基础上对相关问题作进一步阐发,新见迭出。

2. 2021年3月27日,由西南大学汉语言文献研究所主办的"出土'书'类文献研究高端学术论坛"正式举办。此次会议共邀请了11位出土文献及相关领域的优秀学者,报告涉及出土"书"类文献的语言文字考释、文献学、历史学研究等方面。部分论文后来收入《出土文献综合研究集刊》第13辑中,其中古文字学的部分上文已有体现。

3. 2021年4月23-25日,曲阜师范大学历史文化学院主办的"新出文献与中国早期文明研究"学术研讨会在曲阜举行。来自国内高校、科研机构的五十余位专家学者齐聚一堂,就新出甲骨、金文、简帛文献与中国早期文明研究的若干前沿问题进行深入交流。

4. 2021年5月29-30日,"古文字与出土文献青年学者西湖论坛"在中国美术学院举行。论坛由中国美术学院主办,视觉中国协同创新中心、汉字文化研究所承办。论坛邀请了来自国内十余所高校近三十位青年学者参会,围绕"金文、玺印文字的考释""新出楚简的释读与研究""出土文献与古典语文学的新探索"三个主题展开。现场报告的二十余篇论文,既有对未刊材料的介绍与研究,亦有对学界悬而未决之疑难问题的再考与新证,囊括了古文字考证与出土文献释读、竹书成书问题探究、历史人物年代考据、传世文献故训探析以及隶变、草化现象等内容,从古文字学、历史学、艺术学、文献学、训诂学等多学科、多角度充分发掘了古文字与出土文献的重要价值。

5. 2021年7月23-25日,东北师范大学文学院主办的"第四届古文字与出土文献语言研究学术研讨会暨出土文献语言文字研究青年学者论坛"在吉林长春举办。会议采取线下和线上相结合，以线下研讨为主的方式举行。来自全国 30 余所高校和科研院所的 80 余名从事古文字和古汉语研究的专家学者参加会议，围绕"甲骨文与语言研究"、"金文与语言研究"、"战国文字与语言研究"和"秦汉简牍文字与语言研究"四个板块展开了深入的交流与研讨，全景展示了近年来古文字研究与出土文献语言研究在理论、方法、技术与实践等方面所取得的创新性成果和成功案例。其中 13 位专家学者，分别围绕旧材料的缀合复原问题、古文字考释实例及方法、唐兰先生在相关问题研究上的贡献、出土文献词汇研究、古文字资料与上古音研究问题、如何利用出土文献考辨旧有文献含义问题、孔壁古文《尚书》的文本性质等问题作了主题发言。

6. 2021 年 8 月 7 - 8 日，"首届简牍学与出土文献语言文字研究学术研讨会"在兰州举办。会议由中国社会科学院语言研究所历史语言学研究一室、中国人民大学吴玉章中国语言文字研究所、人大复印报刊资料《语言文字学》编辑部、甘肃简牍博物馆和西北师范大学文学院联合主办，西北师范大学文学院承办。来自高校及科研机构的 47 位学者做了学术报告，与会学者围绕"简牍语言文字研究""甲骨文、金文语言文字研究""敦煌文书语言文字研究"等主题展开了广泛而深入的交流。

7. 2021 年 10 月 23 - 24 日，"第二届汉语字词关系学术研讨会"在线上举办。会议由中山大学中国语言文学系古文字研究所、中华传统文化研究中心举办。部分参会论文收入《汉语字词关系研究（二）》，于会前由中西书局出版。会上，来自清华大学、北京大学、复旦大学、浙江大学、中山大学、厦门大学、山东大学、郑州大学等高校的 40 多位学者围绕"汉语字词关系研究"分 8 组宣读论文并开展讨论，多数都是关于古文字学的研究成果。

8. 2021 年 11 月 19 - 20 日，由清华大学出土文献研究与保护中心主办的"清华战国楚简国际学术研讨会"在清华大学举行。来自不同国家、地区 20 余家单位的学者与中心师生共 50 余人参加会议。学者围绕据摹本复原楚简文字、训诂学方法、人工智能技术在古文字学上的应用、清华简疑难字词等主题开展研讨。

9. 2021 年 12 月 5 日，由河南大学黄河文明与可持续研究中心、黄河文明省部共建协同创新中心主办，河南大学甲骨学与汉字文明传承发展研究中心承办的第一届河南大学"甲骨文与古代文明青年学者论坛"在线上举行。来自国内高校及研究机构的 14 位青年学者做了学术报告，与会学者围绕甲骨文的文字考释、缀合、词义训释、商代历史及地理等方面进行了广泛而深入的讨论。

五、小结

特别值得一提的是，自从"古文字学"被确立为冷门绝学以来，国家重视程度与日俱增,有关古文字学的专业刊物近些年来日益丰富,很多学术研究机构都创办了自己的专业期刊、集刊,定期出版发行,为古文字学提供了便利的学术交流阵地,"冷门"不冷,"绝学"不绝。同时,针对日益丰富的大宗出土文献,有关古文字学网站和微刊也为古文字学人提供了更为新鲜的学术信息和更加活跃的交流平台,例如复旦大学出土文献与古文字研究中心主办的复旦大学出土文献与古文字研究中心网、武汉大学简帛研究中心主办的简帛网等,以及最近几年异军突起的微信公众号古文字微刊、汉字学微刊等微刊,利用现代网络科技,及时刊登有关学术文章,积极维护网络论坛,为相关讨论和深入研究提供了公开透明的学术平台。有关研究成果得以在网站上迅速呈现,这些举措都极大地促进了古文字学的百家争鸣和学术繁荣。其中2021年在网络和微刊上发表的古文字学论文汗牛充栋,相关跟帖更是不计其数,难以一一列举,考虑到这些网文并不算正式出版,此处统计就暂付阙如了。

综上所述,2021年度的古文字学研究,无论是在出土文献著录与整理,还是在具体文字考释和研究方面,都取得了显著成绩。古文字学平台建设日渐成熟,信息交流更加频繁,学术研究得以继续稳步推进。

汉语方言学研究

谢留文　邓　婕　夏俐萍　徐睿洲　孙宇炜

2021年是中国共产党建党一百周年。《方言》杂志刊登谢留文《中国共产党与百年汉语方言事业》（《方言》第3期），总结百年来我国汉语方言调查研究所取得的巨大成就，说明中国共产党的领导是汉语方言事业不断前进的根本保证。同时刊登已故著名语言学家，我国汉语方言事业的奠基者之一，共产党员知识分子的杰出代表丁声树先生的旧作《云南玉溪方言音系》（《方言》第3期），以兹纪念。

张振兴《中国语言研究的两大战略导向》[《语言战略研究》第3期]提出两条中国语言研究战略性导向的基本出发点，一是要准确认识中国语言既有分歧性又有统一性的重要特征，二是要充分认识中国语言，最主要是汉语参与国际语言竞争的能力。

张振兴《让我们重新认识汉语、定位汉语——兼论"中心论"和"扩展说"》[《陕西师范大学学报（哲学社会科学版）》第4期]提出应该用"中国特色、中国风格、中国气派"的标准重新认识和定位汉语，认为"中心论"和"扩展说"是建立在层次分析基础上的有效方法和手段。

2021年，汉语方言学继续立足于本体，调查与研究并重，发掘新材料，研究新问题。研究视野有所拓展，传统研究更加深入，个案研究不乏新见。语言学的多种理论与方法在汉语方言研究中得到充分运用，取得了丰硕成果。

2021年汉语方言调查研究可以从语音、词汇、语法三个方面来阐述。

一、汉语方言语音调查研究

（一）方言音系

提供了新的调查材料。集中在官话、晋语、闽语和土话。代表性文章有：谭治琪《甘肃正宁方言同音字汇》（《方言》第3期）；赵爱武《湖北罗田（大河岸）方言同音字汇》（《方言》第1期）；赵晓阳《河北阳原（化稍营）方言同音字汇》（《方言》第2期）；乔全生、高晓慧《山西中阳（宁乡）方言同音字汇》（《方言》第4期）；秋谷裕幸《福建浦城观前方言同音字汇》（《方言》第1期）；魏慧斌、梁逸云、严修鸿《广东连州（上河）土话同音字汇》（《方言》第4期）。

基于方言调查实践，从方法论角度讨论汉语方言调查记音的重要论著有赵日新《基于方言比较的几个调查记音问题》（《方言》第 4 期），文章指出方言比较不能只停留在归纳音位上，更应该注意具体音值。音值的重要性主要表现在反映一个方言的特殊语音面貌和个性；某些音类对应但具体音值不同的音，其后续的变化往往正是由其不同音值所引起的；某些音值特征会导致所在音节发生一系列的变化，使同一个方言发生不同的分化，使音节面貌呈现不同特点。方言比较有时候需要"去音位化"或"再音素化"，才能更容易说清楚语音演变规律。昨天的音值也许就是今天的音类，今天的音值也许就是明天的音类。文章最后对汉语方言中唇齿塞擦音、舌叶音、塞边音、送气擦音、长元音和后滑音等几种比较典型音类的实际音值进行具体分析。

（二）声调和连读变调

主要论文有：袁碧霞《两折调的形成及变异——福建闽清方言的个案分析》（《语言研究》第 2 期）通过对福建闽清方言声调变异的微观观察，发现存在从降调发展为两折调的现象。结合田野调查和实验分析，两折调在年龄、性别中的表现存在差异。文章将其音法演化路径描述为：降调 > 弯降 > 凸降 > 后凸拱 > 两折调。其中凸拱是由降调到两折调的桥梁，闽东多地的凸拱均存在向两折调演变的情况。从普适调型库看，两折调也可以归入降调的一种亚型。杜晓萍《福建邵将片方言的舒声读入声现象探析》（《语言研究》第 2 期）认为邵将片的舒声读入声属于闽北方言性质，但是浊平读入声并非与闽北阳平甲同一层次，清上、浊上读入声也不是源于邵武周边乡镇方言接触的影响。从调类和调值两方面来看，邵将片浊平字读入声与闽北片阳平乙即"第九调"属于同一音韵层次。阴平、阴上读入声是因为同为降调，调值相近而混入，浊上读入声则是跟着清上走而变入入声，清去、浊去读入声有普通话去声调影响的因素。因此，历史音变的分析必须同时关注调类和调值两个方面，邵将片的舒声读入声除了调类分化的因素，还有调值相似的混入。调值的相混，既有方言内部的调值相混，也有权威语言（普通话）调值影响的结果。

连读变调一直都是汉语方言语音调查非常关注的问题，不仅涉及语音演变和变异，还涉及语法结构和韵律。主要论文有：沈丹萍《冀鲁官话滦昌小片的轻声调和儿化调》（《方言》第 1 期）指出冀鲁官话滦昌小片有两种轻声：轻声甲调值又短又轻，轻声乙调值不短也不轻。滦昌小片的儿化调，反映阴阳平合流前的语音面貌，是早期古浊平残存的调尾。曹兴隆《甘肃清水方言两字组连读变调》（《方言》第 2 期）详细描写了甘肃清水方言两字组的连读变调、连读调、词调。

声调、连读变调相结合研究的论文有王磊、梁洁《试论低平调的语音变体——以开封方言去声为例》（《当代语言学》第 3 期），文章为开封方言去声提供详细的声学数据并运用对立增强理论来解释发现的变异。开封方言的去声声学表现可以归纳为 31、311 以及 312 三种变体，每种形式与特定的发音人挂钩，这种发音人之间的变异是前人研究分歧的主要来源。这种变异来源于发音人为了增强低调音系特征而采取的不同语音实现手段。文章认为感知上低平调与高平调相比处于弱势地位，因此需要借助其他语音手段，如基频起始部分的下降段以及基频末尾部分的升高来凸显低调目标。将开封方言去声描写为音系层面的低平调可以为开封方言连上变调和连去变调提供自然而且一致性的结构解释。

（三）方言语音层次分析与语音演变机制的探讨

2021年这方面的研究成果非常丰富。既有对某一音韵特征演变的研究，也有语音演变机制的理论探讨。

关于方言韵母和韵类演变研究的主要论文有：沈明《再说山西方言的"支微入鱼"》（《方言》第3期）指出山西方言的"支微入鱼"是指汾河片中原官话的止合三、晋语的蟹止合口二四等，和遇合三今读同音。文章综述了学界"支微入鱼"的演变方式，认为山西方言的"支微入鱼"是因为蟹止合口跟着开口变，三四等开口高化到［*i＜*iei］，合口也跟着高化到［*y＜*uei］，受语音构造的限制，知章［*tʂ］组声母，开口拼［ɿ］，合口拼［u］。有些方言，合口没有跟上开口高化的步伐，还保留着［uei］，与蟹合一同音。晋语和汾河片中原官话的"支微入鱼"，属于方言的自身演变。倪志佳《北方方言咸山摄一等韵演变的阶段性》（《中国语文》第3期）描写官话和晋语古咸山摄一等韵的今读类型，认为声母、韵尾和介音都会影响主元音的变化速度，进而在一等并入二等的音变上表现出明显的阶段性。进一步结合历史文献考察了部分音变大致发生的时间，以咸山摄为例，讨论官话和晋语一二等合流的音变过程，指出就咸山摄一等韵的演变而言，晋语和官话同出一源且共同发展。宋华强、盛益民《南系官话宕江摄入声字的层次及演变》（《方言》第1期）讨论南系官话（宕江摄入声今读未归入效摄的官话方言和晋语）宕江摄一二等入声韵的文白异读。邓婕、谢留文《乡话遇摄字的读音层次》（《中国语文》第5期）从湖南泸溪李家田乡话入手，结合泸溪白沙、泸溪梁家潭、古丈高峰、沅陵清水坪四个乡话方言材料，讨论乡话遇摄字读音的层次问题。认为乡话遇摄字读音共有四个层次：层次一、层次二是乡话固有层次，不见于周围湘语和西南官话，层次三可能与周围湘语影响有关，层次四为官话层次，也见于一般方言。徐睿渊《湖南嘉禾（珠泉）土话声母与声调的文白异读》（《方言》第4期）描写分析湖南嘉禾（珠泉）土话声母和声调的文白异读。孙宇炜《晋语并州片方言宕江摄的白读及其演变》（《语言科学》第6期）描写晋语并州片方言宕江摄舒声今白读的读音类型和韵类分合关系。韵类分合关系有五种：宕江白自成韵类、宕江白＝假、宕江白＝果、宕江白开＝假/宕江白合＝果、宕江白＝效。不同的韵类分合关系是宕江摄合流方向不同的反映，验证了沈明（2006）提出宕江摄合流既存在江摄并入宕摄、也存在宕摄并入江摄的假设。12世纪的《番汉合时掌中珠》宕果同注一韵、江效同注一韵，这类语音现象随着宕江合流在方言中表现为不同的韵类分合关系,这为晋语和宋西北方音一脉相承提供现实证据。晋语并州片方言残存宕江分立的痕迹,比《中原音韵》所代表的北方官话宕江合流并称"江阳韵"要滞后。孙宇炜《晋语并州片方言梗摄二等的白读》(《语言研究》第1期)描写并州片晋语梗摄二等今白读语音,韵母以声母为条件发生分化,早期形式只有[*iɛ][*ia]两类,其韵类分合关系有:帮端见系声母后,与假摄三等或假摄二等合流;庄组声母后,与蟹止摄、假摄三等合流或独立。晋语并州片方言梗摄开口二等鼻音韵尾脱落前为[*ɛŋ],脱落鼻音成分后变为[*ɛ],[*ɛ]很容易发生分裂,经历"*ɛ>iɛ>ia"的音变。有的方言经历了音变的全过程,有的方言只经历了音变的前半段就受音系中其他音变力量的影响而发生了其他变化,这是造成梗摄二等今白读歧异的原因。李建校、曹梦《山西晋语中古模韵的韵母类型及其成因分析》(《语文研究》第1期)描写山西晋语模韵字的读音类型,帮系、见系和端系韵母读音不同,端系内部端组、精组、泥组韵母也存在差异,认为这种不平衡主要是由于它们在声学特征上有差异。曹香《[u]介音在安徽望江方言蟹、止二摄字中的表现》(《语言研究集刊》第二十七辑)描写皖西南怀岳片望江方言蟹止摄的读音,并与周边方言比较,指出望江方言蟹止摄开口字韵母中的[u]介音是通过类推合口字[u]介音而形成的。

关于声母演变研究的主要论文有:王临惠、王忠一、于思《论环渤海方言中古日母的演变》(《中国语文》第6期)在大量的田野调查基础上讨论了环渤海区域方言中古日母的演变,认为这一区域方言日母的演变共有3个基本型、2个过渡型,其中的北京型与古中原地区方言一脉相承,而沈阳型、章丘型则是北京型进一步演化的结果。止开三日母的演变在书面语和口语两个层面上展开,卷舌音首先出现在口语中,在清代中后期才取代旧的字音而进入书面语系统成为正音。余鹏《汉语方言古知系三等的软腭化音变及相关问题》(《中国语文》第5期)在前人研究的基础上讨论汉语方言古知系三等的软腭化音变类型、音变过程和演变音理,提出统一的解释,分析了各类型演变参差的原因。栗华益《江西都昌、余干方言的塞音塞擦音声母——兼论汉语塞音塞擦声母的演变过程和类型》(《方言》第1期)介绍江西都昌多宝方言古全浊声母与古次清声母合并,今读塞音塞擦音时,多数不送气,少数为浊塞音、浊塞擦音或送气清音,或送气与不送气、清音与浊音两读。余干瑞洪方言古全浊声母与古次清声母合并,今读塞音塞擦音时,多数不送气,少数送气。都昌多宝和余干瑞洪的不送气化清声母是音系在同时存在两组区别特征的条件下舍弃老特征保留新特征后形成的,其音值与分别来自古全清声母今读清塞音塞擦音无音位意义上的差别。都昌多宝、余干瑞洪赣语的声母演变类型,有助于探讨汉语古次清声母的本质、历时演变过程和古全浊声母的演变类型。张勇生《鄂东南赣语端精见组声母齐齿呼韵前的分合与演变》(《汉语学报》第3期)描写鄂东南赣语端、精、见组声母表现出错综复杂的分合与演变关系。张勇生

《汉语方言古匣母读舌根塞音类声母现象考察》[《江西师范大学学报（哲学社会科学版）》第 5 期]着重比较了闽、吴、客、赣以及湘粤等方言古匣母读舌根塞音现象的异同，认为古匣母今读舌根塞音可分为两类——残存型和新生型。由于群匣分流时部分匣母字"掉了队"，另一部分在后来的演变过程中又发生了"回头"演变，从而在有的方言中出现了两类不同性质的匣母今读塞音的"叠置"现象。武松静《河北高邑方言的异调分韵》（《方言》第 1 期）描写了冀鲁官话河北高邑方言的异调分韵现象。除果、遇、假外的其余十三个韵摄均有异调分韵现象，去声 [51]、阳平 [54] 与阴平 [31]、上声 [55]、入声 [23] 在韵母上有明显差异，涉及主要元音的高低、鼻尾鼻化的有无和韵尾长短。去声和阳平具有声调或调尾急促下降且短促的特征，明显区别于其他声调，导致异调分韵，并从异调分韵的角度分析高邑方言阳平和上声的分化。郑伟《淳安威坪等吴徽语的长元音及其形成》（《语言研究集刊》第二十七辑）讨论淳安威坪徽语的长元音及其古音来源入手，指出徽语（及部分浙南吴语）各方言的长元音可分作两类，一类是韵腹长化增生后滑音，另一类是介音长化后占位做韵腹。吴徽语长元音韵母的形成呈现出阶段性和变异性，是一种晚起的语音现象，和中古以前的汉语或南方少数民族语言的底层没有直接的历史关系。王双成《青海湟源方言 li > ʐʅ 的音变现象》（《语言科学》第 2 期）描写青海省湟源方言来母字读音的地域差异和新老差异，对比周边的西宁、大通、乐都等方言，认为湟源方言来母今读的实际音值为近音 [ɹ]，非浊擦音 [ʐ]。造成这一音变的原因是高元音韵母的舌尖化。陈忠敏《音变产生的原因》（《语言研究集刊》第二十七辑）认为激发音变的起始原因可分为发音和感知两大部分，其中感知原因还要考虑音系结构因素和增强区别性因素。宋峰《〈音韵清浊鉴〉反映的十八世纪初北京话声调概貌》（《语文研究》第 4 期）考察清初王祚祯编写的《音韵清浊鉴》，分析该书声调系统反映的重要音变事实如平寄清浊，实分阴阳；浊上归去，上去两别；入作三声，归派清晰。认为这些音变事实比较切近十八世纪初北京话时音面貌。

（四）语言接触、方言归属

过渡地带方言的归属历来是学界关注的重点，这方面主要论文有：覃远雄《广西全灌话的性质及其归属》（《方言》第 4 期）讨论广西桂林市兴安、全州、灌阳、资源四县境内以各县城话为代表的通用交际语，即兴安话、全州话、灌阳话、资源话。其突出的语音特点主要有两条：第一，古全浊声母字今读浊音声母，或逢塞音塞擦音今读不送气清音，与湖南湘语相同。第二，声调整体上与西南官话一致，古清上和次浊上归上声，全浊上归去声。第一条是学习西南官话时母语方言干扰带来的，第二条是官话固有特点的保留。徐建《黄孝片江淮官话音韵特点在皖西南的渐进推移》（《中国语文》第 4 期）根据古泥来母的分混、古知庄章组声母的分合、古微日母今读鼻音的数量、古匣母白读零声母的有无、麻韵二三等是否分韵、是否存在"支微入鱼"、哈泰有无文白异读、是否有 [ɿ] 韵母或 [ɿ] 介音等

8项音韵特点，呈现怀岳方言的内部差异，从音韵特点和未来的发展趋势看，宜将怀岳方言归入黄孝片江淮官话。孙建华《语言接触视域下陕西富县"客边话"语音的演变》（《汉语学报》第4期）描写陕西富县客边话语音演变特点，离析其语音层次。

（五）韵书、对音材料与现代方言

主要论文有：张世方《从扬雄〈方言〉看秦晋方言在汉代通语中的地位》[《河北师范大学学报（哲学社会科学版）》第3期]指出扬雄《方言》中训释词的特征和性质是审视秦晋方言在汉代通语中地位的关键所在。扬雄《方言》训释词的方言来源有两大类：一类训释词为通语，但大部分来自秦晋方言之外；一类训释词不是通语，其中小部分与秦晋方言相同。因此，《方言》本身并不能提供支持秦晋方言就是汉代通语基础方言这一观点的确凿证据。汉代通语应该是以"传统标准汉语"为基础，吸收包括秦晋方言在内的汉语方言成分而形成的，但不可否认秦晋方言在其中居于重要地位。熊燕《从梗曾摄阳声韵字读音看官话方言南北差异和互动》（《中国语文》第3期）考察官话方言里梗曾摄阳声韵四个声组字的读音差异，拟测音变，根据文献确定音变时间，并结合现象的地理分布，推测音变的互动情况。石绍浪《〈西儒耳目资〉与今南京话入声韵比较》（《语言科学》第5期）对比《西儒耳目资》与今南京话入声韵，发现两者在韵类分合和主要元音音值等方面存在整齐的对应关系。《西儒耳目资》入声韵多项特征与今南京话一致，而与其他江淮方言不同。据此认为，《西儒耳目资》入声韵是以明代南京话为基础的。钟蔚苹、陈英纳《〈客家词典〉音系》（《方言》第4期）归纳了《客家词典》的声韵调系统，并列出同音字汇。黄淑芬《从四种文献看长汀客家话的语音演变》探讨百年来长汀语音演变特点。冯青青、倪志佳《〈徐氏类音字汇〉咸山摄阳声韵与阴声韵读音混同现象》（《方言》第1期）梳理江苏盐城方言韵书《徐氏类音字汇》咸山摄阳声韵与阴声韵的读音混同现象，认为方言咸山摄开口三四等字与假、蟹、止摄字读音混同，山摄合口一等和合口三等知系字与果、遇、流摄字读音混同，读纯元音韵，今读鼻化韵是合流后又共同经历了增生鼻音成分的音变。王振《〈多续译语〉藏汉对音与清前期四川方音》（《方言》第2期）根据《多续译语》藏汉文之间的对音关系，梳理《多续译语》注音汉字的语音特点，参照现代四川方言材料，认为《多续译语》反映了清前期四川方音的基本面貌。李宁《试论〈唐话纂要〉的音系性质》（《方言》第1期）依据日语片假名标音转写并归纳《唐话纂要》的声母、韵母系统，并结合日语、汉语音韵和现代方言特点，认为该书音系属"吴式官音"。段亚广《北京话和汴洛方言"客"字腭化路径比较》（《方言》第3期）考察中原汴洛地区（即今河南中东部）的部分方言和北京周边地区"客"字读腭化音现象。《蒙古字韵》和《中原音韵》可以证明北京地区的腭化始于元代，并经历了与蟹摄见系开口二等字的合并阶段；河南方言的特点和相关文献证明，河南中东部地区"客"字的腭化音从中古入声直线发展而来。刘宇《从〈三国志宗寮〉

对音看东北官话尖团音合流的时间》(《方言》第 2 期)考察满汉合璧本《三国志宗寮》中人名的满汉对音,认为十七世纪的东北方言中不仅出现了尖团音合流的现象,而且十七世纪中期尖团音合流就已经达到了相当大的规模。

(六)方言地理语言学研究

主要论文有:崔传杏《汉语方言舌尖元音的类型、分布及演变》(《语言科学》第 3 期)以《汉语方言地图集·语音卷》图 118 "舌尖元音" 为依据,总结汉语方言中舌尖元音的类型,重点从 "有" "无" 舌尖元音的角度考察每一小类的地域分布、方言区分布,归纳出各大方言区舌尖元音的主流类型。并对舌尖元音的形成和演变进行探讨。翟占国、张维佳《汉语方言塞擦音的类型分布与演化特征》(《语文研究》第 1 期)根据发音部位的组类数量,认为现代汉语方言的塞擦音可分五种类型。一组型分布于武夷山以东、南岭以南;两组型主要分布于武夷山以西、南岭以北、长江中下游以南及附近;三组型主要分布于长江中下游以北;四组和五组型只见于西北和山东、辽宁等区域。

(七)方言学与实验语音学相结合研究

主要论文有:陈晖、张珺《湘西乡话浊音声母的多角度考察》(《中国语文》第 2 期)以今读浊音的单音节字词为研究对象,从音系地位、声学特征、与声调的关系等多个角度对湘西乡话浊音声母进行考察。吴艳芬、刘新中《江西余干方言的清鼻音》(《语言科学》第 3 期)通过声学特点、气流气压特征、EGG 信号等方面对江西余干方言的清鼻音、浊鼻音和清喉擦音进行研究,分析余干清鼻音的性质和音位地位。袁碧霞、王非凡《福建闽清、古田方言的[-k]尾爆破》(《方言》第 1 期)认为福建闽清、古田方言塞尾[-k]具有爆破特征,随着其进一步的变异,单字音塞尾[-k]爆破可能引发双音节化。

(八)方言应用研究

曹志耘、沈丹萍《论浙江方言注音方案研制》[《浙江师范大学学报(社会科学版)》第 1 期]指出方言注音方案是供老百姓使用的 "音标",功能是在日常生活中为方言标音,通过注音认读方言,可看作是国际音标和《汉语拼音方案》的补充形式。文章试图在全面整理浙江省各地方言音系的基础上,使用统一的规则处理各方言里的读音,研制一套适用于全省方言的注音系统,并在此基础上调整制订各地方言的注音方案。文章提出了三个研制原则:全省统一;各地微调;区分主次,以《汉语拼音方案》为参照。并介绍了具体的设计方法:整理全省方言音系,制定统一规则,编制方言注音符号表。最后展示了浙江方言注音方案初稿和样品。

(九)方言论文集

1. 王福堂《汉语方言论集(增订本)》(商务印书馆,12 月)收录了王福堂先生有关汉语方言的论文 39 篇,在 2010 年初版基础上增加了 10 篇作者精选的近 10 年发表的论文,分别是：《杭州方言的语音特点、历史和归属》《崇明方言的声母 ɦ 和 ɦ》《吴方言区否定词"不"的种类和变化》《原始闽语拟测与历史比较法》《吴闽两方言中的 g（k 和 kh）声母字》《韶山一线方言的语音渐变》《武宁方言中的古浊声母》《绍兴方言中的几个本字》《绍兴方言考察二则》《绍兴方言中的拟声词》。

2. 金有景《汉语方言音韵论集》（商务印书馆，10月）收录了金有景从事语言学研究四十余年来在汉语方言学、音韵学方面的部分学术成果，主要包括汉语方音、汉语方言语法、北京话、普通话及学习普通话的规律方法、汉语方言调查及应用、汉语音韵等方面。

3. 谢自立《汉语方言和汉语词典研究》（商务印书馆，2月）共收论文23篇。分三部分：第一部分是"方言研究"，其中苏州方言和其他吴语研究论文11篇，"其他方言"7篇；第二部分是"词典学研究"，收论文5篇；第三部分是附录，收录"作者简历""著作目录"和"后记"。

（十）方言专著

1. 邢向东《近八十年来关中方音微观演变研究》（中华书局，5月）对照白涤洲调查、喻世长整理的《关中方音调查报告》，以方言学、地理语言学、汉语语音史相结合的视角，对关中方言声母、韵母、声调的重要演变及其内部差异、演变速度和分布地域等进行考察，尤其对声母和韵母（介音）之间的互动关系着力较多，揭示了关中方言的主要发展趋势，同时以近八十年来的微观演变印证了汉语史上的一些重要音变现象。

2. 李军《湖南洞绥片赣方言语音调查研究》（社会科学文献出版社，2月）重点调查了隆回、洞口、绥宁三县22个方言点，对这些方言点的语音特征进行了分析，对洞绥片赣方言语音特征的分布情况、内部差异进行了揭示，并对洞绥片赣方言与江西赣方言的语音特征进行了初步比较。

3. 李建校《山西晋方言语音地图集》（社会科学文献出版社，4月）对山西晋方言86个县市365个方言点进行了调查，归纳出200多个具有较高价值的语音地图条目，分为声调、声母、韵母三个部分，力图较为全面地反映山西晋语语音的历史演变规律以及语音的地域差异。

4. 刘丹丹《山西临汾十七县市方言研究》（上海辞书出版社，3月）呈现了山西临汾十七县市方言的基本面貌，尤其在晋语与汾河片方言的划界方面有所创新，书中所绘制的入声调、入声韵、宕江摄白读等重要同言线，为晋语和中原官话汾河片的区别提供了一个新视角。

5. 林春雨、甘于恩《广东东部闽方言语音地图集》（中国社会科学出版社，9月）选取了广东东部使用闽方言的地区作为主区，范围包括汕头市、潮州市、揭阳市、汕尾市全域以及梅州市丰顺县，以该研究区域内77个调查点作为闽方言语音研究对象，采录闽方言的字音资料，共编制 252 幅闽方言语音地图。

6. 胡松柏《江西玉山紫湖闽南话研究》（中国社会科学出版社，8 月）描写江西省玉山县紫湖镇的闽南话语音、词汇、语法，收录了富有特色的方言语料，揭示了江西闽南话方言岛的语言结构规律和特点。

7. 黄大祥《河西走廊方言与地域文化研究》（中国社会科学出版社，10 月）描写河西走廊汉语方言的语音、词汇、语法，并概况了河西走廊的方言文化特点。

8. 王轶之《吴语绍兴方言的语音变异与变化》（浙江大学出版社，1 月）主要运用社会语言学的方法观察绍兴越城方言语音系统中的 7 组声母、韵母变项作为观察对象，在绍兴市区范围内进行了 100 余人次的深入调查，获得了近万个有效语料。

9. 游汝杰《西洋传教士汉语方言学著作书目考述·增订本》（上海教育出版社，5 月）为《西洋传教士汉语方言学著作书目考述》一书的增订本，在原书的基础上增加了"研究篇"，现全书由"考述篇"和"研究篇"两大部分组成。考述篇主要分为"西洋传教士的方言记录和研究""《圣经》方言译本书目考录""方言圣经分地解说""传教士汉语方言学著作考录""传教士方言通俗读物书目辑录""中国少数民族语言圣经译本书目辑录"六大部分；研究篇主要收录作者关于西洋传教士的汉语方言著作的研究论文。

另外还有，刘雪霞《河南方言研究》（东方出版中心，11 月）、张秋红《宁夏南部方言语音研究》（中国社会科学出版社，8 月）、张强作《四川盐亭等六县市方言音系调查研究》（四川大学出版社，10 月）。张建明、朱力生《浦东方言》（上海人民出版社，7 月）、李建校《娄烦方言语音调查研究》（社会科学文献出版社，5 月）、朱建颂、张静《武汉方言研究》（华中师范大学出版社，12 月）、施俊《义乌方言研究》（复旦大学出版社，6 月）、陈淑梅《英山方言研究》（民族出版社，6 月）、张威娜《襄垣方言研究》（北岳文艺出版社，12 月）。中华书局出版了《河北方言研究丛书》：郑莉《衡水桃城区方言研究》（中华书局，4 月）、沈丹萍《唐山曹妃甸方言研究》（中华书局，12 月）。

二、汉语方言词汇调查研究

2021 年汉语方言词汇的调查研究涉及字词的多方面，有的也涉及方言音韵问题和方言文化问题。具体分以下几项来阐述。

（一）本字考证

魏钢强《说「藜蒿」——语音构造演变实例分析》（*Bulletin of Chinese Linguistics* 第 2 期）在系统考察南昌方言音系演变和历史相关文献后认为，"藜蒿""芦蒿"即为"蒌蒿"，语音的演变是由方言语音构造的制约造成的。文章认为，从看似不规则的方言异读出发，区分新旧层次，就能还原历史语音构造，从新的角度窥见方言语音演变的清晰轨迹。

谢留文《再论湖泗方言"打"字的三个读音及相关问题——从李荣先生〈打字与朕字〉谈起》(Bulletin of Chinese Linguistics 第 2 期)考察了存在于多个汉语方言中表示"投掷、扔"和"击打"义词的本字最有可能是"碇(矴)"由"碇(矴)石"抛入水中以固定船身的动作,引申出"沉入水里"和"投、掷、扔"义。

王灿龙《"胡说八道"述考》(《方言》第 2 期)通过考察历史文献和汉语方言中"八""白"的语音情况,认为"胡说八道"是由"胡说白道"而来。材料显示,"胡说白道"至少在明朝万历年间(公元 16 世纪后期)就有成熟的用法,而"胡说八道"最早用例始建于清代嘉庆年间(18 世纪末 19 世纪初)。最后举例说明,音同或音近而讹并积非成是的情况,在汉语史上不乏其例。

赵欣葵《明清北京官话文献表给予义的"给[kei]"的读音》(《方言》第 3 期)利用明清时期北京音相关文献和满汉、汉朝对音资料,确认给予义的"给[kei]"读音出现于十七世纪初(1606 年),并因双元音化未融入腭化大潮,从而在北京音中留存下来,并进入共同语,形成了[kei]读音仅此一字的状况。[kei]音的出现与语用密切相关。动词"给给与"(后虚化为各种介词)从明代开始使用频率很高,且一直作为单音节词使用,因此产生的新义项需要语音来区别意义。而[i] > [ei]是强化音变,正符合实词语音发展的一般倾向。

黑文婷《山西契约文书"旦日"的词义及方音史价值》(《方言》第 3 期)考察明清时期山西契约文书中"旦日交足""旦交不欠"等句式中"旦"的词义和读音,并由"旦"即"当"说明山西晋语宕山合流的时间应当早于明代万历年间。

周志锋、郑晓芳《宁波、舟山方言洗涤义"丈"本字为"净"说》[《宁波大学学报(人文科学版)》第 5 期]运用音义互证、古今参求、方言比较的方法,考证宁波、舟山方言表示"洗涤"义的[dʑia²¹³]的本字为"净"。

(二)词义与地理语言学研究

秋谷裕幸《闽东区方言中表示｛屁股｝的词语》(《语言学论丛》第六十三辑)研究闽东方言｛屁股｝义词的现状和历史,并构拟原始闽东方言里的｛屁股｝义词。

张爱云、徐建《汉语"屁股"义词的共时分布与历时演变》(《语言学论丛》第六十三辑)将现代方言｛屁股｝义词分为"臀""股""骹(尻)""豚""屁""腚""沟""屎"等八系,并分别考察其在历史文献中的起源与传承,以及在现代汉语方言中的使用情况。

林素娥《早期吴语"说"类动词及其演变》(《语言科学》第 2 期)考察一百多年来吴语苏州话、上海话、宁波话、台州话和温州话的"说"类动词的演变情况,总结上海话和宁波话"讲"替代"话"的演变过程,认为今吴语"说"类动词分布格局是南系官话核心词"讲"在吴方言中扩散速度不平衡的结果。

吕嵩崧《广西部分汉语方言"队"、壮语 to:i⁶ 的多功能模式及其语义演变》(《语言科学》第 4 期）广西部分汉语方言的"队"和壮语 to:i⁶ 具有平行的多功能模式。汉语方言的"队"经历了集体编制单位→集合量词，集体编制单位→"伙伴，同伴"义名词→复数标记的语法化过程；壮语 to:i⁶ 是汉语老借词"队"，借入时把汉语方言"队"的多个义项随同带入，并进一步发生了语义演变。

陈忠敏《语义演变的类型、模式、机制及方向》(《辞书研究》第 5 期）以上海方言为出发点，从语义的历史演变的类型、模式、机制及方向与原始语义重建等几个方便讨论词语的变更与词义的改变。

（三）地名用字研究

张振兴《地名用字及相关问题》(《方言》第 2 期）从地名用字的分类、地名用字的异体异读、地名用字的文化背景等方面，具体讨论地名用字及其相关问题。

张惠英《蒙语词"嘎查、圆圌、胡同、敖包"的注释》(《辞书研究》第 3 期）比较四个地名类名在蒙语和汉语方言中的词义和读音，结合社会习俗，以为辞书注释和研究参考。

蔡佞《吴语地名用字"溇"考释》(《方言》第 4 期）考察吴语区地名用字"溇"的分布和方言读音与意义。"溇"分布在太湖平原和绍兴水网地区，有多个义项。文章梳理历史文献，认为"溇"的语义是按"水潭 > 溇沼系统 > 田中水沟 > 断头浜 > 河港"顺序发展变化的。

（四）方言辞书编纂

曹志耘《汉语方言字典的编写问题——以〈浙江方言常用字典〉为例》(《语文研究》第 1 期）结合《浙江方言常用字典》编写的实践，讨论了汉语方言字典的定位、收字、定字（即确定字形）及编写等方面的问题，提出了定字的基本原则，介绍了字条编写的具体方法和注意事项，展示了字典样条。

陈泽平、林勤《福州方言大词典》(福建人民出版社，10 月）收福州方言单字、词语和熟谚 28000 多条，较为完整地反映了福州方言词汇的面貌，展现了福州地方历史文化。为便于查找，全书方言词条按照普通话拼音的音序排列，并配有多种索引。

杜晓萍《〈厦英大辞典〉所收录的 19 世纪泉州方言词汇》(《辞书研究》第 3 期）列出 19 世纪英国传教士杜嘉德编纂的《厦英大辞典》（1873）中所有标为泉州音的字词和短语，将原文注音转换成国际音标，写出汉字，并翻译出词语的释义。

沈克成等《温州话辞典》（商务印书馆，9 月）共收录温州话 9000 余个字头（含一字多音）、3400 条词汇，并分别对其进行注音和释义。附录描写了温州概况、温州话语音系统、温州俗谚语、温州话生僻字等。

暨南大学汉语方言研究中心编纂的《现代粤语词典》（广东人民出版社，10 月）收录

9500多个单字条目，17000多个词条，词典中附带二维码，手机扫描可跟读粤语发音。

（五）方言与文化

曹志耘《论浙江方言文化的保护传承》（《浙江社会科学》第2期）根据浙江方言的具体情况，从浙江方言研究和应用的基础建设、濒危方言和地方口头文化的抢救保存、方言文化产品的开发应用等方面提出方言文化保护传承三大类十九项任务，是保护传承方言文化这一新时代的新使命的理论和实践探索。

邢向东主编《语言与文化论丛（第四辑）》（中国社会科学出版社，10月）分设饮食与文化专栏、文献词汇研究、汉语方言研究和调查实录四部分，收录刘勋宁、郭敬一《说"馒头""包子"和"饺子"》、邢向东《"饺子"里的语言学》、宗守云《谈河北涿怀话中的否定回应习语》等21篇论文，充分展示了方言与地方文化的密切关系。

（六）方言词汇调查与研究专著

陈泽平《琉球官话课本三种校注与研究》（福建人民出版社，5月）收录了《官话问答便语》、《学官话》和《白姓官话》三种18世纪来华琉球留学生的官话口语教材。这些教材均由中国人编写修订，在琉球群岛广为流传，展现了18世纪福州的社会风俗和语言面貌。校注者从音韵、词汇和语法方面分析了琉球官话课本语言的性质和特点，并联系福州方言和地方风俗习惯，对其中有福州地方特色的白话词语进行释义。该书从音韵、词汇和语法方面说明了琉球官话课本语言的性质和特点，为方言学研究提供了切实有效的基础文本资料。

杜晓萍《19世纪闽南话的语音与词汇——传教士文献研究》（社会科学文献出版社，7月）展现了外国传教士所撰闽南方言文献中19世纪厦门、漳州、漳浦、泉州四个方言点的语音和词汇系统，并通过与闽南方言韵书和现代闽南方言的比较，分析这些方言点一百多年来语音、词汇系统的历史演变，以及各方言点间的相互影响。

三、汉语方言语法研究

近年来，汉语方言语法研究不仅得到了方言学界的充分重视，而且也得到了现代汉语语法研究者、近代或古代汉语语法研究者以及理论研究者的广泛关注。2021年度的方法语法研究继续承上启下，在研究内容、研究范围和研究方法上都有新的进展。

2021年汉语方言语法研究成果，发表的期刊范围比以往有所扩大。据统计，2021年语言学专业期刊上共发表方言语法论文90篇，《方言》历来是刊发方言语法论文的最重要阵地，其他的核心杂志，如《中国语文》《语言科学》《语文研究》《语言研究》刊登了较多方言论文，《当代语言学》《民族语文》《汉语史学报》也刊登了少量方言语法文章。其他综合性期刊上发表各类方言语法论文21篇。这说明方言语法研究受到越来越广泛的关注，方言中的语法现象不再单纯作为方言研究者描写的对象，也为其他的语言学分支，如理论语言学、类型学、汉语史等提供了宝贵的材料和线索，呈现出多元化趋势。

一批方言语法专著值得关注。单点方言语法描写专著有汪国胜教授主编的"汉语方言语法研究丛书"系列之《丹江方言语法研究》（中国社会科学出版社，10月）、《安阳方言语法研究》（中国社会科学出版社，6月）、《辉县方言语法研究》（中国社会科学出版社，6月）、盛益民《吴语绍兴（柯桥）方言参考语法》（商务印书馆，7月）以及刘宇《哈尔滨方言语法研究》（中国社会科学出版社，7月）。以区域为对象的方言语法专著如邢福义总主编《全球华语语法·香港卷》（商务印书馆，9月）、侯超《皖北中原官话语法研究》（中国社会科学出版社，9月）、敏春芳《甘肃方言语法》（中国社会科学出版社，9月）。也有以某个语法范畴为对象的专著或论文集，如王桂亮《汉语方言完成体标记比较研究》（中国社会科学出版社，6月）。此外，一些综合性方言专著如桑宇红教授主编"河北方言研究丛书"中设有"语法"章节，一些类型学专著也广泛使用方言语法材料，如陈前瑞《汉语体标记语法化的类型研究》（商务印书馆，12月）、叶婧婷《名词性领属结构的类型学研究——基于语义地图的跨语言视角》（上海辞书出版社，11月）等。

2021年度方言语法研究，可以从词类与构词、时体情态、句式句法以及综合描写几个方面进行阐述。

（一）词类及构词

1. 代词

代词的来源和构成历来是研究的热点。吴春亮《徽语婺源方言人称代词复数标记探源》（《中国语文》第1期）讨论了徽语婺源方言今读［xa³³］的人称代词复数标记，认为其来自于"和尔"的合音。温昌衍《惠州方言单数人称代词领格形式的来源》（《中国语文》第1期）指出惠州客家话人称代词［35］调并不是人称代词本身的调值，而是借用复数人称代词充当领格标记的结果。而变读［55］调是上声字作为上字时连读变调的结果。这反映出人称代词领格形式使用复数标记广泛分布于南方汉语方言，与亲属称谓词结合后会按照该方言的变调规律发生进一步变化，在语法功能上也会发生进一步扩展。此外，王越《东北官话"咱们"的排除性指称模式——兼谈可辨识指标在人称范畴上的体现》（《汉语学报》第1期）、刘君敬《第三人称代词"渠伊"的语体性质》（《语言研究》第2期）对人称代词进行了相关研究。

指示代词的三分现象得到广泛关注。雷艳萍《浙江武义畲话的更远指代词"尔"》（《方言》第2期）指出浙江武义畲话的指示代词存在三分现象，其中更远指代词"尔"语音上发生了［ŋ²¹］［ŋ³⁵］的分化，"尔［ŋ²¹］"可以充当更远指代词以及定指标记，但并不能独立使用，而"尔［ŋ³⁵］"可以独立使用，并充当话题、主语和宾语等成分，二者分工不同。"尔［ŋ³⁵］"是表处所的后附语素［tiʔ⁵⁵］脱落的结果。姜迎春、甘于恩《湖北武穴方言指示代词三分型研究》(《语言研究》第 3 期) 描写了湖北武穴方言 "嗒－勒₁/兀－勒₂"，在指人、物和处所以及时间和方式上，均可以出现严格的三分。但"兀"不能指示时间和指示性状，进一步论证了指示代词的蕴含共性。吴剑锋《赣语安徽岳西话的指示代词》(《语言科学》第 5 期) 描写赣语安徽岳西话的指示语素 "得－嗯－兀" 存在三分现象，可以表示处所、时间、方式、程度的三分。岳西话的指示语素 "得－嗯－兀" 符合语音象似性原则，并进一步指出第二人称代词与远指代词 "嗯" 存在同源现象，二者只有声调的不同。除了三分现象，黄河《西北部吴语事物疑问代词的来源》(《方言》第 2 期) 采用地理语言学方法，论证西北部吴语疑问代词的词根语素为 "底"。张磊《山东无棣方言的定语标记 "那 [·nə]"》(《方言》第 1 期) 描述了指示词 "那" 演变为定语标记的过程。

2. 词的语法化及词义的多功能性

除代词的研究外，某一词类的语法化以及词义的多功能性是汉语方言学、历史语法学及类型学共同关注的话题。词的语法化及词义多功能性既有联系又有区别。词的语法化属于历时视角，展现实词经历语义虚化和语音弱化等发展出某一功能的过程。词义多功能性是共时视角，展示某个词在共时平面上承担的所有语义语法功能。虽然词义的多功能性往往是语法化不同阶段在共同平面上的反映，但并不必然。有些词义的多功能性由不同的句法结构引起或与语言接触有关。此外，词的语法化路径通常揭示实词发展为虚词的过程，而词义的多功能性也可以是某一实词的多功能性。

历史上来源于持拿义的动词 "把" 在汉语方言中的发展路径多样。除了一般的处置标记和被动标记外，黄晓雪《汉语方言处置标记到受益者标记的演变》(《语言研究》第 4 期) 显示在湘语、赣语、江淮官话等地，处置标记 "把" 在 "$N_1 + 把 + N_2 + V + N_3$" 结构中发展出受益标记的用法。曾丽娟《邵东话中表置换假设的 "把" 及其来源》认为 "把" 在邵东话中发展出置换假设义连词，其语法化路径为：持拿义 > 给予义 > 使令义 > 置换假设义 (《语言研究》第 3 期)。徐英《湖北罗田方言的无宾 "把" 字句》描写湖北罗田方言的无宾 "把" 字句发展出处置副词的用法 (《方言》第 2 期)。

有关语法化文章中比较重要的还有：吴越《瑞安方言话题标记 "乜"——从疑问代词到话题标记》(《中国语文》第 3 期) 指出话题标记 "乜" 源于疑问代词，语法化机制是重新分析，重新分析的桥接语境是 "乜" 用于属性否定，"命题内嵌" 否定和内容否定的情形。黄维军、岳立静《安徽黟县方言言说动词 "讲" 及其语法化》(《方言》第 3 期) 描写了安徽黟县方言的言说动词 "讲" 由言说动词发展为话题标记、重申标记、传信标记和引语标记；其中传信标记进一步发展为从句标记，引语标记进一步发展为标句词。此外还有黄燕旋《19 世纪潮州方言文献中的高程度补语 "在" 及其来源》(《语言研究》第 2 期)，徐晓娴、庄初升《泉州话副词 "tsiaʔ" 的来源及相关问题》(《语言研究集刊》第二十七辑)、周敏莉、李小军《新邵湘语指量短语"箇₁个［ko³¹ko⁵］"及其合音词"箇₂［ko⁴⁵］"》（《语言研究》第3期）等。

关于词义的多功能性，吴福祥、金小栋《甘青方言若干附置词"伴随－工具－方所"多功能模式的来源》（《中国语文》第3期）报道甘青方言有些附置词有"伴随－工具（－方所）"这样的多功能模式，是源自周边阿尔泰语言相同多功能模式的区域扩散。王健、熊远航《江西抚州方言"是"的特殊用法》（《方言》第4期）报道了抚州方言"是"可以充当话题标记、语气词，还可以表示肯定、揣度、存在、拥有等多功能用法。徐丹《追踪甘青一带语言区域内汉语及其变体格标记形成的轨迹》（《语言科学》第3期）从语言接触的角度论述了甘青方言变体格标记形成的轨迹。项开喜《安徽枞阳方言表筹划义的动词"科着"》（《方言》第3期）描写了安徽枞阳方言"科着"从行为动词到心理动词的过程。李桂兰《江西吉水方言"等"的多功能用法及语义演变》（《方言》第2期）指出"等"有多种不见于普通话的用法，如平比介词、人物方向和受益者介词等。王莹莹《蒙城方言"叫"的多功能用法及其演变》（《汉语学报》第4期）显示"叫"的语义演变路径为：叫喊＞使令；使令＞置换假设；使令＞容让＞非自愿容让＞被动；使令＞致使＞处置。孙嘉铭《河南舞阳方言副词"光"的多功能性》（《汉语学报》第3期）指出河南舞阳方言的副词"光"可以表示限制量化、高频惯常、条件必然等意义，讨论了由量到情态是汉语中一条自然的语义演变路径。林华勇、刘玲《贵港客家话"去"的功能及语言接触问题》（《民族语文》第3期）对贵港客家话"去"的多功能性进行测试性描述，认为不能排除语言接触的因素。黄燕旋《19世纪潮州方言文献中的高程度补语"在"及其来源》（《语言研究》第2期）介绍了19世纪潮州方言罗马文献中动词"在"逐步演变成表程度高的唯补副词的过程。

3. 构词法

构词法包括附加、重叠等手段。附加法主要是以后缀的研究为主，如庄初升《湘、赣方言与"儿子"义名词相关的后缀》（《方言》第1期）从共时比较的角度，论证湘、赣语表示"儿子"义的后缀来源于"崽"的语义虚化和语音弱化。郭利霞《北方方言的后缀"手"》（《方言》第1期）认为构成抽象名词和表状态的"手"仅见于官话方言，特别是表状态的"手"，集中分布在晋冀鲁少数几个方言点，是对早期北京官话同类用法的继承。其他的后缀研究还有崔山佳《吴语后缀"生"的演变》（《方言》第2期），朱富林、包妍、吕倩倩《甘肃陇西方言的子尾与儿尾》（《方言》第4期），司罗红《河南新密方言附着于量词和数量结构的"了"》（《语文研究》第3期）等。

重叠研究主要有唐贤清《汉语重叠式副词研究》（《古汉语研究》第4期）结合文献与方言材料，讨论AA式重叠式副词发展的各种类型。张庆文、林华勇《当方位遇上重叠：廉江粤语重叠方位》[《中国语言学报（JCL)》第1期]指出廉江粤语的重叠式方位短语，重叠处所名词是整个方位短语的修饰语，方位指示语才是整个方位短语的中心语。

除了构词、构形的功能，表现性形态或评价性形态值得关注。宋文辉《河北正定方言的表现性后缀"嗒"》（《语文研究》第4期）认为河北正定方言的"嗒"属于表现性形态，而非一般的构词形态和构形形态。董秀芳《汉藏语系语言的评价性形态》（《民族语文》第2期）一文用到了评价性形态，里面用民族语包括丰富的汉语方言材料，涉及动词或形容词的加缀、重叠等方式构成的表小、增量、贬化、褒化、表敬等。显示出这些形态不同于构词形态和构形形态的特点。

（二）时体情态

时体、情态一直是汉语研究的热点，关于汉语是否有成熟的时体情态范畴还存在争议。但汉语及方言中都有相应的手段标记时体或情态语义，有多篇论文对某个具体方言或区域方言的时体范畴进行了详细描写。邢向东《晋语和西部官话中表短时貌的语法手段》（《中国语文》第4期）分析晋语和西部官话（西北官话、西南官话）表短时貌的语法手段"V一下""V给下""V嘎""VV儿""VV子"。对这些表达手段进行分类，并且结合明清白话等文献分析这些类型发展的脉络和历程。张耕《从洪雅方言看汉语尝试貌标记的变化》（《辞书研究》2021第2期）描述四川洪雅方言三个不同的尝试貌标记"下""□[xæ^{223}]""看"的功能分化。陈前瑞、邱德君《汉语方言将来时表达的区域性探析》（《中国语文》第5期）从区域类型学角度分析汉语将来时间指称的语法表达形式。西北区域和北部区域的北部方言将来时具有较高的抽象度，北部区域的南部还停留在最近将来时的阶段。林华勇、刘玲、陈秀明《粤语的持续体貌系统》（《方言》第4期）考察发现多数粤语区分动作进行和状态持续，但持续和进行并不决然对立，其分合呈现出连续统的模式。夏俐萍《湘语完成义标记"咖""哒"的分途与交汇》（《中国语文》第2期）描写了湘语完成义标记"咖""哒"及其组合形式的不同功能，反映了体标记发展过程是一个连续统。汪国胜、王毅《湖南祁东方言的先事助词"着"和"才"》（《语文研究》第1期）描写了祁东方言的先事助词"着"和"才"的联系与区别。

处于语言接触下的时体、情态值得关注。赵绿原《青海民和甘沟话的三分时体系统》（《方言》第4期）指出青海民和甘沟话处在汉语和阿尔泰语的接触条件下，动词形态层面形成时、体混合的三分标记系统，与蒙古语族土族语有整齐的对应关系。杨永龙、赵绿原《青海甘沟话的情态表达与相关形式的来源》（《当代语言学》第4期）从语言接触的角度讨论青海甘沟话的情态表达，包括动词的后附形式和小句的后附形式，无论表达形式是否源于汉语，其句法格局总体上与阿尔泰语言和藏语更为一致，具有比较典型的SOV语言特点。刘玲、林华勇《贵港客方言的修正重行与非修正重行》（《中国语文》第5期）将贵港方言的重行体分为修正重行和非修正重行两类，从语言接触的角度，联系贵港当地的粤方言和壮语等，对贵港客方言重行体形式的多样性进行解释和说明。

某些语法手段与时体范畴的关联。如高顺全、杨永龙《商城话疑问语气词的时体意义和预期意义》(《语言研究》第 1 期) 报道河南商城话表示疑问语气词的"蛮""呗""嚜""咾"在表达疑问方面时的时体差异和预期差异。申屠婷婷《浙江东阳方言的动词重叠与体范畴》(《方言》第 3 期) 显示东阳话单音节词的重叠式能表达完成体、持续体、尝试体、反复体等四种体意义，与一般的动词重叠式有很大的区别。

（三）句式句法

句式句法包括汉语中某些语法结构，如处置、被动、致使、连动、位移结构等，也包括不同的句类，如疑问、祈使、陈述、感叹句等。此外还包括表达固定语法意义的结构式。

朱佳蕾、盛益民《从参数角度看绍兴连动式结果结构与普通话动结式》[《中国语言学报（JCL）》第 2 期] 从参数角度认为绍兴方言的动补结构是连动结构，从句法中派生，而普通话的动补结构是词汇形式的致使动词。孙克敏《山东淄川方言离心型直指位移的表达手段》(《方言》第 1 期) 介绍淄川方言直接位移的三种表达形式"去、上、□［·ti］"，三者的句法分布互补，其分布环境相当于普通话的"去"。叶瑞娟《现代台湾客语与"分佢"相关的致使结构之语法和语义特点》(《语言暨语言学》第 3 期) 指出客家话中由"分佢"和结构式补语（VR）结构互动所产生的致使结构，并分析"分佢"出现在 V 和 R 之中和之后的现象。李曌《汉语方言的紧缩式正反问》(《汉语学报》第 1 期) 指出汉语方言的紧缩式正反问，以"VP + Neg + VP"问句为原型，通过脱落否定副词而构成紧缩形式。黄燕旋《19 世纪以来潮州方言的中性问句——兼论句末词"咩"的来源》(《语言学论丛》第六十三辑)、黄燕旋《十九世纪以来潮州方言蒙受句的演变》[《中国语言学报 (JCL)》第 2 期] 通过 19 世纪潮州方言文献分别报道了潮州方言中的中性问句更迭情况和蒙受句的演变。

田祥胜《湖北蕲春（大同）话"数 + 动量 + 宾语"结构的成因》(《方言》第 4 期) 分析了湖北蕲春（大同）话的"一棍子你"这类结构是"V + 数 + 动量 + 宾语"结构中省略动词的结果。刘永华《上蔡话"俺俩给张三 VP"句式中的代词词项错配现象》(《中国语义》第 3 期) 报道河南上蔡话"俺俩给张三去赶集"句式，受部分和整体间语义影响而出现的代词词项错配现象。该句式应该是采用了近代以来中原官话中的语义和语言成分，及通语中"整体"在"部分"之前的语序而形成的。叶婧婷《贵州遵义方言表定指义的"名量"和"量名"结构》(《方言》第 4 期) 中，贵州遵义方言"名量"结构用于定指，后置的通用量词具有定冠词的特征，是"准定冠词型结构"。"量名"结构一般不能用于定指，但受修饰之后可以用于定指，是省略指示词的结果。葛平平《江苏东海方言与"很"有关的句式及其形成》(《方言》第3期)分析江苏东海方言与普通话不同的四种句式,这些句式不与补语标记"得"共现,并能进入时比句式,在量级表达方面与普通话存在差异。吕嵩崧《语言接触引发的框式虚词及其演变推测》(《民族语文》第6期)从语言或方言接触的角度,指出语序类型有差异的两种语言或方言的接触可导致框式虚词的形成。框式虚词是固有形式或较早形式向模式语形式演变的中间阶段。荆亚玲、汪化云《杭州方言中的框式状语》(《语言研究》第2期)指出杭州方言中存在后置状语"过、快"及其构成的框式状语"再/重新……过""快……快",相应的前置状语、后置状语、框式状语,意义基本相同,但有使用群体和语体色彩的差异。框式状语是由后置状语向前置状语演变的中间现象,与其他吴语中同类现象的发展趋势基本一致,反映出杭州方言语法的吴语特色。

讨论构式词汇化的论文,主要有付开平、匡鹏飞《论"搁不住"的词汇化与语法化》(《语言研究》第4期)。张爱玲《现代汉语方言中"有偏"的用法及其溯源》(《中国语文》第2期)认为"有偏"由表示"偏待/慢待"诉,发展出致歉用法和"吃过"用法,后经历句法环境扩展,可以后续食物名词宾语。此外还有孙宜春、邵宜《汉语方言位移类处置式中的 V_1V_2 ——兼论复音处置介词的来源》(《语言科学》第3期)。

(四)综合研究

宗守云《方言语法研究:语料、方法、体系》(《上海师范大学学报》第1期)对方言语法研究包括语料获取、方法选择、体系建立方面提出了思考。认为方言语法体系应该在理论建设、特色展示以及问题延伸方面体现出优势,尤其是在理论建设方面,既可以验证、补充已有理论,也可以提出新的理论。夏俐萍、唐正大编著《汉语方言语法调查问卷》(上海教育出版社,8月)是一个较为系统的汉语方言语法调查方案,包括构词与形态、词类与句法、句义与语用等多方面。问卷包括四个部分:基本概况及调查规范、音系、语法问卷、话语语料。中国社会科学院语言研究所方言研究室《汉语方言语法调查例句》(《方言》第2期)综合考察已有方言语法调查例句成果,择取方言语法例句248句,可以记录方言里的常用口语,获得所调查方言的主要语法特点。语法调查问卷和语法例句均为汉语方言语法调查提供了较好的参照,尤其适用于较大规模的方言语法调查及数据库的建设。

汪国胜主编"汉语方言语法研究丛书"包括《丹江方言语法研究》(中国社会科学出版社,10月)、《安阳方言语法研究》(中国社会科学出版社,6月)、《辉县方言语法研究》(中国社会科学出版社,6月)。该丛书通过专题的形式,以点带面,比较深入地揭示方言特点和特殊语法现象,属于此种描写的还有侯超《皖北中原官话语法研究》(中国社会科学出版社,9月)。盛益民《吴语绍兴(柯桥)方言参考语法》(商务印书馆,7月)则采用参考语法框架,对吴语绍兴柯桥话从音系、词和构词法、短语和句子以及语义范畴,进行全方位描写。这是首批汉语方言参考语法专著之一,为学界提供一份可资参照的参考语法框架。

（五）方言语法的研究特点及展望

随着汉语方言事实的深入挖掘和语言学理论的不断丰富，汉语方言语法研究也不断深入。2021年方言语法研究，无论是研究内容、研究方法都表现出一些值得关注的特点。

1. 研究内容

对具体方言语法现象的描写仍是方言语法研究的主体，但描写对象的范围有所扩大，目前的描写仍以词法为主，但句法研究也逐渐得到重视，对方言中具体语法范畴的描写有所增加，如定指范畴、连动句、致使结构、位移结构、体范畴等，这使得方言中的语法特征能得到更好的归纳，并有利于与其他方言进行横向比较。除单点方言的深入描写之外，方言区或区域方言的语法特点也受到重视，如邢向东讨论晋语和西北官话的短时貌，庄初升讨论湘赣方言与"儿了"义相关的后缀，陈前瑞等探析汉语方言将来时的区域性特点，林华勇等讨论粤语的持续体貌系统，夏俐萍讨论湘语的完成义标记等。从句法来看，对复句的研究偏少，今后值得进一步关注。

从现有成果来看，语音与语法之间，语法各范畴之间的关联得到重视。庄初升等结合语义虚化和语音弱化，讨论湘赣语小称标记的来源以及泉州话副词的来源。温昌衍结合变调规律，离析惠州话领格形式的来源，周敏莉等研究"箇"的不同语音形式所产生的主客观的对立等。汉语方言各个语法范畴之间既有区别，又有密切的联系。如孙晓雪讨论量词和复数的关联，高顺全等讨论河南商城话疑问语气词与时体之间的关联，黄晓雪讨论的汉语方言的处置标记、受益者标记以及与格标记之间的关系，申屠婷婷讨论的浙江东阳方言重叠形式与体范畴之间的关联等。

2. 研究方法

从2021年发表的成果来看，方言语法的研究体现了方言学内向研究和外向研究两个维度，内向研究是方言学作为语言学内一门学科的本体研究，外向研究是以方言语料为材料和考察对象、以狭义方言学之外的其他学科的学术需求和目标为指归的方言研究（刘丹青，2017）。方言语法显示出与其他学科日益密切的关系，除了采用方言学本身用到的实地调查法、比较法和归纳法等外，方言语法研究还与其他学科理论相互补充、相得益彰。

文献学视角。方言历史文献对于寻根溯源、探讨方言的历史演变不可或缺。2021年度有多篇文章涉及文献语言学视角。如邢向东利用明清文献讨论晋语和西北官话的短时貌；林素娥从文献角度讨论吴语"话""说""讲"之间的更替；黄燕旋利用19世纪潮州方言文献讨论潮州话中的各类语法现象。

语法化视角。语法化是有关语言历史发展的学说，一般指从实成分发展为虚成分的过程，或者新的语法结构式产生的过程，跟语法化相关的是词汇化和构式化（宗守云，

2021）。语法化理论将共时和历时结合起来，大大地促进了方言语法描写的精度和深度。2021年发表的方言语法文章，对单个虚词的历时演变以及词义的多功能性研究，都利用到语法化理论，此不赘述。这些研究不仅加深了语法演变的认识，也为语法化研究提供了有力支撑。

类型学视角。语言类型学探讨语言与语言之间的差别及其背后蕴含的共性。汉语方言内部差异错综复杂，可以通过不同方言样本，探讨方言和语言之间的共性与类型。目前的相关研究是将方言样本与民族语言样本放在一起进行研究。如董秀芳讨论的汉藏语系语言的评价性形式，孙晓雪讨论的量词与复数的关联等。类型学的语义地图理论从语义的角度出发，研究不同语义之间的内在关联，在汉语的多功能语法模式研究中取得了重要的进展，相关的研究如叶婧婷基于语义地图视角的名词性领属结构的研究，范晓蕾关于汉语情态词的语义地图研究，吴福祥等关于甘青方言"伴随-工具-方所"的多功能研究等。

区域语言学和接触语言学视角。区域语言学和接触语言学在汉语学界最先主要用于语音的研究，开始重视语法的区域性特点，尤其是徐丹、杨永龙团队对甘青方言语法之间的接触与演变最为深入。林华勇等对粤语地区的体标记的接触演变，吕军伟等对东南方言语序的接触演变也值得关注。

3. 研究进展及思考

方言语法描写的系统性。目前的方言语法研究，仍然囿于本方言"独特"语法现象的描写，对方言的系统性重视不够，对不同语法范畴之间的关联不够。这类零星的研究往往缺乏对本方言系统性的调查，考察问题时容易从个别现象出发。词类的描写远远多于句法的描写。如词法研究中对单个词的特殊用法研究较多，对某一类词的功能描写较弱。在句法研究中，多是对不同结构式的研究，对某类句式的描写和比较的研究较少，着重强调句式的特殊性甚至唯一性，忽视了共性的研究，跟普通话相同的多一笔带过。这样的描写有其自身价值，但不利于方言语法的系统性考察，也不利于方言语法的比较研究。今后的描写可进一步强调研究的系统性，强调方言语音、词汇和语法之间的内在联系，强调不同语法范畴之间的关联。

方言语法描写的参照系。自方言语法研究开展以来，多数是普通话作为方言描写的参照系，强调方言与普通话之间的异同。王福堂（1997）指出，方言语法不宜只有一个参照系，还要有一个立足点，即以方言语法系统本身为主的观点。李小凡（1998）也指出，我们最终需要有一部分不仅仅能解释普通话语法现象，也能解释各方言语法现象的现代汉语普遍语法。目前已经出版的汉语方言参考语法系列采用模式中立的类型学框架，可以进行跨方言跨语言比较的描写语法，有望在方言语法研究的参照系方面开拓一条新的路子。

方言语法的共时与历时比较。调查描写是方言研究的第一步，在调查描写的基础上，可大力加强方言的共时和历时比较研究，以及方言、民族语和其他外语的类型共性研究。建议将共时横向比较研究和历时演变研究相结合，加强汉语方言学与其他学科，如历史语言学、类型学、语法化理论、区域语言学、接触语言学等的结合，将方言学置于语言学这一大背景中，更好地挖掘方言自身发展演变的规律以及语言的共性规律。

修辞学研究

祝克懿　储丹丹　王　静

一、总论

　　1932 年，陈望道将修辞学科意识转换为学科自觉，"以语言为本位"，以整体性、科学性、创新性、示范性为特征，创立了现代修辞学理论体系。《修辞学发凡》一经问世，理论体系即被学界公认为修辞学科的核心理论，而且此后相当长的一段时期内，修辞学科理念和研究方法虽在不断更新、与时俱进，但研究方向与任务始终是以适应题旨情景为第一位，在积极修辞和消极修辞两大分野的理论框架内拓展深化、发展演进。可以说，作为现代修辞学的奠基之作，《修辞学发凡》引导了中国修辞创新与发展的现代化进程。

　　21 世纪以来，历经数十年的理论积累与实践分析，当代修辞学借鉴外来新知，结合汉语实际，突破现代修辞学"两大分野"的理论框架，打破地域、学科、流派的局限，以新的思维路径形成了下位学科分立、跨学科研究互动共生、中西对话交流多元并举的理论格局。但修辞学科如何坚守传统？如何规划当代修辞学未来发展的方向？正是修辞学人亟待认真思考并寻求可行性解决方案的重大问题。针对上述问题，在 2021 年 12 月举办的第十二届望道修辞学论坛（以下简称"论坛"）上，海内外学者们展示了他们的深度思考和理论预期。

　　[美] 陶红印在题为《修辞学的社会属性及其语言学理论与实践意义》的报告中从宏观层面阐述了修辞社会属性的观点在语言学理论与研究实践等方面的意义，并举例讨论了语体的社会属性、言语表达式创新的社会功能以及语言形式选择的互动因素，说明了当代修辞学研究向社会属性方面转向的可能性与必要性。[美] 毛履鸣题为《重读"濠梁之辩"：意义建构的可危性和认识谦逊的重要性》的报告中，通过对庄子与惠子"濠梁之辩"的修辞分析，说明修辞实践是与特定社会、政治及文化的矩阵和解释框架密切相关的一种价值主张。[澳] 陈平的报告从"英语和汉语专名指称功能的对比分析"入手，聚焦英语和汉语，围绕姓与名在英语和汉语中用作指称手段，解释不同语言对待姓、名不同态度、不同表述的四种现象，挖掘跨语言、跨文化研究的价值取向。刘大为题为《从学科识别度到修辞化的理论

构想》的报告认为，陈望道关于修辞研究的重大举措是将修辞学纳入了语言学的发展轨道，但在语言学的空间中修辞学究竟如何建构自己的理论和方法体系，是当下学科发展的当务之急。报告提出了修辞化的理论构想，指出修辞化是与语法化方向相反但又相辅相成的发展演化方向。

与会学者还进一步阐述：修辞作为关注语言运用的学科，在智能时代还面临如何分析鲜活的修辞现象，适应人工智能技术不断突破的语境条件，去获取文本、图像、音频、影像等多模态的新媒体资源问题。正如李宇明题为《语体与机器》的报告所指出的，当下人工智能研究的热点问题体现了近年来人文社会科学向自然科学技术反向渗透的趋势。报告认为语体的孳生发展与语言技术、语言载体密切相关，随着人工智能的迅速发展，"机器语言行为"已经成为语言生活的一个部分，因此需要注意从语体学的角度来看待语言智能，帮助机器获取语体能力，从而提升计算机语言处理的水平。陆俭明的报告《再议语言信息结构》从中文信息科学的高度认为，发展人工智能亟须解决好中文信息处理和汉语本体研究的接口问题，为此应做好汉语句法、语义和语用以及"边缘结构""信息结构"的特征研究和描写，使汉语本体研究成果在人工智能领域有用武之地。胡开宝题为《基于语料库的修辞研究：议题与方法》的报告探索了语料库的语言资源如何为修辞研究所用的问题，报告在分析语料库研究和修辞研究共性的基础上，探讨了基于语料库的修辞研究的主要议题、方法和意义。

总而言之，学者们的理论探索为修辞研究打开了一扇新视窗，开辟了新的出发点和实施路径；而这些前沿的学科发展理念和科学的方法论，又大都体现于修辞学人2021年在修辞学科体系建构中的努力及研究成果表现出的创见和精锐的思想中。

二、修辞学科体系建构

（一）修辞学科体制建设

1. 高校修辞教育

在国内，修辞学通常被视为下属于现代语言学的一门分支学科，在高校中也未设置专门的修辞学学位点，相较于西方两千多年的修辞教育史尤显薄弱。当下，高等教育开始强调"新文科"理念，要克服传统文科的局限性，顺应学科之间交叉与融合的发展态势，修辞教育的重要性便因此凸显出来。作为共识，修辞学的触角已经延伸到所有学科，涉及所有人类行为，并不仅仅是一般人们所说的诸如辞格之类的语言技巧，修辞学的教育更是有助于学生综合素质的培养。可喜的是，现已有多所高校弘扬修辞学传统、开拓理论前沿，并设具有特色的修辞学专题课程，指导学生撰写学位论文，在教学相长的过程中以教学促进科研，形成推动修辞学向前发展的基础动力。

2. 研究机构

继 2013 年上海大学外语学院成立"修辞批评研究中心",2018 年山东大学翻译学院（威海）成立"中美修辞学研究中心",2020 年齐鲁工业大学外国语学院成立"修辞、话语与传播研究中心"之后,2021 年,福建师范大学外国语学院创立了国内高校又一修辞研究中心——"修辞与论辩研究中心"。修辞学科研究机构的相继成立,拓宽了国内学界在修辞研究领域的视野,推动了中西文明互鉴与话语交流。

3. 学会

2021 年中国修辞学会、上海市语文学会陈望道研究会秉承"研究、继承和发扬陈望道学术思想、创新发展中国修辞学科"的宗旨开展了丰富多彩的学术活动。

（二）继承传统

1. 2021 年 6 月,为纪念中共早期革命活动家、现代修辞学奠基人陈望道先生,复旦大学出版社出版了由复旦大学党委书记焦扬主编的《陈望道文存全编》（12 卷本）和陈望道先生哲嗣陈振新教授与朱良玉女士搜寻辑合而成的《陈望道手稿集》（全 2 册）。《陈望道文存全编》全面收录和整理了望道先生的著述译作,汇编了分布于各类数据库、校档案馆、中华书局、上海档案馆以及私人收藏的文献和望道研究的最新成果。为纪念中国共产党建党 100 周年,《陈望道文存全编》特将陈望道先生所译《共产党宣言》作为序卷,置于全书之首,其余内容则按题材分为 12 卷。其中,修辞学研究有：第一卷《修辞学讲义》、第二卷《修辞学发凡》和第四卷《修辞论》。《陈望道手稿集》全面收录了海内外散佚的陈望道手稿约 600 幅,书中所展示的望道先生的题辞、信函、教学讲义、学术文稿以及讲话稿等手迹,具有极高的文物价值和史料价值。其中,学术文稿包括部分修辞研究补充讲义,凝聚了望道先生在修辞学、文法学等领域的多维思考,在继承与弘扬修辞学科传统方面具有重要的修辞学、语法学、文献学价值。

2. 2021 年 1 月 18 日是陈望道先生诞辰 130 周年纪念日,2022 年 1 月又是望道先生创立的现代修辞学奠基作《修辞学发凡》问世 90 周年,2021 年 12 月 4 - 5 日,复旦大学望道研究院、复旦大学中文系、《当代修辞学》编辑部、陈望道研究会共同主办了"纪念《修辞学发凡》问世 90 周年暨'第十二届望道修辞学论坛'学术研讨会"。会议以开幕式的纪念活动和大会学术报告两种方式进行。开幕式上,复旦大学副校长陈志敏致辞强调：本次研讨会一方面是为了纪念望道先生,重新认识《修辞学发凡》对现代修辞学科的历史贡献,以传承望道先生的修辞学思想；另一方面,"望道修辞学论坛"搭建起的高端学术交流平台传播前沿的修辞学、语言学理念,有助于复旦修辞学学科的建设发展,也有助于拓展中国语言学的研究领域和学术视野。

3. 为纪念我国著名的语言学家、杰出的修辞学家和语言学教育家王德春（1933 - 2011）

先生,2021 年 7 月 10 - 11 日,上海外国语大学、中国修辞学会、上海市语文学会联合主办了"纪念王德春先生逝世十周年暨当代语言学新视野国际研讨会",深切缅怀王先生的高尚人格和治学精神,以此向王先生致以崇高的敬意。

4. 2021 年 1 月 18 日是陈望道先生诞辰 130 周年纪念日,《当代修辞学》第 4 期特别推出纪念专栏,其中,刊发了望老弟子林兴仁《高山仰止,景行行止——纪念敬爱的导师陈望道先生》的纪念文章。文章以亲身经历追忆望老,致敬望老杰出的革命贡献、严谨求真务实的治学态度和春风化雨般的师德情义。张春泉《陈望道的术语学思想》一文指出:陈望道术语学思想对中国现代术语学的建立有着直接或间接的影响,推动了修辞学和其他学科的学术发展。

5. 2021 年 11 月,复旦大学出版社出版《当代修辞学的阐释与建构:"望道修辞学论坛"论文集萃》。"望道修辞学论坛"以现代修辞学奠基者陈望道先生命名,是复旦大学中文系与《当代修辞学》编辑部共同创办的高端学术论坛,论坛每年邀请国内外著名学者开设讲座,编辑系列学术书籍出版。该书是继《多学科视野中的当代修辞学》(2016)、《当代修辞学的多元阐释》(2018)、《修辞的结构与功能研究》(2019)、《互文性与互文语篇研究》(2020)之后,"望道修辞学论坛"推出的第 5 部学术论文集。该书由祝克懿主编,荟萃了海内外著名语言学者从历时和共时角度对当代修辞学范畴理论的阐释与建构,涵盖了九个板块的内容:1)纪念陈望道先生诞辰 130 周年专题;2)当代修辞学理论基础的多维探索;3)"消极修辞"的现代认知;4)"隐喻理论"的现代认知;5)"风格学"的现代认知;6)跨学科视野中的"话语研究";7)跨学科视野中的"论辩与修辞";8)"人工智能与修辞"研究;9)"新媒体语言"研究。该书融入了海内外学术界对修辞生态的历时关注与当代思考,在弘扬修辞学传统,提升修辞学研究的前沿理论意识与科学解释力方面具有重要的语言学文献价值。

6. 2021 年 9 月,为纪念著名修辞学家吴士文先生诞辰 95 周年,东北大学出版社出版了由中国修辞学会资料中心艾朝阳、董仁主编的《修辞学名家吴士文的故事》一书。该书讲述了我国著名修辞学家吴士文教书育人、提携后学、克难攻坚、克己奉公的一生。

7. 2021 年 9 月 12 日,著名语言学家、美国长堤加州州立大学亚洲与亚美研究系中国研究部教授谢天蔚先生因病去世,享年 75 岁。2021 年 11 月 1 日,著名修辞学家、语法学家张静先生逝世,享年 92 岁。两位先生的不幸逝世是语言学界的一大损失,也是汉语修辞学界的一大损失。《当代修辞学》第 6 期刊发悼文,以志哀悼。

(三)学术活动

1. 学术会议

(1)纪念《修辞学发凡》问世 90 周年暨"第十二届望道修辞学论坛"学术研讨会

2021年12月4-5日，复旦大学望道研究院、复旦大学中文系、《当代修辞学》编辑部、陈望道研究会共同主办了"纪念《修辞学发凡》问世90周年暨'第十二届望道修辞学论坛'学术研讨会"。研讨会以开幕式的纪念活动和大会学术报告两种方式进行。学术报告环节共有18位海内外著名语言学专家做专题报告，内容主要涉及：《修辞学发凡》与中国修辞学、现代修辞学的历时建构与当代阐释、跨学科视野下的当代修辞学、中西学术的交流与融合四个议题。研讨会认为：《修辞学发凡》自问世以来已90周年，至今仍保持着强大的生命力，值得不断深入探究，以继续推动中国修辞学向前发展；同时我们也要牢记，发展才是最好的继承，当代修辞学的发展一定要注重与国外语言学的交互整合，拓展传统修辞学研究的新领域，提升修辞学传播发展的国际视野，以宏观、动态、多元的研究理念开拓修辞学科的发展之路。

（2）纪念王德春先生逝世十周年暨当代语言学新视野国际研讨会

2021年7月10-11日，"纪念王德春先生逝世十周年暨当代语言学新视野国际研讨会"在上海外国语大学隆重举行。会议由上海外国语大学、中国修辞学会、上海市语文学会联合主办。会议安排了九场精彩纷呈的主旨报告和四个分会场就当代语言学研究的相关议题进行了广泛深入的交流，以此缅怀王先生的高尚人格和治学精神，并向王先生致以崇高的敬意。

（3）中国修辞学会2021年学术年会暨第十一届国家和机构形象修辞学研讨会

2021年11月13-14日，"中国修辞学会2021年学术年会暨第十一届国家和机构形象修辞学研讨会"由中国修辞学会联合韩山师范学院、上海市语文学会、华东师范大学国家话语生态研究中心、《当代修辞学》编辑部、《外国语》编辑部、《文化艺术研究》编辑部共同举办。会议就"全球思想竞争时代的话语实践与修辞理论"主题展开了讨论，聚焦"中国修辞研究何以推进社会的话语实践"和"中国修辞研究何以拓展自身知识生产"两大主题。

（4）"修辞、话语与传播交叉研究"线上论坛

2021年5月8日，齐鲁工业大学（山东省科学院）外国语学院成功举办"修辞、话语与传播交叉研究"线上论坛。论坛的报告践行了新文科理念，打破了哲学社会科学传统的研究范式和研究方法，内容突出多学科的交叉与融合，跨学科属性显著，突出了现实需求，紧扣时代课题，注重将理论与现实紧密结合在一起的理念，彰显了通过学术研究服务国家发展和人类命运共同体建设的追求。

（5）"修辞与国际传播的多维透视"前沿理论工作坊

2021年11月24日，福建师范大学外国语学院"修辞与论辩中心"举办了"修辞与国际传播的多维透视"前沿理论工作坊。工作坊就如何改进对外翻译和传播效果及如何在国际上讲好中国故事等议题进行了多维度、深层次的学术交流。

（6）严复翻译思想研讨会暨话语修辞与翻译传播高峰论坛

2021年12月24-26日，广西大学举办了"严复翻译思想研讨会暨话语修辞与翻译传播高峰论坛"。论坛由广西大学外国语学院与广西大学"亚太翻译与跨文化传播研究院"共同主办，"修辞学视角下的对外传播"是该论坛的主题之一，专家们的精彩发言凸显了修辞学的跨学科性质，推动了修辞与传播以及修辞与翻译的交叉研究。

（7）"社会主义法治话语、法治修辞与法治思维"暨第十二届全国法律修辞学学术会议

2021年11月13日，"'社会主义法治话语、法治修辞与法治思维'暨第十二届全国法律修辞学学术会议"在青浦召开。会议由上海市社会科学创新研究基地、上海市法学会法理法史研究会、华东政法大学科学研究院、华东政法大学法律方法研究院联合举办。主题发言与评议均围绕"法治话语的内涵与构造""社会主义法治理论与法治话语""法律阐释的概念"等十个主题开展。

2. 其他学术活动

流行语是最直接、最迅速反映社会语言生活的修辞话语，《咬文嚼字》编辑部每年定期开展十大流行语的评选活动。2021年12月8日，《咬文嚼字》编辑部公布了2021年十大流行语，"百年未有之大变局""小康""赶考""双减""碳达峰，碳中和""野性消费""破防""鸡娃""躺平""元宇宙"入选。评选标准坚持考虑了所选条目的"社会学价值"及"语言学价值"。

3. 研究成果

据不完全统计，2021年度修辞学科共出版著作17部、论文680余篇，其中学位论文74篇（根据中国知网学位论义数据库检索结果）。

"当代修辞学"微信公众号（复旦大学）2021年共推文153篇，其中20余篇被各类公众号转发。

"语林望道"微信公众号（浙江大学）2021年10月22日创立，2021年共推文19篇。

4. 社会评价

仅以反映修辞研究现状和发展趋势、全国唯一的修辞学期刊《当代修辞学》为例。

复旦大学主办的《当代修辞学》（*Contemporary Rhetoric*）作为专业的修辞学学术期刊，一直坚持继承传统、砥砺创新、走向国际的办刊方针；近些年在拓展与创新、加强国际交流方面做了大量为学界广泛认可的工作，开辟了许多与国际接轨又充分反映社会语言生活的专栏，在相当程度上引领了修辞学的研究与实践活动，被学界、期刊界评价为"近年来迅速崛起的期刊"。

（1）《当代修辞学》荣获"第七届华东地区优秀期刊奖"

2021年12月21日，复旦大学主办期刊《当代修辞学》荣获"第七届华东地区优秀期

刊奖"。"华东地区优秀期刊奖"由华东地区六省一市期刊协会联盟组织评选，每四年评选一次，经各省（市）两轮评审推荐、华东地区优秀期刊评审委员会终评审定。

（2）《当代修辞学》转载指数排名再获佳绩

2021年，中国人民大学《复印报刊资料·语言文字学》全文转载《当代修辞学》期刊文章8篇，《高等学校文科学术文摘》转载2篇。据中国人民大学人文社会科学学术成果评价研究中心发布的2021年转载指数排名，《当代修辞学》在中国语言文学类期刊中的排名分别为：转载量第16、转载率第5、综合指数第8。

（3）《当代修辞学》继续入选五大数据库

2021年《当代修辞学》继续入选南京大学"人文社会科学引文索引来源期刊"（CSSCI）正式版、中国社会科学院"中国人文社会科学综合评价AMI"核心期刊、中国人民大学"复印报刊资料"重要转载来源期刊、北京大学"中文核心期刊要目总览"、清华大学中国知网（CNKI）《中国学术期刊影响因子年报》统计源期刊。

三、修辞专题研究

（一）本体研究

1. 修辞传统

学界关于"修辞传统"论题的研讨，主要体现于以第十二届望道修辞学论坛主要议题"《修辞学发凡》与中国修辞学"的主旨报告。胡壮麟在题为《中国功能语言学的先行者——庆贺陈望道〈修辞学发凡〉出版90周年》的报告中指出：望道先生在《修辞学发凡》中就已运用功能主义的观点讨论诸多研究专题，大量的语言事实证明陈望道先生是中国功能语言学的先行者。霍四通题为《发展是最好的继承，创造是最好的纪念——重读〈修辞学发凡〉第一篇，纪念〈修辞学发凡〉出版90周年》的报告紧扣继往开来之主旨，重读《修辞学发凡》第一篇"引言"，结合实际，重新思考修辞学未来的发展。祝克懿的报告《20世纪以来汉语修辞的历时建构与演变路径》贯穿了1900－2020年修辞学学科的发展史，突出了《修辞学发凡》作为现代修辞学的理论核心对修辞学发展的引领作用。

此外，杨光荣《论"修辞创造"的路线问题》[《山西大学学报（哲学社会科学版）》第2期]也讨论了修辞学科体系的建设问题。该文认为，修辞学尤其"分析修辞学"是引领语法与逻辑的一门学科。修辞融修辞行为、语法行为与逻辑行为于一体，而分析修辞学或形式修辞学的提出，可以卓有成效地提高"修辞学的学科精度"，有助于把我国的修辞学学科打造成具有世界影响力的一门学科，有助于在世界修辞学界建构中国修辞学话语体系。

西方修辞学的理论研究既有丰厚的传统理论内涵，又紧随时代发展的脉搏。2021年，西方修辞学传统理论研究的成果或通过影印、译介和理论方法的借鉴等途径引入国内，或紧扣当代中国发展主题，共建西方修辞学理论与当代中国修辞话语的结构语义类型。其修辞传统的论著主要为三种类型：①解读经典；②理论语言学史的书写；③研究方法论的总结提升。

①亚里士多德的《修辞学》作为西方最早的系统阐释修辞学原理的典籍，奠定了西方修辞学的传统。历史上注疏者众，解读版本殊多。[英]爱德华·梅雷迪斯·科普、[英]约翰·埃德温·桑兹的《亚里士多德〈修辞术〉笺注》是其中的经典校注之一，有较高的学术意义和文献价值。该书的英文原版由剑桥大学出版社（Cambridge University Press）1877年出版，2021年3月由上海三联书店以影印本的形式再版。原著目录包括"原文和笺注""附录"两部分；内容"主要包含希腊文字，以及对亚里士多德对修辞学的理解的评论，包括其定义和分类，情感和逻辑的作用，以及风格和其他修辞技巧的相关性"。该书将亚里士多德的书名 η ε τ λ ε ς ρ ε η ο ρ η θ η（中世纪抄本的标题）译为《修辞术》（*RHETORIC OF ARISTOTLE*），是因为学界通常就有"修辞术"与"修辞学"两种译法：如中译本颜一译为"修辞术"[苗力田主编《亚里士多德全集》（第九卷），中国人民大学出版社，1994年3月]；罗念生译为《修辞学》（生活·读书·新知三联书店，1991年10月）。罗念生在"译后记"中注解到："本书译文根据洛布（loeb）古典丛书中弗里兹（John Henry Freese）校勘的《亚里士多德的〈修辞术〉》（*Aristotle：The 'Art' of Rhetoric*，1947）译出。"学界现在普遍接受"修辞学"的译名。

②李克翻译的《当代西方修辞学之管窥：30周年纪念版》（*Contemporary Perspectives on Rhetoric：30th Anniversary Edition*）[[美]索尼娅·K.福斯（Sonja K. Foss）、[美]凯伦·A.福斯（Karen A. Foss）、[美]罗伯特·特拉普（Robert Trapp），由上海交通大学出版社2021年5月出版]。原著于2014年由美国韦夫兰出版社（Waveland Press）出版，是一本在西方修辞学史上颇有影响力的当代修辞学理论史著作。该书主要以20世纪30年代以来对当代修辞理论产生深远影响的十一位代表性修辞学家的研究作为解读线索，介绍当代西方修辞学领域的著名学者的思想，"按照这些理论家所提出的修辞学理论的广度依次梳理和评价他们的贡献"，实现其"让读者了解当代修辞学中各种观点的发展和演变"的历史价值。该书"每章都有该章所述学者完整的著作目录，是了解这些学者主要著作和思想的优秀入门读物。书中精心挑选的批评性评论将所提学者的观点放置于更加广阔的修辞学背景中，有利于读者在理解宏观修辞背景的前提下对书中所展现思想有更深层次的把握"。

③[英]诺曼·费尔克劳（Norman Fairclough）的《话语分析：社会科学研究的文本分析方法》（*Analysing Discourse Testual Analysis For Social Research*）2003年由Taylor & Francis出版集团旗下的Routledge出版公司出版。2021年4月由赵芃翻译为中文，商务印书馆将其作为"语言学及应用语言学名著译丛"之一出版。

《话语分析：社会科学研究的文本分析方法》是一本集理论阐释与分析方法为一体的学术著作，侧重于介绍"文本导向的话语分析"（诺曼·费尔克劳，4月）。该书致力于发现话语批评维度符号实践的权力关系及深层的意识形态话语，而且从语体（genre）、话语（discourse）和风格（style）三个维度系统阐释了基于文本修辞话语的方法论和分析路径。该书从意义角度设置了文本分析要点，主要类型为：行动、再现、认同，包括"语体、话语和风格""语体链和文本链""互语性分析"诸方面。作者认为，话语在社会实践中主要由"语体（行为方式）""话语（再现方式）""风格（存在方式）"这三种方式体现。从修辞话语分析出发，这些维度对文本、互文性、语体及语体结构、话语及话语再现、社会实践、风格、情态和评价等分析对应着修辞话语对基本概念的理论阐释和实例分析，并且揭示出语言与社会之间相互构建的辩证关系。对于修辞学专业师生和社会科学研究者从事修辞话语分析研究都具有很高的文献价值与方法论意义。

（1）核心修辞

汉语核心修辞的内容主要指《修辞学发凡》以"两大分野"建立起来的现代修辞学理论体系和从古代修辞学发展而来的风格范畴、语体范畴、语篇范畴，以及对修辞理论的发展历史和现状进行审视并概括总结的修辞学史。之所以将修辞学史纳入核心修辞，是因为一门学科的发展有了相当的积累，学科的体制建构、研究方法已相对成熟，其本质属性和发展趋势也已明确清晰时，总结学术传承与发展史的意识才会产生。因此，修辞学史自然是隶属于修辞核心理论的重要内容。

①积极修辞

在修辞学的两大分野中，积极修辞研究特别是辞格研究，是汉语修辞学传统研究的重要组成部分，而且无论中西都是历久弥新的研究领域。

谭学纯《后陈望道时代的辞格研究视野及话语生产》（《山西大学学报》第2期）对辞格研究的现状有着清醒的审视。论文认为，陈望道先生开创的修辞格研究范式在他离世后仍持续在线，这既体现了后来者对学术先驱的崇敬，也需要对学术传承过程中的创新机制做深度透视。韩仲谦、韩楚齐《英语常见修辞格语用概论》（陕西科学技术出版社，1月）是对修辞格进行跨学科的专题研究实践，该书运用现代语用学的理论方法考察英语传统修辞格成"格"的可行性，并以此为基础，梳理语用学和修辞学两个学科的发展历史和渊源，概述传统英语修辞格分类的学科价值及语用学理论的解释力。王希杰《夸张论略：明夸和暗夸与谬夸及其他》（《南京晓庄学院学报》第1期）认为，夸张在各民族语言的运用中都极其常见，其载体不限于语言，可以是其他符号或任何符号化了的事物，不仅是一种表达手段，也是一种思维方式。高群《结构性夸张：抒情诗语篇生成的修辞要素》[《阜阳师范学院学报（社会科学版）》第2期]在对《离骚》共时分析以及抒情诗语篇历时研究的基础上，发掘夸张作为推动语篇叙述要素的修辞诗学价值，认为作为抽象语言规则的存在，夸张是很多抒情诗产生审美创新和张力的深层原因之一。李胜梅《比喻关系词的专职性和兼职性》(《当代修辞学》第 3 期)从比喻词在比喻关系中的专职程度的角度，将比喻词划分为专职、兼职、临时比喻关系词三类，比较不同类型的比喻关系词在比喻关系中的语义特点和修辞功能。张宝、吴春相《从回环到交错——积极修辞的嬗变》(《当代修辞学》第 6 期)讨论了回环辞格从用例严整到逐渐宽泛并产生结构交错的嬗变过程，认为这种回环结构的重组异构为积极修辞注入了新的动力和活力，不仅符合寓变化于整齐的美学原则，而且具有深厚的心理学基础。闫海芳等《论拈连认知的普遍性及其体验哲学基础》[《阜阳师范学院学报（社会科学版）》第 2 期]从人类认知方式、社会心理的角度探讨了作为语言表达策略的辞格与深层结构思维的关系。

在"积极修辞"研究范畴中，"辞趣"范畴是与"辞格"范畴相对应的部门，历史上"辞趣"修辞也一直为古代修辞学的传统论域。现代语言学兴起后，由于形式主义日益深入人心，史由于辞格研究中心地位的影响，"辞趣"研究一直未得到应有的重视。祝克懿的论文《"辞趣"修辞的多元文化功能》(澳门"多元文化环境中的语言研究和中文教育"学术研讨会，11 月)在考察已有辞趣研究的基础上提出，进入 21 世纪以来，由于新媒体技术的支持，自媒体传播得以强势扩张，特别是新冠肺炎疫情期间网民高频使用、有效交流信息的功能全方位提升，助推"辞趣"修辞在现实和虚拟网络双重空间强势回归社会语言生活，并以其内外体验、想象联动的情致，恰当表现了当代人适应交际需求的多元情感取向与意义表征。这类关于辞趣的研究是对积极修辞研究缺失成分的一种补充，是对修辞范畴体系中修辞格独处中心地位重新思考形成的一种平衡布局。

总之，2021 年对积极修辞的研究已较少停留在辞格等修辞手段与技巧描写本身，也不囿于类型特征的区分，而是注重从语言认知、语篇功能、文化心理等角度进行探索，并具有日益浓重的理论探讨色彩，显示了修辞理论认知的进步。

②消极修辞

2021 年消极修辞的研究成果少见，多为教学、写作指导类，如张琳、蔡秀翠的《消极修辞在部编版初中语文教材的呈现及教学指导》(《名作欣赏》第 18 期)分析了部编版初中语文教材中消极修辞知识的呈现形式及对中学修辞教学的指导作用。唯恋娟的《从词语、句式、修辞层面谈公安文书语体的规范化》(《应用写作》第 1 期)从用词、句式、积极修辞和消极修辞的使用等方面分析公安文书，指出其语体风格主要体现为朴实严谨、准确凝练、庄重典雅的特征。

③零度修辞

"零度"修辞范畴由陈望道在讨论消极修辞与积极修辞的纲领时特别提出，是《修辞学发凡》现代修辞学理论体系中一个重要的但未受到学界重视的理论范畴。

"零度"是物理学的概念术语，被不同学科的学者用于反映一种界限、规范、常规、平衡状态、中性地带等。《修辞学发凡》创新性地引入"零度"概念，用隐喻方式表达其平实、稳密的语义内涵。鉴于"零度"修辞的理论价值与目前不被重视的现状，复旦大学祝克懿团队展开了相关研究，目的是将"零度修辞"与"积极修辞"、"消极修辞"建构成一个理论连续统，完善"修辞方式范畴"理论体系。团队于2021年8月获批复旦大学义乌研究院首批项目"《修辞学发凡》'零度'修辞观的历史意义与当代阐释——以《共产党宣言》多语种译本的研究为例"，专题研究待发表中，并已按计划展开系列研究。

（2）语体修辞

语体修辞研究在传统语体研究的基础上注重吸收借鉴语言研究其他分支学科的理论、方法，包括文体学、语法学、批评话语分析理论等，研究倾向于将语体视为一种言语活动行为，较多关注社会语境、人际关系以及功能等要素对语体结构的影响。赵芃《语体结构的跨时空变异研究》（《当代修辞学》第3期）分析了抗击新冠肺炎疫情期间不同机构发布的"指南"，结合系统功能语法以及批评话语分析就语体结构、语体链的分析方法，从语体的社会功能角度，时间和空间两个维度分析语体变异现象，在社会文化语境中研究了语体跨场合、跨领域和跨层级移动等问题；该文沿着语体变量研究的方向将语体变量的范畴拓展到宏观社会，反映了新时期语体研究发展变化的一个面向。赵雪《新文化运动时期的新闻语体——以〈申报〉为例》（"论坛"，12月）以19世纪晚期至20世纪中期极具影响力的中文日报《申报》为例，对新文化运动前后（1909-1929）的新闻语体进行探讨，指出该时期的新闻语体在叙事、语篇结构、语文体式、语相（辞的形貌）上都具有过渡时期的特点。王永娜《现代汉语语法的语体研究之发展》[《烟台大学学报（哲学社会科学版）》第6期]梳理了汉语语法学界对于语体语法研究的进程，并将之分为描写、阐释、构建理论三个阶段。该文以语体学的视角研究综述了语法的语体分布研究，脉络清晰地勾勒出语体与语法研究的互动以及语体理论对语法研究走向深入的贡献。

（3）风格修辞

"风格修辞"是古今中外修辞学研究的经典范畴，也是修辞理论与修辞批评研究方面的重点论域。当下，风格修辞研究无论是理论探索还是分析实践方面都在努力强化与国际学界的对话交流，吸收中西风格理论前沿理念，以推动风格研究功能主义的发展。

[美] 巴里·布鲁迈特（Barry Brummett）的《风格修辞学》（*A Rhetoric of Style*）2008年在美国南伊利诺伊大学出版社（Southern Illinois University Press）出版。2021年11月，由冯月季翻译的中文版在社会科学文献出版社出版。该书从社会功能角度研究晚期资本主义社会流行文化中的风格修辞。该书认为，风格是一种有意向性的意识，包括行为主体的态度、

假设以及关于自我和他人的感知，并且通过语言、着装以及其非语言行为呈现出来。在流行文化的传播过程中，风格是一系列复杂的符号和行为系统；某种程度上，风格修辞是通过传播系统影响他人的生活方式。对于社会个体而言，风格作为符号表意系统，已经进入每个人的思维和生活方式中，以至于风格修辞已经影响蔓延至全球范围内的社会系统，因此迫切需要建构一种新的风格修辞学理论对其进行阐释。作者直陈：这就是写作该书的修辞动因。

2021年《当代修辞学》第1期开设专栏推出风格研究系列论文，包括：①国外修辞学界关于论辩风格研究的译文3篇；②讨论风格修辞的理论渊源和功能特征的论文3篇。其中，[荷]弗朗斯·H.凡·埃默伦《关于论辩风格的新思考》（汪建峰译）认为，论辩风格具有话语选择、受众要求和呈现三个维度的不同特征，并分别体现于采取的论述步骤、选择的辩证路径和运用的策略性考虑三类论辩手段中，依据分离式和嵌入式论辩风格两个基本理论范畴，所有论辩风格都是此二者衍生而来的变体。该文将论辩风格视为一种有助于论辩者实现策略目标的工具，为论辩风格分析提供了一个适切的理论出发点。[罗]安卡·加塔《脱离式论辩风格：作为表达手段的文本类型》（毛浩然、王赛珈译）基于语用论辩学理论，考察"欧盟环境与气候变化政策报告"这一机构话语中实施具体交际活动类型的话语事件，并将其分为冲突阶段、开始阶段、论辩阶段及结论阶段，分别阐释了脱离式论辩风格的特征。[荷]托恩·范哈福坦、马尔滕·范莱文《论辩风格与语言风格的关系——系统整合论辩风格与语言风格分析》（李建新译）讨论了如何利用"语言风格学"范式的方法论进行系统的语言风格分析，以及如何将这种分析与论辩话语的语用论辩分析相结合。由于语用论辩理论尚未提出系统分析论辩风格的方法，因此该研究为分析论辩风格的表达层面以及论辩风格表达与论辩话语实施策略之间的关系提供了一种新的视角。祝克懿《语言风格研究的理论渊源与功能衍化路径》在中西风格理论视域下，梳理了语言风格研究的理论渊源，描述了从体裁风格到功能风格的学科生态演化路径，并在此基础上推出语言风格研究本质上即为功能语义研究这一结论。

（4）语篇修辞/话语分析

进入21世纪，语篇修辞/话语分析成为学界普遍关注的研究话题。至2021年，研究成果覆盖了各个分支领域，议题广泛深入且理论方法多维。这里仅以发表在《当代修辞学》上的数篇文章为例。

方梅《从引述到负面立场表达》（第5期）分析了对话互动中的引述性话语的立场，指出引述表达形式与负面立场表达之间存在着非规约化程度的差异，引述表达负面解读具有高度的语境依赖性。李晋霞、刘云《论叙事语篇与论证语篇的及物属性》（第3期）考察叙事语篇与论证语篇的及物性，进一步揭示出不同篇章类型与及物性之间不同的对应规律。于晖、张少杰《汉语学术语篇的多声系统探究》（第6期）通过对学术语篇中多声资源的分析，构建了汉语学术语篇的多声系统框架，并认为综合运用各种多声手段，增加语篇的对话性和科学性是重要的学术写作能力。刘锐、黄启庆、王珊《汉语学术语篇转述标记的形式、功能与分布》（第6期）研究了人文社会科学学术论文中的转述标记的形式、功能和分布，认为转述标记在不同学科的学术论文语篇中的分布各有特色。该文对学术语篇中修辞资源的分布进行了客观、全面、深入的分析，从转述标记的角度加深了对汉语科技语体语言特征的认识。赵春利、杨娟《遂愿副词"总算"的话语关联与情态结构》（第5期）按照从话语关联到句法分布再到语义提取的逻辑顺序，探讨了副词"总算"的语义特征、句法分布及语篇功能。卢惠惠《近代汉语强断言标记"正是"的语用功能及其演变动因》（第5期）研究了近代汉语强断言标记"正是"的语篇表达结构、语义特征、语用功能及其产生的认知动因，认为其语用功能的形成动因源自叙事需求、对修辞效果的预期和言者主观立场的表达之需。张文贤、李先银《互动交际中的认识权威表达——以"我跟你说"为例》（第6期）通过考察"我跟你说"类例证的语义互动探讨了口语互动交际中表达认识权威语义的语言形式表征。

（5）修辞学史研究

宗廷虎、陈光磊《中国修辞史应当以辩证唯物主义为指导》（《贵州工程应用技术学院学报》第5期）阐述了近20年来在"中国修辞史"系列成果的探索中，修辞史研究团队坚持从实际出发，运用辩证观点与方法的相关认识，并以此缅怀陈望道先生的治学精神。宗守云《王希杰60年学术研究综观》（《南京晓庄学院学报》第1期）梳理了王希杰先生60年的学术研究，并将其分为个别研究、理论创见、思想扩展三个时期，评价王希杰的学术研究始终秉承事实分析和理论探索相结合的研究方法，注重龙虫并雕，善于接受新思想并提出新学说，对中国修辞学界产生了重要的影响。

2. 修辞创新

（1）学术思想创新

①修辞哲学

修辞哲学作为一般科学方法论，决定着学者对修辞研究的范畴、原则、理论方法和手段等方面的认知，因此，对西方修辞学家的哲学思想和哲学家的修辞学思想进行诠释，以及对西方古典修辞学理论进行再阐释成为西方修辞理论界常论常新的话题。

杨立、秦明利《伽达默尔"一体性"概念中的修辞学思想》（《求是学刊》第4期）认为，"一体性"涵盖人类语言的共同性、存在有限性和实践理性三个维度，构成了伽达默尔修辞学和伦理学的统一形态及其问题域，是对人类共同享有的修辞存在性的肯定；对伽达默尔诠释学思想中修辞思想的探讨凸显了修辞学和哲学的历史渊源，为国内西方修辞学理论研究提供了新的论域。鞠玉梅《伯克修辞学思想的唯名论倾向》（《外语研究》第4期）在区分"唯名论"与"唯实论"的基础上,讨论了肯尼斯·伯克修辞学思想中的唯名论倾向,认为伯克的修辞学思想充分彰显修辞者作为个人意志的动机,否定所谓"正确理性"的绝对存在,尤为强调对个体符号的互动阐释,这些特征都显现出其与唯名论存在渊源关系。邓晓芒《论庄子的修辞哲学——从庄子的"三言"说开去》[《四川大学学报(哲学社会科学版)》第2期]通过庄子的寓言、重言、卮言"三言"探讨庄子的修辞方式,认为其不同于西方传统"修辞立其真"的技术实用主义,也不同于中国传统儒家"修辞立其诚"的政治实用主义,其本质是"修辞立其性"。该文认为,若能进一步对人性之诚加以反思,展开为一个向内自我批判的历程,就有可能据此建立起一门融合中西而又具有中国特色的修辞哲学。

  审视修辞学发展的流变与走向,确定修辞研究应当确立的新范式,努力把握发展的新动向,显示了修辞学者宏观把握、深刻领会理论动态的预判能力。在学界依然热衷于讨论人文社科领域的"语言学转向""修辞转向""文化转向""诠释学转向""人类学转向"等话题时,刘亚猛站在中西修辞交流汇通的制高点上意识到"情感转向"正在成为修辞学理论更新的迫切要求,率先在国内修辞学界提出这一新的理论转向,在题为《情感转向与修辞学的理论更新》("论坛",12月)的报告中阐释了修辞研究"情感转向"这一重大范式转换的前瞻性和可能性,认为这是源自古典修辞学、代表着当代修辞学新的走向,预示将与国际学术界接轨的研究路径。基于对西方修辞学学术史的考察,刘亚猛指出,当代西方修辞研究正经历着一个双重意义上的"情感转向":其一,在公共话语领域,"后真相"时代的来临及社交媒体在交流实践中开始享有主导地位使得情感上升为形塑舆论的显要甚或主要手段;其二,在学术话语领域,对"情动"及情感的研究兴趣持续高涨,已经蔚为继"语言学转向""文化转向"之后席卷社会科学及人文学科的新潮流。修辞学作为学术史上最早对情感做出理论阐述并且深度介入公共交流实践的一门学科,应该如何因应双重转向这一挑战,关系到修辞学在"情感时代"的学科发展走向。刘亚猛给出的答案是:传承"情感转向"的学术传统,审视并更新该转向提供的相关修辞概念资源,对当前公共话语中流行的"情绪性语言"及"同类聚合"等交流模式进行理论阐释。

  与此理论导向相关的研究还有李克、朱虹宇《"共情修辞"的学理渊源与机制构建》(《当代修辞学》第4期)。该文在全球新冠肺炎疫情蔓延和人类命运共同体理念的背景下提出"共情修辞"概念,梳理"共情修辞"的学理渊源、构拟其运行机制,肯定其为西方修辞学在当代中国的理论创新。该研究将共情修辞定义为"在修辞目的的驱动下,修辞者有意识地使自己进入对受众的共情状态,在能力范围之内达成与受众情感的时间同步和类别同向,并能够清楚判断受众和自身情感类型及来源,区分受众和自我表征,随后设定并实施修辞策略",认为共情修辞在修辞说服观和认同观的基础上产生,传统修辞的权利关系因此被人文主义表征，并在继承传统的基础上弱化或完善，这是话语的进步，亦是通过修辞所反映出的人类社会的进步。

②认知修辞

卢卫中的《认知修辞学：象似性的修辞学研究》(Cognitive Rhetoric: A Study of the Rhetoricity of Iconicity)，2021年5月作为"认知语言学丛书·应用系列"之一由上海外语教育出版社出版。

沈家煊在《丛书总序》中指出："'认知语言学'这个名称，有广义和狭义两种理解，凡是将人的语言能力当作认知能力来加以研究的，或专门研究语言和认知之间关系的，都叫'认知语言学'，这是广义的认知语言学。在这个广义的认知语言学内，粗略地说，有两种对立的立场或基本假设。一种认为语言能力是一种特殊的认知能力，本质上完全不同于人的其他认知能力，这就是当今国际上仍然占主导地位的生成语言学的立场和观点。还有一种则认为语言能力不是一种特殊的认知能力，它同人的一般认知能力没有什么本质上的差别，这就是狭义的认知语言学。"考察2021年认知语言学的研究成果，学者多是秉持狭义的认知语言学理念来展开研究的。

卢卫中的著作在融合认知语言学的象似性理论与修辞学理论的基础上首次提出"象似修辞（Ionic Rhetoric）"概念，并从语言的音韵（诉诸听觉）、语相（诉诸视觉）、顺序、数量、对称性和被动性等多个维度系统阐释语言现象，论证象似修辞作为认知修辞学的一个重要组成部分，即属狭义认知修辞学的研究范畴。

徐盛桓《对偶性与转喻的理解和表达》(《当代修辞学》第2期)借助物理学、数学中的"对偶"概念，研究语言交际中转喻的认知功能以及表达功能，揭示出对偶性是隐喻、转喻表达的深层基础性机理。文旭《比喻语言与认知——兼论认知修辞学的某些基本问题》("论坛"，12月)在认知语言学的框架下讨论了比喻语言研究主要涉及的两个基本问题，并同时结合比喻语言的认知研究，探讨了认知修辞学的相关问题。王治敏、赵慧周《隐喻继承理念下的"像X一样A"的限制研究》(《当代修辞学》第2期)分析了"像X一样A"结构的源域、喻底特征分布及限制规律，揭示了隐喻所遵循的"近取诸身，远取诸物"的思维方式，明确了人们使用隐喻的目的不仅是为了实现源域到目标域的投射，而且是为了使目标域继承源域的喻底特征。卢英顺《特殊要素的激活及其对句法结构的影响》(《当代修辞学》第5期)探讨了认知图景在特定语境下临时激活的特殊认知要素对句法结构产生的影响，进一步完善了常规的认知图景理论。贺天琪、刘美君等《动素名词的概念转指及语义演变路径》(《当代修辞学》第2期)从认知概念结构理论、框架语义学的视角探讨了动素名词的语义演变路径及动因，厘清了词汇语义和事件概念结构间的联动关系。邱晋、廖巧云《现代汉语羡余否定生成机制研究》(《当代修辞学》第4期)运用语法转喻理论，对

"概念叠加和构式整合"方案进行了补充，构建了汉语羡余否定生成机制的"正反意向模型"，为语言表达呈现多样化的原因提供了一种新视角的认知解释。

③视觉修辞

视觉修辞研究本可以列入认知修辞学这个大范畴，但随着视觉符号传播的日益盛行和读图时代的到来，区别于传统媒体的物质载体、制作方式、文本构成及传播媒介的发展趋势已经形成，加之视觉修辞研究成果的大量呈现也使之越来越成为一个重要的研究领域，故单列一个类型加以介绍评论。

刘涛《视觉修辞学》（北京大学出版社，6月）为我国第一部视觉修辞学专著。该书以具有语言性的图像谱系构造的视觉文本修辞为研究对象，创设了一个新的视觉修辞空间，确立了建构视觉修辞学范式的学术传统和研究命题。作者认为："传统的修辞学主要关注语言文本的修辞问题，而视觉修辞学（visual rhetoric）则是视觉文化时代修辞学亟待拓展和延伸的一个新兴的学术领域，其主要关注以视觉文本为修辞对象的修辞实践与方法。""作为一种认识论、方法论和实践论，视觉修辞学意为研究视觉文本修辞语言、活动与规律的学问。"该书立足于视觉修辞学的学术史考察，沿着修辞学的"学科建制"思路与要求，从理论和方法两个维度搭建视觉修辞学的知识系统，即视觉修辞学的基本原理和方法体系，并在此基础上探讨视觉文化时代人类在视觉修辞意义上的生存方式及对话体系。

视觉研究目前仍是一个探索性的、发展中的新兴领域，它不再仅仅关注语音、文本、图像等单一模态领域，而是基于近年来图像处理和语言理解方面的技术突破，涉及跨文本、图像、视频、语音等融合图像和文本处理的多模态形式，并不断推动着视觉表述方式、复合媒体形态和叙事修辞艺术的新发展。可以看到，在各种期刊杂志上发表的论文中，也充分体现了对这种理论的探寻与追求。

彭佳、何超彦《试论建立视觉修辞诗学之可能：以符号学为进路》（《视觉传播研究》第1期）和姚晓鸥《视觉修辞哲学光谱述评》（《视觉传播研究》第1期）分别从符号学、哲学的角度探讨了以图像修辞为主要研究问题的视觉修辞的学理性、可能性以及意义。陈曦《视觉修辞视域下城市标志隐转喻研究》（《池州学院学报》第2期）、廖莉《视觉修辞视域下人民画报（中文版）封面中国形象塑造研究（1950－2016）》（湖北民族大学硕士学位论文）、陈睿姣和杨晶《平面广告图像中的视觉修辞运用探析》（《传媒论坛》第8期）等文分别对城市标准图像、封面图画、广告图像等视觉图像展开分析，探讨了视觉修辞依托的语境、使用的修辞策略以及达成的交际效果。

还有一些研究从视觉出发，结合人类认知规律，探索语言结构和交际行为背后的深层认知机制。如杨彬《基于"注意力视窗开启"的叙事性文本的创造性建构分析》（《当代修辞学》第5期）从认知语言学"注意力视窗"理论的角度探析叙事文本中的超常规组合现象，该文立足语体语篇的研究思路,探究了注意力视窗开启对于创造性建构叙事性文本所具有的价值意义。杨海明、王艺文《"戳破""看破"与汉语表达的视觉化呈现及感知外化》(《当代修辞学》第3期)认为,汉语动作动词"戳破"借助常见、直接与视觉冲击强的特点,产生语义增值实现跨范畴隐喻"揭露",将隐秘的内心思考外化为对人、事、物表象的视线接触,体现了语言的视觉化呈现。而视觉化呈现的直接效果是信息传递的感知化和移情,论文揭示了进一步理解汉语隐喻的重要途径——认知经验与视觉呈现。张虹倩《中国学术期刊修辞知识生产的可视化分析》(《当代修辞学》第3期)通过对40年来中国学术期刊参与的修辞学知识生产过程的考察,用图示化的方法,分析"中国学术期刊网络出版总库"检索获取的数据信息,探讨了学术期刊知识生产对修辞学科发展的重要性。

④比较修辞与对比修辞

随着中西修辞学的不断融合发展,比较修辞学、对比修辞学和跨文化修辞学成为学者热切关注的研究领域。[美]毛履鸣《比较修辞学再界定的三个维度——本质、事实及事件》(《当代修辞学》第4期,汪建峰译)先后被中国人民大学复印报刊资料《语言文字学》(第11期)和《高等学校文科学术文摘》(第5期)等刊物转载,其学术观点引起了学界广泛的注意。在批判性地回顾对比修辞学、跨文化修辞学及文化修辞学发展历程的基础上,从本质、事实、事件三个维度对比较修辞学进行了重新界定和解读,主张"不再从本质意义上来谈论事实,转而从效用论意义上来探讨什么是事实,什么不是事实,兹事体大,往往会造成话语事件、效用事实与非效用事实之间是一种唇齿相依的关系"。该文旨在"为21世纪的比较修辞学研究确立一个新词屏,构筑一种叙事,以重新标定本质事实、效用事实及非效用事实,为对话、深刻的论述、想象或再想象打开一片新空间"。该文倡导中西修辞研究应打破壁垒,拒绝二元对立思维、固有偏见及传统界限,从而形成新的创造性的方法,推动中西修辞研究互鉴共进。袁影、成贤婷《四大非转义主辞格:渊源与论证——兼中西非转义辞格论辩观比较》(《中国比较文学》第4期)在对比修辞学视域下探讨了四大非转义主辞格的渊源和论辩观,"以西方人文学传统中的四大转义主辞格隐喻、转喻、提喻、反语为参照,追溯其分别对应的相似性、接近性、闭合性、凸显性格式塔完形原则,首次抉择出四大非转义主辞格为:反复、排比、反问、对照,并通过中西古今修辞学相关要著予以验证"。该研究在梳理转义辞格在西方修辞学中的历史传统和演变发展的基础上,探讨了转义辞格和非转义辞格的认知共性和认识论意义。王文斌、赵轶哲《论超常规四字格成语与汉语强空间性表征的同质性》(《当代修辞学》第1期)通过与英语时间性的特质相比较,推导出超出常规语法结构的四字格成语是张力与内生性的共同体,与汉语强空间性的语言表征同质,是汉民族强空间化思维的典型表征。何伟、仲伟《从语言元功能的编码方式看英汉语本质差异》(《当代修辞学》第5期)运用系统功能语言学的元功能理论比较英汉两种语言对元功能不同的编码方式。该文认为,两种语言的本质差异在于对语境的依赖程度不同,汉语为强语境语言,英语为弱语境语言,而这种区别源于哲学层面基本思维方式上的差异。

⑤论辩修辞

论辩修辞理论是西方新修辞学的核心理论之一。20世纪80年代,[荷]弗朗斯·H. 凡·埃默伦创立了语用-论辩理论。近年来,刘亚猛与汪建峰积极引介该理论,目的是打通国内西方修辞和汉语修辞研究的观念壁垒和理论关卡,赓续研究传统,推动学术创新和中外学术密切交流。两位学者数次邀请海内外著名学者撰稿,有数个专栏的修辞论辩论文在《当代修辞学》上发表。除前面介绍的三篇论辩风格文章外,仅2020年第4期就刊登了四篇影响甚大的专栏论文:刘亚猛《批判性讨论与语用-辩证论辩理论的引进》、[荷]斯诺爱克·汉克门斯《假省在论辩话语中的机变意义》(罗明安、袁影译)、[荷]弗朗斯·H. 凡·埃默伦、巴特·卡森《在多元中实现团结:论欧洲议会辩论作为一种论辩活动类型》(陈小慰译)、[荷]弗朗斯·H. 凡·埃默伦《从"语用-辩证学派"看现代论辩理论与亚里士多德的渊源》(秦亚勋译)。这些代表着前沿理论观点的文章迅速产生影响,推动了论辩修辞在中国的广泛传播,如刘东虹《语用论辩理论的语用修辞属性研究》(《当代修辞学》第5期)从语用学和修辞学属性方面对语用论辩理论进行了批判性讨论,指出语用-辩证模式在实际对话中存在一定的局限性,并提出了改良方案,进一步明晰了语用-论辩理论的分析步骤,增强了其解释力和适用性。林梅《俄罗斯现代修辞学视野中论题体系的论辩功能》(《解放军外国语学院学报》第3期)是对论辩理论研究视野的新拓展,也是国内首篇从"中俄政治话语修辞论辩机制对比研究"视角对俄罗斯修辞学论辩理论进行探讨的文章。该文认为"在俄罗斯现代修辞学的视野中,论题体系被赋予了更多的民族文化意义,被阐释为价值观层级体系及思维结构模式集合。论题的运用是否合理,与话语的有效性、说服性以及论辩性之间存在非常密切的关系"。该文指出:"在作为人工论据的三个方法,即'人格诉诸''逻辑诉诸'和'情感诉诸'的框架内,论题发挥着突出言者立场、塑造言者形象、呈现言者和受众的共同观点、支撑'省略三段论'、建构言语表述的逻辑关系等修辞论辩功能。"

⑥政治修辞与国家形象修辞

随着国际国内形势多元化格局的形成,政治修辞的功能也不断被拓展,宣传话语对于国家形象塑造的功用更是成为2021年的焦点论域。2021年8月,上海世纪出版集团格致出版社出版了由李晓梅、刘易平翻译的[美]贾森·斯坦利(Jason Stanley)的《政治修辞:西方宣传话语的哲学批判》(*Political Rhetoric: A Philosophical Critique of Western Propaganda Discourse*)。这部反响很大的著作原名为《宣传如何运作》(*How Propaganda Works*),2015年在普林斯顿大学出版社(Princeton University Press)出版。该书将语言哲学和知识论作为理论工具引入政治哲学研究，分析了西方国家形象宣传的运作机制，探索宣传与意识形态的紧密联系，以及宣传对民主制度的侵蚀；从政治哲学的高度，在政治修辞领域内讨论西方宣传话语的形态、功用，其理论借鉴意义和开启修辞研究新主题的引导作用不言而喻。概括该书内容，关键词包括："语言哲学""知识论""政治修辞""宣传"等。其中，"宣传"作为一种典型的修辞行为，其修辞原则、策略、效用等相关研究虽早已为国际学界所关注，但国内学界由于受西方后冷战宣传观的影响，相关认知还是一个未被系统开发的研究领域。作者从政治修辞的角度讨论"宣传"，认为是超越冷战意识形态"宣传"的新观念、新阐释。作者认为："'宣传'是西方社会中掌握更多资源的特权群体控制非特权群体的工具。宣传根本不打算诉诸理性意志，只求统一观点，它绕过了任何意义上的自主决策。由于非特权群体掌控资源较少，始终处于一种认知压迫之中，这还会进一步削弱他们在社会财富分配中的话语权。"显然，该书不仅是一种政治修辞话语的研究，更是以社会批判和哲学思考的眼光来考量意识形态的权力话语。

类似主题的研究——冯智强《语言自信驱动下的十九大报告国家政治修辞英译》(《当代外语研究》第 5 期) 亦是从国家政治修辞的视角，探讨十九大报告英译文本如何在语言自信的驱动下再现原文修辞特点、增强原文的修辞力。文章认为"政治修辞与语言自信是表里关系，在语言自信的驱动下，译者才能充分发挥政治文献翻译的修辞力，重现演讲者的人格诉求、理性诉求、情感诉求，调动和创制各种修辞方法，从而在目的语的社会中实现政治修辞的理想效果"。吴礼权《政治修辞学研究的内容、方法与意义》[《淮北师范大学学报（哲学社会科学版）》第 1 期]认为，政治修辞学的研究包括主体与受体、修辞情境、理想政治与现实政治的矛盾、修辞与人格定位等七个重要方面，认为对此展开的研究可以促进政治修辞学作为一门独立的新学科得以建立，可丰富和发展政治学与修辞学的理论，也有助于政治人实现其政治交际活动的目标预期。胡范铸、张虹倩、周萍《特大疫情防控中信息治理的观念重构与行动选择——一个基于"文化治理"视域的分析框架》(《文化艺术研究》第 1 期)认为，信息的生产与管理不仅是政策制定和实施的过程，更是一个文化治理的过程，在危机预防、应对与善后的各个阶段，需要管理者认识"何为留言""何为信息责任""何为正能量"，克服陈腐性观念，推进新时代"感觉、意义与意识"的社会化生产与再生产。

姜保红《基于国家形象修辞的新冠疫情防控话语研究》(《喀什大学学报》第 2 期) 基于国家形象修辞视角，梳理应对新冠疫情的防控话语，从面向国际和国内社会两个维度分析、综括了防控话语的修辞策略，研究疫情防控话语实践对国家形象建构的重要作用。刘丹凌《后疫情时代的国家形象修辞策略》(《人民论坛·学术前沿》第 21 期) 从民族想象的更新和重新赋义、民族精神的勾勒和价值传播、文化政治动员和"制造共识"三个方面探讨了后疫情时代国家形象建构的修辞策略。该文认为"在后疫情时代，重构国家形象的伟大神话是更新民族想象、传播民族精神价值、进行文化政治动员，超越以'大规模单向说服'为主导的共识生产机制，培植国家核心价值观念和认同的重要软文化路径和国家修辞策略"。该类研究将修辞学研究与国家社会语言生活紧密联系起来，对"国家形象"概念的重新解读具有一定的理论深度和新的面向，对国家修辞策略的阐释也有理有据，既可促进学术研究更多地关注社会需求与国家形象建构，也有助于修辞学研究加强对现实语言生活的关注度和解释力。

⑦互文修辞

沈家煊在《动土名谓句——为朱德熙先生百年诞辰而作》（《中国语文》第 1 期）中指出，汉语以对称的"对言格式"为本，散言体从对言体变化而来，这符合"寓变化于对称"的一般规律；"中式主谓结构"既是汉语特色，也具有普遍价值，正是这种主谓对等的观念导致"对言格式"的形成，也导致汉语语法结构和韵律结构的高度一致。在《名词"时体态"标记：理论挑战和应对方略——兼论汉语"了"的定性》（《当代语言学》第 4 期）中，沈家煊主张："用'名词为本'超越'动词中心'，用'对言格式'超越'主谓结构'，将名词和动词以及主语和谓语都视为性质同为指称语的对等项，在一个更高的层次确立一种根植于对话互动的对称互文结构。"

"对话互动"是人类语言交际的基本形态，是互文修辞研究一直秉持的理念，也是互文修辞坚持宏观、动态、多元认知探索汉语"互文结构"本质特征的研究范式。

祝克懿在《"互动·多元"：跨世纪学术研究的主体思维》（《天津外国语大学学报》第 2 期）中讨论了互文修辞的研究理念与研究范式，文章认为：在全球跨学科、跨领域的研究热潮中，跨越 20 世纪、21 世纪的"互动·多元"学科理念正逐渐形成学术研究的一种主体思维，也越来越显示出多个学科领域的科学阐释力。互文修辞所坚守的"互动·多元"理念是语言生态理论与互文性理论在范畴层面和研究范式方面共有的认知形态及思维特征。"动态"理念反映了语言研究从静态到动态跨越式的历史发展；"多元"理念则反映了语言生态理论和互文性理论从描写范式到实践分析的本真。具体到互文语篇研究，则是借鉴互文语篇理论，将对象语篇置于社会历史的语篇关系网络中进行考察，而非孤立的对象研究。如刘娟晴《"风格互文"现象的描写解释与特征识别》（《当代修辞学》第 1 期）借鉴"互动·多元"理论，分析了风格互文的语义类型、特征、识别方式以及生成机制，通过对风格互文现象的描写及类型的梳理，解释了语言要素与非语言要素的互涉变化是风格互文生成与发展的重要动因。董育宁《语体互文性的多维分析》[《太原师范学院学报（社会科学版）》第 4 期]关注语体互文现象，分析了不同语体的语言材料在一个语篇内相互交叉、融合的状态，认为语体互文作为一种修辞策略，是语篇中多种思想观点对话的外在表现。郑楠

《从文本到修辞：论解构主义阅读策略》[《安徽大学学报（哲学社会科学版）》第 2 期] 从互文解构的角度，通过文本－修辞－阅读的视角递进分析，阐释了解构作为互文阅读策略不仅囊括了哲学与文学的互释、能指的自由游戏，还注重挖掘文本的内在逻辑，揭示了阅读的双重效果以及修辞的运作机制。

⑧广义修辞

广义修辞范畴的研究，已经较为成熟。该类研究在汲取传统修辞理论的基础上，侧重于从修辞活动的"两个主体"，即表达者和接受者，从修辞技巧、修辞诗学及修辞哲学三个层面对言语交际行为进行理论的建构与现象的解释。谭学纯《义位/自设义位：释义话语风格特征之广义修辞阐释》（《当代修辞学》第 1 期）从修辞技巧、修辞诗学、修辞哲学三个层面解释了释义的话语风格特征及关联话题；从表达－接受的互动过程对释义话语的生产、消费，释义研究的问题空间与解释空间所可利用的资源等维度展开了深入的分析。高群《广义修辞学视角下的夸张研究》（中国社会科学出版社，5 月）亦是运用广义修辞学的理论资源倾力探求夸张辞格研究范式的学术实践。该书融合关联理论、话语标记理论、叙事学等，在多元的理论视野中界定夸张的内涵与外延，观察夸张故意言过其实的特质，描述并解释其结构、语义与功能；用系列个案论证夸张辞格词语、句子、语篇的三种存在形式，使之在跨学科研究范式中得到优化解释。该研究丰富了辞格系统研究的学术资源，对修辞理论建构以及修辞学史夸张现象的认知都具有一定的理论价值与实践意义。董瑞兰、毛浩然《〈人民文学〉(1949～1966) 人物图像的广义修辞学分析》[《湖南科技大学学报（社会科学版）》第 1 期] 从广义修辞学角度分析了《人民文学》的人物图像话语，通过"图像话语画法→图像文本技法→修辞主体活法"的维度建构了新中国成立初期的话语体系。

⑨语用修辞

语用学和修辞学是研究语言运用花开两枝结出的硕果，但由于理论原则、研究方法等方面的共性，又使得两个学科因之结合紧密，产出新的跨学科的认知领域。鞠玉梅的文章《肯尼斯·伯克修辞学思想的语用观》（《"文明互鉴·文明互译"百家谈》第 45 期）讨论了伯克修辞学理论中的语用学思想，认为伯克的理论并非仅仅是新修辞学，其著述中包含了关于人类语言乃至人类本身的精辟言论，该文还从伯克的跨学科修辞研究框架中探究了修辞学与语用学的紧密联系，论证了跨学科是伯克修辞学理论的典型特征。左思民《含义、显义、隐义与潜义之辨》（《当代修辞学》第 6 期）梳理、阐释了语用学重要术语的含义、显义、隐义、潜义等概念，认为语用学强调听者对言者所述的逻辑式加以"丰义"具有合理性，它推动人们认清语言交际是一个全面依赖语用的活动这一事实。袁周敏《身份修辞的关系空间——一项本土语用研究》（《外语与外语教学》第 2 期）从语用学理论视角考察身份修辞问题，认为关系中的身份是理解汉语文化中身份修辞的核心要素，并进一步概括身份修辞的关系空间为纵向尊轴与横向亲轴的四维象限，在任一象限之中的身份修辞则体现出交际者的主体性。这类身份修辞关系空间理论的引入体现了汉语本土语用研究的人际语用特性，克服了以往语用分析对第三方的忽视，同时也成为汉语本土语用研究对国际语用学的贡献。

（2）理论方法创新

20世纪90年代以来，人类社会的存在形态和运行机制都在全球化、信息化、网络化的作用下不断发生着深刻的变革，各种社会现象也越来越呈现出复杂性和相互依存的特征。无论哪个学科，仅仅依靠其单一学科自身的内在逻辑去揭示社会现实都有其严重的局限性，往往无形中拉大了研究成果与社会现实的距离，无法全面准确地揭示社会事实的本质。所以，日益复杂的现实问题要求各学科重新整合，采用前沿的理论方法，以开展必要的跨学科研究。在这样的大背景下，当代修辞学的发展也势必纳入跨学科的视野中，推进研究领域不断向纵深发展，这种发展不仅应该包括对语言学本身研究的系统深入，更应该包括语言学与其他学科的相互渗透。而跨学科理论方法的借鉴互用，促进了各学科间的交流与发展，推动了理论方法的革新，引领了修辞学研究跨越式的进步。

① 符号修辞

王铭玉、孟华《中国符号学发展的语象合治之路》（《当代修辞学》第4期）通过分析中国学者的"语象合治"符号观作为符号学第三条路径的学理性以及意义，讨论了符号与修辞的关系。该文认为，"语象合治"体现了消解语言与图像二元对立的中性符号观，代表了中国独特、丰富的符号学理论探索和创新实践。秦宗财、李心洁《城市形象塑造的短视频符号修辞研究——以Bilibili网站美食类短视频的典型样本为例》（《现代传播》第4期）基于城市客观形象、媒介形象和受众对城市形象认知的三个方面，从符号建构、修辞逻辑和话语实践三个维度，分析Bilibili网站中记录城市的短视频及其评论与弹幕，认为运用短视频塑造城市形象，能够维系用户与城市的亲密关系，体现用户对城市的不同理解与认同。

② 修辞心理

心理分析是修辞分析极为重要的研究维度。郭远兵《美好生活之美好语言：社会心理学修辞转向的理路》[《西南民族大学学报（人文社会科学版）》第8期]探讨了社会心理学的修辞转向问题，认为对修辞的信念和态度随着"人"作为主体的观念发生变化而变化，借助语言和运用修辞重构现实，"修辞转向"敦促社会心理学重新认识、改造社会和人心，"修辞转向"是破解社会心理学危机话语的一种变局方案，能够使社会心理学学科规划实现重构。

③ 修辞写作

修辞历来与写作关系密切。刘勰的《文心雕龙》可以说既是古代修辞学经典，又是古代文体写作的典范。在美国，修辞与写作是修辞教育的重要组成部分，大学中设立修辞（与写作）学位点很普遍，1987年就有37所大学设立了修辞（与写作）博士点。美国大学中讲授修辞学的部门一般包括修辞学系、修辞学与写作系、传播与修辞学研究系、演讲系、传播系、英语系等。迈阿密大学、犹他大学等即专门设有修辞学与写作系。修辞写作也是美国学者经常关注的研究课题。犹他大学学者杰伊·乔丹在《凯洛斯：一种写作调和探索法》（袁影、那倩译）（《当代修辞学》第4期）一文中讨论了修辞跨域写作的问题。文章认为，修辞学在二语写作中有着漫长而丰富的历史，在跨语际写作中也同样发挥着作用。凯洛斯（Kairos）是有恰当性、适时性、适度性的修辞概念，这一修辞概念为调和二语和跨语际写作提供了一个契机，即将相关研究与教学的焦点从把握修辞技策转移至凯洛斯对写作当下的唤起，当下修辞者的语言背景和各种资源与其他需要注意和协调的要素之间也互动共生。曾庆茂、李华平《英语修辞鉴赏与写作》（*Reading Rhetoric: Approaches to Rhetoric in English Writing*）（同济大学出版社，2007年12月初版，2021年4月再版）作为一本英语修辞写作教材，以跨语际写作作为理论落脚点。全书五章的内容为：词义上的修辞格、结构上的修辞格、音韵上的修辞格、作品赏析、英语修辞格测试，从四个维度结合不同文化语境与情境语境讨论修辞格运用的语体与风格规律及文风规范，目的是通过对辞格语言学知识的分析，增加读者的人文知识，拓展文化视野，提高修辞写作能力和艺术鉴赏能力。

④文艺修辞

文学艺术与修辞学科有着天然的联系。郭晓平《隐喻机制：中国现代小说风景书写的一种叙写策略》[《新疆大学学报（哲学·人文社会科学版）》第2期]以"风景修辞"作为切入点讨论了"作者""文本"与"读者"这三者的依存关系。该文认为风景修辞连接作者－文本－读者，提供话语干预和观念表达的叙事技巧和策略，隐喻作为风景修辞的一种，通过话语的置换、结构的关联、情感的感染等机制，在彰显作品主题内涵和表达作者情感态度、价值观念的同时，还具有介入和干预读者内心活动的功能。该研究对作者的话语介入和对读者干预的叙事策略的考察，为风景发生和呈现机制的研究，提供了一个新的认知维度和研究思路。孙丝丝、吕玥《论音乐隐喻的理论基础与历史实践》（《音乐艺术》第1期）从音乐语言中的隐喻现象展开艺术修辞分析，认为隐喻从"修辞"到"思维"的发展历程，与音乐学家们从隐喻性话语到"情境模型""概念合成"分析理论的音乐隐喻研究的历史实践有着不可分割的关联。该文阐释了这些研究实践与隐喻理论自身发展的关系，讨论了现有的音乐隐喻分析的特点，为进一步厘清音乐隐喻的内涵和研究论域提供了语言学与艺术学的认知基础。

⑤文化修辞

修辞研究关注人的言语行为，而探索人的言语行为背后的生成机制、修辞动因，必然会追溯到文化的根源上去。张蓓《说服：公共关系中的文化与修辞》（社会科学文献出版社，3月）在跨学科视野中从传统西方修辞学出发讨论公共关系，分析公关修辞的研究现状，探索在"文化转向"语境下公关修辞可能发展的路径。该书认为：回归修辞学的传统，回到说服文化及其理论本身，采用修辞分析和叙事研究探究说服文化的三大理论核心——道理、情感与人格，这才是当下谋求交融、顺应公关修辞研究发展趋势的有效路径。许祖华《鲁迅小说修辞论》（光明日报出版社，8月）是一部文学语言修辞的专论，虽然论证话语系统采用了修辞话语的术语系统，但考察的重点是鲁迅小说语用修辞艺术化与思想性的文化动因。该书对鲁迅小说修辞的研究主要分为"关系研究"和"本体研究"两部分，以此揭示被遮蔽了的鲁迅小说艺术创造性的神采。该书还注意追溯"言语修辞"有效体现创作意图方面的具体功用，体现了作者立足于修辞、多维考察鲁迅小说语言文化特点的竭诚努力。翟志祥《妙语连珠：汉语成语+修辞》（社会科学文献出版社，5月）的核心内容是探索汉语成语的精妙表达。该书运用修辞方法解读汉语成语，选取25种修辞格的构成方式作为分析策略，其研究路径为古汉语溯源+语言学（主要为修辞格）解析+现代文示例，目的是解读汉语成语精当的结构语义内容，分析其蕴含的深厚的文化意蕴。

⑥修辞翻译

翻译是一种特殊的跨文化修辞实践，也是对外话语传播、国家学术话语建设的重要方面。陈小慰立足学术研究服务国家对外话语传播的定位，拓展翻译学与修辞学的学科边界，论证了构建以影响国际受众为旨归的"翻译修辞学"的必要性和可行性。在《翻译修辞批评的几个维度》（《上海翻译》第1期）、《原文核心要素的有效对外翻译传播》（《中国翻译》第3期）、《翻译受众：修辞视阈的思考》（《当代外语研究》第6期）等文中，陈小慰"从翻译修辞批评与翻译研究大趋势深度契合这一基本点出发，在梳理翻译修辞批评的内涵、准则和基本要素的基础上，围绕翻译认知、翻译主体、译文话语、翻译语境、语篇类型、策略运作等，对翻译修辞批评的几个主要维度展开探讨，提出翻译修辞批评应被视为翻译批评领域的一个重要范式"。冯全功《修辞认知的移植与拓展：从修辞学到翻译学》（《外文研究》第2期）认为，修辞认知作为一个修辞学概念已被移植到翻译研究中，成为翻译修辞学的一个重要课题。该文提出了文学翻译中修辞认知的三大转换模式，认为修辞认知有望成为翻译研究的一个重要术语，为译文与译者提供了新的研究思路。

⑦网络修辞

在一定意义上，网络修辞可以理解为以"互联网+"技术支持作为前提条件，以多样化的载体形式，在语言现实与虚拟双重空间中实现的修辞分析。毋庸讳言，鲜活的网络修辞现象已经以其不可忽视的生存状况凸显了网络修辞跨学科研究的重要性。

陈海庆、邢兆梅《网络修辞发展的新态势及其理性建设》（《现代传播》第6期）指出，网络修辞在新媒体技术的驱动下，呈现出修辞群体规模急剧扩大、修辞热情高涨、政治经济功能日益强大等公共修辞形态。该文认为，应以技术理性、政治理性和伦理理性为网络修辞价值的旨归来引导修辞主体的修辞意识从个体上升到公共理性，从而保障语言与社会的可持续发展。孙晓迪《目光之下：网络传播中的话语修辞》（《创作评谭》第3期）等文以网络传播中的话语修辞行为作为研究对象，分别聚焦网络话语修辞的特征、效用，阐释网络语言嬗变的源流与走向。文章认为，网络语言是当下语言创造活力最丰沛的场域，甚至蕴含了与主流文化并行、进行对话甚至自立门户的潜力。

⑧多模态修辞

多模态修辞是近年来跨学科发展、颇具活力的新兴研究领域。其多模态语料库建设、可视化软件开发利用和心理实证研究的取向吸引了多个学科借鉴、运用，以探索新的适合学科发展的新面向。多模态修辞研究主要从符号形态出发，从符号的动态视角、语体结构的识解视角、语篇意义的接受和理解等的多维视角来展开研究，开发了许多新兴的、有重大理论价值的研究课题。

张德禄、赵静《多模态话语分析是否需要分析多模态语法？》（《当代修辞学》第2期）从多模态角度深层次探讨了修辞与语法体制性关系方面的问题，是关乎语体结构的模态研究。文章首先讨论了多模态语法自身的结构特点，在此基础上考虑了分析对象多模态语篇自身的特点，归纳出是否要进行语法分析的目标、相关模态或符号系统的要素，得出了"由多种因素决定的"推论。最后进一步说明了多模态话语组成模式以及分析的具体步骤。王振华题为《从庭审多模态话语到判决书单模态文本》（"论坛"，12月）的报告结合系统功能语言学中语篇语义学观点和多模态语篇分析视角，从《修辞学发凡》修辞学两大分野的角度切入，探讨了庭审话语和判决书中修辞文本意义的产生和变化，开展了一种动态语义的模态研究。谢心阳《多模态资源与汉语口语中陈述式问句的解读》（《当代修辞学》第3期）对汉语陈述式问句进行了多模态视角的考察，认为陈述式问句的判定从功能上看是认识状态，即属于一个听者事件；从形式上看，是序列位置，即该句下一话轮是否有回应，不同多模态资源在具体对象的识解上有层级之分，是从口语符号视角展开的动态语义接受和识解的模态研究。

（二）应用研究

1. 修辞教育

修辞教育的专题研究在我国是相当薄弱的，这大概与修辞学的学科定位有密切的联系。从修辞应用角度来考察修辞教育，大体上应该包括对修辞学科社会属性的理论探讨，修辞学科知识体系在中外修辞教学与研究中的具体应用和学科能力发展、人才培养诸方面的内容。

邓志勇《修辞学教育：关于中西修辞互鉴的思考》（《天津外国语大学学报》第2期）

一文对"修辞学教育"进行了概念界定并从修辞教育的属性、学科地位、跨学科性、能力培养等方面展开研讨。通过评述修辞在西方教育中的重要性，提出"修辞学教育对批判性思维、修辞敏感性和洞察力的培养十分有益，与跨文化沟通能力、对外传播能力的培养十分契合，必将有助于学生综合素质的培养"。该文提出的中西修辞互鉴理念，对我国文科教育，特别是语文教育、外语教育的改革与创新也具有重要启示意义。池昌海《现代汉语语法修辞教程》（浙江大学出版社，4月）是一部高校现代汉语教材，2021年第4版延续了2003年初版的结构框架，分上下编两个部分，下编为"修辞"，共六章。值得提及的是，该书用一章的篇幅讨论了近20年来兴起的"网络语体"类型，体现了中国修辞学科积极适应21世纪新传媒语境的价值追求。孟建安的《汉语修辞教学设计与策划》（中山大学出版社，12月）是与其主编的《实用语体修辞训练教程》（中山大学出版社，2019年6月）配套的修辞教学用书，主要关注汉语修辞教学法，提供教学的理论方法与实践经验及相应的实现路径，是推动修辞教学效果优化的教学用书。

修辞教育的应用研究还体现在汉语国际教育和外语学习者的修辞能力培养方面。李克《英语学习者的写作修辞能力构成与调查研究》（《外语界》第3期）基于构拟的英语写作修辞能力框架，运用语料库研究和实证研究方法，考察了英语专业学生的英语写作修辞能力，验证了英语写作修辞能力的构成要素。研究结果表明："英语写作修辞能力的构成要素包括修辞发明、布局谋篇、文体与发表。英语学习者的写作修辞能力整体不强，在逻辑诉诸的有效性、叙述、立论、驳论、修辞手段等参数上表现相对较差。"该研究突破了以往修辞能力研究以理论思辨和定性分析为主的研究范式，推动了修辞能力研究在方法论层面的发展。

2. 新闻传播

修辞学与传播学的关系自传播学诞生以来便密不可分，修辞学是传播学最古老的学术传统。2021年传播学领域学者因应国际局势的变化和中国对外传播的新形势，在西方修辞学视角下探索我国对外传播的策略和模型，推动了传播修辞学的理论和实践研究。

涂家金《我国新闻发布类国防话语诉诸道理修辞策略运用与修辞认同研究》（《北京科技大学学报》第2期）基于语料库研究方法，从西方修辞学的视角分析我国国防部新闻发布会话语诉诸道理修辞策略的运用特征，"阐明国防机构修辞者如何针对不同话题和论辩修辞主体运用适切修辞策略，通过'肯定我方、团结友方、否定反方'的三元修辞说服模式并遵循'有理、有利、有节'的策略原则，实现同情认同和对立认同的修辞目标"。文章立意高，收集的语料丰富，分析方法科学，值得肯定的还在于细化了诉诸道理策略，对人格诉诸和情感诉诸策略的深化研究具有借鉴意义。张辉、纪晓丽《新冠疫情新闻叙事的批评认知语言学研究》（《当代修辞学》第4期）通过比较中美新闻叙事的心理空间内嵌、整合的具体方法，对新闻叙事话语进行批评认知分析。该文认为，在新闻叙事中，记者采用不同的语言手段，实现心理空间的内嵌和整合，在保持新闻叙事戏剧性和真实性的平衡下，可达到真实有效报道的目的。强月新、梁湘毅《短视频新闻评论话语方式的四种转向——以央视〈主播说联播〉为个案分析》（《现代传播》第 4 期）以央视《主播说联播》为研究对象，应用话语分析的理论，探讨了短视频新闻评论的话语方式，认为与传统新闻评论作品相比，短视频新闻评论的话语方式呈现出四种转向：话语语境场景化、话语基调情绪化、话语修辞形象化和话语风格流行化。王淳、张玉川《环境新闻的话语修辞：以中国环境状况公报为基准点的三角对比》（《新闻大学》第 8 期）以《人民日报》与澎湃新闻的环境报道为研究对象，利用 Ibarra 和 Kitsuse 提出的四个话语修辞维度归纳了两家媒体关于环境议题的五种"诠释包裹"，认为《人民日报》与现实环境状况重合率较高，即"事实再现"，澎湃新闻覆盖面窄，侧重于热点的追踪报道，即"热点追逐"。王南杰《符号学视角下突发公共卫生事件新闻海报的图像修辞表意——战"疫"新闻图像研究之二》（《新闻爱好者》第 7 期）分析和研究抗击新冠肺炎疫情中的战"疫"新闻海报，以新闻海报图像记录中的"象似符号"、图像评述中的"指示符号"以及图像象征中的"规约符号"作为符号动因，分析其借代、借喻和隐喻的修辞轨迹，阐释新闻海报从细节表征到主题概念的图像表意。

3. 法律修辞

王振华、李佳音《高危话语与极端活动：基于评价性语言的心理实现性讨论》（《当代修辞学》第 2 期）结合心理学对情感的研究，依据评价理论的心理现实性，分析高危话语并提出言语行为－情感－身体行为互动模型，阐释语言传达的情感态度并由此预测可能发生的身体行为。该文在案例分析的基础上提出了高危话语的评价特征，并提供了预警极端活动的措施。刘承宇、汤洪波《白话法言法语：解包庭审话语中的名物化语言》（《当代修辞学》第 2 期）认为庭审话语不应仅具有法律语言的专业性，同时也应成为普通大众能够理解的"大众化"语言，因此庭审过程中专业人士有必要采取解释、重述、白话等话语策略，使"法言法语"成为通俗化的语言，保障当事人的合法权益。崔玉珍《法庭自我识解与身份构建研究》（《当代修辞学》第 2 期）认为庭审主体法庭的自我身份构建体现明显的主体差异，这种差异本质上是权势压制下庭审主体选择不同话语策略的结果，包括身份调整策略、隐性对抗策略和对话扩张策略。杨翕然《普法叙事体中的视觉时间表达》（《当代修辞学》第 2 期）研究了多模态的普法材料中视觉叙述的时间表达，评估多模态普法宣传材料对叙事的视觉建构，认为普法材料中视觉叙事较少运用分镜内的时间视觉表达，较为简单的视觉叙事结构体现了其辅助消极修辞的功能。

逻辑推理和论证模型是修辞论辩理论的主要组成部分，西方古典修辞学中的争议点理论、亚里士多德的省略三段论、佩雷尔曼的论辩理论和图尔敏的论证理论广泛应用于我国法律诉讼中。将西方修辞逻辑-论辩理论和争议点理论应用于法庭证据推理及开题程序是2021年法律修辞研究的一个重要面向。杜文静《法律证据推理的人工智能建模路径》(《山东社会科学》第5期)探讨了法律证据推理建模的两种路径：一是逻辑论证路径；二是修辞故事路径。文章认为"前者本质上是逻辑取向的，追求的是从证据到事实之间的论辩合理性；后者本质上是修辞取向的，追求的是证据推理对目标听众的修辞实效性。两种路径各有优劣，只有在论辩理性和叙事理性基础上将两种既有路径有机整合起来形成一种新的论证故事路径，才能实现两种理性以及论辩合理性与修辞实效性之间的平衡，维系司法的程序公正与实质公正"。该研究提出的将逻辑论证路径和修辞叙事路径相结合的理念以及在此理念之上构建的法律证据推理的人工智能模型是对法律修辞学修辞论证研究的创新和发展。吕玉赞《法律修辞开题程序之探究》(《法律科学》第6期)探讨了"建构一套从问题性思维向体系性思维不断展开的法律修辞开题程序"，对"修辞开题"进行了重新界定，将其定义为"论证者依靠一定的修辞法则分析修辞情景和修辞任务，确定案件争点，然后围绕案件争点进行构思和立意，从而寻找、发现论题并选择和组织论题的一种修辞程序"，强调了争议点在修辞开题中的重要性，推动了法律修辞学的研究进展。潘庆云《法律书面语体超语言视觉手段刍议》(《语言与法律研究》第2期)依据《修辞学发凡》有关"辞的形貌"理论，以法律书面语体视觉手段为研究对象，认为在法律文书篇章的视觉处理上应考虑突出主体内容，确保其准确性，还要使整个文书庄重、朴实。

4. 广告修辞

黄立鹤等《基于多模态修辞结构理论的老年产品广告修辞策略分析：形象构建与心理诉求》(《当代修辞学》第6期)从广告修辞学视角，基于语篇内在修辞关系及语篇结构，考察广告语篇呈现的老年身份构建规律，揭示老年产品广告修辞中"情感诱发-理解加深-产品购买-身份建构"的修辞路径。研究发现，老年健康消费品广告语篇结构侧重于简要突出产品、真实描绘生活，突出作用列举与阐述、正向评价、意愿性结果、身份识别、动机、重述等代表性关系结构，在磋商和语境化中贴近老年群体心理目标，以完成积极老龄身份的构建，体现老年人话语地位，激发老年群体自我表达与社会认同感，进行产品购买劝说，从而实现广告修辞的目的。陈睿姣、杨晶《平面广告图像中的视觉修辞运用探析》(《传媒论坛》第8期)运用视觉修辞理论对广告图像的设计与认同进行了有效性的分析。

四、结语

概言之，2021年的研究成果既有对修辞传统领域的守正研究，又有对跨学科修辞创新理论方法的探索；既有对修辞理论体系本体的全方位多视角考察，又有根据建设新学科的发展需求、服务国家、服务社会语言生活的应用研究实践。整体呈现的风貌为：重视在继承传统的基础上借鉴西方修辞学的前沿理论,重视语言学科内部各分支学科间的对话,重视跨学科、跨领域的理论方法的借鉴,重视在语言认知、心理以及哲学等纵深层面对理论和现象进行探究。可以说,研究成果无论从理论深度还是研究对象的广度看都取得了不菲的成绩,也极大地推动了学科的发展。

篇章语用研究

方 梅 方 迪

篇章和语用是语言研究的重要视角。"篇章"广义上既包括书面语篇，也包括独白、对话等各类口语语篇（研究中大多称作"话语"）。"语用"既可专指语用学（pragmatics），也可泛指语句或篇章中语言使用的研究。从这个意义上说，篇章语用的研究涉及话语分析、系统功能语言学、会话分析、互动语言学等多种语言学理论方法，构成了庞大而多元的领域。这一领域的开拓，体现出汉语研究视野的扩大，以及分析手段的多样融合。

面向汉语的语言学研究向来具有注重语言事实的传统。同时，篇章研究和语用学理论与方法日臻成熟。以下根据研究路径和分析框架分别介绍[①]。

一、语法分析的语用视角

基于话语/篇章语法的研究从对象上说可分为两类，一类是透过话语/篇章的视角，对之前广泛讨论的语法或语义范畴（如话题、指称等）做出探索；另一类则是对之前鲜有关注的话语/篇章中的语词或语篇现象进行发掘与讨论。

（一）话题结构与流水句

话题与说明本质上是一对语用概念。话题结构在汉语中的凸显性以及由此引发的对汉语语法特点的认识也早已受到学者们的关注，相关的研究层出不穷。近年来，沈家煊对赵元任"汉语的主语就是话题""一问一答两个零句构成主谓""零句为本"等论断的进一步阐发，引发了对汉语语篇中的话题、话题结构以及流水句问题的深入探讨。2021 年，据中国知网统计的期刊论文中，从篇章语用角度探讨话题结构与流水句的文章有 7 篇，主要从语篇的结构出发，对汉语话题性质及流水句的特点做进一步探讨。

沿着近年来的研究思路，沈家煊《"二"还是"三"——什么是一个最小流水句》（《汉语语言学》第一辑）一文进一步对汉语多流水句的特征做出思考。该研究联系会话结

[①] 其中有些成果（无论专著还是单篇论文）分析视角不只篇章和/或语用的。这里述评所涉及的，主要是那些研究对象属于篇章语用，或是研究目的指向篇章语用的研究。

构的基本单位，探讨汉语流水句的"用句"（utterance）本质，指出一个最小流水句是由三个"顿句"组成的"递系三联句"，"顿句"的定义与它内部是否包含谓词无关；而主谓句只是"递系三联"的特例。这不同于以"二"为本的西方语法意义上的语法句（sentence）。该文章还引入"起－承""转－合"这一对对答，反思了汉语复句的本质——对称和递系两种格式的经纬交织。

2021年还有多项研究涉及话题结构与流水句这一课题。完权的《话题的互动性》（《语言教学与研究》第5期）从对话语篇的视角出发，指出无论是语篇话题还是句子话题，都体现出互动性；将话题定义为由会话人在具体互动时空中共同协商构建的联合背景注意的中心。该研究突出了动态因时分析的视角，并建立了句子与语篇的关联——汉语的语篇包含句子，句子话题也是语篇话题。这是对汉语"语用包含语法"的总体特点的再次验证。李晋霞的《从"话题－述题"看叙事语篇流水句的"断"与"连"》（《语言科学》第2期）指出，流水句的断连受到话题推进方式的影响，并分析了相关的句法和篇章因素。许立群的《对话融合为流水句的过渡阶段——信息确认》（《世界汉语教学》第1期）着眼于对话语篇与句子的关联，讨论了融合后流水句的断连特征、流水句的融合类型，并指出对话融合为流水句的实质——独白化。流水句的形成与语篇中的连贯密切相关，语篇中话题的延续也是一个热点问题。李榕、陈晓、金贤姬的《基于平行语料的汉外话题省略现象分析》（《外语教学与研究》第6期）对比了长篇小说《骆驼祥子》的汉语原文与其英语、日语和韩语平行译本中的话题省略现象（即话题在后续小句中以零形式出现），并讨论了这一现象在不同语言中词法、句法、语篇等影响因素。

2021年，话题结构方面也有专著问世。尚英的《汉语语篇话头结构理论的实证性研究》（北京语言大学出版社，7月）将广义话题重新界定为"话头"，对工作报告、小说和百科三种语体的语料进行了考察统计，揭示出话头结构在多种语体、多种题材语篇中的普遍性，以及话头结构不同语体间的特点差异。李银美的《汉英主题结构的认知话语研究——基于情境植入的标记度考察》（南开大学出版社，1月）以对话语篇为材料，分析了汉语与英语共享的三类话题结构（该专著称"主题结构"）在句法、话语和认知层面的标记性等级，探讨了汉英话题结构的典型性。

（二）语篇组织特征与语言结构

语篇的组织与其中语言成分的关系是双向的。语篇中的信息结构、交互因素等塑造着其中语言结构的特征，而各类语言成分也作为手段服务于连贯、视角转换等语篇组织任务。根据中国知网收录期刊论文的统计，2021年探讨语篇组织特征与语言结构关系的文章共有13篇。与上述双向关系对应，这些研究从宏观（语篇）或微观（语言成分或特征）的视角切入展开，其结论也分别指向语篇组织和语言结构两个层面。从宏观语篇入手的研究关注的重点有前景信息与背景信息的区分、及物性特征、特殊语体等；从微观语言形式入手的研究则涉及连接成分与句间关系、成分的隐现，以及话语标记或语用标记的浮现等。

1. 信息结构与句法结构

李晋霞、刘云的《论叙事语篇与论证语篇的及物属性》（《当代修辞学》第 3 期）讨论了两类语篇的前景和背景在及物性特征上的差异，指出叙事语篇前景信息的及物性较高，背景信息的及物性较低，而论证语篇则正好相反；叙事语篇是高及物性的语篇类型，论证语篇则是低及物性的语篇类型。刘云、储小静的《基于篇章语法的说明语篇前景复句考察》（《汉语学报》第 2 期）在厘清说明类语篇凸显等级的基础上，指出小句末"前景"与"背景"的区分对形合复句的数量和类型分布具有影响，通过对比事物说明文和事理说明文中前景小句的谓语、主语、宾语的语法表现，说明复句结构受到语篇因素的驱动。

另外，从语篇组织及信息结构的角度出发，可以为汉语虚词的分析提供新的认识。王咸慧的《语气词"嘛"背景信息共识化功能初探》（《中国语文》第 6 期）通过分析"嘛"在情景结构中的作用，指出小句末"嘛"与语篇中信息的"前景－背景"有关，是将小句信息背景化的手段；在互动层面具有将背景信息共识化的功能。

2. 语体差异与句法结构

语体类型及其次类，是考察语篇组织特征的一个重要维度。不同语体在特定的语法特征上很可能呈现系统性差异，特殊的语体也对语言形式的使用特征产生影响。姚双云、徐杰的《信息量调控：标题语言创新的内在机制》（《汉语学报》第 3 期）从特殊语体（诗歌、标题口号、网络平台等）语言使用中对既有规则的突破出发，分析了标题语言中对信息编码的创新模式。唐文菊、汲传波的《学术语体与通用语体因果关系连接成分的语法差异》（《语料库语言学》第 2 期）对两种语体中表示"结果/推论"的因果关系连接成分进行了对比考察，发现学术语体和通用语体在词汇选择、句法位置和连词套用情况均呈现明显差异；在不同学科之间，软学科（哲学、语言学、社会学等）与硬学科（物理、生物、计算机等）在连接成分的分布与选择上呈现出差异。该研究结合成分搭配、语体特点、学科特点等，对上述差异，特别是近义连词的选择进行了解释。

3. 篇章衔接与连贯

语篇中的衔接与连贯往往与特定语义或语用范畴有关。陈禹的《反意外：表轻转"只不过"的语用本质与演化动力》（《汉语学报》第 2 期）指出，转折中轻转与重转两种不同预期偏向有着不同的语用本质，轻转具有反意外性质；反意外用法为"只不过"的演化提供了句法环境以及语义铺垫，其兼具主观性与交互主观性，是"只不过"从限制副词到轻转连词，再语用化成为话语标记的关键动力。陈振艳、施春宏的《语篇衔接构式"这样一来"功能浮现路径与机制》（《汉语学报》第 3 期）指出，"这样一来"具有承接性连接、因果性连接以及推理性连接的语篇功能，随后从构建特征和句式群（称代＋一＋VP）两方面讨论了"这样一来"语篇衔接功能的浮现路径，从语义和句法上探讨了其浮现机制，以及事件小句语篇化中体现的整体与还原、构式群中的多重互动等方法论问题。

吕为光的《"这天"的篇章功能及前项和后项语义关系研究》（《语言教学与研究》第3期）指出，非回指性的"这天"在语篇中具有标记情节转变、提请读者注意等功能；"这天"后小句主语的定指或不定指，对"这天"衔接前后项的语义关系具有选择倾向性。王永娜的《汉语主语形式的语距功能和言者时空机制——兼谈意体原子的一种类型》（《世界汉语教学》第4期）指出，主语形式的有生命/无生命、第三人称代词复指/复现NP、非语境省略下的零形/非零形，以及语境省略下的零形/非零形可以构成语体对立，体现出话主与话语时空远近距离。

此外，杜慧敏的专著《现代汉语语篇关联成分研究》（社会科学文献出版社，5月）以语篇分析、认知语言学等为背景，考察2000万字平衡语料库中的语篇关联成分，基于语义分类及作用层面，探讨了语篇关联成分的管界、功能以及语法化问题。

4. 语用标记和话语标记

话语标记与语用标记是语篇中的重要成分，体现言者/作者与听者/读者、言者/作者与语篇的关系，属于元话语层面①，前者用于语篇的组织，而后者则用于立场、态度等人际互动目的。元话语成分产生于交际语篇之中，其源形式所在语境中的语篇组织、人际互动模式在它们元话语功能的浮现中扮演着至关重要的角色。曹秀玲、魏雪的《从感官动词到推断元话语标记》（《语文研究》第2期）归纳了由视觉和听觉动词构成的推断类元话语标记的语篇模式以及功能格局，并从语言内部（回指作用与趋向动词附缀化）与认知心理机制角度分析了感官动词发展出话语标记用法的机制。类似的研究还有赵晓丽的《再谈"别看"的连词化及话语标记功能的来源——基于语法化环境理论视角》，该研究结合不同历时阶段"别看"在语篇中的用法，描述了这一表达形式连词化并成为话语标记的过程，并分析了其中的语用推理因素。同样涉及小句向话语标记演变的研究还有刘文正的《话语标记"S看"的产生和发展》（《汉语学报》第2期）。

语篇中的功能浮现不仅表现在某一构式或构式群，还可以是某类语言成分的系统性表现。刘钦的《汉语谚语的语用标记倾向及话语功能》（《汉语学报》第2期）指出谚语在语篇中获得程序义，具有话题推进、语篇内聚等语篇功能，以及论证、立场等方面的人际功能，呈现出语用标记的倾向，并从语用推理及交际策略等角度分析了这一倾向的动因。

---

① 有关元话语的界定和分类，参看 Hyland（2005）*Metadiscourse*, Continuum International Publishing Group。

特定方言中的话语标记或语用标记同样受到关注。江佳慧的专著《鄂渝川西南官话话语标记研究》（中国社会科学出版社，9月）结合田野调查的自然口语录音和方言影视剧对话，对鄂渝川西南官话典型的话语标记进行了分类探讨，并基于对分布、语用功能和形成机制的分析，归纳了该方言话语标记的功能系统。

赵蕴萱的专著《基于口语语料库的中国英语学习者话语标记语多层次对比研究》（吉林大学出版社，3月）则关注中介语中话语标记的使用情况。基于 SECCL 和 COCA 的真实语料[①]，该专著探讨了中国英语二语学习者的类别、分布及频率，并从微观上探讨不同语境中特定话语标记的用法和功能。

值得注意的是，根据中国知网的期刊统计数据，话语标记与语用标记的论文在2010年之后的五六年期间达到高峰[②]。从研究特点上看，近年来对于话语标记或语用标记的研究，不再限于对具体语词或结构式的个案考察；学者们力求透过具体某个或某类现象的分析，揭示更具有普遍意义的语篇因素，或是形成更为有效、可操作的研究方法论。这种研究取向和追求，在2021年的几项成果中同样有明显体现。

二、互动语言学与会话分析

随着对自然口语对话研究的深入，运用互动语言学理念和方法的研究近年来日渐增多。互动语言学将语句置于社会交际行为的框架之中，通过细致考察行为交互展开形成的序列语境，探求语言结构的形式编码和意义解读。尽管其采用的概念和方法主要来自会话分析，但互动语言学的研究更侧重回答语言学问题。而会话分析对自然对话的考察，则侧重指向社会秩序与组织的规律，不过近年来国内的会话分析研究也呈现出一定的语言转向。2021年，中国知网收录的期刊论文中，采用互动语言学和会话分析视角的文章共计17篇，其中互动语言学的研究9篇，涉及的课题包括问与答、引述与回应语以及行为序列等；会话分析的研究8篇，包括特定场景的会话行为研究及基于特定概念的理论探讨。

（一）问与答

"问"与"答"在互动交际中的形式选择和行为解读就是近年来的热点问题之一。学者

---

① SECCL 语料库全称 The Spoken English Corpus of Chinese Learners（中国学习者英语口语语料库），是基于英语专业四级口语考试建立的英语学习者语料库；COCA 语料库全称 Corpus of Contemporary American English（美国当代英语语料库），包含3.6亿词汇的美国最新当代英语语料库。

② 根据中国知网收录期刊文章的检索，2011–2016年涉及话语标记与语用标记的研究保持在150篇上下，而2017年至今则降至120篇左右。如果仅统计核心期刊，针对汉语的研究，这种数据对比则更为明显。

们对汉语疑问句的无标记回应和有标记回应、不同问句的互动功能等做出了探讨①。2021 年方梅、谢心阳的《汉语对话中问句的解读——以反问句和陈述式问句为例》(《汉语学报》第 1 期) 从疑问形式 (interrogative) 和用于发问 (question) 的功能之间不对称的现象出发,考察了反问句和陈述式问句在互动交际中区分于真正用于询问的疑问句的关键因素,一方面,指出问句在会话序列中的位置,包括问句有无回应,有何种回应,对于界定疑问至关重要;另一方面,交际双方的认识地位也是解读陈述式问句和反问句的关键。谢心阳的《多模态资源与汉语口语中陈述式问句的解读》(《当代修辞学》第 3 期) 从陈述式疑问句的形式与功能出发进一步指出,言者的认识地位低于听者,是非上升语调的陈述句被解读为问句的关键;而词汇句法惯例和具身动作也可为陈述式问句的识解提供帮助。

反问句代表着疑问形式在互动交际层面不表询问的情况。这种不对称在某些特指问句中也存在。张文贤的《从会话序列看"怎么"问句的解读》(《语言教学与研究》第 1 期) 从社会行为的视角出发,指出询问方式的"怎么"问句施行单一行为,而询问原因的"怎么"问句则是复合行为,其浮现行为 (如:责怪、反驳、请求、建议等) 的解读高度依赖对话语境,在下一话轮中被优先回应;询问原因"怎么"句本身也是回应行为,其回应的类型不同,其主语的特征也有所不同。

问与答的研究还集中体现在谢心阳的专著《问与答:形式和功能的不对称》(社会科学文献出版社,7 月) 中。该专著主要从回应的角度探究问的本质,指出"问"的行为本质上是建立在互动双方认识不平衡基础上的,答句可能遵从或突破问句的限制,由此该专著探讨了问句的各类回应形式及其互动功能。上述关于两类特殊问句——反问句和陈述式问句的研究,也收入该专著中。在分类讨论的基础上,该专著提出了汉语自然口语的回应系统,从互动视角对汉语问答形式及功能做出了重要的初步探索。此外,闫亚平的《现代汉语附加问句的浮现与发展》(上海教育出版社,8 月) 则采用动态浮现的语法观,剖析了现代汉语附加问句句法形式和话语功能浮现与发展的历程、机制和动因,并探讨了附加问句话语标记化的浮现条件。

(二) 回应语

回应位置同时也是新意义浮现、促发共时层面语言演变的关键因素。方梅的《从引述到负面立场表达》(《当代修辞学》第 5 期) 讨论了引述规约化为负面立场表达的模式及条件,指出引述形式用于表达负面立场存在规约化程度的差异,引述性回声话语的负面立场解

---

① 参看谢心阳:《汉语自然口语是非疑问句和特殊疑问句的无标记回应》,《世界汉语教学》2018 年第 32 卷第 3 期;谢心阳:《汉语自然会话中的疑问式回应及其互动功能》,《语言教学与研究》2018 年第 6 期。

读高度依赖语境。应答语这一序列位置正是固化负面立场解读的重要条件；只有他引的情况下，且回声话语发出者的认识地位同于或高于对方，违反会话规约"以问答问"，才会使回声话语解读为反问句。相似现象的讨论还有李宇凤的《从"你是说"引述回应看元语解释的否定功能》（《语言教学与研究》第1期）。田婷的《讲述行为与"对"的序列结束功能》（《语言教学与研究》第6期）则从另一角度证明了回应位置的重要性。该文指出，非应答的"对"具有序列结束功能，而这一功能是相邻对后件（即回应）与前件的话语交叠或脱落而规约化的结果。

疑问形式的回应语往往呈现出规约化的特征，表达负面评价。刘丞的《"哪儿"话语功能的浮现》（《汉语学习》第6期）考察了"哪儿（哪儿啊、哪里、哪有）"在评价、赞美与自谦、信息传递、询问等序列中作为回应语的表现，指出这类回应形式的立场表达与认识地位显化具有位置敏感性，并从会话修复的角度，分析了"哪儿"否定程度的等级。

从回应的角度考察交际者对语言形式的解读是互动语言学的重要视角。除问句引发答句之外，任何行为的发起都关联相关的回应。朱庆祥的《基于互动语篇的反问句答语新认识》（《世界汉语教学》第4期）借鉴互动语言学的分析视角观察反问句，指出非顺应性的答语是无标记选择，反问句不同类型和复杂性对于其答语顺应性具有不同程度的影响。

（三）会话序列

问与答构成了最为典型的相邻对，而相邻对也是最为基本的序列结构。除此之外，互动交际中的成对行为，都可以构成典型的相邻对；行为的推进与协商就使相邻对扩展形成更大的序列。除问答外，目前讨论较多的行为序列包括告知、评价、请求等。方迪的《汉语口语评价表达研究》（社会科学文献出版社，4月）就是从序列角度对评价的研究尝试。该专著以"规约化"为研究线索，讨论了自然对话、影视对白等口语语体中的评价形式选择和意义解读问题，着重分析了序列中的回应位置、交际原则、交际者认识等因素对评价意义浮现的影响，涉及零句型与整句型评价格式、语气词、副词、话语构式等不同单位，并揭示出不同规约化程度的评价表达在不同口语语体之间的倾向性。

序列结构中，相邻对之前可以进行前扩展，采用多种手段对主要行为做出预示。张文贤、李先银的《互动交际中的认识权威表达——以"我跟你说"为例》（《当代修辞学》第5期）指出，"我跟你说"已经规约化，在对话中作为预示语，引出特别告知、独特评价或重要建议，彰显了言者的知识权威与道义权威。同上述关于问答、评价的研究一样，该项研究说明认识在互动交际中的重要作用；认识权威的表达不仅体现在回应之中，也体现在实施发起行为的语言形式中。

对会话序列的研究，扩展了语法分析对于位置分布的理解。一方面，考察互动对话中特定的语词或结构，既要看它们在话轮中的位置——处于话轮首、话轮末，还是话轮之中，也要看它们所在话轮整体在序列结构中的位置——处于发起位置、回应位置，还是之后的第三位置。另一方面，互动视角下的研究关注言语的产出特征，将特定语言形式的语音—韵律表现视为其构成要素之一。上述"位置"与"构成"两个维度，为互动语言学的分析提供了可行的框架，在上述几方面课题的研究中都有所体现。

（四）互动行为与机构话语

相比之下，会话分析的研究更加侧重社会交际行为本身，分析行为发起、回应的惯例，并归纳其中的规律。于国栋的专著《言语行为的会话分析研究》（外语教学与研究出版社，6月）将语用学中的言语行为引入会话分析领域中，对信息寻求、称赞、请求、感谢、邀请、道歉、建议以及烦恼讲述八类交际行为进行了考察，在阐释核心概念和国外相关研究基础上，对上述行为在汉语会话交际中的呈现进行了全面的描写。张淑华的《知识论视阈下建议拒绝行为的会话分析》（《西安外国语大学学报》第3期）和《建议拒绝中道德暗示的会话分析》（《外语研究》第2期）两篇文章则分别从交际者认识和道义责任的角度考察了建议行为的非偏好回应——拒绝的实施惯例和互动后果。

会话分析研究还注重具体社会交际场景，特别是机构性交谈（institutional talk）中的会话秩序运作。于国栋、吴亚欣的《阻抗诊疗建议的会话常规研究》（《现代外语》第1期）讨论了医患沟通中诊疗建议被患者抗拒（即患者做出"阻抗"）的一种会话常规，即疑问语气类重复型回应，指出这类修复是一种复合行为，同时执行提问、修正发起两种主要行为，以及隐性"阻抗"这一附着行为。该研究同上述"怎么"问句的研究类似，用"复合行为"分析特定疑问形式的行为解读，同时提出附着行为的概念。研究者还深入会话序列，探究医患沟通中特殊回应形式的交际价值。董菁、钱玲燕、陈琦的《对话句法视域下的回声话语研究——以医患话语为例》（《外国语》第3期）借鉴Du Bois的对话句法以及立场三角理论，采用会话分析的方法，探讨了汉语医患互动中的回声话语及共鸣现象，对回声话语与回声源（即发起话语）的关系进行了区分，并指出回声话语是对知识梯度的匹配行为，体现交互主观性和特殊交际意图。王亚峰、于国栋的《医患交流中患者扩展回答的会话分析研究》（《外语教学理论与实践》第3期）则考察了扩展回答形式在诊疗中的序列语境和交际价值。

此外，也有些研究对会话分析中的重要概念做出阐发，体现了新的理论思考。如吴亚欣的《身份研究的会话分析路径》（《外国语》第3期）基于会话分析视角下的身份内涵，结合电话咨询语料，对会话分析方法研究身份的步骤做出了说明。李梅的《背离还是突破？——会话分析研究的知识论之争》对 Discourse Studies（《话语研究》）关于认识（epistemics，文中称"知识论"）的专辑进行了评析，指出认识的探究并未背离会话分析研究，阐释了对该概念或视角理论价值的认识。

三、语用学的理论与实践探索

在基于真实自然对话的研究发展壮大的同时，提出言语行为理论和会话合作原则的语用学也继续着其理论与实践的探索。

（一）言语行为视角

言语行为理论认为"以言行事"是语言重要的功能。对语句所做的言语行为的识解就是听者对言者说话意图的理解。言语行为的传递有些可以从字面上直接识解，有些则是间接的。2021年中国知网收录的言语行为视角下的相关研究有9篇。考察特定语言形式可用于实施何种言语行为，是这方面研究的重点。刘晨阳的《从"看我（不）VP"句看间接警告言语行为的规约化》（《汉语学习》第1期）指出，"看我（不）VP"句在适切语境下从字面承诺义中分化出警告功能，间接实施警告言语行为。利用关联理论，该研究分析了该句式肯定和否定形式警告义解读的关联推理过程，指出假设关系的凝固化在该句式规约化为警告言语行为的过程中起到关键作用。王峰的《言语行为视角下的小句对举功能探析》（《汉语学习》第4期）从言语行为的分类出发，考察了小句对举所实现的"性状陈述""状貌描写""性质评价"等表述性言语行为和"讲道理""摆条件""表不满"等指令性言语行为。徐晶凝、许怡的《"啊"字是非问与纯语调是非问》（《汉语学习》第4期）基于对话语篇中的分布，考察了两类是非问句所实现的言语行为，并分别探讨了两类高频行为——求确认行为和示态行为中两类问句在疑问程度和立场一致性上的差异。

除了具体的语言形式，言语行为本身也是重要的切入点。麦胜文、宗世海、何自然的《汉语自贬的语用研究》（《外语教学》第1期）讨论了自贬言语行为——说话人降低对自己或与自己密切相关的人、物、事的评价，从会话角色、对话语篇中的分布以及语用功能三个维度对自贬做出定性和定量分析，并在此基础上做出交互分析，揭示出自贬行为的使用特点。面子是礼貌原则中的重要组成部分。张敏、吴东英的《自我导向与他人导向的社交媒体面子行为研究》（《现代外语》第2期）结合社会心理学理论和言语行为分析方法，对社交媒体话语中的关系管理进行了探讨，提出"自我导向"与"他人导向"的面子行为分析框架，通过对比统计中美名人社交媒体话语的面子行为，该研究揭示出两种语言在关系管理中的共性与个性，支持了双重导向分析框架在社交媒体面子言语行为研究中的普适性。此外，言语行为还被引入到历时材料的分析中——周小淳的《历史仪式礼貌视阈下晚清奏疏恭维言语行为研究》（《外语与外语教学》第3期）探讨了《出使奏疏》中仪式框架下的恭维表达、语用策略及关系内涵。

（二）意义层次的阐释

2021年，还有一些研究着眼于意义层次的进一步探讨，体现在对语义/语用的争论、会话含义以及元语用几个方面，对语言使用中的意义层次作细致的分析阐释。

意义的确定以及语境在语义理解中的作用一直是讨论的焦点。黄乔、刘利民的《语义最小论与语境论之争再探——从语境的角度看》(《当代语言学》第 4 期) 考察了"语境"这一概念本身的意义，从而说明两派学者争论的症结；并区分了外在语境和内在语境，对两派观点做出进一步评述，阐释了概念与语词的不对称对现有语境论提出的挑战。对语境的考察还涉及语言与社会环境之间的关系。陈新仁的《语用学与社会语言学的接口研究——界定、目标与议题》(《外语研究》第 4 期) 针对两门学科的分工与交叉做出了思考，尝试界定两门学科的接口研究，并提出其主要目标和重要议题。

对会话含义的分析阐释也是语用学的焦点问题之一。左思民的《含义、显义、隐义与潜义之辨》(《当代修辞学》第 6 期) 指出，关联理论的提出的显义（以及对立面的隐义）不是言者直说的意义，应该归入 Östman 所界定的"潜义"（implicitness）范畴[①]，属于"言所含"（what is implicated），是意义推导的结果，可在一定程度上取消。薛兵的《内嵌含义：会话含义理论研究的未解难题》(《外国语》第 2 期) 指出，基于合作原则推导而来的后命题会话含义可以内嵌在句子逻辑词范围内，对格莱斯会话含义理论提出挑战，指出语法解释与语用解释两条路径在含义生成上各有不足，研究对象范围的拓展、实证研究方法的革新，以及语法-语用互动解释模式的探索有助于深化内嵌含义阐释。

元语用涉及言者对命题信息的评价、介入情况、投入程度，或传递当前信息话语与前后话语之间的关联，体现言者与听者（或作者与读者）之间的互动。《语言学理论》第二十九辑推出了由陈新仁主持的"言语交际的元语用探索"专栏，进一步就元语用问题做出理论探索。其中，陈新仁的《身份元话语：语用身份意识的元话语表征》对人际互动中交际者的语用身份意识及其元话语表征作出考察，阐释了身份元话语的概念和类型，并结合驻美大使的访谈实例，分析了其使用的身份元话语类型，探讨并说明了身份元话语的使用动因以及背后的元语用意识。此外，何荷、李梦欣的《网店店主自我身份建构的元语用意识探究》、孙莉、严静霞的《控诉类广播节目主持人自我角色凸显的元语用研究》、金颖哲的《发话人元话语的形象管理功能》，以及解月、任伟的《不同英语水平学生的段落连贯元语用能力研究》，通过元语用的视角分析元话语的使用，分别对不同专门领域的话语进行了探讨，丰富了话语语用研究的维度，拓展了元话语的研究空间。

(三) 语用理论的应用

现实生活中的语言使用一直是语用学关注的焦点。近年来语用学的发展也呈现出越来越

---

① 参见 Östman J-O. (1986) *Pragmatics as implicitness*. An analysis of question particles in Solf Swedish, with implications for the study of passive clauses and the language of persuasion. Ph. D. dissertation, University of California, Berkeley, MI.

明显的理论多元化和跨领域应用的倾向。2021年，这一倾向最具代表性的体现就是语用理论在身心健康领域的研究探索。《语言战略研究》第6期设立"语言与健康"专栏，介绍了语言与健康的重要议题，指出这一领域研究的创新与发展需要从词汇句法、修辞策略等或宏观或微观的视角切入，了解健康医学的基础知识，推动跨学科的研究与临床应用。专栏中周德宇、张惟的《语言与健康的关系：标记、媒介与资源》对语言与健康的多重关系以及基于语言学的健康研究做出了理论思考；其余五篇研究论文、译作或笔谈都从不同的理论视角与技术手段出发，对特定健康领域中的言语交际问题进行了探讨，为相关问题的解决提供支持。比如，黄立鹤、杨晶晶、刘卓娅的《认知障碍老年人语用补偿研究》以言语行为为基本单位，综合分析认知障碍老年人的语用障碍，通过个案分析以及对比，揭示出阿尔茨海默症老年人言语行为的问题，以及人际层面的话语补偿及个体内部的多模态资源补偿现象。同一课题下，黄立鹤、杨晶晶的《阿尔茨海默病老年人篇章语用障碍指标构建及测定问题》（《外语教学》第2期）基于相关研究文献的考察，归并重组了23个类别指标并赋予权重，对患者在篇章语用层面的表现做出归纳。此外，秦苑、高一虹的《我国情境中的安宁疗护家庭会议——结构、挑战与策略》（《中国外语》第4期）对医患沟通中安宁疗护这一特殊"活动类型"和"话语类型"做出了初步探索。

互动交际是语言使用的原初环境，基于互动语言学视角对会话序列的考察，可以为儿童语言发展提供有力的分析工具。饶宏泉、李宇明的《儿童互动中的评价表达与知识构建——以4岁汉语儿童的个案研究为例》（《语言文字应用》第4期）选取《人生初年》[①]所记录的乳名"冬冬"的汉语儿童4岁时的语料，通过考察其中的评价序列组织和话轮设计，基于评价标准、指称基础、评价手段以及通过评价进行知识协商与共建的方式，描写儿童评价表达特征，并在此基础上提出了评价活动的知识环模型（包括对话人1、对话人2、共享评价对象三个主要实体以及评价标准、指称基础和评价手段三个关键环节），为考察不同年龄段儿童的评价表达、刻画儿童语用发展特征建立起分析框架。

四、文本分析及其应用

运用系统功能语言学理论对语篇文本的分析，秉承语言的整体观和泛时视野，关注文本呈现的互文性、发展性、系统性和语篇内部关系。2021年，基于上述理念的文本分析持续推进，中国知网收录相关论文15篇。

（一）现象考察与理论思考

文本分析的研究中，有相当一部分的成果是将系统功能的分析方法与其他研究手段相结

[①] 李宇明：《人生初年——一名中国女孩的语言日志》，商务印书馆2019年版。

合，考察不同类型中语言形式或语篇特征。刘锐、黄启庆、王珊的《汉语学术语篇转述标记的形式、功能与分布》（《当代修辞学》第6期）在对学术语篇中转述标记的形式和功能做出界定的基础上，通过语料库统计的方法，概括了转述标记不同功能类型的分布及学科话语范式特点，以及频次分布与转述标记多样性之间的关联。杨彬的《基于"注意力视窗开启"的叙事性文本的创造性建构分析》（《当代修辞学》第5期）从儿童创造性语言应用现象入手，结合认知语言学的视角对叙事性语料展开分析，阐述了调节注意力视窗开启对于叙事性文本的重要价值。车思琪、李学沛的《评价系统视阈下中美企业致股东信情感话语对比分析》（《外国语》第2期）借助情感词典和机器学习相结合的文本挖掘技术，采用系统功能语言学中的评价系统对两种语言商业文本的情感话语进行了对比考察。于晖、张少杰的《汉语学术语篇的多声系统探究》（《当代修辞学》第6期）指出学术语篇建构的过程伴随着作者与其他研究者、读者等不同声音的对话，描写了多声资源的实现方式，构建了多声分析模式。

此外，2021年还有3部系统功能语言学视角下文本分析的概述性专著问世。苗兴伟、张蕾的《汉语语篇分析》（外语教学与研究出版社，10月）运用系统功能语言学理论，对汉语衔接、连贯、信息组织、语篇结构进行了描写，阐述了批评话语分析及多模态语篇分析等理论与应用。杨雪燕的《系统功能语言学理论与实践》（上海外语教育出版社，10月）阐述了该理论的构架、核心概念与相互联系，并利用这种理论和方法，探讨了外语教学实践以及文本分析中的若干问题，涉及新闻体的不同文体特征以及不同话语风格特征等。文本中的互文性也是研究的热点。郑庆君、向琼、张春燕的《汉语新媒体语篇的互文性研究》（暨南大学出版社，10月）阐述了互文性理论的源流与发展，描述了汉语新媒体语篇中的互文性现象及特征，并对其形成机制原理进行了探讨。以上专著均为系列丛书中的新作，体现出相关理论探索的一致性和系统性。

（二）文本分析理论的应用

特别值得关注的是，文本分析的相关理论应用于语法研究，可以为语法问题的解答带来新的视野。袁毓林的《从语言的"多声性"看"假装"句的解读歧异》（《语言战略研究》第5期）针对新闻标题"王思聪假装在奋斗"中"假装"的叙实性解读差异，引入巴赫金的"多声性"概念，并用评价理论介入（engagement）子系统中的"借言"及其类型作为框架，分析了新闻文本，对其中多种声音的对话和辩论做出离析，剖析标题中的多种声音及其论辩关系和对话的未完成性，由此进一步讨论"假装"的概念结构及其语用上的多域性。

语言学自身的描写解释之外，基于特定文本的分析还可用于解释不同领域因语言导致的问题，提供解决这些问题的语言学方案。陈旸的专著《〈论语〉英译研究的功能语篇分析途径》（暨南大学出版社，3月）采用系统功能语言学的理论方法，分析《论语》与其英译文，探讨翻译文本与其交际功能之间的关系，并服务于英文翻译特征、译者翻译目的以及翻译质量评估。应用于翻译的研究还有赵海湖的专著《系统功能语言学视域下的旅游翻译研究》（暨南大学出版社，11月）。王振华的专著《法律语言研究——语篇语义视角》（上海交通大学出版社，3月）则体现了基于系统功能语言学的法律语言的研究成果。

系统功能语言学还关注多模态资源在语篇中的使用[1]。张德禄、赵静的《多模态话语分析是否需要多模态语法？》（《当代修辞学》第2期）在总结相关理论研究的基础上，对语法在多模态话语分析中的地位进行了理论思考，并结合实例讨论了决定多模态话语分析是否分析语法的相关因素。多模态文本分析的应用方面，张德禄、刘睿、雷茜的专著《多模态理论与外语教学中的多元能力培养》（外语教学与研究出版社，10月）体现了多模态理论在外语教学以及语言学习者多元能力培养中的应用探索。

综上所述，2021年篇章语用方面的研究无论从视角方法还是研究内容上都丰富多样，既有对实际使用中语言现象的描写解释，也有相关概念、原则或方法乃至整个分支学科的思考阐发。从不少成果来看，以上两个方面也体现出相互促进的良好态势。从研究意义来说，篇章语用方面的探索，一方面为汉语句法语义的一些问题提供了新的见解和思路，并在一定程度上促进了对汉语语法特点的深入探索，另一方面也推动了语言学与社会学、心理学、哲学等相关学科，以及不同应用领域的融合与交汇，从而在扩大研究视域的同时，体现出更多的社会价值和现实意义。

---

[1] 由此形成的分支名为多模态语篇研究，参见 Kress, Gunter and Theo van Leeuwen (2001) *Multimodal discourse: The modes and media of contemporary communication*. London: Arnold.

心理语言学研究

胡建华　徐　敏　彭鹭鹭

　　心理语言学是在语言学与心理学基础上建立起来的一门交叉学科。心理语言学探索语言、心理及大脑之间的关系，研究语言的理解、产生、获得与发展，及其认知神经机制。

　　人脑是自然界中最复杂的系统，而语言则是人脑中最重要的认知功能之一。语言、心理与人类大脑之间的关系，一直是心理语言学家孜孜探索的课题。在过去三十多年里，正电子断层扫描（Positron Emission Tomography，PET）、功能磁共振成像（functional Magnetic Resonance Imaging，fMRI）、脑电图（Electroencephalogram，EEG）和脑磁图（Magnetoencephalography，MEG）等研究技术的引入，使得研究者可以更好地观察个体在进行语言活动时的大脑活动，继而对大脑语言功能以及语言障碍脑机制做出更深入的研究。近年来，随着心理语言学与分子遗传学、信息科学等学科的交叉融合，以及脑成像和大数据处理等技术不断涌现和发展，语言与大脑的研究得到了迅速发展。值得一提的是，2021年正式启动的中国脑计划（即科技创新2030－"脑科学与类脑研究"重大项目）把语言作为重要的研究方向，因此可以预见我国学者在心理语言学、神经语言学领域必将取得越来越多振奋人心的科研成果。

　　在心理语言学这一学科之中，儿童语言获得是最具挑战性的研究领域之一。儿童语言获得主要研究儿童获得母语的过程和机制。儿童的语言获得具有迅速性和一致性的两大特点。儿童在短短的三四年时间之内，不经过任何形式的专门训练，就可以迅速获得自己的母语，这一点与许多成人漫长而进步缓慢的外语学习相比，无疑是一件非常神奇的事情。此外，虽然每一个儿童所处的语言环境不尽相同，所接触到的语言输入在质和量上也不可能整齐划一，但每一个正常的儿童一般都在大致相同的时间段获得自己的母语。研究儿童语言获得，就是探究儿童获得语言的奥秘。而要探究儿童获得语言的奥秘，就不能无视儿童语言获得的迅速性和一致性这两大特点（参见胡建华《作为经验科学的形式语言学：思想与方法》，《北京第二外国语学院学报》第5期）。

　　2021年，我国学者在语言的理解、产生与发展以及儿童语言获得领域做了大量研究，成果丰硕。下面将根据语言理解、语言产生、语言发展、二语习得、儿童语言获得这几个研究主题，对我国学者2021年在语言神经机制研究和儿童语言获得研究这两个领域所取得的成果做简要介绍。

一、语言的理解、产生与发展

（一）语言理解

1. 言语感知与加工

言语以声波为载体传递语言信息，是人类最自然、最高效的交流系统。关于言语认知神经基础的研究，研究者关注的问题如下。

听觉系统是如何把声学信息转换成语言信息的？相比于其他声学刺激，大脑对言语刺激的加工机制在多大程度上具有特异性？在言语加工过程中，语流如何从背景噪音中分离？

洪波等的论文 Speech frequency-following response in human auditory cortex is more than a simple tracking（人类听觉皮层的语音频率跟随反应不只是一种简单的追踪，*Neuroimage* 第 226 卷）通过颅内脑电记录（intracranial EEG recordings），考察了大脑听觉皮层的频率跟随反应（frequency following response，简称 FFR）对于 F0 和动态音高加工的影响。该研究发现听觉皮层的语音和类语音谐波复合刺激在 F0 处都有显著的 FFR。FFR 的振幅和相位相干性均表现出明显的谐波偏好，并从初级听觉皮层到周围的联合听觉皮层逐渐衰减。此外，FFR 的频段与人类音高的范围有很大的重叠，揭示了它对类似语音的偏好，及其在处理语音语调和词汇声调方面的潜在作用。此外，洪波和王小勤等的论文 Hierarchical cortical networks of "voice patches" for processing voices in human brain（人脑中人声处理子区域的层次化网络结构，*PNAS* 第 52 期）通过颅内脑电研究了不同类别声音（中文语音、英文语音、非语言人声、动物叫声、自然的声音以及相位打乱的声音等六个类别）在腹侧听觉皮层的表征。其研究结果显示颞叶的亚区域表现出对不同声音刺激的偏好，颞上回的几个不相连的子区域（该子区域被定义为 voice patch）表现出对于人声的选择性，这些区域在功能上是连通的，形成双向层级网络进行语音处理。这项研究表明，人声和人脸处理在大脑皮层具有类似的层次化加工机制。

语言心理意象是在缺乏真实言语刺激的情况下产生的一种准知觉体验，像在脑海中说话或唱歌这种主观体验在人类中普遍存在。为探讨想象言语的神经表征及其与语言知觉的关系，高家红等的论文 Neural representations of imagined speech revealed by frequency-tagged magnetoencephalography responses（频率标记脑磁图反应揭示想象言语的神经表征，*NeuroImage* 第 229 卷）使用 MEG 研究了被试对汉语五字诗歌进行想象和感知时的神经活动。实验设计包含三种条件，分别是想象条件、知觉条件和控制条件。在想象条件中，先给被试视觉呈现诗歌内容，要求他们配合听到的纯音的频率在脑海中大声朗读诗歌；在知觉条件中，要求被试仔细听诗歌的音频，同时也视觉呈现内容；在控制条件中，要求被试配合听到的纯音频率在心里默数数字。结果发现，在诗歌句子层面，言语想象和言语感知具有相似的神经反应，表明了想象和感知可能具有共同的机制。

吴艳红等的论文 Common brain substrates underlying auditory speech priming and perceived spatial separation（听觉言语启动和感知空间分离的共同脑基础，*Frontiers in Neuroscience* 第 15 期）研究了在"鸡尾酒会"环境下，听觉语音启动和感知空间分离对促进语音识别的脑神经机制。实验把听觉语音启动和感知空间分离两种线索整合到一个实验范式中，使用 fMRI 记录被试在听觉加工过程中的脑神经活动。结果发现，听觉语音启动和感知分离效应引起的神经活动在部分脑区有重叠，左侧额下回三角部的激活水平与这两种效应产生的行为表现具有相关性，并且这两种线索都增强了左侧额下回与抑制干扰的脑区的连接。结果表明，言语的运动表征对听觉语音启动和感知分离的非掩蔽效应都很重要，并强调了左侧额下回在鸡尾酒会环境中的这些非掩蔽效应中的关键作用。

已有研究表明，音乐训练经验可加强言语刺激的听觉编码、运动编码和听觉—运动系统间的信息整合来提高人们在噪音背景下的言语感知能力。杜忆等人的论文 The microstructural plasticity of the arcuate fasciculus undergirds improved speech in noise perception in musicians（弓状束微结构的可塑性促进音乐家在噪声中的言语感知能力，*Cerebral Cortex* 第 9 期）采用磁共振弥散张量成像技术，探讨了音乐训练经验是否可以通过引发听觉–运动神经环路的白质纤维（即弓状束）结构变化来影响噪音背景下言语感知能力。结果发现，相比于非音乐家，音乐家在右侧弓状束直接通路和左侧弓状束间接通路的连通性增强，并且这些改变与音乐家在噪音下言语感知能力的增强有关。

2. 词汇和亚词汇层面的研究

字词层面的认知加工，过去一直以来都是神经语言学领域研究的焦点。这些研究通过采用 fMRI 定位出视觉词形、语音、概念和语义等各类信息加工的相关脑区，通过脑电技术考察各种信息加工的时间进程。近年来不少研究从神经网络层面探讨各种信息的相互作用模式。

不同个体对同一词汇的理解往往存在差异，为探讨词汇理解中个体差异的形成原因，王晓莎和毕彦超等的论文 Idiosyncratic tower of babel：individual differences in word—meaning representation increase as word abstractness increases（奇特的巴别塔：词义表征的个体差异随词汇抽象性的增加而增加，*Psychological Science* 第 10 期）结合基于行为测评的语义相关性模式和基于神经信号的激活模式，考察了不同类型客体名词、抽象名词和情绪相关词语的个体差异。该研究发现，人们理解抽象词的个体差异显著高于理解具体词的，并且这种差异程度可以被词汇语义表征感知觉经验/语言描述信息多少所预测。该研究为理解语言信息传递和交流有效性机制提供了理论基础。该研究也提示我们，增加语言的描述性及其与感知觉经验有关的具体性，有助于减少无效沟通、促进更高效的交流和讨论。

语言存在不同的输入/输出模态，口语、书面语或者手语等均为物理性质不同的语言外化形式。高家红团队的论文 A heteromodal word-meaning binding site in the visual word form area under top-down frontoparietal control（额顶网络自上而下控制下的视觉词形区跨模态词义整合位点，Journal of Neuroscience 第 17 期）结合 fMRI 技术和多模态的语言加工任务（听、说、读、写）发现，在口语和书面语的词汇层面理解与表达加工过程中，位于枕颞交界皮层的视觉词形区内（visual word form area, VWFA）存在一个跨模态的词—义整合中心，并且该区域受到额顶认知控制网络自上而下的调控。

汉字作为词素，可以表示多个意义（比如，"月亮"和"月末"中，"月"的所指是不同的）。赵思敏、吴岩和朱祖德等的论文 Morpho-semantic analysis of ambiguous morphemes in Chinese compound word recognition: An fMRI study（汉语复合词识别中歧义语素的形态-语义分析：一项 fMRI 研究，Neuropsychologia 第 157 卷）结合 fMRI 技术和掩蔽启动范式下词汇决策任务，考察了在支持性语境和不支持性语境下，歧义词素语义加工的神经基础。在支持性语境条件下，启动词和靶子词中的同一单字词表示相同的意义（如启动词"月亮"和靶子词"月牙"）；在不支持的语境下，启动词和靶子词中的同一单字词表示不同的意义（如"面容"和"面包"）。研究发现，相比于不相关的语境条件，支持性语境下的语义加工与左侧额上回和双侧颞中回的激活增加有关；不支持的语境条件下的词义加工与多个脑区的激活减少有关。

张瑞、王振华、王小娟和杨剑峰的论文《汉字识别中亚词汇语音和语义信息在 N170 上的神经适应》（《心理学报》第 8 期）利用汉字形声字声旁表音和形旁表义的独特性，使用神经适应范式考察了 N170 对汉字亚词汇语音和语义信息的敏感性。结果表明，左侧 N170 不仅对整字语音和语义信息敏感，还对亚词汇的声旁信息敏感；而右侧 N170 对整字语义以及亚词汇的形旁信息敏感。

3. 短语和句子层面的研究

短语和句子层面的语言理解语是一个涉及多层面、多维度的复杂认知过程，不仅需要理解单个词语的意义，还需要理解词与词之间的关系，以及对功能词、词序、语境等信息进行加工。过去的研究采用违背范式、启动范式等实验范式，较为一致地发现额下回和后颞叶皮层等脑区在句子理解中具有重要作用，而时间进程方面的进展主要体现在对早期前部负波（Left anterior negativities, LAN）、N400 和 P600 等脑电成分的深入研究。在前人研究基础上，2021 年，我国学者从短语组合、句法启动、语义预测、语境加工等层面，探讨了汉语短语和句子加工的认知神经基础。

王穗苹等的论文 The role of left angular gyrus in the representation of linguistic composition relations（左侧角回在语言组合关系表征中的作用，*Human Brain Mapping* 第 7 期）采用 fMRI 探讨了人脑是如何构建不同类型的短语组合关系。实验中选用了四种不同组合关系的短语结构，包括主谓短语（名+形，如"裙子漂亮"）、动宾短语（动+名，如"修改密码"）、偏正短语（形+名，如"优秀学生"）和并列短语（形+形，如"干净整洁"）。研究者采用表征相似性分析（Representation similarity analysis，RSA），量化基于短语材料之间相似性矩阵与大脑激活模式相似性矩阵的相关程度，从而确定哪个或哪些脑区的激活模式能有效区分不同类型的短语结构。分析结果表明，左侧角回（angular gyrus）可以区分不同类型的构词关系，表明该脑区在表征和区分不同短语组合关系中发挥重要作用。

Perlmutter 提出的非宾格假设（Unaccusative Hypothesis）认为，不及物动词在句法上可以分为非宾格动词和非作格动词，然而汉语不及物动词是否存在二分现象还存在争议。杨亦鸣等的论文 Brain regions involved in underlying syntactic processing of mandarin Chinese intransitive verbs：An fMRI study（汉语不及物动词句法加工的脑区：一项 fMRI 研究，*Brain Sciences* 第 8 期）采用 fMRI，对比了加工汉语深层非宾格句（deep unaccusative sentences，如"客人全来了"）、非作格句（unergative sentences，如"孩子全哭了"）和被动句（如"学生被打了"）的神经活动。研究结果发现，深层非宾格句和非作格句的神经活动没有显著差异，而被动句相比于其他两类句子加工，则激活了左侧颞上回和额中回。该研究表明，汉语的句法加工中可能不存在宾格和非作格动词的区别，但两者与被动动词的加工则有所区别。

相比于印欧语，汉语句法与语义的独立性较弱。研究者一直致力于探讨是否存在相对独立的汉语句法表征神经系统。朱祖德等的论文 Independent syntactic representation identified in left front-temporal cortex during Chinese sentence comprehension（汉语句子理解中左侧额－颞叶皮层支持独立的句法表征，*Brain and Language* 第 214 卷）结合 fMRI 技术和启动范式，通过操控同一目标句前启动句的句法结构类型（目标被动句前面为被动句或主动句），从而构建了有句法启动条件与无句法启动条件。研究结果表明，在左脑的颞极、额下回和中央前回观察到了句法启动效应，表现为这些脑区的激活在句法启动条件比无句法启动条件下更弱。该研究从神经层面为汉语句法的独立表征提供了证据。

音乐训练可以促进声音的感知，目前大部分相关的研究焦点为音乐对较低层级的语言感知的影响，对较高层级的语言加工如语义加工的了解甚少。李晓庆等的论文 The impact of musical expertise on anticipatory semantic processing during online speech comprehension：An electroencephalography study（音乐经验对在线言语理解中语义预期加工的影响：一项脑电研究，*Brain and Language* 第 221 卷）采用脑电技术探讨了音乐训练是否影响句子理解中的语义预测加工。研究中通过语义限制（强/弱）来操作语义预测性的高低。在语义限制强的句子（例如"他为了给妹妹过生日，<u>买了</u>一个<u>蛋糕</u>带回家"）和语义限制弱的句子（例如"他为了给妹妹个惊喜，买了一个蛋糕带回家"）中，前半个句子对语境内容进行限定，形成了对后面关键名词（"蛋糕"）或高或低的预测性。结果发现，在关键名词处（蛋糕），两组被试在语义强限制条件下都比语义弱限制条件下出现了更弱的 N400；而在目标动词处，音乐家的脑电信号振幅和 β 振荡功率都表现出语义约束效应，并且与接下来出现的名词的可预测性相关，而非音乐家只表现出与当前动词出现的可预测性相关的事件相关电位，研究表明音乐专业知识可以增强在语言理解中的语义预测加工。

以往研究表明，情绪词比中性词更能引起个体的注意，但关于情绪词汇在语境中处理过程研究较少。杨玉芳等的论文 The effect of congruent emotional context in emotional word processing during discourse comprehension（语篇理解中情感语境一致性对情感词加工的影响，*Journal of Neurolinguistics* 第 59 卷）采用脑电技术研究了语义理解过程中一致性情绪语境对后续情绪词加工的影响。实验操纵了前后两个句子的情绪（消极－消极、中性－消极、中性－中性），目标词位于后一个句子，与后句子的情绪相符。ERP 结果表明，消极－消极条件的目标词、比中性－中性条件的产生更小的 N400，并且消极－消极条件的目标词比另两个条件产生更大的后期正向波（Late Positive Complex, LPC）。该研究表明，一致的情感语境降低了语义分析，并在语篇理解的后期产生更多的情感评价。这些发现有助于阐明情感语境在语言理解中的作用。

（二）语言产生

1. 语言交流

随着人际神经同步的超扫描技术的发展，从研究语言与"单脑"的关系转向研究语言交际与"多脑"间神经同步成为可能。卢春明团队在题为 A hierarchical model for interpersonal verbal communication（人际间言语交流的层级模型，*Social Cognitive and Affective Neuroscience* 第 1 期）的综述文章中，提出了适用于人际间言语交流的认知神经层级模型。在该模型中，人际间的言语交流主要涉及三个层次的认知过程，分别是互动式语音加工、语义概念的相互理解以及通过言语交流实现的社会关系构建与维系。不同层面的认知过程通过自上而下或自下而上的方式进行动态双向调节。此外，每一个层面的认知过程包含人际间的共享表征和预测编码两种加工方式，前者涉及外在环境和内在心理过程的表征，后者则通过动态预测将要出现的言行来调整自己的预期，进而缩小交流双方的表征差异，促进有效交流。

丁国盛等的论文 Reduced listener-speaker neural coupling underlies speech understanding difficulty in older adults（听者－说话者神经耦合的减少是老年人言语理解困难的基础，*Brain Structure and Function* 第 5 期）研究了听者和说话者的神经耦合是否会随年龄增长而变化以及这种变化在老年人的语言交流中对语言理解的作用。研究者采用 fMRI 扫描了一名年轻人和一名老年人（说话者）讲述真实故事的大脑活动并进行录音；然后分别向一组年轻人

（19－27岁）和一组老年人（53－75岁）（听者）播放录音，并记录大脑活动。结果表明年长听者对语言的理解不如年轻听者，年长听者的语言理解水平与他们的年龄呈负相关。重要的是，相比于年轻听者和说话者，年长听者和说话者之间在多个脑区的神经耦合都有所下降，这与他们理解和记忆话语内容的能力下降有关。这些发现为年龄相关的语言理解能力下降的神经基础研究提供了新的支持。

日常生活中的言语沟通环境总是存在噪声干扰。已有研究发现，人脑中存在两个不同的系统来应对噪声，分别是听觉系统和感知运动系统。张丹等的论文 Speaker-listener neural coupling reveals an adaptive mechanism for speech comprehension in a noisy environment（说话者－听者神经耦合揭示嘈杂环境下言语理解的适应机制，*Cerebral Cortex* 第10期）采用近红外光谱成像技术记录被试在噪声环境中听自然语料的神经活动，考察听觉和感知运动系统在噪声条件下言语理解的功能差异。结果表明，讲者和听者的神经耦合主要出现在左侧额下回（感觉运动系统）和右侧颞中回、角回（听觉系统）。有趣的是，听者在感觉运动系统和讲者的神经耦合程度在噪声较强时与理解程度的相关较高，而在听觉系统的神经耦合则在噪声较弱时与理解程度的相关较高。该研究表明，感知运动系统比听觉系统在噪声语言理解中具有更强的适应性。

2. 书写产生

书写涉及复杂的加工过程，可以分为中央过程与外周过程两大部分。语言与认知层面的加工（字形通达）属于中央过程，而运动执行加工属于外周过程。也有学者把书写产生的心理过程分成三个阶段：概念准备、词汇通达、编码运动程序并执行。王成、张清芳的论文 Word frequency effect in written production: Evidence from ERPs and neural oscillations（书写产生中的词频效应：来自 ERPs 和神经振荡的证据，*Psychophysiology* 第5期）探讨了与词汇通达过程相关的词频效应是如何影响书写产生过程的。该研究采用 ERP，通过分析书写过程中神经信号的时间进程和神经振荡，考察词频效应影响了书写产生的哪些过程。该研究在汉语图片库中选取52幅黑白线条图作为实验材料，这些图片对应52个单音节汉字，其中一半为高频词，另一半为低频词。实验时向被试呈现图片，要求被试在看到图片后尽可能又快又准地写出图片名称。研究发现，分别在早期和晚期时间窗口发现了词频效应，并且在这两个时间窗口内发现了 θ 频段对于词汇效应的调节。研究表明，词频效应在概念准备和词形提取两个阶段影响了书写产生。

对于熟练的书写者来说，书写运动是一个高度自动化的过程，同时在某些情况下也需要较多认知功能控制。杨炀等的论文 Functional brain networks underlying automatic and controlled handwriting in Chinese（汉字自动书写和控制书写的脑功能网络，*Brain and Language* 第219卷）探讨了汉语自动书写与控制书写在认知和运动过程上的差异。研究采用 fMRI 记录被试做一项延迟抄写任务时的脑部激活。实验要求被试以自然（以他们在日常生活中使用的速度书写，代表自动书写状态）和快速（在保持字迹清晰的情况下尽可能快地书写，代表速度控制的书写状态）两种速度对所呈现的汉字或几何符号进行抄写。研究结果表明，书写速度的控制依赖于大脑功能网络的大规模重组，这些网络涉及一般的执行控制以及与任务相关的视觉和运动过程。该研究表明，书写速度的改变可以引起大脑多个脑功能网络的重新组织。

书写顺序在汉字书写中起着重要作用，但目前对于汉字笔顺信息处理的脑激活模式和脑网络机制却知之甚少。郭桃梅等的论文 The cortical organization of writing sequence: evidence from observing Chinese characters in motion（书写顺序的大脑皮层组织：来自观察汉字笔顺运动的证据，*Brain Structure and Function* 第 5 期）首次采用多变量模式分析（MVPA）和拓展的统一结构方程模型（euSEM）对 27 名大学生被试的汉字笔顺加工的脑网络进行研究。实验给被试随机地呈现汉字的笔顺动画，这些汉字的笔顺可能是正确的，也可能是乱序的。实验要求被试在动画呈现后判断书写顺序是否正确。研究发现，汉字笔顺加工所涉及的脑区不仅包括一般动作图式网络和抑制功能网络，还激活了特定于书写功能的感知觉运动皮层。这些脑区形成了一个从一般运动模式脑区传递到书写功能的脑区，形成自上而下的协同脑网络。这些发现不仅帮助我们更好理解汉字书写顺序的神经机制，而且在一定程度上扩展了动作图式加工的层次控制模型。

（三）双语、二语的认知神经机制研究

大脑的语言功能不仅使个体习得并熟练使用母语，还可以在一定条件下掌握两种甚至多种语言。熟练的双语者可以使用两种语言，并且能根据不同的语言使用情境进行语言选择和切换。郭桃梅等的论文 Patterns and networks of language control in bilingual language production（双语语言产生中的语言控制模式与网络，*Brain Structure and Function* 第 4 期）运用多变量模式分析（MVPA）和脑网络分析方法探讨了双语产生过程中语言控制的脑网络。在 fMRI 扫描中，中-英双语被试需要完成语言切换任务，根据提示使用中文或英文图片进行命名。结果发现，包括左背外侧前额叶皮层、左额下回、左辅助运动区、前扣带皮层等脑区在内的神经活动模式能够有效地区分切换条件和非切换条件，并且额叶和额叶-小脑连接是语言控制网络的关键组成部分。

刘欢欢等的论文 Cross-task adaptation effects of bilingual language control on cognitive control: A dual-brain EEG examination of simultaneous production and comprehension（双语语言控制对认知控制的跨任务适应效应：语言产生和理解同步的双脑脑电研究，*Cerebral Cortex*，2021）采用双人脑电技术，模拟同步双语产生与理解的情景，探讨双语控制对认知控制的影响。该研究采用联合命名-听力任务（说者与听者共同坐在电脑屏幕前，看到相同的图片，根据

线索提示，一人命名，另一人认真听）和穿插的 flanker 任务，并设置了三种语境：单语第一语言（L1），单语第二语言（L2）和混合语境（Mix L1 & L2）。结果发现，相比于单语 L1 语境，在单语 L2 和混合语境下图片命名任务有更高的 theta 和 delta 同步性，以及相比单语 L1 和单语 L2，在混合语境下有更高的 theta 同步性。flanker 任务的结果表明，在单语 L2 和混合语境中的抑制加工是自适应的过程。该研究支持了语言控制对认知控制的自适应，并强调了语言语境的重要性。

张清芳等的论文 Language proficiency moderates the effect of L2 semantically related distractors in L2 spoken word production（语言熟练度调节二语语义干扰词对二语口语词汇产生的影响，*Brain Research* 第 1753 卷）关注了双语者语言产生的认知加工过程。该研究借助脑电技术考察语言熟练度如何调节二语语义干扰词对二语口语产生的影响。研究包含一组高熟练度和一组低熟练度的中－英双语者，要求被试用二语命名目标图片，任务过程中插入语义相关或语义不相关的干扰词。行为结果表明，二语熟练度和语义关联之间存在交互作用，即语义干扰效应只出现在高熟练双语者中。脑电结果表明，在图片出现后 300－500 ms，语义关联仅对高熟练双语者的事件相关电位产生影响，并且语义相关的干扰词在高熟练双语者的左中颞和颞上区激活较强，而在低熟练双语者中则是在右前额叶皮层引起较强的激活。这些结果表明，个体的二语水平在一定程度上决定了二语语义相关的干扰刺激是否被充分激活，从而产生干扰的影响。

梅磊磊等的论文 Similar activation patterns in the bilateral dorsal inferior frontal gyrus for monolingual and bilingual contexts in second language production（二语产生中双侧额下回在单语和双语语境下具有相似激活模式，*Neuropsychologia* 第 156 卷）结合 fMRI 技术和表征相似性分析（RSA），对比了在单语和双语情境下二语产生的神经模式相似性。中－英双语者在 fMRI 扫描中执行图片命名任务，包括单语情境（只用 L1 或只用 L2 进行命名）和双语情境（L1 和 L2 之间切换）条件。结果表明，与单语情境相比，双语情境下在认知控制脑区（包括前扣带皮层和背外侧前额叶皮层）表现出更强的激活。表征相似性分析发现，单语情境和双语情境的二语产生在双侧的背侧额下回表现出相似的神经激活模式，表明单语和双语情境中的二语产生有着相似的神经表征。

在另一项研究中，梅磊磊等的论文 Language distance in orthographic transparency affects cross-language pattern similarity between native and non-native languages（正字法透明度的语言距离影响母语和非母语间的跨语言模式相似性，*Human Brain Mapping* 第 4 期）进一步考察了维吾尔、汉、英三语者的母语和两种非母语之间的神经模式相似性。被试在 fMRI 扫描中进行一项单词命名的任务，所要命名的实验材料包括维吾尔语单词、汉字和英语单词。从正字法的角度来说，被试的第三语言（即英语）更接近母语（即维吾尔语），而第二语言（即汉语）与母语相差更远。行为结果表明，对维吾尔语单词的命名最快，英语单词次之，汉字最慢。更重要的是，表征相似性分析表明，维吾尔语和英语的神经模式相似性大于维吾尔语和汉语的神经模式相似性。由此说明，正字法透明度对母语和非母语的词汇阅读过程中的神经模式相似性起到调节作用。

韵律是人类自然语言交流的典型特征，具有许多跨语言的共同特点。然而，韵律的语言功能在声调语言（如汉语）和非声调语言（如英语）中又存在差异。于洛迪和王穗苹等的论文 Phonetic encoding contributes to the processing of linguistic prosody at the word level: cross linguistic evidence from event-related potentials（语音编码对词汇层面语言韵律加工的贡献：来自事件相关电位的跨语言的证据，*Speech, Language, and Hearing Research* 第 12 期）采用 ERP 研究汉-英词汇加工的语音编码对韵律加工的影响。相比于非母语（英语）的韵律词，当被试听到母语韵律词时的晚期负反应（late negative response，LNR）振幅更大，而当被试听到纯语音刺激时没有类似的现象。由此说明，词汇水平的韵律声学线索可能不是独立加工的，而是依赖于韵律线索所嵌入的语音内容。

大脑会随着生活与学习发生可塑性变化，二语的学习是否会导致脑结构的变化？王瑞明等的论文 Structural brain changes with second language learning: A longitudinal voxel-based morphometry study（第二语言学习中大脑结构的变化：一项基于体素形态学的纵向研究，*Brain and Language* 第 222 卷）以英语专业的大一本科生为对象，在被试高强度学习英语前和学习后一年分别进行磁共振扫描。基于体素的形态计量学分析发现，双语者在学习英语一年后左侧前扣带回（ACC）和右侧额下回（IFG）的灰质体积下降，并且这些脑结构的改变与被试语言控制能力的改变相关。此外，二语习得年龄与左前扣带皮层体积变化显著相关，而二语熟练程度则与右前扣带皮层的体积变化有关。

（四）语言发展的神经基础研究

2021 年，儿童语言发展的神经心理学研究主要集中在对儿童词汇发展、阅读能力发展和阅读障碍的研究。

1. 口头语言发展

已有的研究发现，婴儿大脑中的特定功能网络为其随后认知能力和语言能力的发展提供重要的基础。郁曦等的论文 Functional connectivity in infancy and toddlerhood predicts long-Term language and preliteracy outcomes（婴儿期和幼儿期的功能连接预测长期语言和前识字能力，*Cerebal Cortex*，2021）对 42 名英语为母语的婴幼儿（4-18 个月）进行了 5 年纵向追踪，采用静息态 fMRI 考察婴儿期脑功能连接与学龄前语言表现之间的关系。结果表明，婴幼儿期的功能连接模式能够预测学龄前（6.5 岁）的口语能力和基本识字技能。其中，以左侧颞极为种子点的功能网络预测口语能力发展，而以左侧梭状回为种子点的功能网络预测基本识字技能（主要是语音加工能力）。该研究为揭示早期大脑功能网络发育与语言习得的关系提供了重要证据。

南云等的论文 The development of brain rhythms at rest and its impact on vocabulary acquisition（静息态大脑节律的发展及其对词汇习得的影响，*Developmental Science* 第 2 期）采用脑电技术，考察了儿童静息脑电的发展变化，及其与词汇习得的相关关系。该研究在儿童 7－11 岁之间每两年进行静息态脑电记录，并测试了儿童的表达性词汇量和接受性词汇量。结果显示，delta、theta 和 gamma 脑电频段的能量随年龄增长而减少，而 alpha 和 beta 脑电频段的能量随年龄增长而增加。此外，theta 频段的减少预测了儿童 9 岁和 11 岁时的表达性词汇，而 beta 脑波的增加则预测了儿童 11 岁时的接受性词汇。这些研究成果揭示了大脑节律在语言发展中的重要作用，表明脑节律的发展变化可以作为学龄儿童词汇发展的生物指标，对识别具有语言障碍风险的儿童也具有一定参考意义。

2. 阅读能力发展

阅读能力是儿童发展基本学习能力的基石，是人一生中学习、工作和生活的核心素养。阅读能力的习得不是自然而然的过程，而需要经过系统学习和大量的训练。相比于拼音文字，汉语的书写系统在视觉形态、形－音和形－义的对应关系等方面都有其独特性。因此，我们不能直接照搬拼音文字的研究成果，需要探索汉语儿童阅读能力发展的独特规律。

谭力海等的论文 Myeloarchitectonic asymmetries of language regions in the human brain（人类大脑语言区域神经纤维结构的不对称性研究，*Cerebral Cortex* 第 9 期）使用定量磁共振成像（qMRI），通过分析大分子组织体积（Macromolecular Tissue Volume，MTV）和定量纵向弛豫时间（T1），考察了个体语言区域的半球间不对称性与语言能力的关系。qMRI 技术是对脑组织属性的直接测量，可反映出个体间在微观尺度上的神经髓鞘等结构差异。该研究发现了额下回呈现出左侧化，而在颞中回、颞横回和颞平面结构呈现出右侧化，并且左侧化程度与语音技能（语音意识和声调意识）存在显著相关。

李何慧等的论文 Decoding the role of the cerebellum in the early stages of reading acquisition（解码小脑在阅读习得早期阶段的作用，*Cortex* 第 141 卷）关注了小脑的功能激活与儿童阅读能力发展的关系。该研究以 5－6 岁英语母语者为研究对象，利用 fMRI 采集了儿童在进行文字匹配任务（判断一对词是否相同）的神经活动，并测量了他们在当年以及一年后的词汇阅读能力。结果发现，左侧小脑 VII 区的神经活动与个体当前的阅读能力呈显著负相关，而右侧小脑 VII 区的神经活动与个体一年后的阅读能力呈显著正相关。该研究表明小脑在阅读习得的早期具有重要的作用，且右侧小脑 VII 区的功能特性可能是未来阅读发展的基础。

周蔚等的论文 The development of brain functional connectome during text reading（文本阅读中大脑功能连接的发展，*Developmental Cognitive Neuroscience* 第 48 卷）从脑网络的角度对比

了儿童和成人在文本阅读中的脑功能差异。该研究采用 fMRI 采集了 42 名小学生和 32 名成年人在阅读一段童话故事时的脑功能活动,采用图论分析方法,发现与儿童相比,成人在与视觉和语义相关脑区的连接强度、节点度和模块交互作用增强,而与语音相关脑区的连接强度、节点度和模块交互作用则有所降低。研究结果表明,随着阅读年龄的增长,阅读过程从依赖语音相关网络到依赖语义和视觉相关网络的转变。

3. 阅读障碍研究

发展性阅读障碍(developmental dyslexia)指儿童智力正常,并且享有均等的教育机会,但阅读成绩显著落后于其年龄与年级所应达到的水平。据统计,发展性阅读障碍在英语国家的发生率是 5% - 17%,在我国的发生率是 5% - 10%。研究表明,阅读障碍是一种具有神经基础的障碍,与多个脑区的功能和结构异常有关,但我们对其确切的神经机制并不十分清楚。

杨秀杰、孟祥芝、宋艳等的论文 Failure of resting-state frontal-occipital connectivity in linking visual perception with reading fluency in Chinese children with developmental Dyslexia(汉语发展性阅读障碍儿童的静息态额 - 枕连接失败关联视觉感知与阅读流畅性,*NeuroImage* 第 233 卷)采用静息态 fMRI,对比阅读障碍儿童和正常儿童的视知觉能力和脑功能连接。研究采用纹理辨别任务(texture discrimination task)测试儿童的视知觉能力,并测试了儿童的汉字阅读和阅读流畅性水平。结果表明,正常儿童的初级视觉皮层(V1)和左侧额中回(LMFG)之间的静息态功能连接强度,与视觉感知能力和阅读能力二者均显著相关,但在阅读障碍儿童中没有观测到上述相关性。此外,正常儿童的 V1 - LMFG 之间的功能连接,在视知觉加工与阅读流畅性的关系中发挥中介作用,而这种中介作用在阅读障碍儿童中是缺失的。该研究表明,初级视觉皮层相关的脑功能连接对视知觉加工和中文阅读流畅性之间建立联系发挥重要作用,而阅读障碍儿童可能未能通过额 - 枕连接来建立视知觉加工与阅读的联系。

丁国盛和孟祥芝等的论文 Large-scale network topology reveals brain functional abnormality in Chinese dyslexic children(大规模网络拓扑揭示汉语阅读障碍儿童的脑功能异常,*Neuropsychologia* 第 157 卷)结合 fMRI 技术和图论分析方法,探讨了汉语阅读障碍儿童在语音判断任务中的脑网络功能组织和重构模式。结果显示,阅读障碍儿童脑网络功能分离的程度高于正常儿童,表现出较高的局部效率和聚类系数。此外,阅读障碍儿童比正常儿童更难以从静息状态转向语音任务。这些研究结果表明,汉语阅读障碍儿童的脑功能组织过度分离,且在重构脑功能网络方面存在缺陷。

阅读障碍者在视觉正字法加工和语音加工方面都存在缺陷,曹凡等的论文 A hierarchical deficit model of reading disability:Evidence from dynamic causal modelling analysis(阅读障碍的层级缺陷模型:来自动态因果模型分析的证据,*Neuropsychologia* 第 154 卷)结合 fMRI 和动态因果模型,探讨阅读障碍的语音加工缺陷是否由于视觉正字法脑区输入减弱造成的。研究中包含三组儿童被试（阅读障碍组、年龄对照组和阅读水平对照组），在 fMRI 扫描中儿童进行视觉词押韵判断任务。研究结果发现，与年龄对照组相比，阅读障碍组和阅读控制组儿童在左颞下回与左额下回之间的连接较弱。该研究表明阅读障碍儿童的语音缺陷可能是由视觉正字法区域（左颞下回）对语音加工区域（左额下回）的弱输入造成的。

关于阅读障碍脑机制，以往的研究主要围绕阅读困难开展。阅读障碍儿童还普遍存在书写困难。为了探讨汉语阅读障碍儿童书写困难的神经基础，杨炀和徐敏等的论文 The brain basis of handwriting deficits in Chinese children with developmental dyslexia（汉语发展性阅读障碍儿童书写缺陷的脑基础，*Developmental Science* 第 2 期）采用 fMRI 记录了阅读障碍儿童在执行汉字书写任务和汉字阅读任务时的大脑活动。结果发现，阅读障碍的书写困难与背侧视觉通路、感知觉运动皮层和认知控制相关脑区的激活和功能连接异常有关。此外，阅读障碍儿童的右侧楔前叶和左侧辅助运动区在阅读任务和书写任务都表现出激活不足，表明这些脑区可能是书写困难与阅读困难共同神经基础的位点所在。这些发现也为阅读障碍的诊疗提供了启示：在对阅读障碍儿童的诊治中应当突出读与写的结合，在干预训练中加强汉字字形分析和运动控制的训练。

二、儿童语言获得

任何语言环境中的正常儿童，未经正式训练就可以在短短三四年的时间内轻轻松松地获得自己的母语。这一现象早就引起了国外语言学家和心理语言学家的注意，从 20 世纪 60 年代起学者们开展了大量儿童语言获得方面的研究，研究范围既包括对儿童语言获得理论问题的探讨，也包括对不同类型的结构或现象的描述和分析。我国的儿童语言获得研究，早期主要是心理学家从个体言语发生和发展的角度探讨语言的心理过程，而专门从事儿童语言获得研究的语言学家比较少。这种情况近些年有所改善。2021 年的儿童语言获得研究涉及儿童语音、词汇、句法、语义、语用的获得，双语和三语儿童的语言获得，以及语言障碍儿童的语言发展研究。

（一）一语获得

1. 理论与方法探讨

儿童语言获得研究的一个理论问题是语言输入在儿童语言发展过程中起什么样的作用。在天赋论看来，语言输入的主要作用体现在确定普遍语法的参数值，而经验论认为语言输入是儿童所有语法知识的唯一来源。张云秋、徐晓炜的《早期儿童语言习得中的经验因素》[《首都师范大学学报（社会科学版）》第 2 期] 从汉语儿童的语言事实出发，讨论了语言输入在儿童语言发展中的作用。该文通过分析早期汉语儿童的论元结构、双及物结构和情态语义的输入数据，发现语言项目的句法结构和功能意义都可以从输入当中找到，但是输入的数量和方式不能决定儿童句法语义的发展路径或方向。

在方法论方面，本年度有两篇论文分别从不同的角度论述儿童语言获得的研究方法，这对未来的儿童语言获得研究具有重要的指导意义。胡建华在《作为经验科学的形式语言学：思想与方法》（《北京第二外国语学院学报》第 5 期）中对儿童获得母语的特点和本质做了讨论，并通过一些经典案例的分析认为，儿童无法从所接触到的语言数据来归纳或类推出抽象的结构知识。该文强调，儿童语言获得研究必须面向儿童语言获得的迅速性和一致性问题，而迅速性和一致性问题所关涉的是儿童语言获得机制。文章认为，儿童语言获得机制是无法通过归纳法或者类推法去研究的，只能通过科学的理论抽象并在科学假设的基础上通过演绎推导去探索。周鹏在《儿童语言习得机制跨学科研究：进展、问题和前景》（《语言战略研究》第 1 期）中强调了跨学科的交叉和融合对儿童语言获得研究的重要性。该文通过一些具体的案例介绍了从跨学科视角对儿童语言获得主要问题所进行的探索，最后指出，将来的儿童语言获得研究应该向语言学、认知科学、发展心理学、神经科学和人工智能等多学科融合的方向和路径发展。

2. 语音获得

儿童语音获得研究比较关注的一个课题是早期儿童能否对音段成分（如元音和辅音）和超音段成分（如声调）进行范畴化感知。马俊周、朱家强、杨雨箫、陈飞的 The development of categorical perception of segments and suprasegments in Mandarin-speaking preschoolers（普通话学龄前儿童音段成分和超音段成分范畴化感知的发展，Frontiers in Psychology，12）考察了 4–6 岁普通话儿童对阴平–阳平调和/pa/–/pʰa/语音连续统的感知情况，发现 4 岁儿童可以对声调和塞音进行范畴化感知，6 岁儿童对阴平–阳平调的范畴感知达到了成人水平，但对双唇塞音的感知还未达到成人水平。该文指出，儿童对音系范畴的精细感知需要经历一个漫长的过程，其语音发展模式与语音规律的统计学习、感知系统的成熟、感知学习记忆机制以及语音的内在属性等因素相关。

普通话的声调主要靠基频（即 F0）的高度和曲线进行区分。以往的儿童声调获得研究主要关注儿童对 F0 的感知，很少讨论除 F0 之外的次要线索（如音质）对儿童获得声调的影响。Nari Rhee、陈傲菊、邝剑菁的 Going beyond F0：The acquisition of Mandarin tones（超越基频：普通话声调的获得，Journal of Child Language 第 2 期）对 4–11 岁普通话儿童的半自发产出语料进行计算机建模，发现 7–8 岁儿童依赖 F0 区分声调的能力达到成人水平，但他们直到 10–11 岁还无法像成人那样借助音质来区分声调。这说明儿童对区分声调的主要线索掌握得更早，对次要线索掌握得比较晚。

元音和辅音对儿童获得词汇是否具有促进作用，在以往的语音获得研究中存在争议。跨语言的研究表明，元音和辅音在语言加工过程中分工不同，元音对句法和韵律加工更重要，而辅音对词汇加工的作用更凸显。张显达等的 Variation in phonological bias：Bias for vowels, rather than consonants or tones in lexical processing by Cantonese-learning toddlers（音系偏好差异：粤语幼儿在词汇加工中偏好元音，而非辅音或声调，Cognition 第 213 卷）考察了辅音偏好现象在声调语言的词汇学习中是否存在。实验以24对粤语单音节假词（对比只在某个元音、辅音或声调上不同）为材料，考察20个月和30个月的粤语儿童对假词的注视时间。结果发现，20个月的婴儿无法学会假词，但30个月的婴儿可以学会假词，并且他们只在元音条件下才表现出显著的学习能力。这说明词汇学习中的辅音偏好不具有跨语言的普遍性。

3. 词汇获得

儿童词汇获得方面的研究总的来说相对较少。最近，李葆嘉、王彤等的《幼儿语言的成长：常用词汇语义系统建构》（科学出版社，9月）基于"汉语幼儿（2-6岁）日常会话跟踪语料库"，通过定量、定形、定性、对比和验证等过程提取幼儿常用词汇，建构了一个幼儿词汇语义系统。

4. 句法获得

本年度的儿童句法获得研究探讨了关系从句、把字句的获得和花园路径句的加工情况。

以往关系从句的获得研究大多围绕名词短语可及性等级进行讨论，主要考察儿童在产出和理解关系从句时，中心词在从句内部的句法分布是否符合名词短语可及性等级。钟琳、胡深爱的《汉英关系从句儿童语言习得的语料库对比研究》（《现代外语》第2期）拓展了儿童关系从句的研究范围，不仅考察了中心词在从句中的分布，还考察了中心词在主句中的分布以及中心词的生命度。通过对比儿童语料库CHILDES中6名0;8-4;0汉语儿童和6名1;0-4;0英语儿童的自然语料，发现汉英儿童关系从句的中心词在主句和从句中的分布以及中心词的生命度上既有相似之处，也有不同之处。研究表明，名词短语可及性等级不一定适用于所有语言，汉英儿童关系从句习得的异同可以从语言输入和加工难度方面得到解释，这符合基于使用的语言获得理论。

把字句作为汉语的一种特殊句式，具有复杂的句法、语义和语用特征。以往对把字句的获得研究主要采用诱导实验或个案分析，考察儿童把字句的首现年龄、整体发展趋势以及早期把字句的句法和语义特点。Linda Tsung、龚阳的 A corpus-based study on the pragmatic use of the ba construction in early childhood Mandarin Chinese（早期普通话儿童把字句的使用研究：一项基于语料库的研究，*Frontiers in Psychology*, 11）以168名2;6、3;6、4;6和5;6组的汉语儿童为研究对象，考察四组儿童在自然对话语境下产出11类把字句的情况。研究发现：1）2;6组儿童能够产出6类把字句，并对把字句的终结性（telicity）敏感；4;6是儿童把字句发展的关键期；5;6组儿童对把字句的句法语义特征的掌握接近成人水平；2）年龄对部分类型把字句的产出具有显著效应，但性别对其无显著效应。

花园路径句一直是心理语言学的研究热点。以往的研究发现，5岁儿童在加工花园路径句时无法利用语境或者消歧成分来修正初始阶段的错误解析，这跟儿童的抑制控制能力发育不成熟（immature inhibitory control ability）以及有限的工作记忆能力有关。周鹏、施嘉伟、战立侃的 Real-time comprehension of garden-path constructions by preschoolers: A Mandarin perspective（普通话学龄前儿童花园路径句的实时理解，*Applied Psycholinguistics* 第 1 期）考察了汉语儿童对 "NP1 + 情态动词 + 动词 + NP2 + 的 + NP3"（如小猫要去踢小狗的皮球）的加工情况。这一结构已将影响语句加工的工作记忆负担降至最低。研究发现，4－5 岁儿童的表现跟成人类似，在加工的初始阶段出现错误解读，但当消歧成分出现时，能够意识到初始分析的错误，并进行重新分析。该研究指出，降低工作记忆负担有助于儿童加工花园路径句，但是 4 岁儿童看向目标区域的时间要显著晚于 5 岁儿童和成人，这说明 4 岁儿童在利用消歧信息来修正最初的错误解读这方面，要明显表现出更多的困难。

5. 语义获得

本年度的语义获得研究涉及儿童对逻辑词、名词、量词和情态动词语义的解读。

儿童如何获得逻辑词的基本语义，以及如何获得逻辑词之间互动所产生的推导义，是近些年儿童语言获得研究比较关注的问题。逻辑词在不同句法环境下所产生的语义涉及复杂的推理，而成人输入中往往不会出现这类复杂形式，因此考察儿童对不同逻辑词互动的解读，就能为儿童是否具备抽象的逻辑结构提供证据。黄海泉的《汉语蕴涵义与推导义的习得》（上海外语教育出版社，11 月）考察了 4－5 岁的汉语儿童如何解读析取词 "或者" 与情态动词、否定成分互动所产生的语义，以及疑问代词与其他量化成分共现时的语义。该项研究的主要发现是：1）儿童已经知道情态动词可以允准析取词生成任指含义（free choice inference）；2）儿童会取消内部否定辖域内析取词与情态动词所生成的任指含义，但在外部否定辖域下保留该含义；3）儿童将 "疑问代词 + 都" 解读为全称量化陈述句，将 "疑问代词 + 都 + 可以" 解读为具有任指含义的陈述句，将 "都 + 疑问代词" 解读为穷尽疑问句。儿童语料库的分析显示，该研究所考察的复杂逻辑结构均缺乏成人语言的输入。总之，在刺激贫乏的情况下，学龄前儿童对逻辑词的解读符合逻辑，他们基本能区分逻辑结构所产生的蕴涵义与推导义；但是，儿童对部分逻辑结构的解读与成人有一定差异。这些研究结果表明抽象逻辑结构具有天赋基础。

高娜、周鹏、Rosalind Thornton、Stephen Crain 的 The interpretation of disjunction in VP ellipsis: The case of Mandarin Chinese（普通话 VP 省略结构中析取词的解读，*First Language* 第 6 期）探讨了早期儿童对析取词在 VP 省略结构中的解读。以往的研究发现，在析取词对极性敏感的语言中（如匈牙利语、汉语），否定句中析取词的辖域要大于否定词，但儿童倾向将析取词作原位解读；在析取词对极性不敏感的语言中（如希腊语、英语），儿童和成人都认为析取词作原位解读。VP 省略结构作为一个能够取消极性敏感性的句法环境，我们会预测儿童对这类句法环境中的析取词作原位解读。研究发现：1）在完整 VP 结构条件下（如兔爸爸能抓到蜜蜂或者小蛇，但是兔宝宝不能抓到蜜蜂或者小蛇），成人把 "或者" 看作正极词，作析取解读，而儿童对 "或者" 作原位解读；2）在 VP 省略结构条件下（如兔爸爸能抓到蜜蜂或者小蛇，但是兔宝宝不能），成人和儿童都认为析取词作原位解读。这一研究支持析取词参数假说。

汉语作为一种量词型语言，缺乏印欧语那种单复数形态变化来区分可数与不可数。汉语名词是否存在可数与不可数之分，名词的可数性由名词还是量词来决定，这些问题在句法学领域是存在争议的。黄爱军、Francesco-Alessio Ursini、Luisa Meroni 的 Portioning-out and individuation in Mandarin non-interrogative wh-pronominal phrases：Experimental evidence from child Mandarin（汉语非疑问性疑问代词的单位化和个体化：基于普通话儿童的实验证据，*Frontiers in Psychology*，11）以汉语非疑问义结构"多少 N"和"多少个 N"为例，采用真值判断法考察了4-6岁普通话儿童对这两个结构的理解。结果发现：1）5 岁儿童对单位化（portioning-out）敏感，能够根据具体语境对"多少 N"进行解读，在个体语境下作可数解读，在非个体语境下作不可数解读；儿童对"多少个 N"总是给予可数解读；2）6 岁儿童才能理解个体量词"个"的个体化（individuation）解读。研究表明，单位化和个体化是语法中两个独立的部分，儿童对单位化的获得要早于个体化；可数性涉及的单位化和个体化特征是通过量词而不是名词来编码，说明量词对汉语名词的可数性具有决定性作用。

间接递归结构既可以表达类指义，也可以表达定指义。比如，"约翰的宝宝床"中的"宝宝床"既可以理解为"宝宝床"这个类，也可以特指这个床是约翰的宝宝的。白冰、董昕、Tyler Poisson、杨彩梅的 The kid's kid（'s）bed：Generic or possessive? A Mandarin insight［儿童的儿童（的）床：类指还是所有？基于普通话的见解，*International Journal of English Linguistics* 第 5 期］通过图片选择法考察了4-6岁普通话儿童对间接递归结构的理解。结果显示，4-6岁儿童倾向将"约翰的宝宝床"作类指义解读，即指一种类型的床，这是一种非递归解读。该研究支持类指默认解读假说，同时也表明完整的限定词短语要比名词短语更晚获得，这一现象具有跨语言的普遍性。

早期儿童倾向对复数定指名词作存在量化解读，由于驴子句代名词和复数定指名词在语义解读上具有相似性，因此有必要考察儿童对驴子句代名词是否也给予存在量化解读。Yurong Li、周鹏、刘明明的 Donkey pronouns in child Mandarin：Insights into the existential/universal dichotomy（普通话儿童的驴句代词：对存在量化/全称量化二分法的见解，*Glossa* 第 1 期）采用真值判断实验法，考察了 5 岁儿童对条件驴子句和关系从句驴子句中代名词的语义解读。结果显示，在向上蕴涵的语境下（如每个捡了糖果的羊都把它还给了灰太狼），儿童对"它"作存在量化解读，而成人倾向全称量化解读；在向下蕴涵的语境下（如没有任何一个捡了糖果的羊把它还给了灰太狼），儿童和成人都倾向存在量化解读。这两项实验证明，驴子句代名词的基本语义是存在量化解读。这一解读在向上蕴涵语境下通过一种强化机制（strengthening mechanism）派生出全称量化解读，但早期儿童还无法有效运用这一机制，因而倾向对驴子句代名词作存在量化解读。

Ying Hao、Lisa Bedore、Li Sheng、周鹏、Li Zheng 的 Exploring influential factors of shape classifier comprehension and production in Mandarin-speaking children（普通话儿童形状量词理解和产出的影响因素，*First Language* 第 5 期）采用诱导产出和图片选择任务，考察了 4－6 岁汉语儿童对形状量词（如"三条绳子"中的"条"）的获得情况。结果显示，1）那些偏爱通过量词来对物体进行分类的儿童，并没有在形状量词的产出和理解上表现出更高的正确率，这说明基于量词的语义范畴化策略不能显著提升儿童的量词获得；2）量名组合的输入频率与形状量词的产出没有显著相关性，但是与形状量词的理解显著相关；3）词汇量越大的儿童，其对形状量词的产出和理解的正确率也越高。该项研究支持基于使用的儿童语言获得假说。

跨语言的研究显示，情态动词的语义发展呈现出一些共性规律，以往的文献主要从认知发展、心智假说、输入等方面来解释情态语义的习得过程，较少从情态的句法地位来分析儿童情态语义的习得规律。张云秋、梁咏现的《儿童情态语义的早期发展及论证意义》（《汉语学习》第 2 期）在详尽考察了三名汉语儿童（1；7－4；6）产出的情态动词及其语义类型后指出，"动力－道义－认识"的情态习得顺序与句法结构自下而上的合并方向一致，说明情态语义的习得路径具有天赋性。情态动词各类型意义的输入频次与儿童产出不同类型的情态意义的顺序、数量和特点没有对应关系。

6. 语用获得

《语言文字应用》2021 年第 4 期开设了"儿童语言研究"专栏，专栏主持人李宇明指出，国内儿童语言研究虽然已经取得不少成果，但有一个不足是以往的研究比较少关注儿童语用能力的发展，而了解儿童的语用状况，才能了解儿童如何与社会互动，家长和教师应如何与儿童交谈。本年度对儿童语用能力的研究话题包括级差与非级差隐含、会话能力、言语－手势行为和隐喻能力。

级差和非级差隐含是国外儿童语用能力研究的一个热点，学者们主要关注早期儿童能否加工级差或非级差成分的推导义。Shuyan Zhao、Jie Ren、Michael C. Frank、周鹏的 The development of quantity implicatures in Mandarin-speaking children（普通话儿童量隐含的发展，*Language Learning and Development* 第 4 期）探讨了 4－8 岁汉语儿童的量隐含的知识，包括级差隐含（如我的盒子里有些是猴子）、非级差隐含（如我的盒子里装了小狗）和数词（如我的盒子里有两只鸭了）的解读。研究发现，1）4－5 岁儿童无法加工级差隐含，6 岁开始能加工级差隐含，但直到 8 岁才接近成人的水平；2）4 岁儿童对非级差隐含和数词的确切解读已经接近成人。该文指出，级差隐含涉及语用推理，而语用推理需经历时间才得以发展。

早期儿童的会话能力和会话策略在本年度语用获得研究中占比最多。饶宏泉、李宇明的《儿童互动中的评价表达与知识构建——以 4 岁汉语儿童的个案研究为例》（《语言文字应用》第 4 期）考察了《人生初年》中冬冬在早期会话互动中的评价表达。该研究的主要发现是，4

岁儿童能使用多种指称形式来实现对象索引和评价聚焦，能使用多种形式的评价手段（如话题评论结构、中动结构、反问形式），而且涉及评价表达的会话序列形式多样，如"儿童邀请评价－成人评价回应""成人始发评价－儿童评价扩展"。该文提出了一个评价活动的知识环模型，为儿童语用发展提供了一个局域分析框架。

程璐璐、尚晓明、许文胜的《基于发展语用学的学龄前儿童会话能力发展研究》（《解放军外国语学院学报》第2期）和程璐璐的《学龄前儿童语用发展的取效行为研究》（中国社会科学出版社，8月）围绕早期儿童的会话能力发展，考察不同年龄段的儿童在会话发起、维持、修补及修补回应阶段调用知识、语言、行为及交互关系传递交际目的的情况。通过分析3岁组、4岁组和5-6岁组普通话儿童的产出语料，发现随着年龄的增长，儿童借助语用指标进行会话活动的数量呈递增态势，调用的语用指标类型更显灵活。具体表现在，低龄组调用语用指标进行会话的数量整体偏少，而高龄组明显更多；低龄组由于语言表达和认知能力有限，会借助模仿、点头赞同、摇头拒绝等基本的非言语行为与成人互动，而高龄组能够根据受话人的交际需求和互动环境，调用相应的知识发起并维持会话、发出或回应修补请求。

早期儿童的指称行为往往伴随着手势。曾小荣的《基于语料库的汉语成人与儿童物体指称行为研究》（外语教学与研究出版社，11月）分析了4-9岁汉语儿童实施物体指称行为所借助的指称语以及与指称语共现的手势。研究发现，儿童的指称交际能力随着年龄增长不断地发展，但与成人相比仍存在差异。比如在引入非现场物体时，儿童倾向使用不定指语，而成人倾向使用定指语；在指明现场物体时，儿童更依赖指向模式，而成人更依赖指称语。

学龄前儿童是否具备产出隐喻的能力，以往的文献讨论不多。潘攀、周榕的《汉语学前儿童隐喻产出的跨域映射特点及发展趋势》（《现代外语》第5期）考察学龄前儿童隐喻能力的发展，主要探讨的问题包括学龄前儿童是否具有跨域映射的能力，早期的跨域映射发生在哪些概念域之间。自然发展语料和诱导产出实验的结果均显示，1）儿童在4；7-4；10可以产出隐喻，5；7-5；10的隐喻产出能力趋于成熟；2）早期跨域映射的靶域和源域多来自日常生活中熟悉的范畴，5；7之后的映射中靶域逐渐出现了表示状态、感觉、关系、时间、思想等抽象概念，儿童在具体概念与抽象概念间形成映射的能力趋于成熟。研究表明，儿童的跨域映射能力发端于4岁多，5；7左右是学龄前儿童隐喻映射能力发展的关键期。

（二）双语和三语获得

香港中文大学叶彩燕团队近些年对粤－英双语儿童的语言获得作了很多探索。周蒋玲、叶彩燕的 The post-verbal pronoun KEOI in child Cantonese: A corpus-based study（粤语动后人称代词"佢"——基于儿童语料库的获得研究，*Journal of Chinese Linguistics* 第2期）探讨了双语儿童对粤语指代无生命事物的动后人称代词"佢"的习得。"佢"可以充当及物动词的典型宾语、话题化结构和前及物结构（pretransitives，如粤语的将字句）中的复指代词，"佢"字句要求处置义动词，通常表达有界和未然事件。通过考察9名粤-英双语儿童（1;3-4;6）和3名粤语单语儿童（1;10-2;9）在自然语言环境中对"佢"的使用情况，发现粤语儿童在获得初期对"佢"字句的体貌特点敏感，"佢"主要用作动词谓语句的常规宾语，这些句子通常表达有界、未然的处置事件。粤语单语儿童对"佢"字句的使用与成人语法一致，但粤-英双语儿童使用"佢"字句表达已然事件的频率更高，而且出现"佢"和英语代词it互用的语码混杂现象。双语儿童的这一产出特点可以从语言输入和语言经验的角度来解释，这是因为双语儿童广泛接触英语以及需要频繁加工英语代词等因素的相互作用，影响了双语儿童对"佢"字句的获得。

周蒋玲、麦子茵、叶彩燕的 Bidirectional cross-linguistic influence in object realization in Cantonese-English bilingual children（粤英双语儿童宾语实现的双向语标影响，*Bilingualism: Language and Cognition* 第1期）通过诱导产出实验，考察了3-7岁粤-英双语儿童的宾语省略情况。结果发现：1）双语儿童在粤语的宾语省略方面与粤语单语儿童表现类似，在实指（specific）宾语语境下省略宾语的比例较高，在虚指（nonspecific）宾语语境下则很少省略宾语；2）双语儿童在英语的宾语省略方面受到主导语（即粤语）的影响，在实指宾语语境下大量省略宾语，而英语成人从不省略宾语；3）部分双语儿童在使用粤语动后人称代词"佢"时，受到英语代词it的影响，将其用作无界动词的宾语，这一用法从未在粤语单语儿童的产出中出现过。该文的研究结果证明语际影响可以是双向的，语际影响的方向既可以从主导语到非主导语，也可以从非主导语到主导语。

葛浩燕、Iris Mulders、Xin Kang、陈傲菊、叶彩燕的 Processing focus in native and non-native speakers of English: an eye-tracking study in the visual world paradigm（英语母语者和非母语者的焦点加工：视觉情境范式下的眼动追踪研究，*Applied Psycholinguistics* 第4期）采用眼动追踪的视觉-情境实验，考察了粤-英双语儿童（1;6-2;4）、荷兰-英双语儿童（1;5-2;5）和英语单语儿童（1;7-3;2）对英语 only 句的焦点加工。测试句包括宾语焦点句 The dinosaur is only carrying the BUCKET, not carrying the suitcase 和动词焦点句 The dinosaur is only CARRYING the bucket, not throwing the bucket。研究发现，单语儿童最早在 not 时间窗就可以利用韵律信息来区分 only 关联不同焦点的语义，而粤-英和荷兰-英双语儿童分别在第二个动词和第二个宾语的时间窗才可以区分不同焦点的语义。该文指出，双语儿童对英语 only 句的焦点加工晚于单语儿童，是因为 only 句的焦点加工涉及韵律-焦点映射以及韵律、句法与语义层面知识的融合，这对双语儿童来说计算起来比较复杂。荷兰-英双语儿童对英语 only 句的焦点加工晚于粤-英双语儿童，跟两种语言标示焦点的手段有关。

刘增慧的《白汉双语儿童汉语韵律焦点发展研究》（中国社会科学出版社，9月）探讨了白-汉双语者的汉语韵律焦点的发展路径。通过考察6-13岁的白汉双语儿童的自然产出语料，发现双语和单语儿童的汉语韵律焦点习得在发展路径和速度方面，既有共性又有差异。就发展路径而言，双语儿童与单语儿童类似，能够使用音高和时长来编码焦点，但双语儿童对于使用韵律来区分焦点和非焦点类型的习得却晚于单语儿童。就发展速度而言，在经过五年的正式普通话教育之后，双语儿童的汉语能力仍无法和同等汉语输入的单语儿童相比。这一研究结果与前人关于双语儿童语音发展结论基本一致。

三语儿童的语言获得是一个前沿的研究课题，相关研究非常少见。麦子茵、吴庄、叶彩燕《幼儿三语习得研究：现状、个案及前景》（《国际汉语教学研究》第 4 期）是汉语学界首个关于幼儿三语习得的研究。通过考察一名同时习得普通话、粤语和英语的香港幼儿黎偶 1;6 - 2;11 的自然产出语料，发现三语儿童的独词句阶段比单语儿童更长，语码混合的比例也很高，但 3 岁时与单语儿童平均句长的差距显著缩小，语码混合的比例也逐渐降低。这说明三语儿童 3 岁前能够发展出较为均衡的三语产出能力。另外，三语儿童从一开始就能根据不同照顾者的惯常语言切换语言，显示出对说话人惯常语言的高度敏感性和极强的元语言意识。

（三）语言障碍儿童的语言发展

国外的语言障碍研究始于 20 世纪 60 年代，到现在依然十分活跃，在语言障碍的特征、成因和诊断等方面已经取得了丰富的研究成果。相比之下，国内的语言障碍研究不仅起步晚，而且尚未引起语言学界的重视。特殊型语言障碍（SLI）儿童和高功能自闭症（HFA）儿童的语言发展是学界讨论比较多的两种语言障碍类型。本年度的 SLI 儿童和 HFA 儿童语言发展研究讨论了语音、关系从句、特殊疑问句和体标记的发展特征。

一般认为，SLI 儿童的主要问题是句法问题，HFA 儿童的主要问题是社交语用问题，但也有一些研究认为 SLI 儿童和 HFA 儿童的诊断边界不是十分清晰，他们在许多语法项上都存在类似的问题。何晓炜的研究团队近些年致力于探索汉语 SLI 儿童的语言发展特征，以及 SLI 儿童和 HFA 儿童在语言产出和理解方面的不同表现。王海燕、于浩鹏的 The production of relatives in Mandarin Chinese with specific language impairment-from the perspective of edge feature underspecification hypothesis（普通话特殊型语言障碍儿童关系从句产出研究：基于边缘特征未标识假说的视角，*Frontiers in Psychology*，12）和于浩鹏、王海燕、何晓炜的 The comprehension of relative clauses in Mandarin children with suspected specific language impairment（普通话疑似特殊型语言障碍儿童关系从句理解研究，*Journal of Child Language*，2021）分别从产出和理解的角度考察了汉语 SLI 儿童（4;5 - 6;0）关系从句的发展特征。研究发现：1）与主语关系从句相比，SLI 儿童在产出和理解宾语关系从句时更困难；2）与正常儿童相比，SLI 儿童关系从句的产出和理解能力均存在显著缺陷，产出缺陷表现在 SLI 儿童倾向用简单句或句子片段作为回避策略，理解缺陷表现在 SLI 儿童容易出现题元角色颠倒和不加工关系从句的错误。于浩鹏的《汉语特殊型语言障碍儿童关系从句习得研究》（中国社会科学出版社，9 月）对汉语 SLI 儿童关系从句的产出和理解作了更加全面的描写、分析和讨论。上述研究认为,SLI 儿童关系从句的产出和理解能力存在缺陷,跟 SLI 儿童功能范畴 C 知识的缺损有关,他们对 C 的边缘特征(edge feature)不敏感;SLI 儿童表现出的关系从句主宾不对称现象是由相对近距原则所致。

戴慧琳、何晓炜的《特殊型语言障碍儿童与高功能自闭症儿童对汉语特殊疑问句的理解》(《现代外语》第 4 期)探讨了学龄前汉语 SLI 儿童与 HFA 儿童对特殊疑问句的理解。实验采用问答式任务,要求儿童看图回答问题。研究发现:1)SLI 儿童和 HFA 儿童均存在特殊疑问句的理解困难,但 HFA 儿童理解特殊疑问句的难度更大;2)SLI 儿童和 HFA 儿童对疑问句的理解都存在主宾不对称现象,SLI 儿童理解宾语疑问句更难,而 HFA 儿童理解主语疑问句更难。这说明,在无显性 wh-移位的语言中,宾语疑问句理解困难是 SLI 的标志之一,主语疑问句理解困难是 HFA 的显著特征。该文分别从语言能力加工缺陷和(句法)树修剪假说来解释 SLI 儿童和 HFA 儿童在理解特殊疑问句上的不同表现。

苏怡的研究团队近些年主要探讨汉语自闭症儿童的语言发展特征,以及自闭症儿童与其他语言障碍儿童在语言发展方面的差异。以往的研究发现,自闭症儿童在时态和体标记的产出方面存在困难,汉语自闭症儿童在完成体"了"和经历体"过"的产出上表现出明显的缺陷。但是也有针对英语自闭症儿童的眼动研究发现,自闭症儿童对于表进行的 -ing 和表完成的 -ed 的理解并不存在缺损。因此,有必要考察汉语自闭症儿童是否具备对体标记的理解能力。苏怡、Letitia R. Naigles 的 Comprehension of grammatical aspect markers *le* and *zai* in a diverse sample of Mandarin-exposed preschool children with autism spectrum disorder(普通话自闭症学龄前儿童体标记"了"和"在"的理解研究,*Reading and Writing*,2021)采用跨通道注视偏好范式,考察了 2-6 岁汉语自闭症儿童对完成体"了"和进行体"在"的理解。研究发现,汉语自闭症儿童能够区分"了"和"在",他们将"了"和"在"分别与表达完成和进行的事件进行关联。这说明自闭症儿童虽然在词汇量和语用表达方面存在缺陷,但他们具备抽象的体标记知识,从而证明自闭症儿童的语法模块与词汇、语用模块是相互独立的。

吴西愉的《自闭症儿童普通话发音声学研究》(《语言文字应用》第 4 期)采用发音模仿的实验方法,探讨了 6 岁自闭症儿童的发音声学特征。研究发现:1)自闭症儿童在模仿单音节发音时,发音长短的随意性较大,平均元音空间(average vowel spacing)显著低于典型发展儿童;2)自闭症儿童的声调在基频上与典型发展儿童没有显著差异,但部分自闭症儿童上声的曲折调发成降调;3)自闭症儿童的发音语速显著慢于典型发展儿童,句子间音强的差异较大,不够稳定。黄蔚雯、任姝童、顾文涛的《汉语自闭症谱系障碍儿童对塞音送气和声调的范畴感知》(《中国语音学报》第 1 辑)考察了汉语自闭症儿童对送气/不送气塞音和阴平/阳平声调的感知是否具有范畴性特征。研究发现,6-8 岁和 10-12 岁自闭症儿童对塞音送气的感知是范畴化的;6-8 岁自闭症儿童对声调的感知是范畴化的,但 10-12 岁自闭症儿童对声调的区分不具有范畴性。

2021年度也有一些研究探讨由于听力或其他器官损伤等引起的语言障碍。胡涵、顾文涛、丁馨、朱瑶的《人工耳蜗植入儿童在噪声环境与耳语条件下的汉语声调感知》(《南京师范大学文学院学报》第3期)考察了4-5岁人工耳蜗植入(CI)儿童在噪声环境和耳语条件下对汉语声调的感知。研究发现:1)CI儿童的声调识别率高于机会水平,这说明CI儿童仍有一定的声调感知能力;2)CI儿童的声调识别率总体上低于健听儿童,这表现在:在噪声环境下,CI儿童对T1、T2和T3的识别率要显著低于健听儿童,而在缺少基频信息的耳语条件下,CI儿童对各声调的识别率差异不大。

目前国内针对汉语儿童语言障碍的诊断工具还比较缺乏,已有的评估工具也主要是经过国外语言能力评估工具汉化而来,而国外的评估量表主要是针对有形态变化的语言而开发的,不一定适合于汉语的分析。陆烁、丘国新、钱思宇和高乐妍的《面向语言障碍筛查的汉语儿童言语交际水平评估系统研发》(《语言战略研究》第6期)简要介绍了中山大学中文系神经语言学教学实验室设立的面向语言障碍筛查的汉语儿童言语交际水平评估系统。该系统收集了966名汉语儿童的言语数据,然后从语音、能产性、流畅度、语法、语义和逻辑六大语言维度对采集到的儿童语料进行标注,建立了一个能够用于儿童语言能力评估和语言障碍筛查的语料库。

三、总结

2021年,我国学者在语言理解、语言产生、语言发展以及儿童语言获得与发展等方面取得了丰硕的研究成果。但是我们也要看到,与国际同行相比,我们的差距依旧还比较明显。在语言神经机制研究方面,国内现有的一些研究主要还是围绕国外学者提出的理论模型开展的,在理论思考和前沿技术方面还缺乏足够的原创性;而在儿童语言获得研究方面,一方面一些研究的学科意识不够强,相关研究没有面向儿童语言获得的迅速性和一致性问题,同时也缺乏跨语言获得的比较视角,另一方面许多研究还没有充分地利用认知神经科学的技术和方法。

21世纪被认为是一个脑科学的时代。近年来,随着欧美各国纷纷启动脑计划项目,心理语言学研究发展十分迅速,这对我国研究者来说既是挑战也是机遇。在脑科学研究技术突飞猛进、语言的脑科学研究人才队伍不断壮大的背景下,我们应该抓住这个机遇,开创性地开展心理语言学研究,力争在心理语言学基础理论研究中做出自己独特的贡献。

计算语言学和自然语言处理研究及应用

胡钦谙

近年来，随着预训练语言模型的不断涌现，各种自然语言处理（Natural Language Processing，NLP）基准任务的榜单被轮番刷新，采用预训练语言模型解决自然语言处理问题已经成为业界共识。2021年，计算语言学和自然语言处理领域的研究热点继续围绕着预训练语言模型展开。本章选取了预训练语言模型、提示学习、自监督学习、图神经网络以及可解释性等五个研究热点，对2021年前沿进展进行阶段性梳理（除特别注明外，文中图片均摘自文献原文）。

2021年有两篇重量级的研究报告出炉，勾勒出目前整个自然语言处理领域的发展现状。其一，《中文信息处理发展报告（2021）》是中国中文信息学会对计算语言学、机器翻译、信息检索、语音信息技术、知识图谱、医疗健康与生物信息、自然语言生成与智能写作、情感计算等15个专业领域，召集专家学者对前沿技术进行的一次全方位回顾。其二，《2021-2022年度智源人工智能前沿报告》由北京智源人工智能研究院发布。该报告总结了2021年人工智能前沿技术趋势，其中与计算语言学及自然语言处理相关的趋势如下：（1）系统研究超大规模智能模型发展和影响的新兴领域已经形成，超大规模预训练模型研发竞赛进入白热化阶段，多模态预训练模型成为下一个大模型重点发展领域。（2）Prompt Tuning成为自然语言处理领域预训练语言模型新型训练范式，预训练语言模型发展的新路线是提升训练和推理的效率。（3）Web模型成为新型信息搜索范式的核心支撑，预训练语言模型助力信息检索性能提升。

一、预训练语言模型

预训练语言模型的问世堪称自然语言处理领域里程碑式的突破。超大规模预训练语言模型为自然语言处理提供了海量的通用知识储备。在这些知识储备的加持下，神经网络得以释放出巨大的潜能。与传统方法相比，超大规模预训练语言模型性能表现优异，特别是在零样本、单样本和小样本学习场景下，优势更加凸显。因此，国内外各大研究机构及企业纷纷参与投入超大规模预训练语言模型研发的"军备竞赛"之中。本节首先汇总2021年发布的超大规模预训练语言模型,随后探讨相关技术。

(一)国外巨头持续发布超大规模预训练语言模型

1. 谷歌发布 Switch Transformer,该模型含 1.6 万亿参数,参数量是 2020 年 OpenAI 发布的 GPT-3 的 9 倍;此外,谷歌还发布了通用稀疏语言模型 GLaM 以及巨型 BERT,各含 1.2 万亿及 4810 亿参数。

2. 微软联合英伟达发布 Megatron-Turing,该模型含 5300 亿参数;随后,微软还发布了 T-NLRv5,该模型最大参数规模为 54 亿。与其他超大规模预训练语言模型相比,该模型参数量较小,然而性能表现却可圈可点。在 GLUE(General Language Understanding Evaluation benchmark)和 SuperGLUE 基准总榜单上位居榜首(截至 2021 年 12 月 3 日),甚至在 MNLI-m(Multi-Genre Natural Language Inference-matched)和 RTE(Recognizing Textual Entailment)两项评测中超越了人类基准。

3. DeepMind 发布 Gopher,该模型含 2800 亿参数。

(二)国内预训练语言模型研发呈现厚积薄发态势

1. 智源研究院发布"悟道 1.0"模型,该模型包括中文、多模态、认知以及蛋白质预测等多个系列。该机构随后发布的"悟道 2.0"模型含 1.75 万亿参数,是中国首个万亿规模的模型,打破了由 Switch Transformer 创造的 1.6 万亿参数的记录。在 2021 北京智源大会上,智源研究院发布以中文为核心的多语言预训练模型 CPM,该模型兼具中英文语言的理解和生成能力。随后发布的 CPM-2 模型含 3 个版本,即 110 亿参数中文模型、110 亿参数中英模型以及 1980 亿中英 MoE 模型。目前,悟道平台已开源包括 CPM-2 等通用语言模型、Transformer-XL 语言生成模型、EVA 中文对话模型等在内的多个预训练语言模型。此外,WuDaoCorpora 2.0 由全球最大的中文纯文本数据集、全球最大的中文对话数据集及全球最大的多模态数据集三部分构成,其中 200GB 纯文本数据集已在悟道平台开源。

2. 百度发布 ERNIE 3.0 知识增强模型以及 ERNIE 3.0 Titan 模型,参数量分别达到百亿及 2600 亿规模。近年来 ERNIE 模型的演化历程如图 1 所示(https://github.com/PaddlePaddle/ERNIE)。

3. 华为联合循环智能发布"盘古"模型,该模型含 1000 亿参数;华为联合北京大学发布"盘古 α"模型,该模型含 2000 亿参数。

4. 阿里巴巴发布中文预训练语言模型 PLUG,该模型含 270 亿参数,以及基于该模型的 AliceMind 自然语言处理开放平台。

5. 浪潮发布"源 1.0"模型,该模型含 2457 亿参数。

6. 澜舟科技发布"孟子"模型,该模型为轻量化中文预训练语言模型,参数规模仅 10 亿。截至 2021 年 7 月 30 日,该模型在 CLUE(Chinese Language Understanding Evaluation

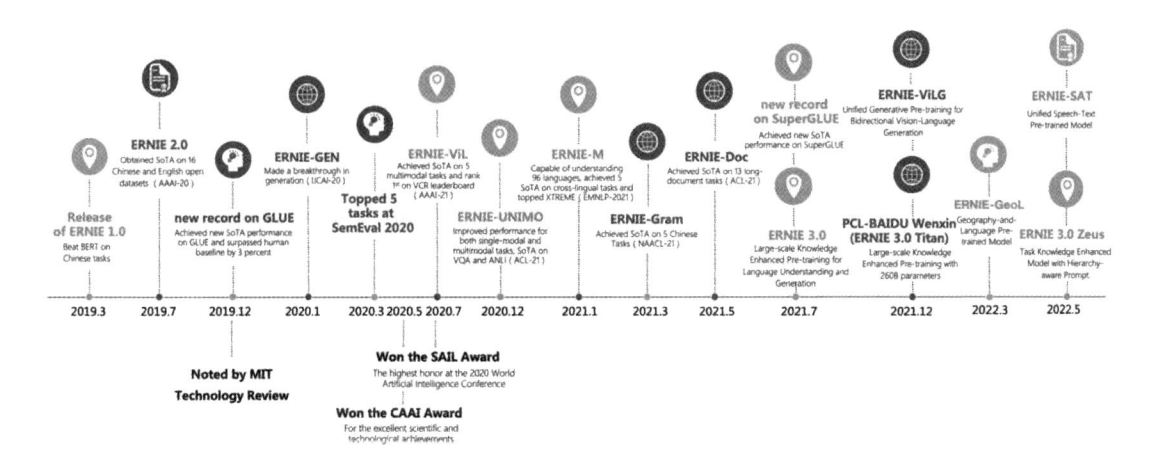

图 1　ERNIE 预训练语言模型

Benchmark）中文语言理解基准评测的总榜单、分类榜单以及阅读理解榜单上，均位居榜首。其中，总榜单分数突破 84 分，直逼人类基准 85.61 分。

（三）预训练语言模型的技术发展路径

《预训练模型：过去、现在及未来》（Han Xu, et al. Pre-trained models: Past, present and future. arXiv preprint arXiv: 2106.07139, 2021）由来自清华大学等机构的二十余名学者合作撰写。作者追溯了预训练模型（Pre-trained Model, PTM）的发展历程，指出预训练思想受到了来自迁移学习和自监督学习的启发。作者从四个维度概括了预训练模型的研究进展：设计高效架构、利用丰富的上下文、提升计算效率、解释和理论分析，并对各预训练模型的特点及演化关系进行了梳理（图2）。

值得一提的是，对预训练模型进行的可解释研究发现，预训练模型可以从海量无标注语料中学习到大量通用的语言知识、事实及常识（图3）。这些提炼出来的知识都以实值向量的形式隐式地存储在模型参数之中。作者称这部分存储在预训练模型参数中的机器友好的知识为"模识"（Modeledge），以区别于人类可理解的离散符号知识（Knowledge）。预训练模型中蕴含的"模识"使得大量的下游任务获益。

该文亦探讨了预训练模型所面临的几个开放性问题。其中一个重要的问题是这些模型"不知道自己不知道什么。"对于"地球有几只耳朵？"这样的问题，GPT-3 会回答"地球有两只耳朵"，而这是违反人类直觉的。虽然正常人不会问出这样的问题，但是它暴露了预训练模型在处理这种分布外（Out-of-Distribution）数据时存在的缺陷。

《用于文本生成的预训练语言模型综述》（Li, Junyi, et al. "Pretrained language models for

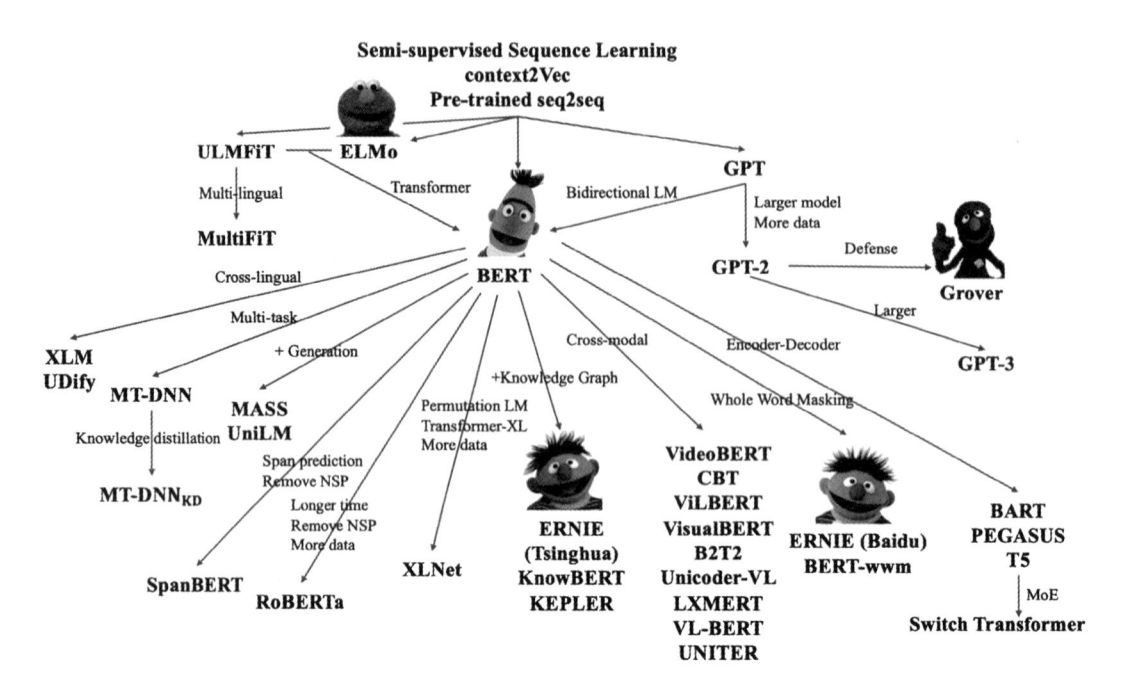

图 2　预训练模型谱系

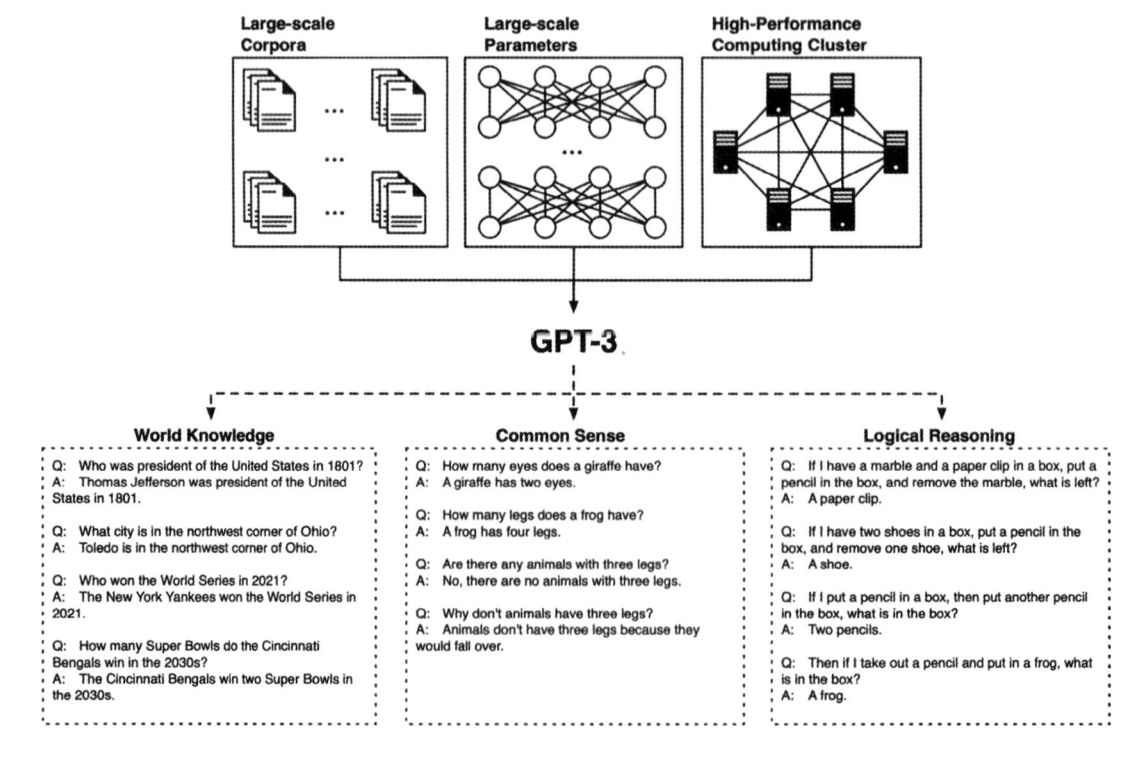

图 3　GPT-3 具备学习世界知识、常识及逻辑推理能力

text generation：A survey." arXiv preprint arXiv：2105.10311，2021），Proceedings of the Thirtieth International Joint Conference on Artificial Intelligence（IJCAI-21）由来自中国人民大学的学者撰写，该文聚焦于文本生成领域的预训练语言模型，内容梗概如图4所示。

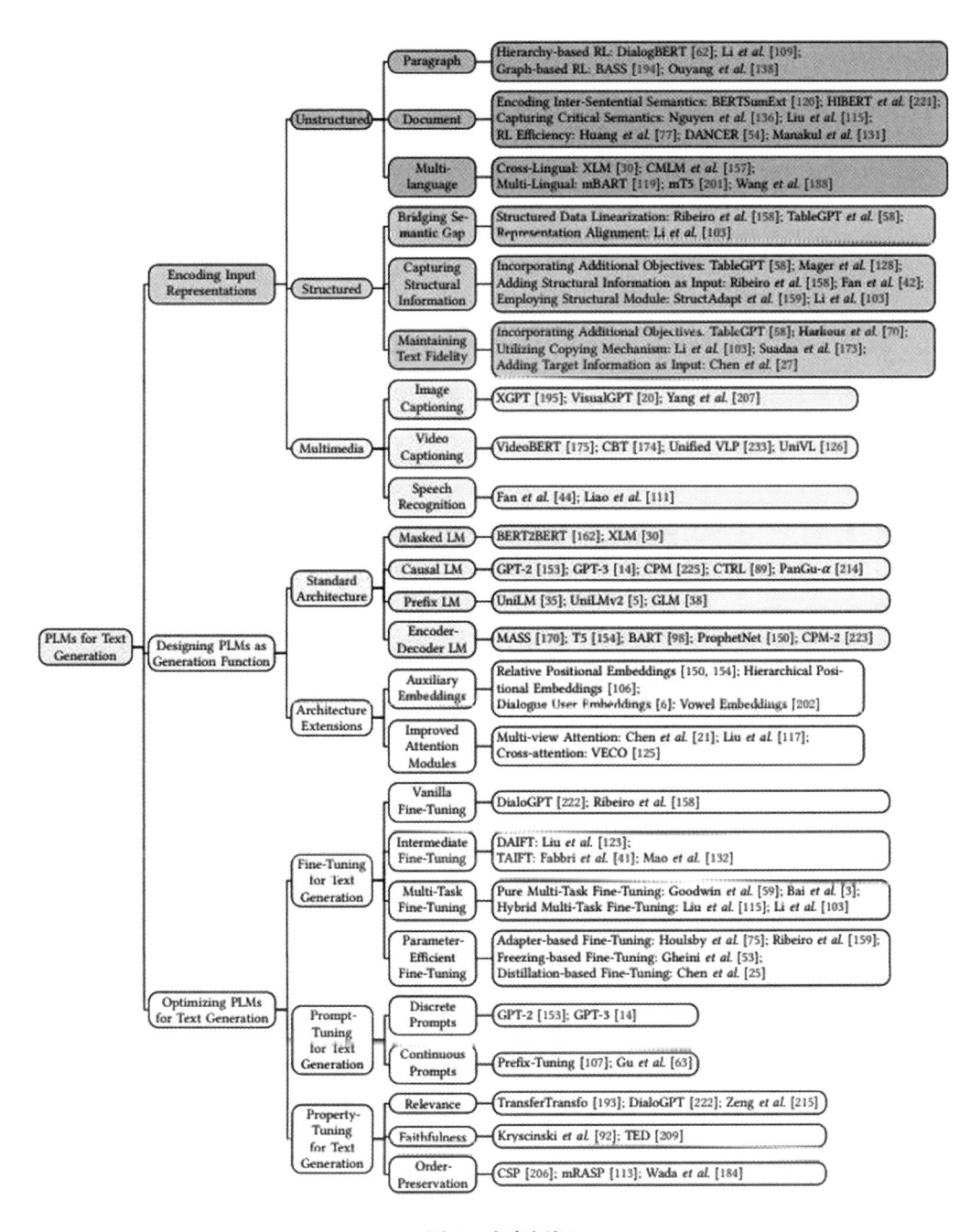

图4 内容梗概

文本生成是自然语言处理领域颇具挑战性的任务之一。作者从预训练语言理解模型及生成模型的设计及优化等角度对相关研究进行了梳理。作者指出，用于文本生成任务的预训练语言模型可以分为掩码语言模型、因果语言模型、前缀语言模型及编码器－解码器模型四种。模型优化可以考虑微调、提示学习以及属性微调等三种方式。其中，属性微调指为使生成的文本满足某种语言特性而进行的可控（Controlled）文本生成。

随着 GPT－3 等生成模型的问世，自然语言处理领域掀起了将文本分类等各种下游任务统一重新形式化（Reformulate）为文本生成任务的热潮。在这种情形下，该文为研究者迅速跟进文本生成领域最新进展提供了借鉴。

《自然语言处理：基于预训练模型的方法》（电子工业出版社，7月）由哈尔滨工业大学车万翔等撰写，系统地介绍了基于预训练语言模型的自然语言处理技术，包括模型、应用、前沿进展及 PyTorch 代码实现等。

总体而言，与2020年发布的GPT－3相比，2021年新发布的超大规模预训练语言模型普遍在性能上有所提升，但是提升并不显著，并没有当年GPT－3问世时凭实力碾压一众模型的盛况出现。究其原因是2021年具有鲜明技术特色的预训练语言模型并不多见。超大规模预训练语言模型的训练需要海量算力的支撑。而这些年模型参数规模不断攀升，也一直在不断挑战算力的极限。在算力依稀见顶之际，研究者需要有针对性地考虑在现有参数规模的前提下如何提高参数利用效率（paraneter-efficiency）的问题。

二、提示学习

随着预训练语言模型参数规模的不断攀升，模型对数据量和算力的要求亦水涨船高，对模型进行微调已变得相当困难。提示学习（Prompt Learning）从模型输入的角度为这一问题提供了解决方案。

《预训练、提示及预测：自然语言处理中提示方法的系统综述》（Liu, Pengfei, et al. "Pre-train, prompt, and predict: A systematic survey of prompting methods in natural language processing." *arXiv preprint arXiv*：2107.13586，2021）由卡耐基梅隆大学刘鹏飞等撰写。作者收集汇总了 2018.6.1－2021.10.28 期间自然语言处理领域的提示学习相关论文，发现提示学习在 2021 年呈现爆发式增长（图5）。本节结合该文作者在知乎发表的文章《NLP 的第四范式》，将其主要观点盘点如下。

（一）流程

提示学习通过套用提示语模板对输入文本进行改造，将下游任务重新形式化为与模型的预训练任务相一致的任务，使得用户在完成下游任务时可以直接复用预训练语言模型的网络结构与参数。

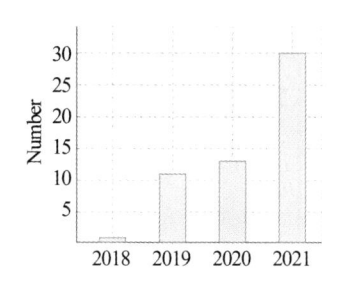

```
30
25
20  Number
15
10
 5
    2018  2019  2020  2021
```

图 5　提示学习论文数量

以情感分析任务为例。情感分析是一个典型的文本分类问题。当判断句（1）的情感时，通常输入句（1），输出情感类别。

（1）我喜欢这个电影。

而当采用提示学习的思路去解决情感分析问题时，则可以将输入转化为完形填空的格式，如句（2）。句（2）中下划线部分就是套用的提示语模板。在本例中，文本分类任务被重新形式化为类似完形填空的任务，即给定输入句子，由模型预测掩码［MASK］的内容。而这与 BERT 等预训练语言模型在预训练时使用的掩码语言模型任务是相一致的。

（2）我喜欢这个电影。总体而言，这是一个［MASK］［MASK］的电影。

提示学习通常包含三个步骤，即套用提示语模板、答案搜索及答案映射。表1列举出在若干下游任务中，提示学习的输入、提示语模板及答案的示例。

表 1　　　　　　　　输入、提示语模板及答案示例

Type	Task	Input ([X])	Template	Answer ([Z])
Text CLS	Sentiment	I love this movie.	[X] The movie is [Z].	great fantastic ...
	Topics	He prompted the LM.	[X] The text is about [Z].	sports science ...
	Intention	What is taxi fare to Denver?	[X] The question is about [Z].	quantity city ...
Text-span CLS	Aspect Sentiment	Poor service but good food.	[X] What about service? [Z].	Bad Terrible ...
Text-pair CLS	NLI	[X1]: An old man with ... [X2]: A man walks ...	[X1][Z], [X2]	Yes No ...
Tagging	NER	[X1]: Mike went to Paris. [X2]: Paris	[X1][X2] is a [Z] entity.	organization location
Text Generation	Summarization	Las Vegas police ...	[X] TL;DR: [Z]	The victim ... A woman ... ...
	Translation	Je vous aime.	French: [X] English: [Z]	I love you. I fancy you. ...

（二）设计考量

作者从提示语模板、预训练语言模型以及训练策略等多个维度梳理了提示学习的设计考量（图6），以应对不同的应用场景。

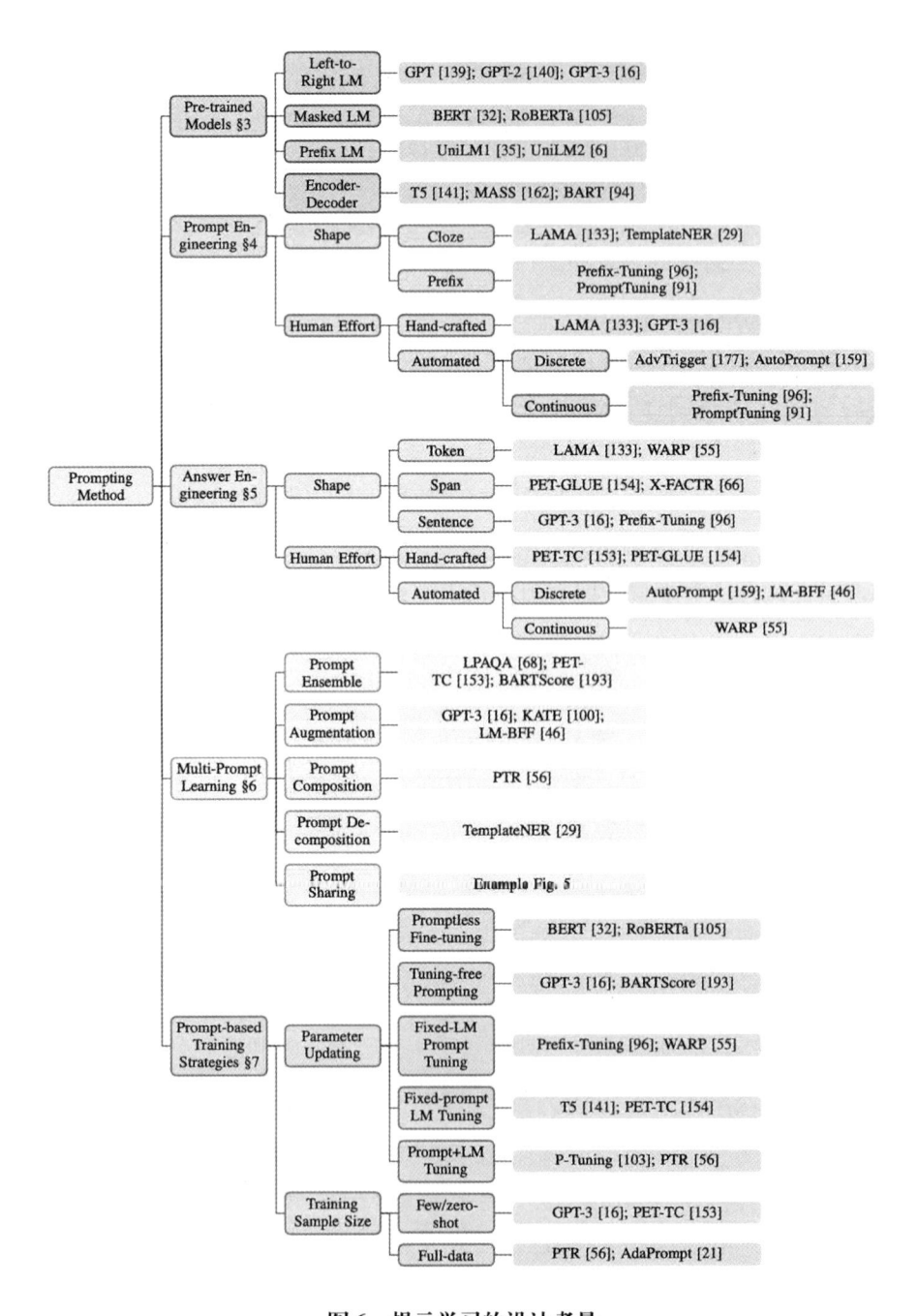

图6　提示学习的设计考量

1. 提示语模板

提示语模板的设计对于下游任务的性能影响很大。提示语模板有完形填空（Cloze）[如例句（1）使用的模板]和前缀（Prefix）两种形式。

模板形式需要与预训练任务相匹配。完形填空模板通常适用于使用自编码（Auto-Encoder）模型解决的任务。而前缀提示语模板则适用于生成任务或使用自回归（Auto-Regressive）语言模型解决的任务。此外，两种形式的提示语模板均可与全文本重建模型配合使用。

最初的提示语模板由人工设计（表2）。而随着研究的深入，模板自动化设计已成为主流。自动设计的离散型提示语模板由字符串组成［也称硬提示（hard-prompt）］，连续型提示语模板则由实值向量组成，可作为参数进行训练［也称软提示（soft-prompt）］，后者由谷歌在《参数高效的提示调优展现出规模的力量》（Lester, Brian, Rami A Rfou, and Noah Constant. "The power of scale for parameter-efficient prompuning." ar Xivpreprint ar Xiv：2104.08691，2021）一文中提出。

表2　　　　　　　　　　常用的人工提示语模板及答案

Task	Example Prompt-Answer	Resource
Fact Probing	**Prompt** Adolphe Adam died in [Z]. **Answer** ν **Prompt** iPod Touch is produced by [Z]. **Answer** ν **Prompt** The official language of Mauritius is [Z]. **Answer** ν	LAMA dataset LPAQA dataset X-FACTR dataset
Text Classificatin	**Prompt** Which of these choices best describes the following document? "[Class A]","[Class B]","[Class C]". [X][Z] **Answer** [Class A], [Class B], [Class C] **Prompt** How is the text best described? : "[Class A]", "[Class B]", or "[Class C]". [X][Z] **Answer** [Class A], [Class B], [Class C] **Prompt** This passage is about [Z]: [X] **Answer** [Class A], [Class B], [Class C] **Prompt** [X]. Is this review positive? [Z] **Answer** Yes, No **Prompt** [X] It was [Z]. **Answer** great, terrible	Meta [202]
Natural Language Inference	**Prompt** [X1]? [Z], [X2] **Answer** Yes, No, Maybe **Prompt** [X1] [Z], [X2] **Answer** Yes, No, Maybe	
Commonsense Reasoning	**Prompt** The trophy doesn't fit into the brown suitcase because [Z] is too large. **Answer** trophy, suitcase **Prompt** Ann asked Mary what time the library closes, because [Z] had forgotten. **Answer** Ann, Mary	PDP dataset WSC dataset CPRAG-102 dataset

2. 训练策略

（1）零样本学习（Zero-shot Learning）

很多情况下，提示学习无须使用任何训练数据对下游任务进行任何显式训练，通过套用提示语模板对输入文本进行改造，将下游任务重新形式化为与预训练任务相一致，即可直接复用预训练语言模型进行预测。

（2）小样本学习（Few-shot Learning）及全数据学习（Full-data Learning）

在有训练数据的情况下，提示学习的训练涉及预训练语言模型及提示语模板两组参数。这两组参数的更新策略至关重要，适用于不同的应用场景。作者从预训练语言模型参数是否调整、提示语模板是否含有参数以及是否调整三个维度，总结出5种训练策略。其中，由于提示语模板含有的参数量远远少于预训练语言模型，因此在小样本学习中，往往采用冻结预训练语言模型参数的训练策略。

表 3　　　　　　　　　　　　训练策略

Strategy	LM Params	Prompt Params Additional	Prompt Params Tuned	Example
Promptless Fine-tuning	Tuned	-	-	ELMo [130], BERT [32], BART [94]
Tuning-free Prompting	Frozen	✗	✗	GPT-3 [16], AutoPrompt [159], LAMA [133]
Fixed-LM Prompt Tuning	Frozen	✓	Tuned	Prefix-Tuning [96], Prompt-Tuning [91]
Fixed-prompt LM Tuning	Tuned	✗	✗	PET-TC [153], PET-Gen [152], LM-BFF [46]
Prompt+LM Fine-tuning	Tuned	✓	Tuned	PADA [8], P-Tuning [103], PTR [56]

（三）提示学习与相关技术的对比

提示学习所涉及的方法在以往研究中大多出现过，有种似曾相识的感觉。作者将与提示学习相关的八种技术进行了对比，包括集成学习（Ensemble Learning）、小样本学习（Few-shot Learning）、更大范围上下文学习（Larger-context Learning）、查询重构（Query Reformulation）、基于问答的任务重构（QA-based Task Reformulation）、可控生成（Controlled Generation）、监督注意力（Supervised Attention）以及数据增强（Data Augmentation）等。

作者指出，提示学习将任务重新形式化的目的很明确，就是要更好地利用预训练语言模型。而这点足以将以往的查询重构、基于问答的任务重构等工作与提示学习区分开来，因为前者并不涉及预训练语言模型的使用。

（四）自然语言处理技术的四种范式及其演变规律

作者将基于机器学习的自然语言处理技术归纳为四种范式（表4）。其中，每种范式都需要某种程度的人工参与（engineering），以弥补模型在特征先验上的不足。而随着范式的演进，人工参与的程度正在逐步降低。作者认为，如何降低人工参与程度往往就是新范式需要解决的核心问题。

P1. 非神经网络的全监督学习范式（Fully Supervised Learning，Non-Neural Network）

使用特征工程（Feature Engineering），由人工定义特征模板；

P2. 基于神经网络的全监督学习范式（Fully Supervised Learning，Neural Network）

使用架构工程（Architecture Engineering），通过设计与任务相适配的神经网络架构捕捉特征；

P3. 预训练、微调范式（Pre-train，Fine-tune）

使用目标工程（Objective Engineering），通过设计额外的训练目标，对预训练语言模型进行微调，使其适用于不同的下游任务；

P4. 预训练、提示、预测范式（Pre-train，Prompt，Predict）

使用提示工程（Prompt Engineering）等，通过设计提示语模板，对输入文本进行改造，将下游任务重新形式化为与预训练语言模型的预训练任务相一致的任务。

表 4　　　　　　　　　　　自然语言处理技术的四种范式

Paradigm	Engineering	Task Relation
a. Fully Supervised Learning (Non-Neural Network)	Features (e.g. word identity, part-of-speech, sentence length)	CLS, TAG, LM, GEN
b. Fully Supervised Learning (Neural Network)	Architecture (e.g. convolutional, recurrent, self-attentional)	CLS, TAG, LM, GEN
c. Pre-train, Fine-tune	Objective (e.g. masked language modeling, next sentence prediction)	CLS, TAG, LM, GEN
d. Pre-train, Prompt, Predict	Prompt (e.g. cloze, prefix)	CLS, TAG, LM, GEN

其中，全监督学习（Fully Supervised Learning）仅在目标任务的数据集上对模型进行有监督地训练，始终面临着数据不足的问题。为了弥补模型在特征先验上的不足，早期的自然语言处理模型严重依赖特征工程。随着神经网络模型被应用于自然语言处理任务，研究者将研究重点转向架构工程，通过设计与任务相适配的神经网络架构来捕捉特征。

2019年BERT等预训练语言模型的问世带来了自然语言处理技术范式的革新，预训练、微调范式成为主流。此时，研究重点转向了目标工程，通过引入额外的训练目标，针对每个下游任务，对预训练模型微调后获得一个单独版本的模型，用于不同的下游任务（图7）。然而，该范式面临着预训练任务与下游任务不匹配以及随之而来的灾难性遗忘等问题。

目前我们正在经历从预训练、微调范式向预训练、提示、预测范式进化这第二轮巨变之中。预训练、提示、预测范式"不是通过目标工程使预训练语言模型适应下游任务，而是通过重新形式化下游任务，使其看起来更像是在提示语的帮助下化身为原始的预训练任务。"由此，各种不同的下游任务得以共享同一个预训练语言模型。该方法使用以完全无监督方式训练的语言模型本身解决大量异质的下游任务，使得语言模型中蕴含的海量知识被最大限度地保留下来，化解了预训练、微调范式所面临的任务不匹配及灾难性遗忘等问题，同时也降低了对数据量和算力的要求。

预训练、微调范式与预训练、提示、预测范式都使得预训练语言模型与下游任务更贴近，但实现途径有所不同。前者体现为预训练语言模型"迁就"各种下游任务，而后者体现为各种下游任务"迁就"预训练语言模型。区别如图7所示，圆形表示预训练语言模型，矩形表示各种下游任务。

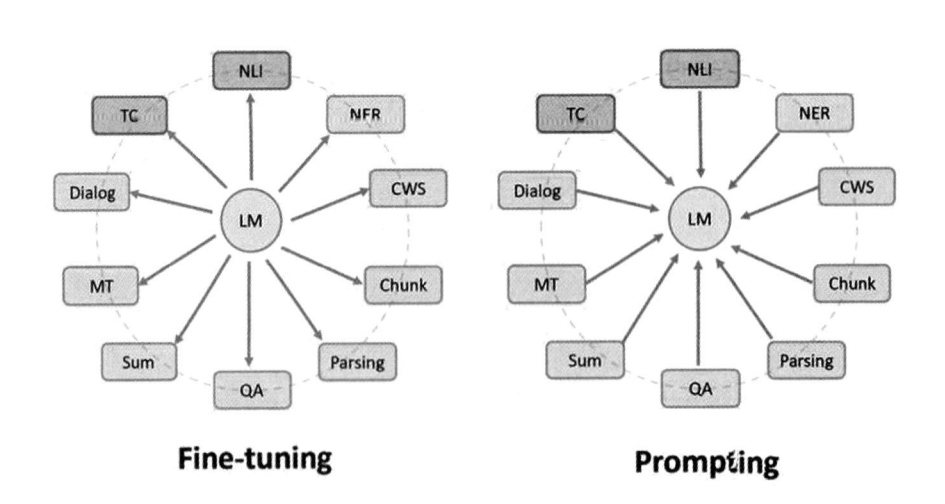

图7 语言模型与下游任务的关系

作者认为，自预训练语言模型诞生之日起，自然语言处理技术的发展史本质上（可能）已经演化为预训练语言模型与下游任务关系的变迁史。作者进一步推测，自然语言处理范式演化的下一步发展趋势有望是预训练语言模型与下游任务"互相让步"，从而两者发展出更为和谐的关系。

该篇综述将提示学习放在整个自然语言处理技术范式发展史的大背景下，勾勒出提示学习在整个自然语言处理领域相关技术谱系中的位置，视角难能可贵，颇具启发意义。

谷歌 Quoc V. Le 团队在《经过微调的语言模型是零样本学习器》（Wei，Jason，et al."Fine-tuned language models are zero-shot learners."arXiv preprint arXiv：2109.01652，2021）中提出了指令调优（Instruction Tuning）技术，该方法是在预训练语言模型与下游任务"互相让步"思路下的有益尝试。一方面，该方法对下游任务进行重新形式化，使用了含有自然语言指令和备选项的提示语模板。举例来说，句（1）的输入可以扩展为（3）的形式。另一方面，该方法通过对预训练语言模型进行多任务微调，使得模型具备了完成预训练任务之外的零样本任务的能力。

（3）判断这句话的情感：我喜欢这个电影。备选项：积极、消极

本质上，提示语模板可以看作是为特定下游任务单独定制的适配器（adapter），通过适配器对预训练语言模型中的参数做出修正。提示学习对预训练语言模型的影响主要体现在输入层。而上述适配的思想亦可以推广至模型内部。例如，斯坦福大学 Li Xiang Lisa & Percy Liang 在《前缀调优：用于文本生成的连续提示优化》（Prefix-Tuning：Optimizing Continuous Prompts for Generation. 2021）一文中提出的 Prefix-tuning，其思想是鉴于神经网络各层捕获的知识各有侧重，因此在预训练语言模型内部的各层都以前缀的形式引入额外的可训练参数。微软的《LoRA：大规模语言模型的低秩适配》（Hu，Edward J.，et al."LoRA：Low-rank adapation of large language models."arXiv preprint arXiv：2106.09685，2021）则是通过向预训练语言模型可训练的低秩矩阵，对下游任务进行适配。这些适配器所涉及的参数量远远少于预训练语言模型的参数量，却可以显著提升下游任务的性能。

三、自监督学习

《自监督学习：生成式或对比式》（Liu，Xiao，et al."Self-supervised learning：Generative or contrastive."IEEE Transactions on Knowledge and Data Engineering，2021）由来自清华大学等机构的学者撰写。自监督学习利用输入数据本身作为监督信号。一方面，由于无须人工标注，因此属于无监督学习的分支。另一方面，由于自监督学习以还原（recovering）已知的信息为目标，其学习范式实际上更类似于有监督学习。作者将自监督学习分为生成式（Generative）、对比式（Contrastive）及生成-对比/对抗式［Generative-Contrastive（Adversarial）］三种类型（图8）。目前，预训练语言模型的训练普遍采用自监督学习。生成式自监督学习中的自回归

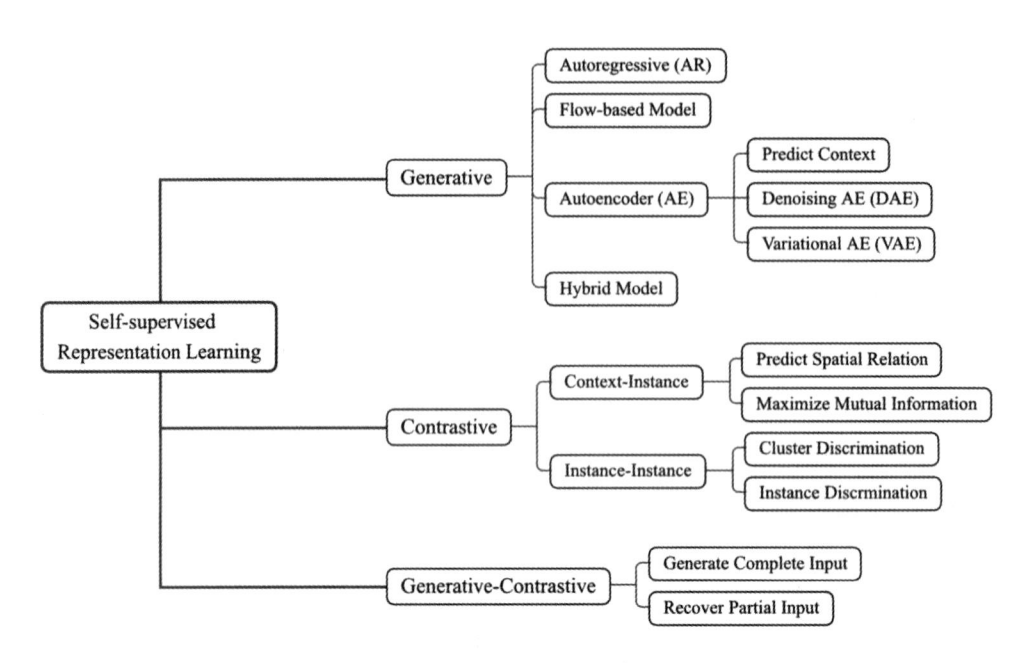

图 8　自监督学习的分类

（Auto-regressive）及自编码（Auto-encoding）是预训练语言模型的常用训练方法。

普林斯顿大学陈丹琦团队提出的《SimCSE 句子嵌入的简单对比学习》（Gao, Tianyu, et al. "SimCSE: Simple contrastive learning of sentence embeddings." arXiv preprint arXiv: 2104.08821, 2021）属于典型的对比式自监督学习，该研究使用 dropout 技术替代传统的文本数据增强方法，算法简洁高效，颇具创新性。

四、图神经网络

由于图（graph）在表征文本结构信息上具有天然优势，越来越多的研究者尝试使用图神经网络（Graphical Neural Networks, GNN）解决自然语言处理任务。目前 GNN 已被广泛应用于包括句法及语义解析、推理和语义角色标注、信息抽取、知识图谱、文本分类、情感分析、文本匹配、主题建模、机器阅读理解、问答、对话系统以及自然语言生成等在内的各种任务。GNN 相关技术蓬勃发展，NAACL（North American Chapter of the ACL）2021 及 AAAI（Association for the Advancement of Artificial Intelligence）2022 都举办了题为《用于自然语言处理的图深度学习》（Deep Learning on Graphs for Natural Language Processing）的讲座，足见其热度之高。

《用于自然语言处理的图神经网络综述》（Wu, Lingfei, et al. "Graph neural networks for natural language processing: A survey." arXiv preprint arXiv: 2106.06090, 2021）由京东硅谷研究中心等机构合作撰写，全文长达 127 页，内容梗概如图 9 所示。作者从图构建、图表示学习

和基于图的编码器-解码器模型三个方面系统地梳理了用于自然语言处理任务的图神经网络相关研究。

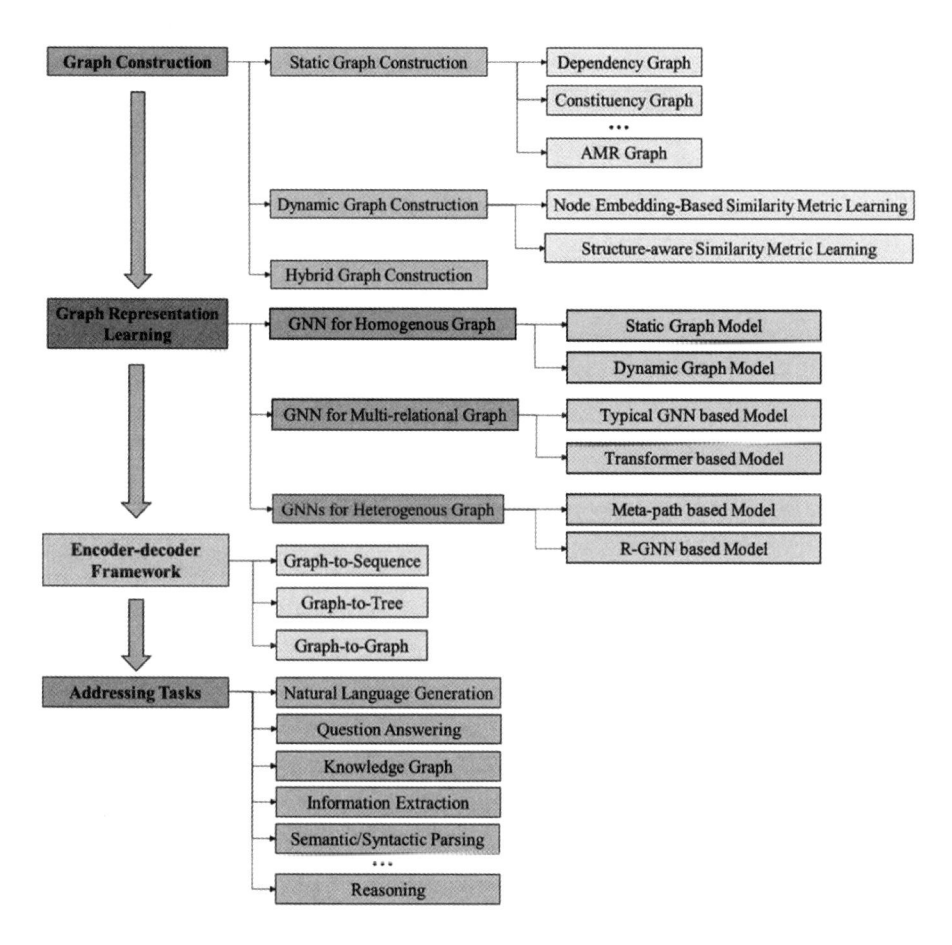

图9 内容梗概

图构建旨在将原始文本序列转化建模为高度图结构化的数据。作者重点介绍了静态和动态两种图构建方法。静态图通过引入领域或外部知识，用显式的结构化信息对原始文本序列进行扩充。静态图构建部分主要介绍了依存图（Dependency Graph）、成分图（Constituency Graph）、抽象意义表示图（Abstract Meaning Representation Graph）、知识图谱（knowledge graph）以及主题图（Topic Graph）等的构建方法。动态图构建方法学习的是隐式的图结构（即加权邻接矩阵）。动态图构建模块与后续的图表示学习模块可协同优化，从而端到端地完成下游任务。动态图构建主要涉及图相似性度量学习（Graph Similarity Metric Learning）和图稀疏化（Graph Sparsification）技术。前者学习的是嵌入空间中节点间相似性的邻接矩阵，后者用于从全连接图中提取稀疏图。

图表示学习的目的是将图结构及其属性表示为低维嵌入。作者介绍了同构图、异构图及多关系图的表示学习方法。

此外，作者还详细介绍了编码器－解码器框架下的 graph2seq、graph2tree 和 graph2graph 等模型。

《图神经网络在自然语言处理中的应用》，《中文信息学报》2021 年第 35（3）期，第 1－23 页。由浙江大学等机构的学者撰写。作者结合具体任务，阐述了如何根据任务特性构建图结构及运用图表示学习的方法。

五、可解释性

预训练语言模型的可解释性是近年来炙手可热的研究课题。继 2020 年在 EMNLP（Empirical Methods in Natural Language Processing）及 AACL&IJCNLP（Asia-Pacific Chapter of the Association for Computational Linguistics and International Joint Conference on Natural Language Processing）会议上举办了可解释性方向的讲座后，2021 年 ACL（Associations of Computational Linguistics）会议也举办了题为《神经自然语言处理中的可解释性及其分析》的综合性讲座（Comprehensive Tutorial on Interpretability and Analysis in Neural NLP），引起大量关注。

《自然语言处理中深度学习模型的解释研究综述》（Sun, Xiaofei, et al. "Interpreting Deep Learning Models in Natural Language Processing：A Review." arXiv preprint arXiv：2110.10470, 2021）将用于自然语言处理任务的神经网络模型解释方法分为三种（图 10）。其中，基于训练的方法旨在寻找对模型预测最有贡献的训练实例；基于测试的方法寻找测试实例中对模型预测最有贡献的部分，常用的显著图、注意力等方法属于该类；混合方法结合了上述两种方法。这些方法中有些是预测模型与解释模型联合训练的，而更多的是对训练好的预测模型做出事后解释。

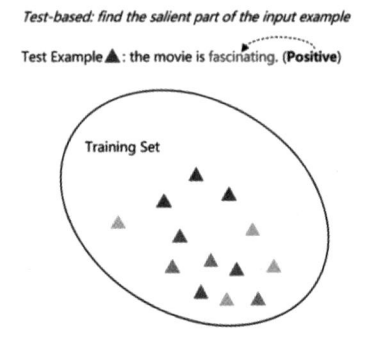

图 10　可解释方法的分类

大量研究表明，预训练语言模型中的注意力机制等可以有效捕捉词性、依存关系、否定范围以及回指等语言学知识。当研究者对预训练语言模型中的模识是否捕捉到某种语言学现象感兴趣时，该研究总结的思路与方法可以参考。

六、结语

2021年，在计算语言学及自然语言处理领域，采用超大规模预训练语言模型已成为不可避免的技术趋势。而在人工智能的宽广视角下，值得关注的还有深度学习时代技术大同的趋势。

第一，同质化（Homogenization）的语义表征 - 嵌入（embeddings）。基于符号系统与语义相独立的假设，跨语言和跨模态数据虽然分属于不同的符号系统，但是底层的语言相通。神经网络学习到的嵌入是语义的通用表征，这使得它在处理及融合跨语言、跨模态数据时，可以使用一致的方法。

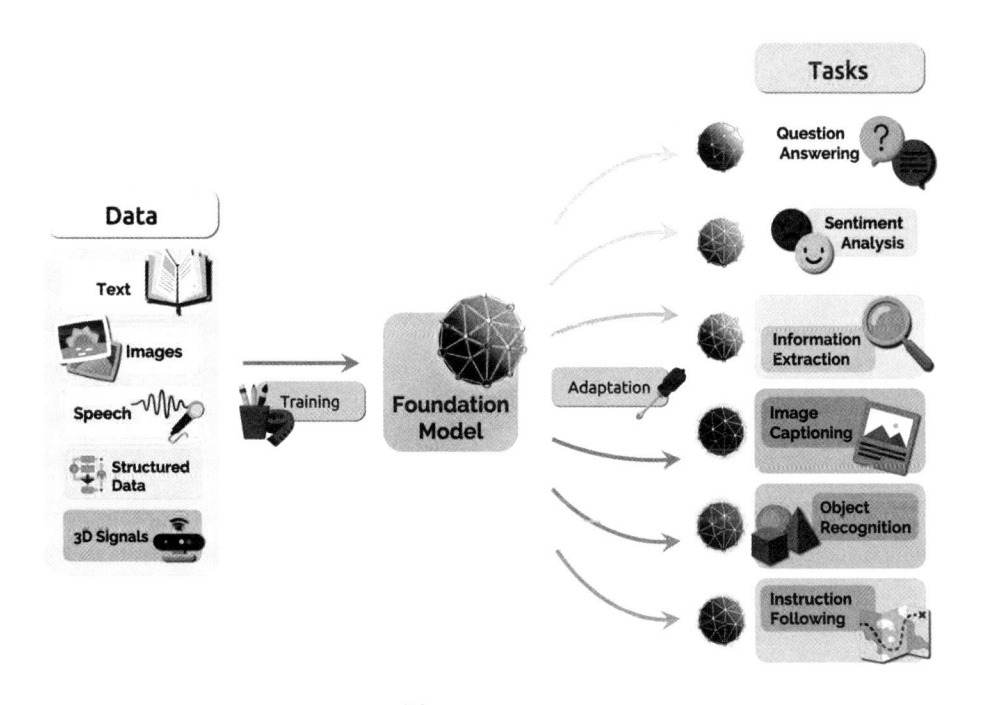

图11　基础模型

第二，同质化的主干（backbone）神经网络模型架构 - Transformer。Transformer擅长处理序列化的语言模型问题，正在逐步取代多种传统的神经网络模型。它最初出现于自然语言处理领域，目前几乎所有的预训练语言模型都采用Transformer；而且它正在逐步向计算机视觉、强化学习、图神经网络等多个领域渗透，有望成为人工智能多学科领域通用的主干神经网络模型。

第三，同质化的知识储备－模识。模识以参数的形式存储于超大规模预训练语言模型内部。谷歌研究者在《反思检索：从业余爱好者中培养领域专家》（Rethinking search：Making domain experts out of dilettantes.）中构想了以预训练语言模型为核心的信息检索新范式（图11），其思想是通过预训练将各种零散的、跨语言、跨模态的网页数据知识化、系统化，形成模识。而检索系统不再访问倒排表，而是直接从预训练语言模型的模识中获取答案。

在上述技术大同的背景下，斯坦福大学 Percy Liang 等学者在《论基础模型的机遇与风险》（On the opportunities and risks of foundation models，2021）中将大规模预训练模型统一命名为"基础模型"（Foundation Model），指出了其在处理多模态下游任务时所处的核心地位（图12）。

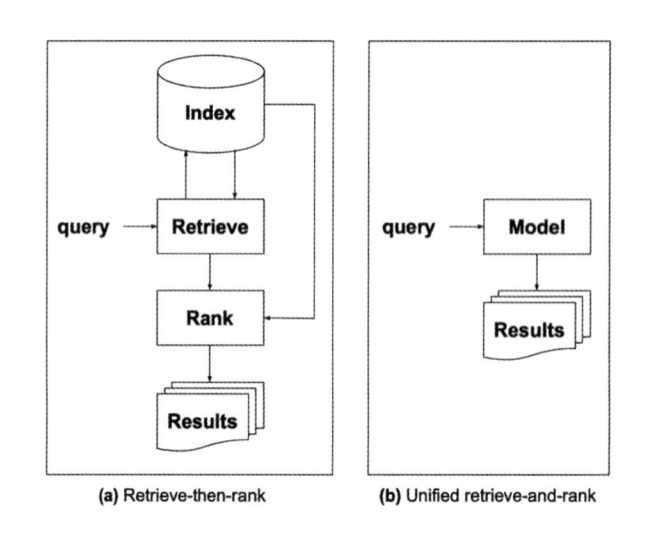

图 12 传统检索 vs. 基于模型的检索

语料库研究与应用

张永伟

随着大数据和人工智能技术的深入发展,语料库语言学取得了一系列新进展。2021年度,语料库建设、语料库研究和以语料库作为工具的语言研究均涌现出诸多成果。语料库建设具备了更大规模的能力,语料库主题更加细化;语料库加工的精细化和自动化程度增强;语料库管理系统功能扩展,可用性提高;语言学、翻译、二语教学等领域广泛应用语料库方法开展研究,取得了丰硕的成果。

下面将先介绍2021年度中国语料库建设的基本情况,包括用于语言研究的现代汉语语料库、垂直领域专用语料库、平行语料库、中介语语料库和多模态语料库的建设情况;然后叙述语料库加工和管理方面的新进展,介绍语料库相关规范的修订情况,其中语料库管理方面着重介绍语料库分析系统的发展;最后分领域综述语料库应用的情况。

一、中国语料库建设的基本情况

2021年度国家社科基金立项中,涉及语料库的项目有18项,其中重大项目2项,重点项目3项,一般项目13项。18个项目中,明确包含语料库建设的有4项,分别为重大项目"围绕汉语的超大型多语汉外平行语料库集群研制与应用研究"、一般项目"中缅边境地区少数民族语言生态调查及语料库建设""传统秦腔汉英多模态双语语料库构建与英译研究""中原古都城市圈今官话、晋语的深度调查与语料库建设研究",其余均是基于语料库的研究项目。此外,2021年中国社会科学院将"中国国家语料库建设"列为"十四五"规划重点建设项目,预计5年建设完毕。

在语料库建设方面,2021年度没有新的大规模通用型汉语语料库发布。语言研究及其他垂直领域新建了多个专用型语料库;平行语料库与中介语语料库有所发展;多模态语料库的研究热度较高,国内学者在多语言、多领域、多用途上做出新尝试。

(一)用于语言研究的汉语语料库建设

南京师范大学于2021年正式发布了"左传历史人文知识库"。该知识库以先秦历史典籍《左传》为对象,除分词、词性标注外,还标注了人名、地名、国别和地理位置信息,形成了多维标注的人文知识库。其中，分词与词性标注的语料已经用于 2021－2022 年在法国举办的第一届古汉语分词和词性标注国际评测。该知识库使用可视化技术建成了在线查询网站①，支持对词语、人物等要素的时空分布、人物游历距离等进行计量分析，为文史和语言的量化研究提供新的视角、数据标注方法与技术解决方案。

美国语言数据联盟（LDC）平台正式发布了南京师范大学和美国布兰迪斯大学合作建设的中文抽象语义表示语料库（2.0 版，简称 CAMR V2.0）②。该语料库共包含 20 078 句标注语料，采用基于图（graph）的形式化表示方法，对汉语整句语义进行了精细加工。该语料库在 2020 年国际跨语言语义解析评测 CoNLL2020 中作为训练和评测数据，取得了和英文几乎相同的标注效果，将汉语的语义自动分析精度从 60% 左右大幅提升至 81%，推动了汉语句子的自动分析技术。

兼语结构是汉语中常见的一种动词结构。侯文惠、曲维光、魏庭新等的《面向中文 AMR 标注体系的兼语语料库构建及兼语结构识别》[《清华大学学报（自然科学版）》第 9 期] 总结出一套兼语语料库标注规范，构建了包含 4760 个兼语句的面向中文抽象语义表示（AMR）标注体系的兼语语料库，弥补了该类语料库的空白。该语料库将助益于自然语言处理中识别汉语兼语结构的工作。

零指代是汉语中普遍存在的一个现象，在汉英机器翻译、文本摘要以及阅读理解等众多自然语言处理任务中都起着重要作用，目前已成为自然语言处理领域的一个研究热点。孔芳、葛海柱、周国栋的《篇章视角的汉语零指代语料库构建》（《软件学报》第 12 期）提出了篇章视角的汉语零指代表示体系，对 325 篇文本进行了汉语零指代的标注，构建了服务于篇章分析的汉语零指代语料库。该语料库将为篇章视角的汉语零指代研究提供必要的支撑。

反问句是汉语中常用的表达方式，具有丰富的感情色彩，正确地识别反问句将会改善情感分析等任务的结果。李翔、朱晓旭、刘承伟等的《面向新闻评论的汉语反问句语料库构建》[《山西大学学报（自然科学版）》第 3 期] 提出了一种基于半监督学习和主动学习的半自动反问句语料收集方法，构建了面向新闻评论的汉语反问句语料库，语料库规模达到 6000 余句。

此外，王贵荣、饶高琦、荀恩东的《基于大规模语料库的现代汉语动宾搭配知识库构建》（《中文信息学报》第 1 期）总结了动宾搭配的知识体系并制定了相应的形式化检索式，通过从 BCC 语料库中抽取动宾搭配和初步消歧，获得了包含 300 万对动宾搭配的搭配知

---

① 地址：http://www.langsphere.com/zzsk/.
② Li B, Xiao L, Liu Y, et al. *Chinese Abstract Meaning Representation 2.0 LDC2021T13. Web Download*. Philadelphia：Linguistic Data Consortium，2021.

识库。

(二) 垂直领域专用语料库建设

另外，其他垂直领域也广泛应用语料库促进本行业发展，对行业型、专业化的小型专用语料库建设开展研究，这类成果包括：

北京外国语大学 DEAP 学术英语语料库的多个子库建设完成。韩喜春、晏远方的《ArtDEAP 艺术学术英语语料库的创建》(《语料库语言学》第 1 期)，王丽、刘娣、邹茜的《EduDEAP 教育学学术英语语料库的创建》(《语料库语言学》第 1 期)，布占廷、吴亚静的《PhilDEAP 哲学学术英语语料库的创建》(《语料库语言学》第 1 期)，张乐的《StatDEAP 统计学学术英语语料库的创建》(《语料库语言学》第 2 期)，朱晓丽、吴敏的《MathDEAP 数学学术英语语料库的创建》(《语料库语言学》第 2 期) 分别对这些子库的建设情况进行了介绍，为广大专用英语 (ESP) 研究者提供了多样化的教学和研究资源。

在生态农业旅游领域，为了给海外游客提供便利以及更好地实现旅游文化推广，翟洁的《生态农业旅游语料库创建与分析》(《核农学报》第 7 期) 创建并分析了生态农业旅游语料库，指出语料库在生态农业旅游中的运用可以有效为旅游英语翻译提供便捷，并且在很大程度上提高了旅游英语表达的规范性与旅游英语语言学习质量。化学行业中，陈峰、黄勇、王和私的《化工英语语料库的构建与应用前景》(《材料保护》第 3 期) 研究了化工英语语料库的构建与应用前景，该类语料库对化工英语的教学和翻译研究，以及化工经济的发展都具有现实意义。麻建学的《粮油食品合同英汉平行语料库的建设及其在翻译中的应用》(《中国油脂》第 9 期) 阐述了粮油食品合同英汉平行语料库的建设过程，并对其在翻译中的应用进行了研究。李秀文的《材料英语语料库的建设及应用——评〈复合材料与工程专业英语〉》(《材料保护》第 3 期) 研究了材料英语语料库的建设及应用。

(三) 平行语料库建设

徐秀玲、许家金的《燚炎英汉平行语料库的创建》(《语料库语言学》第 1 期) 对北京外国语大学建设的燚炎英汉平行语料库的建设情况进行了介绍，该语料库是一个按布朗语料库模式创建的英汉平行语料库，由许家金统筹设计，徐秀玲等人完成语料的采集、整理、对齐工作。燚炎语料库含新闻、通用、学术、小说 4 种体裁，并可细分为 15 个子类。该语料库共包含 500 对英汉平行文本，每对文本包含约 2000 词的英语原文及其对应的汉语译文。该语料库总规模约 260 万字词，其中英语原文 1005249 词，汉语译文 1625701 字。

沙九、冯冲、周鹭琴等的《面向司法领域的高质量开源藏汉平行语料库构建》(《中文信息学报》第 11 期) 提出了一种针对司法领域藏汉平行语料的轻量级构建方法，并据此构建了 16 万级规模的藏汉司法领域语料库。

李晓倩和胡开宝的《〈习近平谈治国理政〉多语平行语料库的建设与应用》(《外语电

化教学》第 3 期）对 29 种语言的多语平行语料库的建设情况进行了介绍。该语料库收入了《习近平谈治国理政》第一、第二、第三卷所有已出版发行的原文及其不同语种译文。

胡霄钦和王秀丽的《法汉指称链条平行语料库的建设与应用》（《语料库语言学》第 1 期）介绍了法汉指称链条平行语料库的建设方法，包括语料库的设计、语料收集、语料加工、语料对齐、语料标注和指称链条平行语料库的检索及分析，旨在为其他语种指称链条平行语料库的构建提供可借鉴的方法和标准，并为汉法指称链条的对比研究及应用提供经验实例和数据模型。

（四）中介语语料库建设

由北京语言大学牵头的"全球汉语中介语语料库"（1.0 版）2021 年面向全球开放，张宝林的《"全球汉语中介语语料库"（1.0 版）面向全球免费开放》（《世界汉语教学》第 1 期）对此进行了介绍。该语料库收入外国汉语学习者产出的原始语料 2275 万字，包括笔语语料、口语语料和视频语料。语料标注内容包括汉字、词汇、短语、句子和句子成分、语篇、语体、辞格、标点符号、口语语料库和视频语料的语音标注、视频语料的体态语标注等 10 个层面。该语料库为汉语教学与研究提供了较为充分的资源支持。

郝瑜鑫、王雪琳、刘海涛的《基于句法标注语料库的汉语中介语动词配价发展计量研究》（《语言文字应用》第 1 期）包含了句法标注中介语语料库的建设，该文基于该语料库对某高校一到四年级英语母语背景学习者汉语动词配价发展进行了计量研究，为二语教学提供了参考。

（五）多模态语料库建设

2021 年度，国内学者在多语言、多领域、多用途上的多模态语料库建设上做出了新尝试。

徐琳宏、刘鑫、原伟等的《俄语多模态情感语料库的构建及应用》（《计算机科学》第 11 期）在分析多模态情感语料库的相关研究及情感分类方法的基础上，构建了包含 181 个场景、3278 条话语，涉及 82 名发言人的俄语多模态情感语料库，解决了俄语的多模态情感语料库较少的问题。

黄立鹤和吴赟的《基于贴真体验与建模的多模态口译教学语料库构建及应用》（《外语教学理论与实践》第 4 期）研究了基于贴真体验与建模的多模态口译教学语料库构建及应用。该文探讨了口译活动亲历过程与口译教学贴真体验的关系，总结了基于贴真建模思路的分析框架构建及特征提取，并使用 ELAN 工具根据该思路对情境口译语料片段进行标注，对国内构建可触发学生贴真体验的多模态口译教学语料库具有指导意义。

林玉萍、郑尧月、郑好洁等的《基于医学影像分割方法的多模态语料库构建》（《模式识别与人工智能》第 4 期）构建了青光眼症状相关的多模态语料库。在建库过程中提出了基于深度水平集算法的医学影像分割方法，对青光眼症状的分割进行实验，实验结果可以精准分割眼底图像中的视盘和视杯。在分割结果的基础上，实现了结合自然语言处理技术标注电子病历文本。该语料库将有助于今后的病状判断与分析。

林玉萍、龙红龙、李彪等在《基于医学影像和病历文本的甲状腺多模态语料库构建与应用》[《西北大学学报（自然科学版）》第 2 期]中提出了一种基于特征筛选的深度学习分类方法，以精确识别甲状腺结节良、恶性肿瘤，将分析结果用于构建甲状腺多模态语料库。

李小华和唐青叶在《国内多模态翻译研究的可视化分析：现状、问题及建议》[《北京科技大学学报（社会科学版）》第 5 期]中利用 Citespace 软件分析了 2009－2020 年国内多模态翻译的研究现状。该研究发现，2015 年以来，多模态口语语料库的建设，以及基于多模态语料库的教学研究在翻译领域的重要性逐步提升。

孙旭、刘剑、付紫瑶等的《基于多模态语料库的痴呆老人言语行为特征研究》（《海外英语》第 20 期）通过田野采录疗养院现场情况，并使用 ELAN 工具对语料进行标注，建立了痴呆老人言行和未患病老人言行两个多模态语料库，有助于老年痴呆的早期预警和康复医疗。

二、语料库的加工、管理和规范

（一）语料库的加工

汉语语料库的加工包含文本格式处理、词语切分、词性标注等环节，平行语料库还需要对齐处理。2021 年度语料库加工方面的进展主要如下。

彭秋茹、王东波、黄水清的《面向新时代的人民日报语料中文分词歧义分析》（《情报科学》第 11 期）对新时代人民日报分词语料库的分词结果进行了统计分析，结果发现新时代的人民日报语料中的切分变异大部分为假歧义，相同语法结构的二字词要比三字词、四字词的切分变异丛合度更高，该研究有助于更新对汉语分词歧义的整体认识。

李灿、杨雅婷、马玉鹏等的《基于语种相似性挖掘的神经机器翻译语料库扩充方法》（《计算机应用》第 11 期）针对低资源语言机器翻译任务上一直存在的标注数据资源匮乏问题，提出了基于语种相似性挖掘的神经机器翻译语料库扩充方法。该方法实现了维语和哈语到汉语的跨语言神经机器翻译，提升了维吾尔语－汉语和哈萨克语－汉语机器翻译的翻译质量，可应用于维语和哈语的语料处理。

左世亮和刘稳良的《融合多源信息的平行语料库相似句段去重算法》（《计算机仿真》第 8 期）为降低多源信息背景下平行语料库重复句段的干扰，提升去重效率，设计一种基于"词频－逆向文件频率"技术的平行语料库相似句段去重算法。该方法去重效果好、适用范围广，有助于平行语料库加工效率的提升。

刘文斌、何彦青、吴振峰等的《基于 BERT 和多相似度融合的句子对齐方法研究》（《数据分析与知识发现》第 7 期）提出了一种基于 BERT 和多相似度融合的句子对齐方法，能够为构建双语平行语料库、跨语言信息检索等自然语言处理任务提供技术支持。

（二）语料库的管理

语料库管理系统按照应用场景可以分为面向语料提供者和加工者的后台管理系统和面向用户的分析系统。2021 年度，语料库管理的新进展主要体现在面向用户的语料库分析系统。以下将主要介绍语料库分析系统的情况。

语料库分析系统的核心是语料检索，在检索系统研究方面情况如下。

张宝林的《汉语中介语语料库检索系统透视》［《天津师范大学学报（社会科学版）》第 6 期］梳理了汉语教学与研究领域对汉语中介语语料库检索系统的具体业务需求，探讨了现有语料库检索系统的得失及原因，提出检索系统的改进策略。该研究分类列举了汉语教学与研究对语料库检索的十种特殊需求，如半固定结构的检索、自由组合结构的检索、特殊句式的检索、复句检索、离合词检索、重叠结构检索等。这些需求及相关检索方式涉及词、短语、单句、复句等语言层面，是词语、语法教学与相关研究的重要内容，对于语料库检索系统建设与功能设计有一定指导意义。

李晓倩和胡开宝的《〈习近平谈治国理政〉多语平行语料库的建设与应用》（《外语电化教学》第 3 期）在建库过程中，研制了适用于《习近平谈治国理政》多语平行语料的检索应用平台，并将在此基础上开发可兼容更多非通用语言的多语平行检索工具。

梁茂成的《大数据时代的语料库语言学研究探索》（《中国外语》第 1 期）利用近年来发展起来的深度学习技术，尝试对语料库工具软件析出的若干索引行（Keyword in Context, KWIC）进行向量化（vectorization）处理，进而计算所有索引行之间的两两相似度，初步实现了对索引行的自动分析。

张永伟、顾曰国、胡钦谙等的《面向语料库机助辞书编纂系统的设计与实现》（《辞书研究》第 4 期）对"面向语料库机助辞书编纂系统"进行了全面介绍。该系统支持文本语料库的导入、管理与检索，既支持文本语料库的单独检索，也支持在编纂辞书条目时条目例句的自动检索，为辞书编纂时语料库的利用带来便利。

除检索外，语料库分析系统还包含搭配、频次统计等语言分析功能，与此相关的技术也有长足的发展。

清华大学围绕大规模中文词汇语义分析关键技术及其开源应用开展研究，全方位、系统性地探索了大规模中文词法语义分析所涉及的一系列核心问题，提出了"互联网自然标注资源与大规模人工标注语料库并举的中文词法分析"。

胡韧奋的《基于搭配的句法复杂度指标及其与汉语二语写作质量关系研究》(《语言文字应用》第1期）提出了基于搭配多样性与复杂性的汉语短语层面句法复杂度指标，并实现了相关特征的自动抽取。该研究使用大规模二语作文语料库对句法复杂度与汉语二语写作质量之间的关系进行了系统验证，证明了基于搭配的短语层面句法复杂度指标能够有效地预测写作成绩。

左世亮和刘稳良的《融合多源信息的平行语料库相似句段去重算法》(《计算机仿真》第8期）设计了一种基于"词频-逆向文件频率"技术（TF-IDF）的平行语料库相似句段去重算法，可以应用于平行语料库分析工具建设。

另外，秦洪武的《双语语料库研制与应用新论》(《外国语》第4期）论述了双语语料库的标注、加工与检索问题。该文可以为双语语料库分析工具的建设提供有益的借鉴。

（三）语料库相关规范

《信息处理用现代汉语词类标记规范》（标准号GB/T 20532-2006）自2007年3月发布，至今已历十余年，其基本词类划分及标记代码得到广泛应用，为汉语语料库建设、语言信息处理提供了重要依据。为进一步适应语言信息处理和语言资源建设的需要，反映词类研究的新成果新认识，国家语委2017年以重点项目立项方式对《信息处理用现代汉语词类标记规范》进行修订。至2020年，课题组按照计划完成了研究任务。杨丽姣、肖航、刘智颖的《〈信息处理用现代汉语词类标记规范〉修订研究》(《语言文字应用》第3期）介绍了修订的核心内容及相关研究情况。该次修订的核心内容有两项：一是以完善规范和满足应用需要为导向，对基本词类、其他切分单位及其小类进行了修订，提升了规范的严谨性和适用性；二是提出了词类标记的组合应用原则，规定非词切分单位可以在类属标记之外，组合附加词类标记代码，以更全面准确地标注其语法功能。规范修订审慎处理了词类体系、词类划分、标记代码三者关系，为词与非词切分单位的语法功能标注提供了更科学合理的方案，提升了规范的科学性、实用性和可操作性。

化振红的《建立中古汉语语料库分词规范的若干问题》(《语言研究集刊》第2期）研究了建立中古汉语语料库分词规范的若干问题。其课题组在国家社科基金重大招标项目"深加工中古汉语语料库建设研究"的分词实践中归纳了若干面向中古汉语的分词规则，完成了"中古汉语语料库词语切分及标注操作规范"初稿的主体部分，其中包括了中古汉语分词标准的总体框架、部分原则性规定及操作层面的具体规则。未来还计划结合上古、中古、近代汉语语料库的建设经验，逐步建立起适用于各阶段汉语史语料库的词语切分及标注操作规范。

此外，在文本处理方面，化振红的《对汉语史语料库文本处理问题的若干思考》[《烟台大学学报（哲学社会科学版）》第5期]讨论了古文正文注释材料和附属材料的删存问题,以及不同异形字的选用标准。

三、语料库在语言研究中的应用

语料库的应用范围十分广泛。翻译学、汉语教学等领域凭借语料库技术的应用,形成新的研究切入点,发展出新的研究方法。

(一)翻译

语料库方法在翻译领域也承担着越来越重要的作用,主要体现在翻译研究和翻译教学两大方面。

语料库翻译研究以语料库手段对翻译进行观察与描写,并对翻译本质进行解释。2021年度,利用语料开展的翻译研究代表性成果如下。

在笔译研究方面,部分成果基于语料库进行翻译语言特征和语言风格研究,如庄群英和李欣庭的《基于语料库的〈蒋兴哥重会珍珠衫〉译者风格研究》(《语料库语言学》第1期)基于小型自建语料库研究了《喻世明言》开篇故事《蒋兴哥重会珍珠衫》英译本的译者风格;王华伟和曹亚辉的《基于翻译语料库的政治文献日译本语言特征研究——以〈政府工作报告〉(2002-2017)日译本为例》(《日语学习与研究》第6期)基于翻译语料库研究政治文献日译本的语言特征;许明武和聂炜的《基于语料库的〈资治通鉴〉英译本语境重构探究之情态动词路径考察——以方志彤、张磊夫译本为例》(《外语电化教学》第5期)借助语料库工具考察译者在情态动词整体使用和量值分布两个维度的异同,探究其对《资治通鉴》英译本情景语境重构的影响;田耀收和王克非的《基于语料库的清末民初白话翻译小说人称代词研究》(《西安外国语大学学报》第2期)基于自建的历时复合语料库,对清末民初白话翻译小说中的人称代词进行了研究。也有学者利用语料库方法比较不同译本在某个角度上的差异,如司炳月、李一同、吴美萱的《语料库语言学视角下的政治文献英译词汇特征研究——以2018-2020年〈政府工作报告〉和〈国情咨文〉为例》(《语言教育》第3期)在语料库语言学视角下开展政治文献英译词汇特征研究,借助Antconc软件对中英两份政府文件《政府工作报告》和《国情咨文》进行词汇特征的比较分析;吕鹏飞和陈道胜的《基于语料库的〈论语〉英译本翻译风格比较研究——以辜鸿铭和亚瑟·威利两译本为例》(《上海翻译》第3期)以《论语》的两部经典英译本为语料,采用定性和定量相结合的研究方法,按单词、句子和语篇三个层面对两译本在翻译风格上的共性和个性进行对比。

利用语料库开展的口译研究方面,一方面是与笔译研究相似的翻译文本特征研究,如符荣波和王克非的《基于跨模式类比语料库的汉英口译词汇特征研究》(《外语教学与研究》第6期)基于自建新型跨模式汉英会议口译语料库,选用语料库翻译学中常用的词汇参数对交替传译、同声传译和原创英语口语文本的词汇特征进行类比考察；另一方面是口译特有属性的研究，如宋姝娴等通过实验控制同声传译的输入语速，并建立双语语料库对流利性指标进行系统标注，探究了在不同训练阶段输入语速对同传译语流利性的影响。周晶、刘康龙、楚军的《学生译员英汉交替传译中的欧化现象及其认知成因：基于语料库的研究》（《西安外国语大学学报》第 4 期）基于自建的口译学习者语料库，采用语料库实证方法对比分析了口译教学和研究中的欧化现象。

在翻译教学中，语料库手段得到越来越广泛的应用。2021 年度，研究者们在利用语料库进行笔译和口译教学方面开展了诸多有益的探索：刘秉栋和曹灵美的《基于语料库的本科生翻译课程教学模式建构研究》（《外语电化教学》第 5 期）基于某地方院校翻译教学实践，通过对课程设计、语料库资源状况、教学内容、实施路径等方面的梳理，尝试提出一套基于语料库的翻译课程教学新模式；赵政廷和柴明颎分析了基于"译学家"语料库翻译教学平台的教学案例，研究了技术时代面向语言服务市场的语料库笔译教学模式，探索了将该平台融入翻译专业院校的合理教学模式；黄立鹤和吴赟的《基于贴真体验与建模的多模态口译教学语料库构建及应用》（《外语教学理论与实践》第 4 期）研究了基于贴真体验与建模的多模态口译教学语料库构建及应用，以及基于多模态语料库的口译教学基本模式，并借以具体教学案例分析其适用性。

（二）语言学研究

利用语料库方法开展的语言学研究可以分为证实类研究和数据驱动类研究。证实类研究指使用数据验证假设，如时健和张京鱼的《基于语料库的英语元音开首 NP 前 an 变 a 研究》（《西安外国语大学学报》第 4 期）利用 BYU 语料库的用例检索功能，研究各英语变体的真实话语语料中英语元音开首 NP 前 an 变 a 的情况；数据驱动类研究指从语料库数据中总结规律，如陈红琳《语料库驱动的"左右"空间隐喻多维研究》（《外语学刊》第 5 期）利用 CCL 语料库及网络来源的语料 472 例，着重对"左右"一词在空间 - 对立关系类型隐喻进行历时研究，指出隐喻映射特征的历时变化可以洞察语言与社会意识形态之间的关系；吴淑琼、刘迪麟、冉苒的《心理动词"想"的多义性：基于语料库的行为特征分析》（《外语与外语教学》第 5 期）运用基于语料库的行为特征分析法，对心理动词"想"的多义性进行研究；刘国兵和张孝莲的《语料库驱动视角下汉语强化词的意义移变单位研究》（《外国语言与文化》第 2 期）利用 CNC 语料库，探究了汉语中强化词"完全"的意义移变单位、典范形式和变异形式等问题。

在批评话语分析方面，鲁从雨和李东慧的《国内语料库语言学在批评性话语分析中的应用综述》（《海外英语》第 18 期）总结了国内语料库语言学应用于批评性话语分析中的特征与局限性；刘鼎甲的《新冠肺炎疫情中美国媒体涉华报道的语料库历时分析》[《外国语

(上海外国语大学学报)》第 6 期]在批评话语理论框架下，采用基于语料库的用法波动分析法，以新冠肺炎疫情中美国媒体对华报道为例，对美媒针对中国国家形象的建构及其历时趋势进行了考察；曾海芳通过语料库语言学与批判话语分析的方法，对《人民日报》1979年至 2020 年的元旦献词展开主题词、词丛、语言型式、检索行等相关信息的分析，研究了元旦献词与国家叙事之间的关系。孙秀丽的《基于语料库的能源企业身份建构的批评话语分析》（《山东外语教学》第 5 期）基于语料库的定量研究方法，分析了"中国石油"官方网站中新闻语料的特定高频词、搭配词和述谓策略等，探究了新闻报道在建构企业身份时的语言使用特点和意识形态影响。施建军的《从汉字词汇的使用看汉字在东亚国家的前途——基于大规模语料库的考察》（《外语学刊》第 1 期）利用《现代日语书面语平衡语料库》和《现代韩国语书面语语料库》等大规模语料库，考察了汉字词汇在东亚国家的使用现状，并分析了相关的语言政策。

（三）语言教学

语料库在语言教学领域的应用主要体现在学术英语和二语教学两个方面。

利用语料库工具进行学术英语教学研究的成果主要有：刘国兵和张孝莲的《语料库驱动视角下学术英语动词搭配配价研究》（《外语电化教学》第 1 期）在语料库驱动视角下对英国学术英语写作语料库中的高频动词 suggest 进行搭配配价分析，并尝试探讨词汇、语法和意义之间的关系；刘国兵的《中西医英语学术论文介入资源对比分析》（《山东外语教学》第 2 期）以评价理论介入系统为理论框架，采用语料库对比的方法考察了中西医学术论文中介入资源的使用情况；李晓红的《学术英语写作中短语框架的功能特征——基于中英博士论文引言语料库的对比研究》（《外语电化教学》第 1 期）基于中英博士论文引言语料库，从功能层面探讨了中国英语语言学专业博士论文引言中短语框架的使用特征；娄宝翠和王蜜蜜的《中外理科学者学术英语词块的语料库对比研究》（《山东外语教学》第 6 期）基于自建的中国和国际理科学者期刊论文语料库，采用语料库驱动的方法，对比了中外理科学者学术语篇中四词词块的结构和功能类型异同。

在二语教学方面，夏历和翟根广的《留学生"例如""比如"的使用情况及偏误研究》（《华文教学与研究》第 2 期）利用暨南大学留学生书面语语料库和 HSK 动态作文语料库研究了留学生使用"例如"和"比如"的使用频率及偏误情况；张连跃和郑航的《词语混淆中母语影响的综合性探证方法——语料库、语言测试、回顾性访谈的三角检测》（《语言教学与研究》第 1 期）以英语背景的汉语第二语言学习者为例，对语料库、语言测试和回顾性访谈数据进行三角检测，探讨词语混淆中母语影响的探查和验证方法。该研究还讨论了语料库探查法在二语词汇研究中的效度和局限，呈现了多种数据互证互补的优势，为二语词汇习得中母语影响的研究提供了一种综合性研究方法。

（四）词典编纂

在词典编纂方面，2021年度，邢付贵和朱廷劭的《基于大规模语料库的古文词典构建及分词技术研究》（《中文信息学报》第7期）研究了利用互联网大规模古文语料构建古文基础词典，经过一系列处理后集成古文词典CCIDict。在CCIDict基础上，利用多种分词算法实现古文的分词。其实验结果证明了基于大规模古文语料库建立的古文词典，能够提供良好的古文分词效果。

（五）语言习得和语言障碍

另外，语料库方法的应用领域进一步扩展，儿童语言习得和语言障碍领域也借助语料库方法开展研究：钟琳和胡深爱的《汉英关系从句儿童语言习得的语料库对比研究》（《现代外语》第2期）利用语料库工具，选取儿童语料库CHILDES中6名汉语儿童和6名英语儿童的自然语料，对汉英儿童关系从句习得开展对比研究。陆烁、丘国新、钱思宇等的《面向语言障碍筛查的汉语儿童言语交际水平评估系统研发》（《语言战略研究》第6期）介绍了中山大学中文系神经语言学教学实验室构建的汉语儿童言语数据库。该语料库采集了大量2-14岁儿童言语交际过程中的言语数据，可用于语言能力评估和语言障碍筛查，精准评估汉语儿童的言语交际水平；该语料库可以对儿童语言障碍的智能化筛查提供机器学习训练数据，也可以为研究汉语儿童语言习得和各类儿童语言障碍提供数据资源支持。

总体上看，2021年度语料库语言学研究相对比较活跃，在多个方向上的成果均较为丰硕。

社会语言学研究

王春辉　董洪杰　张振达

2021年的中国社会语言学研究延续着宏观为主、微观为辅的态势。建党百年语言文字事业研究和学科建设的讨论，成为本年度的亮点。下面从八个方面予以勾勒。

一、建党百年语言文字事业研究

2021年恰逢中国共产党建党一百周年。学界启动、推进以"建党百年"为主题的课题研究与学术研讨；《中国语文》《语言文字应用》《语言战略研究》《中国社会科学报》《中国外语》《中国翻译》等报纸期刊开设"建党百年"专栏、刊发特稿专文；中国社会科学院、国家语言文字工作委员会、北京外国语大学等组织出版《毛泽东邓小平江泽民胡锦涛习近平论语言》《中国共产党语言文字事业百年纪事》《党的语言文字事业百年光辉历程》《人类命运的回响——中国共产党外语教育100年》等学术汇编、工作纪事。回顾党的语言文字事业百年历程、总结党引领的语言文字事业取得的成就经验成为本年度语言学研究的鲜明特色。

（一）梳理百年历程

知往鉴今、向史而新。本年度的研究集中回顾党的语言文字事业百年光辉历程、爬梳百年来取得的伟大成就、概括总结语言文字事业发展的阶段分期。

国家语言文字工作委员会编制出版的《党的语言文字事业百年光辉历程》画册，将党的语言文字事业百年历程划分为"星火燎原""日月新天""与时俱进""奋勇逐梦"四个篇章，系统梳理百年来党引领语言文字事业光辉历程。项开喜《中国共产党与百年语言文字事业》（《中国语文》第4期）简要梳理了百年来党关于语言文字的思想、工作和政策。刘朋建《书同文 语同音 人同心——中国共产党领导语言文字事业的百年历程和经验启示》（《光明日报》8月8日第7版）以党史分期为依据，总结了各阶段语言文字事业的主要成就。文秋芳、杨佳《中国共产党百年语言文字工作的人民观》［《新疆师范大学学报（哲学社会科学版）》第6期］回顾了人民观指导下的语言文字工作发展的四个阶段。

也有学者重点聚焦新中国成立后党的语言文字事业发展。李宇明《新世纪20年的中国语言规划》[《北华大学学报（社会科学版）》第1期]认为，新中国成立后的语言文字事业经历了三个黄金期。关彦庆《新中国语言文字事业的三次重大转向》[《北华大学学报（社会科学版）》第1期]则总结了新中国语言文字事业发展的四个阶段和三次转向。

除此之外，本年度还有部分研究聚焦语言文字事业的具体领域，全面回顾了党的民族语言政策、方言事业、外语教育和翻译事业的发展历程和主要实践。例如韩江华《千秋伟业正风华：中国共产党民族语言文字政策百年演进历程》（《民族学刊》第8期），谢留文《中国共产党与百年汉语方言事业》（《方言》第3期），曹文刚《中国共产党外语教育的百年回眸》（《中国出版》第19期），姜锋《建党百年与中国外语教育新使命》（《中国外语》第4期），王铭玉、邹昊平《中国共产党建党准备阶段翻译史研究综述》（《天津外国语大学学报》第6期），姚颖《新中国成立以来的马克思主义经典著作编译事业》（《中国翻译》第3期），单文波《延安时期翻译活动对中共政党形象塑造的价值》（《中国翻译》第3期），黄友义、黄长奇《党领导下的新中国对外翻译出版事业发展回顾——以中国外文局为例》（《中国翻译》第3期），孔令翠、李萍《早期马克思主义文献译介与中国共产党建党初心》（《中国翻译》第3期），许文胜、韩晓秋、程璐璐《初心与使命——建党伟业中的翻译活动研究》（《中国翻译》第3期）等。论著则主要有王定华、杨丹主编的《人类命运的回响——中国共产党外语教育100年》（外语教学与研究出版社，5月）。

（二）总结特点经验

百年来，党领导的语言文字事业具有鲜明的中国社会主义特色和时代特征。发掘建党百年语言文字事业发展的主要特点和宝贵经验，成为本年度研究的一大重点。

项开喜《中国共产党与百年语言文字事业》（《中国语文》第4期）指出，中国共产党领导的语言文字工作有五大根本特点：政治性；人民性；战略性；科学性；先进性。关彦庆《新中国语言文字事业的三次重大转向》[《北华大学学报（社会科学版）》第1期]概括了新中国语言文字事业发展的四项特点：阶段性特点；范畴特点；政策执行特点；顺应媒介变化的特点。姜锋《建党百年与中国外语教育新使命》（《中国外语》第4期）总结了建党百年各个历史阶段中国外语教育事业发展的特点。

"以人民为中心"，既是建党百年来语言文字事业发展的特色，也是语言文字工作最宝贵的经验。本年度相关研究多次提到"人民观""人民性""人民本位"等概念，强调"以人民为中心"的历史经验。刘朋建《坚持以人民为中心发展语言文字事业》（《光明日报》10月10日第5版）指出，坚持以人民为中心，始终是党引领语言文字事业发展的根本指针和政策基点；维护和发展最广大人民的语言和文化权益，始终是党引领语言文字事业发展的实践主线；党始终坚持充分依靠广大人民群众的智慧和力量推动语言文字事业发展。文秋芳、杨佳《中国共产党百年语言文字工作的人民观》[《新疆师范大学学报（哲学社会科学版)》第6期]指出,中国共产党百年语言文字工作时时处处体现着人民观,一切工作植根人民、一切工作服务人民、一切工作依靠人民,是中国共产党在语言文字工作领域取得成功的关键所在。

除了"以人民为中心",刘朋建《书同文 语同音 人同心——中国共产党领导语言文字事业的百年历程和经验启示》(《光明日报》8月8日第7版)还总结了语言文字事业发展的其他三条经验:坚持实事求是,遵循规律;坚持与时俱进,守正创新;坚持融入中心,服务大局。陈丽湘《论新时代民族地区国家通用语言文字的推广普及》[《陕西师范大学学报(哲学社会科学版)》第6期]则指出,新中国成立以来,民族地区推广普及国家通用语言文字的主要经验包括:重视语言国情调查、遵循语言发展规律、提高社会语言规范意识、充分发挥学校主渠道作用、健全政策法规制度、高度契合国家发展战略。

整体来看,本年度研究较为全面地梳理了党的百年语言文字事业,总结党领导语言文字事业的历史经验,初步概括了党的语言文字观和语言文字事业观。度之往事,验之来事,参之平素,可则决之。党的百年语言文字事业研究意义重大,是科学制定中国语言文字事业发展"十四五"规划、胜利开启面向"第二个百年"语言文字事业新征程的重要基础。研究阐释党的语言文字事业是新时代社会语言学研究,尤其是语言政策与语言规划研究的应有之义。

二、语言生活调查研究

近二十年来,语言生活监测已经成为中国语言生活研究的"传统",形成了语言生活皮书方阵,向社会介绍语言生活年度状况。语言生活研究以立体呈现、真实描写社会语言生活实态为目的,对于社会语言调查内容、对象以及社会因素的理解日趋多元。2021年的相关研究进一步推进语言生活调查理论方法,了解不同群体、领域、国家或区域的语言生活状况,探究不同类型语言景观的特点与变迁。

(一)调查理论方法研究

本年度部分学者在语言生活调查框架基础上,深入具体的语言生活领域,探寻领域语言生活调查方法。王远新《传媒领域语言生活调查》[《陕西师范大学学报(哲学社会科学版)》第4期]指出,传媒领域语言生活调查要以媒体级别和类型、传播形式和内容、传播主体和受众为切入点,应综合运用田野文献、实地观察、访谈、问卷等方法,了解传媒政策法规、传播形式与内容、受众的媒体接触和评价、媒体发展及影响因素等,对调查结果进行共时和历时对比分析以及宏观、中观和微观或主客观因素相结合的归因分析。夏萍、王一方、于文林等《基于患者感知视角的中医医疗语言调查》(《中国社会医学杂志》第1期)在调查医疗领域语言状况时,综合使用方便抽样、目的抽样与半开放式问卷调查,在数据分析上采用主题分析等质性分析方法并比对人口学特征和语言类型。

在调查方法的具体运用上，王远新《访谈法在语言田野调查实践中的运用》（《民族教育研究》第6期）讨论了集体和个体访谈、结构访谈、半结构访谈、非结构访谈的方法及特点，指出田野调查中应注意学术态度、访谈能力和访谈技巧，并给出了访谈提纲拟制、访谈材料整理验证方面的具体建议。

（二）群体语言生活调查

本年度，中国社会语言学界持续关注群体语言生活，在以上群体调查研究的基础上，深化、细化，聚焦中国城市化进程中的群体新类型。

随着全球化发展和中国城市化进程的加快，城市人口的流动性引起社会语言学界的重视，城市"新移民"语言生活状况与语言身份认同成为城市语言生活调查的新重点。2021年，《语言战略研究》设立"中国城市化进程中的语言"研究专栏，发表3篇城市语言生活调查的文章，除了外来务工人员之外，还涉及智力型新移民、老年流动人口等流动人口新类型，与"城市融入"相结合，从政治、经济、社会、文化心理、情感、规范等维度论证群体语言表征与城市融入程度之间的关系。类似研究还包括于蓉、张斌华、农时敏《在莞壮族外来人口语言能力特征及影响因素分析》（《中国语言战略》第2期）；杨金龙、王振欣、陈新仁《城市新移民的方言能力、方言态度与社会融入——以重庆为例》（《中国语言战略》第2期）等。

本年度城市语言生活调查研究中也不乏城市原住居民的相关研究，侧重呈现城市家庭的语言选择、语言态度、语言能力以及相关语言规划等，尤其关注儿童、青少年及其父母的语言情况，例如王玲、许肖倩《家庭结构变化与城市90后方言能力的发展》（《中国语言战略》第2期），朱晔、焦卓菁的《推普环境下的上海方言家庭代际传承个案研究》（《天津外国语大学学报》第2期）等。

（三）世界语言生活研究

《世界语言生活状况报告（2021）》介绍了本年度关于世界各国语言政策、语言生活动态、应急语言服务、语言传播机构的最新调查研究结果。《语言战略研究》2021年第5期设立"世界语言生活"专栏，所刊文章探讨了国家语言能力指数体系的完善与研究实践、政民交流的国际评议语言运动、去殖民化理论视角下的新西兰语言生活、阿拉伯国家外语教育政策的成效和问题以及以色列外来移民的希伯来语教育实践。赵蓉晖、王辉、王宇波等国内外学者在《"世界语言生活"多人谈》中论述了当代世界语言生活的五大主题、非洲语言多样性给新冠肺炎疫情防控带来的挑战、澳大利亚多语环境下的危机沟通、语言生态及其规划研究动态、来华留学生的语言生活研究、边境口岸应急语言服务建设等问题。

本年度出版的关于世界语言生活的专著、文集还有上海外语教育出版社的《世界语言小史系列丛书》，王克非主编的《世界语言生活动态（2017－2019）》（外语教学与研究出版社，1月），黄文前、孙晓迪、程雨凡译介的于尔根·雷昂哈特（Jürgen Leonhardt）的《拉丁语的故事：一种世界语言的历史》（山西人民出版社，4月），吴哲、朱瑞爽主编的论文集《"一带一路"视域下斯拉夫国家语言文化及发展战略研究》（外语教学与研究出版社，6月），等等。

（四）领域语言生活研究

领域语言生活是中观层面语言生活的主要体现。本年度领域语言生活研究集中见于《语言战略研究》前三期的"语言跨界谈"，探讨了书画艺术家、配音艺术家、电影艺术家眼中的语言和语言生活。郑欣淼《在心为志 发言为诗——中国诗歌语言刍议》（《语言战略研究》第1期）探讨了中国诗歌语言的艺术性，张晓凌《笔墨：中国画语言之美》（《语言战略研究》第1期）和薛晓源《线条：中国绘画的元语言》（《语言战略研究》第1期）分别论述了中国画语言之美和中国绘画的元语言，张筠英《演播与配音》（《语言战略研究》第2期）讨论了演播与配音中的语言艺术，王磊《配音演员的"存储"和"运用"——谈配音创作的"自在"状态》（《语言战略研究》第2期）分析了配音创作的"自在"状态，曲敬国《让配音秀"玩儿"得更精彩》（《语言战略研究》第2期）关注并评论了网络上配音爱好者的语言实践，李立宏《有声语言艺术用"情"联结世界》（《语言战略研究》第2期）探究了有声语言艺术的界定及其情感的传递功能。卢奇《语言真实再现对角色塑造的重要性》（《语言战略研究》第3期）、刘之冰《语言的精准塑造是艺术形象精准呈现的先导》（《语言战略研究》第3期）讨论了语言对角色塑造的作用以及语言精准性对艺术形象呈现的影响，郭凯敏《浅谈影视作品中的几个语言问题》（《语言战略研究》第3期）简述了影视作品中的语言问题，臧金生《用"三位一体"创造自己的朗诵风格》（《语言战略研究》第3期）论述了朗诵风格应如何创造。

（五）语言景观调查

本年度语言景观研究综述显示，语言景观调查正从语族活力探究向揭示社会变迁转变，研究对象、理论和方法日益多元，呈现出跨学科发展态势，出现了多模态、移动性、多语性的语言景观研究，以及与话语分析、翻译学、语言政策与语言规划等相结合的跨领域研究。本年度语言景观调查在以下两方面有明显推进。

第一，出现了历时研究的倾向。董洪杰、周敏莉、包安静、刘紫晗《路名变迁与城市发展的互动：以西安为例》（《语言政策与规划研究》第2期）调查了西安市70多年的路名变化，归纳路名历史变迁的规律和类型，论证城市发展与路名之间的互动关系。张霭恒、孙九霞《社会语言学视角下的阳朔西街语言景观变迁研究》（《旅游学刊》第1期）通过观察、访谈、拍摄搜集等田野方法调查了广西阳朔县街道的语言景观变迁情况。类似研究还有林琳、王馨儿、曾娟的《基于GIS的新会地名文化景观分布、演进及影响因素》[《中山大学学报（自然科学版）》第5期]。

第二，多维度分析国内外多语景观。利格吉《"一带一路"倡议下西藏边境口岸语言景观调查——以普兰口岸为例》[《西藏大学学报（社会科学版）》第3期]调查了西藏阿里地区普兰口岸语言景观中尼、藏、汉、英的多语使用特征、问题和不同群体的语言态度。包联群《新冠疫情初期的日本语言景观》（《中国语言战略》第1期）调查了新冠疫情初期日本应急语言景观中的多语使用，探讨并总结日本的应急多语服务意识及其实践经验。类似研究还包括索朗旺姆、强巴央金、毛红《"一带一路"背景下西藏自治区语言景观规范化建设研究》[《西藏大学学报（社会科学版）》第1期]，黄小丽、潘晓琦、葛铭禹《语言产业视角下食品行业中的日语语言景观——以中国本土食品包装上的日语语言景观为例》（《语言产业研究》第1期），刘丽芬、刘秀娟、黄忠廉《语言景观格局研察——以三亚为例》（《中国外语》第6期），王晓军、朱豫的《旅游景区的语言景观与语言服务研究——以天津五大道景区为例》（《语言服务研究》第1辑）等。2021年还有部分学者结合城市化建设、乡村振兴战略、网络发展讨论了城乡语言景观、"非典型语言景观"问题，特别是城乡语言景观的语言使用特征、区域分布、群体语言态度以及语言景观在城乡建设上发挥的功能，如李宇明《城市语言规划问题》[《同济大学学报（社会科学版）》第1期]、程江霞《乡村振兴视阈下青岛乡村语言景观实探》[《青岛农业大学学报（社会科学版）》第3期]、孙慧莉、赵智慧、卢凤杰、陈灿《突发事件中"新华网"和〈中国日报〉虚拟语言景观比较研究》（《汉字文化》第7期）等。

值得注意的是，语言景观虽然是新兴的研究领域，但其相关研究却早已有之，特别是地名研究，本年度有一批地名方志以及地名调查研究的专著、汇编、文章问世，如《安陆市地名志》编纂委员会、安陆市民政局编的《安陆市地名志》（武汉大学出版社，12月），盛爱萍《温州地名研究》（浙江大学出版社，11月），彭雪开、王殿彬《北京古今地名源流考》（中国社会出版社，8月），辜夕娟《云南旅游景观地名语言文化研究》（云南大学出版社，6月），王彬《地名里的广东：文化景观的区域分析》（社会科学文献出版社，5月），张振兴《地名用字及相关问题》（《方言》第2期）等，都可以为地名景观调查研究提供重要参考和历时分析资料。

（六）其他研究

除上述研究之外，本年度还有数字时代语言应用研究以及语言规范研究，代表成果有施春宏的《语言规范理论探索》（北京语言大学出版社，2021年8月出版），俞理明的《汉语缩略规范研究》（四川大学出版社，2021年4月出版），姜晓的《影视剧语言文字的规范化研究》（中国社会科学出版社，2021年11月出版），沈红伟、姜海霞的《数字化时代的山东外语生活》（经济管理出版社，2021年11月出版），吴苌弘的《数字人文发展中的法律术语英译规范与策略》（《外语电化教学》第6期）等。

语言生活研究的生活服务、国家服务意识更强，与社会发展、国家战略需求结合得更加紧密，且不再局限于国内调查，创新力度、论证深度和调查广度不断拓展。更值得高兴的是，新一轮的大规模语言国情调查研究已经启动，期望能够更新调查方法理论、明确语言国情现状，为社会语言生活调查研究提供新的范式。

三、语言政策与规划

近十年来，语言政策与规划研究成为中国社会语言学的一大学科增长点。2021年近百篇的发文量是八个次类研究中最多的，也正展示了这一方向研究的兴盛之态。国家通用语言文字教育、语言治理、语言能力、领域政策等是本年度的热点。

（一）国家通用语言文字教育

《民族教育研究》第2期和第4期，刊发"国家通用语言文字教育研究"专题，各三篇文章。第2期，王本华《把握课程理念，用好统编初中语文教材》分析了统编初中语文教材的课程理念和教材特点，提出了用好统编初中语文教材的思路和建议；杨显东、李乐《以"推普"铸牢中华民族共同体意识：价值维度与实践路径》从学理上深入剖析民族地区推广国家通用语言对铸牢中华民族共同体意识的多维价值；王国华《藏族大学生国家通用语学习动机影响因素及作用机制——基于扎根理论的研究》在深入访谈的基础上，使用扎根理论自下而上地构建了藏族大学生国家通用语学习动机的影响因素体系。第4期，王海波、苗东霞《少数民族农牧民的国家通用语移动学习研究——以哈萨克族农牧民为例》分析了哈萨克族农牧民学习国家通用语过程中的现实困难以及移动学习作为一种解决途径的可能性；李瑞华、徐福、陈婷丽《我国少数民族学前儿童国家通用语言教育：政策干预与实践思考》基于儿童早期语言干预理论与干预实践对我国少数民族学前儿童国家通用语言教育政策与实践进行了回顾与总结，就相关政策的推进与转型、实践探索的过程与成效进行梳理分析；罗兰兰、侯莉敏、张义宾《壮族村落学前儿童国家通用语言能力发展及其城乡差异累积效应》指出应加大对贫困地区村落儿童国家通用语言能力发展的支持和监测力度，构建幼儿园-家庭-社区三位一体的儿童国家通用语言能力提升的支持网络，以早期阅读为抓手，加强贫困地区幼儿园国家通用语言文字的课程建设。此外，在其他杂志，陈丽湘《论新时代民族地区国家通用语言文字的推广普及》[《陕西师范大学学报（哲学社会科学版）》第6期]认为新时代推广普及国家通用语言文字应充分重视经济转型对语言文字提出的新需求，以铸牢中华民族共同体意识为主线，为民族地区更好地融入新发展格局提供基础保障；李志忠、任晔《大力推广国家通用语言文字背景下新疆少数民族母语良性传承——

用事实回应郑国恩的伪学术》[《新疆师范大学学报（哲学社会科学版）》第 6 期］分析了人口流动与新疆少数民族国家通用语言能力的提升的密切关系；张军《西藏自治区国家通用语言文字教育的实践与经验》（《民族语文》第 6 期）指出西藏和平解放 70 年来，走出了一条符合自治区实际、助力发展、面向未来的国家通用语言文字教育之路，取得的成功经验体现为坚持服务大局、坚持党的领导、坚持以人民为中心、坚持以发展为动力；杨晓玲《语言环境对高职学生国家通用语言文字学习的影响研究》（《汉字文化》第 7 期）发现宏观语言环境与微观语言环境同样重要，提出了在"教"与"学"两方面利用环境优势提高国家通用语言学习效果的建议。

《云南师范大学学报（哲学社会科学版）》"语言国情"专栏第 5 期，周庆生《论中国通用语言文字共同体》描述解释了古代中国通用汉字共同体、近现代通用语言共同体的形成及演进过程，并在此基础之上论述了国家通用语言共同体的内涵、结构和外延；张建民《以语音教学新模式提升民族地区教师国家通用语言教学能力》指出依据国家通用语言的自身特点，建立起以构建声调心理表征为主导的语音教学新模式可以高效地提升民族地区教师的教学能力。

（二）语言治理

《云南师范大学学报（哲学社会科学版）》"语言国情"专栏有 3 期聚焦于此。第 2 期"语言治理与国家治理"专题，周庆生《实现"书同文、语同音、人同心"的伟大愿景（代主持人语）》认为书同文、语同音、人同心是中华民族的伟大愿景，是各个民族的共同期盼；戴曼纯《语言政策与规划理论构建：超越规划和管理的语言治理》以语言规划、语言管理和语言治理为核心概念，系统阐述了它们的演变和理论贡献；杨磊《中国古代书写与国家治理简论》从行政文书、书写活动、书写的媒介和手段、汉字的特性、书法艺术等多个角度，较为系统地阐释了中国古代书写与国家治理之间的丰富内涵和张力；王春辉《历史大变局下的国际中文教育——语言与国家治理的视角》从大历史视角较为系统地阐述了历史大变局下国际中文教育的历史成就、现实挑战与未来策略。第 3 期，"全球语言治理"专题，沈骑《全球语言治理的三大问题（代主持人语）》的主持人语分析了后疫情时代全球语言治理的三大问题，即语言互通、语言权利与语言资源问题；王亚蓝、刘海涛《国际通用语发展演变的特点与模式——以拉丁语、法语和英语为例》以三种语言的兴衰史表明，国际语的演变并非是偶然随机的语言兴亡与更替，而是遵循某些演化规律的；张治国《中国参与国际组织的语言问题研究》探讨了国际组织参与和语言之间的关系，分析了中国人才难选等现象的原因，提出了解决该问题的思路；张四红、刘一凡《中国与周边"一带一路"沿线国家的跨境语言类型及治理》依据几个参数，将跨境语言分为区域对称型、区域不对称型、国际对称型、国际不对称型等四类，并据此提出相应的治理规划和方案。第 6

期，方小兵《从文明语言到语言文明：论"语言文明"概念的层次性》分析了语言文明概念的3个层次，即礼貌语言体现的语言文明、典雅语言体现的语言文明、本土术语与知识体系体现的语言文明；王玲《城市语言治理规划观的基本内涵及实施过程》指出城市语言治理规划指的是城市语言生活治理规划，其具体实施的过程通过问题维度、理论维度和治理维度展开。

《中国语言战略》第2期"语言治理"专题，李晶等《中国共产党外语教育的初心和使命（1921－1949）》认为中国共产党在新中国成立前开展的外语教育集中体现了中国共产党坚守民族复兴、人民幸福的初心和使命，形成了一整套科学有效的教学理念和方法；何山华、朱凯《地方政府门户网站外语选用策略：权力关系视角》基于对我国31个省、直辖市和自治区政府门户网站语言选择的分析，从权力关系视角分析了地方政府门户网站外语选用策略；王亚敏等《突发事件下公共标语的语言特征及与接受度的关系》以新冠防疫期间的公共标语为研究对象，从五个维度对标语的50个语言特征展开定量和定性分析，厘清了其具体手段，并探讨了标语语言特征与其接受度之间的深层关系；杨荣华、宋楚婷《南京城市公共服务领域的语言文明考察》基于售票员和购票者的会话，从"合体、合形、合境、合态"四个维度探析其中的语用礼貌表征及机制，提出语言不文明治理的可能对策；于蓉等《在莞壮族外来人口语言能力特征及影响因素分析》分析了在莞壮族外来人口的双语能力，以及年龄、文化程度、职业、收入、来莞时间、老家所在地、认同等社会影响因素。

著作方面，王春辉出版了《语言治理的理论与实践》（中国社会科学出版社，5月），汇集了作者近几年在语言治理理论和领域实践层面的相关思考。

（三）语言能力

《云南师范大学学报（哲学社会科学版）》"语言国情"专栏第4期，"国家话语能力"专题，赫琳《国家话语能力建设的四个维度》分析了强化议题设置、注重话语体系建构、调适话语表达、实现话语传播策略的突围等四个方面；苏金智《国家话语的生成传播与管理能力及其提升》通过国家话语的生成能力、传播能力和管理能力这三个国家话语能力核心要素，分析当前中国的国家话语能力现状、存在的问题和提升的途径；沈骑《语言规划视域下的国家话语能力建设》将话语规划基本内容分为话语本体、话语地位、话语教育、话语声誉、话语翻译和话语技术6个方面，并从资源体系、评价体系与生态体系3个维度提出国家话语规划的三大目标。

《中国语言战略》第1期"国家语言能力"专题，尹铂淳《亲属隐喻：一种国家形象建构的话语策略》讨论了作为一种话语策略，亲属隐喻巧用亲属关系，在国家形象建构中的作用；倪福诚、韩亚文《从新冠疫情防控看中国应急语言能力建设》介绍了我国应急语言能力研究现状，分析了存在的问题，并给出了相应的对策与建议。"语言教育政策"专题，尹小荣、巴特勒·努尔兰《新疆贫困地区学前儿童通用语词汇习得状况》发现学前儿童的词汇发展水平在不同年龄段呈现出显著差异，从词汇习得的宽度来看儿童的概念认知受客观经验的影响，儿童的语言习得随贫困程度的加深而受到更大的影响；邵雪梅、齐汝莹《中国高校外语思辨教学现状调查研究》基于调查尝试提出思辨教学层级和思辨教学发展理论框架。第2期"语言能力"专题，王玲、许肖倩《家庭结构变化与城市90后方言能力的发展》分析了城市化进程中，家庭类型、家庭通婚结构以及抚养方式等方面的变化对90后群体方言能力、方言使用状况的影响；俞玮奇、张璟玮《大城市涉外语言治理能力建设方略研究——基于疫情防控事件的分析》发现我国大城市在涉外语言治理过程中存在着对多语资源掌控能力不足、多语意识亟待加强、政府多语话语缺乏影响力、体制机制不健全等问题，并提出了相应策略；杨金龙等《城市新移民的方言能力、方言态度与社会融入——以重庆为例》显示重庆城市新移民的方言能力存在组间差异性，并从地区语言治理和话语规划两个方向给予相应的调适建议。

《中国翻译》第4期刊发"国家翻译能力"研究专题。任文、李娟娟《国家翻译能力研究：概念、要素、意义》尝试提出国家翻译能力的概念定义和构成要素，并分析要素间的互动关系；杨枫《国家翻译能力建构的国家意识与国家传播》认为国家意识是国家翻译能力建设的逻辑起点，国家翻译传播是国家翻译能力建构的现实旨归；蓝红军《国家翻译能力的理论建构：价值与目标》指出建立创新多元的认识框架，研制科学合理的评价体系，是国家翻译能力研究的主要理论目标。《外国语文》第4期刊发"国防语言能力"专题，肖蓉、梁晓波《军事语言能力指标体系建设研究：美国和北约的经验与启示》从研发背景、测评目的、评价标准、考试实施等方面对比了美国和北约的军事语言能力指标体系建设；焦新平《从旗舰语言计划看美国国防语言能力建设战略与举措》介绍了旗舰语言计划的历史、举措和对我国的启示；庞超伟和张探《基于任务需求的维和部队跨文化能力测评模型构建》构建了含有知识、态度、技巧、意识四个模块，下辖11个具体评价要素的维和部队跨文化能力测评模型。

此外，李宇明《试论个人语言能力和国家语言能力》（《语言文字应用》第3期）对个人语言能力和国家语言能力进行了进一步的辨析和思考。

著作方面，"国家语言能力研究丛书"开启，文秋芳、杨佳的《新中国国家语言能力研究》（外语教学与研究出版社，10月）和董希骁的《罗马尼亚国家语言能力研究》（外语教学与研究出版社，10月）出版。

（四）领域语言政策

《语言战略研究》第2期刊发"高校语言政策"研究专题，1篇"主持人语"、5篇文章、6篇"多人谈"。主持人赵守辉《高校语言政策与实践：语言规划的前沿课题》从历时和共时、国际与国内的视角将高校语言政策和实践列为前沿课题；程京艳《东亚和西方高校外语教育规划的研究与实践》从宏观、中观和微观三个层面对比了东亚和西方高校外语教育规划的多个方面；林晓《新世纪欧洲高校英语作为教学媒介语的发展研究》探讨了欧洲高校 EMI 的缘起、面临的挑战以及对中国的启示；张振达和李文龙《法律英语教材及课堂媒介语调查研究》发现目前法律英语教学媒介语的主要问题为教材与课堂脱节、课堂与教学目标脱节；邱译曦和郑咏滟《日本高校全英文学位项目的语言政策和规划》揭示了在语言信念、实践和管理 3 个维度上，日本全英文学位项目在中观层面实施过程中不同语言间的冲突与竞争，反映了政策意图和政策实施之间的潜在矛盾；宋旸和 Angel M. Y. Lin《来华留学生教学语言的超语实践研究》发现现有汉语授课国际硕士课程设置需进一步加强对学术汉语学习的支持以及对全球知识生产不平等的反思。"多人谈"板块，文秋芳、陈坚林、柯安竹、赵蓉晖、高雪松、彭剑娥等学者《"高校语言政策"多人谈》讨论了非通用语专业人才培养面临挑战、要重视外语教材史研究、香港特区语言教育规划得失、发挥高校语言政策在高级人才培养和社会文化建设中的引领作用、大中华区高校非通用语言教育发展、高校双语教学政策与实践思考等话题。同期的"语言生活研究"专栏，还刊发了王晓梅《多语背景下的马来西亚语言规划历程与思考》通过回顾建国之后的语言规划历程，认为马来西亚英语教数理政策的失败原因主要是政策制定者忽略了马来西亚诸多民族语言的内在价值。

《中国语言战略》第 2 期"国际组织语言政策"专题，方小兵《主持人语：超国家层面的语言规划研究》勾勒了超国家层面的语言规划的历史和现状；方小兵《国际组织多语制的困境与对策——〈联合国系统使用多种语言情况报告（2020）〉解读》对该报告进行了详细解读，为中国增加高层次国际公务员和更好地在国际组织中维护自己的语言权利提供参考；邬美丽《联合国语言地位规划历史演进（1946 – 1973）》发现联合国正式语言的选择与诸多因素相关，并归纳了联合国语言地位规划的演进模式；杜宜阳、张日培《联合国对职员语言能力要求的政策分析》通过分析联合国相关语言政策，探究国际组织对员工语言能力的具体要求与发展趋势；张琛、赵蓉晖《基于语料库的东盟共同体语言政策研究》发现东盟共同体实行单语制，注重语言的沟通交流功能，其多语学习效果不明显；阿衣西仁·居马巴依、赵留《上海合作组织语言政策的驱动因素》观察上合组织大学的语言教育状况，了解上合组织在处理现实语言问题中的政策实践，进而对影响上合组织语言政策的动因加以分析。此外，赵运《全球健康治理中的国际组织语言政策——以世界卫生组织为例》(《外语电化教学》第 6 期) 从社会学结构功能主义视角出发，阐释世卫组织开展语言工作的社会动力，分析世卫组织语言政策的内容和形态以及语言政策在实现组织目标和愿景过程中所发挥的作用，并进一步提炼国际组织语言政策的普遍性特征。

《语言政策与规划研究》第 1 期"海外华文教育政策研究"专题,赵雅斐、王祖嫘《马来西亚非华裔中文学习者的中国形象认知研究》通过对当地高校非华裔中文学习者的调查,从多个维度探究其中国形象认知状况;何洪霞《新加坡华文教育政策历时研究》分析了新加坡华文教育规划的三个时期。第 2 期"应急语言研究"专题,李宇明《语言应急说》对应急语言服务做了新阐释,王海兰、李宇明《试论粤港澳大湾区的应急语言服务需求》指出大湾区应急语言服务的主要需求包括应急语言服务产品、应急语言服务活动、应急语言服务机制和应急语言人才与应急语言学学科建设等;魏家齐、朱伟、王春辉《突发公共事件中的风险沟通》探求风险沟通能力提升路径,明确不同风险的沟通方式,以及提出有针对性的对策建议;陈练文《基于需求层次理论的中国应急语言服务需求分析》认为政府和公共管理服务应按照个体需求的紧迫性、资源利用的有效性以及公共服务的可替代性这三个原则;郑璇《听障人群应急语言服务需求调研:基于访谈文本的质性分析》发现听障人群的应急语言服务需求总体上较为迫切,对现有应急语言服务的满意度有待提升,其应急语言服务需求背后是日常沟通需求;滕延江《应急语言产业的战略规划与建设》倡导开展应急语言产业规划,从五个层面完善我国应急语言产业布局,做好应急语言资源储备;肖俊敏《土耳其灾害应急语言服务项目实践及启示》探讨了土耳其应急语言服务团的建立背景、发展模式、运作机制和成员管理方式。

《外语教学与研究》第 3 期"中国特色外语教育"刊发三篇文章。郝兴跃和尹枝萍《英语还是邻国语:云南边疆少数民族地区外语规划研究》提出适合边疆民族地区的三种外语规划模式;薛庆国《高校阿拉伯语专业从教学向教育过渡的思考》对课程、教材、课堂教学等主要环节的改革提出若干设想,并针对多数高校阿拉伯语专业面临的实际困难,提出应对之道;孙怡、宋灏岩、姚京明《从国家间互动关系看中国内地与澳门高校葡语教育演变:对多元化路径的探讨》尝试建立了"外语专业建设"与"中国和外语对象国关系"之间的因果关系,总结出国际关系在外语专业建设中具有定位、定向、定质、定量的功能。《教育语言学研究》2021 年辑推出语言政策规划与教育研究,霍艳娟《新中国成立以来我国英语基础教育的政策内涵与发展愿景解析》介绍我国英语基础教育政策的发展,总结新中国成立以来英语基础教育的课程标准,分析我国英语基础教育的政策内涵;王陈欣《法国双语教育规划及对中国的启示:以中文国际班为例》借助语言政策与语言规划学科的理论与分析框架开展个案研究;朱雷《政法类高校法律英语专业人才培养模式探究》认为培养模式上需要遵循时序性,主次有别。

《江汉学术》的"领域语言研究"专栏出刊第 1 期,第 4 期两篇文章。魏晖《再论语言资源、语言资源观及语言资源管理》对三个概念进行了重新审视,并提出语言资源管理的五项原则;尹小荣和李娜《聚焦家庭语言规划近二十年来的研究脉络与方法》发现 FLP 的理论反思尚显不够，量化研究的严谨性仍需提高，质化研究数据收集和分析的科学性还需提升，研究范式的多元化应更丰富。

（五）其他专题研究

《语言文字应用》有两期刊发了"语言政策与规划"专栏。第 1 期三篇文章，陆俭明《语言研究要多做些实事 同时一定要有时代意识》提出当今语言学研究应注重持续深入挖掘语言事实，加强语言应用研究，树立时代意识，关注人工智能发展提出的新需求，特别是研究解决好中文信息处理与汉语本体研究的接口问题；赵世举《我国语言文字事业开拓发展的策略及路径》论证了中国语言文字事业开拓发展的五大策略及路径；高雪松、康铭浩《国外语言政策研究的问题和路径》梳理国外语言政策研究的发展历程，并重点分析了其中的"何事""何时""何因""何人""何路径"五个问题。第 2 期两篇文章，李宝贵和李辉《中文国际传播能力的内涵、要素及提升策略》提出中文国际传播能力的六个要素和提升的六大着力点；王立非和任杰《跨国语言管理的国外研究现状分析（1979～2019）》对近 40 年国外跨国语言管理研究现状进行定量统计与分析，发现了 5 大问题并提出了建议。第 2 期还有一篇综述文章，即陈练文和李信《基于文献计量的语言政策与规划学科溯源与热点研究》。

《中国语言战略》第 1 期"日本语言规划"专题，井上史雄《新方言、城市化与语际方言学（英文）》利用方言调查和互联网检索来分析新方言和语言标准化的一些具体案例；朝日祥之《日本国立国语研究所的语言战略挑战（英文）》介绍了日本国立国语研究所语言调查的两个关键概念并介绍了"外来词释义"项目；包联群《新冠疫情初期的日本语言景观》呈现了新冠疫情初期实施的田野调查及媒体资料，表明了日本应急语言景观的潜在服务功能；黄安琪、黄小丽《杭州与京都旅游语言景观中的第二外语比较研究》基于场域理论探讨杭州与京都旅游语言景观中的第二外语的异同；王璐《国家建设视阈下的简易日语规划》立足于三种考量下的日本国家建设发展，分析不同时期简易日语规划情况；陆缇《日语中的英语外来词和当代日本的语言认同》认为英语外来词的使用和日本的语言认同甚至成为日本社会群体的冲突性话题。

《语言政策与规划研究》第 1 期"语言政策理论与实践研究"专题，徐浩《"变体系统性"与"应变适应性"相结合的政策构想》再议英语国际语对中国英语教育的启示；安丰存、赵磊《语言的资本属性》认为语言的多元价值属性凸显出来，成为一种综合的资本；郭书谏、沈骑《濒危语言保护与语言规划：以苏格兰盖尔语战略规划为例》从地位、本体、习得、使用、声望五大领域评析盖尔语保护与发展规划的历史背景、战略举措与实施效果；卡地力亚、王文斌《内地新疆高中班学生英语学习态度调查及对比研究》考察汉考汉、民考汉、双语类这三类语言学习背景不同的学生对英语学习的态度及差异，并探讨造成差异的原因及启示；高玉娟等《改革开放四十年来语言接触研究的进展、主题与趋势》对1978－2018年语言接触领域研究文献进行统计分析，有所发现；李甲等《语言政策与琉球语的衰亡》指出琉球语复兴运动的前景不乐观。

《外语学刊》第1期刊发"语言政策研究"专题，施建军《从汉字词汇的使用看汉字在东亚国家的前途——基于大规模语料库的考察》认为，随着社会的进步，原先废除汉字的原因正在逐步消失，只要条件成熟，汉字在这些国家的前途是光明的；兰强《从独尊到废除：汉字在越南的命运》认为，汉字被替代是越南民族－国家意识上升的产物，是精英共识的结果，更是底层民众参与国家建构的内在需求；史维国、张烨《基于语料库的清末民初日源外来词汉化研究》从语音、词义、语法角度探讨日源外来词汉化的规律，进而明确清末民初日源外来词融入及定型的特点。

《北华大学学报（社会科学版）》第1期在"对话大家"栏目刊发了对中国语言政策与规划领军人物李宇明（《新世纪20年的中国语言规划》）的访谈。

著作方面，周庆生的《论语言政策规划》（中国社会科学出版社，11月）、戴曼纯的《语言政策与二语习得研究》（人民出版社，9月）、王玲的《家庭语言规划视角语言传承研究》（南京大学出版社，6月）、李俊宏的《公平视角下欧盟多语化语言政策研究》（华南理工大学出版社，12月）、陈月娥的《从文化苦旅到凤凰涅槃——日本汉字问题与语言政策研究》（中国社会科学出版社，9月）等出版。另外，"语言规划经典译丛"出版了赵守辉、钱立锋翻译的《语言规划与社会变迁》（商务印书馆，8月），"语言资源与语言规划丛书"出版了林洁翻译的《语言政策与政治经济：全球化背景下的英语》（外语教学与研究出版社，10月）。

四、语言变异研究

广义的语言变异研究涵盖从社会视角介入的语音、词汇、语法研究、语言接触和语言演变研究，是语言与社会互动最生动的反映。该领域将语言问题置于社会发展演变的框架之内，借助社会语言学相关的理论和方法展开研究。本年度主要涉及学术史梳理、语言文字变异与变化研究、词汇变异专题研究、欧化汉语研究等四个方面，相关研究内容丰富，紧贴社会现实，呈现出汉语问题导向、语言接触导向、词汇导向、宏观社会因素导向四个主要特点。下文以研究内容为纲作以简要综述。

（一）学术史的梳理

本年度的两部著作对社会语言学研究发展脉络及语言社区变异研究的研究视角进行了有益的梳理。田海龙、赵芃的《社会语言学新发展研究》（清华大学出版社，8月）回顾了社会语言学的传统，并梳理了21世纪在理论和方法上的创新，强调社会语言学的发展源自跨学科的互动。董洁等的《社会语言学视角下的共同体》(《语言战略研究》第3期)从交际民族志、互动语言学、语言变异、社会网络社会等视角分析共同体的概念，探讨个人、语言、群体和社会之间的关系问题。

（二）语言文字变异与变化研究

语言文字的变异与变化研究关注汉语、汉字和少数民族语言在社会发展中的现状和发展变化，是本年度语言变异研究一个重要方向。戴昭铭的《改革开放40年汉语的变化和发展》（商务印书馆，12月）从词汇、句法、语体及语言规范化等方面描述改革开放以来40年汉语与社会的共变情况，并深入探讨了其动因。邵燕梅的《现代汉语隐语研究》（中国社会科学出版社，12月）分析了现代汉语隐语结构与造词法体系及相关的社会、历史和文化现象。刘楚群的《老年人口语非流利现象研究》（光明日报出版社，7月）描写了老年人语言、话语缺损与口误等老年人语言使用情况。陈旭光的《网络流行体研究：语言的狂欢与孤独》（华中科技大学出版社，10月）将批评性话语理论、集体记忆理论与社会功能理论相结合，借由"文本分析""话语实践分析""阐释分析"探讨网络流行体意义生产机制与社会功能。戴庆厦、杨晓燕《语言适应与语言发展——以贵琼语的变化为例》（《语言文字应用》第3期）基于田野调查的一手语料，分析了贵琼语近半个多世纪以来语言功能的变化及语言适应的特点，论述语言适应与语言发展的关系。孙瑞、赵琪琪《壮族大学生所用壮语语序的现状：一项社会语言学调查》（《民族语文》第6期）从社会语言学的视角调查了壮族大学生12种壮语语序的使用现状。张磊《日韩汉字的传承与创新三题》（《中国语文》第6期）研究了海外汉字传承和变异问题，指出日本、朝鲜半岛、越南等地历史上受中国影响而使用汉字，在汉字的传播过程中，传承和变异是主流，创新是补充。

（三）词汇变异专题研究

词汇是语言中最为活跃的单位，也是学者们关注语言变异现象的主要切入点。本年度几项词汇变异专题研究值得关注。马若宏、杜敏《"躺平"的流行及其语用指向》（《语文建设》第18期）分析了"躺平"的流行及其语用指向，指出"躺平"的生成路径是基于"躺×"组合的类推机制，深刻反映着"躺平"背后的社会现象和网民关切，是语言与社会互动的一个生动案例。张军《时政流行语"向好"探析》（《语文建设》第14期）认为时政流行语"向好"源于其同形动宾短语的词汇化，文章在描写了其句法功能的同时指出"向好"用于新闻报道中是对改革开放后我国社会各项事业兴旺发展态势的表征和评议。陈艳平、张慧敏、康达《朝鲜语敬语的变异研究：以朝鲜，韩国领导人致辞语篇为例》（《民族语文》第4期）以致辞语篇为例，分析了敬语使用的特征，解读朝鲜语在社会发展变迁中呈现的异质性特点，考察敬语使用与社会宏观因素之间的关联性。王远新《民族交往的语言表现：新疆汉语方言中的维吾尔语借词使用研究》（《民族语文》第4期）聚焦新疆汉语方言中的维吾尔语借词使用，讨论了借词与语码夹杂、借用类型与借用关系、第二语言熟练程度与词语借用、借词类推与扩散、对待借词的态度与借词使用、语言规范与社会使用等6方面的问题。张译予《从"小奶狗"等称谓语解读男性新词语》(《汉字文化》第11期)通过对在网络上流行的男性称谓语"小奶狗""小狼狗"的分析，发现其一方面打破了社会长期以来对男性的固化印象，另一方面也存在相应的物化和容貌歧视现象。吴茜《"娘炮"语义的话语变迁与社会生产》(《汉字文化》专辑)分析了"娘炮"语义的话语变迁与社会生产，指出其语义在媒体扩散之下，产生了三次话语冲突，社会结构的变化、女性意识的增强、消费主义的裹挟以及受众审美的"去伦理化"都间接强化着男性女性化。张煊光《平顶山方言社会称谓"老师儿"初探》(《汉字文化》第15期)分析了平顶山方言中的"老师"和"老师儿"两个不同的社会称谓词，其中"老师儿"多指"传授技艺的人"，它的形成与使用既遵从"儿化造词"的原则也受到该城市工业人口主体的影响。

（四）欧化汉语研究

汉语欧化问题是语言接触引发的语法变异问题。刁晏斌《论"汉语欧化史"》[《辽宁师范大学学报（社会科学版）》第5期] 提出了"汉语欧化史"概念，并从提出依据、研究基础、意义和价值、研究内容四个方面进行了阐述，指出汉语欧化史内涵丰富、类型独特。马永草《"五四"以前的汉语白话欧化考察——以官话译本〈天路历程〉为例》[《北华大学学报（社会科学版）》第3期] 考察了五四时期之前白话欧化的早期表现，通过与原作、《红楼梦》等传统白话作品及其他译本对比，分析了官话译本《天路历程》连词、介词和第二人称代词的欧化现象，描写了汉语白话欧化早期文本的具体样貌。马永草《汉语欧化的历时考察——以〈天路历程〉跨越一个多世纪的两个译本为例》[《辽宁师范大学学报（社会科学版）》第5期] 以《天路历程》的官话译本和西海译本为例，对二者的欧化状况进行对比，得出三点结论：一是基本一致，二是异大于同，三是此无彼有。刘兴忠《清末民初报章文体欧化语法现象考察——以"新文体"和"逻辑文"为例》[《辽宁师范大学学报（社会科学版）》第5期] 以"新文体"和"逻辑文"为例考察了清末民初报章文体欧化语法现象，发现其中的近现代汉语欧化语法现象具有普遍性、一致性以及内部差异性。刘兴忠《汉语异质文言的欧化特征——以梁启超"新文体"语法现象为例》[《北华大学学报（社会科学版）》第3期] 以梁启超"新文体"语法现象为例分析了汉语异质文言的欧化特征，认为对此类语料的相关考察对于文言史以及早期现代汉语形成过程的系统梳理具有重要意义。

五、话语分析研究

现代话语研究如今已形成较为成熟的研究范式。本年度话语分析研究涉及话语与形象构建、话语与认同研究、对外话语研究和话语策略研究等四个方面，同时也引介了国外的研究理论和方法，呈现出建构主义取向、语料库取向、外语取向和领域取向四个综合特征。下文以研究内容为纲作简要综述。

（一）话语与形象构建

武建国、徐嘉《互文性策略与中国国家形象建构研究》（《中国外语》第6期）以人民网对港珠澳大桥的报道为语料，考察了互文性作为话语策略在大众媒介议程中的表现形式，总结了适合大众媒介建构国家形象的过程和原则。赵永刚《媒体并购话语中的中国企业形象对比研究》（《解放军外国语学院学报》第1期）采用语料库辅助的话语－历史分析法考察《中国日报》和《纽约时报》在并购报道中对中国企业形象的建构，发现中美媒体分别塑造了中国企业相对正面和非常负面的形象，《中国日报》对命名、论辩和视角化等话语策略的运用明显不足。邓谊、冯德正《公共卫生危机中企业社会责任的多模态话语建构》（《外语教学》第5期）结合体裁分析和多模态话语分析构建了多维度框架，对新冠肺炎疫情期间企业微信推文的话语类型、语步、交际目的和多模态符号资源进行质性和量化分析。

（二）话语与认同研究

鞠玉梅《香港媒体"国家认同"的修辞建构》（《当代修辞学》第5期）认为，国家认同的实现并非总是建立在政治正确基础上的意识形态灌输和宣传说教。在信息传播技术飞速发展的当下，媒介以其多元象征符号的制作、流通与消费，通过话语活动的互动协商和修辞斗争实践，成为国家认同建构的重要路径。鞠玉梅《修辞与国家认同》（《天津外国语大学学报》第2期）以《南华早报》粤港澳大湾区新闻文本为个案，采用修辞与语料库话语分析相结合的方法，探索香港媒体的国家认同建构。研究发现，媒体在较高程度上呈现出以发展为中心的积极话语，构建了融合有利于香港发展的修辞视野，国家认同度较高，而有关香港身份问题等消极话语一定程度上弱化了国家认同。郑洁、袁传有《社区矫正中司法社工身份的话语构建》（《现代外语》第2期）通过观察、录音和转写10场社区矫正个别教育谈话语料，基于合法化语码理论的"专门性"维度，提出社区矫正司法社工身份话语构建的分析框架，分析司法社工如何使用态度评价资源构建身份。孙成志、高欢《日本主流报纸中"中国留学生"集体身份的话语建构》（《外语与外语教学》第3期）基于语料库的话语研究与社会行动者系统及其及物性过程分析相结合探析日本主流报纸对"中国留学生"集体身份的话语建构方式。朱黎黎《话语身份的建构——粉丝文化的边缘话语分析》（《天津外国语大学学报》第1期）聚焦粉丝文化的边缘话语，分析粉丝话语的反语言特质，饭圈话语作为粉丝文化符号，通过寄生性、隐喻性和多模态性构造帮助粉丝建立身份认同，构建和维系群体内部的社会等级和秩序。

（三）对外话语研究

王铭玉、崔雪波《"一带一路"背景下的对外话语体系与建构》（《山东外语教学》第5期）聚焦"一带一路"背景下的对外话语体系与建构问题，提出了建构中国对外话语的十个命题，即主旨精神、主体定位、基本原则、内在条件、外在关系、传播元素、角色功能、翻译方式、思维模式、平台配置。杨明星《新文科时代外交话语学科构建与外语学科转型发展》（《中国外语》第4期）关注新文科时代外交话语学科构建与外语学科转型发展问题，指出可从"外交话语学"学科群构建可围绕"外交语言学""外交翻译学""外交形象学与外交传播学""外交文学""国别区域话语体系"五个方向的外交话语学科。张威、李婧萍《中国对外话语译介与传播研究：回顾与展望（1949－2019）》（《外语与外语教学》第4期）对新中国成立70年来中国对外话语译介与传播研究进行了回顾与展望，形成了中国对外话语译介与传播涉及话语分析、翻译学与传播学三个领域，但目前研究缺乏不同领域的充分沟通与深入协作，许多论题均无法形成一致意见。因此，学科配合、内容综合、思路调合、方法融合应该成为未来发展的基本方案。姜峰《中国学生学术话语能力发展与教学有效性研究》（《外语与外语教学》第6期）基于 Bhatia 的话语能力维度，解构学术话语能力，并根据自建对比语料库的统计数据分析中国英语学习者学术话语能力的薄弱之处。跟踪18周学术英语教学，分析学术英语主要教学路径对学术话语能力培养的针对性及有效性，进而提出发展本土化学术英语教学的对策与建议。张德禄、张珂《中国话语外译语言选择模式探索：系统功能视角》（《外语电化教学》第5期）以系统功能语言学为理论基础，对中国话语外译过程中语言选择的模式进行探索，从文化语境、情景语境、话语意义、词汇语法和音系字系五个层面构建了中国话语外译语言选择模式，提出在中国话语外译过程中，在各个层次上应该优先选择的特征和方面以及应该坚持的基本原则。朱振武、袁俊卿《西人英译中国典籍的价值取向与中国形象的异域变迁》（《中国翻译》第2期）关注西人英译中国典籍的价值取向与中国形象的异域变迁问题，分析了处于集体无意识之中的西人英译，考察其英译中国文化典籍的目的动机、文本选择、翻译策略、文化误读及其背后的心理流变等问题，探究问题成因以及这些问题造成的影响。

（四）话语策略研究

范武邱、王昱《十八大以来我国外交部发言人话语新风格及翻译策略探析》（《外语教学》第2期）分析了党的十八大以来我国外交部发言人话语新风格及翻译策略，发现发言人的话语风格发生了较大转变，具体表现在显性评价和坦率回应频率增加、与生活话语的互动性增强、巧用中国传统文化元素、注重"同一"修辞策略的使用和多模态多方位传达外交理念。蒋婷、张慧《生态位视阈下中美广告话语的态度资源对比研究》（《现代外语》第3期）结合态度系统和语言生态位理论，对比分析中国小米以及美国 Nest 旗下智能家居广告话语中态度资源生态性的异同、成因及其影响。黄立鹤等《基于多模态修辞结构理论的老年产品广告修辞策略分析：形象构建与心理诉求》(《当代修辞学》第 5 期) 对目前我国市场上 15 例代表性较强的老年产品广告语篇进行多模态分析，基于语篇内在修辞关系及语篇结构考察广告语篇呈现的老年身份构建规律，揭示老年产品广告修辞中"情感诱发 - 理解加深 - 产品购买 - 身份建构"的修辞路径。刘立华、童可《跨文化传播视域下的话语互动研究》(《外语教学》第 6 期) 在跨文化传播视角下考察跨文化传播视域下的话语互动，借鉴 Wodak 的话语历史分析方法和田海龙提出的双层五步分析框架，提出了描述话语互动的七个步骤。秦苑、高一虹《国情境中的安宁疗护家庭会议——结构、挑战与策略》(《中国外语》第 4 期) 基于互动语料分析我国情境中安宁疗护家庭会议的结构、互动中的主要问题和主持医生的沟通策略。研究者依据"活动类型"和"话语类型"框架，对会议录音文字稿做了话语分析。王亚峰、于国栋《医患交流中患者扩展回答的会话分析研究》(《外语教学理论与实践》第 3 期) 以泌尿外科门诊的医患交流为语料，探究患者扩展回答的具体原因及序列语境，分析扩展回答的价值和意义。李瑶等《突发性公共事件中的网络话语礼貌研究》(《西安外国语大学学报》第 4 期) 以新浪微博新冠肺炎疫情相关新闻的热门评论为语料，探讨突发性公共事件中网络话语礼貌呈现出的特点及其影响因素。

（五）理论与方法的引介

唐斌、付添爵翻译了荷兰著名社会语言学家 Teun A. van Dijk 的代表作《社会与话语：社会语境如何影响文本与言谈》(商务印书馆，11 月)，该著以政治领导人的演讲为分析案例，形成了基于社会心理学、社会学、人类学等的多学科框架的新语境理论，属于话语分析研究的理论探讨。赵芃翻译了英国批评话语分析学者 Fairclough 的《话语分析——社会科学研究的文本分析方法》(商务印书馆，4 月)，该研究理论阐释和分析方法为一体，将布迪厄、福柯、哈贝马斯等学者的理论观点融入语言学研究之中，且从语体、话语和风格三个方面系统阐释了基于文本的话语分析路径。肖琳《社会语言学视角下的言语交际》(外语教学与研究出版社，12 月) 从称谓语、语码转换、会话分析、礼貌、言语交际方式进行了理论综述和研究案例分析。

六、语言服务研究

2007 年，语言服务作为学术概念正式提出。近五年，语言服务内涵不断丰富、研究问题持续更新。2021 年，语言服务研究重点聚焦应急领域与产业、行业发展，探讨应急语言服务、语言服务业的理论基础、国内外经验与发展趋势。

（一）应急语言服务研究

2019 年，新冠肺炎疫情暴发。为抗击疫情，"战疫语言服务团"迅速行动，率先开展了一系列服务实践，学界也迅速响应。2020 年，应急语言服务研究应运而生，出现众多研究成果，讨论应急语言服务的学理基础、路径方略等。2021 年，国内应急语言服务研究进一步推进，深入理论探究、总结各方经验、聚焦人才培养。

　　应急语言服务理论研究对象从基本概念转向服务内容，应急语言服务类型细化。李宇明《应急语言服务的教育问题》（《语言服务研究》第 1 辑）在应急语言服务有三大任务的基础上提出了应急语言服务教育的四大目标，并进一步指出应急语言教育的五种类型，包括：社会应急语言服务、学校应急语言服务、应急语言服务团教育、应急救援者的应急语言服务培训和应急语言服务的专业教育。沈骑、陆珏璇《全球城市外语能力指标体系构建》[《新疆师范大学学报（哲学社会科学版）》第 2 期]将应急服务能力作为评估城市外语服务能力的指标之一，具体包括两类服务：针对外籍人士、外国移民等群体的紧急外语服务和为外籍残障人士或老人提供的特殊语言服务。刘永厚、殷鑫《中国应急语言服务的现状和提升路径》（《语言服务研究》第 1 辑）提出应急语言服务涵盖应急语言政策法规、应急语言产品和应急语言人力资源三要素。张馨元、李霞《应急语言服务的理论与实践》（《天津外国语大学学报》第 4 期）以"备急语言研究、应急处置语言研究、善后语言研究"为基本类别，梳理了三种应急语言服务下的各种具体服务的理论研究情况。陈练文《基于需求层次理论的中国应急语言服务需求分析》基于需求层次理论，将应急语言服务对象划分为生理性、社会性、心理性语言弱势群体，其应急语言服务需求层次可以分为基本需求、适度需求和高级需求。康喆文、王铭玉《应急语言策略探析》（《天津外国语大学学报》第 4 期）将应急语言策略概括为三类：制度策略、资源策略和技术策略。

　　应急语言服务实践研究关注国内外经验，深入探讨应急语言服务的服务过程、特点、问题与方略，强调应急语言学建设与人才培养。王立非、李昭《中美日国家应急语言服务团建设对比与启示》（《语言服务研究》第 1 辑）分析对比了中、美、日三国的应急语言服务团的机构部门、服务对象、服务内容、人员构成与培训、语言技术以及各自局限，认为我国应急语言服务应该构建人才培养体系、增强专业人才储备，参与行业科研创新、推进产学研共同发展，整合调用社会资源、搭建统一联动平台。肖俊敏《土耳其灾害应急语言服务项目实践及启示》（《语言政策与规划研究》第 2 期）分析了土耳其灾害应急语言服务项目的服务团组织、管理机制和人员组成，总结了土耳其应急语言服务的经验与问题。郑咏滟《新冠疫情中上海危机沟通语言管理过程研究》根据新冠肺炎疫情期间上海危机沟通实践调查结果，将危机沟通语言管理过程概括为：注意→评估→调整与实施→反馈。相似地，魏家齐、朱伟、王春辉《突发公共事件中的风险沟通》也探讨了应急语言服务中的沟通问题，指出了突发公共事件风险沟通的现状、问题，提出了风险沟通的三项原则、三个视角和三个强化，以及具体方略。王海兰、李宇明《试论粤港澳大湾区的应急语言服务需求》（《语言政策与规划研究》第 2 期）分析了粤港澳大湾区的应急语言服务需求，认为大湾区需要的应急语言服务包括：应急语言服务产品、服务活动、服务机制、应急语言人才与应急语言学学科建设。除此之外，本年度还有相当一部分研究对应急语言服务人才培养作了具体深入的专项研究，论述应急语言服务人才的能力构成、培养目标、专业建设、课程体系等，如李迎迎、潘晓彤的《应急语言服务人才培养体系建构探究》（《天津外国语大学学报》第 4 期）、滕延江《应急语言服务者胜任力与应急语言人才评价》（《天津外国语大学学报》第 4 期）等。

（二）语言服务业研究

当论及语言服务产业、行业、职业等语言服务业态系统时，国内外研究中最早、最常提及的是"语言翻译业"。近五年的语言服务业研究显示，语言服务的内容方式、覆盖领域不断拓展，已经涵盖语言知识服务、语言技术服务、语言工具服务、语言使用服务、语言康复服务、语言教育服务等多种类型。本年度研究围绕语言服务业发展，重点探究语言服务业的市场需求、驱动因素、标准建设、人才培养、发展路径等问题。

探寻语言服务业发展的现状与路径。郭小洁、司显柱《高质量发展视角下中国语言服务业发展路径探索》（《中国翻译》第 3 期）结合"高质量发展"内涵与机理提出语言服务业高质量发展路径：创新产业化以及产业创新化，建立正式及非正式制度，文化融合、开放发展提升产业发展质量。倪兰、唐文妍、和子晴、孙玲《中国手语服务行业现状与发展趋势》（《语言产业研究》第 1 期）研究指出，国内手语服务行业以小微企业为主、缺乏高端手语翻译人才，没有建立起完整的手语翻译教育、培训、认证体系，缺少行业监管与法律保障，无法满足特殊人群的语言需求。王传英、杨靖怡《我国本土跨国公司海外投资语言环境与语言服务业发展》基于中国本土跨国公司语言服务需求特征，提出语言服务业发展应高度重视多语种服务能力、走专业化路线，以市场为导向培养人才、健全语言服务业治理。李成静、范武邱《全球语言服务产业融合与演进研究》（《外语电化教学》第 5 期）概括了全球语言服务产业融合具有三种模式：互动－延伸型、重组－替代型、渗透融合型。全球语言服务产业演进呈现出全业化、范围化、路径化的特点。

相关研究还有徐珺、王清然的《技术驱动的语言服务研究与探索：融合与创新》（《外语电化教学》第 5 期），蒙永业、王校羽、刘智洋的《中外语言服务标准化现状分析及建议》（《北京第二外国语学院学报》第 1 期）等。

探究语言服务业的人才培养。本年度大部分研究在论述语言服务业发展路径时都谈及专业人才培养问题，其中部分学者对语言服务专业建设及人才培养方案作了专项论述，尤其是翻译人才。崔启亮、郑丽萌《语言服务行业发展与学科建设研究——基于京津冀协同发展的语言服务调查》（《外语电化教学》第 5 期）调查了京津冀语言服务行业的发展和学科建设现状，发现京津冀语言服务行业缺乏协同发展、语言服务规范化水平不高等问题、专业翻译人员不足等问题，需要加强高校语言服务专业规划，语言服务学科在专业设置上应多元化，具体包括专业方向、课程设置和教师队伍的多元化。同时，崔启亮《语言服务行业的本地化专业建设》（《北京第二外国语学院学报》第1期）进一步论述了语言服务的本地化专业建设的内涵、现状，提出本地化专业的培养目标、专业方向、课程设置与师资建设问题。黄晓玲、陆晓、赖安《协同育人与商务翻译人才培养》（《上海翻译》第5期）点明了商务翻译人才培养模式改革的必要性，提出要搭建国际协同育人平台，以平台为主体制定人才培养目标、培养方案，设置课程体系，开拓国际化实践平台，培养多元化教育力量。傅恒《"学习共同体"式跨境电商语言服务项目课程设计研究——以商务英语人才培养为例》（《外语电话教学》第3期）围绕商务英语人才培养，讨论了跨境电商语言服务项目课程的具体设计，包括课程理念、目标、内容、实施和评价。

语言服务研究兴起至今近二十年，理论与实践研究日趋丰富，与语言产业、语言经济学、城市规划学、语言政策与语言规划等学科的联系愈加紧密，本年度研究的跨学科化、多元化、具体化趋向明显，在应急语言服务的理论构建、经验总结上有明显推进，但是语言服务业研究的创新性相对欠缺，未能实质性地突破"语言翻译业"和"翻译人才培养"的藩篱。语言服务研究既是语言文字事业的一部分，也是语言文字应用研究的一部分，语言服务研究的这种"双核"性质应引起学界更多的关注。

七、语言国际传播

语言国际传播立足中文国际教育，从规划的视角展开研究，主要涉及国际传播规划概论、中文国际传播理论问题、传播过程研究和海外话语传播等四个方面，相关研究呈现出服务国家战略、问题意识突出、关注时代因素和注重数据支撑四个主要特点。下文以研究内容为纲作简要综述。

（一）中文国际传播研究

王辉《新冠疫情影响下的国际中文教育：问题与对策》（《语言教学与研究》第4期）尝试建立一个宏观和微观双重视角的分析框架，探讨新冠肺炎疫情之下国际中文教育和线上中文教学面临的问题，并提出应对策略。李泉《再论汉语国际化规划》（《语言教育》第4期）探讨了汉语国际化规划的目标、原则和理念，并从国内规划、国外规划、模式规划、教法规划、应用规划等角度，进一步展示汉语国际化规划的问题与内容。王春辉《历史大变局下的国际中文教育》[《云南师范大学学报（哲学社会科学版）》第3期]从语言治理与国家治理的角度关注国际中文传播问题，分析了时下历史背景、国际中文教育的成就和挑战，并从宏观、中观和微观等层面提出五大任务和15个具体策略。

（二）中文国际传播理论问题

李宝贵、李辉《中文国际传播能力的内涵、要素及提升策略》（《语言文字应用》第 2 期）界定了中文国际传播能力的内涵、要素及提升策略，指出中文国际传播能力的六个要素和传播能力提升的六个着力点。王亚蓝、刘海涛《国际语基本特征的衡量指标探索》（《语言文字应用》第 2 期）以拉丁语、法语和英语为例探讨了国际通用语发展演变的特点与模式，指出国际语的发展路径遵循地理分布的层级规律，语言外因素对语言的国际化不仅起到决定性作用，而且也表现出不同的层次性，国际语的演变通常滞后于国家的兴衰，还进一步探讨了国际语基本特征的衡量指标。

（三）传播过程研究

王辉、沈梦菲《汉语真的难学吗——汉语国际形象研究》（《世界汉语教学》第 3 期）从语言复杂性角度阐释了"汉语难学"的含义以及语言复杂性的评估方法，指出"汉语难学"作为一种负面语言形象是存在的，并从声望规划的角度对汉语国际形象的修复提出了建议。韩晓明《"移民-扩散型"语言传播及其特征——以东南亚汉语传播为例》（《民族教育研究》第 3 期）以东南亚汉语传播为例分析了"移民-扩散型"语言传播及其特征。朱瑞平《论汉语国际传播的风险规避策略》[《云南师范大学学报（哲学社会科学版）》第 1 期]从汉语国际传播的风险源和风险类别划分入手，讨论了规避风险应从传播者、传播途径与方式、传播内容、传播受众、传播效果等五个方面展开，提出了科技赋能、文化赋值、交流赋情和发展赋新的内涵式发展策略，以及化整为零的弱传播、以民心相通为要务、认清传播扩散性的利弊、"以文会友"加深国际友谊、提高民间媒体话语权等风险化解策略。

（四）海外华语传播

薛桂谭《中日近代汉字新词的创制与传播》（《牡丹江大学学报》第 9 期）采用类型分析法、系统分析法、历史比较法综合考察了华人移民影响东南亚汉语传播的历史事实和发展现状，梳理、提炼了东南亚汉语传播发展的特殊规律。方环海、沈玲《国际中文教育视域下汉语活力评估研究——以美国加州圣荷西地区为例》（《民族教育研究》第 6 期）运用改进后的语言活力评估体系和案例研究法对汉语在美国加州圣荷西地区的语言活力状况进行了调查，结果显示汉字与在圣荷西地区的活力等级为二级，活力较低。何洪霞、吴应辉《新加坡华语社区语言使用情况研究》（《民族教育究》第 3 期）对新加坡华语社区语言使用状况进行量化比较和质性分析，发现华语社区成员语言使用以华语为主、英语为辅；华语传承退化，语言使用内外有别；语言水平表现为华语好于英语；华听、说、读、写四项技能发展不平衡；社区成员家庭语言规划具有"双语导向+坚守母语"的特征。姚敏《马来西亚华人社会、华语社区与华语传承》（《语言战略研究》第 4 期）基于马来西亚统计局调查报告与个人深度访谈指出，新型华文媒体促进了华语的传承和使用，华语的功能空间在马来西亚不断扩展。刘慧《柬埔寨华人家庭语言规划与华语传承调查研究》(《语言战略研究》第4期)调查发现，影响华人家庭华语传承的因素主要有华族的自我赋能、华语声望价值以及华语新媒体的传播。李春风《缅甸华语传承模式研究》(《语言战略研究》第4期)通过多种调查方法得出缅甸华语的南北两条传承链，指出国家语言政策对跨境移民群体语言文化有制衡作用、经济价值是激发新生代华人传承的最主要动力、跨境移民群体语言文化被同化的趋势不可避免。另有部分学者调查了美国、日本、意大利等国家第二、第三代华裔的华语传承教育情况，指出家庭语言规划、语言态度对华语传承有显著影响。曹贤文、金梅《美国新泽西州华二代华语传承调查研究》(《语言战略研究》第4期)调查发现，周末中文学校、华裔家长及其子女的语言态度和家庭环境是影响美国华二代华语传承的关键因素。韦九报《祖语水平保持的影响因素研究——以在日华裔青少年为例》(《语言文字应用》第4期)在调查在日华裔青少年的中文学习动机基础上论证了家庭有关动机是中文水平重要且显著的影响因素。肖自辉的《中缅中老边境四城语言生态调查与评估》(世界图书出版广东有限公司，6月)基于语言生态评估指标体系对四个城市的语言多样性情况以及区域内各语言的生态状况进行调查、评估和对比分析。漆亿等《贝宁汉语教学研究》(四川大学出版社，6月)从教育环境、教学体系、机构和课程、师资等角度分析了贝宁的中文教学情况。

八、学科建设

2020年11月3日，教育部在山东威海组织召开新文科建设工作会议，正式吹响了新文科建设的集结号。2021年1月，国务院学位委员会、教育部印发通知，新设置"交叉学科"门类，其成为中国第14个学科门类。其在此背景下有一批专题和研究聚焦于学科建设发声。

《语言战略研究》2021年第1期，推出了"语言交叉学科"研究专题。该专题由陈平教授主持，包括1篇主持人语(陈平)、4篇文章和6篇"多人谈"板块。陈平主持人语讨论了交叉学科教学与研究应该做什么和怎么做的问题。4篇文章，第一篇陈平以历时视角解读了交叉学科的由来、分类、研究方法类型并对未来的语言交叉研究做出展望；游汝杰《中国古代文化制度与语言演变》指出，现代汉语是历代汉语演变发展的结果，汉语及其方言的现状，不仅与语言本体发展规律相关，也与中国悠久的历史和文化相关；梁丹丹《理论语言学对病理语言学的贡献》和周鹏《儿童语言习得机制跨学科研究：进展、问题和前景》两文分别聚焦病理语言学和儿童语言习得机制。"多人谈"板块，何莲珍提出做好顶层设计，推动人文社科领域交叉研究；李宇明指出在语言观念和语言生活发生重大变化的今天，语言学应当更自觉地看待"学科交叉"，为社会人文学科做表率；Stephen Crain概览了语言研究的生物语言学视角；徐大明从跨学科视角阐述了社会语言学的产生与发展；汪锋展示了面向人类复杂系统的语言学跨学科研究；陆烁提出语言障碍的诊疗急需汉语语言学的介入。

《中国外语》杂志在2021年第1、3、4期刊发了16篇文章讨论了外语学科建设问题。第1期，首篇是王俊菊的文章，指出新文科建设背景下，外语教育应立足时代发展新需求，从新专业/方向、新培养模式、新课程体系、新理论建构等方面积极尝试，通过自交叉、内交叉、内外交叉、外内交叉等形式，突出"新""跨""文"等新文科特点，以此推动外语教育的创新发展，在新文科建设中发挥外语学科的重要作用；然后用13篇文章组成了"新文科背景下的外语教育与外语研究"研究专题。曹德明《高水平国际化人才培养是外语教育的时代使命》一文指出当前没有给予高端人才培养足够多的关注，外语人才的低层次重复培养，低端人才已出现过剩趋势；程工一文以语言生理基础的研究为案例，提示跨学科研究是一项艰巨的事业，需要汇聚多方面的条件才有可能取得高质量的成果并获得可持续的发展；何莲珍《新文科与外语学科建设——综合性大学的探索与实践》一文和刘宏的文章分别以综合性大学和外语院校为例分析了新文科建设的相关探索和实践；胡壮麟《改革永远没有句号》号召外语学科建设和外语教学与研究的改革要一直在路上；宁琦《新时期外语教育的定位与任务》一文和束定芳《研究真问题，构建新生态——中国外语教育教学的瓶颈与出路》一文分别讨论了新时期外语教育的定位与任务、中国外语教育教学的瓶颈与出路；王文斌《对外语教育中国化的思考》一文和修刚《新时代外语专业教育的新转变》一文分析了对于外语教育中国化的相关思考、新时代外语专业教育的一些新转变。其他几篇文章偏向微观，包括封宗信《符号学视角下转喻的认知绕道》、胡开宝《数字人文视域下现代中国翻译概念史研究——议题、路径与意义》、梁茂成《大数据时代的语料库语言学研究探索》、张辉《批评认知语言学视域下多语话语体系建构的探索》。第3期和第4期分别刊发常俊跃《对我国外国语言文学学科及其学科方向设置的思考》（《中国外语》第3期）分析了外国语言文学学科方向设置方面存在的分歧，进而提出了消除分歧的建议；杨明星《文科时代外交话语学科构建与外语学科转型发展》（《中国外语》第4期）提出"外交话语学"学科群构建可围绕"外交语言学""外交翻译学""外交形象学与外交传播学""外交文学"和"国别区域话语体系"五个方向进行。

《外语与外语教学》第1期聚焦外语教育学研究刊文9篇。王文斌、柳鑫淼《关于我国外语教育研究与实践的若干问题》认为看不出问题就是最大的问题；张天伟《我国外语教育政策的主要问题和思考》分享了五大主要问题并提出了四条建议；李民、王文斌《我国高校外语教育问题研究：外语教育学视角》指出了五大问题；常俊跃等《外语教育学学科建构背景下英语课程的关键问题》调研了各学段英语课程存在的九个关键问题；韩宝成、梁海英《我国基础教育外语考试存在的问题》依据Bachman和Palmer的语言测试有用性框架，分析了中考和高考两项试卷存在的问题；张文忠等《外语教学实践问题调查》探析了对外语教学效果产生较大影响的 63 种"真问题";杨鲁新、张宁《外语教师教育中理论与实践的转化难题——基于对外语教育学科定位的思考》基于参与教师教育项目的研究实践经验探讨了我国外语教学实践中出现的诸多问题;张虹等《我国高校本科英语教材存在的问题调查》基于教材评价框架分析了高校目前使用的本科英语教材存在的问题;蔡静等《我国高校外语教育信息化主要问题调查》基于文献分析和专家访谈,分析了我国高校外语教育信息化五大问题。

除此之外,王寅的《体认社会语言学刍议》(《天津外国语大学学报》第 1 期)《体认社会语言学的理论基础与研究方法》(《解放军外国语学院学报》第 2 期)两篇文章阐述了体认社会语言学的基本框架,刘兆浩、常俊跃《政治语言学研究的现状与趋势》(《现代外语》第 6 期)《政治语言学的内涵与外延》(《外语研究》第 6 期)也用两篇文章介绍了政治语言学的基本情况,崔启亮和郑丽萌《语言服务行业的本地化专业建设》(《北京第二外国语学院学报》第 1 期)以及王立非《从语言服务大国迈向语言服务强国——再论语言服务、语言服务学科、语言服务人才》(《北京第二外国语学院学报》第 1 期)两文专门探讨了语言服务研究的学科建设问题,王春辉《学科发展视角的语言治理研究》[《陕西师范大学学报(哲学社会科学版)》第 5 期]从学科建设的视角历时梳理了语言治理研究的兴起与发展情况。

著作方面,Ronald Wardhaugh 的《社会语言学引论(第七版)》(外语教学与研究出版社,9 月)和 Florian Coulmas《社会语言学通览》(外语教学与研究出版社,9 月)由外研社引入;王淑雯出版了《社会语言学概论》(四川大学出版社,7 月)。

2021 年是不平凡的一年,中国共产党建党 100 周年、全面推进乡村振兴开启、全球疫情持续蔓延……中国社会语言学一直在场。

语言文字工作

张 洁

2021年是中国共产党成立100周年，也是"十四五"开局之年。为推进新时代语言文字事业改革发展，2021年11月30日，国务院办公厅印发了《关于全面加强新时代语言文字工作的意见》（以下简称《意见》）。这是新中国成立以来第一次以国办名义下发的全面加强语言文字工作的指导性文件。

《意见》指出，语言文字是人类社会最重要的交际工具和信息载体，是文化的基础要素和鲜明标志。语言文字事业是国家综合实力的重要支撑，在党和国家工作大局中具有重要地位和作用。新中国成立以来，特别是党的十八大以来，我国语言文字事业取得了历史性成就。面对中华民族伟大复兴的战略全局和世界百年未有之大变局，《意见》强调，新时代语言文字工作要坚持以习近平新时代中国特色社会主义思想为指导，坚持以人民为中心的发展思想，以推广普及和规范使用国家通用语言文字为重点，加强语言文字法治建设，推进语言文字规范化、标准化、信息化建设，科学保护各民族语言文字，构建和谐健康语言生活，传承弘扬中华优秀语言文化，提升国家文化软实力。

《意见》指出，全面加强新时代语言文字工作，要坚持服务大局、服务人民，坚持推广普及、提高质量，坚持遵循规律、分类指导，坚持传承发展、统筹推进的基本原则。《意见》明确了今后一个时期语言文字事业的发展目标：到2025年，普通话在全国普及率达到85%，语言文字规范化、标准化、信息化水平进一步提高，语言文字科技水平和创新能力明显提升，中华优秀语言文化得到更好传承弘扬，与人民群众需求相适应的语言服务体系更加完善。《意见》还锚定2035年，提出了语言文字事业中长期发展目标。

《意见》提出，今后一个时期，要重点抓好坚定不移推广普及国家通用语言文字、加快推进语言文字基础能力建设、切实增强国家语言文字服务能力、积极推进中华优秀语言文化传承发展、大力提升中文国际地位和影响力等五大任务。围绕落实这些任务，《意见》确定了大力提高国家通用语言文字普及程度、加强语言文字规范化标准化建设等15项重点举措。

《意见》强调，要加强党对语言文字工作的领导，完善语言文字工作体制机制，夯实法治基础，加强队伍建设，为全面加强新时代语言文字工作提供有力的组织保障。

2021年的语言文字工作主要围绕着研究和总结建党百年语言文字事业、推普助力乡村振兴、推广国家通用语言文字、语言文字规范化标准化信息化建设、不断提高语言文字服务能力五个方面展开。

一、建党百年语言文字事业的研究和总结

2021年正值中国共产党成立100周年，语言文字工作的一大重点是围绕着"建党百年语言文字事业"，回顾党的语言文字事业百年历程、总结党引领的语言文字事业取得的成就经验。《中国语文》《语言文字应用》《语言战略研究》等多家期刊报纸开设"建党百年"专栏、刊发特稿专文；中国社会科学院、国家语言文字工作委员会、北京外国语大学等组编出版《毛泽东邓小平江泽民胡锦涛习近平论语言》《中国共产党语言文字事业百年纪事》《党的语言文字事业百年光辉历程》《人类命运的回响——中国共产党外语教育100年》等学术汇编、工作纪事。国家语委重大科研项目"中国共产党建党百年历程中语言文字政策及实践研究"立项。

9月24日，由国家语言文字工作委员会主办、教育部直属机关党委指导、语言文字应用研究所承办的"党的语言文字事业百年光辉历程"展览在教育部开展。展览共展出包括档案、图书、实物、音视频资料在内的素材438件，分为"星火燎原""日月新天""与时俱进""奋勇逐梦"四个篇章，通过梳理、总结百年来党领导下的语言文字事业走过的光辉历程，全面系统呈现了新民主主义革命时期、社会主义革命和建设时期、改革开放和社会主义现代化建设新时期、中国特色社会主义新时代党领导的语言文字政策和实践的变迁、发展进程，展现了语言文字工作为服务国家发展大局所发挥的重要作用和显著成就。

观展人员受益良多，纷纷表示这是深化党史学习教育的鲜活实践，深刻领会到坚持党的领导、坚持人民至上的理念、坚持服务国家发展大局是语言文字事业不断取得新成就的重要法宝，通过观展也进一步激励自身砥砺初心使命，汲取历史力量，不断增强开创新时代语言文字事业发展新篇章的责任担当。

展览还分别在上海、江西等地巡回展出。上海市语委、市教委主办的"党的语言文字事业在上海"展，分为中国共产党与上海早期的语文现代化运动、国家通用语言文字推广普及、语言文字规范化建设、中华优秀语言文化传承传播、语言服务国计民生、语言文字治理能力建设等六个篇章，全面系统地展示了中国共产党领导的语言文字事业100年来在上海的发展历程和显著成就，展现了语言文字事业为上海经济社会发展、城市软实力提升作出的积极贡献。

在江西的展览分"红色印记""推广普及国家通用语言文字""语言文字科学研究""治理能力和服务水平"四个部分，展示了江西语言文字工作在革命斗争时期所发挥的宣传

革命、唤醒民众、壮大红军、培养人才的重要作用，特别展示了党的十八大以来，江西省语言文字工作者强化使命担当、奋力开拓进取所取得的成绩。

二、推普助力乡村振兴

"推普助力乡村振兴"计划是"十三五"时期推普脱贫攻坚行动计划的接续升级，是国家语言文字事业"十四五"发展规划的重点任务。

（一）开展"推普助力乡村振兴"全国大学生暑期社会实践志愿服务活动

为深入学习宣传贯彻习近平新时代中国特色社会主义思想，贯彻落实习近平总书记关于青年工作的重要思想，引导和帮助广大青年学生上好与现实相结合的"大思政课"，在社会课堂中受教育、长才干、作贡献，在观察实践中学党史、强信念、跟党走，努力成为担当民族复兴大任的时代新人，以实际行动庆祝中国共产党成立100周年，2021年6月16日，中央宣传部、中央文明办、教育部、共青团中央、全国学联发布"关于开展2021年全国大中专学生志愿者暑期文化科技卫生'三下乡'社会实践活动的通知"。活动主题是"永远跟党走，奋进新时代"，要求志愿者们组织5个实践团，其中乡村振兴实践团着眼于帮助和引导更多青年学生了解认知当前的乡村状况、在未来踊跃参与乡村振兴战略实施，面向广大乡村特别是中西部地区、少数民族聚居区和欠发达地区乡村，组织开展科技支农、科普宣讲、调研献策、志愿服务等形式的实践活动。

根据上述通知精神，为深入贯彻习近平总书记关于教育的重要论述精神，全面落实全国语言文字会议精神，加大民族地区、农村地区国家通用语言文字推广力度，服务乡村振兴战略实施，教育部语言文字应用管理司、共青团中央青年发展部于2021年暑期共同开展"推普助力乡村振兴"全国大学生暑期社会实践志愿服务活动，引导和教育广大青年学生志愿服务乡村推普工作，在社会实践中受教育，长才干，作贡献。

征集通知发出后，收到全国483所高校近2000支大学生志愿服务团队报名，最终遴选出包括清华大学、北京师范大学、同济大学等在内的930支团队开展此次志愿服务活动。

7月27日，志愿服务活动出征仪式在江苏师范大学举行。来自全国368所高校的大学生志愿服务团队代表参加出征仪式，他们在短暂培训后赴中西部民族地区和农村地区开展国家通用语言文字推广活动，服务乡村振兴战略实施。

语言文字具有基础性、社会性、经济性属性，实践团队的大学生志愿者为做好乡村振兴这篇大文章，发挥好语言文字的基础性作用，深入到广大的农村地区，用真心真情推广普及国家通用语言文字，切实帮助乡村地区的广大群众增强学说普通话的意识，提高普通话水平。同时具体了解基层真实的情况和需求，帮助乡村广大群众增强就业能力、提高科学文化素质，通过推普服务乡村旅游资源开发、传统村落建设、电商人才培养、文创产业发展等，繁荣发展乡村语言文化，助力培育乡村经济的新增长点。为促进民族团结、铸牢中华民族共同体意识作出贡献，以实际行动服务国家战略、实现自身成长。

（二）《国家通用语言文字普及提升工程和推普助力乡村振兴计划实施方案》发布

2021年12月23日，为加大国家通用语言文字推广力度，提升普及程度和质量，教育部、国家乡村振兴局、国家语委联合印发了《国家通用语言文字普及提升工程和推普助力乡村振兴计划实施方案》（以下简称《实施方案》），共同实施国家通用语言文字普及提升工程和推普助力乡村振兴计划，提出到2025年，全国范围内普通话普及率达到85%。

国家通用语言文字普及提升工程和推普助力乡村振兴计划是"十三五"时期的国家通用语言文字普及攻坚工程和推普脱贫攻坚行动计划的接续升级，是国家语言文字事业"十四五"发展规划的重点任务。《实施方案》指出，坚持以习近平新时代中国特色社会主义思想为指导，以服务铸牢中华民族共同体意识为主线，按照"聚焦重点、全面普及、巩固提高"的新时代推广普通话工作方针，全面推行国家通用语言文字教育教学，巩固拓展推普脱贫攻坚成果同乡村振兴有效衔接，全面提高国家通用语言文字普及程度和质量，推动国家语言文字事业高质量发展。

《实施方案》强调，要坚持"系统谋划、统筹推进，突出重点、精准施策，尊重规律、协同创新"的工作原则，经过五年努力，实现国家通用语言文字普及程度和质量全面提升。并提出全国普通话普及率具体目标是：到2025年，全国范围内普通话普及率达到85%；基础较薄弱的民族地区普通话普及率在现有基础上提高6-10个百分点，接近或达到80%的基本普及目标。

《实施方案》准确分析国家通用语言文字普及不平衡不充分的突出问题，坚持目标方法效果相统一，实施"三大行动"。聚焦民族地区实施推普攻坚行动，重点解决学前儿童、教师、青壮年劳动力、基层干部等4类重点人群的短板弱项问题；聚焦农村地区实施推普助力乡村振兴计划，提出推普在助力乡村教育、文化、产业、人才、组织振兴等5个方面的任务和要求；聚焦普通话普及率已达到85%的省份和基础较好的城市地区，开展国家通用语言文字高质量普及行动，统筹部署国家通用语言文字教育教学、社会领域用语用字规范化、语言文字科技赋能、语言文字服务能力等4个方面提升任务。

《实施方案》印发后，教育部、国家乡村振兴局、国家语委指导各地抓好落实，并对各地工作进展情况适时开展调度，确保按时完成国家通用语言文字推广普及各项任务。

三、推广普及国家通用语言文字

2021年是中国共产党成立100周年，也是"十四五"开局之年。这一年结合党史学习教育、庆祝中国共产党成立100周年开展"永远跟党走"群众性主题宣传教育活动，广泛、深入开展了形式多样、内容丰富、特色鲜明的推广普及国家通用语言文字和传承弘扬中华优秀语言文化相关活动，深入学习领会贯彻落实习近平总书记等中央领导同志关于做好推广普及国家通用语言文字工作的重要指示精神，落实全国语言文字会议决策部署，推进实施国家通用语言文字普及提升工程，营造全社会学习使用国家通用语言文字的良好氛围，促进各民族交往交流交融，共诵百年伟业，携手共写时代新篇。

（一）第24届全国推广普通话宣传周

第24届推广普通话宣传周由教育部、国家语委、中宣部、国家民委、人力资源和社会保障部、文化和旅游部、国家广播电视总局、中央军委训练管理部、共青团中央等九部门组成领导小组共同举办。时间为2021年9月12日至18日，活动主题是"普通话诵百年伟业，规范字写时代新篇"。

2021年9月14日，中国推普周领导小组会同内蒙古自治区人民政府在鄂尔多斯市举办开幕式。推普周前后，内蒙古对三级甲等及以下民族语言授课在职教师进行线下线上多种形式的分层培训，组织开展第三届中华经典诵读大赛内蒙古决赛颁奖仪式暨优秀作品展示，举办中华经典诵读优秀作品展演、巡演等推普重点活动。

2021年9月17日，全国推普周领导小组会同江西省人民政府在南昌市举办重点活动，并发布第六期中华经典资源库项目成果、为第二批国家语言文字推广基地代表授牌。推普周前后，江西组织高校师生走进乡村、社区开展"百年征程传薪火，红色经典润乡土"系列活动，开展中小学教师语言文字能力培训，举办书法名家进校园系列活动暨江西省第七届规范汉字书写大赛，组织部分高校赴农村中小学开展中华经典诵写讲送培送教活动。此外，推普周领导小组各成员单位在推普周后举办党的语言文字事业百年光辉历程展，在北京、河北、上海、江西、陕西等地进行展览。2021年9月下旬，在北京师范大学举办语言文化论坛。中国国家语言文字推广基地以及各级各类学校举办系列特色融媒体宣传活动。

（二）评估"学前学普"行动

教育是阻断贫困代际传递的治本之策。在原深度贫困地区，许多少数民族儿童不会普通话，入学后听不懂老师讲课，影响学习成绩和学习信心，成为辍学的主要原因。中国乡村发展志愿服务促进会（原中国扶贫志愿服务促进会）在四川省的支持下，选择大小凉山彝族地区开展试点，帮助3至6岁彝族儿童在入学前学会普通话、养成好习惯。学会普通话的基本要求为听懂、会说、敢说、会用，养成好习惯的基本要求为讲卫生、懂礼貌、爱学习。

2018年5月，原国务院扶贫办、教育部、四川省委省政府在凉山州启动了"学前学会普通话"行动试点，2018年7月，原国务院扶贫办、教育部印发《关于开展"学前学会普通话"行动的通知》。

学前学普行动在凉山州、乐山市20个试点县设立3996个幼教园点，招录聘用16617名幼儿教师和辅导员承担保教工作。截至2021年底，项目实现对大小凉山彝族3－6岁儿童的全覆盖，累计惠及531664人，目前在园281142人，进入小学250522人。

2021年，促进会委托教育部语言文字应用研究所进行了第三方评估。评估结果显示，学普儿童普通话水平显著提升。在园儿童普通话合格率为97.19%，其中一二年级学生普通话合格率为97.46%，优秀率为43.54%；学普小学生学习成绩明显提高。与开展学普前的2018年一二年级学生相比，一年级语文平均分由38.60分提高到59.24分、数学平均分由47.43分提高到69.09分，二年级语文平均分由42.29分提高到52.70分、数学平均分由52.71分提高到72.52分。

评估认为，学前学普行动实现了预期目标。绝大多数儿童学会了普通话，养成了良好生活习惯。学普小学生学习成绩明显提升，有利于控辍保学；通过"小手拉大手"，普遍呈现儿童教家长说普通话、共同讲卫生的良好习惯，推动了彝区移风易俗；通过分级分类分层培训和教学实践应用，以及技术保障单位全程业务指导和教学资源投放，师资水平和教育质量得到提升；通过学习使用国家通用语言文字，促进了少数民族群众主动融入中华民族大家庭，增强了筑牢中华民族共同体意识的社会基础。

中央领导同志对学前学普行动十分关心，汪洋同志、孙春兰同志和胡春华同志先后到幼教园点视察指导。汪洋同志2021年在促进会呈报的《关于"学前学会普通话"行动试点情况的汇报》上批示："学前学会普通话是推广国家通用语言文字的基础，应当高度重视。'促进会'的试点成效突出，'必须旗帜鲜明推进'。请相关部门继续重视支持。"孙春兰同志批示："'学前学会普通话'是铸牢中华民族共同体意识的重要举措，意义重大。中国乡村发展志愿服务促进会在四川凉山等地精心组织，深入开展试点，取得了很好成效，予以充分肯定。对于师资经费等方面的困难，请教育部、国家民委会同财政等部门积极研究支持。"

2021年，学前学普行动写入《人类减贫的中国实践》白皮书，中国乡村发展志愿服务促进会荣获全国脱贫攻坚先进集体。

四、语言文字规范化、标准化、信息化建设

2021年语言文字规范化、标准化、信息化建设成果丰硕。

（一）《〈中华人民共和国国歌〉国家通用手语方案》（GF0024－2020）正式实施

《〈中华人民共和国国歌〉国家通用手语方案》首次以听力残疾人手语使用者为主体，规范应用国家通用手语"唱"国歌，让听力残疾人切实体会国歌的真实内涵，从而和全国人民一同领略国歌激发民族爱国情感、催人奋进的巨大作用。该规范的实施切实解决了多年来听力残疾人手语使用者在奏唱国歌场合，规范、统一、严肃使用手语表达国歌的愿望，使听力残疾

人全面、准确感受国歌表现的民族精神，呼唤内心深处爱国主义情怀，促进我国残疾人文化、教育事业的繁荣发展。该规范于 2020 年 9 月 25 日经国家语委语言文字规范标准审定委员会审定通过，2020 年 11 月 23 日由中国残疾人联合会、教育部、国家语委共同发布，自 2021 年 3 月 1 日起正式实施。

（二）《通用规范汉字笔顺规范》（GF0023-2020）正式实施

《通用规范汉字笔顺规范》代替 1997 年国家语委发布的《现代汉语通用字笔顺规范》。该规范将笔顺规则落实到国务院 2013 年 8 月批准发布的《通用规范汉字表》，依据现行通用规范汉字形体，即《通用规范汉字表》的标准宋体字形，给出每个字的逐笔跟随和笔画序号式笔顺，提供 ISO/IEC10646 国际标准编码（UCS）和《通用规范汉字表》序号。该规范是服务和满足语言生活对语言文字规范标准需求的一项基础性规范，为社会通用层面的汉字教学与研究、信息处理、排序检索、辞书编纂等提供重要依据。该规范于 2020 年 9 月 25 日经国家语委语言文字规范标准审定委员会审定通过，2020 年 11 月 23 日由教育部、国家语委发布，自 2021 年 3 月 1 日起正式实施。

（三）《国际中文教育中文水平等级标准》（GF0025-2021）正式实施

经国家语委语言文字规范标准审定委员会审定，《国际中文教育中文水平等级标准》（GF0025-2021）（以下简称《标准》）由教育部、国家语言文字工作委员会发布，作为国家语委语言文字规范自 2021 年 7 月 1 日起正式实施。

近年来，中文在国际交往中的作用日益凸显，中文学习需求不断扩大，国际中文教育迫切需要一套科学规范、包容开放、便于实施的规范标准，用以指导中文学习、教学、测试与评估各个环节，推动教育教学质量和效果的提升。《标准》是国家语委首个面向外国中文学习者，全面描绘评价学习者中文语言技能和水平的规范标准。《标准》的发布实施，是语言文字规范标准体系进一步完善的重要标志，将为国际中文教育事业的发展提供有力支撑。

《标准》由教育部中外语言合作交流中心组织研制，借鉴参考了 10 余种较有影响的国际语言标准，并对国内外大中小学及其他各类教育机构开展国际中文教育教学实际情况进行了广泛调研，充分征求国内外专家等各有关方面的意见建议，经反复论证、多次修改后完成。

《标准》将学习者中文水平分为"三等九级"，并以音节、汉字、词汇、语法四种语言基本要素构成"四维基准"，以言语交际能力、话题任务内容和语言量化指标形成三个评价维度，以中文听、说、读、写、译作为五项语言技能，从而准确标定学习者的中文水平。

《标准》适用于国际中文教育的学习、教学、测试与评估，为开展国际中文教育的各类学校、机构和企事业单位提供规范性参考。《标准》的发布，将成为国际中文相关标准化、规范化语言考试的命题依据以及各种中文教学与学习创新型评价的基础性依据，也将为世界各地国际中文教育的总体设计、教材编写、课堂教学和课程测试提供参考，还将为"互联网+"时代国际中文教育的各种新模式、新平台的构建提供重要依据。

（四）国家标准《古籍印刷通用字规范字形表》（GB/Z 40637-2021）发布

2021年10月11日，国家市场监督管理总局、国家标准化管理委员会发布国家标准《古籍印刷通用字规范字形表》（GB/Z 40637-2021）。该标准由教育部、国家语委组织研制，国家语委语言文字规范标准审定委员会审定。研制工作由北京师范大学、商务印书馆、中华书局承担。

研制组在北京师范大学资深教授王宁先生的带领下，以汉字学科学理论为指导，以我国第一部大型辞书《辞源》所收文言词汇为切入点，在对海量古籍数字化资源进行统计测查基础上，确立严谨、科学的规范原则和验证条例，按照定字数、定主形、定笔数、定字音、定编码的"五定"目标，历时6年研制完成《古籍印刷通用字规范字形表》。这是新中国成立以来对传世古籍印刷字的第一次整理规范。

该标准规定了古籍印刷通用字收字和宋体字形规范原则，给出了14250个古籍印刷通用字的字形、字音以及在国际编码字符集ISO/IEC 10646中的码位，适用于传世古籍的印刷出版，以及现代书刊的繁体版印刷。该标准的发布实施，对于推动语言文字规范化标准化信息化，传承弘扬中华优秀传统文化，建设社会主义文化强国都具有重要促进作用。

（五）《T/CAPT 003-2021中文新闻信息结构化标注规范》正式发布实施

2021年10月19日，中国新闻技术工作者联合会正式发布了团体标准《T/CAPT 003-2021中文新闻信息结构化标注规范》。标准于2021年10月20日正式实施。该标准由新华通讯社通信技术局、北京语言大学信息科学学院、中国人民大学新闻学院、北京星尘纪元智能科技有限公司、新华社媒体融合生产技术与系统国家重点实验室联合起草。

该标准描述了中文新闻信息结构化标注的要求、标注规则和方法，适用于中文新闻领域信息内容的标注，服务于新闻信息资产的分析挖掘、知识发现和再利用，为多维度检索、组成特定专题、关系图谱等积累数据基础，为新闻信息内容的人工标注、半自动化及自动化标注应用提供指导和参考依据。使用对象包括报刊、广播、电视、通讯社、新闻网站等新闻内容提供商及媒体应用与研究机构。

（六）外语词中文译名研制发布

3月19日，第十一批外语词规范中文译名发布。此次发布并推荐的译名共7组，主要是信息技术和金融财经领域与社会生活密切相关、媒体使用频次较高的外语词。包括BCI（Brain Computer Interface）脑机接口，CTO（Chief Technology Officer）首席技术官，MCN（Multi-Channel Network）多频道网络，GMV（Gross Merchandise Volume）商品交易总额，REIT（Real Estate Investment Trust）不动产投资信托基金/房地产投资信托基金，mRNA（messenger RNA）信使核糖核酸，PCT（Patent Cooperation Treaty）《专利合作条约》。

（七）新修订的《普通话水平测试管理规定》颁布

普通话水平测试是促进国家通用语言文字推广普及和应用的重要举措。为贯彻落实习近平总书记关于推广普及国家通用语言文字的重要指示批示精神，落实全国语言文字会议精神部署要求，进一步落实《中华人民共和国国家通用语言文字法》，在广泛调研、公开征求意见基础上，教育部部长怀进鹏于11月27日签发第51号教育部令，颁布新修订的《普通话水平测试管理规定》（以下简称《管理规定》）。此次修订旨在解决制约普通话水平测试健康发展的瓶颈问题，着力提高测试管理的科学化、规范化水平，提升测试服务能力。

《管理规定》进一步完善测试管理体系，明晰各级语言文字工作部门的管理职能和测试机构的工作职责。《管理规定》规定普通话一级甲等须经国家测试机构认定，一级乙等及以下由省级测试机构认定，并将普通话水平测试等级证书的颁发机构由省级语言文字工作办事机构统一变更为国家测试机构，增强了专业测试的统一性、权威性。

《管理规定》明晰不同参与主体的权利和义务，完善权利保障和法律责任。首次对测试员和考务人员的权益保障作了明确规定，并增加对测试机构违规行为的处理规定。《管理规定》还建立应试人申诉机制，规定应试人对测试成绩有异议的可以申请复核，明确复核申请提出时间、接受单位、受理及作出决定时限等。

《管理规定》提出一系列便民新举措。删除两次测试间隔时间的要求，扩大测试服务供给；取消属地报名要求，明确应试人可根据实际需要，就近、就便报名参加测试；针对残障人士的实际需求，强化对特殊人群的语言测试服务；明确在境内学习、工作或生活3个月及以上的港澳台人员和外籍人员可自愿申请参加测试；增加电子证书相关规定，明确电子证书和纸质证书具有同等效力。

《管理规定》于2022年1月1日起正式施行。下一步，教育部、国家语委将修订研制等级证书管理办法、测试工作队伍管理办法以及视障、听障人员测试管理办法等配套文件，完善测试系统和信息管理系统，有针对性地加强培训，健全工作机制，提升测试管理工作能力和水平。

（八）《现代汉语常用词表》（第2版）出版

《现代汉语常用词表》（第2版）8月1日出版，该书由李行健、苏新春主编，教育部语言信息管理司组编。

《现代汉语常用词表》（第2版）是一部收录现当代社会生活中比较稳定的、使用频率较高的56790个汉语普通话词语的词表类工具书。正表按词语的使用频度排序，每个词语标有频序号；表后附有音序索引，提供词语的拼音和频序号。收录的词语以单音词和双音词为主，也收录一些常用的缩略语、成语、惯用语等熟语，以及表达整体概念的其他固定短语。修订工作自2015年启动，仍然遵循"通用""常用""语文性"原则，在原版基础上删除了220余条已不太常用的词语，增收了1050条新词语和漏收词语，修订某些不合规范、不准确或不统一的词形、读音，对儿化词、轻声词进行了完善，并重新排定了词语的频序号。这部词表可广泛应用于语文教材、汉语分级读物和语文词典的编写、对外汉语词汇教学、中文信息处理等领域。

五、不断提高语言文字服务能力

2021年，语言文字战线大力推进应急语言服务研究与实践，继在新冠肺炎疫情防控阻击战中作出积极贡献后，全面推进"北京冬奥会语言服务行动计划"，提升语言文字科研服务保障国家战略和事业发展的能力，努力将《国家语言文字事业"十三五"发展规划》"以服务国家发展需求为核心""提高国家语言文字服务能力"的要求落到实处。

（一）规划、筹建国家应急语言服务团

从2020年抗击疫情实践中发展起来的应急语言服务，是语言文字战线积极服务国家重大需求的生动体现，充分展现了语言文字工作者的家国情怀和"奉献、友爱、互助、进步"的志愿服务精神。在突发事件应对中，语言沟通障碍，语情处置不及时是应急语言服务要解决的问题，要加快建立应急服务体系，科学规划语种结构，依托专家储备，学术引领，针对性扩大知识面，加大人才资源共享力度，做好标准建设和语言支援产品储备，实现应急语言服务的制度化、专业化。

2021年12月30日发布的《国务院关于印发"十四五"国家应急体系规划的通知》（国发〔2021〕36号）提到："建立突发事件预警信息发布标准体系，优化发布方式，拓展发布渠道和发布语种，提升发布覆盖率、精准度和时效性，强化针对特定区域、特定人群、特定时间的精准发布能力。""加大应急管理标准外文版供给。""提升应急救援人员的多言多语能力，依托高校、科研院所、医疗机构、志愿服务组织等力量建设专业化应急语言服务队伍。"

《国务院办公厅关于全面加强新时代语言文字工作的意见》："加强国家应急语言服务。""建立语言服务机制，建设国家语言志愿服务队伍。"

（二）《冬奥会体育项目名词》发布

教育部、国家语委与北京冬奥组委于2017年5月联合启动"北京冬奥会语言服务行动计划"。根据该计划，2020年教育部、国家语委指导有关单位完成冬奥术语平台第三版（V3版）、冬奥项目知识图谱及冬奥知识问答系统、冬奥语言翻译服务系统、冬奥会语言服务志愿者平台建设，取得重大进展；同时，指导北京市和河北省的语言文字工作部门在调研基础上扎实推进冬奥会语言环境建设。

2021年10月27日北京冬奥组委在京举办了《冬奥会体育项目名词》发布暨冬奥术语平台V3版交付仪式。

《冬奥会体育项目名词》和冬奥术语平台收录的名词涉及北京冬奥会和冬残奥会全部竞赛

项目，覆盖中、英、法、日、韩、俄、德、西班牙八个语种。旨在为北京冬奥会的口笔译人员、志愿者、运动员、裁判员、新闻媒体工作人员提供服务。《冬奥会体育项目名词》采用融合出版的形式，纸质内容与冬奥术语平台融合联动。

《冬奥会体育项目名词》的发布和冬奥术语平台V3版的正式交付，打造了纸质书籍和网络在线平台融合出版、相互联动的新模式，是冬奥语言服务历史上的首创，也是为国际奥林匹克运动发展贡献中国智慧和中国方案的具体体现，成为冬奥会的重要文化遗产及奥林匹克精神传播的重要载体。

《冬奥会体育项目名词》的发布，为北京冬奥会的高质量举办提供语言保障，在促进冬奥文化传播、弘扬奥林匹克精神、推动构建人类命运共同体等方面发挥了积极作用。

（三）语言文字科研服务于国家战略和事业发展

1. 召开2021年全国语言文字工作会议

2月2日召开的2021年全国语言文字工作会议上，教育部党组成员、副部长，国家语委主任田学军强调，2021年是中国共产党建党100周年，也是实施"十四五"规划、开启全面建设社会主义现代化国家新征程的第一年。语言文字战线要坚持以习近平新时代中国特色社会主义思想为指导，深入学习贯彻党的十九届五中全会精神，落实全国语言文字会议精神，加强语言文字工作顶层设计，在新起点上开好局、起好步；坚定不移推广普及国家通用语言文字，铸牢中华民族共同体意识；加快语言文字规范化标准化信息化建设，提升国家语言文字服务能力；深入挖掘充分利用语言文化资源，大力传承弘扬中华优秀语言文化；深化语言文字交流合作，增强国家文化软实力；推进语言文字工作治理体系和治理能力现代化，夯实语言文字事业改革发展基础。

田学军要求，要把坚持和加强党的领导贯穿语言文字工作全过程，进一步完善"党委领导、政府主导、语委统筹、部门支持、社会参与"的管理体制，提高语委统筹协调能力，建立省级语委报告制度，着力打造一支高素质专业化语言文字人才队伍，不断推动语言文字事业再上新台阶，更好地服务建设高质量教育体系，为实现中华民族伟大复兴的中国梦作出新的更大贡献，以优异的成绩庆祝建党100周年。

2. 《中国语言学的体系建设和时代使命——写在习近平〈在哲学社会科学工作座谈会上的讲话〉发表五周年之际》发表

5月10日《中国语文》第3期发表编辑部文章《中国语言学的体系建设和时代使命——写在习近平〈在哲学社会科学工作座谈会上的讲话〉发表五周年之际》。文章指出：中国语言文字凝聚着先祖的智慧，传承着民族文化的信息。中国的语言学多年来以自身的学术建设为基础，为党和国家大政方针和语言政策的咨询，为语言规范化、语文教学、文学文化研究、哲学和历史研究、认知心理研究、人工智能研究乃至康复医学研究等方面做出过贡献，在世界语言学舞台上展示过基于中国语言的学术创见。在新时代新的发展阶段，语言研究将以高水平的研究成果，为推广、普及和规范使用国家通用语言文字提供坚强的学理支撑，为加强语言文字法治建设，推进语言文字规范化标准化信息化建设，科学保护各民族语言文字，构建和谐健康语言生活，传承弘扬中华优秀语言文化，提升国家文化软实力，为铸牢中华民族共同体意识，建设社会主义现代化强国贡献力量。

（四）国家语委"十四五"科研工作会议召开

11月9日，国家语委"十四五"科研工作会议召开。教育部党组成员、副部长，国家语委主任田学军出席会议并讲话。

田学军指出，国家语委科研规划领导小组成立20年来，全面加强对语言文字科研工作的领导、规划和部署，积极构建涵盖规划引领、机构建设、人才培养等多位一体、有机配合的科研工作体系，走出了一条特色鲜明的发展道路。"十三五"时期，国家语委科研工作积极服务国家战略需求，大力推动文化传承发展，不断强化社会服务功能，在促进基础理论创新、深化国际合作交流等方面取得明显成效。国家语委科研项目品牌日益凸显，融中心、基地和智库为一体的研究型基地框架基本成型，科研骨干队伍不断壮大，管理服务水平持续提升。田学军强调，要立足新发展阶段，准确把握国家语委科研工作面临的新形势新要求，以高质量发展为主题，全面提升创新力、服务力、引领力、影响力。要胸怀"国之大者"，牢记初心使命，服务国家改革发展大局。要深入贯彻落实《国家语委"十四五"科研规划》，推动关键领域和重大问题研究取得突破。要紧盯新兴交叉领域，推进学科发展，加强创新人才培养。要完善具有中国特色的语言学话语体系，提升科研国际影响力。会议宣布成立国家语委第三届科研规划领导小组。

第二篇 文章选登

国务院办公厅关于全面加强新时代语言文字工作的意见

国办发〔2020〕30号

国务院办公厅

各省、自治区、直辖市人民政府,国务院各部委、各直属机构:

语言文字是人类社会最重要的交际工具和信息载体,是文化的基础要素和鲜明标志。语言文字事业具有基础性、全局性、社会性和全民性特点,事关国民素质提高和人的全面发展,事关历史文化传承和经济社会发展,事关国家统一和民族团结,是国家综合实力的重要支撑,在党和国家工作大局中具有重要地位和作用。新中国成立以来,特别是党的十八大以来,在党和国家的高度重视下,我国的语言文字事业取得了历史性成就。同时,国家通用语言文字推广普及仍不平衡不充分,语言文字信息技术创新还不适应信息化尤其是人工智能的发展需求,语言文字工作治理体系和治理能力现代化水平亟待提升。为全面加强新时代语言文字工作,经国务院同意,现提出如下意见。

一、总体要求

(一)指导思想。以习近平新时代中国特色社会主义思想为指导,全面贯彻党的十九大和十九届二中、三中、四中全会精神,按照党中央、国务院决策部署,坚持以人民为中心的发展思想,以推广普及和规范使用国家通用语言文字为重点,加强语言文字法治建设,推进语言文字规范化、标准化、信息化建设,科学保护各民族语言文字,构建和谐健康语言生活,传承弘扬中华优秀语言文化,提升国家文化软实力,为铸牢中华民族共同体意识、建设社会主义现代化强国贡献力量。

(二)基本原则。

——坚持服务大局、服务人民。立足我国发展新的历史方位,聚焦国家发展战略,加强顶层设计,充分发挥语言文字的政治、社会、文化、育人和对外交流功能,提高语言文字工作服务国家发展大局的能力,推进语言文字工作治理体系和治理能力现代化,服务人民群众学习使用语言文字和提升科学文化素质的需求。

——坚持推广普及、提高质量。坚定不移推广国家通用语言文字，加大民族地区、农村地区国家通用语言文字推广普及力度，提高普及程度，提升普及质量，增强国民语言能力和语言文化素养。

——坚持遵循规律、分类指导。准确把握我国语言国情，遵循语言文字发展规律，牢固确立国家通用语言文字的主体地位，树立科学语言文字观，改革创新、稳中求进、因地制宜、分类施策，妥善处理好各类语言文字关系，构建和谐健康语言生活。

——坚持传承发展、统筹推进。充分发挥语言文字的载体作用，深入挖掘中国语言文字的文化内涵。处理好传承优秀传统文化与适应现代化建设需求的关系。完善体制机制，优化资源配置，形成多方合力。

（三）主要目标。到2025年，普通话在全国普及率达到85%，语言文字规范化、标准化、信息化水平进一步提高，语言文字科技水平和创新能力明显提升，中华优秀语言文化得到更好传承弘扬，与人民群众需求相适应的语言服务体系更加完善。到2035年，国家通用语言文字在全国范围内的普及更全面、更充分，普通话在民族地区、农村地区的普及率显著提高，国家语言文字事业取得长足发展，基本实现新时代语言文字工作治理体系和治理能力现代化。

二、坚定不移推广普及国家通用语言文字

（四）大力提高国家通用语言文字普及程度。按照"聚焦重点、全面普及、巩固提高"的新时代推广普通话工作方针，分类指导，精准施策。聚焦民族地区、农村地区，聚焦重点人群，加大国家通用语言文字推广力度，继续推进国家通用语言文字普及攻坚，大幅提高民族地区国家通用语言文字普及程度和农村普通话水平，助力乡村振兴。创新开展全国推广普通话宣传周和常态化宣传活动，增强全社会规范使用国家通用语言文字的意识。开展全国普通话普及情况调查和质量监测。建设一批有示范引领作用的国家语言文字推广基地。

（五）坚持学校作为国家通用语言文字教育基础阵地。加强学校语言文字工作，全面落实国家通用语言文字作为教育教学基本用语用字的法定要求。坚持把语言文字规范化要求纳入学校、教师、学生管理和教育教学、评估评价等各个环节，开展学校语言文字工作达标建设。建立完善学生语言文字应用能力监测和评价标准。大力提高教师国家通用语言文字核心素养和教学能力。加强教材建设，确保国家通用语言文字规范标准的贯彻落实。建设书香校园，提高学生国家通用语言文字听说读写能力和语文素养。除国家另有规定外，学位论文应当使用国家通用语言文字撰写。

（六）全面加强民族地区国家通用语言文字教育。在民族地区中小学推行三科统编教材

并达到全覆盖,深入推进国家通用语言文字授课,确保少数民族初中毕业生基本掌握和使用国家通用语言文字、少数民族高中毕业生熟练掌握和使用国家通用语言文字。严把教师准入关,民族地区少数民族教师资格申请人普通话水平应至少达到三级甲等标准,并逐步达到二级乙等以上标准。加强民族地区教师国家通用语言文字教育教学能力培训。加强学前儿童普通话教育,学前学会普通话。开展"职业技能+普通话"能力提升培训,提高民族地区青壮年劳动力的普通话应用水平。充分利用现代化信息技术,提高民族地区国家通用语言文字教育教学质量。

(七)提升国民语言文字应用能力。学校、机关、新闻出版、广播影视、网络信息、公共服务等系统相关从业人员,国家通用语言文字水平应达到国家规定的等级标准。开展国家通用语言文字示范培训,提高教师、基层干部等人群国家通用语言文字应用能力。开发普通话学习资源。推进普通话水平测试,完善国家通用语言文字应用能力测评体系。开展国民语言教育,提升国民语言文化素养,提高国民语言能力。

三、加快推进语言文字基础能力建设

(八)加强语言文字规范化标准化建设。加大行业系统语言文字规范化建设力度,强化学校、机关、新闻出版、广播影视、网络信息、公共服务等领域语言文字监督检查。将语言文字规范化要求纳入行业管理、城乡管理和文明城市、文明村镇、文明单位、文明校园创建内容。加强对新词新语、字母词、外语词等的监测研究和规范引导。加强语言文明教育,强化对互联网等各类新媒体语言文字使用的规范和管理,坚决遏阻庸俗暴戾网络语言传播,建设健康文明的网络语言环境。加强地名用字、拼写管理。鼓励有条件的地方开展城市、区域语言文字规范化建设工作。不断完善语言文字规范体系和标准体系。建立国际中文教育相关标准体系。做好规范标准的发布实施、推广宣传、咨询服务和评测认证工作。

(九)推动语言文字信息技术创新发展。发挥语言文字信息技术在国家信息化、智能化建设中的基础支撑作用,提升语言文字信息处理能力,推进语言文字的融媒体应用。大力推动语言文字与人工智能、大数据、云计算等信息技术的深度融合,加强人工智能环境下自然语言处理等关键问题研究和原创技术研发,加强语言技术成果转化及推广应用,支持数字经济发展。加强语言文字信息化平台建设,建设好全球中文学习平台,提供优质学习资源和信息服务资源。

(十)加强语言文字科学研究。支持语言文字基础研究和应用研究,鼓励学科交叉,完善相关学科体系建设。加强语言文字科研基地、平台建设,完善科技创新体系布局,提高研究水平和决策咨询能力,加强国家语言文字智库建设。提升科研工作管理水平,加强语言文字科研成果转化。

四、切实增强国家语言文字服务能力

（十一）研究制定国家语言发展规划。加强国家语言发展规划，将国家通用语言文字推广普及、语言文字规范化标准化信息化建设、民族语文教育、语言资源保护利用、外语教育、国际中文教育、语言人才培养等统一规划、统一部署。完善高校多语种外语教育规划和语种结构，培养和储备复合型语言人才。加强语言产业规划研究。坚持政府引导与市场运营相结合，发展语言智能、语言教育、语言翻译、语言创意等语言产业。

（十二）提高服务国家战略的能力。围绕国家需求，探索创新服务国家战略的语言文字政策和举措。加强粤港澳大湾区、自由贸易试验区、"一带一路"建设等方面的语言服务。定期开展语言专项调查，为制定国家战略规划提供支撑。开展语言生活状况监测。加强国家应急语言服务。

（十三）满足人民群众多样化语言需求。建立语言服务机制，建设国家语言志愿服务队伍。提升城乡社区语言服务能力，提高少数民族进城务工经商人员语言文化服务质量。编制发布国内外语言政策和语言生活状况报告。加快手语和盲文规范化、标准化、信息化建设，加快推广国家通用手语和国家通用盲文，加强手语、盲文学科建设和人才培养，为听力、视力残疾人提供无障碍语言文字服务。为来华旅游、留学、工作、居住人员提供语言服务。

五、积极推进中华优秀语言文化传承发展

（十四）传承弘扬以语言文字为载体的中华优秀文化。实施中华经典诵读工程，加强中华优秀语言文化的研究阐释、教育传承、资源建设及创新传播。推动社会各界和各级各类学校开展中华经典诵写讲活动，加强中小学经典诗文教育、规范汉字书写教育。实施经典润乡土计划，助力乡村振兴战略。推动以甲骨文为代表的中华优秀传统文化传承发展，发挥古文字在中华文明传承发展中的作用。推进中华思想文化术语传播。加强地名文化遗产保护。培养更多学贯中西、融通中外的语言文化学者。加强中国当代学术和文化的外译工作，提高用外语传播中华文化的能力。

（十五）深化与港澳台地区语言文化交流合作。支持和服务港澳地区开展普通话教育，合作开展普通话水平测试，提高港澳地区普通话应用水平。加大与港澳台地区青少年语言文化交流力度，组织开展中华经典诵读展演、语言文化研修等活动。加强与港澳台地区在科技术语、中文信息技术、语言文字科学研究和人才培养等方面的交流合作。加强台湾地区语言文字政策研究。

（十六）保护开发语言资源。大力推进语言资源的保护、开发和利用。科学保护方言和

少数民族语言文字。加强民族文字教材管理，提升民族语文教学质量。建设完善国家语言资源数据库，促进语言资源的开放共享。建设网络中国语言文字博物馆。推进中国语言资源保护工程建设，打造语言文化资源展示平台等标志性成果。

六、大力提升中文国际地位和影响力

（十七）加强国际中文教育和服务。加强国际中文教师队伍建设。吸引更多海外中文教师来华攻读中文国际教育相关硕士博士学位。构建全球普通话水平测试体系。完善国际中文教育考试标准。加强中文在海外华文学校的推广应用，加强海外华文教师培训。大力提升中文在学术领域的影响力，提倡科研成果中文首发。推动提高中文在国际组织、国际会议的使用地位和使用比例。促进汉语拼音的国际应用。

（十八）拓展语言文字国际交流合作。拓展双边和多边语言政策和语言文化交流合作。推动中华经典诵读海外传播，打造交流品牌。建立与重点国家语言文字工作机构的政策、规划交流机制。推动将语言文字交流合作纳入政府间人文交流机制、"一带一路"文化交流与合作建设工程。

七、加强组织保障

（十九）加强党对语言文字工作的领导。把坚持和加强党的领导贯穿语言文字工作全过程。各级政府要高度重视语言文字工作，切实把语言文字工作纳入政府议事日程和相关工作绩效管理目标，建立健全工作机制、配足配齐工作人员。综合运用法律、行政、教育、科技等手段，履行政府依法监管语言文字应用和提供语言文字公共服务的职责，加快推进语言文字工作治理体系和治理能力现代化。把语言文字工作纳入各级政府履行教育职责评价体系，省级人民政府语言文字工作重要事项要及时向国家语委报告。强化县乡两级国家通用语言文字工作职能。

（二十）完善语言文字工作体制机制。国家语委统筹全国语言文字工作。健全完善"党委领导、政府主导、语委统筹、部门支持、社会参与"的管理体制，建立分工协作、齐抓共管、协调有效的工作机制。各级教育（语言文字）部门要积极发挥牵头协调、统筹推进作用。相关职能部门要依法履行语言文字工作职责，将语言文字规范要求纳入队伍建设、行业规范、监督检查等范围。健全国家语委委员会议、咨询委员会等议事机制。创新社会参与语言文字事业机制。探索多元化、多渠道、多层次经费投入机制。鼓励通过社会捐赠等方式支持语言文字事业。

（二十一）夯实语言文字工作法治基础。贯彻落实国家通用语言文字法。推动完善语言文字法律制度，制定相关配套规章。依法加强管理，确保国家通用语言文字作为机关的公务用语用字，作为学校、新闻出版、广播影视、公共服务等领域的基本用语用字。指导地方根据国家通用语言文字法的规定，完善相关地方性法规。将语言文字规范化要求纳入相关行业法规规章和规范标准。推动开展国家通用语言文字法执法检查。健全语言文字依法管理和执法监督协调机制。将语言文字法律法规的学习宣传纳入普法规划和普法教育内容。

（二十二）加强语言文字工作队伍建设。加强语言文字系统干部队伍培养培训，提高语言文字工作治理能力和水平。开展普通话水平测试员、相关行业从业人员语言文字培训。完善人才培养和使用机制，建设高质量语言文字科研人才队伍。健全激励机制，依法依规表彰奖励为语言文字事业发展作出突出贡献的组织和个人。

2020 年 9 月 14 日

（来源：中华人民共和国中央人民政府网站，http：//www.gov.cn/zhengce/content/2021－11/30/content_5654985.htm）

中国语言文字概况

(2021 年版)

我国有 56 个民族,是一个多民族、多语言、多方言、多文字的国家。普通话和规范汉字是国家通用语言文字,是中华民族通用的语言文字。

汉语是我国使用人数最多的语言,也是世界上作为第一语言使用人数最多的语言。我国除汉族使用汉语外,回族、满族等也基本使用或转用汉语,其他民族都有自己的语言,许多民族都不同程度地转用或兼用汉语。

现代汉语有标准语和方言之分。普通话是现代汉语的标准语,以北京语音为标准音、以北方话为基础方言、以典范的现代白话文著作为语法规范。《中华人民共和国宪法》规定:"国家推广全国通用的普通话。"2000 年 10 月 31 日颁布的《中华人民共和国国家通用语言文字法》确定普通话为国家通用语言。

汉语方言通常分为十大方言:官话方言、晋方言、吴方言、闽方言、客家方言、粤方言、湘方言、赣方言、徽方言、平话土话。各方言区内又分布着若干次方言和许多种"土语"。其中使用人数最多的官话方言可分为东北官话、北京官话、冀鲁官话、胶辽官话、中原官话、兰银官话、江淮官话、西南官话八种次方言。

从语言的系属来看,我国 56 个民族使用的语言分别属于五大语系:汉藏语系、阿尔泰语系、南岛语系、南亚语系和印欧语系。汉藏语系分为汉语和藏缅语族、侗台语族、苗瑶语族。属于藏缅语族的有藏、嘉戎、门巴、仓洛、珞巴、羌、普米、独龙、景颇、彝、傈僳、哈尼、拉祜、白、纳西、基诺、怒苏、阿侬、柔若、土家、载瓦、阿昌等语言;属于苗瑶语族的有苗、布努、勉等语言;属于壮侗语族的有壮、布依、傣、侗、水、仫佬、毛南、拉珈、黎、仡佬等语言。阿尔泰语系分为蒙古、突厥、满－通古斯三个语族。属于蒙古语族的有蒙古、达斡尔、东乡、东部裕固、土、保安等语言;属于突厥语族的有维吾尔、哈萨克、柯尔克孜、乌孜别克、塔塔尔、撒拉、西部裕固、图佤等语言;属于满－通古斯语族的有满、锡伯、赫哲、鄂温克、鄂伦春等语言。属于南岛语系的是台湾高山族诸语言,还有海南回族的回辉话。属于南亚语系孟高棉语族的有佤、德昂、布朗、克木等语言。属于印欧语系的是属斯拉夫语族的俄语和属伊朗语族的塔吉克语。朝鲜语的系属尚未取得统一意见。

我国有约 30 种文字。汉字是记录汉语的文字。除汉族使用汉字以外,我国相当多的少数民族以汉字书写他们的书面语言。汉字系文字在历史上还用于记录中国的一些少数民族语言和东亚、东南亚部分国家的语言。汉字在殷商时期（公元前16－17世纪）形成完整的文字体系，其字体的演变经历了甲骨文、金文、篆书、隶书、楷书等阶段。汉字从未间断地使用至今。《中华人民共和国国家通用语言文字法》确定规范汉字为国家通用文字。

自20世纪50年代以来，国家对现行汉字进行整理和简化，制定公布了《第一批异体字整理表》《简化字总表》《印刷通用汉字字形表》《现代汉语常用字表》《现代汉语通用字表》《GB13000.1字符集汉字字序（笔画序）规范》等标准。2013年6月5日，《国务院关于公布〈通用规范汉字表〉的通知》（国发〔2013〕23号）发布。《通用规范汉字表》是贯彻《中华人民共和国国家通用语言文字法》，适应新形势下社会各领域汉字应用需要的重要的汉字规范标准。《通用规范汉字表》公布后，社会一般应用领域的汉字使用以《通用规范汉字表》为准，原有相关字表停止使用。

中华人民共和国成立前，有21个少数民族有自己的文字。中华人民共和国成立后，政府为壮、布依、彝、苗、哈尼、傈僳、纳西、侗、佤、黎、土、羌等民族制订了文字方案。

我国的文字从文字类型上看有表意文字、意音文字、音素文字、音节文字，从字母文字体系上看有古印度字母、回鹘文字母、阿拉伯字母、仿汉字系、拉丁字母形式等。

1958年2月11日，第一届全国人民代表大会第五次会议通过决议公布《汉语拼音方案》。《中华人民共和国国家通用语言文字法》规定："国家通用语言文字以《汉语拼音方案》作为拼写和注音工具。《汉语拼音方案》是中国人名、地名和中文文献罗马字母拼写法的统一规范，并用于汉字不便或不能使用的领域。"《汉语拼音方案》也是中国人名、地名和中文文献罗马字母拼写法的国际标准。

《中华人民共和国宪法》规定："各民族都有使用和发展自己的语言文字的自由""国家推广全国通用的普通话"。《中华人民共和国民族区域自治法》规定："民族自治地方的自治机关保障本地方各民族都有使用和发展自己的语言文字的自由"。《中华人民共和国教育法》规定：国家通用语言文字为学校及其他教育机构的基本教育教学语言文字，学校及其他教育机构应当使用国家通用语言文字进行教育教学。《中华人民共和国国家通用语言文字法》规定："国家推广普通话，推行规范汉字"。国家的语言文字方针政策和法律法规，对维护国家统一、民族团结，构建和谐健康的语言生活，促进经济、社会、文化、教育的发展具有重要意义。

推广国家通用语言文字是宪法规定的责任，是铸牢中华民族共同体意识的有效途径。多年来，我国坚持不懈推广普及国家通用语言文字。到2020年，全国普通话普及率已经达到80.72%，识字人口使用规范汉字的比例超过95%。

党的十八大以来，全国语言文字系统充分发挥语言文字事业在培育和践行社会主义核心价值观、全面提高公民科学文化素质、增强文化软实力、增进民族凝聚力等方面的独特作用,扎实推进语言文字事业发展。党的十九大以来,语言文字工作战线以习近平新时代中国特色社会主义思想为指导,深入贯彻落实习近平总书记关于教育的重要论述和语言文字工作重要指示批示精神,围绕决胜全面建成小康社会和服务国家发展需求,推动语言文字事业取得重大进展。全国语言文字会议胜利召开,对新时代语言文字事业改革发展做出全面系统部署。推普助力脱贫攻坚成效显著,国家通用语言文字在全国范围内基本普及、语言交际障碍基本消除。语言文字法律法规体系、规范标准体系日益完善,语言文字工作依法治理能力明显提升。中华优秀语言文化创新发展,语言文化活动精彩纷呈。语言文字信息化建设迈上新台阶,语言服务能力进一步增强。语言文化交流合作不断深化。语言文字事业在铸牢中华民族共同体意识、服务国计民生、坚定文化自信、构建人类命运共同体中的基础性地位和作用更加凸显。

(来源:中华人民共和国教育部网站,http://www.moe.gov.cn/jyb_sjzl/wenzi/202108/t20210827_554992.html? ivk_sa = 1024320u)

中国语言学的体系建设和时代使命

——写在习近平《在哲学社会科学工作座谈会上的讲话》发表五周年之际

《中国语文》编辑部

2016年5月17日，习近平在哲学社会科学工作座谈会上发表讲话，提出"加快构建中国特色哲学社会科学"的任务。五年来，我国语言学工作者与广大哲学社会科学同行一道为此做出了自己的努力。在纪念习近平重要讲话发表五周年的历史时刻，回顾和总结我国语言学体系建设的历程，思考中国语言学的时代使命，对于构建和完善中国语言学学科体系、学术体系和话语体系，有十分重要的意义。语言学是哲学社会科学中的一门基础学科，不论在中国还是在西方，都有悠久的历史和不断推陈出新的风貌。新时代中国语言学坚持马克思主义立场观点方法，继承和发展中国古代语言研究传统，广泛吸收国外语言学理论和方法资源，发挥着认识世界、改造世界的重要工具作用，在反映中华民族思维能力、精神品格和文明素质方面，在语言文化交流和学术方法的舞台上，展现着国家综合国力和国际竞争力。

中国语言学的体系建设

中国语言学的学科体系 二十世纪以前，我国并没有独立的语言学学科，古代的词章学、文字学、音韵学、训诂学都是文学和经学的附庸，但其中饱含古人对汉语言文字的观察和思考，发展出的学说渗透着学者们在汉语言文化规律传承方面的洞见和智慧。二十世纪初，在西学东渐的风潮影响下，尤其是新文化运动的直接影响，一批受过西方语言学系统训练的学者建立起了现代学术意义上的中国语言研究专门机构，语言学也自此成为中国现代学术拼图中最具有现代科学意义的一个独立门类。

随着新中国成立而建立的中国科学院，第一批成立的研究所里就有语言研究所，标志着中国语言学的学科自信。七十年来，语言学在哲学社会科学体系中一直是学科特色鲜明、发展任务明确的独立学科。就学科内部组织体系而言，新中国成立初期，不论是科学院的语言研究所，还是高等学校里的语言学专业，都是基本以"现代汉语""古代汉语""语言学理论"为基本架构。这种分类方式的形成，有多方面的原因。一是受苏联语言学把语言研究分为普通语言学和个别语言学的影响，从而设立了独立于汉语研究之外的"语言学理论"；二是"五四"新文化思潮中提倡白话文的影响，与古典文学对应的是"古代汉语"，与新文学对应的是"现代汉语";三是受索绪尔语言学说的影响,区分共时研究和历时研究,侧重以现代汉语为对象的共时研究。语言学与文学虽是"近亲",但学科内部下位区分的理据并不相同,如1977年中国社会科学院成立后,语言研究所和文学研究所先后设立了近代汉语和近代文学研究部门,但近代汉语的分期并不依历史学意义上近代史(1840—1919)时段,而是从语体特征着眼的。改革开放后的我国语言学,更加注重学科自身的内在逻辑结构,全面发展起了国际语言学界通行的语音学、音系学、句法学、词汇学、方言学、历史语言学、社会语言学、心理语言学等分支学科。

中国语言学的学术体系 中国古代有服务于经学的文字、音韵、训诂研究,方法上自成体系。二十世纪以来西方现代语言学方法传入我国,传统学问进入了现代学术逻辑体系,半个多世纪以来的中国语言学,一直走的是借鉴西方前沿理论挖掘汉语特点的道路。每一次理论的更新,都带来汉语特征的新认识和分析汉语的新手段。尤其是改革开放以来,全面借鉴国际前沿的功能语言学、生成语言学、认知语言学等方法,为汉语研究不断打开新的视野。这些新学说和新方法在汉语研究实践中逐一尝试,固然丰富了我们对语言事实的认识,也实现了我国学者与国际语言学界的顺畅对话,但与此同时我们也时常感到自己学术体系从缺的隐痛。反思这一现象,主要是因为西方语言学理论和方法尽管注意到世界语言的多样性,但他们看待人类语言的视角大多还是站在西方语言立场的,这种所谓"世界眼光"未必能够帮助我们揭示汉语自身的深刻理据。早在20世纪70年代,吕叔湘就力图抛弃那些从形态语言里借用来的观念,建立符合汉语实际的语法体系。新世纪以来,我国学者针对汉语词类范畴和句法关系的几个经典难题,通过对世界语言的广泛观察和对汉语事实的深入思考,从汉语最基本的词类范畴名词与动词的关系入手,发现汉语存在各级语法单位之间一系列的范畴包含关系,而这正是与中国传统哲学中的范畴包含关系相吻合的。应该说,这是百余年来第一次基于中国文化传统特征和世界语言变异眼光,对汉语本质做出的系统性揭示,是新时代中国语言学体系建设的重要成果。中国语言学者以自己的学术创新,丰富了普通语言学理论,体现了在世界语言学命运共同体中的责任与担当。

中国语言学的话语体系 学术体系的创新必然伴随着话语体系的创新。相当长的一段时间里,中国学者习惯于使用西方话语体系与国际学界对话,这样做固然实现了顺畅的"接轨",也使外国学者比较容易地了解一些汉语事实。但是,这样传播出去的汉语事实只是分别对应于其他语言的一些支离破碎的侧面,无法展现汉语的整体面貌,也无法传达中国语言文化的本质精神。如何在与国际学术界保持着同一体系下的概念共识基础上,准确地传递渗透着中国语言文化的标识性概念和话语体系,对我国学者来说是一项不容忽视的任务。沈家煊曾经指出,我国古代学者基于哲学传统的虚实观在语言中区别了实词和虚词,而目前中国学者用到这一对概念的时候,使用的却是西方学者定义的标准,忘了它本来的含义,这是最值得我们反思的。新世纪以来，我国学者先后提出了糅合语法、对言语法、注重韵律、注重语体的语法研究等涉及汉语本质的标识性概念。这些概念远承古代词章学传统，近接吕叔湘、朱德熙等现代学术大师的学说，同时，在当代语言类型学视角下，经过西方当代语言理论形式句法、功能语法和认知语法的系统解释，形成了兼具当代学术特色和中国传统文化特色的汉语话语方式。

中国语言学的时代使命

习近平在提出"加快构建中国特色哲学社会科学"任务时，指出："要按照立足中国、借鉴国外、挖掘历史、把握当代、关怀人类、面向未来的思路，着力构建中国特色哲学社会科学，在指导思想、学科体系、学术体系、话语体系等方面充分体现中国特色、中国风格、中国气派。"中国特色哲学社会科学应该具有什么特点呢？习近平认为，要把握住以下三个主要方面：第一，体现继承性、民族性；第二，体现原创性、时代性；第三，体现系统性、专业性。这三个方面，中国语言学百年来的发展历程中，不同程度都有体现。面对现实，思考未来，这三个方面也恰恰是我们发扬优势、补足短板、兴利除弊、拨正方向的关键指引。

中国语言学的继承性、民族性　现代语言学并不是与传统割裂的，每个在汉语学界扎下根来的新学说新方法，无不是继承民族传统和既有学术传统的成功范例。瑞典学者高本汉运用产生于欧洲的历史比较法研究汉语语音，建立了现代意义上的中国音韵学，他一方面根据古代韵书《广韵》的反切和等韵，考订古音的音类，另一方面充分吸收了清代学者对上古音和中古音的研究成果，为中国现代音韵学奠定了基础。马建忠借鉴西方语法观念建立汉语语法体系时，大量使用了"静字"、"动字"以及"助字"等古人常用概念，就是继承性的最好体现。汉语汉字传承数千年，不论从任何理论进行研究，都必须从汉语文使用者的体悟中汲取智慧。

对于每个有见识的学者来说，民族性是汉语研究的题中必有之义。高本汉在总结汉语古音规律时，并不限于对语音材料的关注，而是充分吸收了清代学者段玉裁关于"谐声字"的看法，即重视文字构造中的音韵信息，这就是中国语言研究民族性的体现；马建忠特别看重"华文所独"的语法现象，不局限于西方语法单位概念，根据汉语章句传统，把"顿"和"读"放到非常重要的地位。当人们用后来的眼光指责《马氏文通》的"自相矛盾"时，其实很少去体会马氏在汉语语法民族性上的苦心追求。

改革开放以来，中国语言学者在构建理论体系的时候，日益注重民族性的体现，如语法学与修辞学相结合的观点，诵读单位与句法单位相关联的观点，都与古代文章学一脉相承；关于韵律结构与句法结构关系的研究，从谐声训诂入手进行词源研究等，也都是激活了传统学术的生命力，体现出现代价值。这些研究使我们相信，传统文化中积累的知识智慧和理性思辨，值得挖掘与阐发。语言研究在推动中华文明创造性转化、创新性发展中是可以有所作为的。

中国语言学的原创性、时代性　探索汉语特点是中国语言学发展史上伴随始终的主题，这是中国语言学原创性最有说服力的实证。百余年来我国语言学史上的几部经典著作都具有鲜明的原创性，无论是语法著作《中国现代语法》《中国文法要略》对汉语句式、汉语语义表达的开创性描写，还是丁声树、李荣对汉语方言描写框架的设计和例示，都是在没有现成体系方案可资参照条件下的开创之作。

原创性跟时代性紧密相关，有价值的原创总是出现在恰当的时代。新中国成立初期，全民义化教育和现代汉语规范的迫切需要，造就了一部前无古人的《现代汉语词典》的问世。这部应时而出的汉语词典，其原创性就体现在，在上千年以文言为主的汉语辞书史上，第一次创制了收普通话词汇、用普通话解释、举普通话例子的新型汉语辞书。

改革开放以后，深刻的社会变革也给语言研究提出很多新的课题，语言学者积极关注社会语言生活，探索指导实践的学理支撑。面向汉语国际教育，面向自然语言处理，面向认知科学和人工智能，强烈的问题意识驱使着语言学的基础研究不断调整方向，开拓新领域，而不是以简单追随西方新兴学说为目的。

新时代催生新型学术成果。如果说新中国成立初期编写中型辞书《现代汉语词典》主要是出于当时语言规范化需求的话，那么二十一世纪的今天，现代汉语基本规范已经成型，文化生活日益丰富，社会语言也呈现多层次多样化的面貌，一部兼具完备性、科学性和创新性的《现代汉语大词典》就是最重要的具有时代意义的原创作品。这将是我国语言学者在新发展阶段献给社会的重要文化产品。

中国语言学的系统性、专业性　语言学的系统性可以从两个角度看，一看它在全方位、全领域、全要素的哲学社会科学体系中的地位和价值，二看其学科自身的逻辑构成。从古代到近现代，我国语言学从经学的附庸到与文学相伴，长期没有独立的学科地位。现代语言学的发展，已经成为一门融合了感性与理性、文献与方法、逻辑与技术、生理与心理、物质与思维、体悟与实验、媒体与数据等多种侧面、多种方法的独特学科，形成了由句法学、语义学、语用学、历史语言学、（实验）语音学、音系学、计算语言学、社会语言学、心理语言学等分支学科构成的完整体系。这样的一个独特的体系，放在传统的人文学科系统中已不合适。在中国社会科学院的研究所设置和国家社会科学基金的门类系统中，语言学都是独立的部门，高等教育体系中语言学独立的学科地位也呼之欲出，这是对语言学系统性和专业性共识的体现。

专业性是学科品质的保证，语言学的专业性将保证它在全要素哲学社会科学体系中的地位，也将保证它在伟大社会变革和思想文化建设中的价值。语言学在传承文明和创新理论方面具有自身的价值和方法的特性，如果说七十多年前闻一多、朱自清等学者主张文学、语言学分置更多考虑的是学科内部的结构差异的话，二十一世纪以来语言学科的独立设置问题再度呈现时，则更多是因为语言学知识在国家安全、民族团结、文化传播和科学技术等方面的关键作用日益凸显。党的十八大以来，党中央、国务院从铸牢中华民族共同体意识，从国民素质提高和人的全面发展，从历史文化传承和经济社会发展、支撑国家综合实力的高度论述语言文字的重要意义，这就使语言学的基础研究迎来了前所未有的发展机遇，也面临着新的挑战。

当前语言学的人才队伍与学风建设 实施哲学社会科学人才工程是具有战略意义的重要任务，语言学自身的多学科属性，各个研究方向的迅猛发展，国家治理体系、治理能力以及社会文化生活不断增长的需要，迫切需要建设一支适应新形势的语言学人才队伍。中国语言学不仅在发展战略、培养教育体系、学术评价体系以至管理体制和运行机制方面都有进一步完善的必要，人才队伍总体素质也需要新的提升。科研院所和教育主管部门应该联手研究建立新型的语言学人才培养机制，造就一批德才兼备、融通文理、学贯中西、体用兼能的实用型现代语言学专业人才，为国家战略需求积聚力量。

弘扬优良学风，营造清正的学术生态，是语言学健康发展的保证。我国老一辈语言学家不仅在学术研究上竖立起一座座里程碑，而且在治学境界和治学作风上也都留下来堪称楷模的良好传统。他们从事那些开创性的研究时，不仅学术基础十分薄弱，且国家给予的资金和物质投入也非常有限，但他们不计得失，舍己奉公，恪守学术规范，把社会责任放在首位，严肃对待学术研究的社会效果，"以深厚的学识修养赢得尊重，以高尚的人格魅力引领风气"。今天我们面临的学术环境，尽管存在评价导向、学术诚信、利益驱使等方面的偏颇和失衡等新问题，但毫无疑问的是，只要我们发扬老一辈那种崇尚精品、严谨治学、注重诚信、讲求责任的优良学风，就一定能营造成风清气正、互学互鉴、积极向上的学术生态。

中国语言文字凝聚着先祖的智慧，传承着民族文化的信息。中国的语言学多年来以自身的学术建设为基础，为党和国家大政方针和语言政策的咨询，为语言规范化、语文教学、文学文化研究、哲学和历史研究、认知心理研究、人工智能研究乃至康复医学研究等方面做出过贡献，在世界语言学舞台上展示过基于中国语言的学术创见。在新时代新的发展阶段，语言研究将以高水平的研究成果，为推广、普及和规范使用国家通用语言文字提供坚强的学理支撑，为加强语言文字法治建设，推进语言文字规范化标准化信息化建设，科学保护各民族语言文字，构建和谐健康语言生活，传承弘扬中华优秀语言文化，提升国家文化软实力，为铸牢中华民族共同体意识，建设社会主义现代化强国贡献力量。

（原文刊于《中国语文》2021年第3期）

中国共产党与百年语言文字事业

项开喜

提　要：中国共产党人始终把语言文字事业看成国家和民族文化建设的重要方面。自五四运动起，以中国共产党人为代表的先进知识分子就以新文化运动引领了思想革命。延安时期，中国共产党领导开展了拉丁化新文字运动。新中国成立后，确立了文字改革的三大任务：整理和简化汉字、推广普通话、制定和推行《汉语拼音方案》，并开展现代汉语规范化运动。改革开放以后，全面深入推进语言文字的规范化、标准化、信息化和法制化建设。进入新世纪，着力构建国家语言和文化发展。通过回顾中国共产党成立一百年来关于语言文字工作的思想、政策和实践，展现中国共产党领导语言文字事业的历史进程和伟大成就，总结中国共产党领导的语言文字事业的根本特点和深刻启示。

关键词：中国共产党；国家通用语言文字；文字改革；汉语规范化；国家语言战略

语言文字是人类社会最重要的交际工具和信息载体，是文化的基础要素和鲜明标志。语言文字事业具有基础性、全局性、社会性和全民性特点，事关国民素质提高和人的全面发展，事关历史文化传承和经济社会发展，事关国家统一和民族团结。一百年来，中国的语言文字体制和语文生活发生了重要的变化，出现了一系列语言文字改革运动，这些运动伴随着中国人民寻求民族解放、国家富强和民族复兴的道路不断深入发展。

五四运动以来，以中国共产党人为代表的先进知识分子，坚持不懈地对文字改革进行探索和实践。抗日战争时期，我们党领导抗日根据地试验推行拉丁化新文字，支持民众使用简体字。新中国成立以来，我们党全面领导语言文字工作和语文现代化事业，实现了国家通用语言文字在全国范围内基本普及、语言交际障碍基本消除的历史性目标，为维护国家统一和民族团结、促进经济发展和社会进步作出重大贡献。

党的十八大以来，以习近平同志为核心的党中央高度重视语言文字事业，并作出一系列重要论述。推广普及国家通用语言文字，是国家语言文字事业的核心任务。要立足新时代新形势新目标，立足铸牢中华民族共同体意识，服务国计民生、坚定文化自信、构建人类命运共同体，坚定不移推广普及国家通用语言文字。

一、五四运动与中国共产党人语言文字改革主张

五四新文化革命，推动了白话文运动迅猛发展，在语言观、文化观、社会观等方面实现了巨大变化，开辟了白话文学的新纪元，一大批具有先进思想的中国知识分子以他们的实际行动为白话文运动奠定了牢固的基础。后来成为中国共产党领导人的陈独秀、李大钊的功绩就不同凡响。倡导白话文的重要阵地就是陈独秀主编的《新青年》杂志。陈独秀自己就在《新青年》第2卷6号发表《文学革命论》，提出"建设明了的通俗的社会文学"，从文学形式上，提倡白话文学。1918年5月，《新青年》第4卷5号开始完全改用白话文，同期刊登鲁迅第一篇白话小说《狂人日记》。1918年12月，陈独秀、李大钊又创办《每周评论》，成为宣传实践白话文的又一重要阵地。白话文运动的历史功绩是白话文最终取代了文言文，取得了书面语言的统治地位，它有利于童蒙和民众学习语文，接受基础教育，从而使国家富强。从此，汉语书面系统开始了现代汉语的阶段。

五四时期的白话文运动，作为新文化运动的一个组成部分，不仅促进了新文学运动和国语统一运动以及汉字改革运动的发展，也为孕育中的中国共产党的纲领和宗旨做了思想文化方面的准备。

文字改革思潮由来已久。近代以来，在中国面临被世界列强瓜分的严重危机而兴起的文字改革思潮与实践，深深地打上了除旧革新、救亡图存的时代烙印。从清末的切音字运动、汉字革命思潮，民国初期的注音字母运动，到五四时期以及20世纪20至30年代的汉字改革运动，都贯穿着先进知识分子忧国忧民，致力民族振兴、国家富强的情怀和理想。

五四时期兴起的文字改革思潮成为新文化运动的一个重要组成部分。1917年由《新青年》开始，展开文字改革问题的讨论。钱玄同、胡适、陈独秀、蔡元培、鲁迅等知识分子纷纷就文字改革问题发表自己的意见和主张。作为五四时期文字改革的积极倡导者，陈独秀的文字改革思想非常系统，文字改革实践在当时产生了重要影响。陈独秀不仅是我国近现代史上的思想家、革命家，还是一位著述颇丰、造诣精深的音韵学和文字学专家。他赞成在中国传播世界语，但明确反对废除汉语，反对以世界语代替汉语；他同意废除繁难的汉字，代之以简易的拉丁化拼音文字，并亲自制定拼音文字方案；他对文字改革的长期性有着充分的认识，积极探寻汉字改良的途径。陈独秀对文字改革的探索，有其时代的局限性，但其勇于探索、孜孜以求的忘我精神，其改革方案中蕴藏的思想价值和学术价值，都使之成为百年中国文字改革历史上值得记述的先驱者之一。（王爱云，2012；2015：65–71）

值得一提的是，作为新文化运动主将之一的陈望道，翻译了《共产党宣言》的第一个中文全译本，不仅树立了白话文学术翻译的一个典范，更为中国马克思主义术语体系的构建、中国马克思主义学术体系的构建和思想传播，作出了不可替代的贡献。（张亮，2020）

二、20世纪二三十年代的文字改革实践

五四时期，倡导文字改革的先进知识分子不仅从理论上深刻阐述他们的见解，还在实践中积极推动北洋政府及其后的南京国民政府在文字改革方面做出实际工作。

1922年，钱玄同提议，陆基、黎锦熙、杨树达连署，在国语统一筹备会第四次常年大会上正式提交了《减省现行汉字的笔画案》。此后，热心于简体字的文字改革者纷纷撰文提倡并研究简体字，简体字运动从此活跃起来。30年代，国统区的简体字运动一度迅速发展。在中国共产党领导的抗日根据地和解放区，简体字得到比较广泛的使用和流传。

1912年8月，《采用注音字母案》通过，决定先从统一汉字读音着手，实施国语教育。1913年2月15日，读音统一会在北平召开。这次会议审订了6500个汉字的读音，用各省代表投票的方法确定了"标准国音"。拟定了一套注音字母，给汉字注音。1920年，全国各地陆续开办"国语传习所"和"暑期国语讲习所"，推广注音字母，全国小学的文言文课一律改为白话文课，小学教科书都对生字用注音字母注音。至1958年2月《汉语拼音方案》颁布前，注音字母在中国大陆推行了四十年，在统一汉字读音、帮助识字、推广共同语、普及文化教育方面起了很大的作用。

五四运动之后，革新思想成为社会的主要潮流，国语的推广更加顺利。20年代，军阀混战、国家分裂。人们寄希望于通过语言的统一来加强国民精神，加强地方军阀对国家整体的认同，以实现全国政治上的统一，提出了"言文一致"和"国语统一"的口号，推动国语运动全面开展。高等小学国文科改国语科，中学也打破了文言文一统天下的局面。确立以北京语音作为汉民族共同语的语音标准，是国语运动最重要的学术成果，为后来国语推广运动以及新中国的推广普通话工作奠定了理论基础。

在汉字改革讨论中，很多人主张采用罗马字母来制定拼音文字方案。1923年8月29日，国语统一筹备会第五次常年大会决定成立国语罗马字拼音委员会，委员有钱玄同、黎锦熙、赵元任等11人，着手制定国语罗马字拼音方案。《国语罗马字拼音法式》此后正式公布。国语罗马字所用字母国际化，体系完整，使文字改革的探索踏上了一个比较成熟的新阶段。此后，拉丁字母逐渐取代汉字笔画式字母，成为探索制定拼音方案的主流。1934年以后，中国共产党领导的拉丁化新文字运动蓬勃兴起，国语罗马字的推行受到强烈冲击并日渐沉寂。

近代以来，在西学东渐的历史潮流中，文字改革的先驱们为发展教育、开启民智，对文字改革进行了不懈的探索，在理论和实践两方面都取得一定的成绩。但是，在一个山河破碎、战乱频仍、民生凋敝、积贫积弱的半殖民半封建社会，根本不可能完成文字改革这种大规模的社会文化变革。

三、延安时期中国共产党领导的语言文字工作

中国共产党在进行政治革命、夺取政权的过程中，积极倡导文化革命。由中国共产党人发起领导的文字改革运动，始于30年代的拉丁化新文字运动。中国共产党人瞿秋白、吴玉章、林伯渠、萧三、王湘宝等开始探索中国的语言文字改革问题。瞿秋白从语言发展规律和现代白话文发展两个方面切入语言文字改革问题，以"言文一致"为出发点，提出了建立"现代普通话"、创建拉丁化的拼音新文字等语言文字主张，形成了系统化的语言文字改革思想，也为中国共产党后来的文字改革奠定了坚实的理论基础。延安时期，中国共产党人在文字改革的理论建设和实践探索方面均取得了积极的成果，构建起语言文字改革的理论体系，形成了较为成熟的语言文字改革方案。并开始将文字改革方案与群众文化普及充分结合起来，在文字改革方案的推广应用和扫除文盲两方面，取得了可贵的经验。（侯业智等，2019：11-20）

（一）拉丁化新文字运动

中国的拉丁化新文字是20世纪20至30年代初在苏联创制的，其目的是在苏联远东的10万华工中扫除文盲。在苏联的中国共产党党员瞿秋白、吴玉章、林伯渠、萧三等人与苏联汉学家龙果夫、郭质生合作，研究并创制拉丁化新文字。瞿秋白写成《中国拉丁式字母草案》，于1929年正式出版。1930年，瞿秋白又出版了《中国拉丁化字母》，引起很大反响。1931年5月，苏联全民族新文字中央委员会审订批准了中国拉丁化字母方案。

1931年9月26日，在海参崴召开的中国文字拉丁化第一次代表大会上通过了《中国文字拉丁化的原则和规则》。其主要内容是：1）中国拉丁化新文字的原则；2）中国拉丁化新文字的规则（包括：字母、拼写规则、写法规则）。国语罗马字和拉丁化新文字是在几年间先后制定的。拉丁化新文字在标调方式上与前者不同，国语罗马字对丁所有的音节都要标声调，而拉丁化新文字规定：原则上不标声调，只是在极有必要或极易混同的情况下才标声调。拉丁化新文字的制定者和国语罗马字的制定者之间也曾进行过比较激烈的论战，前者叫作"北拉派"，后者叫作"国罗派"。其实，两派在一些根本问题的认识上是一致的，只是在局部细节问题上存在分歧。周恩来在《当前文字改革的任务》中说："拉丁化新文字和国语罗马字是中国人自己创制的拉丁字母式的汉语拼音方案中比较完善的两个方案。在谈到现在的拼音方案的时候，不能不承认他们的功劳。"

1933年，拉丁化新文字介绍到国内。拉丁化新文字的传播得到了文化教育界人士的广泛支持。1935年12月，蔡元培、鲁迅、郭沫若、叶圣陶、茅盾、陈望道、陶行知等688位知名人士，共同发表文章《我们对于推行新文字的意见》，其中说："中国已经到了生死关头，我们必须教育大众，组织起来解决困难。但这教育大众的工作，开始就遇着一个绝大难

关。这个难关就是方块汉字。方块汉字难认、难识、难学。……我们觉得这种新文字值得向全国介绍。我们深望大家一齐来研究它，推行它，使它成为推进大众文化和民族解放运动的重要工具。"（参看费锦昌主编，1997：65-66）

1940年，陕甘宁边区新文字运动委员会成立，选举吴玉章为主任委员。新文字在陕甘宁边区和其他抗日根据地推广试验，如火如荼。在抗日战争最紧张的岁月里，拉丁化新文字的传播形成一个与民族解放运动相结合的前所未有的群众性文化运动。这场运动不但没有被战争的炮火硝烟摧毁，反而在全国各地开花结果。拉丁化新文字运动一直持续到1958年《汉语拼音方案》公布时为止，历时三十年。它对中国的文字改革工作，对制定和推行《汉语拼音方案》，意义深远。

毛泽东等中央领导人对于新文字运动给予了极大赞赏和积极支持。1940年1月，毛泽东发表了《新民主主义论》，提出"所谓新民主主义的文化，一句话，就是无产阶级领导的人民大众的反帝反封建的文化"（毛泽东：《新民主主义论》，《毛泽东选集》第二卷，人民出版社，1991年版，第698页），"这种新民主主义的文化是大众的，因而即是民主的。它应为全民族中百分之九十以上的工农劳苦民众服务，并逐渐成为他们的文化"，并强调，"文字必须在一定条件下加以改革，言语必须接近民众，须知民众就是革命文化的无限丰富的源泉"。（同上，第708页）新文字运动不仅仅是抗日战争的需要，更成为中国共产党新民主主义文化建设的一个重要组成部分。

（二）陕甘宁边区的新文字运动和扫盲工作

延安时期，中国共产党在陕甘宁边区开展了一场轰轰烈烈的新文字运动。通过举办新文字识字班，创建新文字干部学校，成立新文字研究机构，出版新文字报纸、教材和读物等多种举措，推动新文字运动。陕甘宁边区新文字运动有两次：第一次是1936年至1938年初，第二次是1940年至1943年春，尤其是在扫盲运动中，新文字运动取得了显著的成效。

在中共中央的支持下，1941年1月，陕甘宁边区政府成立"新文字工作委员会"，正式宣布新文字与汉字有同等的法律地位。根据地各学校如抗日军政大学、陕甘宁边区师范学校等都增设了新文字课程；陕甘宁边区新文字运动委员会编辑出版了《中国新文字自修课本》等。边区政府在延安创办了专门培养新文字运动教员的新文字干部学校，由吴玉章担任校长，第一期学员达一百多人。这些学员在经过短时期的新文字培训及相关基础知识学习后，都奔赴陕甘宁边区各个县市参加了新文字冬学运动的教学工作。为了配合新文字扫盲运动的开展，与新文字运动有关的读物也开始出版。《新文字报》是新文字协会的会刊，从1940年11月在延安创刊，到1943年1月停刊，一共出版了一百多期。报纸主要刊登简要新闻、新文字辅导材料和教学方法等，发行量也由最初的七八百份增加到后来的四五千份，对新文字运动起到了积极的推动作用。同时，通过新文字运动，广泛地宣传中国共产党的政治理念和抗战主张，新文字运动是中国共产党秉持以人民为中心的理念推动新民主主义文化建设的一个生动事例。

（三）文艺语言大众化运动

五四新文化运动，结束了文言文的统治地位，取得了白话文运动的绝对性胜利，开启了现代汉语的发展历程。但是，到了20至30年代，白话文又出现了"半文半白"和"欧化"两种倾向，又脱离了老百姓语言。中国左翼作家联盟倡导文艺语言大众化，提出"用工人农民所听得懂以及他们接近的语言文字"。这些讨论的主要倡导人是瞿秋白，他提出"俗话文学革命运动，批判半文半白的白话文和直评式的欧化文章"，并带头开展关于普通话的定义和建设普通话的讨论。一批语言学界、文化界的人士积极参与，尤其是有陈望道等语言学家唱主角，发挥了重要作用。

文艺语言大众化运动在理论方面，比五四白话文运动取得更大的成果。彻底击败了"复兴文言、废止白话"的主张；对口语与书面语的区别有了进一步的认识，起到对"我手写我口"简单化认识的纠偏作用；注意到了"语言"与"言语"的区分；提出了向人民群众学习语言的问题。在实践方面，以新文字运动作为切入点，通过系统的语言文字改革工作，逐步实现了语言文字生活的转变。不但要打破五四以来的这种脱离群众的"新文言"，更关注的是如何建立通俗的、大众的新语言文字体系，以语言改革为突破口，废止"洋八股"，"代之以新鲜活泼的、为中国老百姓所喜闻乐见的中国作风和中国气派"。（毛泽东：《反对党八股》，《毛泽东选集》第三卷，人民出版社，1991年版，第844页）

毛泽东于1941年5月和1942年2月，分别作了《改造我们的学习》、《整顿党的作风》和《反对党八股》的报告，号召全党反对主观主义以整顿学风、反对宗派主义以整顿党风、反对党八股以整顿文风。1942年5月，发表了《在延安文艺座谈会上的讲话》，明确提出了文艺为工农兵服务的方针，强调文艺工作者必须到群众中去、到火热的斗争中去，熟悉工农兵，转变立足点，为革命事业作出积极贡献。毛泽东的报告和讲话为语言文字改革提供了思想基础、路线和目标，为语言文字工作指明了根本方向。在党的路线方针政策和新文字运动的推动下，延安时期的政治宣传、文化教育、社会生活等各个领域的语言文字风貌焕然一新。这不单单是表现在语言文字层面的一次转变和发展，而在深层次上推动文化体系和思想体系的变革，影响了整个中国未来的文化建设方向。（侯业智等，2019：58）

四、20世纪50年代语言文字工作的三大任务

中华人民共和国成立后不久，中国共产党就根据国内外形势的需要，将文字改革提上了工作日程。毛泽东自青年时代起，就对文字改革萌生了兴趣并给予持续关注。抗日战争时期，毛泽东明确提出文字改革的主张，并对中国共产党人倡导的拉丁化新文字运动给予了大

力支持。中华人民共和国成立后,毛泽东对文字改革的认识则从国家、民族的角度出发,把文字改革纳入社会主义建设的战略中去考虑。无论是确定文字改革的方向,还是制定文字改革的方案,毛泽东都倾注了大量心血,有力地指导了新中国文字改革工作的顺利开展。

自1949年至1958年的文字改革,主要从三个方面展开——整理和简化汉字、推广普通话、制定和推行《汉语拼音方案》。1958年1月,经毛泽东提出,周恩来在中国人民政治协商会议全国委员会举行的报告会上作了《当前文字改革的任务》的报告,明确规定了文字改革的主要任务是"推广普通话,整理和简化汉字,制定和推行《汉语拼音方案》"。(胡乔木:《关于当前文字改革工作的讲话》,《胡乔木谈语言文字》,人民出版社,2015年版,第261页)此后三十多年我国语言文字工作都是在围绕这三大任务而进行。作为50年代文化领域最重大的运动之一,新中国文字改革的政策与实践取得了很大成就,产生了极其深远的影响。

(一)整理和简化汉字

新中国的简体字研究和整理工作始自1950年6月,由中央教育部社会教育司承担,1950年9月编成《常用汉字登记表》,1951年编成《第一批简体字表》。1952年2月成立中国文字改革研究委员会后,简体字的研究整理工作即由该委员会的汉字整理组承担,1954年7月完成《常用汉字简化表草案》第四稿,1954年9月形成《常用汉字简化表草案》第五稿,1954年11月形成《汉字简化方案草案》。1954年10月,中国文字改革委员会(简称"文改会")正式成立,继续研究整理简体汉字。

1955年1月7日《汉字简化方案草案》发表,公开讨论征求意见。1955年9月,文改会根据各方面意见,拟定了《汉字简化方案修正草案》。1956年1月28日,国务院第二十三次全体会议通过并发表在草案基础上修改形成的《汉字简化方案》。根据各方面对该方案分批试用推行过程中提出的意见和稍后的总结修订,文改会在1964年5月编成《简化字总表》,由文字改革出版社出版,作为教学、出版领域简化字使用的规范。

(二)推广普通话

1955年5月6日,刘少奇听取吴玉章关于文字改革工作的汇报后,提出了"普通话"的提法。此后,文改会和教育部正式将"标准语"的提法改为"普通话"。1955年10月召开的全国文字改革会议,正式通过了推广普通话的决议。会议一致认为推广普通话是适应全国人民迫切要求和我国社会主义建设需要的政治任务,是加强汉民族政治、经济、文化的统一的必要步骤,是全国性的带有战略意义的重大措施,也是进一步发展汉语和准备汉字根本改革的必要步骤。

1956年2月,国务院发出《关于推广普通话的指示》,规定了普通话的标准:"以北京语音为标准音,以北方话为基础方言,以典范的现代白话文著作作为语法规范。"自此,推广普通话的工作在全国范围内迅速展开。推广普通话的方针由1955年10月的"重点推行，逐步普及"，增补为1957年6月的"大力提倡，重点推行，逐步普及"。

（三）制定和推行《汉语拼音方案》

1951年，中国文字改革研究委员会着手制定民族形式的拼音方案。1958年2月11日，第一届全国人民代表大会第五次会议正式批准《汉语拼音方案》，同年秋季进入全国小学课堂。《汉语拼音方案》作为拼写规范普通话的拼音字母和方式，是近现代以来汉语拼音运动的继承与发展，其拉丁字母形式，以及"音素化"和"国际化"的特点顺应了历史潮流，体现了中国共产党领导的语言文字工作面向现代化、面向世界、面向未来的坚定决心。

六十年来，汉语拼音的功能和应用领域得到极大的拓展。从文化教育走向社会应用的诸多方面，从中国国内走向国际社会。汉语拼音是识读汉字、学习普通话、培养和提高读写能力的重要工具，是改革和创制少数民族语言文字的重要依据，是编制盲文、手语、旗语、灯语的重要基础，也广泛用于中文文献排序检索以及工业、科技领域的型号和代码等多个方面。随着现代信息技术的发展，汉语拼音输入汉字被普遍使用，它为汉语汉字插上翅膀，使汉语汉字顺利步入信息化时代。汉语拼音作为拼写中国人名、地名的国际标准，作为各外语语种指称中国事物、表达中国概念的重要符号，成为对外文化交流、汉语国际推广的重要纽带。可以说，现如今汉语拼音在社会生活、文化教育、经济发展、科技创新、信息化建设等诸多领域所发挥的功能和作用，远远超出当初制定者的目标和想象，真正成为中国文字改革史上的一座丰碑。

五、现代汉语规范化运动

（一）现代汉语规范化的原则和任务

1955年召开的"全国文字改革会议"和"现代汉语规范问题学术会议"确定了现代汉语规范化的总原则："以北京语音为标准音，以北方话为基础方言，以典范的现代白话文著作为语法规范。"这几句话是对现代汉民族标准语——普通话的学术含义的界定。这一界定总结了过去，指导了未来，可认为是现代汉语走向规范化最具历史意义的重要成果。

1951年6月6日，《人民日报》发表重要社论《正确地使用祖国的语言，为语言的纯洁和健康而斗争！》，对社会语言文字应用影响深远。同时连载的吕叔湘、朱德熙合写的《语法修辞讲话》，在促进汉语规范化方面也起到了重要作用。

1955年10月25日，中国科学院哲学社会科学部在北京召开了现代汉语规范问题学术会议。罗常培、吕叔湘作了题为《现代汉语规范问题》的主题报告，全面阐述了现代汉语规范的一系列问题，是会议的重要学术成果。这次会议是新中国现代汉语规范化的里程碑。会议确定了现代汉语标准语普通话的定义，建议组成普通话审音委员会和词典计划委员会，研究确定普通话常用词汇的语音，编成《普通话常用词正音词汇》，拟定《现代汉语词典》及其他种类词典的编纂计划，还建议有计划地开展全国方言普查，高校、部门、新闻出版单位加强联系与协作，努力做好语言研究和宣传出版工作。

（二）现代汉语规范化的主要成果

这一阶段现代汉语规范化的主要成果有：普通话审音委员会发表的《普通话异读词三次审音总表初稿》，中国科学院语言研究所词典编辑室编写的《现代汉语词典》，《中国语文》杂志发表的《语法讲话》，以及人民教育出版社编写的中学《汉语》课本等。

词汇规范主要体现在词典上，人们通常把词典看作词汇规范的标准。中华人民共和国成立后，对词汇规范最有影响的两部语文工具书是《新华字典》和《现代汉语词典》。

《新华字典》是新中国第一部以白话文释义、白话文举例，最早采用《汉语拼音方案》作为注音工具的小型语文字典。从1953年出版以来，字典根据时代的变迁和社会的需要不断修订，深受广大读者的欢迎。从草拟时期起，这部小字典就抱有开启民智、振兴中华的梦想，寄托着无数中国人爱国主义的文化情怀。20世纪50年代初期，85%的国民是文盲，希望识字学文化的群众迫切需要一本好用的字典。《新华字典》在相对小的篇幅里提供了最有用的字和词的形音义信息，释义准确、简明。它开本小，便于携带，定价低，符合群众的消费水平，因而它的问世对于普通群众的识字学文化犹如雪中送炭。迄今为止，《新华字典》已发行6亿多册，走进了千家万户，像人们离不开的良师益友，伴随几代人的成长历程，对全民教育、文化普及事业作出了巨大贡献。（张洁，2019）

1956年2月6日，国务院发布《关于推广普通话的指示》，并责成中国科学院语言研究所编纂以确定词汇规范为目的的中型现代汉语词典。时任语言研究所副所长吕叔湘任《现代汉语词典》主编，1961年3月丁声树接任主编。《现代汉语词典》1958年初开始编写，1959年年底完成初稿。1960年印出"试印本"，1978年12月正式出版（即第1版）。《现代汉语词典》填补了现代汉语规范型词典的空白。1978年出版以来，历经6次修订，目前已修订至第7版。《现代汉语词典》用准确精练的普通话书面语释义，尽量采用定义式的解说方式，尽可能地避免了旧辞书同义词互训、递训的毛病。吸取中国传统语言学和西方现代语言学的精华，结合汉语的实际，综合处理字、词的形音义问题，编写体例和细则严密规整，颇多创新。在收词、注音、释义、举例等方面全面超越了此前的《国语辞典》，真正实现了由传统语文类辞书向现代辞书的转型，成为语文类辞书的范本。在促进语言文字规范化、语文教育和文化建设等方面发挥了重要的作用。

六、新时期语言文字的规范化、标准化、法制化和信息化建设

(一)新时期语言文字的规范化、标准化

十一届三中全会之后,开始了语言文字工作领域的拨乱反正。为规范普通话的语音标准,1982年文改会重建普通话审音委员会,王力任主任。在修订《普通话异读词三次审音总表》基础上,1985年12月发布了《普通话异读词审音表》。

1982年12月,《中华人民共和国宪法》增加推广普通话的内容,第十九条规定:"国家推广全国通用的普通话。"普通话已由现代汉民族的共同语发展为国家通用语言,推广普通话有了国家法律的有力保障。

1985年年底,国务院决定"中国文字改革委员会"更名为"国家语言文字工作委员会"(简称"国家语委")。1986年1月,中共中央和国务院批准召开了全国语言文字工作会议,讨论并确定新时期语言文字工作的方针和主要任务,其基本精神就是促进语言文字规范化、标准化,使语言文字在社会主义现代化建设中更好地发挥作用。

在前一阶段"大力提倡、重点推行、逐步普及"的基础上,结合新时期的特点和要求,把推广普通话的方针调整为"大力推广、积极普及、逐步提高",并提出使普通话成为"四用语"(教学语言、工作语言、宣传语言、交际语言)的目标。1994年10月,国家语委、国家教委和广电部发出《关于开展普通话水平测试工作的决定》,有效加强了推普工作力度,提高了全社会特别是重点领域的普通话水平。

继续推进汉字整理和汉字编码工作。1983年公布了《汉字统一部首表》;2009年1月,教育部和国家语委发布《汉字部首表》。1988年1月,国家语委和国家教委发布《现代汉语常用字表》;1988年3月,国家语委和新闻出版总署发布《现代汉语通用字表》。2013年6月,教育部和国家语委发布《通用规范汉字表》,收字8105个,分为三级:一级字表为常用字集,收字3500个,二级字表收字3000个,三级字表收字1605个。此表公布后,原有相关字表停止使用。2021年3月1日,教育部和国家语委发布实施《通用规范汉字笔顺规范》,服务和满足汉字教学与研究、信息处理、排序检索、辞书编纂等领域对于笔顺规范标准的需求。

全面整治社会用字混乱现象。1986年6月24日,国务院批转国家语委《关于废止〈第二次汉字简化方案(草案)〉和纠正社会用字混乱现象的请示》,1977年公布的《第二次汉字简化方案(草案)》正式废止。1986年10月,国家语委对原《简化字总表》作了个别调整,并重新予以公布,巩固了简化字的地位,为坚持使用简化字、消除社会用字的混乱现象创造了条件。1987年3月,国家语委和相关部门联合颁发《关于地名用字的若干规定》;1987年4月,国家语委和广电部联合颁发《关于广播、电影、电视正确使用语言文字的若

干规定》；国家语委和相关部门共同发布《关于企业、商店的牌匾、商品包装、广告等正确使用汉字和汉语拼音的若干规定》；1987年9月，工商行政管理局和国家语委印发《关于商标用字规范化若干问题的通知》；1992年7月，新闻出版署和国家语委印发《出版物汉字使用管理规定》；1994年9月，广电部电影事业局印发《关于重申国产影片必须使用普通话和规范汉字的通知》。汉字应用的许多领域有法可依、有章可循，社会用字的混乱状况大有改观。

为进一步完善和推行《汉语拼音方案》，提高标准化水平，1982年成立以叶籁士为主任的汉语拼音正词法委员会。1984年，提交《汉语拼音正词法基本规则（草案）》，向社会征求意见。1986年全国语言文字工作会议后，加紧进行汉语拼音正词法规则的修订。1988年7月，国家语委和国家教委联合发布了修订后的《汉语拼音正词法基本规则》。

随着《汉语拼音方案》的广泛推行和使用，国内、国际影响不断扩大。1977年，《汉语拼音方案》成为中国地名罗马字母拼写法的国际标准。1982年，国际标准化组织发出ISO7098-1982《文献工作——中文罗马字母拼写法》，《汉语拼音方案》成为拼写汉语的国际标准。1984年，《中国地名汉语拼音字母拼写规则》颁布。

（二）《国家通用语言文字法》的颁布

2000年10月31日，《国家通用语言文字法》经人大审议通过，2001年1月1日起施行。《国家通用语言文字法》是为推动国家通用语言文字的规范化、标准化及其健康发展，使国家通用语言文字在社会生活中更好地发挥作用，促进各民族、各地区经济文化交流，根据宪法制定的法规。《国家通用语言文字法》科学地总结了中华人民共和国成立五十多年来语言文字工作成功经验，把语言文字工作全面纳入法治化轨道，体现了国家语言文字方针政策，明确规定国家通用语言是普通话，国家通用文字是规范汉字。确立了普通话和规范汉字的"国家通用语言文字"的法定地位。明确了当前语言文字工作的重点是推广普通话、推行规范汉字、推行《汉语拼音方案》。法律规定推广普通话不是消灭方言，不少地方开始启动地域方言保护议案，逐步把保护方言与推广普通话有效地结合起来。

这一时期，国家语委制定颁行了一系列语言文字规范标准，极大完善了语言文字工作的法律法规体系。同时协调推动各相关部委、指导督促各地方语委加强行政管理，面向全社会推广普通话、推行规范汉字、推行《汉语拼音方案》，贯彻执行语言文字规范标准。

（三）新时期语言文字的信息化建设

中文信息处理是指用计算机对中文的音、形、义等信息进行处理和加工，分为汉字信息处理与汉语信息处理两部分，具体内容包括对字、词、句、篇章的输入、存储、传输、输出、识别、转换、压缩、检索、分析、理解和生成等方面的处理技术。中文信息处理是自然语言信息处理的一个分支，是一门与计算机科学、语言学、数学、信息学、声学等多种学科相关联的综合性学科。语言文字信息处理技术的发展水平是关乎国家现代化、社会信息化的大事。我国语言文字改革的前期工作及其成果对后来汉字信息处理技术发展起到了奠基性的作用。汉字简化与规范化对汉字信息处理有着重要的影响，而《汉语拼音方案》的制定推行和推广普通话则是汉字信息化进程中不可或缺的关键环节。（冯志伟，1997）

汉字信息化相关工作始于20世纪50年代。1956年，自然语言的计算机处理就被列入中国科学工作的发展规划；1968年，研制成汉字电报译码机；1974年8月，开始了第一个大型汉字信息处理工程项目"748工程"。80年代中期到90年代中期，中文信息处理出现了第一次高潮。80年代初，为"让古老的汉字进入计算机"，全国范围的专家开展集中攻关，在短时间内先后成功解决了汉字在计算机中的输入/输出和信息交换编码问题，并形成"万码奔腾"的局面。从此，中文信息处理进入了快速发展阶段，并极大地提高了中文社会的信息处理效率。汉语拼音也作为重要的拼音输入方法得到使用，使汉语真正步入信息化时代。

1986年全国语言文字工作会议上，语言文字信息化被正式确立为语言文字工作的一项重要任务；1997年全国语言文字工作会议进一步明确其具体内容：制定面向中文信息处理的语言文字规范标准并加强执行情况的监督检查，加强基础理论研究和应用研究，建设为中文信息处理服务的基础工程。

90年代末，中文信息处理的重点开始转向语音识别、语音合成和语义处理等一系列纵深领域，迎来了又一次高潮。

七、国家语言战略、语言资源保护与语言文化发展

（一）构建国家语言战略

构建国家语言战略，是指从国家整体战略、全局利益和未来发展的角度，全面科学合理地规划、布局语言文字事业，使语言文字事业积极主动对接与融入国家发展战略。一方面，通过语言文字事业的发展来帮助解决其他领域有关语言的战略问题和国家发展全局的问题；另一方面，合理规划语言文字事业的全面问题即语言文字领域的宏观问题。

2012年，党的十八大提出"全面建成小康社会"；2017年，党的十九大擘画建设社会主义现代化强国"新三步走"方略。提高国家文化软实力、发展现代信息科技、维护非传统领域国家安全、满足人民日益增长的美好生活需要、推进"一带一路"建设、推动构建人类命运共同体等国家重大发展战略中，对解决语言问题的需求日益迫切。2012年颁布的《国家中长期语言文字事业改革和发展规划纲要（2012–2020年）》指出，语言文字事业"在国家发展战略中具有重要地位和作用"，"必须树立和增强高度的文化自觉和文化自信，努力推进语言文字事业全面发展，为全面建成小康社会、实现中华民族伟大复兴贡献力

量"。2016年颁布的《国家语言文字事业"十三五"发展规划》进一步提出"以服务国家发展需求为核心""为全面建成小康社会、建设与综合国力相适应的语言强国提供有力支撑"。根据服务国家发展战略、建设语言强国的要求，正式将"助力脱贫攻坚，推动乡村振兴"、"语言服务"、"语言产业"和"中华语言文化传承传播"确立为工作任务，极大丰富和拓展了新时代语言文字事业的内涵和外延。（张日培，2020）

2020年10月13日，中华人民共和国成立以来第四次、新世纪新时代以来第一次全国语言文字会议在北京召开。这次会议总结了语言文字事业取得的成就和经验，分析了新时代语言文字事业面临的新情况新问题，明确了今后一个时期语言文字工作的方针、目标和任务，在我国语言文字事业发展历程中具有继往开来的里程碑意义。

（二）语言资源保护和语言文化发展

语言多样性是人类文明最重要的遗产，一种语言一旦消亡，以它为依托的思维方式、口传文化、民俗民风都将随之消失。汉语方言是极其宝贵的语言文化资源，保护方言，"留住乡愁"。在大力推广国家通用语言文字的同时，科学保护好汉语方言和少数民族语言资源，促进语言资源的开发利用，意义重大。

2015年5月，教育部和国家语委启动"中国语言资源保护工程"，这是继1956年开展全国汉语方言和少数民族语言普查以来，第二次全国性、大规模的语言方言调查工作。利用现代化技术手段，收集记录汉语方言、少数民族语言和口头语言文化的实态语料，通过科学整理和加工，建成大规模、可持续增长的多媒体语言资源库，并开展语言资源保护研究工作，形成系统的基础性成果，进而推进深度开发应用，全面提升语言资源保护和利用水平。任务包括语言资源的调查、平台建设、保护研究和开发应用四个方面。

截至目前，已经完成了为期五年的语言资源保护工程一期目标。出版标志性成果《中国语言文化典藏》（20卷）和《中国濒危语言志》（30卷）等。在全国1712个调查点，调查收集到123种语言和全国各地方言的原始文件数据超过1000万条，其中音频数据超过560万条，视频数据超过500万条，总物理容量达100TB，建成了世界上规模最大的语言资料库。"中国语言资源保护工程采录展示平台"和"中国方言文化典藏多媒体资料库"两大多媒体语言资源库，用现代信息技术采录语言数据，经转写、标记等加工程序将相关的文本文件、音频文件及视频文件整理入库，以数据库、互联网、博物馆、语言实验室等形式向学界和社会提供服务。2021年4月，教育部和国家语委又部署语言资源保护工程二期建设工作。

大力促进海峡两岸语言文字交流合作，成立两岸语言文字交流与合作协调小组，推动两岸合作编纂中华语文工具书，共建"中华语文知识库"，连续举办两岸语言文字学术会议，组织两岸大学生夏令营活动，让语言文字成为两岸文化交流的纽带。持续开展港澳居民的普通话培训和水平测试，促进内地与港澳地区的语言文字交流合作。

（三）汉语国际影响力的提升

2020年12月22日，教育部举行发布会透露，目前全球有70个国家通过颁布法令、政令等形式，将中文纳入国民教育体系。中国以外正在学习中文的人数约2500万，"十三五"期间全球参加中文水平考试、中小学中文考试等中文水平考试的人数达4000万人次。这些表明国际中文教育已经拥有广泛而坚实的基础。

汉语国际传播的可持续发展，应主动对接国家需要。"一带一路"建设愿景与规划的实现必须以语言沟通为前提。语言作为文化的载体，既彰显一个国家的软实力，又助力一个民族的硬发展。只有制定合理的语言规划，把汉语所承载的中华优秀文化推广到全世界，才能为"一带一路"建设插上双翼并助力腾飞，最终为提高国家文化软实力和构建人类命运共同体作出贡献。

（四）语言产业的发展

语言不仅是经济活动不可或缺的工具，也是重要的经济资源，直接影响经济发展潜力，催生语言产业。语言产业是生产语言产品以满足各种语言需求的业态集合，具体包括语言培训、语言测评、语言出版、语言翻译、语言技术、语言艺术、语言创意等行业门类。

语言产业以新经济为主要特征，在新一轮科技创新和产业变革中，直接为新动能的壮大贡献力量；同时，以语言智能为代表的语言技术行业为其他新技术、新经济、新业态发展提供必不可少的技术支持，是新旧动能转换的"助推器"，为国家智能经济发展和产业数字化转型奠定了坚实基础。信息科技正在孕育、孵化新的语言产业，进一步提升了语言经济价值，使语言产业内涵不断丰富，经济贡献度不断提升。大数据、云计算、人工智能、5G等信息技术正在为语言产业带来无限机遇和挑战，促进语言产业智能化、规模化、集约化、专业化发展，为语言产业转型升级提供新动能。

语言智能直接影响和推动人工智能体系的进步和发展。随着语言智能的发展，语言信息数据的重要价值将日益凸显，在人工智能基础数据服务行业中，拥有更丰富的方言、非通用语数据采集能力以及更优秀的语音识别、语音合成、语义理解等数据处理能力的企业将更易于脱颖而出。语言科学正在与计算机科学、数学、神经科学、脑科学、认知科学、心理学等相关学科深度交叉融合，产学研各界携手努力、协同共进，构建开放协同的人工智能科技创新体系。不断强化创新链和产业链深度融合，不断开发优质高效的语言智能产品，满足人们日益增长的美好生活需要。（李艳、贺宏志，2020）

八、中国共产党领导的语言文字工作的根本特点

中国共产党所领导的语言文字工作，思想路线和实践方法与历史上的一系列文字改革运

动有着根本的区别，就是以马克思主义作为根本指导原则，坚持中国特色社会主义文化发展方向。主要体现为语言文字工作的政治性、人民性、战略性、科学性和先进性。

（一）政治性

吴玉章、瞿秋白等老一辈中国共产党人在其文字改革思想中，始终以马克思主义来看待文字改革，把文字改革同阶级解放充分结合起来，认为难学难识难写的方块汉字是历朝历代封建社会的统治阶级压迫劳苦大众的工具之一。他们充分认识语言文字的社会属性，把文字改革与阶级斗争密切联系在一起，使其成为革命组成部分的主张，为中国共产党在陕甘宁边区和其他抗日根据地大规模开展新文字运动奠定了思想基础。（侯业智，2018）

抗日战争期间，为了赢得战争的早日胜利，中国共产党需要通过语言文字的改革来提升人民群众的文化水平，通过文字扫盲运动来动员广大人民群众积极投入抗日战争。在当时的条件下，只能通过制定一种简单而且通俗易懂的、能够与根据地人民的认知能力相符合的新文字，以此来积极动员广大人民群众。因此，文字改革在当时特殊的时代背景之下既是一种现实的需要，也是一场政治运动。

1949年以后，中国共产党把文字改革和汉语规范化工作作为社会主义建设事业重要组成部分，充分发挥社会主义制度的优势，取得举世瞩目的成绩。特别是党的十八大以来，党中央提出"实现中华民族伟大复兴，就是中华民族近代以来最伟大的梦想"这一时代解读，深刻概括了近代以来中国历史发展的主题和主线。今天，将中国共产党领导的语言文字事业作为近代以来中华民族为实现中国梦而努力奋斗的一项主题内容来予以考察，完整呈现中国共产党领导语言文字事业的历史进程，深刻认识中国共产党所领导的语言文字事业的伟大成就，具有重要意义。

（二）人民性

中国共产党自诞生之日起，始终代表着中国最广大人民的根本利益，始终代表着中国先进文化的前进方向。一百年来，中国共产党所领导的语言文字工作更加彰显了中国共产党这一伟大本质。

20世纪20至30年代，瞿秋白汉语规划实践的基本特征就是人民本位。变革汉语"书写技术"，创造全体人民共享的"新型中国文化"，是瞿秋白汉语规划的"根本出发点"；倡导"文腔革命"，切实地改造和提升几万万"中国基层百姓"的语文生活，是瞿秋白汉语规划的中心任务；保证最广泛基层群众的积极参与，是瞿秋白汉语规划产生深远影响的重要原因。

瞿秋白所期待和规划的更彻底的"真正的白话文"建设和"拉丁化新中国文"的诞生，一定要有中国基层百姓最广泛的支持和参与，一定要有一场代表历史潮流的有广大民众参加的社会运动。瞿秋白汉语规划之所以能够得到广大人民群众的拥护和支持主要有以下三大方面：第一，规划方案鲜明的"人民性"。首先是在口语选择了"普通话"。将"汉语现代标准语"确定为"普通话"，这无疑是人民的立场，基于人民利益的选择。第二，文腔革命的空前"彻底性"。第三，大众文艺的强烈"鼓动性"。可以说，立足于"中国基层百姓"的实际生活来讨论和研究汉语建设和发展所表现出的"人民本位"思想，是瞿秋白对于中国语言规划最大的贡献。（汪禄应，2018；2020）

为了广大劳动人民比较容易地掌握文字工具来学习文化技术，1949年以后，国家大力推行文字改革。文字改革方案的制定尊重人民群众的习惯，尊重人民群众的伟大创造力，吸取广大人民群众的智慧。例如汉字简化工作，大到"约定俗成"简化方针的确立，小到某一个字偏旁的选取、笔画的省减，都力求照顾群众中普遍应用的现实。首先采用群众所创造并且为群众已经习惯使用的简体字，同时运用群众习惯使用的简化方法，如同音代替、草书楷化和减省笔画等，来创造一部分新的简体字形。《汉字简化方案》的制定，不仅凝聚了语言文字领域专家学者的心血，更渗透着人民群众的智慧。

中国共产党领导的文字改革之所以能取得举世瞩目的伟大成就，是因为顺应人民群众需要和时代发展潮流。它是一场以广大人民群众利益为出发点的巨大的社会文化变革，符合中国国情，符合文字发展规律。它不仅促进了人民群众文化水平的提高，在中国社会主义现代化建设中发挥了极其重要的作用，而且在世界文明发展史上产生深远的影响。（王爱云，2015：15）

（三）战略性

语言文字工作是发展教育、开启民智，改造文化、变革社会，振兴民族、赶超世界潮流的必由之路，它的意义远非限于专业技术领域。正是出于强烈使命感和责任感，中国共产党在延安时期，就把文字改革作为一项重要的战略任务和文化政策，在抗日根据地全面推行。

中华人民共和国成立后，中国共产党从局部执政转向在全国范围内执政，将文字改革纳入国家建设视野，形成了高屋建瓴的战略认识。新中国实现了国家政治经济的空前统一，但是方言众多、语言不统一的状况却与此形成极大的矛盾。汉语方言之间，语音、词汇、语法均存在很大的差异。迫切需要制定民族共同语标准和推广民族共同语。国家先后推出整理和简化汉字、推广普通话、制定和推行《汉语拼音方案》、语言文字标准化规范化等一系列措施，使语言文字在社会主义建设中发挥了基础性、全局性的重要作用。今天看来，如果没有20世纪50年代确定的语言文字工作三大任务为后来的中文信息处理奠定了基础，那么80年代语言文字信息化建设的发展是不可想象的。这充分体现了中国共产党在语言文字事业中的远见卓识。

进入新世纪，国家颁布《国家通用语言文字法》。为适应经济社会发展，提出语言文字工作新的任务和新的目标，语言文字工作在中国特色社会主义建设中发挥越来越大的作用。

中国共产党领导的语言文字工作成为近代以来中华民族为实现伟大复兴而奋斗的中国梦的一个组成部分。

党的十八大以来，文化"走出去"战略的实施，"一带一路"重大倡议的提出，中国特色大国外交的开展以及人类命运共同体的构建，对语言文字工作提出了新的历史要求，同时也为汉语国际推广提供了良好的发展机遇。为建设社会主义文化强国，语言文字工作应该乘势而上，积极主动地对接与融入国家发展战略。在弘扬中华优秀传统文化的同时，诠释当代中国价值观念，"润物无声"地讲好中国故事，传播好中国声音，发挥语言文化的情感纽带作用，增信释疑，为构建人类命运共同体贡献力量。

（四）科学性

语言文字改革既是一项重大的社会文化变革，同时又是一项专业性、科学性极强的工作。因此，中国共产党在领导语言文字工作过程中，以马克思主义科学的世界观和方法论为指导，以语言文字学相关学科坚实的理论为基础，尊重汉民族文化的特性，尊重汉语言文字的特点，遵循语言文字发展规律。无论是组建语言文字工作机构，还是制定工作方案，充分依赖语言文字学和相关领域专家的参与，积极吸纳他们的专业意见。

坚持科学严谨的工作程序，逐渐形成"政府主导、语委统筹、部门协同、专家支持、社会参与"有效的工作格局，进行科学化决策。《汉字简化方案》的制定和推行就是秉承这样的工作程序。中国文字改革（研究）委员会组织专家反复研究，负责方案草案的制定，汉字简化方案草案制定后提交全国政协讨论，同时向广大群众征求意见，根据意见修订后提交国务院，国务院成立专门的审订委员会对方案草案进行审订，审订后的草案由国务院全体会议通过，最后提交全国人民代表大会讨论和批准。方案公布后，还要经过一定时期的试行，才能推行全国。

《汉语拼音方案》的制定也是一个非常专业化和科学性的过程。继承了以前各种拼音方案的优点，同时竭力避免它们的缺点。方案以b、d、g表示清辅音"玻、得、哥"，正是接受了国语罗马字和拉丁化新文字共同的优良传统。方案也继承了拉丁化新文字的另一个显著优点，即舌尖后音zh、ch、sh和舌尖前音z、c、s两两相对，系统整齐，同时又规定了它们的韵母。在标调办法上，方案避免国语罗马字条例过繁的缺点，接受了注音字母的标调符号，从而使得《汉语拼音方案》比之前的任何一个拼音方案都更加完善。《汉语拼音方案》"吸取了以往各种拉丁字母式拼音方案的优点，是在它们的基础上发展下来的。可以说它是三百多年来拼音字母运动的结晶，也是六十年来中国人民创造拼音方案的经验总结"。（吴玉章：《关于当前文字改革工作和汉语拼音方案的报告》，《文字改革文集》，第155页）

（五）先进性

中国共产党始终代表中国先进文化的前进方向。一百年来，在中国共产党的领导下，语言文字工作，以马克思主义理论为指导，深刻认识语言文字的基础性、全局性、全民性和社会功能，树立科学语言文字观，形成语言文字工作的基本理论，制定语言文字工作的方案体系。秉持理论与实践相结合的根本方针，坚持在实践中探索，在实践中不断完善，在实践中不断发展。坚持中国特色社会主义文化发展方向，准确把握语言文字事业在国家发展战略中的重要地位，使语言文字事业更好地服务于国家总体发展战略。

中国共产党领导的语言文字工作顺应世界潮流和发展大势，高瞻远瞩，把握时机，改革创新，与时俱进，科学决策，勇立潮头。准确把握我国语言国情，遵循语言文字发展规律，立足于语言生活的实际，针对汉语言文字的特点，实事求是、循序渐进、分类施策、稳中求进，妥善处理好各类语言文字关系，构建和谐健康语言生活。充分发挥优势、整合资源、合理布局、推陈出新，使我国语言文字工作不断开创新局面。

汉语言文字具有悠久的历史，具有丰厚的文化内涵。汉字既是文化的载体，通过记录语言传承文化，因而也是文化发展的重要标志；汉字又直接传达文化信息，是重要的文化事象，是中华传统文化体系中重要组成部分；语言文字的规范化、标准化程度还是文化发展程度的标志之一。事实证明，汉字改革的实践并没有改变汉字的本质属性，仍然保存着丰富的文化内涵，同时使汉语言文字顺利踏入信息化时代和人工智能时代，并在新的时代焕发出无穷活力和无限生机。语言文字工作有效促进了中华优秀文化创造性转化和创新性发展。

参考文献

陈章太、谢俊英：《语言文字工作稳步发展的60年》，《语言文字应用》2009年第4期。

费锦昌主编：《中国语文现代化百年记事（1892－1995）》，语文出版社1997年版。

冯志伟：《语言文字规范化对于语言信息处理的作用》，《中国语文》1997年第5期。

冯志伟：《汉语拼音运动的历史功绩——纪念〈汉语拼音方案〉公布50周年》，《北华大学学报（社会科学版）》2008年第2期。

侯业智：《吴玉章与中国共产党语言文字改革》，《现代中国文化与文学》2018年第4期。

侯业智等：《延安时期中国共产党语言文字工作述论》，陕西人民出版社2019年版。

《胡乔木传》编写组编：《胡乔木谈语言文字》（修订本），人民出版社2015年版。

李艳、贺宏志：《大力发展语言产业，服务国家语言战略》，《中国教育报》2020年10月10日第3版。

李宇明：《中国语言生活的时代特征》，《中国语文》2012年第4期。

李宇明：《语言服务与语言产业》，《东方翻译》2016年第4期。

罗常培、吕叔湘：《现代汉语规范问题》，现代汉语规范问题学术会议秘书处编《现代汉语规范问题学术会议文件汇编》，科学出版社1956年版。

瞿秋白：《瞿秋白文集：文学编》（第三卷），人民文学出版社1985年版。

苏培成主编：《当代中国的语文改革和语文规范》，商务印书馆2010年版。

汪禄应：《瞿秋白汉语现代化的探索》，中国文联出版社 2016 年版。

汪禄应：《瞿秋白汉语规划思想影响研究的意义、内容与展望》，《江苏理工学院学报》2018 年第 5 期。

汪禄应：《人民本位：瞿秋白汉语规划的基本特征》，《名作欣赏》2020 年第 11 期。

王爱云：《中国共产党与新中国文字改革（1949-1958）》，《党史研究与教学》2009 年第 6 期。

王爱云：《陈独秀与文字改革》，《安徽史学》2012 年第 4 期。

王爱云：《中国共产党领导的文字改革》，人民日报出版社 2015 年版。

王均主编：《当代中国的文字改革》，当代中国出版社 1995 年版。

王理嘉：《国语运动与汉语规范化运动》，《云南师范大学学报（哲学社会科学版）》2011 年第 6 期。

吴玉章：《文字改革文集》，中国人民大学出版社 1978 年版。

张洁：《语言文字工作七十年》，《中国语文》2019 年第 3 期。

张亮：《陈望道：凝望〈共产党宣言〉在中国的壮丽日出》，《传记文学》2020 年第 7 期。

张日培：《新中国语言文字事业的历程与成就》，《语言战略研究》2020 年第 6 期。

周恩来：《当前文字改革的任务》，王均（主编）《当代中国的文字改革》，当代中国出版社 1958/1995 年版。

周庆生：《中国语言政策研究七十年》，《新疆师范大学学报（哲学社会科学版）》2019 年第 6 期。

宗成庆：《中文信息处理研究现状分析》，《语言战略研究》2016 年第 6 期。

宗成庆、曹右琦、俞士汶：《中文信息处理 60 年》，《语言文字应用》2009 年第 4 期。

（原文刊于《中国语文》2021 年第 4 期）

动主名谓句

——为朱德熙先生百年诞辰而作

沈家煊

(中国社会科学院语言研究所,电邮:jiaxuanshen@sina.com)

提　要　"动主名谓句"指主语为动词、谓语为名词的句子。本文以摆事实为主,分别从语义和形式上,对三部文学作品中收录的数百个例句做分类描写,说明这类句子对构建汉语语法体系的重要性,并附带探讨汉语造句法的精神。

关键词：动主名谓句；分类描写；汉语造句法

一、重视"动主名谓句"

动词或动词短语做主语、名词或名词短语做谓语的句子,即 S→VP + NP,本文简称"动主名谓句"。赵元任(1968)说"尽管名词性主语和动词性谓语是最常见的主谓组合,可是一个整句的两个成分的可能形式实际上是没有限制的。"(吕译本,56页)动主名谓句,赵元任举过三个例子："逃,俫头。""(他)不死一百岁了。""不下雨已经三个月了。"这类句子是造句规则 S→NP + VP (据说是普遍适用)的双重反例,S→VP + VP 如"逃,枪毙。""光说没用。"还有 S→NP + NP 如"今儿初一。""我(,)傻子?"已经是反例。本文所说的动词短语包括主谓短语在内。

这类句子自古就有,如"视之,石也"(《史记·李将军列传》)"不食三日矣"(《左传·宣公二年》)"环滁皆山也"(欧阳修《醉翁亭记》),其形成完全符合汉语造句的规律。第一,汉语的动词或动词短语可以做主语和宾语。陆志韦(1963)对做主语有翔实的记录描写,并且倾向于认为,动词做主语的时候还是动词,古今一致。朱德熙(1983、1985)则明确说,动词几乎都可以做主宾语,不受限制,在做主宾语的时候并没有"名词化"。陆、赵与朱之间的前后继承关系是很明显的。第二,汉语谓语的类型不受限制,动词、形容词和名词都可以做谓语。注意赵元任的这个论断不等于说名词做谓语不受限制,这是两个不同的命题。名词做谓语还是受一定的限制,这大概是语言的共性,所以赵元任是说得很准确到位的。第三,汉语的主语其实就是话题。这也是赵元任(1968)的洞见和论断,破除了主语和话题必然二分对立的成见,符合汉语的实际。话题和后续说明之间的语义关系是非常宽泛的,可以十分松散,只能用"相关"来概括,如"我们两个男孩一个女孩""你(的鞋)也破了""我(的铅笔)比你(的)尖"等。句首各种各样的从属成分"说来说去不外乎是主语",如"太快了会弄错的""买票请排队""你(的小松树)要死了找我"等。普通话说"你先去",粤语说"你去先",赵元任(1970)认为"你去先"不必看作状语后置,而宜看作"你去"和"先"两个成分的前后"并置",实际就是按"话题(你去)-说明(先)"来看待。以上三点,已经大致定义了一个区别于印欧语的"中式主谓结构"。值得一提的还有,陆志韦(1963)举例"我们先读论语孟子"一句,说分析的时候第一刀如果砍在"们"字后,那是先肯定了一个西洋式的主谓结构,如果砍在"读"之后(这是中国传统的句读法),那就是先肯定了另一个语法结构(动宾结构)。陆文还让大家思考,"我知道他没有来""我知道,他没有来""我知道他,没有来"这三句有什么区别,实际是提醒后两种断顿方式(动词短语做主语)也是存在的。这是首次提出汉语句子的切分第一刀可以不按欧式的主谓结构来切分,意义重大。注意,"我们先读,论语孟子"形式上就是两个成分的前后并置,"读"后头也可以加所谓的话题标记"啊吧嘛呢",意义上"论语孟子"也是对"我们先读"的补充说明,朱德熙(1985:51)就指出宾语和补语都是对前边动词的补充说明,所以"我们先读,论语孟子"完全可以按中式"主语-谓语"来看待:它岂不就是一个动主名谓句?综合汉语造句的三条规律,可以推论,产出动主名谓句是很自然的结果。如果再加上一条,汉语以零句为根本(赵元任,1968),特多可断可连的流水句(吕叔湘,1979),还可以推测这类句子的出现不会是个别的情形。

  陆志韦(1963)针对现代汉语语法研究存在的问题,说"西洋的理论不能随便搬到汉语研究上来",还说,我们在描写一种语法结构的时候,没有充分照顾到这结构和别的结构的关系,这是"最应该在理论上来反省了"。他提倡"自己无法分析的语言素材要公开出来,好让大家共同研究,不要隐藏起来"。本文遵照这个指示,想把动词做主语的句子和名词做谓语的句子联系起来考虑,而直接考察动主名谓句是一个较好的办法。在作"理论上的反省"之前,我们先把收集到的动主名谓句公开出来,摆事实讲道理,以摆事实为主,供大家研究讨论。虽说以摆事实为主,摆事实却不能不受某种先设理论的指引,本文摆事实就是受前人有关汉语造句规律的论述所指引。

二、"动主名谓句"集录

  我们选用金宇澄的长篇小说《繁花》(获茅盾文学奖),王跃文的长篇小说《苍黄》,

还有《儒林外史》，从头到尾阅读，力图做到见一个录一个，共收集到约360条。[①] 三部作品收集到这个数量，表明这类句子虽非强势高频，但也不是个别偶见。我们还补充散见于其他作品和口头语中的例子约90条。由于汉语的行文习惯，经常是一逗到底，加不加标点，用逗号还是句号没有一定之规，所以我们在原文照录的时候不完全以现成的标点为依据，允许在语气可以终结的地方将逗号当作句号，在语气可以连上的地方将句号当作逗号。收录的例句只作描写性的分类，不再一一注明出处。有许多例子列出来，不是说它只能按动主名谓句分析，而是说可以这么分析，不排除这种分析的可能性，因为本文的目的就是要引起对这种可能性的重视，借以活泼思想，减少执着。

（一）从语义上看

名谓是对动主的简短评说

赵元任举的"逃，僻头"就属于这一类。

嗲到这种地步，骚货。｜讲了五六遍，一个意思。｜后来还哭，软骨头。｜我死我活，我自家事体。｜碰到这种一声不响，只落眼泪的女人，第一趟。｜不要再讲乡下（低贱），城里（优越），剥削阶级思想。｜全部忘记了，黄鱼脑子（糊涂蛋）。｜猫咪会不吃鱼，笑话。｜会跟我妹妹谈（恋爱），笑话。｜还好意思叫我去红房子（打胎），十三点（神经有毛病的人）。｜开口闭口谈小囡，奶瓶，尿布，打预防针，标准十三点。｜和尚妇人大青天白日调情！好僧官老爷！｜什么围住木就是困，围住人就是囚，老掉牙的段子。｜我老婆糊里糊涂退错了，退了他十五万。多么精彩的小说情节！｜讲啥茶道瓷器，讲啥情调，三蛇六老虫。｜刘书记上午找老舒谈的话，下午机关里的人都知道了。信息社会嘛！｜（烈酒）弄个一杯下去，缘分深，留个纪念，小事一桩。｜你是骗钱，我是骗人，样的骗。｜老公不太平，每夜就多交公粮。好办法。｜喝热茶，吃干丝，一绝。｜案子破不了？笨蛋！｜人活一口气。

"打开–显现"或"进入–看见"

这是这一类的语义概括，有的例子可看作这种语义的引申。

拉开抽屉，一张借据。｜捻开一听，《二泉映月》。｜调台，电视剧录音剪辑《大西

[①] 其中《繁花》188，《儒林外史》77，《苍黄》95。《繁花》例多的一个原因是作者逗号用得多，短句多，不受新式标点法的限制。《儒林外史》是人民文学出版社1978年采用新式标点的校订本（张慧剑校订），最早的抄本通篇不加标点，如果读抄本，相信会发现数量更多的动主名谓句。

洋底来的人》。再调，弹词开篇《蝶恋花》。|慢慢翻开牌来，白板。|一推，白板。|沪生看表，四点一刻。|阿宝拆开纸包，一件米色细绒线鸡心领背心。|范进即将这银子交与浑家打开看，一封一封雪白的细丝锭子。|一踏进里面，重金属节奏。|我钻进小间一看，单单一只按摩榻。|那阁门大开，里面三间敞厅。|循着塘沿走，一路的朱红栏杆。|沿着厅廊下一直走进去，一个秋叶式的洞门。|当下王义安领了那人进来，一个少年生意人。|小灯亮了，房间二十多平方。|（啤酒）湿淋淋提上来，一股香气。|店堂里又不开灯，一团一团黑影子。|雨水像倾倒似的泼洒下来，一片泥腥气味。|小环的脸凑到她脸前，一股烟味。|抛弃。一道白光。|到医务所量了量血压，低压110，高压170。

名谓是对动主的续补说明

骗人小狗儿。|（红卫兵）调换袖章，经常性的动作。|吴小姐紧靠阿宝，NO.5香水气味。|二楼爷叔醒了，拖痰盂的声音。|大家认认真真，吃菜吃饭，家常的气氛。|等敲开姝华家，已经半夜。|西风足，菜田的粪肥臭气。|我最讨厌这只女人，一副骚相。|加上弄堂朋友，五个人。|调休出厂，十一点半多一点。|船大，两支橹。|来迟了，连你一顿嘴巴！|做了采购员，一月工资呢。|讲了半天，也讲不清爽，结果到底呢。（"到底"按副词解）|用餐简单，一盅黄酒，一客咖喱牛利或三丝盖浇饭。|大小报纸登了杜鲁门的演说，二号字通栏，"自今日起，吾人将进入一新纪元"。|唱戏，摆酒，请客，一连二日。|梅朋友说自己的名字叫"玫"，也替他起个"王"旁的名字，将来好同他一样的意思。|不客气，我四点半要赶回上海，以后吧。|你说多不合算呢，就那么点儿钱。|给她裁件花布大衫，块儿多钱的事。|安排好了，五零八（房）。|会议是省委安排的，我一个小小处长（安排不了）！|舒瑾说："你就算了，儿子！"（妻子对丈夫说，你的前程就算了，儿子的前途才要紧）|我们在外头唱歌！黄色大歌厅！|戎马倥偬大半辈子。|这时有在夸奖女人的脚的，一个无赖男子的口吻。|一条花蛇在水面溜哩，当真的事。|我才不说哩，低级趣味！|李济运笑她太神经兮兮了（怀疑孩子早恋），才几个月的孩子！|我身上没带钱，（只有）三十块。|我明天早饭后往回赶，明天下午的机票。|这个钱要是赔了，今后政府赔不尽的钱。|还没吃？一块儿吧。|一次谈不通两次，两次谈不通三次。|有一回陪梅兰芳唱《奇双会》，他的赵宠。|有一个人是常上她屋里去的，我。|临别赠柳啊！风俗！|煮出，咬破，满嘴油。|酒就不再喝了，规模控制！|成老爹越吃越饿，肚里说不出来的苦。|申祥甫同着众人领了学生进来，七长八短几个孩子。

续补说明，有的是对整个主语的，有的像是只对主语的一部分：

小菲庄严地点点头，两手的汗。| 小毛买了一大张，水浒一百单八将系列。| 加上亭子间小阿嫂，黑丝绒旗袍。| 外边走进一个二十多岁的人，瘦小身材。| 我以为他真是个堂堂汉子哩，一个道德败坏的流氓！| 看不见一本书，账簿多，资本家变天账。| 说罢，摆上酒来。九个盘子，一盘青菜花炒肉……| 患者抽搐、吐白沫、昏迷，很典型的毒鼠强中毒症状。| 家属付一角五分子弹费，56式7.62普通弹。| 每年都到南方去过冬，广西，贵州。| 弟有空房一所，就在东门大街，三进三间。| 他是副县长候选人，这回新提拔的。| 成部长让我带了两条烟，送给朱达云的。| 我可以送你两个字：谣言。

但是究竟是对整体还是对部分不容易分清，例如："给她裁件花布大衫，块儿多钱的事。""块儿多钱的事"是对"一件花布大衫"还是对"给她裁件花布大衫"？都是。"成部长让我带了两条烟，送给朱达云的。""送给朱达云的"（"的"字结构的NP）是对"两条烟"还是对"成部长让我带的两条烟"？都是。从"动态语义学"（Groenendijk 和 Stokhof, 2006）看，是对整体而不是对部分的说法更合理。

<u>名谓带有较强的描写性</u>

为一点铜钿，一副急相。| 见到小三，一肚皮火。| 姝华姐姐抄诗，一行一行的小字。| 河上传来拖驳的汽笛，两长一短。| 话筒里咯的一响，一串嗡嗡声。| 忙得千头万绪，做不光的事体，开不光的会。| 李李一个眼神，阿宝关紧房门。静场。| 上来对准嫂嫂，辣辣两记耳光。| 宝总喜欢雌蟹，一肚皮蟹黄。| 上面有人剪头发，下面有人剪裤管，普通铁剪刀，嚓。| 女人像银凤，有啥好呢，一面孔苦相。| 我同乡的同乡，托我带六双皮鞋，满满一旅行袋。| 唱得像死人一样，嗯嗯嗯，嗳嗳嗳，一副死腔。| 头发刚用火钳卷烫，一只一只圆圈。| 楼上忽然大吵，轰隆一声巨响。| 金属声音还是刺穿了"两万户"（简陋住宅区）的屋顶，一把一把钢刀。| 已经关了廿几年，现在放出来，样子古怪，根本不懂市面。一口四十年代上海腔。| 月光，灯光，映到老式瓷砖地上，一层纱。| 胸口一块石头落地，一阵松快。| 做官就是如此，看不尽的文件，陪不完的饭局。|（下班这么晚）才回来，扯不清的皮！| 床已炸得断裂，满屋子的碎砖头、木板和碎玻璃。| 油菜花也开了，一片片金黄。| 这个季节草籽正好开花，漫无边际的紫色花海。| 手里拿着燕翎扇，一双十指尖尖的手。| 县长回来了，一个穷秀才样子。| 朱芝望着李济运，一脸的娇憨。| 一条街有七八里路，点得像一条银龙，一夜

的亮。|爷爷画的鸟像八大山人——大眼睛。|油炸后倾入滚汤中，嗤拉一声。|嚼的淬淬渣渣，淌出来，满胡子，满嘴唇。|那火头已望见有丈把高，一个一个的火团子。|无风三尺浪。

名谓像追补语

　　傻呀你！|迟早要惹祸的，你！|为什么？他们？|听着没有，老东西！|饭局照摆，好几桌。|舒瑾（对吴主任）说："表扬我吴主任啊！"|可惜了一个好干部。|哼，讲起来好听，路线斗争。|差额选举，早就定了的。|你看他多大脾气，才这么小的人！|我现在最后讲一遍，最后一次。|小姑娘，自小要有好习惯，尤其上海。|老张安排了，我也不好说了。唉，老张那个人！|你回来，你这个泼妇。|再见吧，胡同。|甚矣，中国人口味之杂也。|也是坐船——轮船。|是个唐塔，方形。

已有人对各种追补句做详细记录和描述（徐晶凝，2019），其中不乏动主名谓型的：

　　回去了，台风。|很令人羡慕，这样的生活。|可能是吧，小孩子嘛。|争取买，我们。|他们不是很懂吗，实践上的。|怎么啦，你现在。|您身体还挺好，您身体？|家里顺没有，家里？|干嘛呢，每天都。|你长没长高啊，个头儿？|叫黄一刀，外号。|特累啊，我觉得，这工作。

有人把这类句子的某一些界定为"主语倒装句"，来自主语的首尾重复，先是"你，傻呀，你"，"台风，回去了，台风"，再删去头里的主语。但是问题是，还有大量开头为动词、尾句重复的三联句："傻，你呀，傻"，"回去了，台风，回去了"，因为不好说它是谓语在句首重复，那就只能说是主谓倒装再加上谓语重复了。然而汉语真的有主语和谓语的顺装、倒装吗？这难道不是把本来简单的现象搞复杂了吗？看我们收录的三例：

　　熊猫了（指眼圈青黑）你怎么啊？|什么要紧事你来了？|一万块以上了，飞机票来回。

这三句都是名主动谓句，但是像倒装句，反过来，"你怎么啊熊猫了""你来了，什么要紧事？""飞机票来回，一万块以上了"都不像是倒装句，却是动主名谓句。既然汉语的主语和谓语就是话题和说明，说明是对话题的续补说明，那么追补也是一种续补。轻读的是追补，但是追补不一定是轻读，也可以是重读。追补和续补之间并没有说一不二的界限，因此统一叫"续补语"为好，或者统一叫"延伸语"（陆镜光，2004），追补语也属于延伸语。

总之，名谓是评说还是续补，是说明还是描写，是续补还是追补，都很难分得清，评说、描写、追补都有力度强弱，但只有程度之别。"后来还哭，软骨头"，"软骨头"是评说也是描写。"雨水像倾倒似的泼洒下来，一片泥腥气味"，"一片泥腥气味"是续补也是描写。"河上传来拖驳的汽笛，两长一短"，"两长一短"是描写也是续补。"大江来过几个电话，一肚子花花肠子，死冤家"，"一肚子花花肠子"偏向描写，"死冤家"偏向评说。"我可以送你两个字：谣言"，"谣言"指"两个字"，也指"我可以送你的两个字"。"你就算了，儿子！"，"儿子"二字所指的意思几乎都隐含着。因此在语义上动主和名谓的关系跟一般的主谓关系一样，只能概括为一种宽泛的"话题－说明"关系，即"起说－续说"关系，名谓都是对动主的续补说明。

总的来看，用名词做谓语更能唤起对事物或状态的注意，带描写性的名谓比用动谓显得灵动而不呆板，试比较"为一点铜钿，等不及了"和"为一点铜钿，一副急相"。这种动静辩证关系很有意思。

（二）从形式上看

<u>名谓带副词</u>

政府对资本家，已经菩萨心肠。｜但至亲间见官，也不雅相。｜一卖电车票，马上一副武相。｜从卖蛋男人进门，到这段时间，大概廿分钟。｜到走廊终点，确实一扇铁门。｜看表，才三点十五分。｜（喝两瓶）不行，就一瓶。｜口不言功，真古名将风度。｜跟了进来，果然一张方桌。｜送到省城吧，反正就两个多小时。｜你比刘书记还那个啊！（"比"按动词解）｜端起咖啡杯，照样斯文相，当年派头。｜他俩是从二楼下来，总共十八级台阶。｜缝缝补补再三年。｜非方（姓）不亲，非彭（姓）不友。非方不心，非彭不口。｜不下雨已经三个月了。｜唱罢莲花又一春。｜叫东就东，叫西就西。

赵元任（1968）说，动词"是"在后续谓语前有点像"一定、简直、真"这样的副词（吕译本，55页）。如果这么看的话，动主名谓句的范围还会扩大，例如"他不来，是下雨的缘故"一句，"是"字可以去掉，去掉后就是"他不来，下雨的缘故"。本文还是认"是"为动词。

<u>名谓后带"了"</u>

李李失踪一个半月了。｜改朝换代，市面松得多，总归两样了。｜阿宝以前，还是我客户呢，多年朋友了。｜咱爷俩谁跟谁？放了一冬半春的牛，老交情了。｜先君见背，已三年多了。｜（他）不死一百岁了。｜日头当天，影子已圆，午时了。｜老眼昏花，七老八十的人了。｜怕只怕他三十多岁的人了，正事没做一样。｜别说这些了吧！二十年了。｜腰痛老毛病了。｜他屋里男人经常不带钥匙，多年的老习惯了。｜我想该息事了吧？好，又滚坨坨（一种赌博）了！｜长远不见，新娘子一样了。｜他这么说话已经很人情味了。｜自家代代农民，到孙子这代就贵气了。

带"了"的名词不限于带数量词的。名词不仅可以做谓语，做谓语的时候还可以带副词和体标记"了"，这必须有一个合理的解释。世界上有不少语言是名词后加"时体"标记来传递整个命题的时体信息的，这对通行的句法理论无疑是一个挑战，见 Nordinger 和 Sadler（2004）。

名谓带疑问代词

　　收集这堆破旧宝货，啥意思。｜人吃啥味道。｜几杯就倒了，什么酒呀。｜余主任叫人家讲纪律，什么意思？｜兄弟我没见识，什么参考？不是参考消息吧？｜中国人，只讲情义，对陌生人铁板一块，对朋友，软绵可亲，什么法律，规章制度！｜骗了卜家女儿，到这里又骗了黄家女儿，又冒名顶替，多少混账事。｜看你生气生的，哪门子的气呀！｜想咋个就咋个。

名谓为"N一样"和"VP的样子"

　　蹲到门口，石狮子一样。｜钨钢刀头吃上去，豆腐一样。｜走进我房间，自家人一样。｜电筒光一照，发现这批人，个个青面獠牙，凶杀犯一样。｜千疮百孔，渔网一样。｜明阳则黑着脸，很不服气的样子。｜跑到公司，港区码头办事体，一幅根本不懂生意门道的样子。｜李济运内心是平静的，却也非常愤慨的样子。｜熊雄又不再说话了，一副波澜不惊的样子。｜李济运告辞出来，急匆匆的样子。｜刘星明就像没有听见李济运说话，火光冲天的样子。｜舒泽光拿被子裹住身子，惊慌失措的样子。｜肖可兴进会场就摇脑袋，一副焦头烂额的样子。｜偷了别人儿子的种，还神气活现的（样子）。

最后一例"还神气活现的"后头可以加上"样子"，类似的例子应该不少。值得思考的是，如果把"的样子"去掉，如"明阳则黑着脸，很不服气"，VP"很不服气"是不是也是一个指称某种"样子"的指称语？"秀才回来了，穷酸潦倒的样子"，这跟"县长回来了，一个穷秀才样子"又有什么本质的区别？

名谓为"一X"（X为V或N）

阿宝起来开了壁灯，也就一吓。｜我娘气急，胸口一闷。｜银凤房门逐渐关闭，锁舌嗒的一响。｜那番酋开了北门，舍命一顿混战。｜里面陈设很简单，一桌、一椅、一榻。｜直对101站牌有一户人家。一间屋，一个老人。｜少年俺有个母舅，一口长斋。｜你不会写，我给你填上，一片好心！｜若娶进门，就要一把天火。｜须臾，街上锣响，一片鼓乐之声。｜木桶打在水上"啪"的一声。｜后坐窸窸窣窣，忽然啪地一记。｜端端正正揿下来，滴的一记。｜慢慢进去，先一吓，一股霉气。

同一作者，"啪地一记""滴的一记"都说，"地""的"不分。"一顿混战"，"混战"是V还是N？"一吓"和"一股霉气"并联。有的动主名谓句是"一……一……"式及其变式：

一伸头，正好一刀。｜朝一只米黄铁盒子一揿，嗒一响。｜一跃而起，一记耳光。｜一张口，一口京话。｜话筒里咯的一响，一串嗡嗡声。｜一卖电车票，马上一副武相。｜一翻底牌，一肚皮苦水。｜一鞭一条痕，一捆一掌血。｜唱一句，一个好（叫好声）。｜一跌两段。｜一笑两个酒窝。｜一声长叹，两行热泪。｜一拍脑袋，一个主意。｜一笑一菩提。

汉语的事实是，动词跟名词一样可以受数量词修饰，受数量词修饰并不是名词专有的语法特性，所以不能用来专门给名词下定义。（朱德熙，1985）这也是一个需要深入思考的问题。

名谓为多个NP并联

悲伤当娱乐，一半喜剧，一半悲剧。｜我娘有气无力，闷声不响，拿起衣裳，看我穿，一把眼泪，一把鼻涕。｜两个人跟进房间，打蜡地板，几样简单家具。｜雪芝抱紧阿宝。复杂的空气，复杂的气味。｜小琴说，经过此地，雨大了，只好进来。马甲袋的声音，伞放进铅桶声音。｜我怕啥，两只东京来的婊子，两只上海赖三（女流氓）。｜里里外外都换了一身新衣服，头上新方巾，脚下新靴。｜严贡生打开看了，簇新的两套缎子衣服，齐整整的二百两银子。｜落后和尚送出周进的饭来，一碟老叶菜，一壶热水。｜三个人坐下来，一大盆白斩鸡，姜丝调料一小碗，一瓶黄酒，三双筷子。｜什么叫单独请？我们俩？情侣餐？｜从浦口山上发脉，一个墩，一个砲；一个墩，一个砲；一个墩，一个砲。（风水书讲地形）｜联合国同幼儿园中毒屁关系，我同这事屁关系！｜这次到大碟黄牛房间，结识潘静，夜里。与潘静吃饭，碰到"天火烧"，夜里。跑上三楼，高跟鞋女人拉紧不放，夜里。

名谓与动谓并联

梅瑞情绪不高，一身名牌，眼圈发黑。｜到了饭厅，三只大台子，人已不少。｜政府对资本家，已经菩萨心肠，相当优惠了。｜他推门进去，刘星明在看文件，满屋子烟味。｜对方搭腰，贴面，完全允许，西式礼貌。｜她有一根花椒木的拐杖，本色，很结实。｜东王杨秀清，到浙江去开会，前呼后拥，四十六扛的大轿子。｜蓓蒂爸爸装配矿石机，收听敌台，听美国之音，一串克里姆林宫的钟声。｜像沙尘暴刮来，时响时轻，蜡黄一片。｜两个女子下来，大腿发亮，高跟拖鞋。｜又过了三日，二更天气，几个火把，几个人来打门。｜挣起来，头发都跌散了，两手黄泥，淋淋漓漓一身的水。｜楼上楼下，人声不断。木拖板声音，吵相骂，打小囡，骂老公，无线电声音，拉胡琴，吹笛子……｜翻到他头面盒子里，一包碎散银子，一个封袋上写着"程仪"，一本书，一个诗卷。｜穿城四十里，沿城一转足有一百二十里。｜一个女人，越是笑容满面，欢天喜地，一翻底牌，越是苦，一肚皮苦水。｜创意不多，荒唐一把。

两个句法成分并列，必定在某一个层次上性质相同，那么头一例的谓语"一身名牌，眼圈发黑"，是应该把"一身名牌"看作与"眼圈发黑"性质相同的成分，还是反过来把"眼圈发黑"看作与"一身名牌"性质相同的成分？这是一个需要深入思考的问题。汉语特多流水句，有时候很难判定并联是在主语还是在谓语：

菊芬曼卢软语，热烘烘的两颊，小毛觉得心动。｜出出进进，各等各样的人，只能凭感觉。｜男人赤膊短裤，立到灶间外面，一块肥皂一只龙头，露天解决，再进马桶间里换衣裳。

头两例像是主语部分 VP 与 NP 并联，但最后一例还是难以判定。

名谓为名词谓语句

由名词谓语句充当的谓语也可以算作名谓，因为名词谓语句的主语大多也可以省略。

　　李李开了房门，里面一片漆黑。｜小毛娘一把拖过来，头上一记麻栗子。｜我上当还不够多，我十三点。｜大妹妹笑笑，一面一个酒窝。｜李济运老家离县城很近，白天驱车四十分钟。｜次日送孝布，每家两个。｜飘起了雪珠，窗玻璃稀稀疏疏声音。｜单单劝我结婚，阿宝啥意思。｜（大客车）专门接待高级外宾，全上海两部。｜楼上滚下来，满身乌青块。｜梅瑞娘穿胭脂红雪纺套裙，腰身一流。｜要拉场子，摆场子，摆功架，大杨浦，全上海一级水平，一只鼎（顶级）。｜在书店左近典了四间屋，价银四十两。｜请人，一天五十块钱。｜我同李主任不太方便陪，乌柚（县）就这么大个地方。｜到织锦店里织了三件补服：自己一件，母亲一件，妻子一件。｜常熟的徐总，一直盯了我不放，一天三只电话以上。｜阿姨清爽的短发，有不少已经翘出，前额一滴汗光。｜嘴巴讲得再好听，出手的生活（成品），烂糊三鲜汤（烂货）。｜一朵荷花要开了，红花莲子，白花藕。｜康总松了手，梅瑞让了半步，两人冷场。｜老干部的手势，黏嗒嗒，像一条蛇，阿姨一身冷汗。｜向严乡绅借二十两银子，每月三分钱。｜拿出两封银子来，每位一百两。｜许三观举目四望，周围一片黑暗。｜一间茅屋在深山，白云半间僧半间。｜衙门内搜出你的诗笺，上面一派阿谀的话头。｜王玉辉饿了，坐在点心店里，那猪肉包子六个钱一个。｜许玉兰天天晚上接客，两元钱一夜。｜猜拳对酒，喊叫喧哗，闹到半夜，谭富英这个烦呀！｜家里有喜事的要多出钱。起新屋的一千二，娶媳妇的八百，嫁女的六百，没有喜事的一两百。

<u>名谓成为后续话语的主语</u>

这是由汉语流水句"可断可连"的性质（沈家煊，2012）浩成的。先看四例，前连后断造成动主名谓句，前断后连造成名主动谓句：

　　全部要到自家去混，有理想的青年嘛，连吃饭本事学不会。→全部要到自家去混，有理想的青年嘛！／有理想的青年嘛，连吃饭本事学不会。｜我取名中妹，发妹，白妹，啥意思，麻将打得好。→我取名中妹，发妹，白妹，啥意思？／啥意思，麻将打得好。｜你最多只能吃四片，你这么小一个人，五片肉会把你撑死的。→你最多只能吃四片，你这么小一个人。／你这么小一个人，五片肉会把你撑死的。｜三乐又看看许三观，许三观一脸的怒气，三乐吓得什么也不敢说了。→三乐又看看许三观，许三观一脸的怒气。／许三观一脸的怒气，三乐吓得什么也不敢说了。

这就是赵元任说的,"啊吧吗呢"的分布,既可以出现在句末也可以出现在主语后。同类例子非常多:

搞腐化,不要面孔的东西,快去交代清楚。| 兰兰走进了饮食店,浑身香风,阿宝一呆。| 我想想真是可惜,这一趟,阿宝不来。| 圣诞节到香港,貂皮大衣,灰鼠皮大衣,贵气外露。| 新老公也马上来电话,恭喜我怀孕,老三老四的腔调,要我细心保胎,多吃营养。| 中国人,只讲情义,对陌生人铁板一块,对朋友,软绵可亲,什么法律,规章制度,都胜不过人情。| 端上来一架电唱机,日本货110V,带调压器。| 出到厅前, 乘大轿,聘娘上了轿。| 两兄弟再出洋,英国美国,先做跑街先生,再做"康百度"。| 仔细再看,一只孤零零的人眼睛,黑白相间。| 银凤说,不要动,姐姐会服侍,人生第一趟,要休息。| 讨了菱红做老婆,热汤热水,省得老来此地混。| 还是以后吧,时间关系,我有大事体要谈。| 无线电盒子,最近从美国带回的,能够听上海的唱歌。| 附近是日本人炸剩的老闸北,七歪八欠水泥框架,已改为棚户。| 唉,小毛想死,汪小姐想生,两桩事体,多少不容易。| 被大娘子知道,一顿巴子,赶了出来。| 一进门来,上面三间草房,都用芦席隔着。| 果然走不到一里多路,一个小小山冈,山冈上一个少年在那里打弹子。| 抬到后面院子里,一把火,就把你烧了!| 两边如狼如虎的公人,把舵工拖翻,二十毛板,打得皮开肉绽。| 长班又送进一个手本,光头名字,没有称呼。| 一个乌黑的东西的溜溜地滚了来,乒乓一声,把两盘点心打得稀烂。| 我们在里面也和衙门一般:公座、硃墨、笔、砚,摆的停当。| 成立截访班子,三五个人一组,每组负责盯死一人。| 道理你清楚,我也清楚。反正一条,你要听老同学一句劝!|(电影)从头到尾巴,一个大花园,一老一小两个人,走来走去。| 等小姐近身,四十多岁女人,一面孔哭相,我不大开心。| 明天先看看白象谷,原始森林,风景绝佳!| 有些话你是不方便听的! 官场上的事,你知道得越少越好!| 揭开盒盖,九个盘子,都是鸡、鸭、糟鱼、火腿之类。| 王冕一路风餐露宿,九十里大站,七十里小站,一径来到山东济南府地方。| 大青山到处是山丹丹,开七朵花、八朵花的,多的是。| 官也得有官态官样儿,他那副德行,怎么看也不像领导啊!

接着做主语的名谓,其后续话语除了VP,自然也可以是NP(或NP与VP并联),这种情形就跟上面讲的名谓为名词谓语句没有多大区别了。

拉开抽屉,一张借据,人民币两万两千两百元。| 夜里吃饭,兰兰沪生,全部熟人呀。| 领位带入小包房,一只小圆台,两副筷碟杯盏。| 夹一粒黑子,端端正正揿下

来，滴的一记，雅致相。| 陈木南走了进去，两间卧房，上面小小一个妆楼。| 跟了进来，果然一张方桌，上面一个油灯挂。| 李李的手冰冷雪白，新做方头指甲，时髦牛奶白。| 进去一个大院落，大殿三间，殿后两间房。| 走到柳荫树下，一个石台，两边四条石凳。| 小珍从楼上下来，黑颜色布底鞋，白袜子，咖啡色长裤，白衬衫，米色背心，一个清清爽爽，规规矩矩女学生。| 大伯脱了衬衫，里面一件和尚圆领汗衫，千疮百孔，渔网一样。

是断是连，哪处断哪处连，表达的口气情绪不一样，例如：
（1）今儿我碰到小妹，那种好感觉，十几年没有了。
（2）当心，已婚女人，喜欢这一套。
（3）人到外面，就要讲假话，做人的规矩，就是这副样子。
（4）啊呀，真不好意思，怠慢了，这两只小娘皮（调皮小姑娘），一定是刚刚起来。
（5）阿宝准备最后一次见了雪芝，两个人的关系，就结束了。
（6）不关阶级成分，人的贪心，是一样的。
（7）要我抱五个太太跳舞，这把老骨头，三四个钟头还带得动。
（8）严贡生看了这批，那头上的火直冒了有十几丈。
（1）如果连成"那种好感觉十几年没有了"，那就失去了"今儿我碰到小妹，那种好感觉！"的感叹语气。（2）如果连成"已婚女人喜欢这一套"，那就失去了"当心，已婚女人！"的警告语气。（3）如果连成"做人的规矩就是这副样子"，那就失去了"人到外面就要讲假话，做人的规矩！"的断然语气。（4）如果连成"这两只小娘皮一定是刚刚起来"，那就失去了"怠慢了，这两只小娘皮！"的骂人口气。（5）只要在"两个人的关系"后头加个"呢"，断顿，就成为"阿宝准备最后一次见了雪芝，两个人的关系呢？"，疑问语气。（6）只要在"人的贪心"后头加个"呀"，断顿，就成为"不关阶级成分，人的贪心呀！"，断言语气。（7）只要在"这把老骨头"后头加个"了"，断顿，就成为"要我抱五个太太跳舞，这把老骨头了！"，感叹语气。（8）只要在"那头上的火"后头加个标点断顿，就成为"严贡生看了这批，那头上的火！"，强调语气。位于中间的NP是个中枢，承上启下，王力（1984）称之为"递系式"的递系项。

<u>像状语的动主</u>

<u>讲起来</u>富家子弟，穷到这种地步。| 真自私，<u>讲起来</u>工人阶级。| <u>看上去</u>一个样。| <u>想当初</u>，小毛一面孔的不情不愿。| <u>一看</u>，脚底下地毯，比农家的被头还软。| （穿衣裳）起码华达呢，卡其布。| 他人长得黑，<u>笑起来</u>一口白牙。| <u>一伸头</u>，正好一刀。| 二

张口，一口京话。| 一转眼，四十三年了。| 电筒光一照，凶杀犯一样。| 开花时乱红一片。| 屋后横七竖八几稜窄田埂，远远的一面大塘。

既然认定汉语话题和说明的关系是多种多样、十分宽泛的，一般的句首状语都可以分析为话题（主语），也就没有理由不认为句首"讲起来""想当初""笑起来""看上去"这种凝固的状语也是话题。凝固不凝固只是程度有别，"看上去"和"一看"能有多大区别？句首成分是状语还是主语，历来难以分清。"一块肥皂一只龙头，露天解决"，起首的 NP 是状语还是主语？都是。"一张批（文），两个差人，押解他回常州去了"，开头两个 NP 一个像状语一个像主语，并联。"身穿䌷缎衣服，脚下粉底皂靴"，"身穿"动主，"脚下"名主，"一身细花棉睏衣，脚穿蚌壳棉鞋"，"一身"名主，"脚穿"动主，说它们像状语也可以。"远远的（看见）一面大塘"，"酽酽的（沏了）一壶茶"，"远远的"和"酽酽的"（后头可以加"啊"）难道就不能看作广义的话题？在汉语里确立"广义话题"的概念，参看宋柔（2013）。下面是苏州弹词《潇湘夜雨》《苏州的桥》《唐寅》中的例子，都不妨看作动主名谓句的一种：

阴霾霾一座潇湘馆 | 寒凄凄几扇碧纱窗 | 呼啸啸几个琅玕竹 | 病恹恹一位多愁女 | 冷清清两个小梅香 | 黯淡淡一盏残泪烛 | 冷冰冰半杯煎药汤 | 蟾宫折桂张香桥 | 大雪纷飞白蚬桥 | 滴水成冰雪糕桥 | 赤腊焦黄金丝桥 | 标标致致胭脂桥 | 最长城外宝带桥 | 最阔阊门普安桥 | 交友文祝诸君子

对称形式

汉语句子有一种"半逗"倾向，即逗号放在句子的一半处，也就是句子的中间位置，左右的字数大致相等，节奏感强。动主名谓句也有这种倾向，动主与名谓两部分大致对称，长短最多相差一个字。

一跌两段。| 一看半天。| 一推，白板。| 要诗就诗，要赋就赋。| 船大，两支橹。| 穿城四十里。| 唱一句，一个好。| 大甩卖，最后三天。| 一鞭一条痕，一掴一掌血。| 一跃而起，一记耳光。| 拉开抽屉，一张借据。| 掏掏树王，黄金万两。| 见到小三，一肚皮火。| 印堂发亮，阔达之相。| 奔波辛苦，数十余年。| 天快晚了，满天红云。| 尊卑长幼，自然之理。| 晦日用兵，兵法所忌。| 几趟吓醒，急汗两身。| 我娘气急，胸口一闷。| 一口下去，满口衰草。| 后来还哭，软骨头。| 讲了五六遍，一个意思。| 我死我活，我自家事体。| 全部忘记了，黄鱼脑子。| 端起咖啡杯，照样斯文相。| 又冒名顶替，多少混账事。| 我钻进小间一看，单单一只按摩榻。| 店堂里又

不开灯，一团一团黑影子。｜楼上忽然大吵，轰隆一声巨响。｜围住木就是困，围住人就是囚，老掉牙的段子。

两个名谓并联，名谓与动谓并联，也倾向对称形式：

悲伤当娱乐，一半喜剧，一半悲剧。｜看我穿，一把眼泪，一把鼻涕。｜雪芝抱紧阿宝。复杂的空气，复杂的气味。｜梅瑞情绪不高，一身名牌，眼圈发黑。｜对方搭腰，贴面，完全允许，西式礼貌。｜像沙尘暴刮来，时响时轻，蜡黄一片。｜先生此去，万里程途，非同容易。｜成也萧何，败也萧何。

这种半逗对称倾向在熟语、唱词、诗句中形成对称格式，包括动主名谓句：

迎梅一寸，送梅一尺。｜船载千斤，掌舵一人。｜养兵千日，用兵一时。｜风流一时，吃苦一世。｜破家知府，灭门县令。｜出门千条路。｜是药三分毒。｜乘船走马三分险。｜伤筋动骨一百天。｜砌屋三石米，拆屋一顿饭。｜大吵三六九，小吵天天有。｜哑子梦见妈，说不出来的苦。（熟语）

爱贫乐命真君子。｜空手归来一叶船。｜窈窕风流杜十娘。｜飞絮飘零泪数行。｜梳妆打扮香水桥。｜暗香浮动梅春桥。｜自幼生来孤僻性。（苏州弹词）

敏捷诗千首，飘零酒一杯。｜丧乱秦公子，悲凉楚大夫。｜去矣英雄事，荒哉割据心。｜花远重重树，云轻处处山。｜花落兮屋上，草生兮阶间。｜朝飞潇湘水，夜宿洞庭月。｜有人兮山陉，云卷兮霞缨。｜晚下兮紫薇，驻马兮双树。｜见东皋兮远村。｜将夜入兮边城。｜良人去兮天之涯。｜香稻啄余鹦鹉粒，碧梧栖老凤凰枝。（唐诗）

汉语以对称的"对言格式"为本，散言体从对言体变化而来（沈家煊，2019），符合"寓变化于对称"的一般规律。"嗲到这种地步，骚货！"这种不对称的形式可以看作对称格式的变体，"偏对"，有特殊的口气意味。

三、结构分析的确定与不确定

在收录动主名谓句的过程中，明显感到汉语的语法结构具有分析上的不确定性，这种不确定性使得，过去分析为动宾、动补、偏正、同位等结构关系的，都不排除分析为中式主谓关系的可能。造成这种不确定性的原因还是本文开头说明的汉语造句的规律。上文"名谓成为后续话语的主语"一节已举例说明流水句的可断可连性。首先，下面的例子都不必分析为动宾或动补，也可分析为动主名谓：

> 秦小姐最后选定，蓝印花布旗袍。｜两个月讨回，足足二百两。｜三两个文艺小弟，静静来听，爱因斯坦观点。｜你看我热得，一身的汗。｜看你生气生的，哪门子的气呀！｜老婆吩咐保姆，一早买菜内容，做早点心内容。｜过去喜欢唱、现在喜欢听——谭咏麟那首《爱在深秋》。｜雨终于下了，一个透。｜擅长白描文字好。｜闷听闷吃，黄酒一斤半。

看最后二例，"擅长白描"，与"文字好"对举，更有理由按主谓分析，"闷听闷吃"并联，"黄酒一斤半"不宜分析为"闷吃"的宾语。下面的例子，原文没有逗号，但只要加上逗号就都成为明显的动主名谓句：

> 汗出（,）几身了。｜谈了（,）多少时间？｜祖传（,）美肤秘方。｜我讲（,）最后一遍。｜中午休息（,）三个小时。｜在百货店的柜台里就摆着（,）一双。｜远望（,）一片浅红的海。｜顾老相公请他在家里（,）三个年头。｜老友与我相别（,）二十年，不通音问。｜把周先生脸上羞得（,）红一块白一块。｜你在外面乐了（,）一次，二次，三次，是不是？｜只听得（,）一片声的锣响。｜严贡生道："吃了（,）好贱的云片糕！"

最后一例（《儒林外史》第六回）加个标点更表现严贡生讹诈船家的口气。其次，过去分析为定中短语的，如果定语后断开，与前边的词语连上，全句就可以分析为动主名谓句：

> 到处是一对一对，抱紧的无声男女。｜阳光淡下来，照亮了台面上，阿宝寄来的信。｜传过粉墙外面，秋风秋叶之声。｜恢复不到三十年代，亭子间的风景了。｜难怪前天看见雪芝，一声不响的样子。

同样，原文没有逗号，但只要加上逗号也就成为动主名谓句：

> 蓓蒂读小学（,）一年级。｜酒是我自己带来的（,）五粮液。｜那人淋淋漓漓（,）一身的水。｜你向谁借的（,）钱？

以下例子除了分析为偏正结构、同位结构，也可按动主名谓分析：

舍命一顿混战。| 揪着领子，一顿乱打。| 破家知府，灭门县令。| 在八道坡，在八道坡，非常好看的事！| 我可以送你两个字：谣言。| 老正兴吃大闸蟹，八只！| 付乖因辛苦钞票，一块整。

以下五句，后半截不必按动词短语分析，按定中短语分析（的字结构做定语）就是动主名谓句：

终日吵闹这事，那里来的晦气！| 我已服药了。检查前吃的药。| 四狗你真坏，跟谁学来的这个下流行动？| 我贫僧自小出家，那里来的这个儿子？| 也就巴巴嘴，买不起的（糖串葫芦）。

就标点而论，由于流水句可断可连，描写分析汉语，如果文本主要是按欧式主谓结构来标点的，那么就不能完全以标点符号为依据，如果文本是按汉语习惯的句读法来标点的（如《繁花》），那么实际出现的标点符号就是重要的参照和依据。

不确定中有确定性，上述种种结构关系的不确定中，唯一可以确定的就是并置关系（parataxis），两个成分并置，按前后顺序自然理解为"起说－续说"关系，也就是广义的"话题－说明"关系。并置关系是其他各种结构关系的基础和源头，可参看 Matthews（1981：223）。

四、来自对话

动主名谓句跟其他类型的整句一样，也是从对话来的。一问一答的对话变为自问自答，两个零句只要连上就是一个主谓句。下面的例子只要把问号变为逗号，就成为动主名谓句：

他到北京算什么？一只小蚂蚁！| 咱爷俩谁跟谁？老交情了。| 公安会依法办事，怎敢乱来？法制社会嘛！| 你怎么订啊？那个东西。| 没有几个领导干部不被告状，但又几个人会被查处？靠山！

（一）动主或名谓为引语

对话中充满引语。引用的可以是对方刚说过的话、别人早先说过的话、大众经常说的话（包括名言警句），等等。由对话变为独白的主谓句，大多数情形是主语部分为引语，可以变为动主名谓句的例子如下：

阿宝说，我想去香港，将来做贸易。阿宝爸爸说，资本主义一套，碰也不许碰。→阿宝爸独白：想去香港，将来做贸易，资本主义一套。｜沪生说，我要是专看旧书，抄旧诗，我爸爸一定生气的，非要我看新书，新电影。小毛说，革命家庭嘛。→小毛独白：你爸爸非要你看新书新电影，革命家庭嘛！｜范总说，俞小姐的单子，必须我来结。阿宝说，小事一桩，范总不必认真。→阿宝独白：单子谁来结，小事一桩。｜鲍廷玺道：小的今年十七岁了。向知府道：好个气质！→向知府独白：今年十七岁了，好个气质！｜芳妹说，要我让位，要我离婚。陶陶说，乱话三千。→陶陶独白：要你让位，要你离婚，乱话三千。｜李济运……只是笑道："放心，星明兄，县委是信任你的！"刘星明仍是牢骚，说："什么县委？县委是谁？"→刘星明独白：县委是信任我的，什么县委！｜李济运就把声音放得更低些，说："程厅长怎么这样？"吴茂生也轻声地说："老矛盾了！"→吴茂生独白：要说程厅长怎么这样，老矛盾了！｜余尚飞问："只作纪录，还是要做新闻？"朱芝说："两手准备吧。"→朱芝独白：只作纪录，还是要做新闻，两手准备吧。｜芳妹说，大师讲得不错，桃花开，桃花朵朵红，我哪能办。陶陶说，钟骗子的屁话，一句不要听。→陶陶独白：桃花开，桃花朵朵红，钟骗子的屁话。｜陆太一笑，两目一翻说，妹妹，一定喝了这杯，必须的，服务员，拿杯子来。陆总说，用我的。陆太一把抢过说，夫妻用品，不可乱借。→陆太独白：用他的，夫妻用品！｜"医院可以这么不严肃？"李济运说。毛云生……望得李济运脸上的皮肤都白了，才说："生意！医院只要生意！"→毛云生独白：医院可以这么不严肃，生意！｜成鄂渝笑道："没想到朱部长太厉害了，居然知道我到乌柚来了。朱部长，你们乌柚没有东厂吧？"朱芝笑笑，说："还克格勃哩！您成大记者是名人，您一到乌柚，老百姓可是奔丈相告！"→朱芝独白：我们乌柚有东厂，还克格勃哩！｜"起拱子？"刘星明没有听懂。李济运笑笑，说："乌柚方言，说的就是群众集体闹事。"→李济运独白：起拱子，乌柚方言。

也有引语出现在名谓部分的：

四爷说："你娘成了黑老大了！"李济运说："她怎么黑老大了？"→李济运独白：我娘成了黑老大了，怎么黑老大了。｜朱芝笑笑，说："李济运同志故居。"李济运拍了朱芝的手，骂道："我还活着，怎么就故居了？"｜朱芝觉得太有意思了，回头逗歌儿，说："歌儿你长大了肯定是科学家！"李济运心里却是急，笑道："若是你的孩子，看你还科学家不！"

后二例李济运的回话已经是动主名谓句，名谓是部分引用朱芝的话。下面的例子，引号是笔者加的，原文没加引号：

"备战备荒为人民"，领袖语录。｜"人们不禁要问"，文革腔。｜"不禁要问"，大字报口气嘛。｜"汪小姐去红房子"，十三点。｜哼，讲起来好听，"路线斗争"。｜我还活着，怎么就"故居"了。｜李济运道："从内部提拔，最多盘活了两个干部，从外面调进去，说不定就盘活几十个干部了。"熊雄哈哈大笑，说"济运真会用词，'盘活'！"｜坐在黄店的饭店，手指敲着桌子，声音响亮，"一盘炒猪肝，二两黄酒"。｜开口"老子"，闭口"老子"。

对话中的沉默往往也代表一个言语行为，也可成为引用对象，看《繁花》中一例：
阿宝爸爸看看阿宝说，又谈恋爱了。阿宝不响。阿宝爸爸说，谈了多少时间。
阿宝父子间对话，阿宝不响（沉默不言），实际是默认"谈了"，所以阿宝爸爸接着说的"谈了多少时间"，是以"谈了"为引语的动主名谓句。
按照"互文理论"（克里斯蒂娃，2016），文本植根于对话，引言是对话的特征，对话中一方的应答，只要一出口就成为对话进行下去的潜在话题，因此任何文本的建构都是引言的集合，任何一句话都是既指向言外又指向语言自身，即指向已经说过的话。

（二）叙述和对话融合
既然独白的来源是对话，小说中的叙述和对话也就融为一体，作者写对话也是在叙述，所以对话可以不用引号，如《繁花》和《儒林外史》（最早抄本）。在《繁花》中，有人劝汪小姐去打胎，汪小姐先回应说："汪小姐去红房子（打胎），十三点。"这是汪小姐直接引述对方劝说她的话，动主"汪小姐去红房子"可以加引号。接下去汪小姐又说："还好意思叫我去红房子，十三点。"这是汪小姐的带评论的叙述，但其中也有引语"去红房子"，叙述和引语交杂。下面的例子更表明，小说作者写对话就是在叙述，对话是叙述的一部分：

"两会"刚刚报到，天气就放晴了。刘半间说，"好兆头。"→作者叙述："两会"刚刚报到，天气就放晴了，好兆头。｜刘书记一脸的不屑，说，"就他刘星明那个水平，还开专栏写文章？"→作者叙述：刘书记一脸的不屑，就他刘星明那个水平！｜朱达云又开玩笑了，说："刘书记这是爱护干部，怕济运同志犯错误！""你这张嘴，什么事都拿来开玩笑！"刘星明骂了朱达云。→刘星明独白：是爱护干部，你那张嘴！作者叙述：说是爱护干部，他那张嘴！作者叙述：朱达云又开玩笑了，他那张嘴！

总之，汉语主语和谓语的类型不受限制，这是因为对话的时候应对语的类型不受限制，《说文》"对，䧹无方也"，应对不拘方式。

五、理论上的反省

（一）木桶短板原理

动主名谓句已经成为构建汉语语法体系的一块理论上的短板。虽然它不是强势高频句式，但也不是个别偶见现象，不能回避不理或不予重视。根据"木桶短板原理"，恰恰是对这块短板的合理解释代表了一个语法体系得以成立的底线标准和最大容量。对汉语名词和动词的基本分布事实，朱德熙（1985）的描述无疑是正确的。

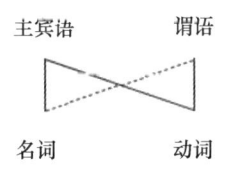

```
    主宾语         谓语
        ╲       ╱
         ╲  ╱
         ╱  ╲
        ╱       ╲
    名词           动词
```

动词做主宾语是常态，用实线连接，名词可以做谓语，但并非常态，用虚线连接。就动主名谓句而言，动主是一条实线，名谓是一条虚线。对于动词做主宾语，现在有一种说法，说这不算汉语的特点，因为英语的动词也能做主宾语，只是要名词化而已。这完全是曲解朱先生的本意。朱先生当然知道英语的这个事实，他所强调的汉语特点是，汉语的动词无须名词化就可以直接做主宾语。于是又有人说，汉语的动词做主宾语的时候是通过"零形式"的名词化，然而朱先生真正的贡献就在于，坚持说汉语不存在零形式名词化，所谓的零形式名词化"完全是人为的虚构"。现在还在那儿主张零形式名词化的人不明白朱先生这么坚持的理据所在，那就是，对汉语来说，名词化是"多此一举"，违背建立语法体系必须遵循的"严谨"和"简单"两条原则。正是这一点体现了朱先生对待语言研究的科学精神和科学方法，是朱先生给我们留下的最重要的学术遗产之一。（沈家煊，2011）

对于名词做谓语，过去主要有以下三种解释，但都不成功。（一）名词"化"为动词，即名词的"动词化"。这跟说动词的"名词化"一样，没有任何形式依据，因此只是"人为的虚构"。（二）名词临时"活用"作动词。这是以偏概全，"推食食我，解衣衣我"里的"食、衣"说是名词活用作动词，说得很到位，但是"环滁皆山也"里的"山"，"视之，石也"里的"石"，谁也不会说是名词活用，而名谓句大多数属于后一种情形。（三）汉语的名词是分类动词。例如上面的"山"和"石"就是给事物起分类作用的动词。何莫邪（Harbsmeier，1983）此说突破名动必然二分对立的观念，把名词看作动词的一个次类，逻辑上没有问题,然而朱德熙(1988)的批评切中要害,说这是把特殊现象当作了一般现象。"县长回来了,穷秀才样子"这个名谓句,名词"穷秀才"出现在定语位置就难以分析为分类动词。更重要的是,跟动词相比,名词的功能主要是做主宾语,做谓语并非常态(上图虚线),怎么能把名词都看作分类动词呢?朱先生说,有人主张动词做主宾语的时候发生了"名词化",这是把一般现象当作特殊现象,两种主张正好相反,但都是混淆了一般和特殊。

笔者的统一解释(沈家煊,2009、2016)是汉语"名动包含",动词是名词的一个次类,是指称动作或状态的动态名词,所以动词做主宾语无须名词化,名词可以做谓语是因为谓语根本是指称语。这个解释只是在朱先生的基础上接着向前跨了半步而已。

(二)什么是体现汉语精神的造句方式

陆志韦(1963)说,汉语语法研究在理论上的反省要"从大处落墨""符合汉语的精神面貌"。汉语造句的精神究竟是什么呢?其一,并置为本。赵元任(1968)已经为我们作了示范和指引,他实际定义了一个中式主谓结构,这个中式主谓结构可以涵盖欧式主谓结构(把它视为一个特例)。中式主谓结构说到底就是一对"起说-续说"的并置。粤语"你去先"跟北方话"你先去",实际都是"你去"和"先"两个成分并置,差别只在次序不同。由此联想到古汉语"吾甚衰"和"吾衰甚","甚"和"衰"二字并置,区别只在着重点。(张汝舟,1952)"逃,僞头"不应分析为主语倒装,"酒喝不喝?"不应分析为宾语前置,因为主谓句就是主语和谓语并置。定中短语是定语和中心语并置,"啼莺舞燕"可以回文变成"燕舞莺啼"(赵元任,1968,丁译本,37页),谁会主张"燕舞莺啼"是定语倒装呢?联想到北方话说"冰棒",上海话说"棒冰",无非就是"冰"和"棒"并置,次序不同。按赵先生的看法,从全局考虑,从系统的一致性和简单性出发,主语位于谓语之前,修饰语位于被饰语之前,宾语位于动词之后,这三条语序规则对汉语来说是没有例外的。"你去先"如果作状语后置的分析,单独看未尝不可,但是破坏了整个系统的一致和简单。相遇问候,上海人不说"吃饭啦"而说"饭吃啦",如果作宾语前置的分析,单独看未尝不可,但是破坏了整个系统的一致和谐。同样,"论语孟子,我们先读"如果作宾语前置的分析,也破坏了整个系统的一致和谐,应该跟"我们先读,论语孟子"一起分析为两个成分的并置,差别只在哪个是起说哪个是续说。"很令人羡慕,这样的生活"也不宜分析为主语后置。这就是说,主语和谓语、动词和宾语、修饰语和被修饰语,在汉语里根本上都是两个成分的并置。汉语的这种"并置为本"的造句精神,时间上贯通古今,地域上联系普方,所以赵元任(1968)说,从全局看"中国话其实只有一个文法"(丁译本,8页)。重视体系的一致和简单也是朱德熙先生的追求和实践,朱德熙(1985)的表述是"严谨和简单同等重要"。我们继承前辈的学术遗产,主要不是继承他们的个别结论或断言,而是继承他们的思想和方法。有人说,追求一致和简单是不是会抹杀区别?这种顾虑没有依据,恰恰相反,只有在追求一致和简单的前提下，考察区别才是有意义的，对区别的描写才能更准确到位。

两个成分并置，按理必定在某个层次上两者的性质相同。如果说主谓句是主语和谓语的并置，我们从什么意义上说两者是性质相同的呢？这是一个必须回答的问题。回答是，按照"名动包含说"，中式主谓结构的主语和谓语在语用的层次上都具有指称性，两者都是指称（用）语。对于名词做谓语，除了上一节所说的三种解释，还可以提出第四种，说名词谓语前统一隐含一个动词"是"。这个解释有道理，下面的实例如果把"是"去掉，就成了动主名谓句：

> 不方便讲，是私人秘密。| 雪芝哥哥看上去，是读书人。| 我等于，是一个赤膊女人了。| 实在太土了，看见就是一包气。| 对准一乐的脸就是一巴掌。| 一聊就是两三个小时。| 天气晴和，他们把这些花一盆盆抬到院子里，一身热汗。刮风下雨，又一盆盆抬进屋，又是一身热汗。（有无"是"并举）

反过来看，我们收录的动主名谓句几乎都可以在名谓前加上"是"。那么能不能说名词谓语不存在，是假谓语，所谓的名词谓语实际是动词"是"的宾语呢？不是不可以，但必须跟另一个重要事实结合起来看，那个事实就是动词谓语前也总是可以加"是"，如"我（是）去过西藏""我（是）喝了酒""她（是）做着饭呢"。[①] 如果上述说法可以成立，那么动词谓语也都是假谓语。两个事实结合，给我们深刻的启示：汉语的谓语不是纯粹的谓语，它根本是指称语。在中国人的心目中，主语和谓语并置，两者可视为 Bloomfield（1917）所说的对等项（equated terms），主谓句是一种等式型（equational type）的句子。这种"中式主谓结构"可拿"一笑一菩提"（A smile, a bodhi.）作为典型代表，它是汉语特色，也具有普遍价值。正是这种主谓对等的观念导致"对言格式"的形成，也导致汉语语法结构和韵律结构的高度一致。[②]

汉语的造句精神，其二，递系为本。这是对"递归为本"而言，递归（recursion）据说是语言结构的普遍性质。王力先生强调汉语和西洋语法相异之点"不强求其同"，首先提出汉语有别于印欧语的"递系式"。递系式中的递系项是不分名词和动词的，递系式因此不仅包括递系项为名词的兼语式，例如"迎春又命丫头点了一支梦香甜""幸亏是宝二爷自己应了"，递系项是名词"丫头"和"宝二爷"，还包括递系项为动词的连动式，例如"我买一

[①] 动词前的"是"仍是动词，有强调作用，见沈家煊（2017）从"结构的平行性原则"出发所做的论证。

[②] 例如，"朝辞白帝彩云间，千里江陵一日还，两岸猿声啼不住，轻舟已过万重山。"韵律结构和语法结构都是四三格，遵循"半逗律"，其中第一和第四句就是动主名谓句。参看沈家煊（2019）。

个绝色的丫头谢你",递系项是"买一个绝色的丫头",系上是"我买一个绝色的丫头",系下是"买一个绝色的丫头谢你"。甚至还包括"我来的不巧了"和"他到得太晚了"这样的句子(不必按动补结构分析),动词"来"和"到"是递系项,"的/得"相当于古汉语的停顿助词"也"(如"余生也晚"),"他到得太晚了"就是"他到啊太晚了",详见王力(1984:133-144)。按这个分析,"他到家啊夜里了"这个动主名谓句也属于递系式,"三乐和他爹长得一个样子"也可以分析为动主名谓句("得"后可加"啊")。上文收录的动主名谓句表明,名谓也可以成为递系式中的递系项(见"名谓又成为后续话语的主语"一节)。

递系为本是汉语造句的精神,赵元任(1955)在论述逻辑概念在汉语里的表达方式时也提到了。逻辑量词"SOME"在汉语里的表达就是递系式,"some men tell the truth"的正常汉译是"有人说真话","人"为递系项,上系是动词"有"的宾语,下系是"说真话"的主语,"这与汉语造句法的精神是完全一致的"。[①] 沈家煊(2019)进一步论证,汉语的结构普遍具有递系性,语言不是只有依靠"递归"才能传情达意,靠"递系"也能传情达意。递系造句的原理有如动画的制作原理,句子是一个动态的生成过程。这种动态性也是源自对话,对话根本是一种动态的递系过程,详细参看沈家煊(2021)。最后,递系为本和并置为本是互有联系的,结构的递归性建立在成分之间主从关系的基础上,结构的递系性则建立在成分之间并置关系的基础上。

参考文献

[法]克里斯蒂娃:《主体·互文·精神分析——克里斯蒂娃复旦大学演讲集》,祝克懿、黄蓓编译,生活·读书·新知三联书店2016年版。

陆镜光:《说"延伸句"》,中国社会科学院语言研究所、《中国语文》编辑部编《庆祝〈中国语文〉创刊50周年学术论文集》,商务印书馆2004年版。

陆志韦:《从"谓语结构"的主语谈起》,《中国语文》1963年第4期。

吕叔湘:《汉语语法分析问题》,商务印书馆1979年版。

沈家煊:《我只是接着向前跨了半步——再谈汉语的名词和动词》,《语言学论丛》2009年第40辑。

沈家煊:《朱德熙先生最重要的学术遗产》,《语言教学与研究》2011年第4期。

沈家煊:《"零句"和"流水句"——为赵元任先生诞辰120周年而作》,《中国语文》2012年第5期。

沈家煊:《名词和动词》,商务印书馆2016年版。

沈家煊:《"结构的平行性"和语法体系的构建》,《华东师范大学学报(哲学社会科学版)》2017年第4期。

[①] 原文"this is in complete consonance with Chinese construction",由白硕译、叶蜚声校。

沈家煊：《超越主谓结构——对言语法和对言格式》，商务印书馆2019年版。

沈家煊：《"二"还是"三"——什么是一个最小流水句》，《汉语语言学》第一辑（2021），社会科学文献出版社。

宋柔：《汉语篇章广义话题结构的流水模型》，《中国语文》2013年第6期。

王力：《中国语法理论》，《王力文集》第一卷，山东教育出版社1984年版。

徐晶凝：《交际互动视角下的追补句》，《中国语文》2019年第5期。

张汝舟：《谈谈"句子"构造》，《语文教学》1952年第8期。

赵元任：《汉语语法与逻辑杂谈》，1955年，原文（英）载 Philosophy East and West, 9（1），中译文载赵元任著，吴宗济、赵新那主编《赵元任语言学论文集》，商务印书馆2002年版。

赵元任：《中国话的文法》，1968年，吕叔湘节译本《汉语口语语法》，商务印书馆1979年版。丁邦新全译本《中国话的文法》（增订版），香港中文大学出版社2002年版。

赵元任：《国语统一中方言对比的各方面》，《"中研院"民族学研究所集刊》1970年第29期。

朱德熙：《自指和转指——汉语名词化标记"的、者、之"的语法功能和语义功能》，《方言》1983年第1期。

朱德熙：《语法答问》，商务印书馆1985年版。

朱德熙：《关于先秦汉语里名词的动词性问题》，《中国语文》1988年第2期。

Bloomfield, Leonard 1917 Subject and predicate. *Transactions of the American Philological Association* 47: 13 - 22.

Groenendijk, Jeroen and Martin Stokhof 2006 Dynamic semantics. In Keith Brown (ed.), *Encyclopedia of Language & Linguistics* Vol. 4, 28 - 33. Amsterdam: Elsevier.

Harbsmeier, Christoph 1983 Where do Classical Chinese nouns come from? *Early China* 9 (1): 77 - 163.

Matthews, Peter H. 1981 *Syntax*. Cambridge: Cambridge University Press.

Nordinger, Rachel and Louisa Sadler 2004 Nominal tense in crosslinguistic perspective. *Language* 80 (4): 776 - 806.

（原文刊于《中国语文》2021年第1期）

从引述到负面立场表达*

方 梅

(中国社会科学院语言研究所,电邮:fangmei@cass.org.cn)

提 要:汉语中负面立场表达与引述的关联性远不限于以往已经讨论的现象。引述表达形式与负面立场表达之间存在着规约化程度的差异,表现为:有些表达形式含有言说动词,另有一些不含有言说动词。引述表达的负面解读具有高度的语境依赖,作为应答语出现,有诠释性回声话语和重述性回声话语两类。其引述内容可见于言内语境,即对他人话语的应答性引述,以及言外语境,即对彼此共享知识的引述。语境中,只有他引才会诱发负面立场解读。作为应答语,以问答问是解读为反问句的重要会话条件。

关键词:负面立场;引述;规约化;应答语;诠释性回声话语;重述性回声话语

一、引言

以往汉语言说动词及其引述表达的研究关注较多的是下面几个方面:1) 直接引语与间接引语的编码差异,如方梅(2006)、陈颖、陈一(2010);2) 引述边界,如刘一之(2006);3) 引述与传信范畴的关联性,如乐耀(2013a、2013b)等。近年来,引述与立场表达的关联性越来越引起学者关注(马国彦,2016;方梅,2017;王长武,2017等)。先行研究注意到,引述语与负面立场表达①之间存在着高度关联。

相较而言,对"说"的研究已较为深入,但是对汉语中以引述形式传递言者负面立场的表达关注较少。我们的考察发现,从表现形式看,有相当一批表达言者负面立场的表达式是基于引语表达的衍生形式,比如:1) 引述标记的派生形式,如"说是"(方梅,2018);2) 引述回应构式(方梅,2017;王长武,2017等)。

本文进一步考察发现,汉语中负面立场表达与引述的关联性远不限于以往已经讨论的现

---

* 本研究得到国家社科基金重大项目"汉语自然口语对话的互动语言学研究"(项目编号:20&ZD295)的支持。

① 话语中的立场表达(stance-taking)是指说话人对待事物、话语、情境或者言谈中涉及的其他命题表达的态度定位。立场表达涉及三个主要类型:认识立场(epistemic stance)、情感立场(affective stance)和道义立场(deontic stance)。(参看方梅、乐耀,2017)

象。引述表达形式与负面立场表达之间存在着规约化不同的差异，表现为：有些表达形式含有言说动词，后文称为引述词汇的派生形式；另有一些不含有言说动词，其负面解读具有高度的语境依赖——作为应答语出现，后文称为回声话语。其引述内容可见于言内语境——对他人话语的应答性引述以及言外语境——对彼此共享知识的引述。

二、引述词汇的派生形式

引述词汇的派生形式是指由言说动词的引语标记功能进一步派生而来的表达形式，下面主要讨论两类：一类是具有传信功能的"所谓"派生而来的"所谓的"，另一类是由言说动词构成的复合词"说X"。

（一）"所谓的"

"所谓"在《现代汉语八百词》（1980/1999：521）中归入形容词，在《现代汉语词典》（第7版，2016：1257）中标为"属性词"（相当于区别词）。有两个义项，虽然词汇解释都是"所说的"，但其中第一个义项的用法是下定义，即"所谓……是指……"；第二个义项才是传信[①]用法，用特别标注，将说话人的态度"不承认"解释出来。

① 所说的：~共识，就是指共同的认识。
② （某些人）所说的（含不承认意）：难道这就是~代表作？

《现代汉语八百词》里面的用例，"所谓"都后接名词。接着需要区分什么条件下会解读为中性表达的第一个义项？什么条件下会解读为含有言者"不承认"态度的第二个义项？

从"所谓"实际出现的句法环境看，有两个特点：
1）信源可以出现，也可以不出现。即："（信源+）所谓+引语"。
2）"所谓"后面有时候有"的"，有时候没有。

进一步考察发现，上述两个貌似可自由选择的语境，实际分布上是有条件的：
1）表达言者"不承认"态度的"所谓"，不出现信息来源，如《现代汉语词典》中的例子；或信源为第二人称、第三人称，排斥第一人称。排斥对言者自己话语的引述，即"自引"。
2）与中性表达相比，表达言者"不承认"态度倾向于说成"所谓的"。"所谓的"的引述一般是他引的，即引述他人话语。表现为下面两种形式，主语为第二人称或第三人称。即便主语不出现，也不作自引（即引述自己的话语）解读。

---

① 传信（evidentiality）范畴的使用是言者立场表达的重要手段。

I. "他（们）所谓的+引述内容"

（1）刘炎焱：就是说，很多人强调说要言论自由，我说，但是我觉得很多人他没有意识到一点，就是说，什么叫言论自由。言论自由首先你要容忍别人对你的不违法的非议。反正我见过很多人，他所谓的言论自由，其实我后来听了听我理解就是我必须自由。

马未都：对，然后你不能说我。（《锵锵三人行》）①

（2）李菁：所以我觉得现在我们的社会所谓的价值观就是一个成败观，你有钱了，有权了，你就成功了，就像可能今天有讨论的，比如说在地铁里拍到某个名人了，就觉得人家很失败，你坐地铁胡子拉碴的什么，但是人家为什么不能过自己的生活，我不要过你们认为的那种成功生活，我过我自己想过的生活为什么就不可以呢？但是我觉得现在我们真的就是一个是以金钱，一个以权力来评价人，然后你只要是达到这个目的了，没有手段，你手段是什么无所谓。

窦文涛：没错，你知道吗？自己恶俗也拿恶俗的眼睛看待一切。……（《锵锵三人行》）

这两例与《现代汉语词典》中第一种用法在句式上相同，都是定义式的表达，差别仅仅在于这里"所谓"后面有个"的"。

II. "你（们）所谓的+引述内容"

（3）a. 这就是你们所谓的好吃到流水的萝卜，我是不是被骗了！
　　b. 你所谓的效率，可能只是瞎忙。

在"所谓的"前面没有人称代词的时候，默认为他引信息。例如：

（4）窦文涛：刚才余老师讲到刘志军了是吧？给我们透露点秘闻。

余世存：没有，我就看到网上说，原来不是有个所谓的气功大师玩蛇的叫王林，不是给他家那个弄了一个靠山石，但他也没靠住，还是他这个人还是败了。

窦文涛：靠倒了是吧？

---

① 文中《锵锵三人行》和《观复嘟嘟》的语料根据录音记录而成，未做编辑。因本文讨论内容少有涉及会话分析相关特征，为节省篇幅，文中引用例子中的会话分析专用转写符号从略。下同。

余世存：靠倒了。（《锵锵三人行》）

有些"所谓的"用例，显然是他引而非自引，虽然前面并非第三人称或者第二人称。例如下面一例，"我们"并非真正指称言者自己，而是泛指说话人所处的社会环境。例如：

（5）对，你这个行业大家都认为你对他的一个评价至少要涉及两个层面考虑，第一是人格，第二是利益，可是你一说它就涉及这两个。所以，你比如我说你作为有价值的导演，我们先说有价值导演，这个价值你可以自我去理解，你觉得你有商业价值也行，你有人生价值也行，但你一定要有为有守是吧？有作为很容易。有守，有操守就很难，守不住那就变成我们这种状况。这种所谓的喜剧电影，我还真的不大认为它是喜剧电影。（《锵锵三人行》）

上面这一例中，从后续话语可以印证，言者对被称为"喜剧电影"是不认可的。

从结构和意义上看，"所谓"后面"的"是一个羡余成分；但是从言者态度的表达角度看，有这个"的"却是极为重要的。比如《现代汉语词典》（第7版）第一个义项的例句，不能把"所谓"换成"所谓的"。在下定义的文本中出现"所谓"时候也不能有"的"。

（6）a. 所谓"退休养老金双轨制"，是指不同用工性质的人员采取不同的退休养老金。（百度）

b. *所谓的"退休养老金双轨制"，是指不同用工性质的人员采取不同的退休养老金。

进一步看，如果全句表达积极态度，也不能在"所谓"后面加上"的"。例如：

（7）a. 所谓觉悟，就是在漆黑的荒野上开辟出一条理当前进的光明大道。——乔鲁诺·乔班纳

b. *所谓的觉悟，就是在漆黑的荒野上开辟出一条理当前进的光明大道。

可见，"所谓"是具有引述功能的中性表达形容词，而"所谓的"表达言者负面立场。

有趣的是，如果仍然要用"所谓的"单纯表达引述，还要在"所谓的"前面另带加上一个判断词，使之回归中性表达。如下面（8）中的"是"和（9）中再叠加一个"叫"。

（8）那么工业革命以后发财的途径就多了一条途径，什么途径就是由技术发财，这个技术一定是可以复制的，而且是能够放量的，而不是一个人的独门绝技，独门绝技也发不了大财，你必须能把这个技术放量，就<u>是</u>所谓的一人敌不如万人敌，就是这个道理。(《观复嘟嘟》)

（9）对对对，好莱坞，像今年，像今年我看奥斯卡评完了，我看到有一种说法，说今年是所谓的<u>叫</u>小年①，其实我不太赞同，我觉得今年反倒是沉闷了五六年了的奥斯卡的一个变化之年，就今年第一次看到变化了。(《锵锵三人行》)

综上，尽管结构上"的"貌似羡余成分，其贡献在于将表达言者"不承认"义用一个新的形式固定下来。因此，这个"所谓的"可以看作是一个新的复合词。

（二）"说"类复合词

复合词"说 X"都是跨越句法层级词汇化的结果。下面主要讨论两种"说"类复合词。

1. "说是"

由判断动词"是"与"说"（跨层）组合构成"说是"，关于这类组合的词汇化表现，方梅（2018）曾详细论证。这类表达式，整体固化为含有言者态度的复合词，这是现代汉语中负面评价表达的一个能产性手段（详见方梅，2017）。

言说动词"说"可以用作引述，其后跟着引述内容。但口语中同时还有"说是 + 引述内容"的表达方式。例如：

（10）我们其实过去在农村，尤其在农村，为了养活孩子，经常起一些难听的名字，比如什么拴柱狗剩，这些姥姥不疼舅舅不爱的名字<u>说是</u>为了好养活，名字起太大不行。(《观复嘟嘟》)

（11）马未都：对，我同意。泪点我都找不到，我没有找到一个地方有泪点，我没有找到。其实我还算是对这个东西很敏感，比如我们看到报道<u>说是</u>斯比尔伯格哭了一个钟头，我觉得这事就有点。

主持人：这是宣传吧。

马未都：我觉得这事儿有点宣传大了，斯比尔伯格的这个，就这样一个大导演，如果他是看这样的片子能哭一个钟头，这个导演不是好导演，首先不冷静。(《锵锵三人行》)

---

① "小年"指果树歇枝、竹子等生长得慢、鱼鲜等产量少的年份（《现代汉语词典》第 7 版）。"小年"与"丰（收）年"意义相反，此处指当年的电影产量少。

与单用"说"相比,"说是"除了引述功能之外,同时表达了言者的"不承认"或者"不相信"的态度,"被说成X,其实未必"(详见方梅,2018)。

2. "说什么"

由疑问代词"什么"与"说"组合构成"说什么"。其表达功能乐耀(2013c)曾详细论证。说话人可以引述他人的话,在前面加"什么",表示不赞成、不同意等否定义(丁声树等,1961:162-163;吕叔湘主编,1980,1999:484),这种否定通常称为"引述性否定"(Horn,1985)。例如:

(12) 窦文涛:而且这个,我那天还听到一个大学生跟我讲,你说这个,当然这决不能代表这个中国人民的立场,就说是,他就说在他们学校本来是有个日本孩子,日本留学生,这日本留学生本来在中国的时候跟同学玩得都挺好,大家都在朋友圈,然后就这几天这个日本留学生在朋友圈里有点半开玩笑地骂自己这帮同学,因为他们都在庆祝日本熊本大地震,甚至就是说看见就是说你们怎么为什么叫好,说怎么才死了40多个人,说说什么应该多死一些人,甚至还有人在这个,所以我说这不能代表中国人民主流民意,但毕竟有,在网上还有人这个庆祝,就是小鬼子震死才40多个,太少了吧。(《锵锵三人行》)

(13) 你紧闭双眼,还说什么四大皆空。你若真的四大皆空,为什么不敢睁眼看我?你若真的睁眼看看我,我不相信你会两眼空空。(网络对话)

上例中,例(12)"(应)该多死一些人"和例(13)"四大皆空",要么是言者所闻某人话语,要么是言者引述对方话语。与"说是"相比,"说什么"具有更强的负面情感,它或用于反驳对方的言论,如例(12);或者表达言者的蔑视,如例(13)。

这类引述性否定形式的高频组合,"说"的后面已经不能有表达时体的"了""着""过"共现,使得引述内容前的"说什么"词汇化。

综上所述,引语是立场表达的来源式之一,高频用于引述形式的"所谓的""说是""说什么",也是表达言者"情感立场"(affective stance;Couper-Kuhlen & Selting 2018;On-line-Chapter C.)的词汇手段。

三、回声话语

回声话语是为了实现某种特殊的交际目的,后一个说话人重复前一个说话人的全部或部分内容,重复部分在文字表述上相似,或在一定的语境中内容上相似。虽然从其组成形式上看,这类负面评价引述都不含有言说类动词,但却是典型的"他引"表达。

Quirk等（1985：835-837）将回声话语分为两大类：一是回声问，二是回声感叹。与本文的讨论密切相关的是回声问。其中一类是诠释性回声话语，另一类是重述性回声话语。

诠释性回声话语含有言说类动词，重述性回声话语仅仅是重复对方话语或者部分话语。

（一）诠释性回声话语

诠释性回声话语含有命名义动词"叫"。"叫"有言说义"招呼、呼唤"的意思，比如"外边有人叫你"。另一个动词用法，意思是"是、称为"，例如："这叫不锈钢"（《现代汉语词典》第7版）。前者表达行为，而后者是诠释性的，"叫"前后的成分具有等同关系。比如下面的例子中，"邹静之写的本子"与"《五月槐花香》"。

（14）因为他拍的电视剧跟古董多少有点关系，是邹静之写的本子**叫**<u>《五月槐花香》</u>。（《观复嘟嘟》）

"叫"的这种诠释表达用法，不仅可以后接名词，构成名词间的等同关系，如上例"《五月槐花香》"是对"邹静之写的本子"的诠释；也可以后接一个说明性小句，例如下面的例子中，"孩子不能输在起跑线上"是对"一个口号"的诠释。

（15）后来我想过去的人养一窝子，一窝子孩子的人都养，怎么到这会养不起了呢？是因为今天有一个口号**叫**<u>孩子不能输在起跑线上</u>。（《观复嘟嘟》）

与一般的释名小句①不同，由"叫"引出的这个小句所表达的命题具有引述性。这种小句的引述内容可以是引述他人话语，如上例（15）；也可以引述自己的话语。"什么叫+引述内容"构成一个设问句，接下来的后续语句进一步解释引述内容。例如：

（16）我老说中国古人有很大的本事，**用坚硬的材质表现柔软**。<u>什么叫以坚硬表现柔软</u>？就是以铜这样坚硬的材料表现这种衣纹被风吹拂的这种感觉，这是一绝。（《观复嘟嘟》）

值得注意的是，如果引述的内容是自引性的，整体解读是设问句。当引述的内容是他引

---

① 用于说明一个名词的内涵的小句称为释名小句。北京话口语里，"说"可以引导一个释名小句，比如"你有没有一个预期说这辈子一定要挣够多少钱"，其中"这辈子一定要挣够多少钱"是对名词"预期"的阐释。相关研究可参看方梅（2006，2018）。

性的时候,"什么叫+他引"诠释性回声话语就具有了负面立场解读。例如:

(17) 一大爷:行了,别扯别的了,厂子里的事是厂子里的事儿,咱们大院儿是大院儿的事,何雨柱,我再给你次机会,你说,许大茂家的鸡,到底是不是你偷的?

傻柱:**算是我偷的吧**。

一大爷:什么叫算是你偷的,是你偷的就是你偷的,不是你偷的就不是你偷的,你以为大院儿的人冤枉你啊?(《情满四合院》)[①]

(18) 傻柱:我明白了,棒梗偷我东西吃,全是**你指使的**。

秦淮茹:什么叫我指使的,咱这么说,棒梗有没有拿过别人家一根葱?

傻柱:这该怎么说怎么说,除了我这儿,雨水东西一个手指头都没动过。

秦淮茹:就是说呢,不拿你当外人儿嘛。(《情满四合院》)

上面二例中,"什么叫+引述话语"中的引述内容都是对方的话语。在句法编码上,它与设问句结构相同,但都作反问句解读。

此外,这类重述性回声话语还有一些变式,例如"这也叫X"可以表达对方所述不符。

(19) 甲:刚才你看的就是所谓超写实主义画派的**艺术**作品,怎么样,够震撼吧!

乙:这也叫艺术?它一点也没有给我带来震撼的感受啊。(引自王长武、雷璐荣,2019)

从句法形式上看"这也叫……"是一个直陈语气的陈述式,例如"这也叫狗尾巴草"。即便删除"也",变成"这叫艺术",仍然是负面立场解读。可见,"这也叫"本身只具有诠释解读,而负面立场解读来自于其应答语位置上的回声话语属性。

事实上,对于疑问结构来说,是非问的无标记的回应语应是针对命题内容作出肯定或者否定回答。如果背离这个应答惯例而采用其他形式,就会带有不同程度的认识立场(epistemic stance)解读。下面一例就是以问答问:

(20) 秦淮茹:你突然走了是**许大茂搞的鬼**吧?

秦京茹:什么叫许大茂搞的鬼呀,那傻柱傻了吧叽的,我能嫁给他吗?

秦淮茹:那你要嫁给许大茂啊?

[①] 文中几例电视剧(《情满四合院》《我爱我家》)语料根据录音记录而成,下同。

秦京茹：当然了……（《情满四合院》）

如果"什么叫+引述话语"是对疑问句的应答语，其负面立场表达的语气更为强烈。这类应答是两个负面评价行为的叠加：其一是他引性的"什么叫+引述话语"；其二，它是用疑问结构（"什么……"）回应疑问结构。也就是说，回应语没有采用无标记的应答形式，则显示自己具有更高的认识权威。因此，语气也更为强硬。

（二）重述性回声话语

从构成形式看，这类回声话语不含有言说动词或命名动词。重述性回声话语可以完全重复对方的话语，也可以截取对方话语的一部分。

重述性回声话语不一定都具有负面立场表达功能，比如自然口语对话中引述构式"X不X的"（X是引述内容）。例如：

(21) 甲：你们小两口儿挺**般配**。

乙：谈了这么些年了，般配不般配的就是他了。（口语调查）

上面例子中的主语小句"般配不般配的"是对前一说话人"挺般配"的引述，重述回声话语在"A不A的"这个主语小句中属于从属小句的内嵌成分。

有些重述性回应话语是听者附和对方（朱军，2020），希望对方就某一要点展开论述。如：

(22) 窦文涛：对，因为你真正的咱都知道什么东西能让人笑，它就是很多时候是即兴的。

马未都：而且要**顺着出来**。

窦文涛：顺着出来。

马未都：这个感觉只有做主持，只有你站在台上，你就知道什么叫顺着出来。（《锵锵三人行》）

具有负面立场表达功能的重述性回声话语分为两个小类：1）疑问词重述性回声话语；2）是非问型重述性回声话语。下面我们逐一讨论。

1. 疑问词重述性回声话语

疑问词重述性回声话语有两类，一类是嵌入式的"疑问词+引述内容"。

I. 疑问代词内嵌

单纯从句法形式看,这类表达与疑问句结构相同。疑问代词嵌入引述"动-宾"之间,如例(23);也可以嵌入动宾式复合词内,构成离合词,如例(24)。

(24) 三大爷:咱包饺子,酸菜馅儿。
三大妈:**放点肉**不?
三大爷:这放什么肉啊,两顿肉钱全让傻柱给我坑走了。(《情满四合院》)
(24) 志新:爸您刚消停了一个星期,怎么茬儿?想趁机**翻案**?
傅老:翻什么案?有错误就检查,有缺点就改正,这是我们家的一贯传统。(《我爱我家》)

例(23)中,"放点肉不?"是征询对方意见的疑问句,"放什么肉"是它的应答语。尽管"放什么肉"也是疑问结构,但不能解读为寻求未知信息,只能解读为反问句[①]。例(24)类同。因为应答语的言者比对方具有更高的知识权威,即"言者知识领域"事件,这里"翻什么案"只能解读为反问句,而不是言者寻求未知信息的疑问句。从应答形式看,这两例与例(20)相同,同样是违反会话规约的"以问答问"。

在自然口语对话中,这种表达形式与被引述的话语未必是直接应答语。相对于直接用作应答语,这种长距离的话语引述的反驳语力减弱了。例如:

(25) 窦文涛:你知道,这两天台湾有一个,据说是高僧挺大岁数七八十岁给信徒们簇拥着去做整形,他说我为了宣,为了弘法传道,我这个宝像要庄严,所以整了之后,这整的看着就庄严。
马未都:太极端。
窦文涛:他们为了弘法利生。
马未都:那不行,那不行。
梁文道:有没有弄得像释迦牟尼佛一样,模仿他。
窦文涛:你这修佛的,你说说。我这相好,换得信徒的结缘。
马未都:那当然。
窦文涛:这个想法不对吗?

[①] 因为言者比对方具有更高的知识权威,即"言者知识领域"事件,这里只能解读为反问句,而不是言者寻求未知信息的疑问句。只有"受话人知识领域"的疑问结构,才有可能解读为言者寻求未知信息疑问句(另可参看方梅、谢心阳,2021)。

马未都：但是你得修来，你不能，你修来的。

梁文道：对，没错，马爷说得对。我认识很多出家人在家居士，我发现有一点，很多人很认你一个人有没有认真修行，修得怎么样，看得出来。

马未都：看得出来。

梁文道：样子就会变。

马未都：对。

梁文道：变得很厉害。

马未都：非常明显。

梁文道：非常明显，我就认识一个西安的一个师兄，他原来也是富商很有钱，做地产，房地产什么。十几年前的，你觉得他开始学佛，你觉得他眼睛开始很纯定，十几年之后我在上海有一次再见到他吃饭，现在人你认不得他，整个人吃素十几年，修行十几年，生意也不做了，整个人进来就是那种气都不对了周边。

窦文涛：这肯定。

梁文道：不用整什么容。(《锵锵三人行》)

上面的例子中，如果孤立看"不用整什么容"似乎可以解读为"什么"的虚指用法，表小量，与"不用吃什么东西"类同。但如果结合语境观察就会发现，两者结构构成相同但意义相异。这里的"不用整什么容"并不表达"稍微整整容"，而是言者完全不认可整容。其中的"什么"，并不是表小量的虚指用法。

II. 疑问代词前置

另一类疑问结构重述性回声话语是疑问代词前置，构成形式是"疑问词+引述内容"。先行研究已经注意到，说话人可以引述他人或自己的话，在前面加"什么"，表达不赞成、不同意等。虽然有疑问代词，如"什么""怎么""谁"等，但并不作疑问解读。例如：

(26) 志新：燕红，……我觉得通过这件事咱们俩的心反而贴得更近了，说不定以后……咱俩虽然从小就**鸡吵鹅斗，谁也不让谁**，可是我心里……

燕红：(怒) **什么鸡吵鹅斗？什么谁也不让谁？**哪次不是我让着你？包括这次！(《我爱我家》)

(27) 许大茂：这你就不懂了，二大爷是我手里的一支枪，一个没文化的人，能厉害到哪儿去，狐假虎威。

秦京茹：可他毕竟是你们厂领导啊。

许大茂：**什么领导**，他拉倒吧。不过你还别说，二大爷教会了我怎么当领导。

— 356 —

(《情满四合院》)

上面二例中,"疑问词+引述内容"重述性回声话语都是回应前一说话人的评价,例(26)的评价是"鸡吵鹅斗,谁也不让谁"。例(27),虽然前一说话人没有直接采用评价性形容词或比拟说法,但是"毕竟是你们厂领导"已经表达他的行为不符合身为领导的社会规约。

疑问词"什么"还可以加在引述构式"X不X的"之前,构成"什么X不X的",表示不同意对方的看法。例如:

(28)甲:你肯定对她余情未断,不然我要骂她的时候,你为什么要拦着我?
乙:什么余情不余情的,我对她从来就没情!(引自王长武、雷璐荣,2019)

2. 是非问型重述性回声话语

是非问型重述性回声话语的特点是不含有疑问代词。例如:

(29)和平:谁给您下跪了,我给您盛饭去……唉爸您上了一天班儿也够累的吧?虽然说局里的工作**离不开您**,可您也得注意身体呀!
傅老:(发作)**离不开我**?**离不开我**今天怎么把我那办公桌儿给搁到……搁到妇联那屋去啦!(《我爱我家》)

这一例中,对前一说话人的评价"离不开您"的回应语,没有采用无标记的应答形式,而是一个带疑问语调的"离不开我?",引述"虽然说局里的工作离不开您"。从结构上看,此处的"离不开我?"与不带有任何疑问句法的陈述式问句[1]相同。但是,由于此处说的是傅老在单位的情形,作为当事人,傅老本人具有更高的知识权威(即"言者知识领域")[2],因而只能解读为反问句,而反问句都具有语用否定功能。

一般而言,受话人在听到对方发起首次评价的时候,他处于一个相对从属地位。针对评

---

[1] 关于"陈述式问句"可参看方梅、谢心阳(2021)。
[2] Labov 和 Fanshel(1977:100)提出了五种与认识相关的时间信息类型,翻译引用如下:A 事件:言者知道,听者不知道;B 事件:听者知道,言者不知道;AB 事件:言者和听者都知道;O 事件:所有在场的人都知道;D 事件:可知性有争议。B 事件与 A 事件,不仅对于判断"问"与"非问"有重要意义,也可以帮助判断疑问在互动交际中的言谈功能。如果这是一个 B 事件,就应当解读为是一个要求获取信息的特殊疑问句;如果这是一个 A 事件,则应当解读为一个话题引导语(topic proffer,Thompson、Fox & Elizabeth Couper-Kuhlen,2015:45),言者接下来会自揭答案。

价话语的应答语，无标记的回应形式是直陈语气的句法表达。在汉语中，表达对于评价的一致性态度不一定用"是""对"。下面一例就是重复对方话语表达一致性态度。例如：

（30）英：换句话说，诱惑不是主要原因。

洪：对（点头）。

英：没有诱惑，到七年……①也够呛了。

洪：<u>扛不住了</u>。

英：<u>扛不住了</u>。

洪：嗯……（访谈《爱的诱惑》）

上面一例中，洪说"扛不住了"是对"到七年也够呛了"的诠释，英重复"扛不住了"是对这个评价的认可，即表达言者的一致性立场。

一致性应答与是非问型重述性回声话语的区别在于，一致性应答说话人的认识地位同于或者低于被引述话语的说话人，并且用陈述语调说出来；是非问型重述性回声话语采用疑问语调，且说话人的认识地位要高于对方。

重复前一个说话人的话语究竟如何解读，受制于交谈当下言听双方的认识状态。这一特点不仅体现在评价序列，在告知序列也是如此。例如：

（31）许子东：……我在深圳去过一个饭店，它就门口写着"日本人莫进"。

窦文涛：为什么？

许子东：就是反日。

窦文涛：<u>反日</u>。

许子东：它就写明了日本人莫进。

上例中，许子东讲述他在深圳的经历。窦文涛对其中的细节提出疑问（问原因），在许子东给出答案"反日"之后，窦文涛重复了"反日"。这个重述话语不带疑问语调，但是许子东重复了他的故事，"它就写明了'日本人莫进'"予以确认。

例（30）、例（31）两例说明，回应语重述对方话语不一定构成"回声问"。它有可能是表达言者的一致性立场，如例（30）；它也有可能表达言者希望确认新知，并鼓励对方进一步提供信息，如例（31）以及例（22）。重复对方话语的说话人如果处于知识地位较低的

---

① 此处两个圆点的符号表示有一个短停顿。

一方，他的重述性话语是一个确认新知的行为，不构成反问句，也就没有负面评价解读。

四、结 语

无论是诠释性回声话语还是重述性回声话语，其中都含有对前一说话人所言内容的引述。上文对引述与负面立场表达的讨论可以看出以下三个倾向。

第一，应答语这一序列位置是固化负面立场解读的重要条件[①]。引述只有在回声话语中有可能产生带有负面立场解读，而且一般为他引而不是自引。

第二，并非所有的他引回声话语都会解读为负面立场，负面立场解读还要受制于言谈参与者的认识地位以及是否遵从会话规约。当回声话语的说话人的认识地位同于或者高于对方，才会带来负面立场解读。违反会话规约"以问答问"是回声话语解读为反问句的重要条件。

第三，如果引述内容编码为从属小句的内嵌成分，则不具有负面立场解读。这个特点符合"从句守旧主句创新"的一般规律[②]。

引述表达形式有的含有言说动词，有的不含有言说动词[③]，它们的共性是对应答语位置具有依赖性。规约化的角度看，不含有言说动词的引述表达形式的规约化程度更高。

事实上，有相当一部分负面评价构式，其语义解读中都具有引述性，尽管这类构式不含"说"类言说动词。例如：

1)"V什么V"（如：躲什么躲、唱什么唱、吃什么吃）、"A什么A"（如：好什么好、帅什么帅）。构式中重复的动词或名词，其表达内容是先行语境中已经出现的，可以解释为重述性回声话语（参看方梅，2017）。

2) 表达负面评价的语法构式（参看方梅，2017）隐含对共有知识的引述，像"好你个N"（如：好你个土老五、好你个不长记性的）、"还N呢"（如：还大学生呢、还厂长呢）[④]。

3) 同语让步。方梅、乐耀（2017）在讨论由"是"构成的同语让步式的时候，提到这类结构往往作为回应语，表达对前一说话人话语的负面评价立场。

[①] 关于语境固化在意义浮现中的作用，参看 Hoey（2005）。

[②] Bybee（2002）指出，就语用性信息而言，主句比从句丰富得多，新的语法形式所具有的丰富语义内容在主句的环境中更容易体现。相比之下，从句的语用信息要贫乏。从句不会因语用的驱动而容易产生变化。

[③] 没有表达引述词汇的引述表达，也被称为零形引述。

[④] 尹世超（2004、2008）、尹世超、孙杰（2009）探讨了汉语口语里高频使用的应答句式和否定性应答句式。宗守云（2016）发现，"还X呢"构式的表达说话人贬抑态度，主要用作对对方话语的回应。

对话互动中，作为应答语的重述性话语传递言者的不一致态度，应答语位置构成了负面立场表达的语境条件。因此，对于构式语义和功能的描写，除了要观察其线性邻接成分的影响，还要关照互动语境对意义和功能解读的塑造。话语立场的解读不仅与相邻句法单位密切相关，也与特定表达式所处的会话行为框架不可分。

参考文献

陈颖、陈一：《固化结构"说是"的演化机制及其语用功能》，《世界汉语教学》2010 年第 4 期。

丁声树等：《现代汉语语法讲话》，商务印书馆 1961 年版。

方梅：《北京话里"说"的语法化——从言说动词到从句标记》，《中国方言学报》第 1 期，商务印书馆 2006 年版。

方梅：《北京话语气词变异形式的互动功能——以"呀、哪、啦"为例》，《语言教学与研究》2016 年第 2 期。

方梅：《负面评价表达的规约化》，《中国语文》2017 年第 2 期。

方梅：《"说是"的话语功能及相关词汇化问题》，《中国语言学报》第 18 期，商务印书馆 2018 年版。

方梅、乐耀：《规约化与立场表达》，北京大学出版社 2017 年版。

方梅、谢心阳：《汉语对话中疑问句的解读——以反问句和陈述式问句为例》，《汉语学报》2021 年第 1 期。

李宇凤：《反问的回应类型与否定意义》，《中国语文》2010 年第 2 期。

刘一之：《北京话中"（说）：'……'说"句式》，《语言学论丛》第三十三辑，商务印书馆 2006 年版。

吕叔湘主编：《现代汉语八百词》，商务印书馆 1980/1999 年版。

马国彦：《引语介体与话语的互文建构》，《当代修辞学》2015 年第 4 期。

马国彦：《"别"与引述性否定》，《世界汉语教学》2016 年第 4 期。

王长武：《互动视角下的现代汉语引述回应格式研究》，华中科技大学出版社 2017 年版。

王长武、雷璐荣：《汉语常用应答语》，华中科技大学出版社 2019 年版。

［日］西村英希：《"X 什么 X"构式的语义内涵及语用功能》，《语法研究和探索》（十八），商务印书馆 2016 年版。

夏雪、詹卫东：《"X 什么"类否定义构式探析》，《中文信息学报》2015 年第 5 期。

尹世超：《说否定性答句》，《中国语文》2004 年第 1 期。

尹世超：《应答句式说略》，《汉语学习》2008 年第 2 期。

尹世超、孙杰：《"那"字应答句》，《语言文字应用》2009 年第 1 期。

袁毓林、刘彬：《"什么"句否定意义的形成与识解机制》，《世界汉语教学》2016 年第 3 期。

乐耀：《论汉语引语的传信功能及相关问题》，《语言教学与研究》2013 年第 2 期。

乐耀：《论北京口语中的引述类传信标记"人说"》，《世界汉语教学》2013 年第 2 期。

乐耀:《汉语引述类传信语"说什么"的由来》,《现代中国语研究》(日本) 2013 年第 15 期。

朱军:《回声话语的认同功能——基于互动与立场表达的视角》,《语言教学与研究》2020 年第 4 期。

宗守云:《"还 X 呢"构式:行域贬抑、知域否定、言域嗔怪》,《语言教学与研究》2016 年第 4 期。

Bybee, Joan, Main clauses are innovative, subordinate clauses are conservative: consequences for the nature of constructions. In Bybee, Joan and Michael Noonan (eds.), *Complex Sentences in Grammar and Discourse: Essays in Honor of Sandra A. Thompson*, John Benjamins Publishing, 2002.

Hoey, Micheal, *Lexical Priming: A New Theory of Words and Language.* New York: Routledge, 2005.

Horn, Laurence, Metalinguistic Negation and Pragmatic Ambiguity. *Language* 61, No. 1, 1985, 121–174.

Labov, William, David Fanshel, *Therapeutic Discourse: Psychotherapy as Conversation.* New York: Academic Press, 1977.

Quirk, Randolph, Sidney Greenbaum, Geoffrey Leech and Jan Svartvik 1985 *A Comprehensive Grammar of the English Language*, London and New York: Longman.

Thompson, Sandra A., Barbara A. Fox and Elizabeth Couper-Kuhlen 2015 *Grammar in Everyday Talk: Building Responsive Actions.* Cambridge: Cambridge University Press.

Couper-Kuhlen, Elizabeth and Selting, Margret 2018 *Interactional Linguistics: Studying Language in Social Interaction.* Cambridge: Cambridge University Press.

(原文刊于《当代修辞学》2021 年第 5 期)

话题的互动性

——以口语对话语料为例

完 权

（中国社会科学院语言研究所，电邮：wan2quan2@163.com）

提　要：文章旨在使用对话语料，从交际互动与语篇视角来考察话题的性质，发展赵元任"主语、谓语作为一问一答"的观点。研究发现，无论是语篇话题还是主谓句的句子话题，都体现出互动性。话题的互动性，强调的是各种会话交际因素对话题的影响，涉及话题的选择、构建、持续、更新等多方面。话题互动性的要旨，是指向"话题—说明对"以外的语篇以及言语互动参与者。侧重于动态、交互、语篇，是话题性质的主要方面。而指向句内事件语义的静态事件属性，则是次要方面。据此，可以将话题定义为：话题是由会话人在具体互动时空中共同协商构建的联合背景注意的中心。互动性是汉语句子话题和语篇话题的共性，而这个共性来自语篇性而非句子性，用会话分析的概念可以解释使用中的句子结构；反之不然。从语言使用的互动性来看，汉语的主谓句恰是迷你语篇，汉语句子话题本质上是语篇话题。大规模语篇的里面是小规模语篇，层层级级大大小小的语篇话题解析到最后，得到的句子话题仍然还是语篇话题。汉语主谓句的句子话题具有语篇话题的本质，也是语篇话题。

关键词：话题；互动性；相关性；包含关系

一、引言

传统的话题（topic）研究是从相关（about）开始的（Hockett 1958：201；Chao 1968：96），主张话题和说明之间必须具备相关性（aboutness, Lambrecht 1994：117）。Halliday (1967：212) 则从信息结构的角度把话题定义为句子信息的"出发点"（point of departure）。这两种思路，都是着眼于句子内部，和主语相比较，来看话题与说明的关系。

以上观点自有其开创性价值，不过随着近年来汉语话题研究的深入，句内视角也面临着进一步的反思。本文旨在提出一个更为宽广的视角，即着眼于句子外部的语篇和对话，从交际互动、从听说双方的认知状态，来考察话题的互动性。这就决定了考察的思路是自上而下,从语篇话题开始,再深入到句子话题。这项研究的基本理念,是回到"话题"这个词的本来意义。首先是谈话者选择了一个话题,才会围绕这个话题展开一段说明。一言以蔽之:"不是句子拥有话题,而是说话者拥有话题。"(Morgan 1975:434)

实际上,汉语主谓句内主语(话题)和谓语(说明)之间的关系,就是基于谈话者之间的问答互动。这是赵元任(Chao 1968:104)早已提出的观点。沈家煊(2019)则将其充分阐释并发展为对言语法理论体系。从句内视角,包括单句和流水句,话题的互动性已经得到多方面的证明,具有普遍意义。从主谓问答到对言语法,其解释力都是超越各种语体、横跨不同语域的。本文只不过从中提炼出"话题的互动性"这个概念。

为了在典型材料中发现典型规律,充分探寻互动性,本文采用口语互动语料。不过,有必要指出,从对话中发现的规律也适用于叙述、独白、书面语等其他语料。因为使用中的语言都具有互动性、对话性。正如对话理论创始人巴赫金(1998a:242)所说:"对话交际才是语言的生命真正所在之处。语言的整个生命,无论是在哪个运用领域(日常生活、公事交往、科学、文艺等等),无不渗透着对话关系。……话语就其本质来说便具有对话的性质。"甚至,独白不过是"对话的副产品"(朱莉娅·克里斯蒂娃,2012:34),也具有对话性(张雪,2006),有潜在的听者,因为"任何话语都是在对'他人'的关系中来表现一个意义的"(巴赫金,1998b:436),"一段陈述无人愿听也就不再是陈述了"(Chafe,1994:122)。同样,书面语也具有互动性,是作者和读者跨越时空的互动。总之,只要是使用中的语言,都具备互动性。就互动性而言,各种语料之间,有典型与非典型、即时与非即时、在场与非在场之别,也有互动性的程度高低之别,但是却没有互动性的有无之别。

限于篇幅,本着解剖麻雀把问题说透的精神,本文仅使用一段对话语料,而本文观点用于独白或叙述等其他语料的讨论将留待后文。本着假设 - 演绎法(朱晓农,1988)的精神,如果话题的互动性具有普适价值,那么略具规模的语料就足以提供证据。因此,本文语料并未刻意挑选,只是以对话为标准,从优酷网聊天节目"圆桌派"(2019 年 8 月 8 日)中截取了约 20 分钟的录像。窦文涛、马未都、李玫瑾、蒋方舟四人的交谈颇为即兴随意,连续流畅的对话也没有经过特别的剪辑中断。按照互动语言学的转写原则,记录下约 1000 行语调单位(intonation unit,IU),约 10000 字。

二、语篇话题的互动性

话题的互动性,强调的是各种会话交际因素对话题的影响,涉及话题的选择、构建、持续、更新等多方面。着眼于互动性,话题可定义为:话题是由会话人在具体互动时空中共同协商构建的联合背景注意的中心。具体表现可以从三个方面来探寻。

（一）话题由会话人协商共建

话题不仅仅是当前说话人的话题，更是所有会话参与者共同拥有的话题。早期的会话分析研究（Schenkein，1978：65-76；Goodwin，1982：118-125），就已经很重视在会话互动的组织过程中听说双方协商（negotiation）的重要性。Geluykens（1993：198）使用了话题协商过程（topic-negotiating process）这个概念，认为与其说话题是被"引入"会话，不如说是经由话轮转换系统互动"协商"而来。Chafe（1994：123）则指出驱动话题发展的，正是会话各方的互动。Mondada（2001：27）也讨论了话题共建（co-construction of topics）的概念，认为话题受到会话各方的共同关照，大家一致为话题的发展贡献出思想要素。

第一，发话人（utterer）提出新话题时，应尽可能考虑释话人（interpreter）[①]心理，根据自己的主观判断，考虑到释话人在意义互动生成中的积极地位，在其心目中寻找共同关注的话头、相同的兴趣点，并评估期待。正如Chafe（1994：122）所言："一个有效的说话者会拟测听者的思想，并受其指引。"窦文涛正是这样一个健谈者。

（1）　1　窦：李玫瑾老师啊，

　　　　　　　　　（（省略6个IU））

　　　　8　　　你本来是. 这个=公安大学的. 犯罪心理学的. 教授，

→　　 9　　　但是我发现啊无数的父母啊，

→　　10　　　「期待」听到您「说@说@」怎么教育孩=子。@@

→　　11　李：嗯⌊嗯⌋，⌊@@⌋

→　　12　　　是是。

　　　13　窦：天呐，

　　　14　　　哎，

　　　15　　　我攒了一大堆问题就. 问你。

窦文涛对李玫瑾的专长充分了解，才能恰当选择"怎么教育孩子"这个话题，让她侃侃而谈。会话人要能够触及对方的兴趣点，否则鸡同鸭讲可能会很尴尬。比如电影《阿甘正传》的开头，在公交站的座椅上，阿甘向同座讲述他一生的故事，却几乎等于自说自话。

第二，释话人会对新话题表明自己的态度，认可（ratification）或不认可。例（1）IU11、12，李玫瑾用了两种方法表示了对话题的肯定，回应的态度非常积极。IU13-14，

[①] 发话人和释话人这组术语由Verschueren（1998：77）提出，强调听者读者并非被动接受者，而具有主观能动性，更看中听者在意义互动生成中的积极地位，因而也适合用于对话题互动性的论证。

在得到回应后，窦文涛也发出投桃报李式的感叹。在双方正反馈的激励下，会话迅速进入良性的发展轨道。相反，如果李玫瑾回应的是"哦"，话题将很可能难以为继。正如网传"哦"和"呵呵"是"话题终结者"的标志，Labov（1972：366）也告诫不要让听者说出"so what？"，这样注定会让谈话失败。无以为继的对话也就无所谓话题了。

　　释话人甚至可能引导话题的发展方向，比如通过对潜在的新话题给予认可的方式。

（2）　1　马：那女孩儿. 也是十几楼上开着窗户跳下去了。
　　　　2　窦：哎，
　　　　3　　　是啊,
　　　　4　　　「真有这事儿啊？」
　　　　5　马：⌊当着她妈＝。⌋
　　　　6　　　那就是因为－－
　　　　7　　　那肯－－
→　　　8　　　我们小时候，
→　　　9　　　我们小时候净<u>挨打</u>，
→　　10　　　「那谁跳过了？」
　　　11　窦：⌊你怎么不跳呢？@ ⌋
　　　12　马：我都－我才不跳呢！
　　　13　　　「这不可能。」
→　　14　李：⌊马爷说得好，⌋
　　　15　　　小的时候「老挨揍了。」
　　　16　马：⌊小的时候都<u>挨打</u>。⌋
→　　17　窦：对。
→　　18　马：<u>打孩子</u>呢，
　　　19　　　都，
　　　20　　　我当时就觉得啊，
　　　21　　　因为我们小时候还交流经验，
　　　22　　　哈，
→　　23　　　就是<u>挨打</u>怎么办。

　　初始话题是谈论几个学生自杀的案例，IU8－10从属于马未都对某个案例的说明部分，其中"挨打"是谓语陈述，是潜在的新话题。如果接下来大家继续聊自杀，也是正常的发展轨迹。但是 IU14 李玫瑾对说明部分的"挨打"给予了认可，并且得到 IU17 窦文涛的附和，这就集体赋予"挨打"以话题性（topicality）。最终在 IU18 中提升为话题，形式标志是用于提出新话题的"呢"（方梅，2016）。随后围绕这个话题又聊了 50 多个语调单位。

第三，参与者共同影响话题的发展。Maynard（1980：263）认为话题是"会话人用来显示相互理解以及新话轮对旧话轮的适配，并在此过程中构造出来的"。从一个话轮发展出话题转换的时候，常常能找到清晰的互动依据，比如"当一个说明部分被会话人群拿出来并加以发展的时候，一个新的话题就浮现出来了"。（Tannen 1984：54）① 例（2）从 IU17 往后就是这样的一个例子。另一种影响话题发展的手段，是反对。例如：

(3)　1　李：我觉得应该是父母跟孩子逗着玩儿吧。
　　　2　　　我「其实我也遇到 ⌉过这种事儿，
→　 3　马：⌊不是不是，⌋
→　 4　　　不是逗着玩儿。
　　　5　李：我那时我还特别认真地问，
　　　6　　　到底是哪个垃圾箱？
　　　7　　　就当时把那个楼下的那几个垃圾箱啊，
　　　8　　　都在想，
　　　9　　　是不是这一个，
　　 10　　　还是这一个。
→　11　窦：我觉着. 有些孩子做了非常恶劣的解释。
　　 12　　　他就是说啊，
　　 13　　　他说这个父母亲小时候跟我 . 说 . 说这个，
　　 14　　　他说他不知道我当时啊，
　　 15　　　就信以为真呐，
　　 16　　　我真的觉得自己＝，
　　 17　　　哎呀那我是谁生的？
　　 18　　　然后他们几个大人就在那儿哈哈笑。
→　19　　　他说这是本质上是他的一种操纵欲。
　　 20　马：「嗯⌋

---

① Tannen（1984：54）说，在她的例子里，很难决定到底是谁开始了新话题，只能认为是合作。一位说话人从此前会话中挑选出了一个话题，而另一位说话人把它正式建立起来；恰似例（2）中 IU14 的李玫瑾和 IU17 的窦文涛所分别起到的作用。

21 蒋：[嗯]
→ 22 马：他．就．想．觉得．看着．你看．我这孩子，
→ 23   我是让你哭就哭，
→ 24   我让你怕就怕，
→ 25   我让你笑就笑。
26 蒋：对。

IU1中李玫瑾用评价句建立起话题"逗着玩儿"。然而，IU3-4中马未都表示了否认，但并未立即建立一个新话题。这个否定态度从IU11开始被窦文涛接过去，在IU19发展出了新话题"操纵欲"，并在IU22-25由马未都进一步阐述。由此看来，无论肯否，都是一种协商，话题在共建中得以发展。

（二）话题在互动时空中产生

话题由会话人在话语进行时的（in-progress）具体互动时空中即时在线（on-line）产生。

空间，指的是物理、社会、话语等方面的情境性。Brown & Yule（1983：94）提出，话题并非游离于会话人和会话场景之外，相反，是会话人共同协商其谈论的内容，他们在会话过程中的所有贡献都应被视为确认话题的依据。

时间，指的是因时（enchrony）性。会话人选择一个适合的话题，需要因时制宜。对逐渐增量的话语作情境分析可以帮助我们确定，具体的会话互动关乎怎样的话题，话题是如何由会话人开启、发展、更新、切换和结束的。所以，理想的话题分析应该做微观的因时研究，即在一个话轮接一个话轮的言谈举动（move）逐步展开的实时交际互动的会话时间中，从各个话语参与者的视角着手进行意图使因与诠释效果的在线动态分析。（Enfield, 2009：10、2011：285、2013：28）Mondada（2001：9）也认为话题不具有自立性（autonomous）[①]，而是由会话人在会话互动中实时创建、实时管理的。

第一，侧重于互动空间来看，对话题要作情境分析才能确定，情境包括交际场景、伴随动作神态、当前言内语境等。因为，脱离对话和语篇，将无法准确判断话题性。比如例（3）IU11的"我觉着有些孩子做了非常恶劣的解释"，单看这一句会让人觉得是在说孩子恶劣，但实际上前后文是在说家长的操纵欲。也因为，"话题有可能在会话人的心理中不依赖于显性语言而浮现出来。"（Chafe, 1994：121）那么，有声话语就可能会和动作、情境等掺杂在一起，共同构成话题说明关系。沈家煊（1989：332）举出一个例子，说明非言语举动充当引发语的作用，相当于一个可供评说的话题，转引如下：

---

① 原文是法语 autonome。

(4) 1 朱大姐：（运动全身寻找丢落的毛衣针）（非言语举动"找针"充当引发语）
2 【我：　哟，找根针这么费劲呀！】
3 朱大姐：这么好的棒针咱们这儿可买不着。

情境本身也可以直接充当话题，说话人对这个没有语言形式的话题直接进行说明。例如：

(5) 1 窦：//点蜡烛// 完美无缺！
2 蒋：⌈ @ ⌉
3 窦：⌊完美⌋的点火！

这是节目第一句话，此时窦文涛正在擦着火柴点起一柱蜡烛。这个动作正是大家视觉注意的中心，不必言说，自然具有话题性，只需要直接评述就行。

第二，侧重于互动时间来看，新话题需要在会话过程中实时创建，形成良性竞争。Brown & Yule（1983：89）发现，很多会话的话题并非事先确定，而是在交谈过程中相互商定的，而且尽管话题是公共的，但在每个参与者心中都有一个自己的版本。所以，自然会话有充分自由发展（甚至跑题）的可能。前文例（3）即为话题自由发展的一个实例。在"骗孩子是捡来的"这个初始话题下，各人都有自己的发展方向，后二者尽管有部分一致，但也有差异。这档节目设定总的一级中心话题是例（1）IU10 的"怎么教育孩子"，但是其后发展的方向则是随机的。随着交谈的进行，逐步发展分化出多层级的分支话题。话题的发展过程中，可能出现话题的竞争：

(6) 1 窦：对对对。
→ 2 　　是你要．你要依^法治国。
3 　　对吧？
4 蒋：对。@
5 窦：没有法－－
6 　　⌈执法＝必严。⌉
→ 7 马：⌊哪儿有家长随便打孩子的，⌋
8 　　⌈那肯定是有原因的。⌉
→ 9 李：⌊其实我觉得，⌋
10 马：⌈嗯．对。⌉
→ 11 蒋：⌊但是大人不会解释嘛。\⌋

12　李：⌊我我我觉得^打还是不重要的，⌋
　　13　　　其实真的不是打的问题。
→　14　马：我想我自己嘛，
　　15　　　我小时候挨-爹妈都打。
　　　　　（（以下省略20个IU））

　　窦文涛把此前谈话总结为"依法治国"，并得到蒋方舟的赞同，这本来是可以发展为一个新话题的，但是从IU7-12出现的很多话轮的交叠（overlap），马、李、蒋三人都提出了自己的见解，也都有可能发展为新话题。窦文涛是主持人，其角色决定了他应调动其他人发言而不宜抢夺发言权。李玫瑾和蒋方舟都是从否定的角度提出观点，话题性不够强。最终，在IU14马未都竞争胜出。这种话题的竞争，目的是为了推进话题，所以是良性的竞争。如果纯粹是为了夺取话语主导权，很可能无法达成会话合作，那就是恶性竞争了，这将导致会话终止，也就更无所谓话题了。

　　第三，前话题对后话题的影响，综合反映了互动时空两方面的因素。Venneman（1975：317）提出，语篇参与者把注意力会聚在语篇话题之上，而注意力的会聚，通常是由一个语篇话题此前紧邻的文本所涉及的内容带来的。本文语料很能证实这一点，其话题结构发展呈现出一个鲜明的特点：新话题B从上一个话题A的最后一个子话题A.z触类旁通催生而来。

　　比如，在"父母为什么要贬损孩子"这个二级话题下，讨论了三个三级话题："坚强的教育"、"贬损分两种"和"当面教子"。接着，从"当面教子"过渡到新话题：

（7）　1　马：当面教子. 是一个文化。
　　　2　蒋：啊。
　　　3　马：当面教子. 背后教妻，
　　　4　　　这是逻辑。
　　　5　窦：哎，
→　　6　　　⌈但是--⌉
　　　7　马：⌊传统⌋就是这样，
　　　8　　　我一定要当着. 人家的面儿来说这孩子才有作用。
　　　9　　　如果你在家里关着门儿说没用。
→　10　窦：就是我们这个父母亲，
→　11　　　你到底该怎么. 这个批评孩子，
→　12　　　呃，

→ 13　　　给不给他自尊心？

在 IU6，窦文涛已经用"但是"打算针对"当面"提出反方观点，但还没有结束就被马未都的长篇大论打断了。等马未都说完，窦文涛才又从 IU10 起，重新提出自己的问题：怎么批评孩子？这个问题有两种发展可能。一个可能是作为现存三级话题的相关三级话题，从属于"贬损孩子"这个二级话题。但是实际上，随后的交谈却是围绕"批评"从中发展出了一个包含若干子话题的新话题，不仅会话规模超过前一个二级话题，而且从逻辑上看，是从属于一级话题"怎么教育孩子"。

话题 A.z 催生出新话题 B，"不仅仅是从前一说话人的内容中选取一部分继续谈话，而是有他自己的话题延续"（Brown & Yule，1983：89），换句话讲，虽然层层级级的大小话题有着逻辑上的上下位关系网，但是在形式上，却有着线性的发展特点。外在的竹节式话语延伸，覆盖了内在的树权型逻辑结构，这很可能是汉语自然会话中话题发展的一个重要路径。

（三）话题是会话人联合背景注意的中心

话题，是认知功能语言学中注意力研究（Talmy，2007）的一大课题。在前人研究的基础上，本文提出，话题的核心功能，是创建新的联合注意（joint attention）[①] 中心，继而转为背景注意的中心，并持续保持一段时间，维系着不断变化的前景信息。

第一，会话中联合注意的触发。前文引述了 Venneman（1975：317）的观点，语篇话题是参与者的注意力会聚之处，Li & Thompson（1976：488）也把话题的功能概括为注意力的焦点（并非信息焦点）。需要修正并强调的是，这仅仅体现在新话题刚刚切入之时，当所有会话参与者都认识到大家的注意力已然会聚在一起，就达成了联合注意。在说话时，会话人不仅会考虑到其自身信息状态的激活和变化，还会意识到其他会话人也有相应的注意力中心和边缘的变化，这些都会影响到他们的话语产出。会话人对话题的共同关注与调话是会话中重要的互动行为。参考 Talmy（2017：Ch. 13）对会话序列中达成联合注意的分析，话题联合注意的触发可分为三步：言者提议，听者反馈，言者确认。

(8)　　1　李：你看，
　　　　2　　　所有的这个＝很多的＝冲突都是在青春期。
　　　　3　窦：哎！／

[①] 联合注意，是个体追随另一个体的注意而使得两个个体同时注意同一物体，并相互协调配合的社会认知能力。联合注意能力是语言能力（包括习得能力）等社会能力发展的基础，在个体的社会交往和人际互动中起着十分重要的作用。关于联合注意和语言的关系，参看 Tomasello（1999：Ch. 3）。

4　李：青春期是什么呢？

　　李玫瑾采用了"你看"这个言语触发（trigger）方式，直接指引对方注意力。这个"看"并非用眼睛看会话的物理环境，而是用心在"看"她的语言世界。处于 IU2 末的自然焦点位置的"青春期"，也正是即将引入的新话题。窦文涛给予了积极的反馈"哎"，升调表达了他的肯定与兴趣盎然，说明注意力已经转移到其上，联合注意已然达成，所以李玫瑾接下来就可以顺理成章切入新话题。

　　为了把注意力调动到目标之上，可以使用的语言或行为线索（cue）多种多样。（Talmy, 2017：3）例（5）中的点火动作，就是一个成功的行为线索。例（6）中 IU12 的"我我我"，这种直指词的重复，也是一种试探性吸引注意力的言语触发方式。只不过，并未得到听者的反馈，所以没能成功达成联合注意，也就没有发展出一个新话题。

　　第二，联合注意的中心转入共同的背景注意（background attention，Talmy, 2007：265）[①]。随着话题的确立，相应的说明部分渐次成为前景注意的焦点，而话题则转入背景注意。Talmy（2007：265）解析了 Liddel（2003）对美国手语的研究，形象地显示了在话题确立前后注意力的分配（allocation）。美国手语中，非优势手可以表示一个特定话题，并且，在优势手表示相应的说明部分的时候，非优势手还一直维持在这个固定的动作上。也就是说，即使在优势手把观察者的前景注意力吸引到某些特定内容上的时候，非优势手也依然维系着观察者确认话题的背景注意力。不过，人有两只手，却只有一张嘴，有声语言只能让话题留存在背景注意中。例（9）是例（8）随后的说明部分。

(9)　1　李：青春期是什么呢？
　→　2　　　就是人的性发育期。
　　　3　　　它一般女孩儿十二岁，
　　　4　　　男孩儿十四岁。
　→　5　　　他一发育呢，
　　　6　　　他体内的那个内分泌啊，
　　　7　　　就一下就. 乱了。
　　　8　　　因为以前是没有这个＝性腺分泌的。
　　　9　　马：「是是是。」

[①] 心理学研究（Mazza et al 2005）表明，感知的前景/背景切分（segmentation）会影响到注意力的分配。注意力通常优先分配给前景项目，即使在要求同时注意的情况下；也可以接受指令转移到背景项目。

10　蒋：⌊嗯。⌋
　　11　李：然后呢，
→　12　　　他这个分泌以后呢，
　　13　　　人就会出现什么呢？
　　14　　　就是情绪不稳定。
→　15　　　他高兴的时候很高兴，
　　16　　　但是他总体来讲是非常就是说^快速的．变化。

　　在确立了"青春期是什么"这个话题后，三人继续交谈的 16 个 IU 中，无论是说年纪、生理、情绪，还是和成人比较，都依然紧密处于"青春期"这个背景信息之下。但是，也都没有再直接出现"青春期"这个词儿，尽管可以补出，比如例（9）IU2、5、12、15 都可以前加"青春期"充当话题。就单句看也无甚大错，但在语篇中并无必要，显得啰唆，就是因为此时背景注意还持续存在，并不需要冗余信息。

　　以上是从注意力分配的角度来讲，而从注意力激活水平的角度来讲，也可以说是话题确立后，就呈现中度激活（semiactive）状态。Chafe（1994：Ch.3）认为话题是"在某一时刻处于中度激活状态的信息"，"明白清晰的联系着某些事件、状态和指称"，"把会话切分成比语调单位更大的部分"。话题的"中度激活"，是和信息焦点的"高度激活"相区别。

　　第三，话题由所有参与者共同维护持续性（persistence）。话题进入背景注意后，就一直持续存在，可以适时回溯，不离不弃，但又不喧宾夺主，不抢镜头。持续的方式可以分为直接持续和间接持续。（Geluykens，1993：188）直接持续就是通过各种回指形式保持话题的中度激活。在话题共建的分析框架下，由参与者在他们一轮一轮的会话中，通过重复、省略、代词化或者直指来达成的。（Stokoe，2000：187；许余龙，2004：71）下面例（10）中 IU1-5 是提出话题，随后三位参与者使用了不同的方式来回指话题中的核心事件，包括 IU16 的零形回指。

　　（10）　1　窦：为什么有些中国父母，
　　　　　2　　　特别喜欢小时候跟孩子说，
　　　　　3　　　哎，／
　　　　　4　　　你不是我生的，
　　　　　5　　　你是垃圾堆里捡来的？
　　　　　　　　（（省略 4 个 IU））
　　　　　10　　这玩意儿，
　　　　　11　　他为什么．要这样？

12 李：<u>这个</u>，
13 　　我觉得应该是父母跟孩子逗着玩儿吧。
14 　　我「其实我也遇到 ⌉过<u>这种事儿</u>，
15 马：　　　　　⌊不是不是，⌋
16 　　∅ 不是逗着玩儿。

间接持续，即同一场景中有语义关联的所指。例如跟例（9）有关联的这一段：

(11) 1　李：就是在<u>青春期的时候</u>，
　　 2　　　什么时候呢，
　　 3　　　就是说，
　　 4　　　我刚才说的这个，
　　 5　　　到．到他<u>发育接近成年的时候</u>，
　　 6　　　这时候你跟他说话，……

综上，共同协商构建、具体互动时空、联合背景注意这三个方面并非各自独立，而是组成紧密联系、各有侧重的一个整体。所以，以上例句虽然在本文论述中仅从属于某一方面，但读者诸君也可以尝试从别的方面追加分析。这三个方面也并非只是自然口语会话专有的特点，叙述、独白或书面语等其他语料也有，只不过有即时与非即时、在场与非在场等区别而已。另外，尽管我们不能说相对于话题的说明部分没有互动性，但是从以上三个方面来衡量，说明的互动性远不如话题的互动性强。这是因为：第一，发话人不必非得与释话人协商共建主要用于承载新信息的说明部分不可；第二，说明部分的情境性和因时性是从属于话题的；第三，高度激活的说明部分在认知上也不可能成为中度激活的联合背景注意的中心。

三、汉语句子话题的互动性

为了和以往一般所说的句子话题相比较，本文讨论的句子话题用例都在主谓句内，但是更倾向于以"用句"观来理解"句子"。因为没有主谓一致关系的句法限定，"汉语的'句子'不等于英语的 sentence，它更像 utterance"。（姜望琪，2005）utterance，一般翻译成"话段"，沈家煊（2019）翻译成"用句"，即"语用的句"。从短至一个话轮的"顿句"，到长至几十个话轮的流水句，都是用句。在本义看来，汉语的语篇和主谓句之间并非对立关系，而是包含关系。主谓句也可以看成语篇，是迷你（mini）语篇；主谓句的句子话题也可以看成语篇话题，是迷你语篇的话题。沿着这样的思路可以发现，前文给话题下的定义，既适合于语篇，也

适合于主谓句。① 汉语主谓句的句子话题，也是语篇话题，以上一节的标准来衡量，同样具备语篇话题固有的互动性。

（一）句子话题同样由会话人协商共建

一，发话人为每个句子选择的话题都考虑到了释话人因素。如例（1）中的这一句：

(12) 窦：<u>你</u>本来是．这个＝公安大学的．犯罪心理学的．教授。

这个"你"就不能换成"李玫瑾"，尽管同指，但是在这段对话中直接使用人名不能构成有效的现场互动。

发话人还会选择有利于释话人构建新信息的话题，所以在话语在线产生的过程中，有可能会更换句子话题。例如：

(13) 1　蒋：我觉得还有一「点」，
    2　窦：　　　　　└嗯」
→　3　蒋：就在于<u>你</u>－－
→　4　　　　<u>我</u>觉得中国家长……

IU3 是一个自我截断的语调单位，说话人虽然已经说出了"你"，但临时决定更换句子话题，就改成了 IU4 的句式。因为其后话语的内容是批评某些"中国家长"的作为，这个帽子恐怕不适合戴在"你"头上，所以说话人作了修正（repair），改由"我"作为句子话题重新组织句子比较好。

二，释话人也会对新句子话题表明自己的态度。

(14) 1　窦：一个「女生 」
→　2　蒋：　　└ 嗯。」
    3　窦：高二的，
→　4　蒋：嗯。
    5　窦：就是她班主任可能看见她..什么早恋，
    6　　　然后班主任就说＝几句狠话。

---

① 本文重在论述篇章话题和句子话题的共性，并不意味着在具体篇章中句子话题必然等于或不等于篇章话题。限于篇幅，具体讨论无法深入。本节末尾将略论二者差异。

窦文涛的话连起来是一串流水句。流水句的用句特色更明显，是联系单句和语篇的桥梁，既可以视为单句的延伸，也可以视为小规模的语篇。IU1、3通过窄指方式达成指称调节（乐耀，2017），从"一个女生"到"一个高二的女生"，确立了整个流水句的句子话题，在这个过程中得到蒋方舟的两次"嗯"的认可。

三，释话人也可能参与到句子话题的发展中来。例如：

(15) 1　马：她要不搂着我哭，
→ 2　　　这事儿「我 - - 」
→ 3　李：⌊你还⌋不记得。
　 4　马：根本就不记得。

（二）句子话题同样在互动时空中产生

一，句子话题的确定也要依赖情境分析。例如：

(16) 1　蒋：我妈说，
→ 2　　　你衣服是我们家的，
　 3　　　你脱了。
　 4　　　我脱了。
→ 5　　　说你这个.裤子是我们家的，
　 6　　　你脱了。
　 7　　　我脱了。

脱离语境，例（16）IU2的话题可能会有两种分析：（A）"你衣服‖是我们家的"；或者（B）"你‖衣服是我们家的"。但是在这段话的具体语境中，从话题的连续性来看，IU3-4的话题都是人而不是物，IU5还有一个小小的停顿，这些手段都提示了，这段话是围绕"你"这个话题来说的。故以（B）分析为上。

二，新的句子话题在会话过程中实时创建。实际上只要承认以上几个特点，那么新的句子话题就一定是实时创建的，所有的都是。下面举一个特别的例子：

(17) 1　马：这个.就是你要练=练习这种钝感力。
　 2　窦：您.您知道就是说.呃=
→ 3　　　<u>你（（面向蒋））知道那个事儿吗？</u>

在录像中可以看到，例（17）IU3 的面部朝向变化提示了主要交际对象的变化。说话人主动截断了 IU2，也导致 IU3 重新实时创建了新的句子话题。

三，前话题对后话题的影响，即话题 A．z 催生出新话题 B 这种模式，在句子话题的更新中也很常见，只不过嬗变为，前一句的说明提供了后一句话题的主要资源。例如：

(18) 1 窦：都是错过了好的时机。
→ 2 马：最好的教育时机＝过去了。

（三）句子话题同样是会话人联合背景注意的中心

一，句子联合注意的触发。Du Bois（2014）提出的对话句法（dialogic syntax），特别是平行（parallelism）、复制（reproduce）、共鸣（resonance）这些概念，鲜明地揭示了对话中形式和意义的对应关系。这种对应，正彰显了会话人的联合注意。比如前文例（2）中 IU11、12 这两句平行，拥有相似的形式和同指的话题：

(19) 1 窦：你怎么不跳呢？@
2 马：我都－我才不跳呢！

其实，在会话现场，联合注意的建立是尽在不言中的。不过，有时候为了建立联合注意，也会使用一些特殊的手段，比如下面这两例，用虚指的"你"吸引其他参与者的注意，这个"你"并非句子或语篇话题：

(20) 蒋：你比如说我小时候我妈是怎么＝不让我离家出走的。
(21) 李：你像我们有时候也说取消污点。

二，随着会话的进行，句子联合注意的中心也会转入共同的背景注意。比如下面 IU3 窦文涛复制了李玫瑾 IU2 的问句，但是话题"这个敬"却隐没了。

(22) 1 李：您知道吗，
2 这个^敬来自于哪儿？
→ 3 窦：∅ 来自于哪儿？

三，句子话题也可能会由所有参与者共同维护其持续性，其结果就是，句子话题发展成了语篇话题，比如下例 IU1 中的"你"：

(23) 1　李：然后你^特别幸福，
　　 2　　　一直可以到小学＝十二岁。
　　 3　马：嗯。
→ 　4　李：但是∅一到中学，
→ 　5　　　∅就涉及中考了，
→ 　6　马：∅幸.幸福没了。@
→ 　7　李：∅从中考到高考，
　　 8　　　那就是人生的这个六年呢，
　　 9　　　那就是说你这六年要扛你这一辈子。

　　这段会话的首尾都出现话题"你"，而中间没有出现，但两个参与者都是围绕背景注意中的"你"在说话，而 IU4、5、6、7 也都有零形回指的话题位置可以加上"你"，这种由话题链控制的零形式促使 IU1 中的句子话题"你"，到 IU9 的时候，发展成了控制整个语篇的话题。这说明在会话在线产生、发展的过程中，对一个名词的话题地位，也宜作动态的因时分析。在刚说完 IU1 时，"你"只是句子话题，但这一段话完成后，"你"就不仅是 IU1 的句子话题，也是整个语篇的话题了。

　　综上，从共同协商构建、具体互动时空、联合背景注意这三方面互动性来评判，汉语句子话题也具有话题的互动性。互动性是汉语句子话题和语篇话题的共性，而这个共性来自语篇性而非句子性，用会话分析的概念可以解释使用中的句子结构；反之不然。当然，本文强调共性，并非意在否认个性。句子话题和语篇话题的差异，体现在具体互动时空的范围大小亦即注意力的广度（scope of attention）上。从认知角度看，会话双方相互协调后，将一定时空范围内的背景注意力放置在同一指称对象上。这个共同的背景注意对象就是话题。涉及时空范围广的，就是语篇话题；涉及时空范围窄的，就是次级语篇话题；最窄的，就是句子话题。兼顾语篇话题和句子话题的共性和个性，可以将汉语句子话题视为一种特殊的迷你语篇话题。也就是说：一，汉语句子话题本质上就是语篇话题，因为使用中的句子本质上也是语篇；二，互动时空的范围大小这个个性差异是次要方面，因为这个个性寓于共性之中，而涵盖三个方面的互动共性才是话题的根本属性。

四、汉语句子话题也是语篇话题

　　以往的研究，大多从句子扩展到语篇，站在句子角度上看语篇，找差异。本文相反，是站在语篇角度上看句子，找共性。当然，找共性并不意味着否认差异，关键是哪方面更加根本。话题互动性的要旨，是指向"话题－说明对"以外的语篇以及言语互动参与者。侧重于动态、交互、语篇，是话题性质的主要方面。而指向句内事件语义的静态事件属性，则是次要方面。本文也无意用句外视角否定句内视角，只是强调，句外视角可以覆盖句内视角。

汉语主谓句的句子话题也是语篇话题，是迷你语篇话题；或者说，语篇话题包含句子话题。这是因为，汉语的句子恰是迷你语篇。汉语的语篇不是由 sentence 组成，而是由更小的语篇组成。拆开语篇，得到的还是语篇。用句就是语篇。按照王洪君、李榕（2014：19），汉语语篇的最小单位"逗"，即语篇微观结构最底层的小组块，其语法形式是短语，在语用上则是话题或说明。那么，由两个"逗"组成的一个对答或整句，就是小规模的语篇。大规模语篇的里面是小规模语篇，层层级级大大小小的语篇话题解析到最后，得到的句子话题仍然还是语篇话题。

这好比剥洋葱，层层剥开后，洋葱的里面还是洋葱。把整体切分开，得到的不是部分，而是较小的具有同样性质的整体。部分（句子话题）也反映出整体（语篇话题）的本质，亦即所谓"整体包含于部分之中"。这种"部分与整体以某种方式相似"的自相似性（屈世显、张建华，1996：15），反映了语言的全息性（holographability，钱冠连，2002：335），是语言作为复杂适应系统（complex adaptive system，Beckner et al，2009：1）的属性之一。"于一微尘中，悉见诸世界。"从这样的视角，也许我们还可以发现更多的汉语乃至语言的本质。

参考文献

［俄］巴赫金：《马克思主义和语言哲学》，《巴赫金全集》第 2 卷，李辉凡、张捷、张杰、华昶译，河北教育出版社 1998 年版。

［俄］巴赫金：《陀思妥耶夫斯基诗学的问题》，《巴赫金全集》第 5 卷，白春仁、顾亚铃译，河北教育出版社 1998 年版。

方梅：《再说"呢"——从互动角度看语气词的性质与功能》，《语法研究和探索》（十八），商务印书馆 2016 年版。

姜望琪：《汉语的"句子"与英语的 sentence》，《解放军外国语学院学报》2005 年第 1 期。

钱冠连：《语言全息论》，商务印书馆 2002 年版。

屈世显、张建华：《复杂系统的分形理论与应用》，山西人民出版社 1996 年版。

沈家煊：《不加说明的话题——从"对答"看"话题－说明"》，《中国语文》1989 年第 5 期。

沈家煊：《超越主谓结构——对言语法和对言格式》，商务印书馆 2019 年版。

陶红印：《汉语会话中的分类行为及相关理论意义和语言教学应用》，《语言教学与研究》2020 年第 1 期。

许余龙：《篇章回指的功能语用探索——一项基于汉语民间故事和报刊语料的研究》，上海外语教育出版社 2004 年版。

乐耀：《汉语会话交际中的指称调节》，《世界汉语教学》2017年第1期。

王洪君、李榕：《论汉语语篇的基本单位和流水句的成因》，《语言学论丛》（第四十九辑），商务印书馆2014年版。

张雪：《独白语篇的对话性》，《修辞学习》2006年第2期。

[法] 朱莉娅·克里斯蒂娃：《词语、对话和小说》，《当代修辞学》2012年第4期。

朱晓农：《句法研究中的假设－演绎法：从主语的有定无定说起》，《华东师范大学学报》1988年第4期。

Beckner, Clay, Richard Blythe, Joan Bybee, Morten H. Christiansen, William Croft, Nick C. Ellis, John Holland, Jinyun Ke（柯津云）, Diane Larsen-Freeman, & Tom Schoenemann 2009 Language is a complex adaptive system: Position paper. In Nick Ellis and Diane Larsen-Freeman（eds.）*Language as a Complex Adaptive System*, 1–26. Hoboken, NJ: Wiley-Blackwell.

Brown, Gillian & George Yule 1983 *Discourse Analysis*. Cambridge: Cambridge University Press.

Chafe, Wallace, *Discourse, Consciousness, and Time*. Chicago: University of Chicago Press, 1994.

Chao, Yuen Ren（赵元任）, *A Grammar of Spoken Chinese*. LA: University of California Press, 1968.

Du Bois, John, Towards a dialogic syntax. *Cognitive Linguistics* 25 (3), 2014: 359–410.

Du Bois, John, Stephan Schuetze-Coburn, Danae Paolino & Susanna Cumming 1993 Outline of discourse transcription. In Jane A. Edwards & Martin D. Lampert（eds.）*Talking Data: Transcription and Coding Methods for Language Research*, 45–89. Hillsdale, NJ: Lawrence Erlbaum.

Enfield, Nick, *The Anatomy of Meaning*. Cambridge: Cambridge University Press, 2009.

Enfield, Nick, Sources of asymmetry in human interaction. In Tanya Stivers, Lorenza Mondada, Jakob Steensig（eds.）*The Morality of Knowledge in Conversation*, 285–312. Cambridge: Cambridge University Press, 2011.

Enfield, Nick, *Relationship Thinking: Agency, enchrony, and human sociality*. Oxford: Oxford University Press, 2013.

Geluykens, Ronald, Topic introduction in English conversation. *Transactions of the Philological Society* 91 (2), 1993: 181–214.

Goodwin, Charles, *Conversational Organization: Interaction between speakers and hearers*. NY: Academic Press, 1982.

Halliday. M. A. K. Notes, on transitivity and theme in English: Part 2. *Journal of Linguistics* 3 (2), 1967: 199–244.

Hockett, Charles, *A course in Modern Linguistics*. NY: The Macmillan Company, 1958.

Labov, William, *Sociolinguistic Patterns*. Philadelphia: University of Pennsylvania Press, 1972.

Lambrecht, Knud, *Information Structure and Sentence Form*. Cambridge: Cambridge University Press, 1994.

Li, Charles（李讷）& Sandy Thompson 1976, Subject and Topic: A new typology of language. In Charles Li（ed.）*Subject and Topic*, 457–489. NY: Academic Press.

Li, Charles（李讷）& Sandy Thompson, *Mandarin Chinee: A functional reference grammar*. LA: University of California Press, 1981.

Maynard, Douglas, Placement of topic changes in conversations. *Semiotica* 30：1980, 263 – 290.

Mazza, Veronica, Massimo Turatto, Carlo Umilt, Foreground – background segmentation and attention：A change blindness study. *Psychological Research* 69, 2005, pp. 201 – 210.

Mondada, Lorenza, Gestion du topic et organisation de la conversation. *Cadernos de estudos lingüísticos* 41, 2001, pp. 7 – 35.

Morgan, Jerry, Some remarks on the nature of sentences. In R. E. Grossman, L. J. San, and T. J. Vance (eds.), *Papers from the Parasession on Functionalism*, 433 – 449. Chicago：Chicago Linguistic Society, 1975.

Riou, Marine, Transitioning to a new topic in American English conversation：A multi-level and mixed-methods account. *Journal of Pragmatics* 117, 2017, pp. 88 – 105.

Schenkein, Jim, Identity Negotiations in Conversation. In Jim Schenkein (ed.) *Studies in the Organization of Conversational Interaction*, 57 – 78. NY：Academic Press, 1978.

Stokoe, Elizabeth, Constructing topicality in university students' small-group discussion：A conversation analytic approach. *Language and Education* 14, 2000, pp. 184 – 203.

Talmy, Leonard, Attention Phenomena. In Dirk Geeraerts, Hubert Cuyckens (eds.), *The Oxford Handbook of Cognitive Linguistics*. Oxford：Oxford University Press, 2007.

Talmy, Leonard, *The Targeting System of Language*. Cambridge, Mass.：The MIT Press, 2017.

Tannen, Deborah, *Conversational Style：Analyzing Talk among Friends*. Norwood：Ablex, 1984.

Tomasello, Michael, *The Cultural Origins of Human Cognition*. Cambridge, Mass.：Harvard University Press, 1999.

Venneman, Theo, Topic, sentence accent, and ellipsis：A proposal for their formal treatment. In Edward Keenan (ed.), *Formal Semantics of Natural Language*. Cambridge：Cambridge University Press, 1975.

Verschueren, Jef, *Understanding Pragmatics*. London：Edward Arnold Ltd, 1998.

附录：转写符号（基于 Du Bois et al 1993，并参考 Riou 2017、陶红印 2020 目略有调整）

. 极短时停顿，迟疑不流畅　　＝延音　　　　　　^句重音

/升调　　　　　　　　　　　\ 降调　　　　　　　@笑声

「]与其下话语交叠　　　　 ⌊ 」与其上话语交叠　（（　））记录者解说

－－截断的语调单位　　　　 －截断的词汇　　　　→重点分析对象

//　　// 重要身态动作细节　 <　>模糊的话语

（原文刊于《语言教学与研究》2021 年第 5 期）

语文辞书释义提示词的使用

江蓝生

(中国社会科学院语言研究所,电邮 jiangls@cass.org.cn)

提　要：本文考察和分析了语文辞书释义提示词"指、比喻、形容、借指、泛指"的概念、表达功能和使用场合，厘清了各提示词之间的区分及内在联系，总结出带有规律性的结论，对纠正语文辞书中提示词的误用、混用现象，提高提示词使用的准确性、科学性具有理论和实践上的参考意义。

关键词：提示词；比喻；形容；借指；泛指

一、引言

语文辞书释义时有时需要使用某一提示词来帮助释义。所谓提示词是指：释义时用来提示词义的由来、引申途径，或与字面义不同的实际语义、深层含义以及表达功能等的前导词语。多用于释文的开头或中间。最常用的提示词有"指、称、比喻、形容、表示"，"指"下又可细分为"特指、泛指、借指"，"称"下又有"讥称、蔑称、尊称"（有时用于句尾，不看作提示词）等。

由于辞书编纂者对释义提示词的正确使用不够重视，长期以来缺少全面系统的研究和严格的界定，以致各类语文辞书在使用中有很大的随意性，造成了一定的混乱，有违于辞书释义科学性、准确性的要求。例如"宝座"和"星散"二词，《现代汉语词典》《现代汉语规范词典》（第3版）和《汉语大词典》（以下分别简称《现汉》《规范》《汉大》）三典释义为：

【宝座】指帝王或神佛的座位，现多用于比喻：登上冠军～。(《现汉》,以下凡不标版次的，皆引自《现汉》7版)

【宝座】原指帝王或神、佛的座位；现多比喻尊贵的位子：皇帝的～｜登上乒乓球女单冠军的～。(《规范》)

【宝座】本指神佛或帝王的座位，后泛指尊贵的席位。(《汉大》)

《现汉》用"用于比喻",《规范》用"比喻",《汉大》用"泛指",各不相同。由于"宝座"由专指"神佛或帝王"的座位扩大到可以指其他尊贵的席位(总统宝座、冠军宝座、董事长宝座等),搭配的范围扩大了,但核心词义(尊贵的位子)没有变,所以这里应该用"泛指"。

【星散】分散;四散。(《汉大》)
【星散】像星星散布在天空那样。比喻(原来在一起的人)分离四散:~各地。(《规范》)
【星散】像星星散布在天空那样,指四处分散。(《现汉》5版)
【星散】像星星散布在天空那样,形容四处分散。(《现汉》6版)

《汉大》未用提示词,未能解释何以"星散"义为"分散;四散",释义过于简单。《规范》前句已经指出"星散"的字面义是一个比喻句"像星星散布在天空那样",后句提示词不应再重复用"比喻",而应该指出这个比喻式所要表达的意思是什么,或这个比喻式的语用功能是什么。《现汉》5版用"指",指出这个比喻式表达的意思是"四处分散";《现汉》6版改为"形容",指出这个比喻式的语用功能是形容"四处分散"的状况。究竟怎么标注为好?如果不从理论和实践两个层面加以探讨,是不容易说清楚的。

笔者在修订《现汉》和《新华字典》的过程中对各类提示词进行了初步的考察和研究,在此后主持编写《现代汉语大词典》的过程中又对以前的认识加以验证和修正,形成了一个粗略的概括。在考察和实践过程中,我们发现"比喻、形容、指、借指、泛指"这几个概念的使用多有交叉误用之处,其中又以与"比喻"的纠葛最多,即当用"形容"而误用"比喻"、当用"指"而误用"比喻"、当用"借指"而误用"比喻"、当用"泛指"而误用"比喻"。故此,下面的论述将围绕着各类提示词与"比喻"的区别来谈。

二、比喻与形容

(一)比喻

1. 词目为比喻式,提示词用"形容"

"比喻"是一种"修辞方式,用某些有类似点的事物来比方想要说的某一事物,以便表达得更加生动鲜明。"(《现汉》68页)这一定义说明"比喻"作为一种修辞手段,其表达功能是使表达"更加生动鲜明",也即形容。所以"比喻"与"形容"是一个事物的两个层面,不可分割。

比喻有四个要素:本体、喻体、喻标、喻底。

本体（X）：想要说的某事物，即被比喻的人或事物（名、动）。

喻体（Y）：与想要说的某事物有类似点的事物，即用作比喻的人或事物（名、动）。

喻标："像、好像、好比、若、似、如、犹如、如同、是、为（wéi）、等于"等。

喻底（Z）：比喻式的语义。

我们可以用"X 如 Y（Z）"来表示一个比喻式。例如在比喻式"姑娘好像花儿一样美"中，"姑娘"是被比喻的本体（X），"花儿"是用作比喻的喻体（Y），"好像"是表示比喻的标记，"美"是比喻式语义的落脚点喻底（Z）。

比喻式主要分明喻和暗喻，有比喻标记的为明喻，如"福如东海、形同虚设、如胶似漆"；无比喻标记的为暗喻，如"一日三秋、一言九鼎、老牛破车"。比喻式的四个要素可以全现，如"骨瘦如柴"；也可以不全出现，如"如胶似漆"缺本体和喻底，"福如东海"缺喻底，"一日三秋"缺喻标和喻底。其中最为普遍的是喻底（Z）缺位不明示。对于喻底没有明示的比喻式词目，词典的释义一般要予以揭示，但这只是对字面义的解释，还不够，通常还需要进一步说明这个比喻式表达的深层语义是什么。例如：

【倒背如流】倒着背诵像流水那样顺畅，形容诗文等读得很熟。

在释文中不仅揭示出"倒背如流"的喻底是"顺畅"（表层义），而且还说明这个比喻式的深层语义是"形容诗文等读得很熟"。

【一日三秋】《诗经·王风·采葛》："一日不见，如三秋兮。"一天不见，就好像过了三年，形容思念人的心情非常迫切。

这个释义用"形容思念人的心情非常迫切"说明了这个暗喻式表达的深层语义。

有的比喻式词目中已出现了喻底，就可以揭示它的深层语义。例如：

【骨瘦如柴】形容非常瘦（多用于人）。

"骨瘦如柴"就是"骨如柴瘦"，是一个四要素俱全的比喻式，既然喻底已经明示，那就只需说明它的深层语义是"形容非常瘦"就可以了。

还有的比喻式因为本体是可以推知的，在比喻式中只具备喻标和喻体两个要素，如"如胶似漆"，只有喻标（如、似）和喻体（胶、漆）。

【如胶似漆】像胶或漆一样粘在一起，形容感情深厚，难舍难分。

释文中既揭示了喻底义"粘"，又说明这一比喻式的深层语义是"形容感情深厚，难舍难分"。

从以上诸例可以看出，比喻式词目释义都用提示词"形容"而不用"比喻"，为什么？因为释义的任务不是说明这些词目使用的修辞手段是比喻，而是要说明比喻式词目没有明示的喻底和它的表达功能。

作为一种修辞手段，比喻的表达功能是通过打比方使抽象的事物变得具象，使深奥的道理变得浅显易懂，总之是使被说明的事物（本体）变得"更加生动鲜明"，也就是说"比喻"的表达功能是形容，释义要揭示的正是比喻式的形容表达功能。词目中含有比喻元素，释义中恰恰不宜用"比喻"。各类辞书提示词"比喻"的滥用、误用，多因为混淆了"比喻"修辞手法与"比喻"的表达功能这两个不同层面的界限所致。

《现汉》前几版比喻式词目误用提示词"比喻"的有多处（《规范》《汉大》偶也误用），第6版修改为"形容"。如：

【如虎添翼】比喻强大的得到援助后更加强大，也比喻凶恶的得到援助后更加凶恶。（《现汉》5版）

【如虎傅翼】好像老虎生出翅膀。比喻因增加新助力，强者愈强，恶者愈恶。（《汉大》）

【如虎添翼】像老虎长上了翅膀，形容强大的得到援助后更加强大，也形容凶恶的得到援助后更加凶恶：引进外援后，球队～，实力大增。（《现汉》6版）

【如梦初醒】好像刚从梦中醒过来，比喻刚刚从糊涂、错误的境地中觉醒过来。（《现汉》5版）

【如梦初醒】比喻在某人某事启发教育下，刚刚明白过来。（《规范》）

【如梦初醒】好像刚从梦境中醒来一样。多比喻从糊涂、错误的认识中省悟过来。（《汉大》）

【如梦初醒】好像刚从梦中醒过来，形容刚刚从糊涂、错误的境地中觉醒过来：受骗后他才～，悔不当初。（《现汉》6版）

【如坐春风】就像置身于和暖的春风之中。比喻受到良师的教诲。（《规范》）

【如坐春风】好像置身于和暖的春风里，形容受到良师的教诲、熏陶。也说如沐春风。（《现汉》6版）

【如坐针毡】就像坐在有针的毡子上。比喻心神不宁，坐卧不安。（《规范》）

【如坐针毡】像坐在有针的毡子上一样,形容心神不宁。(《现汉》6版)

2. 词目为喻体的,用提示词"比喻"释出与喻体有相似性的本体来(以下三例引自《现汉》6版,例中提示词下加横线的为笔者增加或修改的,下同):

【井底之蛙】井底下的青蛙只能看到井口那么大的一块天,比喻见识狭小的人。(本体"见识狭小的人"与喻体"井底之蛙"相似)

【铁公鸡】比喻一毛不拔非常吝啬的人。(本体"一毛不拔非常吝啬的人"与喻体"铁公鸡"相似)

【换汤不换药】比喻只改变形式,不改变内容。(本体"只改变形式,不改变内容"与喻体"换汤不换药"相似)

释义角度不同,有些用作喻体的动词短语词目既有比喻义,也有形容的表达功能,可以兼用提示词"比喻"与"形容"。例如:

【不翼而飞】❶没有翅膀却能飞,比喻东西突然不见了。❷形容消息、言论等传播迅速。(《现汉》5版)

【手眼通天】形容手段高超,善于钻营,也比喻跟有权势的高层人物有交往。(《现汉》5版)

【数米而炊】比喻做用不着做的琐细小事。后来也形容人吝啬或生活困窘。(《现汉》5版)

根据这一特点,《现汉》6版对某些词语的释义做了补充和修改。如:

【沙里淘金】从沙子里淘出黄金,比喻费力大而成效少,也比喻从大量的材料中选取精华。(《现汉》5版)

【沙里淘金】从沙子里淘出黄金,比喻从大量的材料中选取精华,也形容费力大而成效少。(《现汉》6版)

【蜻蜓点水】比喻做事肤浅不深入。(《现汉》5版)

【蜻蜓点水】比喻只轻微地触及事物的表面,形容做事肤浅不深入。(《现汉》6版)

3. "用于比喻",是指词目本身非喻体,只在一定的语境中用作喻体,这类词语应在释义中指出"用于比喻",然后说明其表达功能,即形容什么。例如"弹丸":

【弹丸】名❶弹弓所用的铁丸或泥丸。❷枪弹的弹头。❸比喻很小的地方:～之地。(《现汉》5版)

今按,"弹丸"本身并无"很小的地方"这一比喻义,比如不能说"我住在弹丸里","这个地方是弹丸"。只有在"弹丸之地"这个短语中用作喻体,才能形容"地方很小",这是跟"秋毫"本身就"比喻微小的事物"不同的(秋毫无犯丨明察秋毫)。所以《现汉》6版把"弹丸"和"弹丸之地"分别出条:

【弹丸】名❶弹弓所用的铁丸或泥丸。❷枪弹的弹头。
【弹丸之地】形容很小的地方。

其实还可以做如下处理:

【弹丸】名❶弹弓所用的铁丸或泥丸。❷枪弹的弹头。❸用于比喻,形容地方很小:～之地。

再如"涓埃"一词,三典都用提示词"比喻":

【涓埃】细小的水流和尘埃,比喻微小:略尽～之力。(《现汉》5版)
【涓埃】细小的水流和尘埃。比喻极其微小的事物:～之功。(《规范》)
【涓埃】细流与微尘。比喻微小。(《汉大》)

这个词三典解释都有问题。其一,"涓埃"是名词,不能比喻形容词;其二《规范》的释义虽然是名词,但无法带入"～之功"这一短语之中(*"极其微小的事物之功"),《现汉》6版修改如下:

【涓埃】细小的水流和尘埃,<u>用于比喻</u>,<u>形容</u>微小:略尽～之力。(《现汉》6版)

同样,不能用形容词"细密、繁多"之类比喻名词"牛毛"(词性不对应)。

【牛毛】牛的毛，比喻很多、很细或很密：~细雨｜苛捐杂税，多如~。(《现汉》5版)

【牛毛】牛身上的毛，比喻细密或繁多的事物：秋雨细如~。(《规范》)

【牛毛】比喻多或繁密、细小。(《汉大》，引例有"故为者如牛毛""细字如牛毛"等)

只有当"牛毛"用于比喻时，才能建立起它与形容词的联系（比喻式是用来形容的）。故《现汉》6版改为：

【牛毛】牛的毛，<u>用于比喻</u>，<u>形容事物</u>很多、<u>很密</u>或<u>很细</u>：~细雨｜苛捐杂税，多如~。(《现汉》6版)

这类词语不少，限于篇幅就不一一列举了。《现汉》针对上述名词的用法在释义中使用了"用于比喻"这一提示语，是一个创新，较好地解决了这一类词的释义问题。"用于比喻"指词目用作喻体，但不必释出所比喻的事物（本体）是什么，只需说明其语用功能形容什么就可以了。

4. 词目中部分成分为喻体，最常见的有状中式 NV、定中式 N_1N_2，凡此类被释词语中只有部分成分为喻体的，释义中都不宜用"比喻"，而要根据具体情况使用"形容"或"指"，有时采取串释式，可不用提示词。

1) 状中式 NV，N 为喻体，在前做状语，修饰谓词成分，如"鼎沸、蜂拥、肤浅、龟缩、牛饮、棋布、鼠窜、瓦解、席卷、鱼贯、云集"等，这类词语释义时通常要用提示词"形容"，有时可不加提示词而加以串释。

【棋布】像棋子似地分布着，形容多而密集：星罗~｜礁石~。(《现汉》6版)

【鼎沸】像水在锅里沸腾一样，形容喧闹、混乱：人声~｜舆论~。(《现汉》6版)

《现汉》旧版有误用"比喻"的，后来改为"形容"。如：

【鸟兽散】比喻（成群的人）像受惊的鸟兽一样四处逃散。(《现汉》5版)

【鸟兽散】（成群的人）像受惊的鸟兽一样四处逃散（含贬义）。(《现汉》6版)

《汉大》此条用"形容"释为:"像鸟兽四散。形容溃逃"是对的。

【龟缩】比喻像乌龟的头缩在甲壳里那样躲藏在里面不出来。(《现汉》5 版)
【龟缩】像乌龟的头缩在甲壳里那样躲藏在里面不出来。(《现汉》6 版)

6版释义删去了"比喻"是对的,但只串释了字面义,还应进一步释出它的深层语义是"形容畏惧,不敢出头"。此词《汉大》以"龟缩头"为正条,释为"比喻遇事畏缩,不敢出头",释出了深层语义,但应将"比喻"改为"形容"。

"冰释"一词《现汉》改之未尽,《汉大》也误作"比喻",《规范》采用串释,未用提示词,可。

【冰释】像冰一样融化,比喻嫌隙、怀疑、误会等完全消除:涣然~。(《现汉》6版)
【冰释】2. 常以喻疑点、隔阂、误会等完全消除。(《汉大》)
【冰释】(误会、疑虑、隔阂等)像冰块消融一样完全消除:疑窦~。(《规范》)

2)定中式 N_1N_2,或 N_1 为喻体,或 N_2 为喻体。

A. N_1 为喻体,做定语,如"风烛残年、黄金时代、黄金时间、豆腐渣工程"等,这类词语有的可以不用提示词而直接串释,如果用提示词,则通常要用"指"。例如:

【风烛残年】像风中的蜡烛那样随时可能死亡的晚年。(《现汉》)

《现汉》6版中以"黄金"为喻体的几个定中式短语释义提示词都用"指"而不用"比喻":

【黄金搭档】指合作默契的最佳伙伴。
【黄金地段】指交通便利、热闹繁华、地价高并容易取得较高经济效益的地段。
【黄金时代】❶指政治、经济或文化最繁荣的时期。❷指人一生中最宝贵的时期。
【黄金时间】指极为宝贵的时间。广播、电视部门用来指收听率或收视率最高的时间段。
【黄金周】指我国十一、春节各为期一周的节假日,其间购物、旅游等消费活动较为集中、活跃。

这是因为词目中只有前一成分为喻体，整个短语不是喻体。我们不能说"黄金时间"比喻"极为宝贵的时间"，同物不相比，不能拿时间比喻时间。但是这一原则《现汉》也有贯彻不彻底的地方，如：

【豆腐渣工程】比喻质量很差、极不坚固的建筑工程。(《现汉》)

这里应该用"指"，因为不能用"工程"比喻"工程"。《规范》也犯了同样的错误：

【豆腐渣工程】比喻施工中偷工减料，导致质量低劣的建筑工程。(《规范》)

B. N_2 为喻体，做中心语，如"病魔、火海、枪林弹雨、文山会海"等，这类词语一般用"指"或"形容"。例如：

【病魔】指疾病（多指长期重病）。(《现汉》6 版)

"病魔"条 5 版用"比喻"，6 版改用"指"。《汉大》释为"像魔鬼一样害人的疾病。多指长期重病"似更佳。

【火海】指大片的火。(《现汉》)

"火海"条《汉大》释为"形容势猛而范围广的大火"，亦可。

【枪林弹雨】枪支如林，子弹如雨，形容激烈的战场。(《现汉》)
【文山会海】指过多的文件和会议。(《现汉》)

"文山会海"条如果释为"文件如山，会议如海，形容文件和会议过多"也可。《汉大》释为"形容文件会议多得泛滥成灾"，《规范》释为"喻指过于繁多的文件和会议"，均无不可。《现汉》无"喻指"类提示词，其实以上部分为喻体的定中式 N_1N_2 词或短语使用提示词"喻指"或更为易懂也便于掌握。

3）有些词目中的中心语或宾语不是喻体而是为借指义的，更不宜用比喻而应该用"指"。如：

【爱巢】指新婚夫妻的卧室，也指年轻夫妻的幸福家庭。（《现汉》）
【安乐窝】指安逸舒适的生活处所。（《现汉》）
【铁将军】：指锁门的锁（含诙谐意）：～把门。（《现汉》）

以上三例中"巢、窝、将军"都是借指义，所以释义用"指"为宜。

综上，比喻的功能是形容，词目中含有比喻元素，释义提示词恰恰不宜用"比喻"。各类辞书提示词"比喻"的滥用、误用多因混淆了"比喻"修辞手法与"比喻"的表达功能这两个不同的层面的界限所致。

（二）形容

1. 形容词的功能是描摹事物的性质或状态，而不指称人或事物本身，因此它一般不用作本体、喻体；当词目或义项为形容词（包括状态词、属性词）时，一般不加提示词，如需用，则用"形容"而不能用"比喻"。例如"美"字下属的形容词"美好、美丽、美满、美气、美艳"等因为已标明词性为形，所以释文中都没有用"形容"，只在三音节状态词"美滋滋"的释文中加了"形容"：

【美滋滋】（～的）形 状态词。形容很高兴或很得意的样子：他听到老师的赞扬，心里～的｜看着茂盛的庄稼，他～地咧着嘴笑了。（《现汉》6版）

为了节省篇幅，能不加提示词的则不加，所以双音节状态词一般也未加"形容"二字。如：

【冰冷】形 状态词。❶很冷：手脚冻得～｜不要躺在～的石板上。❷非常冷淡：表情～。（《现汉》6版）

凡是旧版《现汉》形容词释义用"比喻"的，6版大都修改为"形容"。如：

【干净】形 ❸比喻形容一点儿不剩：打扫～｜消灭～。
【花里胡哨】❷比喻形容浮华而不实在。

2. 由通感产生的形容词的引申义（由身体的感觉到心理感觉，即"以身喻心"）是通过隐喻实现义域的转移和词义的扩展，其功能未变，仍为形容词，一般可不用提示词，如需用，则用"形容"而不用"比喻"。例如：

热 ❷形 温度高；感觉温度高……。❻形容非常羡慕或急切想得到：眼~｜~衷。（《现汉》5版）

【香甜】❶又香又甜：这种瓜味道~。❷形容睡得踏实，舒服：参加了一天义务劳动，晚上睡得格外~。（《现汉》5版）

旧版使用不当的，6版做了修改。如：

【肮脏】形 ❶脏；不干净：~的衣服｜屋里又凌乱又~。❷比喻卑鄙丑恶。（《现汉》5版）

【肮脏】形 ❶脏；不干净：~的衣服｜屋里又凌乱又~。❷(思想、行为等）卑鄙、丑恶：~交易｜灵魂~。（《现汉》6版）

但6版也有贯彻不彻底的情况，直到第7版才改过来。如：

【臃肿】形 ❶过度肥胖，转动不灵：身躯~，步子缓慢。❷比喻机构庞大，调度不灵。（《现汉》5版）

【臃肿】形 ❶过度肥胖或衣服穿得过多过厚而显得肥胖，转动不灵：身躯~，步子缓慢。❷比喻机构庞大，调度不灵：人员过多，机构~。（《现汉》6版）

【臃肿】形 ❶过度肥胖或衣服穿得过多过厚而显得肥胖，转动不灵：身躯~，步子缓慢。❷形容机构庞大，调度不灵：人员~。（《现汉》7版）

3. 源自名词的属性词是名词作喻体，转指其性质，变为形容词，不能用"比喻"。

【钢铁】❶名 钢和铁的合称，有时专指钢。❷形 属性词。比喻坚强：~战士。（《现汉》5版）

【钢铁】❶名 钢和铁的合称，有时专指钢。❷形 属性词。坚强的；坚固的：~战士｜~长城｜~堡垒。（《现汉》6版）

6版义项❷也可释为：形 属性词。像钢铁一样坚强的、坚固的：~战士｜~长城。

4. 形容词释义的中心语或语义重点一般应为形容词等谓词性的，以与词性相一致。《现汉》"柔"字下属复音形容词"柔和、柔滑、柔美、柔媚、柔嫩、柔韧、柔软、柔润、柔弱、柔顺、柔婉、柔细"等十几个，每一个都是用形容词来解释的。一些兼类的形容词释义时都注意跟它的词性相合。

【润滑】❶形 细腻光滑：肌肤~。❷动 加油脂等以减少物体之间的摩擦，使物体便于运动。

三、"借指"与"比喻"

"借指"是辞书释义时使用的一个术语，它其实就是修辞学上所讲的"借代"。所谓"借代"，是指"不直接把所要说的事物的名称说出来，而用跟它有关系的另一种事物的名称代替它，如'红领巾参加植树劳动'中的'红领巾'就是代替'少先队员'"。（《现汉》）

（一）二事相关而不相似宜用"借指"

"借代"的基础或曰依据两种事物之间有关联，但并不相似。例如：

【青丝】比喻黑发（多用于女性）。（《现汉》5、6、7版）

"青丝"跟"黑发"在外形上相似，用作"黑发"的喻体非常合适，故释义用提示词"比喻"。

【粉黛】妇女化妆用的白粉和铅粉，借指妇女。（《现汉》5、6、7版）

"粉黛"是妇女的化妆用品，跟妇女有关联，人们就借它来代指妇女。"粉黛"跟"妇女"相关联但却没有相似性，所以释义用"借指"而不用"比喻"。

在实际运用中，常发生把相关性当作相似性或把相似性当作相关性而误用提示词的现象。

1. 当用"借指"而误用"比喻"。

【肝肠】肝和肠，多用于比喻：~欲裂｜痛断~。（《现汉》5版）
【肝肠】肝和肠，比喻内心：心如刀割，~欲裂｜痛断~。（《规范》）
【肝肠】比喻内心。（《汉大》）

"肝肠"跟人的"内心"毫无相似性可言，只不过肝肠和心脏等都位于人的胸腹腔内而已（古人常用内脏器官当作人的思维或感情器官），第6版已将"比喻"改为"借指"。

再如"炒鱿鱼"这个词条三典都误用"比喻":

【炒鱿鱼】鱿鱼一炒就卷起来,像是卷铺盖,比喻解雇。(《现汉》5版)

【炒鱿鱼】比喻解雇或解聘。炒熟的鱿鱼形状像铺盖卷儿,被解雇就要打铺盖卷儿走人,故称。(《规范》)

【炒鱿鱼】比喻被解雇,卷起铺盖离开。因铺盖卷起像炒熟的鱿鱼作筒状,故称。(《汉大》)

与此条相关的"卷铺盖",《现汉》和《汉大》用"比喻",只有《规范》用"借指"。从释义中可以看出"炒鱿鱼"和"卷铺盖"跟"被解雇"之间只有关联性而无相似性,当用"借指"。《现汉》6版将这两个词释义中的"比喻"都修改为"借指"。这类错误三典中还有多处。如:

【斤两】分量,多用于比喻:他的话很有~。(《现汉》5版;6版改为"借指分量")

【斤两】分量:~不足|话虽不多,却很有~。(《规范》;"斤两"是重量单位,通过借代才获得名词"分量"义,宜添上提示词"借指")

【斤两】斤和两。计算重量的单位。因亦借指重量;分量。(《汉大》;解释正确到位)

再比如,"绳墨"是木工画直线用的工具,是用来定规矩法度的工具,因而被借指规矩或法度,但三典都误用"比喻"(《现汉》6版已改为"借指规矩或法度")。同样的情况有"算盘",它是用来计算数字的工具,跟"计划、打算"有关,因而借指"计划、打算",但《现汉》旧版、《规范》、《汉大》都使用"比喻"(《现汉》6版改为"借指计划;打算")。

2. 当用"泛指"而误用"借指"或"比喻"。

【脱节】原来连接着的物体分开,借指原来联系着的事物失掉联系,或原来应该联系的事物没有联系起来:管子焊得不好,容易~|理论与实践不能~。(《现汉》5版)

"原来联系着的事物失掉联系,或原来应该联系的事物没有联系起来"跟"脱节"的词义"原来连接着的物体分开"没有本质不同,都是原来有联系的东西分开来,只不过所指从原来具体的"物体"扩大到其他分开来的"事物"（包括抽象的事物），属于外延的扩大，所以第6版将"借指"改为"泛指"。

【膨胀】❶由于温度升高或其他因素，物体的长度增加或体积增大。❷借指某些事物扩大或增长：通货~。(《现汉》5版)

义项❷"某些事物扩大或增长"跟义项❶"物体的长度增加或体积增大"词义核心相同，都是在量上增大，只不过义项❶指具体的"物体"，而义项❷扩大到"某些事物"，也是外延的扩大，所以第6版把义项❷修改为：❷泛指某些事物扩大或增长：通货~｜欲望~。增加的例子"欲望~"，更显示出是"膨胀"组合范围的扩大。

【膨胀】❶物体的体积增大。❷比喻某些事物不适当地扩大或增长：通货~｜私欲~。(《规范》)

《规范》义项❷用"比喻"也不妥当。如上所说，义项❷跟义项❶的词义核心相同，都是量的扩大或增加，只是组合范围的扩大，不是相似关系，故不宜使用"比喻"。

【后台老板】原指戏班子的班主，借指背后操纵、支持的人或集团。(《现汉》6版)

【后台老板】原指旧时戏班子里的班主（演出时多在后台坐镇）；今比喻在背后操纵、支持的人或集团。(《规范》)

《汉大》释义与《现汉》同，也用"借指"。笔者认为"后台老板"由专指在背后操纵、支持戏班子的人，扩大到其他"在背后操纵、支持的人或集团"是外延的扩大，应该用"泛指"更为确切。《规范》用"比喻"也不合适，因为戏班子的后台老板就是"在背后操纵、支持的人"，二者不是相似性的关系，故不宜用"比喻"。

（二）具有同一性的人或事物，以某A作为典型，代指与A同类的人或事物，宜用"借指"

例如"东郭先生"一词，《现汉》用"借指"，《汉大》用比喻。

【东郭先生】明代马中锡《中山狼传》中的人物。因救助被人追逐的中山狼，差点儿被狼吃掉，借指对坏人讲仁慈的人。(《现汉》5版)

【东郭先生】小说《中山狼传》中的人物。其因救助被人追逐的中山狼，反而几乎被狼所害。后常用以比喻不分善恶，滥施仁慈的人。(《汉大》)

"东郭先生"是"对坏人讲仁慈的人"的典型代表，他被借指跟他完全相同的一类人。"东郭先生"就是"不分善恶，滥施仁慈的人"，二者完全相同，不是相似，故不宜用"比喻"。

【缓兵之计】使敌人延缓进攻的计策，借指使事态暂时缓和同时积极设法应付的策略。(《现汉》5版)

【缓兵之计】延缓对方进攻的计策；也指设法拖延时间，使紧急态势缓和，以便设法对付的策略。(《规范》)

【缓兵之计】延缓敌方进攻的计策。比喻暂时拖延，使事态缓和，然后俟机再动的策略。(《汉大》)

这个成语《现汉》用"借指"，是因为"缓兵之计"是"延缓敌方进攻"的这一类计策的代表。《现汉》5版释义中"使事态暂时缓和同时积极设法应付的策略"一句是对前句的内涵的补充。《规范》用"也指"不妥，因为二者并不是并列的两种计策、策略。《汉大》用"比喻"也不恰当，因为"暂时拖延，使事态缓和，然后俟机再动"就是"缓兵之计"的应有之义，并非是相似的两个计策。这类被释词使用提示词的错误率较高，经常误释为"泛指"或"比喻"，以下各举二例。

【智多星】《水浒》中吴用的绰号，借指计谋多的人。(《现汉》5版)

此词《规范》和《汉大》都用"泛指"（不赘引例），不够确切；因为"智多星"是"足智多谋"的这类人的代表人物，借他来指代这一类人，不存在扩大指称对象的问题。

【空城计】小说《三国演义》中的故事。……后来用"空城计"泛指掩饰力量空虚，骗过对方的策略。(《现汉》5版)

《规范》或《汉大》同样用的是"泛指"。从不限于守城来说，使用"泛指"也是可以的；但"空城计"作为古代所谓"三十六计"之一，它已成为"掩饰力量空虚，骗过对方"这类计策的典型代表，用"借指"可能更为确切。

【明修栈道，暗度陈仓】……后用来比喻用假象迷惑对方以达到某种目的。(《现汉》5 版)

【围魏救赵】……后来用"围魏救赵"来指类似的作战方法。(《现汉》5 版)

上边两条都是"三十六计"之中的一种，应该跟"空城计、缓兵之计"统一对待，都使用"借指"为好，第 6 版已经修改为"借指"。

四、"泛指"与"比喻"

(一)泛指

1. "泛指"是"用某个特定的对象指称总体概念"，跟"特指"相对。例如，宝剑原指稀有而珍贵的剑，后来泛指一般的剑。(《现汉》)作为释义提示词，"泛指"适用于词义的外延扩大，内涵减少（但核心词义未变）的词语或义项，泛指义的词语组合能力较特指义增强，跟某些词语搭配的自由度和范围都有所扩展。例如：

【饱和】❶在一定温度和压力下，溶液所含溶质的量达到最大限度，不能再溶解。❷泛指事物在某个范围内达到最高限度：目前市场上洗衣机的销售已接近~。(《现汉》5、6、7 版)

词义由"溶液所含溶质的量达到最大限度"扩大到其他"事物在某个范围内达到最高限度"，但核心词义"达到最大限度"未变。

【保驾】旧指保卫皇帝，现泛指保护某人或某事物：有老张给你~，你怕什么？｜为经济建设~护航。(《现汉》5、6、7 版)

保护的对象由"皇帝"扩大到其他"人或事物"，但核心词义"保护某个对象"未变。

【比武】比赛武艺，也泛指比赛技艺。(《现汉》5、6、7 版)

比赛的项目由"武艺"扩大到各种"技艺"，"武艺"跟"技艺"是上下位关系而不是相似性关系，所以要用"泛指"。同样的道理，以下两条显然应该用"泛指"。

【大本营】❶指战时军队的最高统帅部。❷泛指某种活动的策源地或根据地。(《现

汉》5、6、7版）

【调兵遣将】调遣兵力、将领，泛指调配人力。（《现汉》5版"人力"后有"物力"，《现汉》6版删去，更贴切）

2. 由于泛指义的词义内涵虽然缩小，但它跟原指义的核心词义相同；又因为原指义的词语的用法是扩大到跟它相类似的一类人或事物，所以在释义时容易跟有相似性的"比喻"相混淆，这是需要注意的。例如：

【脱钩】❶火车车厢之间的挂钩分离。❷比喻脱离联系。（《现汉》5版）
【脱钩】❶被牵引的物体与挂钩分离（多指火车车厢之间）。❷比喻脱离联系。（《现汉》6版）
【脱钩】❶火车车厢的挂钩脱落。❷比喻脱离关系：他已和原单位～。（《规范》）

《现汉》和《规范》义项❷都用"比喻"。《现汉》6版虽然把义项❶修改得更有概括性了，但没有修改义项❷的提示词是个疏忽。因为"脱钩"由指"被牵引的物体与挂钩分离"扩大到可以用于其他类似的事物的"分离"，是词义外延的扩展，其词义内涵虽然缩小了，但核心词义"分离"并未改变，所以应该用"泛指"而不是"比喻"。

《汉大》没有使用"泛指"或"比喻"，而是用了"引申"。"引申"能涵盖词义发展变化的各种途径或手段，这样解释过于宽泛：

【脱钩】原指火车车厢的挂钩脱落。引申为事物的联系中断。（《汉大》）

以下各例都是该用"泛指"而用了"比喻"的：

【创伤】❶身体受伤的地方；外伤：腿上的～已经治愈。❷比喻物质或精神遭受的破坏或伤害：战争的～｜精神上的～。（《现汉》5版；伤害由"身体"扩大到"物质或精神"，《现汉》6版改为"泛指"）
【繁文缛节】烦琐而不必要的礼节，也比喻其他烦琐多余的事项。（《现汉》5版；由烦琐"礼节"扩大到其他烦琐的"事项"，故《现汉》6版改用"泛指"）
【分赃】❶分取赃款赃物：坐地～。❷比喻分取不正当的权利或利益。（《现汉》5版；由分具体的"赃款赃物"扩大到分一切"不正当的权利或利益"，故《现汉》6版改用"泛指"）

【如法炮制】依照成法炮制药剂,泛指照现成的方法办事。(《现汉》5 版)

【如法炮制】依照成法炮制药剂,比喻照着现成的样子做(含贬义)。(《规范》;由照着现成的办法炮制药剂到照着现成的办法做其他事,是外延的扩大,《现汉》5 版用"泛指"是对的)

有的条目释义中一连用了两个比喻,细察之后发现所用提示词不尽妥当。例如:

【按图索骥】按照图像寻找好马,比喻按照线索寻找,也比喻办事机械、死板。(《现汉》5 版)

【按图索骥】按照图像寻找好马。原比喻办事拘泥成法,不知灵活变通。现多比喻按线索寻找。(《规范》)

《现汉》第 6 版将其中一个"比喻"改为"泛指":

【按图索骥】按照图像寻找好马,比喻按照死规矩机械、呆板地做事,也泛指按照线索寻找目标。

由按"图像"寻找"马"到按"线索"寻找"目标",内涵减少,外延扩大,应该用"泛指"。

【终南捷径】……后来用"终南捷径"比喻求官的最近便的门路,也比喻达到目的的便捷途径。(《现汉》5 版)

【终南捷径】……后来用"终南捷径"借指求官的最近便的门路,也泛指达到目的的便捷途径。(《现汉》6 版)

"终南捷径"是一个典故,用这个典故代指类似的求官门路,应该用提示词"借指"(跟前面"空城计、围魏救赵"的情况类似);"终南捷径"本是"求官"捷径,用它指达到其他目的的捷径就是外延的扩大,故应用"泛指"。第 6 版经过辨别,把前一个"比喻"改为"借指",后一个"比喻"改为"泛指"是下了一番功夫的。

3. 跟战争、战斗相关的词语宜用"泛指"

语文辞书中跟战争、战斗相关的词语如"战场、战鼓、战绩、战线、闯关、大战"等多使用"比喻",例如"战场"一词三典都用"比喻"。

【战场】两军交战的地方，也用于比喻：开赴~｜抗洪~。(《现汉》)

【战场】敌对双方军队交战的地方；比喻工作紧张、斗争激烈的场所。(《规范》)

【战场】比喻考场及其他斗争的场所。(《汉大》)

"战场"本指两军交战的地方，后来扩大使用范围，也指其他紧张激烈的工作场所，这是外延的扩大，其词义核心"紧张激烈的场所"未变，不是相似性的关系，故不宜用"比喻"。

"战果"《现汉》用"泛指"，《规范》《汉大》用比喻：

【战果】❶战斗中获得的成果。❷泛指工作中取得的成绩：~辉煌。(《现汉》)

【战果】战斗中获得的成果；比喻工作中取得的成绩：~辉煌。(《规范》)

【战果】战斗中获得的胜利成果。亦比喻工作中取得的成绩、收获。(《汉大》)

由"战斗中获得的成果"，扩大到其他"工作中取得的成绩"，内涵缩小，外延扩大，宜用"泛指"。由于当初研究不够，《现汉》中这类词使用的提示词不统一，有的用"比喻"（如"战报、战鼓、战绩"等），有的用"泛指"（如"战斗、战略、战术、战士"等），应在下一版修订中统改为"泛指"。

（二）符号"◇"的使用

《现汉》中符号"◇"用于配例，标示在例句前，表示被释词在一定的语境中是泛指、比喻或其他修饰义，而这种用法的使用频率不高，还不宜或难以提炼出它的泛指义或比喻义等。大致可分为三类情况。

1. 表示使用范围的扩大

1）由用于人扩大至动植物甚至非生物，或相反。如：

【安家落户】他在山区~了◇经过一年多的试养，武昌鱼已经在这里~了。

【奔腾】（许多马）跳跃着奔跑：万马~◇思绪~｜黄河~呼啸而来。

【打交道】交际；来往；联系：我没跟他打过交道◇他成年累月和牲口~，经验很丰富。

【捕捉】捉②：~野兽｜~逃犯◇~战机。（还可加"~讯息"）

朽 ❶腐烂（多指木头）：~木｜这根柱子~了◇永垂不~。

2）由表示具体或真实的行为动作或事物扩大至表示抽象或虚拟的动作或事物。如：

摆 ❶安放；排列：把东西~好◇~事实，讲道理。

【步入】走进：~会场◇~正轨｜~网络时代。

【沉陷】❷深深地陷入：车子~在泥泞中◇老人~于往事的回忆里。

【嗅觉】鼻腔黏膜与某些物质的气体分子相接触时所产生的感觉：~灵敏◇政治~。

【驰骋】（骑马）奔驰：策马~｜~疆场◇~文坛。

【打叠】收拾；安排；准备：~行李｜~停当◇~精神（打起精神）。

【污染】❷空气、土壤、水源等混入有害的东西：环境~｜空气~◇精神~。

【修复】修理使恢复完整（多指建筑物）：~河堤｜~铁路◇~两国关系。

3）形容词的搭配面扩大，多由具象到抽象、生理感觉到心理感受。如：

【溶溶】（水）宽广的样子：~的江水◇月色~。

扁 ❶……：~盒子｜馒头压~了◇别把人看~了（不要小看人）。

【不是味儿】❶味道不正：这个菜炒得~◇他的民歌唱得~。

【灿烂】光彩鲜明耀眼：星光~｜~辉煌◇~的笑容。

【沉甸甸】形容沉重：装了~的一口袋麦种◇任务还没有完成，心里老是~的。

【炽烈】（火）旺盛猛烈：篝火在~地燃烧◇~的感情。

【温暖】❶暖和：天气~◇他深深地感到集体的~。❷使感到温暖◇党的关怀，~了灾区人民的心。

4）拟人用法。如：

【颤抖】哆嗦；发抖：冻得全身~◇树枝在寒风中~。

【欢歌】❶欢乐地歌唱：尽情~◇汽笛在~。

【瘦弱】……：◇树苗~。

【悬挂】挂①：~国旗◇一轮明月~在夜空。

2. 表示比喻用法

驰（馳）❶（车马等，使车马等）跑得很快：奔~｜~逐｜飞~◇风~电掣。

【回炉】❶重新熔化（金属）：废铁~｜~重造◇落榜考生~补课。

【舞台】供演员表演的台：～艺术｜～生活◇历史～｜政治～。

【让路】给对方让开道路◇各项工作都要为中心工作～。

【瞎眼】丧失视觉；失明◇是我当初瞎了眼，没有看出他是个骗子。

可以看出，凡是使用"◇"的例句多具修辞色彩。

3. 词义在语用过程中是动态发展变化的，有些词随着使用频率的增加，可以考虑提炼出它的泛指义或比喻义来。例如：

【舞台】供演员表演的台。（比喻社会生活领域）

【宠物】指家庭豢养的受人喜爱的小动物，如猫、狗等◇照相机成了农民新的～。（泛指受喜爱的东西）

【开锣】戏曲开演：～戏（开锣后的第一出戏）｜我们进了剧院，离～的时候还早◇举重锦标赛月底～。（泛指事情隆重开始）

【诱饵】捕捉动物时用来引诱它的食物◇用金钱做～拖人下水。（泛指引人上当的人或物）

【靶子】练习射击或射箭的目标◇这出戏成为大家批评的～。（比喻众人攻击的对象）

【沃土】肥沃的土地◇学校是培养人才的～。（比喻适于事物发展的环境）

五、结语

语文辞书中提示词的正确使用关涉到对词义引申脉络的准确把握和描述，与辞书释义质量有直接关系。目前各类语文辞书提示词使用的混乱状况应该得到纠正。我们应该对一众提示词的概念进行科学的界定和区分，在深入研究的基础上取得共识，准确使用。

下面仅就个人考察研究所及，围绕着最容易发生错误的"比喻"与其他提示词的关系，提出一个或许有助于判断使用的"30字诀"：凡"喻"必相似，凡"喻"必非类，凡"喻"可还原，词喻用"形容"，喻、本相对应，形词不用"喻"。

1）凡"喻"必相似

两事物之间具有某方面的相似性才能构成合理的比喻，如"秋毫"跟"微小的事物"有相似性，"群星"跟"众多有名的人物"有相似性；只有相关性的两个事物之间不能构成比喻。如前所说的"肝肠"跟"心计"、"炒鱿鱼、卷铺盖"跟"被解雇"只有关联性而无相似性，构不成比喻关系。

2)凡"喻"必非类

这句话包含两层意思。其一是同类不相喻:本体与喻体不同指,只有分属于不同范畴的事物之间才存在比喻关系,同一事物不能自己比喻自己。当被释词语中只有部分成分为喻体时不能用"比喻"而一般要用"指"。如"火海"不能释为"比喻大片的火"(不能用"火"比喻"火")而要释为"指大片的火"或"形容大片的火"。"豆腐渣工程"不能释为"比喻质量很差、极不坚固的建筑工程"(不能用"工程"比喻"工程"),而要用"指"。"凡'喻'必非类"的第二层意思是同类用"借指"或"泛指",其中全同者用"借指",如"东郭先生、围魏救赵"一类;核心内涵义相同,外延不同者用"泛指",如"战果"的义项❶"战斗中获得的成果"和义项❷"泛指工作中取得的成绩"(核心义都是成果、成绩)。

3)凡"喻"可还原

本体与喻体相似,有互换性(X像Y就意味着Y也像X),故提示词用"比喻"的,释义加上喻标"如、像"等可还原为本体(被释词)。如:

【换汤不换药】比喻只改变形式,不改变内容。(只改变形式,不改变内容就如同换汤不换药一样)

【井底之蛙】……比喻见识狭小的人。(见识狭小的人就像井底之蛙)

以下各词的释义不能还原,说明不宜用"比喻"。

【鸟兽散】比喻(成群的人)像受惊的鸟兽一样四处逃散。(﹡像受惊的鸟兽一样四处逃散就好像鸟兽散)

【战果】战斗中获得的成果;比喻工作中取得的成绩:~辉煌。(﹡工作中取得的成绩就如同战果)

【肝肠】比喻内心。(﹡一个人的内心就好比肝肠)

【黄金时间】比喻极为宝贵的时间。(﹡极为宝贵的时间就好像黄金时间)

4)词喻用"形容"

使用比喻是为了使被比喻的事物更形象、具体、生动,便于理解,即比喻的功能是形容,因此,凡词目整体或部分为喻体的,释文中一般不用"比喻"而用"形容"。这一点在前面第二节"比喻与形容"中已详述,此处不再重复。

5）喻、本相对应

其一，"喻体"要跟"本体"的词类相对应，本体为名词性的，喻体也要为名词性的；本体为动词性的，喻体也要为动词性的。例如：

【斧凿痕】用斧子和凿子加工留下的痕迹，多比喻诗文词句造作而不自然。（《现汉》5版）

"斧凿痕"是名词，而释义"造作而不自然"却是形容词短语，第6版改为：

【斧凿痕】用斧子和凿子加工留下的痕迹，多比喻诗文词句造作而不自然的地方。

其二，释文的结构、中心语也要跟提示词相对应。例如：

【如鱼得水】比喻得到跟自己很投合的人或对自己很适合的环境。（《现汉》5版）

"词喻用形容"，"如鱼得水"是比喻式，提示词应该用"形容"。

【如鱼得水】好像鱼儿得到水一样。形容得到适合自己发展的环境或跟自己很投合的人。（《规范》）

用"形容"恰当，但"形容"后面的中心语却是名词性的"环境、人"，与提示词"形容"不对应。

【如鱼得水】形容遇到的人跟自己很投合或所处的环境对自己很适合。（《现汉》6版）

《现汉》6版不仅把"比喻"改为"形容"，而且把中心语改为"很投合""很合适"，这些都是形容词性的，跟提示词"形容"相对应。

6）形词不用"喻"

如前所说，形容词的功能是描摹事物的性质或状态，而不指称人或事物本身，因此它一般不用作喻体和本体，也就是说，形容词的表达功能是"形容"而不是"比喻"，虽然有些形容词因为通感作用转移了使用的义域，扩大了使用的范围，但其句法功能没有改变，仍然是起修饰功能，所以，被释词如果是形容词，一般可不用提示词，如果要用，则用"形容"而不用"比喻"。

上面的 30 字口诀，可用下表直观地表示：

提示词	比喻式	可还原	释文为形	释文非形
比喻	-	+	-	+
形容	+	-	+	-

总之，"比喻"基于相似性，"借指"基于相关性或同一性，"泛指"基于内核同而外延扩大，"形容"的功能为修饰。提示词的使用看似容易，要做到准确无误还是要下一番功夫的。笔者以往的研究还不够充分，疏漏错误之处在所难免，欢迎同行补充和纠正。

参考文献

李行健主编：《现代汉语规范词典》（第 3 版），外语教学与研究出版社、语文出版社 2014 年版。

吕叔湘主编：《现代汉语八百词》（增订本），商务印书馆 1999 年版。

罗竹风主编：《汉语大词典》，汉语大词典出版社 1986 年版。

中国社会科学院语言研究所词典编辑室编：《现代汉语词典》（第 5、6、7 版），商务印书馆 2005/2012/2016 年版。

（原文刊于《中国语文》2021 年第 4 期）

汉语动名定中复合词的词长搭配：
一项基于语料库的量化研究[*]

秦祖宣　端木三

（西南民族大学外国语言文学学院　美国密西根大学语言学系
电邮：simonqzx@163.com，duanmu@umich.edu）

提　要：自吕叔湘（1963）提出汉语单双音节搭配问题后，该问题引起了学界不少关注。例如，名名复合词的2+2、2+1、1+1常见，1+2不常见，而对于动宾短语，2+2、1+2、1+1常见，2+1不常见。然而，对于动名定中复合词（也称"合成复合词"，如"剥削阶级"），有关其词长搭配的量化研究相对较少。本研究以兰卡斯特汉语语料库为数据基础，探讨动名定中复合词中2+2、2+1、1+2、1+1的出现频率以及不同语体对出现率的影响。研究发现，2+2、2+1、1+1（如"剥削阶级""交易日""饮水"）出现率较高，而1+2（如"沸酒精"）出现率很低，属于受限形式。研究提供了新的量化数据，有助于学界进一步探讨各种词长搭配的能产性、影响能产性的因素、名性强弱与音节数的关系等理论问题。

关键词：词长搭配；动名定中复合词；名名复合词；韵律词；音步

一、引言

汉语词长搭配主要指单双音节在不同语境的使用限制，自吕叔湘（1963）的开创性文章以来，学界对此问题已有不少讨论，也有相当共识。如名名复合词1+2搭配（单音节+双音节）受限，动宾短语2+1搭配（双音节+单音节）受限，其他各种搭配不受限，例见（1）（2）。

---

[*] 本研究得到了四川省社会科学"十三五"规划项目"汉语单双音节搭配的ERP研究"（项目编号：SC20A019）的经费支持。文稿在修改过程中吸取了《世界汉语教学》匿名审稿专家的宝贵意见，在此谨表谢忱！文责自负。

（1）名名复合词词长搭配：1+2 受限　（2）动宾短语词长搭配：2+1 受限

词长搭配	名	名	词长搭配	动	宾
2+2	煤炭	商店	2+2	种植	大蒜
2+1	煤炭	店	*2+1	种植	蒜
*1+2	煤	商店	1+2	种	大蒜
1+1	煤	店	1+1	种	蒜

为满足词长搭配限制，汉语运用了一种特殊方法来调节词长：汉语有大量具有单、双音节两种长度的"弹性词"（郭绍虞，1938），例如"煤（炭）""（商）店""种（植）""（大）蒜"，其双音节形式包含一个意义冗余的音节（括弧标出）。西方语言并不具有这种特性。瑞典学者高本汉（Karlgren，1918）最早注意到汉语的这种特性，并将跟单音节同义的双音节形式称为"解释性复合词"（elucidative compound）。汉语中类似的例子还有"（看）-见""走-（路）""写-（字）""优-（异）"等。根据 Dong（2015）的统计，汉语49%的单语素词都具有词长弹性。

Duanmu（1990）和 Lu & Duanmu（2002）从韵律角度对（1）（2）的词长搭配模式进行了理论分析。他们认为，与英语一样，汉语名名复合词的重音落在第一个"名"上，因此前者不应短于后者，故而1+2受限；而对于汉语动宾短语，同样与英语类似，重音落在宾语上，因此宾语不应短于动词，故而2+1受限。Duanmu（2012）通过考察语料库数据，从出现率的角度，进一步对（1）（2）的词长搭配限制提供了量化证据。此外，祁峰和端木三（2015）、薛亚红和端木三（2018）、应学凤和端木三（2020）还探讨了形名组合的词长搭配。

然而，学界对动名定中复合词的词长搭配研究仍然不多，这类复合词的例子见（3）。定语和中心词之间有"的"的（如"修车的工人"）不是复合词，没有包括在内。动词性的动名复合词（如"关心他"的"关心"）不是定中结构，也不包括在内。

（3）动名定中复合词举例

维修人员（2+2）观察员（2+1）沸酒精（1+2）砍刀（1+1）

吕叔湘（1982：19-20）将它们称为"组合关系复词"，认为这类复合词跟句子有对应关系，只不过两者的词序不一定相同，而且复合词可以省略句子的主语或宾语。比如，"维修人员"对应于"人员维修（某物）"，"观察员"对应于"（人）员观察（某物/某事）"，

"沸酒精"对应于"酒精沸（腾）","砍刀"对应于"刀砍（某物）","制药厂"对应于"厂制药",等等。这类复合词的定语一般对应于句子的谓语或动词，中心词都是名词，可以对应于句子的主语（如"砍刀"）或宾语（如"炸鸡"）。也有学者将这类复合词称为"合成复合词"（顾阳、沈阳，2001；何元建，2009；顾介鑫等，2017）。顾阳、沈阳（2001）进一步提出，复合词的中心词都是广义上的主语，包括被动句的主语，比如"交易日"对应于"（今）日交易（某物）","炸鸡"对应于"鸡（被）炸"。

　　本研究使用语料库数据，从出现率的角度，系统考察动名定中复合词的词长搭配关系，主要基于以下几方面原因：第一，对于动名定中复合词，其受限和不受限搭配形式，学界尚存争议。许多学者，如王光全（1993）、张国宪（1997）、张敏（1998：313）、王洪君（2001）、郭锐（2002：259）、沈家煊（2012），认为双音节动词通常能做名词中心语的定语，而单音节动词则不能，并预测 2+2、2+1 好，而 1+2、1+1 不好。然而，陆志韦（1964：37-39）、姚振武（1996）、石定栩（2003）、张伯江（2012）、沈家煊（2016：380）等研究显示，单音节动词做定语的例子并不少，说明 1+1、1+2 并不一定受限。此外，齐沪扬等（2004：84-85）发现，2+2 是占主导的词长搭配形式，占全部八种词长搭配形式总数的 90%以上，而 1+1、1+2 和 2+1 总共仅占总数的 6%。

　　第二，大多数前期研究都不是基于语料库的量化研究。值得一提的是，齐沪扬等（2004）使用了 50 万字的语料库，并且提供了动名定中复合词（他们称之为"[V+N]定中式结构"）的出现率数据。不过，他们的研究仍然存在一些不足。比如，他们的统计没有区分类频和次频，也没有分别列出 1+1、1+2、2+1 的出现率，而是将三者合并统计。还有，正如范开泰（2004：9）所指出的，虽然齐沪扬等的研究"普遍地应用了语料库的技术"，可是没有"对语料的来源，包括语料库的性质、规模、语料的语域分布、时效分布等等做明确的说明"。因此，一项基于更大语料库的、方法更严密的量化研究仍然很有必要。

　　第三，我们期望收集所有违反常规模式的例外实例，以便考察它们的出现是否有其他原因，而这只能通过语料库量化研究才能完成。

　　第四，在获得各种词长搭配的出现率数据以后，我们可以对前人的各种预测进行比较。

　　第五，本研究有助于探讨一些其他理论问题，例如双音化是否能增加动词的名性，韵律词是否更容易允许例外的出现。

　　第六，我们期望探讨，动名定中复合词的词长搭配规律跟其他结构的词长搭配规律，是否有相同的基本原则。

　　基于上述考虑，本研究使用兰卡斯特汉语语料库（Lancaster Corpus of Mandarin Chinese，下称 LCMC）（McEnery & Xiao，2004），考察动名定中复合词的出现频率。从下文的方法介绍可以看到，这项工作有两个难点。首先，汉语词性标注颇具争议，且 LCMC 中的词性标注错误并不少见。其次，尽管 LCMC 对词进行了切分，但并未标注词以上的语法结构。因此，正如齐沪扬等（2004）所言，每一个动词加名词的序列都需要根据所在语境，逐一进行人工检验，方能确定两者是否构成动名定中复合词。这些难点或许是学界迄今为止很少有人对这类复合词的词长搭配进行语料库量化研究的主要原因。

本研究重点考察 1+1、1+2、2+1、2+2 四种词长搭配形式。其他搭配形式也有出现，如 3+1、1+3、2+4 等，不过它们的次频一共仅占总数的 1.7%，我们从略。

二、研究方法

2.1 语料库及词类标签

本研究以 LCMC 为数据来源，主要基于以下四个原因：第一，LCMC 采样广泛，且规模大小适度。该数据库包含从口语到正式文体等 15 种不同文本类型，共 150 万字符，其中汉字 130 多万，规模大于齐沪扬等（2004）的数据量（50 万字）。第二，由于 LCMC 对文本进行了分词，并提供了词性标注，我们能较为客观地自动提取动名语符串。第三，如果我们和 Duanmu（2012）一样，都使用 LCMC，有利于我们将本研究结果与 Duanmu（2012）关于名名复合词和动宾短语的结果进行比较。第四，LCMC 是公开数据，任何人都可以下载。[1]

汉语的词性标注一直是一个颇具争议的话题。因此，传统汉语词典一律没有词性标注。直到 2005 年，《现代汉语词典》（下称《现汉》）第 5 版才首先为汉语词条提供了词性标注。而且，即便在《现汉》里，许多词根的词性仍然没有进行标注。LCMC 使用了自动分词软件进行词类标注，并进行了人工核查，使得"准确率达到了 98%以上"（McEnery & Xiao，2004）。

LCMC 共用了 50 个词类标签，其中的动词性标签见（4）、名词性标签见（5）。我们将前者归为大类 V，将后者归为大类 N。

（4）动词性词类标签

大类	LCMC	英语释义	汉语释义
V	v	verb	动词
	vg	verb morpheme	动词性语素
	vn	verb with nominal function	名化动词

---

[1] LCMC 语符共计 1508489 次，其中汉字词 827771 次（83%），非汉字项 172067 次（17%）；汉字符 1310493 次（87%），非汉字符 194253 次（13%）。汉字词指全部由汉字组成的词。非汉字项主要是标点符号，也包括少量含有阿拉伯数字（如"85%""0.12 亿"）、数学符号（如"+2"）或罗马字母（如"DNA""password""X 光机"）的词项。汉字符指汉字词中的语符。非汉字符指非汉字项中的语符。

（5）名词性词类标签

大类	LCMC	英语释义	汉语释义
N	an	adjective with nominal function	名化形容词
	f	directional locality	方位词
	fg	locality morpheme	方位词性语素
	n	common noun	普通名词
	ng	noun morpheme	名词性语素
	j	abbreviation	缩略词
	m	numeral	数词
	mg	numeric morpheme	数词性语素
	l	fixed expressions	固定表达
	nr	personal name	人名
	ns	place name	地名
	nt	organization name	组织名
	nx	nominal character string	名词性字符串
	nz	other proper noun	其他专名
	q	classifier	量词
	qg	classifier morpheme	量词语素
	r	pronoun	代词
	rg	pronoun morpheme	代词性语素
	s	space word	空间词
	t	time word	时间词
	tg	time word morpheme	时间词性语素
	vn	verb with nominal function	名化动词

2.2 提取"动名语符串"

"动名语符串"指由一个动词性成分后加一个名词性成分构成的汉字语符串，而且当中没有任何其他语符，例子见（6）。

（6）动名语符串举例

词性标签	例子	词长
v + vn	逃亡生活	2 + 2
vn + n	鼓励机制	2 + 2
vg + ng	鸣声	1 + 1
v + an	学习热情	2 + 2

这一步工作相对简单。LCMC 有 3 种动词性标签，22 种名词性标签，因此，原有动名语符串理论上共有 3×22＝66 种。为了避免遗漏，凡是属于这 66 种的语符串我们都收录。

2.3 根据语境从动名语符串辨认动名定中复合词

动名语符串并不都是动名定中复合词。比如，无语境时，"阅读方法"可能是动名定中复合词，可是在有语境时却不一定，见（7）（8），其中 conj 指连词。

（7）无语境的动名语符串

词类：	V	N
词：	阅读	方法

（8）有语境的动名语符串

词类：	V	N	conj	N
词：	阅读	［方法	和	技巧］

根据语境可以判断（8）中的"技巧"指的是"阅读技巧"，因此，"方法和技巧"构成一个直接成分，而"阅读方法"却不是。因此，每个收集到的动名语符串都需要根据语境逐一辨认。

为了便于辨认，我们在提取动名语符串时，在前后分别增加了两个词项（或标点符号）。因此，除非左右有标点符号，每个提取结果有六个词项。然后，我们根据三条标准，逐一人工核查每个提取项。三条标准见（9）。

（9）辨认动名定中复合词的三条标准

a. VN 构成一个直接成分（语法单位）。

b. VN 是定中结构（V 为定语，N 为中心词）。①

c. 结构分析无歧义。

（9a）可以排除（8）的例子。从句法结构来看，至少有四种可能，见（10）。

（10）动名语符串的四种结构

a.［VN］　b.［V［N…］］　c.［［…V］N］　d.［［…V］［N…］］

四种结构中只有（10a）满足（9a）。（10b）的例子见（8）。（10c）和（10d）的例子分别见（11）（12）。

（11）［［…V］N］结构举例

V	V	N
［［搏斗	击伤］	痕迹］

（12）［［…V］［N…］］结构举例

N	V	N	conj	N
［［理论	分析］	［方法	和	技巧］］

（11）中，如果"搏斗""击伤"首先构成一个并列组合，然后共同修饰中心"痕迹"，那么"击伤痕迹"就不构成直接成分。同样，（12）中，如果"理论分析"构成一个直接成分，"方法和技巧"构成另外一个直接成分，那么"分析方法"就不是一个直接成分。在检验每一个动名语符串是否满足（9a）时，我们都仔细考察了其出现的特定语境。

下面考虑（9b）的作用，例子见（13）。

（13）不是定中结构的动名语符串

词类：	V	N
词：	发展	经济

（13）虽然是动名语符串，但是其名词不是中心词，动词也不是定语。因此，（13）不是动名定中复合词。下面考虑（9c）的作用，例子见（14）。

---

① 本研究不包括加缀派生词，如"兼容性、增值性、渗透性"。

(14) 结构分析有歧义的动名语符串

a. N	V	N	b. N	V	N
土地	管理	部门	教师	休息	室

［［NV］N］：管理土地的部门 ［［NV］N］：教师休息的室 ［N［VN］］：土地的管理部门 ［N［VN］］：教师的休息室（14a）的结构，有些学者认为是［［NV］N］（或［［宾动］主］），如顾阳和沈阳（2001）、石定栩（2003）、周韧（2006）、何元建（2004、2009）、裴雨来和邱金萍（2016），也有学者认为是［N［VN］］（或［宾［动主］］），如王洪君（2001）、Duanmu（2007）、柯航（2007）、程璐璐（2019）。同样，（14b）的结构，有学者认为是［［NV］N］（或［［主谓］状］），如裴雨来、邱金萍（2016），但我们认为［N［VN］］也是一种可能。

结构分析有歧义的动名语符串不多（次频867），仅占动名定中复合词总数（次频24028）的3.6%。因此，我们将其排除在外。这一决定对本研究结果基本没有影响。

2.4 从多音节名词提取动名定中复合词

LCMC的多音节名词中，也有不少属于动名定中复合词，例子见（15）。

(15) 多音节名词中的动名定中复合词

大类	词性标签	例子	词长
N	n（普通名词）	骗术	1+1
		麻醉剂	2+1
	l（固定表达）	遗传物质	2+2
		生产工具	2+2
		浮动资金	2+2

为了确保完整，我们也全面收集了这些数据。这项任务需要逐一人工检查每个多音节名词，步骤见（16）。

(16) 从多音节名词中提取动名定中复合词的步骤

a. 根据LCMC的N大类，收集所有多音节名词（2-4音节）。

b. 根据语境，人工验证每个提取项的确是名词。

c. 排除已经包括在动名语符串中的多音节名词。

d. 根据《现汉》，人工验证所获名词是否属于动名定中复合词。

e. 对确认的动名定中复合词添加内部词性标注。

对于（16c），我们以"导师"为例。根据《现汉》的注释，"导师"属于动名定中复合词。不过，在动名语符串"革命导师"中，"导师"已经被收录，而且该语符串被确认是动名定中复合词。因此，这例"导师"不属于（16）的收录对象。该方案的主要目的是避免重复统计。而且，Duanmu（2012）采取的也是这个方案。因此，我们的决定有利于将动名定中复合词的出现率跟 Duanmu 统计的名名复合词的出现率进行比较。最后，值得一提的是，从动名语符串获得的动名定中复合词中，共存在 79 个属于动名定中复合词的多音节名词（次频 325），其中的 76 个多音节名词同时也单独出现在动名语符串之外。因此，（16c）对研究结果的影响不会很大。

对于（16d），我们根据《现汉》（2005、2012）的词类标签或释义来判断多音节名词的第一个成分是否为动词性成分。大多数情况下，此过程并不难。以"介绍信"为例，LCMC 将其标注为"n"（普通名词）。《现汉》将"介绍"标注为动词、"信"标注为名词，因此"介绍信"属于动名定中复合词。有些情况稍微复杂一些。比如，"编辑"在《现汉》中有名词（做编辑工作的人）和动词（对资料或现成的作品进行整理、加工）两个词性，其中动词是第一语义。因此，我们根据《现汉》的第一语义，将"编辑部"归为动名定中复合词。又如"保险"，《现汉》有名词、动词、形容词三个词性；由于第一词义为名词义，我们将"保险法"定为名名复合词，而非动名定中复合词。再如"必修"，似乎有动词义（必须选修）也有形容词义，但《现汉》所列只有形容词，因此我们决定"必修课"是形名复合词，不是动名定中复合词。其他有一词多义的情况也按照同样方法处理。

2.5 双音节动词的内部结构标注

LCMC 和《现汉》所标注的双音节动词包含多种不同内部结构，具体可区分为 5 类：

（17）动名定中复合词中双音节动词的内部结构

动词内部结构	说明	复合词标注	举例
[OV]	宾动	[[OV] N]	麦收季节
[SV]	主谓	[[SV] N]	人行道
[AV]	状动	[[AV] N]	互助社
[VO]	动宾	[[VO] N]	产油国
[V]	动	[VN]	休息区

我们对双音节动词的内部结构进行了相应标注，以区分不同类别的动名定中复合词。

三、结果

我们从四个角度统计了动名定中复合词的出现率，见（18）。其中类频指种类，每个复合词无论出现多少次，只计一次。比如，如果"产油国"出现10次、"人行道"出现10次，类频就是2（两类）。次频指出现次数，每个动名定中复合词出现多少次，就计数多少次。比如，如果"产油国"出现10次、"人行道"出现10次，次频就是20。"纯动词"指动词是单音节，或不含主、宾、状成分的双音节，如"休息、研究"等。

（18）统计动名定中复合词出现率的四个角度

    a. 所有动名定中复合词的类频

    b. "纯动词"动名定中复合词的类频

    c. 所有动名定中复合词的次频

    d. "纯动词"动名定中复合词的次频

所有动名定中复合词的类频数据见（19）。数据显示，2+2出现率最高，2+1、1+1次之，1+2最低。1+2出现率极低，清楚表明它为严格受限形式。卡方检验（Chi-square test）结果确认，四种词长搭配形式的分布不均（X^2(3, N=6276) =3311.3, $p<2.2e-16$）。

（19）所有动名定中复合词的类频

词长	[OV] N	[SV] N	[AV] N	[VO] N	[V] N	共计
1+1	0	0	0	0	1179	1179（18.8%）
1+2	0	0	0	0	12	12（0.2%）
2+1	7	27	218	606	1083	1941（30.9%）
2+2	10	25	259	854	1996	3144（50.1%）
共计	17	52	477	1460	4270	6276（100%）

"纯动词"动名定中复合词的类频数据见（20）。跟所有动名定中复合词相比，"纯动词"数据的1+1、1+2数量不变，而2+1、2+2的数量有所减少。其结果是，1+1的相对比例有所增加，但1+2的出现率仍然极低，仍然是唯一受限形式。

(20)"纯动词"动名定中复合词的类频

词长搭配	类频	百分比
1+1	1179	27.6%
1+2	12	0.3%
2+1	1083	25.4%
2+2	1996	46.7%
共计	4270	100%

所有动名定中复合词的次频数据见(21)。与类频相比,次频的2+2出现率减少了一半,1+1增加一倍多,2+1基本不变。1+2的出现率仍然最低,仍然是严格受限形式。卡方检验(Chi-square test)再次确认,四种词长搭配形式的分布不均(X^2(3, N=23161) = 10326, $p < 2.2e-16$)。

(21)所有动名定中复合词的次频

词长	[OV]N	[SV]N	[AV]N	[VO]N	[V]N	共计
1+1	0	0	0	0	10936	10936(47.2%)
1+2	0	0	0	0	54	54(0.2%)
2+1	19	190	619	1719	3880	6427(27.7%)
2+2	12	48	390	1451	3843	5744(24.8%)
共计	31	238	1009	3170	18713	23161(100%)

"纯动词"动名定中复合词的次频数据见(22)。跟所有动名定中复合词相比,"纯动词"的1+1、1+2数量仍然不变,而2+1、2+2的数量有所减少。其结果是,1+1的相对比例有所增加,但1+2的出现率仍然极低,仍然是唯一受限形式。

以上结果显示,类频、次频的出现率结果区别较大,但所有动名定中复合词和"纯动词"动名定中复合词的出现率区别不大。以上结果跟齐沪扬等(2004)的动名定中复合词结果有相当大的出入,跟Duanmu(2012)的名名复合词结果也不完全相同。我们将在下一节讨论这些问题。

(22)"纯动词"动名定中复合词的次频

词长搭配	次频	百分比
1+1	10936	58.4%
1+2	54	0.3%
2+1	3880	20.7%
2+2	3843	20.5%
共计	18713	100.0%

四、讨论

本研究的结果提出了不少值得进一步探讨的问题。限于篇幅，我们略选几例进行讨论，见(23)。

(23) 本研究提出的一些问题

a. 本研究结果跟齐沪扬等(2004)的结果有什么出入？

b. 为什么1+2最受限？

c. 为什么类频、次频的出现率有很大差别？

d. 语体对词长搭配的出现率有何影响？

e. 本研究结果跟名名复合词的出现率和形名复合词的出现率有何异同？

其他问题，如为什么有的1+2可以出现(如"反革命、溜肩膀、代总理")，虽然也值得讨论，但是因为数据有限(类频一共仅12例)，很难得出有说服力的结论，本文从略。

4.1 跟齐沪扬等(2004)的结果比较

齐沪扬等(2004)也利用数据库研究了动名定中复合词的出现率。我们将其结果跟本研究进行比较，见(24)。据齐沪扬等(2004)，以下比较显示的是所有动名定中复合词的类频。

(24) 本研究跟齐沪扬等(2004)的比较(类频)

词长	齐沪扬等	本研究
2+2	92%	50%
1+1、1+2、2+1	6%	50%
其他长度	1%	—

齐沪扬等（2004）没有分别统计1+1、1+2、2+1的出现率，而是将它们合并统计。不过，齐沪扬等统计了其他长度，而本文没有。比较数据可以看出两个主要区别：第一，齐沪扬等的1+1、1+2、2+1总出现率大大低于本研究。第二，齐沪扬等没有发现1+2是最为受限的词长搭配。由于齐沪扬等的语料量小于本研究，而且没有具体交代研究方法的细节（比如，没有交代语料的分词是软件自动提供的还是人工标注的，也没有明确交代是否从多音节名词中提取了有关复合词），我们认为本研究结果更为准确。

4.2 为什么1+2最受限？

我们的研究发现，无论用什么方法统计，1+2出现率总是极低、总是最受限的词长搭配。那么，是什么原因导致了这个结果？下面考虑三种观点。

第一种观点可称为"韵律说"。Shih（1986）、Chen（2000）、Lu & Duanmu（2002）、Duanmu（2007）等提出，无论什么结构，汉语的双音节单位都可以组成一个音步。Lu & Duanmu（2002）、Duanmu（2007）还提出，复合词的定语有主重音，因此必须有重音（也即必须有音步），而单音节中心词不必有重音（也即不必有音步）。韵律说对词长搭配的分析见（25）。

（25）"韵律说"对复合词词长搭配的分析

词长	音步	说明
2+2	(SS)(SS)	两个双音节单位
2+1	(SS) S	单音节中心词不必有音步
1+1	(SS)	双音节单位
*1+2	*(S)(SS)	定语必须有音步

根据以上分析，1+2的问题在于有一个单拍步，其他词长搭配都没有单拍步。韵律理论一致认为，双拍步的韵律好，单拍步的韵律不好。1+2形成单拍步的原因是，定语有主重音，必须有音步，而此处的定语是个单音节，无法组成双拍步。

第二种观点来自一位匿名审稿专家，可称为"避免结构歧义说"。其论点是，动名结构的2+1只能理解为定中结构，而1+2容易理解为动宾结构。因此，2+1优于1+2。这一观点的缺点是：2+2也有结构歧义，如"复印文件"可理解为定中结构，也可理解为动宾结构，但是2+2不但不受限，而且是类频最高的形式。同样，1+1也有结构歧义，如"饮水"可理解为定中结构，也可理解为动宾结构，但是1+1不但不受限，而且是次频最高的形式。

第三种观点是，单音节动词不宜做定语（王光全，1993；张国宪，1997；张敏，1998；王洪君，2001；郭锐，2002；沈家煊，2012等）。比如，沈家煊（2012）认为，定语应该有名词性，而单音节动词的名词性弱，双音节动词（无论是否纯动词）的名词性强。这个观点可以解释为什么1+2受限，而2+2和2+1不受限。不过，该观点不容易解释为什么大量的1+1动名定中复合词不受限（如"缺口、进度、睡眼、饮水、罚规、炒食"等）。如果将双音节单位看成是韵律词（冯胜利，2001），不但1+1动名定中复合词可以用韵律词来解释，非"纯动词"的双音节含动定语（如"麦收、人行、互助、产油"）也都可以用韵律词来解释。韵律词要么已经成词，要么不受语法限制。至于1+2，其受限原因是，它的单音节动词无法通过韵律词来解释，因此不宜做定语。

以上观点不一定互相排斥，也有可能还有其他观点。限于篇幅，我们的重点是确认1+2是唯一受限形式，而不是对其原因做出最后定论。

4.3 为什么类频、次频的出现率有差别？

本研究结果显示，类频、次频对出现率的排序有很大影响：类频数据显示，最高出现率是2+2，而次频数据显示，最高出现率是1+1。这个差别也值得探讨。我们认为，主要原因在于各种复合词的重复率不同。重复率指一个复合词反复出现的次数。各种词长搭配的平均重复率见（26）。数据显示，1+1的平均重复率最高，是2+2的五倍。因此，可以理解为什么1+1的次频（47.2%）高于类频（18.8%），而2+2则相反，次频（24.8%）低于类频（50.1%）。至于为什么1+1的重复率高于2+2，原因不是完全明显，我们提出一个初步猜测：短的结构说起来方便，长的说起来不方便。因此，长的结构在重复出现时容易被换成代词或缩略式。比如，"防腐药水"第二次出现时，可以用"它"或"药水"代替。而双音节的1+1本来就是基本韵律单位（音步或韵律词），不需要进一步缩减，因此重复率相应也高。

（26）动名定中复合词词长搭配的平均重复率

词长	次频	类频	重复率
1+1	10936	1179	9.3
1+2	54	12	4.5
2+1	6427	1941	3.3
2+2	5744	3144	1.8
共计	23161	6276	3.7

4.4 语体对词长搭配的出现率有何影响？

一位匿名审稿专家建议，在考察词长搭配时还应该考察语体的影响。由于 LCMC 的语料来自书面语，各语料子库之间的语体差异并不非常明显，我们选取了两个子库进行比较：子库 F "民俗"（语体相对非正式）和子库 H "报告和公文"（语体相对正式）。有关类频、次频结果见（27）。可以看出，无论什么语体，1+2 出现率仍然极低，仍然是受限形式。如果排除 1+2，无论类频还是次频，"民俗"体 1+1 的出现率都大大高于"公文报告"体 1+1 的出现率。还有，在两个语体中，1+1 的次频出现率都大大高于类频出现率，而 2+2 的次频出现率都大大低于类频出现率。因此，我们可以得出三个结论：第一，语体对受限的词长搭配形式影响不大。第二，语体对非受限形式的出现率的确会产生影响。第三，语体对类频、次频的出现率差别影响不大。第一个结论再次确认了 1+2 是受限形式。第二个结论跟语体的一个普遍现象一致，即正式语体的平均词长大于非正式语体。薛亚红、端木三（2018）对形名复合词的研究也观察到类似现象。第三个结论跟 4.3 的结论一致，即 1+1 的平均重复率高于 2+2 的平均重复率。

（27）语体对类频和次频出现率的影响

词长	类频		次频	
	民俗（F 子库）	报告公文（H 子库）	民俗（F 子库）	报告公文（H 子库）
1+1	146（35.2%）	115（13.3%）	1047（53.4%）	733（26.9%）
1+2	1（0.2%）	0（0.0%）	1（0.1%）	0（0.0%）
2+1	172（41.4%）	230（26.7%）	758（38.7%）	827（30.4%）
2+2	96（23.1%）	517（60.0%）	154（7.9%）	1164（42.7%）
总计	415（100%）	862（100%）	1960（100%）	2724（100%）

4.5 动名定中复合词跟名名复合词和形名复合词的比较

Duanmu（2012）用 LCMC 的数据考察了名名复合词的词长搭配，薛亚红、端木三（2018）用 LCMC 的数据考察了形名复合词词长搭配的类频，我们用类频数据对三种复合词的词长搭配结果进行比较，见（28）。

（28）动名定中复合词、名名复合词、形名复合词的类频出现率比较

复合词类型	1+1	1+2	2+1	2+2	共计
动名定中	27.6%	0.3%	25.4%	46.7%	100%
名名	63.0%	0.8%	16.2%	20.1%	100%
形名	84.4%	10.2%	4.4%	1.0%	100%

就最受限形式而言，动名定中复合词跟名名复合词相同，两者的受限形式都是 1+2。而形名复合词却不一样，最受限形式不是 1+1，而是 2+2①。这一结果支持王光全（1993）、张国宪（1997）、张敏（1998）、王洪君（2001）、郭锐（2002）等的观点，即动名定中复合词中的双音节动词已经名词化。

不过，动名定中复合词跟名名复合词也有两大区别：第一，在 1+1 中，名名复合词的出现率比动名定中复合词高了 35.4%；第二，在 2+1 和 2+2 中，名名复合词的出现率比动名定中复合词少了 35.8%。这个事实说明，两个区别是相关的：动名定中复合词在 1+1 中少了的出现率分布到了 2+1 和 2+2。因此，如果能解释第一个区别，也就解释了第二个区别。下面我们对第一个区别提出一个初步看法。

首先，我们认为 1+1 名名复合词是能产结构，这点应该是学界的共识。其次，正如不少前人所说（王光全，1993；张国宪，1997；张敏，1998；王洪君，2001；郭锐，2002；沈家煊，2012 等），单音节动词一般不能做定语。至于所见的 1+1 动名定中复合词，我们同意一位匿名审稿专家的意见，即汉语允许某些不能产（或不合语法要求）的双音节单位以韵律词的形式出现（冯胜利，2001）。不过，不能产的韵律词毕竟比不上能产的韵律词：1+1 名名复合词不但能产，而且也是韵律词，而 1+1 动名定中复合词仅仅是韵律词，却不能产。因此，前者的出现率高于后者也不意外。

我们再考虑一个问题：为什么以上两种复合词中，2+1 的出现率都低于 2+2？我们猜测，这跟节奏有关：2+2 是两个正常音步，而 2+1 多出一个额外音节，因此，前者的节奏优于后者。显然，出现率是个相当复杂的问题，语法要求（能产性）、韵律词、节奏、省力倾向（避免重复长词）等因素都能产生影响。要进行更深入的讨论，还需要更多的新数据。

五、结语

本研究以兰卡斯特汉语语料库为数据来源，探讨了动名定中复合词词长搭配的出现率。主要结果见第 3 节，简要总结如下：

（29）本研究的主要结果

a. 动名定中复合词中，无论从什么角度统计，1+2 都是受限形式，2+2、2+1、1+1 都不是。

b. 2+2 的类频出现率最高。

---

① 薛亚红、端木三（2018）的 AN 复合词不包括含"的"结构（如"稀薄的空气"），也不包括隐"的"结构，即有"的"无"的"基本同义的结构。比如，"稀薄空气"（见于"喜马拉雅山上的稀薄空气"）跟"稀薄的空气"基本同义，因此，"稀薄空气"属于隐"的"结构，不是复合词。同样，"张三儿子"（见于"张三儿子的书包"）跟"张三的儿子"基本同义，因此"张三儿子"也不是复合词。

c. 1+1 的次频出现率最高。

d. 正式体（报告公文）的 2+2 出现率大大高于非正式体（民俗）。

e. 正式体（报告公文）的 1+1 出现率大大低于非正式体（民俗）。

f. 语体对最受限形式（即 1+2）没有影响。

我们将本研究结果跟前人的结果或预测进行了比较，还跟名名复合词、形名复合词词长搭配的出现率进行了比较，并对有关理论问题进行了初步探讨。我们发现，韵律（避免单拍步）、双音节动词的名词化、韵律词的产生、语体等都跟词长搭配的出现率有关。我们希望，本研究提供的数据有助于学者们进一步深入探讨这些问题。

附录

限于篇幅，附录列出 1+1、2+1、2+2VN 实例各 100 个（随机选择而得），1+2VN 全部 12 个。

1+1VN：

n：缺口、进度、用法、来头、惊雷、钻井、垂柳、译本、饮水、死穴、炸鸡、领队、攻势、挂锁、打药、招牌、卫兵、叠韵、游廊、罚款、对策、来客、讲师、受众、用电、悬念、落日、禁令、当铺、供词、燃点、学时、证书、背包、指针、制品、坐垫、产物、用水、产品、担架、编码、押金、开水、来信、加法、导师、织女、讲稿、阻力、积雪、笑声、收据、印迹、用料、劈柴、走道、继母、挽联、视觉、管事、扶手、卖方、纪实、打手、题字、存货、存折、溶液、走廊、支票、归程、买家、牧区、切口、出处、断臂、滚水、沸水、插管、卫士、产地、余粮、辩才、延髓、学风、盈利、耕牛、睡梦

v+n：睡眼、骂声

v+f：死后、读后

v+ng：罚规、炒食、用时、读时

vg+n：浴水

vg+ng：泣卢

vn+n：睡脸

2+1VN：

n：束腰带、近卫军、观察员、创立者、有效期、推销员、急诊室、回收率、出水管、忘年交、销售科、脱脂棉、洽谈会、登记证、涉及面、训练馆、飞行器、终结符、备忘录、发起人、办事处、特派员、承受力、负债表、收费处、巡洋舰、呼吸道、运输机、接触面、奖学金、奶制品、生殖器、寄生虫、代言人、摄影机、哺乳类、旅行包、录入员、显示器、试验区、接待站、试点县、排放量、纺织厂、设计师、自信心、叙事诗、轰炸机、办事员、流窜犯、研究所、在校生、存储器、建筑业、记录仪、患病率、催化剂、进步奖、传染病、施工图、上涨率

v+f：包扎前、饮用前、会谈中、求职前、拿出后

v+n：收缩量、兑现表、派遣军、过节钱、变形字、培训点、注水法、分析会、超车道

v+ng：动身时、批评时、劝酒声、悬浮物、写字机、植树节、整容师、临走时

vn + f：行动上

vn + n：制药厂、教育费、反弹力、调查队、观赏鸟、联结线、仇恨心、购票处、护送组、烧结厂、调控权、纪念词、选择权

vn + ng：摊派稿、保鲜期、同情声

2 + 2VN：

n：有色金属

v + f：改革以来

v + n：参赛国家、处理方法、创造激情、辍学学生、读书方法、否定态度、观察方法、观察日记、呼吸功能、建房资金、进取精神、救助名额、求证过程、使用代价、说话机会、提交日期、调查机构、停火问题、透气性能、转换结果、组织纪律

vn + n：表示形式、参考信息、残留瓜飘、产生规律、储蓄行为、船运事业、创办资金、创作能力、存在形态、待业人员、防盗设备、防腐药水、纺织商场、服务设施、富余人员、工作场所、工作性能、工作业务、管理艺术、海运市道、活动余地、活动主体、监管法规、监考老师、建设规律、交流效应、经营类别、勘探资料、落水儿童、内审机构、盆栽艺术、批准文件、生产布局、生活单位、生活费用、生活信心、生活需要、生殖系统、施工人员、实习情况、实验剧团、使用原则、受灾人口、谈判方针、探险经历、调控行为、统计部门、投机行为、推理方法、脱产教师、违纪问题、维修人员、未知领域、学法成绩、依赖程度、营业收入、应用领域、应用软件、有关资料、运动规律、运动形态、运输工具、运输能力、栽培要求、执法干部、装饰手段

vn + vn：处理工作、斗争生活、犯罪活动、工作安排、教学活动、教育行动、生产限制、消费活动、有关论述、侦察工作、指定阅读

1 + 2VN：

vn + n：烤白薯 vg + n：沸酒精 v + n：蒸牛肉

n：代总理、反革命、溜肩膀、漏磁通、潜台词、潜意识、炒肉丝、视神经、转基因

参考文献

程璐璐：《从概念范畴化看汉语定中关系动名复合词》，《汉语学习》2019 年第 1 期。

范开泰：《与名词动词相关的短语研究·序》，齐沪扬等《与名词动词相关的短语研究》，北京语言大学出版社 2004 年版。

冯胜利：《从韵律看汉语"词""语"分流之大界》，《中国语文》2001 年第 1 期。

顾介鑫、高鹏、李诗译、杨佳煜、陈士校：《合成复合词：由词法还是句法得来？——合成复合词的神经电生理学研究》，《外语研究》2017 年第 5 期。

顾阳、沈阳：《汉语合成复合词的构造过程》，《中国语文》2001 年第 2 期。

郭锐：《现代汉语词类研究》，商务印书馆 2002 年版。

郭绍虞：《中国语词之弹性作用》，《燕京学报》1938 年第 24 期。

何元建：《回环理论与汉语构词法》，《当代语言学》2004 年第 3 期。

何元建:《论合成复合词的逻辑形式》,《语言科学》2009 年第 5 期。

柯航:《现代汉语单双音节搭配研究》,博士学位论文,中国社会科学院,2007 年。

陆志韦:《汉语的构词法》,北京科学出版社 1964 年版。

吕叔湘:《现代汉语单双音节问题初探》,《中国语文》1963 年第 1 期。

吕叔湘:《中国文法要略》(新 1 版),商务印书馆 1982 年版。

裴雨来、邱金萍:《"纸张粉碎机"类复合词句法生成规律研究》,《汉语学习》2016 年第 2 期。

祁峰、端木三:《定中式形名组合词长搭配的量化研究》,《语言教学与研究》2015 年第 5 期。

齐沪扬、姚占龙、谢白羽、唐依力、潘国英、章天明、连蜀、王爱红:《与名词动词相关的短语研究》,北京语言大学出版社 2004 年版。

沈家煊:《"名动词"的反思:问题和对策》,《世界汉语教学》2012 年第 1 期。

沈家煊:《名词和动词》,商务印书馆 2016 年版。

石定栩:《汉语的定中关系动 – 名复合词》,《中国语文》2003 年第 6 期。

王光全:《动词做定语的几个问题》,《北华大学学报(社会科学版)》1993 年第 2 期。

王洪君:《音节单双、音域敛展(重音)与语法结构类型和成分次序》,《当代语言学》2001 年第 4 期。

薛亚红、端木三:《形名组合的出现率:词长搭配和"的"字隐现》,《语言科学》2018 年第 5 期。

姚振武:《汉语谓词性成分名词化的原因及规律》,《中国语文》1996 年第 1 期。

应学凤、端木三:《组合式形名结构词长搭配量化研究》,《汉语学习》2020 年第 1 期。

张伯江:《双音化的名词性效应》,《中国语文》2012 年第 4 期。

张国宪:《"V_双+N_双"短语的理解因素》,《中国语文》1997 年第 3 期。

张敏:《认知语言学与汉语名词短语》,中国社会科学出版社 1998 年版。

中国社会科学院语言研究所词典编辑室编:《现代汉语词典》(第 5 版),商务印书馆 2005 年版。

中国社会科学院语言研究所词典编辑室编:《现代汉语词典》(第 6 版),商务印书馆 2012 年版。

周韧:《共性与个性下的汉语动宾饰名复合词研究》,《中国语文》2006 年第 4 期。

Chen, Matthew Y. (2000) *Tone sandhi: Patterns across Chinese dialects*. Cambridge: Cambridge University Press.

Dong, Yan (2015) The prosody and morphology of elastic words in Chinese: Annotations and analyss. AnnArbor: University of Michigan dissertation.

Duanmu, San (1990) A formal study of syllable, tone, stress and domain in Chinese languages. Cambridge, MA: MIT dissertation.

Duanmu, San (2007) *The phonology of Standard Chinese*, 2nd edn. Oxford: Oxford University Press.

Duanmu, San (2012) Word – length preferences in Chinese: A corpus study. *Journal of East Asian Linguistics* 21 (1): 89 – 114.

Karlgren, Bernhard (1918) *Ordet och pennan i Mittens Rike*. Stockholm: Svenska Andelsförlaget.

Lu, Bingfu & San Duanmu (2002) Rhythm and syntax in Chinese: A case study. *Journal of Chinese Language Teachers Association* 37 (2): 123 – 136.

McEnery, Tony & Richard Xiao (2004) The Lancaster Corpus of Mandarin Chinese: A corpus for monolingual and contrastive language study. In Maria Teresa Lino, Maria Francisca Xavier, Fátima Ferreira, Rute Costa and Raquel Silva (eds.), *Proceedings of the Fourth International Conference on Language Resources and Evaluation*, 1175–1178. Lisbon: European Language Resources Association.

Shih, Chi-lin (1986) The prosodic domain of tones and hi in Chinese. San Diego: University of California dissertation.

（原文刊于《世界汉语教学》2021年第4期）

再说山西方言的"支微入鱼"

沈 明

(中国社会科学院语言研究所，电邮：shenming@cass.org.cn)

提 要：山西方言的"支微入鱼"，指汾河片中原官话的止合三、晋语的蟹止合口三四等，和遇合三今读 [y] 同音。比如，吕梁片晋语岚县：泪＝滤 ly⁼、岁穗讳＝絮 ɕy⁼、锥＝猪 tsu、睡＝树 su⁼。这是因为蟹止合口跟着开口变，三四等开口高化到 [i <＊iei]，合口也跟着高化到 [y＜uei]，受语音构造的限制，知章组 [＊tʂ] 组声母，开口拼 [ɻ]，合口拼 [u]。有些方言，合口没有跟上开口高化的步伐，还保留着 [uei]，与蟹合一同音，比如太原：累～赘＝雷 luei、岁睡＝碎 suei⁼、讳＝会 xuei。也就是说，蟹止合口三四等读 [uei] 较早，读 [y] 略晚。晋语和汾河片中原官话的"支微入鱼"，都属于方言自身的演变。

关键词：山西晋语；汾河片中原官话；支微入鱼；演变；语音构造

壹 山西方言的"支微入鱼"及其分布

1.1 汉语方言的"支微入鱼"及其分布

"支微入鱼"，通常指止摄合口三等支微韵，和遇摄合口三等鱼韵的读音 [y] 相同。如苏州（丁邦新，2003）：龟鬼贵 tɕy:kuᴇ 和 dzy:kuᴇ。其他吴语还有"亏跪"等字，也有类似的读音。

有的南方方言里，比如绍兴（王洪君，2006）："鱼韵知系字比较完整地保留了不同于虞的不圆唇元音"，所以，应当叫"支微入虞"。

根据《中国语言地图集》（第2版）（2012）之分区、分片，参看《汉语方言地图集》（曹志耘，2008），汉语方言的"支微入鱼"，从西北到东南都有分布，多见于甘肃、陕西、山西一带的中原官话陇中片、关中片、汾河片，晋语并州片、吕梁片、陕北五台片，江淮官话泰如片、吴语、徽语、老湘语、赣语、闽语、粤北土话，等等。

1.2 山西方言的"支微入鱼"及其分布

1.2.1 山西方言指山西省内的晋语和中原官话汾河片。其蟹摄三四等和止摄三等合流，止摄支脂不分，遇摄鱼虞不分。本文所说的"支微入鱼"，指蟹止合口三四等，和遇合三今读［y］同音。在这个问题上，晋语和汾河片中原官话的表现不同：晋语蟹止合口三四等，和遇合三今读［y］同音，清徐（潘耀武，1990）蟹摄合口一等和蟹止合口三四等，都读［y］，也放在一起讨论；汾河片中原官话只有止合三支脂微"入鱼"，蟹摄合口三四等，暂未找到"入鱼"的例子。

山西晋语的"支微入鱼"，集中分布在并州片、吕梁片。

1.2.2 山西方言"支微入鱼"举例。蟹止合口三四等文读［uei］，白读［y］。举例请看合口三等白读，详见表1（有文白异读的只举白读音，只有一读的也列出来，相当于白读的不做标记，相当于文读的在音标下加双横线"="；例字的音韵地位，用小字标在右下角；例词跟在音韵地位后面，用逗号隔开；浪线"～"复指例字；单横线"－"表示暂未找到例子）。

表1 山西方言蟹止合口三等白读韵类分合关系

		泪止脂,眼~	滤遇鱼	嘴止支,~	举遇鱼	岁蟹祭,几~	穗止脂	絮遇鱼
并州片	清徐	ly˒		ꞌtɕy			ɕy˒	
	平遥	luei˒	ly˒	ꞌtɕy			ɕy˒	
	孝义	luei˒	ly˒	ꞌtɕy			ɕy˒	
吕梁片	岚县	ly˒		ꞌtɕy			ɕy˒	
	离石	lu˒		ꞌtsu			su˒	
	汾西	ly˒		ꞌtɕy			ɕy˒	
汾河片	万荣	ꞌy	y˒	ꞌtɕy		suei˒	ɕy˒	
	河津	ly˒		ꞌtɕy		suei˒	ɕy˒	
	临汾	ly˒		ꞌtɕy		suei˒	ɕy˒	

		醉止脂,~了	锯遇鱼句虞	柜止脂,~儿	苇止微,~子	语遇鱼雨麌	尉止微,~间
并州片	清徐	tɕy˒			——	ꞌy	y˒
	平遥	tɕy˒			ꞌy	y˒	
	孝义	tɕy˒			ꞌy	y˒	
吕梁片	岚县	tɕy˒			ꞌy	y˒	
	离石	tsu˒	kuɐr˒		ꞌzu	zu˒	
	汾西	tɕy˒	tɕʰy˒		ꞌy	y˒	
汾河片	万荣	tɕy˒	tɕʰy˒		ꞌy	y˒	
	河津	tɕy˒	tɕʰy˒		ꞌy	魏~村 y˒	
	临汾	tɕy˒	kʰuei˒		ꞌy	——	

续表

		脆蟹祭,~的	趣遇虞	肥止微,肉~了	西蟹齐 喜止之	费止微,~钱	细蟹齐 戏止支
并州片	清徐	tɕʰy˺		₋ɕi	˓ɕi	ɕi˺	
	平遥	——	tɕʰy˺	₋xuei	₋sei	˓sei	xuei˺	sei˺
	孝义	tɕʰy˺		₋ɕi			
吕梁片	岚县	tɕʰy˺		₋ɕi	˓ɕi	˓ɕi	ɕi˺
	离石	tsʰu˺	˓tsʰu	₋xuɐi	˓ʂʅ	˓ʂʅ	xuɐi˺	ʂʅ˺
	汾西	tɕʰy˺		₋ɕʑ	˓ɕʑ	˓ɕʑ	ɕʑ˺
汾河片	万荣	tsʰuei˺	取˓tɕʰy	₋ɕi	˓ɕi	˓ɕi	ɕi˺
	河津	tsʰuei˺	tɕʰy˺	₋ɕi	˓ɕi	˓ɕi	ɕi˺
	临汾	tsʰuei˺	tɕʰy˺	₋fei	˓ɕi	˓ɕi	fei˺	ɕi˺

		尾止微,~巴	椅止支	区遇虞	吹止支,~风	杵遇鱼	驹遇虞	锥止脂	猪遇鱼
并州片	清徐	˓i		˓tɕʰy	˓tsʰu		˓tɕy		˓tsu
	平遥	˓i		₋tɕʰy	₋tsʰuei	˓tsʰu	˓tɕy	˓tsuei	˓tsʅ
	孝义	˓i		₋tɕʰy	₋tsʰuei	˓tsʰu	˓tɕy		
吕梁片	岚县	˓i		₋tɕʰy	₋tsʰu	˓tsʰu	˓tɕy	˓tsu	
	离石	˓uɐi	˓ʐ		₋tsʰu	˓tsʰu		˓tsu	
	汾西	˓ʐ		₋tɕʰy	₋tsʰβ	˓tsʰβ	˓tɕy	˓tsβ	
汾河片	万荣	˓i		₋tɕʰy	₋pfʰu	˓pfʰu	˓tɕy	˓pfʰu	
	河津	˓i		₋tɕʰy	₋pfʰu	˓pfʰu	˓tɕy	˓pfʰu	
	临汾	˓i		₋tɕʰy	₋tsʰu	˓tsʰu	˓tɕy	˓tsu	

		徐遇鱼	谁止脂	许遇鱼	水止脂	黍遇鱼	锯遇鱼	缀蟹祭,~扣子	柱遇虞
并州片	清徐	₋ɕy		˓ɕy		˓su	tɕy˺		tsu˺
	平遥	₋ɕy	₋suei	˓ɕy	˓suei	˓su	tɕy˺	tsuei˺	tsu˺
	孝义	₋ɕy	₋suei	˓ɕy	˓suei	˓su	tɕy˺	tsuei˺	tsu˺
吕梁片	岚县	₋ɕy	₋su	˓ɕy	˓su	˓su	tɕy˺		tsu˺
	离石	₋su		˓su			tsu˺		
	汾西	₋ɕy	₋fv	˓ɕy	˓fv		tɕy˺		tsʰu˺
汾河片	万荣	₋ɕy	₋fu	˓ɕy	˓fu		tɕy˺	——	pfʰu˺
	河津	₋ɕy	₋fu	˓ɕy	˓fu		tɕy˺		pfʰu˺
	临汾	₋ɕy	₋fu	˓ɕy	˓fʯ		tɕy˺	tʂuei˺	tʂʰu˺

蟹止合口三等读 [uei] 还是 [y]，各点辖字不一。从声母来看，知章组后面保留 [uei] 较多。

蟹止合口三等白读，音值应当是［y］。非组、知章组不读［y］（清徐除外），是受到了语音构造的限制。也就是说，止摄合口三等非组字，如"肥费尾"的韵母［i］，是因为合口三等的读音，跟开口三等［i］一样，比如：尾＝椅［i］；表1各方言的［f］，不能拼［i］韵母（清徐文读［ᴄfi］除外），所以"肥费"的声母变成了［ç＜f］。

知章组后面的韵母，白读有两种音值：一种［y］，如清徐（潘耀武，1990）：缀 tçy⊃、吹ᴄtçʰy、水ᶜçy，声母变成了［tç＜ts］；另一种是［u］，如岚县（沈明，2014）：缀 tsu⊃、吹ᴄtsʰu、水ᶜsu。也就是说，清徐变声母［tç＜ts］；岚县变韵母［u＜y］，汾河片中原官话万荣（吴建生，1984）等点和岚县一样，不过，当韵母变成［u］以后，声母也变成了［pf＜tʂ］组。孝义（郭建荣，1989）、平遥（乔全生、陈丽，1999）等点，知章组后面的韵母［uei］不变，是从来没变过，还是被文读音覆盖，暂时无法判断。更大的可能性是，［uei］就没变过，这样跟知章组［*tʂ］组声母相拼才更自然。

离石今吕梁（李小平，2004）蟹止合口三等今读［u］，跟声母无关。因为离石话的韵母系统里没有［y］，其他晋语和北京话的［y］韵母，离石话一律说［u］。这么看，离石的"支微入鱼"，应当跟岚县同类。

有的晋语，蟹合四、蟹合一也"入鱼"［y］。蟹合四今读［y］，如平遥（乔全生、陈丽，1999）：闺蟹合四见平ᴄtçy｜｜清徐（潘耀武，1990）：圭闺ᴄky｜桂 ky⊃，清徐蟹合四"入鱼"较晚，见组尚未腭化。蟹合一今读［y］，如清徐（潘耀武，1990）：堆ᴄtçy｜累劳~ly⊃｜最罪得~tçy⊃，"堆ᴄtçy、最罪tçy⊃"的声母都变成了［tç］。

贰　山西方言"支微入鱼"的演变方式

2.1　汉语方言"支微入鱼"的演变方式

2.1.1　换位说（metathesis）（张琨，1993）。认为闽语的"支微"有两读，是因为中古韵母经过一个［*wi/*ju］的调换。

这个观点受到了质疑。丁邦新（2003）认为：这几个字都是止摄三等合口的字，分属脂、微各韵，如果切韵时代北方话是［uei］一类的音，北方大致保留这个读法，见系声母也不变；另一个方言则由［uei＞ui＞y］，见系声母也由舌根音变成了舌面音，有可能成为苏州白话音的来源，这些字在方言中颇有念［kui］、［ky］的例子，不一定要用换位来解释。

2.1.2　演变路径。主要有三种意见：

1）主元音［e］脱落（张光宇，1993；丁邦新，2003；王洪君，2006）。即：*uei＞ui＞y。

2）［i-］介音脱落（王洪君，2010）。即：止合三的 i 介音先行脱落：*iuei＞ui＞y。

3）单元音化（郑张尚芳，2014）。即：*iuei＞iui＞yi＞y。

2.1.3 异化说（朱晓农，1989；王为民，2011；刘勋宁，2005/2012；刘存雨，2012；郑伟，2015）。出发点是 *-iuei 或 iui。

1）［i］和［u］的异化。朱晓农（1989）认为：发生"支微入鱼"的方言，如上海话，止摄合口三等字是在 iuei、iui 的基础上，i 音素压倒了 u 音素的结果；而没有发生"支微入鱼"的方言，如北京话，是 u 音素压倒了 i 音素的结果，它们的演变基础相同，变化方向不同。

2）［i］、［u］、［y］的异化。刘勋宁（2012）认为：（蟹止合口三四等）介音变成 ü［y］，齐微韵的元音是 i，那么它们的韵母形式就变成了 üi［yi］，üi［yi］是一个不稳定的音。……（北京话）为什么没有 iai、iei，没有 üai、üei；没有 uao［uau］、uou，没有 üao［yao］、üou。因为 i 韵尾容忍不了前面有 i 和 ü［y］，u 韵尾容忍不了前面有 u 和 ü［y］，同理，ü［y］也容忍不了 i，势必产生异化。这样就有两条路可走：一是保留前面的 ü［y］，消除后面的 i；一是保留后面的 i，消除前面的 ü［y］。很有意思，这两种方式在官话方言中都发生了。这就是中原官话的 ü［y］方式和北方官话的 uei 方式。

3）首尾［i］的异化。即：*-iuei 或 iui，开头的［i］和韵尾［i］，只能保留一个。保留开头的［i-］，*iuei > iu > y（"支微入鱼"的方言）；保留韵尾［-i］，*iuei > uei（北京话等）。

持异化说的学者，对"支微入鱼"的音变路径，构拟各有不同：

①王为民（2011）：*jwɨj > jwɨ > jw；

②刘存雨（2012）：*iui > iu > y；

③郑伟（2015）构拟了两条路径：*iuei > iui > iu > y；*iuei > iui > yi > y。

异化说的共同之处是，"支微"入不入"鱼"［uei > y］，是同一层面的音素变化问题。也就是说，得兼顾［uei］和［y］两个音，既要能说［uei］，也要能说［y］。

本文认为，山西方言蟹止合口三四等今读［uei］、［y］，属于不同层面，［uei］早，保持与合口一等同音；［y］晚，跟着开口三四等［i<*iei］高化，保持与开口韵的对应。也就是说，合口韵［y<uei］跟着开口韵［i<*iei］高化，［uei］是没有跟上开口三四等［i<*iei］高化的步伐。考察这个问题，有两个角度：一是看蟹止合口三四等，是否与蟹合一同音；二是看蟹止二四等，合口是否与开口对应，或者说是平行变化。

2.2 山西方言韵母的等

韵母分一二等的类型，已经归纳讨（沈明，1999）。下面要讨论的问题，涉及三四等与一二等的音值对应，有些内容还是得再次提及，以方便阅读。

根据《切韵》音系，果摄有一三等，假摄有二等，合起来看作有一二三等；宕摄有一三等，江摄有二等，合起来看作有一二三等；曾摄有一三等，梗摄有二三四等，合起来看作有一二三四等；止摄只有三等，与蟹摄三四等合流。这样，果假、蟹止、效、咸山、宕江、曾梗，有一二三（四）等，称作甲类韵母。遇、流、深、臻、通，有（一）三等，称作乙类韵母，臻摄分开合口，可以看到三等介音开合口的对应；遇、流、深、通与本文关系不大，不再论及。

韵母分等，主要元音的音值，用音位归纳的方法，即：[*a] 包括 [A ɑ ɒ]，[*ə] 包括 [ɤ o E]；也不考虑介音 [i-u-y-] 引起的主要元音高低、前后的变化。（参看沈明，1999）

2.2.1 甲类韵母分等的类型。大体有5种：岚县型、太原型、万荣型、清徐型、大同型。韵母分一二等，主要元音一等开口见系、合口、三四等为 [ə]（蟹止除外），二等一等非见系为 [a]。果假总是分一二等，举例不赘。

1）岚县型（沈明，1999）。蟹、效、咸山、宕江入、曾梗分一二等。请看表2。

表2 岚县小万村甲类韵母的等

	一等			二等				三四等		
	帮系	端系	见系	帮	泥	知庄	见系	帮系	知章组	精组、见系
果假开		多E	河iE	马a	拿a	沙a	家ia	车ɿE		姐夜iE
果假合	破E	骡E	火uE			耍ua	花ua			靴yE
蟹止开		袋ei	开ei	卖ai	奶ai	柴ai	解ai	闭皮i	世迟ɿ	挤鸡棋i 四ɿ
蟹止合	杯ei	推uei	灰uei			拽uai	怪uai	肥i	缀水u	岁穗柜讳y
效	保au	刀au	高au	跑au	闹au	吵au	孝iau	苗iɤu	烧ɤu	焦叫iɤu
咸山舒开		南aŋ	看iẽ	扮aŋ		站aŋ	咸aŋ	棉iẽ	占ẽ	煎见iẽ
咸山入开		纳aʔ	磕ieʔ	八aʔ		杀aʔ	瞎aʔ	憋ieʔ	折ɿeʔ	节结ieʔ
山舒合	搬ẽ	短uẽ	宽uẽ			栓uaŋ	关uaŋ	饭aŋ	砖uẽ	全圈yẽ
山入合	泼eʔ	脱ueʔ	沽ɤʔ			刷uaʔ	刮uaʔ	发aʔ	说ueʔ	雪血yeʔ
宕江舒开	帮uə	汤uə	糠uə	绑uə	攮uə	窗uə	巷uə	张uə		想香yə
宕江入开	薄Eʔ	托Eʔ	各ieʔ	剥aʔ		桌uaʔ	角yaʔ	着Eʔ		雀脚yEʔ
宕舒合			黄uə					方uə		王uə
宕入合			藿uEʔ							镢yEʔ
曾梗舒开	朋ŋ	等ŋ	肯ŋ	猛ie	冷a	生uə	杏ie	平i	蒸正ɿ	精蝇赢i
曾梗入开	墨iəʔ	德iəʔ	黑əʔ	麦ieʔ		窄ɤeʔ	客ieʔ	逼iəʔ	食石əʔ	媳席锡iəʔ
曾梗舒合			弘uəŋ				横ye			兄y 荣yəŋ
曾梗入合			国uəʔ				获ueʔ			役iəʔ

并州片孝义（郭建荣，1989）、祁县（王艾录、杨述祖，1983）、文水（胡双宝，1990）、吕梁片临县（李小平，1991）皆属此类，只是入声韵宕江合流到了咸山。咸山宕江

入声韵，各点略有差异，孝义、临县分一二等，祁县、文水不分，一二等都读 [aʔ]。

2) 太原型（沈明，1999）。蟹合口、咸山入声开口见系及合口、曾梗入声开口分一二等。请看表3。

表3 太原甲类韵母的等

	一等			二等				三四等		
	帮系	端系	见系	帮	泥	知庄	见系	帮系	知章组	精组、见系
果假开		多ɤ	河ɤ	马a	拿a	沙a	家ia		车ɤ	姐夜ie
果假合	破ɤ	骡ɤ	火uɤ			耍ua	花ua			瘸ye
蟹止开		袋ai	开ai	卖ai	奶ai	柴aɿ	解aɿ	闭皮ɿ	世迟ʅ	挤棋ɿʅ
蟹止合	杯ei	推uei	灰uei			拽uai	怪uai	肥ei	缀水uei	岁柜桂uei
效	保au	刀au	高au	跑au	闹au	吵au	孝iau	苗iau	烧au	焦叫iau
咸山舒开		南æ	看æ	扮æ		站æ	咸æ	棉ie	占æ	煎见ie
咸山入开		纳aʔ	磕əʔ	八aʔ		杀aʔ	瞎aʔ	憋iəʔ	折ʅʔ	节结iəʔ
山舒合	搬æ	短uæ	宽uæ			栓uæ	关uæ	饭uæ	砖uæ	全圈ye
山入合	泼əʔ	脱uəʔ	活uəʔ			刷uaʔ	刮uaʔ	发aʔ	说uəʔ	雪血yəʔ
宕江舒开	帮ɔ̃	汤ɔ̃	糠ɔ̃	绑ɔ̃	攘ɔ̃	窗uɔ̃	巷iɔ̃		张ɔ̃	想香iɔ̃
宕江入开	薄əʔ	托əʔ	各əʔ	剥aʔ		桌uəʔ	角yəʔ		着əʔ	雀脚iəʔ
宕舒合		黄uɔ̃					方ɔ̃			王ɔ̃
宕入合		霍uəʔ								镢yəʔ
曾梗舒开	朋əŋ	等əŋ	肯əŋ	迸ie	冷əŋ	生əŋ	耕əŋ	平iəŋ	蒸正əŋ	精i蝇赢iəŋ
曾梗入开	墨iəʔ	德iəʔ	黑əʔ	麦iaʔ	窄aʔ	客aʔ	逼iəʔ	食石əʔ	媳席锡iəʔ	
曾梗舒合		弘uəŋ					横əŋ			兄荣yəŋ
曾梗入合		国uəʔ					获uəʔ			役iəʔ

太原型散见于各片，比如上党片长治（侯精一，1985）、五台片忻州（温端政，1985）、大包片和顺（田希诚，1990）、吕梁片汾西（乔全生，1990）。除了入声韵收喉塞尾[-ʔ]，这个问题上的表现，类似于北京话。

3) 万荣（吴建生，1984）。蟹开口见系及合口、咸山古入声开口见系及合口分一二等，舒声韵白读曾梗不合流。请看表4。

表 4　万荣甲类韵母的等

	一等			二等				三四等		
	帮系	端系	见系	帮	泥	知庄	见系	帮系	知章组	精组、见系
果假开		多ɤ	河ɤ	马a	拿a	沙a	家ia		车a	姐夜 ia
果假合	破ɤ	骡uɤ	火uɤ			耍a	花ua			瘸ya
蟹止开		袋ai	开ei	卖ai	奶ai	柴ai	解ai	皮ei	世迟ʅ	挤棋i 四ʅ
蟹止合	杯ei	推uei	灰uei			拽ai	怀uai	飞i	水u	穗y 岁uei
效	保au	刀au	高au	跑au	闹au	吵au	孝au	苗iau	烧au	焦叫iau
咸山舒开		南æ̃	看æ̃	扮æ̃		站æ̃	咸æ̃	棉iæ̃	占æ̃	煎见iæ̃
咸山入开		纳a	磕ɤ	八a		杀a	瞎a	憋iE	折E	节结iE
山舒合	搬æ̃	短uæ̃	宽uæ̃			栓æ̃	关uæ̃	饭æ̃	砖æ̃	全圈yæ̃
山入合	泼ɤ	脱uɤ	活uɤ			刷a	滑ua	发a	说yE	雪月yE
宕江舒开	帮ʌŋ	汤ɤ	糠ɤ	绑ʌŋ		床ɤ	巷ʌŋ		张ɤ	想响iɤ
宕江入开	薄ɤ	托ɤ	各ɤ	剥ɤ		镯ɤ	角ɤ		焯ɤ	雀脚iɤ
宕舒合			黄uɤ					房ɤ		王yE
宕入合			霍uɤ							镢yE
曾梗舒开	朋ʌŋ	等ei	肯ei	棚ʌŋ	冷ia	生a	杏a	平iE	蒸ei 正ʌŋ	蝇iei 赢iE
曾梗入开	墨u	德ei	黑ɯ	麦ia		窄a	客iE	壁ei	食石ʅ	媳席锡i
曾梗舒合							横ya			兄荣yʌŋ
曾梗入合			国uei				获uai			

运城（吕枕甲，1991）、永济（吴建生、李改样，1990）、河津（史秀菊，2004），皆属此类。韵母分一二等，介于岚县型与太原型之间。万荣、河津，所有分开合口的韵摄，合口韵都跟着开口韵变，也就是说，三四等介音（蟹止白读是主要元音）开合口都对应。

4）清徐型（潘耀武，1990）。宕江入（见组除外）、曾梗分一二等。蟹合口帮组、见系后面，一等和二等同音[uai]；其他声母后面，和三四等同音[y]。请看表5。

表 5　清徐甲类韵母的等

	一等			二等				三四等		
	帮系	端系	见系	帮	泥	知庄	见系	帮系	知章组	精组、见系
果假开		多 ɤw	河 ɤw	马 ɒ	拿 ɒ	沙 ɒ	家 iɒ		车 ɤw	姐夜 ie
果假合	破 ɤw	骡 ɤw	火 uɤw			要 uɒ	瓜 uɒ			瘸 ye
蟹止开		袋 ai	开 ai	卖 ai	奶 ai	柴 ai	解 ai	闭皮 i	世迟 ɿ	挤棋i四 ɿ
蟹止合	杯 ai	堆 y	灰 uai			拽 uai	怪 uai	肥 i	缀水 y	岁穗桂 y
效	保 ou	刀 ou	高 ou	跑 ou	闹 ou	吵 ou	孝 iou	苗 iou	烧 ou	苗叫 iou
咸山舒开		南 ɜ	看 ɜ	扮 ɜ	站 ɛ	咸 ɜ	棉 ie	占 ɛ		连见 ie
咸山入开		纳 a	磕 a	八 a	杀 a	瞎 a	憋 ia	折 a		裂结 ia
山舒合	搬 ɜ	短 uɜ	宽 uɜ			栓 uɜ	关 uɜ	饭 ɛ	砖 uɜ	全圈 ye
山入合	泼 a	脱 ua	活 uaʔ			刷 ua	刮 ua	发 a	说 ua	雪血 ya
宕江舒开	帮 ɒ	汤 ɒ	糠 ɒ	绑 ɒ	攘 ɒ	窗 uɒ	强 iɒ		张 ɒ	粮想 iɒ
宕江入开	薄 ɣʔ	托 ɤʔ	恶 aʔ	剥 a		桌 ua	角 ya		芍 aʔ	脚 yʔ
宕舒合			黄 uɒ				方 ɒ		王 ɒ	
宕入合			霍 uaʔ							镢 yʔ
曾梗舒开	朋 ʌ̃	等 ʌ̃	肯 ʌ̃	进 ai	冷 ŋ	生 ŋ̍	杏 iɒ	平 i	蒸正 ŋ̍	青蝇赢 i
曾梗入开	墨 iəʔ	德 iəʔ	黑 əʔ	麦 ia		择 aʔ	客 ia	逼壁 iəʔ	石 əʔ	媳席锡 iəʔ
曾梗舒合			弘 uʌ̃				横 uɒ			兄 y 荣 yʌ̃
曾梗入合			国 uəʔ				获 ua			疫 iəʔ

5）大同型（马文忠、梁述中，1986）。曾梗入声开口分一二等。请看表6。

表 6　大同甲类韵母的等

	一等			二等				三四等		
	帮系	端系	见系	帮	泥	知庄	见系	帮系	知章组	精组、见系
果假开		多 uo	河 ɣ	马 a	拿 a	沙 a	家 ia		车 ɤ	姐夜 iɛ
果假合	破 o	骡 uo	火 uo			耍 ua	花 ua			靴 yɤ
蟹止开		袋 ɛe	开 ɛe	卖 ɛe	奶 ɛe	柴 ɛe	解 iɛ	闭皮 i	世迟 ɿ	挤棋i四 ɿ
蟹止合	杯 ɛe	推 uɛe	灰 uɛe			拽 uɛe	怪 uɛe	肥 i	缀水 uɛe	岁柜桂 uɛe
效	保 ɔɒ	刀 ɔɒ	高 ɔɒ	跑 ɔɒ	闹 ɔɒ	炒 ɔɒ	孝 iɔɒ	苗 iɔɒ	烧 ɔɒ	焦叫 iɔɒ
咸山舒开		南 æ	看 æ	扮 æ	站 æ	咸 iɛ	棉 iɛ	占 æ		煎见 iɛ
咸山入开		纳 aʔ	磕 aʔ	八 aʔ	杀 aʔ	瞎 iaʔ	憋 iaʔ	折 aʔ		节结 iaʔ
山舒合	搬 æ	短 uæ	宽 uæ			栓 uæ	关 uæ	饭 ɛ	砖 uæ	全圈 yɛ

（续表）

	一等			二等				三四等		
	帮系	端系	见系	帮	泥	知庄	见系	帮系	知章组	精组、见系
山入合	泼 aʔ	脱 uaʔ	活 uaʔ			刷 uaʔ	刮 uaʔ	发 aʔ	说 uaʔ	雪血 yaʔ
宕江舒开	帮 ɒ	汤 ɒ	糠 ɒ	绑 ɒ	攮 ɒ	窗 uɒ	巷 ɒ		张 ɒ	想香 iɒ
宕江入开	博 aʔ	托 uaʔ	各 aʔ	剥 aʔ		桌 uaʔ	角 yaʔ		弱 uaʔ	雀脚 yaʔ
宕舒合			黄 uɒ					方 ɒ		王 ɒ
宕入合			郭 uaʔ							镢 yaʔ
曾梗舒开	朋 ɤ	等 ɤ	肯 ɤ	迸 ɤ	冷 ɤ	生 ɤ	耕 ɤ	平 iɤ	蒸正 əɤ	精蝇赢 iəɤ
曾梗入开	墨 iəʔ	德 iəʔ	黑 ʔ	麦 iaʔ	窄 aʔ	客 aʔ	逼壁 iəʔ	食石 əʔ	媳席锡 iəʔ
曾梗舒合							横 uəɤ			兄荣 yəɤ
曾梗入合			国 uaʔ				获 uaʔ			

大同型散见于各片，比如大包片天镇（谢自立，1990）、并州片平遥（乔全生、陈丽，1999）、上党片沁县（张振铎，1990）等，大体属于此类。

上述 5 种类型，效摄只有开口韵，暂不计。其他韵摄是否分一二等，归纳请看表 7（一等，含三四等）。

表 7 山西方言韵母分等的类型

	蟹（止）		（咸）山		宕江	曾梗	
	合口	开口	开口见系	合口	开口入声	开口	合口
A. 岚县		一等 E≠二等 a					
B. 太原	一等 ɤ≠二等 a	一等=二等	一等入声≠二等	一等=二等 ə	一等入声≠二等		
C. 万荣			一等古入声≠二等	一等=二等 ɤ	一等≠二等		
D. 清徐	一等帮、见=一等 ɒ，其他=三等 y	一等=二等 ɒ			一等≠二等		
E. 大同	一等=二等 a				一等入声 ə≠二等 a		

韵母分等，岚县型最彻底，几乎所有的摄都分一二等；太原型、万荣型，蟹合口、咸山入声开口见系及合口、曾梗入声分一二等，类似于北京话；清徐型、大同型，等的合流比较彻底。

2.2.2 山西方言甲类韵母分等，有三个特点。

1) 主要元音一等开口见系、合口、三（四）等同音［ə］，与二等、一等非见系［a］有别。音值归纳，请看表 8。

表8　山西方言甲类韵母等的音值

摄	果假		蟹（止）		效	（咸）山		宕（江）入		曾梗	
开合口	开口	合口	开口	合口	开口	开口	合口	开口	合口	开口	合口
一　等	ə	uə	ei	uei	əu	ən/əʔ	uən/uəʔ	əʔ	uəʔ	əŋ/əʔ	uəŋ/uəʔ
三四等	ie	ye	i<*iei	y<uei	iəu	ien/ieʔ	yen/yeʔ	iəʔ	yəʔ	iəŋ/iəʔ	yəŋ/yəʔ
二　等	a	ua	ai	uai	au	an/aʔ	uan/uaʔ	aʔ/uaʔ		aŋ/aʔ	uaŋ/uaʔ

如果不计入声韵，各摄的区别在于韵尾：果假开尾，蟹摄［－i］尾，效摄［－u］尾，咸山［－n］尾，曾梗［－ŋ］尾。蟹摄［ei uei］主要元音偏前，应当跟［－i］尾有关。

2）开口韵一二等有别，多体现在见系。也就是说，见系后面韵母分一二等的，其他声母后面未必分，比如岚县（沈明，1999）的咸山舒声韵；其他声母后面韵母分一二等的，见系后面一定分，比如岚县的蟹摄开口。说明见系后面，韵母更容易保留一二等的分别。换句话说，见系后面，韵母的等变得慢。

3）合口韵跟着开口韵变，有时候有的摄变得慢。也就是说，开口韵分一二等的，合口韵一定分，比如岚县（沈明，1999）的蟹、山、曾梗。开口韵不分一二等的，合口韵也分，比如太原（沈明，1999）的蟹、山入。

2.3　山西方言韵母开合口的介音对应

2.3.1　甲类韵母里，蟹止、山、宕、曾梗有开合口。合口三四等的介音（蟹止白读只有主要元音），对应关系有两种：一是与合口一等同音［u－］；二是与开口三四等［i－］对应［y－］。以舒声韵为例，请看表9。

表9　山西方言三四等韵开合口的介音对应

摄	山		曾梗		蟹止			宕	
开合口	开口	合口	开口	合口	开口	合口		开口	合口
等	三等		三等		三四等		一等	三等	一等
例字	钱	全	蝇	赢	兄 挤几~岁	嘴	堆	羊	王 汪
A. 太原	₌tɕʰie	₌tɕʰye	₌iəŋ	₌ɕyəŋ	ˀtɕi	ˀtsuei	₌tuei	₌iŏ	₌uŏ
B. 岚县	₌tɕʰiẽ	₌tɕʰyẽ	₌i	₌ɕy	ˀtɕi	ˀtɕy	₌tuei	₌yə	₌uə en₌
C. 清徐	₌tɕie	₌tɕye		₌ɕy	ˀtɕi	ˀtɕy		₌iə	₌uə
D. 万荣	₌tɕʰiæ	₌tɕʰyæ	₌iei	₌iɛ	₌ɕyʌŋ	ˀtɕi	ˀtɕy	₌tuei	₌iʏ ₌yE ₌uʏ

2.3.2　乙类韵母里，臻摄开合口的介音对应，以声母为条件，合口三等与见系以外的声母相拼时，跟一等［u－］同音，和见系相拼时，与开口三等［i－］对应［y－］。比如

岚县（沈明，2014）：皱=村 ₌tsʰuəŋ⁼｜榫=损 ᶜsuəŋ｜裙 ₌tɕʰyəŋ：芹 ₌tɕʰiəŋ｜熨 yəŋᶜ：印 iəŋᶜ。晋语几无例外，此处不赘。

山西方言分开合口、有一、三（四）等的摄，三（四）等开合口介音（或主要元音）的对应，归纳如下：

	山	曾梗	臻	蟹止	宕
同合口一等	余 uan	弘 uŋ	皱=村 un 见系除外	碎=岁穗 uei	王=汪 uaŋ：羊 iaŋ
开合口对应	钱 ian：全 yan	兴 iŋ：兄 yŋ	芹 in：裙 yn 见系	细 i：岁穗 y	羊 iɤ：王 yE：汪 uɤ

合口三（四）等的介音分两类：一类是［y-］，与开口三（四）等［i-］介音相对，上述各点的山、曾梗、岚县的蟹止、万荣的止摄与宕摄；另一类是［u-］，和合口一等同音，比如太原的蟹止、宕摄。也就是说，合口三（四）等的介音，［u-］、［y-］都是可以的。

2.4　山西方言"支微入鱼"的演变方式

山西方言蟹止摄韵母的等及开合口对应，请看表 10（蟹摄不标小韵，止摄的小韵用小字标在例字的右下角）。

表 10　山西方言蟹止摄韵母的等及开合口对应

开合口	开口					合口				
等	二	一		三四				一	二
例字	解	开	洗椅支祁脂棋之	制	肥	岁	嘴支醉脂苇微	吹支锥脂缀	堆	回	怪
A.太原	ai		i	ʅ	ei			uei			uai
B.岚县	ai	ei	i	ʅ	i	y		u	uei	uai
孝义	ai	ei	i	ʅ	i	y		uei		uai
万荣	ɑi	ei	i	ʅ	i	uei	y	u	uei	uɑi
C.清徐	ai		i	ʅ	i		y		uei	uai
D.大同	ɛɛ		i	ʅ	ɛɛ		uɛɛ			

蟹止开口三四等是［i］，知章组后面是［*ʅ/ʅ］，几无例外。合口三四等的读音，有四种：

A 太原型。合口三四等和合口一等［uei］同音。该型还有长治（侯精一，1985）、忻州（温端政，1985）等，类似于北京话。

B 岚县型。合口三四等［y］跟着开口三四等［i］变。受语音构造的限制，知章组[tʂ]组声母，开口拼［*ʅ/ʅ］；合口岚县（沈明，1999）、汾西（乔全生，1990）、万荣

— 436 —

（吴建生，1984）拼［*u］，孝义（郭建荣，1989）、文水（胡双宝，1990）、平遥（乔全生、陈丽，1990）仍保持拼［*uei］。

C 清徐型。是 A 和 B 的叠加。也就是说，先是合口三四等和合口一等同音（A 型），然后是合口三四等［y］跟着开口三四等［i］变（B 型），再后是合口一等跟着三四等一起高化到［y］。受语音构造的限制，知章组和合口三等［y］相拼，声母变成了［tɕ<tʂ］组。

蟹合一"入鱼"［y］，得多说几句。王为民（2011）认为：合口一等很可能"入鱼"在先，"支微入鱼"在后，比如闻喜方言（侯精一、温端政，1993），"一等腭化变成了细音韵母。"（注：一等介音变成［y-］）。

查看闻喜（侯精一、温端政，1993），蟹止合口的读音情况是：

合口三等	止摄部分"入鱼"。如：醉=聚 tɕy⊃｜随=徐ₒɕy｜睡=傅 fu⊃。
合口三等	蟹摄全部、止摄部分自成韵类。如：岁 suei⊃｜鬼ₒkyei｜跪 kʰyei⊃｜柜 kʰyei⊃。
合口四等	蟹摄全部自成韵类。如：闺ₒkyei｜桂 kyei⊃。
合口一等	蟹摄全部自成韵类。如：最 tsuei⊃｜雷ₒlyei｜类 lyei⊃｜堆ₒtyei｜灰ₒxyei。

闻喜属于汾河片中原官话，止合三部分"入鱼"［y］，蟹合一、蟹合三四［yei］并未"入鱼"，韵类分合关系与万荣（吴建生，1984）、河津（史秀菊，2014）等点完全一样。介音变成［y-］，也有声母条件，即和精组以外的声母相拼；和精组相拼，介音还是［u-］，比如：最蟹合— tsuei⊃｜岁蟹合三 suei⊃。说明［y-］介音并不是"入鱼"的必要条件。

清徐（潘耀武，1990）蟹摄合口一等也读［y］，比如：堆蟹合—=居遇合三ₒtɕy｜最罪蟹合—=锯遇合三 tɕy⊃｜盔魁蟹合—ₒkʰy：区遇合三ₒtɕʰy，这应当是晚起的，"堆、最罪"声母变成了「tɕ」；"盔魁"「kʰ」声母尚未腭化，与［y］韵母相拼，出现了新的语音构造。

D 大同型。合口一二三四等同音，即：合口一、三四等合流到二等，与开口一二等对应。

由此可见，蟹止合口三四等的读音，［uei］、［y］属于不同的层面。A 太原型［uei］较早，保持与合口一等同音；B 岚县型［y］略晚，合口［y］跟着开口［i］变，保持与开口韵的对应；C 清徐型更晚，三四等拉着一等一起高化到［y］。

由此推测山西方言"支微入鱼"的演变路径，大体是：

（蟹）止三四等：开口 *iei→ei→i　　合口（+清徐型蟹合—）*uei→ui→y

山西方言的"支微入鱼"见于白读层，文读跟北京话［uei］一样。白读［y］变得快，又叠置了变得慢的文读［uei］。这倒也不奇怪。类似的还有北京话的"客梗开二溪入""客来~了ᶜtɕie"用的是白读，"客~气 kʰɤᵓ"用的是文读，白读见组二等声母已经腭化成[tɕʰ]，比文读[kʰ]变得快，说明文白读的音变性质不同。

叁 余论

3.1 其他方言的"支微入鱼"

3.1.1 山西方言"支微入鱼"的演变方式如果行得通，那么，甘肃、陕西一带中原官话的"支微入鱼"，比如，汾河片韩城、合阳、宜川（邢向东，2021），关中片西安（王军虎，2004）、商洛（孟万春，2011）、陇中片定西（孙立新，2014）、秦安（李蓝，2020）等，应当是同样的道理。知章组[*tʂ]组声母拼韵母[uei]，这一带的方言基本不变，仍说[*tʂuei tʂʰuei ʂuei]，和孝义（郭建荣，1989）等点类似；有的方言，声母变成[pf < tʂ]组，说[pfei pfʰei fei]，在类上与孝义也无分别。

陕北晋语也有"支微入鱼"。比如，吕梁片清涧（刘勋宁，2005）：嘴~头子 tsʅ│醉喝了 tsʅ│髓把~吃了 sʅ│随~上：跟上 sʅ│穗~儿 sʅ│岁儿~了 sʅ│苇~子 zʅ│纬~线 zʅ│泪眼~zʅ│垒~墙 zʅ│慰~问 zʅ│；五台片神木（邢向东，2020）：随~便ᶜɕy│苇纬ᶜy│；五台片绥德（黑维强，2016）：肥ᶜɕi│尾ᶜi│苇ᶜy│魏~家峁,地名纬~线,织布的横向线慰尉姓yᵓ。跟山西吕梁片晋语一样。

3.1.2 江淮官话泰如片（通泰方言）蟹合一、蟹止合口三四等都读[y]（顾黔，2016），郑伟（2018）用"隔音同化"解释：*-uei 主元音 -e 之前滋生了 -i- 滑音，从而促使之前的 -u 变作 -y，然后在此基础上，灰泰韵的读音形式变得跟止合三一样，从而也实现了入虞的音变：*uei > uʲei > ʉei > yei > yi > y。这个解释，参照了闻喜蟹合一今读[yei]。（请参看上文 2.4）本文以为，清徐型的路径，也许同样适合于泰如片江淮官话，即：蟹止合口二四等本来和蟹合一「uei」同音，蟹止合口三四等[y < uei]跟着开口二四[i < iei]变，带着蟹合一一起高化到[uei > y]。

3.2 山西方言"支微入鱼"的时间

"支微入鱼"的时间，相对来说，汾河片中原官话似早于晋语。汾河片中原官话，只有止合三"入鱼"，说明蟹止尚未合流的时候，止合三已经"入鱼"；吕梁片、并州片、陕北五台片晋语，蟹止合口三四等"入鱼"，说明是在蟹止合流之后再"入鱼"的。并州片清徐（潘耀武，1990）的蟹合一，是跟着蟹止合口三四等"入鱼"的，显然更晚。

乔全生（2008）认为可以追溯到唐五代。因为《开蒙要训》有虞韵和止合三互注的例子；唐代山西籍诗人押韵材料中也有反映。另外，《杂字》记录了祁县一带的方言（今并州片晋语），距今已有两百多年，其中有蟹止合口（一）三等与遇摄互注的例子，比如：岁叙、碎岁、遂叙、醉最、聚最、罪醉、虑泪。

西北方音的"支微入鱼",唐五代文献就有所记载(罗常培,1933/1961)。

王为民(2011)认为:汉语的"支微入鱼"发生在《中原音韵》之前。郑伟(2018)认为:老湘语(中唐以前)——吴、徽语(唐宋之际)——通泰、闽北(北宋)——晋、客赣(宋元以后)。这个问题牵扯较多,本文不讨论。

3.3 汉语方言"支微入鱼"的性质

有两种观点:

3.3.1 接触所致(丁邦新,2003;顾黔,2016;刘勋宁,2005/2012)。比如刘勋宁(2005):"支微入鱼"几乎遍及汉语各大方言,我们无法认为这是一种偏居一隅的方言现象。更合适的看法是,这是以中原官话为标准语的汉语中曾经存在过的一种语音层次,曾经影响了很多方言的读音,只是在后来汉语标准语由中原官话向北方官话的转移中逐渐消退了。

3.3.2 方言自身的演变(郑伟,2015/2018;刘存雨,2012)。

本文认为,山西方言的"支微入鱼",属于方言自身的演变。音变道理相同,变化结果也相同。不同方言属于平行演变。

"支微入鱼",山西方言与南方方言的异同,还需要进一步细究。

材料来源

温端政主编《山西方言志丛书》16种,含《语文研究》增刊2种:《祁县方言志》(王艾录、杨述祖,1983)、《万荣方言志》(吴建生,1984);语文出版社7种:《长治方言志》(侯精一,1985)、《忻州方言志》(温端政,1985)、《大同方言志》(马文忠、梁述中,1986)、《孝义方言志》(郭建荣,1989)、《和顺方言志》(田希诚,1990)、《文水方言志》(胡双宝,1990)、《临汾方言志》(潘家懿,1990);山西高校联合出版社7种:《清徐方言志》(潘耀武,1990)、《汾西方言志》(乔全生,1990)、《永济方言志》(吴建生、李改样,1990)、《天镇方言志》(谢自立,1990)、《沁县方言志》(张振铎,1990)、《临县方言志》(李小平,1991)、《运城方言志》(吕枕甲,1991);

上海教育出版社2种:《太原话音档》(温端政、沈明,1998)、《平遥话音档》(乔全生、陈丽,1999);

中华书局2种:《神木方言研究》(增订本)(邢向东,2020)、《近八十年来关中方音微观演变研究》(下)(邢向东,2021);

其他4种:《山西方言调查研究报告》(侯精一、温端政主编,山西高校联合出版社,1993);《河津方言研究》(史秀菊,山西人民出版社,2004);《山西岚县方言》(沈明,中国社会科学出版社,2014);《绥德方言调查研究》(黑维强,北京师范大学出版社,2016)

参考文献

曹志耘主编:《汉语方言地图集》,商务印书馆2008年版。

丁邦新：《一百年前的苏州话》，上海教育出版社 2003 年版。

顾黔：《长江中下游沿岸方言"支微入鱼"的地理分布及成因》，《语言研究》2016 年第 1 期。

李蓝：《甘肃秦安（吴川村）方言韵母的特点》，《方言》2020 年第 4 期。

李小平：《山西离石方言音系》，《吕梁教育学院学报》2004 年第 4 期。

刘存雨：《也谈"支微入鱼"的音变机制》，《大家》2012 年第 12 期。

刘勋宁：《一个中原官话中曾经存在过的语音层次》，《语文研究》2005 年第 1 期。

刘勋宁：《"支微入鱼"的地理分布及其成因——兼说古中原官话 ü [y] 语音层的变异》，《陕西师范大学学报（哲学社会科学版）》2012 年第 1 期。

罗常培：《唐五代西北方音》，科学出版社 1961 年版。

孟万春：《商洛方言中"支微入鱼"现象分析》，《延安大学学报（社会科学版）》2011 年第 4 期。

乔全生：《晋方言语音史研究》，中华书局 2008 年版。

沈明：《山西方言韵母一二等的区别》，《中国语文》1999 年第 6 期。

孙立新：《定西方言的语音特点》，《甘肃高师学报》2014 年第 6 期。

王洪君：《层次与演变阶段——苏州话文白异读析层拟测三例》，《语言暨语言学》2006 年第 1 期。

王洪君：《演变的阶与叠置的层——再论单系统纵向演变与异系统横向接触的本质区别与彼此交叉》，中国语言学会第 15 次年会论文，内蒙古大学，2010 年。

王洪君：《历史语言学方法论与汉语方言音韵个案研究》，商务印书馆 2014 年版。

王军虎：《晋陕甘方言的"支微入虞"现象和唐五代西北方音》，《中国语文》2004 年第 3 期。

王为民：《"支微入虞"的演变模式及其在晋方言中的表现》，《语言科学》2011 年第 6 期。

张光宇：《吴闽方言关系论》，《中国语文》1993 年第 3 期。

张琨：《汉语方言中的几种音韵现象》，《中国语文》1993 年第 4 期。

郑伟：《"支微入虞"与现代方言》，《语言暨语言学》2012 年第 5 期。

郑伟：《灰泰入虞的地理分布与音变过程》，《历史语言学研究》第九辑，商务印书馆 2015 年版。

郑伟：《现代方言"支微入鱼"的相对年代》，《中国语言学报》2018 年第 18 期。

郑张尚芳：《吴语语音的分层及其历史记录》，游汝杰等主编《吴语研究——第七届国际吴方言学术研讨会论文集》，上海教育出版社 2014 年版。

中国社会科学院语言研究所、中国社会科学院民族学与人类学研究所、香港城市大学语言资讯科学研究中心：《中国语言地图集》（第 2 版），商务印书馆 2012 年版。

朱晓农：《三四等字的腭化与非腭化问题》，《汉字文化》1989 年第 1 期。

（原文刊于《方言》2021 年第 3 期）

基于方言比较的几个调查记音问题*

赵日新

(北京语言大学语言科学院/中国语言资源保护研究中心,电邮:p64011@blcu.edu.cn)

提 要:本文从方言调查实践出发,主要讨论调查中需要注意的几个音值问题,指出方言比较不能只停留在归纳音位上,更应该注意具体音值。方言比较有时候需要"去音位化"或"再音素化",才能更容易说清楚语音演变规律。文章最后对汉语方言中比较典型的几种音类的实际音值进行具体分析。

关键词:国际音标;音类;音值;方言调查;记音

壹 国际音标的设计和使用原则

国际音标是"国际通行的很有效的记音工具,能够用'宽式'和'严式'两套记音法来记录世界上所有的主要语言,并且给正字法需要改革的各种语言提供一个基础"。(李荣,1987)国际语音学会"对国际音标的制定和使用原则有如下规定:(1)某个语言里用来辨字的两个音素,要尽可能用两个不同的没有附加符号的音标来表示。尽量用普通的罗马字母,罗马字母不够用的时候,必须采用新字母。(2)两个音素听感上很相近,大概任何语言都不会用来辨字,以用同一个字母来表示为原则。不过在'严式'记音或者科学研究里,可以用不同的字母或者附加符号来区别它们。(3)国际音标里的非罗马字母要尽量设计得跟罗马字母协调。(4)附加符号完全不用是不可能的。国际语音学会主张,附加符号用途限于下列各种场合:表示长度、重音、声调;表示音位里的特殊的成素;用一个附加符号可以避免制定好些新字母(比如鼻化元音的记音法);在科学研究里表示音的细微的区别。(5)国际音标应用于任何一种语言,必须注意到两条基本的语音学原理:'音位'的理论跟'标准音'尤其是'标准元音'的理论。"

国际语音学会制定国际音标的基本原则其实就是音位学理论,这无疑是必要的。对一种语言或方言来说,音素之间的对立或辨字是归纳音位的基本原则。不过,如果我们考虑到不

---

* 本研究受北京语言大学一流学科团队支持计划(项目编号:GF201907)、北京语言大学院级科研项目(中央高校基本科研业务专项资金,项目编号为:20YJ140002)资助。

同语言（方言）之间的比较，即从类型学的角度着想，考虑到具体音值在语音变化过程中的作用，国际音标也是可改善的。

国际音标表中有缺位，有些其实是可以填充的，如齿间塞音、舌叶塞音、唇齿塞音、舌尖兼舌叶辅音、舌叶元音等。李荣先生在为中古庄组拟音时将庄组拟为［ts̺］组，即舌叶音，并且指出"跟［ʃ］同部位的塞音没有适当的符号"。

现有的方言材料中，记为同样音标符号的两个音读音未必相同（比如舌叶音）；记为不同音标的两个音读音未必不同。比如，下文提到的山东方言的舌叶声母，其实有至少两种不同的音值，现有的音标符号就显得不敷使用，对于说明语音的变化有捉襟见肘之感；又如，要说明甘肃方言从舌面的［i］向舌尖的［ɿ］过渡过程中的各种音值也显得无能为力；要说清楚古全浊声母在今宣州片吴语、北部吴语、老湘语中弱化的不同具体情况，现有的音标符号也有再细化的必要。

当然，我们既无必要也不可能为所有的可能存在的音素都设计一个符号。

如果说以往的国际音标是从结构主义语言学出发的，那么，今天我们需要从类型学角度来重新考虑国际音标的设计，重新认识调查过程中的记音问题。

贰　音值的重要性

关于音值的重要性，我们在《浅论语音属性与音变》（2014）一文中已有详细论述。这里摘抄其中的几段。

> 结构主义语言学强调相同语音条件应该引起相同的语音变化，此话固然不错，但所谓"相同的语音条件"多数是从音位层面来说的，具体到实际音值也就是声音的物理属性层面，条件很可能并不完全相同，这就是我们可以观察到有众多"相同"的语音条件却引起不同的语音变化的原因。
>
> 结构主义语言学理论特别是音位学理论指导下的语言调查包括汉语方言调查，都特别强调音位的归纳，虽然后期音位学强调语音的声学特征，但并未将这些特征跟音变有机地联系起来。对描写语音系统来说，音位归纳自然是非常必要的，但各个音位具体的声学特征和发音体征也应该放在同等重要的位置。
>
> 音类比音值重要的绝对化认识导致近些年来的汉语方言调查对具体音值的重要性认识不足，众多方言调查报告对声韵调具体音值的描写都非常简略，有的甚至从缺。老一辈方言学者如赵元任等都非常重视方言具体音值的详尽描写，但这一传统并未得到很好的继承。
>
> 音位归纳固然便于方言之间的比较，但音位归纳可能会使不同方言的特殊个性被模

糊、被掩盖、被抹杀，可能造成"千言一面"的结果。以往没有引起足够重视的具体音值，其实也是体现方言个性、特殊性的重要方面。音值的重要性主要表现在：反映一个方言的特殊语音面貌和个性；某些音类对应但具体音值不同的音，其后续的变化往往正是由其不同音值所引起的；某些音值特征会导致所在音节发生一系列的变化，使同一个方言发生不同的分化，使音节面貌呈现不同特点。如晋语、中原官话汾河片都有长元音韵母，虽然长短元音不对立，但却能显示一种不同于普通话的特殊的韵母结构，高元音作为韵腹而央低元音作为韵尾，这种音值上的特点反映的是这一带方言的特殊语音面貌。

忽视音值的重要性，对语音的某些变化就不容易解释清楚。比如汉语方言中高元音是否有摩擦、摩擦的强弱在音系中也许并没有音位价值，但却可能引发不同的变化。不同方言的"送气"可能有强弱的区别，虽然没有音位价值，但也同样可能引发不同的变化，粤语溪母字、赣语透定母字今读擦音的现象，应该就跟早期的强送气特征有关。不少汉语方言有［i］＞［ɿ］，［y］＞［ʮ］，［u］＞［v］的变化（有的还会引起声母的变化，比如随着［i］＞［ɿ］，［tɕi］＞［tsɿ］等），不少方言有［tʂu-］＞［pfu-］的变化，但是同样也有更多的方言并不发生这样的变化。为什么相同的语音条件会发生不同的变化？一方面固然跟语音演变规律具有时间性、地域性、条件性有关，但也很可能跟不同方言中［i y u tʂu］具有不同的发音特征有关。比如发生［i］＞［ɿ］，［y］＞［ʮ］，［u］＞［v］的方言，可能在起变时［i y u］的音值就有不同于其他方言的特点，比如可能略有摩擦，这种"与生俱来"的摩擦特征（最初可能并不明显）可能会逐渐积累逐渐强化。而其他方言的［i u y］也许就是典型的元音，不带摩擦。［tʂu-］＞［pfu-］的变化，也应该跟早期［tʂu］的发音特征（比如声母的实际发音部位、［u］的唇化特征等）有密切关系。音位上具有同一性，但音值上的细微差异不断积累强化，最终使得具有不同发音特征的同一音位走上不同的演变道路。语音的属性是多方面的，比如发音方法：送气度、浊度、强度（音强）、长度（音长）、音高、圆唇度、腭化度、元音摩擦度、元音鼻化度、鼻尾/塞尾的显著度、动程的有无、动程的大小、韵尾的圆唇度/展唇度、韵头的圆唇度/展唇度、韵头的摩擦度、声韵结合的和谐度、声韵调结合的和谐度、零声母前摩擦的有无或强弱，等等，这些都可能引起语音产生不同的变化。

携带多种语音属性的单个音素进入音节、语流之后，不同的音素之间还有一个互谐的问题。同一个音素在跟不同音素组合时，在语音属性上会发生不同的变化，或者说，某个或某些属性会得到突显，其他特征有可能被屏蔽，这也是音值或发音特征描写不可缺少的部分。比如声母发音部位的变化往往跟介音、主元音有关，声母的发音特征也会影响到介音和主元音；发音方法的变化往往跟韵尾、声调有关；韵母中鼻韵尾的弱化甚至脱落跟主元音的舌位、是否享有鼻化特征有关，部分也跟声母有关，塞尾的弱化或脱落往往跟声调有关；声调的变化往往跟声母的发音方法、韵母（包括韵尾、主元音、韵母的单复等）有关。

当然，要对上述所说的诸多特征进行详细准确的描写，对调查人的听音辨音能力有很高的要求，在这方面，实验语音学可以给我们提供很多实际的帮助。

昨天的音值也许就是今天的音类，今天的音值也许就是明天的音类，音类重要，但音值也并不是无足轻重的。

李荣（1983）指出："在分析记录语言时，音位学是必要的，但光有音位学是不够的。"成也音位，"败"也音位，这个"败"并不是说音位学没有用，而是指不能将音位学的功用绝对化、扩大化。音位归纳功莫大焉，不过，音位归纳对于语言类型比较来说，有时反而会增添麻烦。语言类型比较有时候很可能需要"去音位化"或"再音素化"，在音位系统的制约下重新恢复到音值的本来面目，这样才更有利于说明语音的变化。

叁 汉语方言调查中几个具体的记音问题

3.1 关于唇齿塞擦音 唇齿部位没有塞音符号，所以一般方言中的唇齿塞擦音都用［pf］来记音。关于唇齿塞擦音的发音，周殿福（1985）与瞿霭堂（2004）的说法不同。

周殿福：pf pf' bv 这类塞擦音听起来有 f f' v 感觉，但练习时一定要把它和擦音分开，发音时只要用齿咬紧下唇，主观发 p p' b 等塞音，即可以发出 pf pf' bv，与同部位的擦音也就区别开了。

瞿霭堂：双唇紧闭后放开，在唇齿间留一缝隙；气流通过唇齿缝隙发生摩擦。

这类音的性质如何？汉语方言中这类音究竟是怎样的？

现有方言材料中的［pf］组声母，来源大致上有以下几种：知系合口字；帮组合口字；见系合口字，其中来自知系合口的分布最广。兹举几例如下：

知系合口。如山东苍山（王晓军等，2012）：pf 桌庄｜pf'出窗｜f 方双｜v 如软。并附音值说明："pf、pf'带有舌叶色彩。"

帮组合口。如甘肃礼县（王建弢，2009）："双唇音 p、p'、m 与韵母 u、ə 相拼时实际读音为唇齿音 pf、pf'、ɱ。例如：布［pfu⁵⁵］｜朴［pf'u⁵²］｜亩［ɱu⁵²］｜波［pfə²¹］｜婆［pf'ə²⁴］｜磨［ɱə²⁴］。"

陕西宝鸡（邢向东，2013）："《报告》（引者按，指《关中方音调查报告》，下同）中唇齿化很不充分的宝鸡话，今方言已经存在系统的唇齿化现象：［p p'］与［o u］韵相拼有唇齿作用，送气声母更为突出，如：菠 ᵖp͡o｜波 ᵖp͡o｜婆 ᵖp͡o｜破 ᵖp͡oᵊ｜补 ᵖp͡u｜布 ᵖp͡u｜谱 ᵖp͡'u｜铺店~ᵖp͡'uᵊ｜步 ᵖp͡'u。《报告》没有报道的凤翔话，双唇送气塞音声母［p'］与

[o u] 韵相拼有唇齿作用，如：婆 ₌pfʻo｜破 pfʻoˀ｜波 ₌pfʻo｜谱 ˖pfʻu 铺店~pfʻuˀ｜步 pfʻuˀ。"

见系合口。如甘肃张掖（黄大祥，2009）：pf 姑古过骨国猪桌｜pfʻ 颗枯苦哭阔除戳｜f 书熟树属双｜v 儒乳如褥软。"pf pfʻ 声母只拼韵母 u u ɜ。"

问题是，这些不同来源的 pf pfʻ（或写作 pf pfʻ），其发音特征是否完全相同？《关中方音调查报告》（白涤洲，1954）曾指出："由 p 变来的 pf，白先生说，'帮滂合口上齿抵下唇，老实说 pf 符号应作记此音之用，知照系读上齿与下唇破裂音者不妨另造也'。""由 tʂ 变来的 pfʻ，白先生说，'知照系字读时以舌尖抵齿龈，若不嫌累赘应写作 pfʻ'。又说，'周至知照系读 pfʻpfʻʻ 时上齿紧抵下唇，舌尖位于上齿龈，发破裂音，盖 tʂtʂʻ 变 pfpfʻ 之过渡音也'。"从这个描写来看，至少在白涤洲先生调查时，这两类音的音值是不同的。其中长武的相关声母是（知系合口字不读 pf 组）：/p/pa 巴｜pfo 勃‖/pʻ/pʻa 爬｜pfʻo 脖‖/m/ma 麻｜mfo 没‖/f/fa 法｜fu 夫苦。

周至亚柏镇声母是（帮组不读 pf 组）：/pf/pfʻaɣ̃）庄‖/pfʻ/pfʻʻaɣ̃）疮‖/f/fa 法｜fu 夫书。

西安该组声母是（帮组不读 pf 组）：/pf/pfʻaɣ̃）庄（原书 pf 后无ʻ，这里根据现象相同的华阴、潼关等补）‖/pfʻ/pfʻʻaɣ̃）疮‖/f/fa 法｜fu 夫书‖/v/va 袜｜vu 无如。

来自帮组合口和来自知系合口的虽然都用同一套声母音位，但未见同一个点同时存在这两种音值，也就是说，当时这两组字并不同音。据《报告》，"在西安、周至、亚柏、华阴、潼关、大荔、朝邑、郃阳、韩城九处，翘舌声母 tʂ tʂʻ ʂz 在 u 前面一律变为 pf pfʻ f v，……。""p pʻ 在 u 和 o 前面变为 pf pfʻ 的现象出现在陇县、汧阳、宝鸡、郿县、岐山、麟游、长武、武功和商县。这些地方把部布卜等字读 pfu，铺菩扑朴等字读成 pfʻu，即有这种变音的地方，不见得上举的字全部都变，有的地方个别的字保持着原来的声母 p pʻ。"

赵新业（2010）说："康县县城的 pf 组声母来源表明，帮组和知系的合口呼并不冲突，可以合流。"不过，从作者提供的材料，我们并未见到二者合流的例子。

根据观察，瞿霭堂先生、周殿福先生所说的两种不同的音，方言中可能都是存在的。如果我们用 [p] 来表示唇齿部位的塞音，则现在记为 [pf pfʻ] 组声母的音可能有如下三种情形：

双唇塞擦音 pf = pψ   pfʻ = pɸʻ   bv = bβ
唇齿塞擦音 pf = pf   pfʻ = pfʻ   bv = pf
双唇塞音 + 唇齿擦音 pf = p + f   pfʻ = pʻ + f   bv = b + v

其中双唇塞擦音 [pɸ] 组是存在于理论上的，未必见于实际的方言中；唇齿塞擦音 [pf] 即周殿福先生所说的那一类音，是真正的唇齿塞擦音；而双唇与唇齿协同发音的 [p + f] 组，是双唇和唇齿两个部位共同作用发出的音。

3.2 关于舌叶音 舌叶音的位置，历来说法并不统一。罗常培、王均（2004）："舌叶音，舌面边缘跟上臼齿相接，舌面向硬腭抬起，舌面前部向上齿龈和前硬腭靠拢。嘴唇往往是向前突出的。这一类辅音在不同的语言里发音的方法往往略有不同。例如德语嘴唇最突出，法语次之，英语有些人嘴唇不很突出。擦音有人舌向上，有人舌向下，像读 s 似的。舌头的部位也稍有前后的不同，例如英语就比德语、法语稍稍靠后一点。"

周殿福（1985：40）：发舌尖后音时，舌肌的收紧点在舌尖，而且位置较后。舌叶在舌尖的后面，舌叶包括舌尖。既然是舌叶音，则舌叶必须起主要作用。因此发音时舌身平放，只有舌叶部分略微高一点儿，舌的收紧点才能在舌叶而不在舌尖。练习这类音时，舌头平放，用两边白齿咬住舌两边的边缘，舌叶略抬，舌尖对准上下门齿的后部，嘴角向左右略移，这样发出的音才是舌叶音。

林焘、王理嘉（1992：P62）：舌叶音只有一种，即舌叶–齿龈音：舌叶和齿龈接触形成阻碍。发音时舌面向硬腭靠拢，除舌叶和齿龈接触外，舌面的边缘也比较用力，和上臼齿相接触，气流只从舌叶和齿龈之间出去。广州话"诗"［ʃi］、金华话"书"［ʃɥ］，英语 she［ʃi］（她）里的［ʃ］和法语 je［ʒə］（我）里的［ʒ］就都是舌叶音。广州话和金华话发音部位比较靠前；英语和法语比较靠后，而且往往同时圆唇。

《现代语言学词典》（戴维·克里斯特尔，2000）：Blade 舌叶，舌尖和舌央之间的部分，当舌处于中性位置时舌叶处在齿和齿龈隆骨的对面。好几个语音，如［t］和［s］，发音时要用舌叶。

罗安源（2000）：舌叶（舌尖与舌面搭界处）与齿龈的后部（或硬腭的前部）合起来对气流构成阻碍，或者舌尖和舌面的搭界处和齿龈的后部合起来对气流构成阻碍，发出来的音是舌叶音。

朱晓农（2010）："舌叶处于舌尖后面。舌叶的定义较为复杂。当我们合上嘴巴，舌尖顶到下齿背时，从上面齿龈脊的中点往下投影，这在舌头上留下一个投影点。通过此点画一横线，然后从这横线往前、往后都拓展 2～3 毫米，这样一条大约 5～6 毫米的横带就是舌叶。一个较为简单的定义是由卡福（Catford）提出的：舌叶是从舌沿开始往后 10～15 毫米的地带。卡福的舌沿等同于舌尖。""值得注意的是，龈后音ʃ和龈腭音ɕ在所有语言中都没形成对立，所以，中古庄组和照组构拟为ʃ和ɕ系列，需要重新考虑。ʃ和 ɕ 不同现的主要原因在于两者非常接近，在部位上没什么区别，只是：(1) ɕ腭化程度更高，这意味着收缩处的狭隘通道更长；(2) ʃ基本上为圆唇；(3) ʃ有舌下腔，ɕ没有；(4) 很多语音学著作认为ʃ的舌面是有槽的，ɕ的舌面是拱的。""ʃ的麻烦并不到此为止，我们的田野考察发现，同样标为ʃ的擦音，可能有明显的不同。汉语的粤语、湘语、赣南、山东及周边一些方言中也有ʃ，但它们的音色可以听出有所不同，这需要进一步深入的研究。"

据钱曾怡、罗福腾（1992），潍坊潍城有四套塞擦音、擦音声母，其中知系字声母二分：

ts 祖	ts' 醋	s 苏	
tʂ 争	tʂ' 巢	ʂ 生	
tʂ₂ 蒸	tʂ'₂ 潮	ʂ₂ 声	ʐ 日如
tɕ 精经	tɕ' 秋丘	ɕ 修休	

并有说明："[tʂ₂]组是稍带舌叶色彩的舌尖后音。发音时舌尖较后的部位向上腭靠近，贴得较松。这组音跟[tʂ]组十分接近，青年人两组已经混同。"所以[tʂ]和[tʂ₂]的区别实际上可以看成是舌尖后与舌叶的区别。从方言比较的角度、从实际音值的角度来看，[tʂ₂]处理为舌叶音可能更为合适。

潍坊坊子方言的塞擦音、擦音声母：

ts 资	ts' 刺	s 四
tʃ 蒸	tʃ' 春	ʃ 声
tʂ 争	tʂ' 初	ʂ 生
tɕ 精经	tɕ' 秋丘	ɕ 小晓

说明："[tʂ]组卷舌，发音时跟上腭贴得较紧；[tʃ]组不卷舌，舌尖较后的部位向前硬腭抬起，与上腭靠得比较松。[tʂtʃ]两组音值极相近。"

潍坊寒亭方言的塞擦音、擦音声母：

ts 增	ts' 粗	s 苏
tʃ 蒸	tʃ' 除	ʃ 声
tʂ 争	tʂ' 锄	ʂ 生
tɕ 精经	tɕ' 秋丘	ɕ 修休

潍坊昌邑方言的塞擦音、擦音声母：

tθ租	tθ'仓	θ三
ts精	ts'秋	s修
tʃ蒸	tʃ'潮	ʃ声
tʂ争	tʂ'巢	ʂ生
c经	c'丘	ç休

说明："[tʃ]组舌位稍靠前；[c]组舌位稍靠前，[cc']是塞擦音。"

潍坊昌乐方言的塞擦音、擦音声母：

tθ增	tθ'粗	θ思
ts精	ts'秋	s修
tʃ蒸	tʃ'潮	ʃ声
tʂ争	tʂ'巢	ʂ生
tç经	tç'丘	ç休

说明："[tʃ]组舌位稍靠前；[tç]组舌位略后，但未到舌面中。"

潍坊临朐方言的塞擦音、擦音声母：

tθ增	tθ'粗	θ苏
ts精	ts'秋	s修
tʃ蒸	tʃ'除	ʃ书
tʂ争	tʂ'锄	ʂ生
tç精经	tç'秋丘	ç修休

说明："[tʃ]组舌位稍靠前，近[ts ts' s]；[tç]组舌位稍后，不到舌面中。"

据石明远（1987），山东省莒县方言相关声母如下：

ts 租进祭造足	tsʻ 曹清妻七	s 三扫桑星丝
tʂ 炸庄罩寨烛	tʂʻ 初搽抄柴册	ʂ 蔬沙帅晒熟
tθ 朱遮招柱拙	tθʻ 杵车超除戳	θ 书舍少伤上
tɕ 机居家江脚	tɕʻ 欺区强轻缺	ɕ 许虾杏兄学

古知庄章组声母今莒县读为 [tʂ tʂʻ ʂ] 和 [tθ tθʻ θ] 两组声母, 这里的齿间音声母音值有些特殊, 对应于周边方言的舌叶音。

就单个方言来说, 这些不同的记录符合音位理论, 自然没有问题; 不过, 要是进行方言比较, 难免就会遇到麻烦: 关于知系今读两组声母的记法, 目前至少有三种不同的方式: [tʂ₁、tʂ₂; tʂ、tʃ; tʂ、tθ], [tθ] 在周边方言点多用来记录精组 (洪音)。另外, 同样是记作 [tʃ] 组声母的, 各地方言的音值差别不小。从我们有限的观察来看, 山东方言中记为舌叶音的至少有两种差别较大的音值: 一种是接近舌尖的舌叶音, 与舌尖前的 [ts] 组或齿间的 [tθ] 组声母对立, 舌叶与硬腭前之间接触面积小; 另一种是教科书式的 "标准" 舌叶音, 发音器官间接触面积较大。

3.3 关于塞边音 河北石家庄周边方言有一类 "塞音+ l̺" 即 "复辅音" 声母型的儿化: pʻl̺ɛt ʻl̺ɛk l̺ɛ, 看到这样的音节, 通常都会读为复辅音声母。

王亚男 (2008) 提到: "元氏方言舌后音 [tʂ tʂʻ ʂ] 声母字儿化后, 分别变为 [cl̺ cl̺ʻ ɕl̺]。例如: 酒盅儿 [tsi əu⁵⁵ cl̺ū] rʻ⁴², 牛车儿 [niəu⁴² cl̺ʻ ər⁴²/³¹]、样式儿 [iẽn³¹⁻⁴² ɕl̺²⁴]。舌面中塞音及擦音 [c cʻ ɕ] 与舌尖后边音 [l̺] 同时发音, 形成双焦点的塞边音 (送气/不送气) 和擦边音。" 张安生等 (2019) 指出元氏方言儿化音中存在 "舌根-卷舌双部位复杂辅音"。在此之前的文献, 大多直接记作 [kl̺ kl̺ʻ xl̺] 这样的复辅音。

这类音的性质是怎样的? 是双焦点? 还是单一发音部位两种发音方法?

我们在调查河北元氏、赵县方言时, 发现这两处方言 [tʂ tʂʻ ʂ] 声母所在的音节儿化时, 儿化音节声母变为 [kl̺], 但并不是复辅音, 而是所谓的 "塞边音", 发音时, 破裂不在舌尖而是在舌头的两边, 同时还带点摩擦, "塞" 和 "边" 结合得很紧, 是在同一个发音部位同时运用两种发音方法, 所以是一个音素。

此类声母音节儿化有如下特点: 声母发音部位有变化, 具体部位在舌根与舌面中之间, 本文定义为舌根, 此类音节儿化时除了有舌根塞音成分, 还有同部位的边音成分l̺, 儿化音节声母为 [kl̺ kl̺ʻ xl̺], 但不是一般所说的复辅音声母, 而是塞边音声母, 这类声母 L (本文记作l̺) 的发音特点是: 在 "舌根" (这个部位不太稳定, 有时偏前, 新派有时甚至近于舌尖后, 主要跟后接元音的前后有关, 如果后接元音是舌面后元音, 则部位略靠后。常规位置在: 主

动发音器官在舌面中与舌根之间,被动发音器官在硬腭与软腭结合部偏软腭的部位)这一部位同时用两种发音方法即塞音除阻的同时舌头两边有摩擦气流后接元音,即同一发音部位同时采用两种发音方法,这与一般的所谓复辅音很不相同。此类声母的发音与一般的塞擦音较为接近,即在同一个部位同时采用两种发音方法,实际为一个音素而不是两个音素,就像[ts tʂ tɕ]是同部位的塞擦音一样。下面是元氏县南佐镇方言的几个例子:kɬ 树枝儿 | 墨汁儿 | 信纸儿 ‖ k'ɬ 水池儿 | 鸡翅儿 ‖ xɬ没事儿 | 样式儿。

3.4 关于送气擦音 汪锋(2006)讨论白语送气擦音的来源:(1) *C$_v$ – s→h – s – →s^h(C$_v$为浊前置辅音演变为 h,前置辅音漂移为后接擦音的送气成分);(2) *sK – →s^h(大写的 K 表示舌根音);(3) ph→f^h。ph→f^h 即送气的重唇音在轻唇化的过程中塞音变为擦音同时仍保留了送气特征。并且指出:"送气擦音通常不能保持很久,最终会消失。"

朱晓农(2010):"擦音本身就有气流送出,所以擦音一般没有送气和不送气的区别。但是,在苗语、缅语等极少数语言中,存在着送气擦音和不送气擦音的对立。""送气擦音,在普通擦音和元音之间有个强烈的送气段。时长与擦音相仿,能量区从几百赫兹开始弥漫在整个频率段上。"

王双成(2015):"我们有足够的勇气和理由证明藏语送气擦音和送气塞音(塞擦音)之间的渊源关系。但这并不是说送气擦音只有这一个来源,送气擦音可能还会有其他来源,不过就目前掌握的证据而言,历史上具有送气特征的塞音(塞擦音)是送气擦音的重要来源之一无疑是成立的。""擦音在发音过程中有较强的摩擦,这种强摩擦特征需要通过改变发音通道的大小来获得。在这个过程中,发音通道的变小既可以增强摩擦,同时也会造成气流的强度增加,所以说,除了浊擦音外,清擦音一般具有较强的气流是很正常的。但是,在具有送气擦音的语言中,又要使这种强气流成为区别性的特征,'强摩擦'和'强气流'在语言的听觉感知上难免会带来很大的不便,这也是送气擦音有标记、在语言中比较少见的原因。所以说,即使有送气擦音的语言,想要一直维持这种特征是比较困难的,应该经历过这样一个阶段之后很快消失。"

丁思志(2010)通过对缅甸语的送气擦音[s^h]及黄平苗语的送气擦音[s^h]和[ɕ^h]的声学语音研究,得出送气擦音的一些特点:1. 送气擦音与送气塞音相似,同样具有后响的爆破性;2. 送气擦音的 VOT 在 100 毫秒以上,但一般不超过整个擦音发声时间的一半;3. 送气擦音的整个发声时间比非送气擦音的发声时间明显增长;4. 由于送气阶段是送气擦音的重要组成部分,在时长分摊效应下它缩短了噪音部分的时值,使得起首噪音部分较同部位非送气擦音的噪音部分为短;5. 为了积聚气流,送气擦音的发声过程涉及发音方法的调整:口腔通过气流的缝隙必须经过短暂的封闭,除阻后再送出气流。

根据丁思志的研究,有的送气擦音可能经历了如下的演变:

$$ts^h \quad tɕ^h \rightarrow {}^ts^{h t}ɕ^h \rightarrow s^h ɕ^h \rightarrow s \; ɕ$$

不能排除有些所谓送气擦音可能还处于 [ˈsʰtɕʰ] 阶段，或者与普通擦音相比，成阻部位接触面的大小或松紧上还是有所区别。

由此想到宣州片吴语古浊塞音塞擦音弱化之后的记录方式：郑张尚芳（1986）多记"h + 半元音"（hw hʋ hɻ hz hl 等）；沈明（2016）记为清音浊流（pɦ tsɦ tɕɦ 等）；朱蕾（2009）记为送气擦音（fʰ sʰ ɕʰ 等）。这些记音上的差异有些可能是地域差异，有些则可能只是记录上的差异。

古全浊声母在宣州片吴语中弱化，发音部位之间的闭合很松，如果记为送气擦音，则其来源可能是这样的：一类是郑张所记的 [h] 开头的那一类，[h] 漂移（汪锋的说法）为送气成分，但不好解释 [hw→ɸʰ]；一类是浊塞音塞擦音声道逐渐打开，即收紧点由紧变松，听感上还有一些"除阻"的色彩，类似于丁思志（2010）所描写的缅甸语、黄平苗语的送气擦音。

3.5　长元音与后滑音问题——特殊的韵母结构　在《徽语中的长元音》（赵日新，2005）中，我们提到吴徽语有些方言有长元音韵母，高元音是主元音，后接含混的央元音是韵尾，如祁门箬坑有：iːɐ、uːɐ、yːɐ、ĩːɐ、ũːɐ、ỹːɐ、eːɐ、ẽːɐ、oːɐ，但长短元音之间没有对立。

根据我们的调查，官话方言也有非辨字性的长元音、后滑音等，例如：河北怀安县柴沟堡有 [ɿə、iə、uə、yə] 四个韵母，来自果假摄以及个别宕摄字的白读音，其中的高元音都是长元音，是主元音，后面的央元音是韵尾，例如：者 tʂɿə⁵⁴ | 坐 tsuːə²⁴ | 姐 tɕiːə⁵⁴ | 房 fuːə³¹ | 靴 ɕyːə³¹；又如高密西乡（田文静，2013）：资 tsɿə²¹³ | 十 sɿə⁵³ | 齿 tʂʰɿə⁴⁴ | 是 ʂɿə²¹ | 李 liə⁴⁴ | 希 ɕiə⁴⁴ | 土 tʰuʊ²¹ | 初 tʂʰuʊ²¹³ | 苦 kʰuʊ⁴⁴ | 取 tsʰyʊ⁴⁴ | 鱼 yʊ⁴²；河南永城：遮 tʂæ²¹³ | 扯 tʂʰæ²⁴ | 热 zæ²¹³ | 哥 kæ²⁴ | 壳 kʰæ²¹³ | 学 ɕye⁵⁵ | 月 ye²¹³。

重庆方言在念单字时，高元音后面常常带有后滑音，如 [ɿ i u y] 常读作 [ɿei ie uɯ yɪ] 等，具体音值各地略有差别，而且有后滑音的读法已经进入到语流中，不只限于单字音。

官话方言中的后滑音，基本都出现在高元音之后。反观徽语的长元音韵母，表面看上去跟官话的后滑音相似，但性质或形成途径却是不同的：官话中这些后滑音韵母本来都是高元音韵腹，但徽语中这些韵母中的高元音本来都是介音。很难想象，这些韵母原先都是高元音单独作韵母，然后才后裂化的结果，黟县话"花 xuːɐ"，从周边方言情况看，应该不是在 [xu] 的基础上形成的。

参考文献

白涤洲调查、喻世长整理:《关中方音调查报告》,中国科学院1954年版。

[英]戴维·克里斯特尔:《现代语言学词典》,沈家煊译,商务印书馆2000年版。

丁思志:《送气擦音的语音特点——以黔东南黄平苗语为例》,第九届中国语音学学术会议论文,2010年。

黄大祥:《甘肃张掖方言同音字汇》,《方言》2009年第4期。

李荣:《关于方言研究的几点意见》,《方言》1983年第1期。

李荣:《国际语音学会关于国际音标的说明》,《方言》1987年第1期。

林焘、王理嘉:《语音学教程》,北京大学出版社1992年版。

罗安源:《田野语音学》,中央民族大学出版社2000年版。

罗常培、王均:《普通语音学纲要》(修订本),商务印书馆2004年版。

钱曾怡、罗福腾:《潍坊方言志》,潍坊新闻出版局1992年版。

瞿霭堂:《语音学应用教程》,中国人民大学中文系语音实验室(油印本)2004年版。

沈明:《安徽宣城(雁翅)方言》,中国社会科学出版社2016年版。

石明远:《山东省莒县方言音系》,《方言》1987年第3期。

石明远:《古庄章知三组声母在莒县方言的演变》,《方言》1990年第2期。

田文静:《山东高密(西乡)方言音系》,[日本]《中国语学研究·开篇》2013年第32辑。

汪锋:《白语中送气擦音的来源》,《民族语文》2006年第2期。

王建弢:《甘肃礼县方言声韵调及其特点》,《天水师范学院学报》2009年第6期。

王双成:《藏语送气擦音的形成》,《语言科学》2015年第5期。

王晓军、田家成、马春时:《苍山方言志》,齐鲁书社2012年版。

王亚男:《元氏方言的儿化调查研究》,硕士学位论文,河北大学,2008年。

邢向东:《陕西关中方言古帮组声母的唇齿化与汉语史上的重唇变轻唇》,《中国语文》2013年第2期。

张安生、于志勇、王亚男:《河北元氏方言儿化的特点及比较》,《河北大学学报》2019年第4期。

赵日新:《徽语中的长元音》,《中国语文》2005年第1期。

赵日新:《浅论语音属性与音变》,载《承泽堂方言论丛——王福堂教授八秩寿庆论文集》,语文出版社2014年版。

赵新亚:《pf组声母研究》,硕士学位论文,陕西师范大学,2010年。

郑张尚芳:《皖南方言的分区(稿)》,《方言》1986年第1期。

周殿福:《国际音标自学手册》,(北京)商务印书馆1985年版。

朱蕾:《宣州吴语铜泾型古全浊声母的演变》,《方言》2009年第2期。

朱晓农:《语音学》,(北京)商务印书馆2010年版。

(原文刊于《方言》2021年第4期)

清华简《五纪》篇"四尢"说

黄德宽 清华大学出土文献研究与保护中心
"古文字与中华文明传承发展工程"协同攻关创新平台

提　要：《五纪》篇"尢"字是一个新见字形，对简文"尢"和"四尢"所指的准确理解，关系到全篇简文的正确释读，是一个需要彻底解决的问题。文章首先辨析了"尢"字的构形及其形体演变情况，对释该字为"尢"进行了论证。在此基础上，文章考察了"尢"和"四尢"在简文中具体使用的情况，通过与典籍文献材料互证，揭示了"四尢"的释读线索，并进而证明"尢"应读作"仲"，"四尢"即典籍文献中常见的"四仲"。

关键词：五纪；尢；四尢；四仲

清华简《五纪》篇，是第十一辑新发布的长篇战国佚文，该篇简文内容非常重要，涉及的问题也很复杂。[①] 在整理过程中，我们遇到不少难题，其中"尢"和"四尢"就是本辑遇到的难点之一。"四尢"这个词前所未见，在简文中具体指"东尢、南尢、西尢、北尢"，对其释读直接关系到通篇简文的理解，因此，这是必须要努力解决的问题。在讨论过程中，笔者提出"四尢"就是"四仲"，这一意见已写进本辑整理研究报告之中。但对"尢"和"四尢"的释读，讨论时也还存在一些不同看法。本文根据第二次会读时提供的初稿，略加整理修订，予以刊布，以便于该问题的进一步讨论。

一、"尢"字形体辨析

"四尢"的释读，首先涉及"尢"字的辨析。"尢"简文写作 等形，我们认为这个字可释作"尢"。"尢"字出现很早，甲骨文中已作为声符使用。《甲骨文合集》第26907片（何一）是一片与沈祭有关的卜辞，卜辞中的"沈"字既作从"屮"从"㐬"的会意结构，也作从"㐬""尢"声的形声结构。甲骨文形声字"沈"字的发现，表明用作声符的"尢"

[①] 黄德宽主编、清华大学出土文献研究与保护中心编：《清华大学藏战国竹简》第十一辑，中西书局2021年版。

字殷商时期就已经出现。① 甲骨文、金文"冘"字（或作偏旁）的构形，是在"人"的颈项上加一个横置的"工"形符号。这种横置的"工"形符号，出现在甲骨文"方""帝""索""帚"等字中，作为基本构形符号当表示捆扎、约束并使稳固之义。《说文》："冘，淫淫行貌，从人出门。"段注改"淫淫"为"冘冘"，以为"冘是迟疑踯躅之貌。"这不应是"冘"字的构形本义。关于"冘"字的构形本义，向无定说，我们以为"冘"可能是"枕"的本字。"枕"，《说文》："卧所荐首者。"《释名·释床帐》："'枕，检也，所以检项也。'苏舆曰：《说文》：'枕，卧所荐（首）者也。'《易·坎》：'六三，险且枕。'《释文》云：'古文及郑、向本，险作检。'虞翻云：'检，止也，项承于枕，止其所而不迁。'故云'所以检项'。"② "检项"即约束安稳颈项，这正是"枕"的基本功用。《说文》："頵，项枕也。"段注改为"玉枕"，认为是"偃卧箸枕"的"玉枕骨"。"枕""頵"可能是由"冘"派生而来的同源分化字，而"冘"所从横置的"工"形，疑即荐首的"枕"，卧时以枕荐首（支头），起安稳作用。在"帚""方""索""帝"等字中，横置的"工"形符号都表示约束、使稳固之义，"冘"作为"枕"的本字，这个符号的构形功能与这些字也大体一致。

在王人冘辅甗（《集成》00941，西周中期）、曾子伯冘盘（《集成》10156，春秋早期）中，"冘"字加注"臼（凵）"声，成为形声字。③ "冘"与"臼（凵）"上古音近，前者为徐纽侵部字，后者为溪纽谈部字，侵、谈韵部相近，如《诗·泽陂》谈部字"菡萏"与侵部字"枕"合韵，而《韩诗》"俨"的异文则作"嬐"，正是侵部字；④ 二者声纽读音也不远，以"冘"为声的形声字可读为"定纽"（沈沉鈂）或"端纽"（骰抌），用"臽"（从"臼（凵）"）作声符的字可读"定纽"（啗窞萏）或"徐纽"（阎焰）。因此，加注"臼（凵）"是为了标示"冘"字的读音，并构成一个难以辨认的"冘"字异体。战国楚简文字

---

① 在会读过程中，黄天树先生提供了这条甲骨文材料。该卜辞占卜以羌为祭品举行沉祭，"沈"字凡三见，其作会意结构者从"屮"（即倒人/大）；其作形声结构者，黄天树认为"跟沈子簋的'沈'相近，疑从'冘'声。"这两类"沈"字异体，此前甲骨文工具书或未予收录，或未加辨析。

② 刘熙撰、毕沅疏证，王先谦补：《释名疏证补》，中华书局2008年版，第197页。

③ 这个字形过去多误释，吴镇烽最早作出从"冘"从"臼"的正确隶定，见《金文人名汇编》，中华书局1987年版；《殷周金文集成》（修订增补本）也将两器（00941、10156）释文隶定为从"臼"从"冘"，但00941器名却仍从"方"，两处释文隶定为左右结构，但10156器名则为上下结构，未能统一。中华书局2007年版，第748、5459页。

④ 马瑞辰：《毛诗传笺通释》卷十三："按太平御览引《韩诗》作嬐。《说文》嬐字注引《诗》'硕大且嬐'，正本《韩诗》。《广雅》：'嬐，美也。'《玉篇》：'嬐，又鱼检切。'正与俨声近而义同。"中华书局1989年版，第423页。

"枕"①"沈"②"酖"③ 等字所从的"冘"就是由此而来。值得注意的是，战国文字中"冘""帝""旁""录"等所从横置的"工"形，都逐渐演变成与"用"相近的书写样式，而且"冘"字所从这个与"用"近似的符号还发生向"人"体下部的位移。古文字中这类部件移位的现象不足为奇，如："甚"在楚简文字中上部"口（甘）"与其下的"八"相互移位（见包山158、郭店·老甲36、唐虞24、清华一·保训2）；"身"楚文字将"厶"或钩画从"人"体中部移位到下端（见上博简五·竞5、三·彭1、四·昭9）。④"冘"字所从"工（用）"这个符号向下移位，可能是书写者有意识的调整，以使字形重心下降，保持结构的稳定性。《五纪》"冘"字的写法与楚文字中作为"枕""沈""酖"等字偏旁的"冘"上部分完全相同，只是省去"臼"而已。

关于古文字"冘"及相关字的形体演变，学者多有梳理讨论，可参看。⑤ 下面我们列出"冘"与从"冘"的古文字代表性字形，以便比较参稽：

　　甲骨文：▨（沈：合集 26907 正）
　　金文：▨（沈：沈子它簋）▨（冘：王人冘辅甗）▨（酖：徐沈尹鉦）
　　楚简：▨（沈：郭店·穷达简9）▨（上博五·鬼简7）▨（清华一·皇门简1）▨（沈/从邑：包山简193）▨（上博9·卜简3）▨（枕：信阳简2·23）▨（酖：包山简177）▨（上博六·庄简1）

二、《五纪》中的"冘"和"四冘"

下面，我们来梳理简文中"四冘"的使用情况，以便寻绎准确释读《五纪》"冘""四冘"的线索。简文第 19－21 号有如下文字：⑥

---

① 李家浩：《信阳楚简中的"柿枳"》，《简帛研究》第 2 辑，法律出版社 1996 年版。该文首次认出楚简中的"枕"字，该文注⑥曰："'枕'的考释，见另文。"
② 黄德宽、徐在国：《郭店楚简文字考释》，《吉林大学古籍整理研究所建所十五周年纪念文集》，吉林大学出版社 1998 年版。据李家浩释"枕"的意见，该文首次释出《郭店楚简·穷达以时》中的"沈"字。
③ 徐在国：《读〈楚系简帛文字编〉札记》，《安徽大学学报（哲学社会科学版）》1998 年第 5 期。
④ "甚""身"字字形，分别见于徐在国等编著《战国文字字形表》第 642、1195 页，上海古籍出版社 2017 年版。
⑤ 参看赵平安：《释"酓"及相关诸字》，《古文字研究》第 24 辑，中华书局 2002 年版，第 282—285 页；黄德宽主编：《古文字谱系疏证》，商务印书馆 2007 年版，第 3924—3927 页；谢明文：《释东周金文中的几例"醓"字》，《出土文献》第 6 辑，中西书局 2015 年版。
⑥ 为方便一般读者，本文所称引的《五纪》简文皆转换为简体字，对一些隶定字形也尽可能以通常形体替代，需要了解简文原貌的读者，可参考本辑整理研究报告和所附原简照片。

后曰：参聿（律）建神正向，仁为四正：东宄、南宄、西宄、北[一九]宄，豊（礼）、悉（爱）成。左：南唯（维）、北唯（维）、东柱、东柱，义、中（忠）成。右：南唯（维）、北唯（维）、西柱、西柱，成巨（矩）。建子、丑、寅、卯、辰、巳、午、未、申[二〇]、酉、戌、亥。纪参成天之堵。取（陬）、若（如）、秉（病）、余、咎（皋）、虘（且）、仓（相）、壮、玄、易（阳）、古（辜）、涂，十又二成岁。尻（处）五：日、月、星、辰、岁。（简 19–21）

在这段简文中首次出现的"东宄、南宄、西宄、北宄"（简文又统称"四宄"），是一个对应"四正"的极为重要的概念。"四宄"之名及相关名词术语显然与天文历律相关，简文将这些术语与"仁""礼""爱""义""忠""矩"等概念相交织，颇令人困惑难解。为了讨论的方便，我们姑且不考虑简文中涉及的这类道德概念，只从天文历律的角度来看上引这段简文。简文中的"四宄"是"参聿（律）建神正向"的基础，"四正"应指"四方之正"或"四时之正"，也就是说"四宄"与"四方之正"或"四时之正"相关联。简文根据"四宄"以定南维、北维、东柱、西柱，进而建岁阴十二辰，次列参稽而构成天体界域，然后则"取（陬）、若（如）、秉（病）、余、咎（皋）、虘（且）、仓（相）、壮、玄、易（阳）、古（辜）、涂"等十二月以成岁。在这个天体界域之内（天之堵），居处着"日、月、星、辰、岁"等天之"五纪"。① 根据这一段简文内容可知，在整个天体历岁运行系统中"四宄"具有坐标的地位和作用，这大概就是"四宄"对应"四正"的原因所在。

"四宄"又出现在第 26–27 号简中：

后曰：天地、四荒、四宄、[二六]［四柱、四维，方］六司，是佳（唯）群示（祇）廿又四。向七惠（德），是佳（唯）群神廿（二十）又八。施正南门、天矞（规）北斗。（简 26–27）

这段简文中"四宄"次于"天地""四荒"之后，与"四柱""四维"等同时出现，以配天下神祇。在第 38 号简中，"四宄同号曰天宄"。简文曰：

后曰：凡此十神又八之日，上甲以爱辰，凡此羣[三六]祇之日，辰爱日。凡群神之号：天其号曰仓（苍）皇，高畏（威），上甲有子。地其号曰降鲁，天合有土，上甲有戌。四[三七]巟（荒）同号曰天吭（荒），有光司晦，上甲有申。四宄同号曰天宄，行猷

---

① 《五纪》第 3 号简："后曰：日、月、星、辰、岁，唯天五纪。"

有仑（伦），上甲有午。四柱同号曰天柱，建[三八]安有尚（常），上甲有辰。四惟（维）同号曰天惟（维），行望四方，上甲有寅。（简36－39）

此节简文述"天""地""四荒""四厷""四柱""四维（天维）"等十八群神所值日辰和各自的名号美称。"四厷同号曰天厷，行獸有仑（伦）"，意思是东西南北"四厷"同号为"天厷"，其运行轨迹合伦有序。

第82－83简则是关于"四厷"与群神司身的内容：

南厷右肩，东厷左肩，北厷左踝（髀），西厷右踝（髀）。西柱右厷（肱），东柱左厷（肱）；西柱右及（股），[八二]东柱左及（股）。左南维左辟（臂），右南维右辟（臂）；北唯（维）之右，右骸，其左，左骸。是唯大神，尚（掌）大骨十二，十辰又二是司。[八三]（简82－83）

这节简文所列出的是执掌十二大骨的大神，其中"四厷"所司为左右两肩、两髀，这实际上是除头颅、四肢之外人体主干的四个定点。"四厷"所司为人体主干，与其他群神所执掌相比表明其地位更加重要。

第97号简有如下一段总结性的文字："于天如裔（规），于神如巨（矩），于人如尺（度），天、地、四㡀（荒）、四厷、四柱、四唯（维）是司。"这段简文也提示我们，"四厷"居"天""地""四荒"与"四柱""四维"之中，这是确定其所指的可靠线索。

《五纪》简文的后一部分，记述了黄帝战蚩尤的神话。根据这段文字，在黄帝溥有天下之后，群神、群祇、万兒都辅佐黄帝。蚩尤作乱，"四厷"受黄帝之命，巡视上下、左右、阴阳，并引领统属群神、群祇、万兒行动，大溃蚩尤而杀之（见第97、98、101－103、115－116号各简）。在黄帝与蚩尤大战中，"四厷"的作用非常突出，这也与"四厷"作为"四正"的地位是相符的。在出土和传世文献中，有黄帝"四辅"（四佐）之说，将"四厷"与"四辅"联系起来考虑颇显得顺理成章。程浩在第二次会读稿注释中就曾指出：

黄帝有四辅佐之，见于马王堆帛书《二三子问》"黄帝四辅，尧立三卿"，张家山汉简《盖卢》"黄帝之征天下也……建设四辅"，且本篇简1载后帝亦有四辅。清华简《治政之道》："夫昔之口：'昔黄帝方四面'，夫岂四面是谓，四佐是谓"，"四佐"即见于前文的"四辅"。传世文献也有类似说法，《太平御览》卷79引《尸子》云："子贡曰：古者黄帝四面，信乎？孔子曰：黄帝取合己者四人，使治四方，不计而耦，不约而成，此之谓四面。"据马王堆帛书《黄帝十六经·果童》，黄帝四辅名为果童，清华简《良臣》写作"保侗"。本篇所谓四荒、四辅、四柱、四维等，都是人格化的天神，降地作为帝后的辅佐，犹如《尚书·舜典》所见舜之"四岳"。

基于这样的联系，程浩在讨论时主张"四尤"即"四辅"。虽然我们不主张将"尤"字释作"甫"，但认为"四尤"与黄帝之"四辅"有某种联系则有一定的合理性。如何看待这个问题，是因为"四尤"辅佐黄帝时发挥了重要作用而被称之为"四辅"，还是由于"四尤"之"尤"与"甫"的字形相近而导致二字讹混并衍生出黄帝"四辅"的传说？这是一个难以简单作出结论的问题。根据"四尤"在《五纪》篇中的使用情况，我们认为，只有从天文历律的角度，才能对其作出确切的训释，并最终解决对这个问题认识上存在的分歧。

三、"四尤"与典籍文献中的"四仲"

《五纪》篇"四尤"以及有关天文词语的使用情况，可以与传世典籍文献中的相关记载进行对比分析，如《淮南子·天文》中关于"四仲""四钩""二绳""四维""二至""十二辰"的记录和描述，就对我们理解简文"四尤"等相关概念具有直接的帮助。下面节选《天文》（何宁，1998/2015）的有关内容：

> 太阴在四仲，则岁星行三宿；太阴在四钩，则岁星行二宿。二八十六，三四十二，故十二岁而行二十八宿。日行十二分度之一，岁行三十度十六分度之七，十二岁而周。（第188–191页）

> 子午、卯酉为二绳，丑寅、辰巳、未申、戌亥为四钩。东北为报德之维也，西南为背阳之维，东南为常羊之维，西北为蹄通之维。（第207页）

> 日冬至则斗北中绳，阴气极，阳气萌，故曰冬至为德。日夏至则斗南中绳，阳气极，阴气萌，故曰夏至为刑。（第208页）

> 斗杓为小岁，正月建寅，月从左行十二辰。咸池为太岁，二月建卯，月从右行四仲，终而复始。（第219页）

> 日冬至子午，夏至卯酉。冬至加三日，则夏至之日也。岁迁六日，终而复始。（第225页）

帝张四维，运之以斗，月徙一辰，复反其所。正月指寅，十二月指丑，一岁而匝，终而复始。（第238页）

故曰：规生矩杀，衡长权藏，绳居中央，为四时根。（第244页）①

关于《天文》中的"四仲"，高注："仲，中也。四中，谓太阴在卯、酉、子、午四面之中也。"②"四仲"与"二绳"相关。所谓"子午、卯酉为二绳"，高诱注："绳，直也。"补注："南北为经，东西为纬，故曰二绳。"③"二绳"以定经纬，太阴行至卯、酉、子、午，正处于四面之中，故有"四仲"之名。"四仲"即"四中"，"中""仲"本为同源分化关系，典籍文献中二者常互用不别。"二绳"以子午为经、卯酉为纬，"四仲"指"卯、酉、子、午四面之中"，实际上是"二绳"的另一种表达。"四仲"也即《书·尧典》《礼记·月令》等典籍文献中的仲春、仲夏、仲秋、仲冬。《史记·天官书》曰：

是正四时：仲春春分，夕出郊奎、娄、胃东五舍，为齐；仲夏夏至，夕出郊东井、舆鬼、柳东七舍，为楚；仲秋秋分，夕出郊角、亢、氐、房东四舍，为汉；仲冬冬至，晨出郊东方，与尾、箕、斗、牵牛俱西，为中国。④

在古代天文历律系统中，因"绳居中央，为四时根"，"二绳"定则"四仲"定，"四仲"定则"四钩""四维""四方""二至""二分"皆定，如此则日、月、星、辰、岁所行"十二辰"次也就可以确定了。由此可见，"四仲"在天文历律系统中所具有的基础性地位。

根据简文的内容，"四尣"为"四正"，是伦次南北维、东西柱、十二辰、十二月、天之"五纪"的坐标，根据"四尣"在天文历岁运行系统中的地位，我们可以肯定"四尣"应相当于《天文》等文献中常见的"四仲"。

"四仲"何以又称"四尣"？实际上这是因为同音借字的缘故。上古音"尣"为馀纽侵部字，"仲"为定纽侵部字，"尣""仲"读音极近，故可将"四尣"读作"四仲"。二者虽然用字稍异，所指则应相同。《五纪》第103号简有"黄帝乃命四尣＝之"一语，"尣"字

---

① 何宁：《淮南子集释》，中华书局2015年版。
② 何宁：《淮南子集释》，中华书局2015年版，第188页。
③ 何宁：《淮南子集释》，中华书局2015年版，第207页。
④ 《史记·天官书》，中华书局1982年版，第1328页。

后有一个重文符号。这句话后一个"尤"字用作动词,读为"戡"是非常合适的,这也为释"尤"提供了一个佐证。

《五纪》简文最后一部分记载的"四尤"在黄帝与蚩尤这场大战中所发挥的关键性作用,也表明"四尤"即"四仲"。简文有如下记述:

> 黄帝大[一〇一]恩(悚),偁(称)让(攘)以 (图),八譏(機)耑(端)乍(作),黄帝悋(告)永(祥),乃命四尤均(徇)于左右、上下、霒(阴)昜(阳)。四尤曰:"吁!寺(蚩)蚘(尤)乍(作)兵,乃[一〇二]□□。"黄帝乃命四尤尤(戡)之,四尤乃敢(属),四亢(荒)、四柱、四唯(维)、群示(祇)万兒(貌)皆敢(属),群永(祥)乃亡,百神则宁。[一〇三](简101-103)

根据简文记载,黄帝命"四尤"徇于上下、左右、阴阳,并引领群神与蚩尤交战,最后取得了胜利,"群祥乃亡,百神则宁"。"四尤"之所以能在这场大战中受黄帝之命以号令统属群神,正是由于其处于"四面"之中,具有经纬规矩天地、四方、阴阳的地位所决定的。黄帝之所以要直接号令"四尤",也与黄帝居天下之中"执绳以治四方"有关。下引《天文》论"五星"一节,可作为这一解释的参考。

> 何谓五星?东方木也,其帝太皞,其佐句芒,执规而治春。其神为岁星,其兽苍龙,其音角,其日甲乙。南方火也,其帝炎帝,其佐朱明,执衡而治夏。其神为荧惑,其兽朱鸟,其音徵,其日丙丁。中央土也,其帝黄帝,其佐后土,执绳而制(治)四方。其神为镇星,其兽黄龙,其音宫,其日戊己。西方金也,其帝少昊,其佐蓐收,执矩而治秋。其神为太白,其兽白虎,其音商,其日庚辛。北方水也,其帝颛顼,其佐玄冥,执权而治冬。其神为辰星,其兽玄武,其音羽,其日壬癸。①

根据《天文》记述,黄帝居中央之位,"执绳而制(治)四方"。黄帝所执之"绳",注家以为即"二绳",也就是"四仲"。因此,这段文字正揭示出简文"四尤"何以直接受黄帝之命,并能担任引领群神之职的缘由。这也进一步印证将"四尤"读作"四仲"是十分合理的。

总之,综合"四尤"在简文所记述的天文历律系统中的地位以及在黄帝战蚩尤中的作

---

① 何宁:《淮南子集释》,中华书局2015年版,第183—188页。

用，与《淮南子·天文》等文献中的有关内容进行比较分析，可以证明"四尣"就是文献中常见的"四仲"，二者只是用字有别，所指则无二。

2021 年 5 月 7 日初稿
8 月 4 日改定

补记：关于楚简中"枕"字的考释和分析，李家浩撰写了《楚简文字中的"枕"字——兼谈战国文字中几个从"臼"之字》一文，对"尣"的字形分析更加细致，并讨论了战国文字增繁"臼"的问题，可以参考。李文刊于《出土文献》第 9 辑（中西书局，2016 年），本文撰写时疏于检核，未能称引，蒙袁金平提醒，特此补记。本文对"尣"的分析与李文有同有异，请读者参考。此外，季旭昇最近发表了《从上博一〈孔子诗论〉的"角枕妇"谈〈诗·葛生〉的角枕》一文（《出土文献研究》第 19 辑，中西书局，2020 年），该文对"枕"的使用和有关考古材料的梳理，对理解"尣"的构形本义也很有参考价值。一并补记于此。

（原文刊于《出土文献》2021 年第 4 期）

《说文》校订二则

胡敕瑞

(北京大学中文系、中国语言学研究中心,电邮:chiruih@pku.com.cn)

提 要:本文校订了今本《说文》中的两则错误。一则是《言部》"诞"训"词诞"之误,另一则是《金部》"金"训"久薶不生衣"之误。我们在校订中重视结合唐代写卷和出土简帛等新材料,这再一次说明新材料对发现并解决旧问题具有特别的价值。

关键词:校勘;写卷;简帛;《说文》

一

《说文·言部》:"诞,词诞也。从言、延声。𧩦,籀文诞省𢓜。"

"诞"的"词诞也"一训,《说文》学者多有怀疑。① 段玉裁《说文解字注》曰:"此三字盖有误,《释诂》《毛传》皆云'诞,大也。'"桂馥《说文解字义证》曰:"'词诞也'者,当为'詷'也。本书'詷,譀也。'既讹为'词',又加'诞'字。"②

段氏怀疑"诞"训"词诞也"有误,但是没有言明错误之由。桂氏注意到《说文·言部》:"詷,共也。一曰譀也。""詷"有"一曰譀也"之训,而"诞"也有夸譀之义,因此用"詷"来训"诞",似乎甚为恰当。然而桂氏的这一看法并非无懈可击,桂氏改"词诞也"中的"词"为"詷",形成"詷,譀也""诞,詷也"这样一种类似互训的格局。为了追求这种整齐划一的格局,他不得不认为"词(詷)诞也"中的"诞"是衍文。这种"伤

---

* 基金项目:教育部人文社会科学重点研究基地重大项目"基于上古汉语语义知识库的历史语法与词汇研究"(18JJD740002)。感谢蒋冀骋、汪维辉、洪波、李守奎、王辉、王挺斌、颜世铉等先生的鼓励与赐教。感谢匿名审稿人审阅拙文并提出很好的建议。

① 学者产生怀疑的一个原因是,许书言辞之"词"当作"辞",许书"词"指"意内而言外"的虚词,因此"词诞也"不可解。

② 王筠《说文句读》赞同桂氏并引其说曰"当作'詷'也,'詷'下云'一曰譀也'。既讹为'词',又加'诞'字。"

敌一千，自损八百"的做法未必可取。此外桂说还面临一个更棘手的问题，那就是古籍中从未见"詷"有"讄"义的实例。桂氏依据"詷"的"一曰讄也"之训来立论，然而"詷"的"一曰讄也"之训是有问题的。下面不惜辞费来论述这个问题。

《说文》所见"一曰"的训释内容，有的是用来说明音同或音近的假借。例如：

《说文·人部》："假，非真也。从人、叚声。一曰至也。《虞书》曰：假于上下。"
《说文·彳部》："徦，至也。从彳、叚声。"

桂馥《义证》谓"'一曰至也'者，本书'徦，至也'。"段注："此引经说假借也，彳部曰'徦，至也'。经典多借假为徦，故称之。"① 这说明"假"的"至"义，应是其假借"徦"的结果。又如：

《说文·马部》："腾，传也。从马、朕声。一曰犗马也。"②
《说文·马部》："䮰，犗马也。从马、乘声。"

段玉裁在"腾"的"一曰犗马也"后注曰："上文犗马谓之䮰，则是腾为䮰之假借字也。"这说明"腾"的"犗马"义，应是其假借"䮰"的结果。又如：

《说文·糸部》："絚，大索也。一曰急也。从糸、恒声。"
《说文·手部》："揯，引急也。从手、恒声。"

段玉裁在"絚"的"一曰急也"后注曰："按手部'揯，引急也'。絚与揯音义皆同。"这说明"絚"的"急"义，应是其假借"揯"的结果。

《说文》中不但存在这类因音同或音近的假借而增加"一曰"又义的现象，还存在一类因形近而增加"一曰"又义的现象。虽然这类现象与前一类相比要少得多，不过在许书中还是可以见到一些例子。例如：

《说文·亡部》："乍，止也。一曰亡也。从亡、从一。"
《说文·亡部》："亡，逃也。从入、从乚。凡亡之属皆从亡。"

---

① 段注所谓"此引经说假借也"意谓许慎引"《虞书》曰'假于上下'"是用来说明假借义的，段氏认为"浅人不得其例，乃于'虞书曰'之上，妄加'一曰至也'四字。"
② 大、小徐本原作"一曰：腾，犗马也"，段注据许书体例删"腾"字。

"乍"之"一曰亡也"义不见于典籍。① 我们认为"乍"之"亡"义应是"乍""亡"形似相混而造成的结果。"乍（㞢）""亡（㠯）"古文形体逼似，两字只争一划（"乍"比"亡"多一横划），出土战国楚简中多见两字相误例，而且有几例即是"亡"误作"乍"，这类误写的"乍"易被认为具有"亡"义。② 《说文》"乍"下的"一曰亡也"义，应是许慎（也可能是后人）见到典籍中有"亡"写作"乍"例，因而就误认为"乍"有"亡"义，于是便在其本义之外增添了一个实际并不存在的别义。又如：

《说文·目部》："眒，目冥远视也。从目、勿声。一曰久也。一曰且明也。"③
《说文·日部》："昒，尚冥也。从日、勿声。"

"眒"之"一曰且明也"义不见于典籍。段注云："《玉篇》引《说文》无此五字，妄人所增也。""眒"之"且明"义应是"眒""昒"形似相混而造成的结果。④ "眒""昒"两字形体相似，差别只在于一从"日"、一从"目"。"日""目"两字只差一划，两字易相混淆。"眒"之"且明"谓将要天明，"昒"之"尚冥"谓尚且黑暗，用词不同而义实同。"且明"与"尚冥"义如"昧爽"，"且明"强调"爽"、"尚冥"强调"昧"。⑤ 《说文》"眒"之"一曰且明也"义，应是许慎（也可能是后人）误将从目的"眒"混同从日的"昒"，因此就误认为"眒"有"且明"义，于是在其本义之外增添了一个实际并不存在的别义。

《说文》中这类因为形近而增加"一曰"别义的字，⑥ 有一个共同的现象，就是这类

---

① 段注曰："'乍'无亡义，浅人离析所改耳。"他把"乍"的两训合为一训，训作"止亡词也"。段氏认为"乍"无亡义并取消"一曰亡也"一训尚有道理，但是他将两训合为一训，未必可取。

② 参见胡敕瑞《利用出土文献校读传世文献例举》，《历史语言学研究》第七辑，商务印书馆2014年版，第23—31页。近来有不少学者论及"因形讹导致词义变化"的现象，颜世铉《说战国竹书的"宛悁"即"郁怨"》（未刊稿）有比较全面的引述，读者可以参考。

③ "且明"原作"旦明"，竹君本"旦"作"且"，今据竹君本改。

④ "眒""昒"两字皆从勿得声，因此也不排除两字音通假借的可能。朱骏声《说文通训定声》便持此看法，朱氏注"眒"字云："假借为智，一曰：旦（且）明也。"我们同意王筠《句读》的意见，王筠认为"此人误以'昒'为'眒'"。

⑤ 《说文·日部》："昧，昧爽，且明也。从日、未声。一曰闇也。"段注："各本'且'作'旦'，今正。'且明'者将明未全明也。""昧爽"据其明言可训为"且明"，据其不明言又可训为"闇也"。"眒"既可训为"且明"，又可训为"尚冥"，与此同。"昒"与"昧"同义，"昧爽"义同"昒爽"，例如《汉书·郊祀志上》："十一月辛巳朔旦冬至，昒爽，天子始郊拜泰一。"颜师古注："昒爽，谓日尚冥，盖未明之时也。"

⑥ 或用"又曰"引出别义，如小徐本"冃部"："最，犯取。又曰会。从冃、取声。"段注："今小徐本此下多'又曰会'三字，系浅人增之。《韵会》无之，是也。"不但《韵会》无"又曰会"一训，大徐本亦无此训。"又曰会"一训应是因"最""冣"形似相混，而误将"冣"的词义当成了"最"的词义。《说文》"冖部"："冣，积也。从冖、从取，取亦声。"

"一曰"义在典籍中不见实际用例,这类"一曰"义很可能是后人妄增的。典籍中没有"乍"义为"亡"例,没有"眅"义为"且明"例。同样典籍中亦不见"詷"有"譀"义例,"詷"之"譀"训很可能也是一个形近字义的误植。

具备与"詷"形似且具有"譀"义的字,最佳的、甚至是唯一的候选字便是"调"。"调"与"詷",一从"周"、一从"同","周""同"形似易误。例如:

《新书·数宁》:"立经陈纪,轻重<u>周</u>得,后可以为万世法程,后虽有愚幼不肖之嗣,犹得蒙业而安,至明也。"

《汉书·贾谊传》:"立经陈纪,轻重<u>同</u>得,后可以为万世法程,虽有愚幼不肖之嗣,犹得蒙业而安,至明也。"

王先谦《补注》曰:"《新书》'同'作'周'。"两字形似,[1] 必有一误。典籍中亦有"调""詷"相误例。例如:

《大宝积经》卷40:"不虚羸语、不轻掉语、不<u>调</u>疾语、不繁重语、不迅急语。"

《可洪音义》卷二、《慧琳音义》卷十三皆以为例中"调疾"当作"詷疾"。[2] 此"詷"误作"调"例。再举"调"误作"詷"例。例如:

《小学搜佚·仓颉篇上》:"<u>詷</u>,亦调也。"

《慧琳音义》卷26"嘲调"引"《苍颉篇》云:'<u>啁</u>,亦调也'。"

《小学搜佚》所引《仓颉篇》当同《慧琳音义》所引,《仓颉篇》原文当作"啁,亦调也。"《小学搜佚》中的"詷"应是"啁"字误。[3] 错误的过程大概是,"啁"或有写作"调"者,这就造成"调,亦调也"不合文理,因此有人便改前一"调"字为"詷"。

"詷""调"形似易误有例可援,但是"调"的本义与"譀"义似乎无关。

---

① 参见王先谦《汉书补注(下)》,中华书局1983年版,第1055页。又《义门读书记》卷三十七:"'今者君臣周德','周'作'同'。"参见何焯《义门读书记》,中华书局1987年版,第674页。
② 《慧琳音义》卷十三《大宝积经》卷四十音义:"詷疾,上音动……经从周作调,书误也。"转引自徐时仪、梁晓虹、陈五云《佛经音义研究通论》,凤凰出版社2009年版,第138页。
③ 《玉篇·口部》:"嘲,言相调也。"《玉篇》所谓"嘲,言相调也"与《仓颉篇》所谓"啁,亦调也"同。"嘲"同"啁",例如《汉书·东方朔传》:"朔尝至太中大夫,后常为郎,与枚皋、郭舍人俱在左右,诙啁而已。"颜师古注:"啁与嘲同。"

《说文·言部》:"调,和也。从言、周声。"①

"调"本义为"调和"。不过与"调"相通的"啁"却有夸諏义:

《说文·口部》:"啁,嘐也。从口、周声。"
《说文·口部》:"嘐,夸语也。从口、翏声。"

"调"与"啁"不但均从周得声,而且言旁和口旁常可替换,因此"啁""调"两字多相通用。表示夸諏的"啁"亦可用"调",《广雅·释诂》:"諏,调也。"

"调"有"諏"义,"詷"并无"諏"义。《说文》"詷"之"一曰諏也"义,应是许慎(更可能是后人)因为"调""詷"形近易混而误将"调"的"諏"义误植于"詷",于是便给"詷"增添了一个实际并不存在的"一曰諏也"义。桂馥根据"詷"的"一曰諏也"义,改订"诞,词诞也"中的"词"为"詷",这是缺乏坚实证据的。

我们同意段氏、桂氏等人的怀疑,承认《说文》"诞"训"词诞也""三字盖有误"。但是我们不认可桂氏将"词"订为"詷"的看法,我们认为"词诞也"中的"词"应是"调"字误。"词""调"形似,容易混淆。例如:②

《全唐诗》卷三百五十七刘禹锡《挽歌三首》之一:"秋风<u>词</u>尚新,本支方百代。"其中"词"一本作"调"。

《全唐诗》卷四百五十八白居易《何满子》:"一曲四<u>调</u>歌八迭,从头便是断肠声。"其中"调"一本作"词"。

《大戴礼记·子张问入官》:"善政行易则民不怨,言<u>调</u>悦则民不辨法。"干树楠曰:"调,亦当为'词'。"

"调"与"诞"均有妄言欺诈义。例如:

《吕氏春秋·审应览·应言》:"秦王立帝,宜阳令许绾<u>诞</u>魏王,魏王将入秦。"高诱注:"诞,诈也。"

---

① 大、小徐本原作"啁嘐也",段注以为其中的"啁"是复举字之未删者,当删除。
② 以下例子引自彭定求等编《全唐诗》,中华书局1960/1979年版,第4012、5213页。孔广森《大戴礼记补注》,中华书局2013年版,第421页。此外,真大成亦曾校证《梁书》卷三六《江革传附江从简》中的"采荷词"为"采荷调",参氏著《中古史书校证》,中华书局2013年版,第155页。

《孔子家语·五仪》："孔子曰：事任于官，无取捷捷，无取钳钳，无取啍啍。捷捷，贪也；钳钳，乱也；啍啍，诞也。"王肃注："诞，欺诈也。"

《列子·黄帝篇》："吾不知子之有道而诞子。"张湛注："诞，欺也。"

《广雅·释言》："诞，訑也。"①

以上是"诞"的"欺诈"义例，以下是"调"的"欺诈"义例：

《潜夫论·浮侈》："今民奢衣服，侈饮食，事口舌而习调欺，以相诈绐，比肩是也。"

东汉支娄迦谶译《佛说遗日摩尼宝经》卷一："一者欺调其师，二者主持他人长短、人无长短诽谤之。"

《广雅·释诂》："调，欺也。"

"调""诞"均有欺诈、夸诞义，因此"诞""调"可分别用作"譀"的训释词。如下：

《说文·言部》："譀，诞也。从言、敢声。"

《广雅·释诂》："譀，调也。"王念孙疏证："为调欺之调。"

"调""诞"同义，亦可组成并列结构的"调诞"一词，《说文·言部》的"诞"即以"调诞"一词为训。大、小徐本"诞"训"词诞也"，其中"词"应是"调"字误。《原本玉篇残卷》所引《说文》可为佐证。

《原本玉篇残卷》："诞：達垣反。《尚书》：'乃逸乃諺既誕。'孔安国曰：'诞，欺也。'……《淮南》：'弦高诞而存郑。'许叔重曰：'诞，谩也。'《说文》：'调（調）诞也。'"②

《原本玉篇残卷》所引《说文》"诞"正训作"调诞也"，这证明今本《说文》"词诞也"中的"词"确是"调"字形误。此外，《原本玉篇残卷》"诞"下还引用了许慎注《淮南

---

① 《战国策·燕策一》："寡人甚不喜訑者言也。"鲍彪注："沇州谓欺曰訑。""訑"亦作"詑"，《说文·言部》："詑，沇州谓欺曰詑。"

② 参见顾野王《原本玉篇残卷》，中华书局1985年版，第20页。

子》曰"诞，谩也。""谩"义同"调""诞"，亦谓妄言欺诈。① 许慎注释《淮南子》"诞"与训释《说文》"诞"，用词虽然不同，其词义实则一致。

黎庶昌（1882/1985）误将《原本玉篇残卷》所引《说文》之"调诞也"影钞作"詷诞也"。② 王贵元（2002）注意到《原本玉篇残卷》所引《说文》与今本不同，其校笺云："桂馥《说文解字义证》：'词诞也者，当为詷也'。本书'詷，诞也'。按，《原本玉篇残卷》引作'詷诞也'，当据此正，词乃詷之误。"王氏亦误识《原本玉篇残卷》之"调诞"为"詷诞"，因此他引桂馥之说来互相佐证，殊不知桂馥之说不可信从。③ 徐前师（2008）曾比勘《原本玉篇残卷》来研究段注本《说文》，他注意到《原本玉篇残卷》所引《说文》作"调诞"，遗憾的是他亦以为"调"乃"詷"字误。④

二

《说文·金部》："金，五色金也。黄为之长，久薶不生衣，百炼不轻，从革不违，西方之行。生于土，从土。左右注，象金在土中形。今声。凡金之属皆从金。釒，古文金。"

对于"久薶不生衣"一句，桂馥《说文解字义证》曰："铜衣即曲衣，金不变色，故不生衣。"王筠《说文句读》曰："衣者，《酉部》'䤃，曲生衣也'是其比。"

根据桂馥、王筠的注释，"衣"为铜衣（即铜锈），他们还用曲（酒曲）因变质而结成的膜衣来作比喻。⑤ "久薶不生衣"谓黄金久埋亦不生锈。⑥ 将"久薶不生衣"中的"生衣"理解为生锈，似乎没有什么问题。但是"久薶不生衣"中的"生"与下文"生于土"中的"生"意思是有差别的。"生于土"中的"生"意思是产生、滋生，"久薶不生衣"中的"生"则是"生锈"或"所生之锈"的意思。"生"的这种词义后来通过添加金旁而专造了一个分化字"鉎"来表示。⑦

---

① 《说文·言部》："谩，欺也。"《汉书·季布传》："今哙奈何以十万众横行匈奴中，面谩！"颜师古注："谩，欺诳也。"
② 参见顾野王《原本玉篇残卷》，中华书局1985年版，第220页。
③ 参见王贵元《说文解字校笺》，学林出版社2002年版，第102页。
④ 参见徐前师《唐写本〈玉篇〉校段注本〈说文〉》，上海古籍出版社2008年版，第53页。
⑤ 《齐民要术》卷七"渍曲法"："过久，曲生衣，则为失候。"又《齐民要术》卷七"笨曲并酒"："三七日曲成，打破，看饼内干燥，五色衣成，便出曝之。"
⑥ 《抱朴子内篇·金丹》："黄金入火，百炼不消；埋之，毕天不朽。"
⑦ 赵叔问《肯綮录·俚俗字义》："铁臭曰鉎，鱼臭曰鮏。"大川俊隆（2005）认为这个"鉎"字"大概从东汉的后半期到三国时候成立了。"

上古汉语不见"鉎",更不见"锈","锈"盖源于"绣"。徐灏《说文解字注笺》云:"古无锈字,假绣为之。"因为金属锈迹多呈五彩斑斓之色,因此借用五彩斑斓的锦绣来取譬。

《说文·糸部》:"绣,五采备也。从糸、肃声。"
《说文·金部》:"銴,车樘结也。一曰铜生五色也。从金、折声。读若誓。"
《齐民要术》卷七"笨曲并酒":"三七日曲成。打破,看饼内干燥,五色衣成,便出曝之。"

"绣"的"五色备"指刺绣五彩兼备,"銴"的又义"铜生五色"指铜锈五色斑驳,《齐民要术》的"五色衣"指酒曲上凝结的五彩膜衣。酒曲上形成的五色膜衣酷似五色斑驳的铁锈,而五色斑驳的铁锈又宛如五彩斑斓的锦绣,"锈"之得名显然来源于"绣"。[①] 然而用"绣/锈"来表示金属氧化物并不是很古的事,古汉语金属生锈多用"生"来表示,"生"的这一用法容易被忽视乃至误解。

《说文》"銴"训中的"铜生五色"中的"生"并不是产生、滋生义,而是指"所生之锈";《说文》"金"训中的"久薶不生衣"中的"生"亦不是产生、滋生义,而是指"生锈"。这里要着重强调的是,"久薶不生衣"中的"衣"应非许书原文,而是后人不知"生"义而妄添的,他们大概觉得"久薶不生"读不通。

《说文·金部》所见"久薶不生""铜生五色"中的两个"生"字,一作动词,义为"生锈";一作名词,义为"所生之锈"。"生"的这两种词义虽然在传世典籍中罕见,但是在出土汉简中不时可以见到。例如:

居延汉简 82.15/A8:甲渠候鄣　八石具弩一右弭生负　一算
居延汉简 244.3A:☐前为广校剑属昨日天阴恐剑刃生般刃……
居延汉简 311.2:第廿隧卒☐丘定/有方一刃生/右卒兵受居延[②]
居延新简 EPT40.203:其逢如不见视白坚未至逢三分所而绝此天下利善剑也又视之

[①] 《说文·金部》:"鏉,利也。从金、欶声。"段注:"《玉篇》《广韵》云,铁生鏉也,亦曰鉎。古云铁绣作采。"焦竑《俗书刊误·俗用杂字》:"铁上衣曰鏥,一作锈,又作鏽,音秀。"焦竑之说未厘清用字层次,铁衣原本假用刺绣之绣,后来以金旁替换糸旁而造专字"锈"。"鏉"本表锐利,因为与"绣""锈"音近而被借用来表"锈"。"鏥"(包括"缩")大概也是因为与"绣""锈"音近而被借用来表"锈"。

[②] 斜线/表示原简分行,下同。

身中生如黍粟状利剑也加以善①
居延新简 EPT51.550：□受南阳郡刃缺须生弊不可用
居延新简 EPT59.3：驷望隧长杜未央所带剑刃生狗少一……
敦煌汉简 D824：有方一刃小缺生/枲长弦一小　卩
敦煌汉简 D1150：□兰毋冠/□有方一刃缺生/□□丸破/木薪芮薪小
玉门关汉简Ⅱ98DYT5.74：兵曹言障亭隧有方刃缺生弩机郭不调利

日本学者大川俊隆（2005）曾撰文专门讨论了汉简中的这类"生"字，②他注意到"在这些汉简中所见的'生'字，几乎都出现在'有方'、'剑'等武器的'刃'字下面"，他认为这些简文中的"生"字都是"锈"义，这类"生"字就是后代的"鈝"字。这些意见都是对的。然而他认为"'锈'义的'生'字除了汉简和《齐民要术》一本以外，在其他文献中尚未发现。"③他的这个断言显得有些武断。《说文·金部》"久鈝不生""铜生五色"中的两个"生"字就是表"锈"义的"生"，此外在汉代传世文献中也间见用例。例如：

《盐铁论·水旱》："今总其原，壹其贾，器多坚硜，善恶无所择。吏数不在，器难得。家人不能多储，多储则镇生。弃膏腴之日，远市田器，则后良时。"

王利器校注："卢文弨以'生'字下属，云：'"镇"疑"鏥"，与"鏉"、"鏽"、"锈"同。"生"疑"坐"。'张敦仁曰：'"镇"当作"鈝"，"鈝生"者，铁衣生也。（《广韵·十五青》："鈝，铁鈝。"《集韵》、《类篇》皆有"鈝""鋥"二文，云："铁衣。"）'器按：此文疑本作'多储则鈝'，因'鈝'字罕见，遂以音近而误为'镇'，又涉偏旁而残存'生'字耳。今不能辄定，故并存之。"④卢文弨怀疑"生"为"坐"字误，固然非是。张敦仁以为"镇生"当作"鈝生"，王利器以为"镇生"当作"鈝"，亦皆缘于不明"生"的"锈"义而误校。其实《盐铁论》此处的"生"字不误，"生"义即"生锈"。

陈剑还列举了银雀山汉简《守法守令等十三篇·库法》中的例子：⑤

---

① "身中生如黍粟状"谓剑身上生的锈像黍粟的样子。这个例子中的"生"作名词用，义为"所生之锈"，其他汉简例子中的"生"都用作动词，义为"生锈"。
② 以上列举的例子除首尾两例外，均见于大川俊隆（2005）。
③ 大川俊隆（2005）所列举的《齐民要术》一本的例子，见该书卷八《作酱法》："夏雨，无令水浸瓮底。以一生鏉铁钉子，背'岁杀'钉着瓮底石下，后虽有妊娠妇人食之，酱亦不坏烂也。"
④ 王利器《盐铁论校注（定本）》，中华书局1992年版，第435页。
⑤ 参见陈剑《以银雀山汉简为例谈谈竹书整理的一些问题》（未刊稿）。陈剑在其稿中也曾列举了《盐铁论·水旱》一例。

……□暑湿，邑啬夫与库啬夫相 843/1486 参遒（循）行之。有<u>生</u>腐毁【而□啬夫】弗知，甚大事也。（下略）844/2190+0588

陈剑按："'生'谓生锈，即后起作'鉎'者。'生（鉎）'、'腐'、'毁'几者并列，就库中器物之不同的各种不好情况而言。当标点作'有生（鉎）、腐、毁【而□啬夫】弗知，甚大事也'；'而□啬夫'四字系原注释据位置结合文意推断，也可能本为'者□啬夫'，即原作：'有生（鉎）、腐、毁【者，□啬夫】弗知，甚大事也。'"陈剑认为"生"的这一用法不限于汉代，"现在又可将此义进一步上推至战国晚期。"

我们根据"生"的这一用法及文例，还可补出汉简中的一些阙文。《悬泉汉简（壹）》I90DXT0116S：37（图版附于文后）：①

☑今见□廿九少　今见□七百八十二□
☑今见钩刃九十六□
☑今见吴斧廿九□　受广至□□□
☑今见畾百七十一□

简文中的"钩刃""吴斧""畾"均是金属用具，其他两处"今见"后一字字迹模糊，但是根据文例可以推测应是金属用具名。其中"今见□七百八十二□""今见吴斧廿九□""今见畾百七十一□"各句中的最末一字存有模糊字痕。"今见□七百八十二□"末字字痕见下表第一行首字，"今见吴斧廿九□"末字字痕见下表第二行首字：

悬泉 I90DXT0116S：37	尹湾 125	居新 EPF22．645	敦煌 2395
悬泉 I90DXT0116S：37	尹湾 126	肩水 73EJT1：81	额济 99ES17SH1：36

将上表第一、第二行的首字分别与其右侧的三个"生"字比较，似乎可以将这些字痕隶定为"生"字。很显然悬泉汉简中的这些"生"字用同后世的"鉎"，义为"锈"。此简记录的是现存各种器具的数目和状况，应是器物簿一类的文书。

《说文》"金"训"久埋不生"中的"生"也是"生锈"义，这种用法一如以上汉简中

---

① 甘肃简牍博物馆等编《悬泉汉简（壹）》，中华书局 2019 年版，第 576 页。

那些"生"字的用法。"久埋不生"谓久埋地下而不生锈，文意顺畅无碍。赘上"衣"字，反成蛇足。早于大、小徐本《说文》的一些唐代音义书及写卷多有引用《说文》的情况，这些音义书及写卷引用《说文》的情况更接近许书的原貌。唐释慧琳《一切经音义》有多处引用到《说文》有关"金"的训释，摘录如下：①

  慧琳《一切经音义》卷十"金刚"条："《说文》云'五色金也。黄为之长，久埋不生，百炼不轻，从革不违，西方之行。生于土，左右注二点象金在土中之形也。从土，今声也。'"

  慧琳《一切经音义》卷二十七"金"条："《说文》'五色金。黄之为长，久埋不生，百炼不轻，从革不违，西方之行。生于土，故从土；左右点象金在土中之形，今声也。'"

  慧琳《一切经音义》卷二十九"金光明"条："《说文》云'五色之金。黄为之长，久埋不生，百炼不轻，从革不违，西方之行。土生金，故从土；左右点象金在土中。'"

慧琳音义所引《说文》"金"的训释，皆作"久埋不生"，②"生"后并没有"衣"字。

  敦煌写卷有唐释窥基所撰《妙法莲华经玄赞》一种，这是他为《妙法莲华经》所作的注疏，其中至少有两处引用了《说文》有关"金"的训释，摘录如下：③

  BD14546 法华玄赞卷二（IDP 图41 左）："七宝中：一金，《说文》'金有五色，黄为其长，久埋不生，百练不坏，徙革不违，西方之行。生于土，左右所以金字象金在土形，今亦声也。'"

  BD00968 法华玄赞卷二（宝藏97 册316 下左）："七宝中：一金，《说文》'金有五色，黄为其长，久埋不生，百练不坏，徙革不违，西方之行。生于土，左右所以金字象金在土形，今亦声也。'"

---

① 为节省篇幅，引文只节引有关《说文·金部》"金"的训释，下面所引敦煌写卷及唐、宋撰述同。

② （辽）释希麟《续一切经音义》卷三"金屑"条："《说文》曰'五色金也。黄为长，久薶不生，百炼不轻，从革不违，西方之行。生于土，从土。今左右注，像金在土中形。今声。'"所引亦作"久薶不生"，不赘"衣"字。

③ 此下两种文献转引自墙斯《宋前写本所见〈说文〉资料辑校》，浙江大学博士后出站报告（合作导师：汪维辉）。BD 是北图的简称，其后的数字是北京图书馆藏敦煌文献编号；IDP 是 International Dunhuang Project（国际敦煌项目）的简称。

敦煌写卷所引《说文》"金"的训释,亦作"久埋不生","生"后也没有"衣"字。①

唐释慧琳音义及窥基注疏所引《说文》,均可反映唐时《说文》的真实面貌,后一种出自敦煌写卷,更无后人增删的可能。两种资料所引《说文》"金"的训释,虽然文字略有差异,但是"久埋不生"后均未赘"衣"字,这足见大、小徐本"金"训"久埋不生衣"的"衣"字当是后人所添。我们怀疑或许就是大、小徐在整理许书时,由于不明"久埋不生"的"生"义,而擅自增添了这个"衣"字。

释藏中还有几种唐、宋撰述亦引用了《说文》"金"的训释,其中涉及"久埋不生"一句存在异文,摘录如下:

  唐释窥基撰《阿弥陀经通赞疏》卷二:"七宝者:一金,金有五种,黄者为上,<u>久埋不失</u>,百炼不轻,从革不违,生于土左右,所以金字象金在土中形。"

  北宋释允堪述《净心诫观法发真钞》卷三:"许慎云:金有五色,黄金为长,<u>久埋不变</u>,百陶不轻。"

  南宋僧法云编《翻译名义集》卷三:"许慎云:金有五色,黄金为长,<u>久埋不变</u>,百陶不轻。"

这些引文内容大同小异。其中与"久埋不生"相应的一句,唐窥基引作"久埋不失",宋代两种著述引作"久埋不变"。这些引文虽与"久埋不生"有异,但有一个共同点,即均为四字句,都未赘"衣"字。窥基所引"久埋不失"中的"失"字很可能是"生"字形误,"失""生"两字草书形似易讹。②上文曾论及窥基所撰《妙法莲华经玄赞》写卷,其中所引许书"金"的训释即作"久埋不生"。因此有理由相信窥基《阿弥陀经通赞疏》引作"久埋不失"可能是其他手民之误,错误的责任恐怕不应该由窥基来承担。宋人两种著述引作"久埋不变",大概亦是不明"久埋不生"的"生"义所致。与大、小徐本不同的是,宋僧允堪和法云不是在"生"字后添加"衣"字,而是径自将"久埋不生"的"生"字改作"变"字。

以上根据唐、宋人所引《说文》,从正、反两个方面的引文论述了大、小徐本"金"训中的"久埋不生衣"当作"久埋不生","衣"字或许是大、小徐不明"生"义而误添。许

---

① 根据大川俊隆(2005)的研究,表"锈"义的"生"字到六朝末期为止一直使用,但是唐代以后逐渐多用"鉎"字。大、小徐很可能已不太熟悉"生"的"锈"义,因此画蛇添足而增一"衣"字。

② 《原本玉篇残卷》"澃"下引《方言》:'澃,恒,憂也。自关而西秦晋之间或曰澃,秦晋之间凡志而不得、欲而不獲、高而有墜亦曰澃。'郭璞曰:'澃者生意慞怛之名也。'传世本郭璞注作"澃者失意潜沮之名。"写本中的"生意"当是"失意"之误,此"失""生"相误之例。

书原本当作：

> 《说文·金部》："金，五色金也。黄为之长，久薶不生，百炼不轻，从革不违，西方之行。生于土，从土。左右注，象金在土中形。今声。凡金之属皆从金。釜，古文金。"

其中"久薶不生"一句与唐代音义书及写卷所引《说文》正相吻合。订正之后，"黄为之长，久薶不生，百炼不轻，从革不违，西方之行"均是四字一句，首尾两句的尾字"长""行"都是阳韵字，中间两句的尾字"生""轻"都是耕韵字，耕、阳合韵通押。如果从大、小徐本作"久薶不生衣"，句末横添一个"衣"字，不但不合四字句文例，而且也破坏了押韵。

参考文献

陈剑：《以银雀山汉简为例谈谈竹书整理的一些问题》（2017年12月8日南京大学文学院讲座未刊稿），2017年。

[日]大川俊隆：《汉简中有方、剑、刀下的"生"字》，《长沙三国吴简暨百年来简帛发现与研究国际学术研讨会论文集》，中华书局2005年版。

丁福保：《说文解字诂林》，中华书局1988年版。

甘肃简牍博物馆等编：《悬泉汉简（壹）》，中西书局2019年版。

顾野王：《原本玉篇残卷》，中华书局1985年版。

何焯：《义门读书记》，中华书局1987年版。

胡敕瑞：《利用出土文献校读传世文献例举》，《历史语言学研究》第七辑，商务印书馆2014年版。

（唐）释慧琳、（辽）释希麟《正续一切经音义（附索引两种）》，上海古籍出版社1986年版。

孔广森：《大戴礼记补注》，中华书局2013年版。

缪启愉：《齐民要术校释（第二版）》，中国农业出版社1998年版。

彭定求等编：《全唐诗》，中华书局1960年版。

墙斯：《宋前写本所见〈说文〉资料辑校》，浙江大学博士后出站报告（合作导师：汪维辉），2020年。

王贵元：《说文解字校笺》，学林出版社2020年版。

王利器：《盐铁论校注（定本）》，中华书局1992年版。

王明：《抱朴子内篇校释（增订本）》，中华书局1985年版。

王先谦：《汉书补注（下)》，中华书局1983年版。

徐前师：《唐写本〈玉篇〉校段注本〈说文〉》，上海古籍出版社2008年版。

徐时仪、梁晓虹、陈五云：《佛经音义研究通论》，凤凰出版社2009年版。

颜世铉：《说战国竹书的"宛悁"即"郁怨"》（未刊稿），2020年。

张德芳、石明秀主编:《玉门关汉简》,中西书局 2019 年版。
真大成:《中古史书校证》,中华书局 2013 年版。

(原文刊于《古汉语研究》2021 年第 4 期)

《广韵》庄组特殊反切现象试释

石 慧

(陕西师范大学文学院,电邮:sophia0121@126.com)

提 要:文章全面考察了《广韵》庄组字的反切,明确提出庄组三等字不能做其他声母字的切下字,但可用其他声母字做切下字,这是庄组的一个特殊反切现象。根据反切原则、庄组声母的上古来源、重组 A、B 两类的语音区别以及庄组三等字与重组 B 类的关系等多方面的分析,文章认为庄组的这一特殊反切现象表明,庄组三等字除 i 介音外可能还带有一个 r 介音。

关键词:《广韵》;庄组;反切;r 介音;三等

一、引言

关于《广韵》庄组反切的特点,反切上字二三等不分组,这已是学界的共识。除此之外,李新魁(1986:254)曾指出:"查中古韵书基本上不以照二组字作为三等韵其他声母字的反切下字。相反,照二组字却有许多用三等韵字为反切下字,如脂韵合口的衰字所追切,追在三等;支韵差字楚宜切,宜也在三等;鱼韵初字楚居切,居也是三等韵字,等等。"这说明庄组反切还有一个特点,即庄组三等字不能用作三等韵其他声母字的切下字,但其自身却可用其他声母三等韵字做切下字。

关于庄组反切上字二三等不分组的现象,邵荣芬(2008:115)认为庄组字的读音应该拟作 ʧ 类,由于在 ʧ 等后 i 介音不十分显著,这样便于解释庄组反切上字二、三等不分组。至于庄组三等字只能自切不能作为其他声母字切下字的现象,李新魁(1986)并没有明确指出这是庄组反切特有的现象,也没有对这一特殊现象作出进一步的解释论证,甚至学界也

---

* 本文为国家社科基金重大招标项目"汉语方言音系汇纂及方音对照处理系统"(项目号:14ZDB096)成果。导师胡安顺先生以及《中国语文》匿名审稿专家对本文提出宝贵的修改意见,获益良多,在此谨致谢忱。文中谬误概由笔者负责。

很少见到关于这一特殊现象的深入讨论。①

本文重新分析《广韵》庄组字的反切，明确提出庄组三等字只能自切、不能做其他声母字的切下字是庄组反切的一个特殊现象，并将进一步探究这一特殊现象所反映的语音信息。

二、庄组的特殊反切现象

庄组字的反切，从切上字来看，庄组二三等反切上字无分等趋势，共用一组反切。关于这个问题，已有学者作出解释（邵荣芬，2008：115），故本文不打算再作讨论。从切下字来看，我们拟从两个方面来分析：1）庄组字的切下字；2）庄组字能做哪些声母字的切下字。

（一）庄组字的切下字

表1、表2分别列出庄组三等字和庄组二等字的所有切下字（例字依原文保留繁体）。表1的"摄"代表能与庄组声母相拼的三等韵所属的摄，"通、止、遇、臻、宕、流、深、曾"共8个。表2的"摄"代表能与庄组声母相拼的二等韵所属的摄，"江、蟹、山、效、假、咸、梗②"共7个。"切下字"代表该摄庄组字的所有切下字。下标的数字表示用该字做切下字的次数。

表1　《广韵》庄组三等字的切下字

摄	切下字	摄	切下字
通	弓₁、仲₁、六₃	宕	亮₃、庄₂、兩₂、羊₁、良₁、略₁
止	宜₄、吏₄、持₂、史₂、綺₁、氏₁、寄₁、義₁、追₁、垂₁、委₁、夷₁、类₁、愧₁、之₁、甾₁、纪₁、里₁、士₁	流	鳩₃、九₃、救₂、祐₂、尤₁、有₁
遇	魚₂、吕₂、舉₂、據₂、居₁、葅₁、助₁、去₁、具₁、隅₁、于₁、刍₁、矩₁、注₁、句₁	深	吟₁、簪₁、針₁、今₁、朕₁、痒₁、錦₁、蔭₁、譜₁、禁₁、立₂、戢₂
臻	臻₁、詵₁、謹₁、纼₁、覲₁、瑟₂、律₁、栗₁、栉₁、叱₁	曾	兢₁、矜₁、庚₁、力₄

---

① 关于庄组三等字只能自切的现象，刘泽民（2011）对此作出过解释，认为这反映了庄组三等字 i 介音的脱落，我们认为此观点有待商榷，相关理由下文详细说明。
② 梗摄二等庄组字有少部分用三等字做切下字的情况，对于这部分字该归入二等还是三等，学界有不同的看法。由于这个问题与本文论题无关，无论将这部分字归入二等还是三等都不会影响本文的论证。因此，本文仅依照该部分字所属的韵，将其归入庄组二等来考察。

表1共考察了107个庄组三等字的反切,从其所用切下字来看,其中庄组字有"甾、史、士、菹、助、㑳、诜、臻、瑟、栎、庄、簪、瘵、戢"14个,共有19个反切用庄组字自切,在所有庄组三等字反切中所占比例约为18%。庄组以外的舌齿音字有"仲、氏、追、垂、持、之、注、叱、针、朕、庱"11个,共有12个反切使用庄组以外的舌齿音字做切下字,所占比例约为11%。牙喉音字有"弓、宜、绮、义、寄、委、夷、愧、纪、鱼、居、举、据、去、具、隅、于、矩、句、谨、纠、觐、羊、鸠、尤、九、有、救、祐、吟、今、锦、荫、禁、兢、矜、譜"等37个,共有49个反切用牙喉音字做切下字,所占比例约为46%。来母字有"六、类、里、吏、吕、栗、律、良、两、亮、略、立、力"13个,共有27个反切使用来母字做切下字,所占比例约为25%。可见,庄组三等字反切多用牙喉音字做切下字,其次是来母字,再其次是用庄组字自切,使用庄组字以外舌齿音字的情况最少。

表2 《广韵》庄组二等字的切下字

摄	切下字	摄	切下字
江	江$_3$、绛$_3$、角$_4$	假	加$_3$、下$_3$、驾$_2$、牙$_1$、嫁$_1$
蟹	皆$_4$、佳$_3$、卖$_2$、懈$_2$、界$_1$、怀$_1$、夬$_1$、蟹$_1$	咸	减$_3$、衔$_2$、槛$_3$、咸$_2$、陷$_1$、斩$_1$、鉴$_1$、忏$_1$、鑑$_1$、洽$_4$、甲$_1$
山	板$_4$、限$_3$、山$_2$、间$_1$、简$_1$、姦$_1$、雁$_1$、谏$_1$、晏$_1$、顽$_1$、还$_1$、患$_1$、刮$_3$、八$_3$、鎋$_2$	梗	庚$_3$、敬$_2$、耕$_1$、景$_1$、茎$_1$、迸$_1$、锦$_1$、革$_3$、戟$_2$、伯$_1$、陌$_1$、责$_1$
效	交$_4$、教$_3$、绞$_2$、爪$_1$、巧$_1$、稍$_1$		

表2共计考察115个庄组二等字的反切,从所用切下字来看,庄组字有"山、爪、稍、斩、忏、责"6个,共有7个反切用庄组字自切,在所有庄组二等字的反切中,所占比例约为6%。唇音字有"卖、板、八、迸"4个,有10个反切用唇音字做切下字,所占比例约为9%。其余的切下字都是牙喉音字,有98个反切用牙喉音字做切下字,所占比例约为85%。

可见庄组字无论二等还是三等使用牙喉音字做切下字的倾向都较为明显。①

(二)庄组字做切下字的情况

下面进一步分析庄组字(包括二等和三等)做切下字的情况。表3"反切"表示用庄组

---

① 陆志韦(2003:368-369)指出,《王三》和徐邈反切都有一个明显的趋势,即切下字多用牙喉音字。陆志韦(2003:345)认为牙喉音声母易从切下字中抛弃。但之后陆志韦(2003:368)又指出"二等切用牙喉音字做切下字最为突出,并且在三等韵中,这趋势只在等韵的三等牙喉音字和照二系字最为明显,而在四等牙喉音字和照三、精、喻四等12母字不出现。"

三等字做切下字的反切，表4"反切"表示用庄组二等字做切下字的反切。

表3 《广韵》用庄组三等字做切下字的反切及其被切字

反切	被切字	被切字的声母	反切	被切字	被切字的声母
俟甾	漦	俟	所臻	莘	生
阻史①	滓	庄	阻瑟	栉	庄
疎士	史	生	所栉	瑟	生
牀史	俟	崇	勵瑟	齜	崇
所菹	疏	生	士庄	牀	崇
庄助	诅	庄	色庄	霜	生
山刍	麀	牛	楚譖	讖	初
侧诜	臻	庄	初戢	届	初
士臻	蓁	崇	仕戢	霎	崇

表3考察了"通、止、遇、臻、宕、流、深、曾"八个摄中的所有三等字，用庄组三等字做切下字的反切共有18个，并且这18个反切所切字的声母都属于庄组，这说明庄组三等字仅能自切，不能做同韵其他声母字的切下字。

表4 《广韵》用庄组二等字做切下字的反切及其被切字

反切	被切字	被切字声母	反切	被切字	被切字声母
古双	江	见	所斩	掺	生
陟山	譠	知	格慊	鑑	见
胡谗	咸	匣	北诤	迸	帮
下斩	豏	匣	五争	鞕	疑

表4考察了"江、蟹、山、效、假、咸、梗"七摄所有二等字的反切，用庄组二等字做切下字的仅有8个，这8个反切的被切字除庄组字外，还有唇牙喉音字以及知组字，其中牙喉音字有5例，占一半以上的比例。可见庄组二等字并非只能自切，它还能做同韵其他声母字的切下字。

---

① 《广韵》"俟，牀史切"，学者们考订"牀"是误字，而《切三》《王三》都是"俟，漦史切"。由于本文考察的是反切下字，因此"俟"的反切暂时按照《广韵》作"牀史切"，不影响文本的论证。

表3、表4说明,庄组三等韵字不能做其他声母字的切下字,但可用其他声母字做切下字;庄组二等字可以和其他声母二等字互切。那么,其他声母三等字的反切是否也存在庄组三等字反切的这一现象?换言之,其他声母三等字是否也有仅能自切而不能做其他声母字切下字的现象?下面我们全面考察了庄组以外其他声母三等韵字做切下字的情况,如表5所示(由于篇幅关系,每组声母仅举两个例子)。

表5依照切下字的声母,从帮组到影、喻母的顺利排列。据表5可知,与帮、非、端、知、精、章、见、晓组以及来、日二母相拼的三等韵字均可做其他声母字的切下字。通过上述分析可提出,庄组三等字仅能自切而不能做其他声母字的切下字是庄组的一个特殊反切现象。

表5　庄组除外的其他声母三等韵字做切下字例表

被切字及其声母	反切及其切下字的声母	被切字及其声母	反切及其切下字的声母
绮溪	墟彼帮	野以	羊者章
企溪	丘弭明	利来	力至章
容以	餘封非	土透	他鲁来
威影	於非非	轸章	章忍日
菜清	仓代定	山生	所间见
乱来	郎段定	泰透	他盖见
旨章	职雉澄	举见	吕许晓
吏来	力置知	模明	莫胡匣
要影	於宵心	诡见	过委影
髟帮	方小心	斯心	息移喻

三、从反切原则看庄组三等字的特殊反切现象

庄组三等字可用其他声母字做切下字却不能做其他声母字的切下字,这一特殊现象说明,庄组三等字和其他声母三等韵字,除声母不同外,应该还存在其他某种差异。潘悟云(2001)根据反切原则推论得出:同一韵目下的字同韵,不同韵目下的字不同韵。这说明庄组三等字和同韵目其他声母字的韵应该相同,这从庄组三等字能用同韵的其他声母字做切下字这点亦可得到证实。由于中古汉语的一个音节是由声母、介音和韵构成的(潘悟云,2001),因此,庄组三等字和同韵其他声母字的差异只能在于介音的不同。至于介音的不同,逻辑上可有三种推论:1)庄组三等字和其他声母三等字带有两种不同的介音;2)庄组三等字比其他声母三等字少一个介音,或者说,庄组三等字可能失落了 i 介音,而其他声母三等字则依然保留 i 介音;3)庄组三等字比其他三等字多一个介音,即庄组三等字除 i

介音外还带有其他的介音。

显然,第一种推论难以成立。潘悟云(2001)通过对三等介音反切行为的分析,认为介音的信息可以得之于反切上字,也可以得之于反切下字,但是介音与韵优先组合。这说明介音得之于下字的可能性更大。据我们的统计,庄组三等字半数以上用其他声母三等字做切下字,从这点来看,庄组三等字和其他声母三等字不可能带有完全不同的介音。

至于第二种推论,刘泽民(2011:57-58)认为,《广韵》三等韵的庄组字不做其他声母的反切字,是因为其实三等韵的庄组字韵母-i-介音脱落,自然不能用它做其他声母的反切下字。但是,这一推论有两个解释上的困难:其一,庄组三等字虽不能做其他声母字的切下字,但事实上绝大多数庄组三等字可以用其他声母三等字做切下字。① 如果认为三等韵的庄组字韵母 i 介音脱落的话,又该如何解释庄组三等字多数用其他声母三等字做切下字的现象?其二,作为切下字的庄组三等字,其本身却又可用其他声母三等字做切下字。例如,据卜文表1,"士"可作为庄组三等字的切下字,"士"的反切"鉏里切","里"是来母字;"助"亦可作为庄组三等字的切下字,"助"的反切"床据切","据"是见母字。退一步来看,即使认为只有用"士、助"等庄组字自切的庄组三等字 i 介音脱落的话,那除非证明"士、助"的切下字"里、据"也没有 i 介音,才能说明用"士、助"做切下字的庄组字不带 i 介音,这显然和语音事实不符。

我们认为,从庄组三等字的反切行为来看,其只能自切而不能做其他声母三等字切下字的特殊现象,实际反映了庄组三等字除 i 介音外还带有一个其他的介音,这可从两个方面论证。

第一,庄组三等字绝不能作为其他声母三等字的切下字,但可用其他声母三等字做切下字,这和三等字基本不做非三等字的切下字,但能用非三等字做切下字的情况相仿。李荣(1956:101-102)把《切韵》反切下字和被切字等不同的情况归纳为两大类:一是被切字是非三等字却用三等字做切下字;二是被切字是三等字却用非三等字做切下字。第一种类型根据被切字的不同又可细分为两类:1)被切字是一等字用三等字做切下字,仅有一例:湩,都陇;2)被切字是梗韵系庄组二等字用三等字做切下字,例如:生,所京;省,所景;索,所戟,这说明《切韵》三等字做非三等字切下字的情况很少,并且多集中在庚韵系庄组字。② 第二种类型是,被切字是二等字但用非二等字做切下字,例如:防,扶浪,

---

① 据上文表1的统计,107个庄组三等字反切中仅有19个反切用庄组字做切下字,其余88个反切都用其他声母三等字做切下字。

② 关于梗韵系庄组二等字用三等字做切下字的现象,李荣(1956:101)认为:梗韵系庄组二等字用二等字做切下字和用三等字做切下字出现的机会互补,应该是一类。邵荣芬(2008:91)认为:应该把用三等字做切下字的庚韵系二等字归为三等。

迎，鱼更；栘，成西。

《切韵》三等字带有i介音，一二四等字没有i介音是学界的共识，从上述《切韵》反切下字和被切字等不同的两类情况可归纳得出：带i介音的三等字几乎不做不带i介音的非三等字的切下字，但在切上字是三等字的前提下，不带i介音的非三等字却可做三等字的切下字。由此可推论，带有某种介音的字基本不会做没有带这种介音的字的切下字，但可用不带这种介音的字做切下字。庄组三等字不做其他声母三等字的切下字，但可用其他声母三等字做切下字，这说明庄组三等字除i介音外，可能还有某种介音，而其他声母三等字则没有这种介音。

第二，庄组三等字反切（共计107个）上下字的声母组合类型符合庄组三等字比其他声母三等字多一个介音的推论。庄组三等字的反切上下字的声母组合类型，基本有四种：1）切上字是庄组三等字，下字是非庄组三等字，大部分庄组三等字属于这种情况，例如：缩，所六；初，楚居。2）上下字都是庄组三等字，例如：诅，庄助；霜，色庄。3）上字是非庄组三等字，下字是庄组三等字，这种情况在我们所归纳的全部庄组三等反切中仅有一例，如：觠，山刍。4）上下字都是非庄组三等字，这种情况仅有两例，且其中一例是合口字，例如：𨌴，山垂；𣨛，山矜。这四种情况中，上下字都是非庄组三等字的比例不到总数的百分之二，基本可以忽略不计。潘悟云（2001）指出，介音信息有时反映在反切上字，有时反映在反切下字，或在上下字同时出现，但是至少要反映在其中的一个。庄组三等的反切上下字中至少有一个是庄组三等字符合上述介音的原则：当切上字是庄组三等字，切下字是非庄组三等字时，i介音外的这个介音由切上字表示；当上下字都是庄组三等字时，这个介音同时在上下字中都得到反映；当上字是非庄组三等字，下字是庄组三等字时，这个介音则由切下字表示。总之，反切上下字中至少有一个能反映庄组三等字除i介音外的这个介音。

四、庄组三等字的介音是－ri－

上文已证庄组三等字只能自切而不能做其他声母三等韵字切下字的特殊现象，实际反映了庄组三等字除i介音外还带有一个其他的介音。根据相关证据，我们认为这个介音很有可能是－r－，故可将庄组三等字的介音拟定为－ri－。下文将从庄组的上古来源，两类重纽的语音区别，庄组与两类重纽的关系来对此做进一步的论证。

（一）庄组在上古带有r介音

从庄组的上古来源看，庄组三等字除i介音外，很可能还带有上古残留下来的r介音。雅洪托夫（1986）提出所有中古二等韵字在上古时的声母是含有－l－的复辅音。此后，李方桂（1980：15、22）继承了雅洪托夫的观点，把－l－改为－r－，并认为中古二等韵元音和中古卷舌声母来自带 – r – 的音节。这一观点得到郑张尚芳（2013：171）的支持，并且进一步指出："李氏除二等用 r 外，三等只有庄、知组用了 r 介音。其实在唇、喉、牙音也有，即三等 B 类。"

由此可见，学界倾向认为庄组在上古有 r 介音。由于中古学者并不具备上古韵部知识（竺家宁，1995），韵书反切作者不可能用反切去反映上古的语音特征，这说明庄组三等的特殊反切现象应该反映了《广韵》音系的实际语音，即庄组三等字仍保留着上古时期的 r 介音。

（二）两类重纽的语音区别

关于两类重纽[1]的语音区别，学界大致分为声母、介音和元音三派不同的看法。王静如（1941）提出，重纽既是介音的区别，又是声母的区别；董同龢（1987）、周法高[2]（1987）则主张重纽对立是主要元音的区别；陆志韦（1985）、邵荣芬（2008）等学者则主张两类重纽的区别在于介音的不同。有学者指出《切韵》是按照每一韵只有一个主要元音的原则来分韵的（丁邦新，1997：42；潘悟云，2000：25 – 26），重纽在同一个韵中出现，因此元音区别的说法不具说服力。声母区别说也因为缺乏实质性的证据而被否定。目前学界普遍倾向于认同介音区别的看法（郑伟，2013）。至于用何种介音区别 A、B 两类重纽，则亦有不同的观点。表 6 参考了冯蒸（2006：303）"诸家中古重纽介音区别说比较表"，并在原表基础上添加了麦耘（1995：47）的拟音。

表 6　各家中古两类重纽介音的区别

重纽韵	王静如、陆志韦/有坂秀世、河野六郎	邵荣芬	俞敏、施向东/刘广和	郑张尚芳	麦耘
重三	ǐ/ɨ	i	ɪ/ɩ	ɣ/ɯ	ri
重四	i	j	i	ǐ/j	i

关于《切韵》音系两类重纽介音的区别，上述各家拟音中，我们赞同麦耘（1995）的观点，认为重纽 B 类带有 ri 介音。[3]

首先，蒲立本（Pulleyblank，1962）最早提出上古汉语的重纽三等带 rj 介音。俞敏

---

[1]　两类重纽是指重纽韵在韵图中被分别置于三等和四等的两类字，也称重纽三等和重纽四等，重纽三等一般被称作 B 类，重纽四等一般被称作 A 类。

[2]　周法高（1986）发现隋唐五代宋初的重纽反切中 A、B 两类不互为切上字，因此转而认为重纽的区别在于声母。

[3]　为了方便书写，以下 B 类的介音都写作 – ri –。

（1999）通过梵汉对音材料，认为重纽三等带 r 介音。郑张尚芳（1987）通过谐声、通转、亲属语言中的同源词等材料，证明了重纽 B 类也有流音成分 r。此外，郑伟（2013）考察了重纽三、四等在汉泰关系词、壮语方言里的读音，发现重纽三等字表现为带 r 或 l 介音。据此，基本可认为上古重纽三等带有 r 介音。

至于中古重纽三等是否依然保留着 r 介音，郑张尚芳（2012：443）曾指出 r 介音从上古到中古的演变：r＞ɣ＞ɯ＞ɨ＞i，认为降及中古，r 介音的音值已经发生了变化。但我们认为，"中古"指的是一个较长的时期，在整个中古时期，两类重纽的介音发生变化是必然的，甚至可以说，在中古的不同时期两类重纽的介音区别也可能并不相同①，但《切韵》时代作为中古前期，重纽三等应该依然还保留着 r 介音，这从唐代的梵汉对音可以得到证明。

俞敏（1999：275）根据慧琳《一切经音义》的例子，推论出梵汉对音中重纽 A 类字对译带有 y 的音节，B 类字对译带有 r 的音节。例如：

A 类：必 pyid　蜜 myid　吉 kyid　一 ʔyid

B 类：笔 prid　密 mrid　暨 krid　乙 ʔrid

施向东（1983）对玄奘译著中的梵汉对音的研究表明，初唐时期重纽三等的介音近乎 r，重纽四等的介音是 y [j]，表现在："译带 –y– 介音的梵语音节从不用重纽三等字。对译以 i 为主要元音的音节的，只要有重纽，就一定用四等字，不用三等字。""《慧琳音义》卷二十五译 r、r̥ 为'乙上乙去引'，读 r、r̥ 为 ri、r̥i，'乙'也是重纽三等字，与玄奘译 i 为'壹'（四等字）正相互印证。"

刘广和（1987）依据唐代不空和尚汉译梵咒材料，推测重纽三四等字语音区别在于介音，即重纽 A 类为 i 介音，重纽 B 类为 r 介音。

梅祖麟（2012）指出，慧琳《一切经音义》的例子说明某些带 rj 介音的字中的 –rj– 保存得很久，　直到晚唐八世纪左右。

其次，重纽三等在朝鲜汉字音中带有 ɯ、u 介音或者元音，例如：寄 kɯi，义 ɯi，跪 kui，堇 kɯn（聂鸿音，1984）。重纽三等在部分现代汉语方言中主要元音多是 y、u 等圆唇元音或 ə、ɯ 等央后元音，例如："银疑开三真B"厦门 gun、潮州 ŋɯŋ、福州 ŋyŋ（郑伟，2013）。对此，丁邦新（1997：48）指出"重纽三等的介音 –rj–在发音上因为 –r– 有圆唇成分，容易使得后面的元音圆唇化，或者使整个的韵母在听觉上接近合口音。"重纽三等带有 r 介音的观点更利于解释重纽三等在朝鲜汉字音和汉语方言中的读音。反过来看，朝鲜汉字音和汉语方言中重纽三等字的读音也说明了 r 介音不会在上古时期过早地消失，否则它不

---

① 两类重纽的区别不仅在不同的时期会有不同的表现，甚至还可能在不同的方言、不同的韵里都会有不同的表现。

会对主要元音产生如此大的影响。

以上说明了重纽 B 类直到中古还保留着 r 介音,至于重纽 B 类的介音具体应该拟作 - r - 还是 - ri - ,我们认为后者更合理。因为把重纽 B 类简单地拟作一个翘舌音,不能说明反切。对此,麦耘指出,重纽两类字基本上不互为切上字,但其本身的切上字却不能分为两组,因为它们都大量采用普三字做切上字,是完全分不了组的。可见重纽两类介音一定相当接近,应该都是前腭介音(麦耘,1995:41)。另外,对音中重纽 B 类字所译梵文带 r 的音节,都是同时带有 i 或 y 的,这也证明了重纽 B 类的介音并非是一个单纯的翘舌音①。

(三)庄组和两类重纽的关系

关于重纽韵中舌齿音字和重纽 A、B 两类的关系,学界主要有三种看法:1)舌齿音和重纽 A 类为一类,重纽 B 类单独为一类(董同龢,1987:10);2)舌齿音和重纽 B 类为一类,重纽 A 类单独为一类(邵荣芬,2008:82);3)舌齿音的庄、知两组字和来母与重纽 B 类为一类,其余的与重纽 A 类为一类(陆志韦,1985:25)。以上三种看法都各有根据,但由于本文只考察庄组字与两类重纽的关系,我们更赞同陆志韦(1985)的看法,认为庄组字和重纽 B 类为一类②。

首先,中古音韵资料的反切都反映出庄组字与重纽 B 类相近。

据欧阳国泰(1987)的统计,原本《玉篇》残卷、《万象名义》中重纽三等字(B 类字)多以知庄组字为切语下字,重纽四等字(A 类字)则多以精章组字为切语下字。现引用欧阳国泰(1987)的统计数据,并重新制表如下。

表7 《玉篇》中重三、重四的切下字

重纽	切下字	
	知庄组	精章组
A 类	1	23
B 类	11	7
总计	12	30

---

① 麦耘(1995:41)认为重纽 B 类的介音拟作 - ri̯ - ,是用两个符号表示一个单一的音素,即一种翘舌的舌面前腭音。我们认为如果相对于重纽 A 类来看,把重纽 B 类的介音看作一个翘舌的舌面前腭音也是合理的。但仅从重纽 B 类自身来看,还是应该将其介音看作由两类成分组成,即一类是翘舌音,一类是前腭介音。

② 冯蒸(2006:318)对重纽韵中舌齿音的归属问题,从七个方面举证,也肯定了陆志韦(1985)所提出的庄组字与重纽 B 类为一类的观点。

表8 《万象名义》中重三、重四的切下字

重纽	切下字	
	知庄组	精章组
A 类	0	69
B 类	18	6
总计	18	75

另外，欧阳国泰（1987）还发现，在《切韵》（王三）重纽韵中，庄组字凡是以唇牙喉音为切下字的，这些反切下字全都属于重纽 B 类。例如，渗：所禁 见开三沁B；森：所金 见开三侵B；撰：士免 明开三狝B；衰：楚危 疑合三支B。

王曦（2015）考察了玄应《一切经音义》中重纽韵的舌齿音，发现重纽韵中舌齿音大致分为庄、知组与精、章组和来母两类，庄、知组属重纽 B 类，精、章组和来母属重纽 A 类。

麦耘（1995：42-45）对《王三》支、脂、祭、真、仙、宵、侵、盐 8 个韵系中各声母字的反切下字互切情况做了统计，表明庄组介音属于 B、喻三类型，为 -ri̯-；章、精、日、喻四则属于 A 类，为 -i̯-。

其次，唐代梵汉对音中重纽三等和庄组字的对音有相似性。对此，刘广和（1987）明确指出："从对音上看，重纽三等和庄组字可归为一类，四等和章、精组（四等）能归为一类。"下面摘引重纽 B 类和庄组字对音的相关例子（刘广和，1987）：

重纽 B 类：器 kṣ-　屈 kṣ-　乙 ṛ

庄组：　　参 kṣam　诜 ṣin　叉 kṣa　察 kṣa

器、屈不对 kh 而对 kṣ，一方面可以表达送气，另一方面也可以暗示 [kʻ] 声母后有卷舌音素。庄母、初母对 kṣ，山母对 ṣ，这不仅说明庄组声母接 r 介音更合适（刘广和，1987），也说明了庄组字与重纽 B 类同类。

综上，在前人的研究基础上，本文明确指出中古时期重纽 B 类的介音是 -ri-，并且庄组字与重纽 B 类为一类，由此可证庄组三等字与重纽 B 类都带有相同的 ri 介音。据此也说明《广韵》庄组三等字不能做其他声母三等字的切下字，而可以用其他声母三等字做切下字的特殊现象，反映了庄组三等字比其他声母三等字多一个 r 介音。

五、余论

关于《切韵》庄组声母的拟音，主要有两种观点：高本汉（1940）、李方桂（1980）

将庄组拟作翘舌音 tʂ 类；王力（2015）、李荣（1956）、邵荣芬（2008）、郑张尚芳（2013）将庄组拟为舌叶音 tʃ 类，最主要的理由是庄组有三等，翘舌音和 i 介音不能相拼。我们认为，学界基本一致地将章组拟为舌面音 tɕ，章、庄两组能在十个相同的三等韵中出现，即"鱼、虞、支、脂、之、尤、侵、阳、职、东三"。章、庄组字在这十个韵中形成对立。如果将庄组拟作舌叶音 tʃ 的话，章组字和庄三组字基本很难区分。此外，将庄组拟作舌叶音 tʃ，在音理上也难以说明 tʃi＞tʂɿ 的演化过程及其原因。如果将庄组拟作翘舌音的话，在音理上易于说明庄组的演变，但需要解释共时音系里 tʂ 和 i 的拼合问题。麦耘（2016）指出，大埔话的 tʂ 组声母是一种带 R 色彩的舌尖兼舌叶音，而与之相拼的 i 则带 R 色彩。因此，我们认为如果将庄组看作是舌尖兼舌叶、带 R 色彩的声母，也就能解释 tʂ 和 i 的拼合问题。至于本文提出的庄组三等带 ri 介音的观点，同样也能得到合理的解释，即庄组是带有 R 色彩的声母，ri 介音在实际发音中也可看作是带 R 色彩的 i，二者自然是可以拼合的。①

庄组二等字可以和其他声母二等字互切，没有出现庄组三等那样只能自切的特殊现象，这说明《切韵》时期庄组二等字和其他声母二等字没有介音的差异，换言之，庄组二等字和其他声母二等字或者都带有介音，或者都没有介音。至于《切韵》时期二等字是否带有介音或者带有什么形式的介音，则不是本文讨论的重点，在此不赘。

从分析重纽的切下字来看，知、庄系字倾向为一类，但知组三等反切却没有出现庄组三等只能自切的特殊现象（具体见上文表5）。据黄笑山（2012）、麦耘（1995：45）对重纽 A、B 两类切下字的分析，发现知组和来母在反切上既能做重纽 B 类下字又能做重纽 A 类下字，多少有点摇摆在 A、B 之间。陆志韦（2003：348）分析《切韵》反切的切下字，把各类小韵按照使用切下字情况分为两大组，即重四和章、精组以及喻四为一组，重三和庄组为一组，而知组和来母介于中间。三位学者分析得出的结论基本一致。对于知组和来母介于重纽 A、B 两类之间的现象，麦耘（1995：45-46）认为"知组是翘舌塞音，来母的二、三等是翘舌边音。但他们的翘舌程度较庄组为弱。相应地它们的介音也应具有翘舌音色，但翘舌程度较弱。这个介音可写作 -rɨ-，它与 -rɪ- 的区别在于其舌位接近于纯粹的 i 以及没有唇部作用，它同 -i- 和 -rɪ- 都没有对立，从音位角度来看，可以入其中一种。"由此看来，知组三等之所以没有出现庄组二等那样只能自切的特殊现象，正是由于其介音的翘舌程度较弱，因此，它还能做介音为 -i- 的其他三等字的切下字。

基于对《广韵》庄组特殊反切现象的分析，可归纳出一条反切原则：带有某类介音的

---

① 感谢匿名评审专家的意见。据此，我们试着进一步说明了关于庄组的音值问题及其与 -ri- 拼合的可能。另外，关于三等介音的构拟亦有不同的观点，但由于庄组三等的 ri 介音是带有 R 色彩的 i，与其他声母三等字的介音并不相同，因此，无论其他声母三等介音如何构拟，也不会影响到本文的结论。

字不做不带这类介音的字的切下字,但可用不带这类介音的字做切下字。反过来看的话,如果甲类字可用乙类字做切下字,但甲类字不做乙类字的切下字的话,甲、乙两类字的差异只能是甲类字比乙类字多带某一种介音,不可能是甲类字比乙类字少一个介音,更不可能是甲、乙两类字带有完全不同的两种介音。这一原则在《广韵》反切中具体表现为两种情况:一是甲类字带有某种介音,乙类字则没有介音,如三等韵字带有 i 介音,非三等韵字没有 i 介音,因此非三等字可以做三等字的切下字,但三等字几乎不做非三等字的切下字;二是甲类字带有某两类介音,乙类字只带有其中的一种,如庄组三等字的介音是 – ri – ,其他声母的三等字的介音是 – i – ,因此其他声母三等字可以做庄组三等字的切下字,但庄组三等字不做其他声母字的切下字。

参考文献

丁邦新:《重纽的介音差异》,《声韵论丛》(第六辑),台湾学生书局 1997 年版。

董同龢:《广韵重纽试释》,《历史语言研究所集刊》(第十三册),中华书局 1987 年版。

冯蒸:《论庄组字与重纽三等韵同类说》,《冯蒸音韵论集》,学苑出版社 2006 年版。

[瑞典] 高本汉:《中国音韵学研究》,赵元任、罗常培、李方桂译,商务印书馆 1940 年版。

黄笑山:《〈切韵〉三等韵 ABC——三等韵分类及其声、介、韵分布和区别特征拟测》,《中文学术前沿》(第五辑),浙江大学出版社 2012 年版。

李方桂:《上古音研究》,商务印书馆 1980 年版。

李荣:《切韵音系》,科学出版社 1956 年版。

李新魁:《论内外转》,《音韵学研究》(第二辑),中华书局 1986 年版。

刘广和:《试论唐代长安音重纽——不空译音的讨论》,《中国人民大学学报》1987 年第 6 期。

刘泽民:《客赣方言庄组字的历史演变》,《南方方言研究论稿》,中西书局 2011 年版。

陆志韦:《陆志韦语言学著作集(一)》,中华书局 1985 年版。

陆志韦:《古反切是怎样构造的》,《陆志韦集》,中国社会科学出版社 2003 年版。

麦耘:《音韵与方言研究》,广东人民出版社 1995 年版。

麦耘:《汉语方言中的舌叶元音和兼舌元音》,《方言》2016 年第 2 期。

梅祖麟:《重纽在汉语方言的反映——兼论〈颜氏家训〉所论"奇"、"祇"之别》,《方言》2012 年第 2 期。

聂鸿音:《〈切韵〉重纽三四等字的朝鲜读音》,《民族语文》1984 年第 3 期。

欧阳国泰:《原本〈玉篇〉的重纽》,《语言研究》1987 年第 2 期。

潘悟云:《汉语历史音韵学》,上海教育出版社 2000 年版。

潘悟云:《反切行为与反切原则》,《中国语文》2001 年第 2 期。

邵荣芬:《切韵研究》,中华书局 2008 年版。

施向东:《玄奘译著中的梵汉对音和唐初中原方音》,《语言研究》1983 年第 1 期。

王静如：《论开合口》，《燕京学报》1941 年第 29 期。

王力：《汉语史稿》，中华书局 2015 年版。

王曦：《玄应〈一切经音义〉重纽韵舌齿音考察》，《湖南师范大学社会科学学报》2015 年第 3 期。

［俄］雅洪托夫：《上古汉语复辅音声母》，唐作藩、胡双宝编选《汉语史论集》，北京大学出版社 1986 年版。

俞敏：《等韵溯源》，《俞敏语言学论文集》，商务印书馆 1999 年版。

郑伟：《〈切韵〉重纽字在汉台关系词中的反映》，《民族语文》2013 年第 4 期。

郑张尚芳：《上古韵母系统和四等、介音、声调的发源问题》，《温州师范学院学报（哲学社会科学版）》1987 年第 4 期。

郑张尚芳：《重纽的来源及其反映》，《郑张尚芳语言学论文集（上册）》，中华书局 2012 年版。

郑张尚芳：《上古音系》，上海教育出版社 2013 年版。

周法高：《隋唐五代宋初重纽反切研究》，台湾"中研院"第二届国际汉学会议论文集，1986 年。

周法高：《广韵重纽的研究》，《历史语言研究所集刊》（第十三册），中华书局 1987 年版。

竺家宁：《试论重纽的语音》，《中国语文》1995 年第 4 期。

Pulleyblank, Edwin G. 1962 The consonantal system of Old Chinese. *Asia Major* 9: 58–144, 205–265.

（原文刊于《中国语文》2021 年第 5 期）

上古汉语动作动词中的作格动词

魏培泉

(台北"中研院"语言学研究所,电邮:weipc@ gate. sinica. edu. tw)

提 要:作格动词指一个动词兼可用为不及物动词和及物动词,且其不及物用法时的主语相当于其及物用法时的宾语。这种动词的及物用法通常称为使动式,也就是具有致使意义的构式。本文主要是探讨上古汉语的不及物动作动词中的作格动词的使用情况,以及不及物动作动词作为作格动词要有怎样的条件与限制。本文同时指出,上古汉语中作格动词是相当常见的,作格动词对上古汉语的语法描写是很有用的一个概念,而非宾格动词和非作格动词的区别对上古汉语的句法研究来说意义不大,因为上古汉语多数的非作格动词是可以用为使动的。

关键词:作格动词;动作动词;非作格动词;非宾格动词;上古汉语

一、前言

"作格动词"(ergative verb)一般指的是一个动词兼可用为不及物动词和及物动词,且其不及物用法时的主语对应于其及物用法时的宾语。[①] 上古汉语有这种性质的不及物动词并不少。这种动词的及物用法一般是表示致使的,本文依照上古汉语研究通常的用法把它称为

[①] 本文的作格动词采用的是一般的定义。蒋绍愚(2017)对作格动词的界定还有额外的限定。该文认为,动词必须是表示状态的才能算是作格动词。但我们不觉得外加这个限定是有必要的。一则传统的界定并无此要求;二则该文所谓的"表示状态"有其独特的界定(也与及物性有所相关),且实际上要据此去辨别一个词是否表示状态的也有操作上的困难。如果"表示状态"并不等同于一般按语义来界定的状态动词,那么每个动词都得检验是否表示状态,而怎样才算是表示状态的恐怕又难免会多有争议,例如我们也可以设想每个使动式都有进入某种状态的意含。此外,该文还认为形容词不能列为作格动词,因为形容词并非动词。不过上古汉语的形容词应视为动词的小类,它可以单独用作谓语,在叙事句中作谓语时也常表达状态的变化,因此我们不把形容词排除在作格动词之外。

使动式；至于不及物用法则称为基式。① 例如"反"在例（1）为基式，在例（2）为使动式。②

（1）比其<u>反</u>也，则冻馁其妻子。（《孟子·梁惠王下》）
（2）予三宿而出昼，于予心犹以为速。王庶几改之。王如改诸，则必<u>反予</u>。（《孟子·公孙丑下》）

作格动词有时会被等同于"非宾格动词"（unaccusative verb）。非宾格动词指的是一种不及物动词，其句法上的论元并非"施事"（agent）而是"受事"（patient）或"当事"（theme），也就是说该论元对于动词所指涉的动作或状态并不主动引发或操控，如"死""落"等。"非作格动词"（unergative verb）是与非宾格动词相对立的不及物动词，③ 通常为自主的"动作动词"（action verb；dynamic verb），④ 句法上的论元为施事，如"跑""哭""咳嗽"等。作格动词和非宾格动词间的异同及二者所包含的动词是不无争议的，有的语言理论甚至还把非宾格动词等同于作格动词。本文是把二者分开来的，本文的非宾格动词仍然依照上述的定义，而作格动词指的是兼可用为不及物动词与使动式的动词。本文不把作格动词等同于非宾格动词的理由以下会进一步说明。

非宾格动词大致包括了状态动词和非自主的动作动词，以往的研究认为除了部分特定的成员外，非宾格动词大都可以用为使动，这是它的一个特点。固然非宾格动词之所以成立的理据非一，但是除了可以用为使动这一条，目前所见的其他的鉴别标准并非适用于所有的语言；⑤ 就汉语而言，除了可以用为使动这一点，其他的鉴别方法都不适用。杨作玲（2014）

---

① 关于不及物动词和使动式哪个是基式在理论上是有争议的，也有学者把使动式分析为基式的。由于这个议题与本文无涉，我们不予讨论。
② 上古汉语不及物动词用为使动叫也有变读的（即改变基式的词形，变读应当是源自表示致使的词缀），例如"败"的声母基式读并母而使动式读帮母，又如"出"的基式读入声而使动式读去声；我们认为这种动词的基式和使动式是两个不同的词。这种有形态区别的动词类型并不包括在本文所谓的作格动词中。
③ 非宾格动词与非作格动词这个不及物动词的二分法为Perlmutter（1978）所提出。黄正德（2007）借轻动词理论提出一个观点，就是不仅单元述词有非宾格和非作格两类，甚至双元述词、三元述词也同样可以区分这两类。由于可以区分这两类的非单元述词的毕竟是少数，这个理论问题也和本文之议题无关，姑置不论。
④ 本文的自主相当于［+volition］，然而非作格动词是否都是［+volition］的不能无疑，例如"哭"。本文的动词分类采用动作类和状态类二分的体系（分类动词除外），状态类包括狭义的状态动词（stative verb）、性质动词（亦即形容词）、认知动词（自主性的认知动词则归入动作动词）、情态动词等。文中的状态动词指狭义的状态动词，状态动词可分为及物的和不及物的，本文所论只限于不及物的。
⑤ 其他语言区分非宾格动词与非作格动词的凭据，除了能否用为使动，还有搭配的助动词是否有别、是否可用于非人称被动式等。这些鉴别标准主要根据的是语言的外显形式，对汉语来说都不适用。

以上古汉语的非宾格动词为研究对象。该文认为上古汉语的非宾格动词是由语义来决定句法表现的，并从状态动词、趋向动词、存现动词、心理动词、形容词①等几类来分析有哪些动词是属于非宾格动词的，且提出几项诊断式来检验四十多个动词的非宾格性之典型与否。其非宾格动词的诊断式有如下四条：第一，最小成句为"NP + V"，NP 是 V 的"内部论元"(internal argument)；第二，在句法结构上有相应的使动交替形式，后者的宾语是前者的主语，二者承担相同的语义角色；第三，作定语时，具有完成或被动义；第四，可以形成领主属宾结构。但是在这四条中，只有前两条可以用来检验该文所列的所有动词，有的动词无法运用第三、四条来检验，因此三、四两条不是有效的诊断式。例如该文列为非宾格动词的形容词用作定语时就不具有完成或被动义，因此第三条就不适用于形容词。可以形成领主属宾结构的动词很少，因此第四条的用处不大。但是要用前两条来判定一个上古汉语的动词是否非宾格动词不免也有困难之处。首先，汉语不及物动词的论元是否为内部论元难以避免主观的判断，也就很容易导入循环的论证，比如说会先设定某些可以用为使动的动词是非宾格动词，其论元因而断为内部论元，然后再用来论证非宾格动词都能用为使动。其次，非宾格动词这个集合中的成员并非各语言一致的，但该文差不多已先假定哪些动词是非宾格动词哪些动词是非作格动词。该文认定的上古汉语的非作格动词验诸文献其实也有不少是符合第二条诊断式的，例如"济"。也就是说，在这几条诊断式中没有一条是能够有效地把上古汉语的非宾格动词与非作格动词区别开来的。不过话说回来，第二条还是目前较可执行的一条诊断式，或许我们可以姑且承认第二条是原则上可以接受的，而当遇到非作格动词用为使动式的情形时可以采用以下的对治办法：第一，把非作格动词用为使动之例看作只是罕见的非典型例子；第二，尝试说明这些动词归作非作格动词是不恰当的；第三，把这些动词只看作是非作格动词中的边缘性分子。总之，暂且同意这些例外原则上并不影响这一条的鉴别力。在下文中我们会讨论上古汉语的研究是否适合采用非宾格动词与非作格动词的区分，作为下文讨论的出发点，这里暂时先同意能否生成使动式这一条是可以用来区别上古汉语的非宾格动词与非作格动词的，而且也是主要的鉴别标准。

上古汉语的不及物状态动词或性质动词用为使动相当常见，视为非宾格动词或作格动词大抵不会有多大的疑问。至于上古汉语的不及物动作动词，以语义来看是可以分出非作格动词和非宾格动词两类的；理论上非作格动词不是作格动词，不能用为使动，但是我们发现，上古汉语中语义上宜当归入非作格动词的动作动词用为使动的其实并非少见，与上述的设想似乎颇相扞格，这就不免令人对上古汉语非作格动词的内涵与外延感到难以捉摸，同时非宾

---

① 就上古汉语而言，形容词不但可以用为谓语，和状态动词间的分际也不明显，用为使动也是常见的，因此被列为非宾格动词有其合理性。

格动词与非作格动词间的分际也不免令人有混然之感。

本文特就动作动词来探讨上古汉语的作格动词,理由如下:一般会认为,作格动词或非宾格动词应以状态动词为主,但是上古汉语的动作动词也有不少是可以用为使动的,换句话说作格动词中也有不少是动作动词,如果不先厘清动作动词用为使动的情况,也就难以厘清上古汉语作格动词的性质与涵盖范围,也难以判断非宾格动词与非作格动词之区分是否也适用于上古汉语。

为了厘清上古汉语有哪些不及物动作动词是作格动词,我们考察了三十三种上古汉语典籍[①]中有使动用法的不及物动作动词,同时统计其用为使动之多寡。在以下的论证中,所论及的动词限定在单音节词的范围内,同时论证主要也是以词频相对较高的动词为据。我们尽量不以低频词[②]为据,是因为低频词的语法表现本就比较受限,即使可用为使动,在文献中能见到使动式的概率也是很低的,虽不妨列作参考,但不适合用作论证的主要依据。

二、上古汉语中可以用为使动的非作格动词

上古汉语的动词可以用为使动的相当多,不论是非宾格动词还是非作格动词,可以用为使动的都不少。然而主张上古汉语应有非宾格动词和非作格动词之区分的,最主要的一个理由是非宾格动词一般可以用为使动,而非作格动词则不然。一旦判定上古汉语非作格动词在用为使动上与非宾格动词没有明显的区别,那么在上古汉语中进行非宾格动词和非作格动词的区辨就很难说具有实质的意义或功用。然则上古汉语非作格动词用为使动是否与非宾格动词没有明显的区分呢?这点我们可以择取上古汉语一些较为典型的非作格动词来检验。以下几个动作动词是我们选来检查的,以词义而言这些词都可视为典型的非作格动词[③]:"行、步、走、趋、驰、飞、游/遊、济、度/渡、涉、跃、舞、战、斗、笑、泣、哭"。在这些动

---

① 这三十三种古籍为《今文尚书》《诗经》《周易》《左传》《国语》《仪礼》《论语》《孟子》《墨子》《老子》《庄子》《荀子》《韩非子》《吕氏春秋》《商君书》《孙子》《管子》《晏子》《战国策》《公羊传》《谷梁传》《周礼》《礼记》《大戴礼记》《韩诗外传》《文子》《淮南子》《新书》《新语》《春秋繁露》《史记》《新序》《说苑》等。

② 大体上词频在10次以下的我们就视为低频词。

③ 如果不看能否用为使动,那么汉语的一个动词是否有非宾格性大概只能由其自主性来判断,但哪些动词是有自主性的不免会有歧见,因此有哪些动词应归入非作格动词自然就不会有一致的意见。Levin & Rappaport Hovav (1995) 把英语的趋向动词大都归入非宾格动词,这可能是因为趋向动词大都可以用为使动而且主语也常用无生名词,但趋向动词的主语在汉语也是经常使用指人的名词的,从这点看把它归入非宾格性也是不能无疑的。尽管如此,为避免引起不必要的争议,我们这里用来检验的动词只限于能对应于英语中一般被归入非作格动词的。

词中，除了"哭"外，其余的动词都有使动式。① 上古汉语这些动词用为使动式的有多有少，使动宾语采用有生名词的看来并不少于采用无生名词的。

在表示陆上行进的"行、步、走、趋、驰"这一组中，"行"的使动式是最常见的，有两千多例，② 其使动宾语多为无生名词，也可以采用有生名词，如例（3）–（5）。有生名词之例以有主帅掌控的集体名词为主，如例（4）的"行师"指的是主帅指挥军队行进，这种行进是具持续性的，与无生宾语之例一样；使动宾语指个人的例子很少，如例（5），此例的"行子南"是让子南出走的意思，这里的"行"因此是兼具持续和有界的性质的，相当于达成义动词。③ 其他表示不同行进速度的"走、趋、步"也都可以用为使动。其中相当现代汉语"跑"的"走"有使动之例不下于40个，使动宾语一般为有生名词，以家畜为多，如例（6），且其行进是持续的受到控制的；也有指人之例，这种例子的"走"主要表达的是"使得……跑（逃）掉"，如例（7），也是达成义，这种用法较为晚出。表示缓步行走的"步"使动式约有10例左右，使动宾语一般为有生名词，偶尔也有无生名词，如例（8）–（10）；有生名词主要是马，如例（8），也有表示集团之例，如义为军队的"师"，见例（9）。表示快步走的"趋"使动式有7次，宾语可以是有生名词和无生名词，如例（11）和（12）。表示驾驭交通工具的"驰"使动式超过20次，④ 宾语可以是有生名词或无生名词，如例（13）和（14），有生名词只有动物没有人类。

（3）罔水行舟，朋淫于家。（《尚书·皋陶谟》）

（4）豫：利建侯行师。（《周易·豫》）

（5）五月庚辰，郑放游楚于吴，将行子南。（《左传·昭公元年》）

---

① 其中"走"在《广韵》有上、去二读，但是此二音之异并不是用来区别基式和使动式的，也就是说"走"的基式和使动式是没有语音区别的。

② 本文的统计数据是经由"'中研院'上古汉语标记语料库"中的三十三部古籍检索取得再经过检讨去取而得到的结果。语料库的标记难免有错漏以及不一致之处，本文的数据是尽量排除那些有问题的例子之后的结果。有些动词的使动用法可能已经演变为及物动词了，但语料库为求标记的一致性而一律标为使动，例如"行"的使动用法统计次数虽有这么多，但此词语义延伸丰富，其中部分源自使动式的义项可能已经应当分析为及物动词了。此外，上古汉语有一些动词是否为不及物动词学者间的看法有所出入，其中较有争议的也不纳入本文探讨的范围。例如大西克也（2004）认为《史记》中的"斩、诛、戮、辱、伐、刭、执、拘、囚、系、得、征、用、逐、抱、葬、幸、爱、劈"等19个动词并非及物动词而是作格动词，但我们认为至少"诛、伐、执、拘、囚、得、征、用、逐、抱、爱"等还是及物动词。关于及物动词与不及物动词之辨另文讨论，本文不加细论。

③ Vendler（1967）把动词分四种，达成义（accomplishment）动词是其中一种，具有［+持续的］（［+durative]）、［+有界的］（［+telic]）的征性。

④ 不及物用法的"驰"也常搭配有生主语，因此我们认为"驰"的词义中已含有所驾驭之物（也就是说"驰"是属于一种表示"移动方式"的不及物动词），应归入非作格动词中。

(6) 古公亶父，来朝走马，率西水浒，至于岐下。(《诗经·大雅·绵》)

(7) 秦败魏于华，走芒卯而围大梁。(《战国策·魏策三》)①

(8) 左师见夫人之步马者，问之。(《左传·襄公二十六年》)

(9) 寡君闻吾子将步师出于敝邑，敢犒从者。(《左传·僖公三十三年》)

(10) 未步爵，不尝羞。(《礼记·少仪》)

(11) 晋平公之时，藏宝之台烧，士大夫闻，皆趋车驰马救火，三日三夜乃胜之。(《韩诗外传》卷十)

(12) 故屈诸侯者以害，役诸侯者以业，趋诸侯者以利。(《孙子·九变》)

(13) 吾他日未尝学问，好驰马试剑。(《孟子·滕文公上》)

(14) 此乘天地，驰万物，而用人群之道也。(《庄子·天道》)

有些陆上行进的动词也有领主属宾的用法，如例（15）至例（17），②由于宾语的行动基本上还是为主语所控制，因此也可以视同使动式。

(15) 今君若步玉趾，辱见寡君，宠灵楚国，以信蜀之役，致君之嘉惠，是寡君既受贶矣，何蜀之敢望？(《左传·昭公七年》)

(16) 天王亲趋玉趾，以心孤句践，而又宥赦之。(《国语·吴语》)

(17) 驰其形性，潜之万物，终身不反。(《庄子·徐无鬼》)

表示在水里与天上行动的"飞、游/遊、济、度/渡、涉"也都可以用为使动。"飞"用

---

① 《史记·六国年表》文作"白起击魏华阳，芒卯走，得三晋将，斩首十五万。"，并未采用使动式来表达。

② 上古汉语的领主属宾句的主语对于宾语的变化是多少负有责任的（这里的责任包括肇因），因此可以视为一种非典型的使动式。现代汉语"王冕死了父亲"这种句子上古汉语似乎尚未出现，有的例子看似相同而实则有别。例如：《战国策·魏策》"流血千里"和《庄子·山木》"鸟莫知于鹬鸰，目之所不宜处，不给视，虽落其实，弃之而走。"其中的"流血"和"落其实"虽非主语自主的，但主语对此还是负有责任的。《尚书·酒诰》的"今惟殷坠厥命"或《左传·成公十三年》的"成王陨命"看起来像是主语不必负责之例，只是这种"命"并非人的性命而是天命，是上天所赋予的，主语还是该为天命的丧失负责的。

为使动不多见，宾语可以是鸟类或无生物，如例（18）至（20）。① "飞"大都为达成义，表示造成宾语"飞走（起）"；也可表示持续性，如例（20）的"飞之"是表示放木鸢让它在天上飞。"游/游"本是表示在水里游动，后来发展为遨游或交游义，其使动式约有20次，宾语主要为人与抽象之事物，如例（21）和（22）；上古汉语的"游/游"的使动宾语如果是人类时大多为"指派去交游"之义。上古汉语的"济"和"度/渡"都本义为渡河，引申为凡事之渡过，但先秦主要是用"济"，"济"的使动式超过70例，有生宾语和无生宾语之例都很常见，如例（23）和（24）；"度/渡"的使动式主要见于西汉，如例（25）和（26）。表示徒步涉水的"涉"用为使动仅一见，如例（27）。

（18）昔者，齐王使淳于髡献鹄于楚。出邑门，道飞其鹄，……（《史记·滑稽列传》）

（19）夫风之疾，至于飞屋折木。（《淮南子·兵略训》）

（20）公输子削竹木以为鹊，成而飞之，三日不下。（《墨子·鲁问》）

（21）子墨子游公上过于越。（《吕氏春秋·高义》）

（22）且夫乘物以游心，托不得已以养中，至矣。（《庄子·人间世》）

（23）敢藉君灵，以济楚师。（《左传·宣公十二年》）

（24）圣人与众同欲，是以济事。（《左传·成公六年》）

（25）大司马怒，渡兵氾水。士卒半渡，汉击之，大破楚军。（《史记·项羽本纪》）

（26）江上有一渔父乘船，知伍胥之急，乃渡伍胥。伍胥既渡，解其剑曰……（《史记·伍子胥列传》）

（27）王之奔随也，将涉于成臼。蓝尹亹涉其帑，不与王舟。（《左传·定公五年》）

上古汉语中表示打斗的"战"和"斗"都是不及物动词，其使动式都超过20次。"战"的使动宾语都是人类，基本上为主语可以指使的下属，如例（28）和（29）。"斗"的使动

---

① 本文把动词"䨧"视为"飞"的异体字，因此二字的使动例合计，共有11例。《广韵》"飞"为平声非母，"䨧"有上声非母、去声奉母二读，"䨧"与"飞"在《广韵》虽声调不同，但文献中二者的动词用法似无不同，而且文献中"䨧"的使动式各例或者音"飞"，或者有异本作"飞"。例如：《庄子·秋水》"夫折大木，䨧大屋者"，《释文》云："音飞，又扶贵反"；《史记·司马相如列传》"䨧英声"，《汉书·司马相如列传》颜师古注云："䨧，古飞字"；《史记·司马相如列传》"䨧纤垂髾"，《文选》引作"飞纤垂髾"；《史记·平津侯主父列传》"䨧刍挽粟"2见，"䨧"于《汉书》皆作"飞"。

宾语主要是人和动物，如例（30）至（32），指人的不必然是主语的下属，如例（31）；"斗"的宾语还可以是无生名词，例少且西汉文献始见，如例（33）。表示跳跃动作的"跃"和挥舞动作的"舞"用为使动都不多见，宾语可以是有生名词和无生名词，"跃"的有生宾语之例只有"马"，而"舞"的有生宾语之例都是人或附身于乩童的神，如例（34）至例（38）。"斗"和"舞"的无生宾语都是西汉始见，如例（33）的"斗旗"和例（38）的"舞其偶人"。"旗"和"偶人"本不会自斗和自舞，因此这种例子有可能是由有生名词类推而来的，也就较为晚出。

（28）夫战孟贲、乌获之士，以攻不服之弱国，无以异于堕千钧之重，集于鸟卵之上，必无幸矣。（《战国策·韩策一》）

（29）梁惠王以土地之故，糜烂其民而战之。（《孟子·尽心下》）

（30）凡将率斗其众失法，杀。（《墨子·号令》）

（31）修守战之备，外连衡而斗诸侯。（《史记·秦始皇本纪》）

（32）好斗鸡，好鸡也。（《墨子·小取》）

（33）于是上使先验小方，斗旗，旗自相触击。（《史记·孝武本纪》）

（34）今夫水，搏而跃之，可使过颡；激而行之，可使在山。（《孟子·告子上》）

（35）赢粮跃马，唯恐后时。（《史记·李斯列传》）

（36）燕则斗象棋而舞郑女。（《说苑·善说》）

（37）使灵娲鼓瑟而舞冯夷。（《史记·司马相如列传》）

（38）少闲击鼓，舞其偶人。（《新书·匈奴》）

在我们考察的上古汉语文献中，表达哭笑的动词用为使动之例罕见。"笑"的使动例只见于《晏子》，如例（39）中笑的人是诸侯。至于表示哭泣的动词，我们考察了"哭"和"泣"。"哭"是发出哭嚎声，未见使动用法。"泣"是哭出眼泪，文献中只看到类似领主属宾的使动式，如例（40）的"泣涕"和例（41）的"泣血"，只是"泣涕"和"泣血"要列为使动式都有疑义。"泣涕"不能排除是并列式的可能。[①]"泣血"虽是指因哭而使得血从眼睛流出，"血"却是难以分析为"泣"的论元，因此"泣血"似乎不太能说是由"血

[①] 上古汉语"涕"一般是用为名词，例如"流涕""出涕"，因此这里暂时把"泣涕"列为使动式之例，但"泣"本为流眼泪而"涕"本为流鼻涕之义，而且"涕"有时似用如动词，例如《战国策·赵策一》"皆为涕泣"中的"涕泣"看起来像动词的并列式，因此"泣涕"也不能排除是并列式。"泣泪"的结构就没有疑问，但是"泣泪"是中古汉语始见。至于"泣鬼神"这种非领主属宾的使动式，则是近代汉语始见，例如"诗成泣鬼神"（杜甫《寄李十二白二十韵》）。

泣"转换来的使动式。总之，不论是表示哪一种哭的动词，上古汉语都缺少典型的使动式。

（39）作服不常，以<u>笑诸侯</u>，其罪二也。(《晏子·内篇谏下》)
（40）瞻望弗及，<u>泣涕</u>如雨。(《诗经·邶风·燕燕》)
（41）上六：乘马班如，<u>泣血</u>涟如。(《周易·屯》)

以上的动词一般归入非作格动词，其中只有哭笑类不太能用为使动，其他类的动词用为使动主要为多寡之异。多数动词的使动宾语可以兼用有生名词和无生名词，有的动词的使动宾语还只限于有生名词；因此如果以宾语的有生性为据，也不太能否定这些动词具有非作格性。除上述的动词之外，上古汉语文献中也还有不少非作格动词也可用为使动，且在非作格动词中所占的比例也并不低。

如果以上所举的动词归入非作格动词没有疑义，那么为什么它们大都可以有使动用法呢？要怎么说明上古汉语的这个问题呢？目前我们所能想到的有以下几种解决方案：（一）承认这些例子的动词仍是非作格动词，但设法解释这些例子在特定条件下可以分析为具有非宾格性。也就是说，我们可以设想是因为搭配这些动词的某些论元具有某种性质而被视同内部论元，换句话说该动词虽然仍是非作格动词，一般的情况是具有外部论元的，但是该动词也可以在特定的条件下容许分析为具有内部论元，此时就具有非宾格性。（二）采取作格动词（即可生成使动式的动词）、非宾格动词（即不能生成使动式的状态动词或非自主动作动词）、非作格动词（即不能生成使动式的自主动作动词）三分的模式。也就是说，作格动词不仅不能视同非宾格动词，而且两者是互斥的。①（三）放弃对上古汉语的动词进行非宾格动词和非作格动词的区别，理据是在这个语言中二者的分际太过模糊难作有效的分别。同时为了说明上古汉语那些能有使动用法的不及物动词，还是可以保留作格动词这个概念来加以利用，而作格动词的鉴别标准就只要采用能否生成使动式这一条就足够了。

我们先看采用第一种方案可以怎么处理上述的问题。非作格动词可以用为使动基本上就和成立非作格动词这一类的理由相抵触，解决这个问题最好的一个办法是把这些例子解释为凭借某种条件而获得非宾格性。根据 Levin & Rappaport Hovav (1995)，原则上只有非宾格动词可以用作使动式，但也有少数非作格动词是可以构成使动式的，只是都是有条件的，比如必须搭配处所补语或者有词义转变之类，以此仍可视为具有非宾格性。以下为该书所举之例：

---

① 影山太郎（2001：146－154）就是把作格动词和非宾格动词（原文称作"非对格动词"）分别为二的，而且二者是互补的关系。该文的作格动词在概念结构中就存在着使役（致使）结构，而非宾格动词是属于没有使役内含的。

(42) a. The soldiers marched (to the tents).

b. The general marched the soldiers to the tents.

c. ??The general marched the soldiers.

(43) a. The doorbell buzzed.

b. The postman buzzed the doorbell.

c. The bees buzzed.

d. *The postman buzzed the bees.

例 (42) 的使动式如果没有处所补语句子就不太好。至于例 (43d) 的不合格，Levin & Rappaport Hovav (1995: 110 – 119) 认为例中的 "buzz" 是内因致使的 (internally caused use)，因此不能用作使动式；而 (43b) 可以接受，是因为例中 "buzz" 的语义是和 (43c) 有所不同的，这个词义是属于外因致使的 (externally caused use)。

处所补语的解释在上古汉语显然不适用，因为上举的上古汉语使动式之例几乎都是不带处所补语的。但是上古汉语有些非作格动词用为使动是可以用语义的分别来解释的，例如 "鸣"。我们可以比照 Levin & Rappaport Hovav (1995) 的分析，把上古汉语的 "鸣" 这个动词依语义分成两类，无使动用法的一类是内因致使的，有使动用法的一类是外因致使的。[①] 上古汉语有 "鸣鼓" 而无 "鸣鸡、鸣马"。可以这么分析，"鸡""马" 之 "鸣" 是自发的，是内因致使的，而 "鼓" 之 "鸣" 是外力导致的，换句话说，两个 "鸣" 意义不同，因此 "鸣" 可以用为使动是可以用词义转变来说明的。但是这种转义的解释要是遇到一个动词的使动宾语兼可用有生名词的和无生名词的情况就有点麻烦了。如例 (10) 的 "步爵" 的宾语是无生的，该例的 "步" 古注释为 "行"，"步爵" 义为 "依次敬酒"，酒不会自主巡行，这样的 "步" 是可以解释为外因致使的；但就例 (8) 和 (9) 的 "步马""步师" 而言，就不怎么好说马或军队之 "步" 是外因致使的，何况 Levin & Rappaport Hovav 的这种解释方式本是为了说明为何有的非作格动词容许带无生的使动宾语而提出的救济对策。但是换个角度看，转义说也并非完全不能说明使动式带有生宾语的问题，例如 "走马""步马" 或许也可以解释为有所转义，即释为 "遛马" 义，如同英文的 "He walked the dog everyday"。只是要把所有的例子都解释为有所转义还是有困难的，要怎样才能算是有转义的恐怕也经常会遇到难以取得认同的时候。虽然将上述之例都解释为外因致使的也未尝不可，但这样难免也会导致循环论证，因为所有的使动式的 "致使者" (causer) 都可以看成是外因，因而都可以

[①] 李佐丰 (1994: 105 – 106) 把鸟兽鸣叫和器物发响的 "鸣" 都归作状态动词，有可能是着眼于声音的连续不断。我们认为 "鸣" 是主语操控的动作，因此还是归在动作动词。

说是外因致使的。

我们也可以设想，部分有使动用法的非作格动词的论元是因为具有受事或当事的性质而被视同内部论元的，也就是说这些动词和该论元合构时可以视同具有非宾格性。比如说：当这些动词的论元是无生名词时，这些无生名词可以设想为都是受动的，这就给动词赋予了非宾格性，也就因此可以构成使动式。例如"舟""屋"一般并不会自主运动，因此如例（3）和例（19）的"行舟""飞屋"的这种例子就有了成立的理据。非作格动词的论元即使是有生名词有时也是可以视同受动的内部论元的，就是可以把这些有生宾语分析为受到操控的人或物，动作都是在受到压迫下行使的。如上文所举，部分使动例的有生宾语为下属或者是家畜。下属通常是要听命于领导者来进行某些动作，这些动作的执行可以说是受到操控的，换句话说此时这些有生宾语可以视同受事，这就可以说明为什么可以产生"行师"（例4）、"步师"（例9）、"游公上过"（例21）、"战孟贲、乌获之士"（例28）、"斗其众"（例30）等的使动式了。有的家畜基本上就是用来驾驭驱使的，例如"马"，这就足以说明"走马"（例8）、"驰马"（例13）、"跃马"（例35）等为何可以产生了。斗鸡是有人专门培养并布置特定的环境来使它们互斗的，也就是说鸡的互斗是施诸一定的外力才能促成的，那么会有例（32）的"斗鸡"这种使动式也就很合理了。渡河通常是需要依靠摆渡的，那么船夫以外的人就不是自力渡河的，从这个角度来看，"济"和"度（渡）"也可以视为具有非宾格性，也就不难构成使动式了，也就可以说明为何会有"济楚师"（例23）、"渡兵"（例25）、"渡伍胥"（例26）这种使动式了。表单纯涉水的"涉"通常是要靠自己的手脚去完成的，但却有（例27）"涉其帑"这种例子，可以解释为"其帑"非老即弱，要能过河是需要借助于外力的。属人的使动宾语也有不是下属的，如（例12）的"趋诸侯"、（例31）的"斗诸侯"；我们或许也可以这么看，"诸侯"的趋走或互斗可以视为是因为受到玩弄才会导致有这样的动作的，因此视同受事也是可以说得通的，可以不算是例外。此外，例（37）的"舞冯夷"的成立大概是因为降神与由乩童扮演的冯夷之舞都是由灵媒依照一定的仪轨来扮演操作的，"冯夷"是受控。至于领主属宾之例，宾语本就是人的一部分，它的活动本就可以视为由人所控制而非自主的。有生宾语还有一种情况是不能用下属来解释的，那就是像"行子南"（例5）、"走芒卯"（例7）、"飞其鹄"（例18）的这种例子，也还可以用以下的理由来应付：一，可以说"子南""芒卯""鹄"的动作都不是由自己的意志所促动的；二，可以说这几例的动词是有界的用法，因而多少具有非宾格性。

按照上述的分析法，非作格动词的使动宾语多数是可以视同内部论元的，因而这种有使动式的非作格动词也可以解释为具有非宾格性，换句话说，这些动词本就可以视为兼具非作格和非宾格两种性质的。虽然这样的处理方法原则上可以用来解决上述问题，但是采用这个方法会面临一些不好处理的问题。第一，很多可以解释为兼具非宾格性的非作格动词不易具体指出可以用怎样的语义与它的常规词义相区别。第二，即使不论词义，如果每当非作格动词能用为使动时就另外析出非宾格动词一类，那么上古汉语同时兼具非宾格动词和非作格动词的动词恐怕就会多到难以处理，而纯为非作格动词的动词大概也就所余无几了。理论上兼具非宾格动词和非作格动词的兼类词不应该很多，否则就失去分类的意义，也跟原先区分非宾格动词和非作格动词的立意有所违逆。第三，鉴别非宾格动词和非作格动词时需要考虑的层面或因素太多而不易操作。

前人提出非宾格动词和非作格动词的区分，其中的一个关键性理由是非宾格动词可以生成使动式，而非作格动词基本上不然；对于缺乏形态的汉语来说，是否可以生成使动式大概也是区分非宾格动词和非作格动词的唯一途径。然而上古汉语可以归入非作格动词的动词能用为使动的数量是相当可观的，相应的非作格动词在生成使动式上与非宾格动词上并没有明显的区分，换句话说区别非宾格动词和非作格动词对上古汉语动词的功能辨析能起的作用不大，因此在上古汉语研究中区辨非宾格动词和非作格动词就很难说具有什么重要的意义。当然从另一面看，上古汉语动作动词的使动宾语还是以采用无名生词为多，可以说使动宾语大多是具有内部论元的特质的，换句话说，原则上越具非宾格性的还是越能用为使动的，因此在上古汉语中作非宾格动词和非作格动词也是有一定道理的。但是如上述，区别非宾格动词和非作格动词在上古汉语实际上是很难操作的而且这种区别的功用也是不大的，因此这个区辨对上古汉语的研究就很难说具有什么重要的意义。总之，第一个方案不是个合适的方案。

再看采取作格动词、非宾格动词、非作格动词三分模式的第二种方案。我们知道，非宾格动词与非作格动词的区分，作格动词这个概念的设定，本是出自不同的理据的，现在把这两套理论混并为一而使得作格动词、非宾格动词、非作格动词成为鼎足而三的模式，多少会让原先区别非宾格动词和非作格动词的立意失去意义；而且在理论上，这样的三分也有说不通之处。其一，原本非作格动词是设计来与非宾格动词相对立的，非宾格动词在本质上是近似作格动词的，要是在非宾格动词、非作格动词之外又加入作格动词，那么在名义上，作格动词和非作格动词才应该是对立互补的，置于其间的非宾格动词地位就很尴尬了，何况非宾格动词和作格动词在界定上本来就几乎是重叠的。其二，在实际分类时难免会遇到与原先的分类立意有互相扞格的地方，例如：非宾格动词和非作格动词的分立本是为分辨其论元是施事还是非施事的受动论元，一旦采取作格动词、非宾格动词、非作格动词的三分法，那么不是同时兼有施事论元和非施事论元的作格动词无以定性或定位，就是非宾格动词和非作格动词之间还得再另外寻求其他的鉴别方法来加以区别。其三，作格动词包括的成员原为非宾格动词和非作格动词中可以用为使动的，一旦作此三分，上古汉语的作格动词大概就会成为这三者中数量最大的一个类，相对的归入非宾格动词和非作格动词的成员也就大为缩小了，那么费那么大的工夫来区分这样的非宾格动词和非作格动词究竟有什么价值呢？

既然以上两种方案都滞碍难行，那就只剩下第三种方案可以考虑了，这个方案简单地说就是放弃对上古汉语的动词作非宾格动词和非作格动词的区别，只区别是否为作格动词。作格动词的判定在操作上是简易而可行的，其鉴别标准就只有可否生成使动式一项。总之，虽然不必否定非宾格动词和非作格动词之分辨的价值，但是这种区别在上古汉语并不怎么能切合实际，不但分析上易逢矛盾而且在运用上也是难以操作的；反观作格动词这个概念，它可以用是否有使动式来进行有效的检验，是对上古汉语语法分析相当有用的一个概念。

三、上古汉语不及物动作动词用为使动的情况

不及物动词可用为使动的就是作格动词，上文述及非作格动词也有不少是可用为使动的，那么上古汉语的动作动词可以用为使动的情况究竟是如何呢？在我们所考察的三十三种古籍中，可用为使动的不及物动作动词数量相当可观。在以下的论述中，我们纳入考虑的主要是词频10次以上的不及物动作动词。主要的理由是，古籍中的动词如果是词频较低的，有相当大的可能是因为没机会用为使动的。

（一）上古汉语可生成使动式的不及物动作动词概观

在我们考察的三十三种古籍中，若只看词频在10次以上的不及物动作动词，有使动式之例的是相当多的。在这些动词中，仅计单音节的，使动式有20次以上的动词就为数近百，而使动式在20次以下的动词数目就难以缕举了，总之，不及物动作动词可以生成使动式的大致占该类动词的多数。以下列举的是使动式有20次以上的单音动词：①"行、走、驰、趋、趣、升、降②、登、归、反/返、复、入、上、下、内、外、后、先③、东、进、退、却（后退）④、止、处、居、舍、宿、留、次（驻扎）、息（休息）、迁、徙、运、发、动、济、度/渡、陨、坠/队、堕、覆、立、坐、起、作（起）、兴、伏、启、开、闭、伸/申、张、展、扬、振、震、抟、转、激、聚、集、注、嫁、役、藏、匿、隐、战、仕、浮、流、泄、积、累（累积）、鸣、脱、辨、辩、朝（上朝）、达（到达）、彻（撤掉）、佚/逸

---

① "来、去、出"等也常用为使动，但因转成使动有形态变化，本文不视为作格动词，因此不列入。有些动词是否动作动词是见仁见智的，例如"立、坐、止、处、居、舍、宿、留、息"这种静态的动词在有的语言中有外在形式可以使它归入状态动词，但在汉语里它们可以用为祈使句的主要动词或使令动词的子句动词，表示有意志控制的动作，而且它们同时也可以表达动态的过程，因此本文仍把它们列为动作动词（把这些动词分析为兼跨动作动词与状态动词两类也是一个可行的办法）。

② "降"有二音，分别义为"降下"和"降服"，这两义都有使动式。

③ "上、下、内、外、后、先"等都有表示移往该方位的动词用法（"内"也有用如"纳"的），使动式则表示致使移往该方位；"东、南、西、北"等也有同样的用法。"上、下、内、后、先"都有去声和非去声之读，但其读音之转换大概不是用来区别基式和使动式的。

④ 括号中为释义，下同。

(逃逸)、除、陈、列、肆（陈列）、宣、决、裂（分割）、离（分离）、植（生殖）、荡/荡、饭（吃饭）、曝/暴"等。

（二）上古汉语不用为使动的不及物动作动词

那些未见用为使动的单音不及物动作动词很少是高词频的，在我们考察的三十三种古籍中，词频在10次以上的不及50个，而且其义类也比较有限。这一类动词最常见的为以下几种义类。

表示空间位移：例如"至、到、逮、臻、及、往、逝、赴、讣、临、莅、偪/逼、跸、军、巡、翔、跪、跽"。

祭祀活动：如"祠、雩、郊、禘、禋、裸"。

农猎活动：如"田、狩、耕、耨、耘、稼"。

口部发声或动作：如"哭、啼、诺、唯、叹、唾"。

穿搭或使用工具的动作：如"杖、冕、弁、緦"。

以上最需注意的是表示空间位移的动词，其中语义含终点或目标的动词中有好几个是上古汉语中的高频词；其他类的动词大都词频相对较低。

四、上古汉语不及物动作动词用为使动的条件与限制

（一）上古汉语不及物动作动词用为使动的条件

上古汉语不及物动作动词用为使动的情况大致如上述，那么到底是怎样的动词以及要有怎样的条件才能用为使动呢？我们可以分别从动词和论元来看。

在上古汉语，一个不及物动作动词只要是所指涉的动作过程或结果是可以由外力作用而致使产生，一般都是可以用为使动；相对的，若是所指涉的是那种通常不会由外力发动而致使产生的动作过程或结果就不太会有使动式。

不及物动作动词的论元属性对于是否易生成使动式也是一个决定因素。在上古汉语，无生名词比有生名词更容易用为使动宾语，动物或集团名词也比一般的属人名词更容易成为使动宾语。上古汉语的名词如果是无生名词，一般不难用为使动宾语。有的不及物动词即使主语兼可用无生名词和有生名词，但也只有无生名词可用为使动宾语。如上述，上古汉语可说"鸣鼓"而未见有"鸣鸡、鸣马"这一类的使动式，也就是说"鸣"的使动宾语限为无生物。又如"寝"主要有"睡"和"止息"二义，但使动式一般用的是"止息"义，使动宾语主要为无生名词或集体名词，如"寝武事、寝兵"。无生名词一般可以用为使动宾语，大概是因为无生物的运动总是可以看作是外力致使的；动物或集团名词比一般的属人名词更容易用为使动宾语，大概是因为动物或集团的行进通常是会有主宰者来控制引导的。

（二）上古汉语不及物动词用为使动的限制

理论上，任何动作都是有可能经由外力作用而导致产生的，换句话说所有的动作动词应该都有生成使动式的潜能，但显然上古汉语有一些动作动词实际上是不用为使动的。那么限制这些动词生成使动式的因素是什么呢？以下分别从语义和句法两方面来看。

我们先看语义因素。我们可以观察没有使动用法的动作动词来试着推敲究竟是怎样的语义因素让这些动词较难构成使动式。大体而言，较难生成使动式的动词在语义上主要有两种：一是不太可能由他人发动而产生的自发性行为，二是由复杂的运动方式组合而成的活动。3.2 节中所述及的没有使动式的几类大多是可以用这点来说明的。"哭、啼、诺、唯、叹、唾"等这种口部的发声或动作通常是自发性行为，其发生通常不会是外力导致的，因此不会生成使动式。祭祀活动、农猎活动是由复杂动作组合而成的活动，这种活动自主性强且活动历程较为繁复，动词所指涉的动作过程或结果不是能由外力发动而产生的，而且就算有外力施加，其作用也是无法维持到过程的后面阶段的，因此也不用为使动。穿搭行为的"杖、冕、弁、绶"等都是名作动用的"名谓词"（denominatives），都是表示个人自己的穿戴或使用工具的行为，通常也缺少由外力发动而导致产生的场合。① 在表示空间位移的动词中，不用为使动的较多的是到达义动词，例如"至、到、逮、臻、及"等，这种位移动词是瞬成动词，瞬成动词大抵不能构成使动式，因为这种动词通常是不能由外力发动而致使产生的。同样是表示跪坐，"坐"有使动用法，而"跪、跽"无使动之例。在上古汉语时期，相对于"坐"而言，"跪"是一种通常不为人左右的自发性行为，因此不易产生使动式；相对的，以这个时期的仪法来说，"坐"是存在着可由外力发动而致使发生的场合的，因此可以生成使动式，例如"坐尸"。大体而言，以上的这些动词所指涉的动作都是很难由外力发动而致使产生的，也就缺乏构成使动式的客观条件。总之，没有使动式的不及物动词所表示的行为都是比较不容易受外力所发动而致使产生的。

再看句法因素。上古汉语的及物动词罕有能用为使动的，有的话大致上都有形态的变化，如"食、饮"。及物动词不用为使动，主要当然是因为已经内具一个作为宾语的内部论元，如果容许再外加一个使动宾语，就会造成句法和语义分析的困难。同样的，不及物动词如果习于采用形式上同于动宾结构的"施用句"（applicative voice），自然也会尽量避免用为使动。上古汉语的施用句较为发达，一些相当"旁格"（oblique case）的名词组可以直接置

---

① 表示穿搭行为的名谓词未必不能用为使动，例如"冠 + NP"经常用来表示男子成为成人的一种仪式，是由他人将帽加于成年者，这种成人式的加冠可以有两种分析方式：一是为成年者加冠之义，那么就是为动用法，NP 是"受益者"；一是"x 使 y 有冠"之义，那么"冠"就是使动用法。同样是戴帽子，上古汉语的动词"冕"就没有这种用法，因为动词"冕"一般是表示个人自己戴帽子的动作。

于动词之后成为形式上无异于直接宾语的关系宾语,① 所谓的为动用法、对动用法就是这种情况,而经常有为动、对动构式的不及物动词有可能因习于搭配关系宾语而倾向于不用为使动。例如"哭"就经常有为动或对动的用法,"哭之"的"之"通常就是关系宾语,指的是哭的原因或对象。"笑"仅有两个使动用例,如例(39)的"笑诸侯"。"笑"也常带表对象或原因的关系宾语,如果不看上下文,"笑诸侯"的"诸侯"应该会分析为"笑"的对象,这种例子毕竟易引起歧解,因此上古汉语像"笑诸侯"这样的意义通常是采用"为诸侯笑"的这种被动式来表达的。又如上古汉语的处所补语经常由介词"于"引介,这个介词有时可以省略,结果处所名词直接和动词相邻而形同直接宾语,亦即所谓的处宾。一个不及物动词若是经常搭配这样的关系宾语,也会对动词用为使动造成阻碍。尽管处宾通常不会被分析为使动宾语,但毕竟所占据的位置与直接宾语无别,若处宾的使用成为常态性的,也就会成为制造使动宾语的一个阻力。例如"至+NP"的构式比"至于+NP"的构式更常使用,后者更常用来表示时间终点,也就是"至"以搭配处宾为常,这应该也是生成使动宾语的一个阻碍。其他表示空间位移的动词,例如"到、逮、臻、及、逝、赴、讣、临、莅、偪/逼、跸"等,② 大概也是因为常态性搭配处宾而倾向于不用为使动。这类动词尤以到达类动词为常,综上所述,到达类动词不用为使动可能兼有语义和句法的因素。

总之,上古汉语无论是及物动词还是经常带关系宾语的不及物动词大体上都不易用为使动,一则当时的动词一般只带一个宾语,二则这个宾语的挑选如果还可以有一般宾语或关系宾语以外的选项(如使动宾语)难免会造成信息接收处理的困扰。因此即使是不及物动作动词,如果经常搭配关系宾语,该动词用为使动的概率也会因此降低。

与一般的不及物动词相较,名谓词用为使动较有限制,尤其是表义需要深赖上下文且主语为有生名词的会倾向于不用为使动,例如表穿搭行为的"杖、冕、弁、绶"等。可能是因为名谓词本就有义类的限制,可搭配的宾语也就较有局限,如名谓词"杖"一般会搭配工具宾语,表示拿杖形物,例如"杖戈、杖策"。

五、先秦以至西汉作格动词的发展

若是不看低频词,不及物动作动词的使动用法在先秦和西汉都很常见,也就是说表面看起来作格动词的涵盖范围从先秦到西汉并没有什么变化;但深入检视,作格动词这个范畴在实际上是有所演变的,我们可以从以下的发展中看到作格动词的集合在这段期间的变化。③

---

① 关系宾语这个术语借自李佐丰(1994)。
② 语义相近的位移动词"之、适"通常直接处所词而不需有介词引介,我们归入及物动词。
③ 仅用于先秦的词项不在所论范围,例如"殪"(毙)、"跻"(登)虽是作格动词,但是是只用于先秦的词汇。

（一）部分词项或义项在西汉时期就已经没有使动式的能产力

先秦有些不及物动作动词本来能生成使动式但后来不再能产，换句话说就是不再是作格动词了。① 其中有的动词所指涉的动作本就罕有由外力发动而致使产生的机会，因此用为使动本就罕见。例如"涉""笑"用为使动都仅见于先秦而且仅有"涉其帑""笑诸侯""笑左右"等3例["涉其帑"参例（27），后二者同见于《晏子·内篇谏下》]；又如"步"的使动式主要见于先秦，西汉虽仍有"步马"之例，但这是先秦已见的构式，宜视为承袭性的熟语；又如"战"虽然在先秦和西汉都可用为使动，但西汉之例不但少而且多承自先秦文献。有些动词虽然从先秦到西汉都一直可以归入作格动词，但其用为使动是局部性的，例如多义词不见得所有的义项都是能用为使动的。这种不用为使动的义项有的是自始以来就是如此，有的是本有而后来失去的。自始以来就没有使动用法的如"游"的"游泳"义，"游"有"游泳""遨游、游玩""交游"诸义，其中本义的"游泳"从来没有用为使动，而"遨游、游玩""交游"义都有使动式，例如：《庄子·田子方》的"吾游心于物之初"是"使……遨游"之义；《淮南子·人间训》的"伍子奢游人于王侧"是"使……交游"之义。"游泳"义不用为使动，大概是因为游泳通常是自力为之的，他人无使力之处。本有使动用法而后来失去的如"行"的个人行进义，"行"的个人行进义之使动用法仅见于先秦，例如"行子南"。大致上，一个动词若是先秦用为使动就已颇有局限，那么在西汉时其使动用法趋于消失的可能性就相当大；此外，比较常见的本有使动用法而后来趋于不用的还有表示具体肢体运动的词或义项。

（二）部分动词的使动用法因词义变化而改分析为及物动词

作格动词的使动式也有可能进一步衍生新义而成为致使义不彰的纯粹及物动词，新义与该词基式的词义脱离了意义上的联系，使人不再感觉它是不及物动词的使动用法，也就是说这样的使动词已经不是句法层面的使动转换产生的而应当列为词库中的一个新词项或义项了。例如"舞"的使动式发展到了西汉产生了"舞弄"的新义，例如"舞文法"（《史记·汲郑列传》），这个意义的"舞"应视为具有施事和受事两个论元的及物动词，不宜分析为是以"文法"为使动宾语的使动式了。又如"济"的使动用法也发展出"救助"义，这个意义的"济"也就可归作及物动词了，例如"宽以济猛，猛以济宽"（《左传·昭公二十年》）。也有动词的动宾结构可以兼有使动式的解读和及物动词的解读，视义项而定。例如带受事宾语的"处"有"使……居"义和"处置"义。"使……居"义仍当分析为使动用

---

① 并不是说作格动词只有趋于减少的，因为也有西汉才新生的。这点从并列复合词可以看得更清楚一些，因为复合词是时代越晚使用越频繁的。例如"动作"在《左传》已见，但先秦未见用为使动，西汉始见其例，例如"动作百物"（《新书·辅佐》）；又如"聚会"，始见于《史记》，共3例，其中就有一个使动例，例如"聚会占家问之"（《史记·日者列传》）。

法,这种用法先秦和西汉都有而先秦似更常用,例如"处浇于过,处豷于戈。"(《左传·襄公元年》);"处置"义的"处"宜当分析为单宾及物动词(虽然此义也应当还是由使动用法演变出来的),这种用法先秦已有而西汉更为流行,例如"德以处事"(《左传·文公十八年》)。

(三)部分动词所能搭配的使动宾语范围趋于缩小

以上看的是动词,我们还可以从动词和宾语间的选择限制来看作格动词使动用法的演变。有的动词在西汉能搭配的使动宾语比先秦要少得多。例如"步"在先秦可以看到的使动构式有"步马、步师、步玉趾"等,①但西汉就只剩"步马"一种。我们也还可以看到,部分动词的使动宾语有减少或不再使用有生名词的趋向。例如"趋"的使动例在先秦有"趋诸侯、趋玉趾、趋舆、趋驾"等,但西汉就只有趋使车马的"趋车、趋驾"之例,也就是说"趋"的使动宾语到了西汉有趋于限缩为无生名词之势。又如"立",此词用为使动有表具体空间位移的"使……站立""使……竖立"之义,例如"立囚"(《左传·襄公二十六年》)、"立尔矛"(《尚书·牧誓》),也有表示较为抽象的使国君即位或者成立事功德业的,例如"立武王、立政、立事、立心、立天之道"等。像"立囚"这种表示让人站到面前的用法就只见于先秦,换句话说在西汉时期表具体空间位移的"立"的使动宾语不再用属人名词。又如"行",上古汉语"行"的使动宾语可以是无生名词或有生名词,无生名词占绝大多数,例如"行舟";如果不计集团名词,属人名词作为"行"的使动宾语的例子不多且时间相对较早,仅见于先秦,而且主要见于《左传》,如"行子南"(昭公元年)、"行归者"(襄公二十六年)。西汉"行"的使动宾语主要是以无生名词为主,有生名词大抵都是集团名词,如"行师、行军"等。有可能是"行师、行军"已成为熟语而得以流传下来,也有可能是集团名词容易被比照为无生名词的关系。

如果以5.3这一项为据,似乎使动式的生成有走向凸显非宾格性的趋势。就这点看,为上古汉语进行非宾格动词和非作格动词的区分也不能说是全无意义的。不过话说从头,如果原则上能用为使动的动词应以非宾格动词为主,那么我们怎么解释为什么在更早的时期非作格动词用为使动会那么发达呢?关于早期非作格动词易生成使动式的原因,我们或许可以这么看:上古汉语最早的致使构式应是含有致使标记的(致使词缀或致使动词),不靠致使标记而纯粹以句法来表示致使的使动式应是相对较为晚出的致使构式。早期文献容许构作这种无致使标记的使动式的空间较为宽广,连非作格动词也易用为使动,大概是因为这种无致使标记的使动式开始发展时,人们对此规则的运用有较大的弹性或延伸的缘

---

① 文献著作时间难确定的例子不计在内,例如《礼记》虽编于西汉,但其中作于先秦的篇章应该不在少数。此外,《国语·吴语》有"以安步王志",但此句之"步"有异文所作不同,因此也不列入。

故。至于无生名词用为使动宾语为何越来越多，我们认为原因应该有两方面：第一，无生名词本就较容易用为使动宾语；第二，部分非作格动词也不再采用使动式而改用其他构式来表达致使意义。

以上是从作格动词的使动用法来看作格动词的变化，我们也可以从其他的面相来看作格动词范畴的变化。词汇与词义的精细化与分工化是词汇演变的一大趋势，作格动词与其他同义词的互动也是有可能造成作格动词涵盖范围演变。作格动词的不及物用法和使动用法往往各有数义，为了减轻歧义的负担，除了可以改用其他的单音词，还可以采用复合词来分摊部分的词义，相应的这些复合词的及物性也更为受限。① 以"行"为例，不及物用法和及物用法（含使动式和由使动式演变而来的及物动词）都不止一义，二者合起来就有"走路""使……离开""往""移动""流通""做""实施"等诸义。在我们所考察的上古汉语文献中，可以算是分摊"行"的不同意义并且含有"行"这个词素的复合词至少就有"步行、行步、运行、施行、行施、流行"等，② 如例（44）至（49），不用说此时独用的"行"的词义和使用也随之更为受限。这些复合词与独用的"行"相较之下，词义更为窄化、及物性也较为受限。例如"步行"有 9 例，"运行"有 7 例，都是只有不及物用法而没有使动用法；"施行"有 13 例，虽没有见到带受事宾语之例，但其中有 6 例是"可施行"或"难施行"，如例（47）和（48），"可"或"难"搭配的动词必须是及物性的，而且"施行"另外还有 3 例宜当分析为带零宾语的施事主语句的，如例（49），因此，此时的"施行"宜分析为及物动词。

（44）廉如此者，何肯步行数千里，而事弱燕之危主乎？（《战国策·燕策》）
（45）阴阳四时运行，各得其序。（《庄子·知北游》）
（46）天灾流行，国家代有。（《左传·僖公元年》）
（47）凡论者贵其有辨合，有符验。故坐而言之，起而可设，张而可施行。（《荀子·性恶》）
（48）上念诸儒及方士言封禅人人殊，不经，难施行。（《史记·孝武本纪》）
（49）雷之动也，万物启；雨之润也，万物解。大人施行，有似于此。（《文子·尚德》）

"步行、行步、施行、行施"等可以分析为同义词或近义词的并列式，其义与"行"原有

---

① 这里所谓的复合词未必已成词，或许可视为连动式，但因这问题与本文主旨无涉，不特加分辨。
② 上古汉语以"行"为词素的复合词还有"趋行""驰行"等，但我们把它视为是取代"趋""驰"的。

的意义相近；而"运行""流行"的第一个词素可以看作是"行"的运动方式。在作格动词前加一个表示该词的运动方式或原因的词，等如在该词上增加了限定的义素；这样的构式词义更受限定，词性也易趋固化，也是上古汉语到中古汉语不断增长的复合词构式。一般而言，复合词的两个词素如果本都是作格动词，复合词的及物性虽然尚非确定，但实际上还是多为不及物动词；如果其中一个词素本是及物动词，那么这个复合词一般就是及物动词。以"走"为例，上古汉语"走"的复合词有"破走、击走、奔走、驰走、逃走、却走、趣走、遁走"等。其中"奔走、驰走、逃走、却走、趣走、遁走"都是纯粹的不及物动词，没有使动式。"破走"有 5 例（如例 50），《战国策》有两例，其他都是西汉之例；"破走"除了《战国策》的一个例外，其他之例都是带宾语的，因此西汉的"破走"大概已是及物动词。"击走"有 4 例（如例 51），都是带宾语的，因此"击走"当是及物动词，而"击"当是决定"击走"及物性的主要关键。除此之外，作格动词的使动式还可以采用"使/令……V"这种分析式的致使构式来取代，这也会影响到作格动词范畴的变化，只不过这种致使构式在上古汉语还不发达。[①]

(50) 李牧数破走秦军，杀秦将桓齮。(《战国策·赵策四》)
(51) 其后二年，汉击走单于于幕北。(《史记·大宛列传》)

六、结论

本文主要是探讨上古汉语的不及物动作动词中的作格动词的使用情况，以及不及物动作动词作为作格动词需要有怎样的条件或限制。作格动词指的是一个动词兼可用为不及物动词和及物动词，且其不及物用法时的主语相当于其及物用法时的宾语。这种动词的及物用法通常是表示致使的，传统上称之为使动式；换句话说，有使动用法的不及物动词就是作格动词。一般会认为，作格动词应以状态动词为主，但是上古汉语的动作动词也有不少是可以用为使动的，也可归入作格动词，因此本文特就动作动词这个部分来厘清上古汉语作格动词的性质、涵盖范围以及成立的条件与限制。

在上古汉语动词的研究中，作格动词有时被等同于非宾格动词。在现代语言学中，非宾格动词和非作格动词之区分是一个影响广泛的动词区分理论。那么这种区分对于上古汉语的语法研究具有怎样的意义，非宾格动词和作格动词的异同如何，自是上古汉语语法研究者应当关注的重要问题。本文首先指出非宾格动词是不能等同于作格动词的，并说明非宾格动词和非作格动词之区分是不太适合用来描写上古汉语的。本文根据几个典型的非作格动词的使用状况指出有不少非作格动词可以用为使动，一个不及物动词能否用为使动大致上无关乎是否为非宾格动

[①] 关于各种致使构式从上古汉语到中古汉语的发展，可以参考魏培泉（2000）。

词。因此本文认为,就上古汉语而言,非宾格动词不能等同于作格动词,而且非作格动词之区分对上古汉语的句法研究来说是意义不大的。相对的,作格动词对于描写上古汉语的语法是很有用的一个概念,因为作格动词的界定是明确的,而且上古汉语的作格动词是相当常见的。

上古汉语的不及物动作动词要有怎样的条件才能用为使动呢?我们认为可以分从动词和论元来看。就动词来看,一个动作动词只要是所指涉的动作过程或结果是可以由外力致使的,一般都是可以用为使动;相对的,若是所指涉的是那种通常不会由外力致使的动作过程或结果就不太会有使动式。就论元来看,无生名词比有生名词更容易用为使动宾语,动物或集团名词也比一般的属人名词更容易成为使动宾语。

上古汉语有一些动作动词实际上是不用为使动的,限制这些动词生成使动式的因素可以分从语义和句法两方面来看。在语义方面,大体而言,较难生成使动式的动词在语义上主要有两种:一是不太可能由他人发动而产生的自发性行为,二是由复杂的运动方式组合而成的活动。在句法方面,上古汉语无论是及物动词还是常带关系宾语的不及物动词大体上都不易生成使动式,一则当时的动词一般只带一个宾语,二则这个宾语的挑选如果还可以有直接宾语或关系宾语以外的选项(如使动宾语)是难免会造成困扰的。因此即使是不及物动词,如果是经常搭配关系宾语的,该动词生成使动式的概率也会相对较低。

我们还观察作格动词从先秦到西汉的变化。不及物动作动词用为使动在先秦和西汉都很常见,也就是说表面看起来作格动词的涵盖范围从先秦到西汉并没有什么变化;不过再深入检视,有些作格动词在实际上是有演变的。就使动式的使用来考察,大致上可以看到以下的发展:第一,部分词项或义项在西汉时期就已经没有使动式的能产力;第二,部分动词的使动用法因词义变化而成为及物动词;第三,部分动词所能搭配的使动宾语范围趋于缩小。此外,作格动词也还会被不同的词或其他的构式所取代,也使得作格动词的涵盖范围有所演变。例如复合词就是从上古汉语到中古汉语较常取代作格动词的构式,多种形式的复合词分摊了作格动词的不同意义,与作格动词相较,这些复合词的及物性也是相对较受限定的。

参考文献

大西克:《施受同辞刍议——〈史记〉中的"中性动词"和"作格动词"》,*Meaning and Form: Essays in Pre-Modern Chinese Grammar*, 2004, 335-394. Lincom Europa.

黄正德:《汉语动词的题元结构与其句法表现》,《语言科学》2007年第4期。

蒋绍愚:《上古汉语的作格动词》,《历史语言学研究》第11辑,商务印书馆2017年版。

李佐丰:《文言实词》,语文出版社1994年版。

魏培泉:《说中古汉语的使成结构》,《历史语言研究所集刊》2000年第71本第4分。

杨作玲：《上古汉语非宾格动词研究》，商务印书馆2014年版。

［日］影山太郎：《动词语义学》，于康等译，中央广播电视大学出版社2001年版。

"中研院"上古汉语标记语料库：http：//lingcorpus. iis. sinica. edu. tw/ancient/.

Levin, Beth and Malka Rappaport Hovav 1995. *Unaccusativity：At the Syntax – Lexical Semantics Interface*. Cambridge, Mass. ：MIT Press.

Perlmutter, David M. 1978. Impersonal passives and the unaccusative hypothesis. *Proc. of the 4th Annual Meeting of the Berkeley Linguistics Society*. U. C. Berkeley.

Vendler, Zeno 1967. *Linguistics in Philosophy*. Ithaca, N. Y. ：Cornell University Press.

（原文刊于《中国语文》2021年第2期）

"关"和"关于"

——网络和构式

蒋绍愚

（北京大学中文系，电邮：jiangshy@pku.edu.cn）

提　要：本文分两个部分。（一）多义词"关"的各个义位都处于语义网络中，可以分成四个义群来分析。其中有些义位之间的关系是引申，有些则需要进一步的深入分析。（二）"关于"原先处于构式1"关v+[于+N]"中，"关"和"于"不在一个句法层面上。后来构式1发生演变，最终导致构式2"关于"的产生。这是从构式演变到构式化。文章还讨论了其他"X+于"构式的形成。

关键词：关；关于；词义的网络系统；义群；构式演变；构式化

本文通过对单音词"关"的义位之间关系的分析和复合介词"关于"形成过程的分析，讨论词义网络以及构式演变、构式化的问题。

一、关

根据《汉语大字典》和《汉语大词典》，单音词"关"有将近30义项。辞书中的义项，大体上就是这个多义词的义位（但有的义项不是，详见下）。这些义位之间是否有联系？怎样联系？

1.1《汉语大字典》【关】的义项

（1）门闩。（2）关闭。（3）禁闭（如"关押"）。（4）门。（5）城门外附近的地带。（6）古代车厢的木栏。（7）要塞，关口。（8）守关人。（9）不易通过的界限（如："年关"）。（10）关税。（11）阻隔。（12）围棋手法的术语。（13）古代博戏樗蒲局上的二关。（14）机器的发动处。（15）事物的关键。（16）人体上某些关键部位或器官的名称。（17）关系，交接。（18）涉猎。（19）参与。（20）入，纳入。（21）措，置。（22）通过。（23）通告。（24）表白。（25）古时一种文书。（26）领取。（27）发放。（28）关子。南宋的一种纸币。（29）衡，秤。又准则。（例句见下。通假的义项不列在内。12、13不予讨论。）

词义是一个网络系统。各个词义都是处于这个网络系统中。根据这个观点，应该怎样来看待"关"的各个义位之间的关系呢？

1.2 在考虑这个问题时，我参考了 Lakoff（1987）对英语多义词 over 的研究（Lakoff 主要参照了 Brugman 1981 的研究成果）。英语的 over 有 100 多种用法（one hundred kinds of uses），如何看待这些不同用法（语法意义）之间的关系？书中根据 trajector（射体，记作 TR）和 landmark（界标，记作 LM）的不同关系，把这些意义归纳为 6 个意象图式（image schema，简称 Schema），它们是：

Schema 1. The Above – Across sense　　（The plane flew over）
Schema 2. The Above sense　　　　　　（Hang the painting over the fireplace）
Schema 3. The Covering senses　　　　（The board is over the hole）
Schema 4. The Reflexive schemas　　　（Turn the paper over）
Schema 5. The Excess schemas　　　　（The bathtub overflowed）
Schema 6. The Repetition schemas　　 （Do it over）

图式 1–4 都是在空间的移动，图式 5、6 是上述图式加上隐喻。

有的意象图式下面又有若干子图式，如在 Schema 1 下面，有 6 个子图式：

1. X. NC，　1. X. C，　1. VX. NC，　1. VX. C，　1. V. NC，　1. V. C。

X 表示 LM 是横的，V 表示 LM 是竖的，C 表示 TR 和 LM 接触，NC 表示 TR 和 LM 不接触。作者把图式 1（Schema 1）放在中心位置（central position），和其他图式建立起联系（links），形成一个放射性结构（radial structure）。这个结构图见原书 P.436；见本文图 1。

作者最后说：有不少语言学家对 over 之类的词语作了研究，他们的结论是基本一致的。他引用 Brugman 的意见说：

这些词语（expressions）都是多义的，这些众多的意义无法用一个核心意义（single core meaning）来表征，而需要用意象图式（image schemas）和隐喻模式（metaphorical models）来表征。

每个词语的各个意义（senses）形成一个放射性结构的范畴，其中有一个中心成员（central member）和各种由意象图式转换和隐喻而形成的链接（links）。

非中心的意义（noncentral senses）无法由中心意义预测，但绝不是任意的（arbitrary），而是由不处于中心的实例、意象图式的转换和隐喻模式引发出来的（motivated by less central cases, image schema transformation and metaphorical models）（P.460）

1.3 在传统的汉语研究中，对汉语词义之间联系的研究最常用的一个术语是"引申"。古代的一些学者讲"引申"讲得很精彩，如段玉裁的《说文解字注》中有很多这样的例子。本文在下面分析"关"的各个义位的关系时也要用到"引申"。但"引申"不是词义发展

图 1

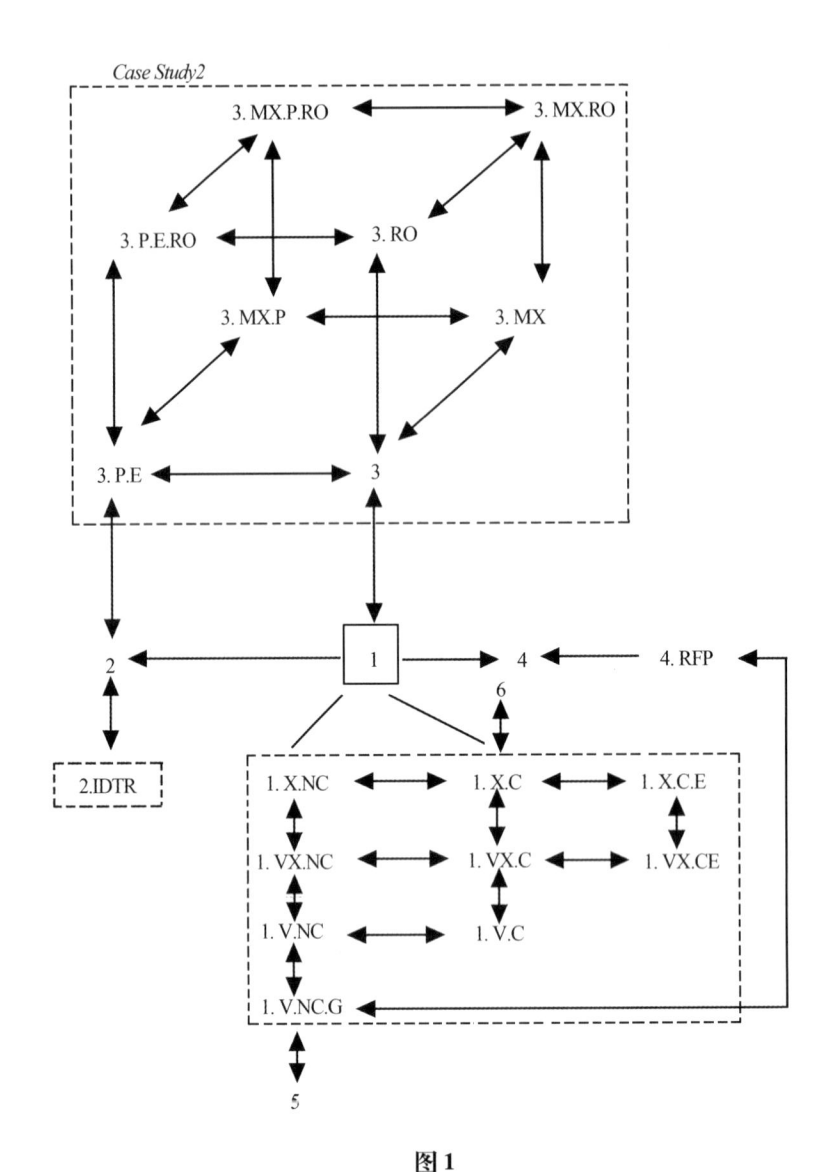

的唯一途径，不能把词义之间的复杂关系简单地全都归结为"引申"。而且讲"引申"有时难免有些主观性、不确定性，让人们在操作时不容易把握。而用"意象图式"来分析词义关系，其长处在于比较有客观性、确定性，让人们在操作时比较容易把握。

比如，OVER 在词典中有这样两个义位：（1）from one side of（sth）to the other, across. 如：Sam climbed over the hill.（2）on the far or opposite side of（sth）. 如：Sam lives over the hill. 这两个义位之间是否有引申关系？这个问题不容易说清。如果用意象图式来分析，则可以说：前者是 schema 1. VX. C，聚焦于运动的路径；后者是 schema 1. VX. C. E，聚焦于运动的终点（E 表示 end-point，终点）。

— 514 —

又如，OVER 有一个义位是 again. 如：Do it over! 这和 Sam drove over the bridge 中的 over 是什么关系？这很难说是"引申"。Lakoff（1987）把这种 OVER 称为 Schema 6. The Repetition schemas。他认为 Sam drove over the bridge 的 over 是 schema 1. X. C. ，landmark 是桥，trajector 是 Sam 的行迹。Do it over 的 over 是 schema 1. X. C. 加上两处隐喻而成的，这个隐喻是 ACTIVITY IS A JOURNEY。根据这个隐喻，Do it over 的 over 这个意象图式中的 landmark 是早先已经完成的动作，trajector 是动作进程。在早先已经完成的动作的基础上再作一次动作进程，这就是 repetition。

当然，我的意思不是说用意象图式的研究方法就一定优于传统的研究方法，我的意思只是说，意象图式的研究方法可以供我们参考。更重要的是，语义的研究相当复杂，我们可以多一些研究的思路和视角。

1.4 现在回到"关"的问题。

本文不打算采用"意象图式"这个概念来做研究。① 我从 Lakoff（1987）中受到启发的是：他不是把 over 的 100 多个意义放在同一个平面上研究它们的相互关系，也不是企图以某一个意义为中心来贯穿这些众多的意义，而是先把一些相关的意义归纳为几个意象图式（见 P. 492），然后建立这些意象图式之间的联系，使之成为一个语义网络。

我的做法是：把"关"的 30 多个义位先做一归纳，把相近的义位归为一个义群，共四个义群；然后再来分析 1－3 义群中各个义位之间的联系，并考察这四个义群之间的联系。这样或许能以简驭繁，脉络清晰。义群之间联系的示意图见本文图 2。

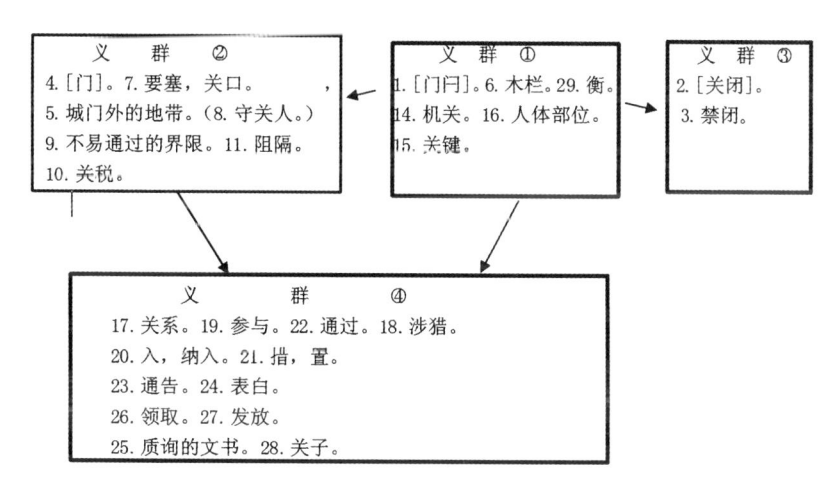

义群 ②
4. [门]。7. 要塞，关口。
5. 城门外的地带。（8. 守关人。）
9. 不易通过的界限。11. 阻隔。
10. 关税。

义群 ①
1. [门闩]。6. 木栏。29. 衡。
14. 机关。16. 人体部位。
15. 关键。

义群 ③
2. [关闭]。
3. 禁闭。

义群 ④
17. 关系。19. 参与。22. 通过。18. 涉猎。
20. 入，纳入。21. 措，置。
23. 通告。24. 表白。
26. 领取。27. 发放。
25. 质询的文书。28. 关子。

图 2

---

① 有的文章用意象图式对多义词的各义位的关系做了研究，如顾飞龙等（2018），可以参看。

1.5 下面分别考察四个义群。每个义群列出各个义位，先列出《汉语大字典》的释义，然后引用《汉语大字典》的例句。有的例句《汉语大词典》更为典型，则用《汉语大词典》例，前面加＊表示。

这四个义群中，义群123各有一个中心义位，义群1是"门闩"，义群2是"门"，义群3是"关闭"；在图中都加［　］表示。这几个义群中的其他义位都由这个中心义位引申而来。

就四个义群之间的关系来看，义群1处于中心地位。由义群1的中心义位"门闩"发展出义群2的中心义位"门"，又发展出义群3的中心义位"关闭"。义群4的各个义位，都和义群1的中心义位"门闩"以及义群2的中心义位"门"（和"关口"）有密切的关系。下面分别叙述。

1.5.1（一）义群1。这是处于中心位置的。

1. 门闩。

"门闩"是"关"的本义。这个意义也是义群1中的中心意义。《说文》："关，以木横持门户也。"是从里关门时用的门闩。"关"常和"键"一起使用，蔡邕《月令章句》："键，关牡也。""关"横持门户，"键"是"垂直插进关中的木橛"（黄金贵，2016：683），其作用是闭门。扬雄《太玄·闲》："无关键，盗入门也。""关"或"关键"是对闭门起重要作用的器物。

2. 古代车厢的木栏。

《墨子·贵义》："子墨子南游使卫，关中载书甚多。"孙诒让《间诂》："盖古乘车以箱輢间以木为栏，中可庋物，谓之扃，亦谓之关。"这不仅是因为两者形状相似（都是长形的木条），而且是因为作用相似（都是为了阻挡）。

3. 衡（秤）也叫"关"。

《国语·周语下》："夏书有之曰：'关石和钧，王府则有。'"韦昭注："一曰关，衡也。"陈瑑注："关，衡也；衡，平也。衡所以任权而均物平轻重也。"把"衡"称为"关"，也是着眼于"衡"和"关（门闩）"的形似。

以上义位2、3都是器物，和"门闩"或是形似，或是功能相似。

4. 器械的发动部分。

《后汉书·张衡传》："〔候风地动仪〕中有都柱，傍行八道，施关发机。"《左传·襄公十年》："县门发。"孔疏云："县门者，编版广长如门，施关机，以县门上，有寇则发机而下之。"《后汉书》的"关"就是孔疏的"关机"。

5. 人体部位。A. 手掌后切脉部位。B. 脐附近。C. 耳目口为三关。D. 关节。

这些都是人体上关键的部位，耳目口为声色食物进入人体的通道。

6. 关键，事物的起决定作用的因素。韩愈《题炭谷湫祠堂》诗："不知谁为助？若执造化关。"魏怀中注："关，关键也。"

以上义位4、5、6都含有"起重要作用"的语义成分。4是把此义用于器械的部位，5是把此义用于人体部位，6是把此义用作抽象名词。

这一个义群的"关"都是名词。

1.5.2（二）义群2。这个义群和义群1有关。

（1）门。这是义群2的中心义位。

以"关（门闩）"指"门"。《周礼·春官·巾车》："及墓，呼启关陈车。"郑玄注："关，墓门也。"孙诒让正义："《说文·门部》云：'关，以木横持门户也。'引申之，凡门皆曰关，故墓门亦称关也。"顾炎武《日知录》卷三十二："关者，所以拒门之木。……后人因之，遂谓门为关也。"这是以器物的主要部分指称整个器物。这就如同以"舆"指"车"一样，"舆"的本义是车厢，后来也可指车。

（2）要塞，关口。这个义位和"门"的关系很密切。

这是建于险要地形上的关隘，如秦汉时常见的"函谷关""武关"等。这个义位古代也常见，但时代晚于"门闩""门"这两个义位。"函谷关""武关"较早见于《战国策》，而《战国策》是刘向整理的，未必是先秦的文献。

《战国策》卷十九："秦攻燕，则赵守常山，楚军武关，……秦必不敢出兵于函谷关以害山东矣！"

《淮南于·地形》有"九塞"，均为险要之地，后代都建立关隘，但书中无"函谷关""武关"等称。到《史记》就很多了。

那么这个"关塞""关隘"的"关"与这个义群的中心义位"门"是什么关系呢？

《汉语大字典》的"门"义位，用的例句是《周礼·春官·巾车》："及墓，呼启关陈车。""关"指的是墓门。其实，先秦的"关"指门，更多的是指"境上之门"。如：

《左传·襄公十四年》："遂行，从近关出。"竹添光鸿《会笺》："关，界上之门。卫都不当境中，其界有近有远，故自近关出矣。"杨伯峻注："国界有关。卫四面皆邻他国，蘧伯玉欲速出国境，以免祸乱，于是择最近之国门出国。"

《孟子·公孙丑上》："关讥而不征。"焦循注引孔颖达疏："关，竟上门也。"

《周礼·地官·司关》："司关。"注："关，界上之门。"

《周礼·地官·司关》："国凶札，则无关门之征。"贾疏："此司关所掌，兼言门者，门关同类，无征是同，司门既不言，故于关并言门也。"

"函谷关""武关"等之所以称"关"，一方面是因为"关"已经由"门闩"引申为"门"，"函谷关""武关"等是"境上门"；另一方面，"函谷关""武关"等"关"的作用和"关（门闩）""关（门）"一样，起关闭和保护的作用。境上之关未必都建筑在险要的地形上，后来在险要的地形上建关，这就是"函谷关""武关"的"关"了。这种"关"都是军事要塞，其性质和"境上门"之"关"是不一样的，但仍用"关"这个词来表达。

（3）城门外的地带。

这个义位的时代很晚。《汉语大字典》的例句是《徐霞客游记·粤西游日记》："县北关外为巩阁。"这个句子不典型，可以换成《徐霞客游记·滇游日记七》："从大路南四里余而抵鹤庆北关，托宿于关外，乃入北门，是为旧城。"从"城门"到"城门外的地带"，是连类而及。

（4）守关人。

按：此义位有误，应该去掉。所以在图2中用（ ）表示。

《周礼·地官·掌节》："门关用符节，货贿用玺节，道路用旌节，皆有期以反节。"郑玄注："门关，司门、司关也。货贿者，主通货贿之官，谓司市也。道路者，主治五涂之官，谓乡遂大夫也。"孙诒让《正义》引贾疏云："以其人之出入必由门由关，而授节者非门关之官不可辄授，故知主守门及关者，故以司门、司关解之也。"

郑玄确实把"门关"解释为"司门、司关"，但贾疏说明了他这样解释的理由。据贾疏，"门关"是"由门由关"而入之意，"司门、司关"是郑玄外加的。这一点，对比《周礼》另一段相关的文字可以看得很清楚：

《周礼·秋官·小行人》："道路用旌节，门关用符节，都鄙用管节。"注："他邦之民若来入，由国门者门人为之节，由关者关人为之节，其以征令及家徒，乡遂大夫及采地吏为之节。"注说得很清楚，不用多加解释。

（5）阻隔。

《盐铁论·箴石》："今欲下箴石，通关鬲，则有盛胡之累。"《旧唐书·颜真卿传》："其有无门籍人，有急奏者，皆令监门司与仗家引奏，不许关碍。"

"关鬲"为中医学名词，其中的"关"为"阻隔"义。《旧唐书》"关碍"的"关"同。此义从"要塞，关口"义引申而来。

（6）不易通过的界限。

《汉语大字典》举例为：年关；百万大关。此义亦从"要塞，关口"义引申而来，是"要塞，关口"的比喻义。

（7）关税。

《国语·晋语四》："轻关易道，通商宽农。"这个义位不用解释。"境上门"的"关"是收税的。《孟子》说的"关讥而不征"是他理想中的古代情况。

1.5.3（三）义群3。这个义群和义群1有关。这个义群只有两个义位，都是动词。

（1）关闭。

这显然是从"门闩"义引申来的。此义是后来产生的。

《汉语大字典》的例句是：《方言》第十二："关，闭也。"《易林·讼之临》："关牢辟门，巡狩释冤。"这些例句时代较晚。实际上，这个义位在西汉已经出现。如：

《管子·八观》："宫垣关闭，不可以不修。"（《管子》成书于汉代）

《淮南子·览冥》："城郭不关，邑无盗贼。"高诱注："关，闭也。"

《淮南子·精神》："夫至人倚不拔之柱，行不关之途，禀不竭之府，学不死之神。"高诱注："行于不可关闭之途。"

"闭"和"关"是词汇替换，这个过程从西汉开始，"闭"和"关"一直并用，开始时以"闭"为主，用"关"较少，直到《西游记》，"闭门"和"关门"的使用频率才接近。这个问题在蒋绍愚（2019）已经说过，此处不重复。

（2）禁闭。

此义位《汉语大字典》没有古代文献的例证，只举了两个词语：关押，关鸡。

实际上此义位在《西游记》就有：

《西游记》第二十六回："不想那童子关住我们，又被老孙扭开锁走了。"

《西游记》第十八回："那妖精那里肯退，转把女儿关在他后宅，将有半年，再不放出与家内人相见。"

《西游记》八十二回："青天白日的，把个和尚关在家里摆布。"

《金瓶梅》尚未见此义位。相关的例句有：

《金瓶梅》第三回："我把门拽上，关你和他两个在屋里。"

《金瓶梅》八十二回："妇人一见其词，到于晚夕月上时，早把春梅、秋菊两个丫头，打发些酒与他吃，关在那边炕屋睡。"

"禁闭"义是从"关闭"义演变而来的。"关闭"义的"关"的对象一般是"门""户"等物，《金瓶梅》的例句"关"的是人，意思只是把人关在户内。到《西游记》的例句,"关"就增加了强迫某人在里面不许出来的意思,这就成"禁闭"义了。

1.5.4(四)义群4。

这个义群的义位可分为5组。第一至四组是动词,第五组是名词。这四组动词的词义各不相同,但有两个共同点:(1)义群中的各个义位都涉及甲乙双方,表示两者之间的关联。(2)第二至四组的动词和出入有关。第五组的名词和第三、四组动词有关。

这个义群和义群1、义群2的关系到下面讨论。

1.5.4.1 第一组:

(1)关系。*司马迁《报任少卿书》:"夫中材之人,事关于宦竖,莫不伤气,况慷慨之士乎!"

(2)参与。*《三国志·吴志·孙休传》:"休以丞相兴及左将军张布有旧恩,委之以事,布典宫省,兴关军国。"

(3)通过。《史记·酷吏列传》:"其治米盐,事大小皆关其手。"

(4)涉猎。《后汉书·张升传》:"升少好学,多关览。"注:"关,涉也。"

这一组的动词,"关系"是甲与乙关联。"参与"是甲参加乙事。"通过"是甲事经由乙手。"涉猎"是甲关注乙事。

1.5.4.2 第二组:

(1)入,纳入。《尚书大传》卷一下:"虽禽兽之声,犹悉关于律。"郑玄注:"关,犹入也。"

(2)措,置。《墨子·经说下》:"关石于其下,县丝于其上。"

这一组动词是甲(人)使乙(物)进入或置于某处。

1.5.4.3 第三组:

(1)通告。《周礼·秋官·条狼氏》:"誓大夫曰敢不关,鞭五百。"孙诒让正义:"此不关亦谓不通告于君也。"

(2)表白。《汉书·王褒传》:"进退得关其忠,任职得行其术。"

这一组是言语动词,甲说话让乙知道。"表白"义的"关"是出于甲口,"通告"义的"关"是入于乙耳。

1.5.4.4 第四组:

(1)领取。《元典章·户部·职役人关钱物》:"或令关钱人自来关支。"

(2)发放。《水浒传》第五十五回:"三军尽关了粮赏。"

这一组动词是钱物交易。甲以钱物予乙,甲是发放,是出;乙是领取,是入。

1.5.4.5 第五组:

(1)质询的文书。刘勰《文心雕龙·书记》:"百官询事,则有关、刺、解、牒。"

（2）关子。南宋的一种纸币。

这一组是名词。"质询的文书"是甲乙用以质询的，"关子"是甲乙用以买卖的。它们和言语或买卖的出入有关。

1.5.4.6 上面说义群1和义群2、义群3有联系，这不用解释。问题是：为什么说义群4和义群1、2都有关系呢？

我们先看一下段玉裁对"关"的说解。

《说文》："关，以木横持门户也。"段注："引申之，周礼注曰：关，界上之门。又引申之，凡曰关闭，曰机关，曰关白，曰关藏皆是。凡立乎此而交彼曰关。"

段玉裁这段话有两点值得注意：（1）他把"门闩"的"关"和"界上之门"的"关"都和与"关"有关的动词联系起来。（2）他总结说："凡立乎此而交彼曰关。"

我们可以用段玉裁的话来解释义群1、2和义群4的关系。

义群1、2中的中心义位"门闩""门"（还有"关口"，上面已说，它和"门"的关系很密切）都是名词，为什么它们是"立乎此而交彼"？

"门闩"义的"关"是和"键"配合使用的。"关"置于门上，键插入或抽出其中。所以是"立乎此而交彼"。"门户"义的"关"置于墙上，"关口"义的"关"建于境上，行人出入其中，所以是"立乎此而交彼"。

而且，键插入关中则门闭，键从关中拔出则门开；其作用主要是关闭，所以能引申出"关闭"义；但又不仅仅是关闭，也是开启。

《老子》二十七章："善闭无关键而不可开。"河上公注："善以道闭情欲而守精神者，不如门户有关键，可得开。"这句话很说明问题。

"门户"义的"关"和"关口"义的"关"也是如此。它们有管关闭的作用，所以可引申为"阻隔"，但其主要作用是管出入，下面的例句能帮助我们理解这点：

《管子·问》："关者，诸侯之陬隧也，而外财之门户也，万人之道行也。"注："谓因此出入。"

《艺文类聚》卷六："【关】蔡邕《月令章句》曰：'关在境，所以察出御入。'"

甚至人体上的"关"，其作用也是管出入：

《素问》卷二十四："肾者胃之关也。关门不利，故聚水而从其类也。"注："关者所以司出入也。"

所以，与"门闩""门""关口"联系的动作有两点值得注意：1. 可以用"立乎此而交彼"解释。2. 和"出入"有关。

再看义群4。上面说过，义群4的义位都与"甲""乙"有关。如果把段玉裁的话稍加改动，就可以说，义群4中的四组动词都可以说是"立乎甲而交于乙"。如："夫中材之人，事关于宦竖,莫不伤气。"是说"事"在中人,而交于宦竖(关涉到宦竖)。"虽禽兽之声,犹悉关于律。"是说声在禽兽而交于律(与律相合)。"进退得关其忠"是说忠在心中而交于君(君知其忠)。"三军尽关了粮赏"是说粮赏在官而交于士兵(粮赏到了士兵手中)。

而且,义群4的很多动词也都与出入有关。如"发放"是出,"领取"是入,"表白"是出于己口,"通告"是入于彼耳。"纳入""放置"都是入。

所以,义群4的动词义位也有这两个方面:(1)可以用"立乎此而交彼"解释。(2)和"出入"有关。第五组中的两个名词义位,也是和出入有关的。

正因为如此,所以,在"关"的词义网络中,义群4是和义群1、2相联系的,义群4的义位都可以用义群1、2中表"门闩""门""关口"的"关"来表达。

如果说,义群1、2、3里面的中心义位和其他义位的语义关系都可以用"引申"来说明,那么,义群4中的各个义位和"关"的本义"门闩"以及"关"很常用的义位"门""关口"之间的语义关系,就无法用"引申"来说明了。我们不好说由"门闩"义或"门"义或"关口"义引申为"通告""表白""领取""发放"等义位。粗看起来,义群4中的各个义位和"关"的常见义位"门闩""门""关口"之间似乎找不到什么关系,但经过深入分析,这两者之间实际上是有关系的,只是这种关系不能简单地说成引申关系。

所以,我们对多义词的各个义位之间关系的分析,思路还要开阔一些。

1.6【关】只是一个案例。汉语中很多词的义位很复杂。如【厉】,《汉语大字典》有23个义位。这些义位之间,哪些有联系,哪些没有联系?各人看法不一。段玉裁《说文解字注》和朱骏声《说文通训定声》把很多意义看作假借,而徐灏《说文解字注笺》则认为几乎所有这些意义都是引申。这就关系到【厉】是多义词(polysemy)还是几个同形词(homograph)。如果是引申,那么各个意义之间存在什么联系?这些问题是有待于深入研究的。

二、关于

在现代汉语中,"关"作为单音词,最常用的意义是"关闭"。但"关"还可以作为语素构成很多复合词,作为语素的"关",最常用的就不是"关闭"义,而是"关系"义。下面讨论一个复合词"关于"。

复合介词"关于"是由跨层结构词汇化而成的(见董秀芳,2011:270-271)。早先的"关于"出现在"关(V)+〔于(P)+N〕"结构中,"关"和"于"不在一个句法层面上,但整个"关(V)+〔于(P)+N〕"结构是一个论元结构构式,我们称之为"构式1"。复合介词"关于"是一个词汇构式,我们称之为"构式2"。在历史演变中,构式1发生了一些变化,这是构式演变。演变的结果导致构式2的产生,这是构式化。我们所关注的,就是这个从构式演变到构式化的历史发展过程。

除了"关于",汉语中还有很多"X+于",我们也选择一些加以讨论。但只是列出构式1和构式2的实例,至于如何从构式1的演变导致构式2的形成这个过程就不详细讨论了。

2.1 关于

2.1.1 "关于"是现代汉语中很常用的一个复合介词。《现代汉语八百词》的解说是:

【关于】[介] 表示涉及的事物。
a) 关于+名
最近看了一些~国际问题的材料|~运输问题,我想再说几句。
b) 关于+动/小句
~兴修水利,公社正在全面规划|~学校增加招生名额,你们准备采取什么具体措施?
c) "关于……的" +名
~节约用煤的建议|~唐山发生地震的消息

其中,a)和b)是现代汉语中"关于"的基本结构,c)是把a)和b)变成"的"字结构,作名词的定语。c)的"关于……的"中间,既可以是b)(如上面两个例子),也可以是a),如"关于国际问题的报告""关于运输问题的讨论"。仅仅是"关于+名"和"关于+动/小句",在句法中所能充当的成分是有限的,只能放在句首作为话题,如"关于运输问题,我想再说几句。""关于兴修水利,公社正在全面规划。"从这种用法来看,"关于"应该说是话题标记。"关于+名"和"关于+动/小句"变成"的"字结构并加上名词以后,在句法中就能充当多种成分:作主语:"关于节约用煤的建议是他提出来的。"作宾语:"我已经看了关于节约用煤的建议。"还可以单独作标题:"关于节约用煤的建议(这个'关于'实际上也是话题标记)。"

2.1.2 从历史上考察,如果不管意义,完全从形式上看,那么,"a) 关于+名"是从先秦就有,"c) 关于……的"大约从唐代开始就有类似的形式,"b) 关于+动/小句"古代没有,是现代汉语中才有的。

2.1.3 从先秦至六朝文献中的"关于",全都是"关于+名词"[①]:

---

① 既然这种"关于"不是在同一个语言层次上的,就不应该看作一个语言单位。但为了考察介词"关于"的形成过程,我们姑且把这种"关于"放在一起,考察它后面跟随的成分关系的变化。

《汉书·司马迁传》:"夫中材之人,事关于宦竖(宋祁曰:浙本事字下有有字),莫不伤气。"

《汉书·谷永传》:"臣前幸得条对灾异之效,祸乱所极,言关于圣聪。书陈于前,陛下委弃不纳。"

《论衡·自纪》:"故鸿丽深懿之言,关于大而不通于小。"(这个句子中的"大""小"也是用作名词的。)

《世说新语·贤媛》:"发白齿落,属乎形骸。至于眼耳,关于神明,那可便与人隔。"

《世说新语·巧艺》:"四体妍蚩,本无关于妙处,传神写照,正在阿堵中。"

《世说新语·排调》:"唇齿相须,不可以偏亡。须发何关于神明?"

《南齐书·礼志下》:"旒本是命服,无关于凶事。"

徐陵《梁贞阳侯重与王太尉书》:"大齐道冠三皇,风高九代,仁信之本,关于至诚;言与之恩,由于孝德。"

这个历史时期的"关于+名词",其结构应分析为"关(动词)+[于(介词)+N(介词宾语)]",其中的动词可以替换成"系",介词可以替换成"乎",这充分说明"关"和"于"是两个独立的词:

嵇康《声无哀乐论》:"声音自当以善恶为主,则无关于哀乐;哀乐自当以情感,则无系于声音。"

《旧唐书·代宗纪》:"职有关于公府,事不系于尚书。"

《韩非子·制分》:"其法通乎人情,关乎治理也。"

《抱朴子·论仙》:"入无绮纨之娱,出无游观之欢,甘旨不经乎口,玄黄不executed乎目,芬芳不历乎鼻,八音不关乎耳。"

《晋书·王祥等传论》:"御而骄奢,其关乎治政。乘时立制,莫不由之。"

《隋书·经籍志》:"古者陈诗观风,斯亦所以关乎盛衰者也。"

"关乎"在现代汉语中还用,但《现代汉语词典》把它标注为 动 ,它没有演变为介词。

2.1.4 到唐宋时期,出现了这样的句子:

白居易《与元九书》:"自拾遗来,凡所适所感,关于美刺兴比者,又自武德讫元和,因事立题,题为新乐府者,共一百五十首,谓之讽谕诗。"

司马光《请建储副或进用宗室第一状》:"臣窃惟陛下天性纯孝,振古无伦,事无大小,关于祖宗者,未尝不勤身苦体,小心翼翼,以奉承之。"

宋·黄干《勉斋集·朝奉大夫华文阁待制赠宝谟阁直学士通议大夫谥文朱先生行状》:"凡数经者见之传注,其关于天命之微,人心之奥,入德之门,造道之阃者,既已极深研几,探赜索隐,发其旨趣而无遗矣。"

其中的"关于……者"和现代汉语的"关于……的"大致相当;但现代汉语的"关于……的"后面要加名词,而且可以单独作标题,而唐代的"关于……者"不能。不过,这种"关于……者",比六朝以前那种"关于+名",在句法位置上有了变化:在"关于……者"后面,有一个对此加以说明的后续小句,如:"共一百五十首,谓之讽谕诗。""未尝不勤身苦体,小心翼翼,以奉承之。"这种句子的"关于……者"已经具有话题的功能了。

2.1.5 下面两个宋代和明代的例句,在"关于N"后面没有"者",而直接有一个"则……",特别是在李贤例中,在"关于N"前面有"若夫",很清楚地表明"关于N"是话题,"关于"已经凝固成一个语义成分,是话题标记。

宋·罗璧《识遗》卷六:"《左氏》志怪颇多,《春秋》关于人事则书,《论语》弟子记善言。"

《明经世文编》卷三十六:李贤《上中兴正本策》:"臣伏惟陛下即位之初,大开言路,凡朝廷之阙遗,有司之利病,生民之休戚,军务之得失,中外进言者论之详矣。若夫关于陛下躬行,穷理正心,修己治人之道,则或略焉。"

2.1.6 在晚清的文献中,有些例句值得注意:

《官场现形记》第十六回:"一来关于统领面子,二来我们同寅也不好看。"

《孽海花》第三十二回:"这种内变,事生肘腋,无从预防,固不关于军略,也无所施其才能。"

《孽海花》第三十四回:"关于这些,党员郑良士十分出力。"

端方编《大清光绪新法令》:"第二编 第一章 关于帝室之罪"

《官场现形记》和《孽海花》第三十二回例显然还是"关于+N"的传统用法。可见一些构式的古老用法在书面语中是可以长久使用的。但《孽海花》第三十四回例"关于这些"和《大清光绪新法令》的"关于帝室之罪"就是很典型的话题,和现代汉语的语法完全一样了(只是还没有见到"关于+动/小句")。

2.1.7 "关于"的历史演变

从先秦到六朝，"关于+名词"是一个构式，其表达式如下：

构式1：［关 v + ［于+N］］ ↔ ［与N相关］①

这个构式是一个动补词组，动词是"关"，补语是"于+N"，"关"和"于"不在一个句法层面上。

到现代汉语中，"关于+名词"的结构依然存在，但它和古代汉语中的"关于+名词"有很大的不同。现代汉语中的"关于+名词"是一个介宾词组，其结构关系是［［关于］p+N］，"关于"是一个复合介词，N是介词宾语。

这两种"关于+名词"，从它们的不同结构来看，其差别是很清楚的。但拿历史文献中的实例来判别哪些"关于+名词"是动补词组，哪些"关于+名词"是介宾词组，却不很容易。因为：（1）文献中的"关于"，哪些是跨层结构的两个成分，哪些是一个复合词，这不容易判断。（2）文献中的"关于"，哪个"关"是动词，哪个"关于"是介词，这也不容易判断。（3）在意义方面，两个结构的差别也不很显著。"关于宦竖"似乎也可以说是"表示涉及的事物"，"关于运输问题"似乎也可以说是"和运输问题相关"。②

这两种结构的差异，主要须在它们入句之后，根据它们的句法位置来判断。［关 v + ［于+N］］是一个动词结构，前面通常有一个主语，说明什么和N有关；后面不需要后续一个小句来进一步论述。最典型的是上引《汉书》的"言关于圣聪"和《世说新语》的"须发何关于神明？"③ ［［关于］p+N］是介词引进关涉的对象，［［关于］p+N］前面没有主语，"王师傅关于节约用煤的建议"，"王师傅"也不是主语；后面必须有一个对此加以说明的后续的句子，如："关于中草药，我知道得很少。"一般认为"关于中草药"是作状语，修饰后面的句子的，我认为"关于中草药"是话题，后面的句子是述题。当然，［［关于］p+N］也可以单独作标题，前面说过，这其实也是话题。反过来，如果一个"关于+名词"前面有主语，后面没有对此加以说明的后续成分，那么这个"关于"一定是动词

---

① ［关+［于+N］］ ↔ ［与N相关］，前面的方括号表示这个构式的形式，后面的方括号表示这个构式的意义。参见Traugott & Trousdale (2013)。

② 英语中有些结构和语义的差异可以通过一些形态来判断。如在古英语中"lot"表部分/单位，a lot of land 意为"土地的一部分"。后来"lot"变为表数量，a lot of land 意为"很多土地"。这两者的区分，可以看复数的形态 -s 加在哪里：lots of fans 中 lots 是复数，所以 lot 是指单位，a lot of goods 中 goods 是复数，lot 是单数，所以 lot 表数量。又如：a lot of goods is to be fitted out for auction, is 可以帮助我们判断 lot 是中心语（表部分）；I have a lot of goods to sell, and you wish to purchase them, them 可以帮助我们判断 goods 是中心语，a lot of 是修饰语（表数量）。参见Traugott & Trousdale (2013: 24 – 25)。但汉语缺乏这样一些用以判断的形态。

③ 《汉书·司马迁传》："事关于宦竖，莫不伤气。"这是个假设复句，意思是说：如果事与宦竖有关，谁都会伤气。所以在"事关于宦竖"后面还要有一小句。

"关"和跨层的介词"于"的组合。如果一个"关于+名词"前面不能加主语,后面有加以说明的后续成分,那么这个"关于"多半是复合介词。

我们可以用《孽海花》中的两个句子来检验:"这种内变,事生肘腋,无从预防,固不关于军略,也无所施其才能。""关于这些,党员郑良士十分出力。"根据上述判断标准,可以清楚地看到,前一句是[关v+[于+N]],后一句是[[关于]p+N]。

这些[[关于]p+N]中的"关于"是一个复合介词,其功能是引进关涉及的对象,也可以说是一个话题标记。这种"关于"是一个新的构式,我们把它标为构式2。

构式2:[[关于]p] ↔ [引进关涉的对象]

这个新的构式有几个特点:(1)从形式看,这个构式的构成成分是固定的,即:其前一成分只能是语义为"关系"的"关",而不能是其他语义的"关"。像上述《尚书大传》卷一下:"虽禽兽之声,犹悉关于律"那种"关于",不属于这一构式,因为这个"关"的语义不是"关系",而是"犹入也"(见郑玄注);其后一成分只能是"于",而不能是"乎",尽管作为单个的介词,"乎"和"于"基本相同,但历史上相当常见的"关乎"不属于这种构式。(2)从意义看,构式"关于"的功能是"引进关涉的对象",或者说是话题标记,这个功能是整个构式担负的,不是由其中的"于"单独担负的。这个这种构式中的"于"已不是一个独立的介词,没有独立的语义或功能,而只是一个构词成分。

这是一个在汉语史上新出现的构式,这就是我们在本小节标题所说的"关于"。这个新构式"关于"的形成,就是"构式化"(constructionalization)。

2.1.8 那么,构式1[关v+[于+N]]是怎样演变为构式2[[关于]p+N]的?

我认为,在2.1.4中的唐宋时期的"关于……者",是演变的第一步。从汉语历史语法的总体来看,"××者"的"××"应是动词结构,而不会是介词结构。而且,在"关于……者"前面可以加上主语:"诗关于美刺兴比者。""事关于祖宗者。"所以,这种"关于……者"应是[关v+[于+N]]。但和唐以前的"关于+名词"相比,它又有些变化:它不像"言关于圣聪"和"须发何关于神明"那样能独立成句,后面必须有后续的对此加以说明的叙述小句。这就向[[关于]p+N]作话题的功能靠近了一步。但这只是构式变化(constructional change),而没有形成新的构式,不是构式化(constructionalization)。

到2.1.5的一些例句,有了进一步的变化。(1)"关于+名词"的后面没有"者"。(2)"关于+名词"前面不能加上主语:"《春秋》∅关于人事""若夫∅关于陛下……之道"。(3)"关于+名词"后面必须有一个对此加以说明的后续的小句。在2.1.4中,"关于……者"后面必须有对此加以说明的后续小句,这是由"……者"的性质决定的,"……者"不能单独成句。而2.1.5的一些例句中,"关于+名词"后面已经没有"者",但后面必须有对此加以说明的后续小句,这就是由这些句子中"关于+名词"的性质决定的了。

上面已经说过，这些"关于+名词"很明确的是话题，所以后面都必须跟着述题。这种变化，在2.1.6的《孽海花》第三十四回例中表现得更清楚。(但"关于帝室之罪"是作标题用的，后面当然不后续小句。)

这第(2)(3)两点很重要，能说明从宋代开始，"关于"的性质发生了变化。(2)"关于+名词"前面不能加上主语，说明"关于"的"关"已经不是动词；如果是动词，应该是能够加上主语的（在此以前的例句，在"关于+名词"前面都有主语）。(3)"关于+名词"后面必须有一个对此加以说明的后续的小句，说明"关于"的"于"已经不是介词；如果是介词，"动词+介词（于）+名词"是完全可以独立成句的（在此以前的例句，"关于+名词"都是独立的小句）。Traugott & Trousdale（2013：116）在说到构式"a lot of""a bit of"的形成和图式性增强时说到了"lot""bit"的"去范畴化（decategorized）"，即它们失去了名词的特性，构式［［关于］p+N］中的"关"和"于"也都是发生了"去范畴化"，使得"关于"成为一个复合介词。这就是由"构式演变"导致了"构式化"。

2.2 其他"×于"

汉语中还有很多"×于"，如"至于""终于""由于""对于""基于""鉴于"等。它们在历史上都是逐渐变化的（其变化过程从略）；最后形成的都是构式2，都具备上面所说的构式2"关于"那样的特点。像"起于5世纪，终于10世纪"那样的"终于"，就不属于构式2。这在下面就不再细说了。构式2出现的时代也不具体说，从例句即可判断。

2.2.1 至于

构式1：［至+［于+N］］。到达某处。

《书·盘庚上》："王命众，悉至于庭。"

构式2：［至于］。有多种意义：

(1) 介词。表示另提一事。

《国语·周语中》："其贵国之宾至，则以班加一等，益虔；至于王吏，则皆官正莅事，上卿监之。"

(2) 介词。表示"即使是"。

《论语·为政》："今之孝者，是谓能养。至于犬马，皆能有养；不敬，何以别乎？"

2.2.2 终于

构式1：[终 + [于 + N]]。终结于某时。

《尚书·多士》："殷命终于帝。"

构式2：[终于]。副词。最终出现某种情况。

《汉书·五行志下之下》："遂莫肯改寤，法则古人，而各行其私意，终于君臣乖离，上下交怨。"
《三国志·吴书·步骘传》："深辞固让，终于不就。"
朱自清《背影》："但最近两年的不见，他终于忘却我的不好，只是惦记着我，惦记着我的儿子。"

2.2.3 由于

构式1：[由 + [于 + N]]。从……而来。

《论衡·订鬼》："致之何由？由于疾病。"
《后汉书·傅燮传》："臣闻天下之祸，不由于外，皆兴于内。"
《旧五代史·安元信传》："成由天地，不由于人。"

构式2：[由于]。

(1) 介词。表示原因或理由。

《后汉书·班昭传》："纵恣既作，则侮夫之心生矣。此由于不知止足者也。夫事有曲直，言有是非。直者不能不争，曲者不能不讼。讼争既施，则有忿怒之事矣。此由于不尚恭下者也。"

(2) 连词。表示原因。

《歧路灯》第九十七回："至于扇囊，由于节令已届初冬，绍闻道：'明年热天还有用扇时候，我收了就是。'"

2.2.4 对于

构式1：[对+[于+N]]。对答于某人或面对某人。

《诗经·大雅·皇矣》："以笃于周祜。以对于天下。"郑笺："对，答也。"正义："以答天下向周之望。"

顾宪成《泾皋藏稿愧轩记》："辄复内念，仰而无以对于先哲也，俯而无以对于州之耆老子弟也。"

构式2：[对于]。介词。引进对象或事物的关系者。

《绿野仙踪》第一回："此后于冰对于诗书倍加研求。"

《品花宝鉴》第三十四回："难道他们对于那些粗卤的人，也能这样？"

《二十年目睹之怪现状》第七十一回："并且对于那六岁孩子，渐渐露出晚娘的面目来了。"

2.2.5 基于

构式1：[基+[于+N]]。

（1）始于。

《国语·晋语九》："而去其师保，基于其身，以克复其所。"注："基，始也。"

（2）以N为基础。

《南齐书·萧景先等传论》："魏氏基于用武，夏侯诸曹，并以戚族而为将相。"

《新唐书·魏征传》："臣闻为国基于德礼，保于诚信。"

构式2：[基于]。

（1）介词。由于。

《新唐书·萧至忠传赞》："其后相李林甫、将安禄山，皆基于不明。"

（2）介词。根据。

老舍《四世同堂》四五:"友情的结合,往往是基于一件偶然的事情与遭遇的。"

2.2.6 鉴于

构式1:[鉴+[于+N]]。以某(坏)事为借鉴。

《诗经·大雅·文王》:"宜鉴于殷,骏命不易。"
《咸丰实录》卷一五五:"盖有鉴于前代弛备之弊,诘戎讲武,未尝一日不儆也。"
《曾国藩文集·理财篇》:"铜城闸之梁美材等三营勉强可移至弟处,余有鉴于去冬巢、和之未留防兵,故不肯轻动。"(仅1例)
《李文忠公选集·同治十三年》:"近世学者,鉴于明季之失,以开矿为弊政,不知弊在用人,非矿之不可开也。"

构式2:[鉴于]。介词,连词。

《现汉》:【鉴于】1 介 表示以某种情况为前提加以考虑。~党的领导地位,更加需要向党员提出严格的要求。2 连 用在表示因果关系的复句中前一分句句首,指出后一分句行为的依据、原因或理由。~群众反映,我们准备开展质量检查。

2.3 上述"关于"……"鉴于"这样的微观构式(micro-construction,Traugott & Trousdale 2013 的术语)很多,可以把它们概括为一个统制构式(dominating construction)"X+于"。这里有很多问题值得深入研究。如:

(1)上述各种微观构式形成的时代有早有晚。像"至于",在《尚书》和《论语》中就已经成为构式2;"鉴于",到现代汉语中才成为构式。这是由什么决定的,是否和动词的性质有关?

(2)这些微观构式的构成有不同的类型:有的"X"是动词,有的"X"是形容词,还有的是名词转为动词(如"基于")。这些微观构式的词类也有不同类型:多数是介词或连词,也有的是副词,还有的是动词(如"敢于""甘于")。对此可以作一个综合研究,看看同一类型的微观构式有什么特点,不同类型的有什么差别。"[X+于]+M"的 M 也有不同:有的是单个名词,有的是一个名词性词组,有的是一个小句(如作连词的"由于""鉴于")。① 这些都值得深入研究。

(3)从构式语法的角度来看,不同的构式应当是相互影响的。那么,早出现的"X+

---

① Traugott & Trousdale (2013: 114) 说到"微观构式类型数量的扩展(expansion of the number of micro-construction-types)"和"宿主类型的扩展(host-class expansion)",可以参看。

于"构式对后来"X+于"构式的产生是否有影响？

举一个例子："敢于+V"在现代汉语中很常用。"敢"是一个情态动词，后面应当直接跟动词宾语，说成"敢+V"就可以，为什么要说成"敢于+V"？我们看几个例句：

《汉书·礼乐志》："是敢于杀人而不敢于养人也。"

欧阳修《论删去九经正义中谶纬札子》："而于其中敢于诬天蔑圣者，则以谶纬为甚。"

赵与时《宾退录》卷三："谓遐陬僻郡，敢于纵肆。"

《汉书》中的"敢于""敢"还不是情态动词，而是义为"果敢""有胆量"的动词，"敢于"表示在哪一方面有胆量。但到了宋代，"敢"已经多用为情态动词了，"敢+V"很常见。欧阳修和赵与时例中的"敢于"，显然是"情态动词'敢'+于"。为什么情态动词后面要加一个"于"？除了汉语复音化的趋势外，是否和当时语言使用中众多的"X+于"有关？[①]

这些问题我还没有考虑成熟，所以本文不谈，以后可以进一步研究。

参考文献

董秀芳：《词汇化——汉语双音词的衍生和发展》（修订本），商务印书馆2011年版。

顾龙飞、唐广厚：《现代汉语"V+开"结构语义扩展路径新探——基于"开"本义的意象图式》，《语文研究》2018年第2期。

黄金贵：《古代文化词义集类辨考》（新一版），商务印书馆2016年版。

蒋绍愚：《"开-关"概念场中词汇的历史演变》，《语言学论丛》2019年第59辑。

Goldberg, Adele E. 《构式——论元结构的构式语法研究》，吴海波译，北京大学出版社2007年版。

Lakoff, G. 1987 *Women, Fire and Dangerous Things*. The University of Chicago Press.

Traugott, E. and G. Trousdale 2013 *Constructionalization and Constructional Change*. Oxford Press.

（原文刊于《历史语言学研究》第十六辑）

[①] Traugott & Trousdale（2013：53）说道："he led hym to a hop of stonys（现代英语说 he led him to a heap of stones）"这个句子中的"a hop of stonys"，意思是"一堆石头"，但听话者可能理解（interpret）为"大量石头"。对 a hop of 的这种理解得到同时期的 a deal of, a bit of, a lot of 的认可（sanction）。

"白椎"源流考*

——一个音译词在汉文佛典中的流变考察

王长林

（四川大学中国俗文化研究所，邮箱：changlin0921@163.com）

提　要：佛典"白椎"与"犍椎"关系密切。文章梳理佛教文献，首先对"犍椎"的来源、演变进行考察，继而对"白椎"的构词理据、语义演变、词语衍生进行全面探讨，并尝试对二词在演变过程中涉及的字词关系、演变动因、误解误用等相关语言问题加以解释。"白椎"的来源及演变过程曲折复杂，是音译外来词在汉文佛典中演变的典型个案。

关键词：汉文佛典；白椎；犍椎；语义演变

一、引言

在唐代以降的禅宗和律宗文献中多见"白椎"一词，又作"白搥""白槌"。例如：

（1）上堂升座，维那白椎云："法筵龙象众，当观第一义。"师曰："维那是第二义，长老以今是第几义？"（宋道原《景德传灯录》卷二五《清凉泰钦禅师》，T51p414c①）

（2）师乡信到，报父母俱丧。师乃入僧堂，白搥曰："父母俱丧，请大众念摩诃般若！"②（五代静、筠《祖堂集》卷三《荷泽和尚》）

（3）开堂，诸山一人，或上首一人，就法座前右边白槌云"法筵龙象众，当观第一义"，住持方垂语。（宋惟勉《丛林校定清规总要》卷上，X63p597c）

---

* 文章得到国家社科基金西部项目（21XYY002）资助。在构思、撰写过程中，有幸得到辛岛静志教授、胡海燕教授、雷汉卿教授的帮助，《语言科学》匿名外审专家、编辑部和同门李家傲博士提出中肯的修改意见，在此一并致谢。文中疏漏，责任在笔者。谨以小文表达对辛岛教授的缅怀！

① 文章所引佛教文献用例均注明其藏经册数、页码及栏数，C 为中华藏，J 为新文丰版嘉兴藏，T 为大正藏，X 为卍续藏。《祖堂集》为上海古籍出版社 2011 年影印版。

② 孙昌武（2007：159）将"搥"校改作"槌"，实不烦改。

该词字面普通，但解释却五花八门。有的无由稽考，恐为臆说，如《汉语大词典》"白椎"条（1991：197）释为"办佛事时由长老持白杖以宣示始终"，葛兆光（2018：66）怀疑"白槌"乃"白槌"之误，是"击槌"义。有的解释虽大意略同，但也同中存异，如袁宾和康健《禅宗大词典》"白槌"（2010：8）："敲击棒槌，集众说话"，詹绪左（2018：161）释为"敲击棒槌有所禀白"，而慈怡《佛光大词典》"白椎"条（1989：2100）又说："指打椎告事。白，告白；椎，系于一般律院告大众静肃时敲打之器具。"金克中（2018）又释云："'白'即禀白，告白……槌本为佛教做法事时使用的一种打击器具，为八角形的木制物，象征佛教宇宙观中须弥山之八方……'白槌'里的'槌'则为动词用法，意为鸣槌、打槌。"笔者按："白"义"禀白"，并无异议，但"椎"究竟是动词还是名词，是敲击"棒槌"，还是禅林"椎"这类呗器，学者未达一致，仍有待进一步探讨。

众所周知，词义是不断发展变化的，因而仅依据某一个时段的材料既不易准确地训释词义，也很难把握词义的发展脉络，这要求我们将"训诂学"与"词汇史"相结合，既要解释词义，还要追溯语源、寻绎流变。佛典"白椎"之所以众说纷纭，很大程度上是由于没有对佛典文献进行全面的梳理，缺乏对词语源流的探索。文章拟在前贤时彦研究的基础上，充分利用佛教文献对"白椎"的源流予以考察，并解释其词义演变过程中相关的语言问题。

二、佛典"犍椎"略考

"白椎"的产生与佛典"犍椎"一词关系密切，因此有必要先对"犍椎"的产生与演变进行考察。"犍椎"汉译佛典中有"揵椎""犍稚""犍迟""犍稺""犍槌""揵柢""揵推""楗椎"等写法，唐五代佛经音义、唐宋律典注疏又载有"揵稙""揵遟""揵鎚""揵推""揵推""楗推"和"犍地"等词形，异形词十分丰富，最早见于西晋译经。① 例如：

（4）阿难白佛："唯然，世尊！已见满钵之食在讲堂上。"佛告阿难："汝挝揵椎聚比丘众。"（竺法护译《佛说文殊师利现宝藏经》卷上，T14p458c）

（5）告阿难言："汝应知时，今夜世尊现神通相，为饶益众生，故说妙法，汝鸣揵椎。"（聂道真译《佛说文殊师利般涅槃经》卷一，T14p480b）

该词在历代的经论中频见，例多不备举，今人一般认为是梵语 ghaṇṭā 的音译，例如慈怡主编《佛光大词典》"犍稚"条（1989：5521）：

---

① 大正藏本旧题后汉安世高译《大比丘三千威仪》有数则"揵槌""揵椎""犍搥"的用例，但这是一部伪经，据王毅力（2011）考证，其翻译年代不会早于晋代。

梵语 ghaṇṭā，巴利语同。又作犍迟、犍槌、犍抵。为寺院中敲打用之报时器具。据《五分律》卷十八与《大比丘三千威仪》卷下所载，或于布萨，或于诵经，或于集会众僧饭食等诸时皆可敲鸣犍稚，一如今世寺院中之打板。然据诸经所译，或作板，或作钟、磬、宝铃、铎等，所用名称不一。

丁福保《佛学大词典》"犍稚"条（2011：2415）：

（物名）Ghaṇṭā，又作犍槌，犍地，犍迟，犍椎。译曰：钟、磬、打木、声鸣等。可打而作声之物之通称，大小无别。

荻原云来（1979：447）也认为"揵椎""揵迟"等词是梵语 ghaṇṭā 的音写。但实际又不难发现，"犍椎"诸多词形的后语素均不能对译 ṭā，所以简单地认为"犍椎"是梵语 ghaṇṭā 的对译恐有不确。其实，关于该词的来源早在唐代律典注疏、佛经音义已有争论，最早辨识该词音读的是南山派律师道宣，他在《四分律删繁补阙行事钞》①（撰于626年，校订于630年）卷二中说："打鼓打犍稚……《出要律仪》引《声论》② 翻'犍（巨寒反）稚（音地）'，此名磬也，亦名为钟。"（T40p006c）道宣据《声论》认为"稚"音"地"，但玄应《一切经音义》③（成书于661-663年）却有不同的意见：

（6）揵植，直致反，旧经多作"犍迟"。梵言"臂咤揵稚"，"臂咤"此云打，"犍稚"所打之木，或檀，或桐，此无正翻，彼无钟磬故也。今经律多作"犍椎"，④ 误也。（《一切经音义》卷一六，C57p301a-b）

（7）揵椎，梵言"臂咤揵稚"，"臂咤"此云打，"揵稚"所打之木，或檀，或桐，此无正翻，彼无钟磬故也。旧经多作"揵诨"，此亦梵言讹转也，冝（宜）作"稚"。

---

① 又卍续藏本《四分律删补随机羯磨疏济缘记》卷一云："犍槌者，梵本《声论》云'犍（巨寒反）地'，此云磬，亦曰钟也。"（X41p118c）该记题为唐道宣疏、宋元照记、日本禅能合会，笔者检校日本宫内厅图书寮文库藏毗卢藏本道宣《四分律删补随机羯磨疏》，并没有如上论述，故我们怀疑是元照的记疏。
② 该书又译作《毗伽罗论》《声明记论》等，波腻尼仙撰，是解说印度文字、音韵及语法等文法书之总称，印度外道六论之一，详参丁福保《佛学大词典》"毗伽罗"条（2011：1584-1585）。
③ 徐时仪（2009：35）指出玄应《一切经音义》二十五卷实际是一部未及完成的书稿，成书年代即玄应的卒年，可以确定是在龙朔年间。
④ 《中华大藏经》收金藏和丽藏补配本、永乐南藏本两部《玄应音义》，丽藏本作"犍稚"（C57p008b），永乐南藏本作"犍椎"。按：永乐南藏本"椎"字正确。日本宫内厅书陵部图书寮文库藏毗卢藏本作"椎"。

"稚"音直致反，但"稚""椎"字形相滥，故误也。（同上卷一四，C56p1032b）

可见，玄应认为本当作"揵稚"，而"揵迟"是梵言讹转，"椎"又为"稚"之形误。二家追溯梵语源头，难能可贵，而今来看，道宣的观点才是正确的。据 Hu（1991）的研究，该词的源头语其实是中期印度语（很可能是巴利语）Gaṇḍī，① 对译汉文的"犍稚"。"稚"魏晋中古音声母尚未从定母分化出来，韵母又属脂韵开口三等，据王力（2017：123、138）可拟音作 di̯ei，与巴利语的ī读音十分接近，这也是异形词后语素作"迟/遲""稺""衹""穉""地"的原因所在。但音随时变，"稚"唐代音"直致反"，已经由舌头音演变为舌上音，② 玄应以"稚"字为正，这属于以今律古，实际并没找到语源。至于"犍稚"的含义，前文引佛经音义、佛教词典已有解说，"犍稚"乃"所打之木"，换言之就是"易于震动共鸣的木器"（屈大成，2014），刘宋佛陀什、竺道生等译《弥沙塞部和醯五分律》卷一八云："诸比丘不知以何木作揵椎，以是白佛，佛言：'除漆树、毒树，余木鸣者听作。'"（T22p122c）佛说除了漆树、毒树，其余的木材都可以用来制作揵椎，但实际上，"犍稚"的材质并不限于木质，如后秦鸠摩罗什译《大智度论》卷二："是时，大迦叶作是语竟，住须弥山顶，挝铜揵稚，说此偈言……"（T26p067b）可见有铜质的"犍稚"。关于其原始的形制，唐定宾《四分律疏饰宗义记》卷八略有记载："辨其形者，如捣练杵，长五六尺，轻鸣木位，尽镟两头。"（X42p245c）中外学者编著的词典有更详细的描述，如张怡荪《藏汉大词典》"犍地"条（1985：349）：

打木，檀板。梵音译作犍稚。义译声鸣。集合僧伽的响器之一。《毗奈耶》中所说尺度：木质为旃檀、木瓜树、巴洛沙、紫檀、醋柳、桐树等；长八十四指，宽六指，削去四角成八方，四角断口，各长二指，内端刻成蛤蟆头形。

Rigzin《藏英佛教术语词典》释云（转引自 Hu，1991）：

---

① Hu（1991）介绍说 T. W. Rhys Davids 和 R. L. Turner 认为中期印度语 Gaṇḍī 很有可能与古典梵文 ghaṇṭā 有关，Wogihara, S. Julien, Takakusu, S. Beal, Hirakawa 等人也持有类似的观点。但 Hu（1991）认为巴利语或佛教梵语中的 Gaṇḍī 可能并非源自于吠陀语 ghaṇṭā，从其词义来看，它更可能与中期印度语 ghaṇṭī 或吠陀语 granthi 有关系。

② "知系声母的读音在汉魏间已开始萌动，逐渐从舌头音端系中分化出来"（朱声琦，1992），但具体分化时间学界有不同意见。王曦（2015）系统考察《玄应音义》的舌音声母，确定当时舌音声母已分化出来。

Gaṇḍī, Wooden gong; a long gong of appropriately prescribed measure and size, beaten to call the congregation of monks and nuns for the bi–monthly confession ceremony; one of the instruments suggested by Buddha for monastic regulation.

这些描述可以得到实地考察的证实，屈大成（2014）指出今藏传佛教仍保留打犍稚的传统，并征引多位学者的考察结果，如萨迦派究给赤千仁波切（Chogye Trichen Rinpoche）介绍西藏寺院概况时就谈及犍稚的形制：最长108指，最短84指，阔6指，厚2指；打棒的敲打部分长12指，手握部分同；可用16种木来制造，以檀香木最好。但后来在汉译佛典中"犍稚"的词义进一步扩大，可泛指一切声鸣器具，如宋释道诚《释氏要览》卷三"犍稚"云："但是钟磬、石板、木板、木鱼、砧槌，有声能集众者，皆名犍稚也。"（T54p304a）元自庆《增修教苑清规》卷二："夫法器之名，梵语总称为犍稚（音地）。"（X57p350c）

上文指出玄应的溯源虽有不确，但他给我们提供一条很有价值的线索，即"犍稚"一词"今经律多作'犍椎'"，致误的原因是"'稚''椎'字形相滥"。这是一则重要的"同时资料"，说明大约7世纪中叶的经律中词形"犍椎"十分常见，或许正是出于这个原因，玄应才觉得有必要立目辨别以"寔迷匡俗"。如果说由于书写的缘故，初唐"犍稚"的"稚"另有"椎"的写法，并且像玄应这般"正字大德"还力主读为"直致反"，那百余年后情况就发生了明显的变化。大约在元和三年（808年）慧琳撰成《一切经音义》一百卷，① 该书卷六五《五百问事经》"楗椎"条："上音乾（乾），下直追反，二字并从木，形声字也。"（T54p737a）五代可洪《新集藏经音义随函录》第二七册《大唐西域求法高僧传》卷下"揵推"条："上音乾（乾），下直追反，正作'犍椎'也。"②（C60p444b）中唐及五代的佛经音义都主张以"椎"为正，可见"犍椎"的写法不但风行当时，而且"音随形变"，既不读源头语的ī，也不读玄应主张的"直致反"，而是"直追反"。由"稚"到"椎"，玄应认为是二字"字形相滥"，颇有见地，但我们认为这只是演变的外因，由"字形相滥"到"音随形变"另有更深层的原因，这与汉语使用者接受音译外来词的心理密切相关。汉译佛典中的音译词在后代的使用过程中会产生讹变现象，徐时仪（2002）说：

汉语造字组词的重要特点是意合。汉语接纳外来词的原则一贯是"以我为主，为我所用"，总是坚持"字"的表义性，尽可能采用意译法，只是借用外来词的概念而扬弃

---

① 关于《慧琳音义》的成书时间学界也有争论，文章采用徐时仪（2009：93-94）的观点。
② 中华藏底本是高丽藏，字形作"揵推"，后字从"扌"，当为"木"之略变。

其语音构造和语素组合成词的构词规则。即使有那么一些外来词，一时找不到合适的意译化方法，在初期是以音为接纳媒介而进入汉语词汇中的音译词，在后来的语言演变发展中往往也都会转变为半音意词或意译词。

这一观点对我们解释"犍稚"的演变很有启发。对于源头语 Gaṇḍī 来说，"犍稚（地）"是音译，而"钟磬"则属意译。对于佛典阅读、使用的一般僧侣、普通信众来说，不一定也不需要知道"犍稚"的确切来源，写成"犍稚"或"犍椎"以及其他异形也无关紧要，但是在诸多词形中形近相滥的"犍椎"却深受认可，这其中很重要的原因是僧众更倾向于认为"犍稚/椎"是个"半音意词或意译词"，但"稚"字的词义难以满足这一倾向，而"椎"字恰得其宜，因为"椎"既可指"捶击的工具"，又指"用椎打击"这个动作，这与敲击鸣器而发声这一行为可以有机地联系起来，佛典中就有相关的记载。例如：

（8）诸贼问曰："此是何物？"报曰："犍稚木鸣以集僧，棒槌是打犍稚物。"（唐义净译《根本说一切有部毘奈耶》卷八，T23p667c）

（9）或犍椎者，所打木也。辨其形者，如捣练杵，长五六尺，轻鸣木位，尽铬两头。别为木棒，可长一尺，柄细头粗。至鸣槌时，授事左手于自面前横执长杵中间细处，右手执棒，向外打之。（唐定宾《四分律疏饰宗义记》卷八，X42p245c）

例（9）长约一尺、柄细头粗的"木棒"即例（8）义净所谓的"棒槌"，是用来敲打"犍稚"的工具。所以，在不明白"犍稚/椎"语源的情况下，在选择"稚"与"椎"的较量中"椎"字最终胜出，以至于熟谙佛典音义的慧琳、可洪都认为当音"直追反"，足以说明"犍椎"在唐代已有广泛的受众基础，已积非成是。"犍椎"既已流行，"槌"又为"椎"的异体，"犍槌""犍搥""揵鎚"等词形便应运而生，又讹写作"犍推""揵推""撻推"等，外来词 Gaṇḍī 最终完成本土化的吸收与改造。① 至此，我们可以把"犍稚"的

---

① 需要说明的是，一些雕版本、铅印本大藏经中后秦弗若多罗共罗什译《十诵律》、罗什译《大智度论》等中古译经中已见"犍槌"词形，这是"后时资料"，不能证明"犍槌"早在后秦已产生。词形"犍槌"是在"犍椎"得到广泛认可的前提下产生，我们推测不会早于初唐。又，宋元照《四分律行事钞资持记》卷一："梵号中若诸律论，并作'犍槌'，或作'犍稚'，如字而呼，乃是梵言讹转，唯独《声论》正其音耳，今须音槌为地。又《羯磨疏》中直云'揵地'，未见'稚'字呼为'地'也。后世无知，因兹一误。至于钞文前后，以及一宗祖教，凡'犍槌'字并改为'稚'，直呼为'地'。请寻古本写钞，及大藏经律考之，方知其谬。但以'稚''椎'相滥，容致妄改，今须依律论并作'犍槌'，至呼召时，自从《声论》。"（T40p186a）元照这个主张很特别，认为应该写作"犍槌"，读音当据《声论》音"槌"为"地"。这显然是为了维护师说，但对一般僧众，这样的"呼呼"恐怕无济于事。

演变脉络简示为：Gaṇḍī→犍地/稚→犍椎→犍槌。①

三、"白椎"的产生与演变

3.1 "白椎"之"椎"考

朱庆之（2011）指出："一个外来的词语，当被翻译成目标语言时，其意义和用法会受到目标语言的干扰……受过干扰的意义和用法，成为这个词语最终进入目标语言的另一个出发点。""犍稚"的后语素有"地""直致反""直追反"三种读音，②反映出该词在汉文佛典中发展的三个历时阶段，也体现出僧众对其来源的三种认知。毋庸置疑，"白椎"是在"犍稚"的基础上产生，但哪种音读才是新的"出发点"呢？我们认为应该是"直追反"，因为从"白椎"及其异形词"白槌""白搥"的后语素来看，所依据的词形显然是"犍椎/槌/搥"。③此外，据佛经音义可知后语素读"直追反"不晚于唐代，而"白椎"唐代始见，这在产生时间上也较为吻合。慧琳《一切经音义》卷五一"揵搥"条云："集众议事、或科罚有过、或和合举事，以白众僧，亦如此打钟、击墼（磬）、吹螺等类是也。"（T54p646c）说明敲击犍椎是为了集众，与"打钟、击磬、吹螺"有类似的功用。僧院鸣犍椎集众又是为了禀白重要事项，因而佛典多见"鸣犍椎""击揵椎"与"白"互见的用例。例如：

（10）尔时，尊者阿难已击揵椎，至世尊所，头面礼足，在一面住，白世尊言……（东晋瞿昙僧伽提婆译《增一阿含经》卷二四，T02p677a）

（11）既具七德，如是应差，敷座席，鸣犍稚，作言白已，先问能不？（唐义净译《根本说一切有部百一羯磨》卷七，T24p484c）

（12）应作羯磨，敷座席，鸣揵椎，言白告已，大众皆集。（唐义净译《根本说一切有部毘奈耶杂事》卷第十七，T24p282c）

（13）尔时，尊者阿难受佛勅已，即鸣犍椎集苾刍众，作是白言……（宋施护奉诏译《佛说给孤长者女得度因缘经》，T02p847a）

---

① "犍槌"宋明禅籍另有简称作"槌"的情况，如《石霜楚圆禅师语录》："峰顶敲槌召，神通自在来，多闻门外叫。"（X69p195c）《大沩五峰学禅师语录》："时厨中鸣槌，师云：'着衣持钵去。'僧便起立。"（J25p755c）"敲槌""鸣槌"即敲击犍椎。清释智祥《禅林宝训笔说》又写作"犍锤"（X64p708c），这种写法纯属个人臆造，但与"椎"作"槌"等的内在原因却相同。

② 可洪《新集藏经音义随函录》第十八册《善见律毗婆沙》卷十"揵鎚"："上巨焉反，下大追反。"（C60p78b）又把"鎚"记为"大追反"，这同样是不明来源的情况下的错误音释，不具有代表性。

③ 曾良（2010：204）认为禅籍"白椎"为击犍稚而告白，我们更倾向认为是"犍椎"。

唐宋禅籍也惯见"鸣椎白众""打搥白众""打槌白告""打槌秉白"等说法,"白椎"其实就是这类说法的缩略。"白"为告白、禀白义,"椎"本指"犍椎","白椎"即敲击犍椎集众禀白。禅籍另有"白犍椎"一词,如宋正受《嘉泰普灯录》卷一七《抚州灵岩圆日禅师》:"夜设香鼎于前,昏睡即引指爇之,不两月,尽一指,后闻维那白犍椎发明。"(X79p397c)"白犍椎"也就是"白椎"。

但仔细考察会发现,唐宋佛典中"椎"其实也是一种声鸣法器。"椎"义指棒椎,可以敲击"椎砧"、"槌墩"或"椎垫"而发声。丁福保《佛学大词典》"槌砧"(2011:2500):"承槌打之木谓之槌砧,拈打之小木谓之槌。槌为本器,为槌而有砧。"慈怡《佛光大词典》"槌砧"(1989:5819):"即在律院、禅堂众僧齐集时用来令大众静肃之敲击器具……槌,指敲击之工具;砧,指承受槌击之小木台。"禅林另有"八棱槌""遍粥椎""遍食槌""下堂椎"等词,元德辉《敕修百丈清规》还详细地介绍"打椎"的方法,卷四"维那":"左手按砧……右手鸣椎,高不过五寸,声绝方下椎,急缓合度。"(T48p1132b)"白椎"的"椎"虽本指"犍椎"(声鸣器总称),但又因为"(棒)椎"也属鸣器,故有人便把"白椎"的"椎"理解为"棒椎"这样的敲击工具。例如《敕修百丈清规》卷八"法器·椎"条:

斋粥二时,僧堂内开钵,念佛唱食遍食,施财白众皆鸣之,维那主之。下堂时圣僧侍者鸣之,知事告退时,请知事时亦鸣之。住持入院开堂将说法时,诸山上首鸣之,谓之"白椎"也。(T48p1156a)

这里"白椎"特指"椎"这类法器。又如:

(14)迦叶于是白众欲摈文殊出,才举犍槌,乃见无量佛刹,一一佛所有一一文殊,一一迦叶举槌欲摈之。世尊于是告迦叶云:"汝今欲摈出那个文殊?"(宋绍隆等编《圆悟录》卷一九,T47p805a)

上例"举犍槌"与"举槌"实同,均指举起敲击的棒槌。可见,"白椎"之"椎"原本指"犍椎",后又可指"棒椎"。究其缘由,与"犍椎"和"椎"的语义相混有关。"犍椎"本来是个音译词,但音随形变,理据渐趋模糊,在使用过程中词义又产生误解,唐定宾《四分律疏饰宗义记》卷八辨"犍槌"名义引用义净的说法:"梵云犍椎,此无正翻,以义为名,鸣槌打木。或犍椎者,所打木也。"(X42p245c)到底是"鸣槌打木"还是"所打木也",是敲击的工具还是被打的对象,定宾均模棱两可,而慧琳《一切经音义》仅保留一种说法：

(15) 揵椎者，警众打静木椎也。(卷六五，T54p737a)

(16) 揵搥，梵语也，即僧堂中打静砧碓也。(卷五一，T54p646c)

例（16）"木椎"即棒椎，例（15）"砧碓"又作"砧椎"，即打砧之椎，均是敲击的工具。可见，慧琳径把"揵椎"理解为"棒椎""砧椎"，完全背离了"犍稚"的本义，这招致后人批评，如宋元照《四分律行事钞资持记》卷一："（揵槌）或作'椎'亦尔，世有不识梵语，云是打钟之槌、及砧槌等，此又不足议也。"(T40p186a) 但慧琳的误释足以反映出唐代僧众对"揵椎"与"椎"已经混淆，这也是宋元禅僧以及当代学者对"白椎"之"椎"理解歧出的根源所在。

3.2 禅林"白椎"的理据与误解误用

禅宗是中国化的佛教，禅宗在自身的宗教实践中不断地对佛教词汇进行重新的解释与发展。"在佛教形成的初期，打犍稚纯粹作实际的集众等用途。"（屈大成，2014）但禅籍"白椎"常见于住持和尚开堂说法，且由维那专门负责，最早的禅宗词典宋释睦庵善卿所编《祖庭事苑》卷八"白椎"条载：

世尊律仪，欲辨佛事，必先秉白，为穆众之法也。今宗门白椎，必命知法尊宿以当其任。长老才据座已，而秉白云："法筵龙象众，当观第一义。"长老观机，法会酬唱既终，复秉白曰："谛观法王法，法王法如是。"此盖先德之真规，皆不失佛意，且见丛林多举"世尊升座，文殊白椎"。(X64p430c)

可见"白椎"已成为禅林升堂的惯用仪式，开堂说"法筵龙象众，当观第一义"，说法完毕又说"谛观法王法，法王法如是"，也都成为没甚新意的套话。"白椎"指敲击"揵椎"集众禀白，所以是先鸣椎之后再禀白，《敕修百丈清规》卷三"开堂祝寿"条载有其规范的程序：

诸山上首出，白椎，鸣椎一下，云"法筵龙象众。当观第一义"。住持垂语，问答提纲……结座，白椎人复鸣椎一下，白云"谛观法王法，法王法如是"，下座。(T48p1126a)

日本江户时代学问僧无著道忠（1653－1744）《庸峭余录》"槌"条（2014：578）也

有载录：

> 凡鸣槌法，必先槌后白也……盖每号，先一槌，令众摄散心，专于念佛非唱，每号毕，结之一下。

又"入院白槌，先槌后白"条（2014：580）云：

> 白槌人说法已前，先鸣椎一下毕，合掌云："法筵龙象众，当观第一义。"说法毕，后鸣椎一下毕，合掌云："谛观法王法，法王法如是。"

既然是先槌后白，若按时间的次序，应该缩略作"椎白"，但实际为何倒序作"白椎"呢？这个问题必须得到解释。不妨先看内外典籍中几则"白+名词"类词语：

白夏：结夏期间为弟子说法。宋普济《五灯会元》卷一八《戏鱼咸静禅师》："举世尊在摩竭陀国为众说法，是时将欲白夏，乃谓阿难曰：'……坐夏九旬，忽有人来问法之时，汝代为我说。'"（X80p377b）

白真：面对祖师写真禀白。元式咸《禅林备用清规》卷一"达磨祖师忌"："维那白真，宣疏，跪炉，疏毕，举楞严，回向。"（X63p624c）

白堂：在僧（斋）堂中禀白大众。宋宗赜《重雕补注禅苑清规》卷六"出入"："若有缘事全众出入，或赴斋，或念诵，或接尊宿，若粥后出，则维那于粥前白堂，斋后出则维那于斋时白堂。"（X63p539a）

白草：下级以亲笔起草的形式向上级报告。北凉真兴六年（424年）《高昌郡兵曹牒尾署位》："真兴六年十月十三日兵曹范庆白草。"（参蒋冀骋，2019：44）

白席人：在筵席中奔走禀白之人。宋孟元老《东京梦华录·筵会假赁》："凡民间吉凶筵会……以至托盘，下请书，安排坐次，尊前执事，歌说劝酒，谓之白席人。"亦省作"白席"。

以上诸词中"白"均为禀白、言说之义，而"夏""真""堂""席"本来是作为"禀白"的限定成分（时间、方式、处所），但在"白+名词"类词语中，"夏""真""堂""席"仅作为名词形式出现在后语素的位置，整个词语构成非受事的述宾结构。"鸣椎"是"白众"的前提或方式，实际上也是"禀白"的限定成分，所以"白椎"的构词与上述"白+名词"类词语相同。这类"白"之后接时间、方式、处所等名词构成的复合词，其实与"拜堂""跳伞""谢幕""熬夜"这类非受事述宾式复合词具有内在的一致性,都超越了一般句法属性的词性搭配,苏宝荣(2016)认为:"这种超常组配能够产生并为使用者理解,是因为有复合词隐含的结构义作补充","白+名词"类的结构义显然就是名词所隐含的修饰或限定成分。

"白槌"虽为宗门较为常见的术语,但从佛典材料可以看出,僧人对"槌"的理解模棱两可,其构词理据也超出常规,这些因素都可能会诱导僧人对词语进行重新解读。"白槌"是先槌而后白,结构是"动+名",若不明理据,很容易理解为"动+动"(如前举袁宾和康健2010:8、詹绪左2018:161的解说),而以时间角度来观察联动式的构成,那先发生的动作一般在前,因此"白槌"很容易被误解为"先白后槌",不妨看如下用例:

(17)普请于某处赴斋,应系诸寮头首卷帘齐赴。谨白,打槌一下,维那乃于圣僧前问讯。(宋宗赜《重雕补注禅苑清规》卷六,X63p539a–b)

(18)秉白鸣槌一下,唱云:"大德僧听,众中谁小,小者收护……"(元自庆《增修教苑清规》卷二,X57p331c)

(19)秉白打槌一下,亦归位问讯而坐。(元省悟《律苑事规》卷三,X60p105a)

以上三例均是先"白"而后"槌",反常行之。当然,这样的误解并非仅限于中土,无著道忠《庸峭余录》"槌"(2014:580)也载有江户时代日本禅林谬误的说法:

旧说口:或谓将说法时,先鸣槌,唱"法筵云云",如说法毕时,先唱"谛观云云",毕后,鸣槌一下也。如结夏则先宣疏,次讽经。解夏则先讽经,后宣疏。

《卧云日件录》曰:"云林曰:'绝海谓伯英曰:"凡开堂白槌,长老先白'法筵龙象众'等语,然后下槌,吾师兄龙湫白槌,每每如此……然未知先白后槌可乎,先槌后白可乎?后见《太鉴录》所记曰:'白云"法筵云云",下槌一下。"'"

道忠总结说:"先槌后白是鸣槌之法,如前引《行事钞》证,《敕修清规》明记先槌后白。故或谓:初先槌后白,终先白后槌;或谓前后并先白后槌者,皆谬论耳。"切中时弊。可见,不论是中土还是日本,僧众对"槌"与"白"的次序均有误解,其根源是不明理据的前提下对词义的错误分析,误解又反作用于宗教实践,因此出现了背离宗门范式的荒谬做法。

3.3 "结槌"的产生与分工

唐宋禅林升堂说法宣示始终都称之为"白槌",但明清禅林又将完结说法的"白槌"称

为"结椎"或"结槌",不妨比较如下用例:

(20) a. 师一日乡信,报父母俱亡,师入僧堂,白槌云:"父母俱丧,请大众念摩诃般若波罗密多。"大众拟念,师遽白槌云:"劳烦大众。"即散去。(宋悟明《联灯会要》卷三《荷泽神会禅师》,X79p031a)

b. 荷泽因乡信至,报二亲亡,师乃入堂,白椎曰:"父母俱丧,请大众念摩诃般若。"众才集,便结椎曰:"劳烦大众。"(清集云堂编《宗鉴法林》卷八《荷泽神会禅师》,X66p326a)

(21) a. 师于当月二十九日,就本州岛天宁寺开堂……天宁长老白椎云:"法筵龙象众,当观第一义。"……天宁长老白椎云:"谛观法王法,法王法如是。"师便下座。(宋集成等编《宏智广录》卷一,T48p011a)

b. 当日,众护法请,上堂持庵……敛衣就座,圆明和尚白槌云:"法筵龙象众,当观第一义。"……圆明和尚结槌云:"谛观法王法,法王法如是。"下座。(清海盐等编《介为舟禅师语录》卷二,J28p231a)

同为菏泽神会的机缘,例(20)a宋代灯录前后均用"白椎",而例(20)b清代灯录将后者改成"结椎"。同载禅师开堂说法,说法完结时例(21)a宋释语录用"白椎",例(21)b清释语录用"结槌"。清仪润《百丈清规证义记》卷九"犍椎"条云:

至于上堂说法前击磬,谓之白椎。(白椎云:"法筵龙象众,当观第一义。")说毕击磬,谓之结椎。(结椎云:"谛观法王法,法王法如是。")(X63p516b)

禅林将结束说法而离开座席称为"结座","结座"也须鸣椎并宣说"谛观法土法,法王法如是",禅籍或见"结座白椎""结座毕,白椎人复鸣椎一下"等说法,"结椎"即结座白椎的省缩。将结座的"白椎"换称作"结椎",二词各司其职,表意更清晰,这是明清释子对唐宋旧词创造性的改造,也是"犍椎"在汉文佛典中流变之末裔。

四、结语

张永言(2015:86)说:"我们不仅要研究一个外来词是从哪里传来的,什么时候传来的,为什么传来的和怎样传来的,而且要研究它是怎样被同化的,也就是它是怎样服从或适应借方的语音系统(包括音节构造)和语法结构(包括构词法)的,它的意义发生了什么变化,这些变化是怎样发生的,它的出现引起了借方词汇里哪些变化,等等。"这番话对于汉语外来词研究颇具指导意义。汉文佛典作为外来词生长发展的沃土，既能提供充足多样的用例，也为解释外来词的流变提供多种可能。佛典"犍稚"的演变、孳衍过程比较曲折复杂，形、音、义均产生较大的变化，是外来词在汉文佛典中演变的典型个案，具有独特的个性。通过本文的考察，我们以张先生的提问为纲，简要概括"犍稚"的流变过程：

1）"犍稚"是中期印度语（很可能是巴利语）Gaṇḍī的音译词，较早见于西晋的汉译佛经，异形词颇为丰富。由于中土僧侣错误的认知以及"稚""椎"书写相混，"犍稚"又写作"犍椎"，音随形变，后语素读"直追反"，并产生"犍槌"等词形。其本义是"易于震动共鸣的法器"，后引申指一切声鸣器，也有部分僧侣误以为"犍椎"即"棒槌"。

2）禅籍"白椎"为非受事述宾结构，本指敲击犍椎禀白大众，也有禅僧误以为是敲击棒槌这类法器，究其缘由是因为"犍椎"与"椎"的语义相混所致。

3）"白椎"的规范程序是"先槌后白"，由于僧人不明词语理据，误解为联动式，由此中日禅林产生"先白后槌"这样违反宗门常规的举措。

4）禅林"白椎"逐渐发展为特指开堂说法宣示始终的套话、术语，在明清之际又将结座的"白椎"称为"结椎"，这既是明清释子对旧词创造性的改造，同时也是"犍稚"在汉文佛典演变的尾声。

从"犍稚"的演变历程来看，它一方面尽可能忠实源头语，另一方面又要受制于汉人的观念、汉语的规则，在两种力量的对峙中实现词语的发展与嬗衍，并生发一系列本土化的吸收与改造，这也是汉文佛典中音译词发展演变的一种共性，可以为相关研究提供参考。①

参考文献

慈怡编：《佛光大词典》，北京图书馆出版社1989年版。

丁福保编：《佛学大词典》，中国书店2011年版。

汉语大词典编辑委员会：《汉语大词典（第八卷）》，汉语大词典出版社1991年版。

葛兆光注译：《祖堂集》，东方山版社2018年版。

李铮、蒋忠新编：《季羡林教授八十华诞纪念文集》，江西人民出版社1991年版。

金克中：《〈祖堂集〉释词三则》，《语言研究》2018年第2期。

蒋冀骋：《近代汉语词汇研究（增订本）》，商务印书馆2019年版。

---

① 最后附带讨论一下"白椎"是否流入世俗文献及产生引申义的问题。《汉语大词典》"白椎"条义项❷释作"借指出家"，例引清黄宗羲《清溪先生墓志铭》："云怡、海岸，终为纲常人物；可任白椎秉拂，一往不返。""白椎"与"秉拂"分别为维那和首座之职，引例中笼统借指可任出家为僧，与"纲常人物"云怡、海岸择路不同，可见词典释义不误。但经笔者初步考察，该义内外典仅此一例，其实是清儒对"白椎"创造性的使用，不具有普遍性，却十分珍贵。所以严格地说，佛教术语"白椎"实际并未流入世俗文献。

［日］无著道忠：《庸峭余录》，《域外汉籍珍本文库（第4辑）》，子部（第23册），人民出版社2014年版。

［日］荻原云来编：《汉译对照梵和大辞典》，台北：新文丰出版公司1979年版。

屈大成：《犍稚考——中国佛教律师诠释律制一例》，《佛学研究（第23辑）》，中国佛教文化研究所，2014年。

苏宝荣：《汉语复合词结构的隐含性、多元性及其认知原则》，《学术研究》2016年第1期。

孙昌武编：《祖堂集》，中华书局2007年版。

王力：《汉语语音史》，商务印书馆2017年版。

王曦：《试论玄应〈一切经音义〉中的舌音声母》，《湖北大学学报（哲学社会科学版）》2015年第1期。

王毅力：《从词汇角度看〈大比丘三千威仪〉的翻译年代》，《西南交通大学学报（社会科学版）》2011年第5期。

徐时仪：《白马寺寺名探疑》，《古籍整理研究学刊》2002年第4期。

徐时仪：《玄应和慧琳〈一切经音义〉研究》，上海人民出版社2009年版。

袁宾、康健主编：《禅宗大词典》，崇文书局2010年版。

曾良：《略论汉字对词音、词义的影响》，见曾良编《敦煌文献丛札》，浙江古籍出版社2010年版，第199—208页。

詹绪左：《禅籍词语研究——以〈祖堂集〉为主要考察对象》，科学出版社2018年版。

张怡荪编：《藏汉大词典》，民族出版社1985年版。

张永言：《词汇学简论（增订本）》，复旦大学出版社2015年版。

朱庆之：《一个梵语词在古汉语中的使用和发展》，《中国语文》2011年第4期。

朱声琦：《从〈玉篇〉看舌上音知系声母的产生》，《南京师范大学学报（社会科学版）》1992年第2期。

（原文刊于《语言科学》2021年第6期）

语篇韵律与互动言语行为

李爱军

(中国社会科学院语言研究所,电邮:liaj@cass.org.cn)

提 要:语篇的意图理解是智能语音技术的核心,涉及语篇的语音、音系、句法、语义和语用等多层级信息之间的互动关系。从认知语言学角度,意图就是语篇或者语境中的语用义,不存在脱离语境和语用的语义,从话语分析的角度也就是互动言语行为,既包括直接言语行为,也包括间接言语行为。本文从语篇韵律的编码和解码角度,阐述了语篇韵律特征与互动言语行为(意图)、意图之间的关系。

关键词:语篇韵律;言语行为;意图;韵律特征;语调

1 汉语语篇

1.1 口语语篇的界定

语言学上对语篇(discourse)没有统一的定义,通常翻译为篇章和话语等,例如 Van Dijk(1997)认为语篇既指口语也指书面语。语篇分析涉及多个学科,从多种定义中可以归纳出语篇的三个主要属性或者范畴(Couper-Kuhlen 2001):(1)大于句子的任何成分(anything beyond the sentence);(2)语言的使用(language use);(3)与语言应用相关的研究,包括非语言和非特定语言的内容。

这里提到语言和语言的使用,就要区分语言与言语。语言学家索绪尔(1917)首次将语言和言语两个概念加以区分。(1)语言是一个群体(民族)所共有的符号系统,而言语是人们在活动中运用语言和表达意识活动的过程。(2)语言是社会现象,具有很大的稳定性,而言语是心理意图的体现,具有个体差异和多变性。(3)语言是交际和思维工具,而言语是交际过程,是运用语言工具的活动过程(党建武、刘宝林、李爱军,2013)。因此口语理解是言语理解,涉及语言的规约和内隐的知识。

可见,在不同语境中交际双方的互动话语,不仅指说出的话本身,还指说话的行为。在互联网环境中,各种信息发布、社交交互平台等是一种新型的网络语境,时刻产生着海量的各种语音、文字和多模态的语篇信息。口语语篇包括口语独白话语和口语对话,具有交际和交流功能的话语都属于口语语篇。

1.2 汉语口语语篇的特点

语言学上认为语篇是具有系统的、层级的组织结构，其语音、音系、词法和句法形式与语义之间不是简单的对应关系。

方梅（2015）指出篇章语法分析是以范畴为出发点的、针对跨句语篇的语法现象的分析。屈承熹（2006）总结汉语有两个特点：一个是"孤立型"（isolating，与西方语言的"屈折型"inflectional 对立）或称"分析型"（analytic，与"综合型"synthetic 对立）。另一个是"话题显著"（topic - prominent，与西方语言的"主语显著"subject - prominent 相对立）。这两个类型特点对句法分析会产生很大的影响，如：汉语分析不能拘泥于词类变化的形式，对主语的要求不甚严格等。其实，其重要性也许更展现于篇章研究上的差异，例如：话题在篇章衔接上所展现的重要性。

汉语作为声调语言和分析语言，与印欧语言比较，缺乏句法形式标记，韵律手段是汉语自身的一种重要形态手段（沈家煊，2011，2012）。沈家煊（2017，2019，2020）提出汉语"大语法"概念，强调将汉语语法研究置于语篇中、置于对言中："突破句法的范围，词法、句法、章法贯通；集语音、语法、语义、语用于一体，以用为本"。将韵律作为汉语"大语法"的一部分："英语，语法是语法，韵律是韵律，二者分立，有一个交界面（interface），语法和韵律在这里有一个交互作用。汉语，语法是大语法，包含韵律，韵律本身是'大语法'的一部分，不存在语法和韵律的交界面。都叫韵律语法，英语的韵律语法指韵律和语法的交集，汉语的韵律语法是指（大）语法的一个子集。"

沈家煊（2012）强调汉语口语语法特点是零句占优，整句由零句组成。零句是根本。零句可以独立。赵元任（Chao，1968）提出零句没有主语－谓语形式。它最常见于对话以及说话和行动掺杂的场合。大多数零句是动词性词语或名词性词语。"整句只是在连续的有意经营的话语中才是主要的句型。在日常会话中，零句占优势。"在汉语里零句"更是根本，甚至更加常用"。

汉语口语另外一个特点是流水句。吕叔湘（1979）最早使用这个概念，他说："用小句而不用句子做基本单位，较能适应汉语的情况，因为汉语口语里特多流水句，一个小句接一个小句，很多地方可断可连。"沈家煊（2012）指出："造成汉语'特多流水句'的原因就是零句占优势，零句可以组合成整句又可以独立成句，句与句之间除了停顿和终结语调没有其他形式标志，有没有关联词不能作为判别标准，而且关联词经常不用，意义上的联系靠上下文来推导。""汉语以对言格式为主干，两个词、两句话对着说才表达一个完整的意思，才成为一个完好形式"（沈家煊，2019）。

上面这一段话同时指出了口语语篇的另外一个特点：汉语口语语篇的修辞结构关系（RST）中关联词经常不出现，即语句之间的语义联系的并置性（沈家煊，2012），"因为并置所以意合"（沈家煊，2019）。

所谓修辞结构关系（Man et al.，1987）是指语篇中"语句"之间的语义关系。RST 从功能的角度解读语篇的整体性和连贯性，并对微观结构中小句间关系进行描写。常见的 RST 主要包括 30 多种关系（Man et al.，1987），如递进关系、转折关系、因果关系等。例如对话"A：你怎么不去跑步了？B：因为雾霾，所以我不跑步了"。口语中 B 表达因果关系可以说"雾霾，不跑步了"或者"不跑步了，雾霾"，因果关联词"因为"和"所以"都可以省略，且都由零句组成，并且两个零句之间的"因"和"果"的顺序也很自由。

没有关联词的修辞关系称为隐性修辞关系，语句之间的语义关系有时候也会有歧义。汉语修辞关系中隐性关系比例高达 70%，而英语为 55%，西班牙语为 55%，德语为 61%（乐明，2006）。张良（2018）统计了汉语新闻、通告、故事和信件四类文体中隐性修辞关系的比例，分别为新闻 59%、公告 67%、故事 70%、书信 74%，随着语篇的正式程度下降、口语化程度加强，隐性修辞关系的比例越来越高。

2　语篇韵律

韵律是发生在大于一个音段上的语音现象，包括音调、重音、节奏等超音段特征。通过音高、时长和音强等声学特征表达非词汇层面的语言和语用信息。韵律使得语篇关联性增加，明确了话段之间的语义关系，指示对话中言语行为等。因此，韵律现象直接与更高层的语言学组织相联系，如信息结构、修辞结构、话题结构等。

口语语篇的功能是传递信息，因此是一个信息流，具有信息结构。Lambrecht（1994）指出信息结构就是"话语命题的语用结构的形式表达""跟语法系统的所有表义层面均有关"。Halliday（1967）提出了三类信息结构："预设的新旧信息结构（the structuring of propositional information into given and new）、语篇指称信息状态（the information status of discourse referents）、话题与焦点（topic and focus）。"新旧信息的表达除了句法和上下文语境的标记，在口语中与语音特征特别是韵律特征密切相关。新信息比旧信息在语音上更突显，语义焦点比话题更突显。因此，语篇韵律特征与语篇的新旧信息、焦点信息和指称信息之间的关系可以帮助对信息结构的解码（Ward et al.，2001）。

口语交际的目的是传情达意，所以除了传递语言学上的意义，还传递话者的情感和态度，表达各种言语行为，传递话者意图，即在特定语境中，话语的言语行为或者语用意，包括字面上意义和字面外的意义。语境信息在言语处理中至关重要，意图的表达和理解依赖交际双方的认知和所处语境；而口语中韵律信息也承载着传递意图的功能，在一定语境中，"谢谢"用不同的语调来表达，可以表示感谢，也可以表示回声问、祈使、婉言谢绝、不耐烦、无可奈何、讽刺等各种真实意图；语句"我想起来了"如果将重音放在"想"上表示动补结构，如果放在"起来"上，表示连动结构，重音在不同词语上，表达不同意义；疑问语气"已经中午了?"，语气功能是疑问，但真实意图可能是惊讶。正如苗兴伟、翟红华（2000）等所说："从语用的角度看，语篇并不是单纯的句子的组合，而是言语行为的序列，即话语序列的连贯关系是通过句子所实施的交际功能实现的。""要正确理解这一序列的连贯关系，首先必须依赖一定的语境来推导出句子的言外功能。"因此，仅从句法上来分析语篇显然是不够的，更需要分析其韵律特征，才能了解说话的真实意图。

2.1 语调理论

语调指具有系统组织且表达后词汇或句子层面语用意义的韵律特征或者超音段特征。从韵律特征来说，狭义的语调专指句子音高模式的变化，而广义的语调还包括音强、音长、嗓音音质（voice quality）等方面的变化。语调所表达的功能在不同语言中非常相似，除了表达情感等副语言（paralinguistic）信息之外，一般还用来表达信息结构、陈述/疑问等语法范畴。语调可以用来凸显句子的成分，标志句子或语篇的边界，区别不同的句子类型（语气）。

对汉语来说，声调和语调在声学上共用一条音高曲线（即基频 F0 曲线）作为其主要声学特征，因此汉语语调研究的核心问题始终在声调与语调的关系上。赵元任（1922，1929，1933）开创了现代汉语系统研究之先河，第一个阐明了声调与语调的关系，用"橡皮带""代数和""大波浪与小波浪"来进行比喻。这种对语调分析方法相对于"线性观"是一种"叠加观"，即表层的语调可以分为不同层级的韵律成分。

汉语语调研究著述颇丰，吴宗济（1982，1988）继承和拓展了赵元任先生的语调思想，揭示了汉语语句和语篇中的各种语调组成单元遵从必然变调规律和或然变调规律；沈炯（1992，1994）认为汉语语调的有声性主要表现为全句声调音域高音线和低音线两方面有系统的调节；林茂灿（2012）从赵元任的语调理论出发，结合 AM 语调理论（Pierrehumbert，1980；Pierrehumbert et al., 1988），提出了汉语语调的"双要素"模型；许毅（Xu，2005）提出的并行编码和目标接近语调模型（PENTA）；石锋提出的语调格局理论（2013）等。

2.2 语篇的层级结构与语篇韵律的层级结构

从口语语篇处理的角度，Ingram（2007）基于语言能力（language competence）理论提出了一个形式与意义，或者说形式与功能整合的表示体系。汉语语篇的分层表示体系，也涉及语音学、音系学、句法语义学、篇章语言学以及语用学等多个跨语言学理论，特别是基于认知语言学的联结主义理论。

张清芳等（Zhang et al., 2019）通过对汉语词汇产出心理机制的研究发现，汉语词汇通达的过程中，词条通达（lemma access）到口语词产出的音系编码，呈现的是离散模式（discrete pattern），而拼音语言呈现的是交互模式（interactive pattern），音段（segment）和音位（phoneme）是拼读语言的处理单元（proximate units），音节则是汉语的处理单元。这一结果支持了沈家煊（2017）提出的汉语语法和韵律的基本单位是"字"，但是双音字组已经成为强势字组的提法。

根据汉语特点，图2给出了汉语语篇层级表示体系（Jia et al.，2016）。在音段和词之间增加一个音节层。这里的"词"就是"强势字组"。

韵律层级结构概念来自音系学，认为语篇与语法结构对应，也有其音系或者韵律组织。涉及比音段大的结构的音系现象能按线性排列组成适用于不同韵律域的类型，而且使每一个较小的域恰好包括在下一个更大的域里。一般认为这些域从小到大依次为莫拉、音节、音步、韵律词（音系词）、韵律短语（音系短语）、语调短语和话语。针对汉语，很多学者提出汉语的韵律层级（王洪君，2008；冯胜利，1998；端木三，2000；张洪明，2014），争议最大的是汉语是否有音步（张吉生，2021）。

语音学研究中，很多学者支持汉语韵律结构没有音步层级，如李爱军（Li，2002）提出的汉语韵律标注系统 C‑ToBI。郑秋豫（Tseng，2006）提出阶层式多短语韵律句群（Prosodic Phrase Grouping，简称 HPG）的假说，强调语篇（discourse）韵律是来自字调（SYL）、韵律词（PW）、韵律短语（PPh）、呼吸组（BG）、韵律组（PG）到语篇韵律规范的总和。这里也体现了汉语没有音步这个层级，但呼吸组是从生理角度定义的一个层级，在通用的韵律结构标注体系中也可以选择使用。郑秋豫强调语音学研究韵律，必须在语音单位、研究角度和研究重点上更新我们以往的看法。韵律语音单位方面，不能只局限于字调、词而止于句型，必须有大于简单句的语流韵律单位。研究角度方面，不能只采"由下而上"着重小单位的微观研究角度；必须兼容"由上而下"进行较大单位的宏观研究。研究重点不能只采取孤立语音或韵律单位的研究，必须放大语音讯号中的语境，检视语音单位间的关联性，在复杂的表面变异中，找出大单位的基型。语流韵律的研究，说明句调单位（Intonation Unit，即 IU）是韵律语流的次级韵律单位，各短语是姊妹关系，对即使同为叙述短句，成为 PG 的次级单位后，就必须依照 PG 指派的位置修正调整，以产生大语段的韵律语流。这也是语流中短语句调变化多端的原因。在这个跨短语的基型之上，可以再附加表达焦点、强调、语气等功能的其他语音现象。

我们认同汉语除了一部分轻声词，在句法词层面没有区分句法意义的词重音（周韧，2017；张吉生，2021），但在口语语篇产出中，话语（utterance）除了有其系统的韵律结构外，也有对应的重音层级结构，从小到大的韵律单元对应的重音层级有：韵律词重音、韵律短语重音和语调短语重音等。口语的韵律结构，与句法结构相比较，有很大的不同，从结构树的深度来看，口语韵律树（口语句法树）对传统的句法树进行了"扁平化"操作作用。

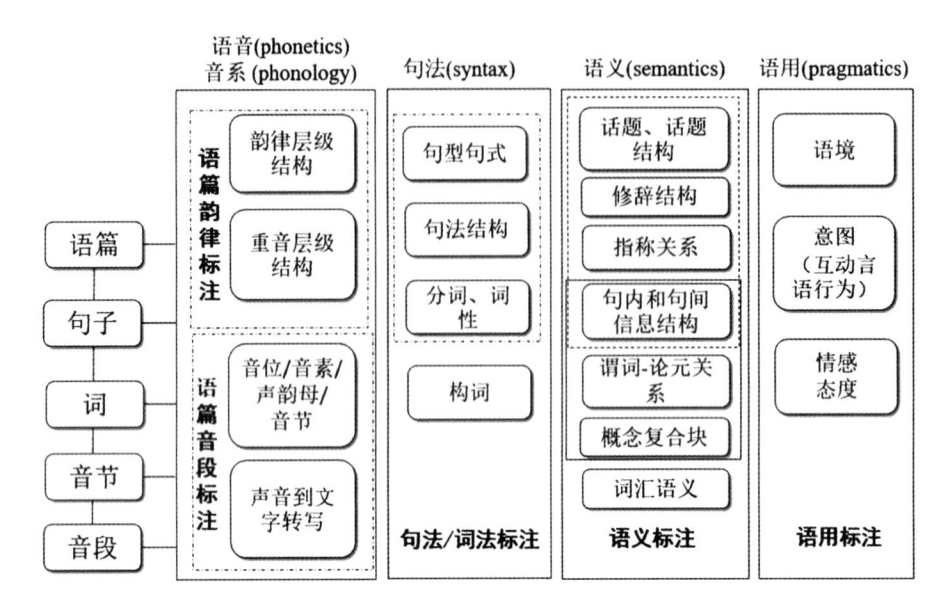

图 1　汉语语篇层级结构表示体系

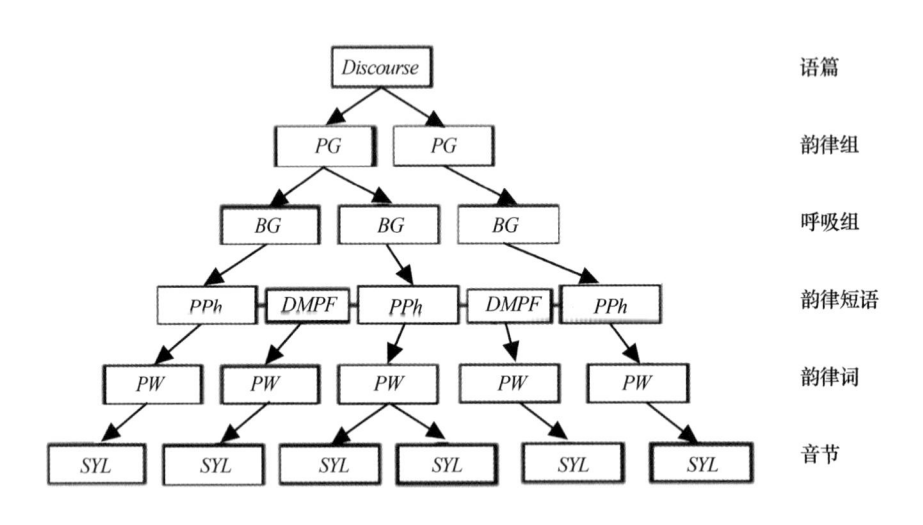

图 2　语篇的阶层式多短语韵律句群 HPG 示意图（引自 Tseng，2006）

2.3　口语语篇的韵律－语境研究范式

传统的语篇研究对韵律与语篇语义的编解码关系研究不够重视，而基于互动语言学的语篇分析（Sacks et al., 1974），则强调韵律在互动中的作用，认为韵律在口语语篇中有系统的组织，说话者将韵律作为基本手段表达与语境相关的社交功能，从而将韵律研究与口语语篇研究关联起来，而不再局限于传统的孤立句子层面（Couper – Kuhlen 2001）。

Couper – Kuhlen 和 Ford（2001）总结了从传统语调研究到语篇语调研究，再发展为口语语篇视角下的韵律研究所经历的几个阶段：（1）语法的语调（intonation – as – grammar approach），从语法出发来研究语调；（2）信息流的语调（intonation – as – information flow approach），从信息结构来研究语调；（3）语篇或者语境的语调（intonation – as – contextualization），从更大的语篇范围来研究语调；（4）语篇与韵律特征。在语篇范围，考察韵律特征与各种语篇结构意图表达的关系。在实际声学分析中，除了分析语调对应的音高 F0，音长和音强往往也是非常重要的特征，甚至嗓音音质（voice quality）等在情态语气表达中也有显著的作用，所以更多地考察韵律特征与语篇的关系，将韵律特征视为语境/语篇特征之一（prosody – as – contextualization cue），这种研究范式也称为语境/语篇特征研究范式（contextualization – cue paradigm）。

3 口语对话语篇韵律与互动言语行为

汉语语篇韵律研究方面，吴宗济（2004）很早就开展了相关研究，他指出篇章中短语的移调程度和扩域程度受到语体的制约，而服从篇章韵律的规则；胡明扬、劲松（1989）指出"流水句在语音上的特征是除了全句结尾的句终句段末尾出现句终语调外，在其他一个或几个非句终句段末尾也出现句终语调，不过在这些有句终语调的非句终句段后面的停顿明显短于正常的句间停顿"。"一个流水句内部的句终语调后面的停顿如果长到和句间停顿相等，那么这个流水句就会分解为两个或几个句子"。郑秋豫（Tseng，2006）在 HPG 框架下，提出三段式语篇韵律模式，就像句法界定的语调模式一样。杨玉芳等对语篇中的重音、边界、音高下倾等韵律特征进行了研究（陈玉东等，2009；杨晓虹等，2011；赵建军等，2011，2012），并开展了多项语篇的大脑表达和认知机制研究（Wu et al.，2016；Yang et al.，2014，2015）；殷治纲（2011）分析了各层级的重音和韵律边界的声学表现，给出了普通话口语语篇节奏模式；贾媛（2019）基于朗读语篇的信息结构、修辞结构等开展韵律特征接口研究；张良等（Zhang et al.，2014a，2014b）发现韵律层级结构、韵律特征与语篇的修辞结构关系有很好的相关性，可以作为区分修辞语义关系的特征；并采用产出和心理学感知相结合方法，探索语篇韵律特征与语篇因果关系、语篇中复杂焦点信息的关系（张良，2018）。

在对话语篇方面，也有基于自然口语对话库的产出研究，如对语句边界韵律特征的分界功能、话轮提示功能和言语行为功能的研究（熊子瑜，2003）；"嗯、啊"类话语标记的各种语用功能的韵律特征（熊子瑜、林茂灿，2004；Yin et al.，2008）。

下面重点介绍作者在口语对话的韵律特征与对话语用功能（言语行为）的编解码方面

的研究工作。

3.1 自然口语对话的互动言语行为

对话行为指对话参与者的交际活动,也可解释为具有某种交际功能和语义内容的交际活动。对话互动言语行为代表对话人的意图,与对话功能语段的作用相关。

周可艳、李爱军等(Zhou et al., 2010)对汉语口语对话言语行为进行标注和研究,并参考谢心阳(2016)对问答关系的语用功能分类,对应答言语行为从功能和形式上进行了统计研究(Li, 2018)。首先,从语篇库 Discourse-CASS 中挑选了话剧、面对面自由交谈、网络语音聊天、服务行业电话录音等四个场景1171段对话,统计分析了它们的应答形式和语用功能分布(Huang et al., 2018)。表1给出了回应的句法形式统计结果,表中单词型指用一个词的回应形式,常常是一个话语标记词及是非判断词类(包括话语标记词和是非判断词的组合),如"是、不是、可以、好、好好"等,单句型通常是一个小句,小句型通常指多个小句。在四个应用领域中,都是单句回应占比例最高,均接近50%。其次,话剧领域是小句回应较高,网络及手机聊天领域内,小句回应和单词型是非判断占比相当,均为25%左右。服务行业和面对面交谈领域为单词是非判断型回答占比明显高于小句型回应,其中,服务行业单词回应和小句回应占比分别为38.67%和12.37%,面对面交谈领域单词回应和小句回应占比分别为39.63%和14.63%。

表1 典型回应中的回应形式标注统计

回应形式	领域	网络及手机聊天 个数	百分比	话剧 个数	百分比	服务行业电话录音 个数	百分比	面对面自由交谈 个数	百分比
小句型	clau	464	25.88%	163	35.98%	1495	12.37%	24	14.63%
单句型	phra	872	48.63%	217	47.90%	5917	48.96%	75	45.73%
单词型	wrd	457	25.49%	73	16.11%	4674	38.67%	65	39.63%

由此来看,单句回应是最为符合人们一问一答的基本话轮交互的,是回应形式的主要类型。这种单句回应形式占比较高的情况在服务行业、网络聊天、面对面交谈以及话剧等领域都存在。对于服务行业和面对面交谈领域,单词型回应明显高于小句型回应,究其原因,这些领域对话的目的是咨询或者解决问题,都是问题导向的。问话方对应答的主导大于回答方,双方都需要高效解决问题,所以应答以简短回应,如"嗯、啊、对、好"等比例较高,而较长应答占比例相对其他领域的要少。面对面自由交谈时,视觉上看到的东西可以帮助理

解，比如一个眼神一个动作都可以代替语言解释，这种心领神会也是导致单词是非判断应答占比大于小句型应答占比的原因。对于话剧来说，由于时间限制和叙述手法的要求，一些背景或人物关系需要通过话语交谈中的扩充信息来展示。而网络聊天通常是在相互比较熟悉的人之间进行的，点到为止的简短回答和相谈甚欢的情景均可能出现。

表2　四种不同场景对话中的回应句法形式和韵律单元个数之间的对应关系
（PW、PP、IP 分别代表韵律词、韵律短语和语调短语）

回应形式	韵律单元	话剧 PW	PP	IP	面对面自由交谈 PW	PP	IP
单词类	wrd	1.18	1.07	1.06	1.12	1.05	1.02
单句类	phra	2.54	1.45	1.19	2.75	1.63	1.16
小句类	clau	5.71	3.12	2.28	9.21	3.92	2.46

回应形式	韵律单元	网络及手机聊天 PW	PP	IP	服务行业电话录音 PW	PP	IP
单词类	wrd	1.24	1.08	1.03	1.38	1.12	1.03
单句类	phra	2.99	1.60	1.16	3.25	1.66	1.09
小句类	clau	8.09	3.90	2.15	8.93	4.33	2.03

从韵律单元与句法形式的对应关系看（表2），每一类句法单位，对应的韵律单元个数逐渐递减；三类句法单元，纵向看，对应同一类韵律单元，逐渐递增。但四个领域的分布也有一些差异，比如面对面聊天，小句类对应的 IP 个数最多，电话对话的韵律短语个数最多，反映了领域的差异。

再看回应的功能。在话语分析中，一般认为提问者的问题对应答者产生一定的约束和导向，因此问话者具有控制对话的交际地位。但是应答者往往规避直接回答，或者所答非所问，或者有意转换话题。Stivers 和 Hayashi（2010）分析了这种转换应答现象（transformative answer），将转换应答分为对问题的措辞转换（question term transformation）和规程转换（question agenda transformation）两大类，并且从对"问"的设计（design）和规程（agenda）的组织程度看，第一类违反问题的 design，第二类两个都违反。

措辞转换和规程转换又可以再分不同小类（Huang et al.，2018），下面这个例子的回应是一种纠正型措辞转换："A：我们会尽快回复您，是打您136这个电话吗？B：189的那个电话。"下面这个例子是焦点型规程转换："A：你中午去超市了，是吗？B：今天超市搞活动。"

表3统计结果表明有64.80%的回应属于典型回应，也就是直接回答；29.20%为转换型回应（其中措辞型转换和规程型转换分别为18.83%和10.37%）；5.60%为非答案型回应。但四个应用领域的分布有差异，反映了不同互动场景下，应答形式和功能分布模式各有特点。结果对口语对话理解有两点启示：一是间接应答行为占比例相当高，大约35%的回应为非直接回应，应答的真实意图是不能从字面意义上直接得到的；二是应答的形式和语用功能分布与场景、语境密切相关。

表3 回应功能统计

回应功能 \ 领域	话剧		面对面自由交谈		网络及手机聊天		服务行业电话录音		平均占比
典型回应	257	56.73%	113	68.90%	1049	58.51%	9072	75.06%	64.80%
措辞型回应	83	18.32%	34	20.73%	439	24.48%	1426	11.80%	18.83%
规程型回应	79	17.43%	4	2.44%	212	11.83%	1180	9.76%	10.37%
非答案型回应	34	7.50%	13	7.93%	93	5.18%	408	3.37%	5.60%

3.2 语调的互动功能与语境的关系

我们以对话中回声问为例，来说明语调互动功能与语境之间的关系。所用语料来自Discourse-CASS，语调分析基于AM理论，区分局部韵律特征（如边界调、重音）和全韵律特征（如音高整体走势）。

3.2.1 语境与回声疑问语气关系

在我们的语音库中，有各种形式的回声问/话语，对其进行句法形式和语用功能两个维度来进行分类。尽管从分类上是表示疑问语气，但根据上下文语境所表达的语用义，这些回声问/话语的言语行为或者语用义有多种（Huang et al., 2018）。表4里给一些回声话语的例子，从句法形式和对话语用功能上加以说明。

表4 自然口语对话中回声话语的句法形式和对话言语行为举例

例子（有下划线的语句为目标句）	问句类型	对话言语行为
A：你要点什么呢？B：一个地三鲜。A：<u>地三鲜</u>。B：两碗米饭。	是非问（陈述疑问）	应声确认 Backchannel（b）
A：你要点什么呢？B：一个地三鲜。A：<u>地三鲜？</u> B：对，两碗米饭。	是非问	请求确认 Request for Affirmation（raf）

续表

例子（有下划线的语句为目标句）	问句类型	对话言语行为
B：青椒肉丝。 A：<u>尖椒肉丝，是不是？</u>	附加问	请求确认 Request for Affirmation (raf)
B：青椒肉丝。A：<u>是不是尖椒肉丝？</u>	正反问	请求确认 Request for Affirmation (raf)
B：一个酸菜粉丝。A：<u>要白酸菜还是绿酸菜呢？</u> B：白。	选择问	请求确认详细信息 Request for Details (rdt)
B：一个酸菜粉丝。 A：<u>要白酸菜吗？还是绿酸菜呢？</u>	是非问+选择问	请求确认详细信息 Request for Details (rdt)
A：豆腐有豆腐平安豆，有青菜烧豆腐。B：<u>什么烧豆腐？</u> A：嗯，青菜烧豆。	特指问	请求重复 Request for Repetition (br)
A：留个电话吧。B：八二零五八幺八零。A：<u>八二零五？</u> B：八幺八零。A：八幺八零。	是非问	请求补充信息 Request for Supplement (rsup)
A：要送过去话也要最起码要四十五分钟左右啊。B：<u>怎么会要四十五分钟？这么一点儿远啊！</u> A：对呀。啊，现在人那么多抽不出人手。	特指问	请求解释 Request for Explanation (rex)
A：你咋还在南宁呢呀？你你你啥时候回来呀？B：嗯，<u>啥时候回呀？</u>那还说不准啊。	特指问	理解确认 Understanding Check (bu)

挑选 Discourse – CASS 中 150 个自然对话的 5870 语句进行分析，其中回声问有 857 个，占 14.60%。857 个回声问中，是非问有 531 句占 62%；附加问 265 句占 31%，特指问 48 句占 5.6%，选择问 13 句占 1.5%。进一步对 531 个是非问句进行对话功能分析，请求确认 345 句占 64.97%，请求补充信息 86 句占 16.20%，应声确认 63 句占 11.86%，理解确认 37 句占 6.97%。

这些回声问有的是带有句法标记的，但有相当一部分是不带句法标记的，如上表例子中"地三鲜？""八二零五？"。我们对其中的 531 个是非问句进行分析，有 496 个是无句法标记的，占 93.4%，这些是非问的疑问语气是通过语调或者上下文语境来实现的。我们对这一类回声问句进一步考察（李爱军等，2013），通过感知实验来探查语境信息对这一类回声句的疑问信息的解码影响。挑选了 110 个无疑问句法标记的回声问句，如下对话中下划线的语句：

B：呃，我是西区八号儿楼幺六零五。<u>A：西区八号楼幺六零五？</u>

B：对。

A：八号楼幺六零五？

<u>B：对，八号儿楼的幺六零五。</u>A：嗯。

听辨这些回声问句在离境和有上下文对话语境两种情况下疑问语气的强弱，图 3 和图 4 为两种情况下的感知结果，显示疑问语气的感知模式很不相同。在有上下文语境情况下（图3），所有的回声问都可以被感知到有疑问语气的存在，且大部分（约70%）的疑问语气大于陈述语气；在离境情况下（图4），绝大部分回声问（约93%）的疑问语气低于陈述语气，而其中还有约46%不能被感知为疑问句。因此，上下文的语境信息对无标记的回声问句的疑问功能感知起很大的作用。交际双方会将包括上下文的语篇结构信息和语义、语调韵律等特征综合起来，对疑问信息进行编码和解码。

这里我们对回声问研究没有区分其具体的言语行为，而是从统计角度考察语境与无标记回声问的关系，要进一步从厘清对话中无标记回声话语的编解码机制，还需从言语行为功能与语音特征的关系入手进行语音产出和语音感知研究。

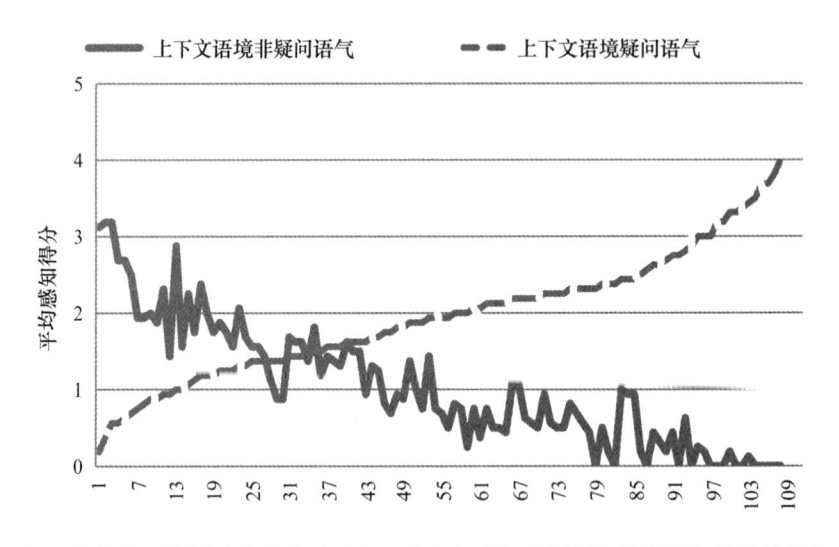

图3　在有上下文语境信息的对话中回声问句感知为疑问和陈述语气的辨认曲线

3.2.2　疑问语调的韵律特征

学界对无疑问标记的回声疑问语气的韵律特征研究颇多。不带疑问语气词的疑问句句尾使用高语调（胡明扬，1987；劲松，1992）；陈述语调是高音线骤落形式和低音线下延形式结合而成的，疑问语调是高音线逐落形式和低音线上敛形式组合而成的（沈炯，1992，1994）；是非疑问句和陈述句的音高曲线的差值曲线是一种类指数或者二次指数函数关系

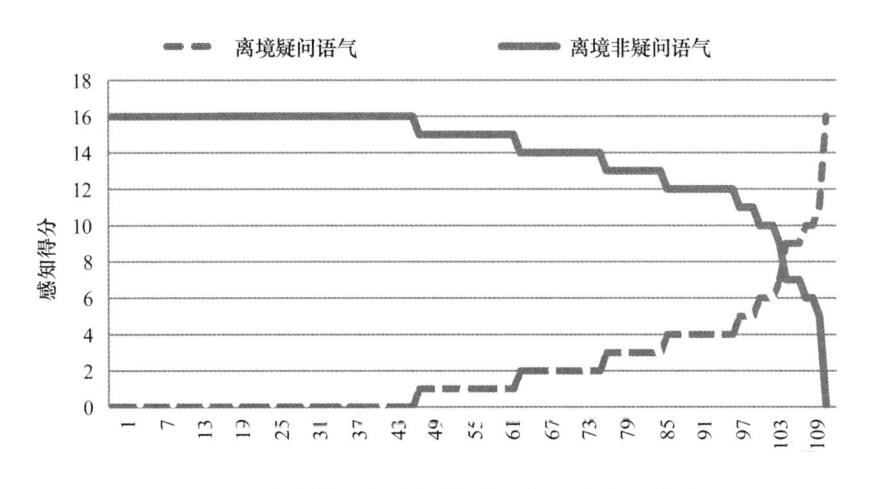

图 4　离境实验中反应时间与疑问程度感知关系

(Liu et al., 2005);焦点和疑问信息之间的关系都是抬高音高,疑问从焦点词开始,不同疑问句之间的音高抬高有细微的差异,特别是句末位置(Liu et al., 2005);疑问语调和陈述语调的语气主要体现在后边界调(林茂灿,2006、2012)。汉语疑问和陈述语调的语音特征涉及全局特征(音高整体走势)和局部特征(重音和边界调),疑问和陈述语气的区分,局部特征作用大于全局特征;声学相关量除了音高、时长外,谐噪比 HNR 是与重音密切的一个参数(Liu et al., 2016)。

这些研究表明,语调疑问句的音高比陈述句高,特别是在焦点重音后音高表现更为明显;疑问语气功能在句末变现处高语调特征,陈述变现为低语调特征。

实际对话中,疑问语调在不同语境中承载不同的语用功能,语调调位有各种变体,语篇中使用哪一种语调调位变体,是由语篇交际互动功能确定的,正如上一节感知实验结果体现的,一个疑问语气不强的疑问句,在特定语篇语境中承担回声疑问功能可能很大。因此,对疑问语调特征的考察要采用语境/语篇分析的范式,从句法形式、韵律形式和语用功能等多个维度进行分析。

基于 3.2.1 中对真实语料的分析结果,我们设计一些对话,使得同样的回声话语表达不同语用交际功能(Li et al., 2019)。除了陈述语气 SD 作为对比,还设计了 5 种回声话语的语用功能:请求确认 raf(EQ1),请求详细信息 rdt(EQ2),请求解释 rex(EQ3),请求重复 br(EQ4),应声确认 b(EQ5)。控制目标句为 3 到 4 音节,具有不同的句法结构,如,蒸花蟹、咸水鸭分别是 1+2 和 2+1 结构。同时使得边界音节的声调覆盖所有声调类型。

对所有的对话进行模拟场景录音,得到 2304 个目标句回声问和相应陈述句。

分析得到这些语句的语调音高模式,如图 5 给出的一个例子。图中不难发现,不同语用

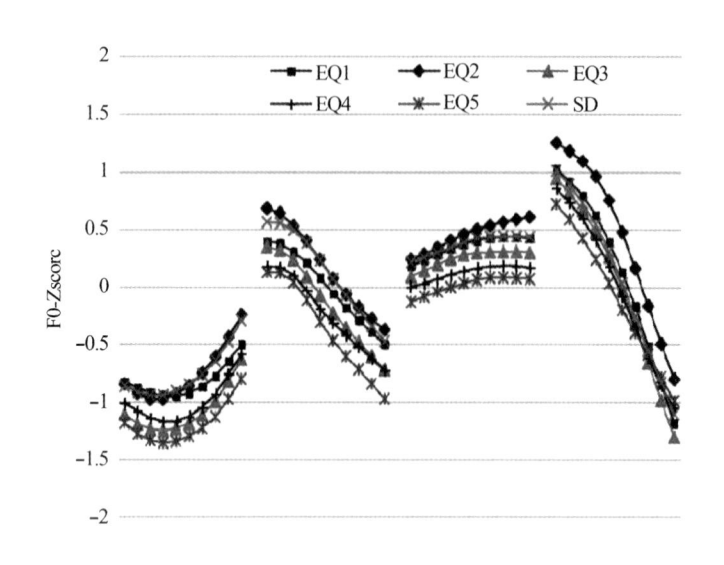

图 5 "黄焖鸡块"的 6 种语用功能对应的语调音高模式
（音高按照发音人进行了 z_score 规整,并且在每个音节韵母段上平均取 10 点音高值。）

功能的音高模式不同,整体的 F0 走势和边界调变化都有差异。图中音高走势最高的是 EQ2,请求详细信息的回声问语调;最低的不是以前我们认为的陈述语调 SD,反而是表达应声确认的 EQ5,其他回声问语调高音也不比陈述句高。边界调最高的也是 EQ2,陈述句的边界调与其他几种语用功能的边界调没有显著差异。

分别对语调的全局和局部特征,包括音高、时长、HNR 等参数进行统计分析,发现语调模式的变化与对话言语行为相关。边界声调特征本身并不能很好地预测回声问句和陈述句的区别。利用线性区分实验（LDA）来分析各种特征的作用,发现回声问句和陈述句以及回声问句的不同语用交际功能是可以根据全局特征（整句 F0 斜率和平均 F0 等韵律特征）整体变化,结合局部特征（边界调特征引起）变化进行区分。在区分实验中,如果包含形态句法结构和边界音节的声调分类信息,对陈述和回声功能的两类判别分析准确率平均为 85.0%,对 6 种不同的对话言语行为功能的判别分析准确率平均为 68.6%。在不考虑形态－句法结构信息,将边界声调类型和语句音节数作为协变量的情况下,对话言语行为功能的正确率分别下降到 70.9%（2 组）和 40.9%（6 组）。表明结构信息和语境信息在 2 分任务中的贡献约为 30%,在 6 分任务中的贡献高达 60%。从语音特征贡献看,全局音高变化和局部边界调特征贡献高于局部时长信息。结果也支持 3.2.1 中的感知实验。

3.2.3 疑问语调的语音感知

上节分析表明对话交互中,韵律信息与对话言语行为相关,也就是说韵律特征对语用功能的编码起作用。从语音感知角度,韵律特征是如何在解码端对语用功能或者意图起作用的呢?

这里分享我们的一个感知实验来说明（Huang et al., 2021）。表 5 给出语料说明，这里的语篇语用功能限定 3 种 C1 – C3，作为对比，C0 设置为无语境信息陈述句。

表 5　回声问感知实验语料说明

语境编号	目标句的对话言语功能	语料示例（实验展示中无句末标点）
C0	陈述（语境不确定的孤立句）。	酸菜鸡丝。
C1	回声问，请求确认，后续话轮给出确认回答。	M：点个酸菜鸡丝吧。 F：酸菜鸡丝？ M：对。
C2	回声话语，应声确认，并进行焦点转程。	M：再来个酸菜鸡丝。 F：酸菜鸡丝（","或者"?"）还需要别的吗？
C3	陈述语气，详细回答，并且对方后续话轮给予评价。	M：他点的什么菜？ F：酸菜鸡丝。 M：就一个啊！

感知实验的刺激制作，将语音产出研究中具有请求确认功能（即 C1）的目标句的语音特征平均值作为原始样本声音，通过改变其陈述句的全局和局部音高、时长等信息获得的。边界调的音高斜率和调阶分别设置 3 个变化步长；全局整体音高变化两个步长；边界音节和非边界音节的时长分别变化 5 个步长。共得到 90 个合成的刺激句，再将其分别嵌入 3 个对话语境中，得到 270 个对话（详见 Huang et al., 2021）。

感知任务是听辨对话中 270 个合成刺激句以及无语境的 90 个合成刺激句的疑问语气强弱，给出 1 分 – 5 分评分，分数越大表示感知到的疑问语气越强烈。四种语境下的疑问语气听辨结果如图 6 所示，横轴代表 90 个刺激，纵轴为感知得分。每种语境的感知结果都按照感知得分从小到大排序，C0 为上下文不确定的陈述句，可以作为其他三种感知结果对比的基准线。

图 6 结果显示，对具有同样韵律特征的语调感知，受到对话语境的显著影响，其感知模式不同。在无语境 C0 的低分数段（<2 分），感知为陈述语气，C3 的语境促进语调的语用功能感知为陈述，C2 是一个陈述疑问功能，语境使其疑问语气感知低于 C1 而高于 C3，C1 通过目标句的后续话轮给出一个确认回应，加强了目标句的疑问语气感知，因此 C1 的感知得分明显高于其他语境。在 C0 的疑问语气加强阶段（2 – 4 分），C1 语境指示了疑问功能，因此分布与 C0 接近，而 C2 指示陈述疑问，因此感知结果尽管均为疑问语气，分数明显低于 C0 和 C1，表示肯定回答的 C3，疑问语气感知得分最低，对疑问语气

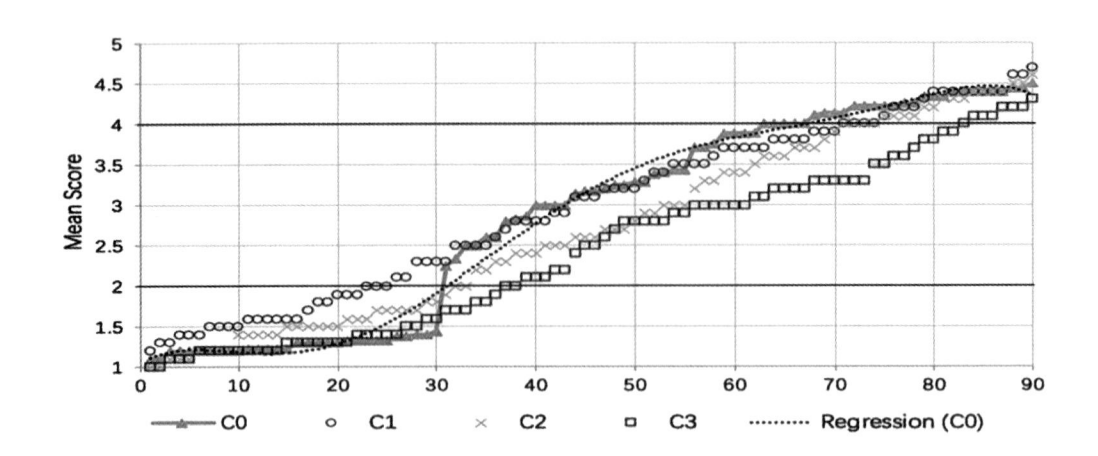

图 6 四种语境中 90 个刺激句的疑问语气感知结果
图中点线是对无上下文语境信息的感知结果的拟合曲线

的感知产生了消解作用。在 C0 的疑问语气高分段（>4 分），所有语境下疑问语气的感知得分均很高，语境的影响程度降低，此时，疑问语气主要由韵律特征决定。C1 作为回声问语境，感知曲线最早达到 2 分，C3 作为陈述语气的语境，最晚达到 4 分。结果支持了 3.2.1 中指出的语境影响疑问信息的感知。

因此，我们认为语境信息对韵律特征表达的语气具有一种调制作用（modulation）。语境信息与韵律信息表达意图一致时，语境信息对语气感知起到增强作用；冲突时，语境信息对语气的感知起到一定的抑制作用。具有疑问语用功能的语境加强疑问语气的感知，具有陈述语用功能的语境，降低疑问语气的感知强度；疑问信息的感知主要依靠韵律特征，语境信息对听者的疑问语气程度感知也影响语用功能的解释。

韵律特征与语境到底有何交互作用呢？通过对感知结果与韵律特征进行线性回归分析，可以得到明确的答案。

图 7 结果表明，边界调的斜率变化与疑问语气的感知显著相关（$\eta2 = 0.012$，$p < 0.001$），与 C0 比，C1 是促进疑问语气的感知的，而 C2、C3 有制约作用，得分上 C1 > C2 > C3。

图 8 结果表明，整个语句的音阶抬高，也使得疑问语气感知加强（$\eta2 = 0.003$，$p < 0.05$），但在没有语境信息 C0 情况下，改变调阶没有语气的变化；而其他三种语境都有显著影响，但对陈述语气语境 C3 的影响比其他两种疑问语境的影响小，得分仍然是 C1 > C2 > C3。

图 9 表明，时长、边界调调阶和语境有交互作用（$\eta2 = 0.012$，$p < 0.001$）。增加边

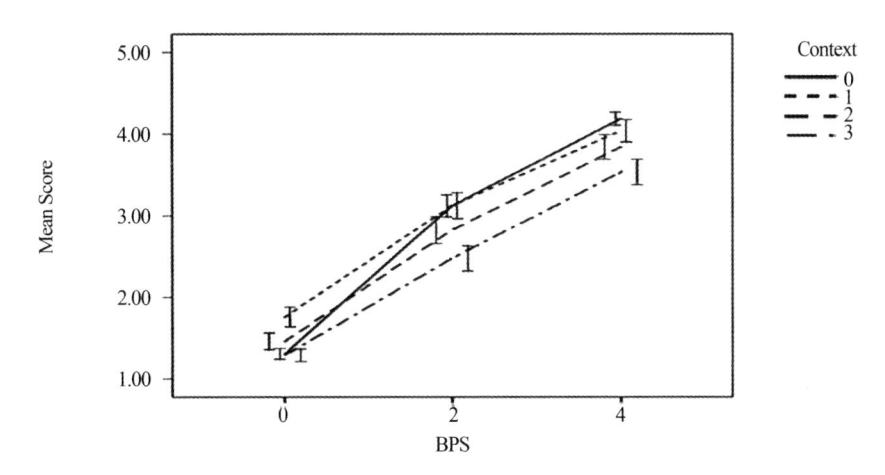

图7　四种语境中边界调斜率变化与疑问语气感知的关系
横坐标代表边界调音高终点目标值变化的四个水平（0，2st，4st）

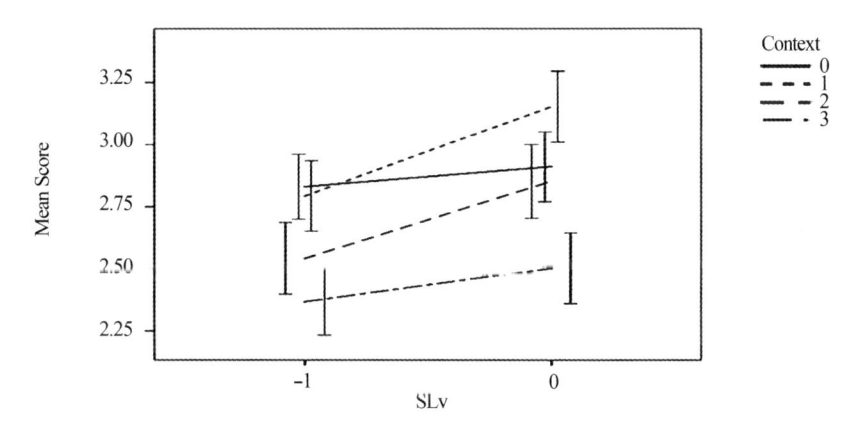

图8　四种语境中语调整体音阶变化与疑问语气感知的关系
横坐标代表整句音高整体变化的两个水平（-1st，0）

界音节和整体语句的时长，可以加强疑问语气的感知，只拉长边界调的时长效果好于整体时长的变化；相反，缩短边界调和整个语句的时长，降低疑问语气的感知，全句语速变慢疑问语气降低更大，但有4个例外，如C2语境下，边界调调阶为2st，只缩短边界调后的疑问语气感知明显低于整体语速的变快的情况。疑问语气的感知也受到边界调调阶和语境的明显影响。在时长不改变情况下，C1语境中，边界调的调阶抬高有加强疑问语气感知作用，其他两种语境与调阶的变化没有显著关系。

从统计结果看，语调的局部特征对语气感知的贡献大于全局特征。

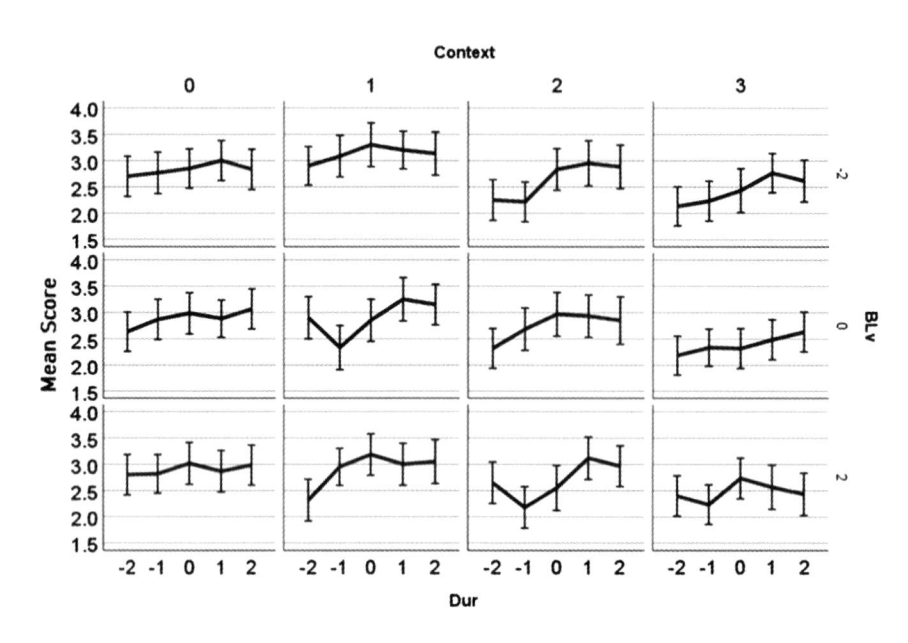

图 9　四种语境中时长和边界调调阶变化对应的部分感知结果

横坐标是时长变化情况，-2 表示所有音节都缩短（25%），-1 表示只缩短边界（25%），0 是不做改变的，1 是只拉长边界音节（25%），2 表示所有音节都拉长（25%）。三行图对应边界调调阶变化的三个水平 BLv（-2st，0，2st）。

4　结论和讨论

4.1　语篇韵律对于互动言语行为的编码和解码与语境信息密切相关

通讨对语料库中各种回声问句的离境和具有上下文语境的感知实验，以及对不同语境中具有不同对话言语功能的回声话语的语调特征分析、语篇中不同语调特征的疑问语气感知实验，我们确认语境信息对语调韵律产出和感知均产生显著的影响，也就是说韵律特征与其表达的语篇语用功能相关。

从产出上看，韵律特征是由上下文语境、句法语义等信息确定的。以传统的疑问句来说，语篇中采用何种疑问语气的韵律特征，是语篇中要表达的言语行为即语用信息决定的。我们可以将不同程度的疑问语气语调视为疑问语调范畴的语调位变体，那么，即使孤立语境中韵律特征表现是一个陈述语气，在语篇语境中，仍可以作为疑问范畴里的韵律特征。在这个意义下，我们之前很多的研究，都只是针对典型语调范畴的韵律特征分析。

从感知上看，语境对韵律特征表示的语气感知是一种调制关系。当韵律特征表示的语气与语境的语用功能和意图一致的时候，语境有促进作用；当韵律特征表示的语气与语境的语用功能不一致的时候，语境信息会对语气起到调制，或者加强或者削弱，也就说在一定语境下表达的意图或者语用功能对应的语调韵律特征，不一定是我们传统上不考虑语境的"典型"韵律特征，比如上述研究中，在具有回声疑问请求确认的语用功能的语境 C1 中，一个典型的陈述语调完全可以被感知为一个疑问程度较高的回声问；而一个疑问程度较高的语调，在一个具有确认信息或者回声确认的语用功能的语境中，感知到的疑问语气会相对减弱。因此，从语用调来看，陈述和疑问语气范畴没有明确的范畴边界。

就上述回声话语的研究来看，语调的全局和局部边界调音高特征均对不同语用功能语调的产出和感知起作用。边界调等局部韵律特征的作用大于整体语调的韵律特征的作用。

然而，意图传递与韵律的关系复杂，语篇整体对话言语行为的变化，体现在对话双方采用趋同或者趋异的韵律特征变化，这为语篇韵律提供了新的研究视角。一些研究发现对话中有韵律趋同现象（entrainment）(Xia et al., 2014)，遵循 Grice（1975）提出会话互动双方的"合作原则"；随着交互双方会话的深入，韵律特征的趋同性与合作的态度、信任度和认识的变化密切相关（Gálvez et al., 2020）。

4.2 意图或者互动言语行为由语篇多维度信息共同编解码

本文主要围绕回声疑问语气的韵律特征与其几种对话言语行为关系来展开研究，说明了言语韵律与互动意图的关系问题。但是，人们在实际互动交际中，并非总是遵守"合作原则"，可能会故意违反合作原则，产生"特殊会话含义"，比如，表 3 中除了典型直接回应，其他类型回应在不同程度上是一种对问题的"反抗"，从而产生"特殊会话含义"，听话人需透过说话人话语的表面含义进行一定推理才可以理解真实的意图。

本文的感知实验和产出的区分实验都表明，除了韵律特征，句法、语境信息也共同对语用功能起了作用，还有很多的语用功能或者意图与韵律关系不那么"直接"，需要基于语言学知识、基本认知常识进行推理获得。也就是沈家煊（2003）指出的语义分析涉及的"行域"、"知域"与"言域"中的后两域。

实验也给出了证明。熊子瑜（2003）对 123 个无疑问语气词的问句从文本上进行言语行为判断，发现可以通过句子词语判断为疑问语气的占 40.7%，而增加韵律特征信息后正确识别率提高到 79.1%，也就是说这里句法语义信息贡献了近 40%。即使语气信息判断正确，意图还需上下文语境，并进一步推理才能获得。比如对话"儿子：妈妈，你来接我时能给我带两块巧克力吗？妈妈：你忘了牙医说过最近要少吃甜食了？"儿子用疑问语气表达真实意图是请求妈妈拿两块巧克力，用一个疑问语调表达祈使语气是口语交互中常常使用的手段；妈妈并没有直接回答行或者不行，而是用疑问语调表达一个否定回答，也是一个转程回应，真实意图是不同意给儿子吃巧克力。所以，从语调韵律我们可以获得的信息是儿子用了疑问语气，妈妈用了陈述语气回答，但他们的真实意图分别是祈使请求、拒绝否定回答。所以，理解真实的互动意图不仅要利用言语信息，也要靠语言层面的各种知识（"知域"与"言域"）共同来推测，包括语篇之间的互文信息（徐赳赳，2018），即与当前语篇相关的其他语篇，以及上下文语境、句子语义和人们的认知常识。

除了上边讨论的言语行为，情感和态度也是语篇意图的重要内容，汉语韵律特征如何在语篇中对情感态度和言语行为进行编解码，相关研究还有待加强。但我们确信，在口语语篇理解系统中融合更多的韵律信息，将提升汉语自然口语交互系统的性能。

4.3 语篇韵律研究与汉语语调教学

语篇语调研究，除去可以应用到人机交互系统中，还可以应用到对外汉语教学中。林焘先生（1996）早就指出"除声调外，对汉语轻重音和语调教学重视不够也是洋腔洋调形成的主要原因。过去这方面的研究成果少，教学上无可借鉴，想重视也无法重视。近些年汉语轻重音和语调研究都取得了相当大的进展，是应该考虑如何把这些研究成果运用到汉语语音较重的时候了"。这么多年过去了，对外汉语调教学还没有做到"用法教学"。按照汉语的大语法的观点，语法教学包含语调韵律教学，也就是说要把语调韵律同表达的意图或者互动言语行为结合起来教授和学习。

汉语作为声调语言，语调作为韵律特征，在重音对焦点的实现，边界调对情感、语气的表示上，与其他语言存在类型上的异同（Lin，2004；Li，2015；林茂灿、李爱军，2017），值得我们深入研究，并针对汉语做出自己的贡献。

参考文献

陈玉东、吕士楠、杨玉芳：《普通话中语段重音对小句声学特征的调节》，《声学学报》2009 年第 4 期。

党建武、刘宝林、李爱军：《言语链：言语生成、感知及其交互》，《中国计算机学会通讯》2013 年第 5 期。

端木三：《汉语的节奏》，《当代语言学》2000 年第 4 期。

方梅：《篇章语法与汉语篇章语法研究》，《中国社会科学》2005 年第 6 期。

冯胜利：《论汉语的"自然音步"》，《中国语文》1998 年第 1 期。

胡明扬：《流水句初探》，《语言学论文选》，中国人民大学出版社 1991 年版。

贾媛：Phonetic and Phonological Analysis of Focus in Standard Chinese，中国社会科学出版社 2012 年版。

乐明：《汉语财经评论的修辞结构标注及篇章研究》，博士学位论文，中国传媒大学，2006 年。

李爱军、贾媛、柳雪飞、张良：《自然口语对话语境中回声问句的解码初探》，Proceedings of the International Conference on Phonetics of the Languages in China（ICPLC 2013）。

林茂灿：《疑问和陈述语气与边界调》，《中国语文》2006年第4期。

林茂灿、李爱军：《英汉语调的相似性与对外汉语语调教学》，《中国语音学报》2017年第7辑。

林焘：《语音研究和对外汉语教学》，《世界汉语教学》1996年第3期。

吕叔湘：《汉语语法分析问题》，商务印书馆1979年版。

苗兴伟、翟红华：《话语序列的连贯关系》，《山东外语教学》2000年第1期。

屈承熹：《汉语篇章语法：理论与方法》，《对外汉语研究》2009年第00期。

沈家煊：《复句三域"行，知，言"》，《中国语文》2003年第3期。

沈家煊：《"零句"和"流水句"》，《中国语文》2012年第5期。

沈家煊：《汉语"大语法"包含韵律》，《世界汉语教学》2017年第1期。

沈家煊：《超越主谓结构——对言语法和对言格式》，商务印书馆2019年版。

沈家煊：《汉语大语法五论》，学林出版社2020年版。

沈炯：《汉语语调构造和语调类型》，《方言》1994年第3期。

沈炯：《现代汉语语音语调研究——沈炯学术文集》，商务印书馆2020年版。

石锋：《语调格局——实验语言学的奠基石》，商务印书馆2013年版。

[瑞士] 索绪尔：《普通语言学教程》，高名凯译，商务印书馆1917年版。

王洪君：《汉语非线性音系学：汉语的音系格局与单字音（增订版）》，北京大学出版社2008年版。

王韫佳：《普通话疑问语气表达的复杂性》，《第八届中国语音学学术会议暨庆贺吴宗济先生百岁华诞语音科学前沿问题国际研讨会论文集》，2008年。

谢心阳：《问与答：形式和功能的不对称》，博士毕业论文，中国社会科学院语言研究所，2016年。

熊子瑜：《自然语句边界的韵律特征及其交际功能》，博士学位论文，中国社会科学院研究生院，2003年。

熊子瑜、林茂灿：《"啊"的韵律特征及其话语交际功能》，《当代语言学》2004年第2期。

徐赳赳：《现代汉语互文研究》，北京师范大学出版社2018年版。

杨晓虹、赵建军、杨玉芳、吕士楠：《汉语语篇层级性对焦点声学表现的影响》，《声学学报》2011年第5期。

殷治纲：《汉语普通话朗读语篇节奏研究》，博士学位论文，中国社会科学院研究生院，2011年。

张洪明：《韵律音系学与汉语韵律研究中的若干问题》，《当代语言学》2014年第3期。

张吉生：《也论汉语词重音》，《中国语文》2021年第1期。

张良：《汉语语篇因果关系的认知加工：理解与韵律产出研究》，博士学位论文，中国社会科学院研究生院，2018年。

赵建军、杨晓虹、杨玉芳等：《汉语中焦点与重音的对应关系——基于语料库的初步研究》，《语言研究》2012年第4期。

赵建军、杨晓虹、杨玉芳等：《音高和时长在语篇语句重音中的作用》，《声学学报》2011年第4期。

赵元任：《赵元任语言学论文集》（吴宗济、赵新那编），商务印书馆2002年版。

赵元任：《北平语调的研究》，《最后5分钟》附录，中华书局2002年版。又见《赵元任语言学论文集》，商务印书馆2002年版。

赵元任：《中国言语字调底实验研究法》，《科学》1922年第7卷第9期。又见《赵元任语言学论文集》，商务印书馆2002年版。

周韧：《汉语韵律语法研究中的轻重像似、松紧像似和多少相似》，《中国语文》2017年第5期。

Hart, Johan, René Collier, A. Cohen（1990）*A Perceptual Study of Intonation*. Cambridge：Cambridge University Press.

Chao, Y. R.（1968）*A Grammar of Spoken Chinese*. Berkeley/ Los Angeles：University of California Press.（吕叔湘节译本《汉语口语语法》，商务印书馆1979年版）。

Couper-Kuhlen, Elizabeth, Margret Selting（eds.）（1996）*Prosody in Conversation：Interactional Studies*. Cambridge：Cambridge University Press.

Couper-Kuhlen, Elizabeth（2001）Intonation and discourse：Current views from within. In Deborah Tannen, Deborah Schiffrin, & Heidi E. Hamilton（eds.），*Handbook of Discourse Analysis*, 13–33. Oxford：Blackwell.

Gálvez, Ramiro H., Agustín Gravano, Štefan Beňuš, Rivka Levitan, Marian Trnka, & Julia Hirschberg（2020）An empirical study of the effect of acoustic-prosodic entrainment on the perceived trustworthiness of conversational avatars. *Speech Communication* 124, 46–67.

Grice, H. Paul（1975）Logic and conversation. In P. Cole & J. Morgan（Eds.），*Syntax and Semantics*, 41–58. New York：Academic Press.

Halliday, Michael Alexander Kirkwood（1967）Notes on transitivity and theme in English：Part 2. *Journal of Linguistics* 3, 199–244.

Huang, Gan, Aijun Li, Sichen Zhang, and Liang Zhang（2021）. Prosody and dialogue act：A perceptual study on Chinese interrogatives. ISCSLP 2021, Hong Kong.

Huang, Gan, Lin Zhu, and Aijun Li（2018）Syntactic structure and communicative function of echo questions in Chinese dialogues. ISCSLP 2018, Taipei.

Jia, Yuan, and Aijun Li（2016）A linguistic annotation scheme of Chinese discourse structures and study of prosodic interactions. Proc. ISCSLP 2016, Tianjin.

Ladd, D. Robert（2008）*Intonational phonology*. Cambridge：Cambridge University Press.

Lambrecht, K.（1994）*Information Structure and Sentence Form：Topic, Focus, and the Mental Representation of Discourse Referents*. Cambridge：Cambridge University Press.

Li, Aijun（2002）Chinese prosody and prosodic labeling of spontaneous speech. In B. Bel, & L. Marlin（eds.），Proceedings of the Speech Prosody 2002 Conference, 39–46, Aix-en-Provence, France.

Li, Aijun（2015）*Encoding and Decoding of Emotional Speech：A Cross-cultural and Multimodal Study between Chinese and Japanese*（prosody, phonology and phonetics）（1st ed.）. Springer.

Li, Aijun（2018）Response acts in Chinese conversation：The coding scheme and analysis. ISCSLP 2018,

Taipei.

Lin, Maocan (2004) On production and perception of boundary tone in Chinese intonation. *International Symposium on Tonal Aspects of Languages: With Emphasis on Tone Languages*, Beijing.

Liu, Fang, and Yi Xu (2005) Parallel encoding of focus and interrogative meaning in Mandarin intonation. *Phonetica* 62, 70–87.

Liu, Xuefei, Aijun Li, and Yuan Jia (2016) How does prosody distinguish wh-statement from wh-question? A case study of Standard Chinese. *Proc. Speech Prosody* 2016, 1076–1080.

Mann, W. C. and S. A. Thompson (1987) Rhetorical structure theory: Description and construction of text structures. In *Natural Language Generation*, 85–95. Dordrecht: Springer.

Pierrehumbert, Janet B. (1980) *The Phonology and Phonetics of English Intonation*. Boston: Massachusetts Institute of Technology (P. H. D. Dissertation).

Pierrehumbert, Janet B., and Mary Beckman (1988) Japanese tone structure. Cambridge, MA: The MIT Press.

Sacks, Harvey, Emanuel A. Schegloff, and Gail Jefferson (1974) A simplest systematics for the organization of turn-taking for conversation. *Language* 50 (4), 696–735.

Stivers, Tanya, and Makoto Hayashi (2010) Transformative answers: One way to resist a question's constraints. *Language in Society* 39 (1), 1–25.

Tseng, Chiu-yu (2006) Higher Level Organization and Discourse Prosody. *The Second International Symposium on Tonal Aspects of Languages* (TAL 2006), 23–34. La Rochelle, France.

Van Dijk, Teun, A. (eds.) (1997) *Discourse Studies: A Multidisciplinary Introduction*, Vol. 1–2. London: SAGE Publications.

Ward, Gregory, and Betty J. Birner (2001) Discourse and Information structure. In Deborah Tannen, Deborah Schiffrin, & Heidi E. Hamilton (eds.), *Handbook of Discourse Analysis*, 119–136. Blackwell Publishers.

Wu, Yingying, Xiaohong Yang, and Yufang Yang (2016) Eye movement evidence for hierarchy effects on memory representation of discourses. *PLOS ONE* 11 (1), 1–9.

Xia, Zhihua, Rivka Levitan, and Julia Hirschberg (2014) Prosodic entrainment in Mandarin and English: A cross-linguistic comparison. *Proceedings of Speech prosody* 2014, 65–69.

Xu, Yi (2004) Transmitting tone and intonation simultaneously: The parallel encoding and target (PENTA) model. *Proceedings of International Symposium on Tonal Aspects of Language* (TAL 2004). Beijing.

Yang, Xiaohong, Lijing Chen, and Yufang Yang (2014) The effect of discourse structure on depth of semantic integration in reading. *Memory & Cognition* 42 (2), 325–339.

Yang, Xiaohong, Shuang Chen, Xuhai Chen, and Yufang Yang (2015) How distance affects semantic integration in discourse: Evidence from event-related potentials. *PLOS ONE* 10 (11).

Yin, Zhigang, Aijun Li and Ziyu Xiong (2008) Study on "ng, a" type of discourse markers in Standard Chinese. *Interspeech* 2008, 1683–1686.

Yuan, Yi, Aijun Li, Yuan Jia, Jianhua Hu, and Balázs Surány (2016) Phonetic realizations of post-nuclear accent under dual-focus conditions in Standard Chinese. *Proc. Speech Prosody* 2016, 941–945.

Zhang, Liang, Yuan Jia, and Aijun Li (2014a) A preliminary research on rhetorical structural and prosodic features in Chinese reading texts. *ISCSLP* 2014, 265–269.

Zhang, Liang, Yuan Jia, and Aijun Li (2014b) Analysis of prosodic and rhetorical structural influence on pause duration in Chinese reading texts. *Proceedings of Speech Prosody* 2014, 824–828.

Zhang, Qingfang, Markus F. Damian (2019) Syllables constitute proximate units for Mandarin speakers: Electrophysiological evidence from a masked priming task. *Psychophysiology* 56 (4).

Zhou, Keyah, Aijun Li, and Chengqing Zong (2010) Dialogue-act analysis with a conversational telephone speech corpus recorded in real scenarios. *OCOCOSDA* 2010, 2407–2413, Nepal.

（原文刊于《语言学论丛》第64辑）

作为经验科学的形式语言学：思想与方法*

胡建华

（中国社会科学院语言研究所，电邮：ctjhu@126.com）

摘　要：本文指出，致力于探究柏拉图问题的生成语言学（又称形式语言学）是一门经验科学。它和理论物理学在研究旨趣上有某些相通之处，二者都采用演绎的方法来研究自然现象（语言也是一种自然现象）。作为经验科学，形式语言学最重要的特点是它所提出的一些假设要具有可被证伪（falsifiable）的特性。形式语言学一直致力于用更为简单的原则对复杂的语言现象作出更加系统、统一的解释，这与自然科学研究的目标是一致的。目前，生成语言学已经发展到最简方案阶段。最简方案更加注重对人类语言基本特性的探究，希望建立一个简单的句法计算系统，用以推导复杂的人类语言。

关键词：形式语言学；生成语法；经验科学；柏拉图问题；先天论；可证伪性；研究方法

以生成语法为代表的形式语言学是一门经验科学，其研究目标是回答语言学中的柏拉图问题，即探究人类的语言能力。形式语言学研究的对象是人类的心灵，归根结底是研究人脑的奥秘。

一、柏拉图问题

1957 年，Chomsky 的《句法结构》（*Syntactic Structures*）出版，标志着语言学研究开始从对语言本体的研究转向对人类心智系统的研究。Chomsky 秉持心智主义（mentalism）的语言观，以人脑中的语言官能（language faculty）为研究对象，将关注的重点从外在的语言转向大脑中的语言计算机制，从而推动了认知科学的发展，并实现了语言学从语言本体研究到心理语言学研究、再到生物语言学（biolinguistics）研究的重要跨越。

Chomsky 一直致力于解决语言学中的"柏拉图问题"（Plato's Problem），即语言知识的由来问题（Chomsky，1986：51）。语言学中的柏拉图问题涉及儿童语言获得中的"刺激贫

---

* 本项研究得到中国社会科学院登峰计划"心理语言学——语言的获得与发展"特殊学科的资助。

乏"（poverty of stimulus）或"输入贫乏"问题。儿童在获得语言的过程中，从周围环境中接触到的语言数据是贫乏、零散且有限的，这些外部环境中的数据输入虽然可以促进儿童语言的生长（growth）与发展，但却无法决定儿童语言的生长与发展，因此也就无法说明儿童是怎样获得自己的母语的。"语言获得的刺激贫乏说"所着眼的不是环境数据在量上的贫乏，而是外部数据输入与儿童所获得的语言结构知识之间的不对称。儿童所接触到的外部数据是有限的，但儿童所获得的语言知识以及可以产出的语句却是无限的。

在 Chomsky 的生成语言学出现之前，美国语言学的主流是结构主义语言学。结构主义语言学的哲学基础是逻辑经验主义（logical empiricism），或称逻辑实证主义（logical positivism），其心理学基础是行为主义（徐烈炯，2019）。经验主义秉承 18 世纪英国哲学家 John Locke 的白板（blank slate）说，认为人的语言知识都是后天获得的，获得的方式是行为主义的刺激－反应（stimulus-response）学习机制。行为主义心理学的代表人物是 Skinner（1957），他认为人的行为是对外部环境刺激的反应。正面的反应会得到鼓励并保持，负面的反应则会使反应中断。按照这一学说，儿童语言的获得就是通过这样一个刺激－反应过程进行的。当儿童说出的语句和成人的语言不同时，会得到成人的纠正，这便是负面的反应。当他们成功地模仿了成人的语句时，会得到认可和鼓励，于是就产生正面的反应，当这种正面的反应形成条件反射，被保持并形成习惯后，就获得了和成人一样的语言。但是，相关研究发现，父母对儿童话语的纠正往往仅限于事实，很少去纠正儿童的语法错误（Brown & Hanlon, 1970）。另外，儿童在获得语言的过程中可以模仿的语句是有限的，而且，儿童即便是模仿成人的语言，也往往要对成人的语言进行改造，而不是对成人的语言进行机械的复制。因此，所谓的模仿也是创造性的模仿。这说明，儿童对成人语言的模仿与鹦鹉学舌式的简单模仿是完全不同的，儿童的模仿是他们已经获得的语言能力运作的结果，而不是产生其语言能力的原因。儿童凭借极其有限的经验就可以在短短的几年之内学会其母语；不管世界上的语言有多么不同，儿童获得其母语的时间大致相同。这些事实用刺激－反应说很难解释清楚。我们认为，儿童的语言获得之所以具有迅速性和一致性，就是因为这一切都是由先天基因决定的，而不是由后天学习决定的。如果儿童语言获得的迅速性和一致性是由后天学习决定的，可以设想不同儿童的不同学习行为自然会产生完全不同的结果，而这样一来，儿童语言获得的迅速性和一致性就必然会变成一件不可思议的事情。

除此之外，儿童语言的获得还受年龄的限制。在许多其他事物的学习上，年长的儿童明显优于年幼的儿童，成人优于儿童；但在语言学习上，情况却不同。语言学习的能力，不管是一语还是二语，都随着人年龄的增长而下降；这种现象在手语获得上也是如此。总之，语言学习是越早越好（Newport, 1988）。在二语获得中，成人的词汇记忆能力要强于儿童，但发音和造句能力却比儿童差许多。一个儿童将声音语言作为第一语言获得以后，可以很顺利地再去获得手语。同样，一个儿童将手语作为第一语言获得以后，也可以很顺利地再获得声音语言。但是，如果一个儿童在语言获得的关键期结束前没有接触并获得任何语言，那他以后就什么语言都无法获得了。语言获得之所以有关键期，当然是与大脑的发育有关。有关研究发现：幼儿到了 2 岁左右，已具备近似成人的脑结构，到了 3 岁，大脑中所有主要的纤维束已经可以观察到；3 岁以前灰质含量增长得很快，4 岁时达到峰值，然后缓慢下降（Huttenlocher & Dabholkar, 1997）。语言获得的过程也是一个大脑发育成熟的过程，因此语言获得是有生物基础的。

与动物的讯号系统不同，人类语言具有"以有限生无限"的特点，人可以说出自己以前没有听到过的句子，也可以说出自己以前没有说过的句子。按 Chomsky（2016）的说法，人类语言的这一特点，代表了人类语言的基本属性（Basic Property）。人类这种语言生成能力为人类所独有，动物则不具备，而且这种能力在个人、种族以及民族之间没有任何差别。因此，这种能力具有生物遗传学上的意义。Chomsky 认为，人类的语言能力受大脑物质结构的限制，所反映的是大脑的奥秘。基于这一原因，Chomsky 认为生成语言学所探究的实际上是人脑的奥秘，是人类的心灵及其认知机制；语言归根结底是人作为人所具有的生物属性，因此，生成语言学也被称作生物语言学。

生物语言学持先天论（innateness hypothesis）的语言观。先天论的语言观认为：（1）所有人类语言都具有复杂的结构；（2）儿童从他们所接触的环境数据中无法获得这些复杂结构以及帮助他们掌握这些复杂结构的明确线索。儿童之所以能迅速地获得语言，是因为他们大脑中有一种语言官能，这一语言官能独立于一般认知能力而存在。在这一点上，生物语言学与认知语言学的观点是截然相反的。认知语言学认为，语言能力是一般认知能力的一部分。如果这一观点成立，我们就应该在语言能力与一般认知能力之间找到某种密切的联系，比如某些语言领域的问题会在一般认知领域找到类似的反映，反之亦然。如果我们发现凡是出现语言障碍都会伴随着智力障碍的出现，或者如果智力较低，语言能力也会较低，那么我们或许可以说语言能力是认知能力的一部分。但是，实际情况并非如此。事实上，语言能力的发展可以比智力的发展好很多；而在一些临床症状中，有一些语言受损的病人，智力却完好无损。这表明，我们还不能简单地把语言能力还原为一般的认知能力。语言很可能属于一个独立于一般认知能力之外的模块（module）。一些有关威廉姆斯症（Williams syndrome）的研究似乎也支持模块说。威廉姆斯症是一种代谢性神经发展障碍，由 7 号染色体上的基因问题引起。前人的一些研究（Reilly et al., 1990；Pinker, 1991）发现，患有该症的人智力较低，无法完成许多认知任务，但他们运用基本句法规则进行表达却并无问题。事实上，患此症的人所使用的句子结构往往还比较复杂。

认为生物因素在语言获得中起决定性的作用，进而假定人脑中存在一个语言官能，这种说法是有争议的。不过，当我们仔细分析反对 Chomsky 学说的其他观点时，就会发现这些观点也没有提供能让人信服的、可以验证的语言获得机制。实际上，还没有人可以在不假定生物因素在语言获得中起作用的情况下对语言获得作出合理的解释。许多生物学家都认可语言的生物观。1969 年，诺贝尔生理学或医学奖获得者、生物学家 Salvador E. Luria 在 *Life：The Unfinished Experiment* 一书中说道："对生物学家来说，就语言结构以及逻辑结构而言，设想在大脑网络中存在某种由遗传决定的、进化选择的连接模式并用其作为一种有效工具来处理生活事件，是完全有意义的。"（Luria，1973：141）免疫学家 Niels Jerne 在他的诺贝尔奖获奖演讲稿 "The Generative Grammar of the Immune System"（《免疫系统的生成语法》，后发表于 *Science*）中讲道："儿童可以很容易地获得任何他们出生环境中的语言，这似乎十分神奇。Chomsky 对语法的生成研究认为这只能用人脑中内在特征所赋予的、深层的、具有普遍性的语言能力来解释。从生物学角度来讲，这一语言学习遗传能力的假设意味着在染色体的 DNA 中有语言能力的编码。如果有一天这一假设得到证明，那么语言学就成了生物学的一个分支。"（Jerne，1985：1059）

现代遗传学研究发现，哺乳动物染色体中有一种叫作"FOXP2"的基因，与语言能力的发展关系密切。Lai et al.（2001）的文章 "A Forkhead – domain Gene is Mutated in a Severe Speech and Language Disorder"（叉头区域基因在一例严重言语与语言紊乱症中发生了变异）曾引起学界的广泛注意。其研究发现，定位于人类 7 号染色体上的一个基因的突变明显地会引起语言失常，这个基因就是所谓的 FOXP2。该基因与一般智力之间的关系不大，但它对语言有重要的影响：它不仅会影响说话的能力，还会影响听与理解语言的能力。FOXP2 基因影响人的句法与说话能力的发展，同时对喉微妙的控制能力也有影响。这一基因是用来打开其他基因的转录因子（transcription factor），如果这一基因出现问题，人便无法发展出正常、完整的语言。FOXP2 基因具有可遗传性，它与语言能力的联系是通过研究一个家族史语言障碍病例发现的。

根据 Enard et al.（2002）的研究，大概在 20 万年前，FOXP2 基因的一种突变形式出现在人类身上，这种突变形式成功地被复制并通过后代遗传，最后取代了其他版本的等位基因。这一突变使该基因首次在大脑某个区域打开，并发展出新的功能[①]。那么，FOXP2 是不

[①] 利用 DNA 进行繁殖，简单生物变得丰富多彩。细胞分裂时，首先进行 DNA 复制，从而使子代的每个细胞都有完整的一套染色体。DNA 复制虽然是精确的，但有时也会出错。基因中的碱基可以用 4 个字母表示：A（adenine，腺嘌呤）、C（cytosine，胞嘧啶）、G（guanine，鸟嘌呤）和 T（thymine，胸腺嘧啶）。A 与 T 配对形成碱基对，C 与 G 配对形成碱基对。单根链子的 DNA 可以通过组装一根与自己互补的链子来复制自己。这样，DNA 就由两条互相缠绕的链子形成，即形成双螺旋结构。连接这两条链子的是碱基。如果某个碱基丢失或错位，DNA 复制就会出错，从而发生突变。突变是人类演化成今天这个样子的关键原因，否则我们永远只是最原始生物的拷贝。突变的特点是只涉及个体，不会同时出现在一群人身上。

是人类专有的语言基因呢？答案是否定的。首先需要指出的是，这个基因不是人类独有的，它在所有的哺乳动物身上都存在，老鼠、猴子、红毛猩猩、大猩猩和黑猩猩都有这一基因，这或许是因为它们有共同的祖先的缘故[①]。Shu et al.（2005）研究发现，幼年小鼠的FOXP2基因如果有缺陷，那么当它们与父母、兄弟姐妹分开时，发出超声波信号的能力就会受到影响。另外，如果人类的语言能力是指人类的内在语法，即以有限的规则生成无限多语句的能力，也就是"说出并理解以前从没说出或听到过的语句"的能力，那么这一基因就不是为语言专设的[②]。当然，正如前文所指出的那样，人类的FOXP2基因大概在20万年前发生了突变，这说明人类的FOXP2基因与其他哺乳类动物的这一基因不尽相同。

Fitch et al.（2005）认为FOXP2应属于广义语言官能，而不是所谓的语法基因。Hauser et al.（2002）把语言官能分为广义语言官能（Language Faculty in the broad sense，FLB）与狭义语言官能（Language Faculty in the narrow sense，FLN），认为只有FLN才是人所独有的，动物并不具备。那么，FLN是什么呢？Hauser et al.（2002）认为它是递归（recursion）能力。递归包括尾部递归（tail recursion）和中心递归（centre recursion）（杨彩梅，2020）。Fitch & Hauser（2004）指出，小绢猴（tamarins）不具备产生复杂等级结构的短语结构语法的能力。Gentner et al.（2006）指出，欧洲椋鸟（European startlings）可以识别 A^nB^n 性质的中心内嵌结构，即识别具有中心递归性质的声音序列。对于这一实验结果，Marcus（2006）并不完全认可，他认为欧洲椋鸟虽经过实验者对其正面反馈的积极强化，但也仅仅是能对熟悉的声音进行扩展，而人类的递归能力却远不限于此。

二、儿童的语言获得与可学性问题

人类的语言能力实际上是一种结构化的能力。所谓结构化的能力，指的是生成和分析结构的能力。在下面的英语例句中，例（1-3）是肯定句，例（4-6）是一般疑问句。

例（1）Mary is at home.

例（2）Bill can sing.

---

① 一般认为，人和大猩猩的祖先是在600万-800万年前分开的，而人与黑猩猩的祖先分离则是500万-700万年前的事。黑猩猩和大猩猩基因之间的区别比黑猩猩与人类基因之间的区别还要大。黑猩猩与人类基因的相似度达到98%，其大脑的化学物质与人类大脑相同；黑猩猩也有人类那样的免疫系统、消化系统、血液系统、淋巴系统和神经系统。

② 布朗（Brown）在 *Genome 2*（《基因组2》，科学出版社，2006年翻译版）一书中指出，深入研究基因组的功能会帮助我们发现人类特性的某些重要特征，但基因组无法解释为何只有莫扎特才能谱写出《莫扎特第四十交响曲》。从基因数目上看，我们仅比果蝇（fruitfly）复杂3倍，比线虫（nematode）复杂两倍，因此单纯用基因无法解释人何以成为人。

例（3）Mary will be at home.

例（4）Is Mary at home?

例（5）Can Bill sing?

例（6）Will Mary be at home tomorrow?

当我们对比以上肯定句与一般疑问句时就会发现，英语中从肯定句到一般疑问句存在一条规则，即把肯定句中的助动词移到句首，就可以形成一般疑问句。那么这一规则是不是可以正确地描述英语母语者所拥有的关于英语一般疑问句的知识呢？在回答这个问题前，我们先来看例（7）。

例（7）Bill will believe that Mary is at home.

在例（7）这个肯定句中有两个助动词性质的词"will"和"is"。那么，应该将哪个移到句首？

例（8）Will Bill believe that Mary is at home?

例（9）*Is Bill will believe that Mary at home?

对比例（8）和例（9）的合法性可以看出，在形成一般疑问句时，如果句子中有多个助动词，似乎应该移动最左边的那个。这一新的规则既可以生成合法的一般疑问句例（8），又可以排除不合法的例（9），似乎是对一般疑问句知识的正确概括和描述。但是，遇到例（10）这样的句子时，这一概括就出现问题了。

例（10）The man who can sing is at home.

如果移动最左边的助动词，得到的是例（11）这样的不合法的句子。

例（11）*Can the man who sing is at home?

要想得到正确的疑问句，应该向句首移动例（10）中最右边的助动词，而不是最左边的，见例（12）。

例（12） Is the man who can sing at home?

从表面上看，例（8）和例（12）是用两个互相矛盾的规则形成的，而这显然是不可能的。那么，怎样才可以正确地生成例（8）和例（12）呢？要想正确地生成这两个结构，我们需要具有一种结构分析的知识。首先我们需要把例（7）和例（10）分别分解成例（13）和例（14）这样的结构。

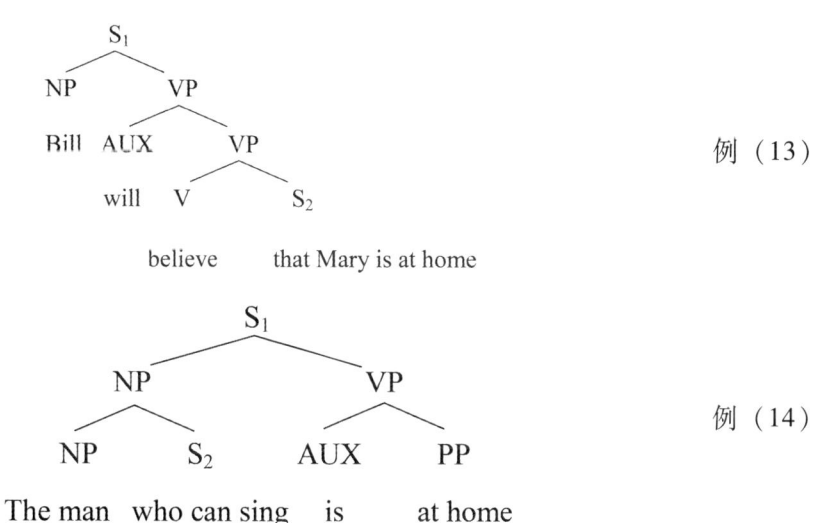

```
            S₁
         /     \
       NP      VP
       Bill   AUX    VP
             will   /    \
                   V      S₂
                believe  that Mary is at home
```
例（13）

```
              S₁
           /      \
         NP        VP
        /   \     /   \
       NP   S₂  AUX   PP
      The man who can sing  is  at home
```
例（14）

把例（7）和例（10）分析成例（13）、例（14）所示结构后，我们就可以确定例（8）和例（12）是通过移动主句［即以上结构图中的 S1 中的 AUX（auxiliary，助动词）］规则生成的。根据这一规则，例（13）中的"is"和例（14）中的"can"都不能移动，因为它们位于 S2 之内，都不是 S1 的助动词。以上例子显示，要正确地描写一般疑问句的形成规则，只把语句作为线性语符串来分析是不够的，重要的是还要分析句子的结构。

现在的问题是：儿童的结构知识是从哪里来的，他们是如何获得在形成一般疑问句时要移动主句 AUX 这一知识的？首先，儿童获得语言时所面对的初始语言数据（Primary Linguistic Data，PLD）是有限的，这些数据只能是他们听到的句子，而且往往是像例（1-6）那样简单的句子。其次，儿童一般没有机会被告知像例（9）和例（11）这样的句子是不能说的。那么，这就产生了一个问题：是什么原因促使儿童只生成例（8）和例（12），而不生成例（9）和例（11）这样的句子？能不能认为儿童不说例（9）和例（11）这样的句子是因为他们没有机会听到这样的句子呢？显然不能，因为儿童可以说出许多他们从没听到过的正确的句子。儿童凭借什么知识或通过何种途径，才能做到只说正确的句子而不说错误的句子？仅从儿童所接触到的语言数据似乎很难获知儿童是如何获得语言的。对于这一问题，Chomsky（1986：8）用例（15）作出了进一步的说明。

例（15） a. I wonder who ［the men expected to see them］.

b. ［the men expected to see them］.

c. John ate an apple.

d. John ate.

e. John is too stubborn to talk to Bill.

f. John is too stubborn to talk to.

尽管例（15a）和例（15b）方括号内的成分完全相同，但在例（15a）中代词"them"可以与"the men"共指，而在例（15b）中则不可以，"them"只能指句子外的其他成分。再看例（15c）和例（15d），例（15c）中动词"ate"带宾语，例（15d）中动词"ate"不带宾语。当动词不带宾语时，动词作用的对象是任指的。假设儿童接触到这两个语句时会归纳出以上知识，那么他们在接触到例（15e）和例（15f）时，就应该用所归纳出的这一知识来理解两个句子，但实际上他们对例（15e）和例（15f）的理解并不是这样的。例（15f）中"talk to"的宾语虽然没有出现，但其作用的对象却不是任指的，而是受句子主语 John 的约束，即必须指 John。

传统上，人们往往用归纳法（induction）或类推法（analogy）来解释语言学习的机制。但是，显然从例（15a）无法类推出例（15b），从例（15c）和例（15d）也无法类推或归纳出例（15e）和例（15f）。例（15）中的例句涉及结构依存（structural dependency）知识，到目前为止，如何正确地描述人类的结构依存知识仍是一个难题。再看例（16）中的两个例句（胡建华、潘海华，2001；胡建华、石定栩，2006）。

例（16） a. Mary$_i$ saw a picture of her$_i$/herself$_i$.

b. Mary$_i$ took a picture of *her$_i$/herself$_i$.

例（16a）和例（16b）构成最小对比对（minimal pair），但前者允许代词与主语共指，后者却不允许。一般来讲，代词与反身代词构成互补分布（complementary distribution），如例（17）所示，但这一互补分布却在例（16a）中被中和（neutralized）了。

例（17） a. John$_i$ likes *him$_i$.

b. John$_i$ likes himself$_i$.

下面我们举一些汉语的例子来显示内在语言知识的复杂性，从而进一步说明我们所面临的难题，即怎样才能解释儿童语言的获得机制。

例（18）a. 小明$_i$说小丽$_j$喜欢自己$_{i/j}$。
　　　　b. 小明 i 说我 j 喜欢自己 $_{*i/j}$。
例（19）a. 小明 i 给我 j 一张自己 i/j 的照片。
　　　　b. 小明 i 从我 j 的抽屉里找到一张自己 i/*j 的照片。

在例（18a）中，"自己"可以分别指远的先行语和近的先行语；而在例（18b）中，"自己"不能指远的先行语。在例（19a）中，"自己"既可以指远的先行语，又可以指近的先行语；而在例（19b）中，"自己"只能指远的先行语，不能指近的先行语。在相关的实验中，4岁多的儿童就已经可以作出正确的判断。但问题是，儿童是凭什么来作出这些判断的？是父母教给他们的吗？是他们自己从大量的语言数据中归纳出来的吗？

儿童可以正确地判断例（18）和例（19）中反身代词的指称，说明他们具有某种句法结构知识。在例（18b）中反身代词只能指近的先行语，而在例（19a）中反身代词可以越过近的先行语而指远的先行语，这是因为这两例中近的先行语不同：例（18b）中近的先行语是主语，例（19a）中近的先行语是宾语。

比较例（19a）和例（19b）中反身代词的先行语，会发现这两例中近的先行语的句法位置有所不同。这两例的句法结构分别如例（20）和例（21）所示。

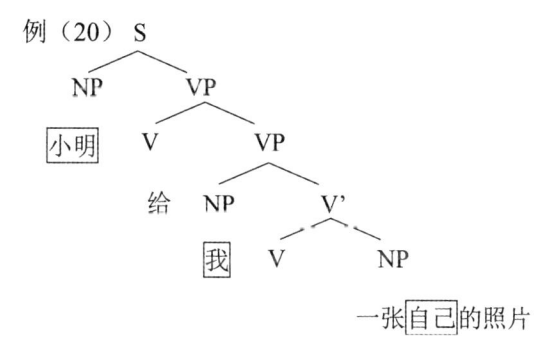

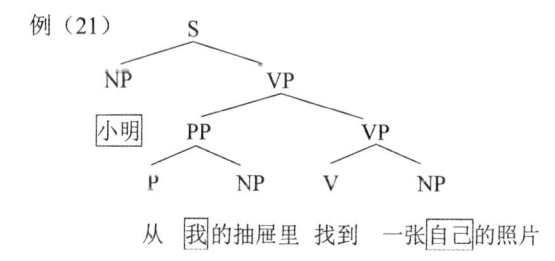

例（20）

```
        S
       / \
      NP  VP
      |   / \
     小明 V  VP
         |  / \
         给 NP  V'
            |  / \
            我 V  NP
                  |
              一张自己的照片
```

例（21）

```
         S
        / \
       NP  VP
       |  /  \
      小明 PP   VP
         / \   / \
        P  NP  V  NP
        |  |   |   |
        从 我的抽屉里 找到 一张自己的照片
```

例（20）与例（21）的不同之处在于：例（20）中的两个先行语都成分统制（c-command）反身代词，例（21）中只有主语成分统制反身代词。成分统制的定义如下：

A 成分统制 B，当且仅当支配（dominate）A 的第一个分支节点同时也支配 B，且 A 不支配 B。

形式语言学研究的一个重要目标就是回答语言获得中的柏拉图问题，即语言知识的由来。形式语言学的研究表明，人类语言虽然表面上千差万别，但实际上都以复杂而又相同的计算结构为基础，生活在任何语言环境中的所有正常儿童都可以自然地获得语言。由于这一计算结构的存在，婴儿的大脑天生就能分类接受刺激，正确、迅速地获得语言。在抽象的层面，语言获得的过程可以用以下公式表征：

$L: S_0, E \rightarrow S_T$

在以上公式中，学习函数或算法 L 把学习者的初始状态 S_0 在环境经验 E 的基础上，影射到终端状态 S_T。在研究语言的获得时，获取儿童语言发展的数据固然十分必要，但仅有数据是不够的，因为数据本身并不能揭开语言获得与发展①的柏拉图之谜。要想洞察其中的奥秘，最为重要的是能够在相关数据的基础上发现语言获得和发展的机制，即学习函数或算法 L。

三、归纳法与类推法在解释上的局限性：抽象的必要

人类语言能力的研究是一种科学研究。科学研究有几种方法：归纳法、类推法和演绎法（deduction）。通过归纳法和类推法所得出的结论在可靠性上仅具有或然性，而通过演绎法所得出的结论在可靠性上则具有必然性。

结构主义语言学研究使用的方法是归纳法。归纳法往往和分类法一起使用，而且分类还往往是研究的目的。实际上，科学研究是不以分类为最终目标的，分类往往只是通向所追求目标的一条途径。科学研究的目的是揭示自然现象背后那些肉眼无法看到的过程和机制，比如原子运动的规律等，而要达到此目的，研究者往往要提出一些科学假设，然后通过实验等方法进行验证。归纳法比较素朴，但问题比较多，用这个方法很难逼近真理。除了归纳法，人们在研究中常使用的还有类推法。但是，有些知识根本无法用归纳法或类推法来获得。比如，地球到月球之间的距离，就无法通过归纳或类推得出；爱因斯坦关于相对论的知识也无法用归纳法或类推法获得，爱因斯坦主要是靠他的物理、数学的知识以及抽象思维推理形成了相对论。

---

① 先天论者一般不使用"发展"（development）这个词，因为"发展"是心理学领域的概念，很容易和后天经验相联系（王蕾，2020）。

儿童语言获得的奥秘也一样无法通过归纳法或类推法搞清楚。儿童获得语言时，所接触的句子是有限的，但他们能听懂并说出的句子却是无限的。用归纳和类推无法说明人类的语言能力。比如，我们虽然可能没有机会听到例（22）这两个句子，但我们却知道它们在解读上的差别，而这一知识是无法归纳或类推出来的。

例（22）a. 每个警察都抓过一个小偷。（无歧义：警察 > 小偷）

b. 每个小偷都被一个警察抓过。（有歧义：警察 > 小偷；小偷 > 警察）

再看例（23-27）中的英语例句：

例（23）a. who did everybody see [a picture of __]?

b. *who is [a picture of __] seen by everybody?

例（24）a. who bought what?

b. *what did who buy?

例（25）a. *what did who give __ to Mary?

b. what did who give __ to whom?

例（26）*what did who buy why?

例（27）a. ? which book did how many students buy?

b. ? what did which student read?

c. which book did which student read?

用归纳法或类推法来寻找以上例句合法或不合法的规律，肯定也行不通。我们判断例（23b）不合法时，是凭借从例（23a）中归纳或类推出来某条规律吗？我们能通过归纳法或类推法从例（24-27）中得出一条规律吗？

再看以下例（28-29）中的汉语例句：

例（28）a. 他现在来。

b. 他什么时候来？

c. 他现在来还是不来？

d. 他现在来不来？

e. 他现在来不？

例（29）a. 他现在来比较好。

b. 他什么时候来比较好？
　　c. ?? 他现在来还是不来比较好？
　　d. ＊他现在来不来比较好？
　　e. ＊他现在来不比较好？

我们从例（28）可以类推出例（29）吗？我们从例（28）中归纳出的知识可以合法地生成例（29）中所有的句子吗？显然不能。

汉语疑问词可以出现在复杂名词词组之中进行发问，如例（30）所示：

　　例（30）你喜欢看［NP［S 谁写＿＿］的书］？

但在例（31）中，疑问词就不能出现在复杂名词词组之中（Hu，2002/2019）。

　　例（31）＊你喜欢看［NP［S 他为什么写＿＿］的书］？

汉语不及物动词有时可以带宾语，如例（32）所示：

　　例（32）王冕死了父亲。

但我们却不能通过类推得到例（33）：

　　例（33）＊王冕病了父亲。

"死"是不及物动词，为什么可以带宾语？"病"同样也是不及物动词，为什么就不能带宾语？当我们试着把例（32）和例（33）的区别归为两句动词之间的区别时，我们又会遇到例（34）（胡建华，2008）：

　　例（34）a. 王冕家病了一个人。
　　　　　　b. ＊王冕家笑了一个人。

在例（34a）中，原本在例（33）中不能带宾语的不及物动词"病"却又可以合法地带宾语了，而其带宾语的原因显然不能简单地归结于宾语的类型，即不能简单地说是用"一

— 582 —

个人"替换了"父亲"的结果,因为在例(34b)中,不及物动词"笑"也是用"一个人"这种类型的名词词组做宾语,句子却仍然不合法。

四、经验科学中的数据与理论

在科学研究中我们需要进行理论抽象,需要作科学假设,需要进行演绎推导。

例(30)和例(31)这样的句子,与例(35)和例(36)中的英语疑问句具有某种相似性。

例(35) a. who read the books that who wrote?
b. who likes the books that criticize whom?
例(36) * who read the books that John wrote why?

英语形成疑问句,必须有一个疑问词在句首,所以英语中没有对应例(30)的形式。

例(37) * who do you like the book that __ wrote?

例(37)不合法,其原因与例(38)句子不合法是一样的。

例(38) *金庸,我喜欢读[[__写]的小说]。(我喜欢读[[金庸写]的小说]。)

例(38)显示,从复杂名词词组中无法进行一般的话题化操作,也就是说,其中的成分不能移出来做话题。由于这一原因,复杂名词词组被称为"孤岛"(island)。孤岛会形成一种屏障,如果其中相关的成分移出去,就会违法;另外,孤岛之外的成分也无法越过这一屏障对它获得解读的位置进行管辖。如果这一说法成立,那么我们可以说例(31)之所以不合法,是因为其中牵涉到了移位,虽然这一移位不是显性的。假设所有的疑问词都必须在抽象的逻辑句法层面移位,比如,不管表层形式是"你喜欢谁?"还是"who do you like?",在逻辑句法层面疑问词都需要通过移位形成例(39)所示的结构。

例(39) which x, you like x ?

如果这一假设成立,那么例(31)不合法与例(37)不合法的原因就相同了,即移位越过了孤岛。由于假设所有的疑问词都要在逻辑句法移位，那么例（36）中的"why"也需要移位，而这一移位越过了孤岛。当我们再来看例（29）中不合法的句子时，就会发现例（29）中的"A－not－A"疑问形式实际上也移出了孤岛。在例（29）中是一个句子做主语，而主语位置具有名词性，所以例（29）中的疑问词如果移位，也会越过句子和名词，即越过复杂名词词组，因此违反了孤岛限制。

至此，我们似乎通过假设抽象的移位，成功地解释了以上例句中的问题。但实际上，问题并没有完全解决，因为还存在例（30）和例（31）的对比。按我们的假设，例（30）中也应该存在越过孤岛的抽象移位，但句子为什么仍然合法？例（30）的合法与例（35）的合法具有可比性，要解释清楚这些句子中涉及的句法规则，仅用抽象移位显然是不够的（Hu，2002/2019；胡建华、潘海华，2003）。当我们观察并着手解决这些问题时，我们的理论就会有新的发展。

有很多学者不喜欢使用移位方法来处理相关问题，对于抽象的 LF 移位更是反感，他们质疑：所谓的 LF 移位在哪里，怎么看不见？我们认为，移位以及 LF 等技术处理当然是可以质疑的，但质疑的方式要讲究科学性。对于科学研究来说，以感官经验作为判断的依据，大概是靠不住的。比如，我们如果单凭感官经验一定会得出太阳围绕着地球转的结论，而实际上太阳从来不围绕着地球转，而是地球始终围绕着太阳转。

致力于探究柏拉图问题的生成语言学（又称形式语言学）是一门经验科学，和理论物理学在研究上有许多相同之处，都采用演绎的方法来研究自然现象（语言也是一种自然现象）。生成语言学虽然也使用一些数学方法，但它本身不是数学。作为经验科学，最重要的一点是它的一些假设具有可以被证伪（falsifiable）的特性。Popper（2002：1）在 *The Logic of Scientific Discovery*（《科学发现的逻辑》）一书中指出，"科学家，不管是理论科学家还是实验科学家，提出一些观点或理论系统，进而对它们一步一步地进行检测（test）。尤其是在经验科学领域，他们建构假设或理论系统，通过观察或实验的手段，用经验来检测理论"。他认为，以观察法和归纳法为基础的研究很难被称为科学理论，科学理论本质上是一种抽象的知识，是一种极富创造力的猜想或假设。科学假设只能间接地得到证明。从逻辑上讲，实验所得出的数据无法确定一个科学理论的真，但可以对其证伪。Popper（2002：18）认为，假设或理论只能通过证伪而不能通过证实（verification）的途径来证明其是否为真。按照这一观点，任何具有可证伪性的科学观点在被证伪之前便可以假定为真。是否具有可证伪性被认为是科学与非科学的分水岭。

根据 Popper（1999：14）的观点，科学的进步需要经历 4 个阶段：第一个阶段是面对已有的问题（old problem）；第二个阶段是提出尝试性的理论（tentative theories）对问题进行解释；第三个阶段是通过讨论、检测、实验等方法对这些尝试性的理论进行纠错、证伪，而经过证伪或排错幸存下来的理论,不是更具正确性,而是更适于处理相关问题;第四个阶段是通过讨论、检测、实验而形成新的问题(new problem)。就像生物的进化一样,理论的进化要经过适者生存的自然选择过程。同样,就像一时幸存之物种不能保证世世代代地存活一样,一时没被证伪的理论也不能保证一直不会被证伪。但不管怎样,经过进化的理论肯定代表着一种进步:它不仅可以处理更加复杂的问题,同时也会引发越来越有趣、越来越深刻的新问题。科学的进步就是在猜想与证伪之间进行的,就像物种的进化是在基因变异与选择之间进行的一样。Popper(1979:261)对科学发展与生物进化自然选择之间的相近之处有如下论述:

> 我们的知识的增长是经由一个类似达尔文所提出的"自然选择"的过程而形成的结果,即各种假设的自然选择:我们的知识,在任何一个时刻,都是由那些在生存竞争中表现出(相比较而言)适应性而存活下来的假设构成,那些不具有适应性的假设则在这一竞争中被淘汰。

进化观可以解释科学理论的局限性和不稳定性。一些科学理论虽然会盛极一时,但这并不能保证它不会被更好的理论所取代。比如,以太说就在理论的生存竞争中被淘汰。科学理论的进化观不仅可以解释科学的不断进步,还可以解释我们为什么永远无法证明任何理论是绝对正确的。

经验科学致力于用经验数据来对理论或假设进行证伪。那么,什么样的经验数据可以证伪?答案是:反例(counterexample)。但问题并非这么简单,关键问题是如何看待反例——是一个反例就可以把整个理论推翻,还是需要很多反例?Chomsky(2002)提出,经验科学研究要用伽利略式的科学研究方法。伽利略式的科学研究方法是1979年诺贝尔物理学奖获得者、核物理学家Weinberg(1976)提出的一个术语。Chomsky认为,要想洞察事物运作的深层规律,必须采用伽利略式的科学研究方法,不为一些琐碎的数据所困扰。亚里士多德认为,落体的速度是由其重量决定的,而伽利略认为一个100磅重的铁球和一个1磅重的铁球从100米高空落到地面上的速度是一样的,但经验数据却显示伽利略是错的。伽利略在反例面前并没有放弃自己的理论,而是对这一问题作了更深入的研究,进而发现空气阻力与摩擦力对落体的影响。这个事例显示,伽利略式的科学研究方法在重大科学发现中至关重要。

经验数据与理论推导之间存在一种张力。处理好二者之间的关系,对科学研究来说十分重要。对于经验数据与理论推导之间的关系,爱因斯坦(Einstein,1940)有如下论述:

> 科学是一种尝试。在作这种尝试的时候,我们企图把我们纷然杂陈的感觉经验,与

一个在逻辑上一致的思想系统相吻合。在这个系统中，单个儿的经验必须与理论的构造相应。这也就是说，这二者相应之结果的定夺必须是单一的，而且是令人信服的。

这些感觉经验是些外界提供的数据；而用于说明这些资料的理论则是人造的。人造的理论是人借着极度的努力以求适用资料所获知的结果。这样的理论是假定性的，从来不曾完全是最后的定论，而是常常可被质问和怀疑的。

（译文引自殷海光，2004：263）

爱因斯坦在《关于广义引力论》一文中讲道：

如果理论的基本概念和基本假设是"接近于经验"的，这理论就具有重大的优点，对这样一种理论给以较大的信任，那肯定也是理所当然的。特别是因为要由经验来反驳这种理论，所费的时间和精力都要比较少得多，完全走错路的危险也就比较少。但随着我们知识深度的增加，在我们探求物理理论基础的逻辑简单性和统一性时，我们势必愈来愈要放弃这种优点。

（爱因斯坦，2010：679）

爱因斯坦还讲道：

理论科学在越来越大的程度上被迫以纯数学的、形式的考虑为指导……理论家从事这样的工作，不应该吹毛求疵地认为他们是"富于幻想"；恰恰相反，他们应该有权让自己的想象力自由奔驰，因为要达到目的没有别的办法。

（译文引自杨振宁，2002：181）

杨振宁认为，物理学中新概念的发展有两个重要的指导原则：一方面必须永远扎根于新的实验探索，因为离开这个根基，物理学将有陷于纯数学演算的危险；另一方面，又绝不能总是被符合当时接受为实验事实的要求所束缚，因为依赖于纯逻辑和形式的推导，是物理学这个领域中许多重大概念发展的基本要素（江才健，2002：410）。

物理学家最注重的是形成这样一些概念的可能性，杨振宁指出，用爱因斯坦的话说，就是一个"完整的可用的理论物理系统"能够被建构起来。这样一个理论系统体现了普适的基本规律："用这个系统，宇宙能够用纯粹推导的方式建造起来"（江才健，2002：452）。

建立在科学假设基础上的演绎推导在真理探求的过程中必不可少。形式语言学所使用的研究方法是演绎法，它十分注重理论工具的构造。殷海光（2004：264）指出，科学发展的阶段越高，其理论工具就越精密；在这方面，理论物理学所使用的理论工具达到了人类所能企及的巅峰，而一些欠发达的学科，研究素材虽多，但却没有什么好的理论工具，所以往往是意见与理论不分，随便发表点见解也可以堂而皇之地称之为理论。按照殷海光（2004）的说法，函数、集合、关系等概念都还是一些低级别的理论工具。依据这一标准，我们的语言学研究也还算不上是一门发达的学科。

我们知道科学是不断进步的，而科学知识也在不断的变化之中。没有什么称之为科学的东西是可以不变的。之所以如此，是因为我们大概只能一步一步地逼近真理，却不能直接地找到真理。我们在尝试解释许多复杂而不可见的自然现象时，往往会作理论假设。实际上，初民在首次尝试理解可见的自然现象（如闪电或疾病）的潜在原因时，也要作些假设，会想象出种种神灵等神秘力量的存在。当物理学家或生物学家尝试理解这些现象时，他们所设想的也是一些超出我们感知世界的东西，如电磁场、微小的病菌以及更小的亚原子微粒等。在这一点上，科学与迷信的差别实则只有一步之遥，这一步的区别就在于科学是经过证伪法选择的，而迷信则不是。牛顿关于力等于质量乘以加速度的物理定律是可以被证伪的，如果该理论是正确的，那么使物体获得某个加速度的力，就应该等于使一个只有它一半质量的物体获得两倍的加速度所需的力。如果我们发现的结果并非如此，而实验方法又是可靠的，该理论就有可能被否定。而迷信如果不灵，又不愿意被否定，肯定还要找出其他理由来搪塞。

生成语言学从 Chomsky（1957）开始，经历了标准理论、原则与参数理论，一直到目前的最简方案阶段。最简方案更加注重对人类语言基本特性的探究，希望建立一个简单的句法计算系统，用以推导复杂的人类语言。生成语言学一直致力于用更为简单的原则对复杂的语言现象作出更加系统、统一的解释，这与自然科学研究所致力于达到的目标是一致的。1979 年，Steven Weinberg 在获得诺贝尔物理学奖时发表了题为 "Conceptual Foundations of the Unified Theory of Weak and Electromagnetic Interactions"（《弱电磁相互作用之统一理论的概念基础》）的演讲，他在开篇便讲道："Our job in physics is to see things simply, to understand a great many complicated phenomena in a unified way, in terms of a few simple principles."（我们从事物理学研究，就是以简驭繁，用几条简单的原则，对纷繁复杂的现象作统一的理解）。Sean Carroll 在 2007 年出版了一本关于进化发育生物学（evo devo）的书，书名是 *Endless Forms Most Beautiful: The New Science of Evo Devo and the Making of the Animal Kingdom*（《美丽而无尽的形式：进化发育生物科学与动物王国的形成》）。他认为，动物历经进化之后，虽然外在似乎呈现无尽的形式，但却有内在的统一性，其多样性无论是在数量上还是在品种上都受基因与进化选择的限制。现代基因科学发现，控制昆虫身体与器官式样（design）的基因与控制我们人类身体样式的是同一基因。

最后要指出的一点是，形式语言学在具体的研究中所考察的似乎都是一些小的问题，如反身代词的约束条件，代词的指称限制以及句法成分移位的制约机制等。其实，科学的语言学就是研究小问题的，其他的科学实际上研究的也是小问题。比如，为什么苹果只往地上落、不朝天上飞，为什么北极熊长着厚皮毛等。这些小问题似乎不需要牛顿或达尔文告诉我们，这是我们都知道的事实。但牛顿和达尔文却从这些小问题中发现了万有引力定律和适者生存的自然法则，为我们增加了以前没有的新的知识（徐烈炯，2019：2）。科学语言学的研究目标也是拓展人类的知识领域，它所研究的问题都是目前还没有答案的问题，解决这些问题就会为我们增加新的知识。自然科学总是忙于解决小问题，似乎眼光不够远大，但自然科学的迅速发展就是从把大问题置换成小问题开始的。当它把"宇宙是怎么起源的？""生命本质是什么？"这类大问题置换成"石头是怎么下落的？""血液在血管内是怎么循环的？"这类小问题时，就开启了现代科学的迅速发展之门。这一置换所产生的效应是惊人的，因为小问题中蕴含着大道理。

参考文献

Brown R & Hanlon C. Derivational complexity and order of acquisition in child speech［C］//Hayes J R. *Cognition and the Development of Language*. New York：Wiley，1970：11 – 53.

Carrol S B. *Endless Forms Most Beautiful：The New Science of Evo Devo and the Making of the Animal Kingdom*［M］. London：Phoenix，2007.

Chomsky N. *Syntactic Structures*［M］. Hague：Mouton，1957.

Chomsky N. *Knowledge of Language：Its Nature，Origin，and Use*［M］. New York：Praeger Scientific，1986.

Chomsky N. *On Nature and Language*［M］. Cambridge：Cambridge University Press，2002.

Chomsky N. *What Kind of Creatures Are We*？［M］. New York：Columbia University Press，2016.

Einstein A. Considerations concerning the fundaments of theoretical physics［J］. *Nature*，1940，145（3685）：920 – 924.

Enard W，Przeworski M，Fisher S E，et al. Molecular evolution of FOXP2，a gene involved in speech and language［J］. *Nature*，2002，418（6900）：869 – 872.

Fitch W T & Hauser M D. Computational constraints on syntactic processing in a nonhuman primate［J］. *Science*，2004，303（5656）：377 – 380.

Fitch W T，Hauser M D & Chomsky N. The evolution of the language faculty：Clarifications and implications ［J］. *Cognition*，2005，97（2）：179 – 210.

Gentner T Q，Fenn K M，Margoliash D，et al. Recursive syntactic pattern learning by songbirds［J］. *Nature*，2006，440（7088）：1204 – 1207.

Hauser M D，Chomsky N & Fitch W T. The faculty of language：What is it，who has it，and how did it evolve？ ［J］. *Science*，2002，298（5598）：1569 – 1579.

Hu Jianhua. Prominence and Locality in Grammar: *The Syntax and Semantics of Wh - questions and Reflexives* [D]. Kowloon Tong: City University of Hong Kong, 2002.

Hu Jianhua. Prominence and Locality in Grammar: *The Syntax and Semantics of Wh - Questions and Reflexives* [M]. London & New York: Routledge, 2019.

Huttenlocher P R & Dabholkar A S. *Regional differences in synaptogenesis in human cerebral cortex* [J]. Journal of Comparative Neurology, 1997, 387: 167 - 178.

Jerne N K. The generative grammar of the immune system [J]. *Science*, 1985, 229 (4718): 1057 - 1059.

Lai C S L, Fisher S E, Hurst J A, et al. A forkhead - domain gene is mutated in a severe speech and language disorder [J]. *Nature*, 2001, 413 (6855): 519 - 523.

Luria S E. *Life: The Unfinished Experiment* [M]. New York: Charles Scribner's Sons, 1973.

Marcus G F. Startling starlings [J]. *Nature*, 2006, 440 (7088): 1117 - 1118.

Newport E L. Constraints on learning and their role in language acquisition: Studies of the acquisition of American Sign Language [J]. *Language Sciences*, 1988, 10 (1): 147 - 172.

Pinker S. Rules of language [J]. *Science*, 1991, 253 (5019): 530 - 535.

Popper K. *Objective Knowledge: An Evolutionary Approach* [M]. Oxford: Oxford University Press, 1979.

Popper K. *All Life is Problem Solving* [M]. London & New York: Routledge, 1999.

Popper K. *The Logic of Scientific Discovery* [M]. London & New York: Routledge, 2002.

Reilly J, Klima E S & Bellugi U. Once more with feeling: Affect and language in atypical populations [J]. *Development and Psychopathology*, 1990, 2 (4): 367 - 391.

Shu Weiguo, Cho J Y, Jiang Yuhui, et al. Altered ultrasonic vocalization in mice with a disruption in the Foxp2 gene [J]. *Proceedings of the National Academy of Sciences of the United States of America*, 2005, 102 (24): 9643 - 9648.

Skinner B F. *Verbal Behavior* [M]. New York: Appleton - Century - Croft, 1957.

Weinberg S. The forces of nature [J]. *Bulletin of the American Academy of Arts and Sciences*, 1976, 29 (4): 13 - 29.

[瑞士] 爱因斯坦:《爱因斯坦文集（第一卷）》，许良英等译，商务印书馆2010年版。

[英] 布朗:《基因组2》，袁建刚等译，科学出版社2006年版。

胡建华:《现代汉语不及物动词的论元和宾语——从抽象动词"有"到句法-信息结构接口》，《中国语文》2008年第5期。

胡建华、潘海华:《OT方案与照应语的约束》，《外国语》2001年第1期。

胡建华、潘海华:《指称性、离散性与集合:孤岛中的疑问句研究》，中国语文杂志社:《语法研究与探索（十二）》，商务印书馆2003年版。

胡建华、石定栩:《约束B原则与代词的句内指称》，《中国语文》2006年第1期。

江才健:《规范与对称之美——杨振宁传》，台北:天下远见出版股份有限公司2002年版。

王蕾:《〈儿童语言：获得与发展〉（第二版）述评》，《北京第二外国语学院学报》2020年第6期。

徐烈炯：《生成语法理论：标准理论到最简方案》，上海教育出版社 2019 年版。

杨彩梅：《递归和语言的关系之辩及前沿论题》，《当代语言学》2020 年第 4 期。

杨振宁：《杨振宁文录》，海南出版社 2002 年版。

殷海光：《思想与方法——殷海光选集》，上海三联书店 2004 年版。

（原文刊于《北京第二外国语学院学报》2021 年第 5 期）

基于贴真体验与建模的多模态口译教学语料库构建及应用*

黄立鹤 吴 赟

(同济大学,电邮:cranehlh@tongji.edu.cn;wuyun@tongji.edu.cn)

摘 要:口译活动是发言人、译员等在社会情境中的多模态亲历过程。口译教学可借助贴真建模思路,从参与者、活动和系统三个视角对口译活动录像与情境化影视片段进行观察分析、数据提取,构建可触发学生贴真体验的多模态口译教学语料库。教师利用语料库讲解口译现象、评估口译质量,要求学生模拟该口译任务进行练习,激发学生多种感官模态对情境化口译活动进行贴真体验。今后还可研发口译虚拟仿真实验教学,从而提升学生的情境口译能力。

关键词:亲历过程;贴真建模;多模态;语料库;口译教学

1 引言

目前,多模态翻译教学渐成热点,相关研究正尝试建构多模态翻译教学体系。但相关研究在语料处理、教学模式等问题上仍亟待深入,借助计算机辅助技术开展的口译教学还存在教学方法与技术工具没有充分整合的问题。

在现代教育技术条件下,口译教学的任务之一是多维度地提升学生的情境口译能力。真实口译活动是发言人、译员等在社会情境中的多模态亲历过程。口译活动录像是对社会情境下真实口译活动的贴真再现,情境化影视片段是对现实社会情境的模拟呈现,这两种音视频材料都是多模态口译教学的常用语料。选用这些语料的目的是利用它们的多模态属性,触发学生的多模态贴真体验。

本文首先探讨口译活动亲历过程与口译教学贴真体验的关系,随后介绍以贴真建模 (stimulation modeling) 的思路进行口译活动录像及情境化影视片段的特征提取方法,尝试构

---

* 本文系2021年度中国外语教材研究专项课题"外语专业国别与区域课程教材分析及建设研究"、2021年度同济大学教学改革研究与建设项目"我国一流英语专业建设方案及人才培养模式研究"阶段性成果。

建真实口译活动录像及情境化影视片段的分析框架,以及基于多模态语料库的口译教学基本模式,并借以具体教学案例分析其适用性。

2 亲历过程、贴真体验与口译教学

2.1 口译活动与亲历过程

人最基本的行为就是亲历(experiencing)。亲历包括线上亲历和线下亲历,前者指与外部世界进行实时互动的当下亲历,后者指整人的内省活动(顾曰国,2016)。亲历者在亲历过程中构建了各种类型的数据,亲历者就好比一个大数据存放与集成库,亲历过程就是不断往该数据库填写数据(顾曰国,2016)。

因此,口译活动是发言人及译员在社会情境中的多模态亲历过程。口译是现场即席进行的翻译活动,是一种由发言人、译员等共同亲历并构建的、在一定社会情境中的现场即席话语。按照这个思路,我们可以发现:亲历者(experiencer,包括发言人、译员及其他人员等)在现场口译活动中,调用多个感官同时参与言语交际过程(包括口译活动),通过多模态亲历(experiencing)形成了一种全方位充盈体验(total saturated experience)。这种全方位的充盈体验对于口译员来说,就是在大脑中形成的口译经验(interpretation experience)。发言人、口译员在现场口译过程中也不断填写数据,他们的亲历形成了一个个多模态数据库[①]。

从亲历过程这一视角来审视口译过程,是本文对情境口译活动构建分析框架、建立数据类型、实施建库并实现教学应用的理论出发点。基于亲历过程的多模态口译教学就是利用现有科技手段,尽量贴近口译过程的充盈数据进行信息采集与呈现,在此基础上构建成库,用以触发学生的贴真体验,从而提供模拟口译亲历过程的教学活动。

2.2 口译录像与影视片段的多模态属性及贴真体验的触发

口译教学材料包括书面文字、音频录音以及视频录像,至少是双模态的,更多是多模态的。这里讨论在口译教学中常用的两种视频材料,一为真实口译活动录像,一为情境化的影视片段。两者都是涵括多种类型数据的资源库,经过一定加工处理后,可形成多模态口译语料库用于教学。利用这种语料库进行口译教学,可向学生贴真展现真实情景中的口译活动,多维度地提升其情境口译能力。

[①] 需要指出的是,这个数据库其实包含了亲历者(发言人、译员及其他人员)的当下亲历与内心活动两种类型亲历的数据,只不过前者(当下亲历)可用音视频录像技术等尽量采集部分数据(但受到技术、方法甚至必要性的限制,不可能完全还原所有充盈数据),而后者从技术上说不易采集(但并非不可能,如通过脑电技术间接采集口译员脑部活动的数据等)。

真实口译活动录像指的是用摄像及录音设备连续记录现场口译活动中包括声音、动作、空间、场景等一系列信息，形成音视频数据，是目前对口译教学过程进行贴真呈现的方便可行、成本较低的方法。口译录像可向学生直观呈现比课堂口译训练更加复杂多变的真实口译现场，教师可对口译现象、口译现场、口译质量及口译礼仪进行讲解与评估，为学生提供真实口译活动的分析与评价案例，从中学习口译经验、避免口译失误，缩小课堂口译教学与实际口译活动之间的差异鸿沟。

情境化的影视片段指的是影视作为一种交流的镜像，借助画面、声音等综合视听的形象符号体系来塑造形象，反映生活，表现对生活的感受、认识和态度，具有直观在场性、动态瞬时性、双重文化性等鲜明特质（吴赟，2011），使影视成为对社会情境的贴真再现。一个影视片段通过多种符号模态的直接在场和迅速推进来展开冲突，呈现情节，形成连贯而有意义的陈述。需要特别指出的是，本文并非从翻译文本的视角看待情境化的影视片段（即并非将影视片段视为翻译对象），而是立足影视片段所反映的过程及情境视角，将其视为人们利用摄像及录音设备对各种社会情境下真实交际互动过程的模拟再现。情境化的影视片段旨在触发学生的视觉、听觉、触觉等多种感官模态，感知贴近真实情况的模拟社会情境再现，教师引导学生激发自己的直观体验、经验联想和理性反思，在影片的连贯叙事和完整结构中先领悟概念，再转而联想到具体的情境意味，形成并更新对具体词句的理解和感受，营造身临其境的氛围，触发多种感官模态实施口译训练。

图 1 展示了上述两种音视频语料中涉及的各种维度以及师生调用的模态情况。

教师及学生 利用音视频材料	视觉模态	听觉模态	发声模态	触觉模态
言语维度	口译背景材料 速记内容	发言人说话 口译员翻译 其他人员说话	口译内容	/
言语共现维度	参与者表情、动作、身姿等 家具或器具摆放、灯光、座位	其他韵律特征 停延、语调、语阶、咳嗽、笑声、清嗓等 噪声、音乐等	伴随韵律特征 停延、清嗓、语调、语阶	翻阅文本材料 操作电脑

图 1　音视频资料涉及模态及维度

基于多模态口译语料库中的丰富数据，教师可讲解分析真实口译活动中的各类口译现象及技巧，弥补仅从文字或音频材料提取信息，却丧失多种其他信息的局限。同时，还可利用同步声音与影像模拟口译场景，提供更多的口译实训机会，增强对口译现场的贴真体验，以期降低真实环境下的口译焦虑。

那么，如何挖掘数据、建设该类语料库呢？下面介绍基于贴真建模思路的建设方案。

3 基于贴真建模思路的分析框架构建及数据提取

贴真建模是科学研究中常用方法之一，也是多模态语料库语言学的基本方法（黄立鹤，2018：46-48）。口译活动录像和情境化影视片段都是对参与者亲历过程的贴真再现，我们可以借助贴真建模的思路来分析这些过程并提取数据。

3.1 贴真建模与特征提取

在口译活动中，译员对副语言及非言语表意符号的解读与传递十分重要，尤其在机构性情境中（Pérez-González，2014：123）。这些信息是重要的"情境化线索"（Mason，2009），有利于解读发言人及其他角色的真实意图及交际活动。因此，在口译研究中，研究者有必要对包含语言、副语言及非言语行为等在内的各种符号资源进行整体性分析，才能对译员互动行为进行完整的、动态的解读（Pasquandrea，2012：150）。

在口译实践中，无论是成熟的口译员，还是课堂上的口译学员，都要面对各类具体的口译主题，也因此置身不同的口译情境。不同社会情境受各种口译活动主题的约束，如医疗卫生、国际关系、文化教育、科技发展等因内容属性不同，也构成了口译活动各不相同的特征结构、任务要求以及译员行为。各类情境下的发言者因情境、事件、个体等多种因素而呈现不同的、变化的主体特征，对这些主体特征的分析及理解与口译质量、恰当性等直接相关。因此，口译教学要培养学生分析情境及发言主体特征的能力。

以往口译教师对情境结构、主体特征等方面的分析和概括往往是经验式、主观性的，未能够在相对客观整一的框架下对情境与主体的结构、层次和特征进行提取和总结。为提升分析的科学性与客观性，就要构建一个分析框架。

对客观现象、事物或过程的特征、性质等方面数据的提取涉及贴真建模。本文以贴真建模为思路，介绍如何构建一个服务于口译教学的分析框架。对鲜活社会活动进行建模通常有三个视角：活动、参与者与系统（如图2）。对口译活动录像及情境化影视片段的分析也可以参照社会活动建模的三个视角。

3.2 概念建模与数据建模

贴真建模分为概念建模、数据建模、实际操作与评估（可参考黄立鹤，2018：48-51）。在本文中，概念建模是指对口译活动或情境化影视进行分析视角的确定，形成能够把握本质的概念模型；数据建模是针对概念建模建立的研究视角确定数据提取的类型与方式；实际操作与评估是指利用数字化技术根据先前的数据模型对分析对象进行模拟运行，检验结果是否符合概念模型。本节介绍如何对真实口译活动录像及情境化影视片段进行概念建模和

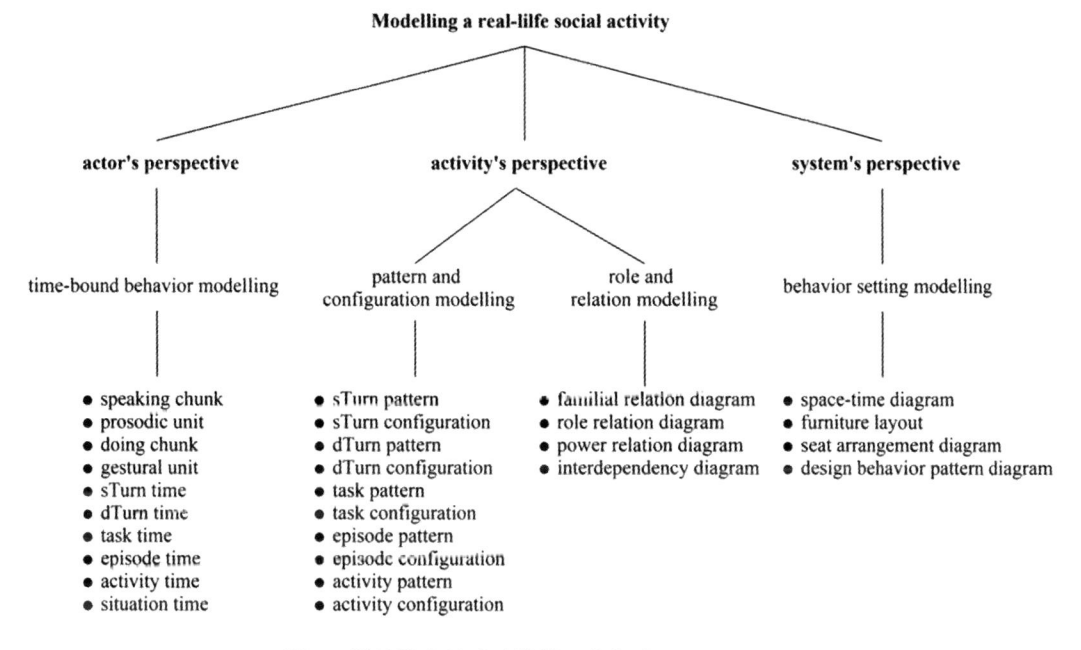

```
                    Modelling a real-lilfe social activity
         ┌──────────────────────┼──────────────────────┐
  actor's perspective     activity's perspective    system's perspective
         │                 ┌────┴────┐                   │
  time-bound behavior    pattern and    role and      behavior setting
     modelling          configuration   relation         modelling
                          modelling    modelling
         │                 │              │                │
  • speaking chunk    • sTurn pattern    • familial relation diagram   • space-time diagram
  • prosodic unit     • sTurn configuration • role relation diagram    • furniture layout
  • doing chunk       • dTurn pattern    • power relation diagram      • seat arrangement diagram
  • gestural unit     • dTurn configuration • interdependency diagram  • design behavior pattern diagram
  • sTurn time        • task pattern
  • dTurn time        • task configuration
  • task time         • episode pattern
  • episode time      • episode configuration
  • activity time     • activity pattern
  • situation time    • activity configuration
```

图 2　鲜活社会活动建模的三个视角（Gu，2009）

数据建模。

1. 参与者视角

参与者视角涉及多种角色，包括译员、发言人（翻译对象）、其他人员（非翻译对象）等，可以按照教学需要决定是否在具体分析中采用。参与者视角的主要分析对象包括：译员及发言人的翻译或发言时间、其他活动时间、话轮、动作、任务行为、韵律等。每一个方面还可根据需要细分，例如：话轮切分至何级单位（小句、词组、字词）、切分标准是什么；动作可细分为面部表情（根据需要还可进一步分为眉毛、嘴部等）、头部动作、手部动作、腿部动作、身体姿势等；韵律可包括韵律单位、调型调模以及包括笑声、咳嗽、清嗓等其他韵律特征。

2. 活动视角

活动视角主要是对口译过程所处社会情境、影视片段中社会情境及其下位结构进行分层分析，该视角还可以细分为结构组合视角以及角色关系视角，从而展现口译任务在整个情境中的地位、译员任务、多个活动之间的关系、口译过程中不同角色的地位及相互关系、口译内容依存性关系等。

3. 系统视角

系统视角是指将口译活动视为一个活动系统，主要针对口译活动所处社会场景、影视片段中社会情境的自身信息，包括时空间信息、家具及器具摆放、座次安排、灯光调节、背景布置等。这些信息是社会活动的重要组成部分，也是译员在口译工作时应当注意的重要信息。

以上是概念建模中的视角选取。在此基础上，可根据概念模型确定的视角，按照实际研究与教学需要，再细分下位层级，并最终确定数据模型。从多模态语料标注的角度而言，数据模型直接对应着标注层，确定了标注集及赋码。

这里，选用集合形式对标注集进行列举式介绍：

参与者视角_发言人_个人属性{性别；年龄；身份；职务；本族语}

参与者视角_发言人_说话行为_话语内容{语种；专业领域；说话内容}

参与者视角_发言人_说话行为_韵律特征_韵律单位{说话停顿边界}

参与者视角_发言人_说话行为_韵律特征_调型调模{平调；升调；降调；凹曲调；凸曲调；高语阶；中语阶；低语阶}

参与者视角_发言人_说话行为_韵律特征_其他特征{停延；重音；音质；咳嗽；清嗓；喘息}

参与者视角_发言人_动作姿态_任务行为{站立说话；坐着说话；操作电脑}

参与者视角_发言人_动作姿态_非言语行为{头部；表情；手部；腿部；身势}

参与者视角_发言人_情感意图_即席情感{平静；愤怒；恐惧；悲伤；厌恶；惊奇；高兴；忧虑}

参与者视角_发言人_情感意图_意图状态{意图；立场；态度；信念；愿望}

参与者视角_译员_个人属性{性别；年龄；职业水准；本族语}

参与者视角_译员_翻译行为_口译内容{语种；口译内容}

参与者视角_译员_翻译行为_处理策略{口译策略分析}

参与者视角_译员_翻译行为_辅助材料{译员速记内容；与口译任务相关的背景材料}

参与者视角_译员_翻译行为_韵律特征_韵律单位{译员说话停顿边界}

参与者视角_译员_翻译行为_韵律特征_调型调模{平调；升调；降调；凹曲调；凸曲调；高语阶；中语阶；低语阶}

参与者视角_译员_翻译行为_韵律特征_其他特征{停延；重音；音质；咳嗽；清嗓；喘息}

参与者视角_译员_动作姿态_任务行为{站立说话；坐着说话；用笔记录}

参与者视角_译员_动作姿态_非言语行为{头部；表情；手部；腿部；身势}

参与者视角_译员_情感意图_即席情感{平静；愤怒；恐惧；悲伤；厌恶；惊奇；高兴；忧虑}

参与者视角_译员_情感意图_意图状态{基本意图；态度；信念；愿望}

活动视角_结构组合_活动类型及结构关系{类型名称；场景名称；结构关系}①
活动视角_结构组合_口译任务地位{核心；边缘；辅助}
活动视角_角色关系_地位关系{发言人、译员及其他人员之间的地位关系}
活动视角_角色关系_权势距离{现场不同角色之间的权势距离大小}
活动视角_角色关系_依存性关系{前后关系；现实关系；言行关系}

系统视角_时空间信息_时间信息{口译任务所在的时间信息}
系统视角_时空间信息_空间信息{口译任务所在的空间信息}
系统视角_现场布置_信息展现{幻灯片内容；屏幕影像；音响播放}
系统视角_现场布置_整体氛围{严肃；和谐；活泼；凝重}
系统视角_现场布置_灯光调节{明亮；柔和；温馨；暗淡}
系统视角_现场布置_座位安排{主席台－观众席型；圆桌围坐型；长条桌对坐型}

上述概念模型中视角及相应数据类型的确定，既是多模态口译教学中对情境化影视片段或真实口译录像进行多维度分析的整体框架，也是多模态口译教学语料库建设的切分与标注依据。

单个角度所提取的特征、数据是整个口译活动的某个方面，这叫"化整为零"；由多个角度的数据集成起来，就能尽量贴近口译活动的整体情况，从建模上叫"数据集成"（Gu，2009）。{……}里面的数据是根据口译活动的真实情况以及教学研究实际需要所提取的，在实际操作与评估阶段，对应着 Praat 或 Elan 等标注软件里标注层的数据。

需要注意的是，上述子结构应该细分到哪一层级，在建模上叫颗粒度。颗粒度的大小取决于建模者的研究需要。该分析框架在具体教学实践中如何设定、设定到哪一级，取决于教学需要及音视频情况，由口译教师或进行训练的学生决定。另外，某些层级可能在某些情境口译中并不适用，例如在陪同口译的录像材料中，可能没有系统视角_现场布置_灯光调节，系统视角_现场布置_座位安排等数据，此时这些层级属性为"缺省"，形式上用系统视角_

---

① 口译是社会情境中的现场即席话语，可进行结构化切分。在活动视角中设置"结构组合"、"活动类型"及"结构关系"，就是为了解决口译活动的结构化切分问题。这种切分对于模拟情境口译教学、虚拟仿真口译教学技术开发等具有重要意义。

现场布置_灯光调节 {default} 以及系统视角_现场布置_座位安排 {default} 表示。

另外，本文只论及基于贴真建模的口译活动及影视片段分析的思路，在此基础上构建语料库还涉及一系列技术细节以及效度和信度的验证等问题，此处不予讨论，感兴趣的读者可参考 Gu（2009）、黄立鹤（2015）、Huang（2018）、黄立鹤（2018）的相关论述。

4 基于多模态语料库的口译教学基本模式及案例分析

4.1 模式构建

实际操作与评估是指口译教师验证、评估多模态口译教学语料库建设是否符合教学目标与实际需要，并进入基于该库的口译教学过程中。

在整个多模态口译教学过程中，存在着多模态语料库的构建和应用两个阶段。

在多模态口译教学语料库的构建阶段，教师确定符合教学目标的影视材料，包括需要考虑口译类型、情境类别、译员水准、发言人口音等多种因素，以保证教学材料的多样性。学生则可以根据教师要求提前准备相应的背景材料。随后，按照上述讨论的概念建模、数据建模，按照实际需求进行调整、修正，从参与者、活动及系统三个视角进行特征值的提取，教师和学生运用 Praat、Elan 等常用多模态语料库加工工具进行标注、建库。

语料库构建完成之后，即要投入应用。在该阶段，教师在语料库中定向检索相应语料，按照之前的分析框架向学生讲解该口译任务、译员翻译质量、发言人说话特点及其他口译现象，学生在活动类型、背景知识、专业词汇及其他方面进行学习。例如，教师可通过 Elan 的检索功能详细讲解口译过程中的停顿次数、时长、出现时间及其他共现信息（如译员对发言人说话特点的把握及相应翻译处理），分析停顿的原因；还可借助 Praat 呈现的参数分析语调、语阶等各类韵律特征，评估其在口译任务中的适合性。

之后，教师可要求学生模拟该口译任务进行练习。基于多模态语料库进行的模拟口译，可触发学生的多模态贴真体验，增强情境现场感。对于口译活动录像而言，教师可指导学生模拟现场口译，并与现场口译比较、进行质量评估；情境化影视片段则为学生提供模拟的口译现场（当然，语料的选择须符合口译教学需求），积累各种社会场景或专业领域的背景知识，以提升情境口译水平（下一节将做案例分析）。

最后，进入分析与反思评估阶段，师生对情境化影视片段与真实口译任务录像的整体情况、学生模拟练习情况等进行反思、评估，以促进语料库建设、总结口译实践经验。

需要注意的是，以上两个阶段是互相促进的，多模态语料库的构建是应用的前提；同时，师生在应用过程中会对之前构建的语料库进行补充、修正与完善，提升语料库建设质量、丰富语料库的语料构成。构建与应用的逻辑关系如图3。

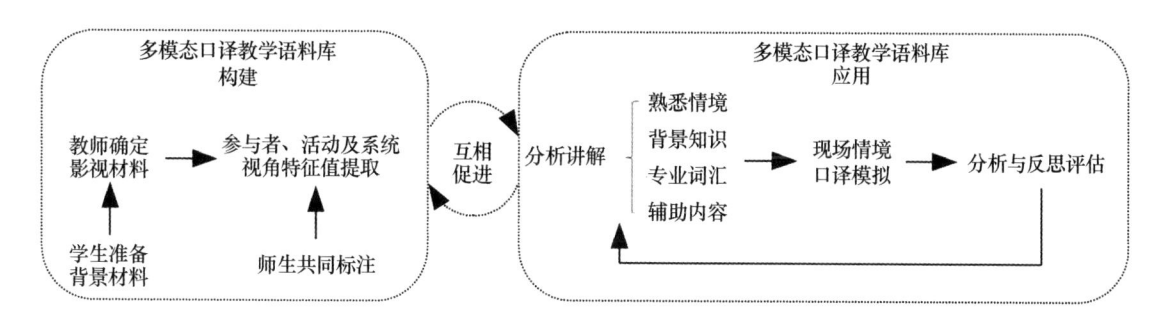

图3　多模态口译教学语料库的构建与应用

4.2 案例分析

本文谈及真实口译活动录像及情境化影视片段两种语料对口译教学的作用。其中，对口译活动录像的分析已在教学课堂上很多见，上文介绍的分析框架很大程度上有助于口译教师避免对口译活动进行经验式、主观性的评价。限于篇幅，此处不再对口译活动录像进行逐一分析。

现以电影"Philadelphia"（费城故事）中的法庭论辩这一情境化片段为例，在上述分析框架下，运用Elan等工具对其进行标注，提取特征值，并阐述如何帮助学生建立口译过程的分析能力、提升口译技能。

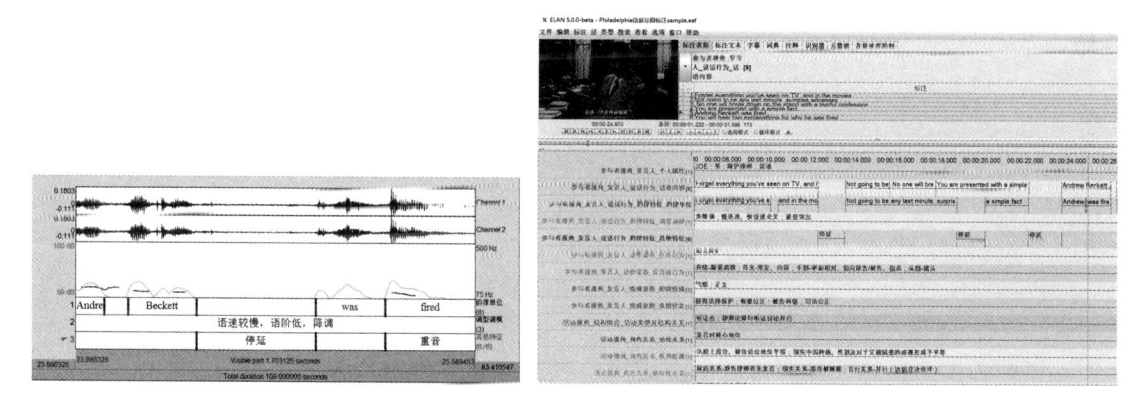

图4　多模态口译语料库标注样例

从参与者视角来看，控辩双方身为执业律师，分别为艾滋感染者和律师事务所辩护。两人在陈词时，影视片段均以特写镜头呈现说话人的面部表情和手势姿态。多模态信息通过Praat与Elan加以标注呈现。

原告黑人男律师发言时间：0'00"－2'00"

黑人男律师表情凝重肃穆、眼神坚定；在为原告陈情或指控被告时，不断辅以明确手势指向原告或被告席，说话语速时急时缓；触及关键信息时说话人语速明显降低，语气着重，语句多用降调，产生掷地有声的听觉感受。

被告白人女律师发言时间：2'01"－3'44"

白人女律师一出场便带着极其轻蔑的微笑，不断挑眉、神情傲慢；在逐条辩护时，语气升降调变化丰富；夸张的语调与表情表明她对于被告作为艾滋感染者的不屑与厌恶。

在话语内容上，两位律师均是逐条列出事实论据，言语针锋相对。这种视听结合的情景语境是影视叙事中的重要环节，教师可以通过对这些视角的分析，帮助学生理解影视片段通过镜头、声音等直观的形态来表达意义的模态资源特征，在此基础上再现其中的语言、结构、情感、思想。电影在有限的时空表述中，意义完整、前后连贯、自成体系。任何对白、旁白的理解与口译都不是由单个字词简单叠加而成，孤立零散；相反，则应在视听的感官直接性中，由整体语境和语篇的有机衔接和交际功能而实现，在口译时一定要根据语篇的连贯和情境的制约与提示，适当地进行预测、补充或具体化。

从活动视角来看，以权势距离为例：原告辩护律师的黑人身份和被告辩护律师的白人女性身份、原告身为艾滋病患者和被告身为大公司高管、证人身为公司小职员，多重身份之间出现权势的悬殊差异，种族、性别以及对于艾滋病患者的歧视形成激烈对抗，所有的冲突在控辩双方律师、律师与证人的攻讦与辩护之间针锋相对地展开。在这一模拟情境中，教师可指导学生立足影视片段所展现的多重活动维度，关注其节奏感与冲突特质，分析权衡包括源语语境、中文译语语境和译者所处口译语境中的各种相关因素，帮助学生站在宏观视角的同时关注词句的处理，实现对影视片段意义、文化、审美等多重元素的忠实重构。

以系统视角来看，美国法院的整体氛围庄严肃穆、端正凝重，内部灯光色调偏暗。法官、律师、原被告、证人及听众均身着职业装束，表情肃然；影视片段所特有的艺术语言铺陈出一个较为鲜明的认知环境，让学生理解口译并不仅取决于一个个字词和句子的转换，也不是一种互不关联的孤立作业，而是自上而下，有目的地倚赖于具体的情景语境。情境化影视片段在这方面提供了良好的教学工具和环境，可有效地让学生理解口译的交际价值和系统背景的暗示含义，也为口译语言用词指明了语域风格须温文尔雅、庄重得体，以切合说话人的律师身份。

可见，情境化影视片段中丰富的文化元素在单位时长里展开了更具象的冲突和矛盾，铺陈了更为鲜明的情节和结构，并辅以生动、直观的画面和声音，这样可以让学生对语篇的存在和约束具有更强的敏感性和解读力,并学习如何立足目的语,从受众的视角出发,顾及他们的接受程度和情感适应性,在原文和译文之间建立起来相似性和可通约性,选取与目的汉语最为贴切的自然表达。学生在对各类情境化的影视片段进行贴真亲历后,可在教师的帮助下建立相对固定的观察视角,在相对客观的框架下对影视情境进行分析,形成"元认知",之后进行法庭情景模拟口译训练,并进行分析与反思,评估口译质量。

5 展望与结语

本文介绍了基于贴真体验与建模的多模态口译教学模式,教学资源上通过多媒体技术和介质存储、分析与呈现多模态内容,教学方法上注重师生间、学生间互动与协作(如师生共同对音视频材料进行特征值提取),为学生提供交互式操作(Praat 及 Elan 标注、检索与统计等),提供口译模拟情境,拓展学生口译实践的维度,激发学生多种感官模态进行贴真体验,并在教学设计、实现与教师要求上提出了更高要求。这是一种立体式教学法关照下的多模态口译教学模式(陈坚林,2011;康志峰,2012),是目前外语教学领域的前沿方法。但该领域仍然有不少问题尚待解决。

5.1 多模态口译教学语料库的建设与利用

语料库在翻译教学中日益受到重视(如李德超,Sara Laviosa,2011),但国内多模态口译语料库建设与研究才起步(刘剑,2017)。相关标注体系较为简单,基本思路仍是双语对齐,加上语音、动作等信息标注,未能从口译活动的亲历本质出发并上升至从社会活动的高度看待情境口译,没有解决口译活动的结构化切分问题,对多模态口译数据挖掘的深度和广度尚需增强;且语料库的类型较为单一,多为现场会议,今后应当在陪同口译、多方研讨口译、试听翻译等方面增加语料类型,为多维度、多层次的口译教学提供基础数据库;此外,在基于多模态口译语料库的教学模式构建方面,虽已有学者提出了一些训练的方法,但今后仍需形成系统性的人才培养模式。

在技术方面,今后可使用知识本体技术对多模态口译教学语料库进行构建,实现图像及视频的语义检索;多模态语料库的范畴很广,还包括从多个维度对口译活动的各类数据进行采集,如译员脑电、眼动、肌电数据,或口译活动时 PPT 内容、备译材料等,形成立体多维的语料库。当然,一般语料库没有必要包含过多类型的数据,但这并不是说多模态口译语料库就仅限于文字、音频和视频。另外,在解决版权、成本等问题后,可考虑多模态口译语料库的网络开放。

5.2 虚拟仿真口译教学模式与训练技术研发

随着虚拟现实技术的发展与虚拟仿真教学的推广,今后应当开发基于大数据的虚拟仿真口译教学与训练技术。通过影像、声音及各种类型的数据模拟,构拟出各种情境和类别的口译任务，如国际会议、商务谈判、生活陪同等，以提升贴真体验及情境化口译教学的真实度。上文构建了真实口译活动录像及情境化影视片段的分析框架，并尝试提取各类数据。在该框架指导下，可基于 XML 语言对文本进行切分与标注，为虚拟情境口译训练技术的研发提供准备。同时，应当研发基于网络的口译自主学习及自我评估系统，为学生提供口译的质量评估及学习建议。

5.3 多模态口译教学效度的实证研究

目前的多模态口译教学研究多集中于宏观探讨，对该模式在教学中的实际效度考察不够，尤其是从实证角度对多模态口译教学中的学生认知过程研究十分鲜见。今后，可依托脑电、眼动等技术对学生的模拟口译过程、多模态口译教学效度等问题展开实证研究，审视翻译的认知过程与翻译教学实践之间的关系。

总之，口译活动是亲历过程，教师可以借助贴真建模思路来提取口译过程的各类特征，在此基础上建设多模态语料库，在教学中触发学生的贴真体验。这有别于从口译产出结果来看待口译现象，或将口译内容与非言语行为简单叠加的思路。多模态口译教学语料库的构建与应用超越了仅依靠文字及音频材料进行口译训练的传统模式，相关教学方法贴近口译活动的真实亲历，充分利用学生的多模态学习机制，触发贴真体验过程，能有效促进学生的情境口译技能发展。基于贴真建模思路，还可以进行口译虚拟仿真实验教学，由口译教师与工程师共同构建多种仿真的口译场景，触发师生多模态互动，开展虚拟仿真口译训练。

多模态范式为外语教学创新提供了主体性、系统性、动态性、协同性等方面的思维启示，师生互动的多模态亲历形式发生了改变，构建的多模态充盈意义也相应发生了变化（黄立鹤，2021）。在信息技术时代，探究如何充分调用多模态感官，贴近语言学习亲历过程，提升学习效率，是多模态教学研究的根本任务。本文从口译教学出发，尝试探讨了一些问题。当然，所构建的分析框架及教学基本模式还需通过更多教学实例来验证其适用性及效度。

参考文献

Gu, Yueguo. "From real – life situated discourse to video – stream data – mining", *International Journal of Corpus Linguistics*, 14（4）. 2009, pp. 433 – 466.

Huang, Lihe. "Issues on multimodal corpus of Chinese speech acts: A case in multimodal pragmatics", *Digital Scholarship in the Humanities*, 33（2）. 2018, pp. 316 – 326.

Mason, Ian. "Role, Positioning and Discourse in Face – to – Face Interpreting". In Raquel de Pedro Ricoy, Isabelle Perez, and Christine Wilson（eds.）, *Interpreting and Translating in Public Service Settings: Policy, Practice, Pedagogy*. Manchester: St. Jerome. 2009, pp. 52 – 73.

Pasquandrea, Sergio. "Co-constructing Dyadic Sequences in Healthcare Interpreting: A Multimodal Account", *New Voices in Translation Studies*, 8., 2012, pp. 132-157.

Pérez-González, Luis. "Multimodality in Translation and Interpreting Studies". In Sandra Bermann and Catherine Porter (eds.), *A Companion to Translation Studies*, Chichester: Wiley-Blackwell. 2014, pp. 119-131.

陈坚林：《试论立体式教材与立体式教学方法》，《外语电化教学》2011年第11期。

顾曰国：《当下亲历与认知、多模态感官系统与大数据研究模型——以新生婴儿亲历为例》，《当代语言学》2016年第4期。

黄立鹤：《语料库4.0：多模态语料库建设及其应用》，《解放军外国语学院学报》2015年第3期。

黄立鹤：《基于多模态语料库的语力研究：多模态语用学新探索》，上海外语教育出版社2018年版。

黄立鹤：《多模态范式与后疫情时代的外语教学》，《当代外语研究》2021年第3期。

李德超、Sara Laviosa：《基于语料库的翻译教学跨文化理论框架》，《外语教学理论与实践》2011年第1期。

康志峰：《立体论与多模态口译教学》，《外语界》2012年第5期。

刘剑：《基于多模态语料库的口译教学模式研究》，《外语电化教学》2017年第4期。

吴赟：《多维立体化的翻译教学研究——以美国电影为语境》，《外语电化教学》2011年第1期。

（原文刊于《外语教学理论与实践》2021年第4期）

比较修辞学再界定的三个维度

——本质、事实及事件

毛履鸣著　（美国犹他大学修辞写作系，电邮：luming.mao@utah.edu）
汪建峰译　（福建师范大学外国语学院）

提　要：21世纪的比较修辞学是什么？比较修辞学者该如何界定这个学科以及如何推进这个学科？比较修辞学者又该如何研究非欧美修辞实践，譬如中国的修辞实践呢？本文拟对这些问题及其相关问题作出回答，构筑一个可供当下比较修辞研究者参照的新辞屏（terministic screen）。首先，本文拟简要回顾对比修辞学、跨文化修辞学及文化修辞学的发展历程，重点阐述这些学科所提倡的文化转向，进而对这个转向进行反思。其次，本文将比较修辞学界定为一种实践和方法，作者主张比较修辞学研究者不再从本质意义上来谈论事实，转而从效用论意义上来探讨什么是事实，什么不是事实，即效用事实和非效用事实。之所以对事实做出这样的区分，是为了进一步凸显在跨文化话语实践中，什么是事实，什么不是事实，兹事体大，往往会造成话语事件，效用事实与非效用事实之间是一种唇齿相依的关系。再次，本文拟对Robert Oliver出版于1971年的著述进行再解读，帮助读者辨认书中诸多独到的见解，以及显而易见的时空局限性。书中有些见解不同凡响，依然对当下研究颇有借鉴意义，当然也有些观点难以逾越时空的局限，需要加以反思，从中汲取教训。最后，作者拟对比较修辞学的未来表达自己的看法。

关键词：对比修辞学；跨文化修辞学；文化修辞学；比较修辞学；效用事实；非效用事实；话语事件

一、导言

迈入21世纪，比较修辞学学者是时候静下心来思考一些问题了。比较修辞学是一个什么样的学科？就比较修辞学这个学科称谓而言，什么是"比较"？什么是"修辞"？对此，学界迄今聚讼纷纭，尚无定论（Hayot, 2014; Friedman, 2011; Garrett, 1999; Lyon, 2015）。有鉴于此，比较修辞学学者该何去何从，如何对其加以重新界定和往前推进？在以往的比较修辞学定义中，我们要么给出一个简单化的定义，要么给出的定义又过于抽象化，此等定义皆不可取，都很局促，甚或导致学科陷入危险境地。那么，我们该如何对其加以重新界定，既可以改变我们对这个世界的认知，又可以改变对我们自己的理解呢？我们该如何对非欧美的修辞实践，特别是中国的种种修辞实践进行比较研究呢？如此等等，都是我们所要关注的问题。下文，我们拟对这些相关问题作出回答，其目的在于为当下比较修辞学研究构筑一个新辞屏（terministic screen），或者说开辟一个新论域。首先，我们将推动比较修辞学（comparative rhetoric）与对比修辞学（contrastive rhetoric）、跨文化修辞学（intercultural rhetoric）及多元文化修辞学（cultural rhetorics）等学科进行对话。这些学科近年来都提倡所谓文化转向，尽管在转向所涉的范围及目的上有所不同；对此，我们作出阐述并指出，就比较修辞学而言，事情远非提倡文化转向那么简单。其次，我们拟对比较修辞学加以再界定，不再从本质论意义上来谈论什么是事实，什么不是事实，转而从有用论意义上来谈论什么是事实，什么不是事实，进而将研究重点转移至考查跨文化的话语事件，或者事件所涉各方的话语关系。再次，我们对罗伯特·奥利弗（Robert Oliver）的著作进行再解读，我们认为此书所揭示的欧美修辞传统与非欧美修辞传统之间的隔阂，以及此书所反映的问题具有时间上的局限性，但这些问题依然与当下具有相关性，我们依然可以从中汲取教训，有助于我们辨识今天在比较修辞学领域所遇到的问题。文章结尾，我们将对比较修辞学研究的未来发表自己的看法。

二、文化转向的困境：从对比修辞学、跨文化修辞学到文化修辞学

1966 年，罗伯特·卡普兰（Robert Kaplan）发表了一篇对比修辞学的经典文章，题为"跨文化教育中的文化思维模式"。在文中，Kaplan 认为二语教师应该在阅读和写作课中向二语学习者（ESL）讲授修辞和文化。Kaplan 从约 600 位国际生的习作中抽取若干单独段落，对其行文结构进行分析，发现这些习作在修辞方面存在诸多差异，进而将其与本土学生行文的修辞特点进行了比对。Kaplan 这篇文章不同凡响，颇具拓荒性意义，开辟了一个新论域，即对比修辞学研究。具体而言，Kaplan 分辨出 5 种段落行文结构，分别对应于 5 个文化群体，配以图表的形式标出。他认为，每个类型都与每个文化独特的思维模式相对应。现在，这些示意图早已是对比修辞学研究文献中著名的涂鸦之作了。譬如，在英欧说明文写作中，其行文所遵循的是线性路径，而闪语族人则基于一系列复杂的平行结构来建构段落。相较之下，东方人的论说，这里主要是指中国人和韩国人的论说，则呈现为另一种结构，东方人说话含蓄，他们习惯于"兜圈子，把圈子兜得越大越好"（Kaplan，1966：10）。这个特点在西方人眼里，可以说是"佶屈聱牙，过于含蓄，令人费解"（Kaplan，1966：10）。与此相似，在罗曼语和俄诺中，段落行文往往呈现一定程度的发散性思维，在英语写作者眼里，简直可以说是"无所适从"（Kaplan，1966：15）。有鉴于此，Kaplan（1996：15）呼吁人们要更好地理解不同文化的论述结构，他进而将这些结构与英语行文结构进行比较，对不同文

化的行文结构加以总结，形成特定的教学法，在教学实践中予以贯彻落实，向二语学习者讲授英语。

此文一出，后续出现了很多研究，聚焦不同文化的话语类型，以便更好地理解不同文化的修辞实践，应对英语非第一语言或母语的个体学习者的特定需求。不出所料，这些研究可谓其来有自，都是奔着 Kaplan 不甚严谨的论述来的；尤其是他关于 5 种不同文化论述类型的阐述，论述依据单薄，完全经不起推敲，加之方法论上有所欠缺，遭到质疑在所难免。此后一系列实证研究呈现一边倒的态势，证明 Kaplan 的观点漏洞百出，完全站不住脚。事实上，人们不禁发问，Kaplan 的观点到底是他自己研究得出的结论，还是受到关于不同文化的话语类型的神秘性或刻板印象的影响所致。此外，该文还存在其他问题，包括作者对文化这个概念的理解过于单一，如铁板一块（Atkinson，2004）；文章还有过度倾向本土英语人士的问题（Matalene，1985）；文章还把中国人、泰国人、韩国人都归入所谓"东方人"群体（Hinds，1990）；将修辞类型和思维类型混为一谈（Severino，1993）。必须指出的是，Kaplan（1987，2001）本人此后也修正了自己在该文中所表达的一些观点。

我们对于对比修辞学的诞生和兴起这段简短且耳熟能详的历史所进行的回顾，不是为了聚焦人们已经熟知的显而易见的事情，而是为了探讨 Kaplan 的见解。也就是说，跨越语言界限的话语不仅在语法特征上迥然不同，而且在文类（generic）和修辞类型、读者与作者的期待、作者和作者权威诸方面也大相径庭。在 Kaplan 看来，这些差异的源头可追溯至文化差异；因此，我们有必要把这些差异置放于具体的文化语境中加以研究，这种研究应该是多视角的。Kaplan 的这个见解既成为对比修辞学学科观念的基石，又衍生了旷日持久的论争，诸如对比修辞学的目标是什么，其研究方法又是什么，文化这个概念本身如何界定，学界至今依然争论不休（Li，2008：13 - 15）。以 Ulla Connor 的相关表述为例，在近期发表的著述中，Ulla Connor 指出，Kaplan 的观点虽然具有原创性，但也面临诸多挑战。譬如，造成修辞差异的源头可能是多元的，不大可能都是文化差异所致。又如 Kaplan（2002：503 - 507）在文中提倡文化的同质性，这个看法有待商榷，文化是异质的，充满地域性特征。有鉴于此，Connor 主张用"文化间修辞学"（intercultural rhetoric）来替代"对比修辞学"或"跨文化修辞学"（cross - cultural rhetoric），其目的是应对对比修辞学面临的诸多挑战，凸显写作乃是一个动态的过程，社会性是写作的本质特征。在 Connor（2011：2）看来，"文化间修辞学"致力于"研究具有不同文化背景的人所写的书面话语"。对于 Connor（2004：272 - 273）来说，这个新称谓促进了跨语言和文化写作的多模态和互动性研究，同时为更加注重从动态和特定语境的角度来理解文化创造了必要条件。在 Connor（2008：312）看来，在"文化间修辞学"这个称谓中，前缀 inter -（译为"……间"）的使用，是为了强调一个事实，即"所有文化和社会实践都被其他文化实践所融合、渗透"；因此，文化间修辞学可以带来的一个好处是，它可以照亮文化间的联系，而不是不同文化和修辞之间的区别。

从对比修辞学到文化间修辞学这一转变中，至少有三个地方值得我们进一步加以阐述：

其一，针对 Kaplan 的原创观点所提出的批评意见之一，与 Kaplan 对文化这个概念的理解有关，或者具体地说，Kaplan 对文化的理解过于简单、思虑欠妥；在 Kaplan 的模式中，文化这个概念是铁板一块、一以贯之和一成不变的，显然，这个见解是站不住脚的；其二，Kaplan 完全没有从理论和方法两个层面予以说明，不管文化这个概念如何界定，文化到底是怎样形塑和影响人们的写作活动，以及在一个国度内不同文化又是如何彼此互动、相互影响的；其三，从对比修辞学到文化间修辞学这个转变，目的是弥补 Kaplan 模式所留下的缺憾，进一步深化我们对文化这个概念的理解。我们必须认识到文化是动态的，不是一成不变的。有一种观点认为不同文化是内在一致的，是有共识的，这一观点必须受到挑战。

John Comaroff & Jean Comaroff 关于文化的定义颇有启发性，我们拟讨论这个定义，以进一步突出义化的动态特征。在《民族志与历史想象》一书中，他们认为文化是"一个语义空间，一个符号和实践的场域。在这个空间和场域中，人类对自我及他人进行建构和表述。因此，人类实际上也对社会和历史进行建构和表述"。进一步说，文化总是"历史场域中的文化"，文化是一个"在历史场域中不断呈现的行动能指（signifiers - in - action）的集合，而这些能指具有实质和象征、社会性和美学维度"（John Comaroff & Jean Comaroff, 1992：27）。从这个定义的角度来看，作为一个"在历史场域中不断呈现的行动能指的集合"，文化的根基总是在不断得到巩固或受到质疑，而且不同文化之间内在的不平衡的权力关系总是处于或得到维护，或受到挑战，或遭到颠覆当中。作为一个语义空间或我们称之为"充满竞争的话语场的集合"，文化也代表一个修辞发明的着力点、干预点和嬗变点。下面，我们拟参照这个文化定义对比较修辞学进行再界定。

其一，从对比修辞学走向跨文化修辞学，人们愈发意识到，随着交流步入全球化时代，语言与文化之间的界限已进一步模糊，难分彼此，你中有我，我中有你。这一情况要求我们必须从语言与文化之间不可分割和相互依赖的角度来对人们的交流互动进行研究。但在这个过程中，还有一个问题尚未得到充分考虑：即跨国公司和技术全球化主义（technoglobalism）。当下全球化进入了一个新阶段，这个新阶段正在"为催生和激活语言的再定位与文化的碎片化创造条件"，业已导致一个新情况的出现，也就是，"语言与国家、语言与国家记忆、语言与国别语言之间那一层'天然'纽带脱钩了"（Mignolo, 1998：42）。鉴于这种再定位、脱钩及再挂钩，不管什么人，做出何种努力，在对修辞和其他文化差异作出表述时，都不可能像以前那样，局限于一个具体的物理或国家界限内。相反，这种表述必须与一个空间场域所出现的各种急缺状况相关，修辞者必须针对各个急缺状况作出回应，这与他们所要表达和改变的经验有关,与他们致力于建构和成为其中一员的社区有关。换言之,任何关于修辞实践的研究都带有不同的语言和文化背景,因而都必须注意这种再定位——也就是说,关于修辞实践的研究如何才可以脱离其宗主国语境,修辞实践又是如何形成新的从属关系的,而这种从属关系必然带有话语内在不一致和龃龉不合的地方,必然与东道国语境有关。此外,同样的研究还需要注意介乎过去与现在、土著与外来之间愈发模糊的界限,以及这种界限所催生的第三或间性地带空间;在这里,人们生产新知识,建构新关系并进行新型的互动。由此来看,Walter D. Mignolo所谈到的那种"天然"纽带只在理论上存在,或者在这新空间里,这种纽带是不相关的。在这新空间里,我们摒弃了追根溯源和诉诸本质的惯常论调,一反常态地启用相互依存及相互联系的说辞。

为进一步掌控和思考比较修辞学再界定所带来的困扰和挑战,我们需要关注修辞的"旅行"方式、原因、产生的影响以及修辞与新的话语环境磨合的情况。这样一来,我们就可以富有成效地认识和探讨一种持久的张力,假如这个张力不是一种困惑的话。一方面,我们认定某个特定修辞行为的必然性和相关性,是因为我们以为这个修辞行为是此时此地所面临的修辞急缺所造成的;另一方面,我们之所以认为同一个修辞行为具有必然性和相关性,是由于这个修辞行为于彼时彼地所产生的效果及所表述的内容造成的。这两个看法之间存在着一种张力。如若应对不当,这种紧张关系必定妨碍我们对他者甚至对自我的全面理解。更为糟糕的是,它可能使我们的论述陷入一种滑坡谬误,可能错误地把一种偶然性巧合理解为一种必然性,致使权宜之计胜过伦理责任。

其二,对比修辞学原初的理论见解,旨在将修辞学引入语言教学之中,使语言教学超越于句子进入话语层面,因为话语类型是受到相应的修辞传统影响的。此后针对对比修辞学的批评似乎更多聚焦于"对比"这个词语的意义,或更多聚焦于对比修辞学的侧重点,而对于"修辞"一词的语义或修辞学可以为对比修辞学提供什么潜在的帮助,则着墨很少。截至目前,不管从古希腊罗马修辞范式的内涵还是外延来看,对比修辞学所借重的修辞维度主要停留在文本谋篇布局和文本组织结构上,其他方面则很少受到关注。有很多问题还没有进入对比修辞学的视野,或者说对这些问题的研究存在不足。例如,修辞是如何激活话语发明、干预及改变这个过程的;修辞如何才能对产生有效的交流有助益,修辞如何才能有助于催生新的话语同盟及新的研究和发现形式等。因此,对于对比修辞学者来说,问题更多在于现有的修辞定义能够对对比修辞学有什么样的启发,能够引发什么样厚实的论述,而谁能够为对比修辞学提供一个更具包容性的修辞或文化定义,或就此而言,谁能够为跨文化修辞学提供一个更具包容性的修辞或文化定义。

近几十年来,在对比修辞学所倡导的文化转向以及这个转向被跨文化修辞学进一步接受的背景下,所谓"文化修辞学"应运而生。在"文化修辞学"首倡者中,史蒂文·梅洛

(Steven Mailloux)是杰出的代表,在 Mailloux(1998:186)看来,文化修辞学是指"在文化生产和接受的社会政治语境内,对目标(文学和非文学)文本的辞格、论辩及叙事所进行的研究",或者是指对"[目标]文化中的辞格、论辩及叙事的政治效果"进行批判性、教学性、历史性及理论性的研究,目的在于"从基于特定历史时刻的文化对话的政治机制中提取理论和现实意义"(Mailloux,2006:40、129)。对于 Mailloux 来说,文化修辞研究强调"修辞的政治本质和语言应用的研究",以及与之密切相关的权力问题和文化与语言应用之间难解难分的关系。正如 Mailloux(2006:40)所言,文化修辞学旨在"为文本及其后果确立意义和价值,对一般意义上文化行为的效果及特定意义上的语言应用进行分析"。因此,可以说文化修辞学代表了一个十分正确的研究方向,这可以从两方面来讲:文化修辞学一方面致力于研究文化行为和语言应用的效果;另一方面其研究内容又包括"修辞传统的生产力和解释力""口头和书面修辞中的古典和现代修辞发明""可应用于口头、印刷及电子媒体的现代和后现代诠释学"以及"听觉、视觉及运动方面的文化技术"(Mailloux,2006:129)。然而显而易见,Mailloux 的文化修辞学模式依然弥漫着欧美中心主义论调,与欧美经典修辞文本和修辞实践有着千丝万缕的关系。

还有一些对比修辞学学者,他们对文化与修辞之间的互惠关系情有独钟,矢志不渝地深入探讨。他们不仅主张对比修辞学应多点开花或开阔视野,使单一的文化修辞学(cultural rhetoric)转变为多元的文化修辞学(cultural rhetorics),还主张学术研究应尽量语境化,因为基于某个特定群体内的修辞实践的特性决定了文化和修辞的崛起方式(Bratta & Powell,2016)。从单一文化修辞学到多元文化修辞学,"修辞学"这个单词由单数变成了复数形式,大概是意识到各种特性,要求对特定文化社群内外的修辞行为的独特性、流动性及多元性进行研究。这说明进行有目的的自我反思并及时进行干预和改变也是非常重要和必要的。例如,Malea Powell 等人(2016)将多元文化修辞学界定为研究意义的生产,而这种意义的生产是"在特定的文化社群内进行的";且"这种意义的生产还是在多元语境、历史及知识系统中进行的"。对 Powell 等人(2016)来说,修辞"总是一种文化",而文化则"自始至终是一种修辞"。进一步说,多元文化修辞学从一系列相互交叉、转换及变化的方法论和理论框架及关系中获得了启发,其中包括诸如修辞与作文研究、后殖民研究、去殖民化研究、性别研究及行为研究等,目的在于"构建传统、多元历史及多元实践中的关系"。因此,对于对比修辞学来说,若要从特定文化内部这个角度,来构建和发展有意义的理论架构,那么其核心要素有三:首先是讲故事,其次是在对本身历史和当下所处的位置与空间中进行深刻自我反思的基础上构建各种关系,最后是理论思考,旨在"沿着西方帝国主义构建起一个集知识体系、话语、社群及理论范式于一体的纵横交错的网络"。在"专刊导言:走入多元文化修辞学对话"中,Phil Bratta & Malea Powell 强化并进一步阐述如下一些理论特点:去殖民化、关系、群体（constellation）及故事。对于这四个特点，他们称之为"实践四要素"，是"多元文化修辞学学者在理论架构中必须予以统筹处理的四个维度"。

然而，必须指出的是，正如 Peter Simonson 所言，认识到文化之于修辞研究的重要性始于 20 世纪 60 年代末和 20 世纪 70 年代，从那时候开始，修辞研究开始超越具体的文本和言语，而迈向象征、神话、意识形态、社会历史语境及广义的生活方式。无独有偶，正是在此期间，有几位学者通过文化和比较研究这个视角，开始研究非欧美修辞及美国土著人修辞。Robert Oliver 的著述是典型代表之一，可以算是比较修辞学研究的先驱，或者说应是比较修辞学研究的开山之作。我们也必须承认，关于修辞发明、干预及改变的观念，与同时期兴起的社会建构论有着千丝万缕的联系。在社会建构论者看来，"语言、象征、话语、文化实践及文本构成了人类的世界，为各种没有本质意义的现象提供意义"（Simonson，2014：107）。

形形色色的文化转向，虽然是对比修辞学、跨文化修辞学、单一文化修辞学及多元文化修辞学分别激发的，但它们有一个共同的方向，即：对于语言及其他象征实践来说，如果说它们不取决于政治、社会文化及物质基础，那么可以说与政治、社会文化及物质基础关系密切。文化转向在不同的时空背景下含义不同，具有多样性，用以解释这些多样性的理论很难一概而论，需要进行仔细而又深入的研究，结论要站得住脚。正是由于这些形形色色的转向，以及学者们在研究中集体性转向注意地域语境特征和人们的日常实践，一个再清楚不过的情况是，不同文化之间不止有一种关系，每一个文化修辞行为相较于另一个文化修辞行为，都具有同样的复杂性，都不可能是单纯的。那么，现在的核心问题是：我们要怎么样对这些多样而又复杂的修辞行为进行比较研究呢？而与此同时，我们又深知，自己的意识形态和立场正在不远处召唤着我们。换言之，假如比较修辞学的主要的研究目的是产生反思性的接触，那么这种接触应该以什么方式进行，由谁来主导以及目的是什么呢？下文回答这些问题。

三、本质、事实及事件：比较修辞学的新辞屏

早在 2013 年 6 月，一群修辞与写作学者汇聚在美国堪萨斯州劳伦斯市，参加一个比较修辞学论坛，这是 2013 年美国修辞学会夏令营的一个活动。学者们花了一周时间审读了一些比较修辞学著述，对比较修辞学未来走向的建议及相反意见作出评估，为比较修辞学研究的未来勾画一个蓝图。在为时一周的研讨会末了，与会者发表了一份会议纪要，题为"关于比较修辞学研究内容和方法的宣言"。对于比较修辞学这门新兴学科而言，值此时刻，这份宣言意义非凡，理由不言而喻，它意味着比较修辞学学者第一次聚集在一起，既阐明了学科目标、对象及方法，又描绘了一个令人鼓舞而又具有包容性的未来。

根据这份宣言的精神,我们认为比较修辞学既是一种实践,又是一种方法。作为一种实践,比较修辞学的研究对象是话语和跨越时空的写作传统,其关注核心为话语和写作传统的历史性、特性及不一致性。与此相关的是比较修辞学学者矢志不渝地坚守信念,既要研究被边缘化、被错误表述或者完全被遗忘的话语及传统,又要干预和重构主流修辞范式、视角及实践,而这些范式、视角及实践毕竟具有历史偶然性,需要不断地予以再语境化。这个信念使我们有可能不仅将比较修辞学的立场扩及所有修辞行为,而且我们有可能在不同的修辞、历史及传统中对于意义的回响和流变形成一个更为微妙的理解和深刻的描述。

作为一种方法论,比较修辞学提倡一种基于"顺从语言"的生产意义的方法。"顺从语言"这个说法是 David L. Hall & Roger T. Ames(2003:229)提出来的。所谓"顺从语言",是指一种元语言(meta-language),这个元语言有两个特点:其一,它拒斥任何用以形塑和决定任何其他语境的外在原则或无所不包的语境观;其二,在从事比较研究中,它尊重地域性表述及解释框架。"顺从"(defer)一词含有"差异"(differ)和"敬重"(defer or yield)的双重语义,比较修辞学所强调的是认可和尊重其他修辞实践和传统的必要性,而不是要么吹捧要么贬低的两极化态度,比较修辞学强调修辞实践的多样性、流变性及独特性。比较修辞学提倡尊重当地历史及传统,应当与主流传统或业已得到认可者平起平坐,而不是将其边缘化并予以贬抑。此外,比较修辞学的理论主张是一切话语都是相互依存、相互勾连的,比较修辞学学者应该从这个理论主张出发,对一切话语实践的表述都应进行构建和规约,对自己的认知和存在方式以及他人的认知和存在方式及时地进行批判性反思,同时这也是一个去语境化和再语境化的过程(下文详述)。

将比较修辞学视为一种实践和方法,有助于消除偏见,消除非此即彼的二元对立看法以及一些人为的界限,这些偏见、看法及界限没有什么益处,只会影响人们建设性地与非欧美修辞打交道的种种努力;也有助于对全世界的修辞历史与实践形成一个更为丰富和完整的理解。与此同时,比较修辞学对宏大叙事不感兴趣,在宏大叙事中,一个放之四海而皆准的修辞规范,或者一个普通修辞学理论,适用于所有的社会。美国修辞史学家兼比较修辞学者乔治·肯尼迪(George A. Kennedy, 1998:1)支持这个看法,我们不以为然。从好处着眼,这种叙事或理论必将在跨文化背景下研究修辞理论和实践的多样性和独特性时面临极大的挑战;从坏处着想,这种叙事或理论必然弥漫着 Robert Solomon 所谓的"超然语言"(trancoendental pretense,转引自 Hall and Ames, 2003:xiv)。在 Robert Solomon 看来,这种超然语言是一种有害的西方民族中心主义思潮,其误以为西方的(地域性的)原则或金科玉律乃是普世之规范或标准,而非西方的原则都必须经过西方规范的洗礼来实现"正常化"或"标准化"。

正如我们在这里说的,比较修辞学同样不认为每一个可以想象的修辞事件或实践都产生了效果或作用。这一点看似显而易见，但人们对此却有很多模糊不清的认识。其中一个认识是，比较修辞学是一个可以自圆其说的行为，有其自身力量和目的，在过去，人们也是这样来定义文化的（Geertz, 1973: 10-11）。现在，比较修辞学概念已具体化为一种理论，其适用范围可以无限延伸和放大。实际上，比较修辞学已与很多研究形态结为学术同盟关系，如女性主义修辞、非裔美国人修辞、土著人修辞、少数族裔修辞及后殖民主义修辞等。另外一个认识是，顾名思义，比较修辞学本身已是一种比较行为，代表基本的认知、社会文化及知识论的义务（Friedman, 2011: 755-756）。既然比较修辞可以规约为一种实践，那么我们观察和实践比较修辞的方式应该与其他修辞行为所受到的观察和实践一样。概念具体化或化约行为，是与本质主义偏见或倾向背道而驰的，不管是具体化还是化约行为，都有可能使我们进一步偏离理性和相互依存的关系，而比较修辞学首先致力于培育和促进的正是理性和相互依存的关系。

为了克服本质主义偏见，我们在比较修辞学的理解上取得了新的突破。在 Eric Hayot（2014: 88）看来，所谓比较研究，绝非只是出于认知、社会文化及认知等义务的驱动，简简单单地把两个或多个现有文本或其他象征作品拼凑起来。比较研究的目的在于"决定文本或象征作品的本质属性，确定其架构，将其置放于某个社会、政治或历史语境中"。而且，比较研究还应建构一种理论，以便什么时候要进行什么比较研究，就有什么理论可以派上用场。概而言之，比较这个行为本身不仅创造了其研究对象，还创造用以进行比较研究的理论，在此过程中，比较研究需要在不同的社区及多彩缤纷的世界里驻足逗留，倾听来自这些地方的不同声音，与这里的人们展开对话（Layoun, 转引自 Friedman, 2011: 758-759）。因此，若论比较修辞学的本质是什么，那么这个本质一定是指多样性（因为比较研究这个行为本身在数量上是不可穷尽的）和独特性（因为每个比较行为本身是独一无二的，在语境上都具有偶然性）。

由于其多样性和独特性，比较修辞学必须被认为是一种施为性动作，必须被认为是一种付诸实践的行为，按照 Diana Taylor（2003: 15）的说法，比较修辞学的作用可以是"一个过程、一种实践、一个认知、一种传播方式、一种实现以及一种干预世界事务的方式"。比较修辞学可以是一种言语力量，可以在其一切言语语境中产生效果，从这个角度来说，比较修辞学参与了"去语境化"和"再语境化"过程；即：一方面，这个去语境化和再语境化的过程通过比较研究这个施为性动作，使比较修辞学理论建构的斧凿痕迹或偶然性显露无遗，从而使其自身的研究方式和修辞理论框架去自然化（denaturalize），在这个意义上，比较修辞学实现了去语境化；而另一方面，这个去语境化和再语境化的过程，促使比较修辞学与包括主流修辞学在内的其他修辞学以及各种文化观念的母体展开对话，这些观念母体较之比较修辞学理论可以说在人工斧凿方面有过之而无不及。对话的结果是，主流修辞学的规范和标准,再也无法被认为具有普适性,再也无法被认为是所有修辞学的本质观念,在这个意义上,比较修辞学实现了再语境化。在这个过程中,比较修辞学与任何其他比较研究一样,"触发了一个动态的无可解决的吊诡",在这里通约性和不可通约性这一组概念被置于"一种动态的戏动关系,具体体现在用斜线号隔开的不可/通约性(in/commensurability)这个单词中,前者表示分隔,后者表示联系"(Friedman,2011:758),而且比较修辞学有"能力和潜能用新的认识论对象来取代旧的,当然这取决于哪些权力在支持这个辞旧迎新的项目"(Radhakrishnan,2009:457)。

比较修辞学要获得成功,要建设性地与各种跨越时空的话语和写作传统展开对话,将其焦点置于这些话语和传统的历史性、特性及不一致性,那么比较修辞学就必须与这个木质主义偏见或与一个长久却又偏狭的做法分道扬镳,比较修辞学曾长期持有对其他修辞传统的偏见,以为其他修辞传统也就那么一套东西。比较修辞学必须丰富和扩大与文化和一切言语情境的关系。因此,对比较修辞学而言,要面对的核心问题不是"修辞在目标文化里是什么",而是"使用者在目标文化里可以做些什么,是如何做到的"?或者,借用爱德华·肖亚帕(Edward Schiappa,2003:7)的一个说法,比较修辞学的核心问题是"什么是效用事实"。

在 Schiappa 看来,人们在研究事物的定义时,主要寻求两种事实:有一种研究采取的定义形式是"X 是什么",这种研究侧重于 X 是什么,而非 X 是怎么使用的。Schiappa(2003:7)将通过这种质问来获得的定义性事实称为"本质事实"或"真值"定义;另一方面,通过质问事物的用法来获得的另一类事实,其兴趣点在于个体言说者和作者在特定场合中是如何使用 X 的。Schiappa(2003:7)将这类通过质问事物的用法而获得的定义性事实称为"效用事实"。对于 Schiappa(2003:9-10)来说,那种针对定义所采取的"自然主义态度",是他要加以去自然化(批判)的,因为这个态度忽略了两类事实之间的区别,认定两类事实殊途同归,指向同一个事物。另一个基于实用主义的方法将效用事实当作"价值宣认(事物应该如此)",以区别于"事实宣认(事物本来是这样)"。实用主义方法将定义视为一种"修辞驱动",这一方法暴露了定义所无可避免及必然激发的劝服过程,并在此基础上参与了关于定义的论争。

从"何为修辞"这个问题出发,我们可以大致判断出定义者的理论参照框架,定义者对于事实的看法是本质事实论,认定存在一个客观现实,事实是针对客观现实的本质反映,人们对这个客观现实的看法应该是一致的,是没有冲突的。相较之下,从"修辞有何效用以及修辞如何发挥效用"这个问题出发,我们又朝着事实效用论迈进了一大步,更进一步地笃信有多种方式供使用者用来实施话语发明、话语干预、话语改造,甚至如 Steven Mailloux 所言,可以从多方面对他所谓的"文本效果"进行质问。在 Mailloux 看来,文本是指

"任何值得诠释的对象",这对象可以是"口头语、书面语、非语言实践或人类任何种类作品"。至于效果,可以是特定历史时刻的文化对话的政治机制,也可以是人文科学的修辞再构想中的权力知识关系。可以看出,Mailloux(2006:40;亦可参阅笔者之前有关文化修辞的论述)促进了"关于文化中转义辞格、论辩及叙事的政治有效性的研究"。Mailloux 关于文本效果的观念与 Schiappa 关于效用事实的论述有着异曲同工之妙,二者都强调了修辞与文化的密切关系,也强调了话语实践的有效与无效及有意与无意。

必须强调的是,定义必然涉及和激发文本的效果或说服的过程,但这个过程不是固定和一成不变的。相反,这个过程总是在实现之中,总是充满争议。在这个效果或这个过程得以经历和流通之前,它们都必须经过再谈判和再调整。更为重要的是,那些已被抹去或省略的文本的形式、效果及说服过程,都必须公开而又系统地得以回忆、复原或复述。意义往往会超出文本的字面意义,所指表达的意义往往超过能指表达的意义,这就要求我们说出已说的意义,说出未被说过的意义(Foucault,1973:xvi),因此,文本的效果、文本超出的意义及缺失的意义(也即有争议的意义、被遮蔽的意义、被排除的意义以及被抹去的意义)都需要呈现出来,这就给我们提出了两个要求:其一,我们应该反复阅读那些文本中修辞或诠释关注目标尚未得到识别的地方,在这些地方,只有未经确认的痕迹或缺失可以提供佐证;其二,我们应该揭开造成意义缺失或不可见的背后原因以及条件。如果我们做不到这两点要求,那么我们对修辞行为和权力知识关系的理解就会打折扣。有些信仰和实践的存在被认为是重要的,而另一些信仰和实践则在某个特定历史时期被边缘化了,声音遭到了压制甚或完全被遗忘。二者之间动态的和相互包容的关系被模糊到了很严重的地步,以致那些在场的信仰和实践或效用事实被认为是向来都没有争议点的,或者不会轻易受到话语不一致性及关系破裂的影响。因此,随着比较修辞学将重点转向效用事实或文本效果,它必须面对被抹杀和删除的个案,复原那些被埋葬、被剥夺资格及被排除在秩序之外的修辞知识。简而言之,比较修辞学必须竭尽全力寻求第三种类型或用法,也即我们所说的非效用事实。所谓非效用事实,是指通过如下提问而获得的事实:对于研究中的文化,使用者不在做什么事情?以及为何不做?造成他们默不吭声或不作为的原因是什么,是极端的情感或激情,是直接的地域语境,还是对效用事实起到滋润作用的宏观社会文化语境?他们在做的事情有没有可能代表非常重要的在场的事情而不只是在场的事情?他们没有在做的事情,有没有可能是我们由于理论上的盲点而看不到,或是我们承继下来的"强烈情感"所致?使用者对哪些问题表示关切?哪些答案在他们看来是问题的正确答案?

对于比较修辞学而言,转向和动用非效用事实,其确切含义是什么?这个转向意味着比较修辞学放弃了学科内在的二元对立思想,在这个二元对立思维模式中,非效用事实与效用事实构成一种对立关系,非效用事实是有害的或不可接受的。假如非效用事实和效用事实都源自于社会、文化及语言规范的力量，又使社会、文化及语言规范的力量持久存在，那么这样看来，非效用事实就不应该是效用事实的对立面或阴暗面。那么，效用事实就不应该被认为是自然而然的，是没有争议的，或被认为是空穴来风。实际上，非效用事实体现或隐藏着导致自我边缘化及为效用事实所摆布的条件。换言之，不管是效用事实，还是非效用事实，都是相互包容的，代表修辞现实的阴、阳两面。阴和阳是中国哲学、自然科学及修辞学史上两个重要的概念。我们将效用事实和非效用事实与阴和阳形成一组搭配，目的有两个：其一，在于进一步强调效用事实和非效用事实在运行中相互依存和渗透的机制；其二，不管是与欧美修辞本身互动，还是与非欧美修辞进行互动，这个相互依存和渗透的机制都必须得到认可和尊重。在一个地方是阳，而在另一个地方则是阴。反之亦然。阴阳相对，任何一方都不可独立于另一方而存在。同理，欧美修辞传统中的非效用事实或潜在的存在，在另一个修辞传统里可能是效用事实或显白的存在，反之亦然。任何一方都不可能独立于另一方而存在。强调二者之间相互依存的关系不仅可以为二元对立的逻辑提供一个有说服力的替代品，而且在弥合效用事实和非效用事实之间的鸿沟方面往前迈进了一大步，代表造成二者之间鸿沟的条件已受到挑战和得以重组。无独有偶，对这个效用事实和非效用事实的互相依存关系的再确认，相当于打通了"是什么"与"不是什么"或存在与缺失之间的任督二脉。

　　进一步说，比较修辞学的侧重点转向非效用事实，并非意味着简简单单地将现有的效用事实高于非效用事实这个等级思想翻转过来，正如有人可能会尝试这么做，使得昨天的非效用事实高于今天的效用事实。实际上，这样一种时来运转虽然要么是出于好意，要么是完全有充分的理由这么做，但它依然弥漫着学科内里中二元对立的思想，也因为这个的原因，它不认可为效用事实和非效用事实提供观念基础的阴阳机制，或不认可效用事实与非效用事实之间所形成的在差异中求共存的做法。相反，我们呼吁比较修辞学转向非效用事实，是为了揭露效用事实和非效用事实其实都是一种话语建构，效用事实和非效用事实是相对的，是为了质询或改变给予非效用事实和效用事实以意义和合法性的条件。此外，采用非效用事实这个说法意味着将第三条路径带入比较修辞学的对话；这样一来，一方面使效用事实与非效用事实之间的鸿沟有效弥合了，另一方面又使效用事实和非效用事实与本质事实之间的隔阂消除了。因此，无论是效用事实或非效用事实，还是本质事实，其中一种事实相对于另外两种事实所获得的特权地位是站不住脚的和不相关的。现在，在比较修辞学转向非效用事实之后，二者之间动态和相互依存的关系包含非效用事实在内。在这个转向过程中，我们可以更好地识别和激活那些声音被压制、被移位或被完全遗忘的理性，这是我们更完整地理解发生在一切言语语境中的修辞行为的前提。

　　假若我们以上论述是站得住脚的，那么比较修辞学的研究对象就不应该是本质事实。因为本质事实所要追问的是，在文化研究中"什么是修辞"这个问题。相反，比较修辞学的研究对象应该是效用事实和非效用事实。这样的话语实践所致力于追问的是如下一系列问题，如："说话者的修辞目的是什么？""说话者进行象征和生产意义的话语实践的目的何在？""说话者的修辞策略是什么？""在特定文化中，有哪些行为是说话者不做的？何以如此？""他们没有在做的事情，有没有可能是我们由于理论上的盲点而看不到，或是我们承继下来的强烈情感所致？"等。对这些问题的回答，不仅使人们获得启发、明白效用事实和非效用事实是怎么使用的，为什么人们以这样的方式使用效用事实和非效用事实，也为人们进行话语干预和改造提供了一个崭新的空间。如前所述，我们再次强调，将非效用事实这个说法带入比较修辞学研究视野，其目的在于非效用事实这个说法为比较修辞学研究开辟了第三条路径，但这不是要翻转学科概念的等级，也不是要倒转砝码，以便效用事实和非效用事实可以挪地盘，这样一来，二元对立逻辑和本质主义偏见可以继续大行其道。相反，比较修辞学的非效用事实这个概念召唤我们进入一个第三空间，它是一个主体间存在（interbeing），在这里人们可以就没有时间维度的关系和新的替代品也即非效用事实公开地给予考虑，并就其多种研究形式进行热烈讨论。譬如，我们可以停下来追问，何谓非效用事实？我们可以开始询问，用"非效用事实这个概念来思考"有什么益处（Lévi-strauss, 1964：89）？又如，非效用事实这个概念是否可以创造"公开的条件来迎接新的事物和新的研究形态"（Sauss, 2003：23）？非效用事实是否能够提供备用方案以解决二元对立逻辑所产生的问题？或者，非效用事实是否有助于推陈出新，扩大我们对历史性、特定性及不一致性的学术生态的信念？

作为比较修辞学的研究对象，或者就此而言，作为其他任何一种比较研究，效用事实和非效用事实实际上可以用一个更为简洁的说法来阐述，那便是话语事件。从事件这个角度来说，较之考究事物（当然是具有历史性、独特性及不一致性的事物）本身是什么样子的，效用事实和非效用事实所追问的是：各个事物之间在特定时间和特定场域中是什么关系？超越于时间和场合它们之间又是什么关系？它们的文本意义及象征意义与"一个为大家所接受的叙事"的关系，不再"要么是佐证，要么是颠覆"的关系，这个叙事含有"开头、中间及结尾，从时间顺序来看，所有叙事环节合乎时间的逻辑"（Ballif, 2014：243）。相反，这取决于这些事件是否及如何"发酵"，产生和改变了理性，这些理性违背了线性时间性，是在社会、政治、历史的无用及有用场合中得到体现的。简而言之，它们的文本意义及象征意义取决于人们生产这些意义是否为了为阴阳的修辞现实提供例证。

我们从话语事件这个角度来消除效用事实和非效用事实之间的等级差异这个做法，与Michelle Ballif（2014）近来一个提议具有异曲同工之处，Ballif呼吁人们挑战"规范历史想象"。在"规范历史想象"下，"不管一般会发生什么，已经发生了什么以及将会发生什么，一切都呈现线性发展态势，都是对过去发生了什么，正在发生什么以及将会发生什么的历时性延续"。显然，Ballif 受到德里达相关论述的影响，在她看来，事件是"无法化约为一个时间化事件或一个时间点的"，事件需要史学家"对规范性历史叙事发起挑战，强调事件之为事件的偶发性"。我们侧重于研究事件之间的相互依存性、理性以及偶发性，这代表修辞学史书写的具体的一个步骤，或这代表比较修辞学研究往前迈进一步，推动比较修辞学研究超越传统的线性时间概念，超越关于定义性界限的基于本质主义和规范的认定。

四、重读罗伯特·奥利弗：洞见、不一致性及原动力

作为一个学科，比较修辞学在过去几十年里取得了长足的发展。比较修辞学者吕行最近发表了一篇文章，题为"21 世纪比较修辞学的任务与方法"。在这篇文章中，吕行呼吁比较修辞学者中致力于修辞与写作研究的从业人员将四个主要研究领域确定为学科的义务。这四个主要研究领域是：推进不同文化的修辞学文本的研究，尤其是那些在历史上受到压制，被边缘化及被刻板化的文本；吸收本地独具文化特色的表述，扩大接触区和修辞语汇；比较研究不应局限于"古希腊与其他文化"，而应扩及所有群体和文化之间；运用比较修辞学来处理全球共同体面临的真正问题（Lu，2015：267-268）。这四个研究领域也可以用我们前述的话语来讲，即发掘或阐述先前未曾阐述的（非效用事实）；发展顺从语言，摈弃任何外在的原则或无所不包的语境观，顺从当地表述及混合的分析框架；聚焦话语事件及其偶发性。

上述这些关于比较修辞学未来走向的表述或四个研究领域，是个值得参考回顾的参照点。Oliver 于 1971 年出版的《古代印度与中国的交流与文化》是比较修辞学研究特别是印度与中国修辞研究的开山之作。重读这部经典之作，我们想找出 Oliver 提出的洞见以及论述的不足之处，并以此作为比较修辞学现在与未来可资借鉴的原动力或教训。

早在 20 世纪 50 年代初，Oliver 就敦促我们研究亚洲修辞，以便开阔修辞研究的视野。长期以来，修辞研究一直是以亚里士多德修辞思想研究及欧美修辞传统为主的。Oliver 的比较修辞研究始于 20 世纪 50 年代（1954，1956），贯穿 20 世纪 60 年代（1961，1969），这些研究最终汇聚于《古代印度与中国的交流与文化》一书，此书是印度与中国修辞传统研究的奠基之作。

Oliver 大作长盛不衰，在今天依然有参考价值，主要是因为 Oliver 研究印度与中国修辞的方法值得借鉴。在其大作中，Oliver（1971）开门见山地指出，其目标是以中国和印度的术语来研究古代中国和印度的修辞理论和实践，而不是以西方的术语来研究。每一种文化都有独一无二的价值体系，并都受其影响。因此，任何试图从外部研究其文化的人，都必须小心翼翼。Oliver（1971：3）认为，做不到这一点，就相当于"以尺子来丈量海水"。Oliver（1971）决定不将柏拉图亚里士多德修辞观念强加于印度和中国修辞传统，因为催生柏拉图亚里士多德修辞学诞生的条件在古代印度和中国是不存在的。他也不打算透过西方的透镜来

判断显而易见的东西方差异,取而代之的应该是发现这些修辞确实代表了哪一种可能性的欲望。譬如,在西方自古希腊以来,修辞一直被理解是一种独立的、专门的知识;而在古代印度和中国,修辞不是一种独立的研究,而是整体世界观不可或缺的一部分。这个差异虽然很容易让人铤而走险,但它并未导致 Oliver 认为古代印度和中国没有修辞。相反,这个差异仅仅是使一个事实得到了确认:在东方,修辞对于其他人类知识是极其重要的,被认为是一般化哲学思考的不可或缺的一部分(Oliver,1971:10、260)。因此,比较修辞学的终极目标,"不是发现东方的修辞,而是找到一个办法来识别和表述东方修辞,这既可以让西方人理解东方修辞,又不至于使东方修辞失去其整体特征"(Oliver,1971:11)。因此,早在1971年,Oliver 就明白有必要寻找和诉诸当地或本土的修辞术语或非效用事实来对东方的修辞实践进行表述。可以说,这是对非欧美修辞实践和理论进行表述的一个重要时刻。从某种意义上说,Oliver 大作预言了一个未来,在这里更多的接触区被打开,广受欢迎,人们提出了更多的具有文化特性的术语和范式。

但是,需要追问的是,Oliver 是否兑现了他开篇所承诺之事?他是否克服了那个缺陷范式?在这个范式中,希腊罗马和/或欧美修辞范式被用来对非欧美修辞进行评估,然后指出非欧美修辞达不到欧美修辞的要求或者结果更糟?在 Oliver 大作末了,他是否做到了不以西方人的透镜来观察古代印度和中国的修辞?他是否根据自己从经验中获得的理论和范式来解读中国修辞?他是否依然认为古代印度和中国的修辞是个十分重要的研究对象?

然而,不幸的是,Oliver 做不到以东方的修辞术语来评判东方的修辞。我们所憧憬的那个未来,依然是遥遥无期。例如,Oliver 虽然试图从东方的修辞术语来表述古代印度和中国的修辞实践,但他所赖以表述的源文本最后被证明是不可靠的。不可避免地,他所得出的结论要么流于笼统概括,要么都是些刻板印象。如在该书第六章《中国的修辞语境》中,Oliver 仅用第二手资料就讨论"言说"在中国古代的传统运用特征,当然他的讨论也涉及了其他特征。他发现在中国古代,人们言说的主要指导性原则是礼节,具体体现于五种基本的关系之中——君臣之间、父子之间、夫妻之间、兄弟之间以及朋友之间(Oliver,1971:92)。人们通过维护这些关系,以创造社会和谐的氛围,但也付出了个性受到压制的代价(Oliver,1971:91-92)。Oliver 所依据的文本是《中庸》,该书是中国古代论述礼仪和礼节的专著,相传为孔子贤孙所撰。毫无疑问,《中庸》作为中国古代论述人生修养境界的一部著作,其重要性不言而喻,但若仅凭此书的只言片语就断定礼是中国古代言说的指导性原则,则未免言过其实。若如此,隶属"五经"之列的《礼记》和《诗经》该摆放在什么位置?在《礼记》和《诗经》中,有大量关于礼仪和礼节的论述,对先秦时期中国人的言行举止规范影响甚巨。还有《论语》这部儒家经典之作,书中含有大量孔子关于礼的论述,孔子论说为人者如何通过遵循礼仪礼节来实现内心的道德修养。这又该作何解释?除非这些著述都被纳入考量，除非人们充分利用中国古代关于礼的多种多样论述，否则，任何关于礼的意义的讨论，或就此而言，任何关于中国古代修辞活动的讨论，无论在论述的广度还是在深度方面都是极其欠缺的。

如前所述，比较修辞学未来的核心问题是扩大我们的接触区，发掘各种文化中的修辞文本，或使其重见天日。这些文本在过去都是声音被压制、被边缘化或被完全遗忘的（即非效用事实）。Oliver 在书中引用了耶稣会会士讲述的传教故事，这是否可以当作比较修辞学未来的开端？或许不可以。在解释中国古代的人们何以对言说如此谨小慎微这个现象时，Oliver 转引了法国传教士 Du Halde 的看法。Du Halde 著述颇丰，其关于中国的论述很大程度上成了 18 世纪欧洲人对亚洲的看法（Oliver, 1971：94）。Oliver 的努力注定是徒劳的，因为 Du Halde 本人根本就没有涉足中国，其关于中国的叙说主要是参考了其他耶稣会会士的相关报道。因此，Oliver 关于中国的叙说非第一手资料，中间至少转了两手。因此，这样的研究所得出的结论，是非常可疑和值得怀疑的。

Du Halde 有过这样一个观察，他认为中国古人热衷于诵读前人言说，擅长模仿雄辩滔滔的表达，言辞之雄辩滔滔，主要体现在语言风格上，必须简洁而又神秘（Oliver, 1971：96）。Oliver（1971：96）据此得出结论，认为"中国古人特别喜欢墨守成规""什么是惯常做法，他们就遵循什么"。这个结论具有本质主义的化约陷阱，致使一个看法在西方不胫而走，久盛不衰，这个看法是，中国古人谦逊有余，创新不足，只会鹦鹉学舌，模仿前人说辞。Oliver（1971：259、10、126）进而指出，中国古人对逻辑不感兴趣，既不喜欢给事物下定义，也不喜欢将其分门别类，因为"在中国古代，直觉判断被认为是获致真理的不二法门"。

至少可以说，此种论述有着很大的缺陷。

其一，它落入了二元对立的陷阱，在此种论调下，欧美逻辑与中国直觉形同水火。类似这样的论说无论对欧美修辞传统，还是中国修辞传统，可以说是成事不足，败事有余。在这个例子中，我们首先需要注意的是：在欧美修辞传统或中国修辞传统中，逻辑与直觉中哪一个是显白的存在，哪一个是潜在的存在；它们的形式各是什么，功能各是什么，最后，我们还需要确定其原因是什么。对于 Oliver 来说，他在当时所面临的任务以及对于我们来说，当下及未来所面临的任务，不是将一个修辞传统与另一个修辞传统对立起来，据此证明二者有着极大的差异，而是想方设法促使一个修辞传统与另一个传统展开对话，这个对话必须既在同一个传统内展开，又在两个传统之间展开。换言之，无论是当年摆在 Oliver 面前的任务，还是当下及未来摆在我们面前的任务，都是要说清楚、道明白逻辑用法与直觉用法是什么关系，目的在于发掘它们置身其中的理性域（loci of rationalities），视其为话语事件。实际上，我们想要说明的是，比较修辞学要想持久地维护其学科地位，比较修辞学学者就必须把理性域视为学科安身立命的存在理由。

其二，不管什么人，只要对中国古代文人墨客的言行举止稍微熟悉一些，都很可能得出一个不同凡响的看法。理由很简单，中国古籍文本中有着大量下定义、做类比及进行演绎推理的例证。的确，这些例证充分说明，中国古代文人较之古希腊罗马文人，完全配得上逻辑大师的称谓，其逻辑造诣可谓有过之而无不及。譬如，以墨家为例，特别是墨子到了晚年十分热衷于挖掘知识的源头，构建理性的论辩体系以及形成必要的标准以用于进行归纳和演绎推理（Lu，1998：208－222；Graham，1978）。有学者指出，墨家诸子偏爱使用链式推理（chain-reasoning），其形式为"因为……所以"或"虽然……但是"，以此来进行归纳推理（Kirkpatrick，1995）。

与此相似，如果我们将目光转投向当下，正如刘璐在《当下中国修辞与写作语境中逻辑之管窥》一文中所言，一个相同的结果呼之欲出。在刘璐看来，与一个中国人写作不讲逻辑的常规见解相反，当代中国的写作实践中，实际上形式逻辑与辩证逻辑并行不悖。由于在中国的思想史中辩证思维所受到的重视，辩证思维作为马克思意识形态的一部分，于20世纪初首次被引进中国之际，中国人就对辩证逻辑表示了欢迎，中国人之所以喜欢辩证逻辑，是因为它有利于解决复杂的问题（Liu，2009：W104）。我们再一次强调，在当代中国，逻辑是得到发展和广泛运用的，中国人比较喜欢用逻辑指代辩证逻辑，要是我们看不到这一点，那就意味着我们采取了一种圆凿方枘的做法，致使欧美逻辑（即形式逻辑或本质事实）与中国式逻辑（辩证逻辑或非效用事实）形成对立，使后者处于与实际情况不符的境地。当然，一个被证实的情况是，逻辑在中国经历了一个改造、利用及再发明的过程。如果有人据此认为中国式逻辑（非效用事实）与欧美逻辑（本质事实）分属不同的范畴，那么这就大错特错了（Liu，1995：25－29）。现在，我们回过头来看欧美修辞辩证逻辑，在欧美相当长的一段时间内，修辞辩证逻辑是受压制的，可能只是一种潜在的存在，或者更为糟糕的是，修辞只是被视为非效用事实，其作用在于平衡和协调不同的观点，辩证被理解为是发现真理的方法。

在本文开头，我们试图将比较修辞学界定为一种实践和方法。这么做的目的有两个：首先，与非欧美修辞传统及实践进行对话，或为它们发声，这是一件令人焦虑不安的事情；其次，同样令人焦虑不安的还有另一个事情，是与我们欧美修辞传统及实践本身进行对话，为它们发声。我们的主要目标是要终结效用事实的经典或至高地位，是要大声说出效用事实和非效用事实，使之受到学界的重视，这样一来，我们就可以带着一种态度促进对话主义，使论述更为厚实，也可以更好地意识到我们所提出的观点会产生什么样的效果。

当然，期望Oliver（在他那个时代）所进行的比较修辞学研究按照我们（今天）这个路径来进行，假如这在时间上没有落伍，那显然也是不现实的。话虽如此，但我们对这个历史鸿沟进行一番审视和反思，是有启发意义的。Oliver 的比较研究来龙去脉是什么？其原因又是什么？当我们思考比较修辞学研究怎么样做才有一个更加美好的未来时，我们可以从这些比较研究中汲取什么教训？例如，在 Oliver（1971：137）关于孔子修辞思想所做的论述中，他认为孔子主张提出想法或阐述立场时应遵循守旧和传统的原则，而不提倡抛出个人的见解。其论据是孔子《论语·述而篇》第一章语句："述而不作，信而好古，窃比我于老彭。"（Ames & Rosemont，1998：24）但是，如果我们将这句话置于《论语》全文语境来看，以及孔子关于自我的论述来看，孔子认为一个人的过去和将来都是一个人社会化进程中不可或缺的一部分，那么 Oliver 所引《论语》语句就不能作为佐证，证明孔子如据称那样反对个人表达思想，在语言上推陈出新。从这个（新）语境来看，孔子《论语·述而》篇第一章语句实际上可以看作为孔子毕生努力的一部分，孔子毕生致力于推陈出新，述中有作。这是孔子自我修养和自我实现的整体的一部分。事实上，孔子并未将继承传统与推陈出新对立起来。孔子既强调继承传统的重要性，又强调开拓创新的重要性："子曰：我非生而知之者，好古，敏以求之者也。"（《论语·述而》篇第十九章；Ames & Rosemont，1998：25）

由于论述不够扎实以及未能从顺应语言这个角度来进行比较研究，Oliver 在其大作中所做论述存在一个明显的缺陷：多处结论沦为笼统概括，难以自圆其说。最明显的失误见诸大作最后一章，在本章中，Oliver 基于其对印度古代修辞和中国古代修辞的研究，开始大谈特谈亚洲修辞实践。特别是他为亚洲修辞实践总结出九个"要点"或界定性特征。在全书中，Oliver 勾勒了其所理解的印度修辞传统和中国修辞传统，并分别将其与印度文化和中国文化勾连起来。但是，不管 Oliver 在大作最后一章得出什么结论或"要点"，它们充其量只适用于印度和中国修辞实践。他认为印度和中国修辞实践可以代表整个亚洲的修辞实践，而且确实是这么说的，这实在是把印度和中国修辞无限放大了。不论印度和中国的修辞实践在历史上产生了多大的影响，任何人都不可以据此认为亚洲其他国家就没有属于自己的本土修辞实践，或者认为印度和中国的修辞实践是亚洲其他地方的修辞实践的唯一源头。若持有这样一个看法，那是不符合事实的。此外，就印度或中国的修辞传统而言，其内部也有不同的修辞理论和流派，不可一概而论。这些在印度或中国的修辞传统内部的不同理论和流派，虽然可能不如佛教或儒家思想那样是显白的存在，它们却可以再次给我们提个醒：任何基于本土文化的修辞必须都是异质性和多维的。

综上所述，Oliver 在其大作中失误不少。另外，美好的设想不一定有美好的结果。那么，我们可以从中汲取什么教训呢？尽管 Oliver（1971：261）在开篇中信誓旦旦地表示要"以亚洲本土的术语"来言说印度和中国的修辞传统，而实际上却根本做不到这一点，其论述依然在不知不觉中表现出对于欧美修辞术语和规范的执着和忠心耿耿。譬如，他所总结的九个"要点"的前两个："中国修辞实践的主要功能是促进社会的和谐，而不是使言说者个人或其受众个体获益",中国修辞实践强调"坚持读者所喜闻乐见的表述类型的价值……,但不鼓励言说者采用独具个人风格和方法的表达",与此同时,中国修辞实践"不鼓励创新"(Oliver, 1971:261-262)。字里行间所流露出的,与其说 Oliver 是在用亚洲本土的术语来表述亚洲修辞实践,毋宁说是用欧美修辞术语来言说印度古代和中国古代修辞实践。

显然,以欧美的修辞术语来表述非欧美的修辞实践及理论这个做法,是 Oliver 大作中论述缺陷的始作俑者。具体而言,这个做法首先致力于在非欧美修辞实践中发现本质事实,其次以主流修辞传统的术语和规范加以衡量,最后在对非欧美修辞实践所做的表述中,非欧美修辞实践的本土术语要么被忽略,要么声音完全被压制。对于当下修辞与写作从业人员来说,这里有一个教训值得汲取,有一个挑战需要面对:在我们与非欧美修辞实践及传统对话并为其发声时,我们需要付出怎样的努力才可以避免以欧美修辞术语来表述非欧美修辞这个倾向?随着我们的思考超越传统的范畴、二元对立思维及固有偏见,在我们想象迄今看不见、摸不着的非欧美修辞实践有可能被看见和被接触到时,我们要怎么做才可以承认和应对我们的局限性?或者我们要怎么做才可能承认和应对 Jones J. Royster 所谓的"裙带关系"呢?

五、结语

在本文开头,我们说过,想为 21 世纪的比较修辞学研究确立一个新辞屏。我们想要构筑一种叙事,可以重新标定本质事实、效用事实及非效用事实,为对话、深刻的论述、想象或再想象打开一片新空间。与此同时,写这篇文章,我们也想呼吁大家注意三个长期存在的紧张关系,这三种关系都是我们这些处于当下全球接触区的比较修辞研究者所必须面对的:首先,关于比较修辞研究的设想与实际研究的结果之间存在着紧张关系;其次,比较修辞研究所得出的结论或观点的广度和确定性与支持该结论或观点的证据之间存在紧张关系;再次,比较研究个案所取得的成果,与我们这个领域将会发生什么之间有着张力(在吕行所说的比较修辞研究的未来得到确认之前)(Lu, 2015)。还有最后一点:一方面,我们已有关于全球其他修辞传统及实践的认知,在此基础上我们将如何与这些全球其他修辞传统及实践进行对话以及为它们发声;另一方面,为了开始了解这些全球其他修辞传统及实践,形成与它们进行对话的特定方式,我们为它们发声。在这两个方面之间也存在着棘手的紧张关系,假如这种紧张关系不是永久的。

为了弥补这个差距,我们不仅应该继续拒绝二元对立思维、固有偏见及传统界限,我们还必须形成新的创造性的方法。这些方法与其说是为了促进社会个体之间和谐共处,毋宁说是为构筑叙事的表述域(loci of enunciation)提供使能条件。这些叙事致力于为一个相互竞争的话语场的集合寻求历史性、特性及不一致性的表述。因此,我们号召所有比较修辞学从业者向着这个目标迈进，这个目标是 21 世纪比较修辞研究的核心问题。

参考文献

Confucius 1998 *The Analects of Confucius: A Philosophical Translation*. Trans. Roger T. Ames and Henry Rosemont Jr. New York: Ballantine Books.

Atkinson, Dwight 2004 Contrasting rhetoric/contrasting cultures: why contrastive rhetoric needs a better conceptualization of culture. *Journal of English for Academic Purposes*, 3 (3), 277 – 290.

Austin, J. L. 1962 *How to Do Things with Words*. 2nd ed. Eds. J. O. Urmson and Marina Sbisa. Cambridge and London: Harvard University Press.

Ballif, Michelle 2014 Writing the event: the impossible possibility for historiography. *Rhetoric Review Quarterly*, 44 (3), 243 – 255.

Bratta, Phil & Powell, Malea 2016 Introduction to the special issue: entering the cultural rhetorics conversations. *Enculturation: A Journal of Rhetoric, Writing, and Culture*. Issue 21 (April 20, 2016) http://enculturation.net/entering-the-cultural-rhetorics-conversations.

Butler, Judith 1997 *Excitable Speech: A Politics of the Performative*. London and New York: Routledge.

Comaroff, John & Comaroff, Jean 1992 *Ethnography and the Historical Imagination*. Boulder: Westview Press.

Connor, Ulla 2011 *Intercultural Rhetoric in the Classroom*. Ann Arbor: University of Michigan Press.

Connor, Ulla 2004 Introduction. *Journal of English for Academic Purposes*, Vol. 3, 271 – 276.

Connor, Ulla 2008 Mapping multidimensional aspects of research: reaching to intercultural rhetoric. *Contrastive Rhetoric: Reaching to Intercultural Rhetoric*. Eds. Ulla Connor, Ed Nagelhout, and William V. Rozycki. Amsterdam: John Benjamins: pp. 299 – 316.

Connor, Ulla 2002 New directions in contrastive rhetoric. *TESOL Quarterly*, 36, 493 – 510.

Foucault, Michel 1973 *The Birth of the Clinic: An Archaeology of Medical Perception*. Trans. A. M. Sheridan Smith. New York: Pantheon.

Friedman, Susan Stanford 2011 Why not compare? *PMLA*, 126, 753 – 762.

Garrett, Mary 1999 Some elementary methodological reflections on the study of the Chinese rhetorical tradition. *International and Intercultural Communication Annual*, 22, 53 – 63.

Geertz, Clifford 1973 *The Interpretation of Culture: Selected Essays*. New York: Basic Books.

Gilyard, Keith & Victor E. Taylor 2009 *Conversations in Cultural Rhetoric and Composition Studies*. Aurora: The Davies Group.

Graham, Angus Charles 1978 *Later Mohist Logic, Ethics and Science*. The Chinese University Press.

Hall, David L & Roger T. Ames 1995 *Anticipating China: Thinking through the Narratives of Chinese and Western Culture*. Albany: State University of New York Press.

Hayot, Eric 2014 Vanishing horizons: problems in the comparison of China and the west. In *A Companion to*

Comparative Literature. Eds. AliBehdad and Dominic Thomas. Malden and Oxford: Wiley – Blackwell: pp. 88 – 107.

Hinds, John 1990 Inductive, deductive, quasi – inductive: expository writing in Japanese, Korean, Chinese, and Thai. In *Coherence in Writing*. Eds. by Ulla Connor and Ann Johns. Alexandria: TESOL: pp. 87 – 101.

Lao Tzu 2003 *Dao De Jing* ("Making This Life Significant"): *A Philosophical Translation*. Trans. Roger T. Ames & David L. Hall. New York: Ballantine Books.

Kaplan, Robert 2005 Contrastive rhetoric. In *Handbook of Research in Second Language Teaching and Learning*. Ed. EliHinkel. Mahwah: Lawrence Erlbaum: pp. 375 – 391.

Kaplan, Robert 1966 Cultural thought patterns in inter – cultural education. *Language Learning*, 16, 1 – 20.

Kaplan, Robert 1987 Cultural thought patterns revisited. In *Writing across Languages: Analysis of L2 Text*. Eds. Robert Kaplan and Ulla Connor. Reading, MA: Addison – Wesley: pp. 9 – 22.

Kaplan, Robert 2001 Forward: what in the world is contrastive rhetoric? *Contrastive Rhetoric Revisited and Redefined*. Ed. Clayaan Gilliam Panetta. Mahwah: Lawrence Erlbaum Associates: pp. vii – xx.

Kennedy, George A. 1998 *Comparative Rhetoric: An Historical and Cross – cultural Introduction*. Oxford and New York: Oxford University Press.

Kirkpatrick, Andy 1995 Chinese rhetoric: methods of argument. *Multilingua*, 14 (3), 271 – 295.

Legge, James 1971 Prolegomena. In *Confucius: Confucian Analects, the great Learning and the doctrine of the Mean*. Trans. James Legge. New York: Dover Pub.: pp. 1 – 136.

Lévi – Strauss, Claude 1964 *Totemism*. Trans. Rodney Needham. Decatur: Merlin Press.

Li, Xiao – ming 2008 From contrastive rhetoric to intercultural rhetoric: a search for collective identity. In *Contrastive Rhetoric: Reaching to Intercultural Rhetoric*. Eds. Ulla Connor, Ed Nagelhout, and William V. Rozycki. Amsterdam: John Benjamins: pp. 11 – 24.

Lipson, Carol S. 2009 Introduction. In *Ancient Non – Greek Rhetorics*. Eds. Carol S. Lipson and Roberta A. Binkley. Anderson: Parlor Press: pp. 3 – 35.

Liu, Lu 2009 Luoji (Logic) in Contemporary Chinese rhetoric and composition: a contextualized glimpse, "symposium on east – west comparative rhetoric studies." *College Composition and Communication*, June, W32 – W121.

Liu, Lydia H. 1995 *Translingual Practice: Literature, National Culture, and Translated Modernity—China, 1900 – 1937*. Stanford: Stanford UP.

Lloyd, G. E. R. 1996 *Adversaries and Authorities: Investigations into Ancient Greek and Chinese Science*. Cambridge and New York: Cambridge UP.

Lu, Xing 2015 Comparative rhetoric: contemplating on tasks and methodologies in the twenty – first century. *Rhetoric Review*, 34 (3), 266 – 269.

Lu, Xing 1998 *Rhetoric in Ancient China*, Fifth to Third Century B. C. E.: *A Comparison with Classical Greek Rhetoric*. Columbia: University of South Carolina Press.

Lu, Xing 2006 Studies and development of comparative rhetoric in the U. S. A: Chinese and western rhetoric in focus. *China Media Research*, 2 (2), 112 – 116.

Lyon, Arabella 2013 *Deliberative Acts: Democracy, Rhetoric, and Rights.* University Park: The Pennsylvania State UP.

Lyon, Arabella 2015 Tricky words: "rhetoric" and "composition". *Rhetoric Review*, 34 (3), 243 – 246.

Mailloux, Steven 2006 *Disciplinary Identities: Rhetorical Paths of English, Speech, and Composition.* New York: MLA.

Mailloux, Steven 1998 *Reception Histories: Rhetoric, Pragmatism, and American Cultural Studies.* Ithaca: Cornell UP.

Mao, Luming 2003 Reflective encounters: illustrating comparative rhetoric. *Style*, 37 (4), 401 – 425.

Mao, Luming 2014 Thinking beyond aristotle: the turn to how in comparative rhetoric. *PMLA*, 129 (3), 448 – 455.

Mao, Luming & Bo, Wang. 2015 Bring the game on. *Rhetoric Review*, 34 (3), 239 – 243.

Mao, Luming, ed. 2015 A symposium: manifesting a future for comparative rhetoric. *Rhetoric Review*, 34 (3), 239 – 274.

Matalene, Carolyn 1985 Contrastive rhetoric: an american writing teacher in China. *College English*, 47, 789 – 808.

Mignolo, Walter D. 2007 Delinking: the rhetoric of modernity, the logic of coloniality and the grammar of de – coloniality. *Cultural Studies*, 21, 449 – 514.

Mignolo, Walter D. 1998 Globalization, civilization processes, and the relocation of languages and culture. In *The Cultures of Globalization.* Eds. Fredric Jameson and Masao Miyoshi. Durham: Duke UP: pp. 32 – 53.

Oliver, Robert T. 1971 *Communication and Culture in Ancient India and China.* New York: Syracuse UP.

Oliver, Robert T. 1961 The rhetorical implications of Taoism. *Quarterly Journal of Speech*, 47, 27 – 35.

Oliver, Robert T. 1969 The rhetorical tradition in China: Confucius and Mencius. *Today's Speech*, 17, 3 – 8.

Oliver, Robert T. 1956 Speech training around the world: an initial inquiry. *The Speech Teacher*, 5, 102 – 108.

Oliver, Robert T. 1954 *Syngman Rhee: The Man behind the Myth.* New York: Dodd.

Powell, Malea, et al. 2014 Our story begins here: constellating cultural rhetorics. *Enculturation: Journal of Rhetoric, Writing, and culture.* Oct 25, 2014, http://enculturation.net/our-story-begins-here.

Radhakrishnan, R. 2009 Why compare? *New Literary History*, 40, 453 – 471.

Royster, Jacqueline Jones 2000 *Traces of a Stream: Literacy and Social Change among African American Women.* Pittsburgh: University of Pittsburgh Press.

Saussy, Haun 2003 Comparative literature? *PMLA*, 118 (2), 336 – 341.

Schiappa, Edward 2003 *Defining Reality: Definitions and the Politics of Meaning.* Carbondale and Edwardsville: Southern Illinois UP.

Severino, Carol 1993 The "doodles" in context: qualifying claims about contrastive rhetoric. *The Writing Center Journal*, 14 (1), 44 – 61.

Simonson, Peter 2014 Rhetoric, culture, things. *Quarterly Journal of Speech*, 100, 105 – 125.

Starosta, William J. 1984 On intercultural rhetoric. *International and Intercultural Communication Annual*: *Methods of Intercultural Communication*, 8, 229 – 238.

Starosta, William J. 1999 On the intersection of rhetoric and intercultural communication. *International and Intercultural Communication Annual*: *Methods of Intercultural Communication*, 22, 149 – 161.

Taylor, Diana 2003 *The Archive and the Repertoire*: *Performing Cultural Memory in the Americas*. Durham: Duke UP.

Xiao, Xiaosui 2002 "The assimilation of western learning": an overlooked area of intercultural communication. In *Chinese Communication Theory and Research*: *Reflections*, *New Frontiers*, *and New Directions*. Eds. Wenshan Jia, Xing Lu, and D. Ray Heisey. Westport: Ablex: pp. 121 – 130.

Xiao, Xiaosui 1995 China encounters darwinism: a case of intercultural rhetoric. *Quarterly Journal of Speech*, 81, 83 – 99.

Xiao, Xiaosui 1996 The hierarchical ren and egalitarianism: a case of cross – cultural rhetorical mediation. *Quarterly Journal of Speech*, 82, 38 – 54.

Zhuangzi 2013 *The Complete Works of Zhuangzi*. Trans. BurtonWatson. New York: Columbia UP.

（原文刊于《当代修辞学》2021 年第 4 期）

义位/自设义位:释义话语风格特征之广义修辞阐释

谭学纯

(福建师范大学文学院,电邮:tanxuechun111@163.com)

提 要:在广义修辞学解释框架中探讨义位/自设义位释义话语风格的区别特征及关联话题:1)在修辞技巧层面描述与解释义位/自设义位释义话语风格;2)在修辞诗学层面解释从义位强制推向自设义位的释义话语作为文本建构修辞路径的可推导性;3)在修辞哲学层面解释义位/自设义位释义话语所体现的认知确定性和不确定性互补及后者的负面效应和适用语境;4)从"表达接受"互动过程解释义位/自设义位释义话语生产与消费;5)释义研究的问题空间和解释空间可挖掘的修辞资源不限于狭义的修辞知识,在修辞学研究视界拓展的学术生态中,问题空间和解释空间具有更灵活更多样的打开方式。

关键词:释义话语风格;广义修辞学;修辞认知;问题空间;解释空间

广义修辞观不倾向仅以言语运用的"修辞技巧"定义"修辞";也不倾向仅以单边的"修辞表达"定义"修辞",为此构建"两个主体"(修辞活动的表达者和接受者)贯穿"三个层面"(修辞技巧、修辞诗学、修辞哲学)的理论框架。本文以义位和自设义位释义话语风格为观察点,观察广义修辞学解释框架及其延展解释空间的可能性。

一、修辞技巧层面的解释:义位/自设义位释义话语风格特征

广义修辞学界定的修辞技巧,是以词句段为语言单位的优化形式。释义是以词为研究单位的典型样式之一,"义位"和"自设义位"(谭学纯,2011,2014,2017)释义,依据同一目标词有无词典记录的词义来认定。词典记录的释义话语,基于固定义位的静态词义系统;无词典记录的释义话语,属于释义主体的自定义,面向动态的语用环境,修辞干预空间比较自由。

比较观察下面的释义话语:

(1) **孤单**,是一个人的狂欢;**狂欢**,是一群人的孤单。(《叶子》歌词)
(2) 所谓**门槛**,过去了便是门,过不去就成了槛。(崔希亮2019语例)

"孤单""狂欢""门槛"由词典记录的义位释义分别为：

孤单　①单身无靠，感到寂寞。②（力量）单薄。
狂欢　纵情欢乐①。
门槛　①门框下面挨着地面的横木（也有用石头的）。②比喻进入某范围的标准和条件。③方言中指窍门②。

义位释义话语体现为［+类型化+科学化+客观化+专业化］的风格特征，类型化的解释将关于被释义对象的多种体悟进行高浓度的科学抽象，给出目标词的共享语义空间，过滤释义主体的主观经验，呈现客观化的表达。类型化使义位释义话语便于抽象，科学化地体现某种权力，客观化限制释义权力的情感倾向。从释义话语结构说，义位释义通常凝固为具有范式意味的模块，释义主体按照释义模块进行目标词的意义提炼，释义指向的意义空间，是使用该母语的语言共同体进行信息交换的给定范围。这个给定范围随着释义的完成而封闭，在相当长的时间周期内不会轻易改变。纵或需要对释义做出更契合释义对象的话语调整，解释权通常只属于具有专业知识的释义主体，具体操作不仅对释义原则、释义方法、释义元话语及标注形式等有专业要求；在更微观的释义结构中，诸如释义文本的话语秩序、义征义核提取、别义因子隐显、语义角色有无等，专业门槛都比较高，具有语言学专业背景也不一定就可以胜任符合释义规则的义位释义。

自设义位释义属于溢出目标词固定义位的随机操作，释义话语体现为［-类型化-科学化-客观化-专业化］的风格特征。个性化的解释选择性忽略目标词的共享语义特征，在被释词的语义容器中填入主观经验，强势重建目标词义位之外的意义秩序，或者修辞化地改造义位释义话语。如例（2）拆解"门槛"的义位②，用"过去了"和"过不去"主观化地区隔"门"和"槛"，并且将语素"槛"升级为与"门"同层级的意义承载单位。由于解释权不再专属业内人士，专业释义的科学性缩水，义位释义的科学话语被转换成自设义位释义的世俗话语或诗性话语，不拒绝土味释义，如电视剧《潜伏》中的革命村姑王翠平给出的"恋爱"释义"就是钻玉米地"；也不拒绝花式释义，如例（1）重建"孤单/狂欢"互为属种关系的修辞幻象，孤单的心理空间被释义话语重新建构为一个人的狂欢；狂欢的心理空间被释义话语重新建构为一群人的孤单。以致"孤单/狂欢"意义的可区分度随着"孤单"和"狂欢"的语义角色在修辞秩序中重新聚合而呈现为你中有我、我中有你的胶着情

---

① 《现代汉语词典》第 7 版，商务印书馆 2016 年版，第 464、590、760、1238 页。
② 《现代汉语词典》第 7 版，商务印书馆 2016 年版，第 464、590、760、1238 页。

状：孤单挣脱个体状态，植入群体兴奋；狂欢逃离群体兴奋，植入个体的孤单。孤单和狂欢，个体和群体，交错位移，互相注释，又互相离析；互相解构，又互相重构。自设义位释义不求精准刻画词义，而较多地注入释义主体的价值判断，用于解释部分地为修辞的权利接管的信息通道。针对任意一个目标词的任何一次自定义，都重新给出一个自设义位。由此决定了：单义词义位对应单数，可能裂变为自设义位理论上的复数，且不是同质性复数，而是异质性复数。单义词的自设义位释义既是相对于义位释义的变异，也是自设义位释义自身持续不断的变异，同一词条身份的单义词，不仅存在多元阐释的可能，而且不同的自设义位释义可能互相冲突。同一释义主体，可以在不同的语境条件下重释同一个目标词，可以通过同一个目标词不同的自定义呈现不重复的自己。不同的释义主体，可以从不同方向、不同维度，为同一个目标词重建新的自设义位。它既可以是一（释义主体）对多（释义对象）的话语生产，也可以是多（释义主体）对一（释义对象）的话语生产。

[±类型化　科学化　客观化　专业化]的义位释义话语和自设义位释义话语，对应释义主体的站位、参照坐标和视点，生成"无我/有我"之义。"无我"的释义主体按规定动作，在固定视点，观察和解释可以观察到的对象世界，将"我"从对象世界抽离，提取对象世界本身的意义；"有我"的释义主体以自选动作、自选流动视点，重建和重释不曾观察到的对象世界，释义主体作为有思想、有情感的"我"参与对象世界的意义重建。"我"的参与层次和程度，决定目标词的自设义位释义话语以何种方式重新呈现。以上描述，简如下表：

表1　义位和自设义位释义话语风格特征

释义话语风格	义位	自设义位
类型化	+	-
科学化	+	-
客观化	+	-
专业化	+	-

根据表1，可进一步描述：从释义精度和区分度来说，义位释义话语＞自设义位释义话语；从释义自由度和可分析性来说，义位释义话语＜自设义位释义话语。

重要的不是怎样描述义位/自设义位释义话语风格特征及自设义位释义话语的修辞技巧，而是怎样解释体现不同风格特征的释义话语产生的修辞诗学和修辞哲学效果。

二、修辞诗学层面的解释：义位/自设义位释义话语作为文本建构路径及其跨文体可推导性

如果释义话语不是一次具体的话语生产终端产品，而是一次话语生产过程，或者只是一次话语生产的起点，那么研究非终端操作的释义话语，观察单位是始于并终于目标词，还是在更大结构的话语生产过程中追踪目标词，研究结果不一样，理论资源也不一样。躺在词典释义系统中的静态语言单位，语义从固定义位溢出，在自设义位重新出场，自设义位释义话语成为组织文本叙述能量的结构性修辞元素（谭学纯，2018：4），对此，广义修辞学的解释从修辞技巧延伸到修辞诗学。

《广义修辞学》的"修辞诗学"概念，基于修辞学和诗学的"学科间性"，研究作家的修辞策略如何借助相应的修辞处理，操控文本叙述。我们分析过一类文本建构路径：文本关键词释义背离义位的共享语义空间，从而义位被强制推向自设义位（谭学纯，2011），以意义再生产的个人方式，强制性地重建话语权，以释义自由度兑换叙述新颖度。这种文本建构路径可以就同一文体的同类文本进行推导，也可以进行不同文类的跨文体推导。

（一）散文文本关键词义位-自设义位释义话语作为叙述推动能量

文本关键词可以在义位和自设义位中交叉使用，也可以隐去关键词义位，而用作自设义位的隐性参照。余秋雨《废墟》、汗漫《脚注》（谭学纯，2014），包括以"这也是一种 X"（谭学纯，2011，2012）以及"有一种 X 叫 Y"（吉益民，2011；温锁林，2012）为题的部分文本，不约而同地选择了相类的文本建构路径。

补充分析一篇被认为曾影响了无数人的经典美文——塞缪尔·乌尔曼的《青春》（*Youth*），也译作《年轻》，全文不足400字，可完整引录：

(3) 青春不是年华，而是心境；青春不是桃面、丹唇、柔膝，而是深沉的意志，恢宏的想象，炙热的情感；青春是生命的深泉在涌流。

青春气贯长虹，勇锐盖过怯弱，进取压倒苟安。如此锐气，二十后生而有之，六旬男子则更多见。年岁有加，并非垂老；理想丢弃，方堕暮年。

岁月悠悠，衰微只及肌肤；热忱抛却，颓废必致灵魂。忧烦，惶恐，丧失自信，定使心灵扭曲，意气如灰。

无论年届花甲，抑或二八芳龄，心中皆有生命之欢乐，奇迹之诱惑，孩童般天真久盛不衰。人人心中皆有一台天线，只要你从天上人间接受美好、希望、欢乐、勇气和力量的信号，你就青春永驻，风华常存。

一旦天线倒塌，锐气便被冰雪覆盖，玩世不恭、自暴自弃油然而生，即使年方二

十，实已垂垂老矣；然则只要树起天线，捕捉乐观信号，你就有望在八十高龄告别尘寰时仍觉青春。

"青春"作为标题话语和文本关键词，在义位和自设义位的核心义素可提取为：[＋（人的）年龄－逆向认定]/[－（人的）年龄＋逆向认定]，在义位/自设义位不同的话语频道进行青春动员，话语成本和话后效果不尽相同，叙述空间也不尽相同。如果将文本叙述空间区分为"已用/可用"空间，那么可以认为文本关键词义位释义话语很大程度上折叠了文本叙述的已用空间，而文本新颖度与文本可用的叙述空间正相关。推进目标文本叙述的已用空间基本上被"前文本"（义位释义话语）填充，可用的叙述空间则分为被动空间和主动空间。可用的被动空间也主要是由义位释义话语引导的，作家的修辞策略是在自设义位打开可用的主动空间，强势注入新的"阐释资源"和"评价资源"（蒋庆胜，2019），强制改变文学读写共享的语义秩序：将"青春"的语义特征[＋年龄]重释为[－年龄]，在年龄语义场之外重启青春叙述。《青春》在叙述起始位置就否定了"青春"义位规定的年龄特征、体能特征和体貌特征（通常血气旺盛），将青春角色的外在性转换为内在性，将"青春"的义位释义打包之外的信息碎片重新组织进了目标文本，义位释义话语指向的X，被重释为自设义位的"不是X，而是Y1……n"。通常认定人是否保持"青春"的在场姿态，参照点和观察点都是生理年龄，当参照对象的生理年龄小于所指对象时，"青春"指数不能逆向认定，不能逆向认定八十岁比二十岁在生理上更青春。去除青春的年龄标签之后，"青春"的核心义素从[－逆向认定]被重释为[＋逆向认定]，八十岁"仍觉青春"和二十岁"垂垂老矣"的身份主体，被乌尔曼讯行了反向的修辞组配。"八十高龄告别尘寰时仍觉青春"，变换了认定"青春"的参照系，参照点和观察点由生理表征变换为心灵深处的精神能量。这不是抗衡不可逆的生理年龄，而是不可控的生理年龄和可控的心理年龄讲和。如果保持活力、魄力和创造力，青春的年龄边界也许可以大幅位移，即便面容苍老的人生谢幕，依然可以注册"青春"的灵魂，这是选择修辞路径才能被认可的解释权。

但这并非作家专利，2020年走红网络的杭州二中学生李豪逸的作文《书生》，是这位提前录取的准大学生有感于浙江省高考语文试卷题目，对"有字之书""无字之书""心灵之书"的诠释，实为"书"的释义在义位和自设义位之间的调配和组织。2020年上海中考作文《有一种甜》，也可以认为是考察考生对"甜"的识解的自我赋权。汉语"甜"有不同义位，对应不同义项，分别具有[＋味觉（甜点）][＋讨人喜欢（长相甜美）][＋舒适（睡得很甜）]等语义特征，可以肯定的是，基于"甜"的义位的任何一种语义特征写出的考场作文，叙述空间都被义位释义所框定。事实上，试题之所以不在词语解释，而在分值几十倍于词语解释的作文题中选择"以甜说事"，意图是明显的。不想在"前写作"的构思环节就输掉的考生,不同版本的"出位"之思可能跑赢固定的"义位"之见,以自定义的"甜"推动文本叙述,提升叙述新颖度,是胜出可能性更大的选项,例如用"甜"的反义"苦"来推进《有一种甜》的叙述,在不改变道德评判标准前提下的反向偏离,更利于制造叙述张力和陌生化的接受效果(谭学纯,2011)。虽然考生不一定清楚其间的修辞诗学原理,出卷人和阅卷人对释义话语从义位向自设义位突围的修辞诗学功能也不一定有理论自觉,唯其如此,更有必要对此类文本建构路径进行理论描述。

(二)诗歌文本关键词义位-自设义位释义话语作为叙述推动能量

曾为余光中赢得"乡愁诗人"美誉的《乡愁》,篇名和文本关键词"乡愁"的释义从义位被强制推向可自主操控的自设义位,"乡愁"的[-清晰度-可见性-可触性]被改写为[+清晰度+可见性+可触性],这种主观性很强的乡愁阐释,随审美视点流动而修辞化为诗中"小小的邮票""窄窄的船票""矮矮的坟墓""浅浅的海峡",抽象的"乡愁"投射为具象的审美替代物,平面的"乡愁"在时空延展中被赋予了层次感。义位释义通常呈现的向心性的信息汇聚,重新编码为文本建构过程中离心性的信息发散。《乡愁》的文本新颖度,取决于诗人能在多大程度上摆脱由"乡愁"的义位释义构成的目标文本叙述压力。诗人摆脱叙述压力的修辞处理,是偏离"乡愁"的固定义位,重建自设义位"乡愁"的修辞语义,并按照修辞重建的"乡愁"语义,强制性地重建《乡愁》的叙述结构。《乡愁》的叙述长度,伴随着诗人思乡情绪的反复释放,叙述的延长需要能量推动,但不能完全复制同样的起始点,这是诗语的审美要求。而能量推动和能量消耗是同在的,全诗四个自然节,每一次关于"乡愁"的重新释义,在该节注入修辞能量,也在该节叙述完成的同时消耗了注入的修辞能量。诗人四次重释自设义位的"乡愁",不断为目标文本叙述注入新的修辞能量,在强制性推进的文本叙述中重建《乡愁》的意义秩序。

诗歌的文体特征决定了可以推导的同类文本建构路径,存在更多的可分析样本,因此不用烦琐举证。但是如果比较阅读余光中《乡愁》和臧克家《有的人》,似有一个很有意思的"发现",后者提供了从不同方向观察经典文本成功的修辞和不太成功的修辞例证:

(4)有的人活着/他已经死了;/有的人死了/他还活着。

"活"和"死"的义位释义是[+存现+生命]和[+失去+生命],自设义位释义是[+存现+生命价值]和[+失去+生命价值],"死"作为"活"的价值支点,凸显生物学意义上生命现象的存在与虚无,社会学意义上生命价值的永恒与消亡。自设义位释义话语生成了一句经典诗语,文本新颖度由此提升;而当诗歌文本建构回到关键词的义位释义话语时,虽然也是修辞,如下例,却破坏了诗语的质感,拉近了诗歌和口号的距离:

(5) 有的人/他活着别人就不能活；/有的人/他活着为了多数人更好地活。他活着别人就不能活的人，/他的下场可以看到；/他活着为了多数人更好地活的人，/群众把他抬举得很高，很高。

孙绍振（2006：237）批评这样的诗句为了思想鲜明，牺牲艺术。借用恩格斯的表达："为了席勒而忘掉莎士比亚。"[①]

（三）小说文本关键词义位－自设义位释义话语作为叙述推动能量

不同于散文和诗歌的文本修辞建构通常由作者直接完成，在比散文、诗歌的叙述格局复杂的小说中，推进文本修辞建构的叙述能量可以由作家直接注入，也可以由作家的文本替身叙述人操控，甚或由文本人物参与调度，但本质上都是作家的修辞行为。

肖翠云（2017）分析了刘庆邦小说《哑炮》关键词的修辞语义如何推动文本叙述，以及男主角在性与人性之间的博弈。文中分析"哑炮"的修辞语义，即自设义位。《哑炮》讲述的故事是：矿工江水君爱上了工友宋春来的妻子乔新枝，示爱遭拒后，借助哑炮潜在的爆炸性能，炸死宋春来，娶了宋妻。固定义位的"哑炮"（施工爆破中未炸响但隐藏着爆炸力的炸药）致死宋春来，自设义位指向性欲的"哑炮"和人性的"哑炮"，折磨着江水君。当乔新枝为人妻的时候，指向性欲的"哑炮"不断刺激江水君的性幻想和性骚扰，指向人性的"哑炮"昭示他的道德沦陷和伦理崩塌；而当乔新枝为己妇的时候，指向人性的"哑炮"表明他的伦理忏悔和心灵自责，指向性欲的"哑炮"显示他的性克制和性低能。最终，指向人性的"哑炮"压制指向性欲的"哑炮"，江水君婚后从弱房事到零房事，并在死前说出了固定义位的"哑炮"事件原委，完成精神层面的自我救赎。小说叙述结构和意义秩序可描述为：

表2 "哑炮"义位/自设义位释义话语的修辞诗学后果

	关键词	释义话语的修辞诗学后果
哑炮	固定义位	炸死情敌：性欲上升－人性沉沦
哑炮	自设义位	炸醒自我：性欲下沉－人性复苏

修辞诗学研究，重视语言学理论资源，同时重视文学文本以语言的形式呈现的文学性，因此不满足于单纯的语言学解释和语言学结论（谭学纯，2013）。王蒙小说《坚硬的稀粥》

[①] 恩格斯：《致斐拉萨尔》（1859年5月18日），《马克思恩格斯选集》第4卷（下），人民出版社1972年版，第345页。

篇名"坚硬"和"稀粥"强行组合，既不能改变"稀粥"［－固体－硬度－程度强］的语义特征，也不能改变"坚硬"［＋固体＋硬度＋程度强］的语义特征，"坚硬"和"稀粥"在语法配价中不能共现的语义特征，转向修辞配价进行"超配"。但如果解释和结论到此为止，似不能抵达文本的中心意义：《坚硬的稀粥》叙述两代人的早餐偏好，偏爱西式早餐的年轻人每天牛奶、鸡蛋、三明治，肠胃受不了，最后还是回到中式早餐。"稀粥"超越语法规则的"坚硬"，一直"硬"到文化深层——这是作家希望凸显的，却又是文本表层竭力隐藏的。对此，修辞诗学的解释从语言学分析延伸到语言学之外，但语言学结论之外的文本挖掘在国内主流的语言学研究中似属"他者"地界，这既可以理解为语言学界对学科界限的自觉坚守，也可以理解为"纯语言学"研究对"语言学－文学"交叉地带是否拥有话语权的某种暧昧。鉴于此，也许可以探寻一种源自语言学，又超出语言学的解释模式，这是为什么广义修辞学在"纯语言学"和巴赫金、克里斯蒂娃等主张的"超语言学"之间重建平衡支点的理由。

三、修辞哲学层面的解释：义位/自设义位释义话语及认知的确定性和不确定性

义位和自设义位，释义话语区隔了不同的意义秩序及其思想空间，也体现了认知世界的不同方式。就同一个目标词而言，义位释义框定的意义世界和自设义位释义重建的意义世界，都不是语言活动的目的，而只是通过语言认知世界的一种手段。人们置身其中的世界，是释义话语刻画的世界，但又不限于义位释义话语刻画的样本。自设义位释义主体参与其中的意义世界，相对于义位释义话语解释的意义世界是陌生的，选择基于义位或是自设义位的释义，其实也是选择认知方式。

义位释义是对已有知识的抽象，基于释义对象的必然性，体现对世界必然如此的科学追寻和概念认知的确定性。它在认定世界"是什么"的同时，也认定了世界"不是什么"。义位释义话语建构的意义秩序确保言语交际顺畅的同时，也在相对的意义上管控了思想——基于目标词义位的权威释义指向 X 并为语言共同体共享时，意味着这个词的语义已经沉淀，某个词的释义固化为 X 的意义边界成为思想不能越位的疆界。当认知对象的语义资源及其组配方式别无选择时，思想出新的空间随之收窄。

思想突围往往选择偏离义位释义框定的认知界限，实现弯道超车。一些有冲击力和震撼力的思想，是自设义位释义生产线上的话语产品。与义位释义话语提取目标词语义信息的最大公约数不同，自设义位释义话语提取的公约数，可以是最小的。后者不满足于对已有知识的抽象，基于释义对象的可能性，体现对世界可能如此的美学追寻和修辞认知的不确定性。它在换一种视角认定世界"是什么"的同时，走出了概念认知指向的世界"是什么"的思

维定式，对已知世界在某个未知维度进行重构，在已经认知的意义世界植入未认知的意义，但并不抵制旧有的概念认知，只是以意义再生产的方式，开启意义空间，与义位释义的意义秩序并存。自设义位释义的新颖度和自由度，刺激修辞认知，在增加认知的不确定性的同时，也受到确定性的概念认知框架的规约。通常在自设义位释义话语未沉淀为固定语义的情况下，释义主体会自觉减少对未沉淀的自定义的复制，一旦复制，就偏离了修辞贵在创新的本质。

义位/自设义位释义，既是认知确定性和不确定性的博弈，也是互补。当义位释义话语作为认知中心的时候，自设义位释义话语处于认知边缘。认知博弈推动认知中心/边缘位移，也推动认知确定性/不确定性互补。正是认知确定性和不确定性的博弈与互补，推进了认知升级。但是需要警惕：自设义位时不同释义主体或同一释义主体的话语生产，可能伴有认知的重复错乱，如网络释义的局部乱象；也有可能产生认知误导，如颠覆文化秩序的释义"大学就是大家来学"。而当解释的自由与权力的傲慢和任性合谋时，自设义位释义话语对知识权利的再分配，对健康话语生态的破坏，可能僭越释义正义。思想可以照亮，也可以照盲认知，思想可能被自由释义绑架，解释的自由可能演化为思想暴力，因此解释的自由不能导向解释无边界，而是需要对自我释义的话内行为可能引发的话后行为失控保持警惕，不宜盲目扩大自设义位释义话语的适用语境[①]。

四、"表达－接受"互动论的解释：义位/自设义位释义话语生产与消费

广义修辞学强调在"表达－接受"互动过程中观察与解释修辞活动，释义目标词是"表达－接受"互动的中介，同一目标词的义位/自设义位释义话语，有什么样的读写互动，就有什么样的意义取向。

当释义主体偏离义位释义话语的时候，实际上等于偏离了义位释义话语支持的交际畅通，也就是说，自设义位的释义自由，携带了交际受阻的隐性风险。自设义位释义话语既要刺激思想对意义重建的参与，也需要控制意义重建的话语生产和消费。在溢出义位的释义话语同样支持有效交际的情况下，不仅意味着自设义位释义话语没有滑向表达者的私人话语，而且意味着此时表达者和接受者共同搁置目标词义位释义话语给定的共享语义，转而以主体间共有的认知点，共享自设义位释义话语重建的临时意义。

乌尔曼的《青春》是表达者以自己对"青春"的自设义位释义向外部世界展示不老的"青春"图像，也是接受者从"青春"的自设义位释义读懂表达者精神世界的一份说明书。

---

① 尤其是具有"法"意义的政治文本，宜对关键词语义进行必要的限定，参见林大津（2018）。学术文本为管控因核心概念所指产生的认知差，也有必要说明当前文本是使用某概念的共享语义，还是自定义。

对接受者来说，"青春"自设义位释义话语以不同的方式多次注册，是否干扰意义消费，是否遭遇读者抵抗，是检验有无表达"赤字"的有效修辞。事实上，读者认同乌尔曼重释"青春"推动的话语生产，才有可能认同活力老人和暮气少年在非生理意义上的青春比拼。而生理意义上的"青春"往往在被挥霍之后，才从尘封的记忆中被挖掘出来，重新审视青春能量。正因为如此，70多年前 Youth（《青春》）在美国《华盛顿邮报》发表时，一些中老年人把它当作自己的生命哲学，成千上万的读者抄录。但抄录的，不是"青春"的义位释义话语，而是自设义位释义话语。固定义位"青春"的释义话语，表面上隐匿了，但不是真正退场。实际上，正是固定义位"青春"释义话语的隐性参照，凸显了自设义位"青春"释义话语重建的意义秩序。据说麦克阿瑟指挥太平洋战争期间，办公桌上始终摆放着装有 Youth（《青春》）复印件的镜框，谈话或开会做报告时经常引用文中的自设义位释义话语。二战结束后，许多中老年日本人随身带的皮包里装着这篇文章。韩国前总统金大中70多岁竞选时也曾引用，这篇文章也被美国前总统克林顿、松下电器创始人松下幸之助所珍爱[①]。并不年轻的乌尔曼，被自己重释的"青春"建构着，乌尔曼重释的"青春"也建构着作为读者的麦克阿瑟、克林顿、金大中、松下幸之助和喜欢 Youth（《青春》）的日本中老年。这不是川端康成小说《睡美人》中青春已逝的男人面对身边裸睡少女的青春想象，不是好莱坞电影 Counter Clockwise（《倒时钟》）中"活"在20年前的老人们相信自己更年轻的青春实验，而是不在场的生理青春在"青春"释义中重建了［-（人的）年龄＋逆向认定］的意义秩序，在这种意义秩序中建构着另一个自我，并据此重设青春坐标、重构青春气场。这是生理年龄已过青春期的群体参与其中的青春美学，也是生理年龄正青春的群体重新审视的青春美学。

五、余论：释义研究的问题空间和解释空间

语言学科的释义研究，较多地在词典学、词汇语义学理论框架内挖掘问题空间和拓展解释空间。诸如释义个案、释义原则、释义方法研究（苏宝荣，2000；章宜华，2002；苏新春、孙茂松，2003；陆俭明，2007；施春宏，2012；邢福义，2013；周荐，2013；邵敬敏，2016；周娟，2016；谭景春，2016；王恩旭、袁毓林，2018）、语义类别释义研究（曾昭聪，2013；谭景春，2018；冯海霞，2018；李强，2020）、释义意识形态研究（潘雪莲，2018）、释义元话语研究（李葆嘉、邱雪玫，2017；周淑娟，2017；张均，2018）等等，都在问题空间的拓展中推进解释的深化与细化。与此类研究的深入形成对照的是，挖掘释义问题空间和解释空间的修辞学研究，学者的参与热情似乎不是很高，现有成果较多地从修辞手

---

① 信息来源：http://www.doc88.com/p-052288869155.html。

法挖掘释义资源（谭永祥，1991；翁晓玲，2014；李胜梅，2015；孙崇飞，2016；杜翔，2017；张炼强，2019）。这些成果对释义研究具有推进意义，但是释义研究空间与修辞研究空间叠加并不限于狭义的修辞知识。中国知网相关文献搜索结果显示：人文科学和社会科学诸多场域，都有释义研究的参与，甚至从一个语词"乱弹"的释义，可以找到清代戏曲"乱弹时代"，以及传统戏曲自我更新内在机制的解释通道（陈志勇，2020）。问题空间的伸张，带来解释空间的拓展，近年渐成热点的概念旅行、学术史、学科史、思想史、观念史等方面的研究，程度不同地伴有释义和再释义参与的话语生产。与此相呼应，后陈望道时代修辞学研究介入问题空间和解释空间，也具有更灵活多样的打开方式。

六、小结

（一）从修辞技巧层面观察释义精度和可区分度，义位释义话语＞自设义位释义话语；从释义自由度和释义可分析性观察，义位释义话语＜自设义位释义话语。分属［±类型化 科学化 客观化 专业化］的义位释义话语和自设义位释义话语，生成"无我/有我"之义。"无我"的释义主体将"我"从对象世界抽离，提取对象世界本身的意义；"有我"的释义主体参与对象世界的意义重建。"我"的参与层次和程度，决定目标词的自设义位释义话语以何种方式重新呈现。

（二）从修辞诗学层面观察，文本叙述结构中的目标词释义从义位被强制推向自设义位，以意义再生产的个人方式，强制性地重建话语权，以释义自由度兑换叙述新颖度。这种文本建构路径可在同一文体的同类文本推导，也可以进行不同文类的跨文体推导。

（三）从修辞哲学层面观察，义位/自设义位释义话语分别提取目标词语义信息的最大/最小公约数。当义位释义话语作为认知中心的时候，自设义位释义话语处于认知边缘。认知博弈推动认知中心/边缘位移，也促成认知确定性/不确定性互补。前者在解释的权威中锚定，后者在解释的自由中漫步。但如果思想被自由释义绑架，或解释的自由演化为思想暴力，需要警惕自我释义的话内行为可能引发的话后行为失控。

（四）在"表达－接受"互动过程中观察，同一个目标词的义位/自设义位释义话语，有什么样的读写互动，就有什么样的意义取向。义位释义话语确保话语交际畅通；自设义位释义话语既刺激思想对意义重建的参与，也控制既定意义秩序中的话语生产和消费。自设义位释义话语如果没有产生接受障碍，意味着表达主体和接受主体共同搁置了目标词义位释义话语的共享语义，转而共享自设义位释义话语重建的临时意义。

（五）展示释义问题空间和解释空间的修辞研究成果或修辞介入的释义研究成果，较多地从修辞手法挖掘释义资源，但是释义研究空间叠加修辞研究空间并不限于狭义的修辞知识，后陈望道时代的修辞学研究包括但不限于狭义的修辞理论与实践。

参考文献

陈志勇：《"乱弹"释义与清代戏曲"乱弹时代"的再认识》，《文艺研究》2020年第6期。

崔希亮：《基于语料库的新媒体语言透视》，《当代修辞学》2019年第5期。

杜翔：《时政类词语的比喻引申与词典释义》，《中国语文》2017年第6期。

冯海霞：《语文词典语义类别释义的多维研究》，中国社会科学出版社2018年版。

吉益民：《"有一种X叫Y"构式的多维考察》，《语言与教学研究》2011年第2期。

蒋庆胜：《近十年语用身份研究：五种路径与方法》，《福建师范大学学报》2019年第1期。

李葆嘉、邱雪玫：《现代汉语元语言释义词典》自序，《南京师范大学文学院学报》2017年第4期。

李强：《"事件·物质"类名词真的没有事件义吗——兼谈合成类名词的词典释义问题》，《辞书研究》2020年第3期。

李胜梅：《"比喻"这个词：面向对外汉语教学的多角度考察》，《当代修辞学》2015年第2期。

林大津：《新〈党章〉对"文化"的话语微调及其理论意义——兼论广义修辞学超越"局限"的学术启示》，《福建师范大学学报》2018年第2期。

陆俭明：《从量词"位"的用法变异谈起——中国语言学发展之路的一点想法》，《语言科学》2007年第6期。

潘雪莲：《谈谈语文词典释义的思想性——以〈现代汉语词典〉第6版、第7版释义修订为例》，《中国语文》2018年第6期。

邵敬敏：《副词释义的精准度及其方法论探讨——以描摹情状副词群"X然"为例》，《暨南学报》2016年第1期。

施春宏：《词义结构的认知基础及释义原则》，《中国语文》2012年第2期。

苏宝荣：《语义研究与辞书释义》，商务印书馆2000年版。

苏新春、孙茂松：《常用双音释词词量及提取方法——对〈现代汉语词典〉双音同义释词的量化分析》，《语言与教学研究》2003年第6期。

孙崇飞：《再论隐喻释义及其释义模式——认知神经科学视阈下隐喻释义模式的建构》，《外国语》2016年第6期。

孙绍振：《名作细读》，上海教育出版社2007年版。

谭景春：《词典释义中相关条目的语义分析与相互照应——谈〈现代汉语小词典〉第5版修订》，《当代语言学》2016年第3期。

谭景春：《动词的目的义及其在词典释义中的处理》，《当代语言学》2018年第3期。

谭学纯：《语用环境中的义位转移及其修辞解释》，《语言教学与研究》2011年第2期。

谭学纯：《"废墟"的语义和〈废墟〉语篇叙述及相关问题再探讨》，《当代修辞学》2011年第1期。

谭学纯：《"这也是一种X"：从标题话语到语篇叙述》，《语言文字应用》2011年第2期。

谭学纯：《"这也是一种X"补说：认知选择、修辞处理及语篇分析》，《语言教学与研究》2012年第6期。

谭学纯：《小说修辞学批评："祈使－否定"推动的文本叙述——以微型小说〈提升报告〉为考察对象》，《文艺研究》2013 年第 5 期。

谭学纯：《语用环境中的语义变异：解释框架及模式提取》，《语言文字应用》2014 年第 1 期。

谭学纯：《"义位↔义位变体"互逆解释框架：基于〈现代汉语词典〉5－7 版比对的新词新义考察》，《语言文字应用》2017 年第 4 期。

谭学纯：序《〈文艺学习〉的广义修辞学研究》，董瑞兰《〈文艺学习〉的广义修辞学研究》，南京大学出版社 2018 年版。

谭永祥：《"断取"造词与词典释义——从释义用语"比喻"的误用谈起》，《辞书研究》1991 年第 4 期。

王恩旭、袁毓林：《机器词典释义模版的建构和运用》，《中文信息学报》2018 年第 1 期。

温锁林：《当代汉语临时范畴化强加模式：认知与修辞动因》，《福建师范大学学报》2012 年第 4 期。

翁晓玲：《汉语学习词典元语言的修辞准则——兼论〈商务馆学汉语词典〉的释义元语言问题》，《当代修辞学》2014 年第 5 期。

肖翠云：《〈哑炮〉：性与人性的广义修辞学阐释》，《湖南科技大学学报》2017 年第 1 期。

邢福义：《词典的词类标注："各"字词性辨》，《语言研究》2013 年第 1 期。

曾昭聪：《古汉语异形词与词语释义》，《中国语文》2013 年第 3 期。

张钧：《民国时期语文辞书释义元语言体系的建构》，《中国编辑》2018 年第 8 期。

张炼强：《创建"字形状貌格"（字形格）刍议——借助〈现代汉语词典（第 7 版）〉有关词条及其释义》，《首都师范大学学报》2019 年第 6 期。

章宜华：《语义学与词典释义》，上海辞书出版社 2002 年版。

周荐：《形的正反序与义的顺逆释——对另类复合词的另类思考》，《汉语学报》2013 年第 1 期。

周娟：《关于汉语量词释义的新思路》，《语言文字应用》2016 年第 2 期。

周淑娟：《释义元语言概念"观察者"的分类及阐释》，《外语学刊》2017 年第 5 期。

（原文刊于《当代修辞学》2021 年第 1 期）

历史大变局下的国际中文教育*

——语言与国家治理的视角

王春辉

(首都师范大学国际文化学院/语言治理研究中心，电邮：friendwch@126.com)

摘　要：国际中文教育是语言治理与国家治理的有机构成。某种程度上说，语言国际教育是政经国际格局的晴雨表。一方面，当今世界正在经历"百年未有之大变局"，这一变局体现在政治、经济、意识形态和科技的诸多方面。国际中文教育经过七十年发展，取得了非凡成就；而另一方面，在历史大变局的当下也面临着一些或巨或小的挑战。国际中文教育事业仍然处在历史上升时期，在各种因素的合力促动下，事业发展有充足的信心和战略的定力。未来的事业发展需要在宏观、中观和微观等不同层面，通过五大任务十五个具体策略，落实新发展理念、构建新发展格局、推动高质量发展，从而为下一波的大发展积蓄力量。

关键词：大变局；大疫情；国际中文教育；共同体；安全

引言

语言文字治理是国家治理的重要构成，包含国际中文教育在内的中华优秀语言文化的传承与传播是语言文字治理的有机构成；世界各种语言的国际教育与不同文明的互学互鉴是人

---

* 本文是以下几个项目的阶段性研究成果："教育部中外语言交流合作中心 2020 年度国际中文教育研究课题重大项目资助'国际中文教育与传播体系创新研究'（项目号：20YH02A）""教育部中外语言交流合作中心委托项目'国际中文教育中长期发展规划研究'""教育部'十四五'规划研究课题'十四五'时期语言文字事业发展研究（课题编号：SSW202021）"。

写作期间，笔者陆续随机采访了 70 多位本领域研究专家和教师，其中国际中文教育研究专家 19 人，孔院中方院长 8 人、孔院外方院长 5 人、国内相关院系负责人 16 人、一线国际中文教师 27 人；李宇明教授等专家给了很多启发和宝贵意见，特此一并致谢！文章主要内容曾于 2020 年在几个场合做过汇报：国家汉办（5 月 29 日）、山东大学 2020 年"多学科视角下的汉语国际教育"研究生暑期学校（6 月 29 日）、湖北工业大学外国语学院（7 月 3 日）、贯培汉教专业暑期职业教育培训（7 月 6 日，北京第二外国语学院）、新形势下汉语国际教育专业发展与建设线上会议（8 月 14 日，北京第二外国语学院）、语言文化研究系列讲座（11 月 10 日，西安文理学院）、第九届中国语言学研究方法和方法论问题学术研讨会（11 月 15 日，西安外国语大学）、南京晓庄学院文学院（12 月 22 日），感谢参与交流的专家和师生的赐教与建议！文责自负。

类历史的主流,也是全球治理体系的重要组成部分。(王春辉,2020a)2020年6月,《教育部等八部门关于加快和扩大新时代教育对外开放的意见》就对国际中文教育做了重点阐述,比如"建立中国特色国际课程开发推广体系,优化汉语国际传播,支持更多国家开展汉语教学"等。2020年10月13日,新中国成立以来第四次、新时代以来第一次全国语言文字会议在京召开。会议强调要"推进语言文字工作治理体系和治理能力现代化",并且要"弘扬以语言文字为载体的中华优秀文化"。这都需要国际中文教育应时而进,在国家治理体系和治理能力现代化的征程中以及全球治理的版图中发挥更加有力有效的作用。

从某种程度上说,语言的国际教育[①]是国际政治经济格局的晴雨表,语言的生灭起落本质上是其使用群体状态的直接映射。无疑,当今世界正在经历"百年未有之大变局",2020年新冠肺炎疫情的暴发则将人类置于了大变局和大疫情的叠加之下,人类历史进入了一个深度不确定性的阶段(王绍光,2020)。在此历史背景下的国际中文教育也历史地进入了4.0阶段,其所面临的挑战和机遇都是前所未有的。国际中文教育涉及变量众多,需要动态复杂系统的思维与视角。

当前的国际中文教育研究大致可以粗略地分为三大路向:(1)围绕国际中文教育"三教"问题、测试、本地化、中介语、人才培养等传统论题的分析,比如王瑞烽(2020)、李泉(2020)、赵金铭(2020)、刘英林等(2020)、张博(2019)、周小兵等(2018)、吴继峰(2018)、李宇明和施春宏(2017)等;(2)着眼于国际中文传播的理论、路径、评估等方面,比如《云南师范大学学报(哲学社会科学版)》2021年第一期的专题、张天伟(2020)、王辉(2019)、余江英(2019)、贾益民(2018)、卢德平(2016a,2016b)、李宇明(2014)等;(3)从更为宏观的视角来分析一些事业发展基础理论和战略层面的问题,比如崔希亮(2020)、李宇明(2020,2016)、李宇明和王春辉(2019,2018)、赵杨(2019)、王春辉(2019)、崔希亮(2018)、吴应辉(2016)、赵世举(2016)等。总体上来说,目前的国际中文教育研究还是以第一种路向为主,第二、三两个方向都有待加强。[②]

本文之目的在于,基于历史大变局的背景分析(第一部分),梳理国际中文教育的成就与挑战(第二部分),阐释国际中文教育的当下理念和认知、并对其未来发展方向和任务策略加以展望(第三部分)。

---

① 或曰"X语言的国际化"。
② 值得注意的是,近几年在一些杂志的引领下,后两个路向的研究取得了长足进步。比如《世界汉语教学》从2018年开始创设了"新时代汉语国际传播研究""汉语国际教育知识体系研究""新时代汉语国际教育的创新与发展"等栏目,《语言战略研究》《语言文字应用》以及《云南师范大学学报(哲学社会科学版)》等也刊发了"汉语国际教育"的专题。

一、大变局的历史背景

2018年6月,中央外事工作会议在北京召开,会议指出"当前,我国处于近代以来最好的发展时期,世界处于百年未有之大变局,两者同步交织、相互激荡。"[①] 此后,"百年未有之大变局"的历史命题成为各界共识。2020年新冠肺炎疫情暴发,这是"第二次世界大战结束以来最严重的全球公共卫生突发事件"[②]。新冠疫情有可能成为国家间力量对比发生急剧变化的历史性事件,而不仅仅是简单的公共健康卫生安全事件。"新旧秩序转换往往需要数十年时间,过渡期是最动荡、混乱的,重大事件能加速或测试秩序变化,新冠疫情就是这样的重大事件。"(牛新春,2020)2020年5月20日,联合国开发计划署发布报告《2020人类发展展望——2019冠状病毒病疫情与人类发展:评估危机与展望复苏》。[③] 报告指出,受到2019冠状病毒病疫情影响,通过全球教育、健康和生活水平等综合指标进行衡量的人类发展指数可能在2020年出现衰退。如果后续发展真是如此,那就将是"人类发展"这一概念自1990年引入以来的首次衰退。

"如果21世纪被证明是亚洲的世纪,就像20世纪是美国的世纪一样,那么这场大流行病很有可能会作为一个转折点而被铭记。我们正在经历的不只是戏剧性事件,而是很有可能成为历史的转折点。"[④] 可以说,当下的世界是百年未有之大变局和百年未有之大疫情两者的叠加,世界正在步入一个深度不确定的时期。

新冠疫情背景下的世界大变局在经济、政治、社会意识形态、科技四个维度呈现出了一些趋向性特征[⑤]。鉴于这些特征对于文章后面两部分的讨论至关重要,所以此处的论述会较充分一些。

(一)经济方面

(1)对世界经济的冲击巨大。就经济危机本身来看,是金融、能源、粮食、产业链断裂、债务五重危机的叠加。[⑥] 世界经济下滑的幅度已经大大超过2008年金融危机所带来的冲击;很多人甚至认为,如果这次疫情持续蔓延,世界经济下滑的幅度和持续的时间将超过

[①] 新华网:http://www.xinhuanet.com/politics/2018-06/23/c_1123025806.htm。
[②] 中国新闻网:https://www.chinanews.com/gn/2020/05-19/9188268.shtml。
[③] 全文参见:http://hdr.undp.org/en/hdp-covid。
[④] 这是美国前财政部长、哈佛大学教授劳伦斯·萨默斯,在为英国《金融时报》所写文章中的一段话。参见:https://mp.weixin.qq.com/s/Bv2CZCJQJjzVInh0UlNetw。
[⑤] 因为此处的背景介绍是后文分析的基础,所以每项会占用一些篇幅进行阐释。
[⑥] 陈文玲教授在"新冠疫情与世界大变局"专题线上研讨会(清华大学,2020年5月8日)上的发言。

1929—1933年大危机。[①]

（2）世界经济版图的变动。一大批发展中国家和新兴市场力量迅速崛起，改变了过去长期以发达国家为单一增长极的格局。一个普遍的看法是，中国在2030年将超越美国，成为全球最大经济体，而印度则将在2050年超越美国，成为第二大经济体。（沈铭辉，2020）

（3）新一轮贸易保护主义、"逆全球化思潮"[②] 兴起。正是在逆全球化浪潮的冲击下，全球贸易、投资明显下滑，保护主义兴起，自由贸易受阻，全球经济出现困境。（蔡拓，2019）逆全球化的动能则是来源于各个维度。

（4）多边主义与单边主义的激烈较量前所未有。一方面，主导建立战后国际秩序的美国接连"退群"，大搞单边主义和保护主义，破坏多边贸易体制和全球治理体系，给全球带来剧烈冲击与震荡；另一方面，以中国为代表的新兴经济体群体性崛起，并坚定维护多边主义和自由贸易原则，积极推进全球化良性健康发展，大力推动全球治理体系朝着更加公正合理的方向发展。（杜运泉，2019）

（二）政治方面

（1）权力结构变化。进入21世纪以来，一大批新兴经济体和发展中国家群体性崛起，世界经济中心和全球战略中心开始从欧洲大西洋地区向亚洲太平洋地区转移。当今世界的权力结构第一次出现向非西方世界转移，向非国家行为体弥散的趋势，少数几个西方发达国家垄断世界权力的时代已经难以维持了，出现"东升西降"的现象。近代以来欧美发达国家主导世界政治的局面正在发生根本性变化。（赵可金，2019；王文，2019）

（2）世界秩序重塑，全球治理机制亟待提升。随着新兴大国的群体性崛起和以美国为首的西方实力的相对衰落，"东升西降"的国际格局更趋明朗，全球治理依托的权力结构发生变化，全球治理体系出现松动乃至瓦解的风险（任琳，2020）。全球性问题丛生，全球治理体系陷入困境，亟须改变。此次新冠疫情是最需要全球合作应对的，但在应对疫情这一公共卫生问题方面却出现了泛政治化倾向，各国各自为政，导致治理混乱，全球治理体系效力不足。（孙吉胜，2020）

（3）大国之间的竞争和对抗在加剧。疫情后的大国间关系，总体来看大国之间的竞争和对抗在加剧，大国之间关系的复杂性和不确定性在增强，大国间合作的形式和方式也在发生变化。

---

① 刘元春教授在"新冠疫情背景下的世界秩序与中国外交"视频会议（中国人民大学，2020年5月8日）上的主旨发言：疫情冲击下世界经济秩序的几大变化。

② 对于这一现象，专家们称呼不一，比如"反全球化""弱全球化""逆全球化"等。

（4）国家作为治理主体的相对弱化，尤其对西方国家而言。① 国际秩序的主体不再局限于主权国家，而是跨国资本、国际组织、非政府组织、网络精英、媒体、智库和个人都成为国际秩序的主体，这种主体日益多元化背后是跨国资本力量的日益膨胀。（魏南枝，2020）未来世界的冲突，不一定聚焦在国家领导权之争，而是取决于国家与社会、国家与非国家主体之间的力量平衡。依靠20世纪以来国家主义的权力逻辑，估计很难应对当前的全球乱局。（王文，2019）

（5）国际关系的区域化发展趋势可能加速。② 全球化有两个轮子，一个是多边，一个是区域。目前区域和双边合作的进展明显快于多边。受疫情的影响，今后的国际合作可能会更多考虑地理、地缘性因素。以前是美国主导的全球化，未来可能会出现一批洲域共同体，比如欧洲、亚洲、美洲的一些国家，以洲为单位组成洲域共同体。美国体系的裂变和洲域共同体的聚合，是两个并存并行的运动。③

（三）社会意识形态方面

（1）民族主义、民粹主义强势崛起。伴随逆全球化浪潮而来的是民族主义、民粹主义的崛起。这次疫情为民族主义、民粹主义，还有一些极端思想提供了新土壤，比如极端的反华言论与思想、分离主义思想等。最近一些机构针对中国的好感度调查，不仅美国民众下降到了1974年的最低点，欧洲的民调数字也显示，英国、德国、法国、意大利在这次新冠疫情谁最应该负责这一问题上，70%的民众比例放在了中国身上。世界民众性的情绪，恰恰是因为新冠疫情，对中国的看法甚至在发生巨大的变化。这种社会性情绪的对立甚至冲突，往往是引发后继政治、经济、外交和安全效应最重要的先导。④

（2）西方式民主政治的动摇，不同价值观的博弈。从国家制度的角度看，300年前开始向全球推广的所谓"民主政治"体制出现了衰败甚至崩塌的迹象（王文，2019）。疫情治理对世人有个极大的冲击，也就是人们普遍怀疑对抗式制度体系——也就是英美教科书上所说

---

① 但是也要看到在大疫情和国际局势面前，政府治理也呈现出权力扩大的趋势；从长期来看，民众可能倾向于建立在各个层面上更有能力的政府。（《社会科学报》"2020年度全球关注十大热点"：https：//mp. weixin. qq. com/s/uPkevrACsIK8gqtLqZDBJw）

② 比如钱乘旦先生就指出"世界格局将向'区块化'发展，区块化即区域性的地区结构。"（"漫谈全球化、后工业社会与其他"主题报告，2020年11月27日：https：//mp. weixin. qq. com/s/WIYCpycA－NbAlwmGp_V－Mw.）

③ 王湘穗教授在"新冠疫情与世界大变局"专题线上研讨会（清华大学，2020年5月8日）上的发言：走向多样性的世界。

④ 朱锋教授在"新冠疫情背景下的世界秩序与中国外交"视频会议（中国人民大学，2020年5月8日）上的发言。

的民主政治,至少不是治理的最好模式,这将对美国软实力基础产生深远影响。[1] 中国等东方国家在此次疫情中展示出来的以人为本的情怀和制度上的优势,则再一次展示了东方智慧和价值体系的重要意义。

(四)科技方面

"当今人类已出现了这样一个历史上从未有过的方向:科技结构已壮大到如此程度,以至于它有可能选择那些能和它相适应的社会结构。……今后的人类命运,不仅为社会结构自身演化所限定,而且要深深受到科技结构和社会结构的交互作用的影响。"(金观涛、刘青峰,2011:339-340)科技,已经越来越成为独立于传统的政治、经济、意识形态之外的影响人类历史进程的第四种核心因素。

信息技术、生物技术、新能源技术、新材料技术等交叉融合正在引发新一轮科技革命和产业变革。[2] 以人工智能、虚拟现实、量子通信、区块链等为代表的第四次科技革命正在深刻地改变着人类的生活方式,影响着国家在国际竞争中的实力和地位,同时也带来了前所未有的机遇和挑战。历经农业和工业社会,人类正在进入信息社会和数字社会。"人-机/人-机-人交互""脑机接口"等正在加速更改着人类能量和信息的地图,"信息与信息技术正普遍、深刻而又无情地创造和重塑着人类的理论基础与现实基础,改变着人类的自我认知,重组着人类与自身以及与他人之间的联系,并升华着人类对这个世界的理解。"(弗洛里迪,2016:Ⅺ)

"当代人类同时生活在传统工业化社会和信息社会。但是,因为数字技术的迅速进步,从传统社会、工业社会、后工业社会向信息社会和数字社会转型成为可能。"(朱嘉明,2020:16)而"数字思维将取代地缘政治思维,成为影响大国决策的主要战略思维。……数字思维对外交决策及国际关系的影响将会越来越大,且未来的科技进步将进一步扩大数字思维的影响力。"(阎学通,2021:54-55)

上述四个视角的诸多因素,就是国际中为教育事业当下和未来发展的历史大背景。它们作为障碍或者机遇,也必将在事业发展过程中打上它们或深或浅的烙印。

二、国际中文教育的成就与挑战

新中国成立以来,经过几十年的发展,国际中文教育事业成就非凡;而在历史大变局的

---

[1] 苏长和教授在"新冠疫情背景下的世界秩序与中国外交"视频会议(中国人民大学,2020年5月8日)上的发言。

[2] 新华网:习近平出席2014年国际工程科技大会并发表主旨演讲《让工程科技造福人类、创造未来》,http://www.xinhuanet.com/politics/2014-06/03/c_1110968763.htm。

当下，也面临着多重挑战。

（一）国际中文教育成就非凡

几十年来，国际中文教育事业为国家发展和民族振兴做出了独特贡献。择其要者有五。

（1）事业发展从1.0到4.0，学科建设从无到有。新中国成立以来，中国的国际中文教育事业经历了从1.0到4.0的提升与演变：1949－1986年是1.0阶段，这一时期的国际中文教育无论从来华学生数量、外派教学情况、接收留学生高校数量、教师数量、教材、研究情形等各方面来说，都有很大限制，事业处于起始期和积累期；1987－2003年是2.0阶段，这一时期以国家对外汉语教学领导小组的成立为标志，开启了国际中文教育学科和事业发展的系统规划模式；2004－2019年是3.0阶段，这一时期以孔子学院和孔子课堂的全球布局为标志，见证了中国主动助力中文国际化的历程；2020年进入4.0阶段，大变局与大疫情的叠加之年，中国国际中文教育基金会和中国教育部中外语言交流合作中心相继成立，国际中文教育也应然跨入了4.0时代，开始致力于构建更加开放、更加包容、更加规范的现代国际中文教育体系。在这个过程中，事业经历了"对外汉语教学——汉语国际推广——汉语国际教育——国际中文教育"的术语变迁或叠用，国际中文教育作为一个学科也卓然建立了起来。

（2）紧跟历史进程，助力国家发展。国家的发展和整体实力的提升为国际中文教育事业的蓬勃发展提供了坚实的基础和坚强的后盾，而国际中文教育事业也为民族和国家的发展贡献着自身的力量。据统计，2018年共有来自196个国家和地区的492185名各类外国留学人员在全国31个省（区、市）的1004所高等院校学习。[①] 截至目前，汉办已累计派出了10万多名院长、教师和志愿者，并培养培训各国本土汉语教师近50万人次。[②] 截至2020年底已经在全球160多个国家和地区建立了500多所孔子学院和1100多个孔子课堂，180多个国家和地区开展了中文教育。[③] 这些数字的背后，是国际中文教育事业为缓解国家就业压力、提升全球软实力、增强中国国际化等方面的重要作用。

（3）成为中国参与全球治理和建构人类命运共同体的重要构成要素。随着中国"一带一路"倡议和构建人类命运共同体理念的提出，不仅为国际中文教育指明了发展方向，也为国际中文教育的发展注入了动力，提供了更友好的外部环境（崔希亮，2018）。分布在世界各地的国际中文教育工作人员成了实践倡议和理念的先导队，通过中文教学，让世界更好地理解以人为本、美美与共的中华文明、中华精神，在中国与世界各国之间架起了一座座交

[①] 根据教育部的统计：http://www.moe.gov.cn/jyb_xwfb/gzdt_gzdt/s5987/201904/t20190412_377692.html。因为2019年的数据未见公布，所以此处以2018年的数据为例。

[②] 引自《孔子学院年度发展报告（2018）》。

[③] 此数据来源于教育部语合中心发展规划处王甬处长在北语的演讲（2020年11月22日）。

流共建的桥梁，助力人类命运共同体的建构。

（4）探索语言国际教育的中国实践，是人类跨语言文化交流的有益尝试。纵观人类历史，跨语言文化交流川流不息、愈来愈紧密，尤其是大航海时代以来，更是进入全球化的繁荣期。在此过程中，人类的语言国际化出现了许多模式，比如阿拉伯语等的宗教模式、法语和英语等的殖民模式等，而几十年来的中文国际化实践则逐渐探索出了一种和平发展背景下的合作共赢模式。这一模式的特点是国际中文教育不是要侵略其他语言的生存空间，而是要与其他语言和睦相处、和谐共存，从而为维护和发展世界语言文化的多样性共同努力（王春辉，2019）。

（5）重构了全球二语教育格局。在国际中文教育事业的努力以及其他各方因素的合力促动之下，当前的中文正在经历从陆地型语言到陆地-海洋型语言的转型（王春辉，2019），而且有希望成为世界第二通用语言（李宇明，2020）。尽管目前的国际中文教育面临着前所未有的挑战，但是这两大趋势是基本确定的。而中文在世界语言格局中地位和功能的提升，打破了大航海时代以来西方国家通过殖民与战争所建立起来的语言霸权体系（尤其是英语帝国主义）（Phillipson，2000），正在重构着全球二语教育的新格局。

（二）国际中文教育挑战重重

国际中文教育在取得非凡成绩、发挥其特定助力价值的同时，在历史大变局的当下也面临着许多前所未有的挑战。包括但不限于以下一些。

（1）大变局之下政治-经济-意识形态-科技的挑战。如果逐一分析上述第一部分的十二个历史变量对于国际中文教育的影响，就会呈现出如下表1的情形。显然，当下及未来一段时间的历史环境整体来说是"一山放过一山拦"，困难较多。

表1 诸历史变量对国际中文教育的影响

历史变量	影响性分析	历史变量	影响性分析
1 冲击世界经济	-	7 大国竞争和对抗	-
2 经济版图变动	±	8 治理主体多元	±
3 逆全球化	-	9 区域化趋势	±
4 多边还是单边	±	10 民粹主义崛起	-
5 权力结构变化	±	11 价值观博弈	±
6 全球治理机制	±	12 科技因素	±

注：此处用"＋"标示"有利于"，"－"标示"不利于"，"±"标示既有有利亦有不利。

（2）国际和国内的消极态度。如果说上述一条是客观层面的消极情形，那在主观态度一端的当前情形也是不容乐观。国际上的消极态度不断累积，从2012年的美国签证风波到近期几个国家孔子学院的关停，皆可得窥端倪；而国内对于国际中文教育的消极态度也有许多体现，比如顶层设计的疲弱、对语言的战略意义的认知薄弱、大众对国际中文事业的不理解等。客观与主观、国际与国内的双重压力，给当前的国际中文教育事业带来了史无前例的挑战。

（3）基础研究薄弱，基础设施不牢。如前所述，尽管国际中文教育学科有了长足发展，一线教师、研究人员和研究成果都数量不菲，但是也必须承认当前的基础研究还相当薄弱，基础设施还不牢固。比如相比英语只有一种称呼English[①]，"中文、华语、汉语、普通话、大华语"等称谓上的平行或交叠一直未有很好的解决；大家公认的比较标准的国际中文教学语音－词汇－语法各子体系似乎仍未出现；"三教问题"一直是见仁见智，基于中文教学实际的第二语言教学理论还未形成[②]；对于国际中文教育的系统性战略研究一直缺乏，国际中文教育的标准建设进展缓慢，等等。在基础设施方面，教材繁多但是能公认成为经典或权威的不能说没有也是凤毛麟角；在线教学已然成为当下的新风口，但是作为基础设施的在线中文资源却处在散乱甚至匮乏的状态；孔子学院、孔子课堂发展迅猛，但是在一些国家又面临着随时可能关停的困境，等等。当今之际，国际中文教育需要"比以往任何时候更加关注汉语汉字教学自身的问题，更加坚定走适合汉语特点的教学之路的道路自信，更加坚定建构既体现二语教学共性又体现汉语二语教学个性的教学法体系的理论自信。"（李泉，2020）

（4）官方色彩浓郁，市场化机制不健全。国际中文教育事业甫一开始就带着很强的官办底色，是作为政府治理的一部分而出现和发展的。这一色彩无可厚非，因为这是每个国家在发展自身语言国际化事业时都会有的特征，无论是英国文化交流委员会、法语联盟，还是塞万提斯学院、歌德学院、世宗学堂，莫不如此。但其他国家的相关机构在后续的发展中，基本上都通过市场化机制、学术化机制等层层包装，大大弱化了其官方色彩，也就大大减小了一些潜在的阻力。在国际中文教育事业发展中，目前来看"政府－学界－市场－社会"的四角体系有些失衡，前者独大，后三者的作用并没有很好的施展和发挥，从而也带来了一些结构性问题。

（5）职业－事业的旋转门开启不足。国际中文教育是一门职业，也是一门事业，前者

[①] 顶多是复数指称Englishes，或者加个定语如新加坡英语Singlish、中式英语Chinglish，但是核心仍然是English。

[②] 这个方面可以向俄罗斯对外俄语教学的经验学习：一方面是对外俄语教学特别注重形成自身的理论基础，并以其独特的理论为教学指导，另一方面是其理论基础始终植根于俄罗斯本国语言学、心理学、心理语言学等学科的研究理论。（罗晓霞，2020）

注重个体视角，后者注重集体视角。"长期以来事业、学科、专业等发展指标权重不均衡不充分，造成事业（行业）发展的繁荣景象，掩盖了学科意识的薄弱、学科属性的模糊、学科建设的缺位，以至于影响到人才培养的需求和预期，影响到事业发展的基础与需要。"（宁继鸣，2018）作为一门职业，注重教学就可以了，但是作为一项事业，却要有教育的理念。"教学"和"教育"一字之差，但是在认知层次上却是云泥之别。目前似乎大多数人还沉浸在职业的范畴内，而没有将其上升到事业的高度。也正因为这一天然"鸿沟"的存在，使"职业"与"事业"之间无法形成良性的支撑和互动，无法构成自下而上和自上而下的有效互补。

（6）新技术发展的潜在冲击。近些年，得益于计算机硬件、大数据技术特别是神经网络技术的发展，机器翻译的水平和质量大幅提升。[①] 这必将对中文学习者的来源、数量、学习态度、学习动机等方面产生一定程度的影响，也会给中文国际使用的领域和场景添加更多元素与变量。另外，目前已有科技公司宣称研发出了脑机接口系统，通过在大脑中植入芯片实现人脑与人工智能的实时连接和共存。如果真如此，学习一种新语言就仅仅意味着下载一个新程序；再发展，甚至无须说话就能沟通。[②] 如果这些看似缥缈的景象在将来的某天变为现实，那么对于包括国际中文教育在内的语言国际化的冲击将是颠覆性的。[③] 但是不管这种情形是否真能实现，人们都应该有所预判。

（7）战略谋划不足，智库支持欠缺。几十年来的国际中文教育事业发展，可以说取得了一次又一次"战斗"甚至"战役"的胜利，但是也要清醒地认识到目前尚缺乏战略层面的统筹谋划，一个国际中文教育事业的大周期模型还未见端倪；社会各界对于国际中文教育事业的智力和智库支持还远远不够。近几年语言学界的智库建设方兴未艾（赵世举，2014；张日培，2015），而面向国际中文教育的真正的智库则更是凤毛麟角（李爽，2019）。如果说过去几十年事业处于狂飙突进期时，这个核心问题在高速发展的遮蔽下尚未凸显，那么在事业处于一定程度上艰难期的当下，则使这一短板暴露无遗。

冰冻三尺非一日之寒，上述问题有结构性的，也有周期性的。它们的根源有些可能也并不在国际中文教育本身，而是与更大的环境和圈外的因素相连。

[①] 作为此处观点的一个注脚：美国《科学美国人》杂志的"经典回眸"栏目，在"50年前：1956－1963年"时段，1962年6月和1963年6月连续两次聚焦"机器翻译"，指出"要能造出一台完备的翻译机器，我们就将向扫清语言障碍的目标跨出了一大步。""只有研究出中文翻译机器，西方人才有望真正了解中国人的风俗、成就和抱负。"（《环球科学》杂志社，2016：185－186）

[②] 比如马斯克最近就说"5至10年后人们主要将进行非语言交流，人类语言将会消失。"参见环球网：https://tech.huanqiu.com/article/3yBo8sJ2YjT。

[③] 综合"腾讯网"与"新浪网"：https://new.qq.com/omn/20200516/20200516A0JLV800.html；https://tech.sina.cn/it/2020－05－11/detail－iircuyvi2428314.d.html? pt。

三、国际中文教育的未来展望

大变局与大疫情的历史背景以及上述各种挑战,似乎为未来的国际中文教育蒙上了更多的不确定性、事业也呈现出了某种程度的下滑态势。这种分析是客观的,但却也是一种被现象遮蔽的短周期视角。如果透过现象、在一个更长的周期、以更高的站位来审视,则会呈现出另一番更为乐观的景象。

(一)当前与未来的几个全局性认知

布罗代尔(2002)提出了三种历史时间,即"长时段－中时段－短时段",与之相对应的概念分别是"结构－局势－事件"。本文试图跳出"短时段－事件"的框架,而从"中时段－局势"甚至"长时段－结构"的视角来提出几个事关国际中文教育事业未来发展的全局性认知。

(1)中国依然处于历史上升期,这一历史大势不会改变。毫无疑问,中国仍然处于国家发展和民族振兴的上升期,中国的政经改革走向深入,依法治国稳步推进,转型升级和创新发展换挡提速,新冠肺炎疫情防控则进一步彰显了制度优势、提升了国人自信,内部的双循环新发展格局的形成与外部的区域全面经济伙伴关系协定签署和中欧投资协定谈判的如期完成,必将为未来一段时间中国的发展提供坚实基础和强劲动力。一个普遍的看法是,中国在2030年将超越美国,成为全球最大经济体(沈铭辉,2020)。这些就决定了中国在国际关系和世界事务中的地位会愈强、作用会越大,进而从根本上决定了国际上对中文的需求会保持基本稳定甚或越来越多。

(2)中华文明依然昌盛,依然无可替代。不管是亨廷顿提到的七个或八个人类主要文明[①],还是英格尔哈特－韦尔策尔世界文化地图提及的九大价值观集群[②],还是基辛格(2015)所说的世界秩序观的儿人策源地,延绵几千年的中华文明都展示了其旺盛的生命力;而面对上文第一部分所阐释的百年大变局,当下和未来的全球治理也越来越需要中华文明为世界未来发展提供更多智慧和方案。

上述两个历史大势就决定了未来国际中文教育事业的上升趋势和继续发展的基本面不会

[①] 即中华文明、日本文明、印度文明、伊斯兰文明、西方文明、东正教文明、拉美文明,还有可能存在的非洲文明。与之相对应的语言则分别是:汉语、日语、印地语、阿拉伯语、英语－法语－德语、俄语、西班牙语、斯瓦希里语－豪萨语。

[②] 是政治学家罗纳德·英格尔哈特(Ronald Inglehart)与克里斯琴·韦尔策尔(Christian Welzel)基于世界价值观调查而制作的一幅地图。他们依据价值观取向将不同国家分为了九大集群,分别是英语国家、拉丁美洲、天主教欧洲、新教欧洲、非洲、伊斯兰教、南亚、东正教以及儒家文化。这一区分,跟上面亨廷顿的区分大同小异。可参见:http://www.worldvaluessurvey.org/wvs.jsp。

变。中国国力提升的潜力是国际中文教育潜力巨大的基础，而文明的不可替代性则决定了中文纵向和横向的传播力（王春辉，2016）。

（3）中文的悠久历史和独特魅力提供强劲动力。中文是汉藏语系的主要语言，有声调、量词众多、语序重要等是其显著特征。汉字是人类最早发明的文字形态之一，也是几大古文字系统中唯一延绵至今而且仍然生机勃勃的存在。几千年的发展，中文形成了功能多元的诸多文体、写就了浩如烟海的传世文献、建构了中国的哲学体系、塑造了华夏的民族精神。中文自身的独特魅力及其深厚思想积累为国际中文教育提供了如磐根基（王春辉，2020）。

（4）全球最大的语言生活共同体是牢固底盘。接近14亿的母语人口，6000多万的华人华侨[①]，2500万左右的中文二语学习者，1亿多中文作为外语的使用者[②]，共同构成了全球最大的语言生活共同体。语言学习的最终指向和检验标准在于使用，国际中文语言生活共同体是国际中文教育不断前行的坚实底盘。

（5）语言的国际教育有其客观规律，起伏波动都是正常的。与西方诸国已经进行了几百年的语言国际化事业相比[③]，国际中文教育仍然处在其初期阶段，或者说仍然处在"学徒"或者由"学徒"走向自信自立的阶段。当前国际中文教育的状态是整体上升趋势下的阶段性困难期，是一项事业发展过程中的必经阶段，是符合客观事物发展规律的一种状态。所以不能囿于当前的一些挫折，而是要冷静思考、合理规划，从而为一段时间后国际中文教育的下一波大发展积蓄能量。

（二）未来展望：方向、任务、策略

面对上述历史背景，未来需立足国际中文教育战略定位，深入实施语言聚焦、科技助力、人本教育战略，以事业发展为统领，以推动高质量发展为主题，以深化结构性改革为主线，以开拓创新为根本动力，以满足世界人民的中文需求、增强文化交流互鉴、构建人类命运共同体为根本目的，以科技创新为新引擎，深入研判国际中文教育的形势和任务，统筹发展和安全，加快建设现代化国际中文教育体系，率先探索构建新发展格局的有效路径，推进国际中文教育事业治理体系和治理能力现代化，从而为事业发展行稳致远提供强劲动力和坚

---

① 关于中国全球移民的数量及分布，由于测算依据和统计标准的不同，各种统计版本在绝对数量上有一些出入。本文此处采纳的是原国务院侨办主任裘援平的说法，即截至2014年海外华人华侨有6000多万人，分布在世界198个国家和地区。可参看：http://news.china.com.cn/2014lianghui/2014-03/05/content_31685623.htm。

② 这里的两个数据来源于教育部语合中心发展规划处处长王甬在北京语言大学的演讲（2020年11月22日）。

③ 大航海时代开启之后，西方的语言传播就依靠宗教模式和殖民模式开始了。可参看上文论述。

实保障。未来的国际中文教育至少须在以下五大任务十五个具体策略上持续努力。①

1. 聚焦语言主业，建立健全国际中文教育体系

（1）建立健全国际中文教育结构体系和服务体系。1）结构体系主要是纵向各阶段的教育，即建立从幼儿园到中小学、大学和研究生的全域覆盖教育结构，尤其对于中文学习的低龄化倾向要有更多重视。探索终身学习的理念和教育机制，为不同年龄阶段开始学习中文的外国人提供相应的教育资源。对于结构体系内部的基本部分要进一步建构和完善，比如体制、层次、种类、形式、地区、目标、教学、管理和教育思想等。2）服务体系是结构体系的支撑要素，涉及人才体系、管理体系、师资培训体系、课程教材体系、标准体系②、教育科研体系、经费筹措体系等。针对这一体系，主要是找弱点、补短板、稳基建，提升内功、强化基础研究。

（2）加快发展现代教育体系，推动教育体系优化升级，提升国际中文教育体系和教育能力的现代化水平。1）抓住风口，打造国际中文教育"新基建"。历经几十年辛劳奋斗，国际中文教育的线下资源创制和配套建设成就非凡；未来一段时间，应抓住当前在线教育的风口，建造线上资源的新基建，包括分层分类的在线教学及管理资源、多语种高精度的在线中文-外语翻译系统、在线考试系统等。近期上线的"全球中文学习平台""中文联盟平台"等就是有益尝试，而人工智能、区块链③等则有望在不远的将来发挥更为重大的作用。当然，新基建不是对旧基建的替换升级，而是二者相互配合，协力发展。2）加快数字化建设。主要涉及内容数字化、教学数字化和管理数字化。坚持统筹协调、应用牵引、安全可控、依法依规，加强技术创新、应用创新、模式创新，全面构建国际中文教育数据共享安全制度体系、管理体系、技术防护体系，打破部门信息壁垒，推动数据共享对接更加精准顺畅，提升法治化、制度化、标准化水平。3）精准细化，升级教育供给与管理。历史新条件下，国际社会对中文教育的需求也会产生重新组构，在重新辨别国际需求状况的基础上，利益攸关方需要在供给侧和管理侧进行相应升级改造，需要与教育技术产业开展更多元、更根

---

① 此处的论述是在大量已有研究文献和线上线下会议专家发言的基础上，进行梳理、提炼和概括得出的。限于篇幅，有些观点不再一一列明出处。

② 标准体系尤其要注意国际相关标准体系的参与、建设甚至引领，要提升中国在国际中文教育领域以及相关领域国际标准体系中的话语权。

③ 区块链与国际中文教育的结合应该引起足够重视。区块链从技术上能实现个体的语言创造性成果成为可控、可保护、可识别和可交换的语言数据，使体现人类智慧的语言数据可基于区块链沉淀为个人语言资产，使语言创造被社会认可并获得收益，从而使个体的语言数据进入资产的视野。如果中国能率先将区块链在语言产业落地应用，实现语言数据的资产化，必将促使中华语言文化产品的创造更精准、更蓬勃，从而助推中文成为中间语言，提高中文价值。在这一点上，华文教育已经走在了前面。即2021年1月，中国华文教育基金会顺利完成了"区块链+华文教育"课题的研究，其成果在2021年3月正式交付海外华校使用。（中国侨网：http：//www.gqb.gov.cn/news/2021/0104/50510.shtml）

本的合作。

2. 全面深化改革，构建高水平国际中文教育体制

（3）激发各类主体活力。1）充分挖掘和优化"官方机制－市场化机制－学术化机制－社会化机制"，四种机制、不同主体的相互配合，相互协力。国内外合作只是一种形式，可以进一步拓展与企业、职业学校、中介机构的合作渠道，让中文在全球各领域中的产业化参与度更强，也可在一定程度上有助于淡化官办色彩。2）中方主导为前提，适当强化外方导向。未来的国际中文教育，应该学习英语在全球的国际教育模式，需要更多发挥外方的主体作用，成为外方主导下的外语教育的一部分。中方的主要任务在于提供标准、平台和服务等方面。由中方主导向中方主导外方导向的转移，应该是未来中外合作的一大趋势。3）坚持项目导向，鼓励社会团体、行业协会、民间组织等，结合自身群众性、专业性、灵活性等特点，建好用好双边交流合作机制，比如与各个国家语言推广机构的合作。借用高铁、港口、路桥、核电、航天等中国发展进步的名片，提升中文的国际声望的同时，强化中文的使用和供给。支持中资企业加强与当地媒体、智库合作，开展跨语言文化融合传播。

（4）完善国际中文教育事业规划。1）提高站位，加强顶层设计和战略谋划。如前所述，国际中文教育事业是助力国家治理和人类命运共同体建构的重要部分，其经过几十年发展成绩斐然，但是目前也存在着社会认知边缘化、研究定位细碎化、顶层设计薄弱、战略谋划稀缺的困境。面对当前国际中文教育事业面临的诸多困境和挑战，更需要洞见历史的战略定力和系统长远的事业谋划。2）加强中文的国际声望规划。语言的声望规划是语言规划的一种类型，一直以来国内学界关注不多。① 声望与形象密切相关，目前已经有了一些针对国家和语言形象的研究，未来则有必要针对中文声望问题进行专门考察。3）统筹协调各教育对象类型。主要是来华留学生、国外本地国民教育系统的中文教育、孔子学院/孔子课堂等机构的中文教育，以及华人华侨的华语文教育。针对这四类，条件允许的话，可以考虑设立一个更高级别的机构，来进行更为宏观的顶层架构和统筹。4）动态建模，锻造智库支撑。处于4.0发展阶段的国际中文教育亟须政府、科研院所和高校、民间等各类智库的支持，提升认知站位和战略思维，并努力创制一个服务于事业发展的复杂动态分析模型。这个模型通过跨学科、全覆盖的变量指标体系筛选，以开放、动态的数据流为依托，可以为事业发展提供全天候的政策咨询和建议参考。国际中文教育发展智库联合体的成立②以及教育部语合中

---

① 可参看观约（2019）。
② 2020年11月22日，首届国际中文教育发展智库论坛暨国际中文教育发展智库联合体揭牌仪式在北京语言大学梧桐会堂隆重举行。（参见：https://mp.weixin.qq.com/s/QoM1ngSHD4cm4hdQig6IqA）智库联合体的成立，必将为未来国际中文教育的发展提供强有力的支持。

心2020年支持的科研项目①，就正在这两个方面加快步伐。

（5）加强市场化发展。更多引入市场要素和市场机制，提升市场导向、民间导向和需求导向。探索政府与市场相结合，以及市场自主调节的国际中文教育机制；调动企业、社会等力量积极参与。鼓励专业化、国际化的社会组织和民间力量参与语言文化交流具体项目运作，并建立奖励激励机制。需要强调的是，增强市场化并不意味着政府调控和主导的减弱，二者不是此消彼长，而是一起提升，市场化需要在政府监督和调控下进行。2020年6月，中国国际中文教育基金会和中国教育部中外语言交流合作中心的成立，就是这个方向的最新探索。

3. 优化既有布局，探索全新项目，稳妥有序推进

（6）进一步挖掘常规品牌价值。对于国际中文教育已经有广泛影响的一些品牌项目，应提升内涵、进一步挖掘其教育价值。比如重视线上线下结合，构建"汉语桥+融媒体"新格局，强化"汉语桥"对于中国青年和其他国家青年的文化交流作用。充分发挥"汉语桥"俱乐部的全球社交网络功能，通过"汉语桥"人脉网赋能国际青年专业交流。发挥"汉语桥"团组、"汉语桥"中文比赛和"汉语桥"俱乐部等联通作用。此外，中文教育奖学金和"新汉学计划"等项目也需根据环境变化而有所调整和提升。

（7）强化本土化建设。本土化建设无疑将是未来国际中文教育的重中之重。1）倡导突出区域特点、有针对性地开展中文教学研究探索，从而满足个性化、差异化、多样化的中文学习需求。秉承开放包容、尊重信任的理念，采用线上和线下相结合的多样灵活途径，打造教材、教师、教法、测试、培训等一系列的本土化范式。2）配合支持各国将中文纳入国民教育体系。鼓励并配合全球各国和地区通过颁布法令、教学课程大纲等形式，以大中小学开课、高中会考、汉语专业学历教育、公务员考试等方式，在国民教育体系的各个学段进行中文教育。推动签署双边协议，通过派遣教学顾问、合作研发大纲等多种方式，支持各国各地区大中小学成体系开展中文教育。

（8）支持高端人才专业教育。1）在来华留学生的学历培养上，目前的国际中文教育仍以中短期语言生及语言本科学历教育为主，专业学历生②以及高层次人才（硕士和博士研究生）培养占比不高，专业生比例以及教育层次有待提升；2）在本地化学生的培养上，以往更加注重兴趣班、初级中文的教学，未来可能需要更加注重高端中文人才，对于那些有更高更深中文需求者（比如商业精英、汉学家等志向的人士）需进行调研、从供给侧给予帮助。

（9）支持中文国际学校建设。中文国际学校主要指的是针对因公或因私而长期或短期

---

① 参见：https://mp.weixin.qq.com/s/f9aGrofJWbX96pZBVMuF-A。
② 近几年进入各个院系不同专业进行学习的留学生越来越多了，这是一个很好的趋势。但在推进过程中要处理好基础语言学习和专业课学习的关系，这方面可以参考欧美国家的较为成熟的教育模式。

在外国生活的中国公民或侨民子女提供跟中国国内教育体系相接轨的中文教育的学校。其中有的也会招生所在国的当地学生。这类学校方兴未艾,但却是国际中文教育共同体的重要构成。中文国际学校正在探索符合自身特点的教师培养、经费筹集、合作机制等方面,未来发展需得到更多关注和支持。

4. 坚持创新驱动发展,全面塑造发展新格局

(10) 打造线上和线下相结合的新业态。1) 线上教育强势崛起。未来必将是线上与线下相结合的教育新格局。线上中文教育需要技术支撑,需要整合教育资源,需要建立现代化的教学团队,需要新的教学管理。混合式教学、线上资源的应用、线上教学评估、线上测试考试等,都需要新思维、新实践。2) 创新探索,优化赋能"三教"。线上中文教学不是线下课程在线上的简单复制,而是因其平台、技术、理念、资源、教学方法、师生互动等不同,给师资角色带来了新的要求,需对师资能力素质进行重新思考和定位。"三教"是国际中文教育之根本,教师作为一种职业短期内应不会被机器人等新科技所替代,但未来的中文教师宜更专注于高技能服务,需进一步融会线下和线上两种能力;教材等教学内容、教学方法、学习评估等方面也需要探索新形式和新内涵。"三教"的更新赋能和优化升级是国际中文教育新生态建构的中流基石。

(11) 推进"中文+职业技能"的新范式。① 随着各国不同行业对中文人才的需求大幅增长,"中文+"课程已逐渐涉及高铁、经贸、旅游、法律、海关、航空等数十个领域。应充分尊重中文教学和职业技能教学各自特点,坚持以中文教学为基础、以职业教育为特色,不断完善体制机制,加强专业标准建设、加大师资培养力度、大力开发教学资源,充分发挥"中文+职业技能"优势,注重产教研用相结合,力促国际中文教育和职业教育资源有效整合、深度融合,尤其是要在建设"中文+职业技能"师资人才库、研发"中文+职业技能"教材、举办国际性技术技能竞赛和组织开展国际学术会议等方面下功夫。

(12) 提升中文作为国际通用语的新高度。1) 通过母语人口、二语人口、官方语言、国际组织语言、网民和网络文本、经济-科技与整体实力的增强来提升中文的工具功能,通过书面语、文献量、翻译量、突出领域以及名人名物的增强来提升中文的文化功能,进而在整体上提升中文的使用范围和功能层级。2) 进一步开拓来华留学的途径和模式,通过助推将中文纳入更多国家和地区的国民教育体系以及当地中文学校、孔子学院等的发展,提升中文教育的质量和效应。3) 三个空间,增强中文国际供给。在社会空间层,中文是一种公共

---

① 在此方面已经有一些实质性进展,比如2020年10月25日,教育部中外语言交流合作中心与南京工业职业技术大学签订了共建"中文+职业技能"国际推广基地协议;2020年12月18日,教育部中外语言交流合作中心与泰国教育部职业教育委员会在线签署《关于开展"中文+职业技能"合作的谅解备忘录》,将启动建设第一所语言与职业教育学院。

产品，增强中文的国际供给，需要在外语角色、学术含量、功能体系、知识表达等诸方面用力；在信息空间层，需利用新科技来增强中文在虚拟空间和智能空间中的比例和地位；在物理空间层，亦不能忽视语言的器物化视角，亦更需增强中文在物理器物世界的供给，比如出口商品上的中文标识与说明、技术输出中的中文指导与培训等。4）共同体理念，提升国际中文语言生活品质。语言学习的最终指向和检验标准在于使用，国际中文语言生活共同体的建构是国际中文教育的内生动力之一。在新科技助力下，建构起线上－线下、虚拟－现实、国内－国际相结合的更便捷、更多元的练习和使用场景，无疑会提升国际中文语言生活共同体的品质与体验，进而增强其吸引力和内生力。此外，当前全球性问题此起彼伏，人类命运共同体理念日益深入人心。国际中文教育应当为上述两个共同体的建构的发展提供更多助力。

5. 统筹发展和安全，为国家治理与和谐世界助力

（13）重视地缘视角，筑牢事业发展核心地带。一方面，东亚－东南亚的汉字文化圈和其他地区利益攸关的地缘政治圈是国际中文教育的两个核心地带。受疫情的影响，国际合作的区域化发展趋势日益增强，未来可能会出现一批洲域共同体，东亚－东南亚地区作为历史上的汉字文化圈区域，是国际中文教育的第一核心地带。东盟10国和澳大利亚、中国、日本、韩国、新西兰等15国"区域全面经济伙伴关系协定"的签署[1]，可以说就为未来的事业发展提供了广阔空间。另一方面，"跨大西洋联盟"的分裂与"北分南合"的趋势愈加明显，这就给中国在原有基础上提升与一些国家的合作伙伴关系提供了契机，也就为国际中文教育事业提供了新的核心地带增长点。比如2020年12月30日中欧投资协定谈判的如期完成[2]，必将会给中欧语言文化交流提供更加强劲的动力。

（14）建设依法治教的国际中文教育法治体系。加快推进国际中文教育及相关领域的教育立法，加强国际中文教育行政执法工作，健全事业依法行政机制，完善国际中文教育制度实施体系。在深化事业改革、推动事业发展、化解各类矛盾、维护事业稳定、应对国际和国内风险等各方面，进一步提高运用法治思维和法治方式的能力。

（15）强化事业安全风险防控机制，建立安全事件应急机制。加强国际中文教育的舆情监测，建立舆情应对机制，健全常发、突发事件的舆情口径库，及时回应国内外重要关切。

---

[1] 2020年一季度，东盟超过欧盟成为中国第一大贸易伙伴；2020年11月15日，第四次区域全面经济伙伴关系协定领导人会议举行，东盟十国以及中国、日本、韩国、澳大利亚、新西兰15个国家，正式签署区域全面经济伙伴关系协定（RCEP），标志着全球规模最大的自由贸易协定正式达成。相关报道可参看"新华网"：http://www.xinhuanet.com/world/2020－11/15/c_1126742550.htm。

[2] 相关报道可参看"新华网"：http：//xinhuanet.com/politics/leaders/2020－12/30/c_1126929248.htm。

建立中外联动、上下联动的国际中文教育事业风险评估机制，健全应急预案，及时妥善处理紧急和突发事件。针对干扰破坏国际中文教育的情况，注重整合各方资源，有理有利有节做好工作。

（三）需要注意的几个问题

1. 树立国家自信、实践自信、走出去的自信。现在的中国已经不是百年前那个孱弱的中国，但是许多人还沉浸在屈辱历史的记忆中，还没有自觉地认知到中国国际地位的提升以及国际社会对于中国大国责任的期待。在认知层面，树立自信，坚定、主动地走出去。

2. 走差异化发展之路，避免同质化。同质化不同于标准化，后者是教育的理性需求，前者则会带来更低的附加值和更少的边际效应。未来无论是在孔子学院/孔子课堂的建设，还是线上线下资源的创建，还是在合作机制的建构中，都需要差异化思维。

3. 注意分散学习者的潜力、注重多元需求。以往都是注重较大规模的集中式群体，比如在校学生、商业精英、汉学家等，但是未来，随着新科技的提升和线上教育的发展，那些由于分散各地域各行业而无法获取中文教育的人们将获得机会。国际中文教育应当注意到这个分散但是却庞大的群体，并采取精准的行动。这个群体的崛起，很可能会给事业发展带来意想不到的收获。

4. 处理好线上与线下的关系。尽管线上崛起，但是线下依然是教育的基本形式，这就决定了一是未来要构建的是线下教学为核心、线下线上融合发展的新格局，二是线上教育建设要统筹规划、有序推进，不能盲目推进、风险冒进。

5. 秉持复杂系统科学思维。国际中文教育事业涉及面广、层次多元、变量多样，是一个复杂动态系统，对它的理论研究和实践探索应秉持此思维，把它放在更大的背景、更高的层次来分析。

四、结语

从遥远的远古时代开始，交流互鉴就是人类活动的主流。中国尽管历史悠久、文明璀璨，但是一直以来却是一个语言觉悟不高、语言意识淡薄的国度。"没有语言意识，没有合乎国情、领先时代的科学的语言意识，就不可能有合乎国情、领先时代的科学的语言政策，就不可能有利国利民、充分发挥语言的社会作用、政治作用、文化作用和经济作用的语言行为。"（李宇明，2013）

在欧洲，从大航海时代开始"语言学这项学科得到帝国的热烈支持。欧洲帝国相信，为了让统治更有效，就必须了解这些属民的语言和文化。"（赫拉利，2016：291）而中国在浩瀚的中外文化交流的长河中，不管是在政府的或民间的交流中，不管是在陆路的还是海上的交往中，基本上鲜有语言的身影（何芳川，2016；张国刚，2019）。而语言意识正式进入中外交流的视野，应该是从15世纪初明代设立专门负责对外翻译的机构"四夷馆"才开始的，但"四夷馆"所涉及的语言也仅限于陆路能及的语言（刘迎胜，1998）。中文作为第二语言教育虽然历史悠久，但是在漫长的历史中基本上是限于来华外国人的中文教育，中国主动到世界各地开展中文教育、向世界提供中文公共产品，那是进入21世纪之后的事了。从这个意义上来说，国际中文教育还是一项处于初期阶段的事业。

当前国际中文教育遭遇的困境是内因和外因相互作用的结果，当此之际应借机求变，破旧立新，减量提质增效，转型升级，创新发展，全力打造事业4.0。在广度相对下降的背景下，需要深度挖掘既有资源，告别以往的粗放式量的扩张模式，探索量变向质变的转移。转型升级和创新发展是一个综合性的时代命题，它不仅仅是教育技术和技能上的创新问题，同时也是教学组织模式、教育组织形态、机构运行模式、利益攸关方行动逻辑的变革历程。

语言的国际教育有其客观规律，起伏波动是正常的。历史大变局的当下，国际中文教育遇到的困难和挑战是事业发展过程中的必经阶段，不必过分夸大，更不应灰心丧气。国际中文教育事业有足够的底气，也有强大的战略定力，宜趁此契机总结经验、整合资源、优化布局、战略提升，从而为下一波的大发展积蓄能量。

参考文献

蔡拓：《理性与非理性的博弈——全球大变局的症结与应对》，《探索与争鸣》2019年第1期。

崔希亮：《汉语国际教育与人类命运共同体》，《世界汉语教学》2018年第4期。

崔希亮：《全球突发公共卫生事件背景下的汉语教学》，《世界汉语教学》2020年第3期。

杜运泉：《"百年未有之大变局"：重识中国与世界的关键》，《探索与争鸣》2019年第1期。

[法] 费尔南·布罗代尔：《15至18世纪的物质文明、经济和资本主义》，顾良、施康强译，生活·读书·新知三联书店2002年版。

观约：《"语言声望规划"速描》，《"语言战略研究"微信公众号，"观约谈"》2019年第37期。

何芳川：《中外文化交流史（上、下卷）》，国际文化出版公司2016年版。

[美] 亨利·基辛格：《世界秩序》，胡利平等译，中信出版社2015年版。

《环球科学》杂志社/外研社科学出版工作室编：《不可思议的科技史：〈科学美国人〉记录的400个精彩瞬间》，外语教学与研究出版社2016年版。

贾益民：《新时代世界华文教育发展理念探讨》，《世界汉语教学》2018年第2期。

金观涛、刘青峰：《兴盛与危机：论中国社会超稳定结构》，法律出版社2011年版。

李爽：《高校孔子学院智库建设与区域文化软实力发展》，《边疆经济与文化》2019年第5期。

李泉：《新时代对外汉语教学研究：取向与问题》，《语言教学与研究》2020年第1期。

李宇明：《中文怎样才能成为世界通用第二语言》，《光明日报》2020年1月4日第10版。

李宇明：《语言竞争试说》，《外语与外语教学》2016年第2期。

李宇明:《孔子学院语言教育一议》,《语言教学与研究》2014年第4期。

李宇明:《唤起全社会的语言意识——序〈中国语言生活状况报告(2013)〉》,载教育部语言文字信息管理司组编:《中国语言生活状况报告(2013)》,商务印书馆2013年版。

李宇明、施春宏:《汉语国际教育"当地化"的若干思考》,《中国语文》2017年第2期。

李宇明、王春辉:《全球视域中的汉语功能》,《云南师范大学学报(哲学社会科学版)》2018年第5期。

李宇明、王春辉:《论语言的功能分类》,《当代语言学》2019年第1期。

[意]卢西亚诺·弗洛里迪:《第四次革命:人工智能如何重塑人类现实》,王文革译,浙江人民出版社2016年版。

刘英林、李佩泽、李亚男:《汉语国际教育汉语水平等级标准全球化之路》,《世界汉语教学》2020年第2期。

刘迎胜:《宋元至清初我国外国语教学史研究》,《江海学刊》1998年第3期。

卢德平:《汉语国际传播的推拉因素:一个框架性思考》,《新疆师范大学学报(哲学社会科学版)》2016年第1期。

卢德平:《汉语国际传播的理论维度》,《语言战略研究》2016年第4期。

罗晓霞:《俄罗斯对外俄语教学发展史》,天津古籍出版社2021年版。

宁继鸣:《汉语国际教育:"事业"与"学科"双重属性的反思》,《语言战略研究》2018年第6期。

牛新春:《从新冠疫情管窥国际政治新旧时代转换》,《现代国际关系》2020年第4期。

任琳:《"百年未有之大变局"下的全球治理体系改革》,《当代世界》2020年第3期。

沈铭辉:《"百年大变局"中的世界经济大势》,《世界知识》2020年第9期。

[美]塞缪尔·亨廷顿:《文明的冲突与世界秩序的重建》,周琪等译,新华出版社1998年版。

孙吉胜:《新冠肺炎疫情与全球治理变革》,《世界经济与政治》2020年第5期。

王辉:《语言传播的理论探索》,《语言文字应用》2019年第2期。

王春辉:《当代世界的语言格局》,《语言战略研究》2016年第4期。

王春辉:《汉语:从陆地型语言到陆地 海洋型语言》,《世界汉语教学》2019年第1期。

王春辉:《论语言与国家治理》,《云南师范大学学报(哲学社会科学版)》2020年第3期。

王春辉:《国际中文教育行稳致远,底气何来》,《光明日报》2020年6月20日第12版。

王瑞烽:《疫情防控期间汉语技能课线上教学模式分析》,《世界汉语教学》2020年第3期。

王绍光:《深度不确定性:新冠疫情与世界变局》,《"新冠疫情与世界大变局"专题线上研讨会发言》2020年5月8日,清华大学。

王文:《500年?400年?300年?200年?100年?如何理解"百年未有之大变局"》,《人民论坛·学术前沿》2019年第7期。

魏南枝:《世界的去中心化与新冠肺炎疫情:政治国家与资本博弈的加剧》,《"新冠疫情与世界大变局"专题线上研讨会发言》2020年5月8日,清华大学。

吴继峰:《语言区别性特征对英语母语者汉语二语写作质量评估的影响》,《语言教学与研究》2018年第 2 期。

 吴应辉：《汉语国际教育面临的若干理论与实践问题》，《云南师范大学学报（哲学社会科学版）》2016年第 1 期。

 阎学通：《数字时代初期的中美竞争》，《国际政治科学》2021 年第 1 期。

 [以] 尤瓦尔·赫拉利：《人类简史：从动物到上帝》，林俊宏译，中信出版社 2016 年版。

 余江英：《领域汉语传播规划研究：目标与任务》，《语言文字应用》2019 年第 2 期。

 张博：《汉语第二语言教学实证研究的进展及存在的问题》，《国际汉语教学研究》2019 年第 4 期。

 张国刚：《中西文化关系通史（上、下卷）》，北京大学出版社 2019 年版。

 张日培：《面向语言文字智库建设的语言政策研究》，《语言政策与语言教育》2015 年第 2 期。

 张天伟：《我国国家通用语国际拓展能力现状与发展路径研究》，《语言文字应用》2020 年第 1 期。

 赵金铭：《汉语国际教育的两个研究系统——语言教学与师资培养》，《国际汉语教育（中英文）》2020 年第 1 期。

 赵可金：《如何在"百年未有之大变局"中理解中国角色》，《探索与争鸣》2019 年第 1 期。

 赵世举：《关于国家语言智库体系建设的构想》，《语言科学》2014 年第 1 期。

 赵世举：《中国语言文化国际传播的境遇及反思》，《中国语言战略》2016 年第 2 期。

 赵杨：《汉语国际教育学术话语权构建》，《世界汉语教学》2019 年第 4 期。

 周小兵、张哲、孙荣、伍占凤：《国际汉语教材四十年发展概述》，《国际汉语教育（中英文）》2018 年第 4 期。

 朱嘉明：《未来决定现在：区块链·数字货币·数字经济》，山西出版传媒集团/山西人民出版社 2020 年版。

Harmann, H. (1990). Language Planning in the Light of a General Theory of Language: a Methodological Framework. *International Journal of the Sociology of Language* 86（1）: 103–126.

Phillipson, Robert. (2000). *Linguistic Imperialism*. Oxford: Oxford University Press.

[原文刊于《云南师范大学学报（哲学社会科学版）》2021 年第 2 期]

第三篇
学术活动

1. 中国音韵学第二届学术研讨会

1月17日，由中国语文现代化学会音韵学分会和南开大学文学院共同主办的中国音韵学第二届学术研讨会举办。

会议以"音韵绝学的新生——新形势下汉语音韵学研究的发展方向"为主题，采取线上线下相结合的方式召开。大会开幕式上，南开大学文学院李锡龙院长、北京大学唐作藩教授和中国语文现代化学会音韵学分会理事长耿振生教授致辞。潘悟云、麦耘、张玉来、李无未作大会报告，他们分别从汉语语音史、历史文献、对音研究等领域进行了深入探讨。60余位专家和青年学者投稿参会，会议就近代音、学术史与方法论、对音与文献、中古－近代音、历史语音、方言民族语等议题开展了分组讨论。研究内容涉及面十分广泛，报告内容精彩纷呈。闭幕式上，唐作藩先生宣布"唐作藩音韵学奖"获奖名单，陈忠敏、李无未、张玉来三位教授的优秀研究成果荣获本届"唐作藩音韵学奖"。

会议同时完成了中国语文现代化学会音韵学分会新任理事长和理事的选举工作，投票选出南开大学曾晓渝教授任学会理事长，在原有理事成员基础上，增补了陈忠敏等四位新理事。会议最后，由中国语文现代化学会音韵学分会常务顾问杨亦鸣教授和新任理事长曾晓渝教授致辞。结合线上会议和直播平台有共计超过300人旁听关注会议报告。

2. 第十届国际古汉语语法研讨会

3月27-28日，北京语言大学语言科学院章黄学术理论研究所线上举办了"第十届国际古汉语语法研讨会"。章黄学术理论研究所所长冯胜利教授主持开幕式，北京语言大学校长刘利教授、北京大学蒋绍愚教授、北京语言大学语言科学院院长曹文教授致开幕辞。

研讨会采取线上会议、线上直播的形式，来自9个国家和地区、63所高校和科研机构的99名代表参加了会议。王宁、江蓝生、蒋绍愚、Alain Peyraube（贝罗贝）、黄德宽、Ian Roberts、吴福祥、Charles Yang等8位学者作大会主旨演讲。大西克也、杨荣祥、张美兰、Christoph Harbsmeier（何莫邪）、徐丹、Barbara Meisterenst（梅思德）、唐贤清、朱庆之、胡敕瑞、杨永龙、Edith Aldridge（李琦）、王贵元、卢烈红、张丽丽、张赪、洪波等16位学者作大会特邀演讲。报告内容涉及古代汉语句式、古汉语虚词、古代词汇语义、语法化、出土文献语法、汉语类型转变、语言接触、历时语法、语体语法等诸多古汉语语法研究的前沿课题。

大会报告与分组报告主题丰富，内容前沿，既有传统古汉语语法研究的精进，又有运用当代语言学科学理论及方法进行古汉语语法研究的创新。会议首次将生成语法理论下的古汉语语法研究作为重要主题。剑桥大学的 Ian Roberts 教授、宾夕法尼亚大学的 Charles Yang 教授所做的主旨报告，展示了基于普遍语法进行人类语言历时语法演变研究的国际前沿成果。研讨会还设立了"历史生成句法（generative historical syntax）"和"历史语体语法（historical register grammar）"两个主题的分组报告，寄望培育一批以当代语言学理论研究古汉语语法的青年学术力量，进一步推动古代汉语语法研究在国际语言学界普遍语法框架下的发展与突破。

研讨会对促进国内外古汉语研究同行的学术交流、推动古代汉语语法研究国际化以及培育学界新生力量具有重要的学术影响和学科意义。

3. 理工科院校语言学学科与专业建设高端圆桌论坛

由合肥工业大学外国语学院主办、外语教学与研究出版社协办的"理工科院校语言学学科与专业建设高端圆桌论坛"于4月3日举行，来自全国多所高校的近30位专家学者齐聚一堂，共同交流。

论坛设3个分论坛，共计20余场专题报告。与会专家学者紧跟当前语言学科前沿领域与发展趋势以及新文科建设要求，从不同研究领域切入，结合自身研究方向作了主题报告，从宏观视角对理工科院校语言学学科和专业建设进行了全方位指导，从微观角度将指导细化到了具体研究。与会专家学者集思广益，为外国语学院语言学学科与专业建设提出了建设性意见与建议。论坛为新文科建设搭建了一个高层次交流平台，为国内各高校与合肥工业大学外国语学院未来的深度合作奠定了基础，将推动外国语学院立足新时代，充分发挥学校理工科院校的特色与优势，通过跨学科、跨专业、跨院系的交流、合作与融合，进一步提升学校语言学学科与专业的建设与发展水平。

4. 首届语言数据科学与应用论坛

4月10-11日，由中国外语学科联盟语言学跨学科研究委员会、上海外国语大学语料库研究院主办，河南省"一带一路"语言服务研究中心、洛阳市翻译工作者协会、西安外国语大学外国语言文学研究院、洛阳师范学院外国语学院承办的首届语言数据科学与应用论坛在洛阳师范学院举行。来自全国40余所高校的专家学者和洛阳师范学院师生代表共200余人参加论坛。

洛阳师范学院校长梁留科、河南省涉外翻译与语言服务专指委主任杨玮斌、上海外国语大学胡开宝教授致开幕辞。论坛主旨发言环节，来自上海外国语大学、北京外国语大学、北京师范大学、西安外国语大学、中国科学院大学、河南大学等高校的10位专家学者围绕"驱动智慧教育变革的语言智能研究与应用""我国数字人文研究的现状、问题及其与国外的差异""数字发现与人文阐释""百年能愿：中文情态动词使用与社会变迁的大数据研究""基于语言共性的无监督语言形态分析""语言数据的风险与规避：以机器翻译为例""多语平行语料库与翻译研究数据转向""目标和任务驱动的语言资源建设""信息链视域下语言数据科学与应用研究谭要"等方面内容作了专题报告；分组发言环节，来自电子科技大学、青岛大学、河南工业大学、洛阳理工学院和嘉兴学院等高校的15位学者就典籍翻译、外宣话语、景观翻译、译者风格等方面内容进行了专题分享和交流。

论坛以语言数据科学及其应用为主旨，紧扣数字人文的发展趋势，在多个层面和维度上进行了深入探讨、分享和交流，进一步激发了探索的新视野，对于推动语言数据科学及其应用的未来发展具有积极意义。

5. 中国语言学会第二十届学术年会

2021年4月10-12日，中国语言学会第二十届学术年会在浙江大学成功举行。此次会议由中国语言学会、浙江大学汉语史研究中心主办，浙江大学汉语史研究中心、浙江省语言学会承办，商务印书馆协办。来自中国内地和澳门等地区的130多位语言学者出席了会议。

大会开幕式由中国语言学会副会长、浙江大学汪维辉教授主持，浙江大学副校长何莲珍教授、中国语言学会会长王洪君教授（视频连线）先后致辞。

4月10日上午和4月12日上午举行了两场大会报告，八个报告分别是：沈家煊的《名词"时体态"标记：理论挑战和应对方略——兼论汉语"了"的定性》、黄行的《方言通解度与民族语言方言划分》、张涌泉的《出土文献与汉语史研究三题》、曹志耘的《汉语方言词典的定位与编写问题——以〈浙江方言词典〉为例》、方梅的《从话题连续性看三类结构式的篇章功能》、冯胜利的《语体语法的新进展——论语距定律下的体原子》、杨永龙的《青海甘沟话的情态表达与相关形式的来源》、真大成的《名称与称名："名"与汉语词汇史》。

本届年会小组报告共计21场118篇，在汉语历史语法与词汇、现代汉语语法与词汇、方言语法与语音、修辞、语体、辞书编纂、语言服务、语言习得、少数民族语言等领域进行了深入的交流和探讨。

会议还专门设立了"语体研究工作坊"和"吴语研究工作坊"，与会代表反响热烈，积极参与讨论，为进一步推动汉语语体和吴语研究起到了积极作用。

4月11日晚，以线下线上结合的方式召开了中国语言学会第十届理事会第四次会议。学会秘书长李爱军向理事会汇报了2018年11月至2021年4月期间中国语言学会及4个下属二级学会的工作情况。理事会审议通过了《中国语言学会章程（修订稿）》和78名学者的入会申请；理事会同意王洪君会长因年龄限制原因请辞中国语言学会会长一职的申请，并推举中国社会科学院语言研究所张伯江接任会长职务。

闭幕式由学会秘书长李爱军主持，浙江大学王云路教授作大会总结。会员代表大会审议通过了《中国语言学会章程（修订稿）》。中国语言学会接任会长、中国社会科学院语言研究所所长张伯江致辞。他简要回顾了中国语言学会40年来的发展历程，指出吕叔湘先生当年在《把我国语言科学推向前进》中提出的语言研究工作要处理好四个关系仍具有指导意义，即处理好中和外的关系，虚和实的关系，动和静的关系，通和专的关系。吕先生当时所指出的问题，随着时代的发展有了新的含义，也就是沈家煊先生在最近十年的五届年会反复强调的"面向世界、面向现代化、面向未来"。而语言学的学科建设，是历史使命，更是时代的要求。张伯江在讲话中还强调了学风建设问题，指出，弘扬优良学风，营造清正的学术生态，是语言学健康发展的保证。

6. 全国汉语方言学会第二十一届年会

2021年4月17-18日，全国汉语方言学会第二十一届年会在山东济南召开。会议由全国汉语方言学会和山东大学文学院联合主办，山东大学文学院承办。来自全国高校和科研院所的近150位专家学者出席了会议。

开幕式由山东大学文学院张树铮教授主持。山东大学党委副书记张永兵、山东大学文学院院长杜泽逊教授分别致欢迎辞。全国汉语方言学会会长、中国社会科学院语言研究所沈明研究员致开幕辞。沈明重温了全国汉语方言学会成立以来始终坚持的"摆事实、讲道理"学风和会风：强调人文学科的创新，一是要继承传统、融入传统，才能成为新的传统；二是要以好的基础研究为前提。好的基础研究，靠的是读书、调查、思考积累起来的学识，和面向未来、面向世界的视野，更重要的是严谨的科学精神，学问做得纯粹。

大会报告开始之前，播放了纪念李荣先生百年诞辰专题片。丁声树、李荣等前辈的学术人生，简单而丰富，激情澎湃又清静自守，贡献了众多的学术精品和宝贵的精神财富，激励着每一位观者。

大会报告分两场，分别由中国社会科学院语言研究所刘祥柏研究员和北京大学项梦冰教授主持。9个大会发言分别是（以发言顺序为序）：钱曾怡《"做、作"辨》、张振兴《关于古见母字的读音》、曹志耘《吴语汤溪方言的语流音变》、陈忠敏《卷舌音变异及其音变》、沈明《再说晋语的"支微入鱼"》、项梦冰《吃喫飻记》、邢向东和张建军《西北方言中

"扔进横"的白读音与"北墨白麦"读齐齿呼的地域分布和历史层次》、张惠英《从汉语方言"个曾、阿曾"说起》、张树铮《山东方言特字说略》。

另有28场分组讨论。内容涉及语音、词汇、语法等方面,讨论深入,气氛热烈。

闭幕式由南京大学顾黔教授主持。中国社会科学院语言所张振兴研究员在会议总结中说:本届会议的论文反映了大量的方言事实,研究视野开阔,这是方言学会所提倡的研究传统,也是方言学科发展进步的关键。他希望年轻学者能够重视汉语方言的一致性,做研究要"说中国自己的话";对学术大家应有敬畏之心,多读书,开阔视野。

4月16日晚,全国汉语方言学会第二十届理事会召开,会上讨论并通过了12位新会员的入会申请;确定下一届年会由华中师范大学文学院承办。18日下午,召开了全国汉语方言学会会员代表大会,表决通过了《全国汉语方言学会章程》修订稿;接受了理事夏中华教授、罗昕如教授的请辞申请,表决通过了陈晖教授接任理事的提议。

7. 第七届韵律语法研究国际研讨会

2021年4月17-18日,由北京语言大学语言科学院章黄学术理论研究所主办,天津大学外国语言与文学学院、天津大学语言科学研究中心承办的"第七届韵律语法研究国际研讨会(ICPG7)"在线举办。会议开幕式由天津大学施向东教授主持,天津大学外国语言与文学学院党委书记马小宝,北京语言大学章黄学术理论研究所所长冯胜利分别致开幕辞,来自美国、法国、捷克、中国台湾、中国香港及中国大陆52所高校和科研单位的97名学者参加了本届研讨会。

蔡维天、端木三、冯胜利、李智强、马秋武、施向东、谢丰帆、张健、Daniel Hirst、Hana Trísková、Mark Liberman 等11位学者应邀作了大会报告;分组报告11组共81位学者进行了报告;5位青年学者入围参加了"韵律语法青年学者论文奖入围报告",最终评选出一、二等奖各1名,获奖论文分别为耶鲁大学叶家辉的"Syntax - prosody Mapping of Right Dislocation:A Comparative Study of Cantonese and Mandarin"和北京语言大学冯耀艺的《中高级水平留学生嵌偶单音词的习得研究》。

综览大会特邀报告,分别涉及汉语词重音、诗律、方言连续变调、韵律转录、韵律语法的实验研究等多个方面,主题丰富,内容前沿。与会学者与特邀报告专家进行了热烈的讨论,对推进韵律语法相关领域的研究具有重要意义。

分组报告主题涉及韵律句法、韵律音系、韵律形态、韵律文体、韵律语体、韵律习得等韵律语法的各个分支领域,报告题目既有现代汉语和古代汉语的韵律语法研究,也有汉外韵律语法对比研究,还有韵律语法与文体学、语体学、脑科学、心理学等诸多其他学科的交叉研究。内容丰富、材料新颖,现场讨论热烈,对韵律语法各领域的细化研究和交叉领域的拓展研究具有重要作用。

冯胜利教授主持会议闭幕式。颁奖仪式环节，由施向东教授和蔡维天教授分别宣布了"韵律语法青年学者论文奖"的二等奖和一等奖的获奖者及其论文；北京语言大学马秋武教授作会议总结发言；上海大学裴雨来教授介绍2022年第八届韵律语法研究国际研讨会承办事宜；最后，会议承办方代表冯卉副教授作大会致谢。

8. 中国语言资源保护工程建设推进会

4月19日，中国语言资源保护工程建设推进会在北京召开，系统总结了语保工程一期建设经验，表彰了"中国语言资源保护奖"20个先进集体和100名先进个人，并部署了语保工程二期建设工作。会议由教育部语言文字信息管理司司长田立新主持，教育部副部长、国家语委主任田学军出席会议并讲话。

与会人员观看了"中国语言资源保护工程一期回顾"视频。中国语言资源保护工程首席专家曹志耘教授介绍了工程一期有关情况。教育部副部长、国家语委主任田学军为"中国语言资源保护奖"先进集体和个人获奖代表颁奖，并充分肯定了获奖单位及个人对语言资源保护工程建设做出的贡献。湖南省语言文字工作委员会办公室荣获先进集体称号，湖南省教育厅副厅长王玉清应邀作为代表上台领奖。

湖南师范大学鲍厚星教授作为先进个人获奖代表在会上分享了湖南语保工程建设经验。鲍厚星表示，在教育部、国家语委的关怀指导下，在湖南省语委、省教育厅的大力支持下，湖南语保工程成果显著。湖南语保工程下一步的重要任务是积极推动语保成果的应用转化，努力探索推进中国语言文化博物馆建设。

最后，田学军充分肯定了语保工程自2015年启动以来，第一个五年建设期所取得的突出成效，总结了工程实施中的成功经验，并在讲话中指出，推进语保工程建设意义重大，在大力推广国家通用语言文字的同时，要科学保护好汉语方言和少数民族语言资源，促进语言资源的开发利用。他要求语保工程二期建设一是加强系统谋划，进一步做好顶层设计；二是加强开发应用，进一步做好传承弘扬；三是加强守正创新，进一步完善工作机制；四是加强组织动员，进一步壮大人才队伍；五是加强交流互鉴，进一步扩大国际影响。田学军强调，各地要负起主体责任，加强组织协调，提供保障支持，充分调动各方积极性，形成合力共同推进语保工程二期建设工作，促进中华优秀语言文化的传承保护，为推动新时代语言文字事业高质量发展、建设社会主义现代化教育强国做出新的更大的贡献。

会议采取线上线下相结合的方式召开，人力资源和社会保障部国家表彰奖励办公室、国家民委教育科技司、中国社会科学院语言研究所、民族学与人类学研究所等有关单位负责同志，教育部有关司局和直属单位负责同志，语保工程咨询委员会及核心专家组专家代表，

"中国语言资源保护奖"先进集体和先进个人代表等80余人在北京主会场参加会议，各省（区、市）设分会场。

9. 第十三届全国汉语词汇学学术研讨会

2021年4月24-25日，第十三届全国汉语词汇学学术研讨会在山东师范大学举办。会议由山东师范大学文学院和山东师范大学国家语言文字推广基地联合主办、商务印书馆协办。来自全国62所高校和科研单位的120余位专家、学者参加了这次会议。北京师范大学刁晏斌教授、北京大学董秀芳教授、厦门大学苏新春教授、日本明海大学史有为教授、教育部语言应用研究所张世平研究员、武汉大学赵世举教授、暨南大学郭熙教授、中国海洋大学刘中富教授、中国社会科学院谭景春研究员、澳门大学徐杰教授、上海师范大学徐时仪教授、澳门理工学院周荐教授以及我校董绍克教授等13位专家作了大会报告，就外来词、ABB式形容词、教材词汇、辞书演化、成语变形、词义层次、"巴刹"、异形词、词典收词与释义、词汇规范标准与区域词汇进入共同语的原则、《朱子语类》"气"词义系统、语料选择、普方词汇合璧研究等问题进行了深入讨论和交流。

分组报告共分为10个小组，百余位学者围绕词汇的历时演变、外来词、辞书释义、词典编纂、社会方言、词汇化与语法化、词源、词形、词义与语义以及词汇教学等主题进行了报告，并开展了热烈讨论。通过此次会议，各高校以及相关科研单位之间加强了语言学科特别是词汇学的学术交流，研究理论、方法、思维和视角等在激烈的学术讨论中得以碰撞，为中国语言文学学科的进一步发展以及新文科的建设提供了动力、开阔了视野、拓宽了路径。

10. 第四届汉语方言中青年高端论坛

5月7-9日，"第四届汉语方言中青年高端论坛"在浙江大学举行。论坛由《方言》编辑部、全国汉语方言学会、浙江大学汉语史研究中心主办，浙江大学汉语史研究中心、浙江大学国家语言文字推广基地承办。来自中国社会科学院语言研究所以及全国多所高校的20多位专家学者出席了论坛。

开幕式由浙江大学中文系庄初升教授主持。浙江大学汉语史研究中心执行主任真大成教授致欢迎辞，并向与会学者介绍了浙江大学汉语史研究中心。中国社会科学院语言研究所谢留文研究员代表《方言》编辑部对各位专家的光临表示热烈欢迎，指出举办论坛的宗旨就是要加强中青年学者之间的学术交流，进一步推进汉语方言的研究。

论坛为期两天，20多位学者进行了主题报告。报告围绕汉语方言的音韵特点、历史层次、语音描写、词义探究、语法类型等方面展开了深入热烈的讨论。庄初升教授做了论坛总结发言。

11. 修辞、话语与传播交叉研究线上论坛

5月8日，齐鲁工业大学（山东省科学院）外国语学院举办"修辞、话语与传播交叉研究"线上论坛，旨在推动我国修辞学、话语研究、传播学以及相邻领域学者之间的交流与合作，构建跨学科研究平台。南京师范大学张辉教授、北京语言大学王立非教授、天津外国语大学田海龙教授、国防科技大学李战子教授、上海大学邓志勇教授、华东师范大学甘莅豪教授、北京航空航天大学刘立华教授、山东大学李克教授应邀在论坛上作了报告，内容突出多学科的交叉与融合，涵盖修辞学、话语研究、传播学等多学科的交叉研究，跨学科属性显著。

12. 第22届汉语词汇语义学国际研讨会

5月15—16日，第22届汉语词汇语义学国际研讨会在线上举行。江苏师范大学语言研究所杨亦鸣教授、华为诺亚方舟实验室刘群教授、香港理工大学黄居仁教授和闽江学院计算机与控制工程学院徐戈教授分享其研究领域的最新进展、发展趋势以及科研经验。会议本着打通语言学和计算语言学，贯通词汇语义的理论、计量与计算应用，体现学科交叉与前沿动态的办会宗旨，组织了传统主题词法、句法、语义研究、语料库构建、基于语料库的语言学研究、自然语言处理、二语习得、方言、语用研究、实词研究、虚词研究、新词与构式研究、隐喻研究、语言计量研究、神经与认知等多场专题报告，为同一领域的研究者提供了交流和互动平台。

13. 古文字与出土文献青年学者西湖论坛

5月29—30日，中国美术学院主办，视觉中国协同创新中心、汉字文化研究所承办。论坛邀请了来自国内10余所高校近30位青年学者参会，围绕"金文、玺印文字的考释""新出楚简的释读与研究""出土文献与古典语文学的新探索"三个主题展开。现场报告的20余篇论文，既有对未刊材料的介绍与研究，亦有对学界悬而未决之疑难问题的再考与新证，囊括了古文字考证与出土文献释读、竹书成书问题探究、历史人物年代考据、传世文献故训探析以及隶变、草化现象等内容，从古文字学、历史学、艺术学、文献学、训诂学等多学科、多角度充分发掘了古文字与出土文献的重要价值。

14. 中国训诂学研究会成立40周年纪念暨2021年学术年会

6月4—7日，中国训诂学研究会成立40周年纪念暨2021年学术年会在上海交通大学

召开。此次会议由中国训诂学研究会和上海交通大学人文学院共同主办,来自全国高校及科研院所的会员代表和专家学者150多人出席了会议,多家媒体及出版社代表亦共同与会。大会报告主要有:北京师范大学朱小健教授《中国训诂学研究会成立四十年来的成就》、北京语言大学冯胜利教授《论经学训诂及其阐释方法》、复旦大学刘钊教授《利用出土文献补正〈汉语大词典〉(第二版)举例》、宁波大学周志锋教授《〈红楼梦〉"嗷嘈"究为何解?》、南京师范大学董志翘教授《古代文献中的"面""而""向""回"》、上海交通大学虞万里教授《由海昏简与熹平残石对勘论鲁、毛篇次异同》、上海师范大学徐时仪教授《〈朱子语类〉"爱"词义系统考探》、湖南师范大学郑贤章教授《汉文佛典对中国古代语文辞书发展的影响》。

四场分组学术报告的主题包括训诂学研究会成立40周年、俞樾诞辰200周年、黄侃诞辰135周年、《汉语大词典》研究与辞书编纂研究及其他训诂学相关研究等。发言学者从训诂学的历史脉络、研究方法、训诂实践等方面展开,与时俱进,为传统研究注入新方法。同时,就训诂学经典传世文献的相关研究、辞书发展历程等成果展开讨论,在古今演绎中进一步阐释传统经典。浙江大学王云路教授作大会总结。

会议期间,召开了中国训诂学研究会会员代表大会,选举产生了由59名理事组成的第十一届理事会。第十一届理事会第一次会议上,经全体理事投票选举产生了新一届中国训诂学研究会领导班子:浙江大学王云路教授当选为会长,北京语言大学华学诚教授、复旦大学刘钊教授、上海交通大学虞万里教授、北京大学孙玉文教授、四川大学雷汉卿教授、东南大学王华宝教授、武汉大学卢烈红教授当选为副会长,复旦大学汪少华教授当选为秘书长。第十一届理事会决定成立学术委员会,聘请北京语言大学董志翘教授担任学术委员会主任。

15. 语言认知科学国际学术研讨会

6月5-6日,第一届语言认知科学国际学术研讨会成功举办。研讨会由北京语言大学语言认知科学学科创新引智基地主办,北京科技大学外国语学院、湖南师范大学国际汉语文化学院、上海外国语大学语言研究院、浙江师范大学国际文化与教育学院和浙江师范大学外国语学院协办,语言认知科学学科创新引智基地主任王建勤教授担任大会主席。研讨会邀请美国宾夕法尼亚州立大学的James Lantolf教授、美国卡耐基梅隆大学的Seth Wiener教授、荷兰马克思普朗克研究所的Peter Hagoort教授、法国健康医疗研究中心的Christophe Pallier教授、西班牙巴斯克科学基金会的Pedro (Kepa) Paz-Alonso教授、美国乔治城大学的Michael Ullman教授等国际知名教授作主旨发言,北京大学的周晓林教授、北京师范大学的陈宝国教授等也分享了自己的前沿研究成果。

16. 第六届中国生态语言学战略发展研讨会

6月5日,"第六届中国生态语言学战略发展研讨会"举办。会议由中国英汉语比较研究会生态语言学专业委员会、北京外国语大学国家语言能力发展研究中心、中国外语与教育研究中心主办,《北京第二外国语学院学报》编辑部承办,《中国外语》、*Journal of World Languages*（De Gruyter）协办。会议采用腾讯会议、B站等网络直播形式。来自全国各院校、科研机构的350多位专家学者、硕博研究生参加了此次会议。

大会主旨发言的专家有:黄国文教授、原一川教授、王晋军教授、刘承宇教授、何伟教授、徐珺教授、张天伟教授、薛亚红教授、Prof. Arran Stibbe（University of Gloucestershire）。

在中国英汉语比较研究会生态语言学专业委员会常务理事会上,生态语言学专业委员会会长何伟教授汇报了学会自2020年9月以来开展的工作,两位名誉会长黄国文教授、王文斌教授及20位常务理事围绕"学科建设、学术创新、人才培养、社会服务"等议题进行了发言和讨论。闭幕式由周长银教授主持。中国英汉语比较研究会生态语言学专业委员会副会长王晋军教授致闭幕词。

17. 第三届"'一带一路'背景下的汉语国际教育"国际学术研讨会

6月19-20日,第三届"'一带一路'背景下的汉语国际教育"国际学术研讨会在上海大学召开。研讨会由上海大学国际教育学院主办,以汉语国际教育服务"一带一路"的新形式、新问题、新方案为主题,来自全国54所高校的100多位专家、学者通过主题报告、小组讨论等形式,发表了各自的真知灼见,对国际中文学科建设、新时代汉语传播面临的问题以及教学方法等都进行了深入研讨。

上海大学国际教育学院副院长裴雨来教授主持研讨会开幕式。上海大学国际部副部长、党委副书记、国际教育学院院长姚喜明教授代表上海大学主办方致欢迎辞。

吴应辉、孙宜学、吴勇毅、张艳莉、裴雨来作大会主旨发言。吴应辉教授分析了全国专业学位水平评估将对各高校专业学位点以及未来人才培养带来的重大影响,提出了关于国际中文人才培养方面的几点思考;孙宜学教授就"一带一路"背景下国际教育共同体的建设,以及体制与机制创新等进行了探讨,对"一带一路"国际合作面临的瓶颈和问题给出了建议;吴勇毅教授提出,华文教育与华侨教育既有区别又有联系,二者应该相互促进,共同发展,发挥华文的价值,把华文教育事业推向一个新高潮;张艳莉教授从微观角度出发,介绍了语言测试理论的发展阶段,回顾了HSK的过去、现在发展状况,并基于HSK的发展变化对未来发展进行了展望;裴雨来教授从汉硕学生的培养视角出发,针对汉语学科属性和当前课程体系中的现实问题,探讨了人才培养的新思路。

研讨会闭幕式上,崔希亮、吴中伟、叶军等教授分别对汉语国际教育建设与发展相关问题作了主旨报告,李劲松先生就当前面临的机遇作了报告。刘春光、缪俊、潘海峰等三位青年学者就国际学生的培养和人才发展等问题发表了演讲,裴雨来就微课建设暨微课大赛情况作了汇报。最后,上海大学国际部党委书记王丽娜代表主办方作了总结发言。

18. 中国心理学会语言心理学专业委员会第四届学术年会

7月2-4日,"中国心理学会语言心理学专业委员会第四届学术年会"在上海华东师范大学举行。大会由中国心理学会语言心理学专业委员会主办,华东师范大学心理与认知科学学院、上海市心理学会、上海外国语大学语言研究院承办,上海市心理健康与危机干预重点实验室、上海市脑功能基因组学重点实验室协办。

会议聚焦语义和句法加工、语言与感知觉和其他认知能力关系、言语、阅读和语言习得等主题,进行了10余场精彩的专家报告以及跨学科圆桌讨论、快闪报告和墙报等多种学术交流形式。来自北京大学、北京师范大学、中国科学院心理研究所、中国科学院神经科学研究所、华东师范大学、西南大学、浙江大学、东北师范大学、中国人民大学、复旦大学、上海外国语大学、上海纽约大学等40多所院校的100余位专家学者参加了此次会议。

中国心理学会语言心理学专业委员会主任、会议主席、北京大学教授周晓林围绕"欢迎""说明""宣传""动员"等四个关键词发表了热情洋溢的讲话;国家高级心理咨询师、家庭疗愈师代表王彩丽致开幕辞。北京师范大学认知神经科学与学习国家重点实验室教授毕彦超,在首场大会报告中,对词汇如何在脑中表征(What's in a word, for the human brain?)这一重要问题进行探讨。结合一系列研究,毕彦超介绍了人脑中具备的"感觉驱动"和"语言驱动"的两种知识表征,分享了其团队最新的研究成果,对知识表征的计算、特质和发展进行了深入的探讨,提出了独特的见解。中国科学院心理研究所研究员李晓庆从句子理解层面,介绍了其课题组对语义预测机制的研究,深化了我们对语言预测内在机制的理解。

受到语言学领域多元化议题的影响,在跨领域圆桌讨论环节,蔡清、毕彦超、邱锡鹏、张琳敏、王立平、王彩丽、韩蒙如等学者,就语言学各个领域共同关注的问题展开了热烈的交流和碰撞,其他参会人员则通过现场互动的方式与学者们交流了相关问题。

闭幕式上,周晓林在致辞中高度肯定了本届语言心理学学术年会的质量和定期开展此类学术交流的意义,并对中国语言心理学未来寄予了热切期望。

19. 语音学与大脑神经机制高级研讨会

7月9-11日,"语音学与大脑神经机制高级研讨会"在上海交通大学举行,研讨会由上海交通大学外国语学院言语－语言－听力中心主办，上海交通大学外国语学院常务副院长常辉致开幕辞。

大会主旨发言有：上海交通大学医学院附属精神卫生中心副院长兼心理与行为科学研究院副院长、主任医师李春波的《数字心理健康（digital mental health）及应用语言学》，主任医师范青的《抑郁症语音特征的临床对照及随访研究》，上海交通大学外国语学院言语语言听力中心丁红卫教授的《交大外院语音学的跨学科研究及国内外合作研究》，李菲副教授的《ERP数据的采集、预处理和分析——以N400为例》，美国明尼苏达大学双城分校张扬教授的"Neural mechanisms of speech and voice processing across life span"，美国德克萨斯大学奥斯汀分校刘畅教授的《语音环境对于语音和非语音听觉感知的影响》，香港理工大学彭刚副教授的《老龄化群体的语音感知》，华南师范大学秦鹏民教授的《自己名字的加工机制及其与意识的关系》，南方科技大学陈霏教授的《语音区间的听觉贡献：从言语识别到注意力解码》，上海外国语大学蒋晓鸣教授的《嗓音交际的动态属性》，湖南大学陈飞教授的《声调语言背景自闭症儿童言语与非言语加工机制研究》，索诺瓦集团中国区创新中心总监管晶晶博士的《语言经验对基础听觉能力的影响以及临床启示》。来自国内外80余名学者、高校教师和研究生参加了研讨会。

20. 纪念王德春先生逝世十周年暨当代语言学新视野国际研讨会

7月10-11日，"纪念王德春先生逝世十周年暨当代语言学新视野国际研讨会"在上海外国语大学举行。会议由上海外国语大学、中国修辞学会、上海市语文学会共同主办，上海外国语大学国际文化交流学院承办。上海外国语大学副校长张静、复旦大学陈光磊教授、华东师范大学胡范铸教授致开幕辞。华东政法大学潘庆云教授、南京师范大学张辉教授、江苏理工学院代树兰教授作纪念王德春先生的特邀发言。来自全国30余所院校的与会代表在各分会场参加分组讨论。

大会主旨报告有：澳门理工学院周荐教授的《中外交流对汉语词汇数百年发展的影响》、华东师范大学胡范铸教授的《"新言语行为分析"论纲》、对外经济贸易大学向明友教授的《我之经济分析语用学思考：感念王先生的博大育人观》、上海财经大学黄锦章教授的《语言共性与当代类型学研究中的比较基准问题》、华东师范大学何刚教授的《论文化信息的话语建构》、江苏师范大学语言科学与艺术学院金立鑫教授的《汉语动词的典型性等级》、南京师范大学张辉教授的《批评认知语言学与社会再语境化》、北京外国语大学李佐文教授的《AI时代的话语研究》、上海外国语大学廖巧云教授的《量子力学视域下矛盾修辞的生成机制研究：语言跨学科研究视角》。

21. 第五届语言类型学国际学术研讨会

7月13－15日,"第五届语言类型学国际学术研讨会"在广西民族大学召开。会议由中国社会科学院语言研究所、《中国语文》编辑部、广西民族大学联合主办,广西民族大学文学院承办。200余名学者与会,185名学者在线上和线下的会场报告了学术论文。

会前,有3位国际专家作了线上专题讲座。会议开幕式由广西民族大学文学院院长叶君教授主持。广西民族大学党委书记卞成林教授、深圳大学刘丹青教授和《中国语文》编辑部主任刘祥柏研究员分别致开幕辞。大会主旨报告有：戴庆厦《分析型语言虚词的语法属性定位——以藏缅语族景颇语为例》、金立鑫《汉语可逆句的论元配置》、刘丹青《土句现象与话题类型》、黄成龙《动词"给"的类型学考察》、黄平文《壮语多功能语法词au1的语义地图》、贝罗贝（Alain, Peyaube）"New Perspectives on the History of Chinese Demonstratives"、徐丹《语言类型和"综合格"标记》、比桑（Walter, Bisang）"Roots, Stems and Words – a New Typology of Word – class Systems"。170余位学者在线上和线下共19个分会场展开讨论。

22. 第三届社会语言学高端论坛

第三届社会语言学高端论坛于7月17日在西南大学外国语学院召开。此次论坛由中国语言学会社会语言学分会主办,西南大学外国语学院承办,外语教学与研究出版社协办。论坛为期两天,共吸引线上线下近450位专家学者围绕"语言政策与规划、社会认知语言学、话语研究"等主题展开研讨。

中国语言学会社会语言学分会秘书长郭龙生主持开幕式。西南大学外国语学院党委书记徐天虹、中国语言学会社会语言学分会会长田海龙教授致欢迎辞。

田海龙教授、复旦大学祝克懿教授、上海外国语大学赵蓉晖教授、北京外国语大学张天伟教授、江西师范大学李勇忠教授、西南大学杜世洪教授、四川外国语大学赵永峰教授、山东师范大学葛云锋教授、天津商业大学赵芃副教授以及西南大学文旭教授等10名专家分别作了主旨发言。

参会代表在线下二个分会场及线上九个"云端"分会场汇报展示了自己的研究成果,内容覆盖社会与认知、话语与方言以及话语政策与外语教育研究等。

23. 第十四届中国语音学学术会议（PCC 2021）

7月18－20日,"第十四届中国语音学学术会议"（PCC 2021）在兰州举行。会议由中国语言学会语音学分会、中国中文信息学会语音信息专业委员会及中国声学学会语言、听觉和音乐专业委员会三个学术团体联合主办，在中国语言学会语音学分会的指导和协助下，由西北民族大学中国民族信息技术研究院、中国民族语言文字信息技术教育部重点实验室、西北民族大学中国语言文学学部承办，由兰州大学文学院、西北师范大学文学院、兰州城市学院西北方言研究中心/甘肃方言研究所协办。

会议以"语音，信息与认知"为主题，主要面向全国语音学者交流最新研究成果，涵盖历史比较语音学、生理语音学、声学语音学、心理语音学、病理语音学、司法语音学、言语工程、音系学、口传文化、民族语言与语音以及其他相关领域，吸引了280余位来自全国的专家学者和学生参与。

24. 第十一届现代汉语语法国际研讨会

7月24日，"第十一届现代汉语语法国际研讨会"在哈尔滨以线上与线下相结合的方式举行。研讨会由黑龙江大学主办，北京大学、复旦大学、暨南大学、华中师范大学、上海师范大学、北京语言大学、广东外语外贸大学、香港中文大学和澳门大学等9所高校合办。来自各高校、科研机构的190余位学者参加了此次会议。

黑龙江大学副校长于文秀教授致欢迎辞，暨南大学邵敬敏教授致开幕辞，中国社会科学院语言所沈家煊教授、南开大学马庆株教授、黑龙江大学邹韶华教授先后致辞。

会议为期2天，分为大会报告和分组报告两部分，大会报告的内容有：中国社会科学院研究所沈家煊《从哈里斯的分析方法看汉语语篇和句子结构》、黑龙江大学张家骅《关于"奇怪1"的词类归属问题》、上海师范大学张谊生《"甚至于""乃至于"的关联功用与演化成因研究——兼论"甚至于、乃至于"与"甚至、乃至"及"甚而至于"的区别》、北京大学郭锐《汉语句子的锚定和动词限定性问题》、哈尔滨师范大学陈一《全面认识套语的二重性与套语化、去套语化》、北京语言大学施春宏《基于特定语域的语体特征考察——以法律文本中的特殊语法现象为例》、首都师范大学史金生《清末民初北京话语气词的语流音变、合音和连用现象》、复旦大学陈振宇《"焦点—完句"规则》、北京大学周韧《"只见"与"但见"的功能辨异》、上海师范大学曹秀玲《汉语相似概念表达词语的虚化路径及其制约因素》、浙江科技学院税昌锡《动词后时量成分的句法多功能性探究》、华中师范大学匡鹏飞《从生理反应到话语组织：原生叹词"哎哟"的功能演变》、吉林大学吕明臣《汉语"递进关系"的语义属性》、暨南大学邵敬敏《汉语疑问范畴研究的再思考》、广东外语外贸大学石定栩《命题的话语逻辑与汉语语法分析——从"确实、真的、实在"的辨析说起》。

分组报告共为6组，代表们围绕现代汉语语法诸多理论和具体问题进行汇报，报告内容丰富、讨论激烈，充分展现了目前汉语语法研究的热点与方向。

25 日下午进行大会闭幕式并颁发"语法新秀奖"。

25. 声调语调问题研讨会

2021 年 8 月 7－8 日，声调语调问题研讨会在线顺利举行。研讨会由中国社会科学院语言研究所语音研究室主办。来自国内高校和科研院所的 30 多位专家学者应邀参加了会议，另有 200 余人在线观看了会议直播。

会议将声调语调问题放在丰富复杂的语言和社会需求这一背景之下，充分利用现代科技，努力解决语音学研究所面对的重大现实问题。会议一共安排了 20 多个场次的报告发言，内容精彩纷呈，集中呈现了与会代表在声调语调等方面的最新研究成果，充分体现了"理论应用并举、科研服务社会"的研究导向。概括起来，大致可分为声调语调基础理论研究、声调语调类型学研究、声调语调分析方法研究、声调语调教学研究、声调语调障碍与康复研究等几个方面。

研讨会还讨论了语音库建设的有关问题。与会代表认为，对于声调语调这样涉及表层深层、基础应用方方面面的核心问题，今后应该在系统性、跨语言、跨学科等方面进一步深入探索，以期取得更好的成绩。

26. 首届简牍学与出土文献语言文字研究学术研讨会

2021 年 8 月 7－8 日，首届简牍学与出土文献语言文字研究学术研讨会在兰州召开。会议由中国社会科学院语言研究所历史语言学研究一室、中国人民大学吴玉章中国语言文字研究所、人大复印报刊资料《语言文字学》编辑部、甘肃简牍博物馆和西北师范大学文学院联合主办，西北师范大学文学院承办。来自高校与科研机构的 47 位学者报告了论文，与会学者围绕"简牍语言文字研究""甲骨文、金文语言文字研究""敦煌文书语言文字研究"等主题展开了广泛而深入的交流。

西北师范大学文学院周玉秀教授主持会议开幕式，西北师范大学副校长韩高年教授、中国社会科学院语言研究所所长张伯江教授、甘肃简牍博物馆朱建军馆长、中国人民大学吴玉章中国语言文字研究所所长王贵元教授、西北师范大学文学院院长马世年教授分别代表主办方致辞。

大会报告有：甘肃简牍博物馆张德芳研究员的《西北汉晋简牍的出土、整理与出版》、西南民族大学王启涛教授的《从秦汉简牍到吐鲁番文献——以"遝"字为例》、中国人民大学王贵元教授的《从出土文献看秦统一后的用字规范》、中国社会科学院语言研究所王志平研究员的《"思诚"新诂》、湖南师范大学唐贤清教授的《汉语语法研究的民族语言视角》、西南大学张显成教授的《西北屯戍汉简所见"贳卖""贳买"研究》、清华大学赵平安教授的《谈谈战国简帛整理中隶定的标准问题》、敦煌研究院杨富学研究员的《"敦煌"名出原始突厥语考辨》、北京语言大学魏德胜教授的《从屯戍简牍看"印""章"的印章义相关引申义》、陕西师范大学黑维强教授的《蒙古语影响元明契约文书一例分析》、西北师范大学田河教授的《武威仪礼简甲本〈服传〉"赞楄柱麋"解》。

与会学者围绕会议主题"简牍语言文字研究""敦煌学语言文字研究"以及甲骨文、金文等出土文献语言文字研究展开了热烈的讨论和广泛的交流。共有36位代表作了小组报告，内容涉及简牍整理与校释、利用简牍等出土文献的词语考释、语法演变、与出土文献相关的文化现象考察、古书的流传等问题。西北师范大学文学院洪帅副教授主持会议闭幕式，西南大学张显成教授作了大会主题报告总结。中国社会科学院语言研究所历史语言学研究一室主任赵长才研究员对大会作了总结。西北师范大学文学院洪帅副教授代表主办方说明了会议筹办情况，并致闭幕辞。

27. 第三届"一带一路"语言与方言学术研讨会

8月8-9日，第三届"一带一路"语言与方言学术研讨会在济南召开。会议由全国汉语方言学会、《方言》编辑部、山东师范大学联合主办，山东师范大学文学院、山东师范大学国家语言文字推广基地联合承办。20多位学者受邀参会，另有10多位青年教师和学生旁听。

开幕式由山东师范大学文学院邵艳梅教授主持。山东师范大学文学院副院长李建平教授致欢迎辞。全国汉语方言学会会长、中国社会科学院语言研究所沈明研究员致开幕辞。

会议发言有：北京大学项梦冰、李述训《儋州话的归属》，陕西师范大学邢向东《从两种西北馍馍的称谓透视方言语音的演变规律》，北京语言大学赵日新《说"什么"和"东西"》，浙江大学庄初升《广东汉剧传统戏的音韵》，复旦大学陶寰《吴语"鱼"的口语音》，山东师范大学邵燕梅《沂南方言齿间塞音的发现与描写》，河南大学辛永芬《中原官话学术史梳理及研究展望》，中国社会科学院语言研究所谢留文《浙西南吴语"鸡嗉子"读音的本字》，中国人民大学熊燕《赣语梗摄阳声韵字的读音及其演变》，北京语言大学黄晓东《吴语婺州方言中的［dʑia］［da］类疑问代词》，中国社会科学院语言研究所刘祥柏《汉语音节的封闭性》，复旦大学盛益民、翁琳佳《烹饪动词"煤"的南北语义差异及其成因》，南开大学郭利霞、孙佳乐《后缀"头"的用法及其在北方方言的分布》，浙江师范大学黄沚青《闽南方言的"镭""楪"》，山东大学岳立静《由连读变调看鲁北方言清入字的归调及其历史层次》，山东师范大学王红娟《晋语上党片的泥母和来母》，山东师范大学亓文婧《〈万韵书〉校勘释例》。

28. 中国音韵学第 21 届学术研讨会暨汉语音韵学第 16 届国际学术研讨会

2021 年 8 月 21 – 22 日，中国音韵学第 21 届学术研讨会暨汉语音韵学第 16 届国际学术研讨会在四川成都举行。本次会议由西南交通大学主办，西南交通大学人文学院、西南交通大学出版社、巴蜀书社、西南交通大学学报（社科版）联合承办。北京大学郭锡良教授、四川大学赵振铎教授、四川大学向熹教授、南京大学鲁国尧教授致开幕辞，西南交通大学人文学院汪启明教授主持了开幕式和闭幕式。来自中国大陆和香港、台湾，以及日本、美国、韩国等国家（地区）100 多所高校、科研院所、图情单位的 200 余名专家学者提交了论文，178 篇文章在会议报告环节展示。本次会议共 4 场大会报告，20 位知名学者作了发言；16 场分组报告。内容涉及包括音韵学家学术思想研究、音韵学专题研究、音韵学与汉语方言研究、音韵学与少数民族语言研究、音韵学与古籍整理研究、音韵学与古代文学研究、音韵学与地方志文献研究、中国古典文献学研究等议题。2000 余人次线上线下进行了深入而广泛的交流。

29. 后疫情时代国际汉语教育学术创新高端论坛

8 月 27 日下午，由北京大学对外汉语教育学院和北京大学人文学部联合举办的"后疫情时代国际汉语教育学术创新高端论坛"在线上举行。来自北京大学、北京语言大学、中国人民大学、复旦大学、英国剑桥大学、美国休斯敦大学等多位专家学者针对国际汉语教育系列相关问题在活动中展开研讨和互动。

专家们认为，国际汉语教育在后疫情时代面临着前所未有的挑战与机遇，如何促进新形势下汉语国际传播，国际汉语教育学术教学创新以及学术刊物发展问题都应该被重点考虑。

北京大学中文系陆俭明教授表示，新冠肺炎疫情的发生，致使国际交流受阻，对国际汉语教学及各个国家的外语教学冲击很大。国际汉语教学未来如何做到坚持发展创新，应从多方面考虑。国际汉语教学未来要顺应科技发展大趋势，走数字化道路，"特别是面对后疫情时代，更需要走这一条路"。

美国休斯敦大学现代与古典语言文学系教授温晓虹提到，今年秋季学期，休斯敦大学仍然执行线上＋线下的教学计划。如今新冠肺炎疫情的复杂多变和不确定性已成为生活常态，改变自身去适应现实环境是一种必然的选择。使用网络软件与电脑技术是当前教学之必须，推动国际汉语教学技术现代化存在很大的发展空间，"应改变教学理念、提高教育技术、创新教学模式，提高汉语国际教育的有效性"。

英国剑桥大学语言及语言学教授、剑桥丘吉尔学院院士袁博平表示，英国下个学期仍然会以线上线下相结合进行教学。他指出，面临新冠肺炎疫情，线上教学比较灵活，而且学生可以录像录音反复学习，这是线上教学的优势所在。但同时他也强调，英国有些学校打算永久取消线下教学这一想法并不可行。虽然线上教学有优点，但也有弊端。所以，国际汉语教育还应从实际情况出发，选择最能发挥优势的教育模式稳步推进。

北京大学对外汉语教育学院教授杨德峰认为，学术创新对任何一个学科发展来说都至关重要，"尤其对于汉语国际教育这样一个相对年轻的交叉学科来说，学术创新有优势也有阻力，所以非常值得深思和探讨"。

世界汉语教学学会常务理事、北京语言大学对外汉语研究中心教授赵金铭指出，汉语作为外文教授给非母语习得者只是近百年的事。在教学法上，多参照海外依据印欧系语言所创造的教学方法，因此，汉语作为外语教学法一直处于探索与创新之中，但在教学法与教学模式研究领域已呈现多样化与多元性发展态势。他认为，汉语有其自身特点，汉语教学方法应有别于基于印欧系语言所创造的语言教学法。应从中文的语音、词汇、语法及书写形式着手，依据中文自身的特点组织教学，形成中文语音教学法，词汇教学法，语法教学法以及汉字教学法。

陆俭明也认为，编写真正适合国际汉语教学的相关教材是汉语教育相关人员应该投入精力重点打造的事情。"对于汉语作为母语的中国人来讲，从小积累了丰富的语感，但对于非母语的习得者来说，没有语感的积累，一本适合学习的工具书就变得必不可少。"

中国人民大学国际文化交流学院教授李泉表示，对于汉语的国际化，中国国际汉语教学不但不能缺席，而且被赋予了新的使命。

不仅如此，在陆俭明看来，实现文化教育真正融入汉语教学中是非常必要的。"因为语言具有情感性，所以文化教育如何融入汉语教学当中，并不是要去说教，而是用非常朴实、生动、丰富、引发人兴趣的课文把中华文化传递给人家，让学习者愿意接受。"他还强调，加强本土化教师的培养对于国际汉语教育发展也尤为重要。派遣汉语教学志愿者并非完全不可行，但要根据不同国家汉语基础条件出发，不能一概而论。"但汉语真要走向世界，没有一大批当地国、所在国的汉语教师队伍，那是不行的。"

30. "句子"在线专题研讨会

9月18日，由广东外语外贸大学外语研究与语言服务协同创新中心主办的"句子"专题研讨会在线召开。来自中国社会科学院语言研究所、北京大学、北京语言大学、中国人民大学、青岛大学、华侨大学等多家单位的百余名师生参加了研讨会。会议围绕对言语法和对言格式研究、汉语小句复合体结构研究、英汉小句对齐研究、其他语言句子的语法结构研究等议题展开，各方通过主题报告及自由讨论的方式进行深入交流。

主题报告有：中国社会科学院语言研究所沈家煊《检讨句子概念的几点思考》、北京语言大学宋柔《对言语法和话头话身结构》、北京大学徐晶凝《如何在"流水句"中划定"句子"的边界》、广东外语外贸大学葛诗利《英汉小句复合体共享成分对比研究》、华侨大学许立群《汉语研究中的"复句情结"》、北京语言大学罗智勇《汉语小句复合体结构自动分析进展》、中国社会科学院语言研究所王伟《汉语零句为本的重要性——以"了"的研究为例》、青岛大学邢富坤介绍了汉语标点句与英文译文对齐研究工作、中国社会科学院语言研究所完权《从互动角度看汉语句子》、中国人民大学卢达威《汉语小句复合体的应用实践与思考》。

31. 中国民族语言学会第十四次全国学术研讨会

9月25-26日，中国民族语言学会第十四次全国学术研讨会在中央民族大学召开。会议由中央民族大学中国少数民族语言研究院和中国民族语言学会联合主办，来自国内50多所大学和科研机构的200余位专家学者参加会议，168位专家学者作会议发言并交流。

会议开幕式由中央民族大学中国少数民族语言研究院副院长、中国民族语言学会副秘书长周国炎教授主持，中央民族大学副校长王丽萍，中国社会科学院民族学与人类学研究所所长王延中，中国社会科学院荣誉学部委员、中国民族语言学会名誉会长孙宏开先生，中央民族大学荣誉资深教授、中国民族语言学会名誉会长戴庆厦先生，中国社会科学院民族学与人类学研究所原副所长、中国民族语言学会名誉会长黄行，中国社会科学院民族学与人类学研究所副所长、中国民族语言学会副会长王锋，国家民委中国民族语言文字应用研究院院长、中国民族语言学会副会长曲木铁西，中国民族语文翻译局纪委书记、中国民族语言学会副会长李旭练，国家民委教育科技司语言文字工作处处长丁文杰等出席了会议，王丽萍、王延中、孙宏开、王锋在开幕式上致辞。

戴庆厦、黄行、曲木铁西、江荻、李大勤、吕嵩崧、范俊军、李锦芳等8位专家作大会主旨发言。160位学者分别在4个线下分会场和3个线上分会场围绕不同主题展开了26个场次的学术报告和专业研讨，通过直播和腾讯会议参与或观看本次会议的人数达500多人次。

会议议程涵盖了分布于中国大陆和台湾岛内的40多种语言和方言，研究领域涉及语音、词汇、语法和语言应用等各个层面，较之以往内容更加丰富、主题更加广泛，包括高校教师、科研人员、在读博士生和硕士生等在内的老中青三代学者齐聚一堂，气氛融洽而热烈，充分体现了民族语言研究的活跃程度和良好的发展前景。值得一提的是，会议不仅关注民族语言研究的前沿问题，积极探讨新时代民族语言文字事业发展的新形势、新问题和新要求，同时还兼顾民族语言研究的重点问题，并就历史比较、描写研究、语言类型学、民族文字文献、语言资源保护、社会语言学、文化语言学、计算语言学和实验语音学等专题展开研讨，体现了基础研究与应用研究并重，传统方法和新技术相结合的新趋势。

会议闭幕式由中央民族大学中国少数民族语言研究院直属党支部书记刘正发主持。中国社会科学院民族学与人类学研究所党委书记赵天晓、副所长丁赛，中国民族语言学会副会长王锋、李旭练、范俊军，中国民族语言学会秘书长黄成龙，中国民族语言学会副秘书长周国炎、丁石庆等领导和嘉宾出席闭幕式。

32. 第十届汉语方言语法学术研讨会

9月25－26日，第十届汉语方言语法学术研讨会在开封召开。会议由河南大学文学院、全国汉语方言学会、《方言》编辑部主办，河南大学文学院、语言科学与语言规划研究所承办。来自高校和科研机构的67位专家学者出席会议。开幕式由河南大学文学院语言科学与语言规划研究所所长段亚广主持。

大会共进行了两场大会报告、十二场分组报告，57位学者宣读了自己的论文。与会学者围绕会议主题展开了热烈的讨论和广泛的交流，内容涉及各大方言区的不同语法范畴，体现了汉语方言语法研究发展的新态势。会议论文既有宏观的理论探索，也有微观的语言现象考察，既有现象的描写，也有原因的探析。会议努力打破以往语言研究中不同研究领域的壁垒，提倡跨学科、跨语言、跨领域的研究。在众多学者的交流中，原有的语料得到了鉴别与校订，研究方法得到了改进与创新。

会议闭幕式由河南大学文学院辛永芬教授主持。暨南大学中文系甘于恩教授作总结发言，他赞赏了本次会议体现出的新方法、新方向和新特点。中国社会科学院语言研究所研究员刘祥柏致闭幕辞，他对疫情背景下各方为促进会议召开作出的努力表示感谢，并高度赞扬了本次会议所取得的成绩。中国社会科学院语言研究所研究员、深圳大学人文学院特聘教授刘丹青作精彩点评。

33. 中国辞书学会学术委员会议暨辞书编辑出版专业委员会第十一届学术研讨会

9月29日，中国辞书学会学术委员会议暨辞书编辑出版专业委员会第十一届学术研讨会在商务印书馆召开。会议由中国辞书学会辞书编辑出版专业委员会主办，以线上线下相结合的形式举行，主题为"辞书出版规范研讨"。40余位专家学者出席会议，并就中国辞书学会第十三届年会筹备工作、辞书规范研制等事项发表意见和看法。李志江、杜翔、章宜华分别代表语文辞书专委会和双语辞书专委会汇报了《汉语辞书规范》和《双语辞书规范》的研制情况,中国标准出版社原副社长张宁对两个规范标准做了点评,从行业规范和标准研制的内容要求和体例格式等角度提出修改意见。参会学者对两个规范的具体内容设置和要求、规范相互之间如何协调、规范与辞书编纂的操作要求等展开了热烈的讨论。

34. 第六届全国生态语言学研讨会

10月9-10日,"第六届全国生态语言学研讨会"举行,会议以"生态语言学研究与生态文明建设"为主题,采用腾讯会议和B站直播的方式进行,来自国内外160余所高等院校和科研机构的300多位专家学者、硕博士研究生参加,听会人数达1.3万人次。

这次会议由中国英汉语比较研究会生态语言学专业委员会、北京外国语大学国家语言能力发展研究中心、中国外语与教育研究中心主办,中国石油大学(北京)外国语学院承办,*Journal of World Languages*(De Gruyter)、《中国外语》等期刊编辑部协办。

专家发言环节中,华南农业大学黄国文、北京语言大学李宇明、北京外国语大学王文斌、江苏师范大学周庆生、厦门大学苏新春、北京师范大学苗兴伟、武汉大学赵世举、北京外国语大学何伟、广州大学王晋军、华中科技大学徐锦芬、广东外语外贸大学熊涛、中国石油大学(北京)赵秀凤等12位教授从宏观或微观角度出发,就生态语言学与语言研究、教学研究以及生态语言学内部豪根模式、韩礼德模式或融合模式等议题进行发言,阐释了目前学科发展现状和对前沿问题的思考及探讨。

青年学者论坛分别围绕"生态语言学理论探索""生态话语分析实践:能源话语""生态话语分析实践:文学话语""生态话语分析实践:媒体话语""生态语言学与翻译研究""生态语言学与教学研究""语言生态与语言政策研究"等议题展开分组讨论,共有108名青年学者进行了汇报,由相关领域的专家进行点评。各小组研讨氛围热烈,参会人员均表示受益匪浅。

研讨会体现了各位专家学者和硕博士研究生积极响应国家生态文明建设重大战略、呼吁增强生态意识、投身生态实践的态度和举措,为推动我国生态文明建设贡献积极力量。

35. 第六届语言测试与评价国际研讨会

10月15-17日,"第六届语言测试与评价国际研讨会"在上海大学召开。会议由中国英汉语比较研究会语言测试与评价专业委员会和上海大学主办,上海大学外国语学院承办,《外语测试与教学》编辑部协办。大会以"语言测评与教学的融合"为主题,上海大学副校长聂清致开幕辞。来自国内外高校、研究机构、教育考试机构的近300名专家学者参加了此次会议。

这次会议通过线上线下相结合的方式进行，共组织安排5场主旨报告、6场专题研讨会、8个分论坛及4个工作坊。

国际语言测试学会主席Sara T. Cushing教授在线上报告中全面、深入地探讨了语言课堂中所应用的形成性评价技术。内容涉及采用形成性评价技术的原因、面向产品的形成性方法技术（语料库语言学和自动反馈）、形成性评估的过程导向方法技术（眼动跟踪和击键记录）以及课堂中的形成性评价的低技术策略等；中国英汉语比较研究会语言测试与评价专业委员会会长、广东外语外贸大学副校长刘建达教授介绍了我国大学英语教学改革的相关政策，就形成性评价应包括的内容以及如何在课堂上实施提出了建议；全国大学英语四、六级考试委员会主任、中国英汉语比较研究会语言测试与评价专委会副会长金艳教授着重阐述了考试细则在大规模考试和课堂测试中的作用，进一步分析了考试细则对考试效度论证和改进考试的反拨作用；中国英汉语比较研究会语言测试与评价专委会副会长、国家社科重大项目首席专家、北京语言大学王佶旻教授和北京师范大学赵宁宁副教授探究了"双减"政策下语文学习质量监测的方法、路径与走向；华南师范大学黄丽燕教授则梳理了中国高考英语读后续写任务的认知效度的研究成果，揭示了考生在综合写作测试中的认知加工机制。

专题研讨会中，专家学者们从教学视角探讨了《中国英语能力等级量表》在英语教学中的运用，分享对诊断测评考试与中国英语能力等级量表的对接研究，并分析语言教学中的教师评价能力发展。分组报告中，专家学者们围绕课堂语言测评、诊断性语言测评、语言标准及其应用、在线语言测评、教育评价改革与语言测评等主题展开讨论交流。4个会前工作坊主题包括：形成性年轻学习者评价；学习评估中的手段与验证技术；结构方程模型及其在语言测试中的应用；基于《中国英语能力等级量表》的考试解读及自评设计。

闭幕式上，刘建达会长作了总结发言，指出研讨会的成功举办，不仅见证了中国外语能力测评体系建设的研究成果，而且推动了国内外英汉语测试界的学术交流。

36. 第十六届全国人机语音通讯学术会议

10月15－18日，"第十六届全国人机语音通讯学术会议"在江苏徐州隆重举行。会议由中国中文信息学会和中国计算机学会联合主办，中国声学学会语言、听觉和音乐声学分会，中国语言学会语音学分会以及中国电子学会信号处理分会联合协办，江苏师范大学和北京工业大学共同承办。由江苏师范大学、清华大学和海天瑞声公司联合举办的阿尔茨海默综合症（Alzheimer's Disease，AD）识别竞赛，超过40多支队伍参赛。

37. 中国社会科学论坛（2021年·语言学）——汉语方言学暨纪念李荣先生百年诞辰国际学术研讨会

10月16—17日，"中国社会科学论坛（2021年·语言学）——汉语方言学暨纪念李荣先生百年诞辰国际学术研讨会"在浙江师范大学举行。会议由中国社会科学院语言研究所、浙江师范大学主办，中国社会科学院语言研究所方言研究室、《方言》编辑部和浙江师范大学人文学院、中国方言研究院承办。来自中国内地和香港、美国、日本、法国、荷兰、新加坡的近百名专家学者出席了会议，境外代表采取线上视频的方式参会。

开幕式由浙江师范大学人文学院名誉院长、浙江省语言学会会长张涌泉主持。浙江师范大学校长郑孟状致欢迎辞，他简要介绍了浙师大的办学情况及中国方言研究院的建设成就，感谢国内外专家学者的大力支持。

中国社会科学院语言研究所所长张伯江研究员致开幕辞。他指出，李荣先生以卓绝的学识与远见，巨大的决心与毅力，带领学界开展了一系列开创性工作，创办《方言》季刊，成立全国汉语方言学会，绘制《中国语言地图集》，编撰《现代汉语方言大词典》（分卷本，综合卷），为汉语方言学的发展奠定了坚实的基础，这也是我们今天如此深切地缅怀李荣先生的原因。本届中国社会科学论坛以汉语方言学为主题，正是为了彰显方言研究在国家哲学社会科学研究全局中的重要地位，大力弘扬丁声树先生、李荣先生勇于担当、务实求真的治学风范，进一步推进汉语方言的调查描写和理论研究。

开幕式后，隆重举行了李荣先生百年诞辰纪念会。纪念会由浙江师范大学人文学院、中国方言研究院院长曹志耘教授主持，播放了李荣先生专题纪念片，以及李先生同事熊正辉、贺巍、侯精一、张振兴，同业詹伯慧、傅国通、古屋昭弘、平田昌司，学生汪平等人的发言视频，许宝华、刘丹青、谢留文、阮咏梅等作了现场发言，深切缅怀李荣先生在汉语方言学领域筚路蓝缕、开拓创业之功。谢留文指出，缅怀李荣先生，更重要的是要大力弘扬"摆事实、讲道理"的优良传统，继往开来，继续在正确的道路上不断学习，把汉语方言学推向新的高度。

会议分两场大会报告。16日下午由中国社会科学院语言研究所刘祥柏研究员主持，11位境外专家以线上方式报告，专家是平田昌司、太田斋、岩田礼、秋谷裕幸、罗福腾、Redouane Djamouri（罗端）、Christine Lamarre（柯理思）、Hilary Chappell（曹茜蕾）、陈轶亚、Richard Van Ness Simmons（史皓元）、邓思颖；17日下午由中国社会科学院语言研究所谢留义研究员主持，李如龙（线上）、鲍厚星、冯爱珍、李蓝（线上）、王临惠做了大会报告。另有12组分组报告。

闭幕式由浙江师范大学人文学院、中国方言研究院副院长王洪钟教授主持。中国社会科学院语言研究所沈明研究员作会议总结。她简要介绍了论坛的筹备过程，指出李荣先生的科学精神、学术上的远见卓识和家国情怀，已成为方言学界的优良传统，始终是大家应当学习并坚持下去的。论坛收到91篇论文，内容丰富，涉及方法论和研究范式，方言语音涵盖宏观性、区域性研究、单点方言调查研究、本字考、音变与变音、文献音韵与方言、方言岛与方言归属问题；方言语法包括词法、句法、句式；词汇研究涉及称谓等；还有关于语言博物馆的建立、方言地图集的绘制等内容。研究视野开阔，研究方法涉及历史语言学与历史层次分析法、结构主义语言学、地理语言学、社会语言学、实验语音学、语言类型学、词汇化与语法化理论、语言接触理论等。作者队伍融合性强，有方言学的学者，也有汉语史、语法学、实验语音学等学术背景的学者。

38. 第十二届中古汉语国际学术研讨会

10月16-17日，由中国社会科学院语言研究所历史语言学研究二室与中国人民大学文学院联合主办、中国人民大学文学院承办的"第十二届中古汉语国际学术研讨会"在中国人民大学成功召开。会议采用线上线下相结合的方式举办，来自法国、日本、新加坡以及中国内地、香港和台湾等地的109位专家学者出席了会议。

大会开幕式由中国人民大学文学院龙国富教授主持，中国人民大学文学院颜梅书记、中国社会科学院语言研究所历史语言学研究二室主任杨永龙研究员、浙江大学古籍研究所所长和中国训诂学研究会会长王云路教授（线上）以及中国人民大学吴玉章中国语言文字研究所所长王贵元教授致开幕辞。

此次会议共报告学术论文105篇，其中大会报告22篇，小组报告83篇。10余位语言学界德高望重的老一辈专家、20余位影响广泛的中年专家以及一大批青年学者宣读了自己的最新研究成果。专家学者们就中古汉语音韵、文字、词汇、语法等领域进行了深入的交流和探讨。会议讨论气氛热烈、影响广泛，线上线下参与的师生多达500余人。

17日下午，会议闭幕式由中国人民大学文学院朱冠明教授主持。六个小组的代表分别进行了分组总结。首届会议发起人之一、香港教育大学朱庆之教授对第一届中古汉语国际学术研讨会在北京大学的筹办过程作了回顾，希望年轻一代向老一辈学者虚心学习，发扬优良学风，共同把中古汉语研究推向新的高度。中国社会科学院语言研究所历史语言学研究二室姜南副研究员作了大会总结。西南民族大学中国语言文学学院院长王启涛教授代表下一届会议承办单位致辞，向与会者发出热情邀请。

39. 第三届跨文化汉字研讨会

10月16-17日，由中山大学中国语言文学系（珠海）主办，郑州大学汉字文明研究中心和上海交通大学海外汉字文化研究中心协办的"第三届跨文化汉字研讨会"在中山大学珠海校区举办。多名中外知名教授以及来自全国10余所高校共计65名学者参加会议。

会议旨在推进汉字发展史、汉字传播史的研究，深入了解我国和周边各国的文明交流史，邀请了国内外从事古文献、古汉语研究的专家，探讨文字学、音韵学、文献学相关问题。会议分为开幕式、大会发言、分组发言、大会闭幕式四个环节。

大会开幕式由中山大学中国语言文学系（珠海）贾智副教授主持，郑州大学文学院李运富教授，中山大学"一带一路"研究院院长、哲学系（珠海）系主任陈建洪教授，中山大学中文系（珠海）系主任朱崇科教授先后致辞。

大会发言有：郑州大学李运富教授的《谈汉字研究的基本走势》，厦门大学李无未教授的《林泰辅与唐兰：中日现代古文字学理论最初建构——以新发现〈中国文字源流〉稿本（1907）为核心》，郑州大学/浙江财经大学何华珍教授的《日本汉文俗字的整理与研究——以口人写本为中心》，日本北海道大学池田证寿教授的《观智院本〈类聚名义抄〉数据库的构建》。天津师范大学李玉平教授、湖南大学王安琪助理教授、中山大学朱其智教授、中山大学（珠海）贾智副教授、北京师范大学珠海校区冯先思讲师先后和上述四位发言教授对相关文字学问题进行热烈的探讨。

在四个小组发言上，与会学者就古文字学、音韵学、训诂学、文献学等议题展开分享，输出多元化学术成果，线上线下的专家和与会嘉宾、同学展开互动研讨，深度交流，学术氛围浓厚。古文字及写本组、训诂及韩国组、文献及少数民族组、日本及越南组线上线下参会达60余人，总计报告论文56篇，研究主题多样，研究视野开阔，研究成果丰硕。

40. 第七届中国语言产业论坛

10月23-24日，第七届中国语言产业论坛在广西民族大学举行，来自全国20多个省市自治区的100余位代表，在线下、线上围绕"新时代新经济背景下中国语言产业研究的历史使命"主题进行了深入研讨。

"中国语言产业论坛"由首都师范大学中国语言产业研究院主办，广西民族大学广西中华民族共同体意识研究院承办，《管理世界》《语言文字应用》《山东师范大学学报》《语言产业研究》《语言政策与规划研究》等刊物提供学术支持。

首都师范大学教授、中国语言产业研究院执行院长李艳教授主持论坛开幕式和大会第一场主旨报告，广西民族大学黄晓娟副校长、中国语言产业研究院贺宏志院长先后致辞。

主旨报告有：中国语言产业研究院贺宏志《我国语言产业研究的现状与应然》，广西民族大学卞成林《乡村振兴战略背景下城市流动人口的语言治理问题研究》，北京语言大学李宇明《区域经济发展与区域语言学》，武汉大学赵世举《"中国-东盟语言社区"构建与区域语言服务和语言产业发展》，教育部语言文字应用研究所刘朋建《"十四五"期间语言文字事业发展目标和主要任务》，科大讯飞股份有限公司汪张龙《基于AI的国际中文教育云平台》，北京师范大学张维佳《语言资源价值论：政治、文化、经济》，广西民族大学张景霓《少数民族农民工语言使用、态度和认同研究》，山东大学张卫国《语言经济学研究的方法及其实践路径》，上海外国语大学赵蓉晖《新时代背景下外语学科研究生教育的集成治理模式》，北京外国语大学董希骁《罗马尼亚外语教育产业的特点及对我国的启示》，广西民族大学刘金林《广西中越边境地区普通话推广普及高质量发展的思考》，华中科技大学谢晓明《网络语言产业与网络语言生产要素》，首都师范大学李艳《中国语言产业的供需现状及趋势研究》。

会议有两场平行论坛分别由内蒙古大学许晋教授、曲阜师范大学李建校教授主持，与会的各位青年学者围绕语言产业规划、语言行业、语言资源、语言消费、区域语言产业调查、语言文化传播、语料库建设、语言距离计算、国际中文教育等议题进行了热烈探讨。

41. 首届汉语音义学研究国际学术研讨会暨第四届佛经音义研究国际学术研讨会

10月22-25日，安徽省语言学会、国家社科基金重大项目"中、日、韩汉语音义文献集成与汉语音义学研究"（19ZDA318）课题组联合举办了"首届汉语音义学研究国际学术研讨会暨第四届佛经音义研究国际学术研讨会"。会议由华中科技大学黄仁瑄教授、上海师范大学徐时仪教授发起组织，得到安徽省人民政府的大力支持，采取"线上+线下"形式，由淮北师范大学文学院承办。来自国内外30多所高校和研究机构的87名专家以及淮北师范大学文学院部分师生出席了会议，另有200多名网友通过腾讯会议旁听了会议。

淮北师范大学语言研究所所长、文学院副院长杜道流教授主持开幕式，安徽省语言学会会长、安徽大学杨军教授和华中科技大学黄仁瑄教授、上海师范大学徐时仪教授分别致辞。

会议以"汉语音义学学科建设"为主题，共收到论文68篇，涉及音义理论、音韵、训诂、文字、语法等。大会报告13场，小组汇报共6组55场。大会报告主要有：冯蒸《论音义学的研究对象——兼论别义异读词与同源词的关系》、徐时仪《略论〈一切经音义字典〉的编纂》、李圭甲《韩国所藏华严石经#10447上残字考释》、杨军《〈经典释文〉等"梴""挺"等音义匹配及相关问题》、方一新《读佛经音义札记》、张玉来《普通话里的音义匹配问题》、敏春芳《语言接触过程中的音义研究——以东乡语中的"-çi"和东乡汉语的"些"为例》、孟蓬生《"歇"字音义辨正——兼论蚕蜀同源》、卢烈红《"尊重"词义源流考——兼议〈汉语大词典〉"尊重"条存在的问题》、梁晓虹《天理本"篇立音义"考论》、竺家宁《谈谈佛经语言学的内容与体系》、汪启明《中国语言学史上的"语史互证"刍议》、黄仁瑄《谈谈佛典音义文献的整理与利用——基于汉语音义学学科建设的视角》。

42. 中国辞书学会双语词典专业委员会第十四届年会暨学术研讨会

10月23日，中国辞书学会双语词典专业委员会第十四届年会暨学术研讨会通过线上线下相结合的方式成功召开。本届会议由中国辞书学会双语词典专业委员会主办，黑龙江大学俄罗斯语言文学与文化研究中心承办，商务印书馆、外语教学与研究出版社、上海外语教育出版社和上海译文出版社协办。来自国内多所高校、科研机构和出版社的专家学者以及业界同行100余人线上参会。会议在黑龙江大学、广东外语外贸大学设立两个分会场，约80余人线下参会，会议还开通了哔哩哔哩在线直播，以便更多对词典学感兴趣的网友能够通过网络直播的形式观看会议开幕式和主旨发言。

本届研讨会主要围绕"融媒体时代双语词典学的理论方法、编纂实践及出版与使用研究""新时期双语词典学学科建设及人才培养研究""双语词典编纂史、双语词典批评研究""语言学及其他学科理论与双语词典学的关系研究"等四个主要议题开展讨论。

大会邀请广东外语外贸大学章宜华教授、四川外国语大学赵翠莲教授、四川外国语大学王仁强教授、复旦大学高永伟教授、广东外语外贸大学田兵教授、哈尔滨师范大学张金忠教授、上海译文出版社词典教育编辑室徐玲主任、黑龙江大学叶其松教授共8位学者作主旨发言。8位报告人分别就计算词典学的新发展、双语词典中文化特色词的处理、汉外词典词类标注、面向当代英语特定词汇的双语词典编纂、《汉法大词典》的编纂特色、大型双语词典的编撰组织工作、《世纪汉英大辞典》的编纂分析、《新冠时期俄语词典》的编写特色等展开研讨，体现当代词典学研究中理论与实践、宏观与微观的有机结合。

会议共设有4个分会场，近30位报告人分别围绕当代词典学理论、词典编纂的方法论、外汉或汉外词典编纂实践中的具体问题、词典学与语言学其他学科的交叉等展开研讨。分会场讨论题目覆盖面广、研究方法多样、语种丰富，涉及汉语、英语、法语、俄语、少数民族语言等多个语种。

闭幕式由中国辞书学会双语词典专业委员会秘书长夏立新主持，4位分会场主持人分别对各小组交流情况进行了总结，尤其强调了本次会议有众多研究生参与发言讨论，这些新生力量的加入使词典学研究后继有人，令人感到振奋和鼓舞。会议的最后由中国辞书学会副秘书长王慧敏作大会总结，她将本次会议上宣读的论文议题归结为以下八个方面：辞书人生、计算词典学研究、我国辞书自主研编实践与理论总结、辞书编纂理论探讨、词类标注问题研究、词语释义研究、辞书评介和国外辞书编纂一瞥。王慧敏对本次会议的主办单位中国辞书学会双语词典专业委员会、承办单位黑龙江大学俄罗斯语言文学与文化研究中心以及四家协办单位表示感谢，对在线参加本次会议的辞书界同仁表示感谢，期待有更多的新朋友们加入双语辞书编纂与研究队伍，为我国迈向辞书强国贡献一分力量。

43. 第十一届汉语语法化问题国际学术讨论会

10月23-24日，第十一届汉语语法化问题国际学术讨论会暨第二届汉语历史词汇语法研究国际学术研讨会在京召开。会议由中国社会科学院语言研究所、北京大学、北京语言大学和首都师范大学联合主办，首都师范大学文学院承办，商务印书馆协办。来自海内外的100多位语言学者通过线上与线下的方式出席会议。这次会议包括开幕式、大会报告、小组报告和闭幕式四部分。8位海内外学者作了大会报告，99位学者作了小组报告。

开幕式由首都师范大学文学院洪波教授主持。首都师范大学副校长雷兴山致开幕辞；中国社会科学院语言研究所所长张伯江回顾了汉语语法化研究和语法化会议20年来的发展历程，指出语法化激活了汉语语法研究，并对语法化未来的发展作出了展望；北京语言大学语言科学院院长曹文介绍了语言科学院的构成及学科发展情况；北京大学中文系副主任宋亚云介绍了历史语言学的使命及本次大会的选题情况。

北京语言大学吴福祥教授主持第一场大会报告。四位著名语言学家从词汇和语法两个方面作了报告，报告人及题目分别为：蒋绍愚《常用词演变研究的一些问题》、梅广（代读）《有关主之谓、主而谓句法结构的几点思考》、沈家煊《重新思考汉语的虚实之分和语法化》、孙朝奋《现代汉语动词词尾"了$_1$"的呼应功能》。

小组报告环节，五个小组近百位学者报告了各自的研究成果，研究视野开阔，既涉及汉语史的各个时期又涉及现代汉语方言和其他类型的语言。小组讨论氛围浓厚，交流热烈。

中山大学龙海平教授主持了第二场大会报告，四位著名海外语言学家作精彩报告，报告人及题目分别为：法国科学院东亚语言研究所贝罗贝（Alain Peyraube）教授（代读）《汉语指示词演变的新视角》（New Perspectives on the History of Chinese Demonstratives）；德国科隆大学非洲语言研究所海涅（Bernd Heine）教授《语法化研究的最新趋势》（Recent Trends in Work on Grammaticalization）；德国美因茨大学英语及语言学系毕尚（Walter Bisang）教授《定量视角下的语法化研究》（Grammaticalization from a Quantitative Perspective）；韩国外国语大学英语系的李星夏（Seongha Rhee）教授《打断类话语标记的浮现及其语用功能——以韩语为例》（On the Emergence and Pragmatic Functions of Discourse Markers of Interruption：A Case in Korean）。

这次大会围绕语法化和历史词汇语法两个方面，研究对象涵盖词汇、结构式、句法等多个层级，内容既有对语法化、词汇化、构式化等个案的研究，也有对相关语言学理论的探讨，创见颇多。会议论文将遴选收入《语法化与语法研究》（第十一辑），并由商务印书馆出版。

闭幕式由北京大学杨荣祥教授主持，中国社科院语言研究所杨永龙教授在闭幕辞中称赞本次大会群贤毕至，是值得铭记的、独一无二的学术盛宴，并感谢主办方和承办方的辛勤付出。

44. 第54届汉藏语言暨语言学会议

10月29-31日，第54届汉藏语言暨语言学会议在中国四川成都西南交通大学召开。会议讨论重点为"21世纪中叶汉藏语言学研究的新方向"，讨论议题包括汉藏语系语言的分群问题、汉藏语系语言声调类型研究、精确测量汉藏语系语言接触的强度、汉藏语系语言名称的标准化、汉藏语系跟其他语系之间存在的更广泛关系、区域特征与语系特征、单音节和一个半音节语言的历史构拟理论和实践、区域语义学研究、汉藏语的叙事语体结构研究、濒危语言的抢救等跟汉藏语系语言研究相关的问题。

会议采用线上、线下两种模式举办。大会主旨发言有：国际汉藏语言暨语言学会议创办人马提索夫（James A. Matisoff）教授"The Future of International Linguistic Conferences in the Post-pandemic Era"（后疫情时代的语言学国际研讨会）、中央民族大学戴庆厦教授"从语言类型视角看景颇语的补语"、新加坡南洋理工大学/北京师范大学珠海校区罗仁地教授（Randy LaPolla）"The Chinese Expansion and Language Coexistence in Modern China"、澳大利亚La Trobe大学David Bradley教授介绍了一种以往被学界忽略的发生学关系网，即"汉藏语言-YENISEIAN-NA-DENE"之间的可能联系。

会议小组汇报环节共分历史语言学、文献语言学、语音学、韵律与音变、形态学、语法学、类型学及语法化、词汇学等组别，论文涉及汉藏语言的历时比较、共时描写、形态类型、韵律音变、语音实验、古文字文献、语言生态、汉藏语大数据建设、汉藏语与周边语言关系、语言翻译及应用等领域。

会议论文集"New Directions for Sino-Tibetan Linguistics in the mid-21st Century"计划于2023年在瑞典ESCI刊物 *Languages* 刊发。

45. 第17届功能语言学学术研讨会

10月29-31日，第17届功能语言学学术研讨会在韩山师范学院举行。研讨会由中国英汉语比较研究会功能语言学专业委员会主办、韩山师范学院外国语学院与深圳大学外国语学院承办、外语教学与研究出版社、LANGUAGE，CONTEXT AND TEXT：THE SOCIAL SEMIOTICS FORUM期刊编辑部协办。来自全国各地高校的170多名专家学者，通过线下与线上相结合的方式参加了研讨会。

韩山师范学院副校长黄景忠教授、华南农业大学黄国文教授、功能语言学专业委员会会长彭宣维教授和韩山师范学院刘毅教授致开幕辞。

研讨会的主题是"系统功能语言学——现状与未来"。会议分大会主旨发言和专家发言、分会场报告（线下和线上）三种形式进行。大会特邀暨南大学邵敬敏教授、华南农业大学黄国文教授、南京师范大学张辉教授作主旨发言。邵敬敏教授从反语祈使句这一具体的汉语句式入手，抽丝剥茧，层层深入，从句式的历史发展与多元共存两个角度，深入探讨了多样化句式在言语交际发展中的多元博弈，与系统功能语言学"系统-功能-语境-选择"以及语法隐喻（尤其是音系隐喻）的学术思想高度契合。黄国文教授高屋建瓴，浓墨重彩地阐述了生态语言学与和谐话语分析的跨学科研究范式，进一步拓宽了系统功能语言学的研究领域。张辉教授从批评认知语言学视角，提出了"涉身主体间性"概念，以解决既往认知语言学研究未能解决的"涉身性"与"主体间性"之间的矛盾。

大会还邀请了华东师范大学杨延宁教授、韩山师范学院刘毅教授、西南大学刘承宇教授、广东外语外贸大学胡春雨教授、汕头大学李杰教授、广东外语外贸大学潘莉教授、汕头大学彭剑娥教授、华中师范大学王勇教授、山西大学杨林秀教授、广东外语外贸大学袁传有教授等10位专家作大会线下发言，内容涉及系统功能语言学理论与应用研究、系统功能句法研究、语篇分析、语言教学研究、翻译研究以及创新研究方法等议题。

大会组织了7个线下分会场研讨会，44位专家学者提交了36篇论文。同时组织了13个线上分会场研讨会，115位专家学者提交了100篇论文，主题涉及理论拓展研究、语言评价研究、语言教学与学科话语研究、学术话语分析、生态话语分析、多模态话语分析、外语教育研究、媒体语篇分析、汉语翻译研究及3个团队工作坊。与会代表们围绕上述分议题进行了充分交流与热烈探讨，点评专家做了专业、精彩的点评与指导，表现出高度严谨的治学态度，达到了会议的预期效果。

刘毅教授主持了研讨会的闭幕式，功能语言学专业委员会现任秘书长刘承宇教授作了大会总结发言，功能语言学专业委员会现任会长彭宣维教授作了工作总结报告。他汇报了29日晚上线下线上同步召开的理事会决议事项和新一届领导机构的换届工作，大会代表审议通过了杨延宁任新一任会长，刘承宇任副会长，王勇任秘书长，狄艳华、辛志英、王品任副秘书长，还有一批理事和常务理事。

46. 第三届汉语词汇史青年学者论坛

由西南大学汉语言文献研究所主办的第三届汉语词汇史青年学者论坛，于2021年10月30－31日采用线上与线下结合的方式举行，主会场设在西南大学。来自北京语言大学、重庆师范大学、东北师范大学、河南大学、河南理工大学、湖州师范学院、闽南师范大学、南京大学、四川大学、四川外国语大学、上海师范大学、西北师范大学、西南大学、西安外国语大学、浙江大学、中南大学、中国社科院语言所（排名不分先后）等17所高校与科研机构的25位学者报告了论文，浙江大学汉语史研究中心主任汪维辉教授作为特邀嘉宾出席了本次论坛，线下和线上近50位师生列席旁听。

论坛开幕式由西南大学汉语言文献研究所副所长王化平教授主持。汉语言文献研究所所长孟蓬生教授代表主办方致辞。本次论坛共进行了五场分组报告。真大成教授对本次论坛作了总结陈述，认为本次论坛汇报的论文主要有以下几个特点：第一，宏观与微观相结合；第二，不论是宏观探讨还是微观考据，都重视描写语言事实，强调无征无信，很好地继承和发扬了词汇史研究从事实出发、以事实为根据的传统；第三，视野非常开阔，能够不局限于一个词，而是探讨一类词、一类规律现象；第四，词汇研究与语法研究、语义研究和文字研究的结合越来越紧密；第五，材料的运用越来越开阔，能充分利用出土文献，重视出土文献与传世文献的结合；第六，词汇史研究与应用方面的研究结合紧密，如辞典编纂、文献校订、出土文献释文整理。

47. 第九届全国认知神经语言学大会

11月5-7日，第九届全国认知神经语言学大会通过线上方式在同济大学举行，同济大学副校长娄永琪代表学校致欢迎词。会议由中国认知神经语言学研究会主办，同济大学外国语学院、同济大学言语-语言加工研究中心及同济大学老龄语言与看护研究中心承办。邀请了17位专家作主旨报告，来自全国各地共计600多名师生参会。

会议分为主旨发言、小组发言和工作坊三个部分。天津师范大学白学军教授、南开大学石锋教授、北京外国语大学/同济大学顾曰国教授、浙江大学董燕萍教授、复旦大学陈忠敏教授、上海交通大学常辉教授、四川外国语大学姜孟教授、广东外语外贸大学卢植教授、大连理工大学王慧莉教授、同济大学黄立鹤副教授、上海交通大学丁红卫教授、同济大学郑加麟教授、南京师范大学倪传斌教授、上海外国语大学廖巧云教授、聊城大学赵仑教授、北京外国语大学范琳教授、同济大学于珏副教授分别进行主旨发言。专家们就语音感知、汉语句子阅读神经加工机制、老年语言能力退化、语言发展的认知心理和神经生理机制、外语认知能力、病理人群的语言产出与感知、语言智能产业发展等议题报告了最新研究成果。

同时，大会还举办线上研究方法工作坊。同济大学于珏副教授、王婷副教授介绍了语音录制及语音数据的分析方法。来自天津师范大学的于秒教授介绍了心理语言学研究中眼动技术的应用。中国认知神经语言学研究会副会长赵仑教授介绍了脑电图（EEG）/事件相关电位（ERP）在语言学中的应用及相关统计分析方法。

48. 第三届体认语言学研讨会

11月6-7日，由体认语言学专委会主办，广东外语外贸大学承办，上海外语教育出版社、《中国外语》《外语教学》《外国语文》共同协办的"第三届体认语言学研讨会"在线上召开。此次大会由主会场和分会场组成，通过腾讯会议网络直播的方式，共吸引了全国高校师生千余人参会。

大会报告有：天津外国语大学王铭玉教授《符号体认的多模态表达》；四川外国语大学王仁强教授《科学主义语言学的困境及其对体认语言学的启示》；广东外语外贸大学王初明教授《体认视角下的语言习得观》；广东外语外贸大学魏在江教授《汉语互文见义的体认基础》；上海外国语大学廖巧云教授《基于体认视域下亲疏关系的汉语反语批评加工》；西北农林科技大学张凌教授《体认翻译论》；广东外语外贸大学曾利沙教授《体认语言学述评及"体认性概念化"识解机制的规律表征》；四川外国语大学王天翼教授《基于事件域认知模型的体认写长法》；四川外国语大学刘玉梅教授《修辞的构式身份、体认图式及其与语法构式的关系》；广西民族大学覃修桂教授《体认语言学视角下的感觉范畴概念隐喻研究》；湖南师范大学廖光蓉教授《英语抽象句的体认语言学探讨》；广东外语外贸大学孙毅教授《汉英"足/脚"（foot）隐喻词群的体认-文化双维度考辨》；四川外国语大学赵永峰教授《千年历史的争论与盘旋：通感从"特异"到"普通"的"体"与"认"》；黄山学院殷猛副教授《戴震的体认语言观研究》；西华大学李瑛教授《从体认语言学视角分析唐诗隐喻英译的特征——以〈许渊冲经典英译古代诗歌1000首〉为例》；南京师范大学张智义教授《体认句法的理论和实践研究》；四川外国语大学王寅教授《体认翻译学刍议——以〈红楼梦〉成语英译为例》。

大会设置了4个分会场，开展了"体认语言学与语言本体研究"及"体认语言学的跨学科研究"为主题的小组讨论，近百人汇报了他们在体认语言学方面的学习心得。

49. 中国民族语言学会语言类型学专业委员会第四届学术年会

11月6日，中国民族语言学会语言类型学专业委员会第四届学术年会在中南大学开幕。会议由民族语言学会语言类型学专业委员会、中南大学文学与新闻传播学院主办，中南大学文学与新闻传播学院瑶族语言文学研究所承办，中国社会科学院民族学与人类学研究所羌学研究中心协办。来自中国社会科学院、北京大学、中央民族大学、中国人民大学、北京师范大学、湖南大学、中国传媒大学、四川大学、中山大学、湖南师范大学、澳门大学、中南大学等数十家科研院所及高校的100余位专家学者以线上线下结合的形式参加会议。中南大学党委常委周科朝副校长、文学与新闻传播学院白寅院长、中国社会科学院民族学与人类学研究所副所长、中国民族语言学学会副会长王锋研究员、中国民族语言学会语言类型学专业委员会名誉主任刘丹青研究员、中国民族语言学会语言类型学专业委员会主任黄成龙研究员等出席开幕式。开幕式由中南大学文学与新闻传播学院中文系主任龙丹副教授主持。

中南大学党委常委、副校长周科朝致开幕辞。中国社会科学院民族学与人类学研究所副所长、中国民族语言学会副会长王锋研究员致欢迎辞。中南大学文学与新闻传播学院院长白寅对参会嘉宾的到来表示感谢与欢迎。中国民族语言学会语言类型学专业委员会名誉主任刘丹青研究员致辞。

中国民族语言学会语言类型学专业委员会主任黄成龙汇报了专委会成立以来所开展的工作。他指出,在2016年至2020年语言类型学专委会先后主办了三次全国性的学术会议,取得了良好的效果。语言类型学专委会从2017年第一届年会致使结构专题报告中,精选了13篇论文,在中国民族语言学报第三辑上刊发,2021年6月由商务印书馆出版。

50. 第六届中国教育语言学高端论坛

11月13-14日,第六届中国教育语言学高端论坛成功举办。论坛由中国英汉语比较研究会教育语言学专业委员会主办,北京师范大学外国语言文学学院承办。本次论坛采用腾讯会议的形式线上召开,来自全国各地的800多位师生参加了本次论坛。

论坛开幕式由北京师范大学外文学院副院长于晖教授主持,北京师范大学外文学院院长苗兴伟教授致欢迎辞,北京大学胡壮麟先生致辞,中国英汉语比较研究会副会长黄国文教授致开幕辞。

这次论坛的主题为"语言的功能、生态与教育教学",日程包括10位专家主旨发言及9个分会场研讨。与会专家围绕教育语言学的学科理论、功能语言学与教育教学、生态语言学与教育教学、功能导向的教学法研究、教育话语研究、语言习得与发展等前沿话题开展了深入的研讨。在当前新文科建设和一流专业建设的大背景下,论坛从教育语言学的视角,探讨新时代外语教育和人才培养工作,激发了大家对新时代外语教育的思考,必将推动教育语言学研究的创新,促进中国外语教育事业的发展。

北京大学胡壮麟教授、华南农业大学黄国文教授、清华大学方琰教授、同济大学张德禄教授、厦门大学杨信彰教授、北京师范大学苗兴伟教授、北京外国语大学何伟教授、上海交通大学赖良涛副教授、北京师范大学于晖教授和上海交通大学俞理明教授作了主旨发言。

与会代表在9个分会场宣读了论文,大家围绕"教育语言学的学科理论""语言学研究""功能语言学与教育教学""生态语言学与教育教学""功能导向的教学法研究""教育话语研究""学术话语及语料库相关研究""语言习得与发展"等八个议题展开了热烈讨论和交流。

51. 第五届汉语学习词典学学术研讨会

11月13日，由中国人民大学国际文化交流学院主办的第五届汉语学习词典学学术研讨会在线上举行。来自海内外35所高校和科研机构的50多位学者共聚"云端"，围绕"国际中文教育视阈下的汉语学习词典编纂"这一主题进行了深入探讨。会议开幕式由中国人民大学国际文化交流学院副院长李禄兴教授主持。

中国人民大学副校长、国际文化交流学院院长杜鹏教授出席开幕式并发表致辞。大会设主旨报告和分组研讨两个环节。主旨报告人分别为北京语言大学崔希亮教授、鲁东大学亢世勇教授、商务印书馆副总编辑余桂林、中国人民大学李泉教授。崔希亮教授强调了外向型汉语学习词典的特点，并聚焦汉语学习词典的元语言问题，细致分析了影响释义的诸多因素，为汉语词典学的未来研究指明了六个方向；亢世勇教授结合具体词典的编纂实践，强调"以用户为中心"的词典编纂原则，指出融媒体学习词典是坚持以用户为中心原则的基本保证，并从选词、规模、注音、释义、插图、语义说明、同义词辨析、关联语汇等方面进行了具体阐释；余桂林副总编辑基于词典出版现状和既有学习词典的价值，指出新时代对汉语学习词典的新需求，提出未来汉语学习词典编纂的几点方向：系列分级词典，汉外双解词典，释义用法配合、例句丰富词典，图文相配词典，控制释义元语言词典，融媒体词典；李泉教授提出"语言教学、资源铺路""词典当先、研究为首"的两个理念，强调汉语学习词典的编纂既要着眼于汉语汉字特点，也要着眼于"一大一小"两个用户（非汉语母语者和汉语教学者）的特点及需求，并就如何在实际的词典编纂中贯彻这两点做了详细阐述。

分组研讨环节设有"汉语学习词典理论与实践探索""释义、语体与汉语学习词典编纂""文化、释义及词典对比""词目、义项选取与汉语学习词典编纂""汉语学习词典的配例及使用"等5个小组报告会场，50余位报告人就汉语学习词典编纂理论与实践、选词立目、义项选取、词语释义、配例和使用、词典对比等多方面问题做了集中而深入的探讨，并进行了现场互动，大大推进了人们对汉语学习词典诸多领域的认识。

52. 中国修辞学会2021年学术年会暨第十一届国家和机构形象修辞学研讨会

11月13-14日，"中国修辞学会2021年学术年会暨第十一届国家和机构形象修辞学研讨会"由中国修辞学会联合韩山师范学院、上海市语文学会、华东师范大学国家话语生态研究中心、《当代修辞学》编辑部、《外国语》编辑部、《文化艺术研究》编辑部共同举办。会议就"全球思想竞争时代的话语实践与修辞理论"展开了讨论，聚焦"中国修辞研究何以推进社会的话语实践"和"中国修辞研究何以拓展自身知识生产"两大主题。

大会报告分四场，共有12位专家学者先后进行主旨发言。华东师范大学胡范铸教授《特大疫情管控中的语言传播与信息治理》、复旦大学刘大为教授《从修辞化看泰米尔的虚构运动》、《外国语》杂志主编束定芳教授《"辛奇"与"泡菜"——认知语言学的视角》、福建师范大学谭学纯教授《成语形义变异路径依赖修辞加工与识解》、上海大学邓志勇教授《从Irony的变迁看当代西方修辞学的特点》、浙江师范大学张先亮教授《从语言生态位看政务新媒体》、暨南大学曾毅平教授《〈人民日报〉新冠疫情报道战争隐喻论析》、华东师范大学甘莅豪教授《知识圈层：空间视域下维基百科全书的知识话语建构》、齐鲁工业大学鞠玉梅教授《伯克修辞学思想的唯名论倾向》、中国人民大学杨敏教授《庭审叙事中的医患身份建构策略研究》、华中师范大学刘东虹教授《汉语语篇修辞策略的比较修辞学研究》和韩山师范学院外国语学院刘毅教授《全球视野下潮州文化对外传播》等主旨发言，给与会者带来了强烈的思想冲击。

大会设五个分会场，共有100多位专家学者提交了百余篇论文。大家就"全球视野下的中国国家形象话语建构""新机遇下的汉语国际教育、语言教育及语法构式研究""新时代下的语言功能、语言景观及语言生态研究""当代修辞学、语用学理论的发展""修辞、语用与语法的探索"等主题展开热烈讨论。

11月14日上午，大会举行闭幕式，由中国修辞学会副会长曾毅平教授主持。陈光磊教授宣布了"2021学术年会青年学者论文获奖名单"。胡范铸教授对本次大会进行了总结。

53. "社会主义法治话语、法治修辞与法治思维"暨第十二届全国法律修辞学学术会议

11月13日，"社会主义法治话语、法治修辞与法治思维"暨第十二届全国法律修辞学学术会议在青浦召开。会议由上海市社会科学创新研究基地、上海市法学会法理法史研究会、华东政法大学科学研究院、华东政法大学法律方法研究院联合举办。主题发言与评议均围绕"法治话语的内涵与构造""社会主义法治理论与法治话语""法律阐释的概念"等十个主题开展。

54. 中国语文现代化学会神经语言学研究分会第二届年会

11月19—21日，中国语文现代化学会神经语言学研究分会第二届年会顺利召开。会议由中国语文现代化学会神经语言学研究分会主办，浙大宁波理工学院外国语学院、波兰研究中心承办，江苏师范大学语言科学与艺术学院、语言能力省部共建协同创新中心、江苏省语

言与认知神经科学重点实验室、《语言科学》编辑部协办。来自北京大学、中国科学院、北京师范大学、复旦大学、浙江大学、香港理工大学、澳门大学、英国班戈大学、雷丁大学、美国加州大学圣迭戈分校等国内外知名高校和机构的 2000 余名专家学者和青年教师及学生通过线上和线下的形式参加了此次会议。

开幕式上，中国语文现代化学会副会长、江苏师范大学杨亦鸣教授致辞，介绍了本届神经语言学研究分会的召开背景，指出神经语言学研究分会是具有鲜明学科交叉特征的学术组织，其成立与当前国际国内前沿学科交叉的大背景密不可分。

会议期间共进行了 13 场大会报告。来自中国科学院心理研究所的杨玉芳研究员、江苏师范大学杨亦鸣教授、香港理工大学人文学院院长李平教授、浙江大学丁萧教授、英国班戈大学 Guillaume Tierry 教授、中国人民大学张积家教授、美国加州大学 Seana Coulson 教授、天津师范大学白学军教授、澳门大学徐杰教授、上海外国语大学蒋晓鸣教授、北京师范大学的卢春明教授、复旦大学陈忠敏教授、华南师范大学翁旭初教授围绕语言理论、语言神经机制、语言学习、语言发展与障碍、语言计算建模、民族语言等主题作了精彩的演讲。此外，会议还安排了 64 场分组报告，内容涉及语言行为、语言脑机制、语言障碍筛查与干预等。

此次会议还进行了神经语言学研究分会第二届组织机构成员选举。中国科学院心理研究所杨玉芳研究员当选为理事长，北京大学周晓林教授当选为候任理事长，人民大学张积家教授、南京师范大学张辉教授、华南师范大学翁旭初教授和王穗苹教授、天津师范大学白学军教授、复旦大学陈忠敏教授当选为副理事长，在上届理事的基础上，增选了中国科学院心理研究所李兴珊、毕鸿燕、李晓庆研究员、浙江大学杨静教授、西南大学邱江教授、南京师范大学陈庆荣教授、辽宁师范大学李卫君副教授、云南师范大学马谐副教授等为理事，香港理工大学李平教授当选为学术委员会主任，北京师范大学舒华教授当选为学术委员会副主任。经理事会酝酿提名，创会理事长杨亦鸣教授担任名誉理事长，梁丹丹教授担任秘书长，朱祖德教授、刘涛副教授担任副秘书长。

55. 第八届现代汉语句法语义前沿研讨会

11 月 20 - 22 日，第八届现代汉语句法语义前沿研讨会在线上举行。此次会议由中国社会科学院语言研究所承办，来自中国内地及中国香港、澳门、台湾地区的 29 位学者出席会议并作了报告，线上主会场、香港中文大学分会场和广东外语外贸大学分会场的数十名师生旁听了会议。

会议由中国社会科学院语言研究所沈家煊学部委员致开幕辞。沈家煊先生指出，所谓研究的"前沿"，就是要增强问题意识，直面主要问题、根本性问题；研究不能关进小楼成一统，要关心其他学科领域的看法，从而发现自己的不足。他还提倡活泼讨论气氛，关注语言学"好玩"的一面。

三天的会议中，29位演讲者从多种角度对普通话和一些汉语方言的句法语义问题进行了深入的分析和热烈的讨论，涉及汉语句法成分和语法关系、问句的语义解读、指称与照应、话题和焦点、汉语虚词以及特定句式和结构的汉英比较等问题。

会议闭幕式上，中国社会科学院语言研究所所长张伯江研究员总结并高度评价了本次会议。他指出，与会者不仅一如既往关注国际上的前沿理论，也有更多的思考汉语特点、探索自身研究方法的文章，虽然是线上开会，但表达充分、讨论热烈、井然有序；同时对各位参会者表达了衷心感谢。徐杰教授作为下次会议承办方澳门大学的代表发言，简要介绍了澳门大学中国语言文学系的基本情况，承诺办好下届会议，并向与会者发出热情的邀请。

56. 中国辞书学会第十三届年会暨学术研讨会

11月20日，中国辞书学会第十三届年会暨学术研讨会在北京举行，会议由中国辞书学会主办，商务印书馆和河北师范大学承办，采取线上线下结合的方式，线下会场设在商务印书馆。来自全国各地的高校、科研机构和出版社的近400位辞书学界和语言学界的专家学者分别在线上线下参加了会议。

开幕式由商务印书馆执行董事顾青主持，河北师范大学副校长郑振峰致辞，中国辞书学会会长李宇明致辞并作工作报告，教育部语言文字信息管理司副司长刘宏出席并讲话。会上，余桂林副秘书长主持了中国辞书学会官网发布仪式，网站负责人郑佐之介绍了平台的设计情况，中国辞书学会名誉会长江蓝生和刘宏副司长、李宇明会长、顾青执行董事共同启动了官网平台。

年会以"当代辞书生活与中国辞书事业"为主题，组织了两场学术报告会，先后由谭景春副会长和刘国辉副会长主持，多位专家分享了著名品牌辞书升级创新的经验，以及新时代原创大型辞书编纂的学术思考。还设置了"社长总编辑论坛"，由申葳副秘书长主持，就如何提速融媒辞书的研发问题进行了专项研讨。在互动环节，与会代表冯海霞、张晖、王东海、袁世旭、亢世勇、李红印、谭景春、汪惠民、王祝英、孙述学、马爱梅、储泽祥、耿云冬等先后向主讲人提了问题，并得到了相应的解答。

闭幕式上，学会秘书长周洪波主持了中国辞书学会会员代表大会，副秘书长余桂林作了关于《中国辞书学会章程》修改以及中国辞书学会副会长、常务理事、理事人选变更的说明，会员们通过投票表决，一致同意这些修改和变更。

学会副会长周荐根据提交大会的论文进行了观点分享。研讨会共收到论文或提要106篇，这是学会历届年会收到论文最多的一届，反映了广大学者对研讨会高涨的参与热情。除大会报告外，从原计划分组报告的论文或提要中总结出三个值得关注的亮点：一是《现代汉语词典》是永恒的话题；二是研究多角度，向纵深、向精细化发展；三是在迈向辞书强国的征程上，辞书界不仅要把自身做大、做强、做实，也要发挥辐射、引领、带动作用。

学会副会长、学术委员会主任章宜华作了大会总结。本届年会暨学术研讨会虽然时间短，但学术含量高。融媒辞书已在探索中前进，但学界似乎关注不多，建议从融媒体与辞书理论的创新方面做些探讨。总体看来，融媒体词典学的核心之一是"融合"，其特征是通过跨媒体数字平台把涉及词典的各个层面都融为一体，包括词典信息制作资源、文本内容、传播方法和介质。融媒体词典学的核心之二是"融通"或"连通"，其特征是通过跨媒体平台把原本不直接相关的两个或多个方面联系起来，包括不同介质的词典文本、词典的作者和用户、词典文本和用户的使用。这些都需要我们辞书人不断地去探讨，特别寄希望于年轻学人。

57. 第二届语言学跨学科研究高端论坛

2021年11月20日，由中国高校外语学科发展联盟语言学跨学科研究委员会主办、上海外国语大学语料库研究院承办的第二届语言学跨学科研究高端论坛在上海外国语大学召开。这次论坛邀请多个领域的专家作主旨发言，众多学者师生会聚一堂，共襄学术盛举。

论坛开幕式由上海外国语大学王雪梅教授主持，上海外国语大学李岩松校长致开幕辞。

第一场主旨报告有：中国社会科学院熊子瑜研究员的《以数据为抓手，推进语音学理论研究与应用研究融合发展》、上海师范大学陈昌来教授的《新文科背景下语言学科的承继与发展》、西南大学文旭教授的《具身社会认知与言语交际》、北京外国语大学何伟教授的《功能句法理论的融合与发展》、杭州师范大学当代中国话语研究院施旭教授的《动荡世界下的中国全球传播战略》。

第二场主旨报告有：上海外国语大学语料库研究院倪亦斌教授的《隔靴搔痒：国外文博学界如何误解瓷器上的中国故事？》、中国政法大学张法连教授的《涉外法治视域下的法律语言研究新范式》、四川外国语大学姜孟教授的《语言智能研究的认知科学视域》、上海交通大学尚必武教授的《不止于他山之石：略论语言学方法的引入与叙事学研究范式的演进》、上海外国语大学赵蓉晖教授的《语言政策的本质及相关研究问题》、上海外国语大学语料库研究院吕珊珊博士的"A semantic typology of location, existence, possession and copular verbs: Areal patterns of polysemy in Mainland East and Southeast Asia"。

四个分论坛："法律语言与翻译"分论坛以法律为主题，围绕法律与语言的关系，推动了法律研究的发展；"交叉学科视域下的语言研究"分论坛融合多个领域，有力促进交叉学科视域下的语言学研究，为外语学科发展提供了重要机遇；"语言本体与语言应用研究"分论坛从语言本体出发，发现语言的本质与规律；"语言数据科学与应用"分论坛结合上海外国语大学语料库研究院特色，理论与应用并举，呈现出"语言数据科学与应用"专业发展的良好态势。

58. 第七届中国语言政策与语言规划学术研讨会

11月28日，由教育部语言文字信息管理司指导，中国语言学会语言政策与规划专业委员会主办，扬州大学外国语学院和扬州大学人文社科处承办的"第七届中国语言政策与语言规划学术研讨会"在线上成功举办。研讨会以"移动互联时代的语言生活"为主题，汇聚国内百余位研究者，深入研究移动互联时代的语言生活，探讨"两个大局"背景下的中国语言政策与规划问题。

开幕式由扬州大学外国语学院王金铨院长主持，教育部语言文字信息管理司田立新司长作特邀发言。扬州大学副校长俞洪亮代表承办单位致欢迎辞，中国语言学会语言政策与规划专业委员会会长李宇明代表主办单位致辞，扬州大学人文社科处佘远富处长出席开幕式。李宇明、文秋芳、赵蓉晖、俞洪亮等国内著名学者在会上作主旨报告；18位著名学者展开3场名家对话；另有8场分论坛研讨。在线观看直播人数达到1.2万。

田立新司长指出，从2012到2021年间，历届语言政策与语言规划研讨会都紧紧围绕国家语言文字事业发展的重大需求、语言文字应用领域的重要问题展开研讨，为服务国家重大战略、推动事业科学发展提供了重要的支撑，发挥了积极的作用。多年来研讨会规模越来越大，层次越来越高，影响越来越显著。田司长要求各位学者以党的十九届六中全会精神为指导，认真贯彻落实全国语言文字工作会议和国家语委"十四五"科研工作会议精神，积极推动各项工作高质量发展。20余年来，国家语委科研工作已逐步发展为涵盖规划引领、科研立项、机构建设、人才培养、合作交流等多位一体、有机配合的科研工作体系，走出了一条特色鲜明的发展道路。田司长还呼吁广大学者持续提升语言文字科学研究的质量，保障和引领国家语言文字事业高质量发展，全面提升国家语委科研工作的创新力、服务力、引领力和影响力。

会议主旨发言有：李宇明教授的《世界语言与语言生活研究》、文秋芳教授和杨佳老师的《从新冠疫情下的语言国际教育比较看国际中文在线教育的战略价值》、赵蓉晖教授的《数字化生存及其对语言的影响》、俞洪亮教授和何山华副教授的《语言政策与语言规划研究的大数据机遇》。

3场名家对话由学界的著名学者分别围绕3个话题展开，并与会议观众进行互动。

同济大学外国语学院沈骑教授主持第一场名家对话，主题为"移动互联时代的国内语言治理"。江苏师范大学特聘教授、中国社会科学院民族学与人类学研究所研究员周庆生从网络语言治理角度谈了语言生态和语言规范问题，并对未来研究提出了相关建议；中国社会科学院民族学与人类学研究所黄行教授简论了网络语言资源的开发和利用，从网络语言的界定出发，并对网络语言与现实语言的关系进行了详细阐述；商务印书馆副总编辑余桂林编审就如何看待网络热词、流行语的社会意义作了发言，指出其在社会发展转型中体现出的社情民意和价值观，具有重大的舆情价值；上海市教育科学研究院高等教育研究所副所长、国家语委国家语言文字政策研究中心常务副主任、国家语委科研机构秘书处主任张日培研究员从网络语言治理的目标与价值、问题与原则、任务与途径三个方面提出了自己的构想。

北京外国语大学张天伟教授主持第二场名家对话，主题为"移动互联时代的世界语言文明交融"。他指出全球化的特征就是移动性，互联体现出时代的特点。北京外国语大学中国语言文学学院戴曼纯教授在对话中指出移动互联时代语言的流动性、便携式、交互性、个性化都是语言使用者享受到的语言红利，他分析了社交平台中跨语言交流者的语言生活的特征以及语言障碍，基于实例说明世界语言文明程度不断提升；吉林大学战菊教授介绍了移动辅助语言学习（MALL），强调了外语教学要主动适应现代大学生的特点，描述了当前我国移动辅助语言学习的现状、教学范式、教学理念；浙江师范大学双龙学者王辉教授对新世纪以来我国国别区域语言政策研究进行了分析，揭示了研究现状、演进过程和发展态势，总结了当前研究的问题与不足；吉林大学公共外语教育学院院长潘海英教授基于外语教学实践，探讨数字时代下外语教育的功能转向，认为大学外语教学应在文化认同和国家意识方面发挥更大作用，满足学习者的多样需求。

第三场名家对话主题是"移动互联时代的语言生活与语言学研究"，由首都师范大学王春晖教授主持。他简要介绍了本场对话的主题，指出互联网给人类语言生活和语言研究带来了前所未有的变化。广东外语外贸大学中文学院汪磊教授就"饭圈语言"和与之相关联的线上语言生活的相关问题作了发言，探讨了饭圈和饭圈语言、分众化是不是一个正常现象，饭圈语言是不是新生现象，饭圈语言的出圈是否为正常现象；厦门大学苏新春教授就网络语言的"化内"和"化外"两个概念的范畴进行厘析，从网络语言的弹性空间讨论了如何在自由与约束之间把握好尺度；暨南大学郭熙教授指出移动互联时代海外话语的传承与传播面临的挑战和机遇，阐明了科技给我们带来的变化以及政策变化带来的影响；教育部语言文字应用研究所副所长王敏研究员带来其关于移动互联时代下的语言思考，指出了语言研究在研究对象、研究方法、材料和理念上都面临着新形式和新挑战；南京大学文学院徐大明教授接续王敏研究员的思考，对语言研究面临的新挑战做了进一步的阐释，并对言语行为中说话人、听话人、连话人、言语社区等概念进行了介绍。

三组名家对话紧扣移动互联网时代背景，各有侧重，角度互补，相得益彰，基于中国语言生活的重大事件、热点问题和一手数据为国内语言治理献计献策。

研究会有8场分论坛共75个报告，极富启发性，反映了语言政策和语言规划研究的重点和热点话题。

第一分论坛的主题为"区域语言政策研究－亚洲",共有9篇论文参与交流。学者们研究了亚洲国家,如印度、日本、菲律宾、阿富汗、韩国、斯里兰卡等国家和地区的语言政策的沿革和现状、新政策的得失,以及这些国家的语言规划实践对中国的启示。

第二分论坛围绕"区域语言政策研究－世界"这一主题进行,研究涉及阿拉伯国家、法语国家组织、北马其顿、挪威、埃塞俄比亚等国家和地区。主要议题有外语教育政策、国家语言政策、语言法、语言规划实践、软实力传播以及法语对外推广等。

第三分论坛的主题为"语言脱贫"。研究者基于田野调查、媒体平台等手段收集数据研究语言脱贫,涉及广西、四川、内蒙古、云南、青海等地,探讨语言脱贫工作存在的问题,提出解决之策。呼吁建立语言脱贫的有效机制、大力发展师资力量、合理配置多民族语言资源、全方位改善语言脱贫环境。巩固推普脱贫成果,努力实现语言扶贫在乡村振兴战略中的可持续发展。

第四分论坛的主题为"语言生活治理体系"研究,涵盖了石家庄民族路步行街语言景观、"祖安文化"、青年群体的语言态度、预科班宏观语言教育规划、网络语言使用、超语实践以及语言治理的理论流变探讨。

第五分论坛的主题为"应急语言服务"。参与交流的学者就新冠疫情下的聋人语言服务、建立立体应急管理体系、国外应急语言服务(如智利、韩国、俄罗斯)、国际中文教师的语言应急实践、农村老年群体的语言服务、中国民航应急语言服务、历史上的语言服务等议题展开讨论。剖析当前的研究热点、不足并指明未来研究方向。

第六分论坛的主题为"线上语言教育"。参与交流的话题主要有高校外语教育政策、拔尖创新外语人才课程思政、国际汉语教学、疫情下外语专业研究生课程教学模式、新媒体环境下留学生汉语学习、后疫情时代下汉语教师线上教学、移动互联时代的手语慕课建设、公共阿拉伯语教学项目等。

第七分论坛讨论"语言数据与数字经济"。分论坛参与者探讨了网络敏感词、网络流行语、美国主流媒体对华报道、网络空间语言安全等话题,分析数字时代交际的特征、存在问题、不规范的语言使用。

第八分论坛聚焦"多语主义语言生活",涉及的研究话题主要有国家层面和家庭层面的语言规划、世界中文教育政策、我国汉语国际传播、望京韩国城的多语实践、语言景观、语言的传承、国际组织的语言政策。

59. 当代汉语语料库建设研讨会

12月3日上午,"当代汉语语料库建设研讨会"在中国社会科学院语言研究所召开。会议由中国社会科学院语言研究所语料库暨计算语言学研究中心主办，来自中国社会科学院、北京大学、北京外国语大学、对外经济贸易大学、北京语言大学等机构的20余位专家学者参加了研讨会。

李爱军副所长主持本次研讨会。张伯江所长在开幕辞中回顾了语言研究所语料库建设的历史，指出语言研究所的语料库建设起步很早，从20世纪90年代末开始，就在沈家煊研究员的带领下建设了多个不同类型的语料库，尤其是顾曰国研究员研制的多媒体多模态语料库在国内外一直处于领先地位，但是近年来在语料库整合等方面还存在不足。张伯江强调，中国社会科学院和语言研究所目前高度重视语料库建设工作，希望能够汲取各家所长，建设一个分类合理、功能丰富、动态更新的大型汉语语料库。

五位专家学者在研讨会上作了主旨报告，分别是：北京大学詹卫东教授的《北京大学汉语语料库概况》、北京外国语大学许家金教授的《北京外国语大学的语料库建设与研究传统》、对外经济贸易大学刘云教授的《北京话在线语料库平台的建设构想》、北京语言大学饶高琦博士的《BCC语料库的建设、发展和思考》、中国社会科学院语言研究所张永伟副研究员的《当代汉语语料库的建设构想》。

报告结束后，学者们就语料库建设的政策、技术、方法等问题进行了进一步的讨论。大家一致认为，语料库建设的顶层设计工作非常重要，各研制单位应统一标准、加强互动、协同发展。研讨会对进一步深化语料库建设的理论研究，促进语料库建设的发展具有重要意义。

60. 第十二届望道修辞学论坛

2021年1月18日是陈望道先生诞辰130周年的纪念日，2022年1月又是望道先生创立的现代修辞学奠基作《修辞学发凡》问世90周年，12月4-5日，复旦大学望道研究院、复旦大学中文系、《当代修辞学》编辑部、陈望道研究会共同主办了"纪念《修辞学发凡》问世90周年暨'第十二届望道修辞学论坛'学术研讨会"。研讨会以开幕式的纪念活动和大会学术报告两种方式进行。学术报告环节共有18位海内外著名语言学专家作专题报告，内容主要涉及《修辞学发凡》与中国修辞学、现代修辞学的历时建构与当代阐释、跨学科视野下的当代修辞学、中西学术的交流与融合四个议题。研讨会认为，《修辞学发凡》自问世以来已历经90周年，至今仍保持着强大的生命力，值得不断深入探究，继续推动中国修辞学向前发展；同时也要牢记，发展才是最好的继承，当代修辞学的发展一定要注重与国外语言学的交互整合，拓展传统修辞学研究的新领域，提升修辞学传播发展的国际视野，以宏观、动态、多元的研究理念开拓修辞学科的发展之路。

61. 亚洲辞书学会国际跨文化词典学高端论坛

12月10-11日，亚洲辞书学会国际跨文化词典学高端论坛在四川外国语大学召开，论坛由亚洲辞书学会主办，四川外国语大学词典学研究所承办，《辞书研究》《英语研究》和《外国语文》提供学术支持。来自日本、新加坡、波兰、南非、以色列和中国的11位词典学专家通过ZOOM平台作了精彩的主题发言，受疫情影响，国内外多所高校和出版机构的专家学者通过线上方式参与本次论坛。

此次论坛聚焦双语词典、学习词典、通用语文词典、多语词典，围绕"跨文化词典学"这一主题，从词典学的结构、用户、历史、评论、类型和信息技术视角，深入探讨了文化词目的脚本模式、词条地位、等值译义、释义结构、文化信息表征和文化信息网络构建，英语中汉语借词现状，汉英词典词类标注困境与出路、词典编纂实践的文化交流、英语学习词典中的中国形象、英日词典的历史借鉴价值以及语义韵的识别路径与词典表征。

论坛主题发言分别是：波兰波兹南亚当密茨凯维奇大学Arleta Adamska-Sałaciak教授的《词典和英语文化关键词》、复旦大学高永伟教授的《英语中的汉语借词新观》、南非斯泰伦博斯大学Rufus Gouws教授的《双语词典的习语研究》、四川外国语大学王仁强教授的《超越科学主义——汉英词典词类标注的困境与出路》、以色列K Dictionaries首席执行官Ilan Kernerman先生的《全球化语境下的跨文化词典编纂》、香港中文大学（深圳）李兰博士的《词典学视角下词汇语义韵研究》的主题发言；新加坡国立大学Vincent B. Y. Ooi教授的《"标准英语"、文化智力和词典》、广东外语外贸大学徐海教授的《英语学习型词典中的中国形象》、日本早稻田大学Shigeru Yamada教授的《英日词典的起源及汉语复合结构和英语学习词典的影响》、四川外国语大学胡文飞教授的《汉英词典儒学词的拓扑翻译研究》和赵翠莲教授的《从文化到（非）共享概念》。

62. 第九届中国第二语言习得研究国际研讨会

12月10-12日，"第九届中国第二语言习得研究国际研讨会"在上海外国语大学举办。会议由中国英汉语比较研究会二语习得研究专业委员会主办，上海外国语大学英语学院承办，上海外语教育出版社、上海外语音像出版社协办。共设11场主旨发言，22个分论坛，来自哥伦比亚大学、剑桥大学、北京大学、复旦大学、南开大学等高校的专家学者，以及来自全国各地近百所知名院校的近400名师生相聚云端，呈现了一场丰富的学术盛宴。

上海外国语大学副校长查明建教授、中国二语习得研究会会长杨连瑞教授致开幕辞。

第一场主旨报告有：哥伦比亚大学ZhaoHong Han教授的"Should CAF be treated as a system"、上海外国语大学束定芳教授的《从第一和第三语言习得看二语习得》、上海交通大学/剑桥大学袁博平教授的"Categorization of cues in the input and their implications for L2 acquisition"、Ghil'ad Zuckermann 教授的"Language Reclamation：The Most Extreme Case of Second Language Acquisition"、Dongbo Zhang 教授的"Vocabulary Knowledge and Reading in a Second Language：A Lexical Quality Perspective on Their Reciprocity"、Steve Walsh 教授的"SETTVEO：Evidence-based reflection and teacher development"。

22个分论坛的主题涵盖二语习得的理论研究、研究综述、实证研究、社会文化视角研究、汉语习得研究、二语加工研究、语言迁移研究、语料库研究、课堂二语习得研究、外语教学中的教育技术等。来自上海外国语大学、上海交通大学、西安交通大学、上海财经大学、澳门大学、浙江工商大学、济南大学的22位学者担任分论坛主持。来自近百所国内外院校的160余名师生参与发言，另有200余名听众在线上旁听。

第二场主旨报告有：南开大学外国语学院张文忠教授的《外语教育学视域下的外语教与学实践研究展望》、北京语言大学和宾夕法尼亚州立大学荣誉教授 James Lantolf 的"The Relevance of Motivational Dialogue for L2 Education：A Non-Quantitative Approach to Motivation"、华中科技大学外国语学院徐锦芬教授的《基于证据的二语语法习得中的教学作用研究》、北京大学对外汉语教育学院赵杨教授的《英语母语者对汉语分裂定指性的习得研究》、吉林大学公共外语教育学院姜峰教授的《学术英语的迷思和本象》。

63. 第十四届汉文佛典语言学国际学术研讨会

12月11-13日，由香港教育大学中国语言学系、中国语言及中文教育研究中心和香港中文大学人间佛教研究中心共同主办的"第十四届汉文佛典语言学国际学术研讨会"举行。香港理工大学的王士元教授和来自美国宾夕法尼亚大学的 Victor H. Mair（梅维恒）教授作了特邀主题演讲，来自中国大陆、中国香港、中国台湾和韩国、日本、美国、英国、比利时等地共62位学者，在线上作了23个大会报告和37个专题研讨，展示了汉文佛典语言学研究领域的最新面貌。

会议依照历史语言学和接触语言学的要求，首次设立了明确的会议主题"佛教传播与语言变化"。会议首次设立了青年学者奖。中国社会科学院语言研究所助理研究员于方圆的《再释"在所"》获得一等奖，中山大学博士后研究人员李周渊的《以数位工具TACL判断〈大明度经〉第一品的译者》、中国社会科学院研究生院语言学系硕士研究生王宇晨的《中古译经中"然"的关联副词用法》分别获得二等奖。真大成教授代表浙江大学汉语史研究中心提交了2022年10月在浙江杭州举办第十五届会议的申请并获批准。朱庆之教授作总结发言。

64. 2021 国际中文教育智库论坛

12月16-17日，由中国传媒大学主办，全球化智库（CCG）和太和智库协办的2021国际中文教育智库论坛在京成功举办。论坛下设三个分论坛，邀请来自高校、智库、企业的各位专家围绕国际中文教育的新平台、新环境、新用户等议题发表主题演讲并展开云端对话，探讨国际中文教育未来发展的无限可能。

共有18位中外专家学者和行业领军人士，围绕国际中文教育面临的全球格局、技术变化和用户需求，对未来的创新路径展开了富有真知灼见的讨论。闭幕式环节，全球化智库的曲梅博士、中国传媒大学的邵华冬教授及太和智库的杨昊研究员作为三个分论坛的主持人，分享了论坛成果。

2021国际中文教育智库论坛以"变局与创新——国际中文教育的机遇与挑战"为主题，分设"新平台·新技术背景下的国际中文教育"、"新环境·新全球格局卜的国际中文教育"和"新用户·面向新世代的国际中文教育"三个分论坛，旨在开启智库交流合作的长效机制，共同推动语言的推广和文明的互鉴。

65. 适用语言学与评价研究国际会议

12月17-19日，上海交通大学马丁适用语言学研究中心举办了"适用语言学与评价研究"国际会议，旨在纪念"评价系统"（the APPRAISAL Systems）提出20周年，主题是"评价系统"及其理论的适用语言学研究。会议线上举办，包括大会报告、主旨发言、分会场报告和新书发布。来自国内外学界的百余名专家学者和师生参会发言。上海交通大学常辉教授、北京大学胡壮麟教授和北京语言大学李宇明教授分别致开幕辞。

大会发言有：北京大学胡壮麟《积极话语分析和批评话语分析的互补性》、北京语言大学李宁明《重视语言法的研究》、悉尼大学 Susan Hood "The appliable linguistics of GRADUATION: Theory and application interacting in building system networks and expanding explanatory power"、复旦大学祝克懿《"陈述""评价"语体中的对话关系》、中国社会科学院方梅《语义透明性与对话中的评价解读》、新南威尔士大学 Peter R. R. White "Engagement-oriented analyses and the modelling of persuasiveness"、悉尼大学 J. R. Martin "Mapping feeling: attitudinal relations"。

主旨发言有：西南人学刘承宇《庭审话语中的评价资源及其在非法律人身份建构与合法权利保障方面的作用》、国防科技大学李战子《评价理论在国际传播语境中的应用与拓展》、澳大利亚新南威尔士大学 Michele Zappavigna "Ambient Affiliation in Comments on You-

Tube Videos：Communing Around Values About ASMR"、中山大学常晨光"Packing a powerful punch：idioms and evaluative force"、香港城市大学刘美君"How to decipher and evaluate discourse relations in natural texts：can linguistics help？"、北京外国语大学何伟《生态语言学视角下的评价系统》、厦门大学杨信彰《Martin 与适用语言学：理论与实践》、智利天主教大学 Hao Jing（郝婧）"Cultivating values：the values of democracy in an Australian junior secondary classroom"、北京师范大学于晖《汉语学术语篇的多声系统探究》、香港理工大学冯德正"Critical attitudes in China's Digital Diplomacy：An Analysis of Chinese Foreign Ministry Spokespersons' Twitter Posts on the COVID-19 Pandemic"、伯明翰大学 Susan Hunston "Appraisal in Discourse and Corpus"、中国人民大学杨敏"Discursive strategies for Identity Construction in Courtroom Narratives of Medical Malpractice Cases"、西安外国语大学徐玉臣《基于语料库的英汉科技语篇中态度资源对比研究》、诺威奇大学 Eszter Szenes "Extending coupling theory in Systemic Functional Linguistics：Towards a typology of recouplings"、悉尼大学 Georgia Carr "Beyond inscribed and invoked：Technicalising and iconising attitude in sex education"、澳大利亚天主教大学 Thu Ngo "Conceptualising non-verbal communication of emotions in animated movies：facial expression and voice quality"、对外经贸大学张冬冰"Realising ENGAGEMENT：A cross-linguistic consideration"。

大会进行了 5 场分会场报告，来自北京大学、北京语言大学、西安外国语大学、西南大学、东北林业大学、东福尔郡大学、萨米恩托国立大学、泰国国立法政大学等国内外高校的学者作了精彩的汇报，并展开热烈讨论。

闭幕式上，举行了王振华教授等所翻译的新书发布会。王振华教授推介了《知识与知者：教育社会学的现实主义建构》译著（原书名 Knowledge and Knowers：Towards a realist sociology of education），简述了卡尔·梅顿（Karl Maton）的主要思想内容，介绍了翻译团队成员，并分享了自己的翻译历程。

66. 第五届华文教育国际学术研讨会

12 月 18 日"第五届华文教育国际学术研讨会暨《华文教学与研究》创刊 20 周年学术研讨会"召开。会议由暨南大学华文学院和华侨大学华文学院联合举办，137 位学者作学术报告，其中来自美国、菲律宾、英国、印尼、日本、蒙古国、意大利、新加坡等多个国家和港澳台地区的专家学者 20 余人。开幕式及首场特邀报告在线参会人员近 500 人。

研讨会特设六场特邀学术报告和八组分组报告，共同探讨新技术条件和后疫情时代华文教育的理论与方法，拓宽并深化华文教育研究领域，促进新形势下华文教育发展与海内外专家学者、华文教师的交流与合作；同时，回顾《华文教学与研究》办刊历程，讨论期刊未来发展方向，推动新时期华文教育学术研究与学科发展。

67. 第二十五届国际粤方言研讨会

12月18-19日，"第二十五届国际粤方言研讨会"在线上召开，研讨会由粤港澳高校中文联盟主办、香港中文大学中国文化研究所吴多泰中国语文研究中心协办。詹伯慧教授致开幕辞，邓思颖教授致欢迎辞。来自国内外的106位学者报告了论文，与会者突破地域和时区的限制，在线上积极讨论，交流意见。

研讨会共进行了八场分组报告，论文涉及语音学、音系学、粤语音韵、词汇学、词法学、句法学、话语分析、第二语言习得、社会语言学、粤语使用、应用语言学等领域，对粤语相关问题进行了深入交流与探讨。

研讨会期间，特设粤语句末助词的专题讨论环节，以工作坊的方式进行，聚焦于粤语句末助词的句法、韵律等形式特征、语义功能、助词分类、语言习得、历史来源等问题，除广州话/香港粤语外，还讨论到吴川、东莞、增城、信宜等地粤语的语法现象，内容丰富，有不少新发现。

闭幕会上，张群显教授、甘于恩教授、郭必之教授、汤翠兰教授分别发言，畅谈对本届研讨会的观察，并提出很好的建议，如组织文科内外的跨学科对谈；邓思颖教授作总结发言。

68. 严复翻译思想研讨会暨话语修辞与翻译传播高峰论坛

2021年12月24-26日，广西大学举办了"严复翻译思想研讨会暨话语修辞与翻译传播高峰论坛"。论坛由广西大学外国语学院与广西大学"亚太翻译与跨文化传播研究院"共同主办，修辞学视角下的对外传播是该论坛的主题之一，专家们的精彩发言凸显了修辞学的跨学科性质，推动了修辞与传播以及修辞与翻译的交叉研究。

69. 第五届生物语言学国际研讨会

12月25-26日，"第五届生物语言学国际研讨会"以线上会议的方式在北京理工大学隆重举行，会议由国际期刊 *Biolinguistics* 和 *Cognitive Linguistic Studies* 编辑部主办，北京理工大学外国语学院承办，《北京第二外国语学院学报》协办。

会议开幕式由北京理工大学外国语学院院长李京廉教授主持，北京理工大学副校长王博教授致开幕词。西南大学外国语学院院长、*Cognitive Linguistic Studies* 联合主编文旭教授及 *Biolinguistics* 联合主编、塞浦路斯大学 Kleanthes Grohmann 教授在开幕式致辞。

6 位教授受邀进行主旨演讲，就生物语言学和语言的起源与演化发表真知灼见。中国社会科学院语言研究所的胡建华教授从语言演化的角度出发对《诗经》中的"王于兴师"和"王于出征"予以解读，基于跨语言事实，结合句法语义视角，为汉语经典文献的解读提供了新的思路。西南大学文旭教授则从日常生活中的喜怒哀乐出发，探讨情感表达、文化及生物之间的交互关系。西南大学杜世洪教授从认识论视角探讨语言之音乐起源这一假设，并基于哲学和生物学讨论提供了系统论证。来自匈牙利罗兰大学的 Gábor Györi 教授探讨了语言的演化功能和认知语言学之间的交互关系。香港中文大学潘俊楠教授基于汉语、法语、韩语、日语、越南语等语料对"wh–"量化词进行了跨语言比较研究，探讨量化词的允准方式和运行机制的系统差异。塞浦路斯大学 Kleanthes Grohman 教授系统回顾了生物语言学的诞生及发展，聚焦其中所涉及的认知问题，并就后续研究提出展望。来自国内外知名高校及科研院所的 150 余名师生聆听了大会报告。

除主旨演讲外，还有来自国内外多所高校和科研院所的师生就生物语言学诸多分支领域开展了 25 场小组报告和研讨，研究议题涵盖语言发源与演化、脑神经认知、儿童语言习得、中介语研究、跨语言对比等，研究的语言不仅包括不同历史时期的汉语和其他方言，还包括英语、韩语、越南语等外国语。

70. 面向融媒时代，聚焦《现汉》编研——融媒时代的《现代汉语词典》研讨会

2021 年 12 月 28 日上午，中国社会科学院辞书编纂研究中心在语言研究所举行融媒时代的《现代汉语词典》研讨会，语言研究所党委书记、辞书中心主任陈文学致辞，语言研究所所长张伯江主持会议，语言研究所纪委书记、副所长李爱军，语言研究所副所长、辞书中心副主任白晓丽，辞书中心副主任储泽祥出席会议。会议采用线下线上结合的方式，辞书中心全体人员和北京大学、河北师范大学、山西省社会科学院语言研究所等单位的学界同人近 100 人参加了研讨会。

陈文学在致辞中指出，长期以来，语言研究所一直承担《现代汉语词典》《新华字典》的编修工作。今年 7 月，国家语委征集语言文化品牌活动优秀案例，语言研究所把《现代汉语词典》《新华字典》的编研活动作为优秀案例报送，国家语委将题目修改为"典润中华——品牌语文辞书创编与创新服务"。"典润中华"点明了这两本辞书对中华文化的重要影响，我们有责任把辞书事业做得更大、更好、更加有效，为文化强国建设做出应有的贡献。

张伯江指出，去年的 12 月 28 日，举行了《现代汉语词典》主编丁声树先生的《丁声树文集》出版座谈会，4 天前的 12 月 24 日，是《现代汉语词典》主编吕叔湘先生的生日，

所微信公众号专门发文纪念。在辞旧迎新的时刻举办这次研讨会，既是铭记历史，缅怀先贤，更是立足现实，守正创新，推动《现代汉语词典》的研究更加深入，让《现代汉语词典》更好地适应新时代读者的需要。

辞书中心成立4年来，在聚焦社会需求、研发系列产品上做出了努力。本次研讨会设3个主题：1.《现代汉语词典》内容本体研究如何深化；2.《现代汉语词典》如何适应融媒时代的需要；3. 读者需求与《现代汉语词典》系列辞书的研发。

北京师范大学珠海校区高研院周荐教授鉴于语文词典对专名词条收录的不同做法，从专名概念的纠葛、《国语辞典》及台版辞书对专名的收条、《现代汉语词典》对专名的收条三个方面研究了专名的性质和语文词典专名词条收立的问题。

北京大学对外汉语教育学院李红印教授以《现代汉语词典》颜色词、单双音节词、亲属词、心理形容词的释义为例，探讨词典的话语表达体系，并提出了词典释义的"整齐划一"与"丰富多彩"、释义模式、词义分析与词典释义、释义与词的其他属性的照应等需要进一步思考的问题。

知典（北京）数字传媒科技有限公司总经理、商务印书馆有限公司数字出版中心主任孙述学编审以《现代汉语词典》应用软件为例分享了融媒体辞书的用户思维，并提出现汉应用软件还能在词语分类与分级、据意查词与反向词典、场景化应用、扩展性词典等方面进行拓展。

人民教育出版社辞书编辑室主任谢仁友编审以《新编学生词典》的编写实践为例，从学生辞书的定性定位、编写要求、编写特点3个方面分享了编研经验，指出准确性、规范性是根本要求，浅易性、学习性是区别特征。

语文出版社辞书与文化图书编辑部副主任金春梅副编审从读者角度看《现代汉语词典》，重点探讨辞书的读者需求、学生辞书的困境、对学生辞书的设想等问题，并介绍了语文出版社辞书编纂实践探讨系列辞书研发和刚出版的《国家通用语言文字学习词典（藏文对照）》的编纂情况。

"《现代汉语词典》初稿稿片整理与融媒体辞书内容研究"列为"十四五"语言研究所重大科研项目，本次研讨会也是项目启动会。辞书中心秘书长、词典编辑室主任杜翔研究员展示了《现代汉语词典》初稿稿片情况，并从内容本体和拓展两个方面谈了《现代汉语词典》深化研究的设想。

面向融媒时代，《现代汉语词典》的编研课题需要持续关注并深入研究，这次研讨会是一个良好的开端，期待学界聚焦辞书编纂与研究中的难点热点，通力合作，集中火力攻关，进一步促进"现汉学"和辞书学的发展。

71. 2021"中国语言服务40人论坛"年度论坛

12月31日下午，语言服务40人论坛在线上举行，译直播和中国网进行了直播。会上宣布成立全国语言服务教育联盟，并同步发布了《全球语言服务市场报告》（2017－2020），论坛开幕式由秘书长蒙永业主持，吸引了来自语言服务行业的专家学者、从业人员及MTI高校的师生1万余人同步在线观看。

北京大学教授、语言服务40人论坛联席理事长王继辉代表主办方发表致辞，美国CSA Research咨询公司CEO Tahar Bouhafs在致辞中对《全球语言服务市场报告》的发布表示祝贺。

在《全球语言服务市场报告》新书首发仪式上，北京语言大学教授王立非对该书的引进和翻译情况做了介绍。

在"语言服务学科发展"分论坛上，国家应急语言服务团筹建工作秘书处秘书长李宇明、西北师范大学曹进、华北电力大学高霄分别就国家应急语言服务、应急语言服务基地建设、双碳目标语言服务发表讲话；天津外国语大学王铭玉、中国英汉语比较研究会司显柱、复旦大学蔡基刚分别就语言服务研究、语言服务产业研究、语言服务专业定位：交叉学科研究发表讲话，40人论坛专家参与探讨。论坛由中国人民大学郭英剑主持。

在"语言服务行业发展"分论坛上，北京语言大学王立非、北京悦尔信息技术有限公司董事长蒙永业、WITTA翻译技术研究会会长王华树分别就国际语言服务智库、标准国际化语言服务、数智语言技术发表演讲；中国仲裁法学研究会法律英语教学与测试研究会会长张法连、海南师范大学陈义华、对外经济贸易大学崔启亮分别就涉外法律语言服务、海南自贸港语言服务、本地化服务发表讲话，40人论坛专家参与探讨。论坛由北京外国语大学国家语言能力发展研究中心副主任张天伟主持。

（张洁、马华阳编写）

第四篇
学术论著介绍

【安陆市地名志】

《安陆市地名志》编纂委员会、安陆市民政局编，武汉大学出版社出版，ISBN：978-7-307-22593-0

"湖北省地名文化丛书"之一，安陆市的地名记录。

【安阳方言语法研究】

王芳著，中国社会科学出版社出版，ISBN：978-7-5203-8340-0

通过专题的形式，以点带面，比较深入地揭示方言特点和特殊语法现象。

【霸金集萃：山西翼城大河口西周墓地出土青铜器】

山西省考古研究院等单位编，上海古籍出版社出版，ISBN：978-7-5325-9871-7

山西翼城县大河口墓地是一处西周封国霸国的墓地，有大中小型墓葬2200余座，其中青铜容器墓葬40余座，出土各类青铜礼乐器270余件，其中60余件有铭文，长篇铭文较多，对于研究西周时期的分封制、礼制、宗法制和社会历史等具有重要价值，获得了2010年度全国十大考古新发现。

【白汉双语儿童汉语韵律焦点发展研究】

刘增慧著，中国社会科学出版社出版，ISBN：978-7-5203-8835-1

探讨白-汉双语者的汉语韵律焦点的发展路径。通过考察6-13岁的白汉双语儿童的自然产出语料，发现双语和单语儿童的汉语韵律焦点习得在发展路径上和速率上，既有共性又有差异。就发展路径而言，双语儿童与单语儿童类似，即能够使用音高和时长来编码焦点，但双语儿童对于使用韵律来区分焦点和非焦点类型的习得却晚于单语儿童。就发展速率而言，在经过五年的正式普通话教育之后，双语儿童的汉语能力仍无法和同等汉语输入的单语儿童相比。这一研究结果与前人关于双语儿童语音发展结论基本一致。

【抱冰庐选集】

何九盈著，中华书局出版，ISBN：978-7-101-15350-7

该书是何九盈先生54篇具有代表性的学术论文精选集，大致分为语言学史、音韵学、说文学、词汇学、训诂学、汉字文化、札记、散论等几部分，涵盖了作者学术生涯的方方面面。

【北京古今地名源流考】

彭雪开、王殿彬著，中国社会出版社出版，ISBN：978-7-5087-6573-0

【贝宁汉语教学研究】

漆亿、唐娟、沈林著，四川大学出版社出版，ISBN：978-7-5690-2300-8

从教育环境、教学体系、机构和课程、师资等多角度分析了贝宁的中文教学情况。

【变化的头脑——语言如何延缓衰老】

[美] 罗杰·克鲁兹、[美] 理查德·罗伯茨著，黄立鹤译，上海教育出版社出版，ISBN：978-7-5720-0763-7

通过描述语言能力的四个维度（即听、说、读、写四种能力）的种种变化，以及目前如何应对这些变化，阐述了在面对认知衰老时，语言是如何起到优化和补偿作用的。作者强调，从年轻时就要形成对衰老的积极认知，打破对老龄的刻板印象，锻炼我们的语言能力，保持阅读、写作和交谈，为实现健康老龄化提早做好认知储备。

【潮州府城话语音特征调查手册】

刘新中、刘卫宁、祖漪清著，暨南大学出版社出版，ISBN：978-7-5668-2762-3

该书是一本有关单点方言语音特征的调查手册，全面系统地剖析了潮州话音节层面的主要语音特征，潮州话自然话语的语音特征、韵律特点等语音面貌。涵盖了音节层面的所有语音问题，包括声、韵、调以及连读调，同时大量的自然语句、话语涵盖了句子层面的主要的语音问题，包括语调、句调等语句层面的各种韵律特征。该书意在搭建一个桥梁，系联传统语音描写和现代语音合成语音识别，进而将语音的研究和应用有机结合起来。

【陈望道手稿集】

陈望道先生哲嗣陈振新教授与朱良玉女士搜寻辑合而成，复旦大学出版社出版，ISBN：978-7-309-15531-0

【陈望道文存全编】（12卷本）

焦扬主编，复旦大学出版社出版，ISBN：978-7-309-15608-9

全面收录和整理了陈望道先生的著述译作，汇编了分布于各类数据库、校档案馆、中华书局、上海档案馆以及私人收藏的文献和望道研究的最新成果。其中，修辞学研究有第一卷《修辞学讲义》、第二卷《修辞学发凡》和第四卷《修辞论》，凝聚了陈望道先生在修辞学、文法学等领域的多维思考，在继承与弘扬修辞学科传统方面具有重要的学术价值。

【成都平原语音历史层次研究】

何婉著，四川大学出版社出版，ISBN：978-7-5690-4514-7

运用历史语言学、地理语言学及社会语言学的相关理论和方法，从今天成都地区方言所体现出来的移民方言和土著方言的层次，并结合移民史的相关资料来研究近400年来成都方言的历史形成。作者选取了成都市区（七区十二县）及周围一共13个方言点作为研究的基点，也分析了诸如历史移民、山川地理、行政区划等因素，探讨成都地区方言的历史形成。

【成人二语习得中的僵化现象】

韩照红著，外语教学与研究出版社出版，ISBN：978-7-5213-2868-4

作者审视了过去几十年来有关成人二语习得中僵化现象研究的历史，论述了僵化研究的基本理论问题，搜集和评价了大量的实证研究成果，提出了实证研究的恰当方法，认为应该从宏观和微观两个方面来研究僵化。此外，书中指出要对僵化及一些有关概念有正确的理解，对僵化的研究也应该是跨学科的，以便综合利用语言学、心理语言学、神经语言学和社会语言学的理论和成果。

【楚简句法研究】

弓海涛著，四川大学出版社出版，ISBN：978-7-5690-3911-5

该书在充分汲取楚简考释研究成果的基础上，对兼语句、双宾句、同位语结构、宾语前置句、疑问句、"有"字句6类句式作穷尽式的爬梳整理分析，以揭示楚简句法特征的汉语史认识价值。

【传抄古文综合研究】

李春桃著，上海古籍出版社出版，ISBN：978-7-5325-9941-7

该书对传抄古文的价值、版本、时代、国别、形体特点、考释方法以及存在的问题进行了综合性讨论，以期建立一套古文研究的理论体系。

【传承中华基因——甲骨文发现一百二十年来甲骨学论文精选及提要】

刘钊主编、陈剑副主编，商务印书馆出版，ISBN：978-7-100-19550-8

该书录排整理甲骨文发现120年来的甲骨学论文120篇，并撰写提要。论文主要从已发表的单篇论文中精选，少数为学者论著的节选。各篇依发表年份编号、排序。

【词汇语义学】

张志毅、张庆云著，商务印书馆出版，ISBN：978-7-1002-0140-7

该书主要特点：1. 研究词汇语义的单位有四个：义位、义素、语素义、义丛，四个单位中以义位为主，以义位的系统为主。2. 研究的内容主要是义位的四种理论：义位结构论、义位定性论、义位语用论、义位演变论。3. 所用的理论和方法取自现代语义学。

【词义流变与常用词更替研究】

刘曼著，上海辞书出版社出版，ISBN：978-7-5326-5848-0

该书详细解剖了八组常用词的演变，厘清了每一组词主要义位间的流变关系，并考察了不同义位所代表的语义场之间的关系，探讨了一个词的不同义位在相应的语义场中地位之间的关系，将复杂的词义和词汇演变关系梳理得比较清晰，材料翔实，描写细致，分析有理有据。

【词义球结构的理论与实践】

邱庆山著，社会科学文献出版社出版，ISBN：978-7-5201-7787-0

词义球结构理论和认知组合性词义观有助于解决句法-语义界面问题，尝试性回答词义学基点问题。深度全面理解词义需把握三个结构：由对象、属性、属性值三要素构成的隐性认知结构；由对象义、属性义、属性值义三要素构成的隐性语义结构；由对象词、属性词、属性值词三要素构成的显性句法结构。词义球结构理论和认知组合性词义观创新了词义结构和句法结构理论，阐释了词义的句法性质，认为词义、句法、认知和信息具有内在的一致性，四者同构，词义是最精密的语法。

【词语的纯粹】

练暑生著，华东师范大学出版社出版，ISBN：978-7-5760-1049-7

该书主要特点：一、将俄国形式主义、结构主义以来的形式分析的方法运用到新诗创作研究当中，力图真正将诗歌创作研究建立在语言学和形式论的基础上；二、创作论分析和诗歌史分析相互结合，在诗歌的历史传承和演变中分析阐述各种现代汉语诗歌流派的创作特性；三、部分章节理论研究、文本细读和诗歌现场经验阐述相互结合，尝试在形式分析中加入社会学的场域分析。

【从文化苦旅到凤凰涅槃——日本汉字问题与语言政策研究】

陈月娥著，中国社会科学出版社出版，ISBN：978-7-5203-8202-1

【从语言看中西方的范畴观】

沈家煊著,商务印书馆出版,ISBN:978-7-1002-0167-4

言为心声,思维方式决定了人的言说方式;反过来,言说方式也影响着人的思维方式。作者将中西语言的比较上升到思维方式的高度,从语言比较来探讨中西方范畴观,为中国语法理论的建设提供不同于西方的哲学基础。相对于印欧语是"名动分立"关系,以动词为中心,该书收入的七篇论文从不同角度论述汉语是"名动包含"关系,以名词为本,动词属于名词,名词包含动词。作者的理论自洽而简洁,贴近汉语实际,是汉语语法研究摆脱"印欧语的眼光"的一大实绩。

【丹江方言语法研究】

苏俊波著,中国社会科学出版社出版,ISBN:978-7-5203-9136-8

该书在深入调查的基础上,对丹江方言的构词、重叠、小称、时体、代词、副词、助词、处置句、被动句等较为显著的语法现象或特点进行了细致的考察和分析,以点带面,对丹江方言的语法面貌和特点进行较全面深入的介绍与展现,对丹江方言的性质和归属进行探讨。

【当代汉语日源外来语研究】

杨文全、杨昊著,四川大学出版社出版,ISBN:978-7-5690-3066-2

该书对当代汉语日源外来词及外来成分的借入历史、引介类型和整体面貌进行了全面且系统的分析。该书站在汉外语言接触的历史背景下,探讨日源外来语及其相关成分在词汇补位的前提下,如何通过"汉日融合词"等形式深刻地影响到汉语词汇的衍生、构造和发展,从而揭示了汉日两种语言及其词汇语法之间相互影响的路径、机制和规律。

【当代诗歌语言问题探赜】

李心释著,科学出版社出版,ISBN:978-7-03-067516-3

该书研究20世纪80年代以来现代汉语诗歌"一观两翼"的语言问题,探讨当代诗歌语言观,以及诗歌语义、结构层面的四个问题和文体、功能层面的四个问题,破除对诗歌语言的认识误区,探索当代诗学研究的新思路,致力于跨学科交叉研究,深度推进语言学、符号学、哲学等领域的语言理论和方法在诗学研究中的应用,创造性地提出新的诗学理论命题。

【当代西方修辞学之管窥】（30周年纪念版）

［美］索尼娅·K. 福斯（Sonja K. Foss）、［美］凯伦·A. 福斯（Karen A. Foss）、［美］罗伯特·特拉普（Robert Trapp）编，李克译，上海交通大学出版社出版，ISBN：978-7-3132-4748-3

原著于1984年由美国韦夫兰出版社（Waveland Press）出版，是一本在西方修辞学史上颇有影响力的当代修辞学理论史著作。该书主要以20世纪30年代以来对当代修辞理论产生深远影响的十一位代表性修辞学家的研究作为解读线索，介绍当代西方修辞学领域的著名学者的思想，"按照这些理论家所提出的修辞学理论的广度依次梳理和评价他们的贡献"，实现其"让读者了解当代修辞学中各种观点的发展和演变"的历史价值。该书"每章都有该章所述学者完整的著作目录，是了解这些学者主要著作和思想的优秀入门读物。书中精心挑选的批评性评论将所提学者的观点放置于更加广阔的修辞学背景中，有利于读者在理解宏观修辞背景的前提下对书中所展现思想有更深层次的把握"。

【当代修辞学的阐释与建构："望道修辞学论坛"论文集萃】

祝克懿主编，复旦大学出版社出版，ISBN：978-7-309-15943-1

"望道修辞学论坛"是以现代修辞学奠基者陈望道命名，复旦大学中文系与《当代修辞学》编辑部创办的一个高端学术论坛。论坛邀请国内外著名学者开设讲座，编辑系列学术书籍出版。入选论文荟萃了海内外著名语言学者从历时和共时角度对当代修辞学范畴理论的阐释与建构。涵盖：1）纪念陈望道先生诞辰130周年专题；2）当代修辞学理论基础的多维探索；3）"消极修辞"的现代认知；4）"隐喻理论"的现代认知；5）"风格学"的现代认知；6）跨学科视野中的"话语研究"；7）跨学科视野中的"论辩与修辞"；8）"人工智能与修辞"研究；9）"新媒体语言"研究等九个板块的内容。该书融入了海内外学术界对修辞生态的历时关注与当代思考，在弘扬修辞学传统，提升修辞学研究的前沿理论意识与科学解释力方面具有重要的语言学文献基础。

【地名里的广东：文化景观的区域分析】

王彬著，社会科学文献出版社出版，ISBN：978-7-5201-8288-1

【滇北苗语研究】

季红丽著，中国社会科学出版社出版，ISBN：978-7-5203-8063-8

该书立足田野调查获取的苗语多媒体数据库语料，从功能-类型学的视角对滇北苗语的语音、词汇、语法进行深入描写，揭示其基本规律，全面展示了滇北苗语的语言特点。其结果有利于推动苗族支系语言研究和语言类型学研究。

【东汉三国佛教文献副词研究】

唐贤清著，商务印书馆出版，ISBN：978-7-100-19814-1

该书以汉语语法史中占有重要地位的东汉三国佛教文献副词为考察对象，利用现代汉语共同语、方言、民族语言和境外语言的研究材料来解决佛教文献中的副词问题，通过对其源流演变的调查分析，展现佛教文献副词的特点，为进一步研究整个汉语副词发展准备必要条件，并力图建立"普方古民外"的立体研究范式。

【东南亚华人社区华语生活状况研究】

刘华等著，暨南大学出版社出版，ISBN：978-7-5668-3156-9

该书对东南亚的马来西亚、新加坡、菲律宾、印度尼西亚、老挝等多个国家的华人华语语言生活进行了调查和分析。充分考虑到历史、地域、政治和文化等因素，从华人社区语言使用、华文媒体语言生活、华语风貌和汉语热点等多角度进行调查和剖析，并将印度尼西亚华人社会作为案例展开了更为详细的分析。此外，还结合汉语的热词热语现象，通过对实际的语言使用场景进行录音录像并分析，对东南亚华人和中国的海外留学生的华语使用展开了研究。

【多模态理论与外语教学中的多元能力培养】

张德禄、刘睿、雷茜著，外语教学与研究出版社出版，ISBN：978-7-5213-2946-9

该书体现了多模态理论在外语教学以及语言学习者多元能力培养中的应用探索。

【多源造词研究】

[以] 诸葛漫（Ghil'ad Zuckermann）著，陈燕译，华东师范大学出版社出版，ISBN：978-7-5675-9893-5

该书探讨语言振兴过程中音义匹配现象，即采用本族语－目标语中与外语－源语词项语音和语义都相似的既有词项去匹配源语词项，从而创造出新词。该书提出的分析框架结合了社会、语言等多个角度，并首次对多源新词进行了分类；融合比较希伯来语、改革后的土耳其语、现代汉语、意第绪语等多种语言。

【俄罗斯术语学经典论文选译】

叶其松、陈雪、李海斌编译，科学出版社出版，ISBN：978-7-03-069026-5

全书选译20世纪20－80年代俄罗斯知名术语学家的14篇代表性文章，内容涵盖术语规范化研究、科技术语与概念的关系、术语学理论和术语研究 4 个方面，涉及术语学的各个领域。

【尔雅今注】（增订本）

徐朝华注，岳麓书社出版，ISBN：978-7-5538-1423-0

该书是《尔雅》的整理校注本。《尔雅》是我国很早的一部解释词义的专著，也是部大致按照词义系统和事物分类编纂的词典，在我国语言学界有着重要影响。前人对《尔雅》的注疏驳杂繁复，今人读来不免觉得烦琐。该书作者爬梳旧注，博采众长，取其精华，去其烦琐，以新的语言新的形式对《尔雅》作出适合现代人阅读的注解。文字浅显，要言不烦，头绪清爽，注释精当切要，疑难字辅以今读，文后所附索引方便翻检，为一般读者提供了极大的阅读便利。

【尔雅新注】

王建莉注，中华书局出版，ISBN：978-7-101-15251-7

该书为《尔雅》做注，反映出《尔雅》所具有的古汉语同义词的一般特点，凸现《尔雅》同义词聚合关系，辨清对《尔雅》体例的认识。结合现代词汇学、历史学、天文学、生物学等内容，以简明的语言对《尔雅》进行注释，深入浅出，通俗易懂。还为不常见字头增加注音，并附上韵书中的反切；增加"题解"和"按语"，帮助进行理解；制作音序和笔画索引，方便利用。

【二语学习动机的回溯与跟踪研究】

戴运财著，科学出版社出版，ISBN：978-7-03-068994-8

该书以复杂动态系统理论为框架，综合运用了回溯与跟踪研究相结合的跨时段研究设计，定性与定量相结合的混合式研究方法，根据研究目标和内容，分别对七组受试群体，采用了问卷调查、定量抽样、绘图、访谈、叙事、定性建模、比较研究等研究方法，对中国学习者的二语动机发展变化进行了从小学到大学的全过程调查，详细描绘二语动机发展变化的轨迹与特点，深入挖掘引起二语动机变化的主要制约因素和变化的规律性。

【鄂渝川西南官话话语标记研究】

江佳慧著，中国社会科学出版社出版，ISBN：978-7-5203-8874-0

该书结合田野调查的自然口语录音和方言影视剧对话，对鄂渝川西南官话典型的话语标记进行了分类探讨，并基于分布、语用功能和形成机制的分析，归纳了该方言话语标记的功能系统。

【法律语言研究——语篇语义视角】

王振华编著，上海交通大学出版社出版，ISBN：978-7-313-23718-7

该书以法律语境下使用的"法律语篇"为研究对象，通过对词汇和语法构成的分析探究法律的内涵，主要涉及庭审语篇、调解语篇和立法语篇，以系统功能语言学为理论基础，充分运用语篇语义的观点分析和解释法律语篇中语言传递的意义，如概念意义、人际意义和谋篇意义。

【泛域认知过程与现代汉语宾语的多重论元实现】

董粤章著，上海交通大学出版社出版，ISBN：978-7-313-24511-3

该书是在认知语法的理论框架下，采用基于泛域认知过程的词汇构式路向，对现代汉语宾语的多重论元实现进行解释，所讨论的现象包括以"吃食堂"为代表的及物动词加非论元宾语和以"飞上海"为代表的不及物动词加宾语。旨在回答这两类现象所带来的句法、语义、从句法到语义的映射和部分能产性四个问题，结论是汉语宾语的这两种多重论元实现在很大程度上是由概念观照、组块化和丰富记忆存储这三种泛域认知过程所决定的。

【分布形态理论研究】

刘馨茜著，外语教学与研究出版社出版，ISBN：978-7-5213-3090-8

分布形态学是生成语言学理论的一个重要分支，为处理语法结构以及语法各个部分之间的关系提供了一种新的思路。该书梳理了分布形态理论的起源、主要特征和构成部分，结合实例解释了其基本操作手段，并分析了理论发展新趋势。

【风格修辞学】

[美] 巴里·布鲁迈特（Barry Brummett）著，冯月季译，社会科学文献出版社出版，ISBN：978-7-5201-8958-3

该书从社会功能角度研究晚期资本主义社会流行文化中的风格修辞。

【福州方言大词典】

陈泽平、林勤编撰，福建人民出版社出版，ISBN：978-7-211-08307-7

收福州方言单字、词语和熟谚27000多条，较为完整地反映了福州方言词汇的面貌，展现了福州地方历史文化。为便于查找，全书方言词条按照普通话拼音的音序排列，并配有多种索引。

【改革开放40年汉语的变化和发展】

戴昭铭等著，商务印书馆出版，ISBN：978-7-100-20476-7

从词汇、句法、语体及语言规范化等方面描述改革开放以来40年汉语与社会的共变情况，并深入探讨了其动因。

【甘肃方言词汇】

雒鹏著，中国社会科学出版社出版，ISBN：978-7-5203-8999-0

该书提供了甘肃省41个方言点的词汇材料，并列出北京话词汇以资比较，比较完整地反映了甘肃汉语方言的词汇差别，是甘肃方言研究、普通话教学、公安刑侦言语识别与鉴定的重要参考资料。

【葛本仪文集】

葛本仪著，社会科学文献出版社出版，ISBN：978-7-5201-8206-5

全书共收录了葛本仪先生的7种著述，时间跨度从1961年到2014年。这些在不同年代发表的学术文章和出版的著作，显示了作者深厚的语言学功底，是语言学学习者宝贵的学习资料；同时，其行文用语风格及体例格式均带有明显的时代特点和历史印痕，具有较高的史料价值。

【公平视角下欧盟多语化语言政策研究】

李俊宏著，华南理工大学出版社出版，ISBN：978-7-5623-6848-9

【功能语法导论】（第三版）

［英］M. A. K. Halliday 著，［瑞典］Christian Matthiessen 修订，
外语教学与研究出版社出版，ISBN：978-7-5213-2895-0

该书由迈西森教授依据英国语言学家韩礼德所著第二版内容修订而成，对韩礼德功能语法理论及实践进行了阐述，全面而详细地论述了功能语法的各个层次，并列举了大量的语料来说明如何运用功能语法理论对语言进行分析。该书兼具理论性与实用性，对高校专业教师、学生以及相关研究者来说都是一部很有价值的参考书。

【功能主义语言学理论探索与应用】

严世清著,上海外语教育出版社出版,ISBN：978-7-5446-6561-2

该书从多个角度讨论了功能主义语言学的理论发展和应用研究,并对隐喻理论、认知语用学以及其他学科的理论及流派作了相关性分析,特别阐述了作者对系统功能语言学理论应用于大学英语教学改革和职业院校建设的思考和经验,有较强的实践指导意义和借鉴价值。

【构式语法视角下的英汉浮现词缀研究】

邵斌著,浙江大学出版社出版,ISBN：978-7-308-21349-3

该书借助构式语法理论,对英汉浮现词缀的形成及演变进行了阐述。

【古白话词汇研究论稿】（增订本）

徐时仪著,商务印书馆出版,ISBN：978-7-100-19540-9

全书充分运用大量古白话文献的新语料和语言学的相关理论,考察古白话词汇的来源、结构和特点；探索词义古今演变的轨迹；从词语类聚着手来探讨汉语词汇和词义系统等,进而论述文白此消彼长中汉语词汇承古启今的发展过程,阐明词汇是一个受社会因素影响的多元异质系统,揭示汉语词汇演变的规律、价值取向及主导趋势。

【古汉语重叠构词法研究】（第二版）

孙景涛著,上海教育出版社出版,ISBN：978-7-5720-0895-5

作者在当代语言学理论框架内对古汉语重叠构词现象进行了全面的描写,在此基础上发展语音—形态交互作用的生成语法理论,以解释产生不同重叠类型的动因和过程,并就重叠研究对语音学音系学研究的作用作了探讨。

【古文字与上古音论稿】

张富海著,上海古籍出版社出版,ISBN：978-7-5732-0072-3

该书收录作者古文字与上古音研究方面的论文四十篇,内容涉及释读战国竹简、马王堆帛书《周易》、西周金文等古文字,探讨古文字释读中的语音问题,利用古文字材料研究上古音,等等。

【关于翻译的新思考】

许钧著,浙江大学出版社出版,ISBN：978-7-308-20838-3

该书系许钧教授近年来对翻译的一些新的思考。分为四辑：一、翻译探索与理论思考；

二、翻译之道与新时代的使命；三、翻译的精神与批评探索；四、翻译教育、翻译价值与其他。

【官话方言呼语韵律特征】

陈鹏飞、李文捷著，南开大学出版社出版，ISBN：978-7-310-06122-8

该书用实验方法，从调型、调阶、调域、时长、音量五个方面，对北京官话、冀鲁官话、胶辽官话、东北官话、中原官话和江淮官话方言中五类不同结构的呼语名词进行实验研究。发现了汉语官话方言呼语高调阶、窄调域、高点平化等韵律特征，并对方言中一些特殊的音变现象做出了比较合理的解释。

【广东东部闽方言语音地图集】

林春雨、甘于恩著，中国社会科学出版社出版，ISBN：978-7-5203-8691-3

这是一本关于广东东部闽方言语音的方言地图集，是对广东东部闽方言语音进行地理类型学研究的成果。

【广义修辞学视角下的夸张研究】

高群著，中国社会科学出版社出版，ISBN：978-7-5203-7901-4

该书运用广义修辞学的理论资源，倾力探求夸张辞格研究范式的学术实践。

【广韵校释】

蔡梦麒校释，中华书局出版，ISBN：978-7-101-15357-6

该书以泽存堂本为底本，参校诸本，并用前代韵书订正《广韵》语音系统。全书共收录《广韵》25335个字头，每个字头都有独立编号。小韵注明中古拟音，拟音基本采用王力系统；每个字头注明现代汉语拼音，并关联其又音。文末编制了"音序索引"和"笔画索引"，方便检索。

【哈尼语窝尼话研究】

杨艳著，社会科学文献出版社出版，ISBN：978-7-5201-8332-1

窝尼话是一种濒临消亡的语言，在语音、构词、语法等方面与哈尼语其他方言有相似的地方，也有自己突出的特点。作者在获取充实语料的基础上，对这一语言进行比较深入、全面的描写研究，揭示其特点，对一些语法现象进行解释。

【海南三亚崖城军话源流研究】

刘春陶著，南开大学出版社出版，ISBN：978-7-310-06103-7

该书是对崖城军话的个案研究，包括海南三亚崖城镇及军话的概况，崖城军话语音、词汇和语法三个系统的特点，对崖城及崖城军话形成的相关文献资料考察，崖城军话与元、明两代的官话音系对比，崖城军话与今天江淮官话之间存在的密切联系，对崖城军话语言特征变化的分析梳理等，该书对在多语包围下语言接触对语言变异的影响做出规律性的探索。

【汉淮传奇——噩国青铜器精粹】

上海博物馆编，上海书画出版社出版，ISBN：978-7-5479-2735-9

首次聚集从西周早期至春秋早期的60件噩国青铜器，并以器物为载体，铭文内容作经纬，完整呈现了噩国青铜器的发展脉络。

【《汉书》音义研究】

万献初著，中华书局出版，ISBN：978-7-101-15329-3

该书上编论证《汉书》所注音切的性质，以之与《切韵》《经典释文》作比较，看其承前启后的异同因素，从而确定它们在汉语语音发展史中的地位和价值。下编为《汉书》音义全编，整理了《汉书注》约3540个字头约13620次音切的注语，及其对应的《汉书》语境。

【汉文典】（修订本）

[瑞典] 高本汉（Klas Bernhard Johannes Karlgren）著，潘悟云、杨剑桥、陈重业、张洪明编译，中华书局出版，ISBN：978-7-101-15180-0

这是瑞典著名汉学家高本汉所作的关于汉语文字、音韵、训诂的一本工具书，以古代汉语字典的形式编排，将七千余个汉字字头统系于一千多个谐声字族之中，每一字头后均罗列上古音、中古音和现代音（包括北方官话读音和现代汉语普通话读音）；解释字的本义、引申义和假借义，并引相关书证；引有甲骨文、金文字形图两千六百余个。书前附有长篇导言及修订本导言，后附有相关研究论文《从上古汉语到中古汉语》《从中古汉语到官话》《中古汉语和日语汉字》，便于读者使用和理解。书后附有音序索引及笔画索引。

【汉印文字研究】

石继承著，上海古籍出版社出版，ISBN：978-7-5732-0111-9

该书在全面搜集并科学整理秦汉印章资料的基础上，结合简牍、帛书、铜器、石刻等篆隶文字资料,对汉印文字中的讹变、混同等变化现象作系统深入研究。

【汉英认知辞格当代隐喻学一体化研究】

孙毅著,科学出版社出版,ISBN:978-7-03-070360-6

该书在扼要介绍当代隐喻学萌芽起步阶段的"概念隐喻学说"及其升级、优化的"概念整合理论"新进路的基础上,简明勾勒出体验哲学和文化意蕴的跨语言考究双翼维度,搭建起当代隐喻学的学科框架。

【汉英主题结构的认知话语研究——基于情境植入的标记度考察】

李银美著,南开大学出版社出版,ISBN:978-7-310-05991-1

该书以汉英共享的三类主题结构为对象,以日常对话为语料,从认知语法的主题和述题情境植入角度,对主题结构的构建过程进行了考察,分析了汉英主题结构在句法、话语和认知层面上的标记性等级,触及了语法语义、话语功能和认知加工过程,一定程度上回答了汉英主题结构的典型性及标记度问题。

【汉语常用词演变研究概论】

曹翔著,东南大学出版社出版,ISBN:978-7-5641-9782-7

这是一本面向本科生和研究生的教材,主要介绍汉语常用词演变研究的一般知识,包括汉语常用词的研究历史与现状、研究价值、研究内容与方法以及汉语常用词演变研究的一般规律,初步构建汉语常用词演变研究的框架。

【汉语词汇化语法化例释】

吴卸耀、李文韬编,上海大学出版社出版,ISBN:978-7-5671-4276-3

该书是工具书性质的著作,致力于将二十多年来词汇化和语法化方面的研究成果加以总结和普及化,并与实际教学相结合。按音节将所收的词语分为三个部分,即单音节、双音节和三音节。单音节部分又分为介词和量词两部分,双音节根据结构特征分为词组、跨层组合和词缀三部分,三音节有的是动补结构,有的是其他结构,还有的是跨层组合。

【汉语词汇史】

汪维辉著,中西书局出版,ISBN:978-7-5475-1823-6

该书为"大学讲义"系列的一种,是对汉语词汇史的一个全面概述,详细介绍了我国汉语词汇史的发展进程和特点,并从方法论的角度向读者展示了如何研究汉语词汇的具体思路和方法。

【汉语方言和汉语词典研究】

谢自立著，商务印书馆出版，ISBN：978 - 7 - 100 - 19297 - 2

共收谢自立论文23篇。分三部分：第一部分是"方言研究"，其中苏州方言和其他吴语研究论文11篇，"其他方言"7篇；第二部分是"词典学研究"，收论文5篇；第三部分是附录，收录"作者简历"、"著作目录"和"后记"。

【汉语方言论集】（增订本）

王福堂著，商务印书馆出版，ISBN：978 - 7 - 100 - 20347 - 0

收录了王福堂先生有关汉语方言的论文39篇，在2010年初版基础上增加了10篇作者精选的近10年发表的论文。

【汉语方言音韵论集】

金有景著，商务印书馆出版，ISBN：978 - 7 - 100 - 20303 - 6

收录了金有景从事语言学研究四十余年来在汉语方言学、音韵学方面的部分学术成果。

【汉语方言语法调查问卷】

夏俐萍、唐正大编著，刘丹青校订，上海教育出版社出版，ISBN：978 - 7 - 5720 - 0999 - 0

该调查问卷是一个小型简明的汉语方言语法调查方案，包括构词与形态、词类与句法、句法与语用等多方面。问卷包括四个部分。第一部分：基本概况及调查规范；第二部分：音系；第三部分：语法问卷；第四部分：话语语料。

【汉语构式的理据性承继探究】

顾鸣镝著，浙江大学出版社出版，ISBN：978 - 7 - 308 - 21406 - 3

该书是对汉语构式的理据性承继描写方法的思考与实践。将构式承继的层级性和理据性作为始终贯彻的研究原则，关注句法分布的不对称现象，将理据性承继描写划分为三个层面：以原形构式为对象，展开基于语块变量的扩展性承继描写；以句法语义为接口，展开基于形义变量的辐射状承继描写；以语用情境为切面，展开基于功能变量的耦合度承继描写。从以上三个层面入手，探索汉语自然语言处理的新方法与新路径；以此为基础，致力于某个特定生活领域、某个特定主题范围内的汉语构式数据库建设；通过在自然语言处理领域的具体实践，反过来推动和促进构式语法的理论发展。

【汉语广义遭受结构研究】

庄会彬著，科学出版社出版，ISBN：978-7-03-068891-0

该书以广义遭受句式（以"王冕死了父亲"句式为代表）的论辩为切入点，尝试新理论，发掘新语料，努力推进对这类句式的解释。在理论引进方面，先后尝试了CP分裂假说（第三章）、韵律语法思想（第五章）、非宾格理论（第六章）；语料方面亦是多有发掘，不仅增加了非作格动词带宾语现象的实例，还扩展到日语语料。由是建立起"广义遭受句式"概念。

【汉语交互主观性标记及相关句类认知研究】

刘春卉著，四川大学出版社出版，ISBN：978-7-5690-4903-9

该书对汉语交互主观性及其话语标记、相关语言现象做了全面研究，是在汉语语法主观性与主观化研究基础上的突破性尝试，除了多方面关注语气词与评注性副词之外，还把交互主观性标记拓展到实词、句式及相关句类特征，进而通过交互主观性标记辨识了不同句类形式与功能偏离的现象。

【汉语句子的信息结构和语调模式】

秦鹏著，南开大学出版社出版，ISBN：978-7-310-06231-7

该书在韵律音系学的理论框架下，利用韵律格局的实验方法，从汉语声调和语调关系的反思入手，求证汉语句子语调韵律分布模式的决定因素，并初步考察表现焦点的韵律手段和其他表达手段的相互关系。得出了三个主要的研究结论：1. 汉语声调和语调不存在系统性叠加共变关系，"橡皮带"效应观点值得进一步思考；2. 句子的语调韵律分布模式取决于信息结构；3. 汉语信息焦点和对比焦点在韵律凸显的策略选择上有系统性的不同。

【汉语可能类助动词语义演变研究】

李武伟、刘宇、吴艳梅著，四川大学出版社出版，ISBN：978-7-5690-2821-8

该书以时间顺序描写从上古到中古直至近代汉语中可能类助动词的使用情况，在此基础上分析它们的演变，厘清彼此之间的内在联系；同时，把几个时段内可能类助动词的使用情况加以比较对照，分析异同，找出发展规律；考察可能类助动词所在的句法结构及其发展变化，并对可能类助动词的发展过程和原因进行探讨。

【汉语口语评价表达研究】

方迪著，社会科学文献出版社出版，ISBN：978-7-5201-8382-6

该书基于互动语言学的理念和方法，探讨汉语口语中用于评价行为的语言表达形式。以

"规约化"为主线，着眼于语义的透明度的差异，将汉语中的评价表达分为非规约化评价表达、半规约化评价表达和规约化评价表达三类，并选取组合性句法结构、语气词、副词、构式等各类中的典型个案进行了深入分析。通过它们在话轮和会话序列中的分布，探讨评价形式选择的功能动因，以及评价解读浮现的话语条件。在个案研究的基础上，还探讨了评价表达在口语中浮现及规约化的普遍因素，以及语体分布的倾向及原因。

【汉语口语语篇库：建构与标注】

李爱军编著，中国社会科学出版社出版，ISBN：978－7－5203－7569－6

该书面向新一代语言认知智能技术，在语音学和语言学的研究成果基础上，对实际言语交际产生的口语语篇进行结构和功能的描述和表示，整合语音和自然语言处理领域的标注规范，建立汉语口语语篇的多层级标注规范，通过对海量中文口语语篇的深度标注，为语音研究和应用提供重要的理论和数据支撑。

【汉语历史语法】

史文磊著，中西书局出版，ISBN：978－7－5475－1868－7

该书是"大学讲义"系列的一种，是在作者部分授课内容的基础上撰写的，多是个人研究心得。全书共9章。

【汉语量化研究】

李行德著，商务印书馆出版，ISBN：978－7－100－19388－7

该书利用管辖与约束理论的主流技术手段，细致刻画了汉语的一些量化词的分布和解读，系统研究了汉语的量化问题。

【汉语论元实现的可变性】

杨大然著，科学出版社出版，ISBN：978－7－03－069044－9

该书以句法－语义接口关系为研究切入点，审视汉语论元实现可变性所反映出的词汇语义与句法结构的关系问题。

【汉语描写词汇学】

刘叔新著，商务印书馆出版，ISBN：978－7－100－20139－1

该书以现代汉语普通话词汇为研究对象，重在确定和描写现代汉语词汇的构成单位，描写它们在意义和形式上的一般特征，对它们的各种类集做出分析，确定现代汉语词汇的范围，揭示词汇内部的组织结构关系等。该书是从共时的角度，运用描写主义语言学的思想和方法对现代汉语词汇进行全面研究的词汇学专著。

【汉语日常词语审美类型研究】

李淑婷著，复旦大学出版社出版，ISBN：978-7-309-15494-8

该书以汉语日常词语为素材，在对日常词语进行搜集、释义、对比、评价等的基础上，从语言学特别是应用语言学的角度对日常词语进行审美研究，归纳了汉语日常词语的十种审美类型：表义准确美、新颖美、形象美、人性美、丰富美、联想美、对称美、简约美、典雅美与通俗美。

【汉语上古音手册】

[美] 白一平（William H. Baxter）著，龚群虎、陈鹏、翁琳佳译，上海教育出版社出版，ISBN：978-7-5720-0332-5

该书是西方继高本汉《中国音韵学研究》之后最重要的汉语历史音韵学著作。全书通过分析和修正清儒的古老押韵分析法，采用科学的统计学方法，对中国古代文献的各种用韵现象进行研究，提出了自己的上古汉语语音体系，被学术界称为"包拟古-白一平"体系。

【汉语史论集】（增补本）

郭锡良著，商务印书馆出版，ISBN：978-7-100-19928-5

该书收录作者汉语史方面的论文40余篇。涉及语法、音韵、文字训诂、文学语言等，从历时和共时的角度探讨了几十年来汉语史研究的发展，对古代特别是先秦汉语代词、系词、语气词系统、构词法、语音系统等一系列古汉语研究中的根本问题，提出了系统的、卓有建树的观点。

【汉语术语学引论】

张晖著，科学出版社出版，ISBN：978-7-03-070114-5

该书基于术语的二维属性论和汉语的名辩逻辑传统，通过梳理古今汉语术语的创制史、融会中西术语理论发展史，提出了中国的术语学研究应该坚持"汉语纲领"，发挥汉语意合的潜力和张力，在世界科技话语权竞争中发挥独特作用。

【汉语缩略规范研究】

俞理明、杨昊、黄城烟、王春燕著，四川大学出版社出版，ISBN：978-7-5690-2875-1

该书从理论和实践结合的角度，对汉语规范以及当今汉语词语缩略的规范作了深入研究。全书分"汉语规范简论"和"缩略及其规范"上下两编。

【汉语特殊型语言障碍儿童关系从句习得研究】

于浩鹏著，中国社会科学出版社出版，ISBN：978-7-5203-9042-2

该书对汉语特殊型语言障碍儿童关系从句的理解和产出作了全面的描写、分析和讨论。在生成语法的框架下提出的"边缘特征不明示假说"，比较全面地解释了汉语特殊型语言障碍儿童在关系从句习得中表现出的句法知识损伤，对汉语特殊型语言障碍儿童的诊断鉴别和干预治疗具有重要的指导意义。

【汉语新媒体语篇的互文性研究】

郑庆君、向琼、张春燕著，暨南大学出版社出版，ISBN：978-7-5668-3087-6

该书从汉语新媒体语篇的互文性角度切入，阐述了互文性理论的源流及其在中国的发展，通过大量实例解读汉语新媒体语篇互文性的承载类型、结构形态及呈现方式等，建立理论分析框架。全书重点在于对汉语新媒体互文性文本现象与特征及其形成机制原理等方面的分析、研讨与解读。

【汉语修辞教学设计与策划】

孟建安编著，中山大学出版社出版，ISBN：978-7-306-07168-2

该书是与其主编的《实用语体修辞训练教程》配套的修辞教学用书，主要关注汉语修辞教学法，提供教学的理论方法与实践经验及相应的实现路径，是推动修辞教学效果优化的教学用书。

【汉语虚词史研究】

曹炜著，暨南大学出版社出版，978-7-5668-2839-2

该书是作者关于上古、中古和近代三个时期的汉语虚词发展演变史的系列研究成果，共分四编。该书全面系统地梳理了汉语虚词发展的历史脉络和演变轨迹，对汉语史研究具有一定的学术价值。

【汉语言学新视界2021】

《汉语言学新视界2021》编委会编，学林出版社出版，ISBN：978-7-5486-1807-2

该书根据中国人民大学复印报刊资料《语言文字学》和中国知网"CNKI期刊数据库"等语言学资料库，收录、转载了近两年（2019-2020）汉语研究中部分重要的、有代表性的专业论文。《汉语言学新视界》遵循学术性、前瞻性、原创性、本土化的基本原则，以全国专业期刊发表的汉语研究论文为考察范围，经由学界专家的推荐，遴选出部分有代表性的论文加以转载，希冀对当前的汉语研究起到引领作用和示范效应。

【汉语音韵学概论】（第二版）

赵彤著，中国人民大学出版社出版，ISBN：978-7-300-20955-5

该书着重介绍音韵学的基础知识、《广韵》音系与普通话音系的比较，旨在帮助学生掌握音韵学的基本概念、术语体系和《广韵》音系的基本面貌，同时了解汉语语音的发展概貌。突出的特点是对《广韵》音系到普通话音系的演变规则进行了全面的梳理，区分了规则与例外、文读和白读，条理分明，便于学习掌握。

【汉语语篇分析】

苗兴伟、张蕾著，外语教学与研究出版社出版，ISBN：978-7-5213-3136-3

该书运用系统功能语言学理论，对汉语衔接、连贯、信息组织、语篇结构进行了描写，并阐述批评话语分析及多模态语篇分析等理论与应用。

【汉语语篇话头结构理论的实证性研究】

尚英著，北京语言大学出版社出版，ISBN：978-7-5619-5888-9

该书是在大规模不同语体、不同题材的语料库基础上，对话头结构进行的实证性研究，包括可操作性研究和可覆盖性研究两部分。其实证性研究最终体现在话头结构语料库中，语料库具有很好的一致性，能在理论研究和应用方面真正发挥作用，能为汉语信息处理和汉语教学提供有效的理论和资源支持，能揭示汉族人语篇组织和理解的认知基础。

【汉语语法长编】

石毓智著，江西教育出版社出版，ISBN：978-7-5705-2390-0

该书是《汉语语法》（商务印书馆，2010年）的完整版，研究风格侧重于语言现象本身的规律和系统性，以探讨汉语语法系统本身为主要目的，通过具体现象探讨语法系统、成分与结构、标记与词类、功能与范畴、原理与方法等问题。

【汉语语法的共时与历时研究】

刘顺著,上海三联书店出版,ISBN:978-7-5426-7282-7

该书分为共时和历时两个部分,广泛关注语法学研究的学科对象和语料对象、语法和词汇的关系、语体在语法研究中的作用、名词的性质、词汇化和语法化等问题。

【汉语语法化词库】

李小军著,中国社会科学出版社出版,ISBN:978-7-5203-7999-1

该书收集整理国内外相关研究,遵循小路径原则构拟汉语语法化的演变路径,共总结、归纳、构拟出汉语语法化路径416条。探讨语法化路径的句法和语义动因、演变机制,分析已有研究的得失,并尝试从语言类型学角度探讨汉语相关语法化路径的地位。

【汉语语法问题探究】

王灿龙著,商务印书馆出版,ISBN:978-7-100-18556-1

该书是作者的现代汉语语法论文选集。研究内容较为广泛,既有句法分布的描写,也有语义表达的分析;既有语用因素的探讨,也有认知理据的揭示。研究思路较为开阔,既做深入的挖掘论证,也做细致的分析比较;既注重共时的全面考察,也兼顾历时的专题探源。

【汉语运动事件词化类型演变新探】

史文磊著,上海教育出版社出版,ISBN:978-7-5720-1195-5

该书介绍了近年学术界在"运动事件词化类型演变"研究上的新进展,重点介绍了罗曼语和英语的历时演变研究,并利用新材料和新视角来探讨汉语运动事件词化类型的演变,揭示了运动表达演变中存在语体分化现象。探讨了形态句法结构变化与概念认知结构变化之间的互动与关联,涉及运动事件词化类型演变与"因言而思"、动趋式的扩展、运动指向表达等问题。

【汉语韵律语法研究的音节-语义视野】

周韧著,商务印书馆出版,ISBN:978-7-100-20252-7

该书立足于汉语事实,紧紧抓住汉语"音节-语素-字"对应的基本格局,通过分析汉语句法结构的韵律模式,汉语四音节成分的韵律地位,汉语复合词构成的韵律因素等个案,提供了一条"音节-语义(语用)"相关联的汉语韵律语法研究思路。重新审视韵律和语法的"互动观",重新检讨重音理论在汉语韵律语法研究中的得失,主要提出三点论断:韵律本身就是汉语表达语法意义一种手段;韵律表达语法意义,并不是通过重音作为中介来调节实现的，而是通过音节数目的多少对立来实现的；对汉语韵律语法现象的解释，应更多地从语义语用机制上寻找原因。

【汉语蕴涵义与推导义的习得】

黄海泉著，上海外语教育出版社出版，ISBN：978-7-5446-6907-8

该书采用真值判断及语料库分析的方法，考察学前汉语儿童逻辑词的习得，发现儿童在刺激贫乏的情况下对逻辑词的解读符合逻辑，并且能够区分逻辑结构所产生的蕴涵义与推导义，研究结果表明抽象逻辑结构具有天赋基础。

【汉语字词关系研究（一）】

李运富、汪维辉主编，中西书局出版，ISBN：978-7-5475-1893-9

收录"首届汉语字词关系学术研讨会"会议文章及同主题的文章共23篇，从异文、用字习惯、用字类聚、文字职能、讹混、同形字、俗字等多个方面对出土文献与传世典籍中的字词关系进行讨论。

【汉语字词关系研究（二）】

陈斯鹏编，中西书局出版，ISBN：978-7-5475-1880-9

收录"第二届汉语字词关系学术研讨会"会议论文40篇，围绕出土文献及传世典籍中的字词关系及相关语言文字等问题，或作个案研究，或作宏观考察，或对相关资料加以系统梳理及考证。

【汉语作为第二语言作文自动评测模型构建研究】

郭力著，北京语言大学出版社出版，ISBN：978-7-5619-5906-0

该研究基于语言的表层特征体系，使用人工神经网络技术，对三种体裁、十个不同题目的中国汉语水平考试作文文本进行了分析，构建出了基于语言表层特征的汉语作为第二语言作文自动评测模型。验证了经典型技术路径构建评测模型的过程，同时还探索出了基于语言表层特征的简约型技术路径，构建出了简约特征集。

【汉藏语比较研究】

施向东著，中西书局出版，ISBN：978-7-5475-1881-6

作者认为汉语上古音的研究不能仅仅在汉语文献中打转，上古音研究中的一些症结问题、疑难问题，通过汉藏语言的比较可以找到答案。该书即从研究方法、语料文献等角度详细论述汉藏语比较研究的方方面面,希望能成为汉藏语比较研究领域的指导入门必读书。

【汉藏语研究方法讲稿】

戴庆厦著,商务印书馆出版,ISBN:978-7-100-19217-0

该书是作者对汉藏语语言研究方法论的一些思考和认识,更是对自己以往的语言研究做的一番梳理和小结。在这部书里,作者把自己毕生的心得体会毫无保留地奉献给那些有志于从事语言学研究的青年学子。

【汉藏语音韵对应研究——以杨福绵汉藏音韵研究成果为例】

王艳春著,社会科学文献出版社出版,ISBN:978-7-5201-7020-8

该书翻译并整理了杨福绵所撰写的汉藏语同源词研究系列论文,从中归纳同源词并汇编为《杨福绵汉藏语同源词谱》,参照斯塔罗斯金、郑张尚芳的上古音体系对杨福绵同源词的声母对应情况和韵母对应情况进行分析,最后对上述同源词的音韵对应关系及其规律做了总结。

【汉字构形学导论】

王宁著,商务印书馆出版,ISBN:978-7-100-20456-9

该书吸收了系统科学的方法,对传统"六书"的精神重新阐发,在汉字表意特性和汉字构形系统这两个基本原则的基础上,提出了适用于古今各种体制的汉字结构分析、系统描写的普遍原理和可操作的方法,自汉字存在和发展的诸多现象中提炼规律,建立有关汉字构形的术语系。

【汉字里的动物世界】

潘铭基著,中华书局出版,ISBN:978-7-101-15191-6

该书以深厚的学养与真诚的童心,从《说文解字》《尔雅》切入,旁征博引《山海经》《史记》《汉书》及先秦诸子书,冶古今中外于一炉,合类书、字书、神话传说于一编,分二十五个类别,汇诸书相关记载,仔细发掘,精当解读,与虫鱼鸟兽对话,天然趣味。是书详考证、辨疑似、明人伦、示劝惩,图文并茂,深入浅出。乃动物之大观园、亲子之良读物也。

【何谓语文学:现代人文科学的方法和实践】

沈卫荣、姚霜编,上海古籍出版社出版,ISBN:978-7-5325-9965-3

该书集结了西方学界关于语文学讨论的十九篇经典文章,涵盖作为现代人文学研究基础的语文学的定义介绍，形成和发展的历史溯源，基本的学术理念和学术方法的深度剖析，分门别类地探索语文学于历史、文学、宗教、语言研究中的运用和具体实践。

【河南藏甲骨集成·开封博物馆卷】

李运富总主编，曾广庆本卷主编，张新俊本卷编辑，河南美术出版社出版，ISBN：978-7-5401-5298-7

收录了开封博物馆所藏甲骨69版，其中有字甲骨64版，无字甲骨5版。

【河南方言研究】

刘雪霞著，东方出版中心出版，ISBN：978-7-5473-1909-3

该书对河南方言音韵结构作系统的研究，描写其特殊音变的表现形式，找出其音变条件、方向与层次，解释其音变机制，有助于揭示中原官话的历史演变轨迹，并为解决官话方言研究中一些未决的问题提供有益的思路。

【河西汉简考论——以肩水金关汉简为中心】

何茂活著，中西书局出版，ISBN：978-7-5475-1822-9

全书以肩水金关汉简的整理和研究为重点，共分四大版块，内容涉及释文校订、词义考释、散简缀合、历谱考释、名物考证等几个方面，创获颇多，对汉简研究贡献较大。

【河西走廊方言与地域文化研究】

黄大祥著，中国社会科学出版社出版，ISBN：978-7-5203-8687-6

描写河西走廊汉语方言的语音、词汇、语法，并概况了河西走廊的方言文化特点。

【衡水桃城区方言研究】

郑莉著，中华书局出版，ISBN：978-7-101-15097-1

【胡风西来：西域史语译文集】

白玉冬译，上海古籍出版社出版，ISBN：978-7-5325-9973-8

该书汇聚7位顶级西域历史语言学者的10篇专论，精彩解读十姓回鹘王及其王国、摩尼教寺院经营令规文书、葛啜王子墓志、长沙走马楼吴简木牍、黑水城及吐鲁番出土蒙古语契约文书等历史细节，再现"大西域"胡风西来的历史场景。

【湖南洞绥片赣方言语音调查研究】

李军著，社会科学文献出版社出版，ISBN：978-7-5201-7831-0

重点调查了隆回、洞口、绥宁三县22个方言点，分析这些方言点的语音特征，揭示了洞绥片赣方言语音特征的分布情况、内部差异，比较了洞绥片赣方言与江西赣方言的语音特征。

【华严字母新探：明清宗教、语言与政治】

萧振豪著，中华书局（香港）有限公司出版，ISBN：978-988-8758-55-5

作者梳理了华严字母于中亚及中国的流传情况，并参考大量罕见文献，于《大理丛书》发现了最早的华严字母韵表，首次从明清宗教、语言及政治三方面综合分析华严字母的历史意义，包括根据华严字母创作的韵表，与佛教唱韵、明教、云南、十三摄、《康熙字典》及乾隆帝等的微妙关系，对弄清华严字母的来源与发展，提供了清晰的视角。

【话语分析：社会科学研究的文本分析方法】

［英］诺曼·费尔克劳（Norman Fairclough）著，赵芃译，商务印书馆出版，ISBN：978-7-100-19457-0

是一本集理论阐释与分析方法为一体的学术著作，作者将布迪厄、福柯、哈贝马斯等学者的理论观点融入语言学研究之中，不仅为语言学研究提供了清晰的社会学研究思路，而且从语体（genre）、话语（discourse）和风格（style）三个方面系统阐释了基于文本的话语分析路径。该书对文本、互文性、语体及语体结构、话语及话语再现、社会实践、风格、情态和评价等话语分析的基本概念都有所阐释，并以丰富的分析案例揭示出语言与社会之间相互构建的辩证关系，对于语言学专业师生和社会科学研究者从事话语分析研究具有很高的参考价值。

【辉县方言语法研究】

穆亚伟著，中国社会科学出版社出版，ISBN：978-7-5203-7691-4

该书在深入调查的基础上，对河南辉县方言语法进行了专题考察，涉及语缀、重叠、副词、助词"助"、"X人"结构、比较句、疑问句、被动句、处置句等词法和句法问题。

【回鹘文献梵语借词研究】

朱国祥著，上海古籍出版社出版，ISBN：978-7-5732-0120-1

回鹘文献梵语借词是回鹘与古代印度文化在语言上存在的"化石"，该书在广泛搜集各种回鹘文献梵语借词的基础上，针对梵语借词材料，进行"回鹘语－梵语"语音对音研究。同时，对梵语借词在回鹘文献中的分布、存在缘由作了简要分析。

【基于口语语料库的中国英语学习者话语标记语多层次对比研究】

赵蕴萱著，吉林大学出版社出版，ISBN：978－7－5692－7124－9

关注中介语中的话语标记使用情况。基于中国学习者英语口语语料库（SECCL）和美国当代英语语料库（COCA）的真实语料，探讨了中国英语二语学习者的类别、分布及频率，并从微观上探讨不同语境中特定话语标记的用法和功能。

【基于排比句朗读的言语呼吸韵律研究】

张金爽著，南开大学出版社出版，ISBN：978－7－310－06005－4

该书以语调研究为基础，结合语音和生理呼吸两个学科的交叉研究，探求一条言语呼吸研究的有效方法。用呼吸的量化来进一步解释言语任务中语调韵律特征的生理线索，弥补尚属欠缺的言语呼吸中语调、语义、语法等特征的生理研究，有助于解释心理和生理在语言表达方面的作用；同时还可以为人工语音合成和语言多模态合成、言语疾病治疗和对外汉语教学等提供一定的参考数据。

【基于新型历时复合语料库的翻译汉语特征研究】

庞双子著，上海交通大学出版社出版，ISBN：978－7－313－24023－1

该书通过构建新型语料库，运用多元统计的方法分别考察了20世纪30年代、60年代、90年代三个时间段的文学翻译文本在语体、词汇和语法上的语言表征，并对英语源语文本、汉语翻译文本、汉语原创文本以及未受翻译影响的汉语原生态文本之间的相互关系和变化进行了系统的、连续的考察，进一步探究了翻译与原创汉语语言发展间的关系。

【基于语料库的汉语成人与儿童物体指称行为研究】

曾小荣著，外语教学与研究出版社出版，ISBN：978－7－5213－3181－3

运用语料库语言学方法，对比分析汉语交际中成人和儿童在实施物体指称行为方面的异同。

【基于语料库的汉语儿童语言发展评价与监测研究】

周兢、张义宾著，华东师范大学出版社出版，ISBN：978－7－5760－1097－8

自20世纪90年代开始，基于国际儿童语料库数据储存和分析系统（CHILDES）的研究层出不穷，推动了我国儿童语言研究的进步与发展。近三十年来，这些研究为汉语儿童的语言研究积累了大量的数据。这本书将这些数据开发成为全世界汉语儿童研究领域内最大的非标准化参考常模数据系统，初步实现了语料的积累分享向临床诊断的重大转变。基于汉语儿童语料库的语言障碍诊断与预测的常模建立，是对儿童语言发展评价方式的一种突破，改变了传统上依靠标准化工具评估与监测儿童语言的单一路径，通过创新性地依托儿童语言大数据，为汉语儿童语言发展评估与监测提供了新的选项。

【吉林大学藏甲骨集】

吴振武等编著，上海古籍出版社出版，ISBN：978-7-5325-9839-7

该书收录吉林大学所收藏的全部甲骨（包括伪刻和无字甲骨），共496版，分图版、释文、附录等部分。图版包括彩照、拓片、摹本三种，其中彩照不仅有甲骨的正反面，还有侧面和钻凿面，可为读者提供更多的相关信息。释文部分除尽量准确的释文外，还有对部分卜辞内容的进一步阐释，可加深读者对卜辞的理解。此外还附有每片甲骨的尺寸及重量数据。注明甲骨的重量，为该书首创。附录部分包括多种表格，读者可便利地检索有关这批甲骨的著录、缀合、钻凿形态等多种信息。

【吉林大学考古与艺术博物馆馆藏文物丛书·玺印卷】

吉林大学考古与艺术博物馆编，唐淼主编，李春桃副主编，上海古籍出版社出版，ISBN：978-7-5732-0094-5

吉林大学考古与艺术博物馆馆藏历代玺印一千多方，其中仅战国古玺就有200多方，这批古玺文字精美，大多数保存完整，此次集中整理，除重新制作精良印面钤本外，特意拍摄印面、印体高清照片，并以封泥形式体现文字及字口特征，多位一体，全面展现这批战国古玺的形态特征。《玺印卷》编排合理，体例完善，图版之外，整理者作为古文字专家和考古文博专家，除重新隶写释文外，还对所有古玺做了分类、分域以及去伪存真。

【家庭语言规划视角语言传承研究】

王玲著，南京大学出版社出版，ISBN：978-7-305-24629-6

该书以南京都市圈为调查区域，以家庭内部11-18岁的青少年成员为调查对象，从家庭语言规划的视角出发，调查描述家庭内部青少年地域方言的发展现状，并在此基础上探讨影响地域方言发展的各种因素，对家庭语言规划与地域方言资源传承的关系开展研究。

【江西玉山紫湖闽南话研究】

胡松柏著，中国社会科学出版社出版，ISBN：978-7-5203-9050-7

描写江西省玉山县紫湖镇的闽南话语音、词汇、语法，收录了富有特色的方言语料，揭示了江西闽南话方言岛的语言结构规律和特点。

【近八十年来关中方音微观演变研究】

邢向东著，中华书局出版，ISBN：978-7-101-15078-0

该书研究团队对关中方言进行了全面的调查，并与白涤洲《关中方音调查报告》进行对比，以系统考察当代关中方言的重要演变，尤其是声母、介音的演变及其在关中方言中地理分布的变化，在此基础上解释汉语史上曾经发生的一些重要音变现象。该书所整理的关中48个调查点、2000多字的声韵调对照表，为进一步展开官话方言研究提供了可靠的当代关中方言大型语料。

【近代汉语及语文辞书研究】

周志锋著，浙江大学出版社出版，ISBN：978-7-308-21233-5

该书是作者各个时期相关研究方向代表作品的选辑，包括三个方面：近代汉语研究、语文辞书研究和汉语方言研究。

【近代官话音韵演变研究】

董建交著，商务印书馆出版，ISBN：978-7-100-18242-3

该书利用元明时期的音韵文献，特别是八思巴字、朝鲜谚文和传教士罗马字等拼音文字转写记录的官话音材料，结合现代方言比较，在前人研究的基础上，构拟了近代早期官话的语音系统；以此为参照，对近代官话主要变体的音系作了描写，对近代早期官话到现代中原、江淮、幽燕三类官话方言声韵调的演变规律和机制作了归纳解释；从知庄章组声母的演变、入声韵的分合、入声调的消变等方面，总结了不同类型官话方言音韵演变的模式；针对学界争论已久的近代官话音系性质问题提出了自己的意见。

【经典训诂】

周策纵著，世界图书出版公司出版，ISBN：978-7-5100-6963-5

收录了周策纵教授训诂学研究的10篇文章，内容涉及对《易经》中"修辞立其诚"的释读、对《易经》中针灸医术记录的考释、对《庄子·养生主》篇的本义复原、对《论语》中"史之阙文"与"有马者借人乘之"的新解等。作者通过翔实的考证、有理有据的分析，对这些经典中的一些问题做出了新的释读，也为我们阅读经典提供了一种新的思路。

【境外汉语历史语法研究文选】（第二版）

吴福祥主编，上海教育出版社出版，ISBN：978-7-5720-0843-6

该书选取了16篇具有代表性的历史语法研究的著作，有二十世纪五六十年代，周法高的上古汉语语法研究、太田辰夫的中古近代汉语语法研究，均体大思精而影响深远；七八十年代，梅祖麟基于结构主义的中古近代语法研究、贝罗贝基于功能主义的语法演变研究，九十年代，罗端的甲骨金文语法研究、魏培泉的中古近代语法研究、大西克也基于出土材料的上古语法研究、张敏的方言语法史研究以及冯胜利基于韵律制约的语法演变研究等，较为系统地展示了一段时间内境外学者对汉语历史语法研究的面貌。

【跨文化互动：跨文化交际的多学科研究】

［英］Helen Spencer-Oatey，［英］Peter Franklin 著，
外语教学与研究出版社出版，ISBN：978-7-5213-2935-3

该书是"当代国外语言学与应用语言学文库"（升级版）中的一本，十分强调研究与实践相结合。一方面注重"跨文化互动理论构建"和"跨文化互动研究"，另一方面选择了大量真实的交际场合，用跨文化互动理论指导实践，是开展跨文化研究的必备参考书。

【拉丁语的故事：一种世界语言的历史】

［德］于尔根·雷昂哈特（Jürgen Leonhardt）著，黄文前、孙晓迪、程雨凡译，
山西人民出版社出版，ISBN：978-7-203-11732-2

该书融合语言史和文化史视角，考察了拉丁语与英语、德语、法语等其他语言的关系，完整呈现了后罗马时代拉丁语的兴衰。

【老年人口语非流利现象研究】

刘楚群著，光明日报出版社出版，ISBN：978-7-5194-6014-3

描写了老年人语言、话语缺损与口误等老年人语言使用情况。

【老子今研】

裘锡圭著，中西书局出版，ISBN：978-7-5475-1759-8

辑录裘锡圭先生近年来结合出土的《老子》简帛本研究今本《老子》的主要成果，共收录相关论文8篇，主要利用马王堆帛书、郭店楚简、北大简等出土的《老子》文本，对

传世与出土各本《老子》展开了多角度的研究与考证。

【类篇考索】

蒋礼鸿著，浙江大学出版社出版，ISBN：978-7-308-16395-8

宋司马光等编纂的《类篇》四十五卷，探讨字源、古音、古训，阐明古今字形演变，为《说文》和《玉篇》作了增补。蒋礼鸿先生以影刊汲古阁影宋钞本和姚刊三韵影印本，"订正错误，比较同异，溯厥根源，补所未及"。由于蒋礼鸿先生以声音系联，以义训贯穿，突破字形的障惑，为文字、音韵学增添了新篇章。

【类型学视野下的蒙古语-汉语摹拟词对比研究】

阿茹汗著，民族出版社出版，ISBN：978-7-105-16192-8

该书在类型学视野下对蒙古语和汉语中摹拟声音和摹拟状态的表达方式、属性、表义特点、句法功能、词类地位等进行系统的对比研究。

【黎语白沙话语法标注文本】

吴艳著，社会科学文献出版社出版，ISBN：978-7-5201-7909-6

该书以黎语润方言白沙土语牙叉话为研究对象，记录了题材多样、翔实可靠的话语材料，内容包括民间故事、文化风俗及对话等。对文本语料做了较为详尽的语法标注，以期为黎语语法研究及方言比较研究提供可参考的素材。

【里耶秦简研究论文选集】

里耶秦简博物馆、中国社会科学院简帛研究中心、湖南省文物考古研究所、出土文献与中国古代文明研究协同创新中心中国人民大学中心编，

张忠炜主编，中西书局出版，ISBN：978-7-5475-1692-8

该书为近二十年来海内外学者对里耶秦简及秦汉史研究的回顾与总结。文集精选论文34篇，内容涉及里耶秦简的文本与形制，简文所见秦代政治、经济、法律、社会、文化等诸多方面，集中反映了里耶秦简的发现和整理，对于秦汉史研究所具有的重要价值。

【历代方志方言文献集成】

曹小云、曹嫄辑校，华学诚主编，中华书局出版，ISBN：978-7-101-14951-7

该书是对历代旧方志中方言文献的总体状况与学术价值的一次全面记录与梳理，整理者全面系统地调查了7000余种旧方志，对其中所见的966种方言文献进行了深入细致的整理、

点校，并逐一撰写解题，对文献修撰者、成稿或刊刻时间、今所在省市县区、所辑文献出自原方志所在卷数、版本等进行了介绍。所辑录方言文献地域上覆盖全国，时间上跨越近千年，几乎涉及所有主要汉语方言，也有少量中国境内其他民族语言。书后附篇目索引、条目索引，以便读者使用。

【琉球官话课本三种校注与研究】

陈泽平著，福建人民出版社出版，ISBN：978-7-211-08565-1

收录了《官话问答便语》、《学官话》和《白姓官话》三种18世纪来华琉球留学生的官话口语教材。这些教材均由中国人编写修订，在琉球群岛广为流传，展现了18世纪福州的社会风俗和语言面貌。校注者从音韵、词汇和语法方面分析了琉球官话课本语言的性质和特点，并联系福州方言和地方风俗习惯，对其中有福州地方特色的白话词语进行释义。该书从音韵、词汇和语法方面说明了琉球官话课本语言的性质和特点，为方言学研究提供了切实有效的基础文本资料。

【陇川阿昌语参考语法】

时建著，社会科学文献出版社出版，ISBN：978-7-5201-8838-8

该书以汉藏语系藏缅语族缅语支的陇川阿昌语为研究对象，借鉴"参考语法"所倡导的语言描写与分析原则，综合运用现代语言学的基本理论，注重吸纳新描写主义的理论主张，使用田野调查、描写与归纳等研究方法，在前人研究与真实话语材料的基础上，对陇川阿昌语的音系、词语、词法以及句法等进行全面、系统的描写和说明。

【娄烦方言语音调查研究】

李建校著，社会科学文献出版社出版，ISBN：978-7-5201-8379-6

该书首次对娄烦方言语音进行了全面描写，包括四个方言小片的内部差异及共同点，对娄烦方言文白异读、连读变调、儿化、合音等进行了详细而深入的描写、分析和比较。在此基础上，对娄烦方言声母、韵母的历史层次进行了分析。通过分析娄烦方言共时类型，试图从共时类型的描写分析中探索其历史发展层次。

【鲁迅小说修辞论】

许祖华著，光明日报出版社出版，ISBN：978-7-5194-6268-0

该书考察的重点是鲁迅小说语用修辞艺术化与思想性的文化动因。对鲁迅小说修辞的研究主要分为"关系研究"和"本体研究"两部分，以此揭示被遮蔽了的鲁迅小说艺术创造性的神采。该书还注意追溯"言语修辞"有效体现创作意图方面的具体功用，体现了作者立足于修辞、多维考察鲁迅小说语言文化特点的竭诚努力。

【《论语》英译研究的功能语篇分析途径】

陈旸著，暨南大学出版社出版，ISBN：978-7-5668-3002-9

采用系统功能语言学的理论方法分析《论语》与其英译文，探讨翻译文本与其交际功能之间的关系，并服务于英文翻译特征、译者翻译目的以及翻译质量评估。

【论语研读】（修订本）

蒋绍愚著，中西书局出版，ISBN：978-7-5475-1858-8

该书为2018年出版之《论语研读》一书的修订本。作者在研读潘重规《论语今注》后，加入了相关内容，此外也对上一版《论语研读》内容做了增补和修订。从语言文字方面来讨论对《论语》文句的理解，是该书的重点。

【论语言政策规划】

周庆生著，中国社会科学出版社出版，ISBN：978-7-5203-9147-4

该书聚焦古今中外语言政策和语言规划问题，构建理论体系和分析框架。

【罗马尼亚国家语言能力研究】

董希骁著，外语教学与研究出版社出版，ISBN：978-7-5213-2892-9

该书以罗马尼亚国家语言能力为研究对象，以文秋芳教授提出的国家语言能力新理论框架为理论基础，对罗马尼亚国家语言能力进行深度研究。

【蛮话音韵研究】

徐丽丽著，中国社会科学出版社出版，ISBN：978-7-5203-7354-8

该书主要研究浙南闽东地区的蛮话方言音系及语音特点。

【满-通古斯诸语狩猎词研究】

崔宝莹著，中国社会科学出版社出版，ISBN：978-7-5203-8393-6

该书对能够体现满通古斯诸民族狩猎文化的相关词语进行梳理，综合运用描写语言学、结构语言学、比较语言学、词汇学、语义学等相关理论和方法，探讨词汇内部结构，以及在语音、语义、词汇方面呈现出的特点。

【描写形态句法——田野语言学指南】（中译本）

[美] 托马斯·佩恩著，吴福祥、张定等译，商务印书馆出版，
ISBN：978-7-100-19680-2

该书是十四年教学和研究成果的结晶，专家评价此著"……无疑是从事田野调查的语言学家描写没有书面文献的语言以及濒危语言最为全面的指南""不但对田野语言学家，而且对任何有志于语法研究的语言学家来说都是一本极好的指南"。同时，书中对于新近的语言类型学成果的吸收，也为读者拓展了视野，利于进一步深入研究各个专题。附录为读者提供语篇、引出的材料以及读者可能想查阅的样本参考语法等方面的指导。

【妙语连珠：汉语成语+修辞】

翟志祥著，社会科学文献出版社出版，ISBN：978-7-5201-8055-9

全书的核心内容是探索汉语成语的精妙表达。该书运用修辞方法解读汉语成语，选取25种修辞格的构成方式作为分析策略；其研究路径为：古汉语溯源+语言学（主要为修辞格）解析+现代文示例。目的是解读汉语成语精当的结构语义内容，了解其蕴含的深厚的文化意蕴。

【名词化动态整合研究】

刘国辉著，上海外语教育出版社出版，ISBN：978-7-5446-6873-6

该书从动态整合视角较全面地探讨了名词化的性质、表征、运作机制、功效、限制条件、应用和相关理据，为系统而深入地认知名词化现象提供了一种新视野。

【名词性领属结构的类型学研究——基于语义地图的跨语言视角】

叶婧婷著，上海辞书出版社出版，ISBN：978-7-5326-5831-2

该书依据语言类型学理论，借鉴和利用了大量前人与时贤的调查研究资料与数据，对周边语言与汉语方言各种表示名词性领属结构的构造、标记与作用，做了精细的分析与调查、比较与统计，基本能够做到点与面、定量与定性，以及形式与意义相结合的调查、分析与归纳。在此基础上，运用各种类型的语义地图以及多种表格，对不同的名词性领属结构及其领属功能、特征和用法，做了全面深入的描写与分析、整理与展示。

【明代南京官话军屯移民语言接触演变研究】

曾晓渝著，商务印书馆出版，ISBN：978-7-100-19440-2

明代实施的卫所军户制，形成了空前规模的军队移民，他们的语言留下了鲜明的历史痕

迹。该书旨在揭示明代南京官话军屯移民语言的演变规律，探索近代官话方言接触演变研究的创新之路。

【明清汉语词汇的南北差异研究】

殷晓杰著，中国社会科学出版社出版，ISBN：978 - 7 - 5203 - 7981 - 6

该书以明清汉语为研究对象，立足该时期方言背景比较明确的南北白话文献，从南北同义异词、同词异义、方言词语等方面，对明清汉语词汇的南北差异及相关问题进行较为深入的考察和探究，旨在前人研究的基础上进一步发掘汉语词汇史（包括方言词汇史）研究的价值与意义。

【明清音韵训诂研究】

杨建忠著，语文出版社出版，ISBN：978 - 7 - 5187 - 0748 - 5

选取5部明清音韵训诂著作，就其突出的特点与价值进行研究。

【纳西东巴文形声字研究】

胡文华著，商务印书馆出版，ISBN：978 - 7 - 100 - 19983 - 4

该书采用历时与共时相结合的方法，对纳西东巴文献《古事记》和《崇般崇笮》进行综合统计分析，提出了适合纳西东巴文形声字研究的概念，对纳西东巴文形声字进行统计与分析，据此分析并归纳出纳西东巴文形声字形符与声符的特点，从而勾勒出纳西东巴文形声字的发展现状，理性地阐述了影响纳西东巴文形声字发展的因素，描述了纳西东巴文形声字的发展轨迹。

【宁夏南部方言语音研究】

张秋红著，中国社会科学出版社出版，ISBN：978 - 7 - 5203 - 8394 - 3

在实地调查了宁夏南部地区38个汉语方言点的基础上，描述了宁夏南部方言语音的总体面貌、共性和差异，对其中比较特殊的语音现象进行共时比较和历时演变研究。

【倗金集萃：山西绛县横水西周墓地出土青铜器】

山西省考古研究院等单位编，上海古籍出版社出版，ISBN：978 - 7 - 5325 - 9872 - 4

著录了110余件、60余件铸有铭文的青铜器，分别归属于不见于传世文献的两个西周封国：倗国和霸国。

【偏旁知识与偏旁问题】

［美］黄伟嘉著，中华书局出版，ISBN：978-7-101-15327-9

现代汉字属于意音文字，偏旁是汉字学习中很重要的部分，该书作者把有关偏旁的问题汇总起来，加以整理、修改、补缺、扩充、完善。分为上下两编，上编主要介绍关于偏旁的基础知识，下编则介绍随着汉字的发展演变，偏旁随之发展演变，对于学习汉字所产生的新的问题和影响。

【浦东方言】

张建明、朱力生著，上海人民出版社出版，ISBN：978-7-5476-1685-7

【普通话了$_1$了$_2$的语法异质性】

范晓蕾著，北京大学出版社出版，ISBN：978-7-301-31879-9

该书通过尽量充分地观察语言事实，证明普通话的时体词"了$_1$""了$_2$"共时上存在梯度异质性。全书的分析支持了雅洪托夫以来提出的"了$_1$""了$_2$"是时体混合标记的观点，语义主张是：两个"了"除却标示终结体、起始体等体貌义，它们的大多数功能还兼有相对非将来时的意义。

【普通话言语韵律与呼吸节律的交互关系研究】

张锦玉著，南开大学出版社出版，ISBN：978-7-310-06027-6

该书采用生理实验和声学实验相结合的方法，以不同言语状态（朗读、复述、自述）下的呼吸为研究对象，揭示出言语呼吸与韵律之间的对应关系。此外，还在更高层面上比较了平静、言语及歌唱呼吸的异同，探究声学、生理和心理在不同任务中的协作关系，从而更深刻地揭示出呼吸在人类发声中的重要作用、在更广阔的领域观察人类的言语行为，填补了实验语音学领域的部分空白。

【普通语言学教程】

［瑞士］F. de Saussure 著，［英］Roy Harris 编译，
外语教学与研究出版社出版，ISBN：978-7-5213-2959-9

《普通语言学教程》是现代语言学的奠基之作，集中体现了"现代语言学之父"索绪尔的语言学思想，文字自然流畅，内涵丰富深刻，不仅概述了语言学的历史、它与其他学科的关系、它的研究对象等，还从共时语言学、历时语言学、地理语言学的角度对语言符号、语言结构、语音演变、地理和语言差异等一系列问题展开了深入剖析，创造性地提出了一套语

言研究理论和方法，为后来的语言学研究提供了发展方向。

【Python 语言数据分析】

管新潮著，上海交通大学出版社出版，ISBN：978-7-313-24891-6

该书以如何将 Python 编程技术融入语言学/翻译学教学科研活动为线索，展开涉及短语学、情感分析、相似性度量、语义分析、主题建模、语言学变量等方面的语言数据分析。以案例讲解为特点，其中的工具案例用于描述技术工具的适用性和可靠性，解决技术应用之前有关编程技术的知识问题；语言学路径案例则紧密结合语言学/翻译学知识探索如何以技术手段解决教学科研中的相关问题。案例的呈现也同时说明算法在解决案例问题中的重要性。

【七寺本《玄应音义》文字研究】

吴继刚著，上海古籍出版社出版，ISBN：978-7-5732-0012-9

该书把传世文献与出土文献结合起来，通过对日本七寺藏《玄应音义》用字现象进行研究，揭示汉字的发展和使用规律，为汉字史、汉语史研究提供资料；同时考察日本手钞本古写经文字的实际使用面貌，为写本文献、佛典文献的研究提供资料。

【《歧路灯》词语汇释】（增订本）

张生汉著，河南大学出版社出版，ISBN：978-7-5649-4852-8

【千字文探源】

万献初、郭帅华著，中华书局出版，ISBN：978-7-101-15176-3

该书共分四个板块：带拼音的原文、现代汉语译文、对原文的串讲、解字，而重点是解析《千字文》1000 字的构字理据及其意义系统，涉及约 500 个构字部件的形体分析。

【乾堂藏古玺印封泥辑存】

焦新帅编，西泠印社出版社出版，ISBN：978-7-5508-3342-5

古玺印卷收录了官印、战国私印、秦私印、汉私印、隋唐私印、宋私印、元私印等共 205 件，以秦汉印为主；古封泥卷收录了战国封泥、西汉封泥 102 件；另刊载了乾堂所藏的 223 方战国到东汉时期封泥拓本。

【乔姆斯基的普遍语法教程】（第三版）

[英] V. J. Cook, [英] Mark Newson 著, 外语教学与研究出版社出版,
ISBN：978 – 7 – 5213 – 2875 – 2

该书归纳整理出和普遍语法思想相关的知识要点，在充分详细地介绍了乔姆斯基"管约论"时期有关普遍语法研究的基础上，又简明扼要地介绍了"最简方案"普遍语法理论，对《教程》前两版的某些内容依据"最简方案"给出了全新和启发性的解释。

【切韵汇校】

（隋）陆法言撰，（唐）王仁昫等补，徐朝东点校，中华书局出版,
ISBN：978 – 7 – 101 – 15283 – 8

《切韵汇校》首次以故宫所藏王仁昫《刊谬补缺切韵》为底本，另两种残本即王一、王二一并收入，点校整理，折合注音，编写索引，将世人眼中神秘高深的《切韵》真正变得可读、可查、可用。

【秦封泥集释】

刘瑞编著，上海古籍出版社出版, ISBN：978 – 7 – 5732 – 0149 – 2

该书为自封泥发现一百多年来出土秦封泥资料及研究成果的整理和汇集。书中搜集散见于各处的秦封泥，根据学界秦职官、郡县的研究成果，结合文献记载，参照《汉书·百官公卿表》《汉书·地理志》《中国行政区划通史·秦汉卷》等体例，分部编排，收录包括部分战国秦在内的秦官印、私印封泥超过1800种（其中官印1400余种，私印吉语400余种），精选封泥图版超过2000幅，分为"中央职官""地方职官""私名吉语"三部分，全面搜集编排历年来学者们的研究成果，并加按语略陈己见，书后附秦封泥索引以便检索，并可作为秦封泥总目使用。该书将相关资料汇为一编，免除读者翻检之劳，可为秦封泥的着录和研究，秦汉文字研究，秦职官郡县构成、变化与历史以及秦史、秦汉史的研究提供参考。

【秦汉简帛文献断代用字谱】

张再兴主编，上海辞书出版社出版, ISBN：978 – 7 – 5326 – 5794 – 0

该书是在秦汉简帛语料库的基础上，穷尽性地汇集秦汉简帛文献用字资料的新型工具书。全书收录秦汉简帛文献近60种，提供文献用字的完备数据。主要包括：字的多种记词形式、词的多种用字形式、用字的不同文献分布、用字的断代变化、词形用字的出现频率、各种用字形式的本用频率及出处等。

【清代琉球官话课本新探——对于"得""替""给"多功能性的考察】

王琳著，南开大学出版社出版，ISBN：978-7-310-06054-2

该书选择海外珍藏文献琉球官话课本中"得""替""给"及相关问题为研究对象，探讨汉语南方方言、壮侗语族与苗瑶语族诸语言以及汉语北方方言、阿尔泰语系诸语言的类型差异。

【清华大学藏战国竹简（拾壹）】

清华大学出土文献研究与保护中心编，黄德宽主编，中西书局出版，ISBN：978-7-5475-1879-3

该书收录长篇战国竹书《五纪》，凡130简，全篇内容基本完整，总字数近4500字，是前所未见的先秦佚籍，篇幅巨大，可称出土简牍之最。《五纪》借托后帝之口，以五纪（日、月、星、辰、岁）、五算为中心，确立了天地万物的常规、法度。《五纪》将星辰历象与礼、义、爱、仁、忠五种德行，天神地祇所司所掌一一相配，而更大篇幅则集中于与之对应的人事行用，涉及树设邦国、礼仪祭祀、人伦德行、土工百物、兵戎战事、生育繁衍、人体疾祟等各个方面。

【全球华语语法·马来西亚卷】

郭熙著，商务印书馆出版，ISBN：978-7-100-20477-4

作为现代汉语标准语的区域变体，马来西亚华语与普通话同源异流，平行互动发展，一致性很高；同时，由于国情不同，赖以生存的社会、历史条件不同，它与普通话和其他地区的华语也有许多差异，具有鲜明的语法特点。该书力求对马来西亚华语语法进行系统的描写，勾勒出马来西亚华语语法的基本面貌。共分两编，上篇为综合考察，下篇为专题研究。

【全球华语语法·香港卷】

田小琳编，商务印书馆出版，ISBN：978-7-100-19852-3

该书首次对香港社会流通的书面语-港式中文的语法进行了系统细致的描写，展现了港式中文语法的主要特征和基本面貌，对于深入认识港式中文作为香港的社区语体有着重要意义。内容包括概论、词法、短语、句法、篇章等部分，还论及粤语语法对港式中文的影响。语料涉及范围广泛，包含报纸、期刊、书籍、政府文件及语料库材料；题材涵盖政治、经济、文化、生活、娱乐等方面。研究上，运用了"普-方-古-外"综合比较的方法。

【却顾所来径——汉语史青年学者访谈录】

汪维辉、真大成主编，中西书局出版，ISBN：978-7-5475-1818-2

浙江大学汉语史研究中心请来自国内高校和研究机构中研究业绩较为突出的十五位青年学者，就个人求学经历、从事汉语史研究的方法与心得、学术论文写作与投稿、工作与生活的平衡等十一个大家共同关心的话题，进行了详细的介绍和解说。随文附有受访者个人主要论著目录，以便读者进一步了解他们的研究领域和成果。这本访谈录是当前汉语史学界青年学者风采的生动展示，也是汉语史研究入门的上好指导读物。

【人类命运的回响——中国共产党外语教育100年】

王定华、杨丹主编，外语教学与研究出版社出版，ISBN：978-7-5213-2546-1

【认知修辞学：象似性的修辞性研究】

卢卫中著，上海外语教育出版社出版，ISBN：978-7-5446-6706-0

作者以当代认知语言学的理论为指导，将象似性这一认知语言学的重要研究领域与传统的修辞学相结合，提出象似修辞理论。在综述国内外有关象似性和象似修辞研究成果的基础上，探讨象似性作为文学体裁和非文学实用体裁中采用的修辞方式所具有的特点、规律和功能，探讨象似修辞对翻译理论与实践以及语言教学所具有的启示和指导意义，借以构建狭义认知修辞学的基本框架，并指出其应用途径。

【认知语言学】（重排校订版）

王寅著，上海外语教育出版社出版，ISBN：978-7-5446-6784-5

该书将狭义认知语言学定义为"坚持体验哲学观，以身体经验和认知为出发点，以概念结构和意义研究为中心，着力寻求语言表达背后的认知方式，并结合知识结构等对语言做出统一解释的、新兴的、跨领域的学科"。以此为主线，就定义中所涵盖的主要观点，特别是对诸如感知体验、意象图式、范畴化、认知模型（包括CM、ICM、ECM和心智空间）、隐喻转喻、主观识解、联想激活等认知方式，逐一展开论述。狭义认知语言学追求用有限的认知方式对语言各个层面做出统一解释，包括语音、词汇、词法、句法、构式，乃至语篇（首次尝试运用上述认知方式来解释语篇的生成、连贯和理解）。该书还将体验哲学和认知语言学的基本原理扩展应用于研究翻译理论和实践。

【认知语言学：理论创新与发展趋势】

[英] 达格玛·迪维亚克（Dagmar Divjak）著，上海外语教育出版社出版，ISBN：978-7-5446-6989-4

该书为作者系列讲座的文字版，介绍了当代认知语言学前沿理论和创新成果，探讨基于语料库的认知语言学研究，并展望其未来发展趋势。

【认知语言学新动向：基于使用的词义和构式义研究】

[法] 马尔腾·莱蒙斯（Maarten Lemmens）著，上海外语教育出版社出版，ISBN：978-7-5446-6799-9

该书为作者10次讲座的文字版，围绕认知语言学研究领域的诸多热点问题展开，对很多备受关注的语言词句和语言现象进行了深入浅出的分析和阐释。

【日本古文献中的汉字词汇研究】（日文版）

张愚著，上海交通大学出版社出版，ISBN：978-7-3132-4820-6

该书是对日本汉字词汇的深度个案研究。书中遴选了部分具有代表性的汉字词汇，对其在域外文献中的使用情况进行了详尽考证，旨在梳理和描述各个词汇在古日语中的发展过程及其演变机制。

【R在语言科学研究中的应用】

吴诗玉著，科学出版社出版，ISBN：978-7-03-069411-9

R是天生的数据分析利器，因其在统计建模和数据可视化方面的优势，被越来越多的语言学者熟知和使用，已经成为应用语言学、心理语言学、实验语音学等研究者青睐的重要研究工具。该书在语言学量化研究视域下主要介绍了四个方面内容："干净、整洁"的数据框的标准；基于ggplot2的语言数据可视化；R语言视角下的统计假设检验原理，即如何在语言研究中实现从样本到总体；统计推断的多种应用。该书从训练数据框操作能力入手，首先着力解决一些关键概念的理解问题，然后提供大量实例，把关键概念付诸具体应用。

【三江侗语】

邢公畹著，南开大学出版社出版，ISBN：978-7-310-06127-3

该书是著名语言学家邢公畹先生的代表作之一。邢先生在1980年带领研究生石林、张旭、李钊祥等人，到广西三江侗族自治县林溪公社的林溪、程阳、贯洞、平岩四个地方进行语言田野调查的详细报告，内容包括广西三江侗语的语音系统、三千词表和长篇语料，其突出的特点是对所有语料用靠前音标逐字注音、逐词直译、逐句释义。这是迄今侗语调查资料中很为详尽的单点调查资料，不仅有重要的语言学价值，而且是研究桂北三江侗族难得的历史学、社会学、民族学的重要参考资料。

【山东省文物考古研究院藏文物精粹·铜器卷】

山东省文物考古研究院编，文物出版社出版，ISBN：978-7-5010-7256-9

收录山东省文物考古研究院藏铜器，按时代可分商代、西周、春秋、战国、汉代五部分。书中公布了大量精美的文物摄影照片、铭文拓片，并介绍了每件器物的出土地点、年代、形制特征等信息，力求真实地展现铜器之美。

【山西晋方言语音地图集】

李建校著，社会科学文献出版社出版，ISBN：978-7-5201-8380-2

对山西晋方言86个县市365个方言点进行了调查，归纳出200多个具有较高价值的语音地图条目，分为声调、声母、韵母三个部分，力图较为全面地反映山西晋语语音的历史演变规律以及语音的地域差异。

【山西临汾十七县市方言研究】

刘丹丹著，上海辞书出版社出版，ISBN：978-7-5326-5671-4

该书呈现了山西临汾十七县市方言的基本面貌，尤其在晋语与汾河片方言的划界方面有所创新，书中所绘制的入声调、入声韵、宕江摄白读等重要同言线，为晋语和中原官话汾河片的区别提供了一个新视角。

【山右吉金——隰县瓦窑坡东周墓地出土青铜器精粹】

狄跟飞、工进、王晓毅主编，山西人民出版社出版，ISBN：978-7-203-11881-7

该书精选了山西省临汾市隰县出土的一批春秋中期高等级墓葬中的青铜器，进行了图文并茂的介绍和研究。

【上古出土文献韵部亲疏关系】

王兆鹏著，中华书局出版，ISBN：978-7-101-15249-4

该书以王辉先生的《古文字通假字典》（中华书局，2008）为材料，对殷商至两汉时期的韵部情况作周遍性地统计分析，对研究范围内的5443组异文通假进行了系统地筛选和整理，剔除掉"同义互代"和"形近讹误"这两类不反映古音情况的异文。继而以中古音韵为基准点，根据通假频次的统计结果来判定上古三十韵部间的亲疏关系，并据此重排韵部次序，阐明传统音韵学的音转理论。

【上古汉语交通词汇研究】

李宁著，社会科学文献出版社出版，ISBN：978-7-5201-9104-3

该书全面考察上古汉语交通词汇的基本面貌和发展演变情况。该书以19部典籍文献为语料，运用传统训诂学和现代词义学的研究方法，对上古汉语交通词汇进行共时层面的静态描写，并对其历时层面的词汇与词义演变进行分析和研究。

【上古汉语指示代词演变研究】

黎路遐著，商务印书馆出版，ISBN：978-7-100-20302-9

该书聚焦上古汉语指示代词的语法化，通过个案分析讨论了指示代词语法化为连词、句末语气词、系词等不同情况，在此基础上总结了上古汉语指示代词的特征和语法化特点，归纳了上古汉语指示代词的体系。

【上古牙喉音特殊谐声关系研究】

郑妞著，北京大学出版社出版，ISBN：978-7-301-32439-4

通过对上古牙喉音特殊谐声字的系统考察与辨证，探究上古声母研究中与特殊谐声字相关的若干理论问题。

【上海博物馆藏战国竹书楚辞笺注】

曹锦炎撰，上海古籍出版社出版，ISBN：978-7-5732-0110-2

该书将上海博物馆藏战国楚竹书中不见于今本《楚辞》的五篇楚辞集中在一起，结合学界最新研究成果和个人研究心得，对释文与注释做了细致的修订与增补。书中还附有简文摹本，可和释文注释对照阅读。

【绍兴碑刻文献研究】

尚磊明著，浙江大学出版社出版，ISBN：978-7-308-20470-5

该书对绍兴历代碑刻文献进行较为全面的梳理和分类，对其中最有地方特色的石刻文献展开专题论述，从文字、历史、书法三个角度，有针对性地考察碑文涉及的重要事件、人物等。对有特点的石刻作重点讨论，归纳分析了碑刻的文字特征和规律，从异体字、古今字、假借字等方面展开探讨。同时，对某些史实展开个案研究，侧重细节描写及事件追溯，从专人书家的角度对碑刻中的书家书事、书学进行考述。

【社会-认知视角下 BELF 交际中的元语用话语研究】

刘平著，科学出版社出版，ISBN：978-7-03-069924-4

该书在社会-认知视角下，聚焦商务英语通用语的交际特征、语境制约性和语言与策略的使用，并对商务英语通用语交际中的交互文化语用能力重新加以概念化。基于维也纳牛津国际英语语料库和自建的商务投诉回应语料库，分析了商务英语通用语交际者交互文化语用能力的表现特征，探究了交际中元语用话语和元语用表达的共知基础建构过程以及语用操控性和协商意识的表现，并揭示了商务投诉回应中的凸显调节机制。

【社会与话语：社会语境如何影响文本与言谈】

[荷]特恩·A. 范戴克著，唐斌、付添爵译，商务印书馆出版，
ISBN：978-7-100-20195-7

该书通过阐述一个多学科框架，从社会心理学、社会学、人类学等方面系统地探讨了新的语境理论，并以政治领导人的演讲为分析案例来论证该理论。作者拓展了对文本和言谈的无语境研究方法，发展了语境模型的社会科学方面，为多学科话语理论提供了重要的语境概念方面的见解，促进了对社会情境、社会、政治和文化等方面的研究。

【社会语言学概论】

王淑雯等著，四川大学出版社出版，ISBN：978-7-5690-4567-3

该书为高校教材，全面梳理了社会语言学的理论体系、研究范畴、研究方法、研究热点、研究趋势，以及多学科融合视角，用新鲜生动、通俗易懂的语言，将抽象晦涩的理论阐述与具体的案例/实证分析相结合，兼具学术性和可读性，可以帮助读者奠定扎实的理论基础和方法论基础，引导其探索语言社会现实规律，掌握科学的研究方法。

【社会语言学视角下的言语交际】

肖琳著，外语教学与研究出版社出版，ISBN：978-7-5213-2298-9

本书从微观社会语言学视角出发，对言语交际的重要议题进行了系统的理论梳理，对精选研究案例进行了分析，并做了新动态的追踪和对未来趋势的展望。

【社会语言学通览】

［德］Florian Coulmas 主编，外语教学与研究出版社出版，ISBN：978-7-5213-2957-5

该书是由 27 篇文章组成的文集，作者多为知名社会语言学学者，每篇文章都综述了一个分支领域或专题的研究状况，较适宜作为语言学学者以及对社会语言学有所了解的研究生的参考书。

【社会语言学引论】（第七版）

［英］Ronald Wardhaugh，［英］Janet M. Fuller 著，
外语教学与研究出版社出版，ISBN：978-7-5213-2979-7

该书是第七版，在形式和内容上较前几版都有了较为全面的更新，反映了社会语言学领域最新的发展情况。作者不仅重新编排了内容，而且更加注重采用当下较为普遍使用的术语和概念，讲述也深入浅出。

【生成语法理论演进研究】

梅德明、佟和龙等著，上海外语教育出版社出版，ISBN：978-7-5446-6733-3

该书沿着"理论演进"这一主线，从纵向角度系统地梳理了生成语法基本概念的发展，特别是其理论系统及各子理论的发展，可以使读者清晰地看到其脉络和发展过程。

【19 世纪闽南话的语音与词汇：传教士文献研究】

杜晓萍著，社会科学文献出版社出版，ISBN：978-7-5201-8402-1

根据外国传教士所撰闽南方言文献，翔实展现了 19 世纪厦门、漳州、漳浦、泉州四个方言点的语音、词汇系统，分析研究这些方言点 100 多年来语音、词汇系统的历史演变和各方言点间的相互影响；同时，将这些材料与同时期的方言韵书进行比较，进一步厘清方言韵书性质，使外国传教士所撰方言文献和本地读书人所编方言韵书互相补充、印证。

【《史记》词汇研究】

池昌海著，浙江大学出版社出版，ISBN：978-7-308-21235-9

该书对《史记》的词汇系统做了全面的考察和分析。研究内容主要分为单音词和复音词两大方面，在分别分析其意义属性的基础上归纳出秦汉词汇的系统构成与特点，并进一步思考了汉语词汇学，特别是古汉语词汇学的基本理论问题和研究方法，如词义的引申方式、复合词的认定等。

【世界语言生活动态（2017－2019）】

王克非主编，外语教学与研究出版社出版，ISBN：978－7－5213－2326－9

汇集了世界主要国家的语言生活基本状况，涉及语言与政治、语言与社会、语言与经济、语言与文化、语言与传播、语言与科技、语言教育、语言保护、中文在海外、语言与立法等不同板块的内容。

【事件语法导论】

李福印、沈煜著，北京大学出版社出版，ISBN：978－7－301－32030－3

该书提出事件语法研究事件在语言表征和语言认知中的作用，提出该理论的目的在于利用相邻学科对事件研究的成果，解决语言学中的问题，并介绍了事件语法研究当前取得的进展。

【视觉修辞学】

刘涛著，北京大学出版社出版，ISBN：978－7－301－32064－8

我国第一部视觉修辞学专著。该书以具有语言性的图像谱系构造的视觉文本修辞为研究对象，创设了一个新的视觉修辞空间，确立了建构视觉修辞学范式的学术传统和研究命题。立足于视觉修辞学的学术史考察，沿着修辞学的"学科建制"思路与要求，从理论和方法两个维度搭建视觉修辞学的知识系统，即视觉修辞学的基本原理和方法体系，并在此基础上探讨视觉文化时代人类在视觉修辞意义上的生存方式及对话体系。

【"是"的意义和用法研究】

黄理兵著，北京语言大学出版社出版，ISBN：978　7－5619－5839－1

该书依托大量的真实语料，采用多种研究方法，经过全面细致的观察与分析，将"是"的意义和用法归纳总结为：在语义上，"是"的基本意义是判断；在语法上，"是"的基本作用是联系；在语气上，"是"的基本功能是表达肯定语气；在语用上，"是"可以作为强调的手段。

【守古与维新——中西语文学史述论】

郑伟著，中西书局出版，ISBN：978－7－5475－1874－8

该书收录了作者近年来对中西语文学研究理念与方法的思考与体会，尤其关注接受现代西方学术训练的汉学家与浸淫于中国传统学术的本土学者之间的珍贵学缘与诚挚交往，此外也探索中国古代若干语文现象的萌发与流变，从而指出其在中外文化交流史上的重要含义。

书中还包括了对中西语文学人及其著述的评论，对前辈师长的追怀与崇敬。

【术语翻译方法论】

信娜著，科学出版社出版，ISBN：978-7-03-069853-7

该书遵循术语全译观，结合术语形式及内容的翻译操作方式，尝试构建术语汉译方法论。该方法论由三大策略组成：直译、意译、直译兼意译。每一策略可具化为方法与技巧，从而直接指导翻译实践。该书以术语全译核心"转化"的相关要素为出发点，借鉴相关学科如术语学、语言学、信息学、符号学、思维学的有关理论，充分而深入地论证术语全译方法论。

【数词的句法语义界面研究】

贺川生著，上海教育出版社出版，ISBN：978-7-5720-0568-8

该书从形式语言学的角度研究自然语言数词系统句法语义接口现象，涉及大约100种各语系语言，基本上代表了自然语言数词系统的主要语言特征，包括句法构成和语义诠释。

【数字化时代的山东外语生活】

沈红伟、姜海霞著，经济管理出版社出版，ISBN：978-7-5096-8274-6

该书以数字化时代为背景，调查研究山东地区的外语生活现状，为树立外语生活意识，做好外语规划（外语教学）和改善外语服务提供数据和策略，以促进山东外语生活健康和谐发展。

【双语语料库研制与应用新论】

王克非编，上海外语教育出版社出版，ISBN：978-7-5446-6608-4

该书汇集了国内学者自主研发大型双语语料库并进行各类研究的新动态。分为两大部分：上编是"语料库研制"，论述语料库的理论问题和语料库的标注、加工与检索；下编是"语料库应用"，关注在语料库基础上开展的口笔译教学与研究。双语语料库的基础工程价值和广阔应用前景日益凸显，基于双语语料库开展的语言与翻译类研究在不断发展。

【说服：公共关系中的文化与修辞】

张蓓著，社会科学文献出版社出版，ISBN：978-7-5201-8071-9

在跨学科视野中从传统西方修辞学出发讨论公共关系，分析公关修辞的研究现状，探索在"文化转向"语境下公关修辞可能发展的路径。该书认为：回归修辞学的传统，回到说服文化及其理论本身，采用修辞分析和叙事研究探究说服文化的三大理论核心——道理、情感与人格，这才是当下谋求交融、顺应公关修辞研究发展趋势的有效路径。

【说"了"】

王伟著，学林出版社出版，ISBN：978-7-5486-1712-9

该书回顾了一百多年来中外学界对"了"在句法、语义、语用研究的主要脉络，力图通过对主要研究成果的剖析，揭示汉语语法的若干关键特点，从繁难庞杂的语言现象中梳理出一个较为清晰的格局，探索出一条摆脱西方语言学框架的汉语语言学研究之路。

【说文部首源流——字体演变与形义图释】

陈建胜编著，上海古籍出版社出版，ISBN：978-7-5325-9960-8

该书以《说义解字》540部首为核心内容，博采约取，吸收最新研究成果，罗列权威的字形解说，对《说文解字》540部首一一疏解，同时配合大量各时代、各门类的典型字形字例，以精准笔法摹写，展现《说文解字》文字体系和相关古文字面貌。

【说文解字】

（东汉）许慎著，蔡梦麒校释，岳麓书社出版，ISBN：978-7-5538-1422-3

该书为《说文解字》的整理校释本。作者试图全面吸收《说文解字》版本校勘的成果，将《说文解字》的文本内容以一种更为清晰、简便的方式呈现出来，以便于语言文字研习者掌握和使用。在具体内容上，以清陈昌治翻刻的一篆一行《说义解字》为底本，全书逐句加新式标点，每个小篆字头旁增列楷书字头，并加注今读。此外，对《说文解字》字头、字头关系字、原注等进行校释，对徐铉所注反切进行校订，以明晰疑误，校正错讹。

【丝绸之路语言新探】

王启涛著，社会科学文献出版社出版，ISBN：978-7-5201-8974-3

该书首先从宏观的角度，考察了古代丝绸之路的语言状况与语言政策；其次，从中观的角度，考察了古代丝绸之路文献的实词、虚词和标识符号系统；最后，从微观的角度，对丝绸之路文献的语言文字疑案进行了重新审理和考证。全书总结了古代丝绸之路文献语言文字研究的方法及作用，并总结了一代宗师唐长孺先生在丝绸之路文献语言文字研究上的成就及其对新时代的丝绸之路文献研究的重要指导意义。

【四川盐亭等六县市方言音系调查研究】

张强著，四川大学出版社出版，ISBN：978-7-5690-5015-8

描写分析四川盐亭、射洪、西充、彭山、青神、夹江等六县市方言语音系统和方言类型，以及与西南官话成渝片湖广话、西南官话灌赤片岷江小片南路话方言关系。

【《宋会要辑稿·食货》赋税词语研究】

刘力舸、刘梦晰、杨扬、李欣欣著，四川大学出版社出版，ISBN：978-7-5690-4147-7

该书是对《宋会要辑稿·食货》中的赋税词语的统计和研究，对其所体现的宋代税收制度的发展变化进行了研究，分析了赋税词所体现出的宋代商业与城市税制的发展、宋代赋税制度中出现的新因素以及宋代赋税的缓征减免和苛税剥削。还对《宋会要辑稿·食货》中所见《汉语大词典》及《〈汉语大词典〉订补》中未收的部分赋税词作了考释。

【宋刻宋拓《历代钟鼎彝器款识法帖》辑存】

（宋）薛尚功著，李宗焜纂辑，中华书局出版，ISBN：978-7-101-15240-1

将存世散存在"中研院"史语所、上海图书馆、社科院考古所等三个学术单位及私人收藏的宋刻、宋拓《款识》，全部汇为一编，并收录前辈学者重要相关论文。

【宋金对峙时期汉语词汇的南北差异研究】

张海媚著，九州出版社出版，ISBN：978-7-5108-9017-8

该书选取《张协状元》《朱子语类》《刘知远诸宫调》《董解元西厢》等语料为研究对象，对宋金对峙时期汉语词汇的南北差异进行考察。

【宋元南北官话方言词汇比较研究】

张海媚著，社会科学文献出版社出版，ISBN：978-7-5201-9077-0

以宋元两代带有官话方言色彩的白话语料为主要研究对象，从词形、词义、常用词、特用方言词等角度考察比较中原官话与南、北官话亲疏程度的差异及南北官话方言文献用词的异同。

【宋至民国契约文书词汇研究】

张丽、储小旵著，安徽教育出版社出版，ISBN：978-7-5336-9297-1

该书主要从三个方面对宋至民国契约文书词汇进行研究：探讨宋至民国契约文书词汇在汉语词汇学、方言学、辞书学、史学和文献学等领域的学术价值；考订学界在整理和研究宋至民国契约文书时因词汇问题产生的种种讹误，恢复契约文书的原貌；考释一批宋至民国契约文书词语。

【隋唐五代墓志死亡表述语辑汇】

董明著，黄山书社出版，ISBN：978-7-5461-9504-9

该书在大量搜集和整理隋唐五代时期的墓志碑文的基础上，分类辑汇出这一时期有关死亡的表述语，其目的在于让人们对这一时期的丧葬文化和死亡用语习惯进一步了解。

【穗港澳三地普通话语音习得研究】

贝先明著，中国社会科学出版社出版，ISBN：978-7-5203-8959-4

分析广州、香港、澳门三地30位发音人的普通话语音，对比了穗、港、澳三地普通话语音习得现状、主要偏误、共性特征、个性表现等方面内容，并在此基础上提出了粤方言区普通话的语音教学的若干方法和策略。

【唐山曹妃甸方言研究】

沈丹萍著，中华书局出版，ISBN：978-7-101-14896-1

【皖北中原官话语法研究】

侯超著，中国社会科学出版社出版，ISBN：978-7-5203-8674-6

该书着重从词缀、程度、体貌、疑问和句法格式五个方面对皖北中原官话的语法现象作专题性研究。

【王筠"古今字"研究】

蒋志远著，社会科学文献出版社出版，ISBN：978-7-5201-8914-9

该书立足于王筠"古今字"注释条目的大范围整理，认为"古今字"和"分别文""累增字"分属于不同的理论层面，它们在王筠的著作中并存并用，各司其职。王筠的"古今字"观念与汉儒一脉相承，他无意改变这个概念的训诂学内涵。把"古今字"理解成"造字相承"问题，实际滥觞于徐灏《说文解字注笺》对段玉裁"古今字"以及王筠"分别文""累增字"的杂糅阐释，与王筠本人的"古今字"研究无关。

【网络流行体研究：语言的狂欢与孤独】

陈旭光著，华中科技大学出版社出版，ISBN：978-7-5680-6946-5

将批评性话语理论、集体记忆理论与社会功能理论相结合，借由"文本分析""话语实践分析""阐释分析"探讨网络流行体意义生产机制与社会功能。

【为山覆篑——古文字、古文献与先秦史论集】

王进锋著,巴蜀书社出版,ISBN：978-7-5531-1478-1

汇集了作者研究甲骨、金文和简帛资料以及相关文献资料的多篇论文。

【温州地名研究】

盛爱萍著,浙江大学出版社出版,ISBN：978-7-308-21785-9

该书是一部研究地域地名的专著,包含大量的地名研究素材,反映了温州地名的大致面貌,为地名学、语言学、地理学等学科的研究提供语料,彩插部分加入温州市历代地图,通过比较,能够反映温州地名的历史及其发展变化。

【温州话辞典】

沈克成、中共温州市委宣传部编,商务印书馆出版,ISBN：978-7-100-19311-5

该书共收录温州话9000余个字头（含一字多音）、3400条词汇,并分别对其进行注音和释义。附录描写了温州概况、温州话语音系统、温州俗谚语、温州话生僻字等。

【文学翻译中的修辞认知研究】

冯全功著,浙江大学出版社出版,ISBN：978-7-308-20842-0

该书是借鉴修辞认知理论展开的跨学科视角的文学修辞研究。以中国古典诗词和当代小说中的修辞认知及其英译文本为研究对象,探索译者的修辞认知转换模式、转换动因、功能与效果。

【文字蒙求】

（清）王筠撰,林贤、刘娜点校,中华书局出版,ISBN：978-7-101-15103-9

《文字蒙求》是清人王筠撰写的一本指导儿童识字的教本,这次整理,一切以方便读者为出发点,字头的小篆用图片形式以存真,其余采用新式标点符号,并给每个字头加注汉语拼音。一些字头下增加整理者按语,按语内容包括古文字字形及释义等,方便读者理解。书后制作汉语拼音音序和汉字笔画索引。

【文字学概要】（修订本）

裘锡圭著,商务印书馆出版,ISBN：978-7-100-19914-8

该书是文字学领域的经典著作,主要内容有：文字的形成、汉字的性质及形成和发展、汉字形体的演变（古文字阶段的汉字、隶楷阶段的汉字）、汉字类型的划分（六书说、三书说）、表意字、形声字、假借、文字的分化和合并、字形跟音义的关系、汉字的整理和简化。该书一版为手写影印，出版于1988年，2013年由作者做了修订，并重新排版印制。

【问学杂著】

张双棣著，语文出版社出版，ISBN：978-7-5187-1418-6

该书收录北京大学张双棣教授的二十篇文章，有些是发表过的，有几篇是不曾发表的，内容包括对王力先生成就特别是词汇学理论和实践的介绍，对古汉语词汇及古汉语字典编纂的论述，对《吕氏春秋》《淮南子》有关问题的讨论等。

【问与答：形式与功能的不对称】

谢心阳著，社会科学文献出版社出版，ISBN：978-7-5201-8578-3

该书以互动语言学为理论基础和研究路径，从回应角度探究问的本质，从"问-答"互动出发，希望能够更好地对问与答在形式上的不对称现象作出解释。

【吴语绍兴方言的语音变异与变化】

王轶之著，浙江大学出版社出版，ISBN：978-7-308-20638-9

运用社会语言学的方法观察绍兴越城方言语音系统中的7组声母、韵母变项作为观察对象，在绍兴市区范围内进行了100余人次的深入调查，获得了近万个有效语料，结合实验语音学的方法呈现变异，并使用接触语言学和历史语言学的理论解释变异的可能原因。

【吴语绍兴（柯桥）方言参考语法】

盛益民著，商务印书馆出版，ISBN：978-7-100-19328-3

该书采用参考语法框架，对吴语绍兴柯桥话从音系、词和构词法、短语和句子以及语义范畴，进行全方位描写。

【武汉方言研究】

朱建颂著，华中师范大学出版社出版，ISBN：978-7-5622-9511-2

【西夏文词典：世俗文献部分】

韩小忙编著，中国社会科学出版社出版，ISBN：978-7-5203-8011-9

该词典征引了目前所见的全部西夏文世俗资料，体例也有改进，取法于权威辞书，详细列出形、音、义及例句等多项内容，资料价值大大提高。同时，编著者提供了多个索引，不论是专业研究者，还是业余学习者，查阅均十分便捷。

【西洋传教士汉语方言学著作书目考述】（增订本）

游汝杰著，上海教育出版社出版，ISBN：978-7-5720-0654-8

该书在原书的基础上增加了"研究篇"，现全书由"考述篇"和"研究篇"两大部分组成。考述篇主要分为"西洋传教士的方言记录和研究""《圣经》方言译本书目考录""方言圣经分地解说""传教士汉语方言学著作考录""传教士方言通俗读物书目辑录""中国少数民族语言圣经译本书目辑录"六大部分；研究篇主要收录作者关于西洋传教士的汉语方言著作的研究论文。

【系统功能语言学理论与实践】

杨雪燕著，上海外语教育出版社出版，ISBN：978-7-5446-6777-7

该书第一部分诠释了系统功能语言学的整体理论构架、核心概念及其相互间联系，并阐明了该理论与话语分析之间的关系。第二部分运用系统功能语言学的具体理论与方法研究外语教学，以解决外语教学实践中遇到的实际问题，如英语标点符号和泛指词的汉译问题，以及教师如何通过话语去改进课堂互动效果。第三部分将系统功能语言学理论应用于文体分析，阐明了功能文体分析与外语教学之间的关系，揭示了社论、报道等新闻体的不同文体特征，以及自我为中心者、女汉子等人物的话语风格特征。

【系统功能语言学十讲】

黄国文、陈瑜敏著，上海外语教育出版社出版，ISBN：978-7-5446-6703-6

该书以讲座的形式介绍了系统功能语言学这一语言学重要分支，梳理了其发展过程和基本概念，并探讨了如何运用系统功能语言学解决实际的语言问题，既有理论概述，又结合具体案例进行分析，可以为读者学习和研究这一学科奠定基础。

【系统功能语言学视域下的旅游翻译研究】

赵海湖著，暨南大学出版社出版，ISBN：978-7-5668-3229-0

该书主要探讨系统功能语言学理论在旅游翻译中的适用性及其在旅游翻译实践中的指导意义，结合丰富的旅游翻译案例分析，说明基于功能语言学理论的翻译研究范式在旅游翻译中的可操作性和广泛的应用前景。

【先秦玺印陶文货币石玉文字彙纂】

白于蓝主编，段凯、马继编纂，福建人民出版社出版，ISBN：978-7-2110-8794-5

该书对先秦时代的玺印、陶文、货币和石玉（石刻、盟书、玉和玉铭等）这四种古文字材料及相关研究成果进行全方位整理，按照《说文解字》体例，进行文字编撰，将古文字字形汇集于相应字头之下，标明每一字形的具体出处、所在辞例、时代以及国别，汇集了原始材料及研究成果并与古文字字形及其释文关联，是一部依据古文字资料的内在规律编纂的大型古文字工具书。

【鲜活的语言：语言人类学导论】（第二版）

[美] 劳拉 M. 阿亨（Laura M. Ahearn）著，戴琨译，科学出版社出版，ISBN：978-7-03-070421-4

该书共分为二部分，内容涉及语言人类学研究领域的各种热点话题，如语言的社会化、多语现象和全球化、读写实践等。

【显性否定】

陈振宇、李双剑主编，上海教育出版社出版，ISBN：978-7-5720-1015-6

该书对汉语的否定词，以及使用这些否定词的否定句进行了深入探讨，所涉话题包括：否定词的性质、使用限制、历史演变及其类型学的地位，汉语否定句的句法、语义和语用类型及其性质、规律，否定词与其他语法语义范畴的相关成分的相互影响，否定句的信息价值以及带否定词的结构的进一步演化等。

【现代汉语并立复合构式研究】

李艳华著，北京语言大学出版社出版，ISBN：978-7-5619-5834-6

该书首次对并立式复合构式进行整合研究，将其语法意义归纳为调量、交替和强调三类，以调量为主，并指出其与量范畴的密切关系。该书动态揭示了并立复合构式的语用、篇章特点，探讨了并立式复合构式的语义整体性、主观性以及在语法系统中的定位等一系列理论问题，具有一定的理论价值。该书还尝试展开并立复合构式的习得与教学研究，对其习得偏误、教材编写和教学策略等进行了初步探讨。

【现代汉语常用词表】（第2版）

李行健、苏新春编，商务印书馆出版，ISBN：978-7-100-20011-0

这是在商务印书馆2008年出版的《现代汉语常用词表（草案）》基础上修订的版本。

收录社会生活中比较稳定的、使用频率较高的汉语普通话词语 56790 个。收录词语以单音节词和双音节词为主。同时，根据语言使用的实际情况，也收录一些常用的缩略语、成语、惯用语等熟语，以及表达整体概念名称的其他固定短语。正文按词的频序排列，形同音不同的词括注拼音。正文后附有按音序排列的索引，提供每个词的拼音以及词语的频序号。

【现代汉语常用同素同义单双音节动词研究】

乔俊著，暨南大学出版社出版，ISBN：978－7－5668－3187－3

该书提取母语者现代汉语语料库及留学生中介语作文语料库中使用频率居前位的动词，择取"变－改变/变化""忘－忘记""知－知道""帮－帮助/帮忙"四组词进行个案描写、比较和解释，探讨相同用法中单双音节词的差异，解决学生在相同用法中混淆混用的问题，同时考察学习者习得的正确与偏误情况。该书从对外汉语教学角度探讨、深化本体规则的研究，以期在实践中服务于对外汉语教学和学习，并能够为教材或外向型汉语学习工具书的编纂提供参考，为进一步展开所有同素同义单双音节动词的习得研究作出研究范式的探索。

【现代汉语附加问句的浮现与发展】

闫亚平著，上海教育出版社出版，ISBN：978－7－5720－0726－2

该书从现代汉语附加问句的得名、界限、归属，句法形式的浮现与发展，话语功能的演化与发展，形式与功能的互动等角度对现代汉语附加问句进行了全方位的考察与深入研究。

【现代汉语例解词典】

李国炎编，商务印书馆出版，ISBN：978－7－100－17457－2

这是一部中型语文词典，收单字一万余条，多字条目四万条。每一条目下出注音、词类、释义、举例；单字条目还另标有部首、笔画数。主要特点：1. 收词、释义、举例皆从语文性出发，百科词语基本不收；2. 重视列举例词、例语，通过例词来衬托、印证、辨析词义，所收数量比一般语文词典要多得多；3. 释语简明，义项细化，重视语用；4. 在词性标注方面下了很大功夫。

【现代汉语认知语法与教学语法研究】

［日］古川裕著，商务印书馆出版，ISBN：978－7－100－19346－7

该书是日本著名汉学家、大阪大学教授古川裕博士用中文撰写的有关汉语研究的论文集，共收录了现代汉语语法的认知研究及教学应用方面的学术论文 18 篇。作者从二语教学的角度分析汉语，同时也从外国学习者的视角观察汉语，善于挖掘母语者习焉不察的问题，而后运用认知语言学的思维方式进行周密、细致的研究,由此得出了不少具有创新性和普遍性的结论。书中所讨论的各个研究课题及研究成果,无论对汉语本体研究还是对教学应用研究都有直接的参考价值,适合从事汉语研究工作和国际中文教育的教师和研究生参阅。

【现代汉语通论精编】(第二版)

邵敬敏主编,上海教育出版社出版,ISBN:978-7-5720-0906-8

该书及时反映了语言学研究领域的最新成果,同时更加适应课堂教学的需要。适合新闻专业、外语专业、文秘专业、法律专业等非中文专业本科生以及留学生使用。

【现代汉语"V上"的认知语义研究】

常娜著,北京语言大学出版社出版,ISBN:978-7-5619-5800-1

该书从事件角度出发,运用认知语言学的相关理论对现代汉语中的"V上"结构进行系统研究。把"V上"结构划分为动趋式、实义动结式、虚化动结式、特殊结构"V上+数量"和体貌义"V上了"五个结构式,从每个结构式表现的意象图式出发,详细描写"上"的语义,及与之搭配的动词、不同结构式的句法语义特点,分析意义之间的联系及多义的认知动因,构拟出"V上"的语义演化路径,并从历时角度进行考察验证,最后从概念结构出发,分析"V上"表达的事件类型。

【现代汉语隐语研究】

邵燕梅著,中国社会科学出版社出版,ISBN:978-7-5203-8060-7

该书分析了现代汉语隐语结构与造词法体系及相关的社会、历史和文化现象。

【现代汉语有标复句层次关系信息化研究】

罗进军著,科学出版社出版,ISBN:978-7-03-067479-1

该书首先提出了小句关联理论,深入阐释了其理论内涵,小句关联理论所辖关键概念及其工作原理能有效推动有标复句层次关系信息化。其次深入挖掘有标复句内部联结机制,从 SHIQ DL 构造算子的描写能力出发,以 SHIQ DL 逻辑层次为基础对有标复句逻辑语义关系进行分类,进而完成其本体构造。再次,面向应用探究有标复句层次关系的句法语义属性,进而将本体研究与应用研究辩证融合在一起。最后,基于语料库对有标复句关系标记及层次关系进行自动识别,研究实证性较强。该书的研究成果可以运用于语言教学、机器翻译、词典编纂、信息检索、信息过滤等多个领域。

【现代汉语语法修辞教程】（第四版）

池昌海著，浙江大学出版社出版，ISBN：978-7-308-21256-4

高校现代汉语教材。

【现代汉语语篇关联成分研究】

杜慧敏著，社会科学文献出版社出版，ISBN：978-7-5201-8228-7

以语篇分析、认知语言学等为背景，考察2000万字平衡语料库中的语篇关联成分，基于语义分类及作用层面，探讨了语篇关联成分的管界、功能以及语法化问题。

【现代汉语中的分配量化】

罗琼鹏著，南京大学出版社出版，ISBN：978-7-305-24186-4

该书采纳形式语义学，尤其是代数语义学中的相关思路和理论框架，为汉语中各种"都"字结构提供了统一的分析。该书提出以"都"为代表的汉语分配量化现象包含双层语义结构，即分配量化是由标准的全称量化加上匹配函数组成。匹配函数是一种斯科林函数，具有维序性和一一对应性。各种"都"的用法，可以归结为匹配函数所映射的对象不同：匹配函数可以是从个体到个体，从个体到事件，或从事件到事件。该书还从事件语义学角度，讨论了和"每""所有"相关的语义现象。

【现代晋语的研究】

侯精一著，商务印书馆出版，ISBN：978-7-100-20118-6

该书是全面而深入地讨论现代晋语的学术著作，讨论了晋语的归属、晋语的分区、晋语的特点、晋语区的形成，以及晋语与山西方言的关系和区别，也有关于晋语的语音、语法、词汇以及晋语的社会语言学现象的专题研究，是现代汉语方言领域研究晋语的经典著作。

【现代粤语词典】

暨南大学汉语方言研究中心编纂，广东人民出版社出版，ISBN：978-7-218-15249-3

收录9500多个单字条目，17000多个词条，词典中附带二维码，手机扫描可跟读粤语发音。

【香港客家话研究】

刘镇发著，香港中华教育出版社出版，ISBN：978-9-8887-6004-6

该书从语音、词汇、日常用语等方面对香港客家话进行了深入全面的描写和分析。并将香港客家话与广州话、梅县话等进行比较和归纳，是一部了解和研究香港客家话的学术力作，对保育香港地方方言和传统特色文化有重要意义。

【襄垣方言研究】

张威娜著，北岳文艺出版社出版，ISBN：978-7-5378-6486-2

【新出古陶文文字编】

徐在国编著，安徽大学出版社出版，ISBN：978-7-5664-2263-7

该书收录新出的古陶文，力求完整地反映新出古陶文的全貌。与以往的相关陶文字编比较，《新出古陶文文字编》有不少新字形，不少字的释读是作者的最新观点。

【新出秦汉简帛丛考】

何有祖著，科学出版社出版，ISBN：978-7-03-069777-6

该书收集了作者十多年来在秦汉简帛文本解读方面的多篇文章，以文字考释、简牍缀合为主。

【新中国国家语言能力研究】

文秋芳、杨佳著，外语教学与研究出版社出版，ISBN：978-7-5213-3058-8

该书具有理论初创性和学术引领性，有助于读者增进对国家语言文字工作的了解，为学界开展相关研究提供了大量文献资料和数据。

【形声字声符示源功能研究】

陈晓强著，上海古籍出版社出版，ISBN：978-7-5732-0079-2

该书是一部以形声字声符为线索研究词源的词源学专著，从理论探讨和声符考释两个方面展开对形声字声符示源功能的研究。分为《通论篇》和《考释篇》上下两编，上编重点探讨以形声字声符示源功能的理论建构问题，下编可以说是一部同源词词典，系联形声字，揭示具体的词族的同源关系，对汉语同源词的研究颇有推进。

【型式与意义：语料库驱动的英汉高频名词对比研究】

张绪华著，上海外语教育出版社出版，ISBN：978-7-5446-6840-8

该书通过语料库驱动的研究方法，整理和分析了中英文高频名词的典型用法以及它们传达的语用意义，探讨了语言使用者的态度及型式与意义之间的共选关系，并较为创新地对比了英汉双语中语义对应的名词在使用和意义表达上的区别。

【修辞学名家吴士文的故事】

艾朝阳、董仁主编，东北大学出版社出版，ISBN：978-7-5517-2778-5

该书讲述了我国著名修辞学家吴士文教书育人、提携后学、克难攻坚、克己奉公的一生。

【悬泉汉简（贰）】

甘肃简牍博物馆、甘肃省文物考古研究所、陕西师范大学人文社会科学高等研究院、清华大学出土文献研究与保护中心等单位主编，中西书局出版，ISBN：978-7-5475-1689-8

【学龄前儿童语用发展的取效行为研究】

程璐璐著，中国社会科学出版社出版，ISBN：978-7-5203-9105-4

围绕早期儿童的会话能力发展，考察不同年龄段的儿童在会话发起、维持、修补及修补回应阶段调用知识、语言、行为及交互关系传递交际目的的情况。

【学习词典特征研究——融媒体时代汉语学习词典语用信息的编纂创新】

金沛沛、王帅著，南开大学出版社出版，ISBN：978-7-310-06110-5

该书主要探讨融媒体背景下汉语学习词典的语用信息编纂问题。以影响学习者汉语交际得体性的"语用信息"为突破口，从语料的选取、呈现和研究思路三个方面去优化汉语学习词典语用信息的编纂与创新，以期对接辞书融媒体化、科技助力国际中文教育的现实需要。书后附录关联了汉语学习者语用信息方面的多篇调研统计资料。

【训诂释义研究】

王建莉著，中国社会科学出版社出版，ISBN：978-7-5203-7838-3

以古代的训释材料为研究对象。以构建训诂释义理论体系为目标，界定训诂释义的内涵。结合词义的文化特性，分析语文义和文化义的训释；结合词义的模糊性，分析确切意义和模糊意义的训释。从词训、语训、综合训、类比释义四个方面论述训诂释义的方法，探究汉语释义元语言的本源与传统。

【亚里士多德《修辞术》笺注】

［英］爱德华·梅雷迪斯·科普（Edwand Meredith Cope）、

［英］约翰·埃德温·桑兹（John Edwin Sandys）著，

上海三联书店出版，ISBN：978-7-5426-7354-1

该书是对亚里士多德《修辞学》的经典校注，有较高的学术意义和文献意义。

【杨树达日记（一九四八-一九五四）】

杨树达著，杨柳岸整理，中华书局出版，ISBN：978-7-101-15415-3

日记内容非常丰富，保留了杨树达研究古文字、古文献的记录，以及和陈寅恪、郭沫若等学者书信往返的内容要点，尤其是对当时著名人物的看法评价，都写在了日记中，是研究近现代学术史、教育史的第一手资料。

【瑶语方言历史比较研究】

刘文著，社会科学文献出版社出版，ISBN：978-7-5201-8146-4

该书选择八个具有代表性的现代瑶语方言作为研究对象，通过数据库建设和语言自动比较程序平台搭建给出有效检索对应方式、音值和分布范围等信息，促进语言历史比较的自动化研究。利用共享创新特征和核心词同源保留率两种方法分别探讨了瑶语的谱系树分化图景，这对于理解瑶语的演变具有启发意义，同时对语言谱系树的理论研究具有借鉴作用。该书对于厘清瑶语的历史来源及演化、苗瑶语的比较研究乃至汉-苗瑶语比较研究都具有重要参考价值。

【"一带一路"视域下斯拉夫国家语言文化及发展战略研究】

吴哲、朱瑞爽编，外语教学与研究出版社出版，ISBN：978-7-5213-2659-8

【以汉语教学为背景的语篇衔接成分研究】

周利芳著，商务印书馆出版，ISBN：978-7-100-20472-9

该书以功能语法理论为框架，以对外汉语教学为背景，对现代汉语口语、书面语中的语篇衔接成分进行系统研究，讨论语篇衔接成分的性质、分类、特点及其教学等问题，宏观考察与微观分析并举，并穷尽性地解释作者搜集到的汉语语篇衔接成分。

【彝语凉山话语法标注文本】

马辉著，社会科学文献出版社出版，ISBN：978-7-5201-8044-3

该书以彝族民间故事和文学作品为对象进行语法标注，可为语言研究者提供直接使用的标注语料，也可供其他学者从语言角度了解彝族历史文化现象。

【义乌方言研究】

施俊著，复旦大学出版社出版，ISBN：978-7-309-15763-5

该书是一本单点方言的详细调查研究报告。全面、系统地描写了义乌方言的语音、词汇和语法现象，包括音系、同音字表、音韵比较、分类词汇（5000多条）、语法概况等内容，是一部研究、了解吴语方言的重要参考著作。

【言语行为的会话分析研究】

于国栋著，外语教学与研究出版社出版，ISBN：978-7-5213-2664-2

该书将语用学中的言语行为引入到会话分析领域中，对信息寻求、称赞、请求、感谢、邀请、道歉、建议以及烦恼讲述八类交际行为进行了考察，在核心概念阐释和国外相关研究基础上，对上述行为在汉语会话交际中的呈现进行了全面的描写。

【因果关系事件语义学：事件融合视角】

李金妹著，暨南大学出版社出版，ISBN：978-7-5668-3242-9

该书以事件融合模型为理论框架，以汉语使用者和英语使用者为实验对象，使用实验诱导法和对比分析法，探讨时间变量和工具变量对说话者关于初始因果链和持续因果链的事件数量分类及句法表征的影响，研究在汉语使用者和英语使用者小组内部，以及汉语使用者和英语使用者之间初始因果链和持续因果链从概念事件的融合到句法的融合之间的映射有无差异。

【殷墟甲骨文辞类编】

陈年福编著，四川辞书出版社出版，ISBN：978-7-5579-0897-3

《殷墟甲骨文辞类编》分为十册，共计1920万字，是一部汇集并释读全部已经著录的殷墟甲骨文文辞，按字头分辞目编排，以原文与释文相对照的方式编纂的全新大型文本引得类工具书。

【殷墟甲骨文五种外记事刻辞研究】

方稚松著，上海古籍出版社出版，ISBN：978-7-5325-9918-9

该书为《殷墟甲骨文五种记事刻辞研究》的续篇，研究的重点是甲骨文五种记事刻辞外的祭祀类、铭功旌纪类记事刻辞及干支表刻辞，是作者相关问题研究成果的系统总结。

【银龄集】

石锋编著，南开大学出版社出版，ISBN：978-7-310-05963-8

石锋的自选集，收录作者几十年从事语言教学和学术研究的随笔、序言类文章50余篇，涉及的领域包括了语言学、语音学、语言演化、田野调查等。书中记录学术人生的一些如烟往事和漫谈随想，以及颇具探索意义的学术见解，具有通俗易懂、深入浅出的可读性，展现了学者严谨治学之外的另一个侧面。

【隐喻翻译转化研究】

孙秋花著，科学出版社出版，ISBN：978-7-03-069682-3

该书采用理论与实践结合、宏观与微观结合、归纳与演绎结合等研究方法，借用认知科学领域先进的成果，深入研究隐喻翻译的转化机制、转化方法及其影响因素。隐喻翻译转化研究既有前瞻性又有挑战性，既有理论价值又有实践意义。该研究可提高隐喻翻译转化研究的科学性，充分展现语言到思维、思维再到语言的复杂操作过程，呈现了隐喻翻译形与义之间的矛盾转化。

【隐喻能力实证研究】

袁凤识、许保芳著，南开大学出版社出版，ISBN：978-7-310-06140-2

该书重新界定了隐喻能力的理论定义，提出隐喻能力包括隐喻理解、解释、辨认和产出能力；同时设计了隐喻理解、隐喻解释、隐喻归纳、隐喻填空和隐喻写作五项任务，选择国内高校英语专业1-4年级大学生和英语母语者为被试人员，对不同年级英专大学生、国内英语学习者与英语母语者整体隐喻能力的差异性做了考察。研究发现隐喻能力与语言水平并无显著的相关关系。

【英汉程度副词与动词的搭配研究】（英文版）

黄瑞红著，上海交通大学出版社出版，ISBN：978-7-313-23929-7

该书在语料基础上探讨了英汉程度副词和动词的显著性搭配的规律，并从语义、句法和韵律的角度分析了制约搭配的主要因素。全书一共分为七章。第二章和第三章分别介绍了程度副词的界定和分类，搭配的定义和提取方法。第四章从有界性/无界性分析了程度副词和动词搭配的语义一致性。第五章从句法角度分析和对比了英汉程度副词与动词搭配的异同。第六章着重探讨了韵律对汉语程度副词和动词搭配的限制。

【英山方言研究】

陈淑梅著，民族出版社出版，ISBN：978－7－105－16454－7

该书对英山县民族文化进行了描写，特别对英山方言的语音、词汇和语法做了较为深入的研究，对英山方言的语言演变，英山方言语音与普通话语音的差异进行了探索，对英山方言的历史、人文背景也进行了描写，比较全面地展示了英山方言的面貌。

【英语常见修辞格语用概论】

韩仲谦、韩楚齐著，陕西科学技术出版社出版，ISBN：978－7－5369－7902－4

该书运用现代语用学的理论方法考察英语传统修辞格成"格"的可行性，并以此为基础，梳理语用学和修辞学两个学科的发展历史和渊源，概述传统英语修辞格分类的学科价值及语用学理论的解释力。

【英语母语者汉语连接词运用特征研究】

李靖华著，北京语言大学出版社出版，ISBN：978－7－5619－5824－7

该书是基于英语母语者汉语口语表达中连接词的表现进行的实证研究。较为全面地描述、分析了以汉语为第二语言的英语母语者在不同水平阶段运用汉语连接词的特点和规律，并刻画了影响其口语中介语系统中连接词表达的特定机制。

【英语修辞鉴赏与写作】（第三版）

曾庆茂，李华平编，同济大学出版社出版，ISBN：978－7－5608－9619－9

作为一本英语修辞写作教材，以跨语际写作作为理论落脚点。全书五章的内容为：词义上的修辞格、结构上的修辞格、音韵上的修辞格、作品赏析、英语修辞格测试，从四个维度结合不同文化语境与情境语境讨论修辞格运用的语体与风格规律及文风规范，目的是通过对辞格语言学知识的分析，增加读者的人文知识，拓展文化视野，提高修辞写作能力和艺术鉴赏能力。

【婴幼儿音位范畴习得的神经网络建模研究】

曹梦雪著，中国社会科学出版社出版，ISBN：978－7－5203－8016－4

创新地使用神经网络建模方法，模拟婴幼儿语言习得过程中音位范畴的习得机制。在Kröger语言处理模型框架的基础上，分别提出了联结可扩展的自组织神经网络模型（I－GSOM）和基于语言模式二重性的网络模型（DI－GSOM）。将人类对语言信息的处理细分为音位、语素和词汇语义三个层级，模拟了婴幼儿音位范畴习得中知觉重组的过程。通过在模型中引入声调处理模块,还探讨了婴幼儿对声调信息的处理及对声调特征知识的存储和表征,在声调语言中实现了对语言模式二重性理论的拓展。

【影视剧语言文字的规范化研究】

姜晓著,中国社会科学出版社出版,ISBN:978-7-5203-9514-4

【有标假设复句研究】

罗进军著,科学出版社出版,ISBN:978-7-03-068995-5

该书在充分借鉴前贤研究思想的基础上,对汉语中的有标假设复句展开多角度、多层次的探讨,既考察了关系标记的四个句法位置和八个类型参项,又总结了有标假设复句语表、语里、语值特征,既对"前呼型假设句+后应型疑问句"做了深入探究,又对"如果说p的话,q"做了详尽的个案考察。与此同时,对有标假设复句层次关系自动识别做了全方位探讨,具有一定的理论价值,在实践基础上提出了小句关联理论,为有标假设复句层次关系信息化研究打下了基础。

【幼儿语言的成长:常用词汇语义系统建构】

李葆嘉、王彤等著,科学出版社出版,ISBN:978-7-03-069410-2

该书基于迄今规模最大的"汉语幼儿(2-6岁)日常会话跟踪语料库",通过定形、定性、定量、对比和验证等过程,提取幼儿常用词汇并建构语义系统,以揭示幼儿词汇语义的成长过程及其认知发展轨迹。

【语法化与语法研究(十)】

吴福祥、杨永龙、龙海平主编,商务印书馆出版,ISBN:978-7-100-19851-6

该书是"中国社会科学论坛(2019·语言学)暨第十届汉语语法化问题国际学术讨论会、语法化问题青年论坛"部分会议论文的选集。

【语法、语义与语用的习得:基于论元结构与量化逻辑的研究】

范莉著,暨南大学出版社出版,ISBN:978-7-5668-3181-1

基于自然语料库语言与语言测试结果,该书从语言共性与差异、语言习得的"先天"与"后天"、语言研究中的柏拉图问题等开启讨论,聚焦到动词与动词论元结构的习得研究,着重关注在汉语中具有显著特征的结构、非语序等,后联系到与论元特征和语序特点相关的量化词语的逻辑意义与语用意义的习得。

【语海一得：兼及语言是什么】

沈怀兴著，浙江大学出版社出版，ISBN：978-7-308-20771-3

该书是一本现代语言学、汉语词汇、汉语语法及语言理论研究专著。《衍音说平议》等文是从宏观上对一些流行观点的评议；《汉语复句谚中意合法的应用》等是通过对两类复句谚关联方式的对比研究，探索汉语语法的基本特点；《"语言是一种符号系统"说疑议》等文则是考察现行语言观的基本问题。在论述现代汉语规范化工作方面，提出许多具有建设性的观点。

【语类关系与文化映射】

[澳] J. R. Martin，[澳] David Rose 著，外语教学与研究出版社出版，
ISBN：978-7-5213-2869-1

该书由悉尼学派的领军人 J. R. Martin 教授及其弟子 David Rose 博士合著，系统阐述了悉尼学派语类研究的出发点、理论框架、分析工具等理论问题，着重介绍了故事语类、历史语类、报告与解释语类、程序与程序讲述语类，并对相关的语类拓扑、语类学习路线设计、多模态语类等问题作了阐释。

【语体语法"体原子"研究】

冯胜利主编，中西书局出版，ISBN：978-7-5475-1827-4

为推动和引领语体语法"体原子分析法"的学术发展，将首批使用新方法的论文集结出版。该论文集是语体语法新理论的硕博研究课中，经导师严格训练和指导，用"体原子分析法"所做的大量个案研究遴选出的优秀论文，可谓首批用最新方法研究语体语法的最新成果。

【语言变化原理：社会因素】

[美] 威廉·拉波夫（William Labov）著，石锋、魏芳、温宝莹译，
商务印书馆出版，ISBN：978-7-100-19476-1

该书是拉波夫的巨著《语言变化原理》第 2 卷，全书着眼于决定语言变化的社会因素——性别、年龄、社会阶层、种族、族群和社区规模等影响下的语言变化及其传播、增量和延续。通过社交网络寻找音变引领者在社会体系中的位置来分析音变的各种原因。该书主要考察美国费城的语言状况，探索性别和社会阶层制约影响语言变化的普遍原理。作者提出了一种代际变化的增量模式，回答该书提出的核心问题之一：沿着同一个方向变化的语音，是如何历经久远，一代一代地从父母传递给儿童的。

【语言的进化生物学探索】

[美] 菲利普·利伯曼（Philip Lieberman）著，李瑞林、杜安译，

商务印书馆出版，ISBN：978-7-100-20305-0

该书采用比较解剖学、神经生理学、人类考古学、现代影像学、分子遗传学等领域的实验证据，探究人类语言的生物学基础及其演化问题。首先，比较人类语言的原始特征和衍生特征，揭示言语之于人类语言的独特功能。其次，遵循生物大脑的工作原理，探讨人类语言的神经基础，阐述神经机制与人类语言和认知能力的相关关系。再次，讨论人类言语的解剖学基础，论证以舌头为核心的喉上声道之于人类言语生产的核心作用。最后，主张语言学研究应融入进化生物学的理论和方法资源，推进跨学科交叉研究，从而准确、系统地理解人类语言的起源和发生机制。

【语言符号学研究论集】

郭鸿著，北京大学出版社出版，ISBN：978-7-301-31803-4

书稿汇集了作者30多年从事符号学研究的成果，共计36篇论文。分十四个专题，包括：语言学和符号学研究的改革和创新，符号学的性质、范围和方法，符号学的基础理论——皮尔斯认知符号学和索绪尔语言符号学，研究符号学的哲学指导思想，符号学的应用，文体学，外交语言，语用学，认知语言学，文化符号学，哲学、符号学与语言学，语言学的符号学分析，普通符号学，符号学访谈记。

【语言规范理论探索】

施春宏著，北京语言大学出版社出版，ISBN：978-7-5619-5904-6

本书主要围绕语言规范化的理论和实践问题做出系统的思考和探索，侧重对语言生活、语言教学、语言工作中的规范问题及其所蕴含的应用语言学理论进行深入分析。

【语言规划与社会变迁】

[美] 罗伯特·库珀（Robert Cooper）著，赵守辉、钱立锋译，

商务印书馆出版，ISBN：978-7-100-18348-2

该书是社会语言学专门学科走向成熟期的产物，既有总结与溯源，又有开拓与建设，从革新、市场、权力和决策四个维度考察该学科的实质，是语言规划领域的理论奠基之作。

【语言类型学】（修订本）

刘丹青讲授，曹瑞炯整理，中西书局出版，ISBN：978-7-5475-1336-1

该书系统地梳理了语言类型学形成的历史和逻辑过程。

【语言类型学视域下的领属范畴研究】

成军著，科学出版社出版，ISBN：978-7-03-067873-7

该书在语言类型学的理论视域下通过对领属范畴的跨语言对比研究，揭示认知、语义、句法互动的内在机制对领属形态句法表达的制约，以及这种制约所蕴含的语言类型特征。

【语言迁移和概念性迁移：理论与实证】

张素敏等著，科学出版社出版，ISBN：978-7-03-069318-1

该书从双语及多语思维能力角度，基于英汉不同思维模式，从词素、短语、句子及篇章层面分析了中国英语外语学习者在时间域、运动域及空间域中出现的语言迁移和概念性迁移。区分了概念迁移和概念化迁移，在指出英汉不同思维模式是造成迁移产生的根源的同时，认为双语者主导语言是语言迁移和概念性迁移产生层面、产生方向和产生量的一个重要影响因素。基于理论和实证分析结果进一步推测，概念性迁移与语言迁移是包含关系：概念性迁移包含语言迁移，即概念性迁移不一定是语言迁移，但语言迁移一定是概念性迁移。

【语言迁移研究】

蔡金亭著，外语教学与研究出版社出版，ISBN：978-7-5213-2255-2

该书是对国内外语言迁移研究发展的简要回顾，更是对该领域从研究对象到研究方法、从研究视角到研究课题的全面思考。作者在梳理学科发展脉络之余，还对语言迁移研究的发展前景提出了自己的意见和建议。

【语言论：语言的本质、发展与起源】

[丹]奥托·叶斯柏森（Otto Jespersen）著，柴櫹译，中国社会科学出版社出版，ISBN：978-7-5203-8294-6

这是一部以历史、变化的眼光看语言的经典名著，主要讲述了语言自身在历史进程中的演变，全书分四卷，包括语言科学、童年期、个人与世界、语言发展；在结尾处，作者综合全书各章节中的信息，在语言起源这个引人遐想又充满争议的话题上，给出了自己充满想象力又有理有据的假说。

第四篇　学术论著介绍

【语言认知论：从经典认知到涉身认知】

姜孟著，科学出版社出版，ISBN：978-7-03-063648-5

经典认知与涉身认知是当今诠释人类认知的两大理论蓝图。该书从这两大理论立场出发，对语言的认知本质做了多维、多元、多粒度的探索。分为理论篇和应用篇。理论篇对语言认知、语用认知、母语习得、二语习得等宏观论题做了深入探讨；应用篇则主要通过实证手段，对二语习得、语言教学、翻译认知、传播认知、语言加工等领域的核心论题做了"小题大做"式的探析。

【社会语言学新发展研究】

田海龙、赵芃著，清华大学出版社出版，ISBN：978-7-302-57337-1

该书回顾了社会语言学的传统，并梳理了在21世纪理论和方法上的创新，强调社会语言学的发展源自跨学科的互动。

【语言学入门】

[英] Stuart C. Poole 著，外语教学与研究出版社出版，ISBN：978-7-5213-2873-8

该书内容包括语言的定义、词汇学、语义学、语音学、音位学、形态学、句法学、文字体系、社会语言学、历史语言学等；书中材料取舍得当，既介绍了普通语言学的各个领域，又没有刻意追求系统和全面；书中语言言简意赅，易于理解，作者用大量实例来讲解语言学的基本概念，真正做到了深入浅出。

【语言学习与语言教学的原则】（第六版）

[美] H. Douglas Brown 著，外语教学与研究出版社出版，ISBN：978-7-5213-2978-0

该书是二语习得与外语教学领域的经典图书。

【语言政策与二语习得研究】

戴曼纯著，人民出版社出版，ISBN：978-7-01-023721-3

该书精选了作者发表在语言政策和二语习得研究领域重要学术刊物的论文。

【语义学】（第四版）

[英] John I. Saeed 著，外语教学与研究出版社出版，ISBN：978-7-5213-2980-3

该书是《语义学》的第四版，在形式和内容上进行了全面更新，反映了语义学研究领域的最新理论发展，如"因果关系""情境类型分析""词汇语用学""构式语法"等方面有大量新增内容。

【语言政策与政治经济：全球化背景下的英语】

[加] 托马斯·里森托（Thomas Ricento）编，林洁译，张卫国审订，外语教学与研究出版社出版，ISBN：978-7-5213-3108-0

该书涉及社会语言学、应用语言学、经济学、政治理论、社会学与教育领域，所用的研究方法包括人类志分析、批判性话语分析、经济模型分析、历史学分析、地理学分析和语言学分析。

【语言治理的理论与实践】

王春辉著，中国社会科学出版社出版，ISBN：978-7-5203-8496-4

汇集了作者近几年在语言治理理论和领域实践层面的相关思考。

【语音讲义】

胡方著，上海教育出版社出版，ISBN：978-7-5720-1078-1

以汉语方言为主要的研究对象，详细阐述和分析了汉语各大方言的语音面貌，结合语言学界最新的研究成果，纠正了汉语语音研究中的一些错误认识。将汉语普通话、汉语方言、民族语言中的语音现象放在人类语言普遍性、世界语言多样性的背景下去考察，为描写具体语言中的语音现象提供了一个实验语音学的理论框架与研究范式。

【语音史考论】

刘晓南著，上海教育出版社出版，ISBN：978-7-5720-0489-6

收集作者自1995年以来，二十余年间发表的有关语音史方面理论研究与具体语音问题的考证的论文34篇。

【语音学田野调查方法与实践——黔东苗语《新寨》个案研究】

刘文著，山东大学出版社出版，ISBN：978-7-5607-7065-9

该书基于"语言学的语音学"研究理念，以新寨苗语为研究对象，采用音位分析与归纳、声学、生理及感知研究的方法与手段，详细阐述了语音学田野调查的方法与实践技巧，研究了辅音、元音和声调的声学特性，探讨了声学元音图在发音生理运动与声学表现之间所起的关联作用并利用声学参数构建了单字调与双字调的区别特征系统，通过嗓音研究以及特殊嗓音发声类型阐释语言对生理的塑造并对感知研究结果进行了总结，全面呈现出了新寨苗语这一语言的真实面貌。

【语用学十讲】

冉永平等著，上海外语教育出版社出版，ISBN：978-7-5446-6591-9

该书结合当代语用学的发展概况与最新趋势，围绕指示语、言语行为、会话含义、面子与礼貌、不礼貌、虚假礼貌、身份建构、跨文化与交互文化以及公共外语等研究的主要议题，对语用学进行全面阐释。

【岳麓秦简《为狱等状四种》释文注释】（修订本）

[德] 陶安著，上海古籍出版社出版，ISBN：978-7-5325-9862-5

作者曾承担《岳麓书院藏秦简（叁）》的整理以及撰写工作，出版之后得到学术界的广泛关注，有学者指出一些问题。在此基础上，作者对其释文和注释加以全面修订，为学术界提供一个能够反映当下秦简研究及整理水平的新版本。该书收录了秦王政时代的司法文书《为狱等状四种》竹木简共252枚，内容为上奏的谳书，包含江陵、州陵等各地守丞对有关刑事案例奏谳、审议和裁决的记录。以摹本代替《岳麓书院藏秦简（叁）》的彩色和红外线图版，力图结合两种图版最佳处，代表笔者对两套图版的总认识。

【《岳麓书院藏秦简（肆）》疏证】

朱红林著，上海古籍出版社出版，ISBN：978-7-5732-0129-4

该书是在《岳麓书院藏秦简（肆）》原整理者所作释义、注释的基础上，吸收学界近年来相关研究成果，对这批材料所做的考订校正、注解疏证。包括新增注释、补充原注、修正原注、白话译文，为学界研究和利用这批材料提供更加准确、丰富的文本及相关材料。

【云南旅游景观地名语言文化研究】

辜夕娟著，云南大学出版社出版，ISBN：978-7-5482-4337-3

【韵律格局——语音和语义、语法、语用的结合】

石锋著，商务印书馆出版，ISBN：978-7-100-19537-9

分析不同类型焦点表现的韵律分布模式，从中考察语句焦点的语音表现，为语义、语法、语用的分析提供客观的量化依据。

【藏语噶尔话语法标注文本】

龙从军著，社会科学文献出版社出版，ISBN：978-7-5201-7964-5

藏语噶尔话分布在西藏自治区阿里地区噶尔县的四乡一镇，属于藏语卫藏方言阿里土语。该书包括语法导论、标注文本和对照词汇三个部分。语法导论简要描述了噶尔话的语音、词汇、词法、形态、句法等基本特点。标注文本对会话和民间故事文本材料进行隔行对照语法标注。对照词汇是从该书标注文本中提取出来的。

【早期天师道文献词汇描写研究】

田启涛、俞理明著，浙江大学出版社出版，ISBN：978-7-308-21239-7

该书以魏晋时期的十部天师道文献作为研究对象，采用描写方法对48849字的文献材料进行了穷尽性、无遗漏的分析，共切分出8619个词语，其中普通词语7909个，神灵官品类词语710个。以义项为单位对这些词语作了逐一调查。在此基础上，对词汇的历史层次、新旧质比例、单复音词使用情况、语义场分布等问题展开讨论，力求全面无遗地展示共时层面中词汇的面貌，发掘词汇历时发展中的内在规律和特点。具有两方面的价值：立足于全面描写，避免跑马式或拉网式的数据搜集可能出现的遗漏；从概念意义角度对词汇进行分类，词汇表达概念，形成语义系统。借助于语义场的理论，对语义关系作描写。

【漳州闽南语熟语】

高然编著，世界图书出版公司出版，ISBN：978-7-5192-8854-9

该书精选了福建漳州地区广泛流传的闽南语熟语共2000多条，注有国际音标、简单释义以及附有配套的音频。按闽南语声母表的顺序排列，共分为熟语、惯用语和歇后语三个部分，包括了农业、生活、气象等方面的内容，反映了漳州的语言文化风俗及历史，是当地人民丰富智慧和普遍经验的规律性总结，也是使用该语（方）言民族或民系集体智慧的集中体现。

【漳州闽南语谚语】

高然编著，世界图书出版公司出版，ISBN：978-7-5192-8853-2

该书精选了1000多条福建漳州地区广泛流传的闽南语谚语，包括农业、生活、气象等方面；反映了劳动人民的生活实践经验，是当地人民丰富智慧和普遍经验的规律性总结；介绍了闽南语的语言基础知识，所收录的谚语以闽南语声母表的顺序进行编排，并注有国际音标、简单释义，配套的音频文件展示了地道的闽南语谚语。

【政治修辞：西方宣传话语的哲学批判】

［美］贾森·斯坦利（Jason Stanley）著，李晓梅、刘易平译，上海世纪出版集团格致出版社出版，ISBN：978-7-5432-3245-7

该书将语言哲学和知识论作为理论工具引入政治哲学研究，分析了西方国家形象宣传的运作机制，探索宣传与意识形态的紧密联系，以及宣传对民主制度的侵蚀；从政治哲学的高度，在政治修辞领域内讨论西方宣传话语的形态、功用，其理论借鉴意义和开启修辞研究新主题的引导作用不言而喻。

【中国方志中语言资料集成】（全42册）

李蓝主编，社会科学文献出版社出版，ISBN：978-7-5201-7945-4

编者总计查阅了11780种地方志，在741部志书中查找到8370张语言资料，资料影印后对其分类处理，编制索引，根据地方志所在区域，按中国2016年省级行政区划汇编成册。该书在语言资料的丰富性、完整性两个方面全面超越了前辈学者的同类著述，完整辑录了明代至民国这六百年间保存在中国志书中的所有语言文字资料，也是研究明代至民国期间中国语言文字共时分布和历时演变的重要资料。

【中国英语学习者隐喻性词义习得研究】

石进芳著，暨南大学出版社出版，ISBN：978-7-5668-3007-4

该书将语料库方法与心理实验研究相结合，系统整合认知语言学、二语习得、心理语言学这三个语言学研究领域的不同研究范式，从中介语-目的语、母语-外语、英语-汉语三个层面认知对比隐喻性词义，探究中国英语学习者隐喻性词义习得的特点、影响因素及发展路径，促进不同领域相关理论的融合和进一步发展，为外语词汇教学、词典编撰、机器翻译等语言工程提供借鉴和参考。

【中缅中老边境四城语言生态调查与评估】

肖自辉著，世界图书出版广东有限公司出版，ISBN：978-7-5192-8373-5

作者在中国与缅甸、中国与老挝边境选取了四个具有代表性的城市，基于语言生态评估指标体系对四个城市的语言多样性情况以及区域内各语言的生态状况进行调查、评估和对比分析。通过语言生态调查，不仅可以了解中缅、中老边境地带的语言状况，还可以进一步丰富和完善语言国情调查以及侨情调查。该书作为语言生态学的实证研究，也可对当地的语言生活和文化多样性提供保护及促进可持续发展，帮助了解现行语言文字政策是否适应当地发展需要，引导当地社会和公众形成语言生态意识，引导和促进当地濒危语言和方言的抢救、保护和利用。

【中西学术名篇精读·郑张尚芳卷】

郑张尚芳著，中西书局出版，ISBN：978-7-5475-1686-7

该书精选郑张尚芳的《上古韵母系统和四等、介音、声调的发源问题》《〈蒙古字韵〉所代表的音系及八思巴字一些转写问题》《"蛮、夷、戎、狄"语源考》，由三位学者郑伟、董建交、王弘治分别进行读解。

【《朱子语类》身体动作类词群研究】

黄东丽著，中国社会科学出版社出版，ISBN：978-7-5203-8036-2

该书的研究以"语义范畴"及"词群"理论为研究框架，同时还涉及文字学、词汇学、认知语义学、语言类型学等基础理论，力求在继承传统词汇研究方法的同时，在研究框架和研究思路方法上体现出一定的创新性。

【自然口语语篇呼吸与韵律特征的接口研究
——以韩国、日本、美国、泰国的汉语学习者为例】

王毓钧著，南开大学出版社出版，ISBN：978-7-310-06172-3

该书从生理呼吸和语言学两个角度，介绍呼吸节律与言语韵律之间的关系；分析、考察和归纳了来自日本、韩国、美国、泰国的汉语学习者在朗读、复述、自述三种不同任务下的呼吸特征，揭示了呼吸单位与韵律单位之间的对应关系，比较了汉语学习者与汉语母语者在同一任务下言语呼吸上的异同。

【自然语言处理：基于预训练模型的方法】

车万翔、郭江、崔一鸣著，电子工业出版社出版，ISBN：978-7-121-41512-8

该书系统地介绍了基于预训练语言模型的自然语言处理技术，包括模型、应用、前沿进展及 PyTorch 代码实现等。

【字书字料库的理论、实践与应用】

柳建钰著，中华书局出版，ISBN：978-7-101-15122-0

字书字料库是与语篇字料库相对应的字料库两大类型之一，是在大规模历代字书文本基础上生成的真实的汉字刻写形态的有序集合，是利用计算机对字书汉字形体进行各种分类、统计、检索、综合和比较等研究的基础，能为汉字学及其他相关学科研究提供高度结构化的字书汉字数据信息。

【《左传》《国语》文献关系考辨研究：以虚词比较为中心】

周广干著，社会科学文献出版社出版，ISBN：978-7-5201-7423-7

该书以虚词为研究对象和切入点，通过对《左传》《国语》虚词体系的描写和比较对两书的文献关系进行语言学的考辨。经爬梳整理并参考已有成果，首次对《左传》和《国语》的副词、介词、连词、语气词、助词进行了穷尽性的梳理和比较，并运用异文对两书虚词的使用进行直观对比。通过比较研究发现，《左传》《国语》在虚词使用上表现出极强的趋同性，两书有着同样的方言基础。

（张洁、郎晶晶编写）

第五篇
学者介绍

已故学者介绍(2015 – 2021)

李小凡

李小凡(1954年10月–2015年7月9日),北京大学中文系教授、博士生导师。1954年10月生于苏州。1979年考入北京大学中文系汉语专业,1983年毕业留校,历任助教、讲师、副教授、教授。曾先后任韩国国立顺天大学中文系客座教授、新加坡国立大学中文系客座教授、澳门大学客座教授兼中文系主任。

李小凡先生长期从事汉语方言学的教学和研究,在汉语方言语法、语音、层次等研究领域有突出的成就,出版了《苏州方言语法研究》等学术著作和教材,发表了多篇有影响力的学术论文,对汉语语言学的繁荣发展作出了重要贡献。他精研学问,淡泊名利,培养了一批高水平的方言学人才。他学风严谨,为人谦逊,忠于教育事业,曾多次获得北京大学、北京市和教育部的教学奖励。

邵荣芬

邵荣芬(1922年12月29日–2015年7月26日),中国社会科学院荣誉学部委员、中国社会科学院语言研究所研究员。字欣伯,1922年12月29日生于安徽寿县。1950年毕业于浙江大学中国文学研究所汉语音韵专业,分配至中国科学院语言研究所(现为中国社会科学院语言研究所)工作。历任助理研究员、副研究员、研究员。曾先后任《中国语文》杂志编委、语言研究所学术委员会委员、中国社会科学院职称评审委员会委员、研究生院研究生指导教师、中国音韵学研究会会长等职。

邵荣芬先生早年由组织安排,从事现代汉语词汇规范方面的研究工作。20世纪60年代初,语言所成立古代汉语研究组(历史语言学研究一室前身),邵先生开始汉语音韵学研究。先后出版《汉语语音史讲话》《中原雅音研究》《切韵研究》《经典释文音系》《法伟堂经典释文校记遗稿》《集韵音系简论》《邵荣芬音韵学论集》《邵荣芬语言学论文集》等著作和数十篇重要学术论文。

邵荣芬先生品德纯粹,为人谦和,治学严谨,成绩卓著。

王　锳

王锳（1933年10月–2015年9月18日），贵州大学教授。王锳先生在语言学诸多领域都作出了重要贡献，尤其在近代汉语研究方面更是成就斐然。王先生治学严谨、造诣精深，所著《诗词曲语辞例释》《唐宋笔记语辞汇释》《宋元明市语汇释》《近代汉语词汇语法散论》等著作，惠泽学林，引领和带动了近代汉语词汇、语法研究的快速发展。《诗词曲语辞例释》于1987年获首届吴玉章奖金语言文字学优秀奖。1990年被评为贵州省有突出贡献的优秀专家，1992年被评为全国民族教育先进个人，获国家教委与国家民委联合签发的证书。王先生教书育人，奖掖后进，深得同侪与晚辈的敬重和爱戴。

白维国

白维国（1945年7月22日–2015年10月23日），中国社会科学院语言研究所研究员。1945年7月22日生于吉林。1964年考入南开大学中文系，1978年考入中国社会科学院研究生院语言学系，1981年毕业后留在中国社会科学院语言研究所工作。历任助理研究员、副研究员、研究员。曾任中国社会科学院语言研究所近代汉语研究室（现为历史语言学研究二室）主任。

白维国先生主要从事近代汉语词汇语法研究及词典编纂工作，代表性著作有《古代小说百科大辞典》（主编之一），《金瓶梅词典》《金瓶梅词话校注》（合著），《红楼梦语言词典》（编者之一），《现代汉语句典》（主编），《白话小说语言词典》（主编）以及四卷本《近代汉语词典》（主编）；发表了若干篇关于近代汉语词汇语法的重要学术论文。此外，白维国与江蓝生合作翻译了三部有关汉语语法史的著作：《汉语史通考》（［日］太田辰夫著），《中国中世语法史研究》（［日］志村良治著），《白话语汇研究》（［日］香坂顺一著）。另出版普及读物《红楼百问》与《金瓶梅风俗谭》。

周有光

周有光（1906年1月13日–2017年1月14日），原名周耀平，江苏常州人，1906年出生。1923年考入上海圣约翰大学学习经济学，1925年因五卅惨案离校，入光华大学，1927年毕业。1927年至1948年任教于光华大学、江苏教育学院、浙江教育学院等校，任职于江苏银行、新华银行，并由银行派驻纽约、伦敦。1949年始任教于复旦大学经济研究所、上海财经学院。由于他早年积极参与文字改革，遂于1955年调至中国文字改革委员会工作，担任过国家语言文字工作委员会委员、中国社会科学院研究生院教授、语言文字应用研究所研究员、《中国大百科全书》第一版总编辑委员会委员、《汉语大辞典》学术顾问、《简明不列颠百科全书》中美联合编审委员会委员、《不列颠百科全书》（国际中文版）顾问委员会委员。全国政协第四、五、六届委员。

周先生是《汉语拼音方案》的主要设计者之一，著有《中国拼音文字研究》《汉字改革概论》《拼音化问题》《中国语文的现代化》《世界字母简史》《世界文字发展史》《比较文字学初探》《人类文字浅说》《文化学丛谈》等专著28部，发表论文300多篇，2007年10月31日获得吴玉章人文社会科学奖特等奖。周先生专注于研究中国语文的现代化问题，以及比较文字学、文字的发展规律、中文的信息处理和无编码输入法等，在语言文字学领域辛勤耕耘数十年，对我国语言文字事业做出了重大的贡献。

刘焕辉

刘焕辉（1933年8月－2017年2月13日），南昌大学中文系教授。刘焕辉先生1933年8月出生于江西婺源。1956年毕业于江西师范学院。1974年到江西大学中文系任教。1986年晋升教授职称。曾任江西大学、南昌大学中文系主任、人文学院院长、校学术委员会委员兼文科专业组长、校务委员会副主任委员、江西省语委委员、省政府决策咨询委员会委员、教育部中文学科首届教学指导委员会委员，第七届、第八届全国人大代表，中国语言学会理事，中国修辞学会副会长，中国社会语言学会顾问，江西省语言学会会长。1986年被人事部授予"国家有突出贡献中青年专家"称号。1998年9月退休后，仍长期为中文系研究生授课。

刘焕辉教授科研成果丰硕，主要著作有《言语交际学》《修辞学纲要》《语言运用概说》等，为语言学研究，尤其是汉语修辞学研究做出了重要贡献。

桂诗春

桂诗春（1930年2月－2017年4月5日），广州外国语学院（现广东外语外贸大学）教授。陕西西安人，1930年2月出生于广州，1950年毕业于香港华仁书院，随后就读于武汉大学和中山大学，1955年毕业于中山大学外国语言文学系英语专业，留校任教，1970年调入广州外国语学院。曾担任全国外语教学研究会副会长、全国外语教学计算机辅助教学委员会会长和广东外语学会会长、广州外国语学院院长。

桂诗春先生毕生致力于语言学和应用语言学探索，主要研究领域是应用语言学、心理语言学、外语测试、语料库语言学、语言学研究方法等，是我国外国语言学及应用语言学的主要创始人。20世纪80年代，主持英语标准化考试试验并推广至全国。一生笔耕不辍，著有《心理语言学》《标准化考试——理论、原则、方法》《应用语言学》《应用语言学与英语教学》《实验心理语言学纲要》《中国学生英语学习心理》《语言学方法论》等。

张永言

张永言（1927年12月4日–2017年5月1日），四川大学中文系教授。1927年12月4日生于四川成都。1947年就读于四川大学师范学院教育学系。1951年任华西大学中国文化研究所助理员。1953年以后在四川大学任教。曾担任四川省语言学会会长、四川大学汉语史研究中心主任、汉语史研究所名誉所长。1986年获国家突出贡献专家称号。1990年获全国优秀教育工作者称号和全国"五一劳动奖章"。1988年起历任第七、八届全国人大代表。

张永言先生是中古汉语词汇研究的倡导者和奠基人。他的研究贯通古今，融汇中西。他倡导开展汉语常用词的研究并做出了良好示范，给汉语词汇史研究提供了新的研究课题。张永言先生著有《语文学论集》、《词汇学简论》和《训诂学简论》，领衔合作编纂了《简明古汉语词典》《世说新语词典》，在汉语词汇学、训诂学、文献学方面做出了杰出贡献，在汉语史特别是汉语词汇史研究领域产生了深远影响。

王克仲

王克仲（1938年6月–2017年6月29日），中国社会科学院语言研究所研究员。1938年出生，黑龙江省富锦市人，1960年辽宁大学中文系毕业，曾任中国社会科学院语言研究所古代汉语研究室（现历史语言学研究二室）主任。王克仲先生在古代汉语语法研究领域多有建树，出版专著《文言浅说》《助语辞集注》《古汉语词类活用》以及合著《古今同形词语例释》《古代汉语虚词词典》《古今词义辨析词典》等，并在《光明日报》《中国语文》《古汉语研究》《语文建设》等报纸、期刊上发表数十篇学术文章，在语言学界享有盛誉。

孙锡信

孙锡信（1940年1月–2018年2月5日），复旦大学教授。1940年1月生于南京，1962年本科毕业于北京大学中文系，1962–1965年师从朱德熙教授攻读现代汉语专业研究生,毕业后先后在商务印书馆和复旦大学中文系工作。孙锡信先生在语言学诸多领域,尤其在近代汉语语法研究方面成就斐然,著有《汉语历史语法要略》《汉语历史语法丛稿》《近代汉语语气词》《中古近代汉语语法研究述要》等著作,在学界产生重要影响。

孙锡信先生谦和儒雅,奖掖后进,深得同侪与晚辈的敬重和爱戴。

张 斌

张斌（1920年1月21日-2018年3月31日）,上海师范大学中文系教授。曾任上海师范大学中文系主任、上海师范大学语言研究所所长、九三学社上海师范大学主委、上海市语文学会副会长等职。

张斌先生1920年1月21日生于湖南长沙。1943年毕业于国立师范学院。20世纪50年代开始在上海师范大学从事汉语语法教学与研究工作,辛勤耕耘六十余载。

张斌先生长期致力于汉语语法学的研究和教学,在语法理论研究和语言学教学领域卓有建树,是海内外著名的语法学家。张斌先生自20世纪50年代以来发表了大量论文,出版了《现代汉语语法探索》《汉语语法研究》等著作。20世纪90年代以后,主要研究语法结构的功能解释,有《汉语语法学》《现代汉语语法十讲》《张斌胡裕树选集》《文炼胡附文集》等著作。进入新世纪之后,先生又以耄耋高龄主编了巨制《现代汉语虚词词典》和《现代汉语描写语法》。张斌先生不仅发表了大批高水平的学术论著,而且编写了一批影响深远的现代汉语教材。

张斌先生曾仕中国语言学会常务理事,并长期担任《中国语文》编委。他为汉语语言学事业的发展付出了毕生心血,培养了一大批语法学家和语法研究者,在理论研究、人才培养和学科建设等方面作出了重要贡献。

郑张尚芳

郑张尚芳（1933年8月-2018年5月19日）,中国社会科学院语言研究所研究员。浙江温州人,1933年8月出生。原名郑祥芳,笔名尚芳、方翔。早年当过地质勘探员、民办教师、工人等,以自学进入语言学研究领域。20世纪五六十年代,他在多位老一辈语言学家的热情帮助下逐渐成为有专业水平的语言学者。1964至1966年借调到浙江省方言调查组。在"文革"中仍坚持音韵和方言研究。1978至1981年,参加《汉语大词典》温州师范学院编写组。1980年考取中国社会科学院语言研究所副研究员,在方言研究室工作。1991年晋升研究员,1994年退休。曾受聘为上海师范大学和南开大学兼职教授。

郑张尚芳先生对汉语语音史，尤其是汉语上古音的研究，在国内学术界和国际汉学界都有很大的影响，代表作是《上古音系》；对汉语中古音和近代音的构拟也自成体系。他长期从事汉语方言的调查和研究，以对吴方言的研究成果最为突出，代表作有《温州方言志》。在汉藏语比较方面也有不少重要的学术见解。五十多年间，发表了约 180 篇学术论文，其中一部分结集为《郑张尚芳语言学论文集》。

郑张尚芳先生钟爱语言学事业，为之勤勤恳恳地贡献了毕生。他在中国社会科学院语言研究所方言研究室和《方言》编辑部工作了十几年，做了很多出色的工作。

曹先擢

曹先擢（1932 年 11 月 10 日 – 2018 年 11 月 7 日），1932 年 11 月 10 日生于浙江省长兴县。1954 年考入北京大学中文系，1958 年毕业后留校在中文系古代汉语教研室工作。1970 年在北京大学主持《新华字典》修订工作；1971 年至 1975 年，在北京师范大学主持《新华词典》编纂工作；1976 年至 1979 年，在商务印书馆主持该词典定稿工作。1986 年 4 月至 1993 年 3 月调至国家语言文字工作委员会任秘书长、副主任，兼语言文字应用研究所研究员，1991 至 1992 年任所长。1994 年退休。曹先擢先生曾任国家语言文字委员会咨询委员会委员、中国辞书学会名誉会长、《通用规范汉字表》专家委员会主任委员、商务印书馆辞书研究中心特约研究员、《汉字文化》编委、《现代汉语词典》第五版审定委员会主任。著有《通假字例释》、《字里乾坤》、《汉字文化漫笔》、《八千种中文辞书编目提要》（主编之一）、《谈谈普通话异读词审音》等。曹先擢先生投身语言文字工作多年，治学严谨，工作专注。

单耀海

单耀海（1934 年 6 月 – 2018 年 12 月 15 日），中国社会科学院语言研究所编审。1934 年 6 月出生于上海，1956 年 7 月毕业于山东大学中文系，同年 9 月到中国科学院（今中国社会科学院）语言研究所元曲词汇整理组工作。1958 年起调入词典编辑室参加《现代汉语词典》的编写工作。历任研究实习员、助理研究员、副编审、编审，曾任词典编辑室主任。单耀海先生多次参加《新华字典》《现代汉语词典》《现代汉语小词典》的修订工作，合作主持修订《现代汉语词典》第 3 版，合编《新编现代汉语词典》《精编当代汉语词典》等辞书。曾获中国辞书学会第二届辞书事业终身成就奖，首届中国社会科学院语言研究所辞书贡献奖。

杨耐思

杨耐思（1927年10月20日－2019年3月5日），中国社会科学院语言研究所研究员。湖南省临湘县人，1927年10月20日出生，笔名杨道经。1951年考入中山大学语言学系学习，1954年随院系调整到北京大学中文系学习；1955年毕业，分配到中国科学院语言研究所（现中国社会科学院语言研究所）工作，并考取中国科学院研究生部首届副博士学位研究生，专业为汉语音韵史，指导老师为罗常培先生、陆志韦先生。1960年毕业后留在语言研究所工作，先后在汉语史组（室）、《中国语文》编辑部、近代汉语研究室从事编辑和研究工作，历任研究实习员、助理研究员、副研究员、研究员。曾任中国音韵学研究会理事、秘书长、学术委员会主任、顾问等职。1986年获北京大学王力语言学奖。

杨耐思先生在音韵学、文字改革、语言应用、湘方言、普通话语音规范等多个研究领域做出了重要贡献，尤其是在近代汉语音韵与《中原音韵》音系研究，八思巴字与汉语音系研究方面，成绩卓著，出版了《中原音韵音系》、《蒙古字韵校本》（与照那斯图先生合著）、《近代汉语音论》、《近代汉语音论（增补本）》等著作，发表了一系列重要学术论文，在汉语音韵学界产生了重要影响。

王理嘉

王理嘉（1931年－2019年7月21日），北京大学中文系教授。1931年生于上海。1950年考入燕京大学国文系，1952年随燕大国文系转入北京大学中国语言文学系，1954年本科毕业后跟随著名语言学家魏建功先生攻读副博士学位，1958年毕业后留在北京大学中文系任教，曾任中文系现代汉语教研室主任、中文系副系主任，1996年起兼任国家语言工作委员会测试中心教授，2011年起担任国家语委普通话审音委员会顾问。

王理嘉教授从事语言学研究和教学半个多世纪，淡泊名利，学风朴实严谨。在汉语语音学和音系学研究中卓有建树，为语言学教学作出了卓越贡献。他作为主要作者参与编写的一系列教材一直是国内许多高校中文系学生的必读书目，他对教学的认真和热情为后学广为称颂。

王理嘉教授晚年致力于从理论上阐释《汉语拼音方案》与国家标准语语音系统之间的关系，以耄耋之年为建设标准语规范、推广普通话和普及汉语拼音的理论知识不辞辛劳。

王海棻

王海棻（1937年8月1日–2019年11月4日），中国社会科学院语言研究所研究员。1937年8月1日出生于河南郑州。1962年南开大学中文系古代汉语专业研究生毕业。先后在北京函授学院、故宫博物院工作，1978年5月调入中国社会科学院语言研究所工作，1997年退休。王海棻先生在古代汉语语法研究领域多有建树，著有《〈马氏文通〉读本》（与吕叔湘先生合编）、《马氏文通与中国语法学》、《古代汉语疑问词语用法词典》、《古汉语虚词词典》（合著）、《古代汉语虚词词典》（合著）、《记时词典》等。参与《现代汉语词典》第6版的修订工作，在《中国语文》《语文研究》《古汉语研究》等学术刊物上发表数十篇学术文章。这些著作，对于古代汉语语法的深入研究起到了有力的推动作用，产生了重要影响，在语言学界享有盛誉。

温端政

温端政（1931年9月–2020年3月23日），山西省社会科学院语言研究所终身研究员、名誉所长。1931年9月出生于浙江省平阳县。1954年考入北京大学中文系，1958年分配到山西工作。曾任山西省社会科学院语言研究所所长、《语文研究》主编、语汇研究与辞书编纂中心主任、山西省语言学会名誉会长、山西省语言文字工作委员会专家咨询组组长、山西省语言文字工作委员会副主任、中国语言学会理事、全国汉语方言学会理事、中国辞书学会理事等。

温端政先生主要从事汉语方言学和汉语语汇研究，在汉语方言学尤其是晋语研究方面成就突出，先后主编了"山西省（县、市）方言志丛书"（四十一种）、《山西方言调查研究报告》（联合主编）等，并发表系列研究论文。在汉语语汇研究方面，首倡"语词分立"，出版《歇后语》、《谚语》、《二十世纪的汉语俗语研究》（合著）等著作；把语汇学理论和语典编纂相结合，主编或联合主编了《中国俗语大辞典》《古今俗语集成》《新华语典》等四十多种大、中、小型语典。温端政先生对《语文研究》的创刊、山西省语言学会和山西省方言学会的成立做出了突出贡献。

麦梅翘

麦梅翘（1926年12月–2020年5月9日），中国社会科学院语言研究所副研究员。

1926年12月生于广东省台山县，1953年毕业于中山大学语言学系，同年进入中国科学院语言研究所（现中国社会科学院语言研究所）工作，历任研究实习员、助理研究员、副研究员，1987年12月退休。麦梅翘先生在古代汉语语法研究领域多有贡献，撰有《古汉语语法学资料汇编》（与郑奠先生合编）、《文言虚词浅释》（合著）、《古代汉语虚词通释》（合著）、《实用古代汉语》（合著）、《古代汉语虚词词典》（合著）等著作。在古汉语语法学界产生了重要影响。

陈治文

陈治文（1926年2月－2020年8月22日），中国社会科学院语言研究所研究员、《中国语文》杂志创刊元老。陈治文先生1926年2月出生于江苏南通，1949年5月参加革命工作，1951年7月毕业于南开大学中国语言文学系，同年进入中国科学院语言研究所（现中国社会科学院语言研究所）工作，1989年1月离休。

陈治文先生长期致力于汉语史研究，撰有《汉语》（初中课本）（合著）、《汉字常识》、《现代汉语语法讲话》（合著）、《汉字今昔》、《文言常识》（合著）等著作。在近代汉语词汇研究领域多有创获，发表《近指指示词"這"的来源》《关于北京话里儿化的来源》《〈刘知远诸宫调〉校读》《敦煌变文词语校释拾遗》《元代有指物名词加"每"的说法》《东汉时的"這"不是指示词》《重说"這"字来源兼谈"拓"字》《释"额手""额手称（相）庆""以手加额"》等学术论文，对近代汉语研究的发展产生了重要影响。

陈治文先生在中国科学院语言研究所（现中国社会科学院语言研究所）成立初期即就职于语言研究所，参与了《中国语文》杂志的创刊筹备，《现代汉语词典》词条的审读、修改，担任普通话语音研究班辅导员、教员等工作，在语言学知识的普及与推广、辞书编纂、语言学人才的培养等方面均有突出成绩。

陆尊梧

陆尊梧（1945年2月26日－2020年10月12日），中国社会科学院语言研究所研究员。1945年2月26日出生于天津，1968年12月毕业于南开大学历史系历史专业，毕业后曾在河北省任丘县（现任丘市）北汉中学、吕公堡中学任教。1978年10月考入中国社会科学院研究生院语言学系，攻读词典编辑专业硕士研究生，1981年9月毕业后进入中国社会科学院语言研究所词典编辑室工作。历任助理研究员、副研究员、研究员，2001－2005年担任词典编辑室副主任（主持工作），曾任中国辞书学会常务理事、中国辞书学会学术委员会副主任。2005 年退休。

陆尊梧先生曾参加《新华字典》《现代汉语词典》《现代汉语小词典》的多次修订工作，编写或与他人合作编写《古今汉语实用词典》《历代典故辞典》《古代诗词典故辞典》《简化字繁体字对照字典》《新华典故词典》等。2018 年荣获第二届中国社会科学院语言研究所辞书贡献奖。

林书武

林书武（1938 年 7 月 – 2020 年 12 月 29 日），中国社会科学院语言研究所译审。1938 年 7 月生于海南省海口市。1958 年 9 月至 1963 年 7 月就读于北京大学西语系。1963 年 9 月到中国科学院（现中国社会科学院）语言研究所工作，1998 年 7 月退休。历任助理研究员、副译审、译审（资格）。1963 年 9 月至 1978 年 9 月在语言研究所机器翻译组工作，1978 年 9 月至 1998 年 7 月在语言研究所国外语言学研究室（现为当代语言学研究室）工作。曾任中外语言文化比较研究协会理事。

林书武先生译著丰富，多为语言学经典，翻译质量高。他主编的《外国典故词典》体现了较高的语言学素养和英语水平，出版后深受学界好评。多年来，林书武先生还对国外语言学理论和方法做了大量的引进介绍工作，特别是对隐喻理论的系列评介在学界有很大反响。林书武先生的译著，对现代语言学理论在中国的传播起到了有力的推动作用，产生了重要影响。

黄布凡

黄布凡（1933 年 8 月 1 日 – 2021 年 3 月 6 日），中央民族大学教授。《民族语文》编辑委员会原委员、著名藏缅语研究专家。1933 年 8 月 1 日出生于江西兴国，1953 年 7 月毕业于中央民族学院藏语专业并留校任教。她长期从事藏语、汉藏语比较、藏缅语族语言的研究实践和理论探索，在藏族语言研究、汉藏文献翻译、濒危语言调查记录、藏族文化传承和保护等诸多领域成果卓著，出版的代表性论著有《藏缅语族语言词汇》《拉坞戎语研究》《羌语研究》《敦煌藏文吐蕃史文献译注》《敦煌吐蕃医学文献选编》《古藏语动词的形态》等。

陈章太

陈章太（1932 年 – 2021 年 10 月 17 日），教育部语言文字应用研究所研究员、国家语言文字工作委员会原副主任。福建永春人，1955年毕业于厦门大学中文系。1956年起在中国科学院语言研究所工作，从事汉语方言研究，1961年起在《中国语文》编辑部工作。历任中国社会科学院语言研究所副所长、《中国语文》副主编，为筹备成立中国语言学会做了大量工作，并任中国语言学会第一任秘书长、中国语言学会副会长。1983年调离语言研究所，负责筹建语言文字应用研究所，筹建中国社会科学院研究生院语用系。先后任国家语委副主任兼秘书长、语言文字应用研究所所长、中国地名委员会副主任、国家语委咨询委员、中国应用语言学会会长等。主要著作有《闽语研究》（合作）、《邵武方言志》、《普通话基础方言基本词汇集》（主编）、《语言规划研究》、《二十世纪的中国社会语言学》等，论文百余篇。

（张洁编写）

第六篇
学术期刊

【出土文献】

CSSCI 来源期刊（2021－2022）。

《出土文献》（季刊），前身为 2010 年创刊的同名 CSSCI 来源辑刊，为出土文献领域首份正式出版发行的学术期刊，是本领域重要的专门性学术刊物。期刊于 2020 年 3 月推出创刊号，每季度最后一月中旬出版。期刊常设栏目包括：出土文献与古文字研究（甲骨、金文、战国文字、秦汉三国简牍等）；出土文献与古代史研究；出土文献与古典学研究；出土文献与思想史、汉语史、科技史、文物保护等相关领域交叉研究；出土文献学术史、书评、学科综述等。

主管单位：上海世纪出版（集团）有限公司

主办单位：上海中西书局有限公司；清华大学

主编：黄德宽

创刊时间：2010

出版周期：季刊

地址：上海市闵行区号景路159弄B座10F

网址：http://cuwx.cbpt.cnki.net

国内统一刊号：CN 31－2170/K

国际标准刊号：ISSN 2096－7365

邮发代号：4－970

【辞书研究】

人文扩展（2018年版），RCCSE（B＋）（2020第六版），复合影响因子：0.336，第一批认定学术期刊。

《辞书研究》于1979年5月创刊，由上海辞书出版社有限公司主办。是关于辞书编纂的理论与实践的学术性、知识性、资料性期刊。主要从理论与实践的结合上探讨辞书学理论，总结字典、辞典、百科全书及年鉴、索引、书目、手册等各种工具书的编纂经验，介绍、评论中外工具书，评述辞书学理论专著，研究开发辞书的各种功能并从各个方面指导读者使用辞书，讨论疑难字、词的确切释义，介绍工具书编纂出版机构，提供进行辞书学研究的资料线索。研究中外辞书编纂史及著名辞书编纂家生平，介绍国外辞书界情况，引进国外辞书学研究成果，亦是该刊任务之一。作为中国辞书学会会刊，该刊还及时报道中国辞书学会以及各省市辞书学会的活动。从2019年起，上海辞书出版社联合中国社会科学院语言研究所和华东师范大学中文系共同办刊。希望通过三方的通力合作，新的《辞书研究》能以语言学及相关学科研究为源头活水，拓展研究领域，开阔研究视野。

主管单位：上海世纪出版（集团）有限公司

主办单位：上海辞书出版社有限公司

主编：谭景春；王慧敏；郑伟

创刊时间：1979

出版周期：双月刊

地址：上海闵行区号景路159弄D栋1003室

邮编：201101

电话：021－53201888；021－53204274

邮箱：cishuyanjiu@163.com

网址：http://cc.cishu.com.cn

国内统一刊号：CN 31 - 1997/G2

国际标准刊号：ISSN 1000 - 6125

国际标准刊号：ISSN 1674 - 8026

邮发代号：4 - 458

【当代修辞学】

人文核心（2018 年版），RCCSE（A - ）（2020 第六版），CSSCI 来源期刊（2021 - 2022），中文核心（2020 年版），复合影响因子：1.814，第一批认定学术期刊。

《当代修辞学》（双月刊）创刊于1982年，是由复旦大学主办的语言文字类刊物。研究范围遍及修辞学的所有领域与前沿课题，也在语言应用的许多领域显示出自己的生命力。作为国内唯一的修辞学专业刊物，有力地推动了我国修辞学专业的发展。主要栏目：理论探索、修辞学传统、国外修辞学、积极修辞研究、消极修辞研究、风格学研究、语体研究、话语分析、语篇语义研究、修辞语用研究、修辞与语法、符号与修辞、修辞与认知、互文与修辞、修辞与论辩、多模态研究、人工智能与修辞、新媒体研究等。

主管部门：中华人民共和国教育部

主办单位：复旦大学

编辑部：《当代修辞学》编辑部

主编：祝克懿

地址：上海复旦大学光华楼西主楼1312室

邮编：200433

电话：021 - 65643814

邮箱：xiuci@fudan.edu.cn

网址：http://xcxx.cbpt.cnki.net

国内统一刊号：CN 31 - 2043/H

【当代语言学】

人文核心（2018 年版），RCCSE（B + ）（2020 第六版），科技核心（2020 社会科学），CSSCI 来源期刊（2021 - 2022），中文核心（2020 年版），科技核心（2021 社会科学）复合影响因子：1.727，第一批认定学术期刊。

《当代语言学》（双月刊）创刊于1961年，中国社会科学院语言研究所主办。由《国外语言学》易名而来，而《国外语言学》又是从《语言学资料》（系《中国语文》附属刊物）和《语言学动态》发展而成。几番易名反映了几代学人承前启后、继往开来的一个探索过程。《当代语言学》主要刊登运用当代语言学理论和方法研究汉语和其他语言的论文以及有独立见地的书评，尤其欢迎对某一语言现象作深入考察并具有理论意义的文章，同时也刊登国际语言学前沿综述论文，以便国内学人及时了解其发展动态，拓宽视野。《当代语言学》设有研究性论文、当代语言学前沿、国外语言学评论、书刊评介等栏目。还不定期开设专题讨论与争鸣、术语译评等栏目。

主管部门：中国社会科学院

主办单位：中国社会科学院语言研究所

编辑部：《当代语言学》编辑部

主编：胡建华

副主编：完权

地址：北京建国门内大街5号《当代语

言学》编辑部

邮编：100732

电话：010 - 85195392

邮箱：dangdaiyuyanxue@ vip. 163. com

网址：http：//www. ddyyx. com

国内统一刊号：CN 11 - 3879/H

国际标准刊号：ISSN 1007 - 8274

邮发代号：2 - 527

【方言】

人文核心（2018 年版），RCCSE（B +）（2020 第六版），科技核心（2021 社会科学），CSSCI 来源期刊（2021 - 2022），中文核心（2020 年版），复合影响因子：0.421，第一批认定学术期刊。

《方言》（季刊）由中国社会科学院语言研究所主办，1979 年 2 月 24 日由商务印书馆正式出版第 1 期，是为创刊号。《方言》不仅在中国语言学界是唯一一份研究方言的专业杂志，也是世界语言学史上唯一一份以方言调查研究为主题的专业杂志。杂志提倡实事求是，注重调查，相互切磋的严谨学风，强调方言事实的描写和方言特点的挖掘，注意把方言研究从一般描写逐步引向深入探讨，《方言》杂志创刊以来，相继发表了一大批有较高学术价值的学术论文和调查报告，在培养和发现方言研究人才，提倡和引导方言研究方向方面也发挥了积极作用，在海内外语言学界都有广泛影响，是一个享有世界声誉的语言学专业杂志。

主管部门：中国社会科学院

主办单位：中国社会科学院语言研究所

编辑部：《方言》编辑部

主编：沈明

副主编：谢留文

地址：中国社会科学院语言研究所《方言》编辑部

邮编：100732

电话：010 - 85195390

邮箱：fy_yys@ cass. org. cn

网址：http：//www. fangyanzazhi. com

国内统一刊号：CN 11 - 1052/H

国际标准刊号：ISSN 0257 - 0203

邮发代号：2 - 526

【古汉语研究】

人文核心（2018 年版），RCCSE（B +）（2020 第六版），科技核心（2021 社会科学），CSSCI 扩展版（2021 - 2022），中文核心（2020 年版），复合影响因子：0.366，第一批认定学术期刊。

《古汉语研究》（季刊）创刊于 1988 年，湖南师范大学主办，刊登包括文字（含古文字）、音韵、训诂、语法、词汇、修辞、古籍整理以及古代汉语教学等方面的学术论文。读者对象为古汉语研究教学人员、文史工作者、高校中文专业学生及古文爱好者。有英文目次。主要栏目：文字研究、音韵研究、词汇训诂研究、语法研究等。

主管部门：湖南师范大学

主办单位：湖南师范大学

出版：商务印书馆

编辑部：《古汉语研究》编辑部

主编：唐贤清

地址：湖南长沙市湖南师范大学《古汉语研究》编辑部

邮编：410081

电话：0731-88872560

邮箱：ghyyjbjb@126.com

国内统一刊号：CN 43-1145/H

国际标准刊号：ISSN 1001-5442

邮发代号：80-460

【国际汉语教学与研究】

复合影响因子：0.872，第一批认定学术期刊。

《国际汉语教学与研究》（季刊）创刊于2014年，由教育部主管、北京语言大学主办、北京语言大学出版社承办。办刊宗旨：以推进汉语国际教育研究与事业发展为宗旨，以汉语教学研究为核心，依托海内外汉语国际教育领域的专家、学者、教师、研究人员的学识与实践，搭建学术研究成果的交流平台，构筑学科人才与优秀教师的发展园地。主要栏目：本期话题、专论、教学研究与实践、基于教学的汉语研究、教材研究、汉语学习与认知研究、海外汉语教学研究、教师发展研究、教学成果交流、测试与评估研究、汉语教学史研究、学位论文精华、教学偶得等。

主管部门：中华人民共和国教育部

主办单位：北京语言大学

编辑部：《国际汉语教学与研究》编辑部

主编：郭风岚

主任：陈维昌

地址：北京市海淀区学院路15号北京语言大学出版社

邮编：100083

电话：010-82300207

传真：010-82303963

刊内邮箱：gjhyjxyj@blcup.com

网址：http://www.blcup.com/xsqk

国内统一刊号：CN 10-1203/H

国际标准刊号：ISSN 2095-798X

邮发代号：82-150

【汉语学报】

人文扩展（2018年版），RCCSE（B+）（2020第六版），CSSCI来源期刊（2021-2022），中文核心（2020年版），复合影响因子：0.928，第一批认定学术期刊。

《汉语学报》（季刊）创刊于2004年，由华中师范大学主办。该刊的办刊宗旨是：以汉语为研究对象，致力于事实的发掘和规律的揭示，致力于理论的探讨和方法的探索；促进汉语的母语教学和对外教学，积极推进语言信息处理和语文现代化。办刊准则是：在问题研究上，注重客观性；在理论方法上，赏扬思考性；在文稿内容上，加强沟通性；在作者队伍上，坚持开放性；在学术气度上，主张容纳性；在成果效应上，讲求实践性。

主管部门：中华人民共和国教育部

主办单位：华中师范大学

编辑部：《汉语学报》编辑部

地址：华中师范大学语言与语言教育研

究中心《汉语学报》编辑部

邮编：430079

电话：027－67868615

邮箱：hanyuxuebao@163.com

网址：http：//hyxa.cbpt.cnki.net

国内统一刊号：CN 42－1729/H

国际标准刊号：ISSN 1672－9501

邮发代号：80－314

【汉语学习】

人文扩展（2018年版），RCCSE（B＋）（2020第六版），科技核心（2021社会科学），CSSCI来源期刊（2021－2022），中文核心（2020年版），复合影响因子：0.936，第二批认定学术期刊。

《汉语学习》（双月刊）创刊于1980年，由吉林省教育厅主管、延边大学主办。办刊宗旨：介绍国内外现代汉语和第二语言汉语教学的新成果，提供学术讨论和争鸣的园地，反映学术活动的新动态，展示国内外汉语教学与研究的新视野。主要栏目有：语言学与现代汉语研究、现代汉语研究述评、对比研究、语言、文化、社会、第二语言汉语教学、研究生论坛、书评、国外汉语学者评价、海外汉语教学、消息等。

主管部门：吉林省教育厅

主办单位：延边大学

编辑部：《汉语学习》编辑部

主编：金奉民

地址：吉林省延吉市公园路977号

邮编：133002

电话：0433－2732219

传真：0433－2732219

邮箱：hyxx@ybu.edu.cn

网址：http：//hyxx.ybu.edu.cn

国内统一刊号：CN 22－1026/H

国际标准刊号：ISSN 1003－7365

邮发代号：12－36

【汉字文化】

人文扩展（2018年版），第二批认定学术期刊。

《汉字文化》（半月刊）创刊于1989年，由北京国际汉字研究会主办。语言文字学学术性刊物。研究汉语汉字文化，探讨汉语教学，并对汉语文与其他语文作比较研究。主要面向高等院校、科研机构，接收的稿件以语言文字及其文化本体理论研究为主，如语言文字学术研究（古文字、训诂、音韵、语法、修辞、方言等）、学术争鸣、汉字与历史文化、汉语文教学、对外汉语教学、语文评论、语言智能、网络语言、语料库建设、边缘语言学、新书评介、书法与篆刻、会议消息等。主要栏目：语言文字大论坛、语言文字学术研究、讨论与争鸣、汉语文教学、大学语文建设、汉字与历史文化、书法与篆刻等。

主管部门：北京市社会科学联合会

主办单位：北京国际汉字研究会

编辑部：《汉字文化》编辑部

主编：林连通（总编）

地址：北京市西城区广安门外大街182号2002室《汉字文化》编辑部

邮编：100055

电　话：13521112824，13910597558，010-63409687（总编室）

邮箱：hanziwh@ aliyun. com

网址：http://www. hzwz. cbpt. cnki. net

国内统一刊号：CN 11-2597/G2

国际标准刊号：ISSN 1001-0661

邮发代号：82-381

【民族语文】

人文核心（2018年版），RCCSE（B+）（2020第六版），CSSCI来源期刊（2021-2022），中文核心（2020年版），复合影响因子：0.404，第一批认定学术期刊。

《民族语文》（双月刊），由中国社会科学院主管、中国社会科学院民族学与人类学研究所主办，创刊于1979年。全面刊载中国少数民族语言文字最新研究成果的全国性学术刊物、面向国内外公开发行。创刊之初为季刊，1982年起改为双月刊。办刊宗旨是：政治上坚持四项基本原则，学术上实行双百方针。贯彻民族平等、语言平等的政策，要求来稿的语言材料有刊布价值，立论完整，或研究方法独到和理论上有新见解。主要栏目有：中国少数民族语言语音、语法、词汇的研究，语言系属、方言划分研究，语言比较研究，语言接触研究，民族语言文字概况与民族古文字古文献研究，民族语言调查研究，语言理论研究，社会语言学、人类语言学研究，计算语言学、实验语言学研究。

主管部门：中国社会科学院

主办单位：中国社会科学院民族学与人类学研究所

编辑部：《民族语文》编辑部

主编：王锋

地址：北京市中关村南大街27号6号楼

邮编：100081

电话：010-68932381

邮箱：mzywbjb@ cass. org. cn

网址：http://www. mzyw. net. cn

国内统一刊号：CN 11-1216/H

国际标准刊号：ISSN 0257-5779

邮发代号：2-525

【世界汉语教学】

人文权威（2018年版），RCCSE（A+）（2020第六版），科技核心（2021社会科学），CSSCI来源期刊（2021-2022），中文核心（2020年版），复合影响因子：3.963，第一批认定学术期刊。

《世界汉语教学》（季刊）创刊于1987年，是由教育部主管、北京语言大学主办的"语言学/汉语"类核心期刊。办刊宗旨：及时反映世界范围内汉语教学领域的最新理论研究成果，交流世界各地的汉语教学实践经验，引领第二语言教学理论创新与应用，推进汉语国际教育学科发展和事业发展。常设栏目为汉语研究、汉语教学研究和汉语学习研究；特设栏目为当前理论热点或学科重大实践问题。主要刊发中文论文，兼发英文论文。

主管部门：中华人民共和国教育部

主办单位：北京语言大学

编辑部：北京语言大学汉语国际教育研究院《世界汉语教学》编辑部
主编：张博
地址：北京市海淀区学院路 15 号
邮编：100083
电话：010-82303689
传真：010-82303689
邮箱：sjhyjx@blcu.edu.cn
网址：http://sjhy.cbpt.cnki.net
国内统一刊号：CN 11-1473/H
国际标准刊号：ISSN 1002-5804
邮发代号：82-317

【外国语】

人文核心（2018 年版），RCCSE（A）（2020 第六版），科技核心（2021 社会科学），CSSCI 来源期刊（2021-2022），中文核心（2020 年版），复合影响因子：1.634，第一批认定学术期刊。

《外国语》（双月刊）创刊于 1978 年，由上海外国语大学学报编辑部编辑，上海外语教育出版社出版，是以英语为主的多语种外语类学术期刊，主要刊载语言研究和翻译研究方面的稿件，并不定期设有外语战略研究、文学研究、书评及会议综述栏目。主要栏目：语言研究、翻译研究、书评与会议综述等。

主管部门：中华人民共和国教育部
主办单位：上海外国语大学
主编：束定芳
编辑部：上海外国语大学学报编辑部
地址：上海市大连西路 550 号上海外国语大学《外国语》编辑部
邮编：200083
电话：021-35373317；021-35373062
微信公众号：外国语
邮箱：waiguoyu1978@shisu.edu.cn
网址：http://jfl.shisu.edu.cn
国内统一刊号：CN 31-1038/H
国际标准刊号：ISSN 1004-5139
邮发代号：4-252

【外语教学与研究】

人文权威（2018 年版），RCCSE（A+）（2020 第六版），科技核心（2021 社会科学），CSSCI 来源期刊（2021-2022），中文核心（2020 年版），复合影响因子：1.837，第一批认定学术期刊。

《外语教学与研究》原名《西方语文》（双月刊）创办于 1957 年 6 月，北京外国语大学主办。该刊与国际学术前沿接轨，以学术性、规范性得到国际学界认可。主要栏目：语言学研究：对语言学各领域和各边缘学科的原创性研究与评述；语言研究：对各国语言和文化所做的具有一定普遍意义的单独研究以及与中国语言文化的比较研究；外语教育：关于第二语言习得与外语教学的理论和方法的研究、实验和调查报告；翻译研究：对翻译史、翻译理论和方法的研究；外国文学研究：对外国文学作品、作家思潮的分析与评论；书刊评介：与上述内容有关的书刊评介、札记、报道。

主管部门：中华人民共和国教育部
主办单位：北京外国语大学

编辑部：《外语教学与研究》编辑部

主编：王克非

地址：北京市西三环北路 19 号北京外国语大学西院综合楼 11 层《外语教学与研究》编辑部

邮编：100089

电话：010-88816466

邮箱：bwyys@126.com

网址：http://www.fltr.ac.cn

国内统一刊号：CN 11-1251/G4

国际标准刊号：ISSN 1000-0429

邮发代号：2-130

主管部门：广东外语外贸大学

主办单位：广东外语外贸大学

主编：冉永平

编辑部：《现代外语》编辑部

地址：广州市白云大道北 2 号广东外语外贸大学

邮编：510420

电话：020-36207235

邮箱：gplal@gdufs.edu.cn

网址：http://xdwy.cbpt.cnki.net

国内统一刊号：CN 44-1165/H

国际标准刊号：ISSN 1003-6105

邮发代号：46-70

【现代外语】

人文核心（2018 年版），RCCSE（A）（2020 第六版），CSSCI 来源期刊（2021-2022），中文核心（2020 年版），复合影响因子：2.767，第一批认定学术期刊。

《现代外语》（双月刊）创刊于 1978 年，是国家新闻出版总署批准出版，由广东外语外贸大学主办、教育部人文社科重点研究基地——外国语言学及应用语言学研究中心承办，向国内外公开发行的语言学及应用语言学术期刊。秉承"重质量、显特色"的办刊宗旨。按照国际惯例，不以职称、学历、单位等标准判定论文质量，全程实行匿名评审制度，及时向作者反馈审稿意见；坚持以重大理论、重要现实性问题等为导向，择优录用能够引导学科发展的原创性稿件，登载理论性、实证性及前沿性的研究成果。主要栏目：语言学、二语研究及其应用、外语教学中的能动性研究、前沿综述等。

【语文建设】

人文扩展（2018 年版），中文核心（2020 年版），复合影响因子：1.059。

《语文建设》（半月刊）创刊于 1956 年，是由教育部主管、语文出版社有限公司主办的以广大语文教师为服务对象的综合性语文刊物、汉语语言文字学专业刊物。办刊宗旨：宣传国家语言文字工作的方针政策，促进语言文字规范化、标准化、研究解决汉语语文教学和语言应用的实际问题，报道境外语文动态。现配合教育部基础教育课程改革、中小学教师教育工作的展开，配合国家通用语言文字法的实施，在构建语文教育新理念、提高语文教师专业化水平、学习贯彻语言文字规范标准等方面，全面服务于广大教师。现为教育部直属的全面配合新课程的唯一语文专业杂志。主要栏目：卷首、特稿、关注、学术前沿、培东教新课、教学、专栏、文学、教材、评价、语文生活、探索、随笔。为了更好地满足广大读者的需求，经北京市新闻出版局批准，《语文建设》于2019年起细分为"小学刊""中学刊"两本，建设小学语文教师和中学语文教师各自专属的精神家园。改版后的《语文建设》分别汇聚小语界和中语界的知名专家、学者、名师，更加全面、深入、细致地研讨不同学段的语文热点问题，探索不同学段的语文教学规律，呈现不同学段的语文精彩课堂。

主管部门：中华人民共和国教育部

主办单位：语文出版社有限公司

编辑部：《语文建设》编辑部

主编：张程

地址：北京朝阳门内南小街51号

邮编：100010

电话：010-65592961（采编部）；010-65287856（美编）

国内统一刊号：CN 11-1399/H

国际标准刊号：ISSN 1001-8476

邮发代号：2-200

【语文研究】

人文核心（2018年版），RCCSE（B+）（2020第六版），CSSCI来源期刊（2021-2022），中文核心（2020年版），复合影响因子：0.701，第一批认定学术期刊。

《语文研究》（季刊）创刊于1980年，由山西省社会科学院主办。以发表汉语本体研究成果为主。办刊宗旨是：坚持四项基本原则，贯彻双百方针，在政治上与党中央保持一致，努力为促进我国语言学事业的发展与繁荣做贡献。主要栏目：语言学理论研究、古代汉语研究、现代汉语研究、汉语方言研究、汉语史研究、语言比较研究。

主管部门：山西省社会科学院

主办单位：山西省社会科学院

编辑部：《语文研究》编辑部

主编：李小平

地址：山西省太原市大昌南路14号《语文研究》编辑部

邮编：030032

电话：0351-7850260

邮箱：ywyjbjb@126.com

网址：http://www.sass.sx.cn

国内统一刊号：CN 14-1059/H

国际标准刊号：ISSN 1000-2979

邮发代号：22-7

【语言科学】

人文核心（2018年版），RCCSE（A-）（2020第六版），CSSCI来源期刊（2021-2022），中文核心（2020年版），复合影响因子：0.704，国家社科基金首批资助学术期刊，第一批认定学术期刊。

《语言科学》（双月刊）创刊于2002年，是由江苏师范大学语言研究所主办的语言学及应用语言学专业学术刊物。办刊方针：追求卓越、体现多元、走向国际。主要刊登语言科学领域内有理论意义和应用价值的基础研究、应用基础研究、应用研究的专论，以及基于共时或历时的具体语言事实且有理论深度或独创性见解和在交叉学科、新兴学科领域中有突破性进展的专题研究成果，包括理论语言学、计算语言学、工程语言学（语言信号处理、机器翻译、人工智能等）、神经语言学、心理语言学、生物语言学、纪录语言学、认知语言学、社会语言学、数理语言学、声学语音学、比较语言学、人类语言学、语言习得研究、现代汉语研究、汉语史研究、中国境内各民族语言研究、国外语言及国外语言学研究、中外语言学史等方面的内容，也刊登严肃的学术评论和著述评论等方面的内容。

出版单位：科学出版社

主办单位：江苏师范大学语言研究所

主编：杨亦鸣

编辑部：《语言科学》杂志社

地址：江苏省徐州市云龙区和平路57号江苏师大《语言科学》杂志社

邮编：221009

电话：0516-83403513

传真：0516-83403513

邮箱：yykx@vip.163.com

网址：http://journal15.magtechjournal.com/Jwk_yykx/CN/volumn/current.shtml

国内统一刊号：CN 32-1687/G

国际标准刊号：ISSN 1671-9484

邮发代号：80-114

【语言教学与研究】

人文核心（2018年版），RCCSE（A）（2020第六版），科技核心（2020社会科学），CSSCI来源期刊（2021-2022），中文核心（2020年版），复合影响因子：1.803，不收版面费，匿名审稿，第一批认定学术期刊。

《语言教学与研究》（双月刊）创刊于1979年，是我国第一份对外汉语教学专业性学术期刊，也是语言研究领域的重要学术刊物，历史悠久，发行量大，在国内外学术界具有广泛影响。二十多年来，本着务实、创新的精神，《语言教学与研究》在推动语言理论研究、交流汉语教学经验、培养学术队伍等方面发挥了非常重要的作用，深受专家的好评和读者的喜爱，在国内外具有广泛影响。《语言教学与研究》主要刊登以下内容的稿件：对外汉语教学研究；语言学习和语言教学研究；语言与文化、汉语与中国社会文化研究；汉语言文字研究等。

主管部门：中华人民共和国教育部

主办单位：北京语言大学

编辑部：北京语言大学语言科学院《语言教学与研究》编辑部

主编：施春宏

地址：北京市海淀区学院路15号

邮编：100083

电话：010-82303573

邮箱：yyjxyyj@blcu.edu.cn

网址：https://yyjx.chinajournal.net.cn

国内统一刊号：CN 11-1472/H

国际标准刊号：ISSN 0257-9448

邮发代号：2-458

【语言文字应用】

人文扩展（2018年版），RCCSE（A-）（2020第六版），科技核心（2021社会科学），CSSCI来源期刊（2021—2022），中文核心（2020年版），第二批认定学术期刊。

《语言文字应用》（季刊）创刊于1992年，由语言文字应用研究所主办。该刊宣传国家语言文字工作的方针政策，研究语言文字的规范化、标准化，开展对语言文字信息处理的研究，为国家语言文字政策的制定提供理论依据。主要栏目有语言文字规划、语言文字规范、推广普通话、社会语言学、语言教学、对外汉语教学、计算机多媒体辅助教学、计算语言学、面向中文信息处理的现代汉语基础研究，并追踪报道国内外有关语言文字应用的热点问题。

主管部门：中华人民共和国教育部
主办单位：教育部语言文字应用研究所
编辑部：北京市朝内南小街51号《语言文字应用》编辑部
主编：刘朋建
地址：北京朝内南小街51号
邮编：100010
邮箱：yywzyy@126.com
在线投稿：www.yywzyyzz.cn
网址：http://yyyy.cbpt.cnki.net
电话：010-65130351；65592940
国内统一刊号：CN 11-2888/H
国际标准刊号：ISSN 1003-5397
邮发代号：82-576

【语言学论丛】

《语言学论丛》（季刊），创刊于1957年，由北京大学中国语言学研究中心主办。2021年11月经中华人民共和国新闻出版总署批准，《语言学论丛》由原来的定期性系列学术集刊转为学术期刊。办刊宗旨是坚持正确的办刊方向和舆论导向，以中国境内语言和语言学为对象，将具体语言研究与理论探索相结合，汉语的本体研究与应用研究相结合，汉语的共时研究与历时研究相结合，标准语研究与方言研究相结合，汉语与少数民族语研究相结合，刊载相关研究成果，促进学术交流，推进中国语言学发展和学术影响力提升。主要刊登海内外有关语言学与应用语言学、现代汉语、汉语史、汉语方言和文字学方面的学术论文。

主办单位：北京大学
编辑部：《语言学论丛》编辑部
地址：北京市海淀区颐和园路5号北京大学人文学苑6号楼《语言学论丛》编辑部
邮编：100871
邮箱：luncong@pku.edu.cn
网址：http://ccl.pku.edu.cn
国内统一刊号：CN 10-1810/H

【语言研究】

人文核心（2018年版），RCCSE（B+）（2020第六版），科技核心（2021社会科学），CSSCI来源期刊（2021—2022），中文核心（2020年版），复合影响因子：0.362，不收版面费，匿名审稿，第一批认定学术期刊。

《语言研究》（季刊）创刊于1981年，由华中科技大学主办。该刊以中国境内各语言为研究对象，兼采传统语言学和现代语言学之长，旨在建立具有中国特色的语言学理论和方法论体系，以促进中国语言学的发展。

刊载内容包括：语言学理论方法的探索及新学说的评价；汉语和少数民族语言及方言的描写；亲属语言的历史比较研究；在语言研究中使用自然科学手段的理论和实践；语言的对比研究；用现代语言学理论研究传统的文字学、音韵学、训诂学；当前国内外重要语言学著作述评等。

主管单位：中华人民共和国教育部

主办单位：华中科技大学

编辑部：《语言研究》杂志社

主编：程邦雄

地址：湖北省武汉市珞瑜路1037号《语言研究》杂志社

邮编：430074

电话：027-87559504

邮箱：yyyj1981@126.com

国内统一刊号：CN 42-1025/H

国际标准刊号：ISSN 1000-1263

邮发代号：38-399

【语言战略研究】

RCCSE（A）（2020第六版），CSSCI扩展版（2021-2022），中文核心（2020年版）复合影响因子：1.273，第二批认定学术期刊。

《语言战略研究》（双月刊）创刊于2016年1月，由中国出版传媒股份有限公司主管，商务印书馆有限公司主办，是我国第一份以语言政策和语言规划为主要内容的专业学术期刊。办刊宗旨是：服务国家和社会需求，研究现实语言问题，促进学术成果应用，构建和谐语言生活，提升国家文化软实力。办刊理念：1. 本土意识。本着学者的社会责任感与家国情怀，努力发掘本土材料，倾力解决本土语言问题，为中国语言政策的制定与维护提供学术支撑，打造新型的语言智库。2. 理论视角。强调战略高度与理论视角，理论求真，应用求实，重视研究方法，增强学科意识，推动学科发展。3. 学科交叉。推进语言规划研究与其他学科的交融，突破学科壁垒，聚集多学科智慧，从大科学的角度来研究语言功能问题，研究语言与社会的关系问题。4. 国际视野。把握国际学术发展趋势，关注国际学术前沿，积极参与国际语言问题讨论，探索并解答语言规划中的待解之题。5. 学术争鸣。鼓励观点不同的文章，平等对待不同学派，提倡学术批评。尤其欢迎观点新颖、数据充实、讨论语言热点问题的文章。6. 人才培养。重视年轻学人的投稿，为青年学者提供交流平台与成长园圃，为学科建设发现人才、培养新秀。主要栏目：语言跨界谈、语言生活研究、纪念专稿、专题研究等。

主管部门：中国出版传媒股份有限公司

主办单位：商务印书馆有限公司

编辑部：《语言战略研究》编辑部

主编：李宇明

地址：北京市东城区王府井大街36号

邮编：100710

电话：010-65219060；65219062

传真：010-65523101

微信公众号：语言战略研究

邮箱：yyzlyj@cp.com.cn

网址：http://yyzlyj.cp.com.cn

国内统一刊号：CN 10 – 1361/H
国际标准刊号：ISSN 2096 – 1014
邮发代号：82 – 104

【中国语文】

人文权威（2018 年版），RCCSE（A）（2020 第六版），科技核心（2021 社会科学），CSSCI 来源期刊（2021 – 2022），中文核心（2020 年版），复合影响因子：0.932。第一批认定学术期刊。

《中国语文》（双月刊），由中国社会科学院语言研究所主办。1952 年创刊，主要刊登汉语现状、历史以及应用、实验等的调查和研究，语言理论、语言政策的研究，汉语教学、汉外对比研究，语言学和其他学科交叉课题的研究，汉字现状、历史以及应用调查和研究，语言文字著作的评论文章等。

主管部门：中国社会科学院
主办单位：中国社会科学院语言研究所
编辑部：《中国语文》编辑部
主编：张伯江
副主编：方梅；刘祥柏
地址：北京建国门内大街 5 号
邮编：100732
电话：86 – 10 – 65125849
电子信箱：zgyw605@cass.org.cn
网址：www.zgyw.org.cn
国内统一刊号：CN 11 – 1053/H
国际标准刊号：ISSN 0578 – 1949
邮发代号：2 – 46

【中文信息学报】

RCCSE（A –）（2020 第六版），科技核心（2021 自然科学），CSCD 核心（2021 – 2022），中文核心（2020 年版），复合影响因子：2.068，第一批认定学术期刊。

《中文信息学报》（月刊）创刊于 1986 年，是经国家科委批准，由中国科学技术协会主管，中国中文信息学会和中国科学院软件研究所合办的学术性刊物，是中国中文信息学会会刊，国内外公开发行。它重点刊登我国中文信息处理基础理论与应用技术研究的学术论文，以及相关的综述、研究成果、技术报告、书刊评论、专题讨论、国内外学术动态等，及时反映我国中文信息处理的学术水平和学术动向。刊登内容有：计算语言学，包括：音位学、词法、句法、语义、知识本体和语用学；语言资源，包括：计算词汇学、术语、电子词典和语料库；机器翻译（MT）或机器辅助翻译（MAT）；汉语和少数民族语言文字输入输出和处理；中文手写和印刷体识别（OCR）；中文语音识别与合成以及文语转换（TTS）；信息检索（IR）信息抽取（IE）及相关的语言技术；网上搜索引擎；数据挖掘、知识获取、神经网络、机器学习、专家系统、知识工程和其他人工智能（AI）技术。《中文信息学报》是国内计算机、计算技术类 83 种中文期刊评出的十五种核心期刊之一。读者对象：广大的计算机科学研究人员、工程技术人员、软件开发及应用人员、大专院校的教师及高年级学生、研究生等，是计算机界中文信息处理工作者的重要参考书。

主管部门：中国科学技术协会

主办单位：中国中文信息学会；中国科学院软件研究所

编辑部：《中文信息学报》编辑部

主编：孙茂松

地址：北京海淀区中关村南四街4号

邮编：100190

电话：010-62562916

微信公众号：中文信息学报

邮箱：jcip@ iscas. ac. cn

网址：http: //jcip. cipsc. org. cn

国内统一刊号：CN 11-2325/N

国际标准刊号：ISSN 1003-0077

（张洁、马华阳整理）

第七篇
学术集刊

【北斗语言学刊】

半年刊，2016年创刊，陕西师范大学文学院/语言科学研究所主办。主要刊登从共时或历时角度对汉语进行研究的专业论文，常设"论文""札记""史林""报道"四个栏目。"论文"栏刊登各类研究论文，"札记"栏刊发前辈与当代学人的学术札记、随笔，"史林"栏刊载追忆前辈学者逸闻趣事、铭记大师人格魅力，"报道"栏刊发语言学科的新书资信、会议简讯、学术活动、学科建设等。

主办单位：陕西师范大学文学院/语言科学研究所

编辑部：《北斗语言学刊》编辑部

主编：乔全生

地址：陕西省西安市长安区陕西师范大学文汇楼A段311

邮编：710119

电话：029-85318940

微信公众号：北斗语言学（bdyyxk）

邮箱：bdyyxk@sina.com

【北京大学中国古文献研究中心集刊】

CSSCI来源集刊（2017-2018）。

半年刊，北京大学中国古文献研究中心主办，举凡古文献学、传世文献整理、出土文献与古文字、海外汉籍与汉学等中国古文献研究相关领域的学术论文，均受欢迎。

主办单位：教育部人文社会科学重点研究基地北京大学中国古文献研究中心

编辑部：《北京大学中国古文献研究中心集刊》编辑部

地址：北京市海淀区颐和园路5号北京大学哲学楼三层《北京大学中国古文献研究中心集刊》编辑部

邮编：100871

邮箱：gwxzx@pku.edu.cn

【出土文献与古文字研究】

年刊，创刊于2006年，复旦大学出土文献与古文字研究中心主办，上海古籍出版社出版，主要刊登出土文献和古文字相关的论文、札记。

编辑部：《出土文献与古文字研究》编辑部

主编：刘钊

地址：上海市杨浦区邯郸路230号

邮编：200433

邮箱：fudanguwenzi@sina.com

网址：http://www.gwz.fudan.edu.cn

【出土文献研究】

年刊，创刊于1985年，中国文化遗产研究院主办，以古文字、简帛研究为重点，以繁体中文出版。

主办单位：中国文化遗产研究院

编辑部：《出土文献研究》编辑部

主编：杨小亮

地址：北京市朝阳区北四环东路高原街2号 中国文化遗产研究院《出土文献研究》编辑部

邮编：100029

邮箱：ctwxyj@yeah.net

【出土文献综合研究集刊】

半年刊，2014年正式创刊，CSSCI（2021－2022）收录集刊，由西南大学出土文献综合研究中心、汉语言文献研究所主办，巴蜀书社出版。旨在探赜索隐，推陈出新，弘扬原创，发表海内外有关出土文献语言研究、文字研究、文献研究等方面的学术论文和学术评论。常设栏目：文字研究、语言研究、文献研究、图书评论等。

主办单位：西南大学出土文献综合研究中心；西南大学汉语言文献研究所

编辑部：《出土文献综合研究集刊》编辑部

主编：孟蓬生

地址：重庆市北碚区天生路2号西南大学汉语言文献研究所《出土文献综合研究集刊》编辑部

邮编：400715

电话：023－68252385

邮箱：ctwxzhyj@163.com

网址：https://ctwj.cbpt.cnki.net

【东方语言学】

半年刊，2006年创刊，上海师范大学语言研究所主办，上海世纪出版集团（上海教育出版社）出版。主要以东亚语言为研究对象，其宗旨是用语言学的普遍原理来研究语言，并通过由研究这些语言中的特有现象所得到的规律丰富语言学的普遍原理，为东方语言的研究者提供了一块试验田。刊登对东亚语言的句法、语音、文字、词汇、语义诸问题进行共时描写和历时探讨的研究性论文，同时也刊登包括汉语方言、中国境内的少数民族语言及其他东亚语言在内的调查报告、长篇语料等。

编辑部：《东方语言学》编委会，上海师范大学语言研究所

主编：潘悟云；陆丙甫

地址：上海市徐汇区桂林路100号上海师范大学语言研究所《东方语言学》编辑部

邮编：200234

邮箱：eastling2010@163.com

网址：https://www.shnu.edu.cn/ed/2c/c244a60716/page.htm

【对外汉语研究】

半年刊，创刊于2005年，CSSCI（2021－2022）收录集刊，上海师范大学对外汉语学院主办，商务印书馆出版。开设栏目有：作为第二语言的汉语本体研究；语言测试研究；语言学习理论；汉语作为第二语言的习得与认知；中外汉语教学的历史与现状；语言文化教学；对外汉语学科教学论；教材建设；对外汉语教育技术；学术评论和学术动态等。

主办单位：上海师范大学对外汉语学院

编辑部：《对外汉语研究》编辑部

主编：齐沪扬

地址：上海市桂林路100号上海师范大学对外汉语学院

邮编：200234

电话：021－64328691

邮箱：dwhyyj@shnu.edu.cn

网址：http://iccs.shnu.edu.cn

【非洲语言文化研究】

年刊，由北京外国语大学非洲学院主办，外语教学与研究出版社出版，主要发表国内外学者关于非洲语言文学和非洲社会文化研究的优秀学术成果，重点关注的议题：非洲本土语言研究，非洲语言教学与习得，非洲国家语言政策与规划，非洲本土语言、英语、法语、阿拉伯语及葡语文学研究，非洲传统社会文化研究，中非文化比较研究以及中非跨文化交际。设有非洲语言与文学、非洲社会与文化、书评等栏目。

主办单位：北京外国语大学（非洲学院）

编辑部：《非洲语言文化研究》编辑部

主编：李洪峰

地址：北京市海淀区西三环北路2号

邮编：100089

电话：010-88816484

邮箱：jalcs@bfsu.edu.cn

网址：https://af.bfsu.edu.cn/xsyj/fzyy-whyj.htm

【古文字研究】

1979年创刊，由中国古文字研究会、吉林大学中国古文字研究中心主办，中华书局出版。新发现或新出土文献的研究系本书特色之一，代表着出土文献与古文字领域的研究成果，展现了该研究领域的动态和学术成果，便于研究者接触学术界的研究前沿，并促使研究的进一步深入。

【汉语国际教育学报】

半年刊，创刊于2013年，由北京语言大学汉语国际教育学部主办，科学出版社出版。以"兼容并包，面向国际"为办刊方针，以"反映汉语国际教育研究最新研究成果、推动汉语国际教育学科发展"为办刊宗旨，将立足汉语国际教育的交叉学科特性，在遵循国际公认的编辑程序和准则的前提下，对各种理论流派兼容并包，为汉语国际教育学界提供学术信息，反映各国各种学科背景的学者在汉语国际教育领域的研究成果。主要栏目设置如下：（1）汉语国际教育发展战略研究，诸如与汉语国际教育发展相关的各国语言政策与规划研究、"一带一路"语言人才需求研究、汉语国际教育教师队伍发展研究等。（2）汉语国际教育教学研究，诸如课堂教学研究、教材研究、教育技术和教学资源研究、移动教学研究、"互联网+"时代下的教学研究等。（3）面向汉语国际教育的汉语研究，诸如语法研究、词汇研究、语篇研究、语体研究、汉字研究、语音研究、音系研究、界面研究等。（4）汉外对比与跨语言研究，诸如语言类型学研究、中外语言文化比较研究等。（5）汉语作为第二语言习得研究，诸如汉语及汉字心理表征研究、中介语发展研究、学习者研究、与双语相关的脑科学研究等。（6）孔子学院研究，诸如孔子学院可持续发展研究、孔子学院教育模式创新研究、孔子学院与当地文化融合研究等。（7）中外文化交流互鉴研究，诸如中华文化"走出去"研究、海外汉学研究、跨文化交流研究。

主办单位：北京语言大学汉语国际教育学部

编辑部：《汉语国际教育学报》编辑部

主编：郭鹏

地址：北京市海淀区学院路15号北京语言大学《汉语国际教育学报》编辑部

邮编：100083

电话：010-82303720

微信公众号：汉语国际教育学报

邮箱：hygjjyxb@ blcu. edu. cn

网址：http://hjxb. blcu. edu. cn/col/col10901/index. html

【汉语史学报】

半年刊，创刊于2000年，浙江大学汉语史研究中心主办，上海教育出版社出版，CSSCI（2021-2022）收录集刊。刊载海内外汉语史研究的原创性学术论文，包括词汇训诂、语法、音韵、方言、文字等方面，同时适量刊登理论综述性文章以及国外重要文献的译文，尤其注重将上古汉语、中古汉语和近代汉语进行打通研究，或将汉语史与现代汉语及方言进行比较研究，提倡在充分掌握语言事实的基础上揭示规律、探讨理论，强调原创性。

主办单位：浙江大学汉语史研究中心

编辑部：浙江大学汉语史研究中心

主编：王云路

地址：浙江省杭州市西湖区余杭塘路866号浙江大学紫金港校区西区人文大楼11楼汉语史研究中心

邮编：310058

电话：0571-88273589

投稿邮箱：hysxb@ zju. edu. cn

网址：https://hysb. cbpt. cnki. net

【汉语史研究集刊】

半年刊，1998年创刊，四川大学中国俗文化研究所、四川大学汉语史研究所主办，四川大学出版社出版，CSSCI（2021-2022）收录集刊。刊物倡导在扎实语料的基础上探求语言现象产生的原因和演变规律，提倡微观与宏观相结合的研究方法；在继承传统语言学遗产的基础上，借鉴和吸收现代语言学的理论和方法，在拓宽典籍语料研究领域的同时，既注意出土文献和现代活的语言学资料，又广泛汲取相关学科的研究成果，以促进汉语史学科的发展；也适量刊登国外已经发表但具有重要借鉴价值的文章的译文。

主办单位：四川大学文学与新闻学院

编辑部：四川大学出版社

主编：俞理明；雷汉卿

地址：四川大学中文系《汉语史研究集刊》编辑部

邮编：610064

电话：028-85411348（主办单位）

邮箱：hanyus98@ 163. com

【汉语史与汉藏语研究】

半年刊，创刊于2017年，由南京大学汉语史研究所主办，中国社会科学出版社出版发行，CSSCI（2021-2022）收录集刊。

以历史语言学的理论、方法为指导，以汉藏语言比较为学术背景，立足汉语本体，注重跨语言比较，努力探寻汉语及东亚语言间的关系，特别关注汉语的形成、发展及演变规律的探索。主要栏目有：历史语言学的理论与方法、汉语史、汉藏语及东亚语言比较、出土文献语言、传统小学文献、学术史研究等。

主办单位：南京大学汉语史研究所

编辑部：《汉语史与汉藏语研究》编辑部

主编：张玉来

地址：江苏省南京市栖霞区仙林大道163号南京大学文学院《汉语史与汉藏语研究》编辑部

邮编：210023

邮箱：ndlsyyx@163.com

【汉语语言学】

半年刊，中山大学中国语言文学系主办。主要发表汉语本体研究的学术成果，也发表语言学及语言学交叉学科基础性、前沿性、应用性的学术研究成果。依托粤港澳大湾区，充分利用大湾区专业联盟的优势，立足于汉语，在加强汉语本体研究的同时，推动语言学及语言学交叉学科基础性、前沿性、应用性的学术研究。对于汉语语言学一些具体的研究具有一定的学术参考价值。

主办单位：中山大学中国语言文学系

编辑部：《汉语语言学》编辑部

主编：林华勇

地址：广东省广州市海珠区新港西路135号中山大学中文系《汉语语言学》编辑部

邮编：510275

电话：020-84113113（语言文学系）

微信公众号：汉语语言学

邮箱：clsysu@mail.sysu.edu.cn

【汉藏语学报】

年刊，创刊于2007年，由中央民族大学主办，中央民族大学中国少数民族语言研究院承办，商务印书馆出版发行。汉藏语研究，无论对语言学理论研究、应用研究，乃至民族学、人类学、社会学、教育学等相关学科的研究，都具有不可替代的重要价值。该刊提倡从语言实际出发，在科学的语言学理论、方法的指导下，探求新的语言规律，并以新认识来丰富、发展、变革原有的语言学积累。该刊的特点是重语料、重方法、重理论建设。

主办单位：中央民族大学

编辑部：《汉藏语学报》编辑部

主编：戴庆厦；Randy J. LaPolla（罗仁地）

地址：北京市海淀区中关村南大街27号中央民族大学中国少数民族语言研究院《汉藏语学报》编辑部

邮编：100081

邮箱：hanzangyuxuebao@163.com

【互动语言学与汉语研究】

"中国语文丛书"系列的新成员，为中国语文编辑部主办的国际会议"互动语言学与汉语研究国际学术讨论会"的会议论文集。这是国内第一部以互动语言学为主题的集刊，集中展示中外学者从互动交际视角观察自然口语、认识汉语的规律的成果。集刊除了刊载专题研究之外，追踪前沿动态、推介互动语言学新作，充分展现汉语互动语言学研究的最新成果和国际互动语言学研究的研究进展。2016 年《互动语言学与汉语研究》第 1 辑（主编方梅）出版，第 2 辑（主编方梅、曹秀玲）于 2018 年出版，第 3 辑（主编方梅、李先银）于 2020 年出版。

【甲骨文与殷商史】

CSSCI（2021－2022）收录集刊。

年刊，创刊于 1983 年。为中国社会科学院甲骨学殷商史研究中心集刊，教育部、国家语委甲骨文研究与应用专项资助，中国社会科学研究评价中心中文社会科学引文索引（CSSCI）来源，教育部"2011 高等院校创新能力提升计划""出土文献与中国古代文明研究协同创新中心"认定重要集刊。择优刊布中国社会科学院历史研究所同人最新甲骨学与殷商史研究成果，也竭诚欢迎海内外专家学者惠赐以下研究领域的大作：甲骨文殷商史专题研究；商周甲骨文材料保护整理与研究；甲骨文字考释；甲骨文例与语法研究；甲骨文组类区分与断代；甲骨缀合与辨伪；甲金文与殷墟考古研究；甲骨学史与海内外甲骨文研究动态、书刊评论。

主办单位：中国社会科学院甲骨学殷商史研究中心

编辑部：《甲骨文与殷商史》编辑部

主编：宋镇豪

地址：北京市朝阳区国家体育场北路 1 号院 2 号楼中国社会科学院历史研究院古代史研究所

邮编：100101

邮箱：zhhsong@ yeah. net

【简帛】

CSSCI（2021－2022）收录集刊。

半年刊，创刊于 2006 年，武汉大学简帛研究中心主办，从 2014 年开始连续被收录 CSSCI 来源集刊。内容围绕三个层面：（一）以战国文字为主的古文字研究，（二）以简帛为主的先秦至汉晋出土文献整理与研究，（三）以简帛资料为主要着眼点的先秦至汉晋史研究，发表资料、论文及动态和评介。《简帛》实行严格的匿名审稿制度，坚持原创性、国际性、规范化。

主办单位：武汉大学简帛研究中心

编辑部：武汉大学简帛研究中心

主编：陈伟

地址：武汉珞珈山武汉大学简帛研究中心（振华楼历史学院内）

邮编：430072

电话：027－68753911（武汉大学简帛研究中心）

邮箱：jikan@ bsm. org. cn

网址：http：//www. bsm. org. cn

【简帛研究】

年刊，创刊于 1993 年，中国社会科学院简帛研究中心等主办，广西师范大学出版社出版，CSSCI（2021－2022）收录集刊。

《简帛研究》广泛刊载海内外简帛学研究的最新研究成果，时段从战国楚简到三国魏晋简，内容涉及历史学、文献学、古文字学、哲学、法学等学科，所收论文既有微观的考证，又有宏观的阐释，是简帛学和相关学科研究者发表学术观点和进行学术交流的重要窗口和平台。

主办单位：中国社会科学院简帛研究中心等

编辑部：广西师范大学出版社

主编：邬文玲；戴卫红

地址：北京市朝阳区国家体育场北路1号院2号楼中国社会科学院古代史研究所秦汉史研究室

邮编：100101

邮箱：jbyj2005@126.com

网址：http://lishisuo.cssn.cn/qk

【跨文化研究论丛】

半年刊，创刊于2019年，是专注于跨文化研究的学术期刊，北京外国语大学主办，外语教学与研究出版社出版。注重学术思想的原创性、学术研究的跨学科性以及学术行为的规范性，旨在为跨文化研究领域搭建学术平台，汇集学术资源，促进国内外跨文化研究学者的交流与合作，加强中国跨文化研究学科建设，为中外人文交流与人类命运共同体构建做出贡献。发表国内外有关跨文化研究领域理论创新与实践探索的成果。栏目主要包括：跨文化交际研究、跨文化传播研究、跨文化翻译研究、跨文化外语教学研究、跨文化教育研究、跨文化话语研究、跨文化商务沟通、跨文化汉语教学、语言与文化政策、跨国移民研究、全球化研究，以及跨文化案例分析、跨文化研究关键词、书评等。

主办单位：北京外国语大学

编辑部：《跨文化研究论丛》编辑部

主编：孙有中

地址：北京市海淀区西三环北路19号外语教学与研究出版社

邮编：100089

邮箱：ICSF2018@163.com

网址：https://www.bfsujournals.com/tjwz/bjwmykwhyj/kwhyjlc

【跨语言文化研究】

半年刊，是陕西师范大学外国语学院首批"211"建设项目资助期刊。旨在向广大读者，尤其是跨语言文化研究学界和第二语言（外语）教育界的学者、高校的本科生和研究生，展现独特的视角，提供具有全新参考价值的学科研究信息，促进中国跨语言文化研究的进一步发展。内容涵盖语言学、文学、翻译、文化和学科教学五个研究领域/方面。

编辑部：《跨语言文化研究》编辑部

主编：王启龙；曹婷

地址：西安市长安南路199号陕西师范大学外国语学院

邮编：710062

邮箱：sdwyzz@126.com

网址：http://www.wyxy.snnu.edu.cn/info/1102/5456.htm

【历史语言学研究】

半年刊，2008年创刊，中国社会科学院语言研究所历史语法与词汇学学科（中国社会科学院重点学科）主办，商务印书馆出版发行的学术集刊，CSSCI（2017-2018）收录集刊。该刊旨在为国内外历史语言学界提供一个较高水平的学术交流平台，以便更好地推进汉语历史语言学的发展。得到了海内外学者的大力支持与厚爱。

主办单位：中国社会科学院语言研究所历史语法与词汇学学科（中国社会科学院重点学科）

编辑部：中国北京建国门内大街5号中国社会科学院语言研究所《历史语言学研究》编辑部

主编：杨永龙

副主编：赵长才

邮编：100732

电话：010-85195400

邮箱：lsyyx@cass.org.cn

【励耘语言学刊】

CSSCI（2021-2022）收录集刊。

半年刊，创刊于2005年，北京师范大学文学院主办，中华书局出版。主要刊发汉语言文字学领域的研究成果。宗旨是继承、弘扬中国传统语言文字学的理论、方法和求实的学风，积极吸取现代语言学的最新成果，关注新兴学科的发展和语言文字的社会应用，追求学术真理，提倡探索创新。常设栏目主要有：特稿、文字学研究、音韵学研究、训诂学研究、汉语史研究、《说文》学研究、章黄学术研究、现代汉语研究、语法研究、词汇语义学研究、语言学理论研究、方言调查与研究、学术动态等。

主办单位：北京师范大学文学院

编辑部：《励耘语言学刊》编辑部

主编：李国英

地址：北京新街口外大街19号北京师范大学文学院《励耘语言学刊》编辑部

邮编：100875

邮箱：liyunyuyan@126.com

网址：http://wxy.bnu.edu.cn/xyzy/xykw/index.html

【民俗典籍文字研究】

CSSCI（2021-2022）收录集刊。

半年刊，创刊于2003年，北京师范大学民俗典籍文字研究中心主办，商务印书馆出版。主要栏目有：中国语言学的自主创新、学术思想研究、学术讨论、训诂学、词汇学、文字学、音韵学、语法学、文献学、民俗学、特别转载等。刊物的口号是："植根民族土壤，坚定学术自信。"

主管部门：北京师范大学

主办单位：北京师范大学民俗典籍文字研究中心

编辑部：《民俗典籍文字研究》编辑部

主编：王立军

地址：北京市西城区新街口外大街12-3号富中通和大厦1118《民俗典籍文字研究》编辑部

邮编：100875

电话：010 - 58806893

投稿邮箱：bnumindianwen@126.com

【南方语言学】

半年刊，暨南大学汉语方言研究中心主办，暨南大学出版社出版。以方言及语言学相关问题为主要内容，以"挖掘丰富的语言事实，服务语言研究"为学术宗旨，鼓励提倡扎实、有理有据的第一手调查研究成果，提倡理性、平和的学术争鸣，为汉语方言及相关领域的研究者搭建一个发表成果、交流学术思想的平台。主要栏目有：方言理论探索与建构、岭南汉语方言研究、语音学与音系学、词汇学与语义学、语法语用研究、地理语言学、少数民族语言与汉语关系研究、汉语史研究、方言与文学、语言资源与语言技术、海外汉语方言研究等，每期视情况设立评论以及信息性栏目。

主管部门：暨南大学

主办单位：暨南大学汉语方言研究中心

编辑部：《南方语言学》编辑部

地址：广州黄埔大道西601号暨南大学第二文科楼901汉语方言研究中心

邮编：510632

电话：020 - 85220201

邮箱：chinesedialects@126.com

网址：https://dialects.jnu.edu.cn/nk/list.htm

【南开语言学刊】

半年刊，南开大学文学院、汉语言文化学院主办，商务印书馆出版，CSSCI（2021-2022）收录集刊。办刊宗旨是致力于架起语言学各分支学科之间相互交流的桥梁，铺起语言学各分支学科之间相互沟通的管道，促进语言学各分支学科之间的相互启迪和协调发展，为语言学科研究在21世纪的与时俱进、创造辉煌提供更加广阔的舞台。

主办单位：南开大学文学院、汉语言文化学院

编辑部：《南开语言学刊》编辑部

名誉主编：石锋

主编：冉启斌

副主编：王萍

地址：中国天津市南开区卫津路94号南开大学汉语言文化学院《南开语言学刊》编辑部

邮编：300071

邮箱：nankaiyuyanxuekan@126.com

网址：http://nkyk.cbpt.cnki.net

【青铜器与金文】

北京大学出土文献与古代文明研究所编著，主编朱凤瀚，上海古籍出版社出版。

2014年，由十一家高校单位联合组织的"出土文献与中国古代文明研究协同创新中心"成立，中心专门设立了"金文与青铜器研究"平台，工作重点即在于以协同创新方式推动此领域的科学研究与人才培养。该书即是"金文与青铜器研究"平台的推动下而产生的学术集刊。收录了长期从事青铜器与金文研究的学者的新成果，文章涉及铭文的考释，铭文与简帛、历史文献的

对照考察，青铜器制造工艺及纹饰的研究等方面，既有对传统热点问题的进一步深入考察，也有结合新出土材料而进行的研究，将进一步推进青铜器与金文的研究实现新的进展。

【清华语言学】

年刊，清华大学人文学院/语言学研究所主办。刊登以自然语言尤其是中国境内语言为研究对象的语言学学术论文，以及严肃的学术评论。大力提倡定性分析与定量研究的融合，理论探讨与实证研究的融合，中西范式与文理取向的融合，希望能够推动中国语言学往纵深方向发展，走出一条立足本土、面向世界、融会贯通的道路。刊物分设"理论探索、汉语研究、实验研究、评述译介"几个主要版块，接受中、英文两种语言稿件，篇幅较为自由，深度长文或精练短文均可。

主办单位：清华大学人文学院/语言学研究所

编辑部：《清华语言学》编辑部

主编：张赪

地址：清华大学蒙民伟人文楼301室

邮编：100084

邮箱：tel@tsinghua.edu.cn

【上古汉语研究】

年刊，创刊于2016年，中国社会科学院语言研究所主办，商务印书馆出版发行。是目前唯一一种以上古汉语为专门研究对象的语言学刊物，主要发表关于上古汉语文字、音韵、训诂、语法等方面研究的原创学术论文。以继承和发展中国传统语言学为己任，以促进传统语言学和现代语言学的融合为宗旨，秉持海纳百川、兼收并蓄的办刊方针，搭建一个平等开放的学术平台，推动上古汉语文字、音韵（语音）、训诂（词汇）、语法等研究的全面深入发展，为人类语言视角下的汉语研究和汉语研究基础上的人类语言研究做出应有的贡献。

主办单位：中国社会科学院语言研究所历史语言学研究一室

编辑部：《上古汉语研究》编辑部

主编：赵长才

地址：中国北京建国门内大街5号 中国社会科学院语言研究所《上古汉语研究》编辑部

邮编：100732

邮箱：shangguhanyu@126.com

【文献语言学】

半年刊，创刊于2015年，北京语言大学主办，中华书局出版，CSSCI（2021－2022）收录集刊。办刊宗旨是：立足事实分析语文现象，依据文献研究汉语历史，贯通古今探索变迁规律，融会中外构建学科理论，凝聚队伍成就学术流派。注重出土文献、传世文献包括海外汉籍的挖掘与利用，刊发原创性研究作品，主要包括文献语言学理论与方法、汉字与汉字史、训诂与词汇史、音韵与语音史、语法与语法史、方俗语与方言史、语文与语言学史等研究领域的最新成果。也刊登学术热点与重点的研究综述、有重要影响的学术著作的书评、重要论题的纯学术争鸣或商榷性文章,还愿意刊布具有重要学术价值的文献语言学研究资料。

主办单位:北京语言大学

编辑部:《文献语言学》编辑部

主编:华学诚

地址:北京市海淀区学院路 15 号北京语言大学《文献语言学》编辑部

邮编:100083

邮箱:wxyyx15@ blcu. edu. cn

网址:https://wxyx. cbpt. cnki. net

【语法化与语法研究】

创刊于 2003 年,是"汉语语法化问题国际学术讨论会"的会议论文选集,由语言研究所历史语言学研究二室主办。"汉语语法化问题国际学术讨论会"是中国社科院语言所与国内相关高校联合主办的系列学术会议。每次会议之后,会议召集人聘请相关专家对提交会议的论文进行匿名评审,通过评审的论文辑入《语法化与语法研究》,由商务印书馆出版。

【语法研究和探索】

创刊于 1982 年,是现代汉语语法学术讨论会的会议论文选编文集。现代汉语语法学术讨论会是在吕叔湘、朱德熙等前辈语言学家的关怀和主持下创立的,由中国社会科学院语言研究所句法语义研究室和《中国语文》编辑部共同主办。会议每两年召开一次,现已成功召开 20 次,承办会议的有中国内地的高校,也有中国香港和澳门两地的高校。每次会后选编一本论文集,作为"中国语文丛书",目前由商务印书馆出版。现代汉语语法学术讨论会是我国语言学界历史最长、影响最大的语法研究的学术盛会,《语法研究和探索》刊发过不少很有影响的重要学术论文,颇受学界的好评与关注。

【语料库语言学】

半年刊,创刊于 2014 年,北京外国语大学主办,外语教学与研究出版社出版。常设栏目:语料库语言学理论探索、语料库与语言对比研究、语料库与翻译研究、语料库与中介语研究、语料库与语言描写、语料库与话语研究、语料库研究新方法、语料库软件的设计与开发、语料库的研制与创建、书刊评介。

主管部门:中华人民共和国教育部

主办单位:北京外国语大学

编辑部:《语料库语言学》编辑部

主编:许家金

地址:北京市西三环北路 19 号北京外国语大学中国外语与教育研究中心《语料库语言学》编辑部

邮编:100089

电话:010 - 88816828

邮箱:bfsucrg@ sina. com

网址:http://ylyy. chinajournal. net. cn

【语文辞书论集】

辞书学会语文辞书专业委员会主办,主要收录全国语文辞书学术研讨会的会议论文,同时也选收语文辞书编纂与研究的优秀论文，两年 1 辑。首届全国语文辞书学术研讨会于 1996 年举行，论集辑数与会议届数相一致，自第 7 辑开始定名为《语文辞书论集》，从 2017 年第 10 辑开始固定由人民教育出版社出版，至今已出版至第 11 辑（2019 年 10 月出版）。《语文辞书论集》是语文辞书编纂者、出版者、使用者、研究者学术交流的园地，对语文辞书质量的提升以及辞书学的发展和繁荣起到了积极的促进作用。

【语言产业研究】

年刊，2018 年创刊，首都师范大学中国语言产业研究院主办，是语言产业研究领域的第一本专业学术期刊，旨在通过集纳对语言产业的多视角、全方位研究，推动语言"产研"结合，服务国家语言战略。由首都师范大学出版社出版。主要栏目有：语言产业理论研究；语言产业业态调研；地方语言产业研究；国外语言产业研究；语言企业发展个案解读；语言产业相关著作的书评等。

主管部门：北京市语言文字工作委员会、首都师范大学

主办单位：首都师范大学中国语言产业研究院

编辑部：《语言产业研究》编辑部

主编：李艳

地址：北京市西三环北路 105 号首都师范大学中国语言产业研究院

邮编：100048

微信公众号：语言产业研究（BLIRC-official）

【语言规划学研究】

半年刊，创刊于 2015 年，北京语言大学主办，国家语委科研基地中国语言文字规范标准研究中心、北京语言大学语言科学院语言政策与标准研究所、国家民委科研基地中国民族语文应用研究中心、北京语言大学语言科学院中国周边语言文化协同创新中心承办，中国社会科学出版社出版。内容涉及语言政策与语言规划理论、语言文字规范标准、国际组织及国别语言政策、世界语言教育、中国历代语言规划、语言生活与语言生态等领域的研究成果，旨在为社会语言学、语言规划学等学科的专家学者提供一个学术交流、成果共享的平台。

主编：李宇明

地址：北京市海淀区学院路 15 号北京语言大学语言科学院语言政策与标准研究所《语言规划学研究》编辑部

邮编：100083

电话：010-82303265

邮箱：yyghxyj@blcu.edu.cn

【语言类型学集刊】

语言类型学国际学术研讨会的论文选编文集，收录以类型学为视角，以中国境内汉语方言、少数民族语言以及外国语言为研究对象的语音、语法论文，旨在挖掘中国境内丰富的语言方言资源，特别是多民族地区的语言类型多样性和悠久文献记载的类型演变史。《语言类型学集刊》第 1 辑选录第一届和第二届会议论文，于 2018 年 3 月由世界

图书出版公司出版,共有 23 篇论文入选。《语言类型学集刊》第 2 辑选录第三届和第四届会议论文,于 2020 年 7 月由上海教育出版社出版,共有 20 篇论文入选。

【语言学研究】

CSSCI 来源集刊(2017 - 2018)。

半年刊,北京大学外国语学院外国语言学及应用语言学研究所编辑,高等教育出版社出版发行。创刊于 2002 年,2011 年起改为半年刊,每年两辑。旨在为语言学理论研究和应用研究提供高档次的探索平台,深度梳理和评述现有语言学研究,对学科发展提出展望和设想,或报告实证研究,以理论为指导考察语言的使用、学习等实践问题。鼓励就学术前沿专题进行深度或广度探讨的专栏提案;以外语研究为特色,但不设语种背景的界限。欢迎基于不同语言的研究;欢迎多种语言的对比研究;欢迎跨学科的语言研究。现有栏目包括语言学理论研究、具体语言研究、语言对比研究、语言应用研究、书评等。

主办单位:北京大学外国语学院外国语言学及应用语言学研究所

编辑部:《语言学研究》编辑部

主编:高一虹

地址:北京大学外国语学院新楼 450《语言学研究》

邮编:100871

电话:010 - 62752364

邮箱:ling_research@ 126. com

网址:http: //yuya. cbpt. cnki. net

【语言研究集刊】

半年刊,1987 年创刊,复旦大学汉语言文字学科《语言研究集刊》编委会主办,上海辞书出版社出版,CSSCI(2021 - 2022)收录集刊。主要刊登汉语语言学,包括传统的文字、音韵、训诂和现代语言学中的语法、词汇、语义、方言、修辞等方面的学术论文、评论、随笔等,适合从事汉语言学研究的国内外学者参考阅读。

主办单位:复旦大学汉语言文字学科《语言研究集刊》编委会

编辑部:《语言研究集刊》编辑部

主编:陈忠敏

地址:中国上海市邯郸路 220 号,复旦大学中文系《语言研究集刊》编辑部

邮编:200433

邮箱:yuyanxue@ fudan. edu. cn

网址:http: //yjjk. chinajournal. net. cn

【语言与文化论丛】

半年刊,2020 年创刊,陕西师范大学语言资源开发研究中心主办,中国社会科学出版社出版。刊物秉承"求实创新,开放包容"的宗旨,坚守"一切以事实为准"的学术传统,坚持田野调查、学理研究、实践应用并重,突出刊物的地域性,探索语言与文化研究相结合的新方法、新范式。主要开设"语言资源保护、开发研究""一带一路语言文化研究""汉语方言研究""民族语言研究""民俗文化研究""民间文艺语言研究""出土文献和民间文书语言研究"

"汉字与中华文化研究""调查实录"等栏目，致力于为广大语言、文化研究者提供高端的学术交流平台。

主办单位：陕西师范大学语言资源开发研究中心

编辑部：《语言与文化论丛》编辑部

主编：邢向东

地址：中国西安市西长安街620号，陕西师范大学语言资源开发研究中心

邮编：710119

邮箱：yyzykfyjzx@snnu.edu.cn

网址：https://yywhlc.cbpt.cnki.net

【语言与文化论坛】

季刊，浙江越秀外国语学院主办，九州出版社出版。是在光明日报出版社连续出版14辑《语言与文化研究》的基础上更名的，以会通中外语言文化、关注学科发展前沿、注重基础应用研究、促进人文学术交流为宗旨，刊登语言文学学科和与其交叉交融学科的学术论文。特别鼓励学术创新，包括对重大学术研究理论和现实问题的探索、对不同学术观点的讨论和争鸣，期冀建立一个开放的学术对话平台。固定栏目：论坛特稿、外国文学研究、语言学及应用语言学研究、翻译与跨文化研究、国别与区域研究、外语教育研究、现代技术与外语教学、青年学者园地等；机动栏目包括：书刊评介、学术动态、国际会议名家访谈；专栏包括：国家社科项目动态追踪、一带一路语言研究、院所研究中心专栏。

主办单位：浙江越秀外国语学院

编辑部：《语言与文化论坛》编辑部

主编：叶兴国；余玲

地址：浙江省绍兴市越城区会稽路428号 浙江越秀外国语学院学报《语言与文化论坛》编辑部

邮编：312000

电话：0575-89114475；89114479

邮箱：yuexiuxuebao@163.com

网址：http://sgxt.hmkj.com.cn/index.php/Public/author_login

【语言政策与规划研究】

半年刊，创刊于2014年，北京外国语大学主办，中国外语与教育研究中心、国家语言能力发展研究中心承办。内容包括：语言政策理论研究、语言政策国别研究、语言规划研究、语言教育政策研究、语言生活研究、语言政策及规划前沿问题研究、书刊评介（仅限于新近出版的高水平著作）、以上未能涵盖的其他相关研究。

主管部门：中华人民共和国教育部

主办单位：北京外国语大学

编辑部：《语言政策与规划研究》编辑部

主编：戴曼纯

主任：李宇明；文秋芳（编委会主任）

地址：北京市西三环北路2号北京外国语大学中国外语与教育研究中心《语言政策与规划研究》编辑部

邮编：100089

电话：010-88818687

邮箱：yyzcghyj@126.com

网址：http://gynf.bfsu.edu.cn

【韵律语法研究】

半年刊，创刊于 2016 年，北京语言大学出版社出版。反映汉语韵律与语法接口研究的最前沿成果，以韵律为出发点，从不同角度对韵律和语法间的相互作用进行了探索、研究，以进一步挖掘、探寻韵律语法深层次的内部规律，揭示二者的紧密关联。

主办单位：北京语言大学出版社

编辑部：《韵律语法研究》编辑部

主编：冯胜利；马秋武

地址：北京市海淀区学院路 15 号

邮编：100083

电话：010 - 82303972

邮箱：prosodicgrammar@ blcu. edu. cn

【中国方言学报】

年刊，创刊于 2008 年，全国汉语方言学会主办，商务印书馆出版。全国汉语方言学会每两年召开一次学术年会，参加会议的论文由专家匿名审稿选出，辑成论文集。所讨论的内容涉及方言学理论、方言语音、词汇、语法研究，以及方言比较研究等。

【中国简帛学刊】

年刊，聊城大学简帛学研究中心主办，社会科学文献出版社出版。集刊以刊发简帛文献文学研究、简帛文献文本整理、简帛与传世典籍的对读研究为主，适量刊发简帛学人评传、简帛学术史梳理等相关研究内容，力图为海内外学者提供研究和交流的园地，以推动简帛学特别是简帛文学及简帛与传世典籍的对读等相关研究领域的发展。

主办单位：聊城大学简帛学研究中心

编辑部：《中国简帛学刊》编辑部

主编：蔡先金

地址：山东省聊城市湖南路 1 号聊城大学简帛研究中心《中国简帛学刊》编辑部

邮编：252000

邮箱：chutuwenxianld@ 163. com

【中国民族语言学报】

中国民族语言学会主办的会刊，2017 年创刊，既是学会会员学术交流的园地，也是宣传学会基本职能与提供学术服务的窗口。以中国少数民族语言文字为主要研究对象，特别强调基于少数民族语言特点及学科传承的基础与应用相结合的学术研究。

【中国社会语言学】

创刊于 2003 年，中国社会语言学会主办，商务印书馆出版。刊登社会语言学研究的各类文章，包括研究论文、调查报告、评论、会议报道等，内容包括语言本体的研究，也包括语言选择、语言生活、语言地理、语言教育等社会层面上的研究。

【中国文字学报】

创刊于 2006 年，由中国文字学会主办，商务印书馆出版。内容有对中国文字多角度、多层次的研究；有文字学研究的热点，如甲骨文中单字的考察与研究，甲骨文与原始楔形文字会意字的比较研究等；又有对汉字简化与规范的思考，如汉字规范的现实回归等；另外也包括汉字文化及辞书中有关汉字的研究等。重视学术导向，坚持科学性、学术性、先进性、创新性，刊载内容涉及的栏目：研究报告、文献综述、简报、专题研究等。

主办单位：中国文字学会

编辑部：中国文字学会《中国文字学报》编辑部

主编：黄德宽

地址：合肥市蜀山区肥西路3号安徽大学文学院《中国文字学报》编辑部

邮编：230039

电话：0551－65107802

邮箱：zhgwzxb@163.com

【中国文字研究】

CSSCI（2021－2022）收录集刊。

半年刊，华东师范大学中国文字研究与应用中心主办。该刊严格遵循教育部关于重点研究基地创办学术刊物规定的原则，以为文字学及相关领域研究者提供良好服务为己任，及时发布海内外学人的重要研究成果，建立高水平学术交流平台，以此推动中国文字本体研究和跨学科研究的繁荣发展。主要栏目包括：古文字研究、中古汉字研究、现代汉字研究、汉字数字化研究、汉字规范与应用研究、文字理论研究、古代语言研究、少数民族文字研究、域外汉字研究、对外汉字汉语教学研究等。其中"汉字规范与应用研究"专栏由华东师范大学语言工作委员会主办。

主办单位：华东师范大学中国文字研究与应用中心

编辑部：《中国文字研究》编辑部

主编：臧克和

地址：中国上海市东川路500号 华东师范大学文史哲楼中文系收转《中国文字研究》编辑部

邮编：200241

邮箱：zgwzyjsh@sina.com

网址：https：//wenzi.ecnu.edu.cn

【中国训诂学报】

年刊，创刊于2011年，中国训诂学研究会主办，商务印书馆出版。刊载海内外有关训诂、训诂学与语言学研究的学术论文，以及相关领域的学术评论、相关重要史料文献等。专设重大项目研究专栏和青年学者论坛，是研究训诂学的专门刊物。重在弘扬和发展中国固有学术文化，荟萃训诂研究最新成果，介绍最新理念方法；集结训诂专业人才，开展学术交流，促进学术发展。

主办单位：中国训诂学研究会

编辑部：《中国训诂学报》编辑部

地址：江苏省南京市江宁区东南大学路2号东南大学人文学院《中国训诂学报》编辑部

主编：朱小健

邮编：211189

微信公众号：中国训诂学研究会

邮箱：zgxgxb2021@163.com

【中国语言学报】

创刊于1983年，中国语言学会主办，商务印书馆出版。《中国语言学报》作为中国语言学会的会刊，遴选收录中国语言学会年会论文，两年1辑。中国语言学会首届年会于1981年举行，至今已召开了二十届学术年会。《中国语言学报》刊发过许多反映中国语言学研究重要成果的论文，对语言学研究的发展和繁荣起到了积极的推动作用，目前已出版19辑。

【中国语言文学研究】

CSSCI（2021-2022）收录集刊。

半年刊，创办于2007年，河北师范大学文学院主办，每年出版春之卷、秋之卷两卷。原名《燕赵学术》，于2007年创刊，由四川辞书出版社连续出版八年，计十六卷。自2015年始更名《中国语言文学研究》，由社会科学文献出版社出版。该刊发表中国语言文学专业包括语言文字学、中国古代文学、中国现当代文学、文艺学、比较文学与世界文学等方面的研究文章，还设有学术名家、京津冀文学研究等栏目。办刊的宗旨是：荟萃百家成果，展示人文情怀，鼓励开放创新。

主办单位：河北师范大学文学院

编辑部：《中国语言文学研究》编辑部

主编：崔志远；吴继章

地址：石家庄市南二环东路20号河北师范大学文学院《中国语言文学研究》编辑部

邮编：050024

邮箱：zgyywxyj@mail.hebtu.edu.cn

网址：http://wxy.hebtu.edu.cn/a/zgyywxyj/index.html

【中国语音学报】

半年刊，创刊于2008年，中国社会科学院语言研究所主办，中国社会科学出版社出版发行。作为中国语言学会语音学分会会刊，是我国目前唯一的面向语音学领域的期刊，倾注了我国语音学界众多学者大量的心血。主要刊登涉及语音与语言（包括普通话、方言和少数民族语言）的生理、发音、声学、感知、习得以及言语工程有关的原创理论研究和实证研究，形式上可以是专题论文、学术评论、学科动态、前沿综述和实验报告等，也收录与语音研究相关的其他科研成果，征集有关实验技术、实验方法、实验设备以及实验室方面的介绍性文章。

主办单位：中国社会科学院语言研究所

编辑部：《中国语音学报》编辑部

主编：李爱军

地址：北京市东城区建内大街5号中国社会科学院语言研究所《中国语音学报》编辑部

邮编：100732

电话：010-65237408

官网邮箱：phonlab@cass.org.cn

网址：http://qk.chnling.cn/journalx_yys

（张洁整理）

第八篇
学术团体

【全国汉语方言学会】

成立时间：1981 年

会长：沈明

副会长：曹志耘、项梦冰、刘祥柏

秘书长：刘祥柏

【世界汉语教学学会】

成立时间：1987 年

会刊：世界汉语教学

会长：钟英华

副会长：白乐桑、崔希亮、古川裕、马西尼、张洪明、赵杨

秘书长：马箭飞

【中国辞书学会】

成立时间：1992 年

会刊：辞书研究

会长：李宇明

副会长：谷新矿、顾青、刘青、刘国辉、秦志华、谭景春、魏向清、徐建中、杨斌、章宜华、周荐

秘书长：周洪波

【中国古文字学会】

成立时间：1978 年

会刊：古文字研究

会长：吴振武

常务秘书长：冯胜君

秘书长：赵平安、刘钊、陈伟武

【中国民族语言学会】

成立时间：1979 年

会长：王锋

副会长：朝克、吴英喆、吕嵩崧、陈保亚、钟进文、周国炎、符昌忠、艾尔肯·阿热孜、李云兵、丁石庆、李大勤、李锦芳、黄成龙

秘书长：黄成龙

【中国语文现代化学会】

成立时间：1994 年

会刊：语文现代化论丛

会长：靳光瑾

副会长：黄行、杨亦鸣、彭泽润、杨光荣

秘书长：郭龙生

【中国文字学会】

成立时间：1991 年

会长：黄德宽

副会长：张涌泉、吴振武、李守奎、陈双新

秘书长：陈双新

【中国训诂学研究会】

成立时间：1981 年

会长：王云路

副会长：华学诚、刘钊、虞万里、孙玉文、雷汉卿、王华宝、卢烈红

秘书长：汪少华

【中国语文报刊协会】

成立时间：1992年

会刊：语文世界

会长：王晨

副会长：张吉武、何勇、宗晓雁、穆广菊、姚卫伟、文恒益、王荣、贺今伟、刘远

秘书长：周小英

【中国语言学会】

成立时间：1980年

会刊：中国语言学报

会长：张伯江

副会长：曹志耘、方梅、黄行、刘丹青、汪维辉

秘书长：李爱军

【北京国际汉字研究会】

成立时间：1980年

会刊：汉字文化

会长：苏金智

副会长：冯蒸、李土生、赵功德、王海峰

秘书长：张慧芬

【安徽省语言学会】

成立时间：1978年

会刊：安徽省语言学会通讯

会长：杨军

副会长：曹小云、储泰松、胡习之、吴早生、周有斌

秘书长：宣恒大

【北京市语言学会】

成立时间：1980年

理事长：张旺熹

副理事长：郭锐、李泉、赵长才、周洪波

秘书长：邢红兵

监事长：郭龙生

【重庆市语言学会】

成立时间：1997年

会长：孟蓬生

副会长：曹保平、邓章应、向学春、龚泽军、葛佳才

秘书长：毛志萍

【福建省语言学会】

成立时间：1978年

会长：李无未

名誉会长：李如龙、何耿丰、马重奇

副会长：方环海、林志强、林新年、王进安、纪秀生、陈光田、李义海、谢英、林清书

秘书长：方环海、李春晓

【广东省中国语言学会】

成立时间：1983年

会刊：广东省中国语言学会通讯

会长：张玉金

副会长：周小兵、甘于恩、赵春利

秘书长：林华勇

监事长：曾昭聪

【广西语言学会】

成立时间：1997 年

会刊：广西语言研究

会长：卞成林

副会长：韦树关、白云、伍和忠、孙瑞、陈小燕、肖瑜、周本良、覃凤余、谭群瑛、樊中元

秘书长：康忠德

【河北省语言学会】

成立时间：1994 年

会长：郑振峰

副会长：张振谦、武文杰、高光新、王金萍、袁世旭

秘书长：袁世旭

【河南省语言学会】

成立时间：1981 年

会刊：语文知识

会长：姚锡远

副会长：司罗红、辛永芬、刘钦荣、王岩、仝国斌、彭小琴、张言军

秘书长：司罗红

【黑龙江省语言学会】

成立时间：1962 年

会刊：语言与语言教学

理事长：殷树林

副理事长：薄刚、陈颖、史维国、李光杰、刘涛、吴媛媛、张晓涛

秘书长：黄彩玉

【湖北省语言学会】

成立时间：1978 年

会长：卢烈红

副会长：汪国胜、石锓、姚双云

秘书长：姚双云

【湖南省语言学会】

成立时间：1979 年

会长：唐贤清

副会长：蔡梦麒、李振中、廖光蓉、彭晓辉、钱毅、夏先忠、郑贤章、曾炜

秘书长：蔡梦麒

【吉林省语言学会】

成立时间：1980 年

理事长：徐正考

常务副会长：刘靖年

副理事长：吕明臣、李子君、张世超、吴长安、彭爽、安国峰、邹德文、谭宏姣

秘书长：刘靖年

【江苏省语言学会】

成立时间：1981 年

会长：王华宝

副会长：顾黔、王建军、郭骏、何亚南、力量、万久富、朱岩、孙道功

秘书长：孙道功

【江西省语言学会】

成立时间：1982 年

会长：邱尚仁

常务副会长：刘楚群

副会长：胡松柏、徐阳春、邱斌、李小军、付欣晴、曾献飞、刘浩

秘书长：胡松柏

【辽宁省语言学会】

成立时间：1981 年

会长：李宝贵

副会长：李索、于全有、曲彦斌、原新梅、周玉琨、洪飏、王振来、唐厚广、曹起、任明、车竞、李枫、冯雪冬、柳建钰

秘书长：曹儒

【内蒙古语言学会】

成立时间：1993 年

会长：李树新

常务副会长：王建莉

副会长：章也、巴达玛敖德斯尔、闫艳、陈亚杰、姜德军

秘书长：许晋

【宁夏语言学会】

成立时间：1981 年

会长：蔡永贵

副会长：胡玉冰、李生信、马春宝

秘书长：马春宝

【青海省语言学会】

成立时间：1980 年

会刊：青海省语言学会会刊

会长：谷晓恒

秘书长：陈良煜

【山东省语言学会】

成立时间：1980 年

会长：张树铮

副会长：刘中富、张文国、史冠新、岳立静

秘书长：刘祖国

【山西省语言学会】

成立时间：1981 年

会刊：语言学通讯

会长：白平

副会长：李小平、史秀菊、姚勤智、张忠堂、吕勇兵、李伟、温振兴

秘书长：温振兴

【陕西省语言学会】

成立时间：1978 年

会长：邢向东

副会长：曹强、杜敏、郭沈青、黑维强、柯西钢、王伟、张京鱼、赵小刚、赵学清

秘书长：柯西钢

【上海市语文学会】

成立时间：1956 年

会刊：语文论丛

会长：胡范铸

常务副会长：陈昌来

副会长：吴勇毅、陈忠敏、杨逢彬、张豫峰、束定芳、曹秀玲、胡开宝

秘书长：吴勇毅

【四川省语言学会】

　　成立时间：1981 年

　　会长：雷汉卿

　　副会长：汪启明、周及徐、雷华、杨斌、邓文彬、雷莉、康健

　　秘书长：王勇

【天津市语言学会】

　　成立时间：1990 年

　　会长：李兵

　　副会长：顾钢、陈燕、王红旗、冉启斌

　　秘书长：郭嘉

【云南省语言学会】

　　成立时间：1981 年

　　会长：罗骥

　　荣誉会长：骆小所

　　执行会长：尹明

　　副会长：罗江文、刘劲荣、曹晓宏、田云灿、赵卫华、余金枝、陆生、潘玉华

　　秘书长：余金枝

【浙江省语言学会】

　　成立时间：1980 年

　　会长：张涌泉

　　副会长：曹志耘、陈青松、陈源源、池昌海、何华珍、李秀明、聂仁发、史光辉、徐越、真大成、庄初升

　　秘书长：池昌海

【香港中国语文学会】

　　成立时间：1979 年

　　会刊：语文建设通讯

　　主席：谭志明

　　副主席：田小琳、王培光

　　秘书长：许耀池

【澳门语言学会】

　　成立时间：1994 年

　　会刊：澳门语言学刊

　　会长：黄翊

　　副会长：胡波

　　秘书：马梓林

　　理事长：王宇婴

【台湾语言学学会】

　　成立时间：1999 年

　　理事长：徐淑瑛

　　副理事长：廖伟闻

　　秘书长：胡碧婵

【国际中国语言学学会】

　　成立时间：1991 年

　　会刊：国际中国语言学学会通讯

　　会长：竹越孝

　　副会长：石锋

　　秘书长：李宝伦

（张丽娟整理）

第九篇
语言文字工作机构

【国家语言文字工作委员会】

国家语言文字工作委员会是主管全国语言文字工作的职能部门，简称国家语委，前身是成立于1954年的中国文字改革委员会，中国文字改革委员会首任主任委员为吴玉章。

1985年12月16日，中华人民共和国国务院办公厅发出《国务院办公厅关于中国文字改革委员会改名为国家语言文字工作委员会的通知》，为了加强新时期的语言文字工作，国务院决定将原中国文字改革委员会改名为国家语言文字工作委员会。国家语言文字工作委员会仍为国务院的直属机构，其主要职责是：贯彻执行国家关于语言文字工作的方针、政策和法令，促进语言文字的规范化、标准化，继续推动文字改革工作，并做好有关的社会服务工作。少数民族语言文字工作仍由国家民族事务委员会管理。

1988年12月10日，李鹏总理主持召开国家机构编制委员会会议，审议并批准了《国家语言文字工作委员会"三定"方案》，明确了国家语言文字工作委员会是国务院主管全国语言文字工作的部门，其主要职能是：拟定语言文字工作的方针、政策，制订语言文字标准，发布语言文字管理办法，促进语言文字的规范化、标准化。

1994年2月14日，国务院批准的国家语言文字工作委员会"三定"方案规定：国家语言文字工作委员会为国家教育委员会管理的国家局（副部级）。

1998年机构改革，国家语言文字工作委员会并入教育部，对外保留国家语言文字工作委员会的牌子。职责为拟定国家语言文字工作的方针、政策，制订语言文字工作中长期规划，制订汉语和少数民族语言文字规范和标准并组织协调监督检查，指导推广普通话工作和普通话师资培训工作。教育部内设语言文字应用管理司和语言文字信息管理司专司语言文字工作。国家语言文字工作委员会原直属事业单位语言文字应用研究所（普通话测试中心）、语文出版社（语文音像出版社、语言文字报刊社）和机关服务中心等建制保留。

国家语言文字工作委员会历任主任、党组书记先后为：刘导生、陈原、柳斌、许嘉璐、林炎志、朱新均、王湛、袁贵仁；现任主任为田学军。历任副主任先后为：陈章太、王均、曹先擢、仲哲明、傅永和、孟吉平、王登峰。

【国家语委咨询委员会】

国家语委咨询委员会是由教育部和国家语委决定成立的国家语委最高咨询机构。其主要职责是：在语言文字方针政策、工作措施和理论学术等方面，为国家语委提供咨询服务。

2019年3月18日，国家语委公布新一届国家语委咨询委员会名单如下：

主任：许嘉璐　第十届全国人大常委会副委员长，教授

副主任：柳斌　原国家教委副主任，国家语委原主任

朱新均　原国家教委党组成员，国家语委原党组书记

委员（以姓名汉语拼音排序）

曹志耘　浙江师范大学教授

巢宗祺　华东师范大学教授

陈　琳　北京外国语大学教授

陈章太　国家语委原副主任兼秘书长，研究员

戴庆厦　中央民族大学教授

董　琨　中国社会科学院研究员

傅永和　国家语委原副主任，研究员

黄德宽　清华大学教授

黄　勇　国家广电总局原副总编，教授

江蓝生　中国社会科学院原副院长，研究员

李卫红　教育部原副部长，国家语委原主任

李行健　语文出版社原社长，研究员

李宇明　北京语言大学原党委书记，教授

刘　青　全国科学技术名词审定委员会原副主任，编审

陆俭明　北京大学教授

马燕生　中国常驻联合国教科文组织原代表，驻法国使馆原公使衔参赞

倪光南　中国工程院院士

文秋芳　北京外国语大学教授

解小青　首都师范大学教授

姚喜双　教育部语言文字应用管理司原司长，教授

于欣丽　国家市场监督管理总局标准技术管理司司长

张浩明　教育部语言文字信息管理司原司长

赵世举　武汉大学教授

周庆生　中国社会科学院研究员，江苏师范大学教授

【国家语委科研规划领导小组】

（一）职责：领导国家语委科研工作，研究决定科研工作重大问题，审定中长期科研规划和科研项目管理制度，确定国家语委科研资助方向和重点，指导重大学术交流活动和重要科研成果的宣传推广等。

（二）构成：国家语委科研规划领导小组组长由国家语委主任担任，副组长由教育部语言文字信息管理司司长、语言文字应用管理司司长担任，委员由国家语委各单位推荐一名成员及其他单位有关专家担任。另聘国家语委咨询委员会成员若干名为顾问。

（三）领导小组成员名单

组长：田学军　教育部副部长、国家语委主任

顾问：傅永和　国家语委原副主任

黄德宽　清华大学教授

李宇明　北京语言大学教授

孙茂松　清华大学教授

副组长：田立新　教育部语言文字信息管理司司长

周　为　教育部语言文字应用管理司司长

成　员：谭方正　教育部社会科学司副司长

舒　华　教育部科学技术与信息化司副司长

刘　宏　教育部语言文字信息管理司副司长

崔保师　中国教育科学研究院院长

刘朋建　教育部语言文字应用研究所所长

谷新矿　语文出版社社长

李爱军　中国社会科学院语言研究所副所长

王　锋　中国社会科学院民族学与人类学研究所副所长

国家语委科研规划领导小组办公室主任：田立新　教育部语言文字信息管理司司长

【国家语委语言文字规范（标准）审定委员会】

（一）职责

根据国家语委和国家标准主管部门的语言文字规范（标准）制定计划，负责语言文字规范（标准）送审稿的审定工作；负责已发布的语言文字规范（标准）的维护性复审工作。

（二）构成

1. 国家语委语言文字规范（标准）审定委员会（简称"审委会"）委员由专家和语言文字工作行政管理人员构成，专家与行政管理人员的比例约为2∶1。

2. 审委会设委员13至15人。其中主任委员1人，由国家语委主任担任；副主任委员1人，由教育部语言文字信息管理司（简称"语信司"）司长担任。

3. 审委会每届任期4年，人员构成由语信司提出预案并报教育部领导审查批准。

4. 审委会委员由教育部、国家语委聘任，颁发聘书。对因各种原因不能履行职责，或因工作变动不适宜继续担任委员者，审委会可提请有关主管部门推荐新的人选，报教育部、国家语委另行聘任。委员可以连聘连任。

5. 审委会下设办公室（简称"审定办"），负责审委会的日常工作。审定办设在语信司标准处，其工作纳入语信司工作计划。

（三）国家语委语言文字规范标准审定委员会成员名单

主任委员

田学军　教育部副部长、国家语委主任

副主任委员

田立新　教育部语言文字信息管理司司长

委员（按姓氏笔画排序）

丁石庆　中央民族大学教授

王立军　北京师范大学教授

王铁琨　教育部语言文字信息管理司原副司长

王翠叶　语文出版社副总编辑

文秋芳　北京外国语大学教授

冯志伟　教育部语言文字应用研究所研究员

刘　宏　教育部语言文字信息管理司副司长

孙　乐　中国科学院软件研究所研究员

李行健　语文出版社原社长

李宇明　北京语言大学教授

张浩明　教育部语言文字信息管理司原司长

陆俭明　北京大学教授

陈先云　人民教育出版社研究员

周　为　教育部语言文字应用管理司司长

程　荣　中国社会科学院语言研究所研究员

傅永和　教育部语言文字应用研究所研究员

解小青　首都师范大学教授

戴庆厦　中央民族大学教授

【教育部语言文字应用管理司】

（一）职责：拟订语言文字工作的方针、政策和中长期规划；组织实施语言文字规范化工作；监督检查语言文字的应用情况；组织推行《汉语拼音方案》，指导推广普通话工作以及普通话师资培训工作；承办国家语言文字工作委员会的具体工作。

（二）司领导

司长：周为

副司长：王晖

（三）机构设置

1. 政策法规与督查处（国家语委办公室秘书处）

2. 宣传推广与教育处

【教育部语言文字信息管理司】

（一）职责：研究并审定语言文字标准和规范，拟订语言文字信息处理标准；指导地方文字规范化建设；承担少数民族语言文字规范化工作，指导少数民族语言文字信息处理的研究与应用。

（二）司领导

司长：田立新

副司长：刘宏

（三）机构设置

1. 规划协调处

2. 标准处

（张丽娟整理）

第十篇
学术研究机构

【教育部语言文字应用研究所】

所长：刘朋建

副所长：容宏、王敏、王奇

主要研究方向和任务：研究语言文字应用的实际问题和理论问题，研究语言文字的规范化和标准化，研究语言政策和语言规划，开展社会语言文字使用的监测与研究，为教育部和国家语委的中心工作服务，为社会各界提供有关的评测与咨询服务；开展国家通用语言文字培训测试及有关的组织规划、教学与科研工作，指导各地培训与测试的业务工作；编辑出版《语言文字应用》和《语文信息》，进行有关语言文字的网络建设和现代化的信息服务；开展对外和对港澳台相关交流与合作；培养研究生和其他相关人才。

机构成立时间：教育部语言文字应用研究所（简称"语用所"）的前身是中国文字改革委员会的拼音方案部、汉字整理部和语文教学部。1984年3月，经国务院批准正式建立语言文字应用研究所。2001年4月，国家语委普通话培训测试中心和《语言文字应用》杂志并入语用所，组成新的语言文字应用研究所，挂国家语委普通话与文字应用培训测试中心的牌子。

通信地址：北京市东城区朝阳门内南小街51号

电话：010 - 65592909；010 - 65592941

网址：www.china - language.edu.cn

【中国社会科学院民族学与人类学研究所民族语言学研究室】

主任：黄成龙

副主任：陈国庆

主要研究方向和任务：调查中国南方少数民族语言文字的现状，描写少数民族语言文字的结构规则，比较不同语言结构的异同和系属关系，采用多学科综合的研究方法，研究民族社会经济文化环境中的语言发展，探索语言文字的产生、变异、接触、演化和消亡的规律，同时开展语言规划和语言文字的应用研究，培养描写语言学、社会语言学等研究方向的博士研究生和硕士研究生。

机构成立时间：1999年4月

通信地址：北京市中关村南大街27号院6号楼

电话：010 - 68932391

【中国社会科学院语言研究所】

所长：张伯江

副所长：陈文学、李爱军、白晓丽

主要研究方向和任务：研究汉语的历史和现状，包括语音、词汇、语法、文字等各分支学科的基础研究；同时加强理论语言学的研究以及实验语音学、语料库语言学、心理语言学、辞书编纂等语言学科的应用研究。

机构成立时间：1950年6月

通信地址：北京市东城区建国门内大街5号

电话：010 - 65125808

电子信箱：kyc_yys@cass.org.cn

网址：http://ling.cass.cn

【北京大学中国语言学研究中心】

主任：陈保亚

副主任：郭锐

主要研究方向和任务：本中心依托北大语言学科的整体优势，团结海内外的语言学研究力量，力争在学术研究、数据库建设、人员管理、交流互访、人才培养等各方面不断进步，努力把基地建设成为"国际一流的汉语语言学研究中心、国际一流的汉语语言学研究信息资料库、国际一流的汉语语言学研究学术交流中心"。

机构成立时间：2000年1月

通信地址：北京市海淀区北京大学中国语言学研究中心

电话：010 - 62761276

电子信箱：hyyjzx@ pku. edu. cn

网站：http：//ccl. pku. edu. cn

【北京师范大学民俗典籍文字研究中心】

主任：王立军

常务副主任：齐元涛

副主任：周晓文、卜师霞

主要研究方向和任务：其前身是北京师范大学中国民间文化研究所、汉字与中文信息处理研究所以及原中文系古典文献学科点的一部分。中心的学术目标是将我国民俗学之父钟敬文先生开创的民俗学，以著名典籍文物文化学家启功先生为学术带头人的典籍文献学和由章黄学派重要继承人陆宗达先生创立的传统语言文字学结合在一起，从上、下层文化和语言文字载体三方面整理和阐释中国传统文化，研究中国传统文化自下而上或自上而下传承与演变的规律，继承、弘扬祖国优秀文化遗产，发挥人文社会科学学术资源对国家现代化事业的咨政功能。现经过强强联合，将发展综合实力，建成国内一流的专业人才培养基地、科研基地和中外文化交流的基地。

机构成立时间：2000年6月

通信地址：北京市海淀区新街口外大街19号

电话：010 - 58806893

网址：https：//mdw. bnu. edu. cn/zxgk/zxcy/yywzx/index. htm

【北京师范大学汉字汉语研究与社会应用实验室】

主任：王立军

副主任：齐元涛、宋继华、萧放

主要研究方向和任务：实验室依托于具有深厚学术渊源、坚实学术学科基础的文学院和教学、研究实力雄厚的人工智能学院，是集学术研究与社会服务于一体、传统人文学科与现代信息科学相结合的高层次科研和服务机构。

机构成立时间：前身是1991成立的"汉字与中文信息处理研究所"和1999年成立的校级"汉字重点实验室"。

通信地址：北京市西城区富中通和大厦11层

电话：010 - 58802057

网址：https：//hz. bnu. edu. cn

【北京外国语大学外国语言研究所】

所长：暂缺

副所长：韩宝成（2010－今 主持工作）

主要研究方向和任务：语言学及其各个分支、世界诸语言的描写、国外语言学流派和历史、语言与文化、应用语言学；围绕国家战略发展需求，在语言理论、语言应用和语言规划等方面开展研究，培养高层次的科研人才。

机构成立时间：1984年

通信地址：北京市海淀区西三环北路19号

电话：010－88816826

电子邮箱：wgyys@bfsu.edu.cn

【北京语言大学语言科学院】

院长：曹文

副院长：黄伟

主要研究方向和任务：包括社会语言学、地理语言学、理论语言学、心理语言学、语言资源、语言政策与标准等。语言科学院在整合全校语言学研究力量的基础上，旨在将语言科学的理论研究与实践、应用结合，在语言保护、语言规划、语言测试、语言标准制定等方面做出自己的贡献。

机构成立时间：2013年10月

通信地址：北京市海淀区学院路北京语言大学语言科学院

电话：010－82303926

【中国人民大学吴玉章中国语言文字研究所】

所长：王贵元

主要研究方向和任务：汉字发展史、日藏汉文字书研究等。

机构成立时间：1960年

通信地址：北京市海淀区中关村大街59号中国人民大学语言文字研究所

电话：010－62511004；010－62511382

【安徽大学汉字发展与应用研究中心】

主任：徐在国

主要研究方向和任务：研究方向为古文字学、文字学、战国文字疑难字考释、甲骨金文等，主要任务为整理"安徽大学藏战国竹简"、完成中心所承担的各类项目。

机构成立时间：2010年

通信地址：安徽省合肥市蜀山区肥西路3号安徽大学龙河校区问津楼二楼南208

电话：0551－65108702

网址：http://hz.ahu.edu.cn

【安徽师范大学语言资源保护与研究中心】

主任：储泰松

主要研究任务和方向：为切实保护和合理开发安徽丰富的语言资源，传承弘扬安徽优秀地域文化，助力安徽文化创新和文化产业发展，打造安徽标志性文化成果，为"五大发展"美好安徽建设提供语情咨询与智力支持。

通信地址：安徽省芜湖市安徽师范大学文学院

电话：0553－5910515

【福建师范大学语言研究所】

所长：林志强

副所长：王进安、李春晓

主要研究方向和任务：汉语史、汉语音韵学、训诂学、汉字学、汉语语法学、语法修辞学、汉语方言学、语言学理论、历史语言学。

机构成立时间：1997年1月

通信地址：福建省福州市仓山区福建师范大学文学院

电话：0591-83539872

【复旦大学现代语言学研究院】

院务委员会主任：金力

院务委员会副主任：陈思和

主要研究方向和任务：语言认知与神经语言学、言语听觉、言语病理学、实验语音学（包括技术开发和管理）、演化语言学；人工智能及机器翻译，深度学习开发和应用；句法理论研究、语言习得、词典编撰；东亚语言和文献、中国少数民族语、语言地理信息系统等。

机构成立时间：2019年9月

通信地址：上海市杨浦区邯郸路220号光华东主楼

电话：021-65641105

网址：https://imoll.fudan.edu.cn/index.htm

【华中科技大学中国语言研究所】

所长：程邦雄

主要研究方向和任务：理论语言学、现代汉语语法、现代汉语方言、词汇学、修辞学、古文字学、汉藏历史比较语言学、计算语言学、实验语音学、汉语史、对外汉语教学及研究等。

机构成立时间：1980年

通信地址：湖北省武汉市华中科技大学人文学院中国语言研究所

电话：027-87543253

【南京大学方言与文化研究所】

所长：顾黔

主要研究方向和任务：主要从事方言与文化研究，以南京大学文学院语言学科为依托，在方言学、地理语言学、语言资源有声数据库建设、民俗文化等方面开展田野调查和教学、科研工作。

成立时间：2009年2月

通信地址：江苏省南京市南京大学文学院

电话：022-89687391

【南开大学语言学研究所】

所长：阿错

主要研究方向和任务：涵盖中国少数民族语言文学、汉语言文字学、语言学及应用语言学和外国语言文学。

成立时间：2006年12月

通信地址：天津市南开大学文学院

电话：022-23501368

【南开大学文学院语音学实验室】

主任：王萍

主要研究方向和任务：语音学研究（汉语及民族语言以及对外汉语语音研究）。

机构成立时间：1986年

通信地址：天津市卫津路94号南开大学范孙楼

电话：022-23508247

【山西大学语言科学研究所】

所长：乔全生

主要研究方向和任务：主要进行晋方言语音的共时和历时研究及汉语语音史研究，以深入挖掘晋方言语音的特点，揭示其在汉语语音史特别是在汉语方言共时发展过程中的地位为目标。

机构成立时间：2007年4月

通信地址：山西省太原市坞城路92号山西大学文学院

电话：0351-70104666

网址：http://yykx.sxu.edu.cn

【山西省社会科学院语言研究所】

所长：安志伟

副所长：马启红

机构成立时间：前身为1978年成立的山西省社会科学院语言研究室，1986年起改为现名称。

主要研究方向和任务：开展汉语语汇、语言文字规范、山西语言文化资源保护等方面研究；编纂语汇类辞书；承担院（中心）交办的研究任务。

通信地址：山西省太原市小店区大昌南路14号山西省社会科学院语言研究所

电话：0351-7850293

【陕西师范大学语言资源开发研究中心】

主任：邢向东

主要研究方向和任务：该中心为西北地区唯一的以语言资源保护、开发为主要研究方向的研究机构。主要研究范围包括语言资源的保护、开发，方言调查与语言实验，语言生活和民俗文化调查，周秦汉唐文字及汉字字形演化历史研究。

机构成立时间：其前身是2002年成立的西北方言与民俗研究中心和2005年成立的周秦汉唐文字研究中心，2015年7月重组。

通信地址：陕西省西安市长安区西长安街620号陕西师范大学文汇楼A216

电话：029-85318838

【上海师范大学语言研究所】

所长：王双成

主要研究方向和任务：现代汉语语法、西南少数民族语言研究、汉语史、汉语历史音韵学、实验语音学。

机构成立时间：1994年

通信地址：上海市桂林路100号上海师范大学人文学院

电话：021-64322803

【江苏师范大学语言研究所】

所长：杨亦鸣

副所长：王仁法

主要研究方向和任务：神经语言学、工

程语言学、理论语言学等。

机构成立时间：1996年

通信地址：江苏省徐州市和平路57号江苏师范大学语言研究所

电话：0516-83656919

【上海交通大学海外汉字文化研究中心】

主任：王平

主要研究方向和任务：中心以促进世界汉字学界人文交流与文明互鉴为己任，研究方向涉及汉字传播与应用、海外汉字学理论、海外汉字遗产、海外古辞书文献、中国古辞书传播、汉字教育国际推广。

机构成立时间：2016年1月

通信地址：上海市闵行区东川路800号上海交通大学人文学院

【复旦大学出土文献研究与保护中心】

主任：刘钊

主要研究方向和任务：中心下设"先秦秦汉出土文献""敦煌文献"两个研究室，分别侧重先秦秦汉时期和敦煌出土文献的研究，并包含对当时使用的文字的研究。

机构成立时间：2005年1月

通信地址：上海市杨浦区邯郸路220号复旦大学邯郸校区光华楼西主楼27楼

网址：http://www.fdgwz.org.cn

【吉林大学古籍研究所】

所长：冯胜君

主要研究方向和任务：中国古代史二级学科有先秦史、秦汉史、魏晋南北朝史三个研究方向，并且与历史系共建辽金史研究方向；历史文献研究方向有古文字学、中古文献、古代书法文献三个研究方向。

机构成立时间：1983年8月

通信地址：吉林省长春市前进大街2699号吉林大学古籍研究所

电话：0431-85166193

网址：http://gujisuo.jlu.edu.cn/index.htm

【武汉大学古籍研究所】

所长：邓福禄

副所长：罗积勇

主要研究方向和任务：传统优势学科是中国古典文献学，侧重传统语言学典籍的整理和研究，研究方向包含音韵训诂、语言学和经史典籍整理与研究、文献学理论和古文献学史、古汉语词汇、修辞、汉语音义学、古籍修复与保护、国学与汉学。

机构成立时间：1983年

通信地址：湖北省武汉市珞珈山武汉大学文学院

电话：027-68752215

【西南大学汉语文献研究所】

所长：孟蓬生

副所长：王化平

主要研究方向和任务：目前以出土文献整理与语言文字研究、民族文献与文字研究为主要特色。出土文献研究涵盖甲骨文金文、简帛、碑刻、敦煌，民族文献研究则以东巴文最为突出。

机构成立时间：1984 年

通信地址：重庆市北碚区天生路 2 号西南大学西师街文化村二舍

电话：023 - 68252385

【浙江大学汉语史研究中心】

主任：方一新

副主任：张涌泉、王云路

主要研究方向和任务：研究领域覆盖汉语言文字学、中国古典文献学、计算机科学等。在继承发扬传统研究方法的同时，借鉴引进国内外语言学界（包括现代汉语学科）的新方法、新理论，尝试用于汉语史研究，探索研究手段、研究方法的现代化途径；加强汉语词汇的演变及现代汉语新词新义来源研究；加强信息处理和语料库建设。

机构成立时间：1999 年 11 月

通信地址：浙江省杭州市浙江大学紫金港校区西区人文楼（成均苑 4 幢）11 楼

电话：0571 - 88273589

【浙江师范大学中国方言研究院】

院长：曹志耘

主要研究方向和任务：以"学科为本、立足浙江、服务社会"为宗旨，重点开展浙江方言的调查研究、保护传承、开发应用和人才培养工作，努力打造成全国一流的高水平团队和优势学科。

机构成立时间：2018 年

通信地址：浙江省金华市迎宾大道 688 号人文学院

电话：0579 - 82298583

【山东大学语言科学实验中心】

学术委员会主任：杨亦鸣

中心主任：马文

中心副主任：刘文

主要研究方向和任务：中心依托一流学科"中国语言文学"，以文学院语言文字专业队伍为主体，整合外国语学院、临床医学院、计算机学院、软件学院、儒学高等研究院、历史文化学院的师资和实验室资源，是新文科教学与科研的重要阵地；下设 5 个实验室：语音实验室，神经语言学与语言障碍研究实验室，方言分析实验室，语言计量与计算实验室，出土文献实验室。中心自 2018 年运行以来，围绕"国家通用语言文字使用与语言障碍前沿交叉研究""面向通用语言文字信息化建设的汉语方言多模态研究""国家通用语言文字发展动态研究""古典文献语言文字分析研究"四个方向，进行相关教学与科研。

机构成立时间：2018 年

通信地址：山东省济南市历城区山大南路 27 号山东大学文学院

电话：0531 - 88364608

【天津大学语言科学研究中心】

主任：李旭

主要研究方向和任务：研究方向为乾嘉"理必"与章黄学理研究、训诂学、韵律语法学、语体语法学、汉语历时句法学、汉语韵律文学史及汉语二语教学与习得等；主要任务旨在深入研讨语言研究中所具有的科学属性，如何从科学的视角来探究语言的性质，汉语研究中是否孕育着科学的思想和方法等问题，以推动语言科学研究的创新发展、加强师资队伍建设、凝聚中文和外语学科的科研方向、提高文科研究的科学创新和社会服务能力。

机构成立时间：2014年7月

通信地址：天津市津南区海河教育园校区第33教学楼A295天津大学北洋园

电话：022-27409257

【同济大学语言规划与全球治理研究中心】

主任：沈骑

主要研究方向和任务：中心以现实问题为导向，融合语言学、政治学、社会学、国家安全学与大数据科学等交叉学科理论与方法，构建从理论研究、应用研究到决策咨询三位一体的研究系统，聚焦国家语言安全、城市应急语言治理能力、智慧城市语言服务和全球语言治理等问题开展学术研究、人才培养及社会服务，为国家和地方决策提供参考。

机构成立时间：2019年7月

通信地址：上海市四平路1239号同济大学汇文楼

网址：https://sfl.tongji.edu.cn/yyghyqqzlyjzx/list.htm

【武汉大学中国语情与社会发展研究中心】

学术委员会主任：沈壮海

中心负责人：赵世举

主要研究方向和任务：中心宗旨是观测语言生活，解读社会万象，提供决策咨询，服务国家发展。主要任务是实时观测分析中国语情，研究当代语言生活尤其是有关国计民生的重大现实语言问题，以及语言战略、语言政策与规划等；致力于打造集语情观测、学术研究、咨政建言、学科建设、人才培养和社会服务为一体的多功能学术平台和高水平智库，为国家语言文字事业改革发展和社会语言生活治理建言献策，为经济社会发展提供服务，为推进学术发展做贡献。

机构成立时间：2014年

通信地址：湖北省武汉市武昌区武汉大学振华楼文学院

电话：027-68752425

【郑州大学汉字文明研究中心】

主任：李运富

主要研究方向和任务：汉字理论与汉字史、古文字与传统文化、汉字传播与域外汉字、《说文解字》与汉字教育。

机构成立时间：2016年9月

通信地址：河南省郑州市高新区科学大道100号

电话：0371-67783163

【河南省"一带一路"语言服务研究中心】

主任：韩子满

主要研究方向和任务：该中心在省外侨办的指导下，进一步整合政府、企业、高校、民间团体等研究力量，围绕国家"一带一路"建设和河南省对外话语权体系的构建，开展相应的语言服务研究工作，集中体现于：对外传播中原文化，讲好河南故事,提升河南文化软实力;研究"一带一路"沿线国家语言状况,结合河南省情制定专门的语言规划,构建形式多样、功能互补、协调发展的语言服务体系;建立河南省跨语言大数据平台,打造中部语言服务产业链和决策智库,助推河南企业走出去。

机构成立时间:2018年2月

通信地址:河南省洛阳市伊滨区吉庆路6号洛阳师范学院外国语学院

(张丽娟整理)

第十一篇
大事记

1月25日

联合国世界旅游组织（英文简称UNWTO）和西班牙政府正式通报，自2021年1月25日起，中文正式成为UNWTO官方语言。UNWTO为此专门制作了秘书长祖拉布·波洛利卡什维利的相关视频，以示祝贺。UNWTO是全球最具影响力的政府间国际旅游组织，现有159个成员国，总部设在西班牙马德里，西班牙为其存约国。中国于1983年加入该组织。2007年11月，在UNWTO全体大会第17届会议上，中方提议将中文列为该组织官方语言。全体大会采纳了中方提议，并通过了对《世界旅游组织章程》第三十八条的修正案，即"本组织的官方语言为阿拉伯文、中文、英文、法文、俄文和西班牙文"。根据UNWTO章程规定，该修正案经全体大会通过后，尚须三分之二以上成员国履行批准手续后方可生效。自2007年修正案通过以来，为推动各成员国尽快履行批准手续，促成中文成为UNWTO官方语言早日生效，中方联合UNWTO做了大量工作。2021年1月，修正案批准国达到106个，符合法定数量，修正案正式生效。

语言是人类观念和思想表达的工具，是文化的重要载体。随着我国综合国力的不断增强，中文的国际影响力持续扩大，中文在国际社会上得到更加广泛的认可。中文成为UNWTO官方语言，提升了UNWTO作为联合国专门机构的完整性和权威性，提高了中文在国际组织的使用地位和使用比例，有利于我国在全球国际旅游事务中发挥更加积极的作用，更好地分享中国旅游业发展经验和机遇，为实现提高国家文化软实力、推进社会主义文化强国建设的目标，为推动构建人类命运共同体作出积极贡献。

2月2日

召开2021年全国语言文字工作会议，教育部党组成员、副部长，国家语委主任田学军强调，2021年是中国共产党建党100周年，也是实现"十四五"规划、开启全面建设社会主义现代化国家新征程的第一年。语言文字战线要坚持以习近平新时代中国特色社会主义思想为指导，深入学习贯彻党的十九届五中全会精神，落实全国语言文字会议精神，加强语言文字工作顶层设计，在新起点上开好局、起好步；坚定不移推广普及国家通用语言文字，铸牢中华民族共同体意识；加快语言文字规范化标准化信息化建设，提升国家语言文字服务能力；深入挖掘充分利用语言文化资源，大力传承弘扬中华优秀语言文化；深化语言文字交流合作，增强国家文化软实力；推进语言文字工作治理体系和治理能力现代化，夯实语言文字事业改革发展基础。

田学军要求，要把坚持和加强党的领导贯彻语言文字工作全过程，进一步完善"党委领导、政府主导、语委统筹、部门支持、社会参与"的管理体制,提高语委统筹协调能力,建立省级语委报告制度,着力打造一支高素质专业化语言文字人才队伍,不断推动语言文字事业再上新台阶,更好地服务建设高质量教育体系,为实现中华民族伟大复兴的中国梦作出新的更大贡献,以优异的成绩庆祝建党100周年。

3月1日

国家语委语言文字规范《〈中华人民共和国国歌〉国家通用手语方案》(GF0024 - 2020)和《通用规范汉字笔顺规范》(GF0023 - 2020)正式实施。两项规范由国家语委语言文字规范标准审定委员会于2020年9月审定通过。其中,《〈中华人民共和国国歌〉国家通用手语方案》由中国残疾人联合会、教育部、国家语言文字工作委员会共同发布实施。《通用规范汉字笔顺规范》由教育部、国家语言文字工作委员发布实施。

《〈中华人民共和国国歌〉国家通用手语方案》首次以听力残疾人手语使用者为主体,规范应用国家通用手语"唱"国歌,让听力残疾人切实体会国歌的真实内涵,从而和全国人民一同领略国歌激发民族爱国情感、催人奋进的巨大作用。该规范的实施切实解决了多年来听力残疾人手语使用者在奏唱国歌场合,规范、统一、严肃使用手语表达国歌的愿望,将使听力残疾人全面、准确感受国歌表现的民族精神,呼唤内心深处爱国主义情怀,促进我国残疾人文化、教育事业的繁荣发展。

《通用规范汉字笔顺规范》将代替1997年国家语委发布的《现代汉语通用字笔顺规范》。该规范将笔顺规则落实到国务院2013年8月批准发布的《通用规范汉字表》,依据现行通用规范汉字形体,即《通用规范汉字表》的标准宋体字形,给出每个字的逐笔跟随和笔画序号式笔顺,提供ISO/IEC10646国际标准编码(UCS)和《通用规范汉字表》序号。本规范是服务和满足语言生活对语言文字规范标准需求的一项基础性规范,将为社会通用层面的汉字教学与研究、信息处理、排序检索、辞书编纂等提供重要依据。

《〈中华人民共和国国歌〉国家通用手语方案》和《通用规范汉字笔顺规范》分别由华夏出版社和商务印书馆出版。

3月6日

我国著名民族语言学家、中央民族大学教授黄布凡先生不幸逝世。黄布凡先生长期从事藏语和藏缅语族语言的研究实践和理论探索,建树卓著。

3月8日

中央和国家机关妇工委公布中央和国家机关三八红旗手、中央和国家机关三八红旗集体名单,激励广大妇女"巾帼心向党、奋斗新征程",引领广大妇女为全面建设社会主义现代化国家开好局起好步作出新贡献。在这次表彰中,中国社会科学院语言研究所《新华字典》编辑室荣获中央和国家机关三八红旗集体荣誉称号。中国社会科学院语言研究所以习近平新时代中国特色社会主义思想为指引,认真贯彻落实党的十九大和十九届二中、三中、四中、五中全会精神,始终坚持正确的政治方向,充分激发女职工的建功热情,引导广大女职工在科研工作中发挥积极作用,展现出女性的卓越风采。《新华字典》编辑室在所党委的领导下,全体同仁精诚团结,攻坚克难,弘扬时代新风,展现巾帼担当,为发展祖国的辞书事业贡献了自己的力量。

3月19日

第十一批外语词规范中文译名发布。此次发布并推荐的译名共7组,主要是信息技术和金融财经领域与社会生活密切相关、媒体使用频次较高的外语词。包括BCI(Brain Computer Interface)脑机接口,CTO(chief technology officer)首席技术官,MCN(Multi-Channel Network)多频道网络,GMV(Gross Merchandise Volume)商品交易总额,REIT(Real Estate Investment Trust)不动产投资信托基金/房地产投资信托基金,mRNA(messenger RNA)信使核糖核酸,PCT(Patent Cooperation Treaty)《专利合作条约》。

3月31日

《新华字典》(汉英双语版)新书发布会在北京国际展览中心举行。在词典的翻译审订和编辑出版过程中,有四大顶尖团队通力协作:中国社会科学院语言研究所《新华字典》的汉语母本编写团队,有着多年学术研究和实地调研的基础,精益求精、与时俱进的汉语收词和释义例证,保证汉语的规范性;资深专业译者团队,凭借丰富的汉英翻译和词典翻译经验,通力合作,保证翻译质量;多年从事词典编纂的审订团队,兼具中英文基础,从对应英文的准确度、外国读者的理解接受程度、文化传播的有效性等角度对词典进行逐字审订,保证词典的地道表达和对外传播效果;顶尖学术出版社商务印书馆的精心协调和制作,保证出版质量。

4月5日至11日

中国辞书学会、中国社会科学院语言研究所、商务印书馆在安徽绩溪联合举办《现代汉语大词典》专家审读咨询会。来自北京大学、北京师范大学、中国人民大学、中央民族大学、北京语言大学、南京大学、浙江大学、厦门大学、暨南大学、陕西师范大学、上海师范大学、首都师范大学、中国社会科学院语言研究所、教育部语言文字应用研究所等近30家高校和科研机构的语言学和辞书学界专家50余人出席会议。

该词典主编江蓝生在开幕式上说，《现代汉语大词典》是一部系统记录以普通话词语为主的全面反映百年现代汉语词汇面貌的大型原创性语文词典，其编纂理念是静态描写与动态描写相结合、规范性与描写性相结合、研究与编写相结合，在收词、释义、配例等方面尽量做到内部自成体系，互相照应，严丝合缝。在长达十五六年的过程中，编写团队发扬了科学精神、工匠精神和奉献精神。她希望这次会议能够集中学界共同的智慧，各方专家聚精会神，协同打造《现代汉语大词典》这一大型原创工具书。

4月10日至12日

受疫情影响而延期的中国语言学会第二十届学术年会在浙江大学成功举行。此次会议由中国语言学会、浙江大学汉语史研究中心主办，浙江大学汉语史研究中心、浙江省语言学会承办，商务印书馆协办。来自中国内地和澳门等地区的130多位语言学者出席了会议。4月11日晚，以线下线上结合的方式召开了中国语言学会第十届理事会第四次会议。学会秘书长李爱军向理事会汇报了2018年11月至2021年4月期间中国语言学会及4个下属二级学会的工作情况。理事会审议通过了《中国语言学会章程（修订稿）》和78名学者的入会申请；理事会同意王洪君会长因年龄限制原因请辞中国语言学会会长一职的申请，并推举中国社会科学院语言研究所张伯江接任会长职务。

4月17日至18日

全国汉语方言学会第二十一届年会在山东济南召开。会议由全国汉语方言学会和科研山东大学文学院联合主办，山东大学文学院承办。来自全国高校和院所的近150位专家学者出席了会议。

4月19日

中国语言资源保护工程建设推进会在北京召开，会议主题：以习近平新时代中国特色社会主义思想为指导，深入贯彻党的十九届五中全会精神和全国语言文字会议精神，系统总结语保工程一期建设经验，表彰"中国语言资源保护奖"先进集体和先进个人，部署语保工程二期建设工作。

5月10日

《中国语文》第3期发表编辑部文章《中国语言学的体系建设和时代使命——写在习近

平〈在哲学社会科学工作座谈会上的讲话〉发表五周年之际》。文章指出：中国语言文字凝聚着先祖的智慧，传承着民族文化的信息。中国的语言学多年来以自身的学术建设为基础，为党和国家大政方针和语言政策的咨询，为语言规范化、语文教学、文学文化研究、哲学和历史研究、认知心理研究、人工智能研究乃至康复医学研究等方面做出过贡献，在世界语言学舞台上展示过基于中国语言的学术创见。在新时代新的发展阶段，语言研究将以高水平的研究成果，为推广、普及和规范使用国家通用语言文字提供坚强的学理支撑，为加强语言文字法治建设，推进语言文字规范化标准化信息化建设，科学保护各民族语言文字，构建和谐健康语言生活，传承弘扬中华优秀语言文化，提升国家文化软实力，为铸牢中华民族共同体意识，建设社会主义现代化强国贡献力量。

5月17日

国家哲学社会科学文献中心发布《国家哲学社会科学文献中心建设成果报告（2016－2021年）》，报告回顾了五年来国家哲学社会科学文献中心的建设发展情况，集中展示了国家哲学社会科学文献中心的建设成果。报告汇总了各期刊从2016年至2020年底近五年的关注度指数，公布了2016－2020年关注度最高的200种期刊，中国社会科学院语言研究所主办的《中国语文》《方言》《当代语言学》、中国社会科学院民族学和人类学研究所主办的《民族语文》、北京语言大学主办的《世界汉语教学》、江苏师范大学主办的《语言科学》均入选"2016－2020年最受欢迎期刊"。

6月1日

《中国社会科学报》在"建党百年，学术百家"专栏中，自6月至12月刊登四位语言学家的专题事迹，分别是：《陈望道：真理的味道非常甜》，作者完权，刊于6月1日；《吕叔湘：人民的语言学大师》，作者刘探宙，刊于8月10日；《丁声树：从爱国主义走向共产主义》，作者杜翔，刊于11月2日；《王力：力创中国语言学的辉煌》，作者陈伟蓉，刊于12月28日。

6月2日

教育部、国家语委在京发布2020年中国语言文字事业和语言生活状况。指出，2020年，我国语言文字事业以习近平新时代中国特色社会主义思想为指导，全面贯彻落实党的十九大和十九届二中、三中、四中、五中全会精神，扎实推进语言文字事业高质量发展，圆满完成"十三五"各项工作任务，努力开创中国特色语言文字事业新局面。

6月4日至7日

中国训诂学研究会成立40周年纪念暨2021年学术年会在上海交通大学召开。此次会议由中国训诂学研究会和上海交通大学人文学院共同主办，来自全国高校及科研院所的会员代表和专家学者150多人出席了会议，多家媒体及出版社代表亦共同与会。会议期间，召开了中国训诂学研究会会员代表大会，选举产生了由59名理事组成的第十一届理事会。第十一届理事会第一次会议上，经全体理事投票选举产生了新一届中国训诂学研究会领导班子：浙江大学王云路教授当选为会长，北京语言大学华学诚教授、复旦大学刘钊教授、上海交通大学虞万里教授、北京大学孙玉文教授、四川大学雷汉卿教授、东南大学王华宝教授、武汉大学卢烈红教授当选为副会长，复旦大学汪少华教授当选为秘书长。第十一届理事会决定成立学术委员会，聘请北京语言大学董志翘教授担任学术委员会主任。

7月1日

经国家语委语言文字规范标准审定委员会审定，《国际中文教育中文水平等级标准》（GF0025－2021）（以下简称《标准》）由教育部、国家语言文字工作委员会发布，作为国家语委语言文字规范自2021年7月1日起正式实施。

近年来，中文在国际交往中的作用日益凸显，中文学习需求不断扩大，国际中文教育迫切需要一套科学规范、包容开放、便于实施的规范标准，用以指导中文学习、教学、测试与评估各个环节，推动教育教学质量和效果的提升。《标准》是国家语委首个面向外国中文学习者，全面描绘评价学习者中文语言技能和水平的规范标准。《标准》的发布实施，是语言文字规范标准体系进一步完善的重要标志，将为国际中文教育事业的发展提供有力支撑。

《标准》由教育部中外语言合作交流中心组织研制，借鉴参考了10余种较有影响的国际语言标准，并对国内外大中小学及其他各类教育机构开展国际中文教育教学实际情况进行了广泛调研，充分征求国内外专家等各有关方面的意见建议，经反复论证、多次修改后完成。

《标准》将学习者中文水平分为"三等九级"，并以音节、汉字、词汇、语法四种语言基本要素构成"四维基准"，以言语交际能力、话题任务内容和语言量化指标形成三个评价维度，以中文听、说、读、写、译作为五项语言技能，从而准确标定学习者的中文水平。

《标准》适用于国际中文教育的学习、教学、测试与评估，为开展国际中文教育的各类学校、机构和企事业单位提供规范性参考。《标准》的发布，将成为国际中文相关标准化、规范化语言考试的命题依据以及各种中文教学与学习创新型评价的基础性依据，也将为世界各地国际中文教育的总体设计、教材编写、课堂教学和课程测试提供参考,还将为"互联网+"时代国际中文教育的各种新模式、新平台的构建提供重要依据。

7月27日

由教育部语言文字应用管理司、共青团中央青年发展部共同主办的2021年"推普助力乡村振兴"全国大学生暑期社会实践志愿服务活动出征仪式在江苏师范大学举行。来自全国368所高校的大学生志愿服务团队代表参加出征仪式,他们在短暂培训后赴中西部民族地区和农村地区开展国家通用语言文字推广活动,服务乡村振兴战略实施。

出征仪式上,教育部语言文字应用管理司司长周为来自全国各地的大学生实践团队代表授旗并赠送实践物资,各高校的大学生实践团队代表进行了庄严的出征宣誓。周为司长在出征仪式上谈到,语言文字具有基础性、社会性、经济性属性,做好乡村振兴这篇大文章,发挥好语言文字的基础性作用,帮助乡村广大群众增强就业能力、提高科学文化素质,通过推普服务乡村旅游资源开发、传统村落建设、电商人才培养、文创产业发展等,繁荣发展乡村语言文化,助力培育乡村经济的新增长点。希望实践团队的大学生志愿者通过志愿服务活动的磨砺,能够深入到最广阔的农村地区,了解基层真实的情况和需求,不仅要用心用情推广普及国家通用语言文字,切实帮助乡村地区的广大群众增强学说普通话的意识,提高普通话水平,还要将中华儿女大团结的理念,学习语言文化、增强文化自信的种子也一并带下去,为促进民族团结、铸牢中华民族共同体意识作出贡献,以实际行动服务国家战略、实现自身成长。

此次志愿服务活动旨在加大民族地区、农村地区国家通用语言文字推广力度,服务乡村振兴战略实施,引导大学生志愿者在社会实践中受教育、长才干、作贡献。征集通知发出后,收到全国483所高校近2000支大学生志愿服务团队报名,最终遴选出包括清华大学、北京师范大学、同济大学、东南大学、北京语言大学、江苏师范大学等在内的930支团队开展此次志愿服务活动。"做好这项工作需要我们思考如何把普通话推广与教学有效衔接乡村振兴战略,使推普实践成果在这些贫困地区生根、发芽直至开花结果。"志愿服务团队指导教师代表、阿坝师范学院教师卜凡说。

出征仪式后,志愿团队前往中西部地区和农村地区开展入户调查,摸清当地普通话普及情况,因地制宜、分层分类开展形式多样的国家通用语言文字教育、宣传活动。

8月1日

《现代汉语常用词表》(第2版)出版,由李行健、苏新春主编,教育部语言信息管理司组编。

《现代汉语常用词表》（第 2 版）是一部收录现当代社会生活中比较稳定的、使用频率较高的 56790 个汉语普通话词语的词表类工具书。正表按词语的使用频度排序，每个词语标有频序号；表后附有音序索引，提供词语的拼音和频序号。收录的词语以单音词和双音词为主，也收录一些常用的缩略语、成语、惯用语等熟语，以及表达整体概念的其他固定短语。修订工作自 2015 年启动，仍然遵循"通用""常用""语文性"原则，在原版基础上删除了 220 余条已不太常用的词语，增收了 1050 条新词语和漏收词语，修订某些不合规范、不准确或不统一的词形、读音，对儿化词、轻声词进行了完善，并重新排定了词语的频序号。

8月27日

教育部发布《中国语言文字概况（2021 年版）》。《概况》指出，从语言的系属来看，我国 56 个民族使用的语言分别属于五大语系；我国有约 30 种文字。党的十八大以来，全国语言文字系统充分发挥语言文字事业在培育和践行社会主义核心价值观、全面提高公民科学文化素质、增强文化软实力、增进民族凝聚力等方面的独特作用，扎实推进语言文字事业发展。党的十九大以来，语言文字工作战线以习近平新时代中国特色社会主义思想为指导，深入贯彻落实习近平总书记关于教育的重要论述和语言文字工作重要指示批示精神，围绕决胜全面建成小康社会和服务国家发展需求，推动语言文字事业取得重大进展。全国语言文字会议胜利召开，对新时代语言文字事业改革发展做出全面系统部署。推普助力脱贫攻坚成效显著，国家通用语言文字在全国范围内基本普及、语言交际障碍基本消除。语言文字法律法规体系、规范标准体系日益完善，语言文字工作依法治理能力明显提升。中华优秀语言文化创新发展，语言文化活动精彩纷呈。语言文字信息化建设迈上新台阶，语言服务能力进一步增强。语言文化交流合作不断深化。语言文字事业在铸牢中华民族共同体意识、服务国计民生、坚定文化自信、构建人类命运共同体中的基础性地位和作用更加凸显。

9月12日至18日

第 24 届推广普通话宣传周由教育部、国家语委、中宣部、国家民委、人力资源社会保障部、文化和旅游部、国家广播电视总局、中央军委训练管理部、共青团中央等九部门组成领导小组共同举办。2021 年推普周的活动主题是"普通话诵百年伟业，规范字写时代新篇"。2021 年是中国共产党成立 100 周年，也是"十四五"开局之年。结合党史学习教育、庆祝中国共产党成立 100 周年"永远跟党走"群众性主题宣传教育活动等，广泛、深入开展形式多样、内容丰富、特色鲜明的推广普及国家通用语言文字和传承弘扬中华优秀语言文化相关活动，深入学习领会贯彻落实习近平总书记等中央领导同志关于做好推广普及国家通用语言文字工作的重要指示精神，落实全国语言文字会议决策部署，推进实施国家通用语言文字普及提升工程，营造全社会学习使用国家通用语言文字的良好氛围，促进各民族交往交流交融，共诵百年伟业，携手共写时代新篇。

9月14日

以"普通话诵百年伟业，规范字写时代新篇"为主题的第24届全国推广普通话宣传周在内蒙古自治区鄂尔多斯市隆重开幕。教育部党组书记、部长、全国推普周领导小组组长怀进鹏，内蒙古自治区党委副书记、自治区主席王莉霞出席开幕式并讲话，教育部党组成员、副部长、国家语言文字工作委员会主任田学军主持开幕式。

怀进鹏指出，语言文字工作是关系党和国家工作全局的一件大事。党的十八大以来，习近平总书记多次作出重要指示批示，为新时代语言文字工作特别是推广普及国家通用语言文字指明了前进方向，提供了根本遵循。1998年国务院批准设立的全国推广普通话宣传周，已成为推广普及国家通用语言文字工作的重要平台，在推广普及国家通用语言文字、增强社会用语用字规范意识、传承弘扬中华优秀语言文化等方面发挥了重要作用。

怀进鹏强调，2021年是中国共产党成立100周年，也是"十四五"开局之年，站在新的历史起点上，要深刻领悟、深入贯彻习近平总书记重要指示批示精神，推动语言文字工作创新发展。

一是坚持以服务铸牢中华民族共同体意识为主线。要充分认识到推广普及国家通用语言文字是构筑中华民族共有精神家园的必然要求，是推动各民族共同走向社会主义现代化的关键举措，是加强和完善党的全面领导的重要基础。

二是坚持以推广普及国家通用语言文字为核心任务。要按照"聚焦重点、全面普及、巩固提高"的推普工作新方针，抓住重要领域和关键环节，拓展推普思路和途径，创新宣传手段和方式，实现到2025年全国范围内普通话普及率达到85%的目标。

三是坚持以构建大语言文字工作格局为关键抓手。要坚持在党的全面领导下，上下齐心、左右协同，抓好系统谋划、协同推进、责任落实，推动落实"党委领导、政府主导、语委统筹、部门支持、社会参与"的管理体制，形成全社会共同推广普及国家通用语言文字的良好氛围。

王莉霞表示，长期以来特别是党的十八大以来，内蒙古认真贯彻落实习近平总书记重要指示要求，全面贯彻执行国家语言文字工作方针政策，统筹推进城市和农村牧区、学校家庭和社区、窗口示范单位和行业领域推普工作，全区普通话普及率接近全国平均水平，各民族间语言障碍基本消除，社会用语用字更加规范，语言文字规范化应用环境已经形成。我们将以本届推普周为契机，深入学习贯彻习近平总书记关于加强和改进民族工作的重要思想，全面贯彻落实中央民族工作会议精神，把推广普及国家通用语言文字作为践行"两个维护"的具体行动，作为铸牢中华民族共同体意识的关键之举，旗帜鲜明推进、高质高效落实，促进各民族广泛交往、全面交流、深度交融，引导各族人民牢固树立休戚与共、荣辱与共、生死与共、命运与共的共同体理念，守望相助，团结奋斗，阔步迈向全面建设现代化、共圆伟大中国梦的时代征程。

9月24日

"党的语言文字事业百年光辉历程"展览在教育部开展。教育部党组成员、副部长，国家语委主任，直属机关党委书记田学军出席开展仪式。

展览共展出包括档案、图书、实物、音视频资料在内的素材438件，分为"星火燎原""日月新天""与时俱进""奋勇逐梦"四个篇章，通过梳理、总结百年来党领导下的语言文字事业走过的光辉历程，全面系统呈现了新民主主义革命时期、社会主义革命和建设时期、改革开放和社会主义现代化建设新时期、中国特色社会主义新时代党领导的语言文字政策和实践的变迁、发展进程，展现了语言文字工作为服务国家发展大局所发挥的重要作用和显著成就。

现场观展人员纷纷表示，本次观展受益良多，是深化党史学习教育的鲜活实践，深刻领会到坚持党的领导、坚持人民至上的理念、坚持服务国家发展大局是语言文字事业不断取得新成就的重要法宝，通过观展也进一步激励自身砥砺初心使命，汲取历史力量，不断增强开创新时代语言文字事业发展新篇章的责任担当。

展览由国家语言文字工作委员会主办、教育部直属机关党委指导、语言文字应用研究所承办。

9月25日

以"面向社会发展和国际理解的语言文化"为主题的首届中国－东盟语言文化论坛在贵州省贵阳市举行。论坛由教育部语言文字信息管理司指导，中国教育国际交流协会和中国－东盟中心主办，贵州大学承办，北京外国语大学国家语言能力发展研究中心和上海外国语大学中国外语战略研究中心协办。教育部副部长、国家语言文字工作委员会主任田学军，泰国高等教育与科研创新部副部长达努·旦特缇以视频方式在开幕式上致辞，中国教育国际交流协会会长刘利民出席会议并致辞。中国和东盟各国政府官员、专家学者以及东盟国家驻华使节等70余名嘉宾参加论坛。

论坛是中国-东盟教育交流周的创新内容，语言文化交流首次成为专设版块。与会嘉宾围绕语言在促进国际理解中的地位和作用、语言文化多样性与语言保护、全球化背景下的语言文化传播、后疫情时代语言教育的机遇与挑战、国家语言能力与经济社会发展、语言与人工智能的交叉融合等议题深入探讨。与会嘉宾一致认为，应坚持加强不同文明间交流互鉴的发展方向，进一步推动中国和东盟国家间的语言文化交流合作，在推动共建"一带一路"高质量发展方面发挥独特作用。

9月28日

我国著名语言学家吕叔湘先生铜像在语文出版社揭幕。原国家教委副主任、国家语委原主任柳斌致辞说，吕叔湘先生是我国著名语言学家、语文教育家，曾为现代汉语规范化作出了杰出贡献，他的"学好语文是学好一切的根本"表达出了学好祖国语言文字的重要性。教育部语用司、语信司、语用所，中国社科院语言所，人教社、高教社的有关同志出席了揭幕仪式。在揭幕仪式后，大家还参观了同日揭幕的"建党百年语言文字事业掠影"展。

10月11日

国家市场监督管理总局、国家标准化管理委员会发布国家标准《古籍印刷通用字规范字形表》（GB/Z 40637-2021）。该标准由教育部、国家语委组织研制，国家语委语言文字规范标准审定委员会审定。研制工作由北京师范大学、商务印书馆、中华书局承担。该标准规定了古籍印刷通用字收字和宋体字形规范原则，给出了14250个古籍印刷通用字的字形、字音以及在国际编码字符集 ISO/IEC 10646 中的码位，适用于传世古籍的印刷出版，以及现代书刊的繁体版印刷。该标准的发布实施，对于推动语言文字规范化标准化信息化，传承弘扬中华优秀传统文化，建设社会主义文化强国都具有重要促进作用。

10月16日至17日

中国社会科学论坛（2021年·语言学）——汉语方言学暨纪念李荣先生百年诞辰国际学术研讨会在浙江师范大学举行。会议由中国社会科学院语言研究所、浙江师范大学主办，中国社会科学院语言研究所方言研究室、《方言》编辑部和浙江师范大学人文学院、中国方言研究院承办。来自中国内地和香港、美国、日本、法国、荷兰、新加坡的近百名专家学者出席了会议，境外代表采取线上视频的方式参会。

10月17日

陈章太先生逝世。陈章太先生，福建永春人，毕业于厦门大学中文系。历任中国社会科学院语言研究所副研究员、副所长,《中国语文》副主编,国家语委副主任兼秘书长,语言文字应用研究所研究员、所长,中国地名委员会副主任,日本国立一桥大学教授,香港理工大学客座研究员,中国语言学会副会长、国家语委咨询委员、中国应用语言学会会长等。主要著作有《闽语研究》(合作)、《邵武方言志》、《普通话基础方言基本词汇集》(主编)、《语言规划研究》、《二十世纪的中国社会语言学》等,论文百余篇。

10月19日

中国新闻技术工作者联合会正式发布了团体标准《T/CAPT 003－2021 中文新闻信息结构化标注规范》。标准于2021年10月20日正式实施。该标准由新华通讯社通信技术局、北京语言大学信息科学学院、中国人民大学新闻学院、北京星尘纪元智能科技有限公司、新华社媒体融合生产技术与系统国家重点实验室联合起草。该标准描述了中文新闻信息结构化标注的要求、标注规则和方法,适用于中文新闻领域信息内容的标注,服务于新闻信息资产的分析挖掘、知识发现和再利用,为多维度检索、组成特定专题、关系图谱等积累数据基础,为新闻信息内容的人工标注、半自动化及自动化标注应用提供指导和参考依据。使用对象包括报刊、广播、电视、通讯社、新闻网站等新闻内容提供商及媒体应用与研究机构。

10月27日

北京冬奥组委在京举办《冬奥会体育项目名词》发布暨冬奥术语平台V3版交付仪式。教育部副部长、国家语委主任田学军,北京冬奥组委副主席杨树安出席活动并讲话,为《冬奥会体育项目名词》出版揭幕并启动冬奥术语平台V3版。教育部、全国科学技术名词审定委员会、北京语言大学、商务印书馆、北京市语委有关负责人及专家学者参加活动。

田学军指出,"北京冬奥会语言服务行动计划"启动以来,教育部、国家语委密切对接北京冬奥会需求,整合国内外资源,统筹各方力量,在应用人工智能技术助力冬奥会语言服务、推动冬奥会城市语言环境治理、营造冬奥语言文化氛围等方面取得显著成效。《冬奥会体育项目名词》和冬奥术语平台V3版是行动计划的重要成果,将为北京冬奥会的高质量举办提供语言保障,也将在促进冬奥文化传播、弘扬奥林匹克精神、推动构建人类命运共同体等方面发挥积极作用。

杨树安指出,高水平的语言服务,是高质量办赛的基础,也是主办国家、主办城市国际形象和国际竞争力的体现。《冬奥会体育项目名词》的发布和冬奥术语平台V3版的正式交付,打造了纸质书籍和网络在线平台融合出版、相互联动的新模式,是冬奥语言服务历史上的首创,也是我们为国际奥林匹克运动发展贡献中国智慧和中国方案的具体体现,将成为本届冬奥会的重要文化遗产及奥林匹克精神传播的重要载体。

北京语言大学校长刘利介绍了学校贯彻落实"北京冬奥会语言服务行动计划"，开展冬奥会智能语言服务、培训冬奥会实习生和志愿者情况。项目专家组代表刘和平教授介绍了《冬奥会体育项目名词》编译和冬奥术语平台研制过程。

据悉，"北京冬奥会语言服务行动计划"由教育部、国家语委与北京冬奥组委于2017年联合启动，以"统筹协调、共建共享、项目带动、有序推进"为原则，充分发挥国家语委语言资源优势，组织协调有关单位、高校、科研机构、企业和社会力量，积极为本届冬奥会举办创造良好语言环境，提供优质语言服务。《冬奥会体育项目名词》和冬奥术语平台收录的名词涉及北京冬奥会和冬残奥会全部竞赛项目，覆盖中、英、法、日、韩、俄、德、西班牙八个语种，旨在为北京冬奥会的口笔译人员、志愿者、运动员、裁判员、新闻媒体工作人员提供服务。特别是《冬奥会体育项目名词》采用融合出版的形式，纸质内容与冬奥术语平台融合联动。该书委托北京语言大学研制、商务印书馆出版、北京冬奥组委和全国科技名词审定委员会支持和指导，作为公益产品，不定价、不销售。

11月9日

国家语委"十四五"科研工作会议召开。教育部党组成员、副部长，国家语委主任田学军出席会议并讲话。

田学军指出，国家语委科研规划领导小组成立20年来，全面加强对语言文字科研工作的领导、规划和部署，积极构建涵盖规划引领、机构建设、人才培养等多位一体、有机配合的科研工作体系，走出了一条特色鲜明的发展道路。"十三五"时期，国家语委科研工作积极服务国家战略需求，大力推动文化传承发展，不断强化社会服务功能，在促进基础理论创新、深化国际合作交流等方面取得明显成效。国家语委科研项目品牌日益凸显，融中心、基地和智库为一体的研究型基地框架基本成型，科研骨干队伍不断壮大，管理服务水平持续提升。

田学军强调，要立足新发展阶段，准确把握国家语委科研工作面临的新形势新要求，以高质量发展为主题，全面提升创新力、服务力、引领力、影响力。要胸怀"国之大者"，牢记初心使命，服务国家改革发展大局。要深入贯彻落实《国家语委"十四五"科研规划》，推动关键领域和重大问题研究取得突破。要紧盯新兴交叉领域，推进学科发展，加强创新人才培养。要完善具有中国特色的语言学话语体系，提升科研国际影响力。会议宣布成立国家语委第三届科研规划领导小组。全国哲学社会科学工作办公室负责同志，国家语委第三届科研规划领导小组顾问、成员，国家语委委员单位、各省（区、市）教育厅（教委）、部分省（区）民委（民语委）、50余所高校和科研单位、教育部相关司局和直属单位有关负责同志，以及专家代表参加会议。

会议以视频形式召开，主会场设在教育部，各地方和有关高校设分会场。

11月27日

普通话水平测试是促进国家通用语言文字推广普及和应用的重要举措。为贯彻落实习近平总书记关于推广普及国家通用语言文字的重要指示批示精神，落实全国语言文字会议精神部署要求，进一步落实《中华人民共和国国家通用语言文字法》，在广泛调研、公开征求意见基础上，教育部部长怀进鹏于11月27日签发第51号教育部令，颁布新修订的《普通话水平测试管理规定》（以下简称《管理规定》）。此次修订旨在解决制约普通话水平测试健康发展的瓶颈问题，着力提高测试管理的科学化、规范化水平，提升测试服务能力。

《管理规定》进一步完善测试管理体系，明晰各级语言文字工作部门的管理职能和测试机构的工作职责。《管理规定》规定普通话一级甲等须经国家测试机构认定，一级乙等及以下由省级测试机构认定，并将普通话水平测试等级证书的颁发机构由省级语言文字工作办事机构统一变更为国家测试机构，增强了专业测试的统一性、权威性。

《管理规定》明晰不同参与主体的权利和义务，完善权利保障和法律责任。首次对测试员和考务人员的权益保障作了明确规定，并增加对测试机构违规行为的处理规定。《管理规定》还建立应试人申诉机制，规定应试人对测试成绩有异议的可以申请复核，明确复核申请提出时间、接受单位、受理及作出决定时限等。

《管理规定》提出一系列便民新举措。删除两次测试间隔时间的要求，扩大测试服务供给；取消属地报名要求，明确应试人可根据实际需要，就近、就便报名参加测试；针对残障人士的实际需求，强化对特殊人群的语言测试服务；明确在境内学习、工作或生活3个月及以上的港澳台人员和外籍人员可自愿申请参加测试；增加电子证书相关规定，明确电子证书和纸质证书具有同等效力。

《管理规定》将于2022年1月1日起正式施行。下一步，教育部、国家语委将修订研制等级证书管理办法、测试工作队伍管理办法以及视障、听障人员测试管理办法等配套文件，完善测试系统和信息管理系统，有针对性地加强培训，健全工作机制，提升测试管理工作能力和水平。

11月28日

由教育部语言文字信息管理司指导，中国语言学会语言政策与规划专业委员会主办，扬州大学外国语学院和扬州大学人文社科处承办的"第七届中国语言政策及语言规划学术研讨会"在线上成功举办。

研讨会以"移动互联时代的语言生活"为主题,汇聚国内百余位研究者,深入研究移动互联时代的语言生活,探讨"两个大局"背景下的中国语言政策与规划问题。

11月30日

为推进新时代语言文字事业改革发展,国务院办公厅印发了《关于全面加强新时代语言文字工作的意见》(以下简称《意见》)。这是新中国成立以来第一次以国办名义下发的全面加强语言文字工作的指导性文件。

《意见》指出,语言文字是人类社会最重要的交际工具和信息载体,是文化的基础要素和鲜明标志。语言文字事业是国家综合实力的重要支撑,在党和国家工作大局中具有重要地位和作用。新中国成立以来,特别是党的十八大以来,我国语言文字事业取得了历史性成就。面对中华民族伟大复兴的战略全局和世界百年未有之大变局,《意见》强调,新时代语言文字工作要坚持以习近平新时代中国特色社会主义思想为指导,坚持以人民为中心的发展思想,以推广普及和规范使用国家通用语言文字为重点,加强语言文字法治建设,推进语言文字规范化、标准化、信息化建设,科学保护各民族语言文字,构建和谐健康语言生活,传承弘扬中华优秀语言文化,提升国家文化软实力。

《意见》指出,全面加强新时代语言文字工作,要坚持服务大局、服务人民,坚持推广普及、提高质量,坚持遵循规律、分类指导,坚持传承发展、统筹推进的基本原则。《意见》明确了今后一个时期语言文字事业的发展目标:到2025年,普通话在全国普及率达到85%,语言文字规范化、标准化、信息化水平进一步提高,语言文字科技水平和创新能力明显提升,中华优秀语言文化得到更好传承弘扬,与人民群众需求相适应的语言服务体系更加完善。《意见》还锚定2035年,提出了语言文字事业中长期发展目标。

《意见》提出,今后一个时期,要重点抓好坚定不移推广普及国家通用语言文字、加快推进语言文字基础能力建设、切实增强国家语言文字服务能力、积极推进中华优秀语言文化传承发展、大力提升中文国际地位和影响力等五大任务。围绕落实这些任务,《意见》确定了大力提高国家通用语言文字普及程度、加强语言文字规范化标准化建设等15项重点举措。

《意见》强调,要加强党对语言文字工作的领导,完善语言文字工作体制机制,夯实法治基础,加强队伍建设,为全面加强新时代语言文字工作提供有力的组织保障。

12月6日

"2021年中国学术期刊未来论坛"开幕,会上重磅发布了2021年"中国最具国际影响力学术期刊"（TOP 5%）和"中国国际影响力优秀学术期刊"（TOP 5% – 10%）名单。《中国语文》、《世界汉语教学》和《语言教学与研究》入选"中国最具国际影响力学术期刊（人文社会科学）"；《现代汉语》《外语界》《外语教学与研究》《中国翻译》《外语与外语教学》《语言研究》入选"中国国际影响力优秀学术期刊（人文社会科学）"。

12月18日

北京大学王力语言学奖第十九届评奖工作圆满结束，本届评奖共收到著作15部，系列论文5种。评选委员会认真审议了每一种参选论著，评选出二等奖4项，评选出"王力语言学奖青年成果奖"3项：

二等奖：《隋唐五代量词研究》（王绍新，商务印书馆，2018年）；《形体特点对古文字考释重要性研究》（刘洪涛，商务印书馆，2019年）；《彝族史诗〈勒俄特依〉译注及语言学研究》（胡素华，中国社会科学出版社，2020年）；《汉语名词铺排史》（吴礼权，暨南大学出版社，2019年）。

青年成果奖："纳西语研究系列论文"（李子鹤《原始纳西语的前冠音和 * – r – 介音》，《民族语文》2018年第1期；《原始纳西语前冠音的来源与演变》，Bulletin of Chinese Linguistics，12. 2）；《"名词动用"与上古汉语名词和动词的语义属性》（任荷，中国社会科学出版社，2020年）；Tono – types and Tone Evolution：The Case of Chaoshan（张静芬，Springer，2020）。

12月23日

为加大国家通用语言文字推广力度，提升普及程度和质量，教育部、国家乡村振兴局、国家语委联合印发了《国家通用语言文字普及提升工程和推普助力乡村振兴计划实施方案》（以下简称《实施方案》），共同实施国家通用语言文字普及提升工程和推普助力乡村振兴计划。

国家通用语言文字普及提升工程和推普助力乡村振兴计划是"十三五"时期的国家通用语言文字普及攻坚工程和推普脱贫攻坚行动计划的接续升级，是国家语言文字事业"十四五"发展规划的重点任务。《实施方案》指出，坚持以习近平新时代中国特色社会主义思想为指导，以服务铸牢中华民族共同体意识为主线，按照"聚焦重点、全面普及、巩固提高"的新时代推广普通话工作方针，全面推行国家通用语言文字教育教学，巩固拓展推普脱贫攻坚成果同乡村振兴有效衔接，全面提高国家通用语言文字普及程度和质量，推动国家语言文字事业高质量发展。

讨会"在线上成功举办。

研讨会以"移动互联时代的语言生活"为主题,汇聚国内百余位研究者,深入研究移动互联时代的语言生活,探讨"两个大局"背景下的中国语言政策与规划问题。

11月30日

为推进新时代语言文字事业改革发展,国务院办公厅印发了《关于全面加强新时代语言文字工作的意见》(以下简称《意见》)。这是新中国成立以来第一次以国办名义下发的全面加强语言文字工作的指导性文件。

《意见》指出,语言文字是人类社会最重要的交际工具和信息载体,是文化的基础要素和鲜明标志。语言文字事业是国家综合实力的重要支撑,在党和国家工作大局中具有重要地位和作用。新中国成立以来,特别是党的十八大以来,我国语言文字事业取得了历史性成就。面对中华民族伟大复兴的战略全局和世界百年未有之大变局,《意见》强调,新时代语言文字工作要坚持以习近平新时代中国特色社会主义思想为指导,坚持以人民为中心的发展思想,以推广普及和规范使用国家通用语言文字为重点,加强语言文字法治建设,推进语言文字规范化、标准化、信息化建设,科学保护各民族语言文字,构建和谐健康语言生活,传承弘扬中华优秀语言文化,提升国家文化软实力。

《意见》指出,全面加强新时代语言文字工作,要坚持服务大局、服务人民,坚持推广普及、提高质量,坚持遵循规律、分类指导,坚持传承发展、统筹推进的基本原则。《意见》明确了今后一个时期语言文字事业的发展目标:到2025年,普通话在全国普及率达到85%,语言文字规范化、标准化、信息化水平进一步提高,语言文字科技水平和创新能力明显提升,中华优秀语言文化得到更好传承弘扬,与人民群众需求相适应的语言服务体系更加完善。《意见》还锚定2035年,提出了语言文字事业中长期发展目标。

《意见》提出,今后一个时期,要重点抓好坚定不移推广普及国家通用语言文字、加快推进语言文字基础能力建设、切实增强国家语言文字服务能力、积极推进中华优秀语言文化传承发展、大力提升中文国际地位和影响力等五大任务。围绕落实这些任务,《意见》确定了大力提高国家通用语言文字普及程度、加强语言文字规范化标准化建设等15项重点举措。

《意见》强调,要加强党对语言文字工作的领导,完善语言文字工作体制机制,夯实法治基础,加强队伍建设,为全面加强新时代语言文字工作提供有力的组织保障。

12月6日

"2021年中国学术期刊未来论坛"开幕,会上重磅发布了2021年"中国最具国际影力学术期刊"(TOP 5%)和"中国国际影响力优秀学术期刊"(TOP 5% – 10%)名单。《中国语文》、《世界汉语教学》和《语言教学与研究》入选"中国最具国际影响力学术期刊(人文社会科学)";《现代汉语》《外语界》《外语教学与研究》《中国翻译》《外语与外语教学》《语言研究》入选"中国国际影响力优秀学术期刊(人文社会科学)"。

12 月 18 日

北京大学王力语言学奖第十九届评奖工作圆满结束,本届评奖共收到著作 15 部,系列论文 5 种。评选委员会认真审议了每一种参选论著,评选出二等奖 4 项,评选出"王力语言学奖青年成果奖"3 项:

二等奖:《隋唐五代量词研究》(王绍新,商务印书馆,2018 年);《形体特点对古文字考释重要性研究》(刘洪涛,商务印书馆,2019 年);《彝族史诗〈勒俄特依〉译注及语言学研究》(胡素华,中国社会科学出版社,2020 年);《汉语名词铺排史》(吴礼权,暨南大学出版社,2019 年)。

青年成果奖:"纳西语研究系列论文"(李子鹤《原始纳西语的前冠音和 * – r – 介音》,《民族语文》2018 年第 1 期;《原始纳西语前冠音的来源与演变》,*Bulletin of Chinese Linguistics*,12.2);《"名词动用"与上古汉语名词和动词的语义属性》(任荷,中国社会科学出版社,2020 年);*Tono – types and Tone Evolution*:*The Case of Chaoshan*(张静芬,Springer,2020)。

12 月 23 日

为加大国家通用语言文字推广力度,提升普及程度和质量,教育部、国家乡村振兴局、国家语委联合印发了《国家通用语言文字普及提升工程和推普助力乡村振兴计划实施方案》(以下简称《实施方案》),共同实施国家通用语言文字普及提升工程和推普助力乡村振兴计划。

国家通用语言文字普及提升工程和推普助力乡村振兴计划是"十三五"时期的国家通用语言文字普及攻坚工程和推普脱贫攻坚行动计划的接续升级,是国家语言文字事业"十四五"发展规划的重点任务。《实施方案》指出,坚持以习近平新时代中国特色社会主义思想为指导,以服务铸牢中华民族共同体意识为主线,按照"聚焦重点、全面普及、巩固提高"的新时代推广普通话工作方针,全面推行国家通用语言文字教育教学,巩固拓展推普脱贫攻坚成果同乡村振兴有效衔接,全面提高国家通用语言文字普及程度和质量,推动国家语言文字事业高质量发展。

《实施方案》强调,要坚持"系统谋划、统筹推进,突出重点、精准施策、尊重规律、协同创新"的工作原则,经过五年努力,实现国家通用语言文字普及程度和质量全面提升。并提出全国普通话普及率具体目标是:到2025年,全国范围内普通话普及率达到85%;基础较薄弱的民族地区普通话普及率在现有基础上提高6-10个百分点,接近或达到80%的基本普及目标。

《实施方案》准确分析国家通用语言文字普及不平衡不充分的突出问题,坚持目标方法效果相统一,实施"三大行动"。聚焦民族地区实施推普攻坚行动,重点解决学前儿童、教师、青壮年劳动力、基层干部等4类重点人群的短板弱项问题;聚焦农村地区实施推普助力乡村振兴计划,提出推普在助力乡村教育、文化、产业、人才、组织振兴等5个方面的任务和要求;聚焦普通话普及率已达到85%的省份和基础较好的城市地区,开展国家通用语言文字高质量普及行动,统筹部署国家通用语言文字教育教学、社会领域用语用字规范化、语言文字科技赋能、语言文字服务能力等4个方面提升任务。

《实施方案》印发后,教育部、国家乡村振兴局、国家语委将指导各地抓好落实,并对各地工作进展情况适时开展调度,确保按时完成国家通用语言文字推广普及各项任务。

12月31日

《民政部关于表彰全国先进社会组织的决定》正式发布,授予281个社会团体、社会服务机构和基金会"全国先进社会组织"称号。由中国社会科学院语言研究所主管的全国汉语方言学会和中国社会科学院民族学与人类学研究所主管的中国民族语言学会获评。

(作者:张洁)